中国国际广播出版社

中央广播电视总台年鉴

2020—2021

中央广播电视总台年鉴编委会 编

中国国际广播出版社

中央广播电视总台年鉴（2020—2021）
编委会

主　任： 慎海雄　中宣部副部长，中央广播电视总台党组书记、台长兼总编辑
副主任： 阎晓明　中央广播电视总台党组成员、副台长
　　　　　蒋希伟　中央广播电视总台党组成员、副台长
　　　　　王晓真　中央广播电视总台党组成员、副台长
编　委：（以姓氏笔画为序）

王　璐	王全杰	王跃进	牛道斌	邢　博	任学安	庄殿君	刘晓龙
刘智力	安晓宇	许　强	李　挺	李欣雁	李跃山	杨　华	何新宇
汪文斌	张红梅	范　昀	范建平	周振红	姜文波	姜海清	姚永晖
骆红秉	夏勇敏	钱　蔚	徐　进	唐世鼎	黄平刚	黄传芳	黄瑞刚
曹　毅	梁建增	彭健明	董为民	蔡小林	阚兆江	滕云平	潘晓闻
薛继军							

中央广播电视总台年鉴（2020—2021）编辑部

主　　　编：邢　博

常务副主编：杨　华

副　主　编：张利生　窦小文　李　宏　苏晓春

编辑部主任：赵先权　丁　宁

编辑部副主任：贾　健　朱元亮　任永雷

责 任 编 辑：郑根岭　王小珍　肖丽林　王　健

图 片 编 辑：何　琳

编　　　务：刘支梅　饶　雷　刘　毅

编　　　审：蒋生元　孙树凤

编辑说明

《中央广播电视总台年鉴》以丰富翔实的图文资料，全方位客观记录中央广播电视总台（简称总台）事业、产业发展的新情况、新经验和新成果，旨在为总台及社会各界人士提供总台改革发展创新的权威信息，具有较高的史料价值。

《中央广播电视总台年鉴》（2020—2021）是继2022年8月出版的《中央广播电视总台年鉴》（2018—2019）之后的第二部总台年鉴，主体版块内容为：图片纪事、领导讲话及文章、组织机构、工作概况、统计数据、大事记等。

2020年是极不平凡的一年，也是中央广播电视总台改革举措全面铺开、高质量发展提质升级、打造国际一流新型主流媒体的关键之年、创新之年、奋斗之年。这一年，在以习近平同志为核心的党中央坚强领导下，在中宣部领导下，总台深入学习贯彻习近平总书记重要指示批示精神，打了一系列大仗、硬仗、漂亮仗；总台各项工作与党和国家事业同频共振、同向同行，在海内外的引领力、传播力、影响力显著提升，国际传播力骤升，在一场场大战大考中交出了一份让党中央放心、人民群众满意的精彩答卷。这一年，新冠肺炎疫情成为持续性的重大事件。总台聚焦疫情防控，为打赢疫情防控阻击战提供强大舆论支持，无论投入的采编播力量，还是多平台发稿数量，在国内外媒体中都首屈一指，2200余家国际主流媒体持续引用、转发总台疫情防控报道，多项数据刷新海内外传播纪录。这一年是脱贫攻坚决战决胜之年，直接关乎全面建成小康社会、实现第一个百年奋斗目标。总台尽锐出战、精心策划、浓墨重彩，不仅动用了各种新闻宣传手段，而且持续升级"广告精准扶贫"，有力地助推了脱贫攻坚，取得了良好的社会效果。

2021年是党和国家历史上具有重要里程碑意义的一年，也是总台创业史上极不平凡、极其重要、极为难忘的一年，大事不断、喜事连连。这一年，总台牢记习近平总书记殷切嘱托，完成了一系列重大任务、办成了一系列大事要事，各项工作稳中有进，发展态势持续向好，综合实力不断跃升，是当之无愧的创新之年、实干之年、丰收之年。这一年，总台聚焦聚力打造"头条工程"，用心用情用功讲述好领袖故事，持续创新做好习近平新时代中国特色社会主义思想宣传阐释。这一年，总台圆满完成庆祝中国共产党成立100周年报道，创新做好庆祝中国共产党成立100周年大会、"七一勋章"颁授仪式、大型情景史诗《伟大征程》文艺演出等重大宣传报道任务。这一年，总台重大主题宣传报道形成强大声势，忠诚履行党的宣传报道主力军、压舱石的职责使命，围绕脱贫攻坚、乡村振兴、全面建成小康社会等重大主题，推出一大批"思想+艺术+技术"创新融合、耳目一新、观之折服的精品力作。这一年，总台抢首发、敢亮剑、争独家，有力有效开展国际舆论斗争引导，全面提升国际传播效能，大国媒体权威声音引领国际舆论场，可信、可爱、可敬的中国形象更加生动鲜活，总台国际传播力迈上新的台阶。

2020和2021这两年，面对全媒体时代的全新挑战，总台牢牢把握创新这一总台工作的主基调主旋律，加强顶层设计和前沿探索，以"大象也要学会跳街舞"的精神风貌拥抱互联网、打造全媒体，加快推动总台从传统广播电视媒体向国际一流原创视音频制作发布的全媒体机构转变，从传统节目制播模式向深化内容生产供给侧结构性改革转变，从传统技术布局向5G+4K/8K+AI战略格局转变。这两年，总台"思想+艺术+技术"的创新融合持续深化，5G+4K/8K+AI战略格局硕果累累，新媒体平台、融媒体节目产品全面开花，社会影响力大幅提升。

《中央广播电视总台年鉴》（2020—2021）的编辑工作，得到上级单位和总台领导、各中心和出版单位的大力支持，也得到业界专家的帮助指导，在此一并表示感谢！

习近平致信祝贺中央广播电视总台央视奥林匹克频道及其数字平台开播上线强调
全面展示北京冬奥会冬残奥会精彩非凡卓越的奥林匹克新篇章
为推进中华体育强国建设作出贡献

新华社北京10月25日电 在中央广播电视总台央视奥林匹克频道及其数字平台开播上线之际,中共中央总书记、国家主席、中央军委主席习近平发来贺信,表示热烈的祝贺。

习近平在贺信中指出,奥林匹克频道要通过奥林匹克运动和文化传播,讲述中国体育故事、弘扬中华体育精神,加强国际体育交流合作,推动我国同世界各国文明互鉴、民心相通。

习近平强调,再过100余天,北京冬奥会就将开幕。希望你们守正创新,精彩呈现中国和世界各国冰雪健儿自强不息、超越自我的拼搏历程,深入阐释绿色、共享、开放、廉洁的办奥理念,全面展示北京冬奥会、冬残奥会精彩、非凡、卓越的奥林匹克新篇章。希望你们积极倡导健康生活理念,关注群众体育和青少年体育发展,为推进中华体育强国建设作出贡献。

中央广播电视总台央视奥林匹克频道及其数字平台开播上线仪式25日下午在京举行,仪式上宣读了习近平的贺信,播放了国际奥委会主席巴赫的视频贺词。中共中央政治局委员、中宣部部长黄坤明出席仪式并宣布开播上线。

奥林匹克频道是中央广播电视总台与国际奥委会战略合作的重要成果,包含电视频道和数字平台。其中奥林匹克电视频道对外呼号是CCTV-16,是国际上首个以4K超高清和高清标准24小时上星同步播出的专业体育频道。

习近平致信祝贺中国人民对外广播事业创建80周年强调
加强国际传播能力建设
打造具有强大引领力传播力影响力的国际一流新型主流媒体

新华社北京12月3日电 在中国人民对外广播事业创建80周年之际，中共中央总书记、国家主席、中央军委主席习近平发来贺信，向中央广播电视总台全体同志致以热烈的祝贺，向支持中国人民对外广播事业的国际友人表示诚挚的问候。

习近平在贺信中指出，80年来，在党的领导下，对外广播事业弘扬光荣传统、不忘初心使命，宣传党的主张，全面宣介中国发展，积极讲好中国故事、传播好中国声音。

习近平强调，希望你们不断开拓创新，加强国际传播能力建设，打造具有强大引领力、传播力、影响力的国际一流新型主流媒体，为实现中华民族伟大复兴的中国梦、推动构建人类命运共同体作出新的更大的贡献。

3日下午，庆祝中国人民对外广播事业创建80周年座谈会在京举行，会上宣读了习近平的贺信。中共中央政治局委员、中宣部部长黄坤明出席座谈会并讲话。他说，要认真学习贯彻习近平总书记重要指示精神，坚持以习近平新时代中国特色社会主义思想为指导，继承发扬优良传统、主动担当外宣使命，以我为主、融通中外、敢于斗争，通过电波、网络等媒介广泛宣介中国道路、中国理念、中国主张，通过声音和形象讲好中国共产党的故事，讲好新时代中国的故事，努力塑造可信、可爱、可敬的中国形象。

会上，中央广播电视总台负责人和离退休老同志、干部职工代表发言。

1941年12月3日延安新华广播电台开办了日语广播，标志着中国人民对外广播事业创立。目前，中央广播电视总台使用44种语言进行国际传播。

中央广播电视总台领导

慎海雄

中宣部副部长

中央广播电视总台党组书记、台长兼总编辑

阎晓明

中央广播电视总台党组成员、
副台长、机关党委书记

蒋希伟

中央广播电视总台党组成员、
副台长

中央广播电视总台编务会议成员

孙玉胜　编务会议成员（2021 年 4 月 26 日退休）

薛继军　编务会议成员

姜文波　编务会议成员

李　挺　编务会议成员

朱　彤　编务会议成员（2021 年 10 月 26 日退休）

黄传芳　编务会议成员

刘晓龙　编务会议成员

彭健明　编务会议成员（2021 年 4 月 13 日任命）

王晓真　编务会议成员（2021 年 4 月 13 日任命）

图片纪事

(2020—2021)

2020年5月8日,中央广播电视总台2020年工作会议召开。中宣部副部长、中央广播电视总台党组书记、台长兼总编辑慎海雄(左六)代表总台党组作题为《深入学习深刻领会习近平总书记重要指示精神 奋力打造国际一流新型主流媒体》的讲话

2020年5月8日,总台2020年党的建设工作会议召开。中宣部副部长、中央广播电视总台党组书记、台长兼总编辑慎海雄(左六)代表总台党组作题为《以钉钉子精神推进总台党的建设高质量发展 为打造国际一流新型主流媒体提供坚强政治保证》的讲话

重要会议

2020年5月22日，总台庆祝民族语言节目创办70周年座谈会召开。中宣部副部长、中央广播电视总台台长兼总编辑慎海雄（左四）出席座谈会并讲话

2020年9月18日，总台"十四五"发展规划编制专家学者座谈会召开。中宣部副部长、中央广播电视总台台长兼总编辑慎海雄出席座谈会并讲话

2020年10月20日，总台全国重点院校新闻传播人才供需座谈会召开。中宣部副部长、中央广播电视总台台长兼总编辑慎海雄主持会议并作总结讲话

2020年12月30日，总台庆祝人民广播事业创建80周年座谈会召开。中宣部副部长、中央广播电视总台台长兼总编辑慎海雄（前排左四）出席座谈会并讲话

重要会议

2021年1月15—16日，中国共产党中央广播电视总台机关第一次党员代表大会召开。中宣部副部长、中央广播电视总台党组书记、台长兼总编辑慎海雄（左三），中央和国家机关工委副书记、纪检监察工委书记任正晓（右三）出席会议并讲话。会议听取并审议了总台党组成员、副台长、机关党委书记阎晓明（左二）代表机关党委所作的题为《推动总台党建工作高质量发展　助力建设国际一流新型主流媒体》的工作报告

2021年1月15日，中宣部副部长、中央广播电视总台党组书记、台长兼总编辑慎海雄在中国共产党中央广播电视总台机关第一次党员代表大会上讲话

2021年2月26日，中央广播电视总台2021年工作会议召开。中宣部副部长、中央广播电视总台党组书记、台长兼总编辑慎海雄（左四）出席会议并讲话

2021年2月26日，中宣部副部长、中央广播电视总台党组书记、台长兼总编辑慎海雄在中央广播电视总台2021年工作会议上作题为《坚持守正创新 深化"三个转变" 以优异工作成绩庆祝党的百年华诞》的讲话

2021年2月26日，中央广播电视总台2021年党的建设工作会议召开。中宣部副部长、中央广播电视总台党组书记、台长兼总编辑慎海雄（左五）代表总台党组作题为《奋力推动总台党的建设高质量发展　以优异成绩庆祝中国共产党成立100周年》的讲话

2021年2月26日，中央广播电视总台2021年经营工作会议召开。中宣部副部长、中央广播电视总台台长兼总编辑慎海雄（左四）作题为《推动总台经营工作高质量发展　为打造国际一流新型主流媒体提供坚实保障》的讲话

2021年4月2日，中央广播电视总台2021年技术工作会议召开。中宣部副部长、中央广播电视总台台长兼总编辑慎海雄（左五）作题为《推动总台技术工作高质量发展　为打造国际一流新型主流媒体提供强大支撑》的讲话

2021年8月19日，中央广播电视总台庆祝中国共产党成立100周年宣传报道总结表彰会议召开。中宣部副部长、中央广播电视总台台长兼总编辑慎海雄（后排左六）出席并讲话。会议宣布了表彰决定，并为记功集体代表、记功个人代表颁奖

2020年1月5日，中央广播电视总台央视动漫集团在京揭牌成立。中宣部、国家广电总局、全国妇联等有关部门负责同志，国内外影视动漫制作机构等300余位中外嘉宾、合作伙伴出席揭牌仪式。中宣部副部长、中央广播电视总台台长慎海雄（后排左九），全国妇联副主席、书记处书记吴海鹰（后排右九）出席并致辞

2020年1月5日，中宣部副部长、中央广播电视总台台长慎海雄出席央视动漫集团成立仪式并致辞

2020年5月6日，由总台和教育部共同发起，央视频5G新媒体平台携手国投人力主办面向2020届普通高校毕业生的"24365国聘行动"联合专场招聘活动上线启动。中宣部副部长、中央广播电视总台台长慎海雄和教育部党组成员、副部长翁铁慧以视频连线方式出席启动仪式

2020年7月26日，由总台上海总站承办的第二十三届上海国际电影节"中国影视之夜"活动在上海国际传媒港举行

2020年8月22日，总台版权交易中心在上海国际传媒港启动建设，新时代城市高质量发展研究院筹备工作同时启动。中宣部副部长、中央广播电视总台台长兼总编辑慎海雄（左），上海市委副书记、市长龚正出席启动活动并致辞

2020年9月5—10日，由总台和吉林省人民政府共同主办的第十五届中国长春电影节在长春举办。吉林省委副书记、省长景俊海和中央广播电视总台副台长阎晓明（左）出席启动仪式

重要活动

2020年9月26日，总台在北京举办"弘扬优秀传统文化 复兴中国审美"倡议活动暨《衣尚中国》节目启动仪式。中央广播电视总台副台长蒋希伟（右三），全国妇联副主席、书记处书记吴海鹰（右二），中国美术家协会、中国民间文艺家协会、中国历史研究院等部门代表出席启动仪式

2020年11月10日，在浦东开发开放30周年之际，由总台拍摄制作的6集4K纪录片《而立浦东》在上海首发。中宣部副部长、中央广播电视总台台长兼总编辑慎海雄（右），上海市委副书记、市长龚正出席首发仪式并致辞

2020年12月5日，由总台参与主办的第三届海南岛国际电影节在海南省举行。中宣部副部长、中央广播电视总台台长兼总编辑慎海雄出席开幕式并致辞

2020年12月26日,中央广播电视总台亚太总站及下辖的香港记者站和澳门记者站正式揭牌成立。全国政协副主席何厚铧(左四),澳门特别行政区行政长官贺一诚(右四),中宣部副部长、中央广播电视总台台长兼总编辑慎海雄(右三)等出席。同日,大型4K美食纪录片《澳门之味》开机仪式在澳门举行

2020年12月28日,中央广播电视总台发布2020年国内十大新闻和国际十大新闻

2021年1月18日,中央广播电视总台北京总站和北京市门头沟区政府共同建立的首批公共文化传播基地正式揭牌启用。中宣部副部长、中央广播电视总台台长兼总编辑慎海雄(左四)出席授牌仪式

重要活动

2021年2月1日，中央广播电视总台8K超高清电视频道播出试验启动仪式在京举行。中宣部副部长、中央广播电视总台台长兼总编辑慎海雄（左四）出席，并与各大电信运营商负责人共同开启试验播出

2021年3月24日，中央广播电视总台台海之声频率和"看台海"新媒体平台开播上线。中宣部副部长、国家广播电视总局局长聂辰席（左三），中宣部副部长、中央广播电视总台台长兼总编辑慎海雄（右三），中共中央台办、国务院台办主任刘结一（左二）等共同为台海之声频率和"看台海"新媒体平台启动开播上线

2021年3月24日，中宣部副部长、中央广播电视总台台长兼总编辑慎海雄出席中央广播电视总台台海之声频率和"看台海"新媒体平台开播上线活动并致辞

2021年5月18日，由中宣部指导，中央广播电视总台联合退役军人事务部、文化和旅游部、中央军委政治工作部主办的"致敬国家丰碑——全国红色故事讲解员大赛"在北京启动。中宣部副部长、中央广播电视总台台长兼总编辑慎海雄（左五）出席启动仪式并致辞

2021年6月22日，中央广播电视总台、中国国家博物馆联合举办的"无声诗里颂千秋——美术经典中的党史主题展"在中国国家博物馆开幕。中宣部副部长、中央广播电视总台台长兼总编辑慎海雄（前排左一）出席启幕活动并致辞

2021年7月13日，总台举行东京奥运会前方报道团出发仪式。中宣部副部长、中央广播电视总台台长兼总编辑慎海雄出席仪式并向前方报道团授旗

重要活动

2021年7月18日，"盛世华章耀濠江——中央广播电视总台庆祝建党百年精品节目澳门展映"活动启动仪式和总台与澳门特别行政区政府深化战略合作签约活动在澳门举行。澳门特别行政区行政长官贺一诚（右四），中宣部副部长、中央广播电视总台台长兼总编辑慎海雄（左四），中央人民政府驻澳门特别行政区联络办公室主任傅自应（右三）等出席

2021年9月21日，由中央广播电视总台和北京市人民政府主办的第十一届北京国际电影节在北京开幕。中宣部副部长、中央广播电视总台台长、第十一届北京国际电影节组委会主席慎海雄（右二）宣布电影节开幕并与现场演员亲切交谈

2021年9月29日，由总台发起组建的全屏传播联盟在北京启动成立。来自国家部委、相关省、自治区党委宣传部、大型国企等27家单位成为首批签约成员。中宣部副部长、中央广播电视总台台长兼总编辑慎海雄（左四）等出席启动仪式

2021年10月25日，总台央视奥林匹克频道及其数字平台开播上线仪式举行。国际奥委会主席巴赫通过视频致辞对频道开播上线表示祝贺

2021年10月26日，北京2022年冬奥会和冬残奥会组织委员会、中央广播电视总台联合主办的"一起向未来——北京2022年冬奥会倒计时100天主题活动"在北京举行

2021年11月19日，专题节目《艺术里的奥林匹克》在央视奥林匹克频道正式开播。中宣部副部长、中央广播电视总台台长兼总编辑慎海雄（左四），文化和旅游部副部长卢映川（右四），国际奥委会副主席、中国奥委会副主席于再清（左三）等出席开播仪式

聚力打造"头条工程"

环球资讯广播头条融媒体栏目《春风习习》2020年、2021年推出《元首外交关键词》《总书记的关切事》《总书记的家国情怀》等独家报道，形成多语种、多媒体平台发布且特色鲜明的品牌系列产品

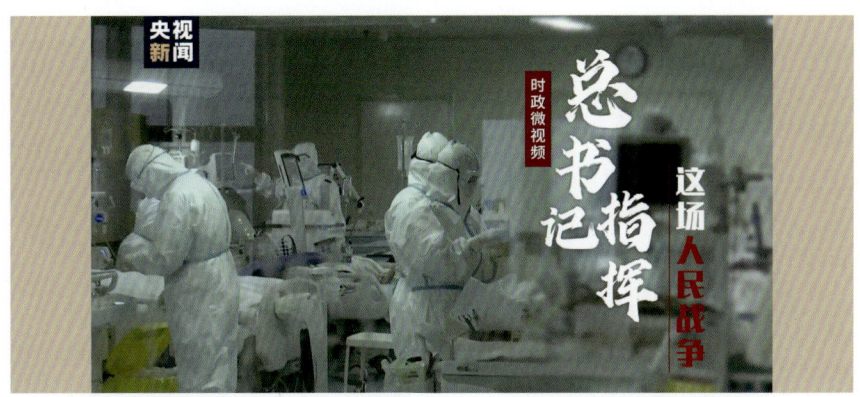

2020年3月5日，央视新闻客户端推出10集系列时政微视频《总书记指挥这场人民战争》。图为2020年3月12日播出的第六集《白衣执甲》

2020年5月31日起，《新闻联播》播出《在习近平新时代中国特色社会主义思想指引下——育先机 开新局》专栏，紧扣习近平总书记"在危机中育先机、于变局中开新局"重要论述，展现各地、各领域统筹推进疫情防控和经济社会发展取得的重大成果

2020年7月1日，中国之声《新闻和报纸摘要》在中国之声微博视频号播出建党99周年专题头条节目《特别策划：人民是我们党执政的最大底气》

2020年，CGTN（中国国际电视台）官网打造拳头产品《习近平治国理政交互专题页》，对外宣介习近平新时代中国特色社会主义思想

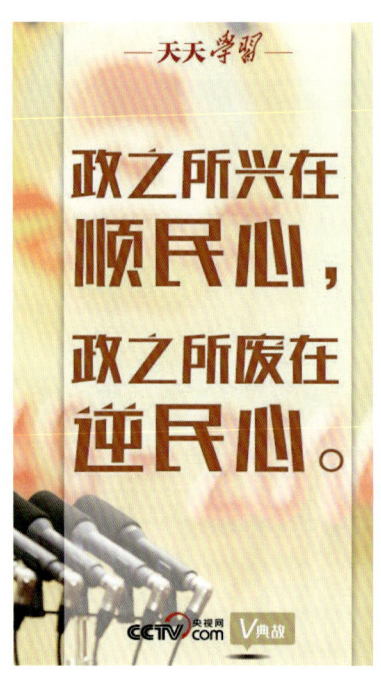

2020年8月5日，央视网《天天学习》专栏首期上线，对习近平总书记治国理政思想、亲民故事、重要讲话进行梳理和阐述

2020年7月30日，新闻新媒体中心推出微视频《鉴往知来丨跟着总书记学军史》

2020年10月25日，央视新闻客户端时政融媒体《传习录》全新改版上线

2020年9月12日起，《新闻联播》推出《决战决胜脱贫攻坚·督战未摘帽贫困县》专栏，深入7省区脱贫一线采访报道，展示深度贫困地区干部群众不获全胜、决不收兵的奋斗历程

重大报道

2020年12月9日起，华语环球节目中心《中国新闻》播出4集系列报道《形成强大国内市场　构建新发展格局》，围绕党的十九届五中全会重大部署，阐述构建新发展格局的重要举措

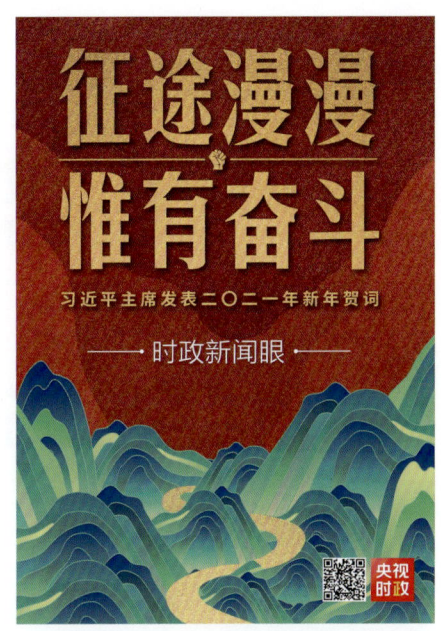

2020年12月31日，新闻中心《时政新闻眼》制作推出《习主席二〇二一年新年贺词，致每一个奋斗的中国人》。该期特稿在央视新闻客户端首发，传递"征途漫漫，惟有奋斗"的信心与力量

2021年，央广网依托"习近平治国理政声音库暨习近平新时代中国特色社会主义思想声音平台"打造《我向总书记"晒"家常》《每日一习话》《看图学习》《声漫》《习声回响》等系列时政融媒体栏目

2021年2月4日，亚洲非洲地区语言节目中心在柬埔寨国家电视台、孟加拉国RTV电视台、脸书、优兔等境外社交平台推出多语种融媒体产品《典故里的新思想》，在文化共通与情感共鸣中塑造领袖形象

2021年3月13日,《新闻联播》播出《在习近平新时代中国特色社会主义思想指引下——贯彻新发展理念 推动高质量发展·中国宝武按下减碳"快进键"》专题报道

2021年5月6日,特别节目《经典里的中国智慧——平"语"近人(国际版)》(第一季)在CGTN新媒体多平台同步上线,总台44种语言融媒体平台陆续发布。节目聚焦习近平新时代中国特色社会主义思想里的中国智慧,关联西方的相似典故,从海外受众的角度阐释中国文化、中国典故和中国智慧

2021年7—12月,为庆祝中国共产党成立100周年,总台央视网推出"头条工程"《初心印记》。从青年人的视角,以党的发展历程中8个极具意义的物件为切入点,以物件拟人化的表达回顾我国在脱贫攻坚、科技创新、对外开放等方面取得的巨大成就

重大报道

2021年9月3日,国际在线《讲习所》栏目推出《加强合作 共谋发展 服贸会向世界传递中国信心》,围绕2021年中国国际服务贸易交易会主题,梳理加强国际合作以及服贸会的世界影响力等多个角度的内容,与习近平主席在2021年中国国际服务贸易交易会全球服务贸易峰会上发表视频致辞内容形成呼应,集中展现国际社会对本届服贸会的高度关注和积极评价

2021年12月6日起,华语环球节目中心中文国际频道推出10集系列报道《新时代的中国》,围绕学习贯彻十九届六中全会精神这一主题,阐述如何践行习近平新时代中国特色社会主义思想

2021年9月28日,欧洲拉美地区语言节目中心推出时政融媒体栏目《擘画中国》,聚焦习近平新时代中国特色社会主义思想,生动讲述中国故事,在欧拉中心多语种脸书账号和国际在线网站发布

2021年12月18日,CGTN西班牙语频道与委内瑞拉南方电视台联合制作重点项目《互鉴》(第一季),选取习近平主席与拉美国家交往中引用过的典故进行解读。图为第三集《一花独放不是春 百花齐放春满园》

庆祝中国共产党成立100周年报道

2021年7月1日上午，庆祝中国共产党成立100周年大会在北京天安门广场隆重举行。中共中央总书记、国家主席、中央军委主席习近平发表重要讲话。总台多平台全程直播。全国各省市区约210个电视频道并机央视新闻频道，多个广播频率并机央广中国之声直播庆祝大会盛况。

截至7月5日14时，全球106个国家和地区的1057家电视台及新媒体平台转播报道，累计播出15 002次，播出总时长159小时，覆盖海外观众16亿人；采用率和播出时长均创历史新高。

重大报道

2021年7月1日的天安门广场

新闻中心记者在天安门城楼连线报道庆祝中国共产党成立100周年大会

CGTN主持人在庆祝中国共产党成立100周年大会现场直播

中国之声播音员在天安门城楼直播庆祝中国共产党成立100周年大会

环球资讯广播并机中国之声直播庆祝中国共产党成立100周年大会

庆祝中国共产党成立100周年大会直播结束后，中宣部副部长、中央广播电视总台台长兼总编辑慎海雄（左四）在天安门城楼与直播工作人员合影

庆祝中国共产党成立100周年大会直播前,总台摄影师在人民大会堂楼顶调试机位

庆祝中国共产党成立100周年大会直播前,总台摄像人员在操作重型伸缩塔机位

庆祝中国共产党成立100周年大会直播前,总台技术人员在天安门广场调试双轨摄像机

2021年6月29日，庆祝中国共产党成立100周年"七一勋章"颁授仪式在人民大会堂举行，总台全媒体直播报道。图为"七一勋章"获得者合影

2021年6月29日，"七一勋章"颁授仪式在人民大会堂举行。央视新闻微博、微信等平台推出主视觉海报《致敬最闪亮的星》

2021年6月29日，总台央视综合频道推出《庆祝中国共产党成立100周年"七一勋章"颁授仪式》直播特别节目

2021年6月29日，庆祝中国共产党成立100周年"七一勋章"颁授仪式前，新闻中心直播团队在现场进行准备工作

重大报道

2021年6月28日,庆祝中国共产党成立100周年文艺演出《伟大征程》在国家体育场盛大举行,总台全媒体全程录播。7月1日晚,《伟大征程》在总台央视综合频道、综艺频道等4个电视频道,央视新闻、央视频、央视网等多个新媒体平台同步播出

文艺演出《伟大征程》情景舞蹈《党旗在我心中》

文艺演出《伟大征程》歌曲《唱支山歌给党听》

2021年1月25日,百集特别节目《美术经典中的党史》在央视综合频道首播

2021年4月3日,纪录片《绝笔》在央视中文国际频道首播,讲述在百年奋斗历程中,无数共产党员为了追求信仰慷慨明志、从容赴死,写下一封封传颂至今的绝笔信的故事

2021年4月10日,央视新闻频道推出特别节目《沿着高速看中国》

重大报道

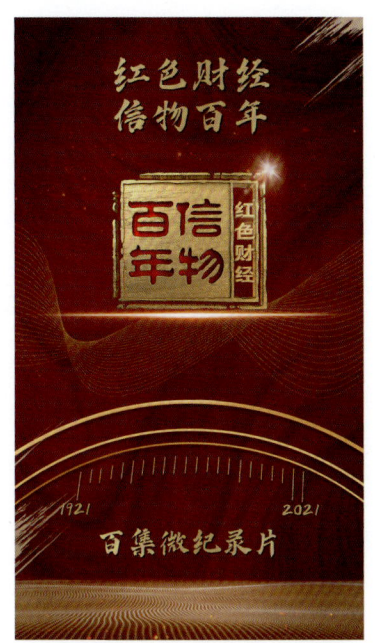

2021年5—11月,百集微纪录片《红色财经·信物百年》在央视财经频道播出

2021年5月15日起,电视剧《中流击水》在央视综合频道播出,讲述1919年五四运动爆发到1928年井冈山胜利会师的十年间,中国共产党诞生、发展、壮大的历史进程

2021年6月2日,总台新闻中心与地方总站共同推出《奋斗百年路 启航新征程·今日中国》,此为特别节目广东篇

2021年5月18日,百集文献纪录片《山河岁月》在央视综合频道、纪录频道首播,央视频、央视网等新媒体平台同步播出

2021年6月6日起,电视综艺节目《全国大学生党史知识竞答大会》在央视综合频道播出。节目在竞答中传播党史知识,在专家的解读中感悟信仰的力量

2021年6月20日起,24集大型纪录片《敢教日月换新天》在央视综合频道、纪录频道以及央视新闻、央视频、央视网、云听客户端等新媒体平台同步推出

2021年6月25日,电视剧《大决战》在央视综合频道首播。该剧以解放战争为背景,从战略、战术、战斗三个层面,全方位呈现辽沈、淮海、平津三大战役

2021年6月27日,欧洲拉美地区语言节目中心维多莎网红工作室推出建党百年主题系列视频《重走来时路》

重大报道

2021年8月26日，CGTN推出6集建党百年纪录片《百年青春——中国共产党的活力密码》。以国际叙事语态全景展现中国共产党的奋斗历程，揭示中国共产党朝气蓬勃、永葆青春的奥秘

2021年11月2日，《新闻联播》推出系列报道《弘扬伟大建党精神　开创历史新伟业》。图为第一集《百年大党引领中华民族伟大复兴》

2021全年，亚洲非洲地区语言节目中心推出多语种系列微视频《我们正青春——百年大党里的年轻人》，讲述中国各行各业青年党员的故事。节目在柬埔寨仙女电视台、孟加拉国RTV电视台、阿富汗沙姆沙德电视台、脸书、优兔等境外社交平台播出

全国抗疫报道

2020年1月20日晚,央视新闻频道《新闻1+1》栏目连线国家卫健委高级别专家组组长钟南山,首次证实新型冠状病毒肺炎存在人传人现象,并为公众提出明确防控意见,引发社会极大关注,有效引导舆论

2020年1月26日,央视新闻频道推出特别报道《战疫情》

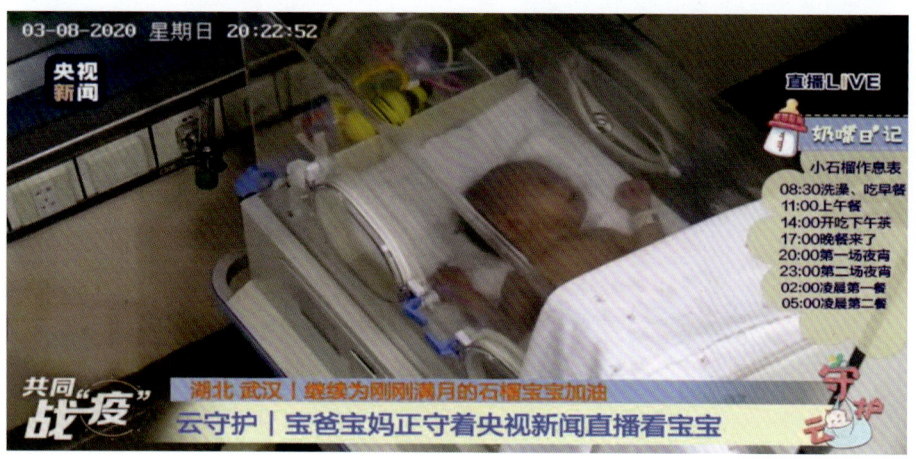

2020年1月27日,央视新闻客户端及社交媒体平台官方账号推出长达73天不间断直播节目《共同战"疫"》。图为央视新闻客户端慢直播持续报道父母均感染新冠肺炎的武汉新生儿"小石榴"在全国受众的"云守护"下成长

重大报道

2020年2月10日,亚洲非洲地区语言节目中心在多家外媒发声,宣传中国抗疫举措。图为土耳其语部记者在土耳其主流媒体NTV电视台介绍武汉市雷神山、火神山医院建设情况

2020年2月13日,新闻中心《焦点访谈》栏目组在武昌方舱医院拍摄报道

2020年2月20日,亚太总站记者在日本横滨港报道"钻石公主号"邮轮集体感染新冠肺炎事件

2020年2月22日，CGTN在武汉抗疫一线采访的记者与英国广播公司（BBC）连线，介绍武汉封城后的防疫举措

2020年春节期间，总台向武汉抗疫一线先后派出216人组成的前方报道组，历时96天、1100多次深入"红区"采访报道，推出《战疫情》《武汉直播间》《天使日记》等42个疫情防控相关专栏，全媒体平台发稿13 000多篇。图为4月25日，总台武汉前方报道组凯旋

2020年4月27—29日，《新闻联播》连续三天推出《中国抗疫斗争的生动实践》系列报道

重大报道

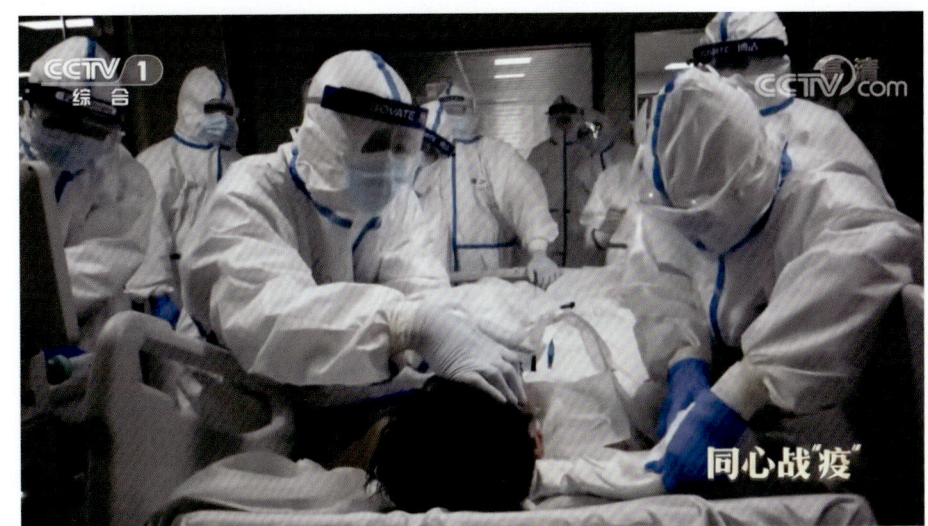

2020年9月2日起，由中宣部、中央广播电视总台联合制作的6集大型纪录片《同心战"疫"》在央视综合频道黄金时间播出

2020年9月8日，全国抗击新冠肺炎疫情表彰大会在北京人民大会堂举行。中共中央总书记、国家主席、中央军委主席习近平向国家勋章和国家荣誉称号获得者颁授勋章奖章并发表重要讲话。总台多平台全程直播

2020年9月23日，中宣部授予十大抗疫一线医疗人员英雄群体"时代楷模"称号。总台多平台播出《时代楷模发布厅》特别节目《致敬！时代楷模 抗疫英雄》

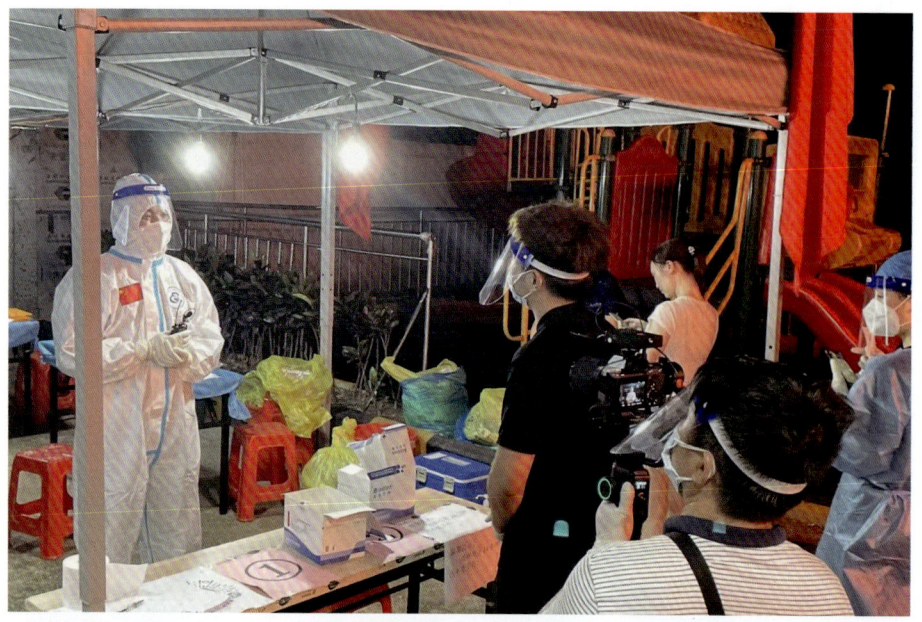

2021年6月4日,港澳台节目中心《并肩——粤港澳大湾区青年同心战"疫"》摄制团队在深圳市福田区华景花园采访拍摄港澳青年志愿者服务队成员

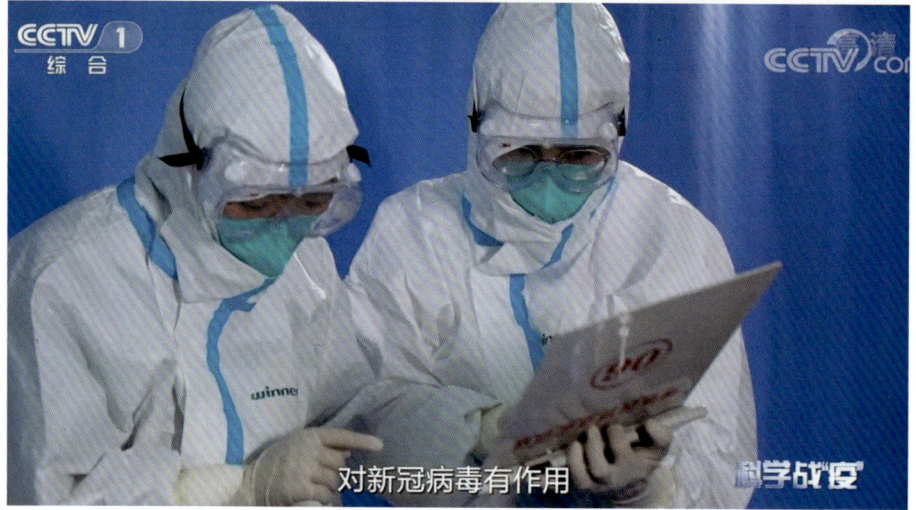

2021年7月14—15日,央视综合频道播出由总台和科技部联合摄制的纪录片《科学战"疫"》,展示科研攻关为战"疫"提供的强大支撑

2021年12月30日,《新闻联播》播出《我们的2021 同心抗疫 生命至上》

决战脱贫攻坚、决胜全面小康报道

2020年6月6—20日，影视剧纪录片中心推出30集脱贫攻坚电视剧《最美的乡村》，在央视综合频道黄金时间播出

2020年6月12日，亚洲非洲地区语言节目中心制作系列特别报道《蓝天白云下，藏地好生活》。图为老挝语记者（右一）在云南省迪庆藏族自治州采访藏族传统文化保护工作及旅游业发展情况

2020年7月25日—11月1日，财经节目中心推出大型融媒体行动"走村直播看脱贫"。记者走进全国23个省区市的101个典型脱贫村进行采访拍摄

2020年8月12日，欧洲拉美地区语言节目中心法籍主持人在宁夏拍摄脱贫攻坚纪录片《贺兰山下》

2020年9月22日，农业农村节目中心推出百集系列报道《"三区三州"行》，以新闻纪实手法记录脱贫攻坚伟大历史进程，展示中国消除贫困的成果

2020年11—12月，新闻新媒体中心推出《你好，新时代》系列报道之《我和我的村庄》，讲述脱贫攻坚战役中的感人故事

2020年10月1—8日，央视新闻客户端推出直播特别节目《坐着高铁看中国》

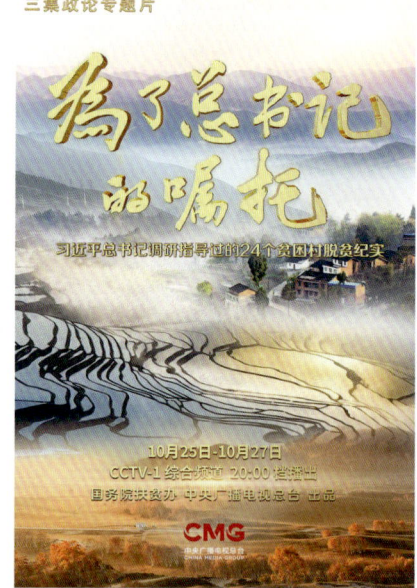

2020年10月25—27日，国务院扶贫办和总台共同出品的3集政论专题片《为了总书记的嘱托——习近平总书记调研指导过的贫困村脱贫纪实》在央视综合频道黄金档播出。该片记录了24个贫困村如何在总书记的关怀指导下实现脱贫的历史跨越

重大报道

2021年2月18—25日，8集脱贫攻坚政论专题片《摆脱贫困》在总台央视综合频道首播，讲述党的十八大以来，以习近平同志为核心的党中央带领全国各族人民向贫困宣战，帮助现行标准下近1亿农村贫困人口全部脱贫、832个贫困县全部摘帽的故事

2021年2月25日，全国脱贫攻坚总结表彰大会在北京人民大会堂举行。总台全媒体直播报道

2021年3月5日，农业农村节目中心推出的全国脱贫攻坚总结表彰专题晚会《迈进新征程》在农业农村频道首播

2021年7月19日起,央视中文国际频道(亚洲)《中国舆论场》栏目播出系列报道《走进乡村看小康》

2021年8月2—6日,央视综合频道播出电视专题片《人民的小康》,充分展现以习近平同志为核心的党中央对决胜全面建成小康社会的战略擘画和重大部署取得的历史性成就。图为摄制组在云南省金平县拍摄《拉祜族的幸福生活》

2021年9月18日起,财经节目中心推出《中国粮仓》专题系列报道。节目展示了我国摆脱绝对贫困、全面建成小康社会、推动乡村振兴的伟大成就

纪念抗美援朝出国作战 70 周年报道

2020年10月12日，华语环球节目中心推出20集大型原创纪录片《抗美援朝　保家卫国》

2020年10月19日，央视国防军事频道播出纪念抗美援朝出国作战70周年特别节目《军歌故事——中国人民志愿军战歌》。图为节目组编导在重庆采访抗美援朝老兵易禄亨

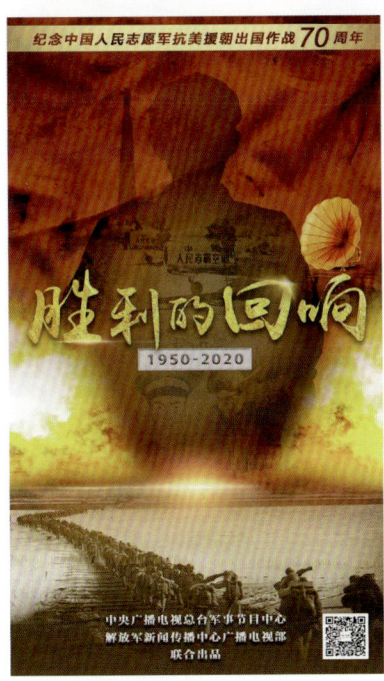

2020年10月15—23日，军事节目中心央广《国防时空》栏目推出纪念抗美援朝出国作战70周年特别节目《胜利的回响》

2020年10月19—24日，央视国防军事频道推出纪念抗美援朝出国作战70周年特别报道《新闻特刊·70周年》

2020年10月23日,纪念中国人民志愿军抗美援朝出国作战70周年大会在北京人民大会堂举行,总台进行现场直播。图为直播团队在直播前调试设备

2020年10月24日,《英雄儿女——纪念中国人民志愿军抗美援朝出国作战70周年文艺晚会》在总台全媒体、多平台同步播出

2020年12月27日,40集电视剧《跨过鸭绿江》在央视综合频道首播,全景式展现抗美援朝战争和抗美援朝运动

全国两会报道

2020年5月21日、22日,全国政协十三届三次会议和十三届全国人大三次会议相继在北京人民大会堂开幕。总台多平台进行现场直播,首次实现全国两会重大时政场次4K直播

2020年5月22—28日,总台推出大型融媒体特别节目《两会你我他》,新闻频道、央视新闻客户端、中国之声、环球资讯广播同框直播

2020年全国两会期间,央视网联合百度推出全国首个集智能对话、语音交互、社交分享于一体的时事AI产品——《对答如流·两会"智"通车》

2020年5月24日,十三届全国人大三次会议记者会举行,国务委员兼外交部长王毅回答中外记者提问,总台多平台全程直播。图为财经节目中心记者在会前作连线报道

2021年3月4日,全国政协十三届四次会议在北京人民大会堂召开。总台现场直播开幕会

2021年3月5日,中国之声《央广会客厅》特别节目组专访全国人大代表

2021年3月5日,环球资讯广播直播全国政协十三届四次会议闭幕会

2021年3月5日,央视社会与法频道《一线》栏目推出全国两会特别节目《我建议》。图为记者采访全国人大代表

2021年3月11日,央视新闻频道《面对面》栏目记者在北京采访全国政协委员、江苏省锡山高级中学校长唐江澎

十九届五中全会、六中全会报道

2020年10月26—29日，中国共产党第十九届中央委员会第五次全体会议在北京召开。总台多平台深入宣传报道

2020年11月8日，新闻中心《焦点访谈》栏目推出《新征程 新蓝图——抓住机遇 应对挑战》系列报道。图为记者采访中国国际经济交流中心副理事长王一鸣，解读"十四五"规划

2021年11月8—11日，中国共产党第十九届中央委员会第六次全体会议在北京举行。总台多平台、全媒体、多语种精心组织报道，聚焦宣传贯彻六中全会精神，阐释六中全会重要意义

深圳经济特区建立40周年报道

2020年8月19日,为庆祝深圳经济特区建立40周年,央视新闻客户端、央视频、粤港澳大湾区总部多平台推出特别节目《乘风破浪看深圳》

2020年10月13日,为庆祝深圳经济特区建立40周年,粤港澳大湾区之声推出12集融媒体系列报道《风雨同创40年》,深入挖掘深圳创新发展的巨大成就和努力探索。视频素材被美国消费者新闻与商业频道、德国之声等35家国外媒体选用

2020年10月14日,电视专题片《先行》在央视中文国际频道、纪录频道播出。该片回顾了深圳特区40年改革开放、先行先试的发展历程

航天成就报道

2020年12月17日凌晨,中国探月工程三期"嫦娥五号"返回器平安返回,总台多平台报道。图为记者现场采访航天工程专家裴照宇(右)

2021年6月23日,央视新闻频道推出直播报道《中国空间站 天地通话》

2021年10月29日,《新闻联播》播出专题报道《弘扬载人航天精神 自立自强创新超越》

万米海底深潜直播报道

2020年11月10日,总台多平台报道中国载人潜水器"奋斗者号"挑战海洋最深处的壮举。此次海试报道内容被《人民日报》、新华社广泛引用,被全网推送。图为"奋斗者号"下潜到马里亚纳海沟一万米深海时,总台记者在"探索一号"船进行实时现场直播

2020年11月10日,央视频推出《逐梦深蓝丨中国"奋斗者"号载人潜水器万米级海试直播特辑》,全程见证"奋斗者号"探索万米深海全过程

2020年11月13日,由总台牵头研制的深海视频着陆器"沧海号""凌云号"拍摄中国万米级载人潜水器"奋斗者号"在太平洋马里亚纳海沟进行科考,创造了全球首次实现万米海底直播报道的历史。图为主持人与身在万米海底的"奋斗者号"潜航员视频通话

中国国际进口博览会报道

2020年11月4日,总台全媒体、多平台报道第三届中国国际进口博览会。总台记者在上海外滩直播夜景灯光秀

2020年11月6—7日,第三届中国国际进口博览会期间,总台欧洲拉美地区语言节目中心、新闻新媒体中心、总经理室联合推出两场"足不出沪 享购好物"直播带货

2020年11月8日,总台新闻中心记者在第三届中国国际进口博览会医疗馆直播,介绍医疗馆的展览亮点和新型设备

2021年11月4日,在第四届中国国际进口博览会配套活动"中国加入世贸组织20周年专题展"上,总台记者专访卢森堡驻华大使俞博生(左)

2021年11月5—10日,第四届中国国际进口博览会在上海国家会展中心举办。总台全程报道进博会动态和成果

体育赛事报道

2020年8月1日,体育青少节目中心与国家体育总局、中国网球协会共同主办的中国网球巡回赛(CTA)在云南昆明开赛。图为11月11日,总台记者在广州黄埔站赛场采访参赛选手

2021年6月11日,欧洲杯晚间专题节目《足球盛宴》在总台央视体育频道播出

2021年7月23日,东京奥运会开幕,总台全媒体直播报道。图为主持人在开幕式现场解说

2021年7月26日,东京奥运会比赛期间,总台记者现场采访女子100米蝶泳亚军得主张雨霏(左)

2021年9月15—27日,第十四届全国运动会在陕西省举行。总台全媒体对赛事进行报道

2021年10月26日,央视综合频道《晚间新闻》栏目在2022年北京冬奥会倒计时100天之际推出特别节目《冰雪之约》

其他重要报道

2020年春节期间,军事节目中心国防军事频道推出系列报道《新春走基层·铿锵行》。图为记者探访北部战区陆军某边防部队冬训现场

2020年5月27日,我国珠峰高程测量登山队从北坡登顶珠峰,精准实施2020珠峰高程登顶测量工作。总台新闻中心、新闻新媒体中心多平台跟进报道。图为工作人员在完成测量拍摄任务后,在峰顶展示总台标识

2021年3月13日,《新闻联播》推出系列专题节目《新征程开局"十四五"》

2021年7月20日,河南省发生特大暴雨灾害。新闻中心派出记者现场报道。图为7月21日,记者在郑州市京广路隧道口进行现场直播

精品力作

大型电视纪实栏目《国家记忆》以历史纪录片为表现方式，记录国家重大历史事件，讲述人物故事。2020年，该栏目推出《大国仪仗》《抗美援朝保家卫国》等一系列有传播价值和影响力的作品

2020年1月24日，广播春节特别节目《中国声音中国年》在央广中国之声、经济之声、音乐之声等8个频率并机直播。节目以"比美食、赛歌声""晒美景、斗年俗""拼创新、看变化"为主线，以改革开放40周年为纵深，用"声音大片"记录发展变革的中国

2020年2月27日，新媒体动画微纪录片《战武汉》在CGTN官网首发，时长3分43秒，在国际传播中讲好中国抗疫故事

2020年1月26—27日，央视频独家上线火神山医院与雷神山医院建设慢直播，并推出新媒体H5互动产品《疫情24小时》

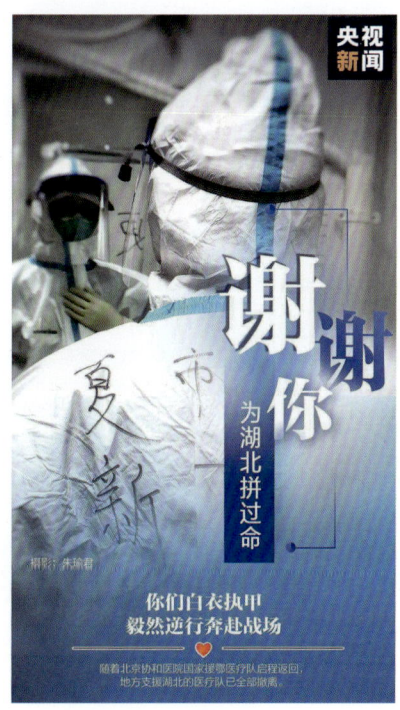

2020年3月17日，新媒体海报专题《谢谢你为湖北拼过命》在央视新闻微博发布

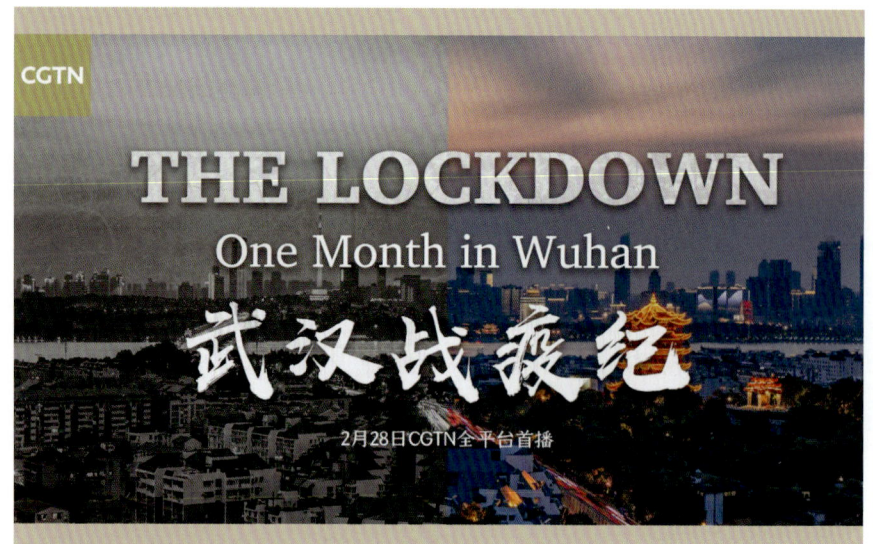

2020年2月28日，纪录片《武汉战疫纪》在CGTN英语新闻频道《今日世界》（The World Today）栏目首播。该片是新冠肺炎疫情暴发后，首部向世界展现中国抗疫过程的英文纪录片

2020年5月21—30日，10集大型航拍纪录片《航拍中国》第三季——《一同飞越》在央视综合频道、纪录频道以及总台多个新媒体平台播出。50分钟的空中旅程，通过全新的视角，让观众看到美丽中国、生态中国、文明中国

2020年7月25日，舆论监督报道《水漫河堤、防汛一级应急响应，秦淮河大堤却被挖空建高档餐厅！》在央广中国之声《新闻纵横》栏目首播

精品力作

2020年9月1日，大型公益节目《开学第一课》在央视综合频道播出。《开学第一课》是教育部与总台联合制作的面向中小学生的电视教育节目，每年9月1日播出。2020年《开学第一课》围绕抗击新冠肺炎疫情、脱贫攻坚等重大时代背景，以"担当、团结、科学"三个篇章展开讲述

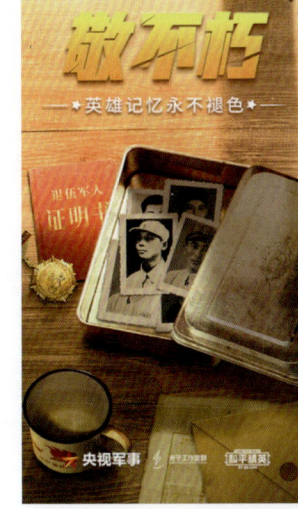 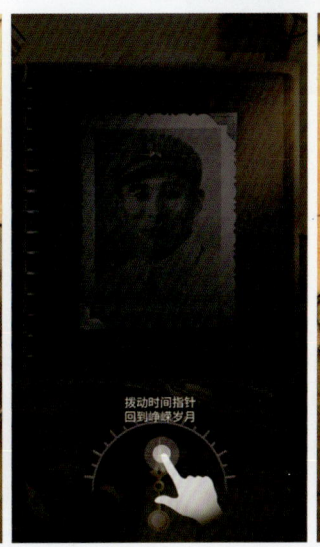 

2020年9月3日，新媒体互动H5产品《敬不朽——英雄记忆永不褪色》在央视军事新媒体平台推出。参与者可通过拨动"时间指针"，对8位年过九旬抗战老兵的照片进行修复

2020年10月2日，大型文化类节目《故事里的中国》第二季在央视综合频道首播。图为第一期《扶贫路上》，由演员钟楚曦饰演的广西壮族自治区百色市百坭村驻村第一书记黄文秀

2020年10月21日起，6集大型纪录片《英雄儿女》在央视综合频道首播。该片采访了101位志愿军老战士，以人物的生动讲述和珍贵历史影音资料，展现中国人民志愿军的英雄事迹

2020年12月31日—2021年1月2日，3集纪录片《我在故宫六百年》在央视纪录频道首播。该片讲述故宫六百年的历史沿革和新中国成立70年来老中青古建保护者的独特故事

2020年11月10日，6集4K纪录片《而立浦东》在央视综合频道首播。该片展现了浦东开发开放的辉煌历程，彰显浦东作为中国改革开放排头兵、创新发展先行者的奋斗形象

2020年12月4—6日，全国最高人民法院新闻局与总台《今日说法》栏目联合推出《大法官开庭》之《湘西扫黑风云》，在央视综合频道播出

2020年12月10日，广播特写《我在武汉92天》在央广中国之声播出。节目讲述记者在武汉封城第三天赶赴武汉，亲历新冠肺炎疫情并记录在武汉采访报道抗疫一线的92天

精品力作

2021年，《主播说联播》节目更加注重知识垂类受众的需求，增强节目知识性、趣味性。9位主播通过"小课堂"的形式讲解热点新闻背后的知识

2021年1月15日起，6集纪录片《热的雪——伟大的抗美援朝》在央视纪录频道播出。该片深度解读抗美援朝经典战例，重温这场战争中英雄的传奇故事

2021年2月11日，2021年中央广播电视总台春节联欢晚会向全球直播。晚会以"万民安康辞旧岁 欢歌笑语迎新年"为主题，贯穿建党百年、全面小康、脱贫攻坚、疫情防控、北京冬奥会等主题主线，生动讲述中国故事

2021年2月12日,大型文化节目《典籍里的中国》在央视综合频道首播。节目聚焦优秀中华文化典籍,通过时空对话的形式,以"戏剧+影视化"的表现方法,讲述典籍在五千多年历史长河中源起、流转及书中闪亮的故事。图为《典籍里的中国》第一期《尚书》

2021年2月24日,26集动画片《中国神话故事》在央视少儿频道首播。该片将经典神话故事进行现代演绎

2021年2月18日起,《平"语"近人——习近平喜欢的典故》(第二季)在央视综合频道黄金时间播出,共12集

2021年3月8日起,《红色档案——走进中央档案馆》在央视新闻客户端推出,在微博、哔哩哔哩、微信公众号等新媒体平台同步推发。节目精选中央档案馆馆藏珍贵档案,讲述档案背后的故事

视频 | 大湾区之声热评：高票通过决定就是最大的民意！

大湾区之声 大湾区之声 2021-03-11 23:43
发表于广东

2021年3月11日，新闻评论《大湾区之声热评：高票通过决定就是最大的民意！》在"大湾区之声"微信公众号首播。节目以粤语播音，融合音视频，深入阐释完善香港选举制度，落实"爱国者治港"原则的紧迫性、合法性、必要性

2021年4月6日，3集纪实广播剧《茂茂草》在央广阅读之声首播。该剧以真实人物李耀梅为原型，讲述一个普通农村妇女在政府的支持下摆脱贫困的故事

2021年3月28日，10集电视纪录片《探秘三星堆》在总台科教频道《探索·发现》栏目播出。全程跟踪拍摄三星堆考古发掘和研究进程

2021年4月5日起，4集典型报道《清澈的爱 只为中国》在央视国防军事频道播出。节目首次独家讲述在2020年6月中印边境边防斗争中牺牲的四位英烈的成长故事和英雄事迹

2021年5月10日，电视新闻访谈节目《白岩松专访香港特区行政长官林郑月娥》在央视新闻频道《新闻1+1》栏目播出。节目直面香港两年来的变化和挑战，回答了一系列公众疑问，聚焦香港未来发展前景

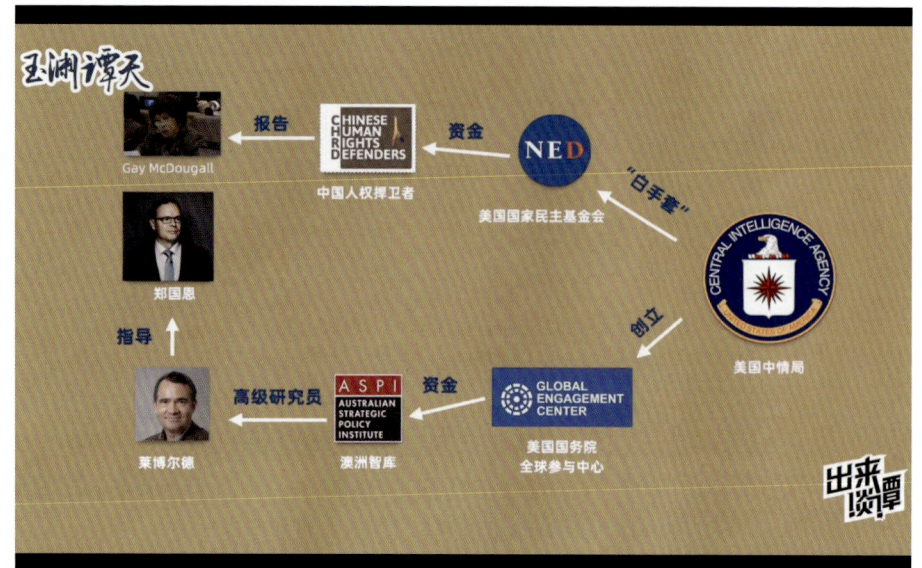

2021年5月20日，新闻中心玉渊谭天工作室推出《起底涉疆谎言》系列报道。图为《起底涉疆谎言生产全过程：谁在幕后操纵？》的线索图

2021年6月2日，央视网推出纪录片《新兵请入列》之《青春无悔｜180日的蜕变，新兵已入列》。该片记录了新兵经历180天训练后，从社会青年蜕变为合格解放军战士的过程

2021年6月5日起，3集4K纪录片《国家公园：野生动物王国》在央视中文国际频道和央视频播出。节目聚焦10个中国国家公园独特的生态景观和珍稀野生动植物。图为摄影师在陕西省秦岭深处蹲守40余天拍摄野生大熊猫

精品力作

2021年6月10日起，电视新闻系列报道《"象"往何处》在央视新闻频道、财经频道等多平台播出，跟踪报道云南野生象群北迁

2021年6月21日起，广播剧《大凉山》在央广中国之声播出。该剧以四川凉山州的脱贫攻坚战为背景，再现各级扶贫干部带领乡亲们艰苦创业、脱贫摘帽的奋斗故事

2021年7月19日起，52集动画片《林海雪原》在央视少儿频道首播。该片全景式再现解放战争初期东北剿匪历史岁月，讴歌人民解放军战士在党领导下为人民群众的解放和幸福不惧牺牲的革命精神

2021年7月5—10日，6集纪录片《大国建造》在央视财经频道播出。该片探秘中国制造、中国建造和中国创造的奇迹

2021年7月9日，央视动漫集团出品的动画电影《新大头儿子和小头爸爸4：完美爸爸》在全国上映。影片讲述大头儿子和虚拟世界中的"完美爸爸"开启一段冒险旅程的故事

2021年8月6日,新闻中心央视时政《V观》栏目推出《时政现场评丨跟随总书记的脚步 到塞罕坝看树看人看精神》

2021年10月23日起,大型文博探索节目《国家宝藏·展演季》在央视综艺频道播出。节目以多种艺术形式演绎国宝故事

2021年11月20日起,大型考古类文化节目《中国考古大会》在央视综合频道播出。节目围绕中国考古百年历程中的重大考古发现、文化遗存、遗址文物等,将历史与当代有机结合,梳理中华文明起源和发展脉络

2021年8月13日,总台央视频首个大型原创融媒体综艺节目《央young之夏》在央视频首播。图为首期节目《战队集结篇》海报

2021年9月28日,由总台视听新媒体中心联合中国电影资料馆共同修复的,我国首部黑白转彩色4K修复故事片《永不消逝的电波》在北京举行首映礼,国庆期间在全国各大电影院线上映

2021年12月17日，由总台拍摄的首部电影《跨过鸭绿江》在全国上映。该片从中国人民志愿军司令员兼政治委员彭德怀的视角，讲述中央领导的战略决策、志愿军将领的战场谋略、志愿军战士浴血奋战的故事

2021年12月20日，央视新闻客户端推出时政微视频《为谁辛苦为谁忙》，全景式回顾梳理习近平总书记这些年考察足迹，引发强烈社会反响

2021年12月2日，舆论监督报道《多地清洁取暖被指"一刀切"：禁柴封灶致部分群众挨冻》在央广中国之声播出，关切河北秦皇岛山海关古城地区群众过冬取暖问题

2021年12月22日，11集应急科普系列动画《急急侠》（第六季）在国家应急广播网首播，该片用寓教于乐的方式向少年儿童普及实用应急自救知识

2020年1月14日,总台2020年春节联欢晚会5G+8K/4K/VR创新应用正式启动仪式在北京举行。中宣部副部长、中央广播电视总台台长慎海雄(左四),总台副台长阎晓明(右三),科技部、工信部、广电总局、三大运营商等相关负责人出席

2020年1月17日,总台2020网络春晚在央视综艺频道、央视频客户端、央视新闻客户端、央视网多终端、海外社交平台等全媒体渠道首播

2020年3月5日,总台音频客户端云听正式上线。这是总台继央视频之后,在移动端推出的声音新媒体平台

新媒体平台

2020年3月7—8日,新闻新媒体中心推出《共同战"疫" 我的同乡英雄》融媒体直播活动,联动北京、上海、广州、深圳等33座城市8万张户外大屏,投放抗疫英雄的海报、照片,并邀请抗疫英雄走进直播间讲述抗疫故事

2020年4月29日,央视网"决胜——脱贫攻坚智惠媒体平台"正式上线

2020年9月15日,央视新闻客户端与百度联合,首次使用总台AI+VR技术直播百度世界2020大会,推出《AI影响生活》节目

2020年7月25日,新闻新媒体中心推出《买遍中国》全国巡回带货直播

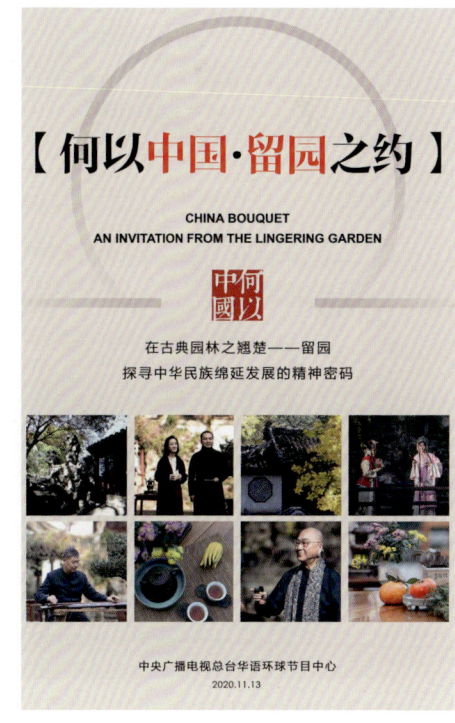

2020年11月,华语环球节目中心推出《何以中国·留园之约》融媒体活动

2020年12月1日起，欧洲拉美地区语言节目中心波兰语部"琥珀工作室"推出三集微视频纪录片《三城三梦——波兰人的中国故事》，每周在国际在线波兰文网和波兰语脸书主页播出一集

2020年12月31日，央视频与哔哩哔哩联合主办"2020最美的夜"跨年晚会

2021年，亚洲非洲地区语言节目中心在脸书、优兔等境外社交平台推出微综艺原创IP节目《又过节啦》，展示中国各地多彩的节日文化

2021年2月26日，国际在线《红心点赞中国》H5互动游戏上线

新媒体平台

2021年两会期间,央视网推出国内媒体行业首个"3D超写实数字人"小C(中)。图为2021年3月9日播出的《两会特别节目·C+真探》虚拟主播小C连线采访全国人大代表吴端华(左)、吾尔尼沙·卡得尔(右)

2021年4月7日,总台各节目中心运营的首批垂类频道在央视频启动上线。中宣部副部长、中央广播电视总台台长兼总编辑慎海雄(左六)等出席上线仪式

2021年5月10日,央广经济之声《交易实况》上线央视频

2021年6月7日,CGTN俄语部创作的首支由两国虚拟歌手合唱的歌曲《出发向未来》在总台多平台发布。图为CGTN与俄罗斯科技公司联手打造的虚拟网红娜娜Alena(右)

2021年7月19日,财经节目中心推出证券类大型融媒体节目《财访》,每周一至周五在央视频、央视财经客户端播出,全方位解读市场信息、梳理投资方向

2021年6月,云南野生象群北迁引发全球网友关注和热议,央视频推出《一路"象"北!云南野生象群到哪了?》,采用慢直播追踪、科普报道、虚拟AR技术等直观展示大象迁移动态

2021年7月1日,创新发展研究中心"CMG观察"发布H5产品《一生一誓》,展现建党百年成就

新媒体平台

2021年8月17日，亚洲非洲地区语言节目中心泰米尔语网红工作室推出《菜市场女王》系列直播节目，从人间烟火中真实全面地展现中国生活

2021年11月5日，文艺节目中心推出新媒体直播活动《听你说听我说》，为第22个中国记者节献礼

2021年12月11日，央视频推出的主播冬奥体验才艺真人秀《冬日暖央young》首期节目正式上线

2021年10月1日，民族语言节目中心朝鲜语节目抖音账号发布短视频《喜迎国庆——我在天安门广场送祝福》

2021年10月18日，CGTN美食旅行系列节目《好吃客》首播，第一季10期节目及新媒体产品阅读量超过2亿人次，海内外多家媒体推介转载

2020年7月15日—12月底，国际在线《国际漫评》栏目推出34期漫画，揭批美西方媒体在新冠病毒溯源方面攻击抹黑中国的恶劣行径

2020年8月4日，黎巴嫩首都贝鲁特港口区发生巨大爆炸，中东总站记者第一时间进入现场直播报道

2020年8月17日，英语环球节目中心启动大型融媒互动报道《雪域路书——网红背包客西藏行》

2020年11月12日，亚欧总站记者在叙利亚大马士革难民营进行现场报道

国际传播

2020年12月7日，CGTN法语频道与欧洲新闻台同步播出《对话世界：后疫情时代中欧合作展望》

2021年1月4日起，影视剧纪录片中心5集纪录片《完美星球》在全球同步播出。展示地球的壮丽奇异，歌颂孕育生命的自然力量，反思人类活动对生态平衡产生的巨大影响

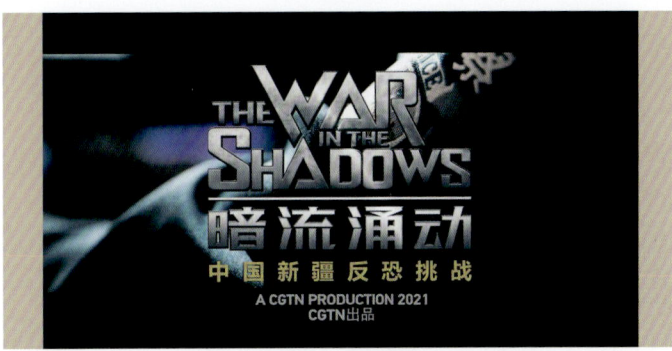

2021年4月2日，纪录片《暗流涌动——中国新疆反恐挑战》在央视CGTN-Documentary纪录频道、中文国际频道、CGTN英语、西班牙语、法语、阿拉伯语、俄语官网和央视频播出。该片披露新疆反恐真相，用事实驳斥美西方谬论

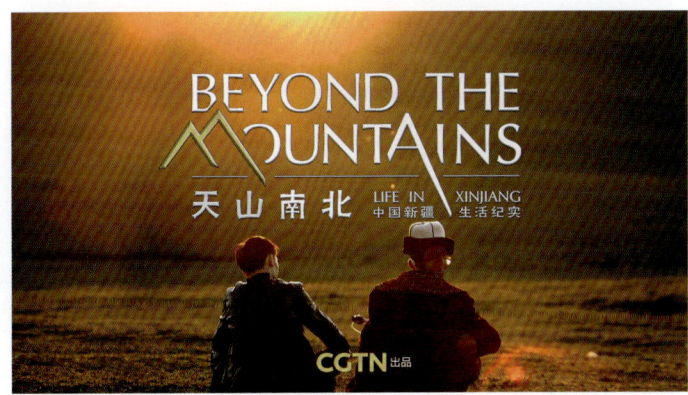

2021年4月16日，CGTN运用5种语言在多平台播出反映当代新疆生活的人文纪录片《天山南北——中国新疆生活纪实》。该片被称为"史上最美新疆人文纪录片"，获全网阅读量达2.2亿人次，相关报道全面覆盖G7、G20成员国受众

2021年7月27日,欧洲拉美地区语言节目中心提拉米苏网红工作室短视频节目《穿越古今,重走马可波罗笔下的刺桐城》在意大利网络杂志《意大利新闻在线》官网播出

2021年7—12月,欧洲拉美地区语言节目中心葡萄牙语部小鹿网红工作室与巴西本土大莫网红工作室在优兔平台联袂推出系列产品《对对碰:小鹿和大莫》,关注美食文化,展现普通人的美好生活,引起巴西受众热烈反响

2021年8月30日(当地时间),总台报道员奥贝德(左)在阿富汗首都喀布尔采访遭美军轰炸的喀布尔平民及死难者家属

2021年8月31日,塔利班临时安排在阿富汗国家电视台举行美军撤离后的第一次新闻发布会。CGTN报道员第一时间赶到会场,成为发布会现场唯一的国际媒体

国际传播

2021年10月1日，迪拜世博会开幕期间，阿拉伯联合酋长国规模最大的阿拉伯语官方报纸《联邦报》刊登中央广播电视总台台长慎海雄署名文章《从上海到迪拜——给世界的信心》

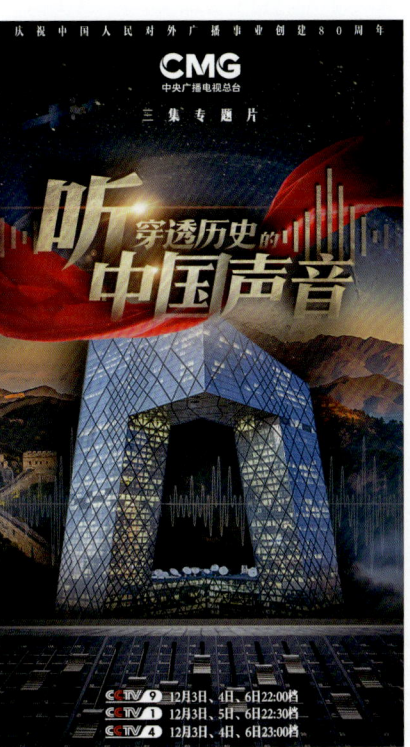

2021年12月3日，为庆祝中国人民对外广播事业创建80周年，亚洲非洲地区语言节目中心推出三集系列专题片《听，穿透历史的中国声音》。该片在央视综合频道、中文国际频道、纪录频道和央视新闻、央视频客户端等多平台播出，部分内容译制为23种语言在海外新媒体平台播出

2021年12月9—10日，专题片《起底"美式民主"》（上下）在CGTN英语频道播出。节目用事实说话，近距离审视"美式民主"在美国的乱象及其在国际上的失信

2021年12月3日，中老铁路开通仪式当天，亚洲非洲地区语言节目中心老挝语部记者在中老铁路万象站直播连线央视《新闻直播间》，介绍中老铁路情况

交流·论坛

2020年1月1日，中央广播电视总台台长慎海雄通过中国国际广播电台和互联网向总台海外受众发表新年致辞

2020年8月28日，中央广播电视总台、联合国拉加经委会和拉美新闻联盟以视频连线方式举办2020"拉美伙伴"媒体合作云论坛

2020年12月10日，中央广播电视总台主办的2020"欧洲伙伴"媒体合作云论坛以视频连线的方式召开，中欧媒体代表共同围绕"互信·对话·合作·共赢"主题展开"云端"对话

对外交流

2020年12月15日,中央广播电视总台主办、中国国际电视总公司承办的2020丝绸之路电视国际合作共同体高峰论坛在北京举行

2021年2月3日,总台国际视频通讯社在线上举办第十届全球视频媒体论坛。中央广播电视总台台长兼总编辑慎海雄发表视频致辞

2021年5月12日,中宣部副部长、中央广播电视总台台长兼总编辑慎海雄(前排右)在北京以视频方式会见俄罗斯全俄国家电视广播公司总裁多布罗杰耶夫。会见后,赠送了中国水墨重彩画《顺风顺水图》,祝贺全俄国家电视广播公司开播30周年

2021年7月14日,中央广播电视总台主办的2021"东盟伙伴"媒体合作论坛在北京举行。总台与来自15个国家33家媒体及机构近百位中外嘉宾以线上线下结合的方式,围绕"加强媒体合作 推动区域发展"主题展开对话,论坛同时发布了《加强合作共同宣言》。中宣部副部长、中央广播电视总台台长兼总编辑慎海雄(前排左五)等出席

2021年9月9日,中央广播电视总台与国际奥委会2026—2032年奥运版权合作签约仪式在线上举行。中宣部副部长、中央广播电视总台台长兼总编辑慎海雄(左三)等出席

2021年10月27日,总台成功举办首届中欧音乐节暨北京冬奥会倒计时100天音乐会。来自欧洲多国百余名音乐家以充满激情的序曲祝福北京2022年冬奥会。音乐会通过中文国际频道、奥林匹克频道、体育频道、音乐频道、CGTN英语频道、法语频道以及音乐广播频率、央视频等多平台播出,多语种版本通过全球多家主流媒体播出

对外交流

2021年11月2日（当地时间），北美总站推出"全球行动倡议2021——气候变化"大型高端媒体活动。中央广播电视总台台长兼总编辑慎海雄致开幕词，中国驻美国大使秦刚、多国政要和国际组织负责人参加，共议气候变化，宣介中国主张

2021年11月2日，中央广播电视总台与阿根廷国家广播电视台、阿根廷国家通讯社和阿根廷美洲传媒集团三家主流媒体联合主办的中阿全景在线论坛举行。中央广播电视总台台长兼总编辑慎海雄发表视频致辞

2021年11月26日，中央广播电视总台在内罗毕举办2021"非洲伙伴"媒体合作论坛

2021年12月15日（当地时间），中央广播电视总台马那瓜记者站在尼加拉瓜首都马那瓜正式揭牌成立。这是总台海外第190个记者站点

会谈·合作

2020年10月16日,中央广播电视总台台长兼总编辑慎海雄在北京会见新加坡驻华大使吕耀德

2020年11月17日,中央广播电视总台台长兼总编辑慎海雄在北京会见西班牙驻华大使德斯卡亚

2020年11月20日,中央广播电视总台台长兼总编辑慎海雄在北京会见意大利驻华大使方澜意

对外交流

2020年12月7日,中央广播电视总台台长兼总编辑慎海雄在北京会见欧盟驻华代表团团长郁白

2021年2月8日,中央广播电视总台台长兼总编辑慎海雄(右二)在北京会见比利时驻华大使高洋

2021年4月13日,中央广播电视总台台长兼总编辑慎海雄会见日本驻华大使垂秀夫

2021年6月21日，中央广播电视总台台长兼总编辑慎海雄在北京会见俄罗斯驻华大使杰尼索夫

2021年9月9日，中央广播电视总台台长兼总编辑慎海雄在北京与国际奥委会主席巴赫视频会见并签署合作协议

2021年12月14日，中央广播电视总台台长兼总编辑慎海雄在北京会见阿根廷驻华大使牛望道

产业经营

2020年6月10日,总台在北京举办"CCTV强农品牌计划"发布活动

2020年8月6日,总经理室与北京市朝阳区人民政府签署战略合作协议

2020年11月19日,中央广播电视总台2021"品牌强国工程"签约活动在京举行,40余家企业与总台签约

2020年12月8日,中央广播电视总台与中国移动通信集团有限公司内容版权整体合作签约及5G超高清视音频传播中心启动仪式在北京举行。中宣部副部长、中央广播电视总台台长兼总编辑慎海雄(后排左五),副台长蒋希伟(后排左四)等出席启动仪式

2021年4月16日,中央广播电视总台"品牌强国工程——乡村振兴行动"在重庆启动。中宣部副部长、中央广播电视总台台长兼总编辑慎海雄(左)与重庆市委副书记、市长唐良智出席启动仪式

2021年5月9日,"圣火,让我们在一起——中央广播电视总台奥运会及欧洲杯融媒体营销方案发布会"在上海举行

产业经营

2021年6月23日,中央广播电视总台与快手联合举办的2020东京奥运会及2022北京冬奥会赛事转播短视频战略合作发布会在京召开

2021年9月29日,中央广播电视总台2022品牌强国工程发布活动在北京举行

2021年11月24日,中央广播电视总台与澳门广播电视股份有限公司赛事媒体权利授权签约仪式在广州举行

党团建设

2020年1月1日,"总台之声"微信公众号创办。公众号围绕总台中心工作,加强党建宣传,报道先进典型,稿件多次被旗帜网、人民网、党建网、共产党员网、新华网、光明网、金台资讯等主流媒体广泛转发

2020年7月1日,中央广播电视总台网上党校上线,初步建成党建信息、学习培训、交流展示、服务中心等四大平台,实现总台党员干部教育培训全覆盖,成为全台党员提高理论素质和加强党性锻炼的重要平台

2020年2月,总台武汉新冠肺炎疫情前方报道组部分人员在党旗前庄严宣誓,"火线"入党

2020年7月1日,总台举办庆祝中国共产党成立99周年主题党日专题党课,中宣部副部长、中央广播电视总台党组书记、台长兼总编辑慎海雄讲党课

2021年10月,创新发展研究中心党委《"光华路鸣"党建创新平台》、机关党委《"百位播音员主持人讲党史"微视频》、新闻中心党委《"双周学党史"宣讲活动》获第三届党建创新成果展示交流活动百优案例

队伍建设

2021年4月16日，总台设立的首个党史学习教育基地——红岩党史学习教育基地启用揭牌

2021年6月25日，中央广播电视总台举办庆祝中国共产党成立100周年主题党日活动。中宣部副部长、中央广播电视总台党组书记、台长兼总编辑慎海雄带领总台全体党员领导干部重温入党誓词

员工关怀

2020年1月21日,中宣部副部长、中央广播电视总台台长慎海雄(左三)春节慰问中央新闻纪录电影制片厂原副总编辑张建珍

2020年1月21日,中央广播电视总台副台长、机关党委书记阎晓明(右一)春节慰问获"2017年全国最美家庭"的维吾尔族职工阿不都·卡得尔一家

2020年1月25日(大年初一),中宣部副部长、中央广播电视总台台长慎海雄(前排左二)先后到总台四址办公区看望慰问值守武警和值班员工,并检查新冠肺炎疫情防控措施落实情况

2020年11月9—10日，中宣部副部长、中央广播电视总台台长兼总编辑慎海雄（前排右）慰问总台获颁"中国人民志愿军抗美援朝出国作战70周年"纪念章的老同志

2020年11月9—10日，中央广播电视总台党组成员、副台长蒋希伟（左）慰问总台获颁"中国人民志愿军抗美援朝出国作战70周年"纪念章的老同志

2021年7月9日，中央广播电视总台党组成员、副台长、机关党委书记阎晓明（左）看望总台"光荣在党50周年"老干部

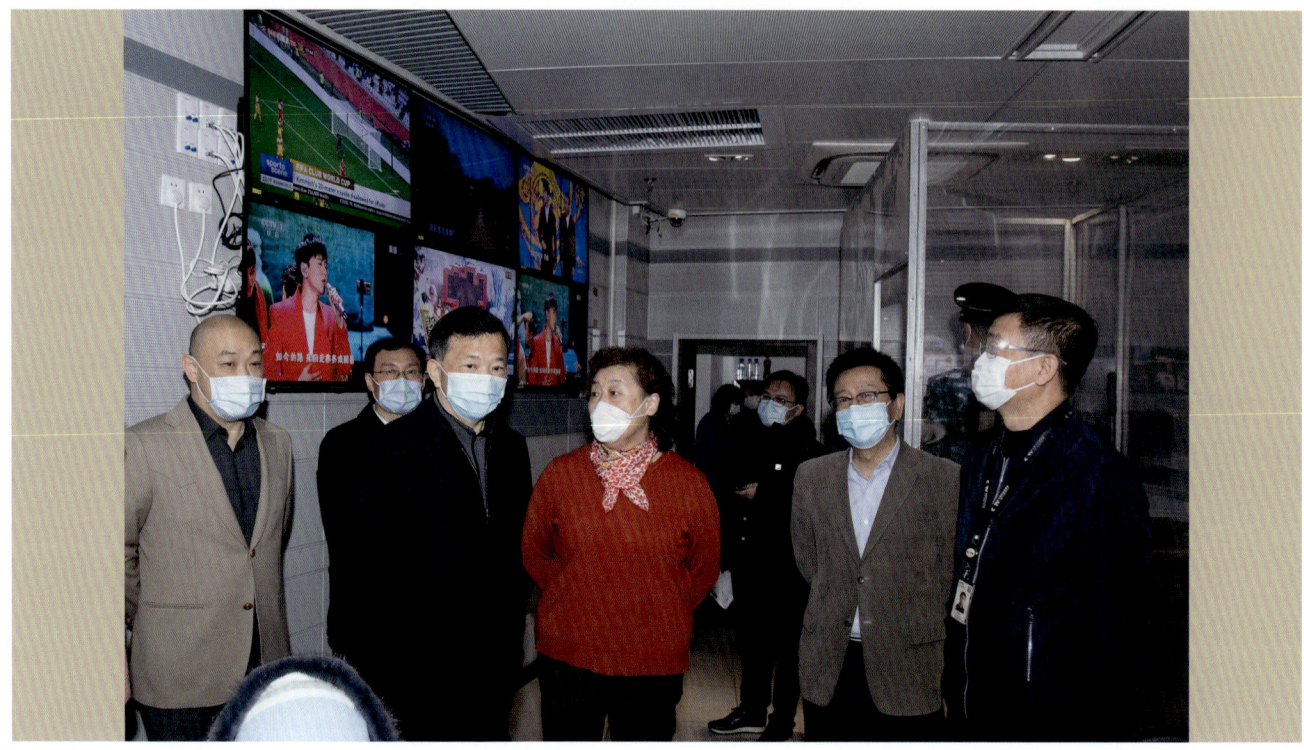

2021年2月12日,中宣部副部长、中央广播电视总台台长兼总编辑慎海雄(前排左二)在复兴路办公区看望、慰问春节期间坚守岗位的一线员工

2021年2月12日,中央广播电视总台副台长蒋希伟(左一)在光华路办公区看望、慰问春节期间坚守岗位的一线员工

人才培训

2021年2月26日，总台召开2021年工作会议，表彰总台首届"十佳"和2020年度优秀业务平台、优秀国内地方总站，启动总台荣誉退休制度并颁发荣誉纪念证书。图为总台领导为获奖代表颁奖

2021年3月29日—4月1日，总台举办第二期年轻干部素质能力提升专题培训班

2021年5月14日，中央广播电视总台播音员主持人队伍建设会议在复兴路办公区召开

2021年8月16日，总台举办2021年度网络安全技术能手大赛。图为网络安全技术能手集中训练，备战比赛

2021年9月8日，总台青年骨干赴地方锻炼座谈会议召开

2021年11月30日，总台首届"青年英才"评审会召开

2021年，总台网络课堂推出"导演创作谈""记录者"等一系列网上专题班品牌课程

民心工程

2020年12月7日,总台人事局与海淀区人力资源和社会保障局公共服务中心在光华路办公区联合现场办公,并设立党员服务岗

2020年12月23日,总台人事局召开企业年金管理委员会第二次会议

2020年,财务局在总台四址办公区设立财务服务窗口,为各部门和全体员工提供物资领用、医药费报销等服务

2021年3月17日，中央广播电视总台与北京大学第一医院举行紧密型医联体合作签约仪式

2021年10月17日，中央广播电视总台涿州文化产业综合项目建设启动仪式在河北省涿州举行。该项目是以习近平同志为核心的党中央对宣传思想文化战线高度重视、对新闻媒体从业人员亲切关怀的民心工程，是总台等中央媒体单位发展历史上具有重要里程碑意义的战略工程

队伍建设

精神文明建设

2020年10月9日—11月7日，总台团委、工会联合举办总台首届青年足球赛，30个部门的24支球队近600人参加了52场比赛

2020年12月，总台连续6年开展"恒爱行动——百万家庭亲情一线牵"爱心编织公益活动。总台31个部门的490名女职工用570斤毛线编织爱心织品997件，寄往新疆和田，给孩子们送去爱心和温暖

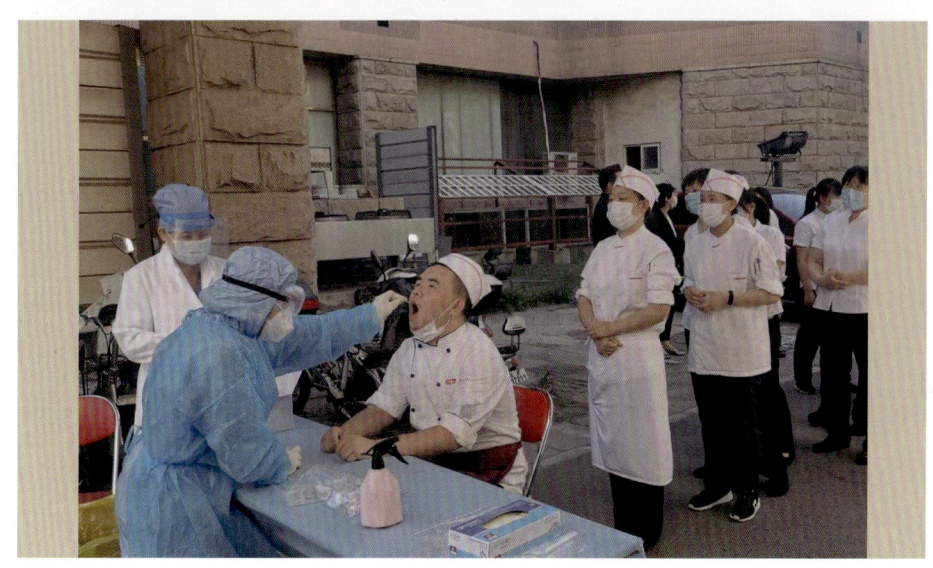

2020年7月1日，总台办公厅行政保障中心组织央视后勤部门全体员工进行核酸检测

中央广播电视总台年鉴

2020—2021

目 录

图片纪事

重要会议	2
重要活动	9
重大报道	17
精品力作	53
新媒体平台	64
国际传播	70
对外交流	74
产业经营	81
队伍建设	84

第一编　领导讲话及文章

2020年领导讲话及文章

慎海雄：深入学习深刻领会习近平总书记重要指示精神　奋力打造国际一流新型主流媒体
——在中央广播电视总台2020年工作会议上的讲话（节选）　2

慎海雄：以钉钉子精神推进总台党的建设高质量发展　为打造国际一流新型主流媒体提供坚强政治保证
——在中央广播电视总台2020年党的建设工作会议上的讲话（节选）　5

慎海雄：在总台与国家体育总局战略合作协议签署仪式上的讲话　8

慎海雄：在总台武汉前方报道组返京欢迎仪式上的讲话　10

慎海雄：在总台"品牌强国工程"捐赠湖北广告资源启动活动上的讲话　12

慎海雄：在庆祝总台民族语言节目创办70周年座谈会上的讲话　14

慎海雄：中拉媒体深化合作　携手抗疫共克时艰
——在"拉美伙伴"媒体合作云论坛开幕式上的致辞　18

慎海雄：加强全球抗疫合作　贡献智慧和力量
——在丝绸之路电视国际合作共同体智库行动倡议活动上的致辞　21

慎海雄：推动多边主义合作　中欧媒体共同迈向新阶段
——在2020"欧洲伙伴"媒体合作云论坛上的致辞　24

慎海雄：在2020丝绸之路电视国际合作共同体高峰论坛上的致辞　26

慎海雄：在中央广播电视总台与

澳门特别行政区政府2021年赛事合作发布暨《擎动中国》(第二季)启动仪式上的致辞　28

慎海雄：在总台庆祝人民广播事业创建80周年座谈会上的讲话　30

慎海雄：强化政治机关意识　奋力打造国际一流新型主流媒体　34

慎海雄：讲述脱贫故事　作出媒体贡献
——在人类减贫经验国际论坛上的致辞　38

2021年领导讲话及文章

慎海雄：坚持守正创新　深化"三个转变"　以优异工作成绩庆祝党的百年华诞
——在中央广播电视总台2021年工作会议上的讲话（节选）　39

慎海雄：奋力推动总台党的建设高质量发展　以优异成绩庆祝中国共产党成立100周年
——在中央广播电视总台2021年党的建设工作会议上的讲话（节选）　43

慎海雄：推动总台经营工作高质量发展　为打造国际一流新型主流媒体提供坚实保障
——在中央广播电视总台2021年经营工作会议上的讲话（节选）　46

慎海雄：在中央广播电视总台党史学习教育动员大会上的讲话　49

慎海雄：推动总台技术工作高质量发展　为打造国际一流新型主流媒体提供强大支撑
——在中央广播电视总台2021年技术工作会议上的讲话（节选）　53

慎海雄：在2021"东盟伙伴"媒体合作论坛上的致辞　56

慎海雄：在中央广播电视总台与澳门特别行政区政府深化战略合作活动仪式上的致辞　58

慎海雄：在总台庆祝中国共产党成立100周年宣传报道总结表彰会议上的讲话（节选）　60

慎海雄：在中央广播电视总台央视奥林匹克频道及其数字平台开播上线仪式上的致辞　63

慎海雄：携手并肩　共筑中非美好未来
——在2021"非洲伙伴"媒体合作论坛上的致辞　65

慎海雄：在2021中国网络媒体论坛开幕式上的致辞　67

慎海雄：生动讲好百年大党故事　凝聚奋进新征程强大力量　69

慎海雄：我们为何策划《典籍里的中国》　73

慎海雄：无声诗里颂千秋
——我们为什么要策划百集《美术经典中的党史》　77

慎海雄：甘将热血沃中华
——我们为什么创作专题纪录片

《绝笔》	80
慎海雄：信物无声　精神永恒	84
慎海雄：学史明理　明理悟道	87
慎海雄：弘扬伟大建党精神　奋力打造国际一流新型主流媒体	93

第二编　组织机构

2020年中央广播电视总台内设机构及职能

总台领导、编务会议成员	100
总台内设机构及职能	100
台属事业单位	105
总台直属企业	106
地方派驻机构	106
海外派出机构	108

2021年中央广播电视总台内设机构及职能

总台领导、编务会议成员	109
总台内设机构及职能	109
台属事业单位	114
总台直属企业	115
地方派驻机构	115
海外派出机构	118

第三编　工作概况

2020年工作概况

中央广播电视总台工作概况	120
办公厅工作概况	129
总编室工作概况	134
新闻中心工作概况	137
内参舆情中心工作概况	141
财经节目中心工作概况	144
文艺节目中心工作概况	148
体育青少节目中心工作概况	152
社教节目中心工作概况	156
影视剧纪录片中心工作概况	159
民族语言节目中心工作概况	163
军事节目中心工作概况	166
农业农村节目中心工作概况	169
港澳台节目中心工作概况	172
英语环球节目中心工作概况	176
亚洲非洲地区语言节目中心工作概况	179
欧洲拉美地区语言节目中心工作概况	182
华语环球节目中心工作概况	186
融合发展中心工作概况	190
新闻新媒体中心工作概况	192
视听新媒体中心工作概况	196
国际传播规划局工作概况	200
人事局工作概况	204
财务局工作概况	208
总经理室工作概况	212
技术局工作概况	215
国际交流局工作概况	219
创新发展研究中心工作概况	222
机关党委工作概况	226
离退休干部局工作概况	229
国家应急广播中心工作概况	233

地方机构管理中心工作概况	237	民族语言节目中心工作概况	325
海外机构管理中心工作概况	240	军事节目中心工作概况	328
审计部门工作概况	242	农业农村节目中心工作概况	332
音像资料馆工作概况	244	港澳台节目中心工作概况	336
影视翻译制作中心工作概况	247	英语环球节目中心（CGTN）工作概况	340
中国国际电视总公司工作概况	250		
央视国际网络有限公司工作概况	254	亚洲非洲地区语言节目中心工作概况	344
中国电视剧制作中心有限责任公司工作概况	257		
		欧洲拉美地区语言节目中心工作概况	348
中央新闻纪录电影制片厂（集团）工作概况	259		
		华语环球节目中心工作概况	352
中国环球广播电视有限公司工作概况	263	融合发展中心工作概况	356
		新闻新媒体中心工作概况	358
中广影视卫星有限责任公司工作概况	266	视听新媒体中心工作概况	361
		国际传播规划局工作概况	365
央视频融媒体发展有限公司工作概况	269	人事局工作概况	369
		财务局工作概况	373
央广传媒发展总公司工作概况	272	总经理室工作概况	377
国广传媒发展有限公司工作概况	276	技术局工作概况	381
		国际交流局工作概况	388

2021年工作概况

		创新发展研究中心工作概况	392
中央广播电视总台工作概况	281	机关党委工作概况	397
办公厅工作概况	291	离退休干部局工作概况	400
总编室工作概况	294	国家应急广播中心工作概况	403
新闻中心工作概况	298	地方机构管理中心工作概况	407
内参舆情中心工作概况	303	海外机构管理中心工作概况	410
财经节目中心工作概况	305	审计部门工作概况	414
文艺节目中心工作概况	308	音像资料馆工作概况	417
体育青少节目中心工作概况	312	影视翻译制作中心工作概况	421
社教节目中心工作概况	316	中国国际电视总公司工作概况	424
影视剧纪录片中心工作概况	320	央视国际网络有限公司工作概况	429

条目	页码
中国电视剧制作中心有限责任公司工作概况	433
中央新闻纪录电影制片厂（集团）工作概况	435
中国环球广播电视有限公司工作概况	438
中广影视卫星有限责任公司工作概况	441
央视频融媒体发展有限公司工作概况	444
央广传媒集团有限公司工作概况	448
国广传媒发展有限公司工作概况	451
中国国际广播出版社有限公司工作概况	454

第四编　统计数据

频道、频率设置及节目播出情况

2020年频道、频率设置及节目播出情况

一、中央电视台2020年频道设置及节目播出情况

条目	页码
中央电视台电视频道设置一览表	458
中央电视台频道播出量一览表	460
中央电视台各类节目播出量及比例	462
中央电视台频道栏目编排表	462
CCTV-1 综合频道栏目编排表	462
CCTV-2 财经频道栏目编排表	463
CCTV-3 综艺频道栏目编排表	464
CCTV-4 中文国际频道（亚洲）栏目编排表	465
CCTV-4 中文国际频道（欧洲）栏目编排表	466
CCTV-4 中文国际频道（美洲）栏目编排表	468
CCTV-5 体育频道栏目编排表	470
CCTV-6 电影频道栏目编排表	471
CCTV-7 国防军事频道栏目编排表	473
CCTV-8 电视剧频道栏目编排表	474
CCTV-9 纪录频道栏目编排表	475
CCTV-10 科教频道栏目编排表	477
CCTV-11 戏曲频道栏目编排表	479
CCTV-12 社会与法频道栏目编排表	481
CCTV-13 新闻频道栏目编排表	483
CCTV-14 少儿频道栏目编排表	485
CCTV-15 音乐频道栏目编排表	486
CCTV-17 农业农村频道栏目编排表	487
CCTV-4K 超高清频道栏目编排表	488
CGTN- 英语新闻频道栏目编排表	489
CGTN-F 法语频道栏目编排表	492
CGTN-E 西班牙语频道栏目编排表	494
CGTN-A 阿拉伯语频道栏目编排表	496
CGTN-R 俄语频道栏目编排表	498
CGTN-Documentary 纪录频道栏目编排表	500

二、中央人民广播电台2020年频率、频道设置及节目播出情况

条目	页码
中央人民广播电台频率、频道设置一览表	503
中央人民广播电台频率、频道播出量一览表	504

银河互联网电视（GITV）用户情况表	505
中央人民广播电台频率节目时间表	505
中国之声节目播出时间表	505
经济之声节目播出时间表（周间版）	505
经济之声节目播出时间表（周末版）	506
音乐之声节目播出时间表	506
经典音乐广播节目播出时间表	507
中华之声节目播出时间表	507
神州之声节目播出时间表	508
粤港澳大湾区之声节目播出时间表	508
民族之声节目播出时间表	509
文艺之声节目播出时间表	510
老年之声节目播出时间表	511
藏语广播节目播出时间表	511
阅读之声节目播出时间表	512
维吾尔语广播节目播出时间表	513
香港之声节目播出时间表	515
中国交通广播节目播出时间表	515
中国乡村之声节目播出时间表	516
哈萨克语广播节目播出时间表	517
三、中国国际广播电台2020年频率、频道设置及节目播出情况	518
中国国际广播电台频率语种设置一览表	518
2020年度对外大广播首播节目播出时数统计表	520
中国国际广播电台频率节目播出时间表	520
英语综合广播（轻松调频）节目播出时间表	520
劲曲调频节目播出时间表	521
外语教学广播节目播出时间表	522
英语资讯广播节目播出时间表	525
环球资讯广播节目播出时间表	527
南海之声广播节目播出时间表	528

2021年频道、频率设置及节目播出情况

一、中央电视台2021年频道设置及节目播出情况

中央电视台电视频道设置一览表	529
中央电视台频道播出量一览表	532
中央电视台各类节目播出量及比例	533
中央电视台频道栏目编排表	534
CCTV-1 综合频道栏目编排表	534
CCTV-2 财经频道栏目编排表	534
CCTV-3 综艺频道栏目编排表	535
CCTV-4 中文国际频道（亚洲）栏目编排表	536
CCTV-4 中文国际频道（欧洲）栏目编排表	538
CCTV-4 中文国际频道（美洲）栏目编排表	540
CCTV-5 体育频道栏目编排表	542
CCTV-6 电影频道栏目编排表	543
CCTV-7 国防军事频道栏目编排表	544
CCTV-8 电视剧频道栏目编排表	548
CCTV-9 纪录频道栏目编排表	548
CCTV-10 科教频道栏目编排表	550
CCTV-11 戏曲频道栏目编排表	552
CCTV-12 社会与法频道栏目编排表	553

CCTV-13 新闻频道栏目编排表	555
CCTV-14 少儿频道栏目编排表	556
CCTV-15 音乐频道栏目编排表	557
CCTV-17 农业农村频道栏目编排表	558
CCTV-4K 超高清频道栏目编排表	559
CGTN- 英语新闻频道栏目编排表	560
CGTN-F 法语频道播出节目表	563
CGTN-E 西班牙语频道栏目编排表	565
CGTN-A 阿拉伯语频道栏目编排表	567
CGTN-R 俄语频道栏目编排表	568
CGTN-Documentary 纪录频道栏目编排表	570

二、中央人民广播电台 2021 年频率设置及节目播出情况 572

中央人民广播电台频率设置一览表	572
中央人民广播电台频率播出量一览表	573
中央人民广播电台频率节目播出时间表	574
中国之声节目播出时间表	574
经济之声节目播出时间表	575
音乐之声节目播出时间表	575
经典音乐广播节目播出时间表	576
台海之声节目播出时间表	577
神州之声节目播出时间表	577
粤港澳大湾区之声节目播出时间表	578
民族之声节目播出时间表	578
文艺之声节目播出时间表	579
老年之声节目播出时间表	580
藏语广播节目播出时间表	580
阅读之声节目播出时间表	581
维吾尔语广播节目播出时间表	581
香港之声节目播出时间表	582
中国交通广播节目播出时间表	582
中国乡村之声节目播出时间表	583
哈萨克语广播节目播出时间表	584

三、中国国际广播电台 2021 年频率设置及节目播出情况 584

中国国际广播电台频率语种设置一览表	584
2021 年度对外大广播首播节目播出时数统计表	586
中国国际广播电台频率节目播出时间表	587
英语综合广播（轻松调频）节目播出时间表	587
劲曲调频节目播出时间表	588
外语教学广播节目播出时间表	589
英语资讯广播节目播出时间表	590
环球资讯广播节目播出时间表	592
南海之声广播节目播出时间表	593

技术发展情况

2020 年总台技术发展情况

一、总台重要技术建设项目	595
光华路办公区 4K 播出系统（一期）项目	595
4K 超高清编码压缩与分发系统	595
融合媒体私有云第二可用区系统	596
总台备战冬奥的两项特种设备	597
复兴路办公区 800 平方米 4K 演播室	

音频系统 598
《新闻联播》《焦点访谈》高清演播室项目 599
复兴门办公区高安全性新型制播系统 600
光华路办公区新建数据中心电站 601

二、总台5G+4K/8K+AI 等技术研究与应用情况 602
5G 媒体应用实验室新技术应用研究情况 602
全海深载人深潜 4K 直播 603
全 IP 环境下 4K 信号调度和交换系统研究 604
播出分发平台及 AVS2 超高清节目编码压缩平台 605
8K 超高清电视频道播出关键技术研究 606
智能语音转写平台 606
混合制作岛融合媒体直播系统 608
超分辨率图像增强技术在专业影视图形图像领域的应用研究 608
音频水印技术在广告业务中的应用研究 609
新闻生产 AI 技术应用 610
8K 前期技术的研究与应用情况 611
AI+VR 智能虚拟现实制作技术研究应用 612
8K 网络制作系统 613
总台超高清视音频制播呈现国家重点实验室建设 614
央视频客户端慢直播火神山医院和雷神山医院建设 615

三、采编、制作、媒资管理与共享新技术及应用 617
原创混合现实超高清电视制作平台及其应用 617
"云边端"一体化超高清节目制作实践 618
《广播电视音像资料内容标签体系规范》的制定 619
央视频新媒体技术保驾护航《一平方米》 620

四、传输、覆盖、监测监管新技术及应用 622
2020 年调频广播覆盖工程：中二中三调频覆盖项目 622
建立自主可靠、全链路可记录的传输及监测系统 622

五、广播电视技术标准制定情况 623
《中央广播电视总台 5G 媒体应用白皮书（2020 版）》制定情况 623
《中央广播电视总台高清电视节目录制技术规范（2020 版）》制定情况 624
《中央广播电视总台 4K 超高清、高清电视节目同播技术规范（暂行）》制定情况 624
《中央广播电视总台 4K 超高清电视视音频编解码及传送技术规范》制定情况 625
《4K 超高清视频图像质量主观评价用测试图像》制定情况 626
《高清晰度电视声音识别与校准

信号技术要求》制定情况 627

《中央广播电视总台安全用电管理
规范（试行）》编制情况 628

2021年总台技术发展情况

一、总台重要技术建设项目 630
建设以主流价值为导向的总台算法 630
鲁谷办公区竖屏演播区项目 631
复兴路办公区四号电站升级改造 632
总台首个全IP架构4K/HD集群化
直播演播室 633
新媒体直播技术区升级改造及其
应用 634
AI+VR智能虚拟现实制作技术研究
项目 634
超高清制作岛5系统建设 635
超高清制作岛6系统建设 636
总台评估考核系统建设及应用 637
央广第二主控建设项目 637
审计服务平台建设 638

二、总台5G+4K/8K+AI等技术
研究与应用情况 638
超高清8K电视制作工艺和制作
规范研究 638
超高清8K电视主观评价用测试
图像 639
大跨度单维索道摄像机系统 639
超高清播出传输质量和可靠性提升
研究 639
4K/8K IP化系统数据流传输方法及
监测设备的研究 640
4K超高清播出格式码率及文件

规范研究 640
基于AVS2的超高清电视节目播出
分发系统与示范应用 640
30吋级4K技术基准监视器研制 641
面向新闻素材的视频资料多维智能
识别和解析 641
E14、E15、E17演播室群4K系统之
音频部分 641
智能语音转写平台助力总台2021年
春晚制作 642
标签业务系统项目建设 643
人工智能对4K图像中特定运动
物体的识别及直播应用 643
超高清技术助力庆祝中国共产党
成立100周年文艺演出《伟大
征程》历史素材修复 644

三、采编、制作、媒资管理与
共享新技术及应用 645
2021年总台超高清8K测试研究与
应用 645
"对外传播中心技术大楼"音频媒资
系统项目 646
鲁谷办公区影视译配录制设备升级
项目 647

四、传输、覆盖、监测监管
新技术及应用 648
4K直升机微波传输系统 648
大跨度一维有线传输索道摄像机
系统"天琴座"的研发与应用 649
高通量卫星传输系统为电视转播
提供轻量化传输技术保障 649

　　A级三维声录音车　　650
　　B级三维声录音车　　651
　　新建A类4K/8K超高清转播车　　652
　　新建大型4K/8K超高清箱载式
　　　EFP系统　　653
　　新建外场融合制作系统　　654
　　广播级无人机直播制作平台项目　　655
　　新型4K/8K航拍系统工程　　656
　　多维U型快速轨道跟踪摄像稳定
　　　平台系统（猎豹）　　657
　　4K入水遥控直播系统项目　　658
　　音视频信号调度、监控一体化建设
　　　工作　　658
　　2021年调频广播覆盖工程：中二
　　　中三调频覆盖项目顺利实施　　659
　　2021年度国家应急广播体系建设及
　　　新技术应用　　659
　五、广播电视技术标准制定情况　　660
　　高动态范围电视节目制作和交换
　　　图像参数值　　660
　　超高清晰度电视系统节目制作和
　　　交换参数值　　660

人员情况

2020年总台人员情况
　一、2020年中央广播电视总台
　　各系统在职人员情况统计　　662
　二、2020年中央广播电视总台
　　专业技术职称人员统计　　662

2021年总台人员情况
　一、2021年中央广播电视总台
　　各系统在职人员情况统计　　662
　二、2021年中央广播电视总台
　　专业技术职称人员统计　　662

受众调查

2020年度受众调查情况
　2020年度中央广播电视总台电视端
　　收视分析报告　　663
　2020年度中央广播电视总台广播
　　收听调查综述　　674
　2020年度中央广播电视总台国际
　　传播受众调查情况综述　　681

2021年度受众调查情况
　2021年度中央广播电视总台电视端
　　收视分析报告　　683
　2021年度中央广播电视总台广播
　　收听调查综述　　692
　2021年度中央广播电视总台海外
　　重点国家收视收听分析报告　　700

报刊音像出版情况

一、报刊出版情况
　2020—2021年中央广播电视总台
　　出版报刊一览表　　705

二、音像制品出版情况
　2020年中国国际电视总公司音像
　　制品出版一览表　　705
　2021年中国国际电视总公司音像
　　制品出版一览表　　706
　2020年中国国际广播音像出版社
　　音像制品出版一览表　　707

2021年中国国际广播音像出版社
音像制品出版一览表　709

获奖与表彰

2020年获奖与表彰

作品奖　711

第三十届中国新闻奖总台获奖名单　711

2017—2018年度中国广播电视大奖
广播电视节目奖总台获奖名单　712

第三十届中国人大新闻奖总台获奖
名单　713

第57届亚广联奖总台获奖名单　714

第32届中国电视剧"飞天奖"总台
获奖名单　714

第26届电视文艺"星光奖"总台
获奖名单　715

第30届中国电视金鹰奖总台获奖
名单　715

第26届上海电视节"白玉兰奖"
总台获奖名单　715

2020年度中央广播电视总台优秀
作品评选获奖（一等奖以上）
名单　715

科技奖　727

2020年度中国电视节目技术质量奖
（金帆奖）总台获奖名单　727

2020年度中国广播节目技术质量奖
（金鹿奖）总台获奖名单　730

2020年度中国电影电视技术学会
科技进步奖总台获奖项目　731

2020年度中央广播电视总台广播
电视节目技术质量奖获奖项目　732

集体和个人荣誉　734

第16届长江韬奋奖获得者　734

2020年度总台获全国级表彰的集体　734

2020年度总台获全国级奖励的人员　734

2020年度获台级奖励的人员　735

2021年获奖与表彰

作品奖　738

第三十一届中国新闻奖总台获奖
名单　738

2019—2020年度中国广播电视大奖
广播电视节目奖总台获奖名单　739

第24届全国政协好新闻评选总台
获奖名单　740

第58届亚广联奖总台获奖名单　741

第27届上海电视节"白玉兰奖"
总台获奖名单　741

2021年度中央广播电视总台优秀
作品评选获奖（一等奖）名单　742

科技奖　748

2021年度中国电影电视技术学会
科技进步奖总台获奖项目　748

2021年度"王选新闻科学技术奖"
总台获奖项目　749

2021年度总台电视节目技术质量奖
获奖名单　749

2021年度总台广播节目技术质量奖
获奖名单　752

集体和个人荣誉　753

2021年度总台获全国级奖励的集体　753

2021年度总台获全国级奖励的人员　753

2021年度总台获中直级、首都级
奖励的集体　754
2021年度总台获中直级、首都级
奖励的人员　755
2021年总台庆祝中国共产党成立
100周年宣传报道记功集体名单　756
2021年总台庆祝中国共产党成立
100周年宣传报道嘉奖集体名单　756
2021年总台庆祝中国共产党成立
100周年宣传报道记功人员名单　758

2021年总台庆祝中国共产党成立
100周年宣传报道嘉奖人员名单　759
2021年度总台获台级奖励人员名单　769

第五编　大事记

2020年大事记　774

2021年大事记　811

附　录　859

第一编
领导讲话及文章

2020年领导讲话及文章

深入学习深刻领会习近平总书记重要指示精神 奋力打造国际一流新型主流媒体

——在中央广播电视总台2020年工作会议上的讲话（节选）

慎海雄

2019年是总台的奋进之年、创新之年、实干之年、丰收之年。一年来，在以习近平同志为核心的党中央亲切关怀下，在中宣部有力指导下，在中央各有关部委的关心支持下，总台完成了一系列重大任务、办成了一系列大事要事、推进了一系列重要工作，各项工作稳中有进，发展态势持续向好，在海内外的引领力、传播力、影响力显著提升。总台这艘传媒航母已驶入"海阔凭鱼跃"的宽广天地，正向着国际一流新型主流媒体奋进。

这是高举旗帜的一年，始终坚持把学习宣传贯彻习近平新时代中国特色社会主义思想作为首要政治任务，聚力打造"头条工程"，精心做好领袖宣传，巩固壮大主流思想舆论，推动习近平新时代中国特色社会主义思想成为新时代最强音。这是深情礼赞的一年，突出庆祝新中国成立70周年这条主线，以强烈的使命担当、舍我其谁的奋斗精神，圆满完成国庆70周年宣传报道这一神圣而光荣的使命任务，奋力实现"世界一流、历史最好"目标。这是奋进奋斗的一年，坚持以效果论英雄，有力开展舆论斗争，有效设置议题、频频发声亮相，国际传播力骤升。这是开拓创新的一年，全力构建5G+4K/8K+AI战略格局，把新媒体新平台建设好运用好，总台在新媒体领域的影响力得到大幅拓展。这是提质升级的一年，深化内容生产供给侧结构性改革，陆续推出200余档创新节目栏目，努力提高艺术水准和群众满意度，总台在改革创新中焕发出勃勃生机和旺盛活力。这是夯基垒台的一年，深化机构融合、业务融合、队伍融合、感情融合，总台事业产业"四梁八柱"的主体框架已建立起来，高质量发展迈上新台阶。这是立根铸魂的一年，坚守初心使命，坚持和加强党的全面领导，忠诚履行全面从严治党政治责任，坚决做到"两个维护"，为总台事业发展提供坚强政治保证。这是筑牢阵地的一年，严格规范管理，严格落实意识形态工作责任制，深化人事管理制度改革，扎实开展增强"四力"教育实践工作，锤炼让党和人民放心满意的新闻舆论工作队伍。

春节前夕，新冠肺炎疫情突然暴发。总台积极响应习近平总书记号令，投入5500多人的采编播力量，先后派出216人的报道团队深入湖北防控一线组织宣传报道，超过2200家国际主流媒体连续转发总台疫情防控报道，各项数据刷新海外传播纪录。同时，成立总台防控工作领导小组，坚持分级负责、分类指导、分区督导，严格执行"四个一律"、每日发热零报告等措施，全力以赴保障全体员工健康安全，取得积极成效。

我们要深刻认识到：做好总台工作，必须坚持以习近平新时代中国特色社会主义思想统领一切工作，坚决做到"两个维护"；必须坚持守正创新、以攻为守，永葆干事创业的奋斗激情；必须深化融合发展，催化融合质变，放大一体效能；必须以效果为导向讲好中国故事，做到精准传播、生动阐释；必须始终绷紧阵地管理这根弦，加快锻造一支"新闻铁军"。

2020年是决胜全面小康、决战脱贫攻坚之年，是"十三五"规划收官之年，新冠肺炎疫情对我国经济社会发展带来前所未有的冲击，我们即将迎来中国共产党成立100周年，做好总台工作责任重大、使命光荣。总台全体员工必须以时不我待、一往无前的奋斗姿态守正创新，以"大象也要学会跳街舞"的精神风貌拥抱未来，切实把习近平总书记重要指示精神转化为强大动力，加快实现从传统广播电视媒体向国际一流原创视音频制作发布的全媒体机构转变，从传统节目制播模式向深化内容生产供给侧结构性改革转变，从传统技术布局向5G+4K/8K+AI战略格局转变。

2020年是总台组建以来的第三个年头，是总台改革举措全面铺开的关键之年，是总台高质量发展提质升级的创新之年，是总台打造国际一流新型主流媒体的奋斗之年。我们要坚持以习近平新时代中国特色社会主义思想统领一切工作，全面贯彻党的十九大和十九届二中、三中、四中全会精神，深入学习贯彻习近平总书记对总台工作的重要指示批示精神，坚持问题导向、目标导向，守正创新、以攻为守，继续发扬"精益求精、一丝不苟、追求完美"的工作精神和"舍我其谁、敢战必赢"的工作作风，奋力提升总台在国际传播领域的地位和份额，全力打造具有强大引领力、传播力、影响力的国际一流新型主流媒体，为坚决夺取全面建成小康社会伟大胜利提供有力舆论保证和强大精神力量。

一是聚焦一个首要任务：精心做好领袖宣传报道，持续深化习近平新时代中国特色社会主义思想宣传阐释。要深化提升总台"头条工程"，坚持以领袖的高度就是宣传报道追求的高度为标准，在打造原创精品力作上下功夫，在更接地气、润物无声上求实效，让习近平总书记重要思想和领袖魅力风采春风化雨、"飞入寻常百姓家"。要创新时政新闻报道，生动讲好总书记治国理政、管党治党、爱民为民的故事，让领袖思想传播得更精准、更富感染力。要进一步发挥总台语言、网络等资源优势，"一国一策"做好领袖思想风范和人格魅力对外传播，为元首外交、大国外交添彩。

二是贯穿一条工作主线：热情讴歌伟大时代，唱响决胜全面小康、决战脱贫攻坚的昂扬旋律。要聚焦聚力决胜全面小康、决战脱贫攻坚这条主线，汇聚起民族复兴、砥砺奋进的磅礴力量。要持续深化疫情防控宣传引导，精细打磨、抓紧推进专题片、文艺影视作品等重点项目的拍摄创作，展现决胜全面小康、决战脱贫攻坚的奋斗姿态。要超前谋划设计，精心策划推出系列"大剧""大作"，深情礼赞党的百年华诞。要扎实践行"四力"，让主旋律报道更接地气、更可亲可学，大力营造不负韶华、团结奋进的浓厚氛围。

三是实现一个有效提升：深入开展舆论斗争，加快提升总台国际传播力。要拓展国际视野，加快推进"好感传播"，加强媒体合作，借嘴说话、借筒传声、借力办事，润物无声、潜移默化、有力有效地传递中国声音、中国主张。

四是抓实一个发展目标：加快推动总台高质量发展，奋力打造国际一流新型主流媒体。要持续深化拓展总台组建以来取得的一系列重大改革成果，海阔天空去想，脚踏实地去干，不断壮大总台综合实力。要狠抓改版提质，做好影视剧发展蓝图规划，提升原创精品生产能力。要持续深化5G+4K/8K+AI战略格局，加快推进旗舰平台建设。要尽快在新媒体营销、版权运营、资本运作、产业拓展等方面取得新突破。

总台组建以来，我们推进了一系列重大项目，办成了一系列大事要事，综合实力大幅提升。要保持总台组建以来的良好势头，发挥重大项目辐射带动作用，抓好重点项目落地实施，持续深化深度融合、优势集聚、资源共享的机构改革成效，真正形成融合质变的"化学反应"。要办好"民心工程"，继续多为大家办实事、办好事，努力解决干事创业的后顾之忧，培育形成朝气蓬勃、活力四射、人人自豪的浓厚氛围。

打铁必须自身硬，全面从严治党永远在路上。必须一以贯之、坚定不移全面从严治党，深入贯彻落实新时代党的建设总要求，以铁一般信仰、铁一般信念、铁一般纪律、铁一般担当，切实做到守土有责、守土担责、守土尽责。要坚持和加强党对宣传舆论文化工作的全面领导，以真挚情感和真抓实干向习近平总书记对标看齐，切实加强政治思想建设，筑牢打造国际一流新型主流媒体的思想根基。要狠抓风气建设，发挥好纪律监督、巡视监督、干部监督、群众监督作用，确保审计监督全覆盖，扎紧制度笼子。要坚持党管媒体原则不动摇，统筹设计总台业务制度、政务制度、党务制度、人事制度、财务制度等制度体系，用制度管权管人管事，把总台"四梁八柱"的制度真正立起来。

（2020年5月8日）

以钉钉子精神推进总台党的建设高质量发展为打造国际一流新型主流媒体提供坚强政治保证
——在中央广播电视总台2020年党的建设工作会议上的讲话（节选）

慎海雄

以习近平同志为核心的党中央高度重视党的建设，多次强调各级党组织要聚精会神抓好党的建设，要把抓好党建作为最大政绩。中央广播电视总台作为党的意识形态重镇，我们的党建工作搞得如何，事关做到"两个维护"，事关党中央决策部署的贯彻落实，事关党的意识形态阵地的建设。推进新时代党的建设新的伟大工程，总台要走在前、作表率，决不能在贯彻落实的第一棒掉链子，决不能让"两个维护"在"最先一公里"落空。

2020年春节前夕，新冠肺炎疫情突如其来。在这次疫情防控斗争的大战大考中，总台各级党组织和广大党员干部闻令而动、迎难而上，全力以赴打好疫情防控舆论引导和总台疫情防控两场战斗。总台设立武汉疫情报道前方临时党总支，让党旗高高飘扬在防疫报道一线。同志们不顾个人安危，在疫情最严峻的地方冲锋陷阵，以"最美逆行"展示"新闻铁军"精神。56名同志积极向党组织靠拢，递交入党申请书，16名同志火线入党。在后方，总台广大党员干部以实际行动响应党中央号召，坚守采编播岗位，不舍昼夜忙碌，认真落实疫情防控措施要求。服务保障总台防控工作的同志们，放弃春节与家人的团聚，日夜奋战在总台疫情防控一线，全力保障总台人的健康平安。同志们的表现令人感动！我们"两个维护"的意识和初心使命意识经受住了检验，我们基层党组织的战斗堡垒作用和党员先锋模范作用经受住了检验，我们的纪律规矩和工作作风经受住了检验！我代表总台党组向同志们表示诚挚的感谢和敬意！

2019年，是中华人民共和国成立70周年，是决胜全面建成小康社会、实现第一个百年奋斗目标的关键之年，也是总台当之无愧的奋进之年、创新之年、实干之年、丰收之年。这一年，总台党的建设工作以党的政治建设为统领，以庆祝新中国成立70周年为契机，结合总台机构改革期间党建工作的特殊性和媒体发展规律特点，全面落实新时代党的建设总要求，深化全面从严治党，认真开展"不忘初心、牢记使命"主题教育和增强"四力"教育实践工作，加强总台党建工作规范化、制度化建设，扎实推进精神文明建设和群团工作，为推进国际一流新型主流媒体建设发挥了重要作用。一是政治建设驰而不息。始终把学习宣传贯彻习近平新时代中国特色社会主义思想作为首要政治任务，倾全台之力圆满完成国庆70周年宣传报道这一重大政治任务。二是主题教育成效明显。认真组织专题学习研讨、专题党课、专题调研、专题民主生活会，真刀真枪解决问题，达到了预期目标。三是组织建设稳步推进。成立总台机关党委、机关纪委，对内设机构、国内总站和区域总部、台属企业党组织设置进行分类指导，逐步破解党建管理新的难题。四是风气建设一抓到底。严格落实中央八项规定精神，坚决查处干部职工违规违纪问题，扎实开展内部巡视工作，在全台范围开展落实意识形态工作责任制专项监督检查。

2020年是全面建成小康社会和"十三五"规划收官之年、脱贫攻坚决胜之年，也是总台建设国际一流新型主流媒体的关键之年。

总台党的建设工作总的要求是：以习近平新时代中国特色社会主义思想为指导，以深入学习贯彻习近平总书记在中央和国家机关党的建设工作会议上的重要讲话精神和党中央《关于加强和改进中央和国家机关党的建设的意见》为主线，以党的政治建设为统领，旗帜鲜明讲政治，坚持全面从严治党，严格监督执纪问责，落实意识形态工作责任制，推进党建工作与总台业务的深度融合，加强基层党组织建设，推动总台党的建设高质量发展，建设让党中央放心、让人民群众满意的模范机关，为总台各项事业发展和建设国际一流新型主流媒体提供坚强政治保证。一是践行"两个维护"要更加自觉坚定，努力创建让党中央放心、让人民群众满意的模范机关。要抓贯彻落实，深入落实维护党中央权威和集中统一领导的各项制度，健全推动党中央决策部署和习近平总书记重要指示批示精神落实机制，确保件件有着落、事事有回音。要抓学习成效，做好习近平新时代中国特色社会主义思想学习教育，做到学习跟进、认识跟进、行动跟进，学出坚定信仰、学出使命担当。要抓思想教育，突出总台各级党组织的政治功能，严格党员教育管理，严守政治纪律和政治规矩。二是发挥党组织战斗堡垒作用，坚决打赢疫情防控阻击战，在防控疫情第一线考验党性、践行初心使命。要在疫情防控和经济社会发展宣传中发挥党建作用，教育引导党员干部旗帜鲜明讲政治，为做好舆论引导提供坚强政治保障。要在加强总台防控疫情工作中发挥党建作用，教育引导广大党员把疫情防控作为践行初心使命的大战场，坚定站在疫情防控第一线。要在统筹抓好总台各项重点工作中发挥党建作用，引导广大党员干部在推动总台高质量发展中建功立业。三是增强总台基层党组织政治功能和组织力，层层压实总台党建主体责任。要把党建责任扛起来，不断强化"一岗双责"。要把党建工作抓起来，强化机关党委作为总台党建工作专责机构的作用，积极推动总台党建任务落实。要让党支部强起来，建设"政治功能强、支部班子强、党员队伍强、作用发挥强"的"四强"党支部。四是正风肃纪，始终保持"严"的主基调，建立横向到边、纵向到底的监督体系。要持之以恒加强风气建设，力戒形式主义、官僚主义，形成求真务实、清正廉洁的新风正气。要坚定不移履行监督职责，准确把握适用"四种形态"的不同条件和标准，坚持分类处置。要持续开展意识形态工作责任制监督检查，严格执行宣传指令，强化选题管理，落实多级审听审看、重播重审制度。五是巩固"不忘初心、牢记使命"主题教育成果，多为干部群众办实事好事，做好定点扶贫和对口扶持工作。要满足好干部职工实际需求，加强人文关怀，多办暖心的实事好事。要落实好定点扶贫，发挥机关党委定点扶贫牵头部门作用，做好总台内设机构及对口帮扶地区协调工作。要组织好扶持新时代文明实践中心建设，做好总台对口扶持甘肃省第二批新时代文明实践中心建设工作。

党的建设是一门科学。总台各级党组织要切实履行全面从严治党主体责任，加强领导、统筹安排，从顶层设计入手，从关键环节突破，从制度保障抓起，不断推动总台党建工作高质量发展。一要完善工作格局，建立起"层层负责、人人有责、各负其责、责任分明"的党建工作责任体系，以钉钉子精神狠抓"两个责任"落实。二要强化建章立制，构建起内容科学、程序严密、配套完备、运行有效的总台党的建设制度体系。三要建设过硬队伍，选优配强党务干部，着力构建总台党的建设工作组织体系。

（2020年5月8日）

在总台与国家体育总局战略合作协议签署仪式上的讲话

慎海雄

习近平总书记指出:"体育承载着国家强盛、民族振兴的梦想。体育强则中国强,国运兴则体育兴。""没有全民健康,就没有全面小康。"这次中央广播电视总台和国家体育总局的战略合作,是我们立足新的历史时期,以习近平新时代中国特色社会主义思想为指导,全面贯彻落实习近平总书记关于体育文化事业发展的系列重要讲话和指示精神,深入践行全民健身和健康中国战略,共同推进我国体育事业产业健康发展,引领体育文化主流价值取向,共同推动建设体育强国,更好地服务中华民族伟大复兴历史使命的一项重要举措,必将对中国体育的再腾飞、对中国体育电视水平的再提升产生深远影响。

近年来,中央广播电视总台扎实推动媒体融合向纵深发展,在探索5G+4K/8K+AI应用实践和全媒体传播的同时,高度重视内容产品的守正创新。体育一直是中央广播电视总台非常重要的内容生产领域,也受到海内外广泛关注。2020年是奥运年,也是我们聚焦高质量发展的关键年份。当前,中央广播电视总台正在积极筹备2020年东京奥运会的转播报道工作,推进奥林匹克电视频道和数字平台的开播,全面报道2022年北京冬奥会的筹备盛况,不断丰富有关全民健身和"三亿人参与冰雪运动"的报道内容。这次战略合作的达成,将进一步拓展中央广播电视总台体育版权的格局和体育报道的深度与广度;对自主、自有、自办赛事的深入挖掘和充分释放,将为广大受众带来更加丰富多彩的内容产品;新的合作模式也将有助于我们进一步开拓视野、提高工作能力,更有效地推进内容生产的供给侧改革和传播创新。

中央广播电视总台与国家体育总局的战略合作也不是只在体育赛事报道方面的合作,我们将从全局高度做细致的规划,积极推进中央广播电视总台内容的资源整合，让机构融合和媒体融合持续释放出发展动力，更好地服务中国体育事业。不久的将来，观众不仅能欣赏到《体坛风云人物评选》的华丽回归，还将看到《中国席位》《体育榜样》等一批讲导向、传价值、能量正、有温度的精品节目的出现，看到一批有中国特色、中国品格的高水平自主赛事和活动走进百姓生活，看到更多促进体教融合、增强青少年体育兴趣、提升青少年身体素质的"小篮球""小足球""小手球"等赛事和创新节目呈现在中央广播电视总台的传播平台上。

2020年是全面建成小康社会的收官之年！身处第一个百年奋斗目标实现的重要历史时刻，我们肩负着重大责任。让我们紧密携手，不忘初心，牢记使命，按照双方确定的合作原则和发展目标，密切沟通协作，尽快建立符合战略合作要求和体育发展形势的工作机制，不断促进双方优质资源的高效组合，激发创新活力，形成高质量内容构建的高水平传播，共同开创具有新时代中国特色的体育传播新格局！

预祝我们的战略合作不断结出累累硕果！也预祝中国体育健儿在新的一年里不断进步，再创佳绩！

（2020年1月19日）

在总台武汉前方报道组返京欢迎仪式上的讲话

慎海雄

首先,我代表中央广播电视总台党组、编务会议和全台5万名员工,向你们致以诚挚问候和崇高敬意。96个日日夜夜,同志们用心血和汗水忠诚履行了习近平总书记提出的党的新闻舆论工作48字职责使命,展示了党的新闻舆论工作者在战斗最前线的英姿风采,谱写了新时代党的新闻舆论工作者的动人篇章!同志们没有辜负党中央对总台的期望,没有辜负总台全体员工对你们的期望。"草木知春不久归,百般红紫斗芳菲。"在暮春时节、在春天的最后一个节气,同志们平安凯旋,我们的心情无比激动。

新冠肺炎疫情发生以来,习近平总书记亲自领导着这场波澜壮阔的疫情防控人民战争。自受命之日起,总台全力以赴、尽锐出战。你们肩负着总台的重托,义无反顾投入"武汉保卫战""湖北保卫战"。哪里有需要哪里就有你们,哪里任务险重哪里就有你们,同志们用心血和汗水谱写了新时代党的新闻舆论工作者的动人篇章。

你们的平安归来是总台人最大的欣慰。"儿行千里母担忧",更何况你们是奋战在抗疫斗争的最前沿。人同此情,三个多月来,我们和你们的家人一样,最牵肠挂肚的就是大家的健康平安。总台千方百计、想方设法把各项安全保障工作做到极致,始终和你们站在一起、做你们的坚强后盾。很欣慰大家没有一个掉队,没有一个感染,做到了总台党组在你们出征时的期望:平安参战、平安归来。

你们的业绩是总台历史上光辉的一页。三个多月来,同志们1100多次深入"红区"一线开展采访报道,推出了《战疫情》《武汉直播间》《天使日记》等42个疫情防控相关专栏,全媒体平台发稿13 000多篇,用一个个镜头、一段段声音、一篇篇报道,生动形象、深刻感人地展示了这场史上罕见的中国人民抗疫战争，记录了这段感天动地、惊天地泣鬼神的壮丽诗篇。

你们的精神是总台强大的力量支柱。三个多月来，同志们以英雄品质报道英雄事迹，以战斗姿态展现战士担当，抒写了新一代中国人的精气神，向全中国人民乃至全世界人民展示了"武汉保卫战""湖北保卫战"的一幕幕壮丽瞬间，得到中央领导同志充分肯定和社会各界高度评价，充分证明我们的队伍无愧为一支"拉得出、打得赢、敢胜利"的新闻铁军。

今天的新闻就是明天的历史。同志们冒着生命危险记录的这段历史，是总台非常宝贵的财富。我们一定要在未来总台的事业发展中，继续弘扬"精益求精、一丝不苟、追求完美"的工作精神和"舍我其谁、敢战必赢"的工作作风，牢记习近平总书记的重托，进一步发挥总台宣传报道主力军作用，为夺取疫情防控和经济社会发展双胜利提供更加有力的舆论支持，为决胜全面小康、决战脱贫攻坚作出总台人新的更大贡献！

最后，祝同志们安心休整、再立新功！

（2020年4月25日）

在总台"品牌强国工程"捐赠湖北广告资源启动活动上的讲话

慎海雄

今天,我们通过"云启动"的方式,在北京和武汉两地实时连线,共同开启"助力湖北 协行未来"——中央广播电视总台"品牌强国工程"捐赠湖北广告资源上线启动活动。

新冠肺炎疫情发生后,习近平总书记高度重视湖北疫情防控工作,始终牵挂着湖北人民的健康安全,亲赴武汉开展调研,在决胜之地发出决战号令,充分彰显了人民领袖深厚的人民情怀。湖北人民顾全大局、顽强斗争,付出了巨大牺牲、作出了重大贡献,取得了"湖北保卫战""武汉保卫战"的重大胜利,全国人民都为此而感动和自豪!事实再次证明,武汉不愧为英雄的城市,武汉人民、湖北人民不愧为英雄的人民!在这里,我代表中央广播电视总台党组、编务会议和全台5万名员工,向湖北省委省政府对总台工作的关心支持表示衷心感谢,向湖北广大党员干部群众致以最崇高的敬意!

在这场波澜壮阔的人民战争中,总台作为党的意识形态重镇,始终和湖北人民战斗在一起、奋斗在一起,凝聚了强大力量、结下了深厚情谊。我们全力以赴、尽锐出战,第一时间派出报道团队深入湖北防控一线组织宣传。三个多月来,总台先后派出216人的报道团队,成立武汉前方报道组临时党总支,在疫情最严重、任务最艰巨的前线集结。90多个日日夜夜,总台记者1100多次深入"红区"一线,发稿13 000多篇,凝聚起众志成城、共克时艰的强大力量,得到社会各界和全球舆论的高度评价。

我们积极发声、有力引领,向中国、向世界传递湖北人民坚定信心、同舟共济、科学防治、精准施策的感人实践。我们把湖北战"疫"作为报道重点，启用武汉前方演播室，开设"武汉直播间"，生动讲述抗疫一线故事，《坚信爱会赢》《武汉伢》等公益歌曲感人至深。"直击火神山、雷神山"云直播、"见证此刻　春暖花开"云守望等大型网络直播，让亿万全球网友与湖北同频共振、紧密相连。总台湖北疫情防控新闻报道成为全球主流媒体报道的最权威来源，向全世界生动展现中国力量、中国精神、中国效率。

我们同舟共济、守望相助，倾情助力湖北经济社会发展加速重启。一方有难、八方支援。我们牢记习近平总书记"搭把手、拉一把"的重要指示，千方百计、想方设法为湖北重振雄风出力。央视新闻"谢谢你为湖北拼单"公益行动，累计观看量超2亿人次，已售出近2亿元的湖北商品；央视频"搭把手、拉一把"直播活动，联合湖北省30多位县长推介产品，累计观看量2.63亿人次，销售额6500多万元；"春暖花开　国聘行动"举行"云招聘"湖北专场活动，吸引540多家企事业单位参与，提供岗位总数超8.7万个，为湖北"六稳""六保"工作贡献我们的一份力量。

2020年2月20日，我们正式启动总额为31亿元的总台"品牌强国工程"援鄂抗疫公益行动。这是总台贯彻落实习近平总书记重要指示批示和讲话精神、支持湖北经济社会发展的又一举措。总台决定通过"品牌强国工程"向湖北省捐赠价值5亿元的广告资源，无偿支援湖北企业，助力湖北复工复产。首批8个产品广告片将于今天开始在总台央视综合频道、财经频道等频道播出，涉及农产品、工业产品和文旅产品三大类共35种产品的广告片将在总台多个频道持续播出至12月31日。

同志们、朋友们，经过这场人民战争的洗礼，我们更加深刻地认识到，只要我们按照习近平总书记指引的方向坚定前行，就没有战胜不了的困难！胜利一定属于伟大的中国人民！

让我们共同祝福湖北！为湖北加油！

（2020年4月27日）

在庆祝总台民族语言节目创办 70 周年座谈会上的讲话

慎海雄

今天，我们在这里召开会议，庆祝中央广播电视总台民族语言节目创办 70 周年。让我们备受鼓舞的是，中央领导同志专门作出重要批示，对总台民族宣传工作给予充分肯定、提出明确要求，充分体现了以习近平同志为核心的党中央对总台工作的关心关怀，我们要认真学习领会、抓好贯彻落实。借此机会，我代表中央广播电视总台党组和编务会议，向总台民族语言节目创办 70 周年表示热烈祝贺，向埋头奋斗在民族宣传工作一线的总台人表示诚挚问候，向长期以来为党的民族宣传事业呕心沥血、作出重要贡献的老同志致以崇高敬意！

习近平总书记指出："团结稳定是福，分裂动乱是祸。要坚持各民族共同团结奋斗、共同繁荣发展的主题，深入开展民族团结宣传教育，使各民族同呼吸、共命运、心连心的光荣传统代代相传。"民族宣传工作历来是党的新闻舆论工作的重要组成部分，是我们党的优良传统，也是革命建设改革事业不断取得胜利的一个重要法宝。早在 1950 年，刚刚成立不久的新中国，就在百废待兴中开始着手创办自己的民族语言节目，藏语广播的第一声呼号响彻雪域高原，新中国的民族广播事业就此诞生。70 年来，特别是改革开放以来，在党中央的亲切关怀下，总台民族语言节目从无到有、从小到大，在艰辛中创业、在探索中进步、在创新中发展，见证并记录了全国各族人民从站起来、富起来到强起来的历史性飞跃。70 年来，总台民族语言节目忠诚履行职责使命，用民族语言把党的声音传遍祖国辽阔大地，为边疆稳定、民族团结、社会进步营造良好舆论氛围。70 年来，总台民族语言节目高举民族团结旗帜，促进各民族交往交流交融，让"中华民族一家亲、同心共筑中国梦"的理念和中华民族共同体意识更加深入人心。70 年来，总台民族语言节目始终致力于维护祖国统一、反对民族分裂的舆论斗争，及时发声引导，凝聚广泛共识，有力维护了国家主权和安定团结。

党的十八大以来，以习近平同志为核心的党中央高度重视民族宣传工作。习近平总书记从战略全局高度作出一系列决策部署，引领党的民族宣传工作取得历史性成就。总台成立以来，民族语言节目中心作为中央媒体中唯一的民族语言类单设机构，深入学习宣传贯彻习近平总书记关于民族工作的重要论述，依托总台雄厚资源，推动了一系列重要工作，办成了一系列大事要事，引领力、传播力、影响力显著提升。加快推动高质量发展，4套广播频率、5种民族语言网站全面改版升级，融合传播优势充分彰显；推出《此时此刻——国庆70周年盛典》4K直播电影少数民族语言版，极大增强了少数民族群众的家国情怀和中华民族大家庭的自豪感；策划推出一系列评论言论和新媒体产品，用事实真相击碎谣言、用人文关怀抚平焦虑，充分发挥民族领域"定音锤"和"压舱石"的重要作用。

七十年风雨兼程，七十载春华秋实。回顾这段不平凡的奋斗历程和激情岁月，我们深刻感到，总台民族语言节目的成长和进步，始终凝聚着党中央的关怀厚爱，始终凝聚着全国各族群众的支持信任，始终凝聚着一代代民族宣传工作者的心血汗水。我们形成了光荣传统、积累了宝贵经验、孕育了美好希望，这些都是总台宝贵的精神财富。站在新的历史起点上，同志们要深入学习贯彻习近平总书记对总台工作的一系列重要指示批示精神，百尺竿头、更进一步、再接再厉、再创辉煌，全力以赴把总台民族语言节目办好办出色，

努力打造人民领袖与各族群众心连心的宣传平台，深化"五个认同"、促进民族团结的传播平台，反映新时代各民族奋进奋斗精神风貌的展示平台，更加有力有效地服务党和国家工作大局。

一、高举思想旗帜，为党的民族工作提供坚强思想保证和有力舆论支持

习近平总书记指出，做好民族工作最关键的是搞好民族团结，最管用的是争取人心。民族语言节目中心必须牢牢把握正确政治方向和舆论导向，持续巩固壮大主流思想舆论，让习近平新时代中国特色社会主义思想成为民族语言宣传阵地上的最强音。要始终坚持以领袖的高度就是宣传报道追求的高度为标准，深入宣传阐释习近平总书记关于民族工作的重要论述，用民族语言生动讲好习近平总书记治国理政、管党治党、爱民为民的故事，生动展现民族地区践行新思想、推进新创造、展现新作为的故事，让习近平总书记重要思想和领袖风采魅力春风化雨、"飞入寻常百姓家"。要聚焦决胜全面小康、决战脱贫攻坚，宣传好党中央关于民族工作的重大决策部署，展现好党的十八大以来民族地区经济社会发展取得的伟大成就，讲述好民族地区脱贫攻坚故事，唱响各民族群众共同团结奋斗、共同繁荣发展的昂扬旋律。

二、坚持守正创新，奋力提升总台民族语言节目引领力、传播力、影响力

当前，民族地区发展日新月异，少数民

族群众精神文化需求不断升级，对我们的工作提出了新的更高要求。要适应民族群众新需求、满足民族群众新期待，精准把握办好新时代民族语言节目的着力点。要以效果为导向，认真研究民族语言节目传播规律，加快推进内容生产供给侧结构性改革，创新节目理念、内容形态、手段方法，多制作一些寓教于乐、雅俗共赏的好节目，多打造一些让人眼前一亮、闻之一振、爱不释手的新媒体产品，为少数民族群众提供更多丰富多彩的精神文化食粮，持续擦亮总台民族宣传主阵地品牌。要牢牢以习近平总书记"守正创新，把新媒体新平台建设好运用好"等指示批示精神为指引，积极构建5G+4K/8K+AI战略格局，积极配合央视频新媒体平台建设，推动传统金牌栏目传播优势向新媒体延伸，加快形成内容丰富、图文并茂、影音交融、多姿多彩的节目形态，不断增强传播效果，加快提升民族语言节目在新媒体领域的影响力。

三、发扬斗争精神，讲好新时代民族团结的中国故事

当前，世界正处于百年未有之大变局，国际局势错综复杂。同志们战斗在民族领域意识形态斗争第一线，要对国内国际形势有更加深刻的研究认识，做好充分的斗争准备。要旗帜鲜明地同分裂势力、敌对势力开展斗争，以攻为守、针锋相对、划清底线、表明态度，对造谣污蔑、攻击抹黑等行径进行有力回击。要强化舆论引导能力，在关键时刻、关键节点敢于发声亮剑，绵绵发力、久久为功，营造良好国际舆论环境。要不断创新民族领域对外传播手段，讲好各民族像石榴籽一样紧紧抱在一起的故事，讲好56个民族共同团结奋斗、共同繁荣发展的故事，更好展示真实、立体、全面的中国。

四、严格阵地管理，建设一支"拉得出、打得赢、敢胜利"的总台民族宣传工作队伍

民族语言节目中心是党的民族宣传工作阵地，发出的是党中央的声音，面向的是亿万少数民族受众，必须有一支高素质的人才队伍作为依托。要持续深化"精益求精、一丝不苟、追求完美"的工作精神和"舍我其谁、敢战必赢"的工作作风，严把政治关、导向关、内容关，做到十拿十稳、万无一失。要深化增强"四力"教育实践，深入民族地区开展蹲点调研、文化文艺慰问活动，深入捕捉感人故事、奋斗事迹，让主旋律报道更接地气、更可亲可学。要针对民族宣传工作特点，完善民族语言人才学习培养、选拔使用、教育管理机制，加快培养一批"大师级"的名记者、名编辑、名主持人、名制片人，为事业发展夯实人才基础。民族语言节目中心有许多少数民族干部，也有很多长期扎根在少数民族地区的同志，工作十分辛苦。各级领导干部要关心爱护广大一线同志，充分考虑他们的生活习惯和工作环境的特殊性，理解支持大家的工作，完善激励保障措施，努力为同志们解决干事创业的后顾之忧，进一步培育形成朝气蓬勃、活力四射、人人自豪的浓厚氛围。

同志们，做好民族宣传工作、办好民族语言节目，使命光荣、责任重大。让我们更加紧密团结在以习近平同志为核心的党中央周围，守正创新、以攻为守，奋力打造具有强大引领力、传播力、影响力的国际一流新型主流媒体，唱响民族团结进步主旋律，为决胜全面小康、决战脱贫攻坚，为党和国家工作大局作出新的更大贡献！

（2020年5月22日）

中拉媒体深化合作　携手抗疫共克时艰
——在"拉美伙伴"媒体合作云论坛开幕式上的致辞

慎海雄

用这样一种特别的方式跟各位新老朋友见面，恐怕也是历史性的。我们共同围绕本次论坛的主题——"携手抗疫、共克时艰"，探讨疫情防控常态化条件下的中拉媒体合作。我谨代表中国中央广播电视总台向大家致以诚挚的问候和良好的祝愿！

中拉都有一句相似的俗语，叫作"好事多磨"。早在2019年底，我们就谋划与联合国拉加经委会共同举办第一届"拉美伙伴"媒体合作论坛，让我们这些地理上相隔万里、心灵上彼此相通的同事们、朋友们，能够面对面地开展对话，深化合作。2020年，突如其来的新冠肺炎疫情给我们的会面带来诸多困难，但是办法总比困难多。感谢联合国拉加经委会和拉美新闻联盟对本次活动的大力支持，让我们今天可以相聚云端、共叙情谊。

习近平主席多次指出，人类是命运共同体，团结合作是国际社会战胜疫情最有力的武器。面对疫情，中拉克服地理障碍，开展了全方位抗疫合作。中拉媒体间更是守望相助、同舟共济。我们没有忘记，在中方抗击疫情最困难的时候，拉美新闻联盟旗下17家媒体联合向中央广播电视总台发来慰问视频，给予我们声援和支持。当疫情在拉美和加勒比地区蔓延时，我们感同身受，与拉美伙伴进一步加强沟通、密切协作，并力所能及提供支持和帮助。

当前，疫情还在全球扩散蔓延，国际媒体同行比以往任何时候都需要互施援手、共克时艰，为助力国际社会更好地应对疫情带来的多重挑战，维护全球公共卫生安全，发挥负责任媒体应有的作用。

——我们应该报道真相，而不是造谣生事。疫情发生后，中央广播电视总台投入

5500多人的采编播力量，派出216人报道团队深入中国疫情的重灾区湖北防控一线，发稿近60万篇次，第一时间报道事实和真相，主动回应国际关切，全面、深入、持续地开展中国和国际社会疫情防控报道。尤其是针对病毒起源，中央广播电视总台独家专访了顶级医学期刊《柳叶刀》总编霍顿、日本诺贝尔医学奖获得者本庶佑、剑桥大学新冠病毒变种报告第一作者福斯特等人，用事实说话，用科学说理，用真相澄清谣言。我们的报道发出之后，很多海外网友评论称："武汉不需要道歉，全世界应该团结在一起对抗新冠肺炎。"

——我们应该凝聚共识，而不是制造分歧。疫情暴发以来，中央广播电视总台始终与国际媒体同行站在一起，基于责任使命，加强交流合作。1月底至3月初，中央广播电视总台先后收到104家国际主流媒体和全球5家主要媒体组织负责人的慰问信并逐一复函致谢，倡导国际媒体同行及时、客观、全面地报道中国的疫情及中国人民付出的巨大努力。3月上旬至6月底，中央广播电视总台向112家国际媒体机构负责人和32个国家驻华大使发去慰问函，介绍中国政府积极开展抗疫国际合作的立场和行动，呼吁国际媒体加强合作、同向发力，为战胜疫情做出负责任媒体应有的努力和贡献。

——我们应该科学抗疫，而不是"甩锅"他国。病毒没有国界，疫病不分种族。面对来势汹汹的新冠肺炎疫情，国际社会没有退缩，各国人民勇敢前行，守望相助、风雨同舟，展现了人间大爱，汇聚起同疫情斗争的磅礴之力。维护全球公共卫生安全，媒体有责任、有义务为推动全世界范围的团结协作搭建桥梁、传播科学、凝聚力量。截至8月中旬，中央广播电视总台共推出76期新媒体直播节目《全球疫情会诊室》，通过海内外专家全球视频连线等方式，向各国介绍中国一线医护人员抗疫实践经验，全球阅览量达2.8亿人次。

——我们应该传递信心，而不是恶意攻击。灾难面前，媒体应该基于我们所掌握的资源和信息，团结民众，鼓舞士气，歌颂人性的光辉，传递温暖和信心，为国际合作抗疫加油鼓劲，向全球抗疫一线医护人员致敬。在抗击疫情的关键时刻，中央广播电视总台基于5G+4K/8K+AI等技术全新打造的央视频新媒体平台，开设24小时直播窗口，通过5G+光纤双千兆网络开展火神山医院、雷神山医院施工建设"慢直播"，多个机位全天候不间断呈现现场实时画面。在没有主持人、没有解说词、没有剪辑包装的情况下，共计吸引近1.2亿人次在线"云监工"，"武汉加油、湖北加油、中国加油"等祝福刷屏。众多国际主流媒体进行了长时间、大篇幅的转播，真实地报道了中国抗疫的决心和效率。

后疫情时代，中拉媒体应进一步加强合作传播，在重大新闻上应该秉持客观、公正、真实的原则，共同发出中拉媒体的声音，推进人类卫生健康共同体建设。

一是要完善新闻内容共享机制。中央广播电视总台国际视频通讯社2017年与拉美新闻联盟签署了《"拉美伙伴"战略合作协议》和《合作意向书》。目前拉美伙伴的成员涵盖了拉美23个国家和地区的68个成员，近两年来各成员间在新闻内容共享等方面开展了卓有成效的工作，我们希望这个机制能够长期运行，并且把朋友圈再扩大，让更多的新闻机构可以更加便利地共享丰富的新闻内容。

二是要开拓创新合作传播形式。除了新闻内容共享，我们的中拉媒体合作朋友圈应进一步激发创新活力，丰富合作形式。比如，拉美伙伴媒体之间可以在社交媒体上加强互动，在国际舆论场上发出拉美伙伴的声音；围绕共同感兴趣的话题，大家可以开展圆桌讨论会，并通过广播、电视和新媒体等渠道广泛传播；各成员媒体的主播们可以在对方节目中互为嘉宾，分享观点。

三是要开展媒体技术应用互鉴。5G代表着当下移动通信最新发展趋势，是当今世界科技发展与竞争的重要领域。其高速率、低延时、大容量的特点将为媒体行业的再一次飞跃提供有力支撑。中央广播电视总台成立以来，已成功推出4K超高清频道和中国首个国家级5G新媒体平台——央视频。当前，中央广播电视总台正在大力推进5G+4K/8K+AI战略布局，努力给全球电视观众和网络用户带来更好的视听体验。我们也期待技术的快速发展，能够为中拉媒体合作增添新动能。

朋友们，过去七年间，习近平主席历史性地五次访问拉美，开创了中拉关系的崭新时代。媒体间的交流合作，为增进中拉了解、传承中拉友谊发挥了积极作用。让我们以本次论坛的召开为契机，进一步加强对话，深化合作，携手抗疫，共克时艰，共建中拉媒体合作的美好未来！

（2020年8月28日）

加强全球抗疫合作　贡献智慧和力量
——在丝绸之路电视国际合作共同体智库行动倡议活动上的致辞

慎海雄

2020年已经过去一大半，相信大家和我一样，感触深刻。一场突如其来的新冠肺炎疫情汹涌而至，那些想见的人、想看的风景，甚至以往千山万水都无法阻隔的团圆，都不得不让位于疫情防控，共克时艰。中国国家主席习近平指出："人类是荣辱与共的命运共同体，重大危机面前没有任何一个国家可以独善其身，团结合作才是人间正道。"病毒是全人类的共同挑战，唯有齐心协力、守望相助，才能应对各种全球性风险挑战，共建美好地球家园。

在这场同严重疫情的殊死较量中，中国人民和中华民族以敢于斗争、敢于胜利的大无畏气概，铸就了"生命至上、举国同心、舍生忘死、尊重科学、命运与共"的伟大抗疫精神。中国成为疫情发生以来第一个恢复增长的主要经济体，在疫情防控和经济恢复上都走在世界前列。中国同世界各国携手合作、共克时艰，为全球抗疫贡献了智慧和力量，充分展示了讲信义、重情义、扬正义、守道义的大国形象，生动诠释了为世界谋大同、推动构建人类命运共同体的大国担当。中国抗击新冠肺炎疫情斗争取得的重大战略成果鼓舞世界，为全球抗疫合作、推动完善全球治理注入信心。

加强合作，聚力团结，我们一直在努力。为凝聚各方智慧和力量、团结协作共抗疫情，中国中央广播电视总台于2020年4月发起了"丝绸之路电视国际合作共同体智库行动倡议——加强国际合作　共筑健康丝路"活动，来自意大利、日本、阿根廷、美国、中国等国家的共同体智库专家和其他具有专业建树和影响力的国内外专家积极参与，撰写文章，向社会传播科学理性的观点，向公众传递团结支持的信息；同时参与录制了共同体与CGTN（中国国际电视台）策划制作的《世界观察》特别节目，围绕"面对全球性公共卫生安全事件，如何加强国际合作、发挥媒体作用"建言献策，呼吁国际社会振奋精神、加强合作，倡导构建人类卫生健康共同体，共同抵御疫情冲击。节目一经播出，在170余个国家和地区的1亿多观众中引发广泛热议。我们欣喜地发现，现在有更多的国际精英、智库专家站出来，为加强国际协调、实现团结合作寻求解决方案。在对抗这一全球流行疾病当中，多国学者敢于积极发声，呼吁国际合作，实际上是在释放积极有益的信号。作为负责任媒体，我们需要主动作为，传播正能量，团结更多人，并把这种共识扩大，转化为全球共同抗疫的行动力量。

报道真相，引领舆论，我们一直在努力。疫情发生以来，中国中央广播电视总台本着公开、透明、负责任的态度，第一时间向世界报道事实和真相，有力有效引领国际国内舆论。第一时间启动应急机制，前后方共投入5500多人的采编播力量，先后派出216人的报道团队深入湖北防控一线，1100多次深入"红区"开展采访。截至2020年7月底制作播发相关报道近88万篇次，跨媒体受众总触达量达3460亿人次，超过2200家国际媒体持续引用转发中央广播电视总台疫情防控报道，多项数据刷新海外传播纪录。在对外传播方面，中央广播电视总台抗疫新闻报道成为全球媒体最重要稿源之一，第一时间向国际媒体同行发出的合作倡议得到积极响应，彰显了中央广播电视总台在国际传播领域的影响力和号召力。

互致慰问，坚定信心，我们一直在努力。疫情期间，许多国家和人民给予中国无私援助与慰问，让我们感受到跨越国界的理解、支持与信任。2020年1月底至3月初，中央广播电视总台先后收到包括共同体成员机构在内的104家国际主流媒体和全球5家主要媒体组织负责人的慰问信并逐一复函致谢。3月上旬至6月底，中央广播电视总台向112家国际媒体机构负责人和32个国家驻华大使发去慰问函，呼吁携手努力化危为机，中方秉持人类命运共同体理念，向其他国家提供力所能及的援助，以开放合作的实际行动共同抵御疫情冲击。同时，丝绸之路电视国际合作共同体秘书处主动与共同体20多个国家40多家媒体机构成员及国际合作伙伴致函慰问与捐赠防疫物品，推出新媒体短视频《命运与共　守望相助》等，得到了成员们的回函支持与广泛好评。

媒体联盟，深化合作，我们一直在努力。疫情发生后，丝绸之路电视国际合作共同体迅速启动国际媒体联盟合作应急机制，重点与亚洲—太平洋广播联盟（简称亚广联）、阿拉伯国家广播联盟等国际媒体组织展开紧密合作，充分利用与共同体成员合作在海外16个国家以13种语言开办运营的《中国时间》节目专属时段、频道和新媒体专区，带动多国媒体向全球观众发布大量真实、客观、及时的报道。同时，共同体于2020年3月开展"共同抗疫"联播活动，提供一批中央广播电视总台制作的抗疫节目，12个国家和地区的15家海外主流媒体参与联播活动，并在200余个国家主流媒体及新媒体平台播出，向海外讲述中国故事，分享中国方案、中国经验，积极、客观传达中国政府对抗击疫情的信心和有效的举措。此外，总台与意大利最大电视台TGCOM24联合制作纪录片《我们在一起》，自5月17日播出以来，在全球移动客户端累积总浏览量超90万人次，通过讲述中意两国同心抗疫故事，为全球战"疫"注入阳光与力量。

当前，世界百年未有之大变局加速演进，疫情仍在全球肆虐，各国都面临着抗疫情、稳经济、保民生的艰巨任务。"孤举者难起，众行者易趋。"面对病毒对全球的侵扰，世界各国加强了合作应对的力度，更离不开智库的积极参与和智力支持。在这次举办的共同体智库倡议活动中，我们听到了来自世界多个国家的专家学者坚定有力的声音，也感受到了智库作为共同抗疫的倡导者、理性声音的传播者、国际合作的推动者所发挥的积极力量。中国古代大史学家司马迁说："安危之机，岂不以谋哉？"各国智库会集了大批专家和人才，承担着为全球和平发展出谋划策的重要责任。我希望这次举办的共同体智库倡议活动是一个很好的起点，未来共同体智库秉持人类命运共同体理念，坚持多边主义、走团结合作之路，与各国智库加强交流与合作，坦诚对话、深入研讨，在联合研究、成果共享、人才培养等方面形成更加密切的合作关系，为应对人类共同挑战，建设持久和平、共同繁荣的美好世界贡献更多智慧和力量！

（2020年9月21日）

推动多边主义合作 中欧媒体共同迈向新阶段
——在2020"欧洲伙伴"媒体合作云论坛上的致辞

慎海雄

非常高兴和大家相聚在云端,就中欧媒体合作,分享观点、交换意见。在这里我谨代表中国中央广播电视总台,向各位同行表示诚挚的问候和良好的祝愿!

如果没有这场突如其来的疫情,我希望大家能够到初冬的北京,围炉共话、畅所欲言。人类社会正经历着百年以来最严重的传染病大流行。中国在经过艰苦卓绝的努力之后,取得了疫情防控重大的战略性成果。正因为如此,我们对疫情带给各国人民的冲击和不幸感同身受。

我们没有忘记,在中国抗击疫情最严重的时候,路透社、法新社、欧洲广播联盟、欧洲新闻交换联盟等媒体同行,纷纷致函中央广播电视总台,送来最真诚的问候和宝贵的支持。当疫情在欧洲地区蔓延的时候,我们也十分关心大家的安危,我也代表中央广播电视总台发函给各家媒体同行介绍中国在疫情防控方面取得的点滴成绩和我们在宣传报道上的一系列做法,送去真诚的问候。鸿雁传书,我们彼此的交流进一步增强了感情,凝聚了共识,深化了合作。很多同行都表示,疫情期间,可靠的新闻、权威的信息无比重要,更能反映媒体的社会责任,更能凸显我们双方伙伴关系的价值和水平。对此,我也十分认同。

最近,我分别和西班牙、意大利驻华大使进行了会谈。我们都认为,媒体在增进互信、深化合作和推动共赢方面可以发挥更大的作用、作出更大的贡献。这也是本次论坛所要传递的信息。在这里,我愿意提出三点建议:

一是深化抗疫报道的合作。面对百年以来最严重的突发公共卫生事件,中央广播电视总台及时、客观、充分地报道了中国和其他国家疫情防控的进展，全面介绍了中国疫情防控的做法和经验，向国际媒体同行提供了多语种的新闻素材和直播信号，得到了普遍的称赞。面对疫情，中欧媒体比以往任何时候更需要携手并肩，助力国际社会更好地应对疫情带来的多重挑战。今天，我们将共同发表《加强媒体合作联合声明》，承诺做负责任的公共信息传播者，以实际行动继续携手应对当前和未来的挑战，推动中欧全面战略伙伴关系稳定健康发展，助力人类卫生健康共同体建设。

二是推动媒体间人员互访交流。近年来，中央广播电视总台每年都会参加欧洲广播联盟新闻交换年会，欧洲媒体也积极应邀参加中央广播电视总台CGTN全球媒体峰会暨国际视频通讯社的全球视频媒体论坛。中央广播电视总台与欧洲媒体同行在节目合拍、联合制作等方面的合作日益密切。不久前结束的中共十九届五中全会规划了中国未来五年的发展蓝图，中国正在践行新发展理念，构建新发展格局。我们真诚地欢迎欧洲媒体伙伴在疫情结束之后，多到中国来走访，用手中的镜头，用第一视角，报道新时代中国的新气象。

三是加强合作机制建设。中央广播电视总台与欧洲地区媒体机构已经建立了良好的新闻共享机制，国际视频通讯社与路透社、法新社、埃菲社、卢萨社等32个欧洲国家的110多家媒体机构签署了新闻合作协议。今天，我们将与路透社共同推出新的合作项目"中国财经视频专线"，向全球用户提供权威专业的中国财经新闻素材。我们还将与欧洲新闻交换联盟签署《战略合作备忘录》，启动"欧洲伙伴"合作机制，进一步加强在新闻素材、海外报道员、新闻成片定制等方面的合作。

朋友们，第75届联合国大会期间，全球170多个国家领导人就抗击疫情、复苏经济、国际秩序演变等进行了讨论，各方普遍认为，多边主义是现有国际秩序的根基和支柱，不应该受到质疑和挑战。上个月，RCEP（《区域全面经济伙伴关系协定》）正式签署，全球最大的自贸区诞生，这是自由贸易的胜利，是多边主义的胜利。中欧在支持和践行多边主义、加强全球抗疫合作，以及共同促进全球经济复苏和应对气候变化等方面，有着广泛的共识和共同利益，我们的共同语言比我们的分歧多得多。中欧媒体间的对话、交流与合作也将迈向更紧密、更深入、更务实的新阶段。

我们坚信，没有一个冬天不能逾越，没有一个春天不会到来。只要我们用科学代替谣言，用合作代替隔阂，用理解代替偏见，用信心代替恐惧，我们终将迎来春暖花开。我期待在北京和各位相见。

（2020年12月10日）

在 2020 丝绸之路电视国际合作共同体高峰论坛上的致辞

慎海雄

2020年，一场突如其来的新冠肺炎疫情汹涌而至、席卷全球，世界面临前所未有的严峻挑战。增强信心、战胜疫情、克服危机，需要我们同舟共济、团结合作。本次论坛以"深化合作、共迎挑战"为主题，就是希望大家能够深化媒体合作、贡献媒体力量，增强各国民众战胜疫情的信心，为促进共建"一带一路"作出更大贡献。丝路电视国际合作共同体作为全球首个以"丝路"为纽带、面向全媒体的国际影视媒体联盟，自2016年成立以来，力量不断壮大、作用越发凸显，各成员机构在节目制作、频道共建、市场运营、商业融合等多方面开展了一系列务实合作，成效显著、成果丰硕。纪录片《从长安到罗马》等国际影视合作硕果累累，抗疫题材电视系列剧《最美逆行者》在多个国家的媒体平台联动播出，《夜游意大利》《失去阿拉斯加》等多部海外节目登陆中央广播电视总台热播，跨地域、跨文化传播合作逐步深入，成员间合作大有可为。

当前，疫情仍在全球肆虐，各国都面临着抗疫情、稳经济、保民生的艰巨任务。国际媒体同行比以往任何时候都需要发挥负责任媒体应有的作用。中国中央广播电视总台始终秉持人类命运共同体理念，坚持通过媒体合作实现信息最准确、最及时、最广泛的传播，通过道义行动团结一切可以团结的力量。我们相信真实的力量。英文纪录片《中国新疆　反恐前沿》《幕后黑手——"东伊运"与新疆暴恐》大量独家专访及画面真实感人、直抵内心，被观众评价为"用血泪说明恐怖主义是什么"。欧洲新闻交换联盟、拉美新闻联盟，以及30多个国家的200多家媒体广泛转载和使用，总观看量达1.43亿人次，海外网友评论支持率超过90%。我们相信正义的力量。面对针对中国抗疫的恶意指责和涉及疫情的虚假报道，我们开设《主播谈疫情》系列评论短视频，从不同国家发回携手抗疫的报道，发起共同体智库行动倡议活动，支持国际精英、科研人员、智库专家发出科学理性的声音，有力澄清谣言、有效驳斥不实言论。访谈特别节目《世界观察》在170余个国家和地区的1亿多观众中引发广泛热议。我们相信温暖的力量。武汉疫情期间，我们投入5500多人的报道力量，1100多次深入"红区"开展采访，推出《全景见证武汉火神山雷神山医院崛起全过程》《疫情24小时》等全天候直播节目，向全世界观众送去客观、权威而不失温暖的一线新闻，为各国抗击疫情注入了强大信心与力量。

当今世界正在经历百年未有之大变局，各国人民的命运从未像今天这样紧密相连，和平合作、开放包容、互学互鉴、互利共赢的丝路精神，现在正显示出更加强大的生命力，丝路电视共同体作为国际媒体交流合作平台的作用也必将更加凸显。在此，我提出三点建议：

一是坚持开放包容，推动不同文明之间的交流互鉴。解决人类共同面临的各种挑战，需要从不同的文明中寻求智慧、汲取营养。我们期待共同体进一步完善多层次人文合作机制、拓宽民众友好往来平台，成员们以海纳百川的宽广胸怀、兼收并蓄的态度，开展形式多样、与时俱进的文明交流互鉴。国与国更了解，心与心更贴近，才能共同维护金子般珍贵的和平时光。

二是加强技术创新，共同迎接全媒体时代机遇和挑战。中国中央广播电视总台正在加快从传统广播电视媒体向国际一流原创视音频制作发布的全媒体机构转变，从传统节目制播模式向深化内容生产供给侧结构性改革转变，从传统技术布局向5G+4K/8K+AI战略格局转变，首个国家级5G新媒体平台已经具备多点多地、全流程全功能4K超高清集成制作和应用水平，为全球媒体转型升级带来了无尽的想象。我们期待成员们抓住机遇，积极参与到技术革新中来，开展全方位、深层次产业合作，共享成果、共同进步。

三是拓宽合作领域，坚定不移走团结、合作、共赢之路。共同体是一个大家庭，更是资源丰富、全球同享的合作大平台。我们期待各成员通过灵活务实的合作，实现互联互通、优势互补，共同推进《大熊猫秦岭奇遇记》国际版、长城精品频道《民宿里的中国》融媒体产品、"熊猫系列"国际动漫品牌等合作项目，持续加强内容共享、联合制作、合作传播、人员互访、5G新媒体技术等领域全方位、多层次、立体式交流。

"冬天已经到来，春天还会远吗？"各位同行，让我们携手同心、互学互鉴，持续深化国际媒体合作，为共建"一带一路"贡献我们的媒体力量！

（2020年12月15日）

在中央广播电视总台与澳门特别行政区政府 2021 年赛事合作发布暨《擎动中国》（第二季）启动仪式上的致辞

慎海雄

今天下午，澳门特别行政区政府与中央广播电视总台签署了深化战略合作框架协议，从七大方面进一步推动双方合作落实行动，《航拍中国·澳门》作为双方深化战略合作的首个项目也同步启动。此刻，大家又共聚一堂，见证中央广播电视总台与澳门特别行政区政府 2021 年赛事合作发布，同时启动双方重要合作项目《擎动中国》（第二季）。首先，我谨代表中央广播电视总台，向澳门特别行政区政府和为此辛勤付出的各界人士表达诚挚谢意，向全体澳门居民送上最美好的祝愿！

一年前，习近平主席在出席庆祝澳门回归祖国 20 周年大会时，对澳门提出了"坚持开拓创新，进一步推动经济持续健康发展"的殷切期望。一年来，在贺一诚行政长官和特别行政区政府的带领下，广大澳门居民坚守"一国"之本、善用"两制"之利，发挥自身所长，提振竞争优势，加快产业升级，与内地正常往来逐步恢复，多元创新举措蹄疾步稳。实践证明，只要对"一国两制"坚信而笃行，"一国两制"的生命力和优越性就会充分显现出来，澳门的发展正是"一国两制"实践的亮眼注解，灼灼莲花正在焕发夺目风采。

同在一年前，在澳门中联办和特区政府大力推动下，中央广播电视总台积极回应澳门人民期盼，CCTV-5 体育频道成功落地澳门。如今，CCTV-5 已成为澳门同胞业余文化生活的上佳之选，大家不仅与内地观众同步收看了率先复赛的中国足球超级联赛、CBA 篮球联赛，更通过体育频道的广泛覆盖和专业传播，与全国观众共同分享了"澳门格兰披治大赛车""澳门国际乒乓球赛""澳门国际马拉松"等精彩纷呈的澳门"元年启动"赛事，使澳门体育之精彩、澳门之精彩广受关注。《擎动中国》线上模拟器赛车总决赛落地澳门，更是中央广播电视总台与澳门特别行政区政府合力推动、敢为人先的全新尝试，将进一步推动澳门电子竞技产业发展，也将进一步丰富中央广播电视总台体育传播的广度，更好地引导、满足融媒体时代用户需求。今后，我们双方还将持续加大合作的深度与广度，不断把更多顶级赛事，把更加美丽澳门呈现给世界。

习近平主席在深圳经济特区建立40周年庆祝大会上指出，要抓住粤港澳大湾区建设重大历史机遇。中央广播电视总台将与澳门特别行政区政府一道"好风凭借力"，本着"优势互补、扩大合作、共同发展"原则，助力澳门"一中心、一平台、一基地"建设，更好融入国家发展战略，推动中央广播电视总台服务粤港澳大湾区建设能力和国际传播能力不断提升，使内地与澳门心手相连的桥梁更加牢固，粤港澳大湾区的凝聚力、向心力更加坚韧。

我们将释放媒体优势，全景呈现澳门发展成就。充分展现澳门积极参与"一带一路"建设、深度融入粤港澳大湾区发展，推动经济建设、改善民生福祉的重大成果，展示澳门发展日新月异、澳门同胞当家作主的昂扬形象。我们将深化文体交流，全面落实文化惠澳政策，充分释放资源优势，为澳门同胞带来奥运会、欧洲杯、大运会等顶级赛事盛宴；充分开展影视剧纪录片制作、大型文艺演出全方位合作，积极推动春节晚会等代表国家主题和时代脉搏的中央广播电视总台品牌节目在澳门落地播出，不断增进澳门同胞的国家认同、民族认同和文化认同。我们将共谋国际传播，全力讲好新时代中国故事；共建国际交流培训基地，将澳门打造成中央广播电视总台对葡萄牙语国家传播和媒体合作的枢纽，共同描绘新时代的精神图谱，助力国际人文交流，促进世界文明互鉴。

来宾们，朋友们，让我们以体育和文化为纽带，推动澳门与内地民心相通、亲情共融；让我们共同携手，助力澳门繁荣发展之路坦荡畅达，继续书写"一国两制"实践下的华彩篇章。

（2020年12月26日）

在总台庆祝人民广播事业创建 80 周年座谈会上的讲话

慎海雄

今天,是历史铸就的一个光荣日子,我们在这里召开座谈会,庆祝人民广播事业创建 80 周年。让我们备受鼓舞的是,中央领导同志专门作出重要批示,向中央广播电视总台同志和广大广播电视工作者致以热烈祝贺和诚挚问候,充分肯定人民广播事业取得的重要成绩和发挥的重要作用,对广播电视事业发展和总台工作提出殷切期望和明确要求。中央领导同志的重要批示,充分体现了以习近平同志为核心的党中央对人民广播事业和对总台工作的高度重视和关心关怀,具有很强的指导性和针对性,我们要认真学习领会、抓好贯彻落实。

刚才,老广播工作者代表雅坤同志和一线广播工作者代表武俊山同志分别作了发言,我听后很有感触。人民广播事业,就是在一代代党的新闻舆论工作者的接续奋斗中,不断发展、不断壮大、不断从胜利走向胜利的。借此机会,我代表中央广播电视总台党组和编务会议,向人民广播事业创建 80 周年表示热烈祝贺,向一直奋斗在人民广播事业一线的总台人表示诚挚问候,向所有为人民广播事业发展付出心血、作出贡献的老前辈、老同志致以最崇高的敬意!

人民广播事业是党的新闻舆论工作的重要组成部分。80 年前的今天,在革命圣地延安的窑洞里,延安新华广播电台第一声呼号划破茫茫夜空,响彻中华大地,传向四面八方,人民广播事业就此诞生。80 年来,在党中央的高度重视和亲切关怀下,人民广播事业弘扬革命精神、传承红色基因,从无到有、从小到大,在艰辛中创业,在探索中进步,在创新中发展,伴随着中华民族从站起来、富起来到强起来的伟大飞跃而茁壮成长。80 年来,广大广播工作者满怀对党和人民的无限忠诚,围绕中心、服务大局,积极宣传党的理论和路线方针政策，忠实记录中华大地波澜壮阔的历史进程，生动展现亿万人民奋斗追梦的伟大实践，向世界讲好中国故事、传播好中国声音。80年来，人民广播事业锐意改革进取，深化融合传播，通过理念、内容、形式、方法、手段等创新，整体实力不断增强。作为深受人民群众喜爱的重要传播媒介，人民广播事业承载着几代中国人难以忘怀的时代记忆，已经成为引领思想舆论的重要阵地、丰富精神文化生活的重要平台、展示中国形象的重要窗口，对巩固和拓展党的宣传思想文化阵地具有不可替代的重要作用。

党的十八大以来，以习近平同志为核心的党中央高度重视广播电视事业发展。习近平总书记站在党和国家事业发展战略全局高度，作出一系列重大决策部署，引领新时代广播电视事业取得历史性成就。中央广播电视总台成立以来，人民广播事业迎来了新的发展机遇，焕发了新的生机活力，在总台打造国际一流新型主流媒体的奋斗进程中加速前进，舆论引领更加有力，内容形态更加丰富，传播渠道更加多元，媒体融合更加深入，引领力、传播力、影响力显著提升，受到中央领导同志充分肯定，海内外受众给予高度赞誉。

八十载砥砺奋进，八十载春华秋实。回顾这段极不平凡的奋斗历程，我们深刻认识到，人民广播事业的成长进步和发展壮大，离不开党中央的亲切关怀，离不开亿万受众的信任厚爱，离不开一代代广播人的艰辛探索。八十年的披荆斩棘，八十年的辉煌成就，我们形成了光荣的传统，积累了宝贵的经验，孕育了美好的希望。站在新的历史起点上，我们要持续深入学习贯彻习近平总书记对总台工作的一系列重要指示批示精神，牢记初心使命，弘扬光荣传统，坚持守正创新，勇于拼搏奋斗，不断开创广播电视事业更加美好的未来，奋力打造国际一流新型主流媒体，在新时代创造新的辉煌。在此，我讲几点意见。

一、进一步提升引领力，为党和国家工作大局提供强大舆论支持

习近平总书记指出，当今世界正经历百年未有之大变局，我国正处于实现中华民族伟大复兴关键时期。作为党的意识形态工作者，必须始终胸怀"两个大局"，时时刻刻围绕中心、服务大局，持续巩固壮大主流思想舆论。要树牢政治机关意识，坚定不移走好"第一方阵"，坚持把学习宣传贯彻习近平新时代中国特色社会主义思想作为首要政治任务，在学思践悟、知行合一上下功夫，不断提高政治判断力、政治领悟力、政治执行力，牢牢把握正确政治方向和舆论导向。要用心用情用功做好领袖宣传报道，生动讲好习近平总书记治国理政、管党治党、爱民为民的故事，推出更多润物无声、引人入胜的广播、电视、新媒体精品节目产品，汇聚起拥护核心、爱戴领袖的强大力量。要聚焦聚力做好庆祝中国共产党成立100周年等重大主题宣传报道，抓紧推进、精心打磨一批思想精深、艺术精湛、制作精良的影视剧、专题片、文艺作品，以实际行动和扛鼎之作热情讴歌伟大时代、深情礼赞党的百年华诞，形成强大

宣传声势，营造浓厚舆论氛围。

二、进一步增强传播力，更好展现真实立体全面的中国

要强化舆论引导能力建设，以攻为守、敢于作为、绵绵发力、久久为功，不断增强舆论引导本领能力。要遵循新闻传播规律，善于运用海外受众能够接受的话语体系做好精准传播、有效宣介，持续深化言论评论舆论威力，加强"大湾区之声"等平台建设，以有风骨、敢亮剑、接地气的新语态持续引爆舆论场，不断增强我发声能力和水平。要加快提升对外传播投送能力，做好优秀文艺节目对外传播，持续推进以网红工作室为代表的"好感传播"，加强国际媒体合作，创新开展"媒体外交"，奋力提升总台在国际传播领域的地位和份额。

三、进一步扩大影响力，奋力提升精品节目艺术水准和群众满意度

全媒体不断发展，导致舆论生态、媒体格局、传播方式发生深刻变化，广播电视事业面临新的挑战。我们只有持续深化内容生产供给侧结构性改革，迎接数字化、拥抱数字化，不断催化融合质变、放大一体效能，才能不断扩大总台创造、总台制造、总台出品的精品节目影响力。要狠抓高质量发展改版提质升级，一个节目一个节目地改、一个细节一个细节地抠，规划好精品、排布好精品、投送好精品、考核好精品，不断创新节目理念、内容形态、手段方法，力争用3到5年把总台80%以上的节目栏目打造为精品，进一步彰显国家台的形象品质气质。要总结好《主播说联播》《联播+》《云直播》《云守望》《云招聘》等爆款产品成功经验，推动传统广播电视金牌栏目内容优势向新媒体延伸，打造更多令人眼前一亮、闻之一振、爱不释手的新媒体产品，进一步提升总台在新媒体领域的影响力。要积极构建5G+4K/8K+AI战略格局，打造5G视频、音频聚合分发平台，全面推动央视频、央视新闻、云听等新媒体新平台改版升级，抓好国家重点实验室、5G超高清视音频传播中心、国家（杭州）短视频基地等重点项目落地实施，奋力推动总台高质量发展取得新成效、迈上新台阶。

广播电视事业的开拓发展，要在得人。我们这条战线涌现出许多优秀的老前辈、老同志，他们用青春、理想和激情书写了党的新闻舆论事业的壮丽篇章。他们的功绩需要继承，他们的精神值得弘扬。面对新形势、新任务、新挑战，我们要始终坚持加强政治建设、提高政治能力、坚守人民情怀，贯彻落实新时代党的组织路线，忠诚履行党的意识形态重镇职责使命，切实做到守土有责、守土担责、守土尽责，着力打造一支政治过硬、本领高强、求实创新、能打胜仗的"新闻铁军"，不辜负以习近平同志为核心的党中央的重托和期望。要充分发扬"精益求精、一丝不苟、追求完美"的工作精神和"舍我其谁、敢战必赢"的工作作风，加快培养造就一批"大师级"名记者、名编辑、名主持人、名制片人，一批懂语言知文化、会讲中国故事的国际传播人才，一批精通广播、电视、互联网等最新传播技术的全媒体人才，

一批有责任敢担当、懂经营善管理的复合型人才,推动形成大师闪耀、新人辈出的生动局面。各级领导干部要关心爱护一线同志,多为大家办实事、办好事,畅通人才引进流动晋升渠道,做到精心育才、广泛聚才、人尽其才,让有为者有位、为担当者担当,进一步培育形成朝气蓬勃、活力四射、人人自豪的干事创业浓厚氛围。

同志们,人民广播事业在抗日烽火中诞生,从延安窑洞中起步,在艰苦创业中成长,与党和国家事业同频共振、同向同行,鼓舞着一代又一代中国人努力奔跑、追梦圆梦,激励着无数中华儿女接力奋斗、砥砺前行。

回顾历史,我们备感光荣;展望未来,我们充满信心。让我们更加紧密地团结在以习近平同志为核心的党中央周围,不忘初心、牢记使命,守正创新、以攻为守,奋力打造具有强大引领力、传播力、影响力的国际一流新型主流媒体,以优异成绩迎接建党100周年,为全面建设社会主义现代化国家、实现中华民族伟大复兴的中国梦作出新的更大贡献!

最后,祝愿各位老前辈、老同志阖家幸福、身体健康,祝各位同志工作顺利、新年快乐!

(2020年12月30日)

强化政治机关意识　奋力打造国际一流新型主流媒体

慎海雄

习近平总书记在主持中央政治局第二十一次集体学习时强调，党的组织路线是为党的政治路线服务的，我们要毫不动摇坚持和完善党的领导、继续推进党的建设新的伟大工程，贯彻落实好新时代党的组织路线，不断把党建设得更加坚强有力。习近平总书记的重要讲话为中央广播电视总台深入学习贯彻新时代党的组织路线、奋力打造坚强有力的政治机关提供了重要遵循、指明了奋进方向。

一、强化政治机关意识、走好第一方阵，必须深刻领会习近平总书记关于加强中央和国家机关党的政治建设重要论述的重大意义

党的十八大以来，以习近平同志为核心的党中央高度重视中央和国家机关党的政治建设。习近平总书记发表一系列重要讲话，作出"中央和国家机关必须牢固树立政治机关意识""中央和国家机关是践行'两个维护'的第一方阵"等一系列重要指示，科学回答了中央和国家机关党的政治建设一系列重大理论和实践问题，具有极强的政治性、思想性、指导性、针对性。必须深入学习、深刻领会习近平总书记重要讲话和指示精神，进一步强化政治机关意识，坚定不移走好第一方阵，着力建设模范政治机关，为打造具有强大引领力、传播力、影响力的国际一流新型主流媒体提供坚强政治保证。

深刻领会带头做到"两个维护"的重大意义。习近平总书记强调："带头做到'两个维护'，是加强中央和国家机关党的建设的首要任务。"船重千钧，掌舵一人。服从核心、维护核心就是服从大局、维护大局，就是最大的政治。做好中央广播电视总台各项工作

的根本和前提，就在于一切行动听号令、听指挥，坚决做到"两个维护"。总结中央广播电视总台组建以来工作的成功经验，这是最根本的一条，必须牢牢坚持、持续深化。

深刻把握中央和国家机关的政治属性。习近平总书记强调，中央和国家机关首先是政治机关，必须旗帜鲜明讲政治，坚定不移加强党的全面领导，坚持不懈推进党的政治建设。在党的组织体系中，中央和国家机关是第一方阵，离党中央最近，服务党中央最直接，承担着推动党中央各项决策部署落地生根的重要职责。这就决定了中央和国家机关的性质首先不是做具体工作的业务机关，而是政治机关。中央广播电视总台是党的意识形态重镇，承担着宣传党的理论和路线方针政策的重要职责使命，必须深刻把握政治机关属性，始终把党的政治建设摆在首位，始终做到牢牢把握正确政治方向和舆论导向。

深刻认识政治机关意识淡漠的严重危害。习近平总书记强调："中央和国家机关出问题危害很大，属心腹之患而非皮癣之忧，小毛病不治久而久之也可能引起中风、心梗，必须采取有力举措加以解决。"中央和国家机关处在"最先一公里"和第一棒的位置，如果党的理论和路线方针政策在这里失之毫厘，到了基层就可能谬以千里；如果贯彻落实的第一棒就掉了链子，"两个维护"在"最先一公里"就可能落空。实践表明，只有旗帜鲜明讲政治，才能固本培元、扶正祛邪，培养自我革命勇气、增强自我净化能力、提高排毒杀菌政治免疫力。要以政治巡视为契机，坚持问题导向、认真对标对表、全面整改提升，找差距、强弱项、补短板，努力建设让党中央放心、让人民群众满意的模范机关。

二、强化政治机关意识、走好第一方阵，必须把"两个维护"体现在实际行动上，忠诚履行党的意识形态重镇职责使命

习近平总书记指出，讲政治不是抽象的，而是具体的。"两个维护"要体现在坚决贯彻党中央决策部署的行动上，体现在履职尽责、做好本职工作的实效上，体现在党员、干部的日常言行上。意识形态工作是党的一项十分重要的工作，关乎旗帜、关乎道路、关乎党和国家的根本利益，必须透过业务看政治，必须牢牢把握中央广播电视总台"首先是政治机关"的政治定位，切实把"两个维护"体现到工作各方面，把爱党为党融入采编播全过程，更好地服务党和国家工作大局。

在实现中华民族伟大复兴的历史征程中，始终高举伟大思想旗帜，推动党的创新理论"飞入寻常百姓家"。习近平新时代中国特色社会主义思想是指引党和人民走好新时代长征路的行动指南，也是应对重大风险挑战的强大思想武器。要深化提升中央广播电视总台"头条工程"，在打造原创精品力作上下功夫，在更接地气、润物无声上求实效，让习近平新时代中国特色社会主义思想春风化雨、"飞入寻常百姓家"。深入开展决胜全面小康、决战脱贫攻坚重大主题宣传，生动阐释全面建成小康社会的历史成就和重大意义，提升人民群众的获得感、认同度。全面创新经济社会发展宣传报道，加强对"六稳""六保"的报道解读力度，推出一批融思想性与

艺术性于一体的"大剧""大作",让主旋律报道更接地气、更可亲可学。

在世界百年未有之大变局中,深入开展舆论斗争,奋力提升中央广播电视总台在国际传播领域的地位和份额。随着当今世界"东升西降"的态势深入发展,意识形态较量和国际舆论斗争在相当长的时间内会十分激烈,要敢于斗争、善于斗争,同时提高斗争本领。要深刻把握"两个大局",精准定位中国所处的历史坐标与世界坐标,在干事创业时自觉胸怀大局、自觉服从大局。保持良好势头,拓展国际视野,打好舆论斗争"组合拳",以攻为守、主动作为、绵绵发力、久久为功。充分发挥《央视快评》《国际锐评》《玉渊谭天》、CGTN评论矩阵、《海峡时评》《大湾区之声热评》等品牌产品舆论威力,不断增强发声能力。加快推进"好感传播",培养一批"社会活动家""外交家"型驻外记者,把中国声音传出去、把国外信息带回来,做到借嘴说话、借筒传声、借力办事,有力有效地传递中国声音。

在新媒体新技术迭代发展的关键阶段中,全力构建5G+4K/8K+AI战略格局,加快推动中央广播电视总台高质量发展。面对全媒体时代传播方式、舆论生态的深刻变革,要以"大象也要学会跳街舞"的精神风貌拥抱数字化、迎接数字化,加快实现从传统广播电视媒体向国际一流原创视音频制作发布的全媒体机构转变、从传统节目制播模式向深化内容生产供给侧结构性改革转变、从传统技术布局向新战略格局转变。狠抓改版提质,强化技术引领,加快产业应用,加强客户端建设,推动中央广播电视总台传统金牌栏目传播优势向新媒体延伸。

三、强化政治机关意识、走好第一方阵,必须强化管党治党政治责任,锻造一支拉得出、打得赢、敢胜利的"新闻铁军"

面对复杂形势和艰巨任务,我们要有力应对重大挑战、抵御重大风险、克服重大阻力、化解重大矛盾,进行具有许多新的历史特点的伟大斗争,最根本的保证还是党的领导。必须一以贯之、坚定不移地全面从严治党,深入贯彻落实新时代党的组织路线,培养造就一支让党和人民放心的新闻舆论工作队伍,切实做到守土有责、守土担责、守土尽责,不辜负习近平总书记和党中央的信任重托。

强化思想淬炼,在学懂、弄通、做实上下功夫。重视理论武装是中国共产党的优良传统和政治优势。要把坚定理想信念作为根本守则,通过加强理论武装固本培元、筑牢根基,时时刻刻打扫思想灰尘,真正做到理想信念不滑坡、精神支柱不坍塌。在以习近平同志为核心的党中央治国理政的伟大实践中,特别是在这次抗击新冠肺炎疫情的人民战争中,习近平总书记亲自部署、亲自指挥,带领我们取得重大战略成果,为我们上了一堂"不忘初心、牢记使命"的生动党课。要深入学习贯彻习近平总书记对中央广播电视总台工作的一系列重要指示批示精神,以真挚情感和真抓实干切实将总书记的殷切希望和谆谆嘱托传递到每一名干部职工、转化为全体员工干事创业的生动实践,筑牢国际一流新型主流媒体的思想根基。

强化政治历练，在增强斗争本领上下功夫。作为党的意识形态工作者，必须把讲政治贯穿于党性锻炼的全过程，始终保持头脑清醒、慧眼如炬、铁肩有力，使中央广播电视总台每名党员干部的政治能力都能够与担负的职责相匹配。要炼就一双政治慧眼，不断增强政治敏锐性和政治鉴别力，在大是大非面前旗帜鲜明、敢于亮剑，做意识形态领域的忠诚卫士。深刻把握党的新闻舆论工作规律，坚持问题导向、目标导向、结果导向，提高宣传报道的实效性。抓好党的组织制度建设，严肃党内政治生活，充分发挥各级党组织战斗堡垒作用，不断提高党的组织建设的制度化、规范化、科学化水平。狠抓风气建设不放松，坚持作风建设不停步，对腐败问题"零容忍"，坚定不移地推动全面从严治党向纵深发展。

强化实践锻炼，在敢于担当作为上下功夫。政治担当是否过硬，是检验党员干部在政治上是否合格的重要标尺。2020年是中央广播电视总台改革举措全面铺开、高质量发展提质升级、打造国际一流新型主流媒体的关键之年、创新之年、奋斗之年。当前，各项宣传报道和改革发展任务十分繁重，全台党员干部要在知行合一中主动担当作为，持续深化"精益求精、一丝不苟、追求完美"的工作精神和"舍我其谁、敢战必赢"的工作作风，始终保持干事创业、以攻为守的豪迈激情，坚持不懈把中央广播电视总台事业发展推向前进。要持续深化增强"四力"教育实践锻炼，畅通人才引进流动晋升渠道，培养造就一批在行业有分量、在社会有美誉的"大师级"名记者、名编辑、名主持人、名制片人，一批有责任有担当、懂经营善管理的复合型人才，一批精通新媒体新技术的专业人才，夯实国际一流媒体人才基础。加大青年人才培养力度，不拘一格降人才，在难事急事的经历中经受摔打、增长才干，进一步培育形成朝气蓬勃、活力四射、人人自豪的浓厚氛围。

（刊发于中央和国家机关工委
《机关党建研究》2020年第10期）

讲述脱贫故事　作出媒体贡献
——在人类减贫经验国际论坛上的致辞

慎海雄

2020年在人类减贫史上有着特殊意义，中国完成了一项堪称奇迹的事业。最近，我到中央广播电视总台定点帮扶的四川省凉山彝族自治州喜德县调研。那里交通闭塞、气候高寒，曾经是中国最贫困的县之一。现在，当地人告诉我，他们的生活有了翻天覆地的变化。我看到很多彝族兄弟从海拔3000米以上的高山上搬下来，住进了县城边的新房。这一栋栋新民居都是政府为移民建造的，彝族同胞的脸上洋溢着笑容，我可以明显地感觉到他们发自内心的喜悦。这可以说是中国精准扶贫、精准脱贫成果的一个缩影。这个成果是如何做到的？中国的经验能否被复制？世界对中国的脱贫故事充满了好奇。我想，中央广播电视总台制作的纪录片《中国脱贫攻坚》能给出一个鲜活的答案。这是中国第一部以外国朋友的视角解读中国脱贫攻坚经验做法的纪录片，由中央广播电视总台旗下CGTN主持人、美国资深中国问题专家库恩博士主持并撰稿。中美联合创作团队历时两年，深入中国的田间地头、大山深处，记录下了铸就伟大事业的艰辛历程。今天，这部纪录片的多语种版本正式向全球发布。我相信，这部纪录片会让观众对中国的脱贫故事有更直观、更深刻的认识，也希望通过这部片子向国际社会分享中国的脱贫经验，为全球减贫事业作出媒体应有的贡献。

（刊发于《人民日报》2020年12月17日）

2021年领导讲话及文章

坚持守正创新 深化"三个转变"
以优异工作成绩庆祝党的百年华诞
——在中央广播电视总台2021年工作会议上的讲话（节选）

慎海雄

2020年，在新中国乃至中华民族历史上，都是极不平凡的一年。对于总台而言，同样留下了极不平凡、极其深刻、极为难忘的一页。这一年，在以习近平同志为核心的党中央坚强领导下，在中宣部归口领导下，我们深入学习贯彻习近平总书记重要指示批示精神，打了一系列大仗、硬仗、漂亮仗，总台各项工作与党和国家事业同频共振、同向同行，在海内外的引领力、传播力、影响力显著提升，国际传播力骤升，在一场场大战大考中交出了一份让党中央放心、人民群众满意的精彩答卷。

这一年，我们高举旗帜、引领导向，聚焦做好领袖宣传报道，聚力提升总台"头条工程"，持续深化党的创新理论宣传阐释，推动习近平新时代中国特色社会主义思想和领袖魅力风采春风化雨、"飞入寻常百姓家"。这一年，我们闻令而动、逆行出征，聚焦习近平总书记亲自部署、亲自指挥的疫情防控人民战争，"以我为主"讲好中国抗疫故事，创新开展"媒体外交"，为打赢疫情防控阻击战提供强大舆论支持。这一年，我们围绕中心、服务大局，唱响决胜全面小康、决战脱贫攻坚的昂扬旋律，浓墨重彩做好纪念中国人民志愿军抗美援朝出国作战70周年宣传报道，创新开展媒体公益行动，持续巩固壮大主流思想舆论。这一年，我们敢于斗争、善于斗争，聚焦做好舆论斗争引导，在以攻为守中着力提升国际传播能力。这一年，我们敢于突破、勇于创新，聚焦深化内容生产供给侧结构性改革，高质量发展改版提质升级成效显著，新媒体新平台影响力持续提升，努力形成精品纷呈、佳作迭出的崭新局面。这一年，我们迎难而上、以变应变，聚焦创新开拓事业产业发展新局面，经营工作创新升级，台属机构稳中有进，疫情防控精准有效，"民心工程"情暖人心，加快推动总台高质量发展。这一年，我们铸魂聚力、强基固本，聚焦贯彻落实新时代党的建设总要求，扎实推动党的创新理论武装工作，高质量做好巡视"后半篇文章"，锻造一支让党和人民放心的新闻舆论工作队伍。

回顾极不平凡一年的奋斗历程，每一项成绩都来之不易，每一名总台人都了不起！我们深刻认识到：做好总台工作，必须始终坚持以习近平新时代中国特色社会主义思想统领一切工作，坚决做到"两个维护"；必须坚持守正创新、以攻为守；必须持之以恒抓好风气建设。

我们紧紧围绕习近平总书记对总台提出的"打造具有强大引领力、传播力、影响力的国际一流新型主流媒体"的奋斗目标，提出了加快推动总台从传统广播电视媒体向国际一流原创视音频制作发布的全媒体机构转变、从传统节目制播模式向深化内容生产供给侧结构性改革转变、从传统技术布局向5G+4K/8K+AI战略格局转变的工作思路。一年来总台各项工作的实践充分证明，加快实现"三个转变"是推动总台高质量发展、打造国际一流新型主流媒体的有效途径，是符合全媒体时代媒体变革发展趋势规律、推动总台媒体深度融合发展的有力抓手，是有效应对国内外环境变化、加快提升总台国际引领力、传播力、影响力的可行之策，必须巩固良好态势，把握正确趋势，坚定不移持续深化。

"十四五"时期是开启全面建设社会主义现代化国家新征程、向第二个百年奋斗目标进军的第一个五年，也是总台高质量发展提质升级、打造国际一流新型主流媒体的重要战略机遇期。总台"十四五"发展规划是总台成立以来的第一个"五年规划"。我们必须坚持系统观念，树立大局观、全局观，算清整体账、长远账，统筹对内宣传和对外传播、传统媒体和新兴媒体、事业和产业、党建和业务等各个领域，加强前瞻性思考、全局性谋划、战略性布局、整体性推进，准确识变、科学应变、主动求变，力争到2025年，总台的舆论引领能力持续提升、精品节目影响力持续扩大、媒体融合发展持续深化、经济实力持续壮大、队伍建设持续加强，在海内外的引领力、传播力、影响力得到大幅提升，在国际传播领域的地位和份额达到更高水平，高质量发展取得更大成效，综合实力实现全面跃升。

2021年是具有重大里程碑意义的一年，"两个大局"在此交织，"两个百年"在此交会，"两个五年"在此交接，中国共产党百年华诞即将到来，这一年在我国现代化建设进程中具有特殊重要意义。总台工作面临着新的形势任务，承担着光荣而艰巨的使命。新的一年，我们要坚持以习近平新时代中国特色社会主义思想统领一切工作，深入学习贯彻习近平总书记关于宣传思想工作的重要思想和对总台工作的一系列重要指示批示精神，全面贯彻党的十九大和十九届二中、三中、四中、五中全会精神，扎实落实全国宣传部长会议精神，紧紧围绕学习宣传贯彻习近平新时代中国特色社会主义思想，围绕开局"十四五"、开启新征程，围绕立足新发展阶段、贯彻新发展理念、构建新发展格局，突出庆祝中国共产党成立100周年，坚持稳中求进、守正创新、以攻为守，持续深化"三个转变"，不断提高政治判断力、政治领悟力、政治执行力，奋力打造具有强大引领力、传播力、影响力的国际一流新型主流媒体，为全面建设社会主义现代化国家新征程开好局起好步提供有力有效舆论支持。

一要紧紧围绕深入学习宣传贯彻习近平新时代中国特色社会主义思想这个首要任务，进一步坚定全党全国人民团结奋斗的主心骨。始终坚持以领袖的高度就是宣传报道追求的高度为标准，深化提升领袖宣传报道，深入阐释好领袖思想精髓要义，全景展现好领袖风采魅力，对外展示好大国领袖风范。

二要紧紧围绕庆祝中国共产党成立100周年这个重大主题，积极营造共庆百年华诞、共创历史伟业的浓厚氛围。充分发挥宣传报道主力军压舱石作用，精心策划推出庆祝建党百年精品力作。着眼推动党和国家事业迈出新步伐、见到新气象，把党的十九届五中全会精神的宣传阐释引向深入。做好重要会议、重大活动、重要时间节点的宣传报道，激励人们更有信心、更有力量地迈进新征程。

三要紧紧围绕加强国际传播能力建设这个战略部署，奋力提升总台在国际传播领域的地位和份额。自觉从党和国家战略全局高度，增强舆论斗争的本领和能力，加快构建海外传播新格局，更加有力有效地讲好中国故事，奋力争夺国际话语权，为开启现代化新征程营造良好的国际舆论环境。

四要紧紧围绕打造国际一流新型主流媒体这个发展目标，着力推动总台高质量发展取得更大成效。大力推进节目改版升级，打造更多"总台品牌"。大力深化机制创新，加大科研项目自主创新力度，推动媒体融合向纵深发展。大力创新开拓产业发展，夯实广告经营、强化版权运营、优化升级产业管理经营，不断壮大总台经济实力。

要认真谋划、精心筛选一批利于当前、影响长远的大项目好项目，形成总台"十四五"重大项目集群，充分发挥重大项目牵引带动作用，为总台发展谋篇布局、立柱架梁。要抓好"民心工程"落地实施，真正用看得见、摸得着的获得感幸福感全力以赴为员工排忧解难，让每一名总台人都为总台发展的丰硕成果感到骄傲和自豪！

今年是机关党建质量提升年。在我们党迎来百年华诞之际，我们要更加自觉坚定地坚持党对一切工作的领导，深入贯彻全面从严治党方针，做到态度不变、决心不减、尺度不松，以高质量党建推动高质量发展，充分发挥全面从严治党的引领保障作用，为打造国际一流新型主流媒体筑牢坚实根基。要以绝对忠诚践行"两个维护"，不断加强政治建设、提高政治能力、坚守人民情怀，始终在思想上政治上行动上同以习近平同志为核心的党中央保持高度一致。要以扎实成效高标准高质量开展党史学习教育，切实增强守初心、担使命的思想自觉和行动自觉。要以严实举措抓好风气建设，强化正风肃纪，从严从实抓好巡视整改落实工作，坚定不移、一以贯之推动总台全面从严治党向纵深发展。要以党建引领筑牢战斗堡垒，坚持以提升组织力为重点，不断夯实基层组织基础。要以担当作为锤炼过硬队伍，坚持党管干部原则，落实好干部标准，畅通人才引进流动晋升渠道，切实增强"四力"，锻造一支政治过硬、本领高强、求实创新、能打胜仗的"新闻铁军"。

（2021年2月26日）

奋力推动总台党的建设高质量发展
以优异成绩庆祝中国共产党成立 100 周年
——在中央广播电视总台 2021 年党的建设工作会议上的讲话（节选）

慎海雄

在以习近平同志为核心的党中央坚强领导下，在中央纪委国家监委、中央和国家机关工委等上级机关的关心指导下，总台各级党组织坚持以习近平新时代中国特色社会主义思想为指导，深入学习领会习近平总书记在中央和国家机关党的建设工作会议上的重要讲话精神，贯彻落实习近平总书记对总台工作的一系列重要指示批示精神，全面落实新时代党的建设总要求，推动总台党建工作不断取得新成效。一是政治建设旗帜鲜明。成立总台党建工作领导小组，深入开展强化政治机关意识教育，把习近平总书记重要指示精神不折不扣落到实处。二是理论武装持续深入。开展专题党课活动，建设青年理论学习小组，推进总台网上党校建设，持续推动党的创新理论武装工作走深走心走实。三是巡视整改取得实效。认真开展配合中央巡视各项工作，做到边巡边改、立行立改、真改实改，完成集中整改期各项任务。四是基层组织不断夯实。召开中国共产党中央广播电视总台机关第一次党员代表大会，总台 530 多个基层党组织陆续成立。五是风气建设驰而不息。完善"三重一大"事项决策制度，组建党风廉政建设协调小组，深化运用监督执纪"四种形态"，坚持把纪律规矩挺在前面。六是基层党组织战斗堡垒作用和党员先锋模范作用进一步彰显。成立总台武汉疫情前方报道组临时党总支，110多名党员不畏艰险、挺身而出，以实际行动彰显初心使命、忠诚担当。

今年是实施"十四五"规划、开启全面建设社会主义现代化国家新征程的第一年，是我们党的历史和我国现代化建设进程中具有特殊重要意义的一年，是中央和国家机关党的建设"质量提升年"，对总台党建工作提出了新的更高要求。

一要高质量抓好党的政治建设，在提高政治判断力、政治领悟力、政治执行力上下真功见实效。巩固拓展总台强化政治机关意识教育成果，及时学习、深刻领会党中央重大决策部署的政治意图、战略谋划和实践要求，紧紧围绕党和国家工作大局找准总台工作的职责定位，从服务党和国家工作大局出发，切实把党中央的政治要求体现到总台各项工作实践中去，把"两个维护"体现到总台工作各方面、贯穿到宣传报道全过程，以钉钉子精神把习近平总书记重要指示批示精神不折不扣落到实处。

二要高质量抓好党的创新理论武装，在学懂弄通做实习近平新时代中国特色社会主义思想上下真功见实效。充分发挥党组、各基层党委理论学习中心组领学促学作用和领导干部示范引领作用，创新运用专题党课、主题党日活动、专题培训班、青年理论学习小组等方式在全台范围内扎实开展理论学习，切实把习近平总书记重要指示批示精神转化为创造性推动总台工作的生动实践。加大理论节目创新力度，打造《平"语"近人——习近平喜欢的典故》（第二季）等创新节目，推动党的创新理论"飞入寻常百姓家"。

三要高质量抓好党史学习教育，在教育引导党员干部守初心担使命上下真功见实效。深入学习贯彻习近平总书记在党史学习教育动员大会上的重要讲话精神，坚持"学史明理、学史增信、学史崇德、学史力行"，突出"学党史、悟思想、办实事、开新局"，教育引导党员干部进一步锤炼对党绝对忠诚的政治品格。充分发挥总台宣传报道主力军压舱石作用，全力以赴完成好中央交办的重大宣传报道任务，用心用情用功做好建党100周年宣传报道，抓紧推进、精心打磨《百年风华》《山河岁月》《大决战》《红船》等一批重点项目，精心做好对外传播，生动讲好中国共产党的故事，进一步强化党员干部的忧党之心、为党之责、强党之志。

四要高质量抓好基层基础建设，在发挥基层党组织战斗堡垒作用和党员先锋模范作用上下真功见实效。教育引导党员干部充分发扬"精益求精、一丝不苟、追求完美"的工作精神和"舍我其谁、敢战必赢"的工作作风，坚持党建工作和业务工作一起谋划、一起部署、一起落实、一起检查，确保总台党建和业务工作齐头并进、同频共振。充分发挥总台党建工作领导小组作用，建强专兼职党务干部队伍，扎实推进群团组织组建工作，激发干劲，营造浓厚的总台文化氛围。继续做好对口帮扶喜德县各项工作，创新方式方法，加大帮扶力度，助力乡村振兴。

五要高质量抓好风气建设，在推动总台全面从严治党向纵深发展上下真功见实效。树牢纪律规矩意识，强化廉洁风险防控，进一步扎紧制度笼子，强化建章立制，筑牢意识形态坚强阵地。严格落实中央八项规定及其实施细则精神，持续深化纠治形式主义、官僚主义。强化宗旨意识，密切联系群众，扎实推动总台"民心工程"，进一步培育形成朝气蓬勃、活力四射、人人自豪的浓厚氛围。扎实做好巡视"后半篇文章"，从严从实抓好整改落实，组织开展常态化监督检查，切实做到守土有责、守土担责、守土尽责。

（2021年2月26日）

推动总台经营工作高质量发展 为打造国际一流新型主流媒体提供坚实保障
——在中央广播电视总台2021年经营工作会议上的讲话（节选）

慎海雄

2020年，总台在中央领导同志的关心指导下，在相关部委和地方的支持帮助下，全力以赴做好各项工作，稳住了经营大盘、开拓了崭新局面。创新升级"品牌强国工程"，全面整合总台精品节目和品牌栏目，加大活动推广和沟通宣传力度，签约企业数量和额度实现双增长。充分激发总台新媒体价值潜能，新媒体经营开发热度不断、亮点频出。全面统筹总台版权资源和重大赛事版权销售，延展版权产业链，规范版权经营管理，持续开展"护牌行动"，版权收入取得大幅提升。台属企业加快改革步伐，综合实力不断发展壮大。创新开展媒体公益行动，"品牌强国工程援鄂抗疫公益行动""搭把手、拉一把""谢谢你为湖北拼单""广告精准扶贫"等公益项目社会影响广泛，彰显了总台作为党的意识形态重镇的责任担当，受到中央领导同志充分肯定。

2021年是实施"十四五"规划、开启全面建设社会主义现代化国家新征程的第一年。总台正处于打造国际一流新型主流媒体的重要战略机遇期，做好2021年经营工作，对于当前和今后一个时期的总台发展至关重要，必须迈好第一步、展现新气象。新的一年，总台经营工作要坚持以习近平新时代中国特色社会主义思想为指导，全面贯彻党的十九大和十九届二中、三中、四中、五中全会精神，贯彻落实中央经济工作会议精神，贯彻落实习近平总书记对总台工作的一系列重要指示批示精神，坚持稳中求进工作总基调，围绕立足新发展阶段、贯彻新发展理念、构建新发展格局，以推动高质量发展为主题，以深化供给侧结构性改革为主线，以改革创新为根本动力，坚持系统观念，落实好大文化、大资本、大经营战略蓝图，不断在广告经营、新媒体营销、版权运营、资本运作、产业拓展等方面取得新突破，积极构建总台产业经营多元化格局，推动总台经营工作高质量发展，为打造国际一流新型主流媒体提供坚实保障，以优异成绩庆祝建党100周年。

一要深刻认识做好经营工作的重大意义，推动形成"全台一盘棋"经营工作格局。各部门各单位要牢固树立"宣传报道是生命线、经营工作也是生命线"意识，搞好"大合唱"、做到"一盘棋"，形成全台开拓进取、密切配合的经营工作强大合力。总经理室要进一步明晰总台事业产业协同发展路径，发挥好统筹调度作用，实现大文化、大资本、大经营战略蓝图。台属公司要坚持以服务总台宣传报道和节目生产为首要任务，做大做强各类产业经营板块。节目部门要深化内容生产供给侧结构性改革，向精品节目要效益、要增量，形成节目生产与经营创收的良性循环。总编室要加强对各节目中心已确定重点节目制播情况的监督与考核，确保内容生产进度如期推进。人事局要重视经营人才选调培养工作，协助总经理室配齐选强经营队伍。技术部门要加大科研攻关力度，以科技创新推动经营工作高质量发展。地方总站要发挥地域优势、挖掘区位特点，充分挖掘经营潜力。职能部门要不断优化行政、财务、法务等运行管理机制，为做好经营工作提供有力有效服务保障。

二要牢牢把握新阶段新机遇新挑战，做强做优总台产业大盘。要坚定发展信心，紧紧抓住产业发展机遇，坚持把社会效益放在首位、社会效益和经济效益相统一，统筹规划总台产业发展战略，大力拓展多元化经营，进一步完善总台经营体系。要在推进供给侧结构性改革上求突破，进一步优化资源配置，打造高效率运营的总台产业发展集群。要在建立完善产业管理制度上求突破，不断健全市场化经营机制，推动建立现代企业制度，有力有效激发台属企业创新活力。要在推进产业专业化改革上求突破，探索打造一批国内领先的融媒体产业集团，形成完整产业生态圈。要在推进体制机制改革上求突破，加强总台平台建设，理顺规范上市公司治理结构。

三要紧紧围绕创新这一总台工作的主基调主旋律，着力提升媒体融合经营能力。树牢融媒体营销理念，加快推动从传统经营向融媒体经营的转型升级。要做强做优广告经营。聚合总台优质电视、广播、新媒体资源，不断提升"品牌强国工程"品牌价值，确保广告收入稳定、经营大盘牢固。总结好运用好春晚、秋晚、《故事里的中国》等优质IP节目营销经验，创新重要时间节点文艺晚会和季播节目营销模式。抓住"奥运年""大赛年"的机遇，争取打一场漂亮的体育营销仗。要拓展新媒体营销增长空间。把新媒体新平台建设摆在突出位置，深刻认识新媒体建设对新媒体经营的重要作用。进一步强化互联网思维，深挖新媒体交互营销价值。要提高版权资源变现收益能力。进一步完善全台版权创新、版权储备和版权开发经营模式，切实加强版权保护力度，建设好运用好总台版权交易中心，让版权经营成为总台经营创收的新支柱。

四要积极助力构建新发展格局，以经营工作新成效服务好党和国家工作大局。要充分发挥资源优势和经营实力，在舆论引导、品牌塑造、数字经济等领域积极发挥作用。要抓好重大项目落地，加快推进国家重点实验室、国家（杭州）短视频基地、上海国际传媒港等一批事关当前、影响长远的大项目好项目。要引领行业发展潮流，加大5G、4K/8K超高清、区块链、人工智能、大数据等新技术研发应用力度，巩固拓展总台在超高清视频等领域的领先地位。要创新媒体公益行动，深化提升"品牌强国工程公益行动""消费季""消费年""云招聘""广告精准扶贫"等媒体行动，努力将总台平台资源优势转化为助力推动经济社会高质量发展的有效行动。

总台经营工作的开拓发展，要在得人，需要打造一支政治过硬、本领高强、求实创新、能打胜仗的经营工作队伍。要始终坚持旗帜鲜明讲政治，加强党的领导，提高政治站位，强化"广告宣传也要讲导向"意识，严格落实意识形态工作责任制，把"两个维护"贯穿经营工作全过程各环节。要创新经营人才管理机制，建立符合市场规律、契合总台实际的经营工作选人用人机制，打造领军型、复合型、专业型的经营管理人才队伍。要持之以恒抓好风气建设，建立完善风险防控制度体系，严格执行"三重一大"决策制度，约束和提醒员工懂政策、知敬畏、存戒惧、守底线，时刻保持头脑清醒，时刻警惕风险隐患。

（2021年2月26日）

在中央广播电视总台党史学习教育动员大会上的讲话

慎海雄

今天我们召开动员大会,主要任务是深入学习贯彻习近平总书记在党史学习教育动员大会上的重要讲话精神,按照党中央决策部署和中宣部工作要求,对总台开展党史学习教育进行动员部署。下面,我讲四点意见。

一、深入学习领会习近平总书记重要讲话精神,切实增强开展好党史学习教育的思想自觉、政治自觉和行动自觉

党的十八大以来,以习近平同志为核心的党中央高度重视对党的历史的总结运用。习近平总书记在党史学习教育动员大会上的重要讲话,强调全党同志要做到"学史明理、学史增信、学史崇德、学史力行","学党史、悟思想、办实事、开新局",具有极强的政治感召力、思想引领力、历史穿透力,是一篇闪耀着马克思主义真理光辉的纲领性文献。我们要认真学习领会习近平总书记重要讲话精神,切实把思想和行动统一到党中央重大决策部署上来。

一要深刻领会开展党史学习教育是牢记初心使命、推进中华民族伟大复兴的必然要求。习近平总书记指出,我们党的百年历史,就是一部践行党的初心使命的历史,就是一部党与人民心连心、同呼吸、共命运的历史。要通过开展党史学习教育,引导总台党员干部以史为镜、以史明志,把苦难辉煌的过去、日新月异的现在和光明宏大的未来贯通起来,在乱云飞渡中牢牢把握正确方向,在风险挑战面前砥砺胆识气魄,在新征程上奋力创造新的更大奇迹。

二要深刻领会开展党史学习教育是坚定信仰信念、在新时代坚持和发展中国特色社会主义的必然要求。习近平总书记指出,坚定理想信念,坚守共产党人精神追求,始终是共产党人安身立命的根本。要通过开展党史学习教育,引导总台党员干部深刻认识红色政权来之不易、新中国来之不易、中国特色社会主义来之不易,深刻把握中国共产党为什么"能"、马克思主义为什么"行"、中国特色社会主义为什么"好",不断增强历史定力、坚定"四个自信"。

三要深刻领会开展党史学习教育是推进党的自我革命、永葆党的生机活力的必然要求。习近平总书记指出,党的百年历史,也是我们党不断保持党的先进性和纯洁性、不断防范被瓦解、被腐化的危险的历史。要通过开展党史学习教育,引导总台党员干部深入贯彻全面从严治党方针,持之以恒抓好总台风气建设,切实做到守土有责、守土担责、守土尽责。

四要深刻领会开展党史学习教育为我们深入学习贯彻习近平总书记重要指示批示精神、打造国际一流新型主流媒体提供了重要契机。习近平总书记对总台工作高度重视、十分关心,作出一系列重要指示批示,给予亲切关怀、饱含殷切期望。要通过开展党史学习教育,引导总台党员干部深入感悟习近平总书记对总台的关心关爱,发扬好共产党人的奋斗精神和优良作风,以钉钉子精神把总书记的谆谆嘱托转化为总台党员干部干事创业的生动实践,不辜负习近平总书记和党中央的信任重托。

二、牢牢把握党史学习教育的部署要求,高标准高质量开展好各项工作

百年党史波澜壮阔、气象万千,蕴含着磅礴力量和无穷智慧。我们要对标对表习近平总书记重要讲话精神和党中央部署要求,切实做到"学史明理、学史增信、学史崇德、学史力行"。坚持"学史明理",就是要深入理解把握马克思主义中国化成果,特别是习近平新时代中国特色社会主义思想的科学性真理性,系统掌握贯穿其中的马克思主义立场观点方法,提高党员干部的思想理论水平。坚持"学史增信",就是要坚定对马克思主义的信仰,对社会主义、共产主义的信念,对实现中华民族伟大复兴中国梦的信心,增强忠诚核心、维护核心、看齐核心的政治自觉和行动自觉。坚持"学史崇德",就是要自觉践行社会主义核心价值观,大力弘扬以爱国主义为核心的民族精神和以改革创新为核心的时代精神,永葆对党的忠诚之心、对人民的赤子之心,永葆党的先进性和纯洁性。坚持"学史力行",就是要不断提高把握大局大势、应对风险挑战、推进实际工作的能力水平,在进行伟大斗争、建设伟大工程、推进伟大事业、实现伟大梦想中增长才干、建立新功。

一要聚焦聚力"学党史",从党的百年历程中汲取前行的力量,大力发扬红色传统、传承红色基因。习近平总书记指出,中国共产党历史是一部丰富生动的教科书。要结合巩固深化"不忘初心、牢记使命"主题教育成果,认真学习习近平《论中国共产党历史》等辅导书籍,开展"四个一百",即一百篇党建论文、一百个学党史优秀主题党日活动、一百个播音员主持人讲党史微视频、一百个微党课系列活动,真正把党的历史学习好、领悟好,把党的成功经验传承好、发扬好,鼓起迈进新征程、奋进新时代的精气神。

二要聚焦聚力"悟思想",从党的百年历

程中汲取真理的力量，以绝对忠诚践行"两个维护"。习近平总书记强调，我们党的百年历史，就是一部不断推进马克思主义中国化的历史，就是一部不断推进理论创新、进行理论创造的历史。要创新运用专题党课、组织生活会、专题读书班、"学习强国"学习平台、总台网上党校等方式扎实开展理论学习，学习好运用好《习近平新时代中国特色社会主义思想学习问答》等理论书籍，真正学出理论清醒、学出政治定力、学出使命担当，不断提高政治判断力、政治领悟力、政治执行力，坚定不移走好第一方阵。

三要聚焦聚力"办实事"，从党的百年历程中汲取人民的力量，把坚持以人民为中心的发展思想落到工作实处。习近平总书记强调，江山就是人民，人民就是江山。要教育引导总台党员干部深刻认识党的性质宗旨，坚持以人民为中心的创作导向，奋力提高文艺影视节目的艺术水准和群众满意度。要开展"我为群众办实事"实践活动，继续做好对口帮扶四川喜德县和甘肃新时代文明实践中心建设工作，深入基层开展公益活动和文化文艺慰问，开展好"品牌强国工程公益行动""云招聘"等媒体公益行动。要扎实推进涿州安居项目、老旧小区改造、医联体建设等总台"民心工程"，真心真情多为大家办实事、办好事、解难事。

四要聚焦聚力"开新局"，从党的百年历程中汲取奋进的力量，以更大担当更大作为奋力打造国际一流新型主流媒体。习近平总书记强调，要把学习党史同总结经验、观照现实、推动工作结合起来，把学习成效转化为工作动力和成效。要把党史学习教育与学习贯彻习近平总书记对总台工作的一系列重要指示批示精神贯通起来，切实提高把握新发展阶段、贯彻新发展理念、构建新发展格局的政治能力、战略眼光、专业水平，持续深化总台"三个转变"，推动总台高质量发展，更加有力有效地履行好职责使命。

三、充分发挥总台宣传报道主力军压舱石作用，为开展党史学习教育积极营造浓厚舆论氛围

习近平总书记在讲话中专门就做好宣传引导提出明确要求，为我们进一步做好建党百年宣传报道提供了重要遵循。我们深入学习贯彻习近平总书记重要讲话精神，精心开展全国脱贫攻坚总结表彰大会、全国两会等重大宣传报道，推出《平"语"近人——习近平喜欢的典故》（第二季）《摆脱贫困》《美术经典中的党史》《典籍里的中国》《跨过鸭绿江》等精品力作，受到习近平总书记和中央领导同志充分肯定，海内外受众反响热烈。我们要再接再厉，进一步发挥总台融合传播优势，为党史学习教育提供更加有力有效的舆论支持。

一要精心做好宣传报道。宣传阐释好习近平总书记关于党史学习的重要思想、重要观点、重要论述，持续推出一批特别节目、专题专栏和系列报道，展现好各地各部门的好做法好经验好成果。浓墨重彩、全力以赴做好庆祝活动直播报道，积极应用4K/8K超高清等新技术手段，突出现场感、形成代入感、体现仪式感，让电视转播像电影大片一样精美震撼。

二要奋力打造精品力作。精心打磨《百年风华》《山河岁月》《大决战》《红船》《全

国大学生党史知识竞答大会》等重点栏目，打造更多生动鲜活的爆款新媒体产品，突出年轻态、生动化表达，以精品力作深情礼赞党的百年华诞。

三要有效做好对外传播。发挥好总台44种语言对外传播平台优势，努力打造庆祝建党百年对外传播爆款产品，做好时政报道和文化文艺类节目编译推送，开展"媒体外交"，借助"外媒""外嘴"，注重以文化人，推进"好感传播"，更加生动鲜活地讲好中国共产党故事。

四要切实加强舆论引导。严格落实意识形态工作责任制，发扬斗争精神，做到目光四射、锐利深刻、倚马可待，以有风骨、敢亮剑、接地气的新语态旗帜鲜明反对历史虚无主义等错误言行，引导干部群众树牢正确党史观，坚定不移听党话、跟党走。

四、加强组织领导、精心组织实施，确保党史学习教育取得扎实成效

根据党中央统一部署，党史学习教育贯穿2021年全年，分为两个阶段：从动员大会到"七一"庆祝中国共产党成立100周年大会，以全面学习党史为重点，深入了解党的百年奋斗史，深化对马克思主义中国化成果特别是习近平新时代中国特色社会主义思想的理解；从庆祝大会到总结大会，重点学习近平总书记在庆祝中国共产党成立100周年大会上的重要讲话精神，明确继承传统、立足当前、开创未来的实践要求。各级党组织要进一步提高政治站位、深化思想认识，切实加强组织领导，确保取得扎扎实实成效。

一要把压紧压实责任贯穿始终。要充分发挥总台党组、各基层党委理论学习中心组领学促学作用和领导干部示范引领作用，发挥好总台党史学习教育领导小组统筹领导职能。各级党组织主要负责同志要切实履行第一责任人职责，把学习教育紧紧抓在手上、落实在行动上，掀起全台学习教育热潮。

二要把创新方式方法贯穿始终。要坚持集中学习和自主学习相结合、规定动作和自选动作相结合，采取巡回指导、随机抽查、调研访谈等方式加强督促指导，确保学习教育高标准高质量，力戒形式主义。要做好简报编发，用好总台官网、党建内刊等平台，及时反映总台党史学习教育的进展成效。

三要把注重"知行合一"贯穿始终。学习历史是为了更好走向未来。要突出学用结合，强化统筹兼顾，把党史学习教育同谋划推动总台工作、奋力实现今年各项目标任务紧密结合起来，抓好学习教育成果转化运用，以总台的事业发展成果检验党史学习教育成效，以我们的实干实绩为党的百年华诞增光添彩。

同志们，开展党史学习教育意义重大、使命光荣。让我们更加紧密地团结在以习近平同志为核心的党中央周围，深入学习贯彻习近平总书记重要讲话精神，认真贯彻落实党中央决策部署，扎扎实实把党史学习教育组织好开展好，以昂扬姿态奋力打造具有强大引领力、传播力、影响力的国际一流新型主流媒体，更加有力有效地服务好党和国家工作大局，以昂扬精神状态和优异工作成绩庆祝建党100周年！

（2021年3月12日）

推动总台技术工作高质量发展
为打造国际一流新型主流媒体提供强大支撑
——在中央广播电视总台 2021 年技术工作会议上的讲话（节选）

慎海雄

2020 年对于总台技术工作而言，是奋进的一年、创新的一年、收获丰硕成果的一年。一年来，我们强化技术引领，以科技创新奋力打造爆款精品节目。成功开播 8K 超高清试验频道，2021 年春晚实现全球首次 8K 频道直播，2021 年全国两会宣传报道首次全流程采用 4K 超高清制作模式，充分彰显了总台在超高清视频领域的技术优势。一年来，我们加大创新力度，新媒体新技术实践应用成效显著。扎实推进超高清制播呈现国家重点实验室、"科技冬奥"和 5G+4K/8K 超高清制播示范平台等重大项目建设，成功实现我国首次 5G+8K 实时传输和快速编辑集成制作，全球首次实现万米深潜 4K 超高清信号直播传送，首次通过 5G 直播珠峰登顶画面；成功发布《中央广播电视总台 5G 媒体应用白皮书（2020 版）》，使之成为我国媒体行业首次对 5G 技术应用提出的技术规范。一年来，我们筑牢安全防线，全力以赴保障安全播出和网络安全。2020 年全年广播电视安全播出可用度创历史最好水平，全年未发生网络安全重大事故，圆满完成各项直播任务。

过去一年来，总台技术工作取得的优异成绩，是总台组建以来，我们在以习近平同志为核心的党中央坚强领导下，深入学习贯彻习近平总书记关于"守正创新，把新媒体新平台建设好运用好"等重要指示批示精神，加大创新力度、深化构建 5G+4K/8K+AI 战略格局的重要实践成果，是总台技术实力突飞猛进、高质量发展提质升级的充分展现。这份优异成绩单的背后，凝聚着以习近平同志为核心的党中央的关怀厚爱，凝聚着总台技术工作队伍的拼搏奋斗，凝聚着每一位总台人的心血汗水。

进入新阶段、迈上新征程、履行新使命，对总台技术工作提出了新的更高要求。做好总台技术工作，要坚持以习近平新时代中国特色社会主义思想为指导，深入学习贯彻习近平总书记对总台工作的一系列重要指示批示精神和习近平总书记关于科技创新的重要论述，围绕立足新发展阶段、贯彻新发展理念、构建新发展格局，把握大势、抢占先机、守正创新、以变应变，奋力推动总台技术工作高质量发展，让科技创新这个"关键变量"成为推动总台高质量发展的"最大增量"，为打造国际一流新型主流媒体提供强大科技支撑。

一要用心用情用功做好建党百年庆祝活动直播报道，以总台技术创新成果献礼党的百年华诞。我们要深入学习贯彻习近平总书记关于筹办庆祝活动的重要指示批示精神，充分发挥总台宣传报道主力军压舱石作用，完美呈现盛世盛典的永恒华章。要精心组织实施。坚持"精益求精、一丝不苟、追求完美"的工作精神和"舍我其谁、敢战必赢"的工作作风，认真总结、深化提升总台国庆70周年宣传报道的成功做法，按照"世界一流、历史最好"的标准要求，全力以赴做好直播报道。坚持"全台一盘棋"，充分发挥总台重大宣传报道一体化统筹机制作用，推动各系统各环节密切沟通、无缝对接。要用好先进技术。积极应用5G、4K/8K、AI等新技术新手段，深化提升传播效果，生动展现习近平总书记大国大党领袖风范。加强新媒体新技术应用，突出年轻态、生动化表达，打造现象级爆款新媒体产品。要强化安全责任，制定工作方案，完善应急预案，加强岗位练兵和实战演练，做到十拿十稳、万无一失。加强技术研究论证，不断细化完善措施，提供高质量的音响服务保障。

二要牢牢把握创新这一总台工作的主基调主旋律，全面提升总台科技创新引领能力。我们要深入贯彻新发展理念，突出创新引领，瞄准科技前沿、把握发展大势，强化优势长板、狠抓基础短板，力争在前瞻性基础研究、引领性原创成果上取得重大突破。要聚焦抓好科研项目，持续深化5G+4K/8K+AI战略格局。充分发挥重大科研项目的带动作用，着力在"卡脖子"的关键领域下更大功夫。扎实推进超高清视音频制播呈现国家重点实验室建设，打造5G+4K/8K超高清制播示范平台。大力推进8K超高清电视科技创新，加强4K/8K超高清节目制播技术研发应用。全力以赴抓好"科技冬奥"项目，奋力实现"科技冬奥·8K看奥运"的目标。要聚焦加强平台建设，提高新媒体新技术研发应用实力。落实好总台媒体融合技术发展路线图，强化新媒体技术平台各项功能，推进国家（杭州）短视频基地等重点项目建设，构建轻量化、移动化和云化的融合内容生产传播体系。全力构建总台新媒体平台的内容生态、社交生态、营销生态、运行生态，推动各客户端等新媒体平台迭代升级。要聚焦激发创新活力，积极抢占科技竞争和未来发展制高点。节目部门与技术部门要深度对接，形成节目生产与技术创新的联动机制。地方总站要充分发挥前沿优势和地缘优势，研究培育趋势型、潜力型的新技术新业态。建立完善总台技术研发应用体系，创新"产学研一体化"的融合新模式。

三要全面筑牢总台安全防线，进一步夯实总台技术支撑保障体系建设。我们必须从讲政治的高度做好技术支撑保障，做到系统严密、措施严谨、纪律严明。要强化防控措施，确保安全播出和网络安全。加快构建总台网络安全监测体系，切实提高安全系数。加强对播出系统和技术设备的监管检测，做到未雨绸缪、防微杜渐。突出抓好新媒体网络安全传播，强化基础配套措施和安全防范手段，全面加强风险防控。要强化技术支撑，推进行政运行管理提质增效。在总台"一张网"基础上，全面推进"一张卡"工程建设。加快推动行政信息化建设高质量发展，有效提升运行效率，切实增强管理效能。要强化阵地管理，打造一支过硬技术人才队伍。严格落实意识形态工作责任制，突出抓好一线操作人员技能培训。持之以恒抓好风气建设，严格执行"三重一大"决策制度，严格执行政府采购有关制度规定。畅通技术人才引进流动晋升渠道，加快培养造就一批"大师级"科技领军人才，大力发挥青年在技术创新中的主力军作用，形成大师闪耀、新人辈出的生动局面。

（2021年4月2日）

在2021"东盟伙伴"媒体合作论坛上的致辞

慎海雄

今天,我们围绕"加强媒体合作,推动区域发展"这一主题,相聚于2021"东盟伙伴"媒体合作论坛。首先,我谨代表中国中央广播电视总台,向出席本次论坛的所有嘉宾表示热烈的欢迎和诚挚的问候!

今年是中国共产党成立100周年。不久前,我们举行了隆重的庆祝大会。习近平总书记在讲话中回顾历史、展望未来,强调中国将坚持走和平发展道路,愿同各国一起努力,做世界和平的建设者、全球发展的贡献者、国际秩序的维护者。我看到东盟各界人士通过多种方式表达了祝贺,不少东盟国家的媒体同行也向总台发来贺函,对中国共产党带领中国人民取得的伟大成就予以高度评价,认为中国的发展不仅对中国有利,也将造福其他亚洲国家,乃至整个世界。

今年恰逢中国—东盟建立对话关系30周年。中国有句古话叫"三十而立",意思是人在三十岁左右时,应建立稳定的价值观和原则,有所成就。中国与东盟的合作已迈入而立之年,走过风雨兼程,收获春华秋实,关系日臻成熟稳定。媒体作为推动双方关系行稳致远的重要一环,发挥了不可替代的重要作用。

近年来,中国中央广播电视总台与东盟国家媒体开展了多维度、多层次的交流合作,有效促进了民众间的相互了解与信任。站在30周年的关键节点上,中国中央广播电视总台愿与东盟媒体同行以现有的合作网络为基础,在新闻交换、节目合拍、活动交流等方面深入开展务实合作,不断提升信息内容共享水平和覆盖范围。我们希望用丰硕的成果不断充实伙伴关系的精神实质。我们也欢迎东盟国家更多的媒体机构加入朋友圈,共同讲好客观真实的中国故事、东盟故事,以及中国—东盟交流合作的精彩故事。

亲望亲好,邻望邻好。中国和东盟已经

成为相互信任、相互信赖的真诚朋友和战略伙伴。未来，中国中央广播电视总台愿与东盟国家媒体一道，团结合作、砥砺奋进，为中国—东盟战略伙伴关系更好发展注入持久动力，为地区和平稳定和发展繁荣作出更大贡献！

（2021年7月14日）

在中央广播电视总台与澳门特别行政区政府深化战略合作活动仪式上的致辞

慎海雄

盛夏时节，濠江流彩，莲花怒放。此刻，与各位新老朋友齐聚一堂，共同见证中央广播电视总台与澳门特别行政区政府加强战略对接，深化务实合作。首先，我谨代表中央广播电视总台，向一直以来关心总台事业发展，积极推动总台与澳门特别行政区政府友好合作的各界人士，表示诚挚的问候和衷心的感谢！

不久前，我们隆重庆祝了中国共产党百年华诞。习近平总书记发表重要讲话，庄严宣告我们实现了全面建成小康社会的第一个百年目标，正意气风发迈进全面建设社会主义现代化国家的新征程。在这样一个庄严的历史节点，总台与澳门特区政府携手续写合作新篇，既是按照中央要求落实惠澳政策、支持澳门更好融入国家发展大局，更是以实际行动贯彻落实习近平总书记重要讲话精神。

礼赞百年，讴歌时代。中央广播电视总台圆满完成了庆祝中国共产党成立100周年大会、"七一勋章"颁授仪式、文艺演出《伟大征程》等重要活动的直播报道，推出《觉醒年代》《大决战》《跨过鸭绿江》等多部热播电视剧，奉献了盛大庄严、气势恢宏、礼序乾坤、乐和天地的影像史诗，精彩呈现盛世盛典、震撼人心的永恒华章，在澳门、香港以及全球各地受到广泛赞誉。其中，由总台直播的"七一"庆祝大会等建党百年活动在海内外触达受众达112亿人次。在澳门中联办和特别行政区政府的大力支持下，今天，《盛世华章耀濠江》——中央广播电视总台庆祝中国共产党成立100周年精品节目将在澳广视以普通话和粤语集中播映。近期，这些节目还将在香港上线播出。希望广大澳门同胞、香港同胞能从中更好地了解中国共产党波澜壮阔的百年征程与辉煌成就，进一步坚定爱国爱澳爱港之心，与祖国内地共繁荣共奋进。

近年来，总台与澳门越走越亲。央视体育频道落地澳门，澳门精彩赛事登上总台屏幕，《航拍中国·澳门》等纪录片开机拍摄，双方合作愈加密切，人员交往更加频繁。再过五天，东京奥运会就要拉开帷幕。6个月后，我们将迎来北京冬奥会。中央广播电视总台已做好充分准备，将通过5G+4K/8K+AI等科技创新成果，更加清晰生动地展现奥林匹克运动的魅力，带给观众前所未有的临场体验。作为国际奥委会的重要版权方，今天我们向澳广视授权使用这两场奥运赛事的媒体权利，就是希望广大澳门同胞能够通过总台高质量、高水准的转播报道，一同领略精彩纷呈的奥运盛宴，共享祖国繁荣富强的伟大荣光。

去年底，我参观考察了澳门大学智慧城市物联网、中药质量研究等国家重点实验室，留下了非常深刻的印象。澳门大学是澳门中西合璧、多元文化的缩影。习近平总书记曾在这里，对澳门青年开拓"一国两制"伟大事业寄予殷切期望。今天，总台亚太总站将与澳门大学签署战略合作框架协议。双方将以此为契机，把总台在新闻报道、视音频资源、多元传播等方面的媒体优势，与澳门大学在人才培养、传播科研、国际智库等方面的高校特色有机融合，共同打造总台与澳门合作共赢的新标杆，为广大学子实践锻炼、成长成才提供更加广阔的舞台。

岁月为证。22年来，澳门向世界展示了具有澳门特色的"一国两制"成功实践。站在新的历史起点上，中央广播电视总台将一如既往讲好新时代的澳门故事，搭建更多务实合作的新平台，助力澳门在大湾区建设中创造新的更大辉煌。

（2021年7月18日）

在总台庆祝中国共产党成立 100 周年宣传报道总结表彰会议上的讲话（节选）

慎海雄

刚刚过去的庆祝中国共产党成立 100 周年庆典，举国欢庆、举世瞩目，极大激发了全党全国各族人民爱党爱国爱社会主义的热情。习近平总书记"七一"重要讲话，既是我们党不忘初心、牢记使命的伟大政治宣言，也是我们党团结带领人民以史为鉴、开创未来的伟大行动指南，激励着我们乘势而上、接续奋斗，在民族复兴的伟业中为党和人民建功立业。

总台庆祝建党百年宣传报道，是以习近平同志为核心的党中央对总台干部队伍的一次集中检阅，是总台人对党的百年华诞的一次深情礼赞，是总台这艘国际传媒航母强大引领力、传播力、影响力的又一次完美呈现。习近平总书记和党中央给予充分肯定，这是对总台忠诚履职尽责的最大肯定，是对总台全体党员干部苦干实干、创新创造的最大褒奖，是对我们再接再厉、接续奋斗、争取新的更大成绩的最大激励。

在领导机关的有力指导下，我们倾全台之力，实现了建党百年宣传报道成功、精彩、难忘的目标。我们全力以赴、尽锐出战，忠诚履行总台作为党的宣传报道主力军压舱石的职责使命。2500 多名采编播人员气势如虹、奋勇争先，各系统各环节一体联动、无缝对接，"大兵团"作战行云流水、有条不紊。我们守正创新、勇于突破，完美呈现大气磅礴、浓墨重彩、震撼人心的盛世盛典。全面提升总台科技创新引领能力，用"科技＋艺术"的力量让党的光辉历程得到前所未有的完美呈现，为党的百年华诞奉献视觉史诗。我们创新传播、刷新纪录，向全世界生动展现百年大党的辉煌形象。总台全媒体多语种多平台强大融合传播优势充分彰显，用总台强大的国际传播能力，让全球受众更加具体而深刻地感悟到中国共产党和中国人民的可信、可爱、可敬。我们追求一流、打造精品，以总台人的倾情奉献礼赞党的百年华诞。以声音为介、以画面为媒，精心打造一大批"大剧""大作"，受到海内外受众特别是广大年轻受众的广泛赞誉，为广大干部群众奉献了一堂堂生动精彩的党史、新中国史、改革开放史、社会主义发展史教育课。

我们能够取得优异成绩，最根本的是有习近平总书记的掌舵领航和党中央的坚强领导。习近平总书记对庆祝活动亲自谋划、亲自部署、亲自指挥，作出一系列重要指示批示，充分彰显了大党大国领袖的高瞻远瞩和卓越智慧。总台在"七一"庆典中取得的每一点成绩，无一不是我们从习近平总书记的重要思想、重要论述、重要指示中不断找灵感、找思路、找题材、找启迪、找答案所取得的。我们能够取得优异成绩，最关键的是坚持守正创新、深化"三个转变"，坚定不移推动总台高质量发展。事实充分证明，总台通过了庆祝建党百年宣传报道这次大战大考，考出了国际一流、世界瞩目的成绩。总台高质量发展的创新成果和融合传播优势得到充分彰显，标志着总台的综合实力实现全面跃升。我们能够取得优异成绩，最重要的是全台广大党员干部担当尽责、拼搏奋斗。我们难以忘记，一场场成功直播的背后凝聚着总台人夜以继日的辛勤付出，一部部精彩作品的背后凝聚着总台人呕心沥血的耕耘创作，宣传报道成功精彩的背后凝聚着总台人履职尽责的忠诚担当，我们的队伍无愧为一支拉得出、打得赢、敢胜利的"新闻铁军"。

我们要充分利用建党百年宣传报道激发的澎湃热情和强大正能量，全面深化拓展我们的工作成果，奋力走好新的赶考之路，汇聚起打造国际一流新型主流媒体的磅礴力量。

一是走好新的赶考之路，我们必须始终坚持旗帜鲜明讲政治，始终高举习近平新时代中国特色社会主义思想伟大旗帜。要把"两个维护"作为最高政治原则和根本政治规矩贯彻到一切工作之中，不断提高政治判断力、政治领悟力、政治执行力。要不断从习近平总书记重要思想中找方向、找思路、找答案，切实把总书记重要指示批示精神转化为干事创业的生动实践。要持续深化提升总台"头条工程"，把思想的张力通过艺术、技术表现出来，更加生动地讲好总书记的故事，讲好中国共产党、中国人民、中华民族的故事，讲好新时代的故事，奋力唱响爱党爱国爱社会主义的时代主旋律。

二是走好新的赶考之路，我们必须牢牢把握创新这一总台工作的主基调主旋律，推动总台高质量发展取得新的更大成效。要牢牢把握新发展阶段带来的新机遇新挑战，守正创新、以变应变，加快提升总台媒体融合能力、科技创新能力、国际传播能力、产业发展能力，奋力提升总台在全球媒体格局中的地位和分量，不断壮大综合实力。要完整、准确、全面贯彻新发展理念，把创新贯穿到深化"三个转变"的全过程各方面，不断焕发总台改革发展的勃勃生机和旺盛活力，积极融入和服务新发展格局。

三是走好新的赶考之路，我们必须把伟大建党精神继承下去、发扬光大，一以贯之、坚定不移推动总台全面从严治党向纵深发展。要落实好党建工作责任制，贯彻新时代党的组织路线，推动党建和业务工作深度融合，以高质量党建引领总台高质量发展。要始终保持"赶考"的清醒和坚定，持之以恒抓好风气建设，严格落实意识形态工作责任制，把严的主基调长期坚持下去。要持续深化"精益求精、一丝不苟、追求完美"的工作精神和"舍我其谁、敢战必赢"的工作作风，加快培养造就一批"大师级"人才，锻造一支政治过硬、本领高强、求实创新、能打胜仗的"新闻铁军"。

我们要倍加珍惜、深刻挖掘、总结好运用好党的百年庆典中的丰硕成果，全力以赴抓好下半年各项工作，奋力完成全年目标任务。要持续做好习近平总书记"七一"重要讲话精神的宣传阐释，进一步深化建党百年宣传报道，做好重要节点、重要会议的宣传报道，策划推出一大批重磅产品，营造奋斗新时代、奋进新征程的浓厚氛围。要大力推进节目改版升级，精心办好中秋、重阳、国庆、元旦晚会和特别节目，精心策划筹备2022年春晚，稳步推动区域广播媒体平台规划。要加强北京冬奥会宣传报道的练兵备战，做好全运会转播报道，推动体育频道改版升级，筹备好奥林匹克频道开播，推进8K超高清电视公共服务平台建设，奋力实现"科技冬奥·8K看奥运"的目标。要深化构建总台大外宣格局，办好庆祝中国人民对外广播事业创建80周年系列活动，策划实施好总台"媒体外交"活动，推动《典籍里的中国》等精品节目对外传播。要抓好央视频旗舰平台、北京超高清示范园、国家重点实验室、上海国际传媒港、国家（杭州）短视频基地、涿州文化产业综合项目等重大项目实施，开启2022年"品牌强国工程"项目，加强北京冬奥会等的广告版权营销。要把党史学习教育不断引向深入，抓好"七一"重要讲话精神的学习贯彻，办好"民心工程"，以总台事业发展成果检验党史学习教育成效。

（2021年8月19日）

在中央广播电视总台央视奥林匹克频道及其数字平台开播上线仪式上的致辞

慎海雄

在习近平总书记的亲切关怀下，在沪宁、坤明等中央领导同志的指导部署下，在中宣部的直接领导和中央网信办、国家广电总局、国家体育总局等的大力支持下，今天我们在这里共同见证中央广播电视总台央视奥林匹克频道及其数字平台开播上线，这是总台人为北京冬奥会、冬残奥会成功精彩举办的深情献礼，是中国为奥林匹克运动作出的又一贡献！

刚才，晓晖同志宣读了习近平总书记致中央广播电视总台央视奥林匹克频道及其数字平台开播上线的贺信。总书记的贺信，为我们办好奥林匹克频道及其数字平台、传播好奥林匹克运动和文化、讲好中国体育故事、弘扬中华体育精神、加强国际交流合作，指明了前进方向，提供了重要遵循，充分体现了以习近平同志为核心的党中央对全国新闻宣传战线和体育工作者的亲切关怀，我们备受鼓舞、倍感振奋。开办奥林匹克频道及其数字平台，是中央广播电视总台贯彻落实习近平总书记重要指示精神、扎实推进奥林匹克运动在中国发展的一项重要举措，是总台与国际奥委会战略合作的重要成果，也是进一步推进中华体育强国建设、加强国际传播能力建设的重要实践。频道筹备过程中，沪宁、坤明同志多次作出重要指示批示，坤明同志专门就频道开办作协调部署，中央网信办、国家广电总局、国家体育总局、北京冬奥组委等单位为频道的内容建设、开路播出等给予了大力支持。在此，我们对坤明同志和各级领导的关心支持表示最衷心的感谢！

习近平总书记指出，现代奥林匹克运动

发展至今已有百余年历史，奥林匹克精神超越国界，在全世界深入人心，强调北京冬奥会是我国重要历史节点的重大标志性活动，是展现国家形象、促进国家发展、振奋民族精神的重要契机。中央广播电视总台作为具有强大国际影响力的主流媒体和国家广播电视台，全面展示北京冬奥会、冬残奥会精彩、非凡、卓越的奥林匹克新篇章，是任务、是使命、更是担当。总台奥林匹克频道是中国大陆地区唯一得到国际奥委会授权使用奥林匹克名称和五环标识的传播平台，包含电视频道和数字平台，其中CCTV-16奥林匹克频道是全球首个24小时上星播出的4K+高清同播的专业体育频道。我们将以频道开播为契机，以全景化视野打造奥林匹克赛事转播的推广平台。今年5月和9月，我们与国际奥委会主席巴赫先生举行两次视频会见，按照总书记指示要求，以互利共赢为前提，完成了2026—2032年奥运版权谈判并签署合作协议，围绕奥林匹克频道开播进行了深入探讨并达成一致。我们将通过频道开播，抓住北京冬奥会的历史机遇，全面呈现奥林匹克赛事的无穷魅力，为"三亿人参与冰雪运动"的目标实现、推动落实全民健身国家战略积极贡献力量。我们将以多维度视角打造奥林匹克文化的展示平台，深度挖掘奥林匹克文化内涵，深化内容生产供给侧结构性改革，从思想、人文、历史、艺术、技术等多角度入手，精心打造一批底蕴丰厚、形式新颖、内容多样的专题节目和特色活动，向海内外更好传播奥林匹克精神。我们将以创新和担当打造中国赛事体系的建设平台，担负起构建中国赛事体系、展现中国体育榜样的重要使命，与国家体育总局等深度合作，参与培育自主自办自有的中国赛事体系，生动记录中国骄傲、讲好中国故事、弘扬中国精神。我们将以年轻态基调打造深化体教融合的成长平台，坚持把中国青少年体育传播教育作为重要内容，更好吸引年轻一代关注体育、爱好体育、参与体育，积极助力体教融合，推动德智体美劳全面发展，更好赓续红色血脉，助力培养担当民族复兴大任的时代新人。我们将以国际化水准打造讲好中国故事的传播平台，站在"展示真实、立体、全面的中国"的高度，生动讲好中国奥运故事，深入开展多种形式的国际人文交流活动，向全世界传递出14亿中国人民的美好期待，推动中国声音的全球化表达，让国际社会更加具体而深刻地感悟中国人民的可信、可爱、可敬。我们将以智能智慧打造总台科技创新的示范平台，创新运用8K技术、5G通信、人工智能等最新前沿技术，奋力实现"科技冬奥·8K看奥运"的目标，不断带给观众无与伦比的视觉享受，不断强化总台科技创新实力。

北京冬奥会正迎来倒计时百天。我们将深入贯彻落实习近平总书记对总台工作的一系列重要指示批示精神，以总书记贺信为指引，充分发扬"精益求精、一丝不苟、追求完美"的工作精神，全力以赴为全球观众奉献浓墨重彩的奥运盛宴，奋力开启传播奥林匹克运动和文化、弘扬中华体育精神的崭新篇章！

最后，再次衷心感谢坤明同志，感谢各位领导和同志们对总台工作的关心支持。

（2021年10月25日）

携手并肩　共筑中非美好未来
——在 2021 "非洲伙伴" 媒体合作论坛上的致辞

慎海雄

大家好！我谨代表中国中央广播电视总台，在北京向参加本次论坛的各位嘉宾表示热烈欢迎！我们将积极落实黄坤明先生的倡议，深化中非媒体交流互鉴，再谱合作佳话。

非洲是一片升腾希望的热土，与中国虽相隔万里，却始终与中国命运相连。我的家乡浙江湖州是世界丝绸之源，考古学上最早的绢片实物发掘于此。"湖丝"早在600多年前就曾经随郑和船队远抵非洲，这细细的丝线一直延续着深厚绵长的中非友谊。从古代"海上丝路"，到当今"一带一路"，数百年栉风沐雨，中非之间始终携手并肩、同向同行，合力续写兄弟情、描绘同心圆、共筑"中非梦"。

中国中央广播电视总台始终坚持做中非发展的守望者、中非合作的建设者和中非友好的记录者。今年以来，总台非洲总站与非洲媒体伙伴凝聚共识，开展了内容丰富、更为紧密的合作。我们用客观平衡的视角报道非洲，推出了《坐着火车看非洲》系列报道，讲述中国援建的坦赞铁路、阿卡铁路和蒙内铁路给非洲国家带来的巨大变化。我们用守望相助的真情报道非洲，通过《全球疫情会诊室》节目，相互声援、并肩战斗、共同战"疫"，体现出患难与共的珍贵情谊。我们用丰富多元的平台报道非洲，推出《对话非洲》栏目，专访多位非洲国家政要，向世界真切传递发展中国家的声音。同时，我们还致力于将真实、立体、全面的中国介绍给非洲，总台与非洲多国媒体合作推出的"中非情缘"影视展映活动累计吸引了超过2亿人次的受众，《摆脱贫困》《向幸福出发》等总台优秀影视作品在当地热播，已成为非洲受众了解新时代中国的窗口。

涓涓细流汇成大海，点点星光照亮银河。我们的好朋友越来越多。最近，我陆续收到很多非洲媒体朋友的来信，我非常感谢朋友们对总台节目的关注。总台已与包括非洲、欧洲、拉美在内的六大区域媒体建立起了"伙伴"机制。通过凝聚媒体力量，我们将继续深化合作交流，携手应对挑战，共筑更加紧密的中非命运共同体。

"大道不孤，天下一家。"今天，我们以"相互尊重，合作共赢，中非媒体携手前行"展开对话，就是要传递正能量，发出好声音，注入新动力。时间是最有力的语言，行动是最生动的注脚。让我们努力践行共同宣言，一起建设更加美好的世界！

（2021年11月16日）

在2021中国网络媒体论坛开幕式上的致辞

慎海雄

作为我国网络媒体的年度盛会，中国网络媒体论坛已经成为观察中国网络媒体发展走向的重要窗口。党的十八大以来，以习近平同志为核心的党中央高度重视网络强国建设，带领我们走出一条具有中国特色的互联网发展之路，为世界互联网发展创造了中国经验、作出了中国贡献。本次论坛以习近平总书记重要指示精神为指引，共同谋划网络媒体未来发展的新方向、新路径，可谓恰逢其时。在这里，我有几点思考与大家分享。

全媒体时代国际舆论的交流交锋更加突出，全球媒体格局正在快速调整、激烈演变之中。中央广播电视总台将全力提升引领力、传播力、影响力，加快建设国际一流新型主流媒体。在"两个大局"深刻演变的大背景下，今天这个万物智联的时代，媒体已越来越成为舆论生态的构建者、引领者。今天，中国媒体有责任有义务奋力提升在国际舆论场的权威性、影响力，破除西方媒体长期形成的"话语霸权""有色眼镜"，推动形成客观公正、积极健康的全球舆论生态，再也不能让政治私利、种族歧视、意识形态偏见"带偏"了舆论、误导了人们。

今年以来，针对彭博社发布虚假"全球抗疫排名"，中央广播电视总台充分发挥44种语言、100多名海外网红、CGTN传播平台的优势，在海外组织三轮抗击疫情"全球网民民意调查问卷"，并发布一系列"溯源美国"的重磅报道评论，澄清真相、明辨是非，得到了国际有识之士的广泛支持，也有力扭转了溯源调查的国际舆论走向。在近期阿富汗局势报道中，总台抢独家、保首发，抢占话语权、定义权，发回的大批全球独家视频新闻成为全球媒体主要信源，总台CGTN话筒成为塔利班在美军撤离后的首场新闻发布会台上唯一的媒体话筒，并持续披露美军滥杀无辜的真相，向全世界传递客观真实的一手信息，彻底打破了以往国际突发事件中国媒体只能充当"二传手"的尴尬局面。

全媒体时代极大丰富了媒体产品、传播内容和用户体验，广大受众对高质量精品内容的需求更为迫切。中央广播电视总台将着力提升内容生产力，加快推进内容生产供给侧结构性改革。人工智能、大数据算法等新技术工具的广泛应用，在带来"信息爆炸"的同时，也进一步加剧了推送的个性化、圈层化，"信息茧房"形成的问题十分明显。破解这一难题，唯有创新。

总台组建3年多来，我们坚持把创新作为工作的主基调主旋律。去年以来，我们持续打造《敢教日月换新天》《摆脱贫困》《典籍里的中国》《美术经典中的党史》《故事里的中国》《跨过鸭绿江》《大决战》等一大批总台出品的原创精品，创新推出"主播说联播""云直播""云招聘""央young之夏"等一大批爆款产品，奋力推动"思想+艺术+技术"的融合传播，让主旋律作品"破茧""出圈"，实现传播力、影响力的最大化，实现了两个效益的大丰收。

全媒体时代科技迭代升级、裂变式发展，一切皆有可能。中央广播电视总台正全力提升科技驱动力，加快向5G+4K/8K+AI战略格局转变。在这个一切皆有可能的时代，总台以"大象也要学会跳街舞"的精神风貌守正创新、拥抱变革。我们打造首个国家级5G新媒体平台，建设我国首个超高清视音频制播呈现国家重点实验室，今年以来成功实现全球首次通过8K电视频道进行重大活动直播，成功实现全球首次对奥运会进行全4K信号制作直播。

前不久，全球首个24小时上星播出的4K+高清同播的专业体育频道——总台央视奥林匹克频道及其数字平台开播上线，习近平总书记专门发来贺信，令我们备受鼓舞！我们将以总书记重要指示为指引，坚持做科技创新发展的践行者、传播者、引领者，不断在技术与思想、技术与艺术、技术与受众的深度融合上实现新突破，奋力实现"科技冬奥·8K看奥运"的目标，着力引领我国超高清视频等科技创新产业的发展。

"正是岭南冬日至，夜来望春添暗香。"我有幸在广东工作过，对这里有着美好的回忆，深深感到这片创新的热土有着无限的可能！我们愿与各界朋友携手奋进、共同努力，为推动我国网络媒体健康、有序、文明发展贡献智慧！

（2021年11月25日）

生动讲好百年大党故事　凝聚奋进新征程强大力量

慎海雄

在经历了极不平凡的2020年之后，我国迈入具有里程碑意义的2021年。站在"两个一百年"奋斗目标的历史交会点上，中央广播电视总台坚持把学习宣传贯彻习近平新时代中国特色社会主义思想作为首要政治任务，以庆祝中国共产党成立100周年宣传为工作主线，尽锐出战、系统协同，为全面建设社会主义现代化国家开好局、起好步提供坚强舆论支撑，凝聚起强大精神力量。

一、高举旗帜、守正创新，深入宣传阐释党的创新理论

中国共产党从诞生之日起就把马克思主义书写在自己的旗帜上，坚持马克思主义基本原理同中国具体实际相结合，不断推进马克思主义中国化、时代化。回顾百年奋斗历程，我们党之所以能够不断取得胜利，一个重要原因就是始终重视思想建党、理论强党。习近平新时代中国特色社会主义思想极大地丰富和发展了马克思主义，是当代中国马克思主义、21世纪马克思主义，为新时代坚持和发展中国特色社会主义提供了根本遵循和科学指南。做好新形势下党的宣传思想工作，必须始终坚持"两个巩固"的根本任务，始终用党的创新理论武装全党、教育人民，推动习近平新时代中国特色社会主义思想成为时代最强音。

中央广播电视总台作为党的意识形态重镇，承担着宣传党的理论和路线方针政策的重要职责使命。我们将牢牢把握总台的政治机关属性，坚定不移走好第一方阵，始终用心用情用功做好马克思主义中国化最新成果的宣传阐释。聚焦习近平总书记揽全局、谋大事、为长远的卓越智慧，倾力报道好我们党坚持思想建党、理论强党的鲜明特色和光

荣传统，不断增强宣传阐释的生动性、贴近性，推动党的创新理论"飞入寻常百姓家"。新的一年，我们将继续精心打造一大批精品力作，推出《平"语"近人——习近平喜欢的典故》（第二季）《时政画说》《时政微周刊》等更多思想性和艺术性俱佳的融媒体产品，把深刻的思想讲透彻，将鲜活的理论讲生动。坚持高质量、高标准，持续擦亮总台言论评论品牌，发挥中央主流媒体平台优势，努力打造一批理论宣传精品，不负中央重托、群众期待。深化提升重大时政活动报道传播效果，积极构建5G+4K/8K+AI新格局，充分运用最新技术成果，让领袖魅力风范更富感染力、传播得更广泛更深远。发挥总台44种语言对外传播平台优势，"一国一策"传播好习近平主席治国理政的重要思想和生动故事，创新推出《习近平谈治国理政》（第三卷）英文有声版、《典故里的新思想》等多语种对外传播拳头产品。

中央广播电视总台坚持以领袖的高度就是宣传报道追求的高度为标准，新年伊始尽展高质量发展新气象。习近平主席2021年新年贺词的宣传报道，首次采用4K超高清技术录制，总台新媒体、电视、广播构成的全媒体平台迅速形成强大传播矩阵，并以最快时效翻译成43种语言推送覆盖全球，相关报道跨媒体总触达量达27.39亿人次，实现国内国际舆论场传播最大化。时政纪录片《非凡的领航》全景展现人民领袖领航"中国号"巨轮2020年乘风破浪、坚毅前行的历程。VR报道《习主席书架上的21张照片》，让广大受众在交互中感知习近平主席初心不改的理想信念和温厚仁爱的家风底蕴，进一步激发起广大群众对人民领袖的拥戴之情。《央视快评》《国际锐评》两大重磅品牌评论专栏迅速跟进，推出《在新征程上勇往直前》等系列文章，及时阐发新年贺词深情寄语中蕴含的时代精神和榜样力量。

二、精益求精、浓墨重彩，深情礼赞党的百年华诞

2021年，中国共产党迎来百年华诞。中央广播电视总台将贯彻落实全国宣传部长会议精神，举全台之力组织开展庆祝中国共产党成立100周年宣传教育，生动鲜活讲好中国共产党故事，为党的百年大庆记载伟业、展示辉煌。我们将围绕主题、紧扣主线，全神贯注、全力以赴做好庆祝中国共产党成立100周年宣传报道。倾力讲述百年来中国共产党带领中国人民通过不断奋斗实践创造的历史伟业，生动解读百年征程中所蕴藏的初心和使命，深刻阐释历史性成就背后的中国特色社会主义道路、理论、制度、文化优势，以实际行动和精品力作深情礼赞、热情讴歌党的百年华诞。

作为贯穿全年的项目，总台在今年1月率先推出重点专题节目《美术经典中的党史》《中国共产党百年瞬间》，推出融媒体报道《历史伟业启新程》等力作，先声夺人拉开庆祝中国共产党成立100周年主题宣传序幕。为突出我们党奋斗、奋发、奋进的基调，渐次推出大型政论片《摆脱贫困》、大型纪录片《人民的小康》等重磅作品，全方位展现中国共产党团结带领全国各族人民打赢脱贫攻坚战、全面建成小康社会的伟大成就，增强人

民群众的获得感、幸福感、安全感。坚持以人民为中心的创作导向，不断打造"总台创造、总台制造、总台出品"的"大剧""大作"，大力提升文艺影视作品的艺术水准和群众满意度，让主旋律报道更接地气，让正能量产生大流量、好声音成为最强音。全年系统排布"献礼中国共产党成立100周年"系列剧目——电视剧《红船》《大决战》，纪录片《山河岁月》《百年风华》《红色密档》，文艺节目《庆祝中国共产党成立100周年音诗画交响音乐会》《百年歌声》《迎接建党百年"心连心"特别节目》等，形成接连不断、疏密有致、高潮迭起、"大珠小珠落玉盘"的氛围，大力唱响庆祝建党百年的高昂主旋律，凝聚起全党和全国人民阔步新征程的强大精神力量。

坚持创新为要，把庆祝中国共产党成立100周年重大宣传作为总台推动高质量发展的一次大检阅。深入挖掘、充分发挥总台独家视频资源优势，遵循新媒体传播规律，积极探索新技术应用，不断打造内容鲜活、形式新颖、群众喜爱的既有思想深度又能广泛传播的融媒体精品，让网络空间"成为我们党凝聚共识的新空间"。始终坚持向创新要效益，持续深化从传统广播电视媒体向国际一流原创视音频制作发布的全媒体机构转变、从传统节目制播模式向深化内容生产供给侧结构性改革转变、从传统技术布局向5G+4K/8K+AI战略格局转变。以"打造更多具有说服力和吸引力的融媒体产品"为出发点，系统推出《大党》《风雨兼程 红船初心》《红色印记》《课本里的共产党员》《百年时光之旅》等一批创新视听场景、着力新技术应用、联动大屏小屏、互动策划丰富的融媒体产品，展现百年来中国共产党领航中华民族伟大复兴的光辉历程。

三、创新有为、突出实效，对外讲好中国共产党的故事

中国共产党的诞生，既深刻改变了近代以后中华民族发展的方向和进程，也深刻影响了世界发展的趋势和格局。党的十九届五中全会深入分析了我国发展环境面临的深刻复杂变化，认为当前和今后一个时期，我国发展仍然处于重要战略机遇期，但机遇和挑战都有新的发展变化。当今世界正经历百年未有之大变局，各种思想文化的碰撞和激荡加剧，舆论话语权的争夺、道义制高点的攻防更加激烈。推动构建新型国际关系，构建人类命运共同体，是我们党着眼解决当今世界面临的现实问题、实现人类社会和平永续发展贡献的中国智慧、中国方案。作为加强国际传播的主阵地主力军，我们牢记习近平总书记对总台工作的重要指示批示精神，紧紧围绕党中央所思、所想、所急，平实自然、生动鲜活地讲好中国共产党为人民谋幸福、为民族谋复兴、为世界谋大同的故事，理直气壮地讲好党领导下的中国人民的故事、民主故事、人权故事，奋力争夺国际话语权，让世界更好地认知、了解、读懂中国之治，为奋进全面建设社会主义现代化国家新征程营造于我有利的国际舆论环境。

中央广播电视总台将不断创新国际传播表达方式，努力在构建融通中外的话语体系上下功夫，在海外受众乐于接受和易于理解

上下功夫。丰富讲好中国共产党故事的对外传播叙事框架，讲清楚我们党如何从最初的50多名党员发展成为拥有9100多万名党员的世界第一大党，讲清楚中国共产党如何带领中国实现和平发展，讲清楚14亿中国人何以如此拥戴这个百年大党，让更多海外受众听得懂、听得进、听得明白。我们将始终把内容建设作为核心环节，研发创作更多适合对象国传播、海外受众喜闻乐见的拳头产品和现象级节目，系统推出动画微纪录片《初心》、纪录片《中国：领航者的故事》、数据交互产品《为人民》等一批平实平和、严谨生动的对外传播产品，通俗易懂地展现中国共产党团结带领中国人民为实现中华民族伟大复兴所走过的百年历程。

中央广播电视总台将加快提升国际传播对外投送能力，建设好多语种本土化传播平台集群，做好庆祝建党百年重大时政报道和重点文化文艺类节目的编译推送工作。打造更多总台"网红"，注重以文化人、推进"好感传播"，润物无声、潜移默化、有力有效地提升总台庆祝建党百年宣传报道的影响力。通过持续打造"媒体外交"新亮点，广泛开展国际合作传播，更加有效地借嘴说话、借筒传声、借力办事，传播好中国的声音。通过持续加强与国外媒体及境外智库合作，扩大国际传播的"朋友圈"。特别节目《我眼中的中国共产党》《中国共产党的成功密码》《Red Pixel（红色像素）》等，将透过西方人士的视角积极评价中国共产党治国理政的成功经验，进而深刻影响对象国主流社会。

百年征程波澜壮阔，百年大党风华正茂。历经艰苦卓绝的伟大斗争，中国共产党团结带领全国各族人民从胜利走向胜利，党和国家各项事业取得历史性成就、发生历史性变革，一百年砥砺奋进铸就了一部感天动地的奋斗史诗。我们要立足"两个大局"，胸怀"国之大者"，不断增强政治判断力、政治领悟力、政治执行力，努力提升把握新发展阶段、贯彻新发展理念、构建新发展格局的政治能力、战略眼光、专业水平，敢于担当、善于作为，坚持发扬"精益求精、一丝不苟、追求完美"的工作精神和"舍我其谁、敢战必赢"的工作作风，奋力开创宣传报道工作新局面，以优异的成绩向建党100周年献礼。

（刊发于《党建》杂志2021年第2期）

我们为何策划《典籍里的中国》

慎海雄

牛年新春,《典籍里的中国》甫一开播,就创下同类型题材的收视新高。新媒体传播后,节目还变身"网红",带旺一波"典籍热"。

这,其实在我们的意料之中。马克思在评价希腊艺术和史诗时说过,希腊艺术和史诗仍然能够给我们以艺术享受,而且就某方面来说还是一种规范和高不可及的范本。"上有迢迢河汉,下有滔滔江水。"我们这个伟大的民族屹立于世界民族之林,生生不息;我们灿烂的中华文明源远流长、历久弥新,一个重要奥秘就是文以载道、以文化人。而典籍,正是中华文化永不枯竭的源头活水,是永远给中华儿女以精神滋养、提醒我们不断进行精神反刍的范本。

所以,节目火起来,我们高兴;典籍"活"起来,我们更自豪。

"人能弘道,非道弘人。"谁都知道中华文化源远流长、博大精深,历经上下五千年而文脉不绝,根本在于一代代华夏子孙典籍为媒、薪火相传、接续前行。在我们的古汉语词典里,"韦编三绝""汗牛充栋""洛阳纸贵"……中国古人往往用赞美敬佩的词语,称颂典籍的魅力和文化的传承。习近平总书记说,古诗文经典已融入中华民族的血脉,成了我们的基因。这些经典的无形内核便是中国精神,有形载体就是中华典籍。

记得一年前在中央广播电视总台的一次编务会议上,大家讨论精品选题时,我提出了一个久蕴于心的建议:能不能打造一个弘扬中华优秀传统文化经典的栏目,比如《典籍里的中国》? 当时大家都认为是可行的。我提出这个建议,不仅仅出于一名文科毕业生的个人喜好。我忘不了30多年前刚进大学时的那一幕:中文系老师与新生见面,研究古典文献的老先生大多步履蹒跚,其中一位还是用椅子抬进来的。后来，我和同学到一位老先生家里拜访，刚惊叹于琳琅满墙的各种线装典籍，不料老先生感慨道：他的身后，孩子们会把这些书卖到废品回收站的。老先生痛心于子女未能传承其业。

优秀传统文化是中华民族的根和魂。老先生的痛，让人警醒。如果典籍高悬在象牙塔，尘封在藏书馆，即便散落在教科书中，却没有人自觉赓续文脉香火，那不是随着岁月流逝而丢掉根和魂吗？

决不能！

"中华优秀传统文化是我们最深厚的文化软实力，也是中国特色社会主义植根的文化沃土。"进入新时代以来，以习近平同志为核心的党中央站在实现中华民族伟大复兴的高度，深刻洞察中华优秀传统文化与中华民族发展的内在关系，对中华优秀传统文化作出新的判断、新的概括和新的定义，赋予崭新的时代内涵，体现了高度的文化自信。习近平总书记强调："中华文明绵延数千年，有其独特的价值体系。中华优秀传统文化已经成为中华民族的基因，植根在中国人内心，潜移默化影响着中国人的思想方式和行为方式。"党中央对传承弘扬中华优秀传统文化的一系列举措，在全社会点燃了中华文化创造性转化、创新性发展的强大引擎，中华优秀传统文化的生命力、影响力、凝聚力和创造力不断增强。

新时代，中华优秀传统文化迎来了灿烂的春天。与此同时，如何解读好、传播好中华优秀传统文化？"以古人之规矩，开自己之生面。"这对于宣传思想文化工作者而言，既是重大机遇，更是一大挑战。

由此，我想到了典籍。文化典籍往往是优秀文化的集大成者。上下五千年、纵横八万里。浩如烟海的中华传统典籍，从四书五经到二十四史，从孔子、孟子、老子、孙子、墨子、韩非子到文学、史学、哲学、经学、中医等，从盘古开天地、女娲造人到神农尝百草、仓颉造字，从精卫填海、后羿射日到嫦娥奔月、愚公移山……博大精深的中华文化经典，将中华儿女的民族品格、民族精神高度浓缩在字里行间，凝聚成中华文化生生不息、绵延不绝的历史长河。

文化如水。中华文明看似柔和，实则坚强。这也从一个侧面，回答了为什么古代印度、古代埃及、古代巴比伦等文明古国早已进入博物馆，唯有中华文明历经5000多年风吹雨打，依然挺立、生机勃勃，在人类文明的灿烂星空中闪烁着耀眼的光芒。知来处，明去处。正是中华文化典籍的代代传承，使中华民族历经磨难而坚强屹立，使中华文明饱经沧桑而薪火相传。

观成败、鉴得失、明是非、知兴替。优秀典籍，既是中华民族的共享记忆，也是我们与历史的精神接续。既见证了我们的昨天、观照着我们的今天，也将福泽我们的明天，福泽中华民族后世千年。我们感到，从优秀典籍入手传播传统文化，是一个比较好的切入点。今天的中国已经快速进入互联网时代，人们阅读的便利性、丰富性已经超过历史上的任何时期。虽说"书当快意读易尽"，然而，我们也要扪心自问：今天的中国，到底还有多少人在安安静静地阅读传统经典？又有多少人读得懂、读得进传统典籍？

再辉煌的文化，一旦失去传承就必然衰

败。作为重要的传播阵地，中央广播电视总台在传承弘扬中华优秀传统文化方面责无旁贷，必须与时间赛跑。总台成立以来，我们连续推出《经典咏流传》《中国诗词大会》《国家宝藏》《中国地名大会》等一大批弘扬传承中华优秀传统文化的精品节目，都获得了社会的广泛认同，不少节目还在欧美国家畅销。我们从中也领略了从中华优秀传统文化中汲取创作灵感的强大力量！

非常感谢我们的创作团队、国家话剧院和中国历史研究院，是你们以创新的手法，将传统经典搬上了荧屏，让不同年龄段、不同知识面的中国人看到了我们辉煌的过往，并且深深被吸引。许多晦涩难懂的典籍，通过时尚新颖的电视节目，让厚重的历史与现代的头脑碰撞，用当代的方式与历史握手，让人感觉到愉悦可亲，让观众尤其是年轻人喜闻乐见，让"典籍活起来"。经典不再"高冷"，节目成为爆款，这就是创新的魅力！

书里乾坤大，心中日月长。我们坚信，典籍是国之瑰宝，不能只是"活"在藏书馆、"活"在学者的论著中，还应该"活"在年轻人心中。《典籍里的中国》，就是典籍的传播者、转化人，在浩如烟海的典籍中探赜索隐、披沙拣金，通过电视独具优势的语境转换，让更多人爱上典籍，自觉传承中华灿烂文化。

益智增德，如沐春风。《典籍里的中国》告诉我们，中华文化，绝不是晦涩艰深的古董，而是集中储存在典籍、至今仍然指引今人思考"我们从哪里来、到哪里去"的思想宝库。"吾生也有涯，而知也无涯。"中华文化典籍是古圣思想的载体，是先贤智慧的结晶，绝不是象牙塔中泛黄的辞章，不是沉睡的故纸堆，而是我们中华民族血液中永远保持鲜活生命力的文化基因，是中华文明长河永远奔腾不息的文化密码。

优秀文化是人类共同的语言。中华传统典籍是讲好中国故事的独特资源。优秀典籍一直是吸引国际汉学家濡染中华文化的磁石。瑞典学院唯一会中文的马悦然先生当年的汉语入门读物就是《左传》。荷兰著名汉学家高罗佩曾经翻译过竹林七贤嵇康的《琴赋》。公元9世纪，白居易的《白氏文集》就已成为东瀛皇室争读之文献。……今天的中国，正在走近世界舞台的中央，传统经典正是我们与世界进行文明交流互鉴的一大优势。

世上没有登不尽的山，只有读不完的典籍。苏东坡有云："发奋识遍天下字，立志读尽人间书。"我们卷帙浩繁的文化典籍，是5000多年象形文字垒起的一座座精神巅峰。多攀登这样的精神巅峰，登高望远，于我们个人，可以拓展拓宽自己的人生长度和宽度；于我们民族，可以夯实精神厚度，进而"为天地立心，为生民立命，为往圣继绝学，为万世开太平"。

"站立在960万平方公里的广袤土地上，吸吮着中华民族漫长奋斗积累的文化养分，拥有13亿中国人民聚合的磅礴之力，我们走自己的路，具有无比广阔的舞台，具有无比深厚的历史底蕴，具有无比强大的前进定力。中国人民应该有这个信心，每一个中国人都应该有这个信心。"习近平总书记的重要论述，指引我们履职尽责，创新再创新，继续用新的传播方式扬中国精神、传中国文化。

"知之者不如好之者,好之者不如乐之者。"《典籍里的中国》是我们探索传统典籍当代化传播的一次有益尝试,但绝不是唯一一次。与古圣先贤对话,跨越时空交流,让我们不断以创新传播中华文化经典,致敬我们的先人!

(刊发于《求是》杂志2021年第5期)

无声诗里颂千秋
——我们为什么要策划百集《美术经典中的党史》

慎海雄

美术与歌咏一样，是人类最古老也是最活跃、最具创新精神的文化活动。美术更是人类文明史的重要内容，艺术地展现着人类文明的历程。"莫把丹青等闲看，无声诗里颂千秋。"在具象的丹青世界，人们通过点线面、色彩等视觉艺术手段，传播着文化、记录着变迁、诉说着历史，让人类文明千古流芳。

"笔墨当随时代，犹诗文风气所转。"百年以来，我们这个世界发生的影响最深远的一件大事，莫过于中国共产党的诞生及其领导中国人民艰苦奋斗所书写的惊天地泣鬼神的壮丽史诗。经过百年持续奋斗，中国共产党团结带领中国人民从积贫积弱、四分五裂中崛起，成功地实现了从站起来、富起来到强起来的伟大飞跃。中国共产党的百年，是领导中国人民英勇奋斗、书写传奇的百年，是中国人民为争取民族独立和人民解放而前赴后继、顽强拼搏的百年，是中华民族从一盘散沙到团结如钢、踏上全面建设社会主义现代化国家新征程的百年。百年征程，涌现出许许多多气吞山河的英雄事迹、感人瞬间、壮美图景。这场伟大变革，是美术创作最宝贵的生活源泉。

"我见青山多妩媚，料青山见我应如是。"祖国山河的天翻地覆，最直观地表现在美术创作之中。一代代中国美术工作者以笔墨丹青追魂摄魄，记录百年巨变、描绘百年党史，留下了一大批经典之作。生于斯、长于斯的众多中国美术工作者，自觉投入记录和描绘这场百年大变革的历史洪流中，将我们党伟大历史征程凝聚于壮阔恢宏的丹青画卷，通过具有史诗品格、震撼心灵的美术经典，塑造人物、表现历史、描绘现实，成为中国共产党百年奋斗史的生动注脚。

"天以生气成之，画以笔墨取之。"百年党史美术经典，以鲜明的具象性和强烈的艺术张力弘扬中国精神，既描绘带领中国人民开天辟地、改天换地、顶天立地的大党之伟，也洋溢着昂扬向上、奋进不懈、开拓创新的气象之美；既深刻反映中华民族的历史巨变，也生动描绘共产党人的精神图谱。这些经典名作思想精深、艺术精湛，提振了一代代中国人的精气神，展现出强健的艺术生命力。

在喜庆建党百年的日子里，能不能将百年美术经典中的这笔财富整理出来，与我们党的历史相辉映，从美术作品的角度解读红色历史？当我提出《美术经典中的党史》这样一个选题，请中央广播电视总台社教节目中心的同志们论证其可行性时，得到的反应是热烈的。在国家博物馆、中国美术家协会、中央美院，以及京、沪、粤等省级画院的支持下，在各位党史研究工作者和美术大家的帮助下，社教节目中心的同志们居然不到两个月就拿出了样片，成为主流媒体中第一档开播的反映我们党百年征程的专题节目。节目通过美术经典，展现中国共产党从红船起航到奋进新时代的伟大征程，诉说中华民族伟大复兴之路上的动人故事，播出之后反响热烈。

"精益求精，一丝不苟，追求完美。"中央广播电视总台的职业精神，在这次百集《美术经典中的党史》策划和创作中得到了充分体现。既为经典，必须经得起时间的检验。国家组织的历次重大历史题材美术创作的经典，不同时期艺术家独立完成的名作，成为我们聚焦的重点。《五四运动》《井冈山会师》《长征》《强渡大渡河》《艰苦岁月》《地道战》《北平解放》《开国大典》《歌唱祖国的春天》《江山如此多娇》……各个时期涌现出的许多精彩的党史题材经典名作，都在节目中得到展现。总台的电视创作者们通过立体呈现效果，带给观众耳目一新的审美感受。如：运用手绘素描等虚实结合的特效，加大对故事细节的挖掘与呈现；运用AR、VR等技术，打造数字效果奇观，让观众获得了全新审美体验。

我们精选的党史题材美术经典作品，以饱含激情的画笔，以正大气象实现了对党的历史的审美建构，以最强劲的雄浑和刚毅，视觉再现党领导人民砥砺奋进的光辉历程，将我们党的丰功伟业，化为永恒的丹青华章。百幅美术经典，如一颗颗珍珠，串起了我们党的百年峥嵘；如一幕幕恢宏壮阔的视觉史诗，让我们党百年奋斗的精神标识在历史和艺术的长河中熠熠生辉。

习近平总书记指出，中国不乏史诗般的实践，关键要有创作史诗的雄心。"胸怀千秋伟业，恰是百年风华。"盛世丹青写史诗，这些美术经典就是一部部壮丽动人的视觉史诗，真实、细腻、生动地为百年大党的伟业与风华立传。这一幅幅震撼人心之作，如同历史之镜，照见中国共产党人带领人民走过的苦难辉煌，彰显信仰之美、崇高之美、人性之美，让人更深刻地理解党魂、体味民心。

"东风随春归，发我枝上花。"每一个春天都孕育着希望。牛年新春，在庆祝我们党百年华诞的日子，重温这一幅幅经典作品，聆听专家学者讲述作品背后的党史故事，每个人都能强烈感悟到一代代艺术家力透纸背的高超艺术感染力。我想，这就是经典永恒的魅力。

让我们向党史经典作品致敬！向我们的艺术家致敬！

（刊发于《求是》杂志2021年第6期）

甘将热血沃中华
——我们为什么创作专题纪录片《绝笔》

慎海雄

我参观过许多革命历史纪念馆,那一件件静静安放的珍贵文物,像一座座不朽的丰碑,永远闪耀着先烈们的精神光芒,穿过岁月、直抵人心,让人无尽怀想。在井冈山、延安、红岩、雨花台、龙华等诸多纪念馆的先烈遗物中,最扣人心扉的莫过于他们以心以情、以令人难以想象的坚毅无畏留下的笔墨信笺,其中许多是先烈们与世永别前的"绝笔"。

每每凝视这一页页发黄纸片上铿锵有力的笔迹,我总是在想,先烈们在即将被夺走生命的那一刻,同样有七情六欲,同样有万千牵挂,他们何以毅然决然地捐躯赴难、视死如归?"未惜头颅新故国,甘将热血沃中华。"一封封"绝笔"的背后,凝结着的是怎样的勇气和力量?

在迎接建党百年、全党开展党史学习教育的日子里,我们再次凝望烈士们留给世界的永别之笔,更觉意义非凡。今年2月底,中央广播电视总台编务会议讨论选题时,我建议以《绝笔》为主题,聚焦先烈们的临别遗言,创作一部党史学习教育的纪录片。总台华语环球节目中心《国家记忆》节目组的同志们立即开展了创作。

特殊的时间节点,总带给人特殊的思绪。清明时节,专题纪录片《绝笔》如期推出。字字滚烫、句句千钧的先烈绝笔,是信仰力量的跨时空呈现,在观众中产生了强烈反响。节目在央视中文国际频道、综合频道播出后,观众累计达1.55亿人次;央视频、央视网等新媒体推送后,仅新浪微博的话题阅读量就超2.7亿人次,并屡屡登上微博热搜榜。一部《绝笔》,再次形成现象级传播。

这是一个惊天地、沉甸甸的题材。"绝

笔"二字，何其悲壮！越是到了生命的绝境关头，在生与死的抉择中，"向死而生"的答案就越是凝重。因此，绝笔既是先烈生命的终点，也是我们走进先烈内心的起点。先烈们的绝笔，有的写在烟盒纸上，有的写在入党申请书里，有的甚至只是两张无字白纸，但是无一例外，都直抵人心，都与他们眷恋的土地和人民永远相伴。"生的伟大，死的光荣。"流淌在烈士绝笔字里行间的，是共产党人钢铁般的意志和坚不可摧的信仰！

"驿寄梅花，鱼传尺素。"先烈绝笔的寥寥数语之间，承载了多少希冀？浸润了多少情怀？这也是这部纪录片需要解答的。如果说"绝笔"只是一个引人入胜的"封面"，而如何书写更加扣人心弦的"正文"，则是纪录片创作者面临的最大难题。

要让绝笔"见字如面"，呈现其背后的故事，需要下足功夫。《绝笔》摄制组怀着崇敬、带着景仰，分赴天津、山西、四川、重庆、湖南等地，探访烈士家乡，深入故居、纪念馆、档案馆，拍摄到大量珍贵史料，许多内容是首次呈现，如叶挺的《囚歌》手稿的又一个版本等。创作团队还找到了11位烈士后代，听他们亲口讲述前辈的峥嵘岁月，还原其波澜壮阔的革命生涯。

"把历史变为我们自己的，我们遂从历史进入永恒。"敬读先烈绝笔，我们会感到，历史原来就在我们身边，更能走进我们心中。在尊重史实的基础上，纪录片创作团队采用了大量高科技创新手法，如以影视化的展现手段、以情景化的再现方式，填补了观众对历史的想象。昏黄的剪影、白色的窗纱、飘落的信纸……每个细腻的影像瞬间都让只言片语的绝笔信生发出无穷的意蕴。家书与战场、过去与当下，不同时空、多重情景交织重叠，精心布置的光影投射出历史的纵横，精巧编排的演绎还原出人物的悲壮，让观众置身于震撼心灵的历史深处。

革命先烈的绝笔令人荡气回肠。一封封在生死关头写就的文字，是先烈留给世间的最后话语，是他们始终如一的初心，是他们摄人心魄的信仰。本着对先烈的敬重、对历史的敬重，节目组挖掘出大量有生活温度、有情感浓度、有思想深度的史料细节。

"今夜，我要与你永别了。满街狼犬，遍地荆棘，给你什么遗嘱呢？我的孩子！今后——愿你用变秋天为春天的精神，把祖国的荒沙，耕种成为美丽的园林！"小说《红岩》中"蓝胡子"的原型蓝蒂裕烈士，在英勇就义前夜给5岁的儿子蓝耕荒留下一首遗诗《示儿》。这首写在烟盒纸上的绝笔，被脱险的狱友牢记在心，传给了他的孩子，流芳后世。

"对着死亡我放声大笑，魔鬼的宫殿在笑声中动摇；这就是我——一个共产党员的自白，高唱凯歌埋葬蒋家王朝。"曾是中共重庆地下党主办的《挺进报》负责人的陈然，面对敌人的严刑拷打，高歌一首《我的"自白"书》，掷地有声，振聋发聩。

钟奇烈士临刑前嘱托新婚妻子"你一定要再结婚"的家信；共产党员车耀先在狱中写下传记，告诫子女以"谦""俭""劳"为立身之本。……绝笔中这一个个感人细节，既是对烈士钢铁意志的浓墨刻画，也是对其内心柔软温情的细腻描摹。

陈觉烈士留给妻子的诀别书中写道："你也迟早不免于死，我已请求父亲把我俩合葬。

在天愿为比翼鸟，在地愿为并蒂莲，夫妻恩爱永，世世缔良缘。"

陈毅安烈士54封家书全是恋人絮语，但是妻子收到的第55封却是两页素白的信纸，空无一字。这是夫妻两人诀别的约定！

一封封绝笔，纸短情长间有对儿女的殷殷期望，有对伴侣的思念牵挂，但对理想信念的坚守、对民族国家的大爱才是奔涌情感的中流砥柱，是贯穿烈士绝笔的永恒基调。

纪录片还原了一位位真实丰满、有血有肉的英雄，直击观众内心的每一寸柔情。有网友观看后泪目感慨："从前只知先烈们的高尚，如今方知他们的浪漫，这是属于他们独有的浪漫，是共产党人字字泣血的铁骨柔情。"因为，信仰让海誓山盟、儿女情长更为壮丽动人、气吞山河。

追忆历史，是为了铭记历史。"人之患，在于不读史。"我们在时光隧道里穿行次数越多、越长，对历史和当下的认知就会越深刻，这也是我们学习"四史"的意义所在。《绝笔》是总台庆祝建党百年在纪录片领域的一次创新探索，它的动人不在于宏大叙事，而是将诸多记忆的碎片细心拼合，放射出时代的光辉。

"风萧萧兮易水寒，壮士一去兮不复还。"苦难辉煌的中华民族走到今天是如此不易。正如杨靖宇烈士所言："革命就像火一样，任凭大雪封山，鸟兽藏迹，只要我们有火种，就能驱赶严寒，带来光明和温暖。"每一位革命先烈，都是播火种的人。山雄有脊，房固因梁。我们不敢忘，也不能忘！革命先烈"一腔热血岂徒流"。中央广播电视总台的使命，就在于从时间的缝隙里小心翼翼地打捞起那些可能被遗漏的珍贵遗存，让先烈的精神被一代代后人传承，让历史和现实碰撞出激越的交响乐，激荡起实现中华民族伟大复兴的磅礴力量。

党史教育，要善于抓住青年一代的心。习近平总书记深刻指出："广大青年要爱国爱民，从党史学习中激发信仰、获得启发、汲取力量。"贯彻落实总书记的重要指示，我们宣传思想文化工作战线就要不断创新，推出更多能走进当代青年内心的精神产品。总台推出的纪录片《绝笔》，正是广大青年极好的课堂，相信能帮助他们以先烈的精神遗产为路标，廓清思想的迷雾，看清前行的方向，激发起向前的无穷力量，从而立大志、明大德、成大才、担大任。

习近平总书记指出："中国革命历史是最好的营养剂。"它足以强健精神、滋养心田、提振信心。面对死亡，方志敏烈士的绝笔《可爱的中国》以炽热的情感畅想着中国的美好未来："到那时，到处都是活跃跃的创造，到处都是日新月异的进步，欢歌将代替了悲叹，笑脸将代替了哭脸，富裕将代替了贫穷，康健将代替了疾苦……这时，我们民族就可以无愧色的立在人类的面前，而生育我们的母亲，也会最美丽地装饰起来，与世界上各位母亲平等的携手了！"今天的中国，已如烈士所愿。今天的人们，再读这激情四溢的文字，怎能不为之感动，不为之继续奋斗！

历史是我们的昨天，没有昨天就没有我们的今天和明天。先烈们的书信会泛黄、会模糊，但是凝结其中的精神和信仰依然滚烫、力透纸背、历久弥新，激励着我们珍惜今天、迈向明天。在中国共产党人的精神谱系中，先烈是光辉醒目的标识，是璀璨夺目的星辰。他们的言与行，就是我们民族精神的精华。将这种精华传播出去、接续下来，让今天和明天的人们汲取奋斗的力量，就是对先烈绝笔最好的回响！

（刊发于《求是》杂志2021年第10期）

信物无声　精神永恒

慎海雄

在庆祝建党百年之际，中央广播电视总台联合国务院国资委共同推出百集微纪录片《红色财经·信物百年》，通过百位讲述人、百件信物、百集故事，翻开红色财经百年史画卷。这是国企人深入开展党史学习教育的生动实践，也是总台建党百年宣传报道的又一部精品力作。

中国经济百年风云，千千万万以实业报国为己任的仁人志士，绘出中国经济史上一幅史诗般的英雄图谱，在没有硝烟的战场上，为共和国千秋基业筑起最牢固的经济保障。而那一件件磨损、褪色甚至破旧的国企信物，就是创业之初的国之基石。一块普通的铀矿石，一件破旧的马甲，一部不能发报的老电台，一把抗美援朝运输线上的铁钩，一张《义勇军进行曲》的金属母本……一件件珍贵的百年信物见证了一条经历千锤百炼而不朽、跨越沧海桑田而繁荣的强国之路。

有信则立，薪火相传。信物，是《红色财经·信物百年》讲述的起点。不同于以往纪录片的专业主持人视角，该片由百年兴业以来，为夯实共和国产业根基、构筑经济命脉的百家企业的党委书记、董事长亲自出镜，前所未有地以"信物守护人"的形象出现在镜头前。他们不仅是企业的掌门人，更是历史的见证人和企业精神的传承人。"自家人讲述自家事。"《红色财经·信物百年》探索了一种全新的故事讲述方式，让专业主持人隐退后台，将演播室完全交给最了解企业发展历程、对行业最饱含深情的"信物守护人"。他们携带各自"传家之宝"，以风格迥异的个人气质和讲述方式，追溯红色财经印记、探寻中国经济脉络，赋予纪录片浓郁的个性感染力，为短小精悍的8分钟影片营造出浓厚的氛围感与沉浸感。

习近平总书记指出，坚持党的领导、加

强党的建设，是我国国有企业的光荣传统，是国有企业的"根"和"魂"，是我国国有企业的独特优势。以央企为代表的国有企业发展史，也是我党百年征程的一个缩影，蕴藏着共产党这个中国近代以来最伟大"创业团队"的成功密码。《红色财经·信物百年》中呈现的每一家企业都代表着中国产业的实力，它们在一穷二白的基础上创造了惊天动地的经济奇迹，用几十年时间走完了发达国家几百年走过的工业化历程。

从半部电台到无处不在的通信网络，从一个火车汽笛到遍布全球的高铁名片，从一只小小的罗盘到走遍世界的基建巨人，从青霉素的一针难求、价比黄金到疫苗的率先研制成功和出口，从没有石油、没有发电机自主制造能力到水能、核能、气能、氢能的清洁能源的全产业链布局，从钢铁总量只够中国人平均一家一户打一把菜刀到全球第一大钢铁制造国，从一个积贫积弱的落后农业国演进为世界第一制造业大国和世界第二大经济体……

信物见证党史，信物凝结初心，信物昭示力量。夜空中的星光来自数亿年前的上古宇宙。在波澜壮阔的百年征程中，一枚枚小小信物就如同党史天幕上的璀璨星辰，落在我们这个时代的华彩星光，始于百年之前的峥嵘岁月，而光芒的起点之处却是"满目萧条，百废待兴"的"一张白纸"。新中国成立之初，毛泽东感慨地说："现在我们能造什么？……一辆汽车、一架飞机、一辆坦克、一辆拖拉机都不能造。"面对这样的情况，有人认为"共产党军事上100分，政治上80分，经济上0分"；也有人断言"中共的胜利将不过是昙花一现而已"。100年，在人类发展史上不过弹指一挥间，但是中国经济百年来不舍昼夜奋斗，以一件件红色信物为证，成就了波澜壮阔的人类历史传奇。

"筚路蓝缕，以启山林。"面对一张白纸，毛泽东豪迈展望："一张白纸，没有负担，好写最新最美的文字，好画最新最美的画图。"饱经历史沉淀、经过精心遴选的一件件红色信物，勾画出中国经济最初的图样。一块看似普通的铀矿石，见证了中国核工业的起步与发展，被誉为中国核工业的"开业之石"；一件破旧的马甲，曾携带联合行的大额资金和党的经费，一次次突破敌人的封锁，用贸易支援抗日前线；一张1935年的金属唱片，首次灌入《义勇军进行曲》的铿锵旋律，唱响中华民族奋起抗争的第一个音符……"两弹一星"精神、"两路"精神、大庆精神、铁人精神、载人航天精神、青藏铁路精神……都浓缩在这百件红色信物之中。历史，往往需要经过岁月的洗刷才能看得更清楚。当我们重新抚摸和审视这些红色信物，能更加清晰地感知一个古老民族赓续千年梦想、走向民族复兴的历史进程。正如习近平总书记强调的："无论是在中华民族历史上，还是在世界历史上，这都是一部感天动地的奋斗史诗。"

中国梦，是从沉淀了我们全民族集体记忆的历史中孕育的，屈辱和苦难是它的土壤，所以它才如此深沉，如此动人心魄、撼人心魂。红色信物如同这片土地上播撒的种子，历经百年开出锦绣之花，如今神州处处有"最新最美的文字"，处处见"最新最美的画图"，中国桥、中国路、中国车、中国港、中国网……新时代的中国千帆竞发、百舸争流，奔向更广阔的未来。

"我们对时间的理解，是以百年、千年为计。"这是习近平总书记谋划国家发展的"时间视角"。中央广播电视总台策划的《红色财经·信物百年》正是要将百年的沧海桑田浓缩为一帧帧可亲可感的镜头画面，把红色信物带入百年时间坐标，丈量激流勇进的党史进程。追寻初心信物，致敬百年风华。总台以红色信物敲响岁月的洪钟，拨动时代的音符，在亿万观众心头回响，让更多人深入了解和体会它们所赓续的共产党人的精神血脉、传承的红色基因，这就是对红色信物的守护与传承。

（刊发于《学习时报》2021年5月31日）

学史明理　明理悟道

慎海雄

"历史是最好的老师。"中国共产党的百年苦难辉煌，是人类历史上一部感天动地的壮丽史诗。学好党史这门必修课，是重大现实课题，更是每一名党员干部的终身课题。"心有所信，方能行远。"学好党的百年历史，是我们不断增强历史定力，增强做中国人的志气、骨气、底气的力量源泉。我们深刻认识到，坚持学史明理，最重要的就是要明理悟道、知行合一，把学习教育成果转化为践行初心使命的实际行动。

一、以学史明理为前提，高质量开展好党史学习教育

习近平总书记深刻指出，党的历史是最生动、最有说服力的教科书。重视学习党史、注重从党的历史中汲取智慧和力量，一直是我们党的政治优势和光荣传统。习近平总书记先后在党史学习教育动员大会、中央政治局会议、中央党校（国家行政学院）中青年干部培训班开班式、全国两会团组讨论等多个场合，就党史学习教育发表一系列重要讲话、作出一系列重要指示，深刻回答了新时代为什么要学习党史、学什么、怎么学等重大问题。

在全党掀起学习热潮之际，习近平总书记在福建考察时强调："要在党史学习教育中做到学史明理，明理是增信、崇德、力行的前提。"总书记的重要指示，给予我们以深刻启迪。我们感到，"学史明理、学史增信、学史崇德、学史力行"，是一个相互贯通、有机统一的整体。习近平总书记把"学史明理"放在第一条，并专门强调"明理"在其中的"前提"作用，具有很强的思想性、指导性和针对性，为我们进一步高标准高质量抓好党史学习教育提供了重要的认识论和方法论。

以学史明理为前提，就是要充分认识"明理"在党史学习教育中的基础作用。 恩格斯指出，历史从哪里开始，思想进程也应当从哪里开始。坚持思想建党，善于运用马克思主义理论兴党强党，推进党的事业进程，是我们党的一大政治优势。回顾党的百年历史，有一条根本性的规律，那就是：理论上的清醒是信仰上坚定的前提，是最根本的清醒。回顾我们党历史上开展的历次集中教育活动，都以思想教育、理论学习打头，这是我们党既往经验的传承。党的十八大以来，习近平总书记一再强调党员干部加强理论学习的重要性，把理论思维、理论修养、理论水平摆在重要位置。习近平总书记深刻指出："只有理论上清醒才能有政治上清醒，只有理论上坚定才能有政治上坚定。"这次在全党开展党史学习教育，同样把加强思想理论武装作为第一位的要求。以学史明理为前提，就是要从党的百年历程中深刻体悟马克思主义的"真理味道"，进一步用马克思主义中国化最新成果把党和人民武装起来、凝聚起来，始终保持理论上的清醒和政治上的坚定。

以学史明理为前提，就是要切实做到"四个深刻领悟"。 习近平总书记深刻指出："要从党的辉煌成就、艰辛历程、历史经验、优良传统中深刻领悟中国共产党为什么能、马克思主义为什么行、中国特色社会主义为什么好等道理，弄清楚其中的历史逻辑、理论逻辑、实践逻辑。要深刻领悟坚持中国共产党领导的历史必然性，坚定对党的领导的自信。要深刻领悟马克思主义及其中国化创新理论的真理性，增强自觉贯彻落实党的创新理论的坚定性。要深刻领悟中国特色社会主义道路的正确性，坚定不移走中国特色社会主义这条唯一正确的道路。""四个深刻领悟"凝结着习近平总书记对百年党史的深邃思考和战略考量，是针对"学史明理"提出的具体要求，彰显了深沉的历史自觉和强烈的历史担当。以学史明理为前提，就是要通过学习党的百年历史，搞清楚"办好中国的事情，关键在党"的丰富内涵，搞清楚马克思主义如何深刻改变了中国、中国如何极大丰富了马克思主义，搞清楚中国特色社会主义是实现中华民族伟大复兴的必由之路，永远保持"赶考"的清醒和坚定，不断磨砺初心使命，不断增强历史自觉和历史自信。

以学史明理为前提，就是要深刻把握习近平新时代中国特色社会主义思想的真理力量和实践伟力。 习近平总书记深刻指出："我们党的历史，就是一部不断推进马克思主义中国化的历史，就是一部不断推进理论创新、进行理论创造的历史。"实践没有止境，理论创新也没有止境。习近平新时代中国特色社会主义思想，是党的十八大以来实践经验的集中总结，也是改革开放40多年、新中国成立70多年、我们党成立100年来历史经验的深刻凝练，实现了马克思主义中国化新的历史性飞跃，是当代中国马克思主义、21世纪马克思主义。

思想就是力量。去年以来，面对世纪疫情和百年变局交织叠加，以习近平同志为核心的党中央带领全党全国各族人民行大道、迎大考、谋大事、过大关，交出了一份人民满意、世界瞩目、可以载入史册的答卷。我国经济总量突破100万亿元，占世界经济比重达到17%左右，稳居世界第二；人均国内生产总值已突破1万美元，稳步迈向高收入国家行列；全面深化改革取得重大突破，民主法治建设迈出重大步伐，人民生活水平显著提高，全面从严治党不断向纵深推进。特别是习近平总书记亲自指挥、亲自部署、亲自督战，带领全党全国各族人民取得了脱贫攻坚战的全面胜利，几千年来中华民族摆脱贫困的梦想在我们这一代人手中实现。习近平总书记的领袖核心和坚强领导，中国共产党的伟大形象和崇高威望，中国特色社会主义的制度优势，都在新时代的伟大实践中得到升华，在中外对比中更加深入人心，党心民心的凝聚力、向心力得到极大增强。

我们每个人都是这段历史的亲历者、见证者、记录者，对习近平新时代中国特色社会主义思想的真理力量和实践伟力有着切身的感受和体会。以学史明理为前提，就是要牢牢抓住学懂弄通做实习近平新时代中国特色社会主义思想这个重大主题，深刻感悟习近平总书记重要论述的非凡伟力，在新时代新征程上高举这面伟大的思想旗帜、精神旗帜，真正领悟好这门"心经"、掌握好这部"真经"。

二、以音画为媒，更好把"学史明理"融入建党百年宣传报道

习近平总书记高度重视党史宣传教育工作，深刻指出："全面宣传党的历史，充分发挥党的历史以史鉴今、资政育人的作用，是党和国家工作大局中一项十分重要的工作。"习近平总书记强调，党的历史是弘扬社会主义核心价值观、开展革命传统教育和爱国主义教育的生动教材，会讲故事、讲好故事十分重要；鼓励我们创作党史题材的文艺作品，特别是影视作品，旗帜鲜明反对历史虚无主义，加强思想引导和理论辨析。无论是主持召开重要会议、出席重要活动，还是考察革命纪念地，习近平总书记身体力行、率先垂范，多次亲自讲述党史上诸多感人至深的故事，生动阐述学史明理的要义，如陈望道翻译《共产党宣言》的故事，长征中"军需处长"和"半条被子"的故事，焦裕禄同志的故事，谷文昌同志的故事，"齐心协力建包钢""三千孤儿入内蒙"的故事，等等。这些年来，习近平总书记的"红色足迹"遍及大江南北，人民领袖用自己的一言一行为我们坚持学史明理、讲好党史故事作出了示范引领、树立了光辉典范。

习近平总书记的重要论述和生动示范，是我们做好建党百年宣传报道的重要遵循，为生动讲好百年大党故事提供了宝贵的"精神富矿"。我们不断从习近平总书记重要论述中找灵感、找思路、找题材、找启迪、找答案。在中宣部有力领导下，总台近一段时间推出了《平"语"近人——习近平喜欢的典故》（第二季）、《跨过鸭绿江》、《摆脱贫困》、《典籍里的中国》、《美术经典中的党史》、《红色档案——走进中央档案馆》、《绝笔》等一大批有故事、有内涵、有感染力的精品力作，发挥主流媒体的融合传播和平台资源优势，以音画为媒，深刻解读习近平总书记重要论述，生动讲好百年大党故事，海内外受众反响热烈。

在求真中让历史再现。我们发挥视音频的优势，重现我们党的百年历程。如：总台中国之声联合全国百家广播电台策划推出的

365集特别报道《中国共产党百年瞬间》，就是求真的一次实践。这个系列几乎每一期都有珍贵历史原声，包含毛泽东、周恩来、邓小平等同志的讲话原声，也有中国人首次登上珠穆朗玛峰等历史原声，还有大量老纪录片、老电影的原声。每一个震撼人心的声音背后，都刻录着动人心魄的历史时刻，呈现出荡气回肠的百年记忆。

在求深中让历史鲜活。如：大型学史栏目《国家记忆》展现了个人经历和家国命运的紧密联系，避免陷入空洞说教的窠臼，以个性化、故事化、微观化的叙事见长。每集中的故事片段，几乎都是一部独立完整的微纪录片，组合之后又是一部纪录长片。这种灵活的组合编排，不仅让观众在短时间内了解到一个相对完整的历史细节，又允许新观众无缝"入戏"。以《抗美援朝保家卫国》为例：创作团队历时一年在国内外进行详细调研和梳理，片中首次解密了部分珍贵档案，拍摄了百余件抗美援朝珍贵文物，许多历史影像画面在片中首次公开。

在求细中让历史感人。党史节目是敬畏历史的创作，需要对历史的每一处细节不厌其烦地进行追索求证。今年2月底，我们以"先烈绝笔"为核心，创作一部党史教育的6集专题纪录片《绝笔》。如何让"绝笔"真的可以"见字如面"，我们在创作上下足了苦功夫、巧功夫、细功夫。总台大型融媒体节目《追寻——红色家书背后的故事》以红色家书为切入点，将背后的故事与真情实感融于一体，一封封浸透硝烟和热血的家书展现着共产党人的坚定信仰，一个个顽强拼搏与奋斗的故事彰显着共产党人的革命豪情，真正让党史活了起来，让信念燃了起来。

在求美中让历史流芳。百年征程，涌现出许许多多气吞山河的英雄事迹、感人瞬间、壮美图景。这场伟大变革，也是美术创作最宝贵的生活源泉。我们创新推出《美术经典中的党史》，以鲜明的具象性和强烈的艺术张力弘扬中国精神，既描绘带领中国人民开天辟地、改天换地、翻天覆地的大党之伟，也洋溢着昂扬向上、奋进不懈、开拓创新的气象之美；既深刻反映中华民族的历史巨变，也生动描绘共产党人的精神图谱。

在建党百年之际，中央广播电视总台持续深入学习贯彻习近平总书记对总台工作的一系列重要指示批示精神，充分发挥总台传播渠道、制作力量、平台资源等多种优势，奋力提升建党百年宣传报道的引领力、传播力、影响力，积极营造共庆百年华诞、共创历史伟业的浓厚氛围。

充分发挥融合传播优势，浓墨重彩做好宣传报道。我们认真谋划、统筹设计，深化提升总台国庆70周年宣传报道的成功做法，扎实推进现场转播等各项工作，确保各工种各系统大兵团作战行云流水、有条不紊。按照"世界一流、历史最好"的标准，积极应用5G、4K/8K、AI等新技术新手段，突出现场感、体现仪式感，让直播报道像电影大片一样精美震撼。我们进一步深化"精益求精、一丝不苟、追求完美"的工作精神，精心打磨每一个镜头、每一个画面、每一个细节、每一个流程，确保内容、技术、传输线路等各环节十拿十稳、万无一失。我们全力以赴、倾情奉献，完美呈现盛世盛典的永恒华章。

充分发挥精品节目制作优势，持之以恒追求卓越、创造一流。 在中宣部指导下，我们扎实推进、精心打磨，打造《敢教日月换新天》《山河岁月》《大决战》《庆祝中国共产党成立100周年音诗画交响音乐会》《全国大学生党史知识竞答大会》《全国红色故事讲解员大赛》等一大批作品，形成"大珠小珠落玉盘"的传播态势。注重新媒体新技术创新应用，突出年轻态、生动化表达，将宏大叙事与精彩细节相结合，体现历史纵深感和鲜明时代感，打造更多生动鲜活的爆款产品，吸引广大受众特别是青少年群体参与互动。

充分发挥平台资源优势，服务好党和国家工作大局。 我们深刻领会习近平总书记重要指示精神，切实扛起主流媒体的责任担当。如创新开展"品牌强国工程——乡村振兴行动""买遍中国""公益直播带货""春暖花开 国聘行动"等媒体公益行动，助力做好"六稳"工作、落实"六保"任务，积极融入和服务新发展格局。发挥好总台44种语言对外传播平台优势，做好建党百年重大时政报道和文化文艺类节目的编译推送，"一国一策"精准传播。加快提升总台对外传播投送能力，研发创作有声内容产品《习近平谈治国理政》、动画微纪录片《初心》、纪录片《历史的轨迹》等一批平实平和、严谨生动、易于接受的对外传播拳头产品，有力有效对外讲好中国共产党故事。

三、在"学史明理"中汲取前行的智慧和力量

回望过去，是为了更好地前行。在党史学习教育热潮中，我们把明理、增信、崇德、力行贯穿学习教育全过程，在"学党史、悟思想、办实事、开新局"上狠下功夫、务求实效，扎扎实实学好党史这门必修课，在"学史明理"中汲取前行的智慧和力量。

聚焦聚力"学党史"，不断汲取精神力量，弘扬红色传统、传承红色基因。 习近平总书记系统阐释中国共产党人的精神谱系，指出"我们党之所以历经百年而风华正茂、饱经磨难而生生不息，就是凭着那么一股革命加拼命的强大精神"。我们在组织党员干部认真学习指定教材的基础上，把重庆红岩革命纪念馆作为总台党史学习教育基地，开展"四个一百"即一百篇党建论文、一百个党史优秀主题党日活动、一百个党史微视频、一百个微党课系列活动，举办青年干部党史知识竞赛，采取线上线下相结合的方式用好红色资源，教育引导党员干部树牢正确党史观，鼓起迈进新征程、奋进新时代的精气神。

聚焦聚力"悟思想"，不断汲取真理力量，锤炼对党绝对忠诚的政治品格。 紧紧抓住进一步感悟思想伟力这个首要，以党史学习教育为重要契机，进一步在学懂、弄通、做实习近平新时代中国特色社会主义思想上下真功、求实效。我们创新运用专题党课、主题党日活动、组织生活会、专题读书班、座谈交流会、青年理论学习小组、"学习强国"学习平台、总台网上党校等方式，推动理论武装走深走心走实。加大督学促学考学力度，教育引导党员干部逐篇研读、反复领会、用心感悟，不断提高政治判断力、政治领悟力、政治执行力，切实增强、坚决做到"两个维护"的思想自觉、政治自觉和行动自

觉，坚定不移走好第一方阵。

聚焦聚力"办实事"，不断汲取人民力量，践行以人民为中心的发展思想。 巩固拓展"不忘初心、牢记使命"主题教育成果，坚持以人民为中心的创作导向，深入生活、扎根人民，不断增强脚力、眼力、脑力、笔力，奋力提高文艺影视节目的艺术水准和群众满意度。我们扎实开展"我为群众办实事"实践活动，发挥总台媒体平台资源优势，继续做好对口帮扶甘肃新时代文明实践中心建设工作，助力四川凉山喜德县乡村振兴，组织播音员主持人深入基层开展公益活动和文化文艺慰问。扎实推进涿州安居项目、老旧小区改造、医联体建设、企业年金等总台"民心工程"，真心真情多为员工办实事、办好事、解难事。

聚焦聚力"开新局"，不断汲取奋进力量，打造具有强大引领力、传播力、影响力的国际一流新型主流媒体。 习近平总书记强调，要把学习党史同总结经验、观照现实、推动工作结合起来，把学习成效转化为工作动力和成效。学习的目的在于运用。我们努力推进以知促行，把党史学习教育与深入学习贯彻习近平总书记对总台工作的一系列重要指示批示精神贯通起来，切实提高把握新发展阶段、贯彻新发展理念、构建新发展格局的政治能力、战略眼光、专业水平，持续深化总台从传统广播电视媒体向国际一流原创视音频制作发布的全媒体机构转变、从传统节目制播模式向深化内容生产供给侧结构性改革转变、从传统技术布局向5G+4K/8K+AI战略格局转变，推动总台高质量发展取得更大成效，以总台人的实干实绩为党的百年华诞增光添彩。

（刊发于《求是》杂志2021年第12期）

弘扬伟大建党精神　奋力打造国际一流新型主流媒体

慎海雄

百年华诞，是党的盛典、人民的节日。习近平总书记"七一"重要讲话，聚焦我们党初心出发、红船启航之时，寻根求本、溯源而上，首次提出并深刻诠释了"伟大建党精神"这一重大命题。这是对党的百年历史首次精神寻根，是指引我们"看清楚过去我们为什么能够成功、弄明白未来我们怎样才能继续成功"的一把金钥匙，需要不断深入学习、深入思考、深刻领会。

一、如何深刻领悟好伟大建党精神

问渠那得清如许？为有源头活水来。一百年前，中国共产党的先驱们创建了中国共产党，形成了坚持真理、坚守理想，践行初心、担当使命，不怕牺牲、英勇斗争，对党忠诚、不负人民的伟大建党精神，这是中国共产党的精神之源。伟大建党精神内涵这32个字，字字珠玑，字字千钧，构成一个逻辑严密、内在统一的有机整体。既有入党誓词中穿越百年、融入血脉的红色基因，也有党的十八大以来习近平总书记的深刻论述；既集中体现了我们党一以贯之的初心使命、理想信念、根本宗旨、优良作风，又充分体现了奋进新时代、迈向新征程的鲜明特征，是我们党精神谱系的历史源头、伟大开篇和高度凝练，是我们党精神特质的生动写照，是我们的安身之魂、立命之本。深刻领悟好伟大建党精神，就能够弄明白"我是谁""为了谁""依靠谁"，就能够弄清楚"我们从哪儿来、往哪儿去"，就能够真正弄懂我们党创造人间奇迹的"精神密码"。

第一，坚持真理、坚守理想。这是对我们党百年来追求信仰的深刻诠释，就是要始终坚持马克思主义的科学真理，坚守共产主义远大理想和中国特色社会主义共同理想。前不久，在总台和全国各地卫视播出的总台大型文献专题片《敢教日月换新天》中，生动记述了党的先驱们在黑暗中探索、在实践中比较，最终选择了马克思主义，为共产主义奋斗终身的动人故事。一百年来，正是因为对真理的坚持和对理想的坚守，才有了夏明翰"砍头不要紧，只要主义真"的豪迈，才有了方志敏"敌人只能砍下我们的头颅，决不能动摇我们的信仰"的誓言。进入新时代，正是在当代中国马克思主义、21世纪马克思主义——习近平新时代中国特色社会主义思想的指引下，中华民族伟大复兴呈现出前所未有的光明前景，中国特色社会主义焕发出无比强大的生机活力。回顾我们党"坚持真理、坚守理想"的百年历史，我们就能够更加深刻地体会到："中国共产党为什么能，中国特色社会主义为什么好，归根到底是因为马克思主义行。"

第二，践行初心、担当使命。这是对我们党百年来奋斗主题的深刻诠释，就是要始终践行为中国人民谋幸福、为中华民族谋复兴的初心和使命。在总台推出的百集文献纪录片《山河岁月》第14集《故人生死各千秋》讲述了我党先驱张太雷、恽代英和瞿秋白三人的故事。他们出于对苍生的大爱和对民族的责任，都"背叛"了自己的阶级，弃文从武、投笔从戎，把"小我"汇入"大我"之中，最终为革命壮烈捐躯，令人动容。1992年，时任福建省福州市委书记的习近平出版了《摆脱贫困》一书。今年年初总台打造的大型政论专题片《摆脱贫困》播出后，引发海内外热烈反响，正是因为对这段波澜壮阔的历史进行了生动记述，为这一中国奇迹立下了影像"史记"。革命年代，党领导农民"打土豪、分田地"，是为了让穷苦百姓翻身得解放，不再饱受欺凌。新时代，党领导人民脱贫攻坚奔小康，同样是为了满足"人民对美好生活的向往"。历经百年，初心不改。回顾我们党"践行初心、担当使命"的百年历史，我们就能够真正理解习近平总书记反复强调初心使命的重大意义，从而在新的征程上更加坚定、更加自觉地牢记初心使命、开创美好未来。

第三，不怕牺牲、英勇斗争。这是对我们党百年来革命意志的深刻诠释，就是要始终保持"为有牺牲多壮志，敢教日月换新天"的豪情，锤炼不畏强敌、不惧风险、敢于斗争、勇于胜利的风骨和品质。今年清明节期间，展现共产党人临终绝笔的6集纪录片《绝笔》在总台播出。烈士们的红色家书，既有对理想信念的坚守，也有对家人爱人的关切，字字滚烫、句句感人，言辞切切、催人泪下，千万网友在观看后流下热泪、发出赞叹，不少人感慨："这是共产党人字字泣血的铁骨柔情。"总台打造的精品电视剧《跨过鸭绿江》，首次全景式史诗般展现了抗美援朝的伟大胜利。特别是党的十八大以来，习近平总书记以巨大的政治勇气、强烈的历史担当、卓越的领导能力，统揽国内国际两个大局，带领我们取得了脱贫攻坚战等一系列重大胜利，书写了民族复兴的新篇章、创造了中国发展的新奇迹。我们每个人都是这段历史的亲历者、见证者、记录者，对习近平总书记的坚强领导和崇高威望有着深刻的切身感受。回顾我们党"不怕牺牲、英勇斗争"的百年历史，我们就能够更加深刻认识到"实现伟大梦想必须进行伟大斗争"，更加自觉地赓续共产党人精神血脉，鼓起奋进新时代、迈向新征程的精气神。

第四，对党忠诚、不负人民。这是对我们党百年来政治品格的深刻诠释，就是要始终做到对党无限忠诚、对人民无限热爱，以"我将无我"的赤子情怀走好新时代赶考路。对党忠诚、永不叛党，是我们每个共产党员入党时许下的庄严承诺和神圣誓言。总台推出的百集微纪录片《红色档案——走进中央档案馆》，挖掘展现了大量珍贵的红色档案和历史文物，令人印象深刻的是井冈山时期保存下来的唯一党证：在一块已经褪色的破旧红布上，用毛笔书写着"牺牲个人，严守秘密，阶级斗争，努力革命，服从党纪，永不叛党"的入党誓词。百年来，我们已经很难确切统计入党誓词究竟存在过多少版本，但不管时代如何变迁，"永不叛党"一直是不变的内容。坚持以人民为中心的发展思想、把人民放在心中最高位置，是习近平总书记一以贯之的人民情怀。从梁家河到正定、从宁德到福州、从浙江到上海、从地方到中央，习近平总书记的人民情怀感天动地，把我们党与人民群众的血肉联系用行动作了生动而深刻的阐释。回顾我们党"对党忠诚、不负人民"的百年历史，我们就能够对习近平总书记深厚的人民情怀有更深刻的领悟，自觉向习近平总书记看齐，践行党的宗旨，始终做到同人民想在一起、干在一起，风雨同舟、同甘共苦，紧紧依靠人民创造新的历史伟业。

二、如何宣传阐释好伟大建党精神

宣传阐释好伟大建党精神，是讲好党的故事的一条重要的主题线索，是一门很深的学问，需要不断从习近平总书记的重要思想、重要论述、重要指示中找方向、找思路、找答案。学好用好这部"真经"，我们要在深学细研上用真心、下真功，在学深悟透上见真章、悟真谛，做到既知其然、也知其所以然、更知其所以必然，领会好习近平新时代中国特色社会主义思想的精髓要义，在善谋、善融、善讲中不断提高能力水平，让伟大建党精神"活"起来、"动"起来、"燃"起来。

第一，宣传阐释好伟大建党精神，要在"深化"上持续下功夫。"深化"就是要深刻领会、精心把握丰富内涵。伟大建党精神是在伟大实践中形成的，伟大建党精神还将指引新的伟大实践。我们党在不同历史时期铸就的一系列伟大精神，既各有侧重、各具特点，又从不同方面体现了伟大建党精神的基本内涵，为我们做好宣传报道提供了丰富题材。要坚持以领袖的高度就是宣传报道追求的高度为标准，深入挖掘、深刻领会、生动阐释我们党精神谱系中的伟大精神，特别是要宣传阐释好党的十八大以来形成的脱贫攻坚精神、伟大抗疫精神、探月精神、新时代北斗精神等，与新时代的伟大成就紧密结合起来，推出一批有深度、有温度、有力度的深度报道、言论评论，创作一批叫得响、站得住、传得开的"大剧""大作"，打造一批让人眼前一亮、闻之一振、爱不释手的新媒体产品，不断擦亮"总台创造、总台制造、总台出品"这块金字招牌，持续唱响爱党爱国爱社会主义的时代主旋律。

第二，宣传阐释好伟大建党精神，要在"创新"上持续下功夫。创新是引领总台发展的第一动力。宣传阐释好伟大建党精神，能否出新出彩，关键在创新。既要注重营造强大宣传声势，确保宣传报道持续不断、高潮迭起；也要在润物无声、引人入胜上下功夫，做到既有"大而全"，也有"小而精"，满足不同受众需求，形成"大珠小珠落玉盘"的传播态势。要牢牢把握创新这一总台工作的主基调主旋律，以"大象也要学会跳街舞"的精神风貌拥抱互联网、打造全媒体，大胆试、大胆闯、大胆干，练出更多的"独门绝技"，在创新中不断扩大影响力、增强软实力。要以互联网思维持续创新宣传阐释方式方法，不断在技术与艺术、技术与思想、技术与受众的融合方面取得新突破，真正把思想的张力通过艺术、技术表现出来，让艺术、技术借助思想的东风达到至善状态，实现融合传播、"破圈"传播、持续传播，让宣传报道更加生动活泼、更加有声有色、更加润物无声，推动伟大建党精神入脑入心。

第三，宣传阐释好伟大建党精神，要在"善讲"上持续下功夫。善讲就是要讲好故事。国际传播中，套路化说教式的推介有时会适得其反，善于捕捉能够出奇制胜的传播点，用"看不见的宣传"才能达到最好的宣传效果。习近平总书记强调要"塑造可信、可爱、可敬的中国形象"，我们前不久就持续推出云南大象北迁报道，把大象的憨态可掬和我国对野生动物的保护关爱相结合，巧妙地传播出去，赢得海外受众广泛赞叹。要传播好党的声音、讲好中国故事，关键一条就是要牢牢把握国际传播规律，在"敢讲""会讲""能讲"中进一步丰富讲好百年大党故事的对外传播叙事框架，以小人物讲好大道理，以小切口反映大时代，综合运用总台国际视频通讯社、CGTN融媒体平台、44种语言对外传播平台、多语种网红工作室等矩阵，贴近不同区域、不同国家、不同群体进行精准传播，生动讲好习近平总书记的故事，讲好中国共产党、中国人民、中华民族的故事，讲好新时代的故事，生动诠释"中国共产党为什么能"背后的精神之源，用共产党人的崇高精神风范感染海外受众，润物无声地引导他们更好地认识中国共产党和中国人民的可信、可爱、可敬，帮助国际社会形成正确的中国观、中共观。

三、如何传承弘扬好伟大建党精神

历史川流不息，精神代代相传。伟大建党精神犹如一块基石，支撑起百年来党的事业发展进步的巍巍大厦。立足新起点、踏上新征程，总台作为党的意识形态重镇和国家广播电视台，如何从伟大建党精神这个源、这个根出发，让这一精神之源成为我们在新的赶考之路上的动力之源，成为奋力打造国际一流新型主流媒体的精神旗帜，需要在新的实践中不断作出新的回答。

第一，弘扬伟大建党精神，奋力打造国际一流新型主流媒体，我们要从百年党史中不断汲取忠诚的力量，不断提高政治判断力、政治领悟力、政治执行力，坚决做到"两个维护"，始终胸怀"国之大者"。党的十八大以来，党和国家事业之所以能取得历史性成就、发生历史性变革，最为关键的就是有习近平总书记这个坚强领导核心掌舵领航。习近平总书记亲自谋划、亲自推进，作出组建中央广播电视总台的重大决策部署，对总台工作高度重视、十分关心，作出一系列重要指示批示，为我们掌舵领航、指引方向。总台成立以来取得的全部成绩，都是坚定不移贯彻落实习近平总书记重要指示批示的结果。弘扬伟大建党精神，最根本的一条就是始终把忠诚核心、跟随核心、维护核心作为最大的政治，最关键的一条就是始终把"两个维护"作为总台人的最高政治原则和根本政治规矩。自觉坚决将"两个维护"贯彻到总台工作各方面、融入宣传报道全过程，不断提高政治判断力、政治领悟力、政治执行力，做到胸怀"两个大局"、心系"国之大者"，始终同以习近平同志为核心的党中央保持高度一致，不辜负习近平总书记和党中央的重托和期望。

第二，弘扬伟大建党精神，奋力打造国际一流新型主流媒体，我们要从百年党史中不断汲取思想的力量，深入学习深刻领会新时代党的创新理论，始终高举习近平新时代中国特色社会主义思想伟大旗帜。习近平新时代中国特色社会主义思想是当代中国马克思主义、21世纪马克思主义，是全党全国人民为实现中华民族伟大复兴而奋斗的行动指南。我们要坚持把学习贯彻习近平新时代中国特色社会主义思想作为终身必修课，深入学习贯彻习近平总书记"七一"重要讲话精神，持续在学懂弄通做实上下功夫，深刻把握蕴含其中的强大真理力量和实践伟力，切实用以武装头脑、指导实践、推动工作。我们要持续深化提升总台"头条工程"，以最高标准、最优质量、最佳效果深化提升领袖宣传报道，让党的创新理论"飞入寻常百姓家"、领袖魅力风采广泛传播全世界。我们要把新时代党的创新理论与习近平总书记对总台工作的一系列重要指示批示精神联系起来学习、贯通起来思考，不断从中找方法、找启迪、找答案，切实提高把握新发展阶段、贯彻新发展理念、构建新发展格局的政治能力、战略眼光、专业水平，推动习近平总书记重要指示批示精神在总台落到实处、见到实效。

第三，弘扬伟大建党精神，奋力打造国际一流新型主流媒体，我们要从百年党史中不断汲取实干的力量，坚持守正创新、深化"三个转变"，推动总台高质量发展取得更大成效。社会主义是干出来的，幸福是奋斗出来的。总台成立以来，我们取得的每一项成绩，无不是靠一步一个脚印、踏踏实实干出来的。进入新阶段、踏上新征程、履行新使命，我们要把钉钉子精神贯穿始终，做真抓实干的行动派。持续深化总台从传统广播电视媒体向国际一流原创视音频制作发布的全媒体机构转变、从传统节目制播模式向深化内容生产供给侧结构性改革转变、从传统技术布局向5G+4K/8K+AI战略格局转变，抓好超高清视音频制播呈现国家重点实验室、北京科技冬奥、上海国际传媒港、南海之声总部、国家（杭州）短视频基地、涿州安居项目等重大项目落地实施，海阔天空去想、脚踏实地去干，不断焕发总台高质量发展的勃勃生机和旺盛活力，更加有力有效地履行好党的意识形态重镇职责使命。

第四，弘扬伟大建党精神，奋力打造国际一流新型主流媒体，我们要从百年党史中不断汲取人格的力量，发扬红色传统、传承红色基因，锻造一支政治过硬、本领高强、求实创新、能打胜仗的"新闻铁军"。我们要坚定信念、践行宗旨、拼搏奉献、廉洁奉公,百年来一代代中国共产党人以高尚品质和崇高精神,展现着中国人的志气、骨气、底气。我们要持之以恒抓好总台风气建设,勤动"婆婆嘴"、常敲"小木鱼",对腐败问题"零容忍",自觉做到明大德、守公德、严私德,克己奉公,以俭修身,清清白白做人、干干净净做事,永葆清正廉洁的政治本色。我们要进一步强化宗旨意识,扎实推进总台医联体建设、积分落户、工作居住证申办、解决夫妻两地分居、复兴路办公区园区改造、员工子女入园入学保障等总台"民心工程",把好事办好、把实事办实,让每一名总台人都为总台发展的丰硕成果感到骄傲和自豪。总台成立以来,在历次重大活动的宣传报道中、在高质量发展的创新实践中、在全面从严治党的党性锤炼中,我们形成了"精益求精、一丝不苟、追求完美"的工作精神和"舍我其谁、敢战必赢"的工作作风,这是我们总台人的宝贵精神财富。结合传承弘扬伟大建党精神,持续深化拓展总台这一精神成果,扎实践行"四力",加快培养造就一批"大师级"名记者、名编辑、名主持人、名制片人,一批懂语言知文化、善讲中国故事的国际传播人才,一批精通新媒体新技术的全媒体人才,一批有责任敢担当、懂经营善管理的复合型人才,建强青年人才队伍,锻造一支"平常时候看得出来、关键时刻站得出来、危难关头豁得出来"的德才兼备的高素质干部队伍,更好地争创新业绩、建功新时代。

(刊发于《学习时报》2021年8月13日)

第二编

组织机构

2020年中央广播电视总台内设机构及职能

总台领导、编务会议成员

中宣部副部长、总台党组书记、台长兼总编辑　慎海雄
总台党组成员、副台长、机关党委书记　阎晓明
总台党组成员、副台长　蒋希伟

编务会议成员　孙玉胜
编务会议成员　薛继军
编务会议成员　姜文波
编务会议成员　李　挺
编务会议成员　朱　彤
编务会议成员　黄传芳
编务会议成员　刘晓龙

总台内设机构及职能

办公厅

负责组织协调全台行政管理工作，负责会议、文秘、机要、档案、安全保卫、保密、审计和法律事务。

主任：周振红

下设：综合处、总值班室、秘书处、研究处、文电机要处、督查处、舆情信息处、保密处、保卫处、法律事务处、信息化处、档案处、审计一处、审计二处、审计三处、行政保障协调处、行政处、房产管理处、物业管理处、医疗保障处、交通保障处

总编室

负责组织协调全台宣传工作，制定宣传规划，组织各频道频率播出，组织节目审查、监看、评议，开展受众数据分析和联系工作。

主任：王晓真

下设：综合部、宣传值班室、评估考核部、业务规划部、统筹协调部、新媒体传播管理部、电视节目播出管理部、广播节目播出管理部、对外传播部、节目推介部、受众工作部、节目审看部、信息研究部、社会合作部、综合频道编辑部、综合频道节目部、综合频道项目部、播音员主持人管理中心（二级事业部）

新闻中心

负责全台新闻的采访、编辑、评论、制作、播出，负责新闻资源的统筹与共享。

召集人：李挺（兼）

下设：综合部、策划部、新闻评论部、融媒部、经济新闻部、社会新闻部、地方新闻部、军事节目部、国际新闻部、广播新闻采访部、新闻频道编辑部、新闻联播编辑部、新闻视觉艺术编辑部、新闻播音部、早间节目部、午间节目部、晚间节目部、夜间节目部、广播新闻编辑部、特别报道部、广播节目协调部、环球资讯广播部、新闻采访中心（二级事业部）、新闻编辑中心（二级事业部）、联播节目中心（加挂牌子：时政新闻中心）（二级事业部）

内参舆情中心

负责采集国内外舆情信息，制作编发内参报道。

主任：蔡小林

下设：综合室、专报室（一室）、策划室（二室）、调研室（三室）、舆情室（四室）、视频室（五室）、国际室（六室）

财经节目中心

负责采访、编辑、播出财经类、交通类节目及相关新媒体产品。

主任：梁建增

下设：综合部、统筹策划部、新媒体部、财经新闻采访部、证券新闻采访部、财经评论部、电视节目编辑部、电视专题部、广播运行部、广播财经新闻部、广播财经专题部、广播证券部、项目合作部、财经活动部

文艺节目中心

负责组织、编辑、播出综艺类、戏曲和音乐类节目及相关新媒体产品。

召集人：曹毅

下设：综合部、统筹规划部、综艺频道编辑部、综艺频道节目部、戏曲频道编辑部、戏曲频道节目部、音乐频道编辑部、音乐频道节目部、音乐之声编辑部、音乐之声节目部、经典音乐广播节目部、文艺之声编辑部、文艺之声节目部、阅读之声节目部、劲曲调频编辑部、全媒体采编部、导播和摄像部、大型活动中心（二级事业部）、音乐节目中心（二级事业部）

体育青少节目中心

负责采访、编辑、播出体育类节目及相关新媒体产品，组织、编辑、播出面向青少年、儿童的节目及相关新媒体产品。

主任：曹毅

下设：综合部、统筹规划部、运营合作部、新媒体部、特别节目部、体育频道编辑部、少儿频道节目部、体育节目部、体育新闻部、体育竞赛部、少儿频道编辑部、奥林

匹克频道节目部、奥林匹克频道编辑部、动画管理部

社教节目中心

负责采访、编辑、播出科技、教育、文化、卫生、法治、老年类节目及相关新媒体产品。

主任：阚兆江

下设：综合部、特别节目部、科教频道编辑部、社会与法频道编辑部、新媒体部、科技节目部、文化节目部、教育节目部、社会节目部、法制节目部、老年节目部

影视剧纪录片中心

负责组织、制作、播出国内外电影、电视剧，组织、制作、播出纪录片及相关新媒体产品。

召集人：庄殿君

下设：综合部、新媒体部、电视剧频道编辑部、纪录频道编辑部、电视剧项目部、电视剧创作部、纪录片项目部、纪录片生产部、电影项目部、审片和版权部

民族语言节目中心

负责采访、编辑、翻译、播出少数民族语言节目及相关新媒体产品。

主任：刘晓龙（兼）

下设：综合部、统筹策划部、新闻编辑部、融媒体部、对外联络部、技术保障部、蒙古语节目部、藏语节目部、维吾尔语节目部、哈萨克语节目部、朝鲜语节目部、拉萨编辑部、藏语方言部、乌鲁木齐编辑部、西藏民族语言中心（二级事业部）、新疆民族语言中心（二级事业部）

军事节目中心

负责采访、编辑、播出军事类节目及相关新媒体产品。

召集人：刘智力

下设：综合部、策划部、新闻编辑部、新闻采访部、专题节目部、创新节目部、融媒体部、频道编辑部、广播节目部

农业农村节目中心

负责采访、编辑、播出农业农村类节目及相关新媒体产品。

副主任：张国飞（主持工作）

下设：综合部、统筹策划部、电视节目编辑部、广播节目部、融媒体部、新闻部、评论部、专题节目部、文艺节目部、社会交流部、广播节目编辑部

港澳台节目中心

负责采访、编辑、播出面向香港特别行政区、澳门特别行政区、台湾地区及珠江三角洲地区的节目及相关新媒体产品。

主任：王全杰

下设：综合部、对港澳新闻部、对台新闻部、节目策划部、新媒体部、对港澳专题部、对台专题部、综艺节目部、音乐节目部、广州节目制作室、深圳节目制作室、厦门节目制作室、联络部

英语环球节目中心

负责采访、编辑、播出面向全球的英语节目及新媒体产品，发布外宣英语通稿。

主任：范昀

下设：综合部、策划部、新媒体编辑部、电视新闻编辑部、采访部、评论部、财经节目部、专题节目部、文化节目部、音频节目部、对外合作部

亚洲非洲地区语言节目中心

负责组织、编辑、翻译、播出面向亚洲和非洲地区的多语种节目及新媒体产品。

主任：安晓宇

下设：综合部、策划采编部、融媒体制作部、日语部、朝鲜语部、蒙古语部、越南语部、老挝语部、柬埔寨语部、泰语部、马来语部、印尼语部、菲律宾语部、缅甸语部、尼泊尔语部、印地语部、乌尔都语部、泰米尔语部、僧伽罗语部、孟加拉语部、土耳其语部、波斯语部、普什图语部、阿拉伯语部、豪萨语部、斯瓦希里语部、希伯来语部、亚洲地区语言节目中心（二级事业部）、西亚非洲地区语言节目中心（二级事业部）

欧洲拉美地区语言节目中心

负责组织、编辑、翻译、播出面向欧洲和拉美地区的多语种节目及新媒体产品。

主任：夏勇敏

下设：综合部、策划采编部、融媒体制作部、法语部、西班牙语部、俄语部、德语部、意大利语部、葡萄牙语部、波兰语部、捷克语部、匈牙利语部、塞尔维亚语部、罗马尼亚语部、保加利亚语部、阿尔巴尼亚语部、克罗地亚语部、乌克兰语部、希腊语部、世界语部

华语环球节目中心

负责采访、编辑、播出面向海外华人华侨的中文节目及新媒体产品，发布外宣中文通稿。

主任：李欣雁

下设：综合部、节目统筹部、编辑部、新媒体部、新闻部、新闻专题部、文化专题部、音乐文艺部、纪录片部、普通话广播节目部、方言广播节目部、南海之声

融合发展中心

组织协调全台媒体融合发展事务，制订新媒体发展战略规划，统筹全台新媒体平台建设，建立内容资源和用户数据共享库，建立新媒体传播评价体系，规范管理新媒体社会合作。

主任：汪文斌

下设：综合部、发展规划部、统筹运营部、监测评估部、对外合作部

新闻新媒体中心

负责全台新闻新媒体旗舰平台建设及新闻类微博、微信等媒体账号的运营，负责新闻新媒体专线产品的组织、策划、生产、推广等工作。

召集人：骆红秉

下设：综合部、客户端编辑部、评论特稿部、媒资通稿部、特别产品制作部、合作媒体部、融媒体技术部、策划部、用户运维部

视听新媒体中心

负责全台视听新媒体旗舰平台建设及非

新闻类微博、微信等媒体账号的运营，负责非新闻类视听新媒体专线产品的组织、策划、生产、推广等工作。

召集人：范昀

下设：综合部、策划部、客户端运营部、社交媒体运营部、视频创作部、音频创作部、产品设计部、融合业务部、创意互动部、技术应用部、大数据管理部

国际传播规划局

负责国际传播理论研究和战略规划，统筹全台国际传播能力建设，负责广播电视节目和新媒体产品的海外落地推广，承担对外汉语推广工作。

副主任：赵文江（主持工作）

下设：综合处、项目规划处、落地传播一处、落地传播二处、落地传播三处、落地传播统筹处、海外品牌推广处、文化传播处、海外评估核查处

人事局

负责全台干部和人力资源管理工作。

局长：邢博

下设：综合处、干部管理处、派出机构干部管理处、干部监督处、劳动工资处、社会保障处、教育培训处、人才工作处、员工管理处、信息档案处、地方机构管理中心（二级事业部）

财务局

负责全台财务管理工作。

局长：张红梅

下设：综合处、预算管理处、财务管理处（派出机构财务管理处）、收入核算处、会计核算一处、会计核算二处、会计核算三处、绩效管理处、国有资产管理处、采购管理处、总台采购中心、企业财务处、资金结算处

总经理室

负责组织协调全台经营管理工作，负责广告经营和版权维护，负责下属企业和子报子刊管理。

总经理：彭健明

下设：综合部、广告资源管理部、客户服务一部、客户服务二部、电视频道经营部、新媒体业务部、市场推广部、合同管理部、广告监审部、广告播出部、公益广告部、权益维护部、版权经营部、战略投资部、企业经营管理部、广告运营中心（二级事业部）、版权运营中心（二级事业部）

技术局

负责全台技术管理、技术制作和安全播出工作。

局长：徐进

下设：综合部、安全播出管理部、网络安全管理部、质量管理部、工程管理部、技术规划研究部、技术联络部、传输覆盖部、技术业务部、技术管理中心（二级事业部，对内称"IT技术统筹部"）、网络运行部、通信运行部、云数据中心运行部、新媒体应用部、制播应用部、业务应用部、数据应用部、技术制作中心（二级事业部，对内称"演播室技术统筹部"）、录制一部、录制二部、录制三部、录制四部、录制五部、录制六部、录制七部、制作部、后期制作统筹部、音频

制作一部、音频制作二部、播出传送中心（二级事业部，对内称"播控转播统筹部"）、播出一部、播出二部、播出三部、播出四部、总控一部、总控二部、总控三部、转播一部、转播二部、转播三部、新闻制播统筹部、时政制作部、新闻制播一部、新闻制播二部、新闻制播三部、新闻制播四部、动力管理一部、动力管理二部、动力管理三部、动力管理四部

国际交流局

负责全台外事工作、外籍人员管理、国际交流及对外援助项目管理。

局长：邢博

下设：综合处、亚非处、欧美处、国际合作处、护签处、外籍员工管理处、海外业务协调处、海外机构管理中心（二级事业部）

创新发展研究中心

负责全台创新体制机制建设，组织创新节目研发，管理创新研发资金，承担事业产业发展战略研究。

召集人：杨华

下设：综合部、发展战略部、新媒体研究部、创新管理部、创意研发部、学术联络部、期刊编辑部、中国电视报编辑部

机关党委

负责全台党群和纪检工作。

常务副书记：黄传芳（兼）

下设：党委办公室、组织处、宣传处、党员干部教育培训处、派出机构党建工作处、工会工作处、青年工作处、妇女工作处、精神文明协调处、统战工作处（侨联）、纪委办公室、党风廉政教育处、信访案管处、监督审查一处、监督审查二处、监督审查三处、案件审理处

离退休干部局

负责全台离退休干部的管理工作。

局长：牛道斌

下设：综合处、党务工作处、生活保障一处、生活保障二处、生活保障三处、文体活动处

台属事业单位

音像资料馆

主要承担全台音视频资料、图文资料等的统筹管理工作。

召集人：黄平刚

下设：办公室、人力资源部、财务部、统筹规划部、音频资源部、资源采集部、编目生产部、全媒体应用部、特藏资源部、图书资料部、质量审核部、开发运营部、技术保障部、党委办公室

影视翻译制作中心

主要承担专题片、影视剧、纪录片、动画片等的翻译制作和海外推广工作。

召集人：王璐

下设：综合部、财务部、融媒体节目部、译制部、海外推广部、创新发展部

总台直属企业

中国国际电视总公司

总裁：唐世鼎

央视国际网络有限公司

党委书记、董事长、总经理、总编辑：钱蔚

中国电视剧制作中心有限责任公司

执行董事、总裁：李向东

中央新闻纪录电影制片厂（集团）

党委书记、董事长：姜海清

中国环球广播电视有限公司

总裁：滕云平

中广影视卫星有限责任公司

总经理：黄瑞刚

央视频融媒体发展有限公司

常务副总经理：过彤

央广传媒发展总公司

董事长、总经理：王跃进

国广传媒发展有限公司

总经理：范建平

北京国广物业管理有限公司

总经理：康悦

中国国际广播出版社有限公司

社长：张宇清

中国国际广播音像出版社

社长：张宇清

地方派驻机构

中央广播电视总台北京总站

下设：办公室、总编室、经理室

中央广播电视总台天津总站

下设：办公室、总编室、经理室

中央广播电视总台河北总站

  下设：办公室、总编室、经理室

中央广播电视总台山西总站

  下设：办公室、总编室、经理室

中央广播电视总台内蒙古总站

  下设：办公室、总编室、经理室

中央广播电视总台辽宁总站

  下设：办公室、总编室、经理室

中央广播电视总台吉林总站

  下设：办公室、总编室、经理室

中央广播电视总台黑龙江总站

  下设：办公室、总编室、经理室

中央广播电视总台上海总站

  站长：齐竹泉

  下设：办公室、总编室、经理室、策划部、技术部

中央广播电视总台江苏总站

  下设：办公室、总编室、经理室

中央广播电视总台浙江总站

  下设：办公室、总编室、经理室

中央广播电视总台安徽总站

  下设：办公室、总编室、经理室

中央广播电视总台福建总站

  下设：办公室、总编室、经理室

中央广播电视总台江西总站

  下设：办公室、总编室、经理室

中央广播电视总台山东总站

  下设：办公室、总编室、经理室

中央广播电视总台河南总站

  下设：办公室、总编室、经理室

中央广播电视总台湖北总站

  下设：办公室、总编室、经理室

中央广播电视总台湖南总站

  下设：办公室、总编室、经理室

中央广播电视总台广东总站

  召集人：蔡万麟

  下设：办公室、总编室、经理室

中央广播电视总台广西总站

  下设：办公室、总编室、经理室

中央广播电视总台海南总站

  下设：办公室、总编室、经理室

中央广播电视总台重庆总站

  下设：办公室、总编室、经理室

中央广播电视总台四川总站

  下设：办公室、总编室、经理室

中央广播电视总台贵州总站
　　下设：办公室、总编室、经理室

中央广播电视总台云南总站
　　下设：办公室、总编室、经理室

中央广播电视总台西藏总站
　　下设：办公室、总编室、经理室

中央广播电视总台陕西总站
　　下设：办公室、总编室、经理室

中央广播电视总台甘肃总站
　　下设：办公室、总编室、经理室

中央广播电视总台青海总站
　　下设：办公室、总编室、经理室

中央广播电视总台宁夏总站
　　下设：办公室、总编室、经理室

中央广播电视总台新疆总站
　　下设：办公室、总编室、经理室

海外派出机构

中央广播电视总台北美总站
　　主要负责人：江和平
　　下设：办公室、总编室、经理室

中央广播电视总台拉美总站
　　召集人：朱博英
　　下设：办公室、总编室、经理室

中央广播电视总台非洲总站
　　常务召集人：曹日
　　下设：办公室、总编室、经理室

中央广播电视总台中东总站
　　常务召集人：张立
　　下设：办公室、总编室、经理室

中央广播电视总台欧洲总站
　　常务召集人：姜秋镝
　　下设：办公室、总编室、经理室

中央广播电视总台亚欧总站
　　常务召集人：王斌
　　下设：办公室、总编室、经理室

中央广播电视总台亚太总站
　　召集人：李毅
　　下设：办公室、总编室、经理室

中央广播电视总台联合国总站
　　主要负责人：（空缺）
　　下设：办公室、总编室、经理室

2021年中央广播电视总台内设机构及职能

总台领导、编务会议成员

中宣部副部长、总台党组书记、台长兼总编辑　慎海雄
总台党组成员、副台长、机关党委书记　阎晓明
总台党组成员、副台长　蒋希伟

编务会议成员　薛继军
编务会议成员　姜文波
编务会议成员　李　挺
编务会议成员　黄传芳
编务会议成员　刘晓龙
编务会议成员　彭健明
编务会议成员　王晓真

总台内设机构及职能

办公厅

负责组织协调全台行政管理和综合服务保障工作。

主任：周振红

下设：综合处、总值班室、秘书处、研究处、文电机要处、督查处、舆情信息处、保密处、保卫处、法律事务处、信息化处、档案处、审计一处、审计二处、审计三处、行政保障协调处、行政处、房产管理处、物业管理处、医疗保障处、交通保障处

总编室

负责组织协调全台宣传工作，制定宣传规划，组织各宣传平台播发，组织节目审查、监看、评议，开展受众数据分析和联系工作。

主任：王晓真（兼）

下设：综合部、宣传值班室、评估考核部、业务规划部、统筹协调部、新媒体传播管理部、电视节目播出管理部、广播节目播出管理部、对外传播部、节目推介部、受众工作部、节目审看部、信息研究部、社会合作部、综合频道编辑部、综合频道节目部、综合频道项目部、播音员主持人管理中心（二级事业部）

新闻中心

负责全台新闻的采访、编辑、评论、制作、播出，负责新闻资源的统筹与共享。

召集人：李挺（兼）

下设：综合部、策划部、新闻评论部、融媒部、经济新闻部、社会新闻部、地方新闻部、军事节目部、国际新闻部、广播新闻采访部、新闻频道编辑部、新闻联播编辑部、新闻视觉艺术编辑部、新闻播音部、早间节目部、午间节目部、晚间节目部、夜间节目部、广播新闻编辑部、特别报道部、广播节目协调部、环球资讯广播部、新闻采访中心（二级事业部）、新闻编辑中心（二级事业部）、联播节目中心（加挂牌子：时政新闻中心）（二级事业部）

内参舆情中心

负责采集国内外舆情信息，制作编发内参报道。

主任：蔡小林

下设：综合室、专报室（一室）、策划室（二室）、调研室（三室）、舆情室（四室）、视频室（五室）、国际室（六室）

财经节目中心

负责采访、编辑、播出财经类节目及相关新媒体产品。

主任：梁建增

下设：综合部、统筹策划部、新媒体部、财经新闻采访部、证券新闻采访部、财经评论部、电视节目编辑部、电视专题部、广播运行部、广播财经新闻部、广播财经专题部、广播证券部、项目合作部、财经活动部

文艺节目中心

负责组织、编辑、播出综艺类、戏曲和音乐类节目及相关新媒体产品。

常务副召集人：许文广

下设：综合部、统筹规划部、综艺频道编辑部、综艺频道节目部、戏曲频道编辑部、戏曲频道节目部、音乐频道编辑部、音乐频道节目部、音乐之声编辑部、音乐之声节目部、经典音乐广播节目部、文艺之声编辑部、文艺之声节目部、阅读之声节目部、劲曲调频编辑部、全媒体采编部、导播和摄像部、大型活动中心（二级事业部）、音乐节目中心（二级事业部）

体育青少节目中心

负责采访、编辑、播出体育类节目及相关新媒体产品，组织、编辑、播出面向青少年、儿童的节目及相关新媒体产品。

主任：曹毅

下设：综合部、统筹规划部、运营合作部、新媒体部、特别节目部、体育频道编辑部、少儿频道节目部、体育节目部、体育新闻部、体育竞赛部、少儿频道编辑部、奥林

匹克频道节目部、奥林匹克频道编辑部、动画管理部

社教节目中心

负责采访、编辑、播出科技、教育、文化、卫生、法治、老年类节目及相关新媒体产品。

主任：阚兆江

下设：综合部、特别节目部、科教频道编辑部、社会与法频道编辑部、新媒体部、科技节目部、文化节目部、教育节目部、社会节目部、法制节目部、老年节目部

影视剧纪录片中心

负责组织、制作、播出国内外电影、电视剧，组织、制作、播出纪录片及相关新媒体产品。

主任：庄殿君

下设：综合部、新媒体部、电视剧频道编辑部、纪录频道编辑部、电视剧项目部、电视剧创作部、纪录片项目部、纪录片生产部、电影项目部、审片和版权部

民族语言节目中心

负责采访、编辑、翻译、播出少数民族语言节目及相关新媒体产品。

主任：刘晓龙（兼）

下设：综合部、统筹策划部、新闻编辑部、融媒体部、对外联络部、技术保障部、蒙古语节目部、藏语节目部、维吾尔语节目部、哈萨克语节目部、朝鲜语节目部、拉萨编辑部、藏语方言部、乌鲁木齐编辑部、西藏民族语言中心（二级事业部）、新疆民族语言中心（二级事业部）

军事节目中心

负责采访、编辑、播出军事类节目及相关新媒体产品。

召集人：刘智力

下设：综合部、策划部、新闻编辑部、新闻采访部、专题节目部、创新节目部、融媒体部、频道编辑部、广播节目部

农业农村节目中心

负责采访、编辑、播出农业农村类节目及相关新媒体产品。

副主任：王晓斌（主持工作）

下设：综合部、统筹策划部、电视节目编辑部、广播节目部、融媒体部、新闻部、评论部、专题节目部、文艺节目部、社会交流部、广播节目编辑部

港澳台节目中心

负责采访、编辑、播出面向香港特别行政区、澳门特别行政区、台湾地区及珠江三角洲地区的节目及相关新媒体产品。

主任：王全杰

下设：综合部、对港澳新闻部、对台新闻部、节目策划部、新媒体部、对港澳专题部、对台专题部、综艺节目部、音乐节目部、广州节目制作室、深圳节目制作室、厦门节目制作室、联络部

英语环球节目中心（CGTN）

负责采访、编辑、播出面向全球的英语节目及新媒体产品，发布外宣英语通稿。

主任：范昀

下设：综合部、策划部、新媒体编辑部、电视新闻编辑部、采访部、评论部、财经节目部、专题节目部、文化节目部、音频节目部、西班牙语部、法语部、阿拉伯语部、俄语部、对外合作部

亚洲非洲地区语言节目中心

负责组织、编辑、翻译、播出面向亚洲和非洲地区的多语种节目及新媒体产品。

主任：安晓宇

下设：综合部、策划采编部、融媒体制作部、日语部、朝鲜语部、蒙古语部、越南语部、老挝语部、柬埔寨语部、泰语部、马来语部、印尼语部、菲律宾语部、缅甸语部、尼泊尔语部、印地语部、乌尔都语部、泰米尔语部、僧伽罗语部、孟加拉语部、土耳其语部、波斯语部、普什图语部、豪萨语部、斯瓦希里语部、希伯来语部、亚洲地区语言节目中心（二级事业部）、西亚非洲地区语言节目中心（二级事业部）

欧洲拉美地区语言节目中心

负责组织、编辑、翻译、播出面向欧洲和拉美地区的多语种节目及新媒体产品。

主任：夏勇敏

下设：综合部、策划采编部、融媒体制作部、德语部、意大利语部、葡萄牙语部、波兰语部、捷克语部、匈牙利语部、塞尔维亚语部、罗马尼亚语部、保加利亚语部、阿尔巴尼亚语部、克罗地亚语部、乌克兰语部、希腊语部、世界语部

华语环球节目中心

负责采访、编辑、播出面向海外华人华侨的中文节目及新媒体产品，发布外宣中文通稿。

主任：李欣雁

下设：综合部、节目统筹部、编辑部、新媒体部、新闻部、新闻专题部、文化专题部、音乐文艺部、纪录片部、普通话广播节目部、方言广播节目部、南海之声

融合发展中心

组织协调全台媒体融合发展事务，制订新媒体发展战略规划，统筹全台新媒体平台建设，建立内容资源和用户数据共享库，建立新媒体传播评价体系，规范管理新媒体社会合作。

主任：汪文斌

下设：综合部、发展规划部、统筹运营部、监测评估部、对外合作部

新闻新媒体中心

负责全台新闻新媒体旗舰平台建设及新闻类微博、微信等媒体账号的运营，负责新闻新媒体专线产品的组织、策划、生产、推广等工作。

召集人：钱蔚

下设：综合部、客户端编辑部、评论特稿部、媒资通稿部、特别产品制作部、合作媒体部、融媒体技术部、策划部、用户运维部

视听新媒体中心

负责全台视听新媒体旗舰平台建设及非

新闻类微博、微信等媒体账号的运营，负责非新闻类视听新媒体专线产品的组织、策划、生产、推广等工作。

召集人：范昀

下设：综合部、策划部、客户端运营部、社交媒体运营部、视频创作部、音频创作部、产品设计部、融合业务部、创意互动部、技术应用部、大数据管理部

国际传播规划局

负责国际传播理论研究和战略规划，统筹全台国际传播能力建设，负责广播电视节目和新媒体产品的海外落地推广，承担对外汉语推广工作。

副局长：赵文江（主持工作）

下设：综合处、项目规划处、落地传播一处、落地传播二处、落地传播三处、落地传播统筹处、海外品牌推广处、文化传播处、海外评估核查处

人事局

负责全台干部和人力资源管理工作。

局长：邢博

下设：综合处、干部管理处、派出机构干部管理处、干部监督处、劳动工资处、社会保障处、教育培训处、人才工作处、员工管理处、信息档案处、地方机构管理中心（二级事业部）

财务局

负责全台财务管理工作。

局长：张红梅

下设：综合处、预算管理处、财务管理处（派出机构财务管理处）、收入核算处、会计核算一处、会计核算二处、会计核算三处、绩效管理处、国有资产管理处、采购管理处、总台采购中心、企业财务处、资金结算处

总经理室

负责组织协调全台经营管理工作，负责广告经营和版权维护，负责下属企业管理。

总经理：彭健明（兼）

下设：综合部、广告资源管理部、客户服务一部、客户服务二部、电视频道经营部、新媒体业务部、市场推广部、合同管理部、广告监审部、广告播出部、公益广告部、权益维护部、版权经营部、战略投资部、企业经营管理部、广告运营中心（二级事业部）、版权运营中心（二级事业部）

技术局

负责全台技术管理、技术制作和安全播出工作。

局长：徐进

下设：综合部、安全播出管理部、网络安全管理部、质量管理部、工程管理部、技术规划研究部、技术联络部、传输覆盖部、技术业务部、技术管理中心（二级事业部，对内称"IT技术统筹部"）、网络运行部、通信运行部、云数据中心运行部、新媒体应用部、制播应用部、业务应用部、数据应用部、技术制作中心（二级事业部，对内称"演播室技术统筹部"）、录制一部、录制二部、录制三部、录制四部、录制五部、录制六部、录制七部、制作部、后期制作统筹部、音频制作一部、音频制作二部、播出传送中心（二级事业部，对内称"播控转播统筹部"）、播出一部、播出二部、播出三部、播出四部、

总控一部、总控二部、总控三部、转播一部、转播二部、转播三部、新闻制播统筹部、时政制作部、新闻制播一部、新闻制播二部、新闻制播三部、新闻制播四部、动力管理一部、动力管理二部、动力管理三部、动力管理四部

国际交流局

负责全台外事工作、外籍人员管理、国际交流及对外援助项目管理。

局长：邢博

下设：综合处、亚非处、欧美处、国际合作处、护签处、外籍员工管理处、海外业务协调处、海外机构管理中心（二级事业部）

创新发展研究中心

负责全台创新体制机制建设，组织创新节目研发，管理创新研发资金，承担事业产业发展战略研究。

召集人：杨华

下设：综合部、发展战略部、新媒体研究部、创新管理部、创意研发部、学术联络部、期刊编辑部、中国电视报编辑部

机关党委

负责全台党群和纪检工作。

常务副书记：潘晓闻

下设：党委办公室、组织处、宣传处、党员干部教育培训处、派出机构党建工作处、工会工作处、青年工作处、妇女工作处、精神文明协调处、统战工作处（侨联）、纪委办公室、党风廉政教育处、信访案管处、监督审查一处、监督审查二处、监督审查三处、案件审理处、巡视一处、巡视二处

离退休干部局

负责全台离退休干部的管理工作。

局长：牛道斌

下设：综合处、党务工作处、生活保障一处、生活保障二处、生活保障三处、文体活动处

台属事业单位

音像资料馆

主要承担全台音视频资料、图文资料等的统筹管理工作。

馆长：黄平刚

下设：办公室、人力资源部、财务部、统筹规划部、音频资源部、资源采集部、编目生产部、全媒体应用部、特藏资源部、图书资料部、质量审核部、开发运营部、技术保障部、党委办公室

影视翻译制作中心

主要承担专题片、影视剧、纪录片、动画片等的翻译制作和海外推广工作。

主任：王璐

下设：综合部、财务部、融媒体节目部、译制部、海外推广部、创新发展部

总台直属企业

中国国际电视总公司
　　党委书记、总裁：唐世鼎

央视国际网络有限公司
　　党委书记、董事长：钱蔚

中国电视剧制作中心有限责任公司
　　执行董事、总裁：李向东

中央新闻纪录电影制片厂（集团）
　　党委书记、董事长：姜海清

中国环球广播电视有限公司
　　总裁：滕云平

中广影视卫星有限责任公司
　　总经理：黄瑞刚

央视频融媒体发展有限公司
　　常务副总经理：过彤

央广传媒集团有限公司
　　董事长、总经理：王跃进

国广传媒发展有限公司
　　副总经理（主持工作）：黄永国

北京国广物业管理有限公司
　　总经理：康悦

中国国际广播出版社有限公司
　　社长：张宇清

中国国际广播音像出版社
　　社长：张宇清

中广视资产管理有限公司
　　总经理：韩峰

地方派驻机构

中央广播电视总台北京总站
　　副召集人（主持工作）：王小节
　　下设：办公室、总编室、经理室

中央广播电视总台天津总站
　　召集人：方钢
　　下设：办公室、总编室、经理室

中央广播电视总台河北总站
站长：康维佳
下设：办公室、总编室、经理室、雄安记者站

中央广播电视总台山西总站
召集人：刘华栋
下设：办公室、总编室、经理室

中央广播电视总台内蒙古总站
常务副召集人：刘晓波
下设：办公室、总编室、经理室

中央广播电视总台辽宁总站
副召集人（主持工作）：田忠卿
下设：办公室、总编室、经理室、大连记者站

中央广播电视总台吉林总站
常务副召集人：裴奔
下设：办公室、总编室、经理室

中央广播电视总台黑龙江总站
站长：冯雪松
下设：办公室、总编室、经理室

中央广播电视总台上海总站
站长：齐竹泉
下设：办公室、总编室、经理室、策划部、技术部、浦东报道中心

中央广播电视总台江苏总站
站长：季明
下设：办公室、总编室、经理室、苏南记者站

中央广播电视总台浙江总站
站长：张国飞
下设：办公室、总编室、经理室、宁波记者站、温州记者站

中央广播电视总台安徽总站
常务副召集人：彭德全
下设：办公室、总编室、经理室

中央广播电视总台福建总站
召集人：刘涛
下设：办公室、总编室、经理室、厦门记者站

中央广播电视总台江西总站
常务副召集人：宋大珩
下设：办公室、总编室、经理室

中央广播电视总台山东总站
副站长（主持工作）：陈永庆
下设：办公室、总编室、经理室、青岛记者站

中央广播电视总台河南总站
常务副召集人：毛才桃
下设：办公室、总编室、经理室

中央广播电视总台湖北总站
常务副召集人：王亚民
下设：办公室、总编室、经理室

中央广播电视总台湖南总站
　　召集人：张文雷
　　下设：办公室、总编室、经理室

中央广播电视总台广东总站
　　站长：蔡万麟
　　下设：办公室、总编室、经理室、新媒体部、深圳记者站、珠海记者站

中央广播电视总台广西总站
　　常务副召集人：何盈
　　下设：办公室、总编室、经理室

中央广播电视总台海南总站
　　副召集人（主持工作）：王文昌
　　下设：办公室、总编室、经理室

中央广播电视总台重庆总站
　　站长：郭彦
　　下设：办公室、总编室、经理室

中央广播电视总台四川总站
　　副召集人（主持工作）：樊承志
　　下设：办公室、总编室、经理室

中央广播电视总台贵州总站
　　副召集人（主持工作）：阎建光
　　下设：办公室、总编室、经理室

中央广播电视总台云南总站
　　召集人：张江元
　　下设：办公室、总编室、经理室

中央广播电视总台西藏总站
　　副召集人（主持工作）：曾晓东
　　下设：办公室、总编室、经理室

中央广播电视总台陕西总站
　　副召集人（主持工作）：张巍
　　下设：办公室、总编室、经理室

中央广播电视总台甘肃总站
　　常务副召集人：刘龙龙
　　下设：办公室、总编室、经理室

中央广播电视总台青海总站
　　副召集人（主持工作）：李亚玮
　　下设：办公室、总编室、经理室

中央广播电视总台宁夏总站
　　召集人：郭长江
　　下设：办公室、总编室、经理室

中央广播电视总台新疆总站
　　召集人：田彤
　　下设：办公室、总编室、经理室、新疆生产建设兵团记者站

海外派出机构

中央广播电视总台北美总站
　　主要负责人：江和平
　　下设：办公室、总编室、经理室

中央广播电视总台拉美总站
　　召集人：朱博英
　　下设：办公室、总编室、经理室

中央广播电视总台非洲总站
　　副站长（主持工作）：曹日
　　下设：办公室、总编室、经理室

中央广播电视总台中东总站
　　副站长（主持工作）：张立
　　下设：办公室、总编室、经理室

中央广播电视总台欧洲总站
　　常务召集人：姜秋镝
　　下设：办公室、总编室、经理室

中央广播电视总台亚欧总站
　　副站长（主持工作）：王斌
　　下设：办公室、总编室、经理室

中央广播电视总台亚太总站
　　站长：李毅
　　下设：办公室、总编室、经理室

中央广播电视总台联合国总站
　　主要负责人：（空缺）
　　下设：办公室、总编室、经理室

第三编

工作概况

2020年工作概况

中央广播电视总台工作概况

2020年是中央广播电视总台改革举措全面铺开、高质量发展提质升级、打造国际一流新型主流媒体的关键之年、创新之年、奋斗之年。中央广播电视总台在海内外的引领力、传播力、影响力显著增强，国际传播力骤升，有力有效服务党和国家工作大局。

一、聚焦做好领袖宣传报道，持续推动习近平新时代中国特色社会主义思想和领袖魅力风采春风化雨、"飞入寻常百姓家"

1. 创新时政新闻报道，聚力提升总台"头条工程"

精心打造领袖宣传报道矩阵。总台旗下央视新闻、央视频、央视网、央广网、国际在线等新媒体平台和电视、广播及44种语言对外传播平台协同发力、融合传播，用心用情做好领袖宣传报道，努力引领国内国际舆论。《新闻联播》播发习近平总书记时政新闻490条，全网置顶时政特稿1073篇、时政微视频290条，在中央媒体中居于绝对领先位置。全年制作新媒体产品600余部，比2019年增长43%，其中时政微视频《总书记指挥这场人民战争》全网播放量达4.1亿，引发海内外热烈反响。

2. 持续打造精品力作，做好党的创新理论宣传阐释

进一步擦亮《央视快评》《国际锐评》《玉渊谭天》《总台海峡时评》《大湾区之声热评》等评论言论品牌，打造《主播说联播》《联播+》《传习录》《时政V观》《时政新闻眼》《春风习习》《物印初心》《每日一习话》等精品节目产品，突出年轻态、生动化表达，增强宣传阐释效果。《主播说联播》总播放量近47亿，话题阅读量超70亿，"联播"账号粉丝总量近7000万，有效带动电视端日均年轻观众同比增长17%。央视网时政稿件全网置顶总数超过1000篇，连续四年稳居全国新闻单位首位。《央视快评》推出280余篇评

论,同比增长50%,总阅读量超10亿。

3. 发挥海外资源平台优势,"一国一策"做好领袖思想风范和人格魅力对外传播

总台依托44种语言对外传播平台,精心组织重点稿件对外广泛推送,探索采取"一国一策"方式精准覆盖。面向亚洲、非洲地区传播的多语种平台发布头条报道23 164条,覆盖50多个对象国26.2亿受众。面向欧洲、拉美地区传播的多语种平台发布头条报道1.4万余条,海外总阅览量1.26亿,视频观看量1123万,互动量130万,完成时政直播70场次。《习近平治国方略:中国这五年》被译制成意大利语、斯瓦希里语、乌尔都语等11个语种,均获对象国主流媒体播出。对外发布习近平总书记重要时政新闻素材924条、直播信号21场、总时长47小时、多语种文稿4420篇,被128个国家和地区的2004家电视台/频道和新媒体平台引用播出12.6万次,其中包括英国广播公司(BBC)、美国有线电视新闻网(CNN)、美国福克斯广播公司(FOX)等国际主流媒体,G7(西方七国集团)、G20(二十国集团)国家的媒体用户数占比分别达65%、74%,再创新高。

二、聚焦疫情防控,为打赢疫情防控阻击战提供强大舆论支持

1. 营造万众一心、众志成城防控疫情的浓厚舆论氛围

面对突如其来的新冠肺炎疫情,总台第一时间启动应急机制,成立工作专班,前后方共投入5500多人的采编播力量,先后派出216人的报道团队(占中央媒体前方记者总数近一半)深入湖北防控一线,1100多次深入"红区"开展采访,全面、深入、持续地开展疫情防控宣传引导,多平台发布疫情报道超110万篇次,超过2200家国际主流媒体持续引用转发总台疫情防控报道,多项数据刷新海内外传播纪录。《新闻联播》从2020年1月28日开始连续95天延长播出时间,共延长播出1238分钟,第一时间把党中央的声音传递给千家万户。精心打造《总书记指挥这场人民战争》《武汉保卫战》《武汉:我的战"疫"日记》《天使日记》《2020春天纪事》《重托》《最美逆行者》等精品力作,纪录片《同心战"疫"》话题阅读量达1.9亿、电视端累计触达1.35亿。《共同战"疫"》不间断直播累计观看量74.75亿,成为全网时长最长、关注度最高的疫情防控直播报道。总台抗疫新闻报道成为全球媒体最重要稿源之一,截至2020年底对外发布新闻素材15 794条、直播信号281场、总时长808个小时,149个国家和地区的2715家境外媒体平台累计播出252万次。总台疫情防控武汉一线报道组临时党总支获得"全国抗击新冠肺炎疫情先进集体"和"全国先进基层党组织"荣誉称号,总台共有4人获得"全国抗击新冠肺炎疫情先进个人"荣誉称号。

2. 以我为主,讲好中国抗疫故事,在国际舆论引导中持续强力发声

4月中旬《新闻联播》连发36篇《国际锐评》回击美西方一些政客污蔑攻击和"甩锅"言行,美联社、CNN、FOX等纷纷转发,取得积极传播效果。以西方受众易于接受的传播方式精心编译、制作推送时政微视频、动画微纪录片《战武汉》《守护生命》等一批

新媒体特稿，抗疫纪录片《武汉24小时》多语种版本在全球50多个国家和地区180多家媒体平台落地播出。通过全球独家采访国际权威医学杂志《柳叶刀》总编霍顿、日本诺贝尔医学奖获得者本庶佑、剑桥大学新冠病毒变种报告第一作者福斯特、美国盖茨基金会联席主席比尔·盖茨等国际知名人士，用事实说话、用科学说理，有力反击美西方政客攻击抹黑，获海外广泛转发。

3. 创新开展"媒体外交"，大力倡导国际媒体携手合作、共克时艰

总台积极探索创新国家媒体公共外交方式方法，广交朋友，深化合作，稳步推进构建国际媒体统一战线，扎实践行人类命运共同体理念。总台主要领导逐一复函致谢104家国际主流媒体和全球5家主要媒体组织负责人，倡导国际媒体及时客观全面报道中国抗疫的积极成效。主动向112家国际媒体机构负责人和32个国家驻华大使发出慰问信函，介绍中国开展抗疫国际合作的立场行动，呼吁国际媒体加强合作，并向14家疫情严重地区的国际伙伴提供口罩等防疫物资12万件。路透社、法新社、全俄国家广播电视公司、英国广播公司（BBC）、韩国放送公社（KBS）、日本放送协会（NHK）等媒体同行积极回应，肯定中国在抗击疫情中的大国担当，赞赏总台作为国际主流媒体的责任担当。承办中宣部"人类减贫经验国际论坛"及媒体分论坛，策划举办2020"欧洲伙伴"和"拉美伙伴"媒体合作云论坛、2020丝绸之路电视国际合作共同体高峰论坛等一系列规格高、影响大、成果实的多边媒体"云峰会"，引发海内外广泛反响。

三、聚焦做好重大主题宣传报道，持续巩固壮大主流思想舆论

1. 唱响决胜全面小康、决战脱贫攻坚的昂扬旋律

精心策划制作《为了总书记的嘱托——习近平总书记调研指导过的贫困村脱贫纪实》《决战脱贫在今朝》《遍地英雄下夕烟——致敬脱贫攻坚的人们》《决战的时刻——2020年全国脱贫攻坚奖特别节目》《走村直播看脱贫》《百村脱贫记》《"三区三州"行》《最后一公里》《2020我们的脱贫故事》《远山的回响》《脱贫攻坚中的迷彩方阵》《脱贫攻坚中的大湾区力量》等节目，组织开展"走向我们的小康生活""坐着高铁看中国""我和我的村庄""决战决胜脱贫攻坚·督战未摘帽贫困县"等主题采访直播活动，推出《一个都不能少》《花繁叶茂》《最美的乡村》《金色索玛花》等电视剧以及《锦绣小康》等融媒体产品，引发广泛反响，凝聚决战决胜的强大力量。《习近平总书记指挥谋划"十四五"》《科学规划"十四五"擘画发展新蓝图》等精品节目和报道全方位、深层次阐释解读党的十九届五中全会精神，在总台多媒体平台总触达52.7亿人次，创近年来单一主题报道传播新纪录。

2. 创新开展媒体公益行动，助力做好"六稳"工作、落实"六保"任务

担当主流媒体社会责任，努力将总台平台资源优势转化为推动复工复产强大动力。启动总台"品牌强国工程"援鄂抗疫公益行动；推出大型线上"云招聘"活动"春暖花开 国聘行动"，吸引1.7万多家企事业单位

参与，累计提供岗位近150万个；启动"搭把手、拉一把""谢谢你为湖北拼单""买遍中国"等公益行动，联合商务部、北京、贵州、山东等推出"全国消费促进月""消费季""消费年"等系列活动；"广告精准扶贫"持续升级，播出106个扶贫产品广告，涵盖四川、广西、西藏等20个省区市，惠及387万贫困户、1478万贫困人口。

3. 浓墨重彩做好纪念中国人民志愿军抗美援朝出国作战70周年宣传报道

纪念中国人民志愿军抗美援朝出国作战70周年大会直播在总台自有平台跨媒体传播总触达6.5亿人次，直播信号被全球115家主流媒体同步转发，累计播出926次。全网首推首发直播快讯、独家视频，习近平总书记重要讲话微视频全网刷屏，总阅读量超20亿。连续推出《英雄儿女》《为了和平》《抗美援朝保家卫国》3部总台原创纪录片、系列微纪录片《我参加了那场伟大战争》和《英雄儿女——纪念中国人民志愿军抗美援朝出国作战70周年文艺晚会》，触达受众超19亿人次。上述原创精品被翻译制作成多种语言版本向全球100多个国家和地区发行。制作播出战争史诗剧《跨过鸭绿江》，全景展现抗美援朝战争和抗美援朝运动，引发收视热潮。

四、聚焦深入开展舆论斗争引导，以攻为守奋力提升总台国际传播能力

1. 对美舆论斗争正面交锋亮剑，有力揭穿美国政客险恶用心

《国际锐评》全年发布评论近400篇，被美西方媒体频频转发。针对台海局势，总台《海峡时评》播发44篇评论，《美台勾结挑衅必将遭到坚决打击》《"台独"之日就是统一之时！》等评论被1647家境内外媒体和自媒体广泛关注、转载引用，形成强大舆论声势。《央视网评》针对"崇美跪美"现象，推出《少数人的"崇美跪美症"是一种病》《警惕"美粉水军"回潮》等系列评论，引发境内外媒体热议。在《反分裂国家法》实施15周年座谈会召开之际，中文国际频道推出大型纪录片《一九五八炮击金门》，引发海峡两岸舆论高度关注。在与西班牙、意大利和新加坡等国驻华大使以及欧盟驻华代表团团长的会谈中，总台负责人严厉批评特朗普政府的贸易霸凌主义，批评美国一些政客面对疫情把"臆想、幻觉当作事实"的做法。针对美方在南海问题上持续对我污蔑、施压，推出《关于南海的九个谎言与真相》视频产品，取得良好传播效果。

2. 精准把握时度效，在涉港舆论引导中凸显国家媒体权威性

围绕香港国安法（《中华人民共和国香港特别行政区维护国家安全法》）落地实施，《大湾区之声热评》44天内连发34篇评论，创新推出粤语视频版，深刻阐释香港国安法重大意义，有力批驳反中乱港分子和美西方政客险恶用心，全媒体、全平台、多渠道、立体化推送，跨媒体总触达人次超4.5亿，被包括港澳媒体在内的近1000家境内外媒体广泛转载。专题片《另一个香港》通过大量一手影像资料，揭露"港独"分子和反华势力险恶用心，新媒体阅读量2.3亿。特别节目《感动中国　情满香江》用感人细节塑造爱国爱港人士群像，总台自有平台跨媒体总触达人次4.1亿，被德国、俄罗斯、日本等10多个国家媒体广泛转发。

3. 多视角展现新时代新疆、西藏风貌，积极回应国际舆论关切

推出纪录片《巍巍天山——中国新疆反恐记忆》，用事实击碎美"涉疆法案"谎言，相关报道迅速覆盖全球213个国家和地区受众，全球阅读量5.63亿。大型融媒体报道《穿越新疆》以慢直播、Vlog等形式展现新疆自然景观和人文风情，全球阅读量10.5亿。《我的新疆日记》《中外籍记者看新疆》系列节目由中外主持人进行体验式报道，以小见大展现民族团结。推出《疫情之下，中国穆斯林还好吗？》阿拉伯语特别报道，全球阅读量5572万次。纪录片《西藏 扎西德勒》充分展示西藏发展变化，触达受众人次8.4亿。《雪域路书——网红背包客西藏行》以网红视角讲述西藏故事，触达海外受众超5.29亿，覆盖包括G7、G20国家在内的153个国家和地区。

4. 加快提升对外传播投送能力，深入开展国际媒体合作

与BBC、FOX、全俄国家广播电视公司、意大利TGCOM24电视台等全球160多个国家和地区的1000多家媒体机构开展形态丰富、渠道多样的合作传播。在第三届中国国际进口博览会期间，通过"直播带货"形式推介意大利、俄罗斯、法国、西班牙、德国的优质产品，得到多国政要和驻华使节高度赞赏。

五、聚焦深化内容生产供给侧结构性改革，加快提升文艺影视节目艺术水准和群众满意度

1. 精品文艺节目亮点纷呈

2020年总台春晚应用5G+4K/8K/VR技术，推出春晚史上准备时间最短节目《爱是桥梁》，海内外受众总规模达12.32亿人次，网络点击量261亿次，美誉度达98.65%，刷新跨媒体传播纪录。推出《天使的身影》等抗击疫情主题MV，总阅读量超1.5亿，《坚信爱会赢》《白衣长城》粤语版抗疫歌曲阅读量均超3000万次。在习近平总书记给下党乡乡亲们回信一周年之际，"心连心"艺术团走进福建省宁德市下党乡开展文艺慰问演出。精益求精办好中秋晚会、元宵晚会、网络春晚、跨年晚会以及广播、电视、新媒体联合打造的中国歌曲TOP排行榜等文艺晚会，深入挖掘端午节、七夕节、重阳节、农民丰收节等节日文化价值，打造《端午道安康》《岁岁又重阳》《丰收中国》等新品牌节目。

2. 改版提质升级成效显著

不断加大节目创新、创意、孵化力度，激活全台创新动能，提升精品节目生产创作能力。200余档创新节目产品陆续上线，打造19点到24点黄金时段：推出《故事里的中国》(第二季)、《开学第一课》、《时代楷模发布厅》、《海报里的英雄》、《朗读者》(第三季)、《国家宝藏》(第三季)、《走在回家的路上》、《衣尚中国》、《上线吧！华彩少年》、《唱过夏天——2020流行音乐大型演唱会》、《喜剧+》、《中国地名大会》等一大批精品节目；推出《跨过鸭绿江》《金色索玛花》《装台》《大秦赋》《隐秘而伟大》《最美逆行者》等电视剧和《而立浦东》、《航拍中国》(第三季)、《英雄儿女》、《从长安到罗马》(第二季)、《我在故宫600年》等纪录片。总台出品的品牌在改革创新中焕发出勃勃生机和旺盛活力，精品节目影响力持续提升。推出《国家勋章和国家荣誉称号获得者系列人物宣传片》等公益广告近300支；"国家重大工程

公益传播"系列广告播出185个版本,广泛传播社会主义核心价值观,获社会普遍赞扬。

六、聚焦建设好、运用好新媒体新平台,持续深化5G+4K/8K+AI战略格局

1. 拓展舆论阵地,新媒体新平台影响力持续提升

央视频5G新媒体平台影响力显著提升,积极构建内容生态体系;"云直播""云守望""云招聘"等节目产品,以及云集国内100个文艺院团的"云端艺术季"和集结了全国百家电台及唱片公司的"云端音乐季",成为全网刷屏爆款。央视新闻客户端在抖音等平台发布内容播放量850亿次、点赞数40亿。音频客户端云听正式上线,库存近200个垂类、总时长超过250万小时的声音产品。央视网多终端全球覆盖用户近18亿人次,建成"人工智能编辑部",引领"媒体+AI"发展潮流,在2020年中国互联网综合实力前百家企业中位列第25位,在中央媒体所属互联网企业中排名蝉联第一。互联网电视累计激活用户数和累计独立用户数居行业领先地位。

2. 建强研发体系,技术实力显著增强

加快建设超清化、移动化、智能化技术体系,5G媒体应用实验室投入运行,推进"超高清制播呈现国家重点实验室""5G+4K/8K超高清制播示范平台""4K超高清电视制播系统""冬奥超高清8K数字转播技术与系统"等系列国家重点专项项目建设,实现国内首次5G+8K实时传输和快速编辑集成制作,完成基于自主知识产权的"播出分发平台""4K信号调度和交换系统研究"等项目验收,发布《总台5G媒体应用白皮书(2020版)》。万米载人深潜子课题"全海深视频直播系统"研发应用取得重大突破,首次实现全球万米深潜4K超高清信号直播传送。在2020珠峰高程测量报道中,首次通过5G技术直播登顶画面。《新闻联播》《焦点访谈》实现高清播出,新闻频道开启全高清制播模式。将在武汉探索出的新闻发布会传播技术运用于两会"代表通道"、记者会等,直播效果精彩。

3. 深化媒体融合,融合传播优势不断彰显

加强顶层设计,成立总台媒体深度融合发展领导小组,制定实施《总台媒体融合发展重点项目管理暂行办法》,加强对媒体融合发展的组织领导。充分发挥总台重大宣传报道一体化统筹机制,围绕深圳经济特区建立40周年、第三届中国国际进口博览会、浦东开发开放30周年等重要活动,发挥融合传播优势,分阶段、多平台、立体化矩阵传播,形成强大舆论声势。参与主办第十届北京国际电影节、第二十三届上海国际电影节、第十五届中国长春电影节、第十六届中国国际动漫节、第三届海南岛国际电影节等,进一步擦亮总台品牌。与国家体育总局、北京冬奥组委、陕西全运会组委会、成都大运会组委会等就体育赛事转播报道展开深度合作,提升总台体育品牌影响力。

七、聚焦贯彻落实新发展理念,创新开拓总台产业发展新局面

1. 广告品牌传播服务和版权营销创新升级

"品牌强国工程"全面升级,整合电视、广播、新媒体资源推出融媒体传播服务方案。深入挖掘总台版权IP资源,延展版权产业

链，与中国移动开展版权合作，全面统筹东京奥运会、欧洲杯足球赛、北京冬奥会、卡塔尔世界杯等重大赛事版权销售。

2.台属机构发展稳中有进

音像资料馆深度挖掘总台音视频资料潜能，打造以大数据分析等先进技术为依托的全媒体内容资源管理服务平台，全方位适配总台全媒体制播需求。中国电视剧制作中心聚焦重大主题宣传，拍摄了《跨过鸭绿江》等重点剧目。中国国际电视总公司连续12届获"全国文化企业30强"，连续7届入选"国家文化出口重点企业"，央视动漫集团有限公司正式挂牌运营。中央新闻纪录电影制片厂（集团）推出系列电视纪录片《一村一寨总关情》《登峰》以及纪录电影《保家卫国——抗美援朝光影纪实》等精品。央广传媒发展总公司产业结构持续优化，非广告业务收入占比超过85%，银河互联网电视保持快速发展。上海国际传媒港积极推动园区商业落位，总台版权交易中心和新时代城市高质量发展研究院启动建设，"中国影视之夜""陆家嘴论坛——科创板年会""时尚嘉年华""中国城市数字经济论坛"等活动影响广泛。中国国际广播出版社快速推出年轻态抗疫主题图书《2020武汉日记：方舱"手绘小姐姐"的抗疫画集》，成为同题材图书全国销量冠军。

八、聚焦强化规范性、高效性、精准性，切实提高总台行政运行管理服务保障水平

1.疫情防控工作精准有效

坚持分级负责，成立总台防控疫情工作领导小组、总台防控疫情舆论引导领导小组，统筹做好全台预防处置、物资保障、监督检查、舆情管控等各项工作，督促各级领导干部严格履行防控主体责任，形成一级抓一级、层层抓落实的工作局面。坚持分类指导，根据总台员工规模庞大、数量众多的实际情况，对在台内上班、异地返京、居家隔离、身处疫区、外协派遣、境外人员等全台各类员工进行精细分类、精准防控。疫情暴发初期，多措并举对坚守湖北前线的200余名工作人员做好工作生活等各方面保障。坚持分区督导，总台四址办公区密切配合、高效联动，建立横向到边、纵向到底的疫情防控体系，全力保障全台员工健康安全。

2.运行管理机制持续优化

印发《地方总站组建工作方案》《地方总站岗位设置和人员配置方案》《地方总站管理办法（试行）》等，印发《总台海外总站管理规定（试行）》。认真落实中央关于"过紧日子"的要求，强化预算统筹管理，优化支出结构，压缩一般性支出，全力保障总台重点项目和疫情防控工作。制定《总台财务管理办法》《总台预算管理办法》《总台国有资产监督管理办法》等，构建了总台财务管理制度框架体系，各项经济业务在制度规范下良好运行。在四址设立财务服务窗口，为各部门和全体员工提供便捷高效的医药费报销、物资领用等服务。制定《总台制度建设规划（2020—2022年）》，统筹设计政务、党务、人事、财务、审计、外事、业务等7个类别的总台制度体系。对标建设国际一流新型主流媒体的奋斗目标，不断强化顶层设计，做好总台"十四五"发展规划编制工作，召开长三角总部座谈会和多次专家学者座谈会等，明确目标任务、改革举

措、重大项目和保障措施。积极推进总台台史馆建设，打造总台对外展示事业发展和品牌形象的重要窗口。参与《中华人民共和国著作权法》修法工作，提出的建议被立法机构采纳，有效保障了广电行业的核心利益。

九、聚焦加强阵地建设，锤炼让党和人民放心的新闻舆论工作队伍

1. 严格管理，打造过硬人才队伍

加快推进机构、职能、人员深度融合，选优配强各级领导班子，稳步推进局级、处级干部选拔任用工作。推进总台干部监督工作规范化制度化建设，制定《总台领导干部个人有关事项报告工作规范（试行）》《总台领导干部社会团体兼职审批管理办法（试行）》，建立干部监督信息库，严格直属单位主要负责人经济责任审计。制定《总台党员领导干部落实谈心谈话制度的意见》，不定期对领导干部开展谈心谈话情况进行跟踪检查，组织开展干部职工经商办企业情况自查自纠。

2. 激发活力，推动形成新人辈出的生动局面

建立总台高端人才培养体系，开展总台首届"十佳"人物评选，建立"国际传播人才库"，做好国家级人才推荐选拔工作。大力推进年轻干部人才队伍建设，制定《总台年轻干部人才队伍建设工作方案》，建立优秀年轻干部和青年业务骨干人才库，举办"总台年轻干部素质能力提升专题培训班"。充分利用《主持人大赛》荧屏热度和网络流量，从获奖选手中审核引进一批拔尖人才加入总台播音主持队伍，更好展现新形象、迸发新亮点。制定《总台关于激励干部担当作为建立容错纠错机制的工作办法（试行）》《总台失实检举控告澄清工作办法（试行）》，鼓励干部大胆尝试、开拓创新、担当作为。

十、聚焦贯彻落实新时代党的建设总要求，以钉钉子精神推进总台党的建设高质量发展

1. 旗帜鲜明讲政治，扎实推动党的创新理论武装工作走深走心走实

总台党组始终坚持把党的政治建设摆在首位，习近平总书记重要讲话、重要指示、重要活动等凡公开报道的，在认真传达学习的同时，均由总台主要领导主持专题会议，做好宣传报道工作的策划部署。抓好习近平总书记一系列重要指示批示精神贯彻落实，特别是围绕习近平总书记 2019 年底对总台工作作出的重要指示，召开党组会、专题会进行研究部署，印发《关于深入学习贯彻习近平总书记重要指示精神的通知》，制定《总台党组 2020 年工作要点》，在全台范围内扎实学习贯彻，实现全员覆盖、入脑入心、落地见效。深入开展党的创新理论武装工作，采取党组扩大会议、理论学习中心组集体学习、主题党日活动、组织生活会、负责运营并运用"学习强国"等方式开展理论学习，总台党组全年开展专题学习研讨 90 次，总台主要领导带头讲强化政治机关意识教育主题党课，扎实推动全台 13 100 多名党员学习教育全覆盖，筑牢打造国际一流新型主流媒体的思想根基。

2. 认真开展配合中央巡视各项工作，高质量做好巡视"后半篇文章"

总台党组把此次中央巡视作为一次全

面"政治体检",高度重视、精心组织,总台主要领导靠前指挥、直接部署,先后主持召开12次党组会、2次专题会传达学习习近平总书记关于巡视工作重要讲话和指示精神,研究部署有关工作,与中央巡视组同题共答、同向发力,做到边巡边改、立行立改、真改实改,得到中央巡视组充分肯定。坚决落实巡视反馈意见,逐一进行研究、细化分解任务,制订巡视整改工作方案,从严从实抓好整改落实,切实促进提升各项工作,更好履行职责使命。经过3个月的集中整改,整改落实工作取得阶段性成效。

3.把纪律规矩挺在前面,对腐败问题"零容忍"

完善"三重一大"事项决策制度,制定《总台工作人员守纪律讲规矩若干规定(试行)》《总台关于激励干部担当作为建立容错纠错机制的工作办法(试行)》《总台失实检举控告澄清工作办法(试行)》《总台党组领导干部落实谈心谈话制度的意见(试行)》,健全党风廉政建设责任制,组建党风廉政建设协调小组,深化总台审计管理体系建设,制定《总台重点选题管理办法》《总台节目委托制作管理办法》《总台节目社会化合作管理办法(试行)》《总台外来电视节目管理办法(试行)》等规章制度,推动纪律监督、干部监督、审计监督、巡视监督等贯通融合,形成监督合力。持之以恒落实中央八项规定精神,制定《总台党组贯彻落实中央八项规定精神的实施细则》《落实中央八项规定精神负面清单》,力戒形式主义、官僚主义,通过点名通报典型案例等多种方式开展警示教育。深化运用监督执纪"四种形态"。建立完善内部巡视工作制度流程,制定《总台党组巡视工作领导小组工作规则》等5项制度和总台中长期巡视工作规划。

4.强化基层党建基础,充分发挥基层党组织战斗堡垒作用和广大党员先锋模范作用

筹备召开中国共产党中央广播电视总台机关第一次代表大会,选举产生总台第一届机关党委和机关纪委,制定《总台基层党组织建设指导意见》《总台基层党支部标准化规范化建设实施要点》,扎实推进总台基层党组织建设。成立总台武汉前方报道组临时党总支,在宣传报道前线和疫情防控一线发展16名党员。积极做好对口支持甘肃新时代文明实践中心试点建设工作,策划开展"走基层送培训"活动,积极做好新闻宣传、文艺策划、广告扶贫等各项帮扶工作。全力帮扶四川凉山喜德县脱贫攻坚,选派第一书记驻村,培训基层干部和技术人员,助力喜德县顺利完成脱贫摘帽任务。

办公厅工作概况

2020年,中央广播电视总台办公厅不断提升"三服务"能力水平,各项工作稳中有进,取得积极成效。

一、扎实做好总台党组服务保障工作

办公厅全面提升办文、办会、办事水平,精益求精做好大保障、大活动、大文稿,全力以赴履行好运转中枢、参谋助手和督促落实等各项职责,为总台党组提供优质高效的服务保障。

1. 开展党组会议组织服务工作

办公厅健全工作流程,完善工作细则,制定《总台党组"三重一大"决策制度(试行)》,明确重要事项清单,完善决策程序,严明纪律要求。全年组织服务总台党组会议49次,编印党组会议纪要183期、党组议定事项通报347期,各项工作努力做到行云流水、有条不紊。

2. 做好文稿起草和调查研究工作

办公厅努力提高"以文辅政"水平,严把政治关、内容关、文字关,起草总台党组贯彻落实习近平总书记一系列重要指示批示精神情况报告、贯彻落实中央八项规定精神情况报告、2020年总台工作会议报告等重要报告以及总台领导出席各类活动、会议讲话材料等各类文稿120余篇;制定《总台调研工作管理办法》,组织协调总台领导开展"长三角总部"等专项调研,做好会议安排,起草调研报告。

3. 协调推动各项重大任务

充分发挥办公厅行政运转中枢作用,高标准、高质量推进各项事关总台事业发展的基础性、全局性工作。

牵头组织总台"十四五"发展规划编制工作。会同创新发展研究中心等有关部门研究明确"十四五"时期总台改革发展的指导方针、目标任务、重要举措、重大项目和保障措施,形成发展规划材料初稿,为打造国际一流新型主流媒体提供行动指南。

扎实推进总台台史馆建设。办公厅研究制订工作方案,明确内容框架和任务分工,组织各部门各单位起草总台台史馆陈列展示细化方案，积极有序推动筹备工作，着力打造总台对外展示事业发展和品牌形象的重要窗口。

启动复兴路办公区园区改造工作。联合工程设计方制订规划方案，形成设计方案初稿，研究明确改造工作的总体原则，提出园区和办公楼重点改造任务，为顺利完成改造工程奠定基础。

4.完成重大会议活动服务保障任务

针对常态化疫情防控形势要求，完善工作机制，优化服务流程，顺利组织完成"北京消费季"活动、与北京冬奥组委签约仪式、迎接总台武汉前方报道人员返京仪式、2020年总台工作会议、人民广播事业创建80周年座谈会等各类活动会议460余场。强化服务意识，认真做好总台领导、编务会议成员及相关台领导综合保障工作，不折不扣落实好交办的各项任务。

5.提升督查督办工作实效

建立完善落实习近平总书记重要指示批示精神工作台账，安排专人逐条盯办，建立"回头看"常态机制，每半年开展"回头看"工作，完成《总台向党中央以及中宣部等中央和国家有关部门报告的事项清单》报送任务42项。制定重点任务督促检查工作规程，认真开展《总台党组2020年工作要点》落实情况年中、年终督查，确保事事有着落、件件有回音。

二、全力以赴做好新冠肺炎疫情防控工作

办公厅坚持把消除疫情风险隐患作为头等大事，全力以赴保障好总台员工健康安全。办公厅疫情防控工作组获得宣传文化系统抗击疫情先进集体荣誉称号，4人获得先进个人荣誉称号。

1.坚持分级负责，确保全员覆盖

积极履行总台疫情防控工作领导小组办公室职责，指导各部门各单位成立防控工作小组，督促各级领导干部严格履行防控主体责任，推动形成一级抓一级、层层抓落实的工作格局。建立总台疫情防控微信群，将所有内设机构、下属单位综合部门负责人纳入其中，第一时间传达要求、部署措施、了解情况，通过纸质印发、OA（办公自动化）系统、微信群等形式发送各类通知40余项、警示案例近30个，编发《工作简报》23期，切实提高全台防控意识。

2.坚持分类指导，做到精准高效

根据总台员工规模大、数量多、分散广的实际情况，对台内上班、异地返京、居家隔离、身处疫区、外协派遣、境外人员等全台各类员工进行精细分类、精准防控，每日汇总5大类60余项信息，统计数据覆盖全台员工。疫情暴发初期，对坚守湖北前线的200余名工作人员，全力做好工作生活等各方面保障。针对秋冬季节各地出现的局部疫情情况，紧跟北京市疫情防控工作最新精神，及时调整措施，第一时间发布通知，切实强化防控管理。精心制订检测方案和应急预案，稳妥完成近6000人检测任务。

精心组织春晚演职人员1300余人新冠病毒疫苗接种工作，制订工作方案，在个人自愿的前提下安排2针次接种，确保有条不紊、安全有序。

3.坚持分区督导,织紧防控网络

牢固树立全台防控"一盘棋"意识,总台四址办公区密切配合、高效联动,通过实地查看、暗访检查、查阅台账、听取汇报、约谈督促等方式,加大疫情防控工作检查力度,及时发现问题,提出整改要求,完善横向到边、纵向到底的总台疫情防控体系。

统筹防控物资管理发放捐赠。办公厅按照既满足当前使用、又保证紧急需求的原则,采购口罩162万个,接受捐赠口罩84万个,为全台员工发放口罩14次、每次近15万个。四址办公区安装红外测温仪18台,确保全面覆盖、不留遗漏。

三、协调推动落实中央巡视各项任务要求

在总台党组领导下,办公厅充分发挥统筹协调作用,把配合中央巡视工作和抓好巡视整改落实作为重大政治任务,强化责任担当,采取有力措施,全力以赴、高质高效协调完成配合中央巡视各项任务,扎实做好巡视"后半篇文章"。

1.抓好配合巡视各项工作

全方位保障巡视组日常工作。精心做好材料准备、会务筹备等工作,全力配合巡视组开展工作。前方工作组认真做好驻地联络保障,得到充分肯定。

2.抓好巡视整改各项工作

推动建立总台党组巡视整改领导小组及办公室统筹协调、台领导各负其责、责任部门具体落实、督办部门督促检查的工作机制,形成协同整改的工作合力。

起草总台党组巡视整改任务分工方案、整改工作方案,拟定台领导巡视整改责任清单,保障台领导带领分管部门认真落实整改任务、专题研究重点难点问题。

协调推动巡视整改落实工作,组织召开总台党组听取台领导推进落实巡视整改任务专题汇报会。督促各部门各单位成立巡视整改工作领导小组,推动主要负责同志靠前指挥,下沉研究具体问题。

完成集中整改期任务,建立巡视整改工作台账和整改销号机制,坚持完成一个、销账一个、巩固一个,确保每个问题都清仓见底,交出"明白账",落实好各项整改措施。编发《巡视整改工作简报》27期,督促各部门各单位加快工作进度,确保取得整改实效。

3.抓好办公厅整改任务落实

成立办公厅巡视整改工作领导小组,组建办公厅巡视整改工作专班,抽调精干力量,做到每天碰头交流情况,全力以赴落实整改任务。制订整改工作方案,针对重点问题专门研究、深入剖析,确保整改措施切实可行、落到实处。

着力建立健全制度体系,制定《总台制度建设规划(2020—2022年)》,统筹规划总台政务、党务、人事、财务、外事、业务制度建设。优化行政运行管理机制,出台发文管理、印章管理、行政管理工作考核、会议费管理、安全保卫管理等一系列规章制度。会同有关部门制定《总台贯彻落实中央八项规定精神的实施细则》,细化公务接待、食堂管理等规定,制定民主生活会批评意见规范。

做好落实"三重一大"决策制度服务保障,研究明确总台党组审议"预算内大额资

金调动和使用"具体金额标准。

加强改进信访工作，围绕群众反映突出的信访问题，加大矛盾纠纷排查化解力度，维护好员工利益。

四、全心全意办好总台"民生实事"

做好总台"民生实事"，是总台党组解决全台员工后顾之忧、营造"朝气蓬勃、活力四射、人人自豪"浓厚氛围的重要举措。办公厅把办好"民生实事"摆在突出位置，按照"急事特办、好事快办"的原则，调集精干力量、配备专人专班，努力把实事办好、好事办实，不断提高全台员工获得感、幸福感、安全感。

一是老旧小区整治项目获批立项。办公厅牵头成立总台老旧小区综合整治项目前期工作组，统筹协调项目前期各项工作，建立协商议事机制，确定初步设计的采购、入户调查等实施方案，有序推进初步设计和概算任务。向国管局申报老旧小区综合整治项目14项，综合整治建筑面积28.85万平方米，涉及28栋住宅楼、3000余户业主，经审查获批立项。

二是秉承公平、公正、公开原则，组织完成有关公租房配租工作和职工住房配售工作。

三是开展符合条件的老旧小区加装电梯有关工作。组织对试点小区进行方案设计，制订电力扩充方案并完成向电力主管部门备案，推进研究解决电梯差价资金来源及后续运行缴费问题，扎实做好加装准备工作。

四是总台门诊部医疗保障水平显著提升。以复兴路办公区门诊部为试点，建立完善总台医疗保障体系。复兴路办公区门诊部开设"全科为主、专全结合"门诊，支持职工通过手机微信平台预约挂号、就诊复诊、实时报销等，实现"信息多跑路、员工少跑路"。经过3个多月的建设和试运行，门诊部诊疗模式基本成熟，与北大医院正式签约合作，共建紧密型医联体，有效解决全台1万多名医保员工看病难和医保报销问题。

五是幼儿园入园难问题取得积极进展。深入调研、广泛联系、反复沟通，获得有关优质幼儿园入园支持。组织召开总台员工子女幼儿园入园需求摸底协调会，摸清人员数量、年龄情况、择园意向，做好入园后续准备工作，为确保第一批员工子女2021年9月份开学如期入园打好基础。

五、为总台高质量发展提供有力有效服务保障

办公厅紧紧围绕总台中心工作找准定位、积极作为，加强行政运行、服务保障等各项工作，以扎扎实实的具体行动，为总台推动高质量发展、打造国际一流新型主流媒体贡献力量。

1. 积极开展"护牌行动"

配合公安机关打击侵害总台合法权益的违法犯罪行为，办理"CCTV爱心中国行"、冒用农业农村节目中心名义伪设相关栏目等重点案件，有效维护总台形象声誉。依法通过北京市高级人民法院再审赢得世界杯节目侵权纠纷案胜诉判决，成为赛事维权工作的里程碑式案例。全年共办理著作权侵权、专利权侵权、名

誉权侵权、合同纠纷、劳动用工等各方面涉诉案件58件，涉案标的额共计5320万元。全年完成合同审核近3500份，金额约81亿元。积极参与知识产权立法工作，围绕我国《著作权法》修法工作，历时8年，先后8次向主管机关和立法机构提交10万多字的修法建议，终获采纳，有效保障了广电行业的核心利益。

2. 加强安全保卫保密工作

坚持从维护总台意识形态阵地安全的高度，不断提升安全保卫保密工作水平。修订《总台消防安全管理规范》，印发《总台工作秘密管理暂行办法》等一系列安全、保密管理制度。邀请保密部门领导、专家向台内180余人次开展授课指导，组织1138名涉密人员进行备案、12 251人签订《保密承诺书》。在重大宣传报道活动中，保密部门提前介入，印发《保密提醒单》，督促落实保密承诺制度。全年组织消防培训2次、消防演练和疏散演习6次。

3. 优化提升后勤服务水平

适应常态化疫情防控形势要求，千方百计提升餐食质量，每天提供包括西式餐食在内的四种套餐选择，累计增加咖啡厅和饮品服务区新品576种，全年保障性供餐超380万人次，为春晚、元宵晚会、五一晚会等130多个大型活动供餐近2280次、43万多盒。推出"原量包"和"减量包"盒饭，倡导勤俭节约，制止餐饮浪费行为。制定印发《总台公务用车使用管理暂行办法》，对总台公务用车实行统一调度、统一管理、统一使用，全年执行出车任务5500多趟次，总运营里程60多万千米。

六、努力打造一支"提笔能写、开口能讲、遇事能办、问策能对"的办公厅干部队伍

办公厅始终坚持把党的政治建设摆在首位，贯彻落实新时代党的组织路线，以高质量党建工作引领业务融合和队伍建设，着力提升党组织和党员干部的凝聚力、战斗力。

1. 持续强化理论武装工作

持续推动党的创新理论武装工作走深走心走实，在"知行合一"上下功夫。通过领导班子成员讲党课、主题联学活动、党小组会、专题学习会、座谈交流会等多种形式，综合运用网上党校、视频培训、微信学习群推送等各种手段，灵活深入开展理论学习，帮助党员干部深入理解办公厅的站位、定位、方位，深刻把握办公厅工作"是什么""为什么""抓什么""缺什么""靠什么"，切实把理论学习成效转化为具体工作成果。组建青年学习小组，建立健全辅导报告机制、学习交流机制、资源共享机制，深入推进青年干部队伍建设。

2. 加快推进办公厅机构整合

树牢"总台意识"，坚持系统观念，积极稳妥推进新老处室工作交接，做到把职能使命交接清楚、把当前工作交接清楚、把好的经验交接清楚、把问题隐患交接清楚，实现办公厅各处室人员集中办公。充分发挥办公厅党委、各处党支部和广大党员作用，有针对性地解决机构人员整合过程中的各种思想问题。高质量完成优秀年轻干部、青年业务骨干推荐工作，进一步完善办公厅干部梯队建设。

总编室工作概况

2020年，总编室充分发挥规划统筹、导向口径、考核监管的核心职能，深入统筹协调各平台、各终端，完成各项重大报道任务。同时，全力推动总台高质量发展提质升级，为全台奋力打造具有强大引领力、传播力、影响力的国际一流新型主流媒体提供有力支撑和保障。

一、强化统筹协调职能，推动各项重大报道取得成功

1. 聚焦重大主题主线，确保整体运行安全有序

全方位统筹好重大时政活动报道，确保全台重大宣传报道形成一盘棋。完成全国两会、纪念中国人民抗日战争暨世界反法西斯战争胜利75周年向抗战烈士敬献花篮仪式、全国抗击新冠肺炎疫情表彰大会、联合国成立75周年系列高级别会议、深圳经济特区建立40周年庆祝大会、纪念中国人民志愿军抗美援朝出国作战70周年大会、党的十九届五中全会闭幕和中共中央新闻发布会、第三届中国国际进口博览会、浦东开发开放30周年庆祝大会等重大活动直播报道和组织协调工作，组织召开了26场专题协调会，确保全台多平台同步实施重点项目和安全播出万无一失。

协同推动专题文化类节目的策划、制作。协同社教中心制作完成专题节目《福州古厝》，于11月推出；协同专题节目部门，进一步拓展视角，策划新一批融媒体理论专题节目选题。

做好重大主题报道的对外传播。完善重大主题报道对外传播机制，牵头专项工作机制，有效统筹协调44种语言对外传播平台形成紧密联动，确保重点稿件及时快速编译并多渠道推送，不断提升投送能力。2020年，总编室协调三个外语中心、国际视频通讯社和驻外记者站推送重点稿件1700多篇。

及时做好宣传报道总结。聚焦总台党组认真贯彻落实习近平总书记一系列重要指示批示精神，围绕中心、服务大局，创新组织

完成各项重大宣传报道任务，突出建设好运用好新媒体新平台和强化国际传播效果两个重点，全年撰写上报宣传报道总结58期，总计40余万字。

强化学习制度，做好习近平总书记讲话摘编。总编室摘编51万余字的材料，作为团队加强理论修养和提高业务水平的重要学习载体。

2. 统筹推进高质量发展改版提质升级工作，确保分阶段实现精品节目目标

总编室完成《高质量发展改版考核办法》和《高质量发展改版示范案例评选办法》的起草，并推进研究制定配套实施细则。同时持续动态跟踪改版方案的落实，以台账形式持续跟踪最新进展并每周更新，协调相关中心不断推出改版方案计划内的新栏目。

综合频道全力推进原创季播节目《典籍里的中国》的策划制作，于2021年一季度推出；精心制作2020年《开学第一课》并创新开启"云课堂"模式，全社会反响强烈；《故事里的中国》（第二季）成为聚焦新时代中国故事的又一力作，新媒体端累计覆盖超40亿人次；《时代楷模发布厅》努力创新表现手法，丰富创作手段，形成高效制作机制；《经典咏流传》（第三季）获得星光奖、"白玉兰奖"、亚广联奖三项大奖；《勇攀巅峰之挑战不可能》升级节目模式，让勇攀巅峰的挑战精神深入人心；《开讲啦》紧扣时代主题，寻找年轻受众关注的热点，不断保持新锐、鲜活、亲和的风格。截至2020年底，综合频道广告创收占全台电视广告总收入的58.56%，比2019年增加5.1个百分点。

二、加强制度建设，完善硬约束机制，夯实发展基础

1. 建章立制，规范运行

落实总台发展战略，明确各平台责任分工，落细宣传管理流程规则，全年制定报批11项全台范畴宣传管理制度，包括《重点选题管理办法》《新媒体宣传管理办法（试行）》《个人新媒体内容发布管理办法（试行）》《节目社会化合作管理办法（试行）》《节目委托制作管理办法》《外来电视节目管理办法（试行）》《播音员主持人管理办法（试行）》《电视剧重播管理规定（暂行）》《全媒体平台业务考核办法（试行）》《国内地方总站业务考核办法（试行）》《海外总站业务考核办法（试行）》及实施细则，为不断规范精品节目生产、运行提供了有力的制度保障。

2. 严格管理，重在落实

根据总台编务会议部署，开展新媒体平台及账号整合工作，全面清理整顿涉及全台32个部门的61个客户端和1637个境内第三方平台账号。以"突出重点、控制总量、合理布局"为原则，在内容引流和功能迁移的基础上有序关停不再保留的客户端，注销不再保留的第三方平台账号。确保实现"客户端总量不超过现有总量的三分之一，新媒体账号总量不超过现有总量的五分之一"的目标。

完成全台个人以职务身份开设的新媒体账号的全面排查和清理规范工作，对总台员工，尤其是播音员、主持人等重点人群的个人新媒体账号相关信息和发布行为进行专项整改，涉及1000多个账号、数十个新媒体平

台。严格监管个人新媒体账号信息发布行为，强化"备案督办、定期检查、随时抽查、重点监督"工作机制，切实加强常态化管理。

3.建立总台总编室每日编前会组织机制

2020年1月14日，总台总编室每日编前会开始正式运行，以复兴路办公区为主会场，通过视频会议形式，连通光华路办公区、复兴门办公区和鲁谷办公区，各节目中心、技术系统、经营系统相关负责人参会，集中围绕重要宣传精神传达、重大主题宣传协调、问题隐患提示等议题充分沟通，及时对接，及时分享创新经验，实现全台宣传管理一盘棋。截至年底，召开四址编前会142次，组织18个节目中心开展业务交流36次。

三、全面梳理风险隐患，筑牢安全播出底线

对各节目部门、技术部门在节目导向、编辑制作、技术制播等方面出现的风险隐患和安全问题进行警示、反馈和集中整改。将日常节目排播排查工作覆盖到所有播发平台，拉网式对节目导向、内容、名称、嘉宾多方位审核。在重大主题报道、重要时间节点等重点宣传保障期，进一步加强安全播出管理。

统筹协调节目部门，严把各类节目的导向关、内容关、人员关，及时传达相关宣传精神，加大节目排播排查提示密度，确保全台播发安全。充分利用编前会和节目备播会、专项协调会等机制，不断强化"三审三校"制度的落地。全年向全台各节目部门及时安全传达各类宣传精神4300余件。

在24小时全媒体监看监听监测工作机制的基础上，提高受众反馈信息收集广度、核查精度、反应速度。坚持在编前会对苗头性问题及时发出预警提示，防微杜渐，2020年集中提示问题244项。结合宣传主题和时间节点，率先集中提示典型问题隐患。全年出刊《监看监听日报》247期，实现差错信息"篇篇有反馈、件件有落实"。

进一步建立健全专项培训机制，全面加强播音员、主持人政治素质、业务素养和价值观教育。举办总台在岗播音员、主持人全员业务培训，共计1000多人次参加。不断提升员工职业素养、岗位技能和对事业对单位的忠诚度，在融合与转型过程中培养风清气正的氛围、合作共赢的理念、团结向上的团队文化和清清爽爽的同事关系，在改革创新中不断营造朝气蓬勃、活力四射、人人自豪的干事创业氛围。

新闻中心工作概况

在总台党组的领导下,新闻中心高举习近平新时代中国特色社会主义思想伟大旗帜,用实际行动增强"四个意识",坚定"四个自信",做到"两个维护",突出做好领袖报道;深入宣传习近平新时代中国特色社会主义思想;逆行出征,打赢抗疫报道硬仗;守正创新,推动高质量发展;推进深度融合;严抓党的建设,各项工作再上新台阶。

一、总书记重要时政活动宣传全媒体传播格局日趋成熟,活力迸发

新闻中心始终坚持以"领袖的高度就是宣传报道追求的高度"为标准,在时政报道上集中发力、狠抓创新。

一是快讯先导,全平台递进式发稿,确保时政报道全网首推首发,打造强大引领优势。时政发稿形成"文字快讯一键触发,独家视频全面引领,多样态新媒体产品及广播、电视递进式"发稿模式。2020年习近平总书记13次国内考察活动,总台时政快讯全部首发首推;全年制作新媒体产品600余部,比2019全年420部增长43%;《新闻联播》习近平总书记时政新闻全年播发453条,其中232条为联播头条,反响报道131条;中国之声始终保持"原声快讯"优势,第一时间通过精彩原声和实况录音报道总书记活动。

二是打造原创精品,精心制作《复兴伟业启新程——一份历史性纲领的诞生》《人民至上——习近平指挥战"疫"进行时》《决战决胜——习近平指挥脱贫攻坚进行时》等政论片、微纪录、专题片50部。创新推出《时政微周刊——总书记的一周》《时政微纪录》《时政现场说》。为考察调研活动量身打造"瞰"系列、"行"系列等。

三是整合视音频优势资源,立体传播再上新台阶。视音频资源高度共享,电视广播版块携手创作,融合文字、图片、音频、视频等多种元素,打造可视、可听、可读全媒体体验。《新闻联播》和新闻频道发挥电视特色,中国之声和环球资讯广播保持"原声"优势,第一时间通过经典画面、精彩原声和

实况录音报道总书记活动。

四是大胆运用新技术、新设备，多领域实现重大突破。习近平总书记陕西考察期间，时政团队首次启用航拍器材近距离实时拍摄，从空中视角记录总书记重大活动，是中国时政报道历史上的第一次。全国抗击新冠肺炎疫情表彰大会，首次在北京长安街实施4K全程移动直播，首次将电影剪辑手法运用于现场切换。烈士纪念日向人民英雄敬献花篮仪式，首次在核心活动现场启用无人机、天鹰座实时拍摄，实现了重大时政直播的历史性突破。全国悼念抗击疫情斗争牺牲烈士和逝世同胞活动，首次以中南海怀仁堂为核心点，联合武汉、广州、重庆、郑州、兰州、哈尔滨6个城市进行直播，全程3分30秒21个镜头一气呵成，全国电视频道及网站全部并机播出。

二、逆行出征，挺进战"疫"主战场，当好宣传主力军

新闻中心作为总台报道主力军，前方冲锋在前、后方坚守一线。各平台及时准确报道习近平总书记亲自指挥、亲自部署，坚持人民至上、生命至上理念，坚持不惜一切代价保护人民生命安全和身体健康。《新闻联播》连续95天延长播出，推出习近平总书记时政报道48条，总计播出时长1238分钟。收视为近3年来最高点，年轻观众回归趋势明显，15—24岁观众涨幅同比高达84%。

新闻频道推出《战疫情特别报道》，共播出191期，总时长约700小时，直播130多场新闻发布会；搭建前方演播室推出特别节目《武汉直播间》，共播出92期，采访核心人物133人次；《新闻1+1》等栏目成为权威声音的新闻源头，中国之声推出特色产品《天使日记》，环球资讯广播推出特别策划《全球合作抗疫》。新闻中心精心制作6集纪录片《同心"战"疫》，突出呈现"抗疫精神"；精心设置议题，《新闻联播》推出《迎难而上　创新发展》《复工复产调研行》《走基层看"六稳"》《育先机　开新局》等专栏报道，有效引领舆论，推动经济社会回归常态。新闻频道上半年收视份额3.53%，为历年同期收视最高值，比2019年同期提升幅度79%，切实发挥中央主流媒体的主渠道、主阵地、主力军作用。

三、全平台多样态记录决胜全面小康、决战脱贫攻坚伟大历程

围绕"决胜全面小康、决战脱贫攻坚"报道主线，全平台、多样态报道习近平总书记的重要论述、党中央决策部署和各地决战决胜的伟大壮举。新闻中心精心制作《决战决胜——习近平指挥脱贫攻坚进行时》《为了父老乡亲——习近平总书记陕西看脱贫》《跨越24年的牵挂——习近平总书记宁夏看脱贫》等微纪录片，展示总书记情系脱贫、走村入户细节；制作《为了总书记的嘱托——习近平总书记调研指导过的贫困村脱贫纪实》《决战脱贫在今朝》等政论专题片，生动呈现扶贫政策的实施成效。全年开设《新春走基层·脱贫攻坚一线见闻》《走向我们的小康生活·决战脱贫攻坚》《我从脱贫攻坚一线来》《疾风知劲草——来自脱贫一线的报道》《走向我们的小康生活》等10余个专栏，先后派出两百余名记者深入脱

贫攻坚一线，讲述脱贫攻坚生动故事。

四、创新重大主题、重大活动报道，深度拓展融合传播

新闻中心围绕重大活动共推出27场时政特别报道、219场特别节目。各平台不断创新报道和呈现手法，全国两会记者会和"三个通道"等活动以网络视频方式进行，新闻中心创新直播系统架构，会场搭建两级切换系统，设计双视窗模式勾连，"无缝衔接"异地空间完成直播任务。积极探索重大成就报道新模式，大量运用虚拟演播室视效设计，完成珠峰高程测量、"北斗三号"全球卫星导航系统建成、"天问一号"发射升空并成功入轨、"奋斗者号"万米海试、"嫦娥五号"月球取样等重大成就报道。在"奋斗者号"万米海试报道中，总台牵头研制的深海视频着陆器"沧海号"与"奋斗者号"联合作业，带来全球首次万米洋底直播，充分展示了总台科研和技术实力。策划推出《直播黄河》《坐着高铁看中国》等融媒体特别节目，通过虚拟场景、直升机空中直播、无人机景观航拍等多种表现形式，全面展现我国在生态保护、脱贫攻坚、高质量发展等方面的成就。

五、准确及时报道热点，积极发挥监督作用

频道频率全方位关注南方多地遭遇1998年以来最大汛情，跟进福建泉州佳欣酒店楼体坍塌、浙江温岭槽罐车爆炸、四川西昌泸山火灾19名扑火队员牺牲等突发热点，抢占舆论引导第一落点，成为全网信源。在坚持团结稳定鼓劲、正面宣传为主的基础上，积极发挥舆论监督作用，播出《2020年长江经济带生态环境警示片》《"宰客"的长途汽车》《基本农田上长厂房》等监督报道。《2020年长江经济带生态环境警示片》中，记者历时5个月明察暗访长江沿线污染治理存在的问题，促使中央及各地下力气整治长江沿线污染。中国之声对兰州布鲁氏菌阳性事件的调查报道，推动兰州相关部门迅速调查解决问题。

六、敢于亮剑，主动打好舆论战

2020年，中美关系陷入复杂局面，新闻中心精心设置议题，主动亮剑，以效果为导向多维度开展对美舆论斗争。围绕美西方涉新冠肺炎疫情的不实抹黑言论，新闻中心一方面积极采访国际权威人士，展现他们对中国抗疫、推动国际合作的积极评价，多角度、多层面呈现美国抗疫不力、反种族歧视抗议持续蔓延等事实。《新闻联播》连续多天刊发《国际锐评》，点名抨击美方政客的卑劣言行；《玉渊谭天》持续发布评论文章，多维度揭露美国民主制度的严重缺陷等。

精准把握涉港舆论斗争，围绕香港特区安全立法的各个时间节点开展舆论斗争。推出《情满香江》特别节目，用感人细节向观众呈现出爱国爱港人士群像；制作专题片《另一个香港》，实录"黑色风暴"笼罩下的香港，探究修例风波背后原因，有力配合了中央的决策。有效开展涉疆、涉藏报道，第一时间宣传阐释中央精神，持续加大涉藏、涉疆正面宣传。针对美签署"2020年维吾尔

人权政策法案",各平台连续多日密集发声,揭批美国险恶用心。

七、持续推进高质量改版,整体面貌焕然一新

2020年7月18日,《新闻联播》《焦点访谈》和《新闻联播》后的《天气预报》开始高清播出,新闻频道实现24小时高清数字化制播,实现历史性跨越。9月,《新闻联播》启用四位新主播,给《新闻联播》带来新气象。

新闻频道依托新演播室,充分尝试并运用新技术,积极推进包装改版升级,持续提升视觉呈现效果。中国之声和环球资讯广播进行新一轮改版升级,打造中国最权威的国内外新闻报道广播频率。

内参舆情中心工作概况

2020年，内参舆情中心加快反应速度，增强预警力度，拓展调研深度，精准反映重大突发事件和各地各行业贯彻执行中央政令的重要情况，总台内参发稿数量、稿件质量、批示率均有大幅提升。尤其是在抗击新冠肺炎疫情、决战脱贫攻坚、应对美西方扼制打压等重大报道中表现突出，总台内参的影响力显著提升。

一、总台内参稿件质、量齐升

2020年，总台内参共发稿1400多期，是2019年发稿量的2.4倍。发稿数量、稿件质量、批示率均有大幅提升。

二、围绕大局，加强策划，出色参与新冠肺炎疫情报道战役

2020年初，内参舆情中心派出记者赴武汉一线采访报道，为中央抗疫决策提供信息参考。2月、3月疫情高峰期，日平均编发稿件均在10篇以上，单日最高27篇。1月29日以来，为中宣部紧急成立的疫情报道舆情专班供稿，为中央新冠肺炎武汉指导工作小组提供舆情专报88期。

2020年，总台内参共报送涉疫情稿件600多期，聚焦战疫前线问题困难，扫描追踪国内国际相关舆情动态，挖掘防控疫情事迹经验，内容涵盖医疗救治、疫情防控、物资供应、生活物流、复工复产、道路交通、旅游经济、餐饮卫生、野生动物养殖、疫苗研发、线上教育、脱贫攻坚等多个方面，彰显总台责任担当和专业素养。

三、预判焦点，紧追热点，全力做好两会期间舆情上报工作

全国两会期间，内参舆情中心认真组织调研，梳理两会新特点、新亮点，加强舆情信息报送工作，为中央研判形势、分析舆情提供参考；上报世界主流媒体涉及两会报道的重要舆情信息50多条，舆情专报材料11

期。围绕两会议程及政府工作报告内容，就民法典（草案）审议、香港国安法推出、优化企业营商环境、新基建激发经济发展新动能、中美关系、抗疫国际合作等重点议题及舆论焦点，策划采写内参报道30多篇。

四、围绕中心工作，聚焦热点难点，积极策划组织、开展深度调研

围绕中央关注、社会各界关切、广大民众关心的问题，精心策划，内参舆情中心加强与记者站、相关业务部门的协调合作，加大调研力度，完成多组系列深度调研，采写出一批精品力作。先后完成《三区三州脱贫攻坚调研》《长三角科技创新协同发展调研》《深圳科技及金融创新调研》《农民工就业形势调研》《农村养老服务系列调研》等多组内参调研报道。系列调研采访扎实深入，真实客观地反映当前经济社会发展成就及现存矛盾与问题，并提出操作性、针对性较强的对策建议，具有较高参阅价值。

五、提前研判，持续关注中美关系等最新动向，为开展国际舆论斗争提供对策建议

总台内参主动设置议题，以攻为守，开展国际舆论斗争。对疫情期间外媒栽赃"中国制造新冠病毒"、欧美媒体持续质疑中国政府隐瞒疫情真实数据、借疫情抹黑攻击中国政治体制等谎言谬论提出应对建议；对美国将五家中国媒体认定为"外国使团"、美国拟收紧中国记者签证政策、关闭多所孔子学院、澳情报机构突然搜查总台两名驻澳记者居所等打压我国媒体、文化教育机构的行为和舆论，及时进行研判分析，提出应对反制之策；对美西方国家涉藏、涉疆、涉港、涉台等议题，如美方通过"台北法案"、印方再次炒作"藏独"话题等给予紧密追踪关注；针对美西方国家攻击我国社会主义体制，攻击中国共产党等言行，如美高官接连抹黑分化中国共产党中国民众、美西方炮制散布"中国有害论"、日本新版《防卫白皮书》草案炒作"中国威胁"等，深挖根源，研判趋势。

六、发挥优势，打造品牌，国际内参量质齐升，视频内参崭露头角

拓展内参舆情供稿来源和题材范围，大力发展国际内参和视频内参，凸显总台内参特色与优势。

2020年，内参舆情中心加强了国际内参自主策划采访，协调驻外记者供稿，报道数量、质量同步提升。组织编撰国际内参报道及境外舆情稿件180余篇。内容涉及新冠肺炎疫情境外态势追踪，抗疫国际合作对策建议，中美、中欧、中日、中印、中非、美欧、美俄关系，美国大选、半岛局势、中东局势等，总台国际内参报道权威性、影响力明显提升。

经过一年多的探索和实践，总台视频内参《焦点访谈（内参版）》规范化报送流程基本形成。初步建立视频内参确定选题、采访制作、审核报送常态化工作机制，2020年共采制完成视频内参《焦点访谈（内参版）》14期。

七、加强统筹策划能力,锤炼队伍,建立完善内参专家智库

进一步强化策划、统筹、调度功能,加强对日常选题的策划和组织力度,于2020年5月正式施行"每日报题制度",落实全员报题机制,督促各部门员工针对国内外新闻事件和重要舆情动向积极主动策划选题。初步淬炼出一支战斗力、凝聚力、创造力较强的精干队伍,打造出一批"既能出题、又会答题、擅长采编"的复合型编辑记者策划人才,总台内参业务实现从以编辑为主到采编两翼齐飞的重大转变。

致力于建立和完善专家智库,有效提高内参舆情工作的质量和水平,拓展智库资源。初步建成囊括我国经济、法律、国家治理、公共管理、国际问题、大数据分析等多个领域200多位专家的专家智库,拓宽了内参报道的思路与渠道,为全面科学研判提供了智力支持。

八、建立健全各项规章制度,推进工作有序开展

强化考核指挥功能,积极配合总编室、国际交流局等相关部门,制定完善《总台国内地方总站业务考核办法(试行)》《总台海外总站业务考核办法(试行)》,确定内参考核基本方式,建立内参考核维度及指标,推进开展季度评优和年度评优,强化考核结果应用,不断提高内参发稿时效、发稿数量和发稿质量。

财经节目中心工作概况

财经节目中心是国家经济宣传主平台、主渠道，是人们观察和解读国内外财经大事的重要窗口。2020年，财经节目中心统筹抓好疫情防控和经济社会发展报道，深化高质量发展改版提质，着力实施精品节目战略，纵深推进媒体融合工作，夯实财经新闻框架，深耕资本市场，深入经济生活，专业性、权威性、不可替代性显著增强，引领力、传播力、影响力大幅提升。

截至2020年底，财经频道累计收视份额0.86%，观众规模近11亿人；在全国上星频道竞争力排名第18位；全国电视财经节目份额占比近90%，继续保持市场领先地位。经济之声收听数据在北京广播市场连续排名第六，创10年来最好成绩。

面对疫情给广告投放带来的下行压力，财经节目中心积极发挥节目平台优势，充分发掘优质节目资源，配合总经理室努力扩大广告营收。2020年全年广告投放基本保持稳定，部分企业投放额超过往年，创历史新高。

央视财经新媒体矩阵共拥有11个发稿平台，总粉丝超过1亿；央视财经微信公众号综合排名位居金融财经类微信账号第一位；央视财经微博账号位居微博财经影响力榜单第一梯队；央视财经央视频账号被评为"年度最受欢迎央视频账号"。

一、深入宣传阐释习近平新时代中国特色社会主义经济思想

5月，习近平总书记在全国两会期间看望参加政协会议的经济界委员，强调要"在危机中育先机，于变局中开新局"。财经节目中心推出系列新闻报道，深入阐释如何全面、辩证看待当前全球经济形势，如何发挥我国经济的优势和潜力，开拓经济发展新局面。

7月，习近平总书记在企业家座谈会上提出，要"逐步形成以国内大循环为主体、国内国际双循环相互促进的新发展格局"。围绕总书记这一重要论述，财经节目中心推出《北京消费季》《乡村直播带货》《数字经济看中国》等系列报道，生动展现中国经济逐步

形成国内国际相互促进的新发展格局，记录中国数字经济催生的新业态、新模式。

9月，习近平总书记主持召开中央全面深化改革委员会第十五次会议并发表重要讲话。经济之声推出系列评论《以高水平改革开放构建新发展格局》，阐述了从逐步形成到加快形成双循环新发展格局释放的信号，以及构建新发展格局面临的新情况新问题。

二、全力做好脱贫攻坚报道

2020年，财经节目中心把脱贫攻坚报道作为全年宣传报道工作的重中之重。各档新闻、专题节目集中报道脱贫攻坚进展，充分反映精准扶贫给贫困群众带来的变化。央视财经新媒体推出公益助农直播带货，为湖北、重庆等地农户扶贫带货。

7月至11月，推出"走村直播看脱贫"大型融媒体行动，走进全国23个省区市的典型脱贫村，历时100天，行程3万多千米，全网总点击量5.25亿次，央视财经APP新增下载用户108万。此次行动有诸多创新：首创装载5G+4K+AI技术的大篷车演播室，真正实现电视、广播、新媒体融合传播；打造每村一小时直播矩阵；设计制作H5投票产品，全民互动为家乡点赞；结合进行经营拓展和平台发展。

10月底，财经节目中心制作的六集系列专题片《遍地英雄下夕烟——致敬脱贫攻坚的人们》，先后在综合频道、农业农村频道、财经频道播出，22个省区市和新疆生产建设兵团接续播出，展现脱贫攻坚一线普通人物的英雄之光，报道基层干部群众为世界减贫事业贡献的中国智慧、中国方案。

三、围绕中央重大决策部署，推出系列主题报道

围绕党的十九届五中全会，财经节目中心新闻资讯节目系统梳理"十三五"发展成绩单，展现"十三五"发展成就；专题节目推出《我们的幸福生活》《脱贫攻坚榜样的力量》《"十三五"我们收获了什么？》等主题报道。

围绕做好"六稳"工作、落实"六保"任务，推出系列报道，介绍上海、重庆、黑龙江等地促消费、保就业的创新做法和积极效果。

围绕深圳特区成立40周年，推出《为什么是深圳》《深圳再出发》等报道和评论，深入解读深圳作为中国特色社会主义先行示范区的新时代精神内核。

围绕浦东开发开放30周年，制作播出六集4K纪录片《而立浦东》，全方位解析浦东30年的发展奇迹；推出系列报道《而立浦东再出发》和相关专题，关注浦东30年巨变对经济社会的重大影响，展现浦东先行先试经验。

四、及时深入报道财经热点，引领主流经济舆论

就国家统计局发布季度、年度宏观经济数据，积极做好正面宣传解读，分析点评中国经济为全球经济复苏所作的突出贡献。推出特别节目《2020中国电商半年报》《2020

中国电商发展年度报告》，梳理中国电商新业态、新模式、新趋势。

聚焦《区域全面经济伙伴关系协定》（RCEP）正式签署，权威解读这一协定的主要特点、重要共识和贸易利好。推出"世界互联网大会"主题报道，展现世界互联网发展趋势和中国互联网发展成就；多栏目联动，积极报道"第十届中国—东盟博览会"的新变化、新发展、新机遇。

聚焦全国两会、亚太经合组织第二十七次领导人非正式会议、金砖国家第十二次领导人会晤、第三届上海进博会、北京服贸会等重要财经事件，突出财经视角，及时做好报道解读。

五、纵深推进媒体融合工作

优化整合账号资源，集中兵力打造自有客户端。"全球资本市场观察"打造财经观察员独家评论。2020年"3·15"晚会曝光案例在微博端口单条阅读播放量均超1000万，单条报道阅读量最高8393万。

发力原创短视频。推出《话外有话》等短视频产品，打造央视财经特色IP。经济之声《王冠红人馆》在央视频客户端和经济之声同步直播，平均每期直播播放量名列央视频前五位，形成调频广播和央视频客户端的良性互动，为总台广告营收创造了新的内容样式与应用场景。

六、举办系列品牌财经活动，强化议题设置，扩大社会影响

发布"美好生活城市"。推出《中国经济生活大调查（2019—2020年）》"美好生活城市"发布之夜。央视财经、央视新闻、央视频等20多家直播平台在线观看量达1900多万，抖音短视频点击累计近39亿。

举办2020年"3·15"晚会。受疫情影响，2020年的"3·15"晚会推迟至7月16日播出。晚会积极关注消费领域新热点，展现政府监督部门坚决行动，引起极大的社会关注。央视财经新媒体"3·15"晚会相关话题总阅读量超42亿。

举办"新消费·爱生活"系列活动。协助举办并直播北京消费季"开门大吉"启动仪式，以及"新消费·爱生活——山东消费年"、商务部"新消费·爱生活——全国消费促进月"等活动，打造特有的"新消费·爱生活"系列品牌符号，有力提振中国消费市场信心。

举办央视财经论坛。12月12日，中央广播电视总台"2020央视财经论坛"在北京举办。论坛以"新发展格局下实业与金融使命"为主题，邀请部委领导、经济学家、企业家等重量级嘉宾出席，深入宣传阐释党的十九届五中全会精神，更好推动中国经济社会高质量发展。

七、适应市场需求研发创新节目，为广告创收培育新的增长点

7月4日起，正式推出大型生活服务类节目《生活家》（第一季），成为总台观众居家生活和健康消费指南的引领性节目，被央视频、央视财经客户端选定为"先网后台"节目试点，央视财经微博#央视财经生活家#

主话题阅读量2718万。严格做好委托制作管理，对节目生产环节全流程监管，确保节目安全顺利播出。

11月14日，推出我国首档以企业发布会为内容的节目《第一发布》，助力中国标杆性企业进行产品、技术和战略发布，这是财经中心在内容生产和经营机制方面进行的有益尝试与创新。

11月28日，央视财经与巨量引擎、抖音、懂车帝共同打造"美好购车节"（第二季）央视财经专场，直播累计观看人数突破2560万，销售额超12亿元。

八、推出新媒体评论"央视财经评论"，对资本市场大事快速反应、及时发声，积极抢占舆论引导先机

3月上旬起，推出原创新媒体评论"央视财经评论"。针对美国股市一周之内两次熔断，连续推出《美股一周内两次熔断，给全球主要经济体宏观政策带来艰难的选择》等评论，及时分析解读美股熔断给中国经济和全球经济带来的影响。6月，针对一段时间以来"地摊经济"一哄而起，连发三篇评论，为"地摊经济"定调、降温。此外，针对其他重大财经事件，及时刊发《面对风险挑战，资本市场更要主动作为》《发挥注册制"牵一发而动全身"的重大改革效应》等评论，树立总台在经济领域的舆论权威。

文艺节目中心工作概况

文艺节目中心负责运营总台综艺频道、戏曲频道、音乐频道和音乐之声、经典音乐广播、文艺之声、阅读之声及劲曲调频等频率。2020年，文艺节目中心高举旗帜，守正创新，强化引领，用文艺的力量鼓舞人心，奋力实现"两个有所提高"，着力提升"两个效益"，完成一系列重大任务，取得不俗的业绩。

一、创新创优，做亮主题主线宣传

《2020年春节联欢晚会》以"共圆小康梦 欢乐过大年"为主题，欢乐中见思想，喜庆中有深度，为海内外中华儿女送上了精品荟萃、精彩纷呈的文化盛宴。海内外观众总规模达12.32亿人，网络点击量261.4亿，网络正向评价比率达98.65%。

《2020年春节戏曲晚会》涵盖近30个剧种，重点关注脱贫攻坚、乡村振兴等题材，以温暖情怀和匠心展现当下中国人民的幸福感、获得感、安全感，全面展示中国传统戏曲艺术的新时代表达和繁荣景象。

《2020年元宵节特别节目》传递万众一心、抗击疫情的中国力量。特别节目将新闻性与艺术性充分融合，加入情景报告、实时连线、新闻故事等元素，深挖防疫一线感人故事，号召全国人民同心协力、共克时艰，以更加昂扬的斗志和姿态整装再出发。

《英雄儿女——纪念中国人民志愿军抗美援朝出国作战70周年文艺晚会》成为文艺创新标杆。晚会采用交响乐、合唱、戏曲、舞蹈等多种表现形式，结合文献资料与历史物证，以高品质电影手法还原历史，为观众全方位呈现中国人民志愿军浴血奋战的战斗意志和为人类和平谱写的英雄史诗，获得业界、观众的高度肯定。

《2020"我们的中国梦"文化进万家——"心连心"慰问演出》为完成全面建成小康社会、决战决胜脱贫攻坚贡献文艺力量。慰问演出聚焦52个"脱贫攻坚挂牌督战县"中的9个地点，用心、用情、用力捕捉脱贫攻坚中涌现出来的典型人物和感人事迹，用丰富多彩的节目形式鼓舞人心、提振士气。

《海报里的英雄——纪念中国人民抗日战争暨世界反法西斯战争胜利75周年特别节目》重温历史，致敬英雄。特别节目以电影海报为切入点，通过"十张海报、二十个故事、七十五位嘉宾"的内容设计，重温经典抗战故事，深度挖掘爱国精神，观照历史，警示世人，凸显抗战精神的时代价值。

《新时代最可爱的人》为人民抒怀，为时代发声。节目特邀全国百名优秀主持人及2020年抗疫抗洪过程中涌现出的各行业优秀代表参与，传递中华民族敢于斗争、敢于胜利的大无畏气概，深情赞颂中国人民构筑的伟大抗疫精神。

二、重大节庆、转播活动出新出彩

重点布局新年新春特别节目。推出《2020年春节联欢晚会》《2020年春节戏曲晚会》《2020年元宵晚会》《中国声音中国年》《启航2020》《扬帆远航大湾区新年音乐会》《2020新年戏曲晚会》《龙凤呈祥——2020年新年戏曲演唱会》《2020元宵戏曲晚会》等重磅节目，打造国家级文艺精品旗舰；《2020年东西南北贺新春》《喜到福到好运到》《2020新春喜剧之夜》《2020新春曲艺大联欢》《2020合唱春晚》《我要上春晚》等特别节目共同营造了喜气洋洋、欢乐吉祥的节日氛围。

坚定文化自信，推出传统节日"播出季"。围绕清明节、端午节、七夕节、中秋节、重阳节等时间节点，打通电视广播、大屏小屏，推出《端午道安康》《天下有情人》《中秋大会》《岁岁又重阳》等电视节目，《歌咏清明》《歌咏端午　乐动仲夏》《青春恰自来·敬每一个你》《欢乐假到》《乐享金秋》《热搜博物馆》等广播节目，丰富假日视听资源，加强对中华优秀传统文化的挖掘和阐发。

完成重大主题晚会、活动转播。持续深化习近平新时代中国特色社会主义思想的宣传阐释，高质量完成深圳经济特区建立40周年、浦东开发开放30周年文艺晚会，第三届海南岛国际电影节开幕式转播工作，用艺术的形式描绘时代画卷、引领时代风气。

三、深入基层创作文艺节目，加强主题文艺宣传

深入脱贫攻坚一线，书写和记录人民的伟大实践。《2020"我们的中国梦"文化进万家——"心连心"慰问演出》聚焦52个"脱贫攻坚挂牌督战县"中的9个地点，开展慰问演出及主题党日活动。大型综艺相亲节目《喜上加喜》《唱响新时代》《音乐公开课》让"送文化"成为"种文化"。广播推出纪实专题《大山深处领路人》《悬崖村》、广播剧《芨芨草》，电视栏目《星光大道》《开门大吉》推出栏目特辑，捕捉脱贫攻坚中涌现出来的典型人物和感人事迹。

聚焦全民抗疫，讲好中国抗疫故事。第一时间组织创作10多首抗疫MV，推出三季《战"疫"故事》及《希望搜索词》、《我的私人歌单@白衣英雄》、《呼叫027》，五一国际劳动节、五四青年节、三八国际妇女节等特别节目，《战疫情：央广文艺云课堂》《我的战"疫"》《爱的箴言》《青春绽放　弦声有你》《同舟共济·我们在行动》系列报道等广

播节目，用多样的形式给全国人民抗击疫情带来更大信心与决心。

围绕重大历史事件，讴歌爱国主义精神。推出文艺晚会《英雄儿女》与《光影中的旋律》《不能忘却的记忆·1950》《从〈团圆〉到〈英雄儿女〉》等广播节目，共同展现伟大抗美援朝精神。围绕抗日战争胜利75周年，推出《海报里的英雄》《胜利时刻》《时刻准备着》《向着胜利前进》等电视节目和广播专题《烽火·家书》《我们的胜利》，歌颂中国人民英勇抗争侵略者的光辉事迹。国庆期间推出《"中国梦·祖国颂"——2020国庆特别节目》《2020江山如画国庆音乐会》《2020国庆戏曲演唱会》等特别节目，《我要为您唱首歌》《我和我的祖国》等广播节目，共同展现新时代中国人民和谐小康的幸福风貌和豪迈精神。

四、高质量发展取得突出成果

深度融合全媒体资源，强化总台"文艺出品"。作为中宣部批准的唯一国家级流行音乐奖项，《中国TOP排行榜》全媒体融合打造为首届中央广播电视总台《中国歌曲TOP排行榜》，在规模、机制、内容等方面全面创新。推出融媒体特别节目《唱过夏天——2020流行音乐大型演唱会》，与央视频、央视网及全国数十家电台合作，实现多平台联动。广播端推出"电波音乐厅""经典音乐厅"，与北京国际音乐节、杭州国际音乐节合作，陆续直播8场交响音乐会。

推出20余档创新节目，实现高质量发展的"井喷"效应。大型服饰文化节目《衣尚中国》聚焦服饰之美，融合历史、匠心、创演三大元素。大型文博探索节目《国家宝藏》（第三季）、大型情感户外真人秀《走在回家的路上》、大型文化节目《一堂好课》以及《大幕开启》《金牌喜剧班》《喜剧+》《动物传奇》得到主流媒体的广泛关注和业界、观众的好评点赞。作为首档台网互动国风少年创演节目，《上线吧！华彩少年》大屏小屏充分融合，展现青少年对传统艺术的理解和热爱。创新栏目《典藏》系统挖掘整理戏曲表演艺术家表演经典艺术的影像资料，让尘封多年的珍贵资源重放异彩。广播端推出《爱的歌会》《青春能量现场》等"直播间演唱会"；特别策划《妙笔芳华——高考优秀作文赏析》《人文课堂》；《TOP抢听会》创新"唱片全球首发权"新样态。各类节目不断解放思想，加大创新力度。

稳固提升常态化品牌节目。综艺频道深挖《星光大道》《喜上加喜》《开门大吉》等各类常态节目品牌效应和营销潜能。戏曲频道《空中剧院》开拓多剧种合演《江姐》的创新模式，《戏曲青年说》打造了全国第一档青年戏曲演说秀。《宝贝亮相吧》《一鸣惊人》《角儿来了》等节目采取线上线下相结合的录制方式。音乐频道《CCTV音乐厅》展示经典音乐，《风华国乐》弘扬民族文化精髓，《精彩音乐汇——为你而唱》老歌新编，让经典焕发新时代气息。文艺之声《快乐早点到》《文艺大家谈》均增设各类子栏目，《精彩故事汇》收听率增长33%。阅读之声《纪实春秋》充分调动歌曲、诗歌等文艺元素，丰富有声书表达方式。劲曲调频"HitFM Lounge"不断推进线上线下融合活动。

五、新媒体领域影响力大幅拓展

汇聚力量推出央视文艺客户端。按照总台"台网并重、先网后台、移动优先"战略，重新规划原有的多平台媒介组合，推出总台文艺专业客户端——央视文艺APP，不断上线精品内容、开展新媒体活动，用户数量稳固攀升。

一体化统筹重大文艺宣传报道。全网累计推出新媒体话题50余个，总观看阅读量达540亿。其中，#2020年春晚#话题阅读量新增270亿；国庆特别节目话题总阅读量突破70亿；五·四特别节目话题总阅读量破40亿；《国家宝藏》（第三季）话题阅读量为52.3亿，《衣尚中国》《朗读亭：一平方米》话题阅读量均达到3亿，跨年晚会新媒体话题总阅读量破9亿。各类创新节目引发人民日报、新华社、光明日报等众多主流媒体关注。

打造融媒体节目新样态。《云端艺术季》集结52家文艺院团，在央视频客户端的直播观看总人次破百万；《云端音乐季》集结了全国百家电台及知名唱片公司。这两档节目成为2021年文艺融合新示范。电影《我和我的家乡》首映礼通过五地同步直播的形式展示全国脱贫攻坚成果，展现新型主流媒体的使命和担当。《五·四特别节目直播预热》《端午看你的》《最美是今夕》《中秋大会》《岁岁又重阳》《唱过夏天》等直播项目微博话题阅读量均超过10亿；"心连心"艺术团赴福建宁德、湖南十八洞村、四川喜德进行三场慰问演出。《中秋大会》还进行助农公益直播，其中，助力四川凉山州一个多小时直播总销售额突破2500万元。此外，《云歌汇》《美育云端课堂》《国家宝藏·挖藕季》阅读量均超过千万。通过融合传播新尝试，牢牢占据舆论引导、思想引领、文化传承、服务人民的传播制高点，进一步彰显总台文艺出品的强大引领力、传播力、影响力。

体育青少节目中心工作概况

2020年，体育青少节目中心克服疫情不利影响，以内容创新驱动改版提质，持之以恒追求一流、打造精品。体育频道以主题编排填补赛事空档，营造了多个收视热点；稳步构建可持续发展的自主、自有、自办赛事体系，打造自主自办品牌赛事，推助总台事业高质量发展。少儿频道全面落实习近平总书记对新时代青少年思想道德建设工作的重要指示，通过一系列精品节目和公益活动，强化青少年的爱国主义教育，传播社会主义核心价值观，增进青少年的社会责任感，推出"云上私教课""空中课堂"等。精心办好新媒体，体育青少内容在新媒体平台传播矩阵展现出蓬勃的生命力。

一、坚持正确舆论导向，热情讴歌伟大时代

2020年，体育青少节目中心将主题宣传有机融入节目创作，做好疫情防控宣传引导，为坚决夺取全面建成小康社会伟大胜利提供有力舆论保证。

1.做好疫情防控，打赢抗疫宣传战

疫情暴发初始，体育青少节目中心迅即响应，把打赢疫情防控阻击战作为重大政治任务抓紧抓实。建立疫情防控工作小组，严格履行防控主体责任，刚性执行各类防控措施，加强案例警示教育和防控知识培训，做到各部门科组岗位、各类用工人员防控全覆盖、无遗漏。发挥自身特色优势，迅速制作推出一批广播电视节目和新媒体产品，做好疫情防控宣传。《健身动起来》专题制作居家健身节目，《小喇叭》广播栏目推出抗击新型冠状病毒专题内容；《防疫数字歌》《防疫拍手歌》等吸引了全国近万家庭参与；系列短视频《怎样和孩子一起面对疫情》、定格动画短片《小红小绿的健康生活》、特别节目《我们在一起》等用满满正能量鼓舞抗疫士气。

2.为实现第一个百年奋斗目标营造良好舆论氛围

《2020最野假期》深入福建宁德赤溪村、

四川喜德县等地，展现各民族劳动者奋战脱贫攻坚的家国情怀和幸福感、获得感；《大手牵小手》开创"文体+教育扶贫"新模式，切实助力喜德县脱贫攻坚，栏目组获得"全国未成年人思想道德建设先进集体"称号；《小喇叭》广播栏目采访制作了特别报道《幸福的彝族娃娃》，大力宣传脱贫攻坚的巨大成果；银河少年电视艺术团从少儿艺术教育培训入手，开展教师团队点对点教育帮扶、指导拍摄"大语文"课本剧、"银河特训营"直播等活动，同时对甘肃金昌新时代文明实践中心展开对口帮扶，受到当地政府高度评价。

3.创新性、融合性、艺术性显著提升

《奔跑中国》以"健康伴小康"为主题，于11月开跑。该节目积极尝试办赛、制作、播出一条龙运营新模式，与总经理室共同开拓经营空间，形成国内马拉松转播和营销收入双龙头。《2020年度"新时代好少年"先进事迹发布活动》用26名全国优秀少年儿童榜样引导青少年从小"扣好人生第一粒扣子"。《2020"寻找最美孝心少年"大型公益活动》全新升级，全面落实习近平总书记对新时代青少年思想道德建设工作方面的重要指示。

二、打造自主自办品牌赛事，推动总台事业高质量发展

体育青少中心积极打造标杆赛事、爆款节目，主动与总经理室沟通对接，努力探索节目运营与市场开发的有效结合，确保两个效益双丰收。

1.签订多项体育赛事合作协议

推动总台与国家体育总局、北京冬奥组委、陕西全运会组委会、成都大运会组委会签署战略合作协议，取得全运会、大运会主转播机构工作任务；与中国羽毛球、击剑、拳击、摔跤、举重等单项运动协会签署协议，为中心长期高质量发展奠定基础。

2.整合优质赛事资源

推出《中国席位》系列节目，精彩呈现国家运动队奥运备战故事和奥运参赛席位产生过程。自2020年8月起，先后完成中国乒乓球队东京奥运模拟赛、全国田径锦标赛、全国体操锦标赛等重点赛事报道，全平台播出赛事信号超过1000小时，以优异的融合传播效果，强化自主IP价值。

3.稳步构建可持续发展的自主、自有、自办赛事体系

联合中国网球协会推出"中国网球巡回赛"，踏出构建可持续发展的中国自主、自有、自办赛事体系的第一步。4个月时间，在12个城市举办各专业等级比赛14站，人民日报、新华社等30多家主流媒体持续为赛事点赞。贯彻落实中宣部关于加大围棋宣传工作力度的要求，发起并主办第一届CCTV世界围棋青少年业余网络大赛，吸引26个国家和地区的92名业余棋手报名参赛，有力推广围棋运动和围棋文化。

4.《擎动中国》线上赛事在澳门完成首秀

积极开展澳门国际乒乓球赛、格兰披治大赛车等"元年启动"赛事宣传报道。12月19日，《擎动中国》在澳门举办线上模拟器赛车总决赛，标志澳门"元年启动"系列赛事转播报道顺利结束。

5. 打好奥运版权王牌，认真细致开展北京冬奥会宣传报道

认真贯彻落实习近平总书记关于开办奥林匹克频道的重要指示精神，以"5G+4K/8K+AI"为引领，扎实开展筹备工作。构建全球领先"4K+高清同播"制播系统，组织全系统压力测试，大力提升原创节目、栏目创作能力。保持与国际奥委会的密切联系，明晰权责关系，全力保障总台权益。

三、用好建强央视频新媒体平台，助力总台打造国际一流新型主流媒体

按照总台2020年工作会议的具体要求，加快实现从传统广播电视媒体向国际一流原创视音频制作发布的全媒体机构转变，从传统节目制播模式向深化内容生产供给侧结构性改革转变，从传统技术布局向5G+4K/8K+AI战略格局转变，助力总台新媒体平台建设。

1. 以技术创新升级总台重点选题，推动高质量改版向纵深发展

创新"云录制"手段，推出《2020年"六一"特别节目》。依托"云端"技术和高科技手段，通过云合唱、云舞蹈、云朗诵、云对话推出一台富有正能量又不失童真童趣的高水准特别节目。《远方的童谣》以童谣的代代相传为切入点，充分展现各民族少年儿童在党的关爱下健康成长的良好风貌。《中国少年说》选取优秀中国少年讲述爱国爱家、自强不息的成长感悟。《SK极智少年强》紧跟时代主题，加入"科技创新""传统文化教育""劳动教育"等内容，覆盖全国24个城市24所重点中学，参与选拔人数超过两千。

2. 以内容创新驱动改版提质，持之以恒追求一流、打造精品

《北京2022》《冰球冰球》《逐冰追雪》大力开展冬季赛事传播，推动"三亿人上冰雪"战略布局。动物科普节目《动物好伙伴》（第四季）落实习近平主席出访新西兰时见证签署的文化交流项目，在14岁以下受众群收视率排名全国第一。原创儿童剧《我爱甜甜圈》（第二季）、《驴友阿凡提奇妙假期》（第四季）弘扬社会主义核心价值观，打造体育青少节目中心自主版权且具有核心竞争力的产品。

体育纪录片《热流》获得2020年上海电影电视节"白玉兰奖"最佳纪录片奖。《包子铺的小掌柜》被提名"联合国儿基会特别奖"和"最佳性别平等奖"；《小鬼当家》被提名"最佳性别平等奖"和"儿童评委奖"等单项奖。短片《倒立滑行》获"第八届亚洲微电影艺术节优秀品牌作品奖"，入围2020澳门国际微电影节。

3. 以手段创新科学统筹节目编播，刺激内生动力，激发屏幕活力

体育频道克服疫情不利影响，以主题编排填补赛事空档，制作48期《奥林匹克故事》、31期《欧洲杯回眸》、54期《奥运典藏》等系列专题节目。通过重点项目重点节目提档播出、经典赛事录像节目主题编排，打造《冰雪道路》《东京行动》《无畏征途》《星耀金杯》《巅峰》《对决》等系列节目，填补了节目需求，营造了多个收视热点。

少儿频道晚间播出的红色经典电视剧由"媒资库回迁素材调播模式"变更为"栏目组独立包装制作模式",进一步确保安全播出。《音乐快递》推出"点亮梦想"系列节目,打造演唱、才艺、游戏、故事等多元素相融合的"微型音乐剧"。《快乐大巴》创新制作推出"家有榜样"系列节目,通过孩子们对身边"榜样"的观察和认识,强化爱国主义教育。《风车转转转》栏目以情景剧表演方式,面向小学生群体传播崇尚劳动、尊重劳动的内涵,增进孩子们对劳动人民的感情、社会责任感。《英雄出少年》深化"体教结合",推出了"云上私教课""空中课堂"等,年均收视增长100%。

4. 以路径创新推动孵化网红工作室,加大媒体融合发展力度

首批着重孵化《于嘉的嘉时赛》《果泡伴橙长》两个主持人央视频账号;持续组织主持人及普通员工在央视频开设账号,累计开通37项个人账号;定制《体育青少中心央视频账号专项奖励暂行办法》,不断完善配套奖励措施。

持续抓好央视频"头部账号"建设,"多角度看赛场"在央视频年度评选中,获得年度最具创新力新媒体节目、年度最具成长性央视频账号两项大奖。"黄金赛事"号获评年度十大最受欢迎央视频账号,"银河教育"号获评央视频年度十大融合协作账号,体育青少内容在央视频平台传播矩阵展现出蓬勃的生命力。

社教节目中心工作概况

2020年，社教节目中心以打造国家社教传播第一全媒体平台为己任，所辖CCTV-10科教频道、CCTV-12社会与法频道、老年之声频率三大播出平台，努力把党中央和习近平总书记在科学、教育、文化、生态、法治、社会、民生领域的宣传要求转化为具体选题，坚持走内容革新、形式革新、样态革新之路，推出一批思想性、艺术性、观赏性相统一的精品力作，传播力、引导力、影响力、公信力不断提升。

一、高举旗帜，聚焦领袖思想，不断创新新思想的宣传阐释

精心创作头条工程《平"语"近人——习近平喜欢的典故》（第二季）。该节目以习近平总书记一系列重要讲话、文章、谈话中所引用的古代典籍和经典名句为切入点，讲好习近平总书记治国理政故事，切实让习近平新时代中国特色社会主义思想和领袖魅力春风化雨，深入人心。节目组克服疫情影响，全力推进节目创作，在2020年完成节目制作和审看，为节目顺利播出打下坚实基础。

创作播出阐释习近平关于"家风"重要论述的主题剧《家道颖颖之等着我》。作为总台首部融屏剧，该剧以现实主义的创作手法，通过改编真实的寻亲故事，诠释伟大的爱国主义情怀。节目在大屏播出时，同步推出网络剧和网络电影，触达人次超10亿，视频播放量超过3亿。新华社、人民日报、光明日报等主流媒体纷纷点赞。

打造习近平"两山论"提出十五周年主题宣传节目。大屏端推出《风从塞上来——中国右玉县六十年生态建设报告》《绿水青山的实践者·盛阿伟》《武夷山水》等节目，展现各地践行总书记"两山论"取得的生态文明建设成果，重播大型生态文化节目《绿水青山看中国》。在央视频首发系列节目《植物传奇》、短视频系列专辑《你不知道的绿水青山冷知识》，普及生态保护知识。

推出多档诠释习近平关于古建筑、文物保护前瞻性思考的纪录片。科教频道播出《福州古厝》《福建历史文化名城》《守望长

城》三档纪录片，用故事化的电视表达，生动诠释总书记关于保护好古建筑、保存城市文脉的前瞻性思想和保护古建筑的重要论述，获得《新闻阅评》的高度赞扬。

深入开展展现习近平为民情怀的新媒体报道。老年之声频率充分运用微信公号、微博等新媒体平台，全面报道总书记在抗击新冠肺炎疫情期间的一系列重要指示批示精神和重要活动，重点转编、推送总书记在全国两会及在各地调研考察时有关养老、扶贫等方面的重要讲话精神，凸显总书记亲自部署、亲自指挥的领袖风范和执政为民的领袖情怀。

二、汇聚民心，把握正确舆论导向，有力弘扬新时代主旋律

做好疫情防控和复工复产宣传。科教频道推出《认识病毒　科学防疫》《万人复工记》等一系列专题节目，科普防疫知识，详解科技助力复工复产举措，受到人民网等众多主流媒体高度评价。社会与法频道依托所属栏目打造"新闻资讯＋融媒体直播＋电视专题＋抗疫剧集＋短视频"的抗疫宣传矩阵，推出相关报道585条，13场《抗"疫"前线法治报道》网络直播全网累计观看人次达1.74亿。老年之声频率推出《关键时刻》《心理防疫小课堂》等广播节目，引导老年群体科学防疫。频率在新媒体端相关报道累计发稿超过350条，总阅读量超160万。

深入开展脱贫攻坚宣传。专题报道展现脱贫攻坚实效。推出《因地制宜　科技助富》《善行中国》《庆丰年》等专题报道，展现各地脱贫攻坚成果，讲述精准扶贫、绿色发展故事。

系列节目讴歌先进典型。推出《脱贫路上的第一书记》《把论文写在大地上》《脱贫攻坚　银龄先锋》《我和我的村》等系列节目，彰显典型人物带领人民脱贫致富的榜样力量。

融媒产品凸显信心决心。打造31集《加油！脱贫攻坚》系列短视频，讲述脱贫攻坚人物故事，全网累计播放量超过70亿次。

文艺创作激荡奋进情怀。创作播出《回故乡》《铁核桃的春天》等主题电视剧，展播《远方的热土》等优秀广播剧，激发人民群众决战决胜脱贫攻坚的奋斗情怀。

全面报道法治中国建设。解读依法治国道路优势，推出《开启全面依法治国新时代》第一时间权威阐释习近平法治思想。围绕《民法典》主题，推出《民法典文化解读》《新时代　民法典》等电视、广播节目。

梳理法治中国建设成绩。围绕全国两会、"12·4"国家宪法日等重要时间节点，推出《2020年度法治人物》、"6·26"国际禁毒日系列融媒体报道、《我建议》等特别节目，其中在"6·26"期间创新推出H5禁毒竞答游戏，超6900万人参与答题。

讲好中国特色法治故事。全年打造了《中国司法》、《守护明天》（第四季）、《平安中国》等重点节目，受到中央政法委、最高检、最高法的赞扬与好评。

积极弘扬先进文化，做好中华优秀传统文化宣传。全年推出《中国诗词大会》（第五季）、《中秋诗会》、《国庆节有味道·丰收中国》、《中国影像方志》、《朱熹》、《从长安到罗马》第一季、第二季等一系列节目。其中，《中国诗词大会》（第五季）首重播累计吸引不重复观众3.95亿。《国庆节有味道·丰收中国》被《新闻阅评》、《人民日报》（海外版）称赞呈现了一场中国丰收视觉盛宴。《从长安

到罗马》（第一季）累计观众规模超2亿。

做好爱国主义文化宣传。通过播出大屏节目《铭记》《英雄赞歌》、央视频直播《文物里的抗美援朝》、广播节目播出《最可爱的人》等，全方位开展纪念中国人民志愿军抗美援朝出国作战70周年主题宣传。推出《远去的硝烟》《铭记历史 珍爱和平》《抗战英雄谱》等节目，聚焦中国人民抗日战争暨世界反法西斯战争胜利75周年宣传。

做好社会主义先进文化宣传。全年打造多场"最美系列"发布仪式，彰显榜样力量。推出《中国精神》（第二季）、《2019年度中国好书》等节目，提振全面建成小康社会的奋斗士气。聚焦老年群体，播出《乐龄唱响》《福寿中国》，开设新时代文明实践专栏，展现银龄群体的老有所乐。

全景展现科技成就与科学精神。围绕科技进步重大成果，推出《北斗导航》《探索深渊》《海斗号》《水下机器人大赛》等节目，央视频账号《一起来唠科》开展水下慢直播，系统全面介绍我国在科技领域的伟大成就。

围绕科学精神，打造《科技盛典》《上海世界科学家论坛》《中国工程院院士》等特别节目，有力弘扬科学家勇于攀登、攻坚克难的奉献精神。

三、坚持高质量发展，促进媒体融合，奋力建设国家社教传播第一全媒体平台

持续推进高质量发展提质升级。科教频道坚持优胜劣汰，创新栏目和保留栏目经过一年实践检验，时代性、时效性、时尚性进一步增强；通过优化节目内容和精巧的编排设计，暑期收视份额较2019年提升31.3%。

社会与法频道坚守法治定位，搭建"社会法治资讯+社会法治评论+法治专题"的内容格局，全年单天收视份额最高冲至中央台组内第7位，受众群体结构得到明显优化。老年之声频率持续优化内容，形成依托品牌栏目的孵化机制，服务属性不断提升，内容受到老年听众喜爱，在北京市场收听排名较2019年上升7位。

以央视频为主阵地，全面发力开拓社教节目全媒体传播新格局。在央视频开设账号79个，总发稿量7.8万，总播放量超过2653万，在央视频总台积分排名位列第五位。"百家讲坛""方圆剧阵""警察特训营"等多个账号被纳入央视频头部账号。"地理中国""中国诗词大会""探索发现""百家讲坛""央视社会与法"先后获评"央视频月度最高奖"或"最受欢迎的央视频账号"。

积极践行"先网后台，移动优先"传播策略，创新全媒体生产模式，以主旋律引导网络流量。部分新媒体产品在全网表现优异：《探索·发现》栏目推出的"西汉墓发掘"考古慢直播，累计直播54小时，引发网友热议；"6·26国际禁毒日"H5页面互动游戏，上线48小时，触达人次超过2.2亿，微博话题阅读量超过4.1亿次。

四、谋划发展，完善机制队伍建设，充分激发释放干部职工潜力与活力

2020年，社教中心制定《社教中心编务会议制度》，编制《社教中心"十四五"人才建设板块规划调研报告》。通过扎实的举措，确保中心机构改革有条不紊，有序推进，无缝衔接，实现了改革宣传两不误、两促进。

影视剧纪录片中心工作概况

影视剧纪录片中心是总台负责组织制作播出国内外电影、电视剧、纪录片及相关新媒体产品的内设机构。截至2020年12月28日，总台综合频道黄金档共播出电视剧17部，其中3部收视率超过1%；电视剧频道黄金档共播出电视剧23部，13部收视率超过1%，电视剧频道累计收视份额为4.33%。在全国网电视剧收视排行榜前20名中，总台有16部。在全国所有上星频道中，电视剧频道稳居第一位。

一、坚持以人民为中心的导向，围绕重大主题统筹部署全年电视剧、纪录片创作播出

1. 电视剧聚焦真实生活，小切口反映大主题

在新冠肺炎疫情防控的特殊时期，影视剧纪录片中心推出多部收视喜人、社会影响力突出的好剧，丰富大屏小屏，为夺取疫情防控胜利营造良好氛围。围绕"决战决胜脱贫攻坚　全面建成小康社会"主题，中心整体布局，科学规划，分批次、有节奏地推出《一个都不能少》《花繁叶茂》《最美的乡村》《枫叶红了》《什刹海》《月是故乡明》《金色索玛花》等多部优秀剧目。这些剧目坚持守正创新，赋予主旋律剧目不同以往的艺术价值，展现党带领全国各族人民决战脱贫攻坚的伟大成就。《一诺无悔》《谷文昌》讲述感人至深的优秀党员干部事迹，彰显好干部的光辉形象；《湾区儿女》《天涯热土》《追梦》展现粤港澳大湾区、海南、深圳的发展历程和取得的历史性飞跃，讲述在党中央坚强领导下当地的大发展、大变化；电视剧《太行之脊》《战火熔炉》从不同侧面展现党领导的人民军队和人民群众在不同的历史时期的卓越贡献，讴歌伟大的抗战精神、伟大的抗美援朝精神；家庭剧《幸福院》《我哥我嫂》《有你才有家》、谍战剧《破局1950》、年代剧《远方的山楂树》《正是青春璀璨时》、创业剧《创业年代》《吉他兄弟》等剧目既有英雄人物又有平凡故事，拓宽了题材，丰富了内容，

突出表现了新时代的生动实践和伟大成就。

2. 纪录频道拓宽思路，关注重大事件、社会热点，全面记录新时代

2020年，影视剧纪录片中心着力拓宽纪录片题材选取思路，创作上紧跟时代、国家发展步伐，快速记录社会热点。疫情期间迅速推出融媒体短视频《武汉：我的战"疫"日记》，多个节目引发广泛关注。中心还派出人员深入武汉等地，跟踪拍摄一线的"战疫"。《2020春天纪事》采访近百人，其中包括钟南山、陈薇、杜斌、谭文杰、徐凯文等10余名病原学、流行病学、重症医学、疫苗研究、心理学等领域的专家学者。节目还把镜头对准平凡的人们：援鄂医疗队的医生护士、坚守一线的社区工作者、进行各级心理干预的心理医生、守护亲人的患者、保障物资运送的志愿者……大量的珍贵影像，共同描绘出一幅中国人民众志成城的"抗疫"图景。

纪录频道制播了"脱贫攻坚 决胜全面小康"主题大型纪录片《承诺》和10集纪录片《2020我们的脱贫故事》。其中，《2020我们的脱贫故事》历时三年跟踪拍摄，讲述脱贫攻坚温情故事。节目以平静的纪录片张力，成为脱贫题材中难得的具有社会学意义和现实主义审美价值的优秀之作。纪录频道后续还播出了系列纪录片《脱贫·决胜时刻》。

纪念抗美援朝70周年主题纪录片《刀锋·较量长津湖》，将中美老兵的个体回忆穿插于战役叙述中，生动还原长津湖战役的惨烈较量，真实展现中国人民志愿军英勇顽强、舍生忘死，还原以毛泽东为核心的中共领导集体作出抗美援朝的决策过程，有力驳斥和澄清历史虚无主义对抗美援朝战争的质疑、歪曲和诋毁，起到了正本清源的作用，满足观众观影预期。

2020年是深圳特区成立40周年，纪录片《先行》以生动的人物和事例，解码深圳传奇，通过翔实的史料、严谨的表达，全景式展现"深圳奇迹"的诞生，反映"中国之治"的智慧力量和深圳特区敢闯敢试、敢为人先的创新风貌。结合我国航空航天一系列重大发射着陆等事件，制作播出短视频《Hi，火星》、纪录片《天宫建造》、纪录片《飞吧 嫦娥》。在紫禁城建成600年之际，制作播出了纪录片《我在故宫六百年》和纪录电影《自然故宫》。

二、统筹疫情防控与节目生产，推动建党100周年献礼剧目、重大主题纪录片创制

经过影视剧纪录片中心一百天的超常规努力，总台综合频道于2020年12月顺利播出重大革命历史题材剧目《跨过鸭绿江》。专家们一致认为，该剧全景式展现了抗美援朝战争和抗美援朝运动，成功塑造了以毛泽东、彭德怀为代表的英雄群像，具有鲜明的史诗风范和历史美学品格，基调悲壮昂扬，并具备突出的国际视野。该剧播出后，赢得社会各界的广泛赞誉，传播效果突出。人民网、新华网、光明网、中青网、南方日报等主流媒体广泛报道，广电时评、传媒圈、传媒时评、影视独舌等行业媒体高度评价，豆瓣、知乎分数均在9.0左右，相关微博话题累计阅读量达1.2亿。

抗疫剧《最美逆行者》顺利播出。该剧

目生动讲述2020年中国人民在党的领导下奋起抗疫的艰辛历程和感人故事，开启"与大背景同步、与大新闻并行"的电视剧创作新模式。该剧海外发行持续推进，与韩国、印度尼西亚、泰国、柬埔寨、缅甸、老挝及非洲多国签约，在10多个国家发行，12种语言播出。

三、优选市场促差异化定位，持续提升总台电视剧品牌价值

2020年，总台综合频道、电视剧频道黄金时间共播出电视剧39部。其中，综合频道黄金时间有3部、电视剧频道黄金时间有13部。电视剧的平均收视率突破1%，明显提升总台电视剧品牌价值。

从11月开始，随着《隐秘而伟大》《装台》《大秦赋》等优质剧目的播出，电视剧收视率拉升强劲，"大剧看总台""央视大剧"的口碑持续升温。

四、打响"央视剧评""大剧V观"新媒体产品，引领影视剧领域主流评论

影视剧纪录片中心策划推出"央视剧评""大剧V观"等新媒体产品，深入解读剧目思想内涵和多元看点，构建起具有独家特色的电视剧"时评体"，突出主阵地的高站位，让电视剧领域的主流声音更加响亮有力。

五、依托品牌项目促台网深度融合，用经典作品催生现象级传播

依托《航拍中国》《如果国宝会说话》等品牌项目，实现台网深度融合，打通线上线下形成矩阵传播，使这两个爆款产品实现了现象级传播，也为影视剧纪录片中心加快实现"三个转变"探索出新路径。此外，原创系列短视频《理想答案　仅供参考》，采用形式感设问和回答的版式，每期引入与人物故事相关联的青春理想问题，节目播出后，收获微博主话题阅读量886万、讨论量437次，#寻找王春华#阅读量819.2万，讨论量475次。

六、建章立制、优化流程，力争实现社会效益和经济效益双丰收

1. 制定总台影视剧评审、电视剧价格版权体系等制度

2020年，影视剧纪录片中心制定的《总台影视剧评审领导小组工作规则》通过总台党组审议下发。该规则从组织体系、职责、决策与执行、监督与追责等方面进一步完善总台影视剧剧目定制、采购和排播；经调研后提出的《关于提高总台电视剧影响力和竞争力的相关建议》，通过总台党组会议签发。据此梳理电视剧价格体系，制定《中央广播电视总台电视剧价格版权体系执行方案》，调整机制，盘整社会资源，抢抓市场头部剧。

2. 以"总台+互联网""总台+卫视"联播模式抢抓重点剧

总台影视剧纪录片中心与重点视频网站平台实践"总台+互联网"联播模式，抢抓一些市场重点剧目，扩大了总台电视剧品牌影响力、传播力。

3. 建立流程机制抓原创，打通电视剧生产全流程

健全"总台出品"项目运营规范流程，

深挖台内外优质制播资源，开辟"前店后厂"模式，与台属制作公司和社会顶尖制作机构建立"总台出品"生产协调机制。

4. 激发内生动力，源头引导打造精品IP矩阵

调动全体员工节目创作和生产积极性，开展首届纪录片提案大会，共产生近80个选题提案。2020年启动35项，囊括历史人文、自然地理、社会现实、美食文化等多个品类，为提升纪录频道首播量和屏幕丰富度打下坚实基础。影视剧纪录片中心先后向总台申请立项一系列重点纪录片项目，包括《航拍长城》《大黄河》《大运河》《大敦煌》《大冰川》《北京人：人类最后的秘密》《自然的力量》等。

5. 优化广告经营，力促社会效益和经济效益双丰收

横向联合总经理室广告经营部门和具有资质的台属广告公司，对于自制和定购的剧目，提前进行广告单剧招标，提前规划、创新广告经营模式，启用贴片广告、中插公益广告、花絮预告类节目冠名、植入营销等整合营销方式，强化市场化营销。

七、国际合作国际表达，讲好中国故事，助力总台打造国际一流新型主流媒体

一是确定重点国际合作项目。与BBC合作的《中国的宝藏》中文版于1月在纪录频道首发；与BBC联合出品了纪录片《伟大诗人杜甫》等。通过加强国际合作，在全球讲好中国故事，奠定了总台纪录片在业内的领先地位。二是筹划启动总台与法国国家电视集团合作拍摄纪录电影《北京人：人类最后的秘密》，2020年6月13日在北京和巴黎举行了"云启动"仪式。

民族语言节目中心工作概况

民族语言节目中心拥有并运营民族之声（蒙古语和朝鲜语）、藏语广播、维吾尔语广播、哈萨克语广播4套广播频率，以及中国民族广播网5种民族语言分网和央视频账号、微信公众号、抖音账号，用民族语言分别向对象地区少数民族群众宣传党和国家的政策、方针、路线，报道新闻资讯，是对象地区权威的信息渠道。2020年，民族语言节目中心以庆祝总台民族语言节目创办70周年为契机，着力推进民族语言节目媒体深度融合、高质量发展，使民族语言节目的引领力、传播力、影响力稳步提升。

一、以打造"三个平台"为抓手，促进高质量发展

1. 聚力头条工程，打造人民领袖与各族群众心连心的宣传平台

民族语言节目中心在5种民族语言新媒体平台统一开设《今日关注》栏目，确保习近平总书记的时政要闻在全国少数民族语言新媒体首发。2020年，先后策划推出了《总书记的回信激励着我们》《习近平总书记给中国石油大学（北京）克拉玛依校区毕业生的回信引发该校师生热烈反响》《再访总书记足迹——延边这五年》《六年前的今天，习总书记关注了这两路……》等原创报道。

在重要时间节点，及时翻译、推送总台特别策划的原创微视频《报得三春晖》《共同的牵挂》、节目《背影》等，传播习近平总书记的家国情怀。其中，总台维吾尔语微信稿件《报得三春晖》在5月10日母亲节当日推送，阅读量10万+。

2. 加强中华文化传播，深化"五个认同"，打造促进民族团结的传播平台

民族语言节目中心通过宣传引导，让对象地区民族受众加深对中国历史文化的认识和感受，建构心灵相通的认同感。维吾尔语节目在故宫建成600周年之际推出《从故宫开始，了解中国文化》系列短视频节目。截至2020年11月10日，在央视频播放量近10万，"维吾尔语"微信公众号阅读量超34万，

抖音官方账号播放量超1000万。

3. 汇民族风采，聚时代精神，打造反映新时代各民族团结奋进精神风貌的展示平台

全面展示民族地区发展进步，记录各民族砥砺奋进的自信心、精气神。在脱贫攻坚进入决胜阶段的报道中，民族语言节目中心推出全媒体主题报道《一个民族都不能少》《走向我们的小康生活》，展示各少数民族地区脱贫不掉队、共同奔小康的时代精神。蒙古语、藏语、哈萨克语、朝鲜语广播分别推出《听总书记的话 以铁的担当打通脱贫攻坚最后一公里》《藏家故事》《不负韶华——最美奋斗者》《护航脱贫攻坚》等报道，以及用5种少数民族语言翻译的总台精品节目《决战脱贫在今朝》，获得少数民族受众的热烈反响。

二、抢占新媒体舆论阵地，推动媒体深度融合

2020年，民族语言节目中心着力推进媒体融合。截至11月30日，5种民族语言央视频、抖音、微信等新媒体平台共发布消息超过10万条，用户触达由2019年1亿人次增长到2020年超5亿人次；新媒体平台用户数由2019年80万增长到2020年180万；各语言微信稿件阅读量超过10万成为新常态。

1. 发力两会报道，民族语言视频制作能力显著增强

在全国两会预热报道期间，民族语言节目中心成立了专门的视频制作组，重点推出自主策划的系列短视频专题《中国制度，民族复兴的保障》，并以此为起点，陆续在央视频设立了9个少数民族语言账号，民族语言视频制作发布体系初步成型，视频制作发布数量迅猛增长。

2. 央视频助力，提升视频产品影响力

加强业务流程梳理，建立一把手负责制，各节目部相继组成新媒体制作团队，全力向视频制作发力，增加视频数量，提高制作水平。同时，大力引导微信粉丝向央视频汇集，增强央视频平台在少数民族受众中的认知度和影响力。

3. 拓展平台，努力占领更广大新媒体舆论场

2020年9月，在抖音认证开通5个少数民族语言账号。截至11月底，共发布视频1500余条，粉丝量接近50万，视频播放量超过2亿次，其中，朝鲜语节目关于深圳经济特区建立40周年庆祝大会的单个视频点击量超过713万，显示民族语言短视频传播的巨大潜力。

三、涉藏涉疆宣传报道高扬主旋律，占领舆论制高点

民族语言节目中心始终处在民族领域意识形态斗争第一线，涉藏涉疆报道既要坚持绵绵发力、久久为功，营造有利的舆论环境，又能在关键时刻、关键节点敢于亮剑，牢牢占据舆论制高点。

为宣传贯彻中央第七次西藏工作座谈会和第三次新疆工作座谈会精神，民族语言节目中心策划推出全媒体系列报道《高原格桑花更艳》《大美新疆 再展宏图》，全面系统地解读党的治藏治疆方略，精心描绘青藏高原、天山南北新时代团结奋斗、繁荣发展的壮丽画卷。

2020年是西藏自治区成立55周年和昌都

解放70周年，藏语广播分别策划推出原创视频报道《今天是你的生日 扎西德勒！》和20集系列报道《昌都解放70周年》，充分展现西藏自治区成立55年来在党中央治藏方略的指引下，西藏各项事业的发展成就和昌都解放70年来的发展历程。报道受到西藏自治区党委宣传部、昌都市委宣传部的好评。

2月，十一世班禅额尔德尼·确吉杰布通过总台藏语广播及新媒体向海内外藏族同胞致以新年祝福。节目播出后，被多家媒体转载，浏览量总计在70万人次以上。

6月，针对美方签署所谓"2020年维吾尔人权政策法案"，总台展开舆论反击，推出纪录片《巍巍天山——中国新疆反恐记忆》。民族语言节目中心及时翻译、推送民族语言版，并迅速播出报道《这是我们的声音——新疆各族人民坚决反对和强烈谴责美国将所谓"2020年维吾尔人权政策法案"签署成法》，一天内点击量超过6.3万。10月，翻译并推出纪录片《活佛转世——达赖喇嘛是如何产生的》（藏语版），在央视频、"藏语"微信公众号等平台推出，迅速引发网友关注。视频节目同时提供给康巴卫视等藏语电视台，在大屏播出，对引导涉藏舆论起到积极作用。

四、发挥民族语言节目特殊作用，打赢疫情防控阻击战

从1月底开始，民族语言节目中心全力投入新冠肺炎疫情防控宣传报道，及时广泛宣传习近平总书记对打赢这场疫情防控总体战、阻击战的系列重要指示精神，为凝聚人心、增强信心、消除疑心、营造良好的舆论氛围。

及时翻译推送习近平总书记重要指示，做到民族语言新媒体首发。防疫报道期间，有关习近平总书记亲自指挥、亲自部署的疫情防控考察活动、主持会议的重要讲话、指示精神等新闻以及《央视快评》系列稿件，5种民族语言都在第一时间及时编发、翻译，在新媒体推送、在重点广播节目中播出，确保做到民族语言新媒体首发。

发挥新媒体优势，民族语言新媒体产品影响力和传播力跃上历史新高。民族语言新媒体在疫情防控报道中优势明显，内容丰富、形式多样的新媒体产品受到广大少数民族群众的喜爱。5种民族语言微信公众号在防疫报道中全面刷新历史数据。

疫情期间，藏语节目新媒体平台拍摄、制作的微视频《医护人员却吉卓玛驰援武汉》，点击量达到30万。维吾尔语节目拍摄制作的微视频《主播点评》，在微信公众号和央视频同步推送疫情防控内容，仅除夕到大年初四就有2条视频微信阅读量超过40万，7条视频微信阅读量超过10万。根据总台统一部署，各语言节目还及时组织翻译制作了45种宣传片和公益广告在新媒体端和广播端推送播出。

利用各种节点，宣传好民族地区复工复产情况。在习近平总书记就决战决胜脱贫攻坚和全面建成小康社会做出重要部署的时间节点，及时组织《乌鲁木齐这些地方恢复营业啦》《西藏75家规模以上工业企业开工复工率超过50%》等视频和文字报道。哈萨克语节目为抗击疫情助力，策划制作抗疫主题广播剧《感恩的"花"》，赞美扎根基层、辛勤付出的党员干部以及在抗击疫情过程中不惧生死、冲在一线的广大医护人员。

军事节目中心工作概况

军事节目中心负责的业务平台包括央视国防军事频道、央广军事广播节目及相关新媒体平台。国防军事频道坚持守正创新，深化融合传播，深入宣传习近平强军思想，全方位报道我国国防和军队建设成就，普及国防教育、传播军事知识；央广军事广播节目包括在中国之声播出的《国防时空》《晚高峰观军情》等栏目和在其他重点新闻栏目中播出的涉军时政报道和其他相关新闻报道；在中华之声播出的《海峡军事》栏目。另外，中心还办有"央视军事""央广军事""CNR国防时空"等新媒体。2020年，军事节目中心精心办好节目和新媒体，各项工作取得一系列新成绩、新突破。

一、突出思想引领，做好重大主题主线、重大事件、重要节点报道

国防军事频道、军事广播节目精心办好《在习近平新时代中国特色社会主义思想指引下——新时代新作为新篇章》《奋斗强军》专栏，先后推出《在习近平强军思想指引下·我们在战位报告》《展望"十四五"奋进新征程》《与改革强军同行》《直击演训一线》等多个主题主线内容，深入阐释习近平主席系列重要讲话的精髓要义、丰富内涵，及时生动地报道全军部队的成就和风貌。另外，各平台还推出《统帅的深情牵挂——习近平主席关心基层部队官兵纪实》《牢记嘱托锻雄师》《全军官兵积极投身强军兴军伟大实践》等报道。

2020年，军事节目中心围绕新冠肺炎疫情防控、全国两会、脱贫攻坚、八一建军节、抗战胜利75周年、中国人民志愿军抗美援朝出国作战70周年、十九届五中全会等重大事件、重要节点，精心策划、组织，制作刊播系列电视、广播节目和新媒体产品，特别策划推出《重托》《脱贫攻坚中的迷彩方阵》《英雄不朽》《胜利的回响》等重点项目，既突出国防军事主题和特色，又与总台其他平台宣传形成有机合力。

二、坚持守正创新，精心做好国防军事领域宣传报道

2020年，军事节目中心各平台围绕专业定位，突出国防军事特色，努力加强常态节目策划，积极推进内容形式创新，采制播发众多独家报道，凸显主流媒体的权威性、专业性、引领力。新闻节目策划推出了《为战育人 一探究竟》《与改革强军同行》《难说再见·退伍季》《铿锵海防行》等一系列主题突出、风格多样的报道。国防军事频道各档专题、访谈、纪录片类节目也都结合各自栏目定位，推出《走上新战位》《壮歌》《不能忘却的牺牲》《航天追梦》《揭秘飞天重器》《筑梦北斗》《最美新时代革命军人》《空降利刃》《共和国阅兵装备》《揭秘"蓝盔"装备》等多档专题节目、特别节目和系列节目。国防军事频道还制作播出《致敬最可爱的人》《人民子弟兵与你在一起》《阅兵》《最美新时代革命军人》《铭记历史》《脱贫攻坚 军民同行》等40多部主题宣传片，为抗击疫情、脱贫攻坚等重大主题宣传烘托氛围。

三、推进融合传播，新媒体影响力持续增强

2020年，新媒体方面依托独家、优质的军事题材短视频，"央视军事"用户总规模由不到200万快速增长到3300多万。"央视军事"央视频号全年发布超过6000条短视频、数十场独家新媒体直播，始终占据平台头部，用户数超过13万，居总台第四，在军事类保持首位，获"年度最受欢迎央视频账号"。

"央视军事"微博用户2020年新增超过100万，全年获得超过550个热搜，获评2020年度"微博百大视频号""微博2020最具影响力军事官微"。微信平台、"央视军事"用户增幅超10倍，成为央视新闻、人民日报等主流媒体军事题材内容的主要提供者。"央广军事"微博全年发稿1.7万条，156次登上微博热搜榜，主持的26条话题阅读量过亿，粉丝量净增长破250万，达1457万，在军事类账号中名列第二。"央广军事"抖音号粉丝数量从2019年的560万增长至915万，总点赞量1.9亿人次，跻身军事类头部账号序列。

四、推进高质量发展，深化内容生产供给侧结构性改革

2020年，按照总台高质量发展工作部署，军事节目中心深入研究国防军事题材内容传播规律，不断提升节目和新媒体制作理念，改进传播方式和布局。对国防军事频道进行改版微调，着重打造晚间、傍晚和下午时段三个重点节目带，并对部分栏目的重播次数和节目时长作了调整，收视效果得到明显提升。同时，着力提高频道自制节目比例和内容品质：2020年国防军事频道自制节目比例（不含电视剧）超过70%；10月，频道创新推出8集青少年国防教育户外综艺类节目《今天我当"兵"》。广播方面，7月，重点推出全新军事评论类栏目《新闻有观点·军事周刊》，采用直播访谈形式，精选一周最重大、最具影响力的军事热点事件，邀约权威军事专家进行深入解读。

五、落实意识形态工作责任制，确保宣传报道安全

军事节目中心严格落实意识形态工作责任制，确保宣传报道导向安全、内容安全、播出安全，注重从政治高度、全局角度研判和防范化解意识形态领域风险，切实把意识形态工作责任、工作措施落实到采编播各环节。切实加强宣传队伍建设和管理，持续强化宣传管理，定期组织频道、频率播音员、主持人开展集中培训，建立与播音员、主持人的谈心谈话机制，加强思想教育，提高业务水平。通过加强常态管理，严格审核把关，确保宣传报道在政治上、导向上绝对安全。

农业农村节目中心工作概况

农业农村节目中心作为涉农宣传报道的国家级媒体平台，负责总台农业农村频道、中国乡村之声广播频率及新媒体平台"央视三农""田园频道"的播出运营工作。

2020年，农业农村节目传播效果呈现持续提升的良好局面。农业农村频道2020年累计覆盖观众规模超10亿。频道农业节目收视时长在全国农业节目市场占比高达88.2%。中国乡村之声频率通过升级改版，听众规模持续上升。中心融媒体发力央视频、云听等总台自有平台，2020年累计播放量超3200万次。

一、高举旗帜，积极宣传阐释习近平总书记关于"三农"工作重要论述

农业农村节目中心围绕习近平总书记关于"三农"工作发表的重要讲话和指示，先后推出《决胜攻坚倒计时》《问计全面小康》《两会三农时间》《温暖的牵挂》等特别节目，从推进脱贫攻坚、建设美丽乡村、保障粮食安全等角度开展深入解读、权威阐释。围绕习近平总书记考察调研足迹，全面立体地宣传总书记就少数民族脱贫、产业扶贫、绿色发展、保障粮食安全等方面的指示精神，充分展现习近平总书记深入基层、躬身笃行的工作作风，充分报道总书记关于"三农"工作的最新论述，充分关注干部群众的热烈反应、积极践行。

二、深入开展重大主题主线宣传，营造全面建成小康社会、打赢脱贫攻坚战浓厚氛围

围绕"决胜决战"重大主题宣传，农业农村节目中心一是紧抓日常栏目，夯实基本面。创新推出日播纪实栏目《攻坚日记》，采用纪实手法，持续跟踪记录脱贫攻坚一线的鲜活实践，讲述脱贫攻坚的"中国故事"；在《中国三农报道》《大地讲堂》《田间示范秀》《三农群英汇》等栏目推出"迎接决战时刻""科技扶贫""小康路上有人帮"等系列

节目，全方位展现脱贫攻坚进程。二是打造重点项目，突出品牌亮点。先后推出百集系列特别节目《"三区三州"行》、大型公益助农融媒体活动"我的家乡我代言"、大型农村户外演讲特别节目《携手奔小康》《全国脱贫攻坚奖特别节目》等重大项目。三是强化融合传播，营造立体氛围。通过主题图文、海报、短视频、直播、话题互动等形式，在互联网端强化"决战决胜"氛围。

围绕"乡村振兴"重大主题宣传，农业农村节目中心一是构建多样节目集群，展现"三农"蓬勃发展。按照习近平总书记乡村振兴战略重要思想，构建起包括新闻资讯评论、专题纪实、生活服务、文化综艺、融媒体等多种类型的节目版块集群，展现中国特色社会主义进入新时代以来农业更强、农村更美、农民更富的生动景象。二是不断强化品牌引领，打造标识"三农"活动。完成《丰收中国——2020年中国农民丰收节主题晚会》，创新推出季播节目《超级新农人》，重磅打造"乡村振兴人物榜"宣传选树活动。三是有序开展"抗疫情促生产""六稳六保"宣传，积极推进建党百年宣传策划筹备等工作。

三、深化内容生产供给侧结构性改革，全面推进高质量发展改版规划上线

2020年9月22日，农业农村节目中心以农业农村频道正式开播一周年为新起点，推动高质量发展全面改版规划全新上线。在电视端，全新推出日播新闻栏目《中国三农报道》、升级改版栏目《三农群英汇》等，推进《致富经》《乡理乡亲》《乡土中国》等栏目提质升级，精心筹备"2020年中国农民丰收节主题晚会""2020年全国脱贫攻坚奖特别节目"等重大品牌项目。在广播端，云听"田园频道"正式上线，打造移动端"三农"音频传播矩阵。在融媒体端，发力内容融合创作、品牌产品打造、传播矩阵建设、网红主播孵化、商业生态探索五大方向。中心高质量发展改版规划上线以来，传播效果提升显著。农业农村频道整体收视不断攀升；多档栏目收视阶梯上涨，形成良性联动态势；观众规模不断扩大，忠实度持续提升。云听"田园频道"总播放量、点击量大幅提升。

四、坚定实施融合发展，努力建设涉农宣传全媒体

一是以央视频、云听为主阵地打造"三农"融媒体矩阵。以"央视三农""田园频道"为旗舰，以《中国三农报道》《田野麦霸》《这里有说法》《田园听书》等垂直账号为矩阵，推出《主播说"三农"》《三农奇观》等独具"三农"特色的新媒体产品。二是以移动传播为出发点和落脚点，确立节目、产品生产传播机制。采取全网首发、小屏反哺大屏等新举措，推动各类型节目产品在策划研发、推进制作、传播投放等各环节生产传播机制转变。

五、加速推进农业农村频道落地，促进频道传播力、影响力不断提升

农业农村节目中心成立落地推广工作专项小组，确定因地制宜、因城施策、分类推

进、分步实施的总体思路。经过近一年的努力，农业农村频道在全国各级有线电视公共网、IPTV电视网入网率逐步提升。专业机构提供的数据显示，截至2020年10月底，农业农村频道在全国31个省市区（港、澳、台地区除外）实现全面落地，落地覆盖率100%。其中，在全国2341张有线电视公共网入网率增长17.6个百分点，达93.68%；在全国1059家IPTV电视网入网率已超过95%。频道在一些地区没有进入央视台组序列的问题得到有效解决。截至2020年10月底，有10个省市区优化了农业农村频道电视网位序。

六、统筹协调内外力量，开创工作新局面

一是积极处理和中国农业电影电视中心的合作关系，确保目标一致、协调高效、各司其职、高度协同。二是统筹台内资源，助力中心快速发展。积极对接台属公司节目生产力量，有力拓展节目生产来源；积极联系总台总经理室，全面对接"强农品牌计划"实施；对接总台有关外宣中心，推进中心节目对外传播。三是充分协调台外资源，为中心发展营造有利环境。深入开拓涉农部委资源，积极对接地方宣传主管部门、地方广电机构资源，为中心各项工作开展赢得更多支持。

七、筑牢意识形态阵地，努力打造涉农宣传"国家队"

全面落实意识形态工作责任制，严控工作流程，把好导向关、内容关、人员关；健全中心组织架构，强化宣传队伍建设；细化建章立制，推动全媒体传播效果综合评价体系建设、薪酬考核体系建设，以制度管人管事。

港澳台节目中心工作概况

2020年，港澳台节目中心高质量改版升级对港澳台广播频率，积极推进新媒体平台和内容建设，持续增强涉港涉台舆论引导能力，充分发挥中央主流媒体在对港澳台传播中的主渠道、主阵地、主力军作用。

一、加快对港澳台广播高质量改版升级步伐，狠抓节目质量，对港澳台传播的针对性、有效性显著增强

一是重点抓好大湾区之声提质改版。2020年1月6日，大湾区之声升级为全粤语播出，进一步增强了节目的贴近性和吸引力。2020年，面向大湾区，特别是港澳受众，大湾区之声对习近平主席新年贺词、全国两会、全国抗击新冠肺炎疫情表彰大会等10场重大活动进行粤语直播，特别是首次启用位于深圳的总台大湾区中心广播直播室，直播深圳经济特区建立40周年庆祝大会，取得良好传播效果。持续提高《湾区，早晨！》《"港"清楚》等重点新闻节目的时效性、信息量，进一步突出新闻信息与大湾区、与港澳的关联度，有效吸引湾区受众的关注。《揾食大湾区》《叹世界》《华夏原创金曲榜》等生活服务、音乐旅游类栏目贴近港澳受众的需求和收听习惯，深受当地年轻听众欢迎。

二是改版升级两套对台广播频率。2020年1月6日，全新改版升级中华之声、神州之声。中华之声以新闻节目为改版重点，强化早间新闻版块，北京本部与厦门节目制作室、岛内驻点记者协同配合，升级《台北直播室》《祖地新鲜报》两档新闻节目，有效提高涉台新闻的供给量和针对性。尤其是在新冠肺炎疫情和两岸局势紧张的双重压力下，岛内驻点记者坚守一线，每天采制岛内新闻资讯，大幅增加对台一线新闻的自采量。神州之声针对岛内方言受众，强化贴近性传播，将方言节目占比提高至全天节目的80%。新增《闽台服务站》《有味生活》等生活栏目和《两岸斗相共》《讲牙舍》等文化栏目，以闽南、客家文化连接两岸共同记忆，岛内受众接受度显著提升。

三是创新报道形式,主题主线报道深入人心。积极做好党的十九届五中全会宣传报道,为港澳台受众深入解读全会精神。聚焦决战脱贫攻坚主题报道,策划推出14期系列融媒体报道《脱贫攻坚中的大湾区力量》,通过音视图文多种形式展现大湾区城市对口帮扶、精准扶贫的成果和经验,中央主要媒体、大湾区重点媒体以及多家海外媒体积极转发,在境内外尤其是大湾区产生热烈反响,期均点击量超过200万。积极营造大湾区疫情防控良好舆论氛围,创新推出11期系列融媒体产品《全球抗疫中的大湾区力量》,生动讲述大湾区城市加紧生产防疫物资、驰援侨胞友城的抗疫故事。开展庆祝深圳经济特区建立40周年宣传报道,策划采制12集融媒体报道《风雨同创40年》,深入挖掘深圳创新发展的巨大成就和积极探索,视频素材被美国全国广播公司财经频道(CNBC)、德国之声等35家外国媒体选用。此外,围绕庆祝浦东开发开放30周年、长三角一体化发展等主题,推出《潮涌新浦东 启航向未来》《深化合作 携手共进——长江三角洲区域一体化发展纪事》等系列专题融媒体报道。

二、提高涉港涉台舆论斗争本领,以攻为守,主动发声,在港澳台舆论场上的话语权和影响力大幅提升

一方面,围绕涉港重大事件和涉台舆论热点主动发声、持续发声,引导舆论。大湾区之声、中华之声主动作为、以攻为守,完成上级布置的各项报道任务。对港传播方面,大湾区之声连续打赢多场舆论攻坚战。在香港国安法落地、香港立法会选举推迟、反对派立法会议员被取消资格等关键节点,新闻节目及时播发全国人大、国务院港澳办、香港中联办等部门权威信息,充分报道香港各界的积极反响,表明中央立场,打击乱港言行,有力引导香港社会舆论。对台传播方面,针对台湾地区领导人选举、美国卫生部长阿扎等美高官访台、美国加大对台军售、第十二届海峡论坛等重大事件,《两岸热新闻》《两岸观潮》等新闻节目集中报道、及时发声,播发国台办、外交部、国防部等部门表态,宣介中央对台方针政策,传播支持两岸和平统一的声音,壮大反"独"促统舆论声势。

另一方面,强化观点传播,打造对港对台传播评论品牌。推出《大湾区之声热评》和《总台海峡时评》,以有风骨、敢亮剑、接地气的新语态,以攻为守、及时发声。《大湾区之声热评》2020年播发74篇,在总台新媒体端的延展阅读浏览量达7537万次,全网二次传播发布放大倍率8倍,相关内容被2411家境内外媒体和自媒体转载报道,其中包括BBC、CNN、德国电视一台、全俄国家电视广播公司、台湾公共电视台等60多个国家和地区的350家电视台。境外全网提及量70.4万次,其中,香港地区提及量29.4万次,台湾地区提及量16.8万次。"热评"观点深入人心,引发广泛反响,多位香港特区行政会议成员、立法会议员主动转发,成为涉港澳舆论场重要言论品牌。2020年,从全国两会到香港国安法通过的40多天里,"热评"连续播发30多篇评论,密集发声,《新闻联播》多次摘播,电视端累计观众触达人次4.96亿,

有效发挥引导涉港舆论的作用。《总台海峡时评》2020年播发44篇,在总台自有新媒体平台延展阅读量达2377.6万次,全网二次传播发布放大倍率22倍,相关内容被1647家境内外媒体和自媒体转载转发,台湾媒体累计提及量40.7万次。《美台勾结挑衅必将遭到坚决打击》《"台独"之日就是统一之时!》等多篇评论立场鲜明、语言犀利、战斗力强,形成强大的舆论声势。多家台湾媒体将评论观点作为大陆对台官方态度,台湾地区领导人就"时评"内容应询回应,有台湾民意代表和政治评论员认为,《总台海峡时评》在岛内引发强烈关注,起到很好的反"独"促统效果。《总台海峡时评》被美国、加拿大、意大利和东南亚华文媒体以及港澳媒体广泛转载,凝聚了海外华人推进祖国统一、反对"台独"的共识。

三、大力加强新媒体平台建设运营,以效果为导向,切实增强对港澳台传播的传播力、影响力

根据对港澳台传播的特殊性,港澳台节目中心将新媒体平台建设运营工作摆在重要位置,组建专门团队对港澳台新媒体生态进行研究,创新传播手段,突出移动化、视频化,粉丝量、关注度快速增长。

"大湾区之声"微信公众号推出以来,坚持优化产品内容、提高稿件质量、增强资讯时效。2020年制作发布紧贴湾区发展的融媒体稿件1600多篇,110篇稿件被央视新闻客户端转发,60篇稿件被总台平台一键触发。精心策划的融媒体专栏深受欢迎。其中,融媒体品牌专栏《建言大湾区》,专访梁振英、林郑月娥等香港、澳门和大湾区其他城市近30位重量级人士,在港澳地区广泛传播,多篇产品全网点击量超过400万。疫情期间,制作50期粤语防疫科普小视频和粤语抗疫歌曲《坚信爱会赢》《白衣长城》等,在大湾区城市群广泛传播,每日影响1000万以上受众。在春季招聘季,与央视频共同推出"春暖花开 国聘行动"大湾区专场新媒体直播,累计向求职者提供近1万个招聘岗位。每逢二十四节气,"大湾区之声"微信公众号推出《家乡话》乡音诵读。

2020年11月全新推出对台新媒体主平台——"看台海"微信公众号,及时报道涉台重大新闻资讯,策划推出《两岸开讲》《权威发布》《台海记忆》《悦·阅听》等多个具有对台传播特点的新媒体栏目,增强针对性、贴近性。该平台初创即强,一个月内关注量迅速增至2万,多篇内容全网点击量超过200万。

四、创新体制机制,优化工作布局,队伍凝聚力、战斗力不断提升

一是推进内部整合,加强队伍建设。结合对港澳台传播高质量发展和新媒体建设需求,推进中心内设部门整合,明确各部门职能定位。完善部门人员配置,重点加强新媒体、评论写作、粤语播音三个团队力量,克服人员年轻、接触业务晚的困难,以战代练,迅速将粤语等方言优势转化为传播优势,顺利完成各项宣传报道任务。

二是完善规章制度,树立良好风气。研

究制定新闻节目安全播出管理办法，强化对新闻节目全流程管理。探索符合工作实际的薪酬管理体系，奖金向一线岗位、艰苦岗位、重点岗位、创新岗位倾斜，树立"奖优罚懒、勇于创新"的风气。

三是加强业务培训，提高专业能力。针对团队评论写作水平不高、粤语播音水平参差不齐等短板加强培训，组织系列专题培训会，对新闻业务骨干、评论写作专班、主持人播音员、行政部门员工等进行多方面培训，切实提高业务能力和专业素质。

英语环球节目中心工作概况

英语环球节目中心（简称英语中心）旨在为全球受众提供准确、及时的信息资讯和丰富的视听服务，促进中国与世界沟通了解，增进中外文化交流与互信合作。旗下包括两个电视频道（英语新闻频道、纪录国际频道）、两个广播频率（轻松调频、英语资讯广播）、一个官网（CGTN.com）、一个移动客户端以及新媒体传播矩阵。除北京总部外，英语中心在内罗毕、华盛顿和伦敦设有三个海外区域制作中心。英语中心在CGTN官网、移动客户端及海内外17个社交平台开设并运营账号。截至2020年底，全平台粉丝量超1.9亿，其中海外粉丝占90%，遍布世界200多个国家和地区。

2020年，英语中心遵循传播规律，突出效果导向，推出一批在国际舆论场获得较大声量的精品力作，有理、有力、有据地开展国际舆论斗争，实现对外传播引领力、传播力、影响力大幅增长。

一、积极宣介领导人思想，时政报道对外传播取得突破

英语中心持续创新时政内容转化和传播形式，完成2020年全国两会、党的十九届五中全会、第三届中国国际进口博览会等时政报道，积极报道习近平主席出席联合国成立75周年纪念大会、APEC峰会、中非团结抗疫特别峰会等时政报道，对外展现大国领袖风范，特别是将时政报道转化为更适合海外受众观看的微视频和动画片等形态，取得显著传播成效。其中，全球首部记录中国抗疫的英语纪录片《武汉战疫纪》被近30个国家和地区的近170家境外电视频道和新媒体平台采用，总播放量近亿次；动画微纪录片《战武汉》，触达全球3.79亿人次受众，国际传播范围之广、影响之大、境外转载之多，创下我国媒体疫情防控新媒体单品报道海外传播之最。英语中心与全球媒体网络联盟合作，在全球170多个国家的30余万个媒体平台，面向约10亿外媒受众传播CGTN精品时

政报道，其中 30 篇领导人稿件被美联社、法新社、欧罗巴通讯社、雅虎财经、《每日先驱报》等 1510 家主流外媒转载 28 076 次，累计触达 162.24 亿人次。

二、疫情报道彰显权威性服务性，实现国际影响力跳增

英语中心在疫情暴发后迅速调派精锐团队深入武汉抗疫最前线，对外传递中国抗疫真实情况。前方记者共与 FOX NEWS（福克斯新闻频道）、BBC、英国第四频道、今日俄罗斯电视台等 38 个国家的 49 家海外主流媒体连线 104 次，为路透社提供定制稿件 4 条。主持人刘欣、王冠、库恩等接受 16 家主流外媒专访，打通国际传播"最后一公里"。在兼顾前线大量报道的情况下，英语中心首次尝试制作新闻纪录片，推出《武汉战疫纪》《生死之间》《武汉七十六日：回望战疫之路》《中国战疫纪》等抗疫纪录片。其中《武汉战疫纪》在海外社交平台视频观看量近 2000 万，是截至 2020 年底全球播放量最高的反映中国抗击新冠肺炎疫情的纪录片。创新打造特别系列直播节目《全球疫情会诊室》，为多国医生搭建起抗疫经验共享的国际平台，76 场直播全球阅读量 2.81 亿。刘欣专访"疫情上报第一人"张继先，首次曝光武汉最初 7 例新冠病例会诊记录，登上微博热搜第一名，浏览量超 4 亿。田薇专访钟南山、张文宏、高福以及世卫组织驻华代表高力博士、世卫组织赴中国考察组组长布鲁斯博士、"病毒猎手"利普金教授等数十位中外重量级嘉宾。其中，钟南山专访视频观看量超 2657 万，微博话题阅读量 3.7 亿。

三、以攻为守、正本清源，针锋相对争夺国际话语权

英语中心针对疫情溯源问题，集中驳斥美西方炮制的新冠病毒"中国源头论""武汉实验室泄漏论"等一系列污名化和索赔滥诉言行。独家专访中科院武汉病毒研究所研究员、武汉 P4 实验室主任袁志明等专家，击破"病毒源自武汉实验室"的不实说法。欧洲区域制作中心独家专访《新冠病毒系统发生学图谱》论文第一作者、剑桥大学彼得·福斯特博士，深入报道有关 A 类病毒是"暴发根源"且"更多发现于美国和澳洲感染者"观点，全球阅读量 326 万。系列微视频《真相放大镜》，90 期视频全球阅读量 1.91 亿。英语中心邀国外专家就疫情话题发声，发表图文评论系列《中国战"疫"全球观》、专家视频评论系列《议·疫》等，共计 2700 多篇。推出评论动漫系列《漫话天下》，反击美西方抹黑，全球阅读量超 8100 万。做精做深 CGTN 评论矩阵，重点打造 CGTN 时评，70 余篇时评全球阅读量 3000 余万，被《国际金融报》《中国日报》等多家媒体转载。在涉疆话题方面，英语中心相继推出新疆纪录片《巍巍天山——中国新疆反恐记忆》及融媒体报道《穿越新疆》。其中《巍巍天山——中国新疆反恐记忆》覆盖全球 213 个国家和地区受众，阅读量 5.63 亿，被雅虎财经、道琼斯市场观察、福克斯、市场洞察、意大利国际通讯社、华尔街在线等 27 个国家和地区 475 家媒体积极转载转引。《穿越新疆》报道团队在 30 天里，以移动融媒体直播、慢直播、组合式系列报道、微视

频、Vlog、图文等多种形式，分北、中、南三段接力完成穿越任务，实现中英文、外内宣合力传播。

四、以创新驱动内容生产，融合传播强化海外覆盖

英语中心主打刘欣、田薇、王冠等4个"大V网红工作室"，根据主持人不同定位、差异化打造《点到为止》《薇赴私访》《冠察天下》等系列产品，6500多期节目全球阅读量超20亿。同时孵化李菁菁、刘晨等自有"素人网红"，突出"好感传播"。截至2020年底，英语中心4个"大V网红工作室"和9个"素人网红工作室"在海内外多平台开设账号45个，累计海外粉丝数580万。大型融媒主题报道《坐着高铁看中国》"十一"期间巡游中华大地，完成"十三五"成就巡礼，全球阅读量超9555万，海外评论正向比90%。英语中心落实总台5G+4K/8K+AI战略部署，推出数据新闻交互作品《超级病毒》四部曲、两会融媒大数据双语交互产品《"规划"里的中国》《大数据透视两会新闻大战》等，成为圈粉利器。两会期间，新媒体记者全网首次应用5G移动穿戴设备"千里眼"沉浸式直播眼镜，实现社交监看、主控导播和多渠道分发等多任务集中处理的高效报道。英语中心首次在总台5G+4K媒体应用演播室录制"5G+竖屏"融媒外宣评论产品《冠察天下》，全球阅读量752万。

五、持续推进合作传播，精品节目屡获海内外大奖

CGTN智库重点加强与美欧智库、机构合作，先后举办"联合国2030年可持续发展目标与中国减贫经验"线上研讨会、"科学素质与全球挑战"电视专题论坛等4场世界级大型活动。英语中心重磅推出《中日韩自贸时代新愿景电视论坛》特别节目，邀联合国前秘书长潘基文、韩国前总理韩升洙、日本前东京都知事舛添要一等重量级嘉宾，携同中日韩政商学人士深入交流。英语中心先后与国际宇航联合会、肯尼亚国家电视台、全球化智库（CCG）合作推出《商业航天新时代》《发现非洲 面向未来》《第六届中国与全球化论坛——大使圆桌》特别节目。其中，《商业航天新时代》视频观看量超200万。2020年，英语中心有58篇原创内容由全球媒体网络联盟分发，获2133家主流外媒转载转发，被翻译成西班牙语、法语、阿拉伯语、日语等18个语种，转载量45 160次，累计触达312.1亿人次。2020年，英语中心共获总台内奖项46项，国内奖项37项，国际奖项13项。其中，在第30届中国新闻奖评选中，《中国新疆 反恐前沿》获国际传播一等奖；《点到为止：中国不会接受不平等条约》获国际传播二等奖；《香港暴力升级现场追踪报道》获电视消息三等奖；《美国贫富差距创新高 资本主义面临深层危机》获广播访谈三等奖。

亚洲非洲地区语言节目中心工作概况

2020年，亚洲非洲地区语言节目中心（简称亚非中心）适应对外工作的新形势新任务新要求，克服疫情带来的不利影响，推动国际传播工作取得突破性进展。

一、用心用情做好头条报道

2020年亚非中心共发布头条报道超过2万条，24个语言境外社交媒体平台阅览量超2.8亿次。

1. 以小见大解读时政要点

亚非中心各部门推出具有国际传播特点的时政解读产品，以小见大解读习近平治国理政方略。柬埔寨语《这些年，习近平总书记吃过的工作餐》，让网友感叹"习近平总书记值得全世界国家领导人学习"。6月15日，多个语言部门推出微视频《他的生日，这样过》，获得海外受众满屏点赞与祝福。乌尔都语部在社交媒体直播《巴铁留学生收到习近平主席回信，惊喜到不敢相信！》，视频阅览量超220万次，互动量50余万人次。

2. 有力配合重要外事活动

2020年1月，在习近平主席访问缅甸期间，亚非中心制作缅语版《习近平喜欢的典故》系列节目，在缅甸天网电视台播出，并配套出版同名缅文图书。同时，在该国举办缅语版纪录片《我们走在大路上》开播仪式、"一带一路"媒体论坛等主题活动，为访问营造良好氛围。

二、做好主题主线报道

1. 抗击新冠肺炎疫情报道

一是全景式展现中国抗击新冠肺炎疫情的真实情况。多语种发布相关报道15万余条，其中视频2万余条，在海外社交平台上总阅览量超10亿次，总互动量超1200万次，视频观看总量约2亿次；制作了《武汉加油！关于疫情我想说》《疫情之下，中国穆斯林还好吗？》《战疫Vlog》等一批阅览量超千万的爆款产品。二是阐释人类命运共同体理念。各语言部全面报道中国积极开展对外医疗援助真实情况的同时,为对象国制作推送一批多语种抗疫歌曲和抗疫科普产品,表达对各国疫情防控的关切。波斯语部制作的《守望相助》系列科普视频被伊朗政府官方APP、医生联合会、伊朗声像组织网站等平台转载转发；希伯来语部、日语部、马来语部、蒙古语部、普什图语部等多个部门发起捐助活动,向对象国媒体和医护人员捐赠防护用品,相关报道在对象国引起高度关注。

2.决战脱贫攻坚报道

结合亚非地区实际,策划制作《丰收的日子》《一个都不能少》《打通脱贫"最后一公里"》等系列融媒体产品,以生动鲜活的案例介绍了中国脱贫的成果和经验。多语种记者赴四川、云南、甘肃、宁夏、安徽、新疆等地开展采访,与村民同吃同住,在田间地头进行直播报道。这些"沾泥土、带露珠、冒热气"的报道覆盖海外受众5亿人次,视频播放超3亿次,互动、点赞、转发近2163万次。

3.重要会议、重大活动报道

多语种、全平台重点解读十九届五中全会精神,CGTN阿拉伯语频道推出《中国是如何做到的》系列节目,以问答形式展示"十三五"时期我国经济社会发展成就与经验。各语言部结合《中华人民共和国国民经济和社会发展第十四个五年规划和2035年远景目标纲要》与对象国发展战略的契合点,阐释中国的开放发展将为世界发展带来更多机遇,相关报道在57家境外主流媒体刊发。全国两会期间,亚非中心发起多场直播和微直播,发布各类报道7454篇,境外浏览量2 135.7万次。围绕第三届中国进口博览会、浦东新区开发开放30年、深圳特区成立40周年,推出《带你逛进博会》《写意大浦东》《写实奋斗者》《习近平亮出深圳密码》等专题系列报道,多国主流媒体转载转发。

4.涉疆涉藏相关报道

多路记者赴西藏、新疆等地实地采访,走进当地社区和村户,以移动直播的方式,带国外受众体验各民族群众生活的真实情况,发布报道700余篇(次),境外社交媒体触达量超1亿人次；多语种译制百集微纪录片《新疆人物故事》触达海外受众2000多万用户；纪录片《我的新疆日记》中,外籍记者以背包客身份赴疆开展体验式采访报道,亚非中心多语种译制视频产品累计触达海外受众1500多万用户。

三、大力打造评论品牌

1.开发重点评论言论产品

24个语言部均开办评论言论栏目,结合对象国国情,对《国际锐评》《玉渊谭天》《央视快评》等重点产品进行改编,海外主流媒体转引6234次。亚非中心全年生产原创评论产品6360条,波斯语《罗理罗说》、马来语《弘观天下》、印尼语《鑫话题》等评论栏目培养出一批外语评论员,在对象国有较大知名度,当地媒体和受众关注度不断提高,全年评论产品阅览量5440万次。

2.有力驳斥西方谣言

积极跟踪研判对象国舆情,提高选题策划精准性。4月中旬,针对所谓"非洲人在广州遭受歧视"的舆情,斯瓦希里语部、豪萨语部大量采访报道非洲人在华生活的真实状态、介绍对象国媒体上于我有利的声音，受到外交部非洲司领导肯定和对象国受众积极评价。7月初，日本、越南谣传"三峡大坝即将溃坝"，亚非中心日语部、越南语部记者亲赴三峡进行采访，用镜头展现事实真相，使谣言不攻自破。

四、受到海外媒体高度关注

2020年，海外媒体共转引转载亚非中心报道近3万次。卡塔尔半岛电视台首次在节目中播出阿拉伯语频道有关新疆问题的完整报道。乌尔都语部记者王茜婷连续参加4场巴基斯坦智库线上论坛，就抗疫主题发表演讲，阿拉伯语部、土耳其语部记者也都在对象国发起的论坛上发言。埃及《今日消息报》、阿曼《回声报》等在其网站为总台记者开辟评论专栏。

亚非中心在对象国的传播得到外国政要和受众的高度评价。老挝总理西苏里赞扬老挝语部节目推动两国媒体的交流，是中老媒体合作的典范。在土耳其，"CRI Turk"成为当地较有影响力的媒体品牌之一。柬埔寨首相洪森提名，西哈莫尼国王亲自授予柬埔寨语部记者张艳萍柬埔寨王国"友好合作勋章"，表彰其为中柬友谊作出的贡献。

五、新媒体建设取得进展

亚非中心运营日语、朝鲜语、老挝语、越南语、柬埔寨语、缅甸语、土耳其语、阿拉伯语、斯瓦希里语、泰语等10个客户端，海外用户占比60%以上，部分客户端对象国用户占比超过90%，有力提升对外传播的针对性。亚非中心24个语种均开办网络频道，形成国际在线和CGTN网站集群。

亚非中心在海外社交媒体平台上不断开拓阵地。截至2020年底，亚非中心海外社交媒体粉丝数超过7000万，其中阿拉伯语境外社交媒体账号"CGTN Arabic"粉丝数超过1400万，"乌尔都语"账号粉丝数超过600万。2020年，亚非中心社交媒体平台总阅览量超过40亿。

欧洲拉美地区语言节目中心工作概况

欧洲拉美地区语言节目中心（简称欧拉中心）使用法语、西班牙语、俄语、德语、意大利语、葡萄牙语、波兰语、捷克语、匈牙利语、塞尔维亚语、罗马尼亚语、保加利亚语、阿尔巴尼亚语、克罗地亚语、乌克兰语、希腊语、世界语、白俄罗斯语18种语言，扎实推进总台的国际传播能力建设，着力讲好中国故事。

2020年，欧拉中心全方位聚焦"头条工程"，有力有效做好重大主题宣传报道，打造网红工作室矩阵落实"好感传播"，构建评论言论矩阵积极参与国际舆论斗争，媒体外交、媒体活动出新出彩，围绕5G+4K/8K+AI战略布局搭建技术支撑体系，以较高质量完成全年各项目标任务。

一、聚焦聚力"头条工程"，用心用情做好领袖宣传报道

围绕习近平总书记亲自指挥、亲自部署抗疫阻击战，以及在世界卫生大会致辞、出席联合国成立75周年系列高级别会议、金砖国家、上合组织、G20等重大外交活动，欧拉中心18个语种电视、广播、网站、客户端、境外社交平台全方位发力，及时编译、发布、推送相关报道和《总书记指挥这场人民战争》等系列时政微视频，发布《习近平领导的这场人民战争是中国走向国家治理现代化的最佳注脚》《中欧合作——于变局中开新局　在双边中推多边》等配合性评论稿件，全面立体传播领袖活动，展现领袖风采。各平台"头条工程"全年总发稿量1.4万余篇，总阅览量1.26亿，视频观看量1123万，互动量130万，完成时政直播70场次。

重视借嘴说话，借筒传声。欧拉中心邀请法国、德国、西班牙、意大利、俄罗斯、巴西等对象国家官员、专家学者、驻华大使撰写评论文章，在《看中国》栏目集中刊发，解读习近平治国理政重要思想，积极评价习近平总书记提出的维护多边主义主张，阐述人类命运共同体理念的重大意义。通过改写编译、联合策划等方式，使"头条工程"报道

在36个对象国家的百余家主流媒体落地。欧洲新闻台、今日俄罗斯国际通讯社、法国经济新闻电视台（BFM Business）、法国国家电视台纪录频道（France 5）、俄罗斯全俄电视广播公司、今日俄罗斯电视台（RT）、意大利TGCOM24电视台、德国《日报》、德国DRF电视台等合作媒体全年刊播878篇相关报道，覆盖人口2.1亿。

二、有声有色开展自主策划，主题主线报道效果突出

围绕抗击疫情、脱贫攻坚、涉疆、涉港、涉人权等重大宣传报道主题，结合对象国家实际情况，积极开展自主策划，增强传播的针对性和有效性。

在抗击疫情、复工复产方面，相关报道总发稿量56 072条，总浏览量5.29亿，视频观看量5000万，互动量992万，成为G7、G20国家受众了解中国抗疫的主渠道和中外抗疫合作的纽带。在总台领导亲自指挥下，制作推出总台原创战"疫"公益歌曲《天使的身影》的俄语版、意大利语版、西班牙语版，邀请对象国家知名音乐人参与录制。其中，意大利语版成为爆款产品，国内外电视端报道累计观众触达1.97亿人次，广播端覆盖6.17亿听众。多语种、多平台、多终端推出"稳外资稳外贸"系列视频片《信心与举措》。促成《俄罗斯报》刊发社论《俄中患难与共》，整版推出"中国加油 我们在一起"的彩色海报，得到我外交部新闻司高度评价。

有关脱贫攻坚、奔向小康的主题报道突出新媒体特点。相关报道总发稿量1.4万余篇，总阅读量超1.01亿次，互动量超129.5万次。多语种视频系列产品《数说扶贫》《你好康康》讲述中国人民摆脱贫困的奋斗历程。AR短视频《中国如何打赢脱贫攻坚战？》献礼2020脱贫攻坚决战决胜年。新媒体动画系列片《国宝脱贫记》在法语国家25岁以下青年受众中反响热烈，海外阅读总量514.5万，视频观看总量35.7万，互动量12.7万。

在涉疆、涉藏、涉人权等主题报道中，共发稿5269篇，浏览量4 742.3万，视频观看量469.6万，互动量58.1万。其中，纪录片《巍巍天山——中国新疆反恐记忆》通过俄语、法语、德语、意大利语、西班牙语、葡萄牙语等多语种平台播出，浏览量422.8万，视频观看量84.3万，互动量3.7万。重点策划的纪录片《我的新疆日记》和《外籍记者看新疆》系列报道，由中外主持人进行体验式报道，突出国际视角。组织法语、俄语等部门外籍记者走进西藏，发布系列图文及Vlog产品，全球阅读总量超过200万。"中国人权纪实"2020年重点围绕全面建成小康社会主题，从"美好生活""美丽中国"等选题入手，讲好中国人权故事。

三、建立建设"两个矩阵"，创新创意媒体外交活动

欧拉中心聚力打造中心级言论评论栏目《热点观察》和《看中国》，全年发稿300余篇，浏览量438万，互动量26.3万。各语言部门推出特色言论产品，网红评论员采访欧盟委员会前主席普罗迪，法国前总理拉法兰、

德维尔潘,吉尔吉斯斯坦前总理奥托尔巴耶夫、金砖开发银行副行长诺盖拉等多国政要,邀请对象国高端人士撰写专栏文章,在国际舆论场壮大友华理性声音。

扎实推进多语种、多类型网红工作室建设,全面落实"好感传播"。截至2020年底,欧拉中心共孵化建设提拉米苏、塞纳听涛、小鹿等评论类、好感类、垂直内容类三大类型29个网红工作室。各工作室全年制作发布3330个产品,全球总阅览量5.64亿,总视频观看量6 734.4万,总互动量238.9万。诞生《人工智能为中国经济发展提供新动能》《直播:走进博鳌乐城国际医疗旅游先行区》《Zana带你逛进博会专用瓷器厂》等80多个百万级阅览量爆款产品。

以"总台主持人+中外网红主播+外方嘉宾"的创意方式,在第三届中国国际进口博览会期间连续举办两场"足不出'沪'·享购好物"直播带货。活动邀请意大利、俄罗斯、法国、西班牙、德国驻华使领馆官员、商会、企业、主流媒体广泛参与,并借力海内外"人气网红",销售额1.4亿元,境外各平台总阅览量7000万。意大利《日报》、俄罗斯《俄罗斯报》、法国《费加罗报》、西班牙国家电视台、BBC News 中文等20余个国家的40多家主流媒体广泛报道。此次活动创建中外经济文化交流新模式、新平台,实现经济效益与社会效益双丰收。

在外交部中国—中东欧国家合作秘书处指导下,欧拉中心与相关机构合作,于2020年12月5日共同主办以"交流互鉴 共话发展"为主题的《中国—中东欧国家合作新春晚会》。外交部副部长、中国—中东欧国家合作秘书处秘书长秦刚与中东欧14国20余位驻华使节和代表参加。这是欧拉中心开展媒体外交的新尝试,彰显了"17+1"人文经济合作的强大魅力,得到外交部积极评价。欧拉中心还推出《中东欧国家使节话合作》系列专访和《(热点观察)许一个更紧密联结20多亿人的新年愿望》等多媒体稿件440余条,境外总阅览量391万,视频观看量144万,互动量3.69万,对象国家近20家主流媒体转载或引用相关稿件40余篇。

四、优化优质设点布局,提升提高海外本土化传播实效

欧拉中心以内容建设为抓手,面向法国、德国、西班牙、意大利等西方国家及"一带一路"国家,构建涵盖36个国家104家媒体的合作传播网络。与意大利克拉斯传媒集团 ClassCNBC 电视台合作拍摄纪录片《互信半世纪 越来越"中意"——献给中意建交五十周年》,在总台央视对内大屏、中意平台、意大利 ClassCNBC 电视台和新媒体等平台播出。《乘火车看中国》系列纪录片在法国国家电视台纪录频道(France 5)播出。欧亚地区俄语新闻共享交换平台外媒用户增加至33家,覆盖俄罗斯、白俄罗斯、哈萨克斯坦、吉尔吉斯斯坦、塔吉克斯坦等国主流媒体,全年外媒采用平台视频1155条,总时长53小时。

围绕总台5G+4K/8K+AI战略布局,突出移动优先,深耕移动平台建设,融媒体传播取得新成效。18种语言以官网、海外社交媒体账号矩阵、移动客户端等新媒体业务为突

破口全面发力，网站全年发稿量超21万条，官方境外社交平台账号全年推送35.6万条，全球总粉丝数超5707万，总阅读量超35亿，视频总观看量近2.2亿，总互动量超4100万。其中，法语脸书（Facebook）用户超过2000万，稳居全球法语媒体首位，西班牙语脸书（Facebook）账号位列全球第一梯队，俄语频道官网浏览量突破1亿次，99.8%的用户为海外用户，俄语脸书（Facebook）和VK账号粉丝量全面超越西方主流媒体。

稳步推进在法国、德国、俄罗斯、意大利、阿根廷、巴西、塞尔维亚、希腊、阿尔巴尼亚、塞内加尔10个国家的本土化融媒体制作室建设，全部投产。海外制作室全年生产制播46个栏目、572期视频节目、7140小时本土广播节目和20小时大屏节目。同时，全面启动海外报道员网络建设，有55名海外报道员发回评论性视频和稿件416条，被多个对象国家主流媒体转载，有效提升国际报道能力。

五、推动推进融媒体发展，有力有效实现内容技术双向驱动

加强日常新媒体产品、精品节目共享供给，推动语言部由广播部门向融媒体传播部门转变。对中心所属多语种国际在线网站发布系统进行优化升级，提升安全性及用户体验。实施中俄头条、中意、CMG ESPANOL、China info、Radio Kine、Ejnai等多语种移动客户端高质量发展规划。

根据对象区域融媒体传播需求，推动多语种新闻新媒体云平台的建设，形成从内容管理、跨境分发、传播数据采集分析的全链条服务。推进西班牙语、法语、阿拉伯语、俄语多语种融媒体中心建设，提升全球和区域热点追踪、舆情获取能力，提高生产效率和针对性。将4K、AR/VR、5G移动直播、H5专题、交互体验等多种新媒体手段灵活运用于各项目、产品，提升产品表现力和传播效果，满足更多互联网年轻用户需求。

华语环球节目中心工作概况

华语环球节目中心（简称华语中心）是总台母语国际传播的全媒体平台和国际传播能力建设的重要支点，以海外华侨华人和汉语学习者、使用者为服务对象，以"讲好中国故事，传播好中国声音"为职责使命，致力于通过"新闻+文化"节目集群，向世界展示真实立体全面的中国。华语中心旗下拥有中文国际亚、欧、美三个电视频道，华语环球广播、南海之声广播以及海峡飞虹中文网、华语环球网等平台。2020年，中文国际频道全国网市场份额3.58%，排名全国第四。4月4日的收视份额高达6.59%，创2003年以来单日收视最高值。华语环球广播和南海之声广播的传播力和影响力稳步提升。

一、精心做好领袖宣传和主题主线宣传

1. 精心组织习近平总书记思想和形象宣传

华语中心及时报道习近平总书记重要时政活动，电视端直播23场、相关新闻700余条，时长近2500分钟，新媒体端发布相关内容130条，总阅读量超800万。广播以"领导人的牵挂与嘱托"等为主题，及时传递领袖声音和讲话精神。"头条工程"围绕习近平总书记在疫情防控、脱贫攻坚等方面的重要指示，策划推出《稳中求进　危中寻机》等70余期系列报道，深入解读习近平新时代中国特色社会主义思想内涵。

2. 完成重大活动、重要会议的宣传报道任务

围绕纪念抗美援朝出国作战70周年大会、党的十九届五中全会等，华语中心通过现场直播、动态新闻、系列报道、评论分析、专题节目、新媒体直播、短视频等进行全面深入报道，推出《坐着高铁看中国》《中国新篇章》《直通服贸会》《特区40年》《浦东，三十年再出发》《聚焦党的十九届五中全会》等节目，多角度、全方位展示中国发展成就。

3. 决战脱贫攻坚、决胜全面小康主题宣传贯穿全年

华语中心直播多场国务院扶贫办发布会，

推出100集系列报道《百村脱贫记》、深度观察《中国脱贫攻坚取得新进展》、系列报道《中国减贫方略》、系列融媒体节目《外国人看中国扶贫》、广播专题《梦圆小康——海外侨胞看中国脱贫攻坚》等，梳理各地推进脱贫攻坚工作成果和脱贫经验，生动讲述脱贫故事。

二、全方位、多角度、立体化聚焦世纪疫情

1. 全景记录全球疫情

新冠肺炎疫情发生以来，华语中心第一时间启动应急报道机制，及时调整节目生产方式和编排模式，增加新闻频次和力度，历时4个多月，每天至少8小时持续向海内外观众发布权威信息，先后直播159场疫情防控新闻发布会，《中国新闻》推出《众志成城 抗击疫情》《全球战"疫"》两大特别报道共117期，《今日关注》《今日亚洲》《中国舆论场》《深度国际》连续推出上百期疫情专题节目。其中，《深度国际》11期特别节目收视率均在1%以上，最高一期收视率达1.51%。

2. 重点关注海外华侨华人抗疫故事

华语中心发起"全球战疫 华人在行动"媒体行动，在新闻节目中开辟同名专栏，为我国驻外使领馆、海外华侨华人、留学生搭建发声平台，采访56位我驻外使馆官员，连线20多位海外观察员。《今日亚洲》推出《海外战疫日记》版块，《华人故事》推出39期《海外华侨华人抗击疫情》系列报道，广播策划《全球战疫一线的中国身影》等专栏。《新闻阅评》称赞"中文国际频道深知全球华人、华侨和留学生所忧所思、所需所盼""在特殊时期发挥了特殊作用"。

3. 精心讲好中国抗疫故事，宣介中国抗疫成功经验

华语中心与国家中医药管理局合作，推出7期《中华医药 抗击疫情》特别节目，邀请中央指导组专家、国医大师、院士讲解中国抗疫理念，向全世界介绍中国处方；与国家卫健委联合推出《守望生命——2020中国医师节特别节目》，回顾抗疫历程和战疫故事，向一线医务工作者致敬。

三、高质量发展提质升级，推出一批精品力作

2020年中秋晚会巧妙结合年度重大主题，以特色化、差异化、多样化融合传播，成为国庆假期全网最受关注的节目。晚会并机总收视率4.54%，较平时提升155%，触达总人次近8亿，相关话题累计阅读总量超140亿，全网热搜超过260个，相关视频播放量超13亿，总讨论量超1100万，创历年中秋晚会客户数量与广告收入两项新高。

20集大型纪录片《抗美援朝保家卫国》引发台网观众广泛关注和社会舆论强烈反响，平均收视率0.9%，单集最高收视率1.07%，电视端首重播累计触达观众5.2亿人次，微博话题阅读量18.3亿人次，视频播放量4.2亿次，豆瓣评分9.4分。《新闻阅评》称赞节目让抗美援朝战争更紧密地连接当下，彰显主流媒体的使命担当和理想信念。

《中国地名大会》（第一季）引发社会各界热烈反响，受到《新闻阅评》高度评价，

被国家广播电视总局评为2019年度创新节目，电视观众累计4亿人次，微博话题阅读量5.5亿，与抖音合作打造的"地名背后是家乡"挑战赛视频累计播放量38.8亿次。

纪录片《记住乡愁》（第六季）共40集古城系列节目，首播平均收视率0.48%，电视观众规模9.92亿人次，全网点击量23.3亿次，新华社、人民日报、学习强国、今日头条给予积极评价。

80集大型系列节目《大运河》按照精品化制作要求，充分挖掘运河的历史文化资源，展现沿岸对运河文化的开发和利用，呈现运河的古今巨变及风貌变迁。

《世界听我说》（第四季）邀请世界各地37位华人嘉宾，细致展现华人讲述者在海外的工作生活状态。

纪录片《卓越的恩格斯》电视端与网络端触达用户突破1.5亿，微博主话题阅读量超4400万。

《非常传奇》（第三季）通过挖掘展示40个非遗项目，实现非遗的传播与传承，助推中华非遗产业文化升级。

四、聚焦重大事件、重大报道，深入开展舆论斗争

1. 及时准确发声亮明态度

第一时间播发权威部门表态，严正表达中国立场。开辟《揭开谣言看真相》专栏，汇编国际社会和媒体舆论有利声音，及时准确播发近百篇《国际锐评》和《央视快评》，有理有据回击美西方国家对我抹黑攻击。《今日关注》《深度国际》等栏目推出《疫情下的"美式人权"危机》等近200期评论和专题节目并深入解读，有力配合外交大局。

2. 通过新媒体言论加强国际舆论引导

打造《华语环球评论》《华声评聚》《南海漫评》《港澳台观察》等原创系列评论产品，围绕港澳台、中美关系、南海等热点事件累计发布评论200多篇。其中，《南海漫评》推出70余篇中英文时政漫画，累计阅读量超1200万，被澳门《莲花时报》、印度尼西亚《国际日报》、英国《英中时报》等媒体转载。

3. 深入做好涉港澳台报道

广泛宣传《反分裂国家法》实施15周年座谈会精神，跟进报道香港国安法实施、美国对台军售等热点事件，通过系列评论深入解读。推出10集文献纪录片《一九五八炮击金门》，深刻昭示祖国统一是民心所向的历史必然，引发海峡两岸及海外舆论高度关注。制作5集纪录片《香港生命线》，反映香港与祖国内地"同发展、共繁荣"的事实。

4. 积极稳妥做好涉疆涉藏报道

深入报道中央西藏工作座谈会、新疆工作座谈会精神，及时播发外交部表态，强力反击美方利用涉疆问题干涉中国内政。推出涉藏纪录片《西藏 扎西德勒》，充分反映西藏在基础设施建设、医疗教育、脱贫攻坚、高海拔生态搬迁等方面取得的巨大变化，全网触达用户8.4亿。

五、强化融合传播，新媒体影响力不断提升

华语中心新媒体顺应渠道多元化、用户

社群化的趋势，以内容为核心，深入挖掘中心音视频资源优势，做好产品矩阵化、垂直化布局，有效运用各类新媒体平台，更广泛地触达用户，更深入地服务用户。

1. 整合新媒体账号，做好境内外平台布局

华语中心在境内第三方平台共有24个新媒体账号，粉丝数6500万，总台排名第四，其中，中心级账号"CCTV4"总粉丝数超2000万，2020年度总阅览量34.2亿次。"国家记忆"抖音号粉丝数1372万，获赞量超3.1亿，预估市值988万元。在央视频开设账号64个，总播放量近1.8亿，总台排名第四。在境外社交平台Facebook上运营"知道""知行""船长先生"3个账号，粉丝数分别为494万、151万、113万。

2. 深入推进面向海外青年群体的好感传播

加强主持人新媒体IP建设，为主持人定制个性化新媒产品，创新推出《端端说端午》等一系列原创短视频。打造以两位95后年轻人为网红的"欣玲工作室"，策划面向海外青年群体的境外本土化传播项目《发现东方之美·"枫"华正茂》短视频。

3. 加强新技术应用

第三届中国国际进口博览会期间，推出168小时网络直播报道《进博360°》。该报道全程采用云切换技术，是总台5G媒体应用实验室成果落地，并且首次应用于长时间的快慢结合直播，多平台分发观看量2060万。

融合发展中心工作概况

2020年8月17日，融合发展中心正式成立。作为总台内设机构，融合发展中心负责组织协调全台媒体融合发展事务，制定新媒体发展战略规划，统筹全台新媒体平台建设，建立内容资源和用户数据共享库，建立新媒体传播评价体系，规范管理新媒体社会合作。

2020年，融合发展中心紧扣职能定位，扎实推进中心组建，筑牢组织发展根基；积极推动总台媒体融合向纵深发展，立足总台战略全局，加强顶层设计，强化统筹协调，抓好重点项目，各项工作取得阶段进展和成效。

一是强化总台媒体融合顶层设计，推进成立总台媒体深度融合发展领导小组。为贯彻落实中央《关于加快推进媒体深度融合发展的意见》，切实推动总台实现媒体深度融合，融合发展中心在借鉴中央和地方类似机构组建方案的基础上，紧密结合总台实际，起草《中央广播电视总台媒体融合发展领导小组及办公室的建议方案》等重要文件，形成议事规则和运行机制。2020年10月，经总台党组批准，总台媒体深度融合发展领导小组正式成立。

二是立足总台未来五年战略发展大局，精心编写"十四五"规划新媒体新平台建设版块。根据总台"十四五"规划编制的总体安排，融合发展中心作为三家牵头单位之一，在全面掌握总台新媒体新平台建设整体情况的基础上，组织召开联席会和台内外研讨论证会，面向各新媒体单位开展意见征集，广泛听取意见建议，精心提炼，确保规划内容和规定制定流程的完整性、科学性、前瞻性，顺利完成总台"十四五"规划新媒体新平台建设版块的编写任务。

三是聚焦总台对外融合传播，推动境外社交平台总台账号整合规划工作。本着服务总台对外传播，强化融合发展顶层设计的原则，融合发展中心对Facebook（脸书）、YouTube（优兔）、Twitter（推特）等境外社交平台上的总台账号开展多维度监测，为总台领导决策和业务部门内容生产、账号运营提供参考依据。同时，融合发展中心在盘好家底、摸清底数的基础上，积极推动境外社交平台上的总台账号的整合规划工作。中心以"错位发力"为指导思想，以"调结构、促发展"为根本原则，以"海外平台差异化发力、多语种优势充分放大、内容品类硬软结合"为工作重点，制定出台《境外社交平台总台账号整合规划方案》，为总台进一步借船出海，有效提升在境外社交平台上的传播力和影响力奠定基础。

四是有效提升总台媒体融合管理实效，归口管理总台媒体融合重点项目。融合发展中心作为总台媒体融合发展重点项目的归口管理部门，积极对接上级部门和业务主管单位，全面开展中宣部媒体融合发展重点项目管理和相关材料报送、考核等工作。融合发展中心对接中宣部，统一总台媒体融合发展重点项目管理对外接口，组织制定《中央广播电视总台媒体融合发展重点项目管理暂行办法》并印发全台，规范管理流程，提升管理质量，填补媒体融合重点项目管理制度空白；落实中宣部提出的重点项目整改要求，承接原央广和原国广相关项目，精心组织、稳步推进，保证相关项目平稳过渡和顺利推进；全面接手重点项目管理，统筹推进重点项目规范建设。

五是助力总台构建全新生态，扎实推进国家（杭州）短视频基地项目业态设计工作。融合发展中心作为牵头单位，扎实推进国家（杭州）短视频基地业态设计和重点项目调研工作。一方面深入走访总台相关部门，逐个中心认真对接需求；另一方面先后对相关行业机构和领军企业开展调研，学习借鉴行业在相关科技应用及产业发展方面的先进经验，梳理基地业态构建总体思路、业态规划、运营模式、阶段目标等。同时，积极与杭州市委市政府、杭州文广集团、上城区委区政府进行深入交流，建立良好顺畅的沟通机制，初步形成国家（杭州）短视频基地业态构建设想，分阶段、有重点推进基地平台建设和业务落地。

新闻新媒体中心工作概况

2020年，新闻新媒体中心围绕统筹推进疫情防控和经济社会发展工作，深入开展决胜全面小康、决战脱贫攻坚重大主题宣传，推进媒体融合创新发展，各方面工作取得明显成效。

一、坚持守正创新，聚力打造"头条工程"

新闻新媒体中心忠诚履行党的意识形态重镇职责使命，把"两个维护"体现在实际行动上，创新时政新闻报道，生动讲好习近平总书记治国理政、管党治党、爱民为民的故事。

1. 推出一批时政报道精品力作，全网置顶量在央媒中显著领先

综合运用图文、时间轴、海报等新媒体形式，创新推出《总书记指挥这场人民战争》《把人民利益放在最高位置》《和总书记一起建设媒体中国》等系列时政特稿产品，梳理阐释习近平总书记重要活动和重要讲话，多篇被全网置顶。围绕总书记国内考察和会见、回信等，及时推出"第一现场""一枝一叶总关情"等系列特稿，延伸解读总书记重要论述，展现领袖风采。

2020年，总台全网置顶1073篇时政特稿，其中，央视新闻为538篇。总台全网置顶290条微视频，其中，央视新闻为209个，领先优势明显。

2. 精准发布重大时政稿件，"传习录"全新升级改版

2020年9月，央视新闻客户端全新升级时政融媒体频道"传习录"，将原有客户端H5页面升级为客户端原生频道。页面设计体现"中国风"，设置"金句海报""时政V观""学习日历""央视快评"四大版块，交互性显著提升。

央视新闻客户端全年实现近500条重大时政新闻的全网首发首推，以总台独家视频优势资源领跑全网。2020年央视新闻客户端共发布习近平总书记重大时政稿件4721篇，专题21个，推送747条。

3. 精心制作轻量化产品，推动领袖思想和风采广泛传播

新闻新媒体中心与时政新闻中心有效对接，运用总台独家时政视频资源创新融合报道。结合习近平总书记重大活动和重要讲话，迅速推出短视频、金句海报等新媒体产品，在央视新闻微博、微信公众号、抖音号、快手号等第三方平台进行轻量化、碎片化多次传播。

短视频《游客："彭麻麻呢？"》单条播放量达5.1亿，点赞3101万，创下央视新闻抖音号播放量和点赞量的最高纪录。抖音号发布短视频《被暖到了！游客热情邀请总书记一起泛舟，总书记笑着说"我很想去，就是人太多了"》单条播放量达4.2亿。

二、有力有效传递中国声音，提升总台国际传播话语权与影响力

1. 品牌评论栏目《国际锐评》强势发声

2020年，《国际锐评》评论员深入中美经贸谈判一线、涉港舆论引导前方、武汉疫情防控一线、第三届中国国际进口博览会等国内外重大新闻现场，坚持"以攻为守"策略，正面引导与驳斥谬论相结合，开展对美西方舆论斗争。截至2020年12月31日，《国际锐评》共发出392篇评论，被外媒广泛转载，有力提升了总台国际传播力。

2. 国际特稿引发高度关注

在2020年涉及新冠肺炎疫情的国际舆论战中，新闻新媒体中心连续发布600多篇原创国际特稿，及时揭批美国部分政客和媒体的卑劣行径，引发境内外媒体高度关注。《起底｜不明原因肺炎肆虐 美哈萨克斯坦生物实验室或成区域"病毒炸弹"》等原创稿件被广泛转发，54篇国际特稿被美国、俄罗斯等40多个国家的200多家媒体转载转引。

3. 国际题材微视频传播广泛

围绕国际热点问题，独家策划微视频作品进行深度解读。新闻新媒体中心推出《环球同此凉热》《美利坚谎言与真相》等系列特别制作，形成央视新闻微视频品牌化栏目《世界观》，拥有一定规模的黏性用户。

三、持续做好抗疫报道，《共同战"疫"》73天不间断直播创下多个全网之最

新冠肺炎疫情发生后，新闻新媒体中心迅速在新媒体平台打响疫情防控报道攻坚战。

2020年1月24日农历除夕夜，新闻新媒体中心率先派出报道团队逆行挺进武汉疫区。在武汉疫情防控报道中，新闻新媒体团队累计进入红区采访477次，占总台前方进入红区采访总次数的43%，原创发稿总量1039条。据不完全统计，团队原创视频作品90%以上被大屏采用，新媒体阅读量约47.3亿次，直播累计观看74.75亿次，微博话题总阅读量108.1亿。

从1月27日8时开始，新闻新媒体中心充分利用移动直播、连屏互动等融媒体手段，在央视新闻客户端及社交媒体平台官方账号，推出长达73天的全天候不间断直播节目《共同战"疫"》，及时全面准确报道疫情防控进展，成为全网最高时长、最多角度融合、最高关注度的疫情防控大直播。这一项目被选为2020年国家广电总局全国广播电视媒体融合

典型案例。

四、突出重大主题，新媒体报道创新有声有色

1. 多场融媒体直播效果好

自主策划重大主题直播。2020年下半年，新闻新媒体中心策划推出大型系列融媒体互动直播《我和我的村庄》，聚焦云南、四川、江西、安徽、黑龙江等地五座村庄的脱贫攻坚收官之战。节目注重年轻化表达、互动性设计，发起互动征集，做好碎片化传播，微博总阅读量为7.9亿，互动留言量总计200 834条。节目在快手发布小视频26条，总播放量为3.9亿。

突发事件直播快速反应。2020年，央视新闻推出多个突发事件独家直播报道，引领全网。防汛期间，派出20多人到灾情最严重的江西、安徽前线报道汛情，前后方密切配合发起上百场直播，推出《闻"汛"出击》特别节目。《第一视角贴身看战士们抗洪》等多个作品被央视《新闻联播》和新闻频道《新闻1+1》等栏目选用，微博话题阅读量近1.4亿。

科技类直播有创新。2020珠峰高程测量报道中，央视新闻客户端采用"5G+天文望远镜"直播镜头，捕捉到通过8800米横切后的登山队队员的身影，创下珠峰登顶直播的新标杆。

2. 海报、微视频产品全网领先

2020年，央视新闻发布海报类产品约1200组。全微博平台转发超过千万的7条微博中，有6条被央视新闻囊括。其中，国庆、中秋双节同庆海报转发量达1960万，位居2020年央媒微博单条转发量第一位。在微信端，共有约30条海报相关推送阅读量突破100万，成为微信爆款。

3. 打造新媒体品牌栏目

2020年，央视新闻《正直播》栏目不断强化新媒体直播样态，在防汛救灾、"嫦娥五号"探月等报道中，精心策划组织，加强和全台资源的对接共享，在直播中呈现独家视频、独家现场画面，成为全网重大事件报道的"源新闻"。

央视新闻新媒体访谈栏目《相对论》不断探索大小屏资源共享的融合传播新模式，先后推出《部长共话》《众城共话》系列节目，各平台总触达量数十亿，30多次登上各类热搜榜；推出《新影像》栏目，在宝贵的历史影像中深入挖掘，陆续制作推发近30期节目，取得了良好的传播效果；策划推出《重点来了》栏目，创新新闻发布会的报道模式，受到国新办和各部委的高度认可和好评。

4. 新媒体评论紧跟热点及时发声

央视新闻推出系列专栏评论《战"疫"每日观察》，共发稿100余篇，仅在央视新闻客户端阅读量就超过2500万，其中52篇被全网置顶转发，成为2020年疫情期间最具影响力的评论专栏之一。全国两会期间，《热评两会》关于民法典的视频被翻译成英语、西班牙语、法语、俄语版本，在境外媒体推发，并被学习强国APP推荐至首页显著位置。

5. 精心组织融媒体大赛活动

2020年，新闻新媒体中心克服疫情影响，努力办好第三届"你好，新时代——人民的小康"青年融媒体作品大赛。本届大赛自2020年5月启动以来，始终紧紧围绕决胜全面建成

小康社会、决战脱贫攻坚的目标任务，以"人民的小康"为主题，围绕"共同战疫""脱贫攻坚战"征稿、展播，共征集作品3200多部。大赛启动之初，宣推工作就全面铺开，从线上延伸到线下，从室内延伸到室外，全国60座城市15万块电子屏同步发布启动视频、海报，大赛相关微博话题阅读量超30亿，500多万人次参与讨论。

五、《新闻联播》新媒体传播不断拓展，原创IP品牌价值显现

短视频栏目《主播说联播》每日更新、日益成熟。新闻联播主播用网络化语言对当天热点新闻进行点评，内容表达方式有网感、接地气，每日在央视新闻微信号、新闻联播微信号、央视新闻微博、新闻联播抖音号和快手号、央视新闻B站号等发布，形成品牌效应，保持较高的播放量。

截至2020年12月31日，央视新闻客户端注册用户1.26亿，全年日均新增用户数3.2万。央视新闻微博粉丝超1.14亿。央视新闻微信公众号关注人数达到1598万。央视新闻抖音号粉丝数在2020年10月底超过1亿用户，展现了主流媒体强大的内容优势。

六、推出系列直播带货融媒体行动，实现宣传与经营"双丰收"

2020年新闻新媒体中心在做好宣传报道的同时，主动与总经理室对接，服务统筹疫情防控和经济社会发展，策划推出"谢谢你为湖北拼单""新消费·爱生活——北京消费季""买遍中国"等直播带货，通过多种形式的线上线下融媒体营销推广活动，既保证央视新闻的品质格调，又为总台经营工作提供重要渠道。央视新闻全年共进行25场直播带货活动，总销售额超60亿元。

同时，央视新闻还将直播带货的范围扩展到了全球。在中国国际进口博览会期间，推出"足不出'沪'·享购好物"直播带货活动，推荐欧洲五个国家的美食、服装、美妆等商品。两场直播，欧洲五国商品销售额均破千万元，总销售额超1.4亿元。意大利、俄罗斯、法国、西班牙、德国五国使馆官员和商业人士对中国的市场消费能力感到惊讶，对总台直播带货活动和强大传播力给予高度评价。

视听新媒体中心工作概况

央视频5G新媒体平台是总台贯彻落实习近平总书记"守正创新，把新媒体新平台建设好运用好"重要指示精神的战略举措。2020年，视听新媒体中心作为央视频5G新媒体平台的建设者和运用者，积极围绕构建总台5G+4K/8K+AI战略格局，在增强内容生产力、平台竞争力、技术驱动力、生态链接力、管理创新力等方面全力推动平台高质量发展，从"保上线"进入"稳运行"阶段。央视频客户端全年累计下载2.35亿次，激活设备5520万台，注册用户2244万，用户活跃度和社会影响力已稳居主流媒体新媒体客户端前列，在激烈的市场竞争中初步站稳了脚跟。

一、持续丰富央视频内容生态，抢占网络舆论主战场

1. 以账号激励政策为支点，激活总台内容"富矿"

视听新媒体中心以短视频专项经费与奖金政策为杠杆，积极联动总台各内容中心，撬动并激活台内资源活力与新媒体创作能力，带动优质大屏资源向互联网主阵地聚合、向移动端倾斜。全年累计对接开设台内账号1230个，《航拍中国》《巍巍天山——中国新疆反恐记忆》《英雄儿女》等多部精品力作在央视频率先实现首播、独播。与多个内容中心联合制作推出"'8+1'五·四青年节大型云直播连线"、《中国舆论场》定制版、《我们的节日·云上过"六一"》、《Young Live云歌汇》等融媒体项目，不断深化大小屏融合互动，加快推进总台各频道频率和节目栏目的内容生产供给侧结构性改革。

2. 重大报道不缺位，"云系列"彰显国家级媒体责任担当

新冠肺炎疫情发生后，央视频迅速响应党中央有关坚决打赢疫情防控阻击战的决策部署及"控疫情、稳就业"的号召，积极回应全国中小学延迟开学等人民关切，以多元化融媒体传播形式，陆续打造"云系列"产品。"云监工"项目，第一时间开通"直播建医院：与疫情赛跑的中国速度"5G慢直播，累计观看量

超1.6亿次,"云监工""挖掘机天团"等关键词持续冲上微博热搜,成为全网现象级传播案例。"云充电"项目,发布近2万场系列直播网课,累计观看人次达8.6亿,带动央视频客户端在上线73天后,实现苹果应用市场娱乐榜和总榜第一名。"云招聘"项目,"春暖花开 国聘行动"汇聚1.5万余家央企及社会知名企业入驻央视频,累计提供岗位近150万个,简历投递数量超400万份,端内求职页面总阅读量近2亿次,有效发挥"媒体+服务"功能,助力企业和求职者实现"云端"连接。

3. 原创IP项目爆款频频,探索主流价值年轻态表达

依托总台优质资源持续放大平台内容原创优势,以创新资源配置、优化制播模式为抓手,打造多个亿级和千万级流量的大型融媒体IP项目。《一起上书房》大型融媒体项目14场直播总观看量近1.3亿次,活动累计为贫困县乡村爱心图书室捐款157.8万元。《火车火车哪里开》大型融媒体项目,成为"春雨工程"全国示范性志愿服务活动的重要组成部分;"央视频号·文化志愿者专列"7场直播全网总观看量超4700万次,助力52个国家级贫困县脱贫摘帽。此外,相继推出《课本里的中国》《文物"潮"我看》《跨过2020——央视频跨年晚会大赏》等立体多样的系列融媒体直播,抓住重要时间节点激发平台原创活力,不断增强内容核心竞争力。

二、夯实平台运营根基,开拓高质量发展新格局

1. 持续推进产品升级迭代

央视频持续推进产品升级迭代和功能优化,升级富含"价值传播因子"的"总台算法",不断创新节目制播模式与呈现方式。首次采用"5G+VNIS(交互制作模式)+VR"创新技术重磅推出"鼠你不一样——VR Young"春晚直播,实现总台春晚历史上首次VR全景直播;制作并推出的多种语言版本《春晚2020》4K大电影,成为继《此时此刻——共庆新中国70华诞》4K超高清直播电影后,对国家重大活动电影化的又一次重要实践;开发具有央视频特色的用户中心系统,通过提供详细的央视频用户基础数据分析,为做好用户精准运营提供有力支撑。

2. 深耕垂直领域产品线

精心策划打造具有总台特色和核心竞争力的产品线,先后推出"影视""运动""综艺""知识"等垂类Tab页以及两会、"深潜"等动态Tab页共19个,以精细化、精准化、精品化运营策略,在实现优质内容聚合的同时提升精准触达能力。同时,视听新媒体中心在积极与总编室、影视剧纪录片中心、财务局、总经理室版权运营中心共同推动大屏影视剧版权捆绑购买机制建设的同时,持续探索市场化版权获取路径,完成1000余部影视剧、纪录片版权引进工作,为全力拓展新媒体版权开发与营销业务夯实基础。

3. 筑牢安全审核"生命线"

视听新媒体中心严格落实"三审三校"制度,在"3+1业务保障流程"基础上,升级"AI机审+人工审核"的"人机耦合"安全审核体系,强化账号分级管理措施,制定了《央视频账号发稿流程》等四项流程规范,不断提升审核效能。严格落实安全审核团队全员持证上岗要求,执行"7×24小时"值班

制,全面加强监审监看和舆情监测,构建全天候、多层次、反应快的舆情监测体系。通过练好内容审核管理的"金刚钻",切实守住守好5G新媒体平台意识形态阵地。

三、深化内合外联,打造总台新媒体品牌名片

1. 多渠道"跨界合作",长线提升平台品牌影响力

努力创新宣传推广方式,推出"央视频"冠名高铁项目,品牌标识覆盖400组高铁列车,抗击疫情宣传片、国聘行动宣传片等在高铁列车内循环播放;冠名安徽省内第一条5G信号地铁,首发"央视频号"合肥地铁专列。在总台中国国际进口博览会融媒体报道中,创意推出"流动的海派咖啡馆"城市大巴车移动直播,打造流动演播室概念,品牌影响力持续触达线下,实现"以点带面"辐射式品牌曝光。"央视频号"融媒体内容卫星搭载长征十一号海射运载火箭成功发射,"太空视角"赋能央视频新媒体技术服务升级,实现品牌推广的"上天入地",显著提升了平台知名度。

2. 建立"社群+粉丝+G拍"联动模式,以用户为核心沉淀平台社交属性

探索启动社群社区和会员运营,通过社群运营与积分体系有机结合的多元"玩法",将用户沉淀在端内;创建泛知识社群《频频有FUN》、音乐交流社群《频频有music》、影视剧交流社群《频频有好看》等垂类社群。配合2020年中央广播电视总台中秋晚会、中国歌曲TOP排行榜、《隐秘而伟大》等节目开展大规模粉丝互动运营,在端内形成爆发式导流效果;研发上线并持续孵化"G拍"功能,通过客户端发起热点话题向广大用户征集原创视频,策划多种活动全面推进拍客招募,建立央视频官方拍客群,极大丰富了平台内容资源。

3. 聚合社会头部资源,有效扩大平台端外影响力

充分发挥总台强大号召力,进一步加大聚合社会优质创作资源的力度,彰显国家级平台的聚合能力。截至12月底,累计引入社会账号6324个,基本覆盖全网PGC(专业生产内容)头部账号,与台内账号、政务号、广电媒体号、县域融媒体号等账号"族群"形成有益互补,通过联动社会力量深耕"三泛"重点垂类,共筑品类多元、风格多样的"账号森林"生态系统。央视频与哔哩哔哩网站联合主办的"2020最美的夜"跨年晚会,以"高站位、接地气"的方式创新表达主流价值,在探索与商网合作方面迈出重要一步。此外,已开设13个第三方平台"央视频"官方账号,总粉丝量突破1700万,与第三方平台协同发力,有效发挥宣推引流作用,为客户端持续导流。

四、以制度建设与队伍建设为着力点,推动组织平稳高效运行

根据业务发展实际,视听新媒体中心不断推动制度建设和迭代,相继制定出台和修订《视听新媒体中心合同管理办法》《视听新媒体中心版权内容引进管理办法》《派驻员工招聘工作流程》等相关制度办法。疫情期间

通过线上方式高质量完成人员招聘113人。同时，进一步完善绩效考核、评奖评优等激励措施，与央视频公司合力完成央视频派驻员工岗级优化，不断激发人才创新创造活力，提升员工的荣誉感和获得感。以中心与央视频公司联席会议机制为抓手，协同推进央视频的建设运营，不断深化"一体两翼"战略格局。

国际传播规划局工作概况

2020年，国际传播规划局紧紧围绕党和国家对外工作大局，加快队伍整合、业务融合，坚持守正创新、以攻为守，统筹推进总台国际传播能力建设，助力总台加快建设国际一流新型主流媒体，取得进展成效。

一、做好顶层设计，加强国际传播规划管理

1. 草拟《中央广播电视总台国际传播能力建设发展规划（2020—2025年）》

该规划是总台组建后首个国际传播建设规划，旨在重塑外宣业务、重整外宣流程、重构外宣格局，解决大而不强、力量分散等问题，明确总台国传建设指导思想、基本思路、总体目标和重点方向、重点任务、重点项目等。

2. 制定《中央广播电视总台国际传播能力建设项目管理暂行办法》

该办法通过建立项目库制、负责人制、责任书制、执行计划书制、规划管理协调会制、档案制等八项工作机制，对总台所有电视、广播、新媒体国传项目实行统一标准、统一流程、全面规范的管理。

3. 做好2020年总台国际传播项目规划管理

一是总台首次争取国际传播项目资金调整获批。二是对原国广海外制作室、广播落地、新媒体传播、台内人员经费、台内责任单位、台外合作单位等进行全面调整。三是通过申报总台2020年国传项目资金工作，对原有历史问题、运行方式、管理机制等进行彻底理顺，实现平稳过渡、高效运行、整体一盘棋。

4. 研究国传重点节目资源统筹管理，推进搭建国传业务管理应用系统

国际传播规划局充分整合资源力量，切实提高外宣工作的针对性和实效性。形成完整的国际传播重点节目资源统筹管理全链条运行构架，保证总台国际传播资源科学调配、充分共享、放大效果。"国传业务管理应用系

统"在技术局立项，处于设计实施阶段。

二、优化传播布局，电视、广播落地取得新突破

国际传播规划局按照国家和总台战略部署，着力推进电视、广播在G7、G20国家和"一带一路"沿线具有辐射带动作用的国家落地，以及在新媒体渠道落地，布局取得新突破。2020年，总台国际频道传统及新媒体平台整频道用户数大幅增加。主要新增和扩展项目的有：巴西第一大直播卫星平台SKY、印度尼西亚最大付费电视运营商MNC、俄罗斯电信IPTV、亚马逊Fire TV日本客户端、韩国KBS、缅甸UiTV、泰国Good TV、荷兰、捷克、斯洛伐克、罗马尼亚和奥地利五国Canal+、非洲五国Azam TV、塞尔维亚Sport等，另外新增韩国、巴西酒店落地1500余家。

三、优化升级存量项目，节约大量资金

国际传播规划局以"海外落地户均成本控制模型"为基础，参照原有《电视海外落地项目评分及分级管理办法》，深入研究推进"广播业务分级分类管理模型"搭建工作，形成《广播海外落地项目评分及分级管理办法》及配套应用规则，为广播项目立项、续约、结项和管理决策等提供科学依据。同时，以传播效果、资金效益为导向，通过多种方式优化存量项目，为广播电视落地项目节约大量资金。主要优化项目包括俄罗斯NTV-Plus项目、埃及卫星公司项目、印度DISH TV项目、澳大利亚电信公司TBS项目、以色列DBS项目、美国纽约AM930项目、菲律宾调频台项目、韩国FM90.7项目等。

四、坚守政治底线，全力应对英国通信管理局调查

2020年，美西方对我国外宣旗舰媒体遏制打压持续加大，英国通信管理局（Ofcom）先后对CGTN英语新闻频道多档新闻节目等发起投诉调查，2月底又加码调查CGTN英语新闻频道在英国落地许可问题，欲予吊销，严重影响我外宣旗舰媒体在英国乃至欧盟国家的落地传播。国际传播规划局全力应对：一是牵头台内多部门与英国通信管理局斡旋斗争，最大时限保留落地播出阵地；二是加紧协调推进另行申请落地许可，同时大力推进在欧洲新媒体平台落地；三是按照上级单位和总台部署，沟通协调CGTN在总台框架下的运行事宜。

五、强化品质效果，提升品牌推广和文化传播效果

根据总台组建后的新情况，国际传播规划局把对外传播品牌建设作为国际传播建设重要提升工程来抓，做到统一规划、明晰定位、闪亮全球。紧扣"中华文化的守望者、人类价值的传播者、新兴技术的领跑者、开放现代的合作者"媒体形象定位，突出客观、

理性、平衡、多元的传播价值理念，彰显品牌内涵，规范品牌标识，创新品牌推广，提升品牌影响力。

一是在非洲主流平台推出"斯瓦希里语纪录片时段"，这是总台精品纪录片首次以展播时段形式在非洲主流媒体平台集群播出。二是与欧洲新闻台合作举办"中欧建交45周年"系列活动，开创总台与欧洲主流媒体开展深度节目合作的新局面，此举有利于在国际网络舆论场中进一步放大中国声音。三是与国家地理杂志社合作打造总台精品内容传播平台，建立起与国际主流媒体平台长效合作机制，以精准的"品质传播"推动在国际主流舆论场有效发声。四是打造总台精品节目俄语类宣介产品，借助经典精品节目讲好"中国故事"，加强中俄文化交流。五是完成2020年春晚免费播出授权工作。六是依托广播孔子课堂，创新文化传播形式，扩大对"一带一路"沿线国家的传播覆盖。

六、加强效果评估，服务国传管理和业务一线

按照总台领导关于加强国际传播建设效果评估体系建设的指示要求，国际传播规划局着力创新拓展效果评估和海外核查等。

1. 探索构建国际传播效果评估与核查体系

国际传播规划局研究起草了《总台国传建设效果评估管理办法及实施细则》（暂定名）以及《国传建设项目核查管理办法及实施细则（草案）》，进一步规范加强国际传播项目管理，促进项目运行的科学性、规范性和专业性，提升国际传播实效。

2. 建立健全海外收视收听测量体系

收视监测分析体系由原来的三大洲9个国家扩展到四大洲11个国家，监测对象由原来的两个频道增加至3个。广播收听率测量体系自10月开始正式运行，实现收听监测业务的新突破。测量对象国家及城市包括俄罗斯圣彼得堡、土耳其、巴基斯坦的两个城市和菲律宾马尼拉。

3. 创新搭建海外核查员体系

该体系覆盖美国华盛顿和纽约、澳大利亚悉尼、土耳其伊斯坦布尔、尼泊尔加德满都、孟加拉达卡、巴基斯坦伊斯兰堡、俄罗斯圣彼得堡、菲律宾马尼拉、缅甸仰光10个城市。

4. 完成2018—2019年度国际传播建设项目效果评估工作

全面升级总台国际传播效果监测周报等工作。推出《总台国际传播效果监测周报》，较好实现周报的研究性、服务性、参考性和实用性。此外还精心策划和实施重点调研项目，包括总台海外受众调查，全球知晓度、接触率、满意度调查，就英国BBC国际传播和国内传播的效果评估体系展开专题研究，开展海外二次传播效果调研，创新设计CGTN电视频道栏目综合评估指标体系，拓展品牌推广及本土化传播效果评估工作等。

七、全力做好新冠肺炎疫情重点节目外宣推广及疫情防控工作

自新冠肺炎疫情发生以来，国际传播规

划局以总台抗疫节目为重点抓手，做实、做好海外宣推工作。2020年向俄罗斯、巴西、德国、日本等39个国家的67家主流媒体及相关机构赠播《最美逆行者》《武汉24小时》《战武汉》《生死之间》《同心战"疫"》等节目，及时向海外推介中国疫情防控的成功实践。国际传播规划局严格落实总台疫情防控工作的各项要求，根据疫情发展形势，科学决策、提早谋划，坚守防控底线，确保工作安全和秩序。

人事局工作概况

2020年，人事局坚决贯彻落实总台党组决策部署，认真配合中央巡视检查并把巡视检查整改作为提升总台选人用人工作实效的有利契机，蹄疾步稳推进机构改革、干部人才队伍建设，为建设国际一流新型主流媒体奠定坚实的组织基础。

一、提高政治站位，强化政治担当，把巡视整改作为首要政治任务抓紧抓实抓好

2020年5月至7月，中央第十一巡视组和中组部选人用人专项检查组进驻总台开展专项巡视和专项检查工作。巡视期间，人事局认真组织撰写选人用人工作报告等专项汇报材料，选人用人专项检查组认为"报告成功，问题找得准，符合要求"；积极配合向巡视组和检查组提供干部名册、任免审批表等各类基础数据材料及文书材料130余件次，其中文字材料8000多页，做到及时、准确、完整、高效。

高度重视巡视整改工作，成立巡视整改工作领导小组，集中整改期内，先后召开17次专题会议，部署推进整改工作。制定《选人用人专项检查整改方案》，确定6个方面、38条整改措施，确保反馈意见件件有着落、事事有回音。

强化标本兼治，制定中央广播电视总台《推进处级干部选拔任用工作方案》等9个方案，以及《干部员工考核工作办法（试行）》等10项规章制度，做到纠正一个问题，整改一类错误，健全一套制度，坚决从根子上"破顽疾"、在要害处"堵漏洞"。按照要求，人事局代总台党组拟定《关于选人用人专项检查整改情况的报告》，经总台党组审定后报送中组部，得到中组部认可，完成集中整改期工作任务。此外，人事局承担的《中央第十一巡视组对中央广播电视总台党组巡视反馈意见整改方案》中涉及人事局工作的27条整改措施，全部按照时间节点要求完成整改任务。

二、突出深度融合，强化选贤任能，推进机构改革向纵深发展

一是调整优化内设机构"小三定"方案。随着总台机构改革持续深入，根据机构组建及运行情况，以及各内设机构业务流程再造等方面的调整需求，经总台党组审定，完成总台所有内设机构及直属事业单位"小三定"的修订工作并正式印发，强化系统集成、协同高效，进一步明确和完善处级机构职能，为机构、职能和人员深度融合打下坚实基础。

二是积极稳妥推进干部选任。深入贯彻《干部任用条例》，树立鲜明用人导向，根据总台整合组建的实际情况，按照内设机构与派出机构的不同职位特点，精准制订总台局级干部选拔任用工作方案，分批次逐步推进，完善干部考察方式，近距离、多角度了解干部，扎实做好每个环节工作。全年共启动17个内设机构和1个派出机构共41个局级领导职务的选任程序。总台本部局级干部提任率达到45%。按照干部管理权限，统筹推进处级干部选任，制定《推进处级干部选拔任用工作方案》，发布《关于做好处级干部选拔任用工作的通知》《处级干部选任工作指南》，成立处级干部选任工作专班，列出时间表，专人专岗对接，强化规范指导，完成所有内设机构和直属事业单位共559名原有处级干部平级转任工作。

三是建立健全年轻干部培养选拔机制。大力推进优秀年轻干部和青年业务骨干人才选拔培养工作，在对总台干部人才队伍现状进行盘点的基础上，着眼近期需求和长远发展，制定《总台年轻干部人才队伍建设工作方案》，提出总台年轻干部人才队伍建设的工作目标、标准条件和主要举措。完成总台首次年轻干部和青年业务骨干专题调研，形成326名优秀年轻干部和青年业务骨干人才库，发现和储备一批德才兼备的优秀年轻干部和青年专业人才，纳入总台党组选人用人视野。

四是健全完善干部监督和员工管理制度体系。制定《总台领导干部个人有关事项报告工作规范（试行）》《总台干部人事档案管理办法（试行）》等监督管理制度，完成178卷中层干部档案专项审核认定，以有关事项报告、社团兼职审批、因私出国（境）管理等为抓手，强化干部日常监督管理。制定《总台干部监督工作联席会议制度实施办法（试行）》，整合干部监督信息资源，建立干部监督信息库，增强监督合力。制定《聘用合同书》《劳动合同书》，形成总台统一的合同文本。制定《总台员工考勤和请销假管理办法（试行）》《总台返聘人员管理暂行规定》，完善合法依规的劳动用工体系。

三、加快组建进度，强化协调保障，地方总站建设取得阶段性进展

一是全方位推进地方总站建设。制定《地方总站组建工作方案》《地方总站岗位设置和人员配置方案》，明确地方总站组建时间表、路线图。制定《地方总站管理办法（试行）》《地方机构实施总台薪酬福利暂行办法》，建立与总编室、财务局、总经理室、技术局、机关党委等相关部门的联系机制，统筹推进对地方总站党建、宣传、人事、财务、技术和合作交流等管理工作。明确上海总站

的部门设置、干部职数、所辖规划、人员编制等情况，推动上海总站建设取得实质进展。

二是全力保障过渡期地方机构工作高效有序运作。制订过渡期地方机构统一运营保障方案，为地方机构日常运维搭建网上审批管理系统，确保地方机构服务保障工作顺畅运行。建立疫情防控专项工作机制，全力调集资源保障各地方记者站疫情防护物资供给和正常工作生活；启动地方记者站应急报道机制，严格执行24小时值班制度，确保一线记者在严格防护前提下随时出发赶赴新闻现场，让员工安全、安心、全心投入抗击疫情报道中。

三是统筹协调重大主题宣传报道。组织协调地方机构开展两会、"走向我们的小康生活"、深圳经济特区建立40周年等大型主题采访报道，以及《坐着高铁看中国》《直播黄河》《再话长江》等重大主题主线宣传报道工作。在抗洪、四川凉山森林火灾等各类突发事件报道中，及时统筹调度人员物资，加强地方记者站突发事件报道力量，确保事件报道一线首发。

四、创新体制机制，强化系统谋划，着力形成"阶梯式"人才发展新格局

一是广泛聚才，打造人才高地。充分利用总台主持人大赛的荧屏热度和网络流量，从大赛获奖选手中引进一批播音主持拔尖人才，助力打造新节目、展现新形象、进发新亮点。紧贴业务实际，精准选拔人才，为总台技术系统选拔35名熟悉全媒体制播技术和总台业务特点的技术人才。启动2021年校园招聘和实习项目试点工作，制订"金伙伴台校协作计划"，与高校共同做好人才培养、项目共建、产学融合等工作，做好后备人才储备。

二是精心育才，提升能力本领。制定《总台培训管理办法》，建立人才培训的激励、约束、保障机制。扎实开展增强"四力"教育实践工作，组织总台首批新入职大学生到业务一线轮岗锻炼，选派多名年轻干部赴中宣部、广西壮族自治区、四川省喜德县等挂职。打造适应疫情常态化的学习培训新模式，通过网络课堂和线上直播形式推出系列专题培训，累计培训约9.5万人次。聚焦年轻干部培养，举办"总台年轻干部素质能力提升专题培训班"，着力提升年轻干部的"七种能力"。

三是正向激励，激发人才活力。深化薪酬制度改革，统一总台各类人员工资、补贴、岗位津贴和奖金项目的管理发放，制定《总台薪酬奖金管理办法（试行）》《各机构奖金考核分配实施细则》，努力实现收入分配的公平合理、正向激励、多劳多得。加快职称制度改革，创新理念、开拓思路，以业绩能力为导向，为特殊人才开设"绿色通道"。制定《总台联系服务专家工作实施细则》，加强对专家人才的服务支持。开展总台首届"十佳"评选，做好"万人计划"、政府特殊津贴、长江韬奋奖、中国青年科技奖等奖项总台候选人推荐选拔工作，着力培养传媒名家。关爱疫情防控一线工作人员，出台实施九项激励措施，对抗击新冠肺炎疫情等重大斗争中涌现的先进典型及时进行宣传表彰。

四是用心留才，办好民心工程。加大各

项人才政策福利申办力度，争取到73个北京市人才引进指标，为120名员工办理工作居住证，88名员工获得积分落户资格，向人社部申报"解决夫妻两地分居"30人、京外调干6人，解决员工切身利益问题。制定《总台慰问补助金实施办法（试行）》，切实缓解员工及家庭因伤病医疗、意外灾害等造成的生活困难。制定《总台企业年金方案》，加快推动台聘员工企业年金相关工作。建立总台荣誉退休制度，在干部员工退休时开展谈心谈话，颁发荣誉纪念证书，发放慰问金，增强干部员工退休荣誉感、组织归属感。

财务局工作概况

2020年是财务局正式运行履职的开局之年。财务局发挥总台的服务窗口、形象窗口作用，履行资金筹集、成本管控、资产管理、财务监管等重要职责，发挥主观能动性，努力做总台党组的帮手和参谋。财务局积极争取财政资金和政策支持，全面加强财务制度建设，强化财务统筹安排，强化财务审核把关，强化服务能力建设，预算管理、核算结算、资产管理、采购管理、财务管理等各方面工作取得积极进展，全力保障总台重大宣传报道、5G+4K/8K+AI战略布局、国际传播能力建设、民心工程，上海、广东等地方总站及大湾区中心建设等重点工作和疫情防控工作，全力助推总台建设具有强大引领力、传播力、影响力的国际一流新型主流媒体。总台2019年度国有企业财务会计决算工作，获得财政部通报表扬。总台财务局绩效管理获全国基层广播电视统计工作优秀集体称号。

一、统筹资金安排，全力保障总台重大宣传报道、疫情防控等重点工作

一是保障重大主题主线宣传。及时安排《一村一寨总关情》《决战脱贫在今朝》《新时代最可爱的人》《国家宝藏》（第三季）、《中国席位》《跨过鸭绿江》等37项重大主题主线宣传报道节目预算。二是保障总台新媒体平台建设。及时下达5G+4K/8K+AI有关技术项目预算、4K超高清节目预算。安排视听新媒体中心预算，积极支持短视频新媒体发展、自制节目及内容运维服务，激励各部门优质内容资源有效汇聚央视频新媒体平台。安排新闻新媒体中心预算，推动新闻融媒体发展。三是保障国际传播能力建设和重大项目落地实施。积极推进国际传播项目的立项评审、预算申报，安排中国国际电视总公司印度频道专项补助、英语节目中心海外报道员项目、欧洲区域制作中心运营等预算，助力总台国际传播能力建设。安排对港

澳新媒体传播预算，增强对港澳新媒体传播能力，助力大湾区中心建设。积极支持总台上海国际传媒港园区办公区建设，助力国际传媒港建设。四是保障疫情防控宣传和总台疫情防控。及时安排防控新冠肺炎疫情宣传报道启动经费，保障前方报道团队食宿、防护等需求。安排抗击疫情特别报道、《国家战"疫"》、《战"疫"故事》节目预算。安排"品牌强国工程"援鄂抗疫白衣天使扶助公益基金预算，彰显总台社会责任。

二、围绕总台党组决策部署，强化财务预算统筹管理

财务局深入落实中央"过紧日子"要求，优化调整2020年预算，从严控制非急需、非刚性和一般性支出，促进总台收支平稳、高质量发展。建立财政预算执行情况按月反馈机制，加快财政资金预算执行进度。提升编报质量，依法依规完成总台部门预算、部门决算公开。完成总台2021—2023年支出规划和2021年部门预算（一上）编制，总台2021年中央预算内投资计划编报、总台2021年住房改革支出预算编报，认真审核形成总台2021年预算草案。

三、积极争取财政资金支持，努力落实税费优惠政策

主动与财政部等部门汇报沟通，努力争取财政资金，落实文化事业建设费减免政策，为总台事业产业发展提供有力的资金支持。积极推动台属企业落实疫情防控财税优惠政策，努力为台属企业争取合法权益。

四、全力助推总台民心工程，进一步增强职工的获得感

一是加强与总台办公厅沟通，及时安排资金，保障总台门诊部转为托管医院。二是主动与财政部沟通，认真测算总台养老参保实施准备期缴费需求，积极争取养老参保获得财政资金支持。三是认真做好公积金缴存以及养老保险、职业年金缴纳等关系职工切身利益的工作，有效保障总台职工福利。四是加强总台医疗服务保障。统一总台公费医疗报销模式，实现四址医疗报销服务和医疗费报销网银支付。及时足额争取医疗补助资金，完成总台公费医疗资质确认和注册工作。

五、强化财务制度建设，基本形成总台财务管理制度框架体系

一是印发《总台政府采购管理实施办法》《总台国有资产监督管理办法》《总台财务管理办法》，形成总台财务制度体系框架。编制财务制度建设计划，涵盖内部控制、全面预算、财务管理、会计核算、采购管理、资产管理、企业财务等7个方面。二是印发《总台财务管理办法》《总台国有资产监督管理办法》《总台预算管理暂行办法》《总台公务卡管理暂行办法》《总台银行账户管理暂行办法》《总台网上银行管理暂行办法》《总台媒体融合发展专项经费管理暂行办法》《关于进一步严格国内公务接待活动用餐管理 坚决制止餐饮浪费行为的通知》8项制度。三是研

究起草《总台境外派出机构财务管理暂行办法》等20项规章。四是加强财务制度培训,组织财务人员参加年度继续教育培训。

六、强化财务核算管理,提升财务报销服务效率和质量

一是加快完善总台财经管理系统,进一步完善总台网上报销流程、网上报销影像扫描功能,推进总台商旅平台开发试点。二是严格经费核算,完成5G媒体应用实验室、4K技术建设等项目的设备采购、系统集成、技术服务外包、科研课题等业务资金结算,完成东京奥运会报道权、北京冬奥会报道权等相关国际赛事报道权付款。做好春晚、《星光大道》等大型节目财务报销工作。三是完成总台本级国有企业财务会计决算编报工作。四是有序推进总台职工工资卡统一,做好职工税收筹划服务,建立"业务交流群+办公电话+手机+微信"全方位交流模式,提升财务服务质量。五是向《平"语"近人——习近平喜欢的典故》(第二季)、《重测珠峰》、《第二届进口博览会》、《嫦娥五号报道》等7个特别节目委派会计人员。六是加强资金结算管理,对总台资金结存情况进行摸底分析,做好大额资金筹划。

七、强化政府采购管理,确保政府采购依法高效实施

一是编制下达2020年度政府采购实施计划,根据2020年预算压减情况,及时调整政府采购实施计划。二是起草制定《总台政府采购管理实施办法(修订版)》《总台采购工作规程》,形成比较完善的采购制度体系。三是严格采购程序,依法高效完成重点项目的采购任务。四是严格对照规定,对新增、调整实施计划、变更采购方式等事项严格把关。五是完善财务局"三定方案",成立采购管理处和总台采购中心,进一步加强政府采购管理。

八、强化国有资产管理,保证总台资产安全完整

一是积极推进总台境内房产核查,积极协助国际交流局推动房产回收。二是加强资产管理,加快报废资产依规处置。三是完成总台资产数据上报任务,积极配合国家机关事务管理局建立"公物仓"试点工作。四是严格执行资产配置标准。积极推进解决资产清查核实问题,通过财政部初审。五是加强国有资产评估备案管理,完成部分企业产权登记证补发工作。

九、强化财务分析谋划,为总台领导提供决策参谋

一是加强总台本级主要财务指标月报分析,详细分析总台收入、成本、利润等情况。二是加强总台收入月报分析,新增新媒体收入核算科目,积极与总经理室等部门紧密配合,多维度进行财务分析。三是按财政部要求对《总台所属及代管企业经济运行情况简报》进行改版,引入行业指标分析,动态反映总台企业的最新经营成果和财务状况。四

是对台属企业文化产业资金项目加强督促指导，协助办理"庆祝新中国成立70周年纪录片"项目更名、"数控偶剧"项目终止等事项。五是首次以总台口径，做好统计月报、季报、年报工作。

十、强化内控机制建设，提高财务管理规范化水平

一是明确合同审核流程，防范合同执行风险。与办公厅联合发布《关于总台过渡期间合同审核相关事项的通知》，启用《过渡期合同审批表》，实施新合同审批流程。参与各部门重要合同谈判，防范合同执行风险。二是加强财务月度稽核和专项稽核，汇总发现问题并及时督促整改。

十一、以落实巡视整改为契机，强化内部运行管理

一是提高政治站位，按时完成巡视整改任务。成立巡视整改工作小组，制定工作台账，按时完成财务局牵头的整改任务，在集中整改期全面完成巡视整改任务。二是制定实施财务局"三重一大"集体决策制度和财务局员工定岗定责。制定财务局公文运转、保密管理、工作督办、印章使用等制度，严格落实保密、安全、疫情防控等各项规定。三是形成财务局四址服务格局，为总台各部门和全体员工提供便捷服务。

总经理室工作概况

总经理室作为总台内设机构，组织协调全台经营管理工作，负责广告经营和版权维护，负责下属企业管理。2020年，总经理室积极应对疫情带来的困难和挑战，提前全面复工复产，多措并举狠抓创新，在广告创收、新媒体营销、版权运营、产业拓展、公益传播等方面取得突破，实现社会效益和经济效益双丰收。

一、"品牌强国工程"2021年签约预售收入创历史新高

总经理室创新升级2021年"品牌强国工程"，签约企业数量和额度实现双增长。一是在充分了解当前市场环境、销售执行情况以及客户诉求基础上，狠抓方案设计创新，围绕为客户提供融媒体传播服务方案的整体设计理念，全面整合电视、广播、新媒体资源，并首次推出可作为现金使用的数字货币"品牌币"，满足客户一站式购买总台资源的需求，获得市场高度认可。二是启动"品牌强国工程"系列推广活动，先后在北京、上海、深圳、成都、厦门等地组织召开发布会和说明会，与全国各地优秀企业深入沟通，并借助中央主流媒体和各地媒体进行广泛宣传，短时间内快速提升2021年"品牌强国工程"的认知度和影响力。三是加大客户沟通力度，动态跟踪上百家目标企业动态，摸清客户需求，为签约工作奠定扎实的客户基础；四是举办2021年"品牌强国工程"签约活动，签约企业数量和额度实现双增长。

二、总台新媒体潜能被激发，经营实现重大突破

2020年，直播带货活动、IP化节目和重大事件的新媒体经营开发，以及为企业量身定制的权威发布直播等形式，日益多样化的创收形式，开辟总台经营的新蓝海。总经理室与企业内容共创，深挖企业产品上市等重要事件节点宣传需求，推出权威发布、探厂直播、上市宣传等系列破圈之作。同时，建

章立制提升经营水平,夯实新媒体发展基础。一是规范总台新媒体账号经营与管理,所有账号绑定台内统一的银行收款账号;二是联合财务局开展新媒体经营收入类型筹划,适应总台新媒体发展实际需求;三是制定总台新媒体新业务经营创收奖励办法。

三、积极探索版权工作,开创新业态、获得新空间

总经理室进一步完善各项版权相关制度,梳理版权授权体系,与中国移动开展5G+4K/8K+AI整体合作,全面统筹东京奥运会、欧洲足球锦标赛、北京冬奥会、卡塔尔世界杯等重大赛事版权销售,同时积极推进IPTV网络电视经营回总台,版权收入是2019年的3倍;持续开展"护牌行动",维护总台声誉和品牌权益,完成春晚等近20 000部/期重点节目的侵权监控,删除下架侵权视频28万余条;妥善处理总台各类诉讼和仲裁案件工作,为总台挽回经济损失超千万元并避免产生负面影响,处理非诉法律事项和舆情50余起,并对央视网等台属单位的重大复杂案件进行指导;统筹台属公司,通过近7年诉讼的不懈努力,依法通过北京市高级人民法院再审赢得世界杯节目侵权纠纷案的胜诉判决。

四、持续举办活动提振市场信心,促进重大项目销售

总经理室举办"品牌强国工程"援鄂抗疫公益行动、"品牌强国工程"捐赠湖北5亿元广告资源上线启动活动,创新策划"5.10中国品牌日"主题活动,发挥品牌对经济的引领作用;由总经理室策划发起,总台与北京市人民政府、山东省人民政府、贵州省委宣传部共同举办"新消费·爱生活"——北京消费季、山东消费年、贵州消费季系列活动,与商务部联合举办"2020年全国消费促进月暨北京时尚消费月"活动。建立一套全新的、可复制的"总台与地方政府联合搭台、企业唱戏、全民参与"的兴商旺市活动模式;举办"强农品牌计划""美丽中国行""大剧看总台——中央广播电视总台2021年电视剧片单发布活动"等项目发布,为总台的宣传报道和经营工作开拓新空间。

系列活动有效宣传总台融媒体传播价值,促进项目销售。一是2020年春晚在节目版权开发及产业化经营方面取得历史性突破,独家互动和独家电商平台项目实现高收益;2020年中秋晚会广告销售总额创历史新高。二是做大全国两会等重大主题报道经营。总经理室深入挖掘全国两会、万米深潜、脱贫攻坚等重大主题宣传报道的营销机会,两会套装广告首次满档销售,广告客户数量及广告收入均创近年新高。三是联合节目部门,共同开发季播节目和重大项目。《上线吧!华彩少年》实现广告及版权营收。

五、加强产业经营管理,拓展融媒体经营方式

总经理室起草《中央广播电视总台投资收益收取管理暂行办法》和《中央广播电视总台所属企业国有资产评估管理暂行办法》

（征求意见稿）等，加强台属企业的管理监督；整合三家台属公司经营资源，促进广告营销、版权运营、资本运作、产业管理等各方面协同发展；为扩大客户群体，总经理室启动广告在线交易平台项目，旨在实现中小客户对总台广告资源的程序化购买，拓展总台经营渠道，同时向客户提供从购买到反馈的一站式整合传播服务。

此外，与北京市朝阳区人民政府签订战略合作协议，双方将发挥强强联合优势，筹建总经理室下属独资公司，搭建全新合作平台，提高资源整合能力，形成全方位、多层次、立体化的产业布局，互惠共赢。

六、精心制播公益广告，彰显总台社会责任

2020年，总经理室多支公益广告在年度各项国家级专业评奖、评选中屡获大奖。

一是聚焦主题主线，制作播出广播电视公益广告近300支。围绕"国家勋章和国家荣誉称号获得者""抗疫宣传""时代楷模""脱贫攻坚""美丽中国"等重大主题，创作电视公益广告101支，广播公益广告187支，在总台各大频道频率播出40余万次，获国家广播电视总局一类扶持项目、黄河奖等各类奖项殊荣39项。二是"广告精准扶贫"圆满收官，助力打赢脱贫攻坚战。项目自2016年实施以来，惠及387万贫困户、1478万贫困人口。2020年，全国832个贫困县全部脱贫摘帽，其中，"广告精准扶贫"项目帮扶的贫困县占比接近一半，覆盖23个省区市。同时切实做好总台定点帮扶四川省凉山州喜德县工作，通过扶贫广告、联合企业捐赠等形式在喜德县教育、产业等方面累计投入帮扶资金1.3亿元，引入帮扶资金1750万元。三是播出"重大工程公益传播"系列广告。2020年播出185个版本，涵盖中华人民共和国成立70年来的重大工程、重大科技创新、做出重大贡献的科学家等，包括青藏铁路、"两弹一星"、港珠澳大桥、航天探月等13个主题。

七、坚守"广告宣传也要讲导向"，确保播出安全

牢牢把握"一个导向，两个原则"，确保广告审查安全。2020年，总经理室完成3万条次广告审查工作，最大程度降低营销风险，维护总台公信力；详细核对每日广告播出单，对直播和重点节目前后广告精心编排，同时对重大事件、重要时间节点的广告进行拉网式排查，靠前行动，确保广告播出安全；制定《焦点访谈前中后漏播处理办法》，修订完善《广告审查管理规定》《广告审查暂行标准》等管理规定，不断加强制度梳理和制度完善工作。

技术局工作概况

技术局作为总台内设机构，负责全台技术管理、技术制作和安全播出工作。根据技术局"小三定"方案，原三台9个技术中心46个部门按照新机构设置调整为50个处级部门。在2020年过渡期间，以确保安全播出为第一要务，按照保证"工作不断、队伍不乱、人心不散"的原则，从部门组建、岗位定责、专业提升、技术创新和保障服务等方面入手，在确保相关业务持续稳定运行的基础上，从细化职责、厘清流程、明确岗位、商议转隶等几个方面推进在编人员转隶工作，12月底完成2164人重新划转部门。

2020年，技术局围绕5G+4K/8K+AI战略，加强媒体深度融合，切实发挥技术支撑作用，助力总台高质量发展。统筹做好疫情防控、保障节目制作产能与质量，确保节目制播安全。积极推动技术创新与发展，提高政治站位，强化文化阵地管理，巩固技术第一方阵根基，坚决维护总台作为意识形态重镇的使命。

一、牢筑安全底线，持续做好技术支撑保障

1. 强化落实意识形态工作责任制，守牢"安全播出"和"网络安全"两条技术生命线

技术局高水平、高质量完成重保期安全播出任务，以及各频道、频率日常节目播出保障工作，确保新媒体直播安全稳定。不断优化重大宣传报道技术保障协调机制，完成多场重大宣传报道技术保障任务。各演播室、制作系统全面适配总台各频道大规模生产及高质量节目改版工作，积极探索新型节目制作方式，确保节目制作产量与质量稳步提升。

2020年全年广播电视总播出时间约为90万小时，全年停播时间213秒，安全播出可用度达到99.999 999 7%。

2. 多种手段结合，牢筑网络安全关

加强网络安全工作部署和落实，持续推动总台网络安全制度体系建设，不断强化网络安全意识和管理水平，持续做好总台网络安全专

项检查、等级保护测评、网络安全自查和监督整改等常态化工作。2020年初，技术局对原央视、央广和国广的网络安全管理进行整合，总台网络安全统一监测平台对总台各类信息应用系统进行24小时不间断网络安全监测，在公安部组织开展的攻防演练中取得优异成绩，全年未发生网络安全重大事故。

二、坚持创新为要，切实做好技术引领示范

技术局积极推进各技术工程项目建设，紧跟新技术发展步伐，开展各项新媒体技术研发实验工作，持续推动自主创新，各项科研项目有序开展、成果丰硕。

1. 推进原三台技术体系和台网技术体系互联互通

在新冠肺炎疫情肆虐的2020年，技术局加大科技创新，运用5G、4K、云编辑等新技术手段，创新性实现云直播、云转播、云采访、云编辑、两地视频记者会等，为疫情中的重大活动宣传报道提供及时、便捷、可靠的技术支撑，彰显总台强大的技术优势。

2. 全力推进新闻新媒体、视听新媒体客户端和平台建设，持续做好财经、体育、文艺垂直客户端技术建设

总台5G新媒体平台完成建设。新媒体集成发布平台以及央视频视频中台、AI中台、数据中台和台内外IT数据中心底座全面投产，功能强大、安全可靠，支撑央视频快速发展，激活用户超5550万。央视新闻客户端迭代升级工作按照总台采购流程要求有序推进，探索一条与央视频不同的建设模式。2020年6月9日央视财经新版客户端上线，10月22日央视文艺客户端正式上线，并对央视体育、央视戏曲、央视少儿及央视音乐等客户端进行持续的功能优化、扩充。

3. 央视新闻云完成扩建

央视新闻云的扩建，有力支撑总台广播电视的新闻制播、欧洲分台的开播和深圳大湾区中心的启用。

4. 以《新闻联播》实现高清播出为标志，实现新闻频道全高清播出

总台复兴路办公区N01演播室于2020年7月18日19：00正式承载《新闻联播》栏目高清直播工作，标志着《新闻联播》节目从此进入全高清、全文件、全网络化制播时代。自7月19日零时起，新闻频道高清上星播出。从2014年开始的"高进标退"工作彻底结束，新闻频道高清化完成。

5. 以奥林匹克4K电视频道开播为目标，完成4K超高清播出平台建设

技术局完成了"光华路办公区4K超高清播出系统（一期）"项目建设，并为适配奥林匹克电视频道快速推广，研究制定《4K超高清电视与高清电视同播技术规范》。

6. 以"网红工作室"技术支撑为抓手，积极策划推进相关技术项目

技术局与亚非中心、欧拉中心针对"网红工作室"进行需求分析，形成全新的"网红工作室"直播技术体系架构，并探索建立"一条龙"技术服务模式。

7. 以5G媒体应用实验室为依托，积极推进5G媒体应用研究

技术局研发第二代5G+4K背包，编制发布《5G媒体应用白皮书》；5G媒体应用实验

室的研究成果助力总台新媒体节目制播实现移动化、轻量化的系统部署。针对大屏和小屏融合制作、播出的要求,技术局创新建设竖屏演播室,并充分应用于CGTN、中文国际、央视体育和央视频等新媒体制作中。

8. 以总台超高清视音频制播呈现国家重点实验室为牵引,聚焦媒体领域关键技术研究和应用实践

11月,技术局完成6个基于自主知识产权的科研项目验收。技术局自主研发的"多维弯曲轨道快速移动跟踪摄像平台系统"12月进入奥运大道速滑场地进行现场测试;总台拥有目前世界上最长、运行速度最快的"大跨度单维索道摄像机系统",可进一步丰富转播表现手段;技术局在超高清智能制播技术、大数据人工智能与智能呈现技术、5G媒体应用技术、视音频服务安全技术等领域发布11个科研项目指南;申请获批科技部4K超高清IP化技术研发、科技冬奥8K转播、基于广播网和5G网的超高清全媒体协同分发三个重点项目;技术局在超高清制播领域关键技术研究方面取得突破性进展,基于华为路由器的超高清IP化演播室系统及IP总控系统、海信及京东方的4K超高清监视器等多个关键设备研发工作取得突破性进展,8K超高清制作技术及8K超高清图像序列研究取得显著成果,"5G+4K/8K制播示范平台"项目建设取得明显进展。

9. 广播覆盖工作稳步推进

围绕"2020年调频广播覆盖工程"(涉及17个城市22个频率),各项目分批完成设备招标;新疆、西藏广播覆盖工程完成调研,并提出建设方案。

10. 大力推进业务移动化和信息系统建设,助力总台疫情防控

积极推进安可项目实施。综合办公系统及各管理系统适配总台架构调整。持续完善业务移动化布局,着力打造适配总台各种信息应用系统的移动工作平台,移动视频会议、节目内容审查、节目单据处理、公文移动审批等功能登陆"掌上通"APP,总台审片系统移动化基本完成,有力保障疫情期间总台移动化办公需求。"掌上通"注册人数达11 000余人,每日登录人数约5200人。

11. 完成总台"十四五"技术发展规划和中长期远景规划初稿

技术局成立"十四五"发展规划技术工作版块起草小组,在实现原有广播电视生产系统提质增效基础上,以4K/8K超高清节目生产体系和全媒体内容传播体系建设为核心,以技术安全保障、融合传播覆盖、智能运行管理和科技创新支撑四大能力建设为支点,围绕"强化创新,突出重点,支撑发展,引领未来",提出总台未来技术发展的总体目标,规划设置8项主要任务和28个重点项目,在"十四五"期间构建起超清化、移动化、智能化新型技术体系,打造强大的科技创新能力,持续推动媒体融合纵深发展和技术高质量发展。

三、不断丰富技术管理手段,强化队伍建设

1. 全面提升技术支撑保障能力

技术局完成总台1200期节目技术质量评测。进行4K超高清、高清节目同播测试与

试验。《总台安播周报》成为总台安全播出管理工作的有力抓手。为全面提高技术管理工作的规范化、科学化水平，制定发布一系列节目制播技术规范标准体系，起草、修订技术系统网络安全、工程管理、技术服务管理、维护维修管理、安全用电管理等业务管理制度。开展总台2020年度电视节目技术质量奖评奖及金帆奖、金鹿奖参评节目的推选工作。

2.打造专业技术团队

技术局通过项目实施加强队伍建设，注重人才培养与积累，不断提高技术队伍能力。不断强调安全播出是第一要务，变中求稳，提升技术运行效率，提高技术反应速度。

国际交流局工作概况

国际交流局负责统筹协调全台涉外业务，归口管理全台外事工作，统筹国际合作交流、涉港澳台事务，指导管理总台各类海外机构和外籍员工，推动总台与国际组织、外国政府机构、主流媒体之间合作交流，维护提升总台国际品牌形象。2020年，国际交流局切实履行涉外工作统筹谋划、组织协调、服务保障和维护形象职能，有力助推总台国际一流新型主流媒体建设。

一、持续加强习近平新时代中国特色社会主义思想对外精准传播

一是紧随国家元首外交步伐开创"媒体外交"新局。新冠肺炎疫情发生后，国际交流局紧随国家元首外交步伐，创新总台"媒体外交"方式方法，有效服务国家外交大局。统筹落实中宣部副部长、中央广播电视总台台长兼总编辑慎海雄与国际媒体同行、驻华大使互致信函294封，分享防控经验，深化合作交流，倡导媒体责任。路透社、法新社、美联社、韩国放送公社等国际主流媒体纷纷复函或刊文，充分肯定中国抗疫成绩，高度赞赏总台责任担当，积极表达合作愿望。向14家疫情严重地区的国际媒体提供口罩12万只，以实际行动彰显国际道义。起草总台党组署名文章《以国际媒体合作践行人类命运共同体理念　为全球战疫提供有力舆论支撑》，在《求是》杂志发表。

二是因时因势开展对外交流深化合作。坚持广交朋友和舆论斗争相结合，疫情防控常态化条件下对外交流热度不减。推动落实中宣部副部长、中央广播电视总台台长兼总编辑慎海雄会见欧盟、西班牙、意大利、新加坡等驻华大使，就党的十九届五中全会精神、人类命运共同体理念、国际关系等主题有效发声、积极引导，准确阐释中国立场主张，驳斥美西方媒体污蔑失实报道。统筹推进与今日俄罗斯电视台、伊朗声像组织、土耳其国家广播电视公司等国际媒体机构的合作，将新媒体、版权交易等纳入合作机制，助力总台高质量发展。编纂完成《总台重要

外事会谈实录和出访报告汇编》《总台重要涉外及涉港澳台活动安排汇编》和《总台与国际媒体同行信函汇编"抗疫篇"》，及时总结经验，固化有效做法，加快合作成果落实落细。

三是巩固国际合作"根据地"、扩大媒体"朋友圈"。充分利用举办国际会议、参与国际媒体组织契机，在多边国际舞台聚焦发力。统筹举办"2020'拉美伙伴''欧洲伙伴'媒体合作云论坛"等国际会议，完成"人类减贫经验国际论坛"承办工作。加强总台参与国际媒体组织事务归口管理，重塑工作流程。持续加大亚广联框架下内容交换、宣传推介、奖项评选工作力度，提升多边机制合作效益。推动总台正式成为欧广联合作盟员。

二、有序高效推进海外总站建设

一是海外总站建设取得阶段性成果。蹄疾步稳推进海外总站建设，2020年完成拉美、中东、亚欧、亚太4个总站挂牌，海外总站建设取得重要阶段性成果，非洲总站、欧洲总站建设按计划推进。出台海外机构管理框架性制度《总台海外总站管理规定（试行）》，推动各海外总站出台片区规章制度130余项，统筹海外总站人员配置方案及分阶段人员选派方案。创办《海外工作简报》，促进台内外、海内外各机构之间交流互鉴，加强各海外总站之间"比学赶帮超"。

二是合作传播有效传播中国声音。统筹协调海外总站与美国福克斯电视台、英国广播公司、全俄国家电视广播公司、日本Abema TV网络电视台、意大利TGCOM24电视台等开展内容合作。针对美西方舆论场种种抹黑中国的谣言和歪曲报道，协调中外籍主播和记者通过连线报道、接受专访、走进直播间、撰写文章等方式，在境外主流媒体密集发声、澄清谬误。统筹海外总站网红工作室建设规划方案。

三是建立高效人才保障机制。梳理汇总全台42个语种国际传播人才信息，建立各类涉外人才数据库。推进总站人员选派与国际传播人才库搭建，形成前后方人员良性流动机制。申报"中国政府友谊奖""高端外国专家项目"，完成3个外籍人才出书项目申报和出版。实现原三台驻外人员行政及财务管理流程、绩效考核及奖金发放一体化管理。

三、对标对表抓好重点任务落实

一是从严从实推进巡视整改。深入学习贯彻习近平总书记关于巡视工作的重要讲话精神，制定《国际交流局巡视整改落实方案》，围绕媒体外交、海外总站建设、海外机构管理等精准施策，确保条条整改、件件落实、逐项销号，保质保量完成巡视整改"后半篇文章"。

二是完善高效顺畅管理体系。在拥有外事审批权新起点上，加强与上级部门沟通，构建高效便捷的联络机制。完善全台涉外业务管理体系，出台《总台海外总站管理规定（试行）》《总台在华举办国际会议管理办法》《总台外籍员工薪酬管理办法（试行）》等规章制度并实施。总台因公出国（境）管理成为业内标杆，并因此受邀参加外交部领事服务中心外事服务沙龙，向全国400多家护签直办单位分享经验。

三是统筹多战线疫情防控。出台《关于当前因公临时出国（境）管理有关事项的通知》等，稳妥高效统筹局内、外籍员工、海外人员疫情防控。总台近300位外籍员工无一感染，得到北京市充分肯定；累计向海外寄送防疫物资约20万件，实现全覆盖、无死角、无遗漏。

四、人才队伍建设成果丰硕

一是加强内部人才梯队建设。建立局领导班子、处牵头人、业务团队三个层面人才梯队。发挥局领导班子牵头抓总和决策议事作用，统筹谋划、分工负责、协调推进全局工作。二是建立内部人员轮岗制度。青年骨干在不同岗位锻炼，提高政治站位，熟悉全局业务，着力练好内功。三是推动重点人才工作建设。2人入选国家广播电视总局行业领军人才工程，3人入选国家广播电视总局青年创新人才工程，3人入选总台首届"十佳人物"，1人入选宣传文化系统抗击新冠肺炎疫情先进个人。四是持续关注员工思想动态。举办庆祝中国共产党成立99周年团建、青年职工座谈会等活动，营造朝气蓬勃、活力四射、人人自豪的氛围。

创新发展研究中心工作概况

创新发展研究中心（简称创发中心）立足"最强大脑"、"创新发动机"和"传媒风向标"的三个职责定位，承担总台事业产业发展战略研究职责，为建设国际一流新型主流媒体提供战略性、前瞻性思考和科学决策参考，是总台党组的智囊和智库；承担总台创新体制机制建设，组织创新节目研发，管理创新研发资金，是总台媒体产品创新和发展的引擎和孵化器；承担总台三刊一报（《电视研究》《中国广播》《国际传播》《中国电视报》）及总台年鉴的编辑出版工作和专业评奖、学（协）会的管理。

2020年，创发中心始终围绕职责定位，广泛开展理论探索和创新实践，努力为推动总台高质量发展贡献智慧与力量。

一、强化"最强大脑"职能定位，完成系列重点战略课题及多项分析研究报告

1. 加强顶层设计，推进重大战略课题研究

经反复论证修改，创发中心完成《国际一流新型主流媒体指标体系研究》，对国际一流新型主流媒体的内涵与外延进行系统归纳，形成基本画像，并将评价指标细分为引领力、影响力、传播力、综合力4个维度，12个一级指标、32个二级指标、74个三级指标的框架设计，为总台建设成为国际一流新型主流媒体奠定理论基础、确定努力方向。

创发中心完成总台"十四五"发展规划纲要总论初稿撰写和全稿统稿任务。开展20余次专家调研，撰写1万余字总论初稿，并统稿完成总台"十四五"发展规划纲要初稿，计5万余字。认真谋划事关总台发展的重大问题，为总台在重要战略机遇期的发展谋篇布局、指引方向。

此外，先后完成"工作室制度研究""中国传统文化的国际化表达""总台移动端内容开发战略研究""新技术赋能驱动融媒体产品创新研究"等课题。

2. 聚焦主题主线，开展专项监测研究，为一线部门及时提供对比分析和策略建议

开展领袖报道融媒体传播效果监测。对比总台、《人民日报》和新华社三家央媒有关

领袖报道策略及亮点，为总台增强融媒体报道传播提供参考建议。完成关于"三大央媒习总书记融媒体报道传播效果盘点"的4篇专报；围绕深圳特区成立40周年报道、中国国际进口博览会报道等重大活动，完成2篇专报、1篇简报。

疫情期间开展国内外媒体疫情报道及互联网舆情监测分析。自1月31日起，连续56天每日推出《疫情报道专报》，深入分析境内外主流媒体疫情报道情况及策略建议，并推出5期《社交媒体时代疫情舆论引导力监测报告》，为总台疫情报道提供全景式舆情分析信息。

开展国内外主要媒体国际新闻发稿时效对比分析。3月起每日推出《国际新闻报道监测专报》，监测、对比、分析境内外主流媒体针对全球时事热点的发稿时效，并提出对策建议，累计推出300余期。

开展重大节目网络传播效果及策略监测。梳理总台新闻、综艺、电视剧传播影响力，形成季度、半年度、年度报告。完成《2020年两会三家央媒融媒体报道对比分析报告》、7篇《春晚舆情监测报告》及《2020鼠年春晚融媒体传播九大亮点》分析报告。

3. 引进外脑，承办三场专家座谈会

举办"总台'十四五'发展规划编制专家学者座谈会"，邀请重量级专家围绕"十四五"时期总台的发展环境、工作思路、任务举措等内容开展调研；召开"总台全国重点院校新闻传播人才供需座谈会"，围绕全媒体时代新闻传播、全媒体和国际传播人才培养、总台与学界的产学研合作等议题进行深入探讨；举行"新型中美关系背景下做好国际报道和舆论引导专家座谈会"，围绕对外传播工作新思路、中美关系展望等话题进行深入探讨，为进一步发挥总台国际传播能力和舆论引导能力提出意见建议。

4. 针对总台发展进程中的重点问题，进行"短平快"的对比研究和战略分析

围绕总台中心工作开展即时性研究和国内外行业观察，全年完成7期《调研专报》、33期《调研信息》、95期《融合传播信息周报》。其中，调研专报《法新社缘何快人一步》《RT在国际舆论场的攻防术》旨在推动总台国际新闻发稿时效和对外传播能力建设；《日本传统文化对外传播的经验和启示》《推进中国传统文化对外传播 "软硬兼施"讲好中国故事》重在探索新闻之外、讲好中国故事的对外传播软性路径；《以工作室制度为创新突破口，加快推进总台机制体制改革》《商业平台已入场 主流平台亟待破圈——对释放总台优质资源能量的思考》，为探索总台的机制体制创新、扩大新媒体端的吸引力和影响力献计献策；《打通堵点解决难点 努力把版权营收打造为总台营收的一个增长极支撑极》为总台的产业经营提供战略思考；《从李子柒背后团队运作看总台网红工作室建设》，研究MCN（多频道网络）运作机制及演变；《从丁真爆火事件看总台新媒体传播策略》，对总台新媒体传播、网红工作室建设提出有针对性的对策建议；《耳朵经济：媒体角落里的爆发者》为总台的全媒体经营提供更多思考和方向。

5. 完成上级单位或其他机构布置的多项重大课题

创发中心完成《总台2020年文化安全

工作报告》《总台文化安全"十四五"规划》《全国宣传思想文化工作材料（创发中心）》《"更生动、更扎实、更自如"地做好新形势下宣传引导工作的调研报告》《中纪委相关调研报告》《中国广播电影电视发展报告（2019）供稿》《中央广播电视总台完善文艺作品创作生产传播的引导激励机制调研报告》《中央广播电视总台2019年话语体系建设工作总结及2020年工作计划》《中央广播电视总台中央电视台（2019年度）媒体社会责任报告》等课题报告，并报送中宣部、国家广播电视总局、中国社会科学院等单位。

二、发挥"创新发动机"功能作用，打造创新孵化平台，探索机制体制创新

1. 孵化总台垂类网红和创意工作室，为总台建设更多战略支点

挖掘包含航天、健康、美食、文化、教育、新闻、军武等多个垂类的人才和内容资源，确立对12个网红工作室共14个账号的孵化意向，"空天逐梦""芝麻"两个项目进入实操阶段。与新闻中心共同组建"全海深"工作室，助力总台"奋斗者"号万米深潜报道。推动保障总台网红工作室良性发展的配套机制的建立。

2. 开设"CMG云创论坛"，创新形式、拓展渠道，提升总台业务交流水平

全年共举办9期"云创论坛"，累计邀请30余位业界学界大咖，组织总台员工线上线下交流互动，有效推动总台的实践经验交流和业务水平提升。

其中，围绕总台热播剧《隐秘而伟大》开设的论坛首次进行全网直播，微博话题量突破2500万，实现新媒体端广告营收。

3. 探索建立工作室成长监测机制

对主流媒体平台及网红连续监测进行成长分析，规划网红成长路径，设计工作室管理评价指标体系，并草拟《中央广播电视总台节目创新资金管理办法》。

三、努力打造"传媒风向标"，拓宽总台学术传播阵地

1. 整合资源，全新打造"CMG观察"微信公众号

按照总台"治理小、乱、零"的指示精神，整合《电视研究》《中国广播》《国际传播》三个期刊原有的微信公众号，集中力量打造"CMG观察"微信公众号，以"推介总台亮点、推动行业观察"为己任，展示总台创新作为，洞察行业创新动态，传播总台作为国家媒体的主流价值观和总台人孜孜以求的职业精神和与时俱进的精神风貌。

"CMG观察"自10月上线以来，围绕重要时间节点、重点节目及时推发稿件，累计发稿50余篇，总阅读量突破40万，有了第一篇阅读量10万+的爆款文章。该公众号上线两个多月，初步获得业界学界认可并实现广告营收，涨粉速度和粉丝黏性较为乐观。

2. 巩固学界影响，出版工作稳中有进

中文核心期刊《电视研究》全年出版12期刊登350余篇文章，重点策划"特别关注"约请专家学者发表80余篇深度稿件。《中国广播》出版12期刊登200余篇文章，并推出"战疫"特刊和"纪念中国人民广播事业诞生

80周年"特刊。《国际传播》出版6期刊登60余篇文章。《中国电视报》出版51期刊登2万余篇稿件。

疫情期间,《中国电视报》最早深入报道蒋晓平、董倩等总台抗"疫"一线记者,受到台领导和广大读者的肯定。2020年2月6日首发独家专访《蒋晓平：我们与白衣卫士并肩作战》及同名微视频,报道总台第一位主动请缨于1月14日即奔赴武汉报道新冠肺炎疫情的记者蒋晓平的故事；该文被共产党员网、人民网、《青年记者》杂志、"湖北大学新闻传播学院"微信公众号等广泛转发,在央视新闻移动网发布的同名专访微视频点击量超过10万。2020年3月5日刊发的专访《董倩：好多人往后的时候,你得往前》及同名微视频,形成报网台多元融合传播态势,"好多人往后的时候,你得往前"金句和部分内容先后被《新闻联播》的新闻特写《她们用镜头和话筒传递抗疫最强音》、《焦点访谈》的《战"疫"一线 写好历史铭文》、央视新闻新媒体的《战"疫"记者："好多人往后的时候 你得往前"》等报道引用。

完成《中央广播电视总台年鉴（2018—2019）》征稿及编纂工作,策划编辑出版图书《天使战疫——中央广播电视总台抗疫报道作品集》。发布《融合传播创新年度报告（2020）》。该报告聚焦2020年中国主流媒体融合传播创新成效亮点及市场竞争格局与趋势分析,助力总台融合创新发展。

3. 引领行业风向,做好评奖评优工作

创发中心组织总台首次年度优秀作品奖评选,2019年度510件作品获奖。组织推荐854件作品代表总台参评中国新闻奖、中国电视"金鹰奖"、中国电视剧"飞天奖"、全国电视文艺"星光奖"及亚广联奖等26项国家奖、国际奖、全国性行业奖及评选活动。在中国新闻奖评选中,总台获奖作品23件,其中一等奖11件,位居全国各级各类媒体首位。在亚广联奖评选中,总台获奖作品4件,位列所有参评国家媒体获奖数首位。

机关党委工作概况

机关党委是总台机关党建工作的专责机构和全台党群工作的管理部门，承担全台党员干部理论教育和党性教育、思想宣传建设、党员党组织管理、派驻国内外机构党建、精神文明建设、采编播人员马克思主义新闻观教育培训、定点扶贫、公益活动等工作，领导总台工会组织、共青团组织、侨联组织，负责主办《总台党建》杂志、《总台生活》报纸、职工闭路电视、网上党校和"总台之声"微信公众号。

一、坚持把党的政治建设摆在首位，持续深化理论武装，推动理想信念教育常态化制度化

机关党委始终把学习贯彻习近平新时代中国特色社会主义思想作为全台党员干部的首要政治任务，深入学习贯彻习近平总书记在中央和国家机关党的建设工作会议上的重要讲话精神，不断增强"四个意识"、坚定"四个自信"、做到"两个维护"。通过党员大会、党小组会、专题学习会、座谈交流会、主题党日活动等多种形式传达学习习近平总书记对总台工作的重要讲话精神。以"三会一课"、主题党日为重要抓手，综合运用学习研讨、辅导讲座、在线培训、学习微信群、学习强国APP等多种平台手段学习《习近平谈治国理政》(第三卷)。及时下发辅导材料，在全台掀起学习贯彻党的十九届五中全会精神的热潮。加快推进总台网上党校创建工作，分别组织处级领导干部、局级领导干部、预备党员网上专题培训班。积极开展总台青年理论学习活动，在全台范围内推进青年理论学习小组建设，通过新媒体端开展形式多样的理论学习活动，组织各单位青年理论学习小组开展基层调研。

二、充分发挥基层党组织和党员战斗堡垒、先锋模范作用，凝聚打赢疫情防控阻击战的强大合力

机关党委把疫情防控和党建结合起来统

筹考虑，动员全台党员带头深入防控一线，突出危险时刻冲锋在前的先锋模范作用，同时做好保障、慰问、组织工作。指导成立总台武汉前方报道组临时党总支，在赴武汉的中央媒体中率先火线发展党员，分两批发展党员16名。组织全台党员和员工捐款计570多万元，以实际行动助力疫情防控工作。策划制作党建宣教片，反映总台武汉疫情前方报道组临时党总支部和党员闻令而动、勇毅前行的先进事迹。积极协调拍摄中央和国家机关抗疫先进典型系列专题片。

三、认真落实党中央决策部署，为决胜全面建成小康社会、决战脱贫攻坚贡献力量

机关党委认真履行总台对口扶贫工作领导小组办公室的责任，做好总台对口帮扶四川省喜德县工作。调动总台相关部门发挥优势帮扶喜德县，选派挂职干部驻村驻县，开展"心连心"慰问演出、法律援助，拍摄播出公益广告。总台对口帮扶喜德县6项任务指标全部超额完成，累计投入帮扶资金1.3亿元，引入帮扶资金1750万元，购买贫困地区农产品668万元，帮助销售贫困地区农产品4724万元，培训喜德县基层干部和技术人员908名。

四、提高政治站位，全力配合巡视和整改工作

按照中央巡视工作要求，机关党委积极配合中央第十一巡视组对总台党组的巡视工作，及时完整提供总台党建工作的材料。根据总台巡视整改方案，由机关党委牵头的整改任务有24项、机关党委作为责任部门的整改任务有10项。截至年底，集中整改期内的27项措施全部完成，另有7项长期整改措施按计划推进。

五、着力抓好第一方阵建设，努力创建让党中央放心、让人民群众满意的模范机关

机关党委把建设让党中央放心、让人民群众满意的模范机关作为总台全年党建工作的主线，修订印发《总台创建模范机关工作方案》。在全体党员干部中开展强化政治机关意识教育，举办"总台庆祝中国共产党成立99周年主题党日"活动，中宣部副部长、中央广播电视总台党组书记、台长兼总编辑慎海雄出席活动并作专题党课，4位党员代表介绍深入学习近平新时代中国特色社会主义思想、勇于担当走好第一方阵排头兵的体会和实践思考。认真开展"灯下黑"问题专项整治，结合中央第十一巡视组对总台党组巡视和反馈的党建工作存在的问题，确定4个方面11项整改任务，与巡视整改工作同步推进。积极开展"坚决制止餐饮浪费，切实培养节约习惯"专项行动，全台500多个在职人员党支部、1万多名在职党员都组织、参加了"厉行勤俭节约、反对餐饮浪费"专题组织生活会。

六、下大力气加强机关党委自身建设，推动总台党的建设高质量发展

全年召开机关党委书记专题会议19次，

及时传达学习党中央文件、党内法规，研究落实中央和国家机关工委、总台党组各项任务要求，推进总台党建工作。制定出台《总台机关党委落实全面从严治党责任清单》《总台基层党组织书记抓党建工作述职评议考核实施办法》《总台党费收缴、使用和管理办法》《总台基层党支部标准化规范化建设实施要点》《总台发展党员工作实施办法》等20多项制度文件。组织完成全台基层党支部选举工作，筹备总台第一次党代会，指导督促各基层党组织做好党代表选举和机关党委、机关纪委委员推荐工作。

七、加快推进基层党组织和群团组织建设，提升基层组织的政治功能和组织力

机关党委制定印发《总台基层党组织建设指导意见》，加强对内设机构、国内记者总站、境外派出机构、台属企业党组织设置的分类指导。印制总台基层党组织工作手册，举办基层党组织建设工作培训班，选调党员干部参加中央和国家机关党支部书记班、党小组组长班、企业党组织负责人班和党员教育班。召开专题会议总结"心连心"主题党日活动、"运一车书去墨脱"主题党日活动经验，提出依托总台品牌节目开展主题党日活动的工作思路，积极推动总台党建和业务工作深度融合。加快推进工会组织、共青团组织建设，成立总台工会筹备组、总台团委，指导各单位陆续组建基层群团组织，确定负责人和工作班子；成立总台精神文明建设委员会，进一步细化精神文明工作领导体制和工作机制。

八、积极推动总台文化建设，营造朝气蓬勃、活力四射、人人自豪的浓厚氛围

机关党委从多方面增强凝聚力、创造条件、营造氛围，举办活动活跃丰富职工生活。举办"家事连天下　家风见初心"主题征文、爱国卫生知识线上答题、《民法典》普法知识竞赛、"绽放战疫青春·坚定制度自信"青年一线工作风采照片征集等线上活动。举办总台首届青年足球赛，全台30个中心部门的24支球队近600人参加了全部52场比赛，增强了总台的凝聚力和向心力。开展"金秋健身季"活动，35个基层工会组织开展了踢毽、跳绳、健步走等丰富多彩的健身活动，参与活动职工达17 000人次。机关党委创办《总台生活》报纸、《总台党建》杂志、"总台之声"微信公众号，改版总台闭路电视频道，形成多媒体多平台的党建宣传矩阵，党建宣传覆盖面、影响力逐步扩大。

离退休干部局工作概况

2020年是总台离退休干部工作融合发展的关键年。在总台党组领导下，离退休干部局聚力疫情防控，确保离退休干部生命安全和身体健康；同时，守正创新，扎实有序推进离退休干部局党委及基层组织建设、离退休工作信息化项目、离退休干部走访慰问帮扶，以及机构机制及工作者队伍建设等重点工作平稳开展。

一、全力以赴做好新冠肺炎疫情防控

抗击新冠肺炎疫情是贯穿全年工作的头等大事。由离退休局、处领导和业务骨干组成工作小组，及时传达学习总台防疫工作部署，定期评估、研究、检查，扎实组织实施和督促，确保3700多名离退休干部及离退休局在职员工生命安全和身体健康。

一是及时传达防疫信息。确保全员信息触达。特别是北京新发地、天津、青岛等地域暴发疫情后，根据上级指令及时进行人员摸排，重点提醒。其间，通过离退休干部各微信群，每天通报疫情信息，传递居家防护知识、技巧，开展案例教育和心理疏导，鼓励引导老同志做家庭、社区防疫模范。

二是紧急提供防疫物资。在口罩等基本防疫物资极度短缺情况下，商请总台有关部门，紧急订购约2.5万只口罩，对3700多名老干部的收件地址逐个核实，在最短时间内通过顺丰快递将口罩送到包括京外老干部在内的所有老干部手中，解决燃眉之急，带去总台党组和领导对老干部的关心爱护。

三是经常性开展暖心问候。工作人员通过电话、微信、重点走访等形式经常性问候居家防护的老同志，了解其生活、身体状况、精神状态等情况，并将高龄、孤寡、独居及长期患病的老同志作为重点关注和服务对象，帮助解决其紧急就医、取药、药费报销等实际困难。

此外，跟踪关注京外、境外居留的400多位（其中境外近200人）老干部的状况，通过电话、微信等问候，了解其拟回京时间，实时掌握每位老干部的动向，随时向他们提供力所能及的服务和防疫政策动态，也为总台防控工作提供科学数据支持。

其间，广大离退休党员干部积极响应号召，为疫区捐款37万余元，为疫区尽快恢复正常尽一份力量。

二、推进政治建设，加强政治引领不停歇、不松劲

积极开展离退休干部政治理论学习。疫情期间，组织离退休人员发挥诗词、书法、绘画、摄影、朗诵、歌唱等文艺特长，抒发抗疫情怀，增强抗疫信心。围绕疫情防控主线，宣传伟大抗疫精神，加强对离退休干部政治思想教育工作，引导离退休同志树牢"四个意识"，增强"四个自信"，做到"两个维护"。

6月，组织学习习近平总书记在全国两会期间重要讲话精神。7月，组织开展"不忘初心、弘扬优良家风"主题党日活动，通过微信公众号等平台，组织深入学习领会习近平总书记关于家庭、家教、家风建设的重要论述，把对党忠诚教育纳入家庭家教家风建设。8月起，组织开展为期三个月的《民法典》专题学习，为离退休干部购置发放2600多本《民法典》书籍，组织2200人次参加《民法典》知识答题活动。年底，组织开展党的十九届五中全会精神学习，努力把离退休干部的思想行动统一到全会精神上来。

三、精准服务，为老同志做实事、做好事、解难事

一是为老干部预约报销药费。根据新冠肺炎疫情防控常态化的形势和总台有关疫情防控要求，协商财务局，自5月初起为离退休干部提供药费报销预约服务，一对一实施，在确保防疫安全前提下，方便老干部快速有序报销医药费。截至年底，协助离退休干部预约报销药费约8000人次。

二是启动便老服务"民心工程"试点工作。与中广物业管理有限公司以五棵松小区为试点，于10月下旬先行推出日常健康监测、优惠理发等便老服务项目，建立扶困救急热线及应急保障机制，为老同志特别是孤寡独居老人提供应急服务保障和入户服务。同时，协助解决小区电视收视难、网络速度慢等反映强烈的问题，获得老同志认可。

三是完善机制，救急帮困，协助处理老干部后事。根据"双高期"老干部身体状况不稳定特点，结合以往经验，完善救急帮扶机制和应急方案，及时给予有困难特别是突发重病的老干部以帮助。

协助去世老干部家属妥善料理后事。截至年底，全年有70多位老干部去世。离退休局各级领导第一时间联系并慰问逝者家属，介绍后事处理政策和注意事项，协助解决困难。

四是协助完成离退休人员个税减免申报等工作。会同财务局，手把手帮助不会使用手机客户端的老干部完成下载个人所得税APP、实名认证、补税退税等手续，确保按时完成申报工作；协助老干部办理有关手续，享受工银免费短信通知服务；协助办理有关手续，享受中国联通集团套餐资费和流量优惠服务。此外，所属相关处还协调、协助鲁

谷办公区餐厅为离退休干部提供预约采购食品、食材服务等。

四、完成"两节"和重要时点走访慰问工作

1月中旬，举办了总台离退休干部新春团拜会。总台领导、中组部老干部局领导、总台部分内设机构负责人，与离退休老领导、老干部代表300余人欢聚一堂，欣赏文艺节目，共贺新春佳节。同时，为全体离退休干部发放节日慰问品、慰问金，送去总台党组对老干部的关心关怀；走访慰问身患癌症等大病重病的同志、困难党员、家庭困难老同志、高龄老同志、归侨侨眷等离退休人员，并发放专项慰问金。

此外，按照上级工作安排，组织走访慰问总台抗日战争老战士、抗美援朝出国作战老战士、老同志近50人次；举办简朴而隆重的抗美援朝出国作战70周年纪念章颁授仪式，致敬总台老战士、老同志，弘扬伟大抗美援朝精神。

五、推进离退休干部信息化工作

一是维护利用管理老干部微信群。维护并利用好各类离退休干部微信群，每天转发有关习近平总书记重要讲话精神和中央方针政策、总台事业发展动态、新冠肺炎疫情防控和健康知识，提醒老干部增强政治意识、大局意识，遵守微信、微博信息平台使用相关规定，净化网络空间。

二是改进"总台老干部之家"微信公众号编辑工作。策划推出"总台老干部之家"微信公众号，并于1月2日试运行。离退休局工作人员持续对其内容定位、选题策划、推广等进行改进，成立兼职编辑队伍，建立选题策划机制，并结合离退休干部服务管理，定期召开选题策划会，推出"我的军装老照片"、"十一"中秋特辑、纪念抗美援朝出国作战70周年特辑等，更好地贴近、满足离退休干部信息需求。

三是完成总台离退休干部信息系统一期建设。10月底完成该系统一期建设并上线。该系统具备离退休干部信息存储查询、统计分析等功能，对完善离退休干部信息管理、提高精准服务和管理效率等具有重要意义。

六、强化机制建设，增强服务意识，提升工作质量和水平

一是完善机构、理顺机制。根据总台内设机构"小三定"方案，离退休局建立处级部门与离退休人员党支部无缝衔接的工作机制；从加强协调、高效管理、提升服务出发，建立"支部+片区"的网格化管理架构；逐步统一并完善运行管理规定和各类业务标准和业务流程，包括"三重一大"决策制度实施办法、公文运转管理办法、日常走访慰问标准及工作流程、公务用车使用管理流程等；明确细化所属各处职责和业务流程，并根据工作需要完成人力科学配备。2020年，通过内部选调吸收8名干部，并从10月起组织选调人员接受3个月的集中业务培训，努力打

造政治强、能力好、有责任感、有奉献精神的老干部工作者队伍。

二是创建学习型组织。建立健全党委理论学习中心组、青年理论学习小组、员工学习制度，定期组织处级以上干部、业务骨干传达学习党的理论、政策和总台党组会议精神；组织集体学习习近平总书记关于老干部工作的重要论述（选编），结合总台离退休干部实际，扎实工作，守正创新，积极稳妥推进离退休干部管理服务工作。

三是完成巡视整改集中整改任务。根据总台党组巡视整改方案提出的7个方面问题，及时成立工作小组，建立整改工作台账，有针对性地提出整改措施，包括成立党建工作领导小组，制定《离退休干部局落实意识形态责任制实施细则》《离退休干部局党委全面从严治党"一岗双责"清单》等6个文件和具体措施，按时完成集中整改任务。

国家应急广播中心工作概况

2020年，面对新冠肺炎疫情和洪涝灾害等重大突发公共事件，国家应急广播中心及时反应、主动作为、深挖资源、发挥优势，在传统广播频率和各新媒体平台持续发声，发挥出应急广播的应急价值。国家应急广播技术系统持续平稳运行，国家应急广播试点试验取得长足进展，应急科普知识库建设得到进一步完善。

一、在重大突发公共事件中，快速反应，权威发声，凸显国家应急广播的责任担当

2020年，国家应急广播中心在新冠肺炎疫情和洪涝灾害等重大突发公共事件中以战时状态奋力作为，传播力影响力显著提升。

（一）在抗疫宣传中，强化应急科普、丰富节目样态、开拓传播平台、回应社会关切，充分发挥国家应急广播的作用

面对新冠肺炎疫情，国家应急广播中心迅速整合突发公共卫生事件应急科普内容资源，打出抗疫报道与科普组合拳，共发布相关信息超过1.5万篇。

一是突出疫情动态与应急科普的权威性和及时性。国家应急广播网（含手机网）推出战疫专题。国家应急广播APP每天弹窗推送最新消息。国家应急广播微博发布相关博文3100余篇、累计阅读量超过5.1亿；#急急侠话科普#原创话题，汇集各方面科学防疫知识。3月2日设置话题#复工第一天上班#，引导广大网友重视疫情反弹风险，倡导在复工复产过程中一丝不苟落实防护要求；该话题阅读量突破3.3亿。《当你复工第一天上班》RAP新媒体产品播放量突破1000万，被中央网信办选为全网转发产品，被学习强国微信公众号刊载。"国家应急广播"微信公众号发布相关微信文章555篇。其中《【扩散提醒】请不要这样封村封路！以免耽误出诊出警》等文章阅读量突破10万。创新策划《战"疫"24小时》专栏，有重点地向公众传递世界各地抗击疫情进展情况。

二是开拓传播新领域，加大第三方平台推送力度。"国家应急广播"抖音号于疫情暴发后的1月23日（农历腊月二十九）正式开通运维。该抖音号紧贴疫情热点，发布400余个相关短视频，播放量近1亿。单条视频最高点击量近1000万。"国家应急广播"央视频号制作编发应急科普类、热点提示类、心理疏导类内容，共发布相关视频400余个。由国家应急广播中心实拍的《口罩的正确使用方法》在央视频点击量超过1.1万次。"国家应急广播"头条号获得超过10万个点赞。

三是创新传播方式。在武汉抗疫形势最紧张严峻之时，国家应急广播策划推出"花花相映心心相连"共同助力武汉春暖花开H5线上互动活动，激发公众表爱心、燃斗志，营造未来可期的舆论氛围。4月30日，在京津冀下调应急响应级别，全国疫情防控阻击战取得重大战略成果之际，国家应急广播推出长漫《朋友圈的"疫"场变化》，展现疫情带来习惯和观念的转变，倡导注重公共卫生、热心社会公益等理念。新媒体产品获得网友积极呼应，获得学习强国APP以及总台新闻类公众号等转发推送，在多个平台阅读量超过10万。

（二）在防汛抗洪报道中，突出预警信息发布与应急科普宣传，原创科普内容被多平台转发

国家应急广播中心加强与应急管理相关部门沟通，利用已经建立起的信息对接机制。在汛期，国家应急广播各新媒体平台发布暴雨、雷电等预报预警类稿件共计5000余条。国家应急广播强力推出防汛科普原创内容，向受众普及防汛抗洪知识。其中，微信公众号推出《防汛抗洪》视频专栏；微博推出原创话题#2020夏季防汛防台风#，阅读量超3000万；"国家应急广播"央视频号和抖音号发布的《应对家中浸水垃圾袋3步巧变防水堤》《世卫组织建议丢弃与洪水接触过的所有食物》等原创短视频总播放量超过1000万。国家应急广播原创的独特、权威、实用的抗洪科普视频和图文被应急管理部、学习强国APP等多个新媒体平台转发。

二、持续加强国家应急广播应急科普内容建设，强化应急科普传播力度

经过7年多积累，国家应急广播应急科普知识库内容不断丰富、充实。截至2020年底，原创音频类节目储备累计530集，时长1724分钟；落地播出应急广播节目，时长超过24万分钟。应急科普类原创动画、实拍类视频共463集，时长1505分钟。

在应急科普内容生产方面，中心侧重制作突发公共卫生事件类选题，填补了以往四大类突发公共事件中原创节目内容匮乏的空白。应急科普知识库建设稳步推进，全新上线《新冠肺炎》《雷电》《狂犬病》《家庭火灾》4个科普知识专题库。截至2020年年底，中心已制作并推出16个应急科普专题库。同步推进手机网应急科普库建设，完成新版页面优化设计，用户交互更友好，查阅检索更便利。

在应急科普内容传播方面，国家应急广播8个新媒体平台及账号在全年各时间节点共推出43个具有应急科普特色的策划。H5

《救命的声音 你能听出几个？》等受到网友高度评价。8月10日，微信公众号全新改版上线"应急科普"视频专栏，得到微信"看一看"重点推荐。2020年设计推出以原创科普内容呈现为主的"国家应急广播"微信小程序。"国家应急广播"微博持续加强#急急侠话科普#话题运营，累计阅读量3.5亿。该话题内容被国家应急管理部、中央气象台以及多家省级气象、消防部门等转发。2020年，国家应急广播中心新申请运营#全民应急#、#小朋友假期安全没问号#等6个微博话题，阅读量超过4.5亿。"国家应急广播"抖音号发布的《如何应对溺水事故？漂浮技巧学习一下》等单条视频观看量均超千万。

2020年，国家应急广播以央视频APP作为主要平台，分别在5月12日"全国防灾减灾日"和9月11日"全国消防日"推出两场大型互动网络直播。直播聚焦应急科普，注重知识的实用性，调动网友积极参与，传播效果显著。其中，"119全国消防日"直播全网播放量突破1000万，被200多家媒体或政务微博转发；微博原创话题#2020全国消防日#当天登顶微博话题榜榜首，话题阅读量近5000万。

三、进一步开拓应急广播信息源，增加应急广播信息发布渠道

配合跟进"国家地震预警和烈度速报工程"建设进程，国家应急广播中心与四川、福建、河北、云南等省地震局沟通，接入川滇、海峡、首都圈地震预警和烈度速报信息，获取相关数据并接入"中国广播云平台"，分步开展向相关省区转发试验。

在银河互联网电视公司支持下，国家应急广播中心依托预警信息自动适配播发系统，分别与小米、长虹等互联网电视机厂商协商，合作开展应急广播公共服务，进行了技术对接和数据发布试验测试；与IPTV中央播控平台签署相关合作协议，向约500万"悦me"用户率先提供应急广播公众服务，随后拓展至有条件的省区市，届时不论IPTV用户收看何种内容，都能在当地实时收到带有国家应急广播标识的预警提示信息，并收看到应急广播科普视频。

四、巩固应急广播试点试验成果，有效服务相关地区防灾减灾

2020年，国家应急广播先后在云南、贵州、四川、湖北、浙江等地开展应急广播试点试验，通过试验所在地广播节目、IPTV、融媒体平台等，向当地提供应急广播公共服务。以宁波为例，试点试验主要通过国家应急广播预警信息自动适配播发系统、宁波市应急广播系统、宁波三座中波发射台、宁波12县区应急广播系统、宁波市应急广播频率、公共建筑内的广播系统的联动响应和信息共享，实现国家应急广播信息在宁波市通过广播频率、楼宇广播、广播村村响、中波广播发射等方式发布。

五、狠抓技术安全运维管理，确保预警信息自动适配播发系统等平稳运行

为确保系统网络安全，2020年国家应急

广播中心狠抓安全运维管理，明确运行服务团队和系统研发团队的分工和责任，严格落实执行应急预案和事故报送机制，定期对安全设备进行巡检，针对存在风险进行整改加固，保障安全服务万无一失。

预警信息自动适配播发系统平台上游与气象、地震、水利等部委信息源单位的对接。全年累计收录各类预警信息48.6万余条，地震速报900余条，预警相关媒资信息1000余条。系统平台下游与国家广电总局预警信息自动调度控制平台对接，与中国广播云采编平台对接，与四川、黑龙江、江西、湖北、贵州、云南、山东、广西、江苏等省区应急广播平台对接，下发相关预警信息并开展应急广播试点试验工作。该系统累计下发红色预警信息1.7万余条，橙色预警信息10万余条。

国家应急广播中心与中广电设计院共同主编的广播电视工程建设推荐性行业标准《应急广播平台工程建设技术标准》（GY/T5093-2020）于2020年6月正式发布，7月1日起实施。该标准适用于我国各级应急广播平台新建、改建和扩建工程建设，为全国各级应急广播平台工程建设提供遵循标准。

地方机构管理中心工作概况

地方机构管理中心是人事局下设的二级事业部。负责总台驻地方派出机构的总体规划、制度建设和归口管理工作，包括驻地方派出机构的建设运营、统筹协调、日常监管等，负责驻地方派出机构的人员调配及考核等工作，必要时根据授权代表总台与地方有关部门对接。

2020年，人事局地方机构管理中心（简称中心）紧扣中心工作，聚焦地方总站宣传主业，平稳有序推进地方总站组建，在总站运行保障、宣传协调等方面创造性开展工作，较好地保障了地方总站发展，发挥了地方总站桥头堡的作用。

一、为地方总站提供运行保障

1. 稳步推进地方总站筹备工作

按照"分期分批、平稳推进"原则，中心扎实稳步推进地方总站筹备各项工作，研究制定《总台地方总站筹建方案》《总台地方总站建设实施方案》，进一步明确了地方总站筹备整体工作目标、重点工作，确定工作机制、时间表和地方总站初步组建方案。协调总编室、技术局、财务局、总经理室、机关党委等部门，明确总站组建过程中有关部门的职责和任务，积极稳妥推进地方总站组建工作。

2. 做好地方总站建章立制工作

2020年，中心不断健全完善地方派出机构管理体系，推动总站建章立制。一是制定出台《地方机构实施总台薪酬福利暂行办法》（简称《办法》)，以薪酬考核发放这个核心抓手，统筹推进开展地方总站工作。《办法》在充分调研和总结原三台考核工作经验的基础上，在原三台记者站的岗位津贴、日常奖金考核工作上实现统一方式、统一模式、统一额度，推动广东总站自主考核，为总站将来的相关工作进行了探索。二是会同总编室、总经理室等部门，研究地方总站建站初期的岗位设置和人员配置，形成《地方总站岗位设置、人员配置方案》。该方案根据各地方总站在宣传和经营等工作中的地位和作用，按照"分类管理、突出重点"的原则，区分不同地区的人员配置规模，按照"精简、效能"的原则最大限度减少岗位配置数量。三是会同上海总站、广东总站积极探索适应总站将来发展需要的《总站商务接待管理办法》的制定。四是按照巡视整改工作，牵头起草完成《总台地方总站管理办法（试行）》，并征求办公厅、总编室、新闻中心、财务局、技术局、机关党委、机关纪委等部门意见后，经总台领导批准后印发实施，该办法成为保障地方总站运行的基础制度。

3. 统一地方总站运营保障方式

因原三台国内记者站运营保障工作方式不同，形式不一，中心会同办公厅、技术局、中视科华公司制订过渡期国内总站统一运营保障方式方案，做好地方总站融合组建过渡期的各项服务保障工作。一是在原央视记者站技术服务合同的基础上，归类梳理出地方总站10个大类、700多个具体项目、1000多万元预算的项目方案。二是为地方总站的日常运维搭建了新的网上审批管理系统，推动地方总站的正常运转，完成7个重大合同的终止改签工作，保障了总站车辆正常运行、房屋正常租赁、修缮等工作。

4. 确保地方总站坚决落实总台各项防疫部署，疫情防控不放松

新冠肺炎疫情发生后，地方总站冲锋在各地抗击疫情最前线，他们是总台疫情防控的高危人群，也是疫情防控的薄弱环节。为确保抗击疫情防控工作万无一失，中心多措并举确保总站坚决落实总台各项防疫部署，做到疫情防控、宣传报道两手抓、两不误。一是通过视频等方式组织召开会议，组织地方总站深入贯彻落实习近平总书记关于疫情防控重要指示精神，传达总台关于疫情防控的一系列决策部署，以更坚决的态度、更有力的举措，推动总台各项防控部署在地方总站落地落实。二是严格落实总台防控疫情政策，第一时间建立起地方总站疫情防控专项工作组织体制，坚持执行体温每日报备、日程每周筛查、异地出行报备审批等制度。三是调集一切资源组织好对地方总站防护物资的供给和各项保障工作，让一线的同志们安心、全心投入抗击疫情的报道。

5. 做好上海总站、广东总站的服务保障工作

2020年，上海总站、广东总站的行政办公系统建设基本完成，其他国内总站接入总台办公系统的工作均已完成，全年处理地方总站有关公文500余件，原三台地方机构的融合工作在总台新的管理体系中顺利推进。

二、加强对地方总站的宣传统筹协调工作

1. 组织地方总站做好疫情防控宣传报道

新冠肺炎疫情发生后，中心一是及时传达总台指令，针对地方总站远程管理的特点，通过视频等方式组织召开会议，推动总台各项防控部署在地方总站落地落实。二是强化地方总站应急报道机制，严格执行24小时值班制度、严格选题报送，保证联络畅通，确保一线记者在严格防护前提下随时出发赶赴新闻现场。在这些措施的保障下，地方总站做到传统广播电视与新媒体平台齐发力，推出的抗疫报道在全台各平台推出，发挥消除群众疑虑、有效引导舆论，维护社会稳定的作用。三是统筹调度总

站力量，保障地方总站配合总台有关中心和平台完成抗疫报道的采制工作。四是针对疫情零星散发的特点，全年协调有关总站配合总台各业务平台做好疫情报道，确保来自新闻一线的报道首发、不漏发。

2.做好地方总站全国两会报道、重大主题报道统筹协调

一是配合新闻节目中心完成地方总站的两会报名工作和有关报道组织协调工作。地方机构管理中心提早谋划，每天参加台里两会工作例会，及时准确传达台内有关宣传指令、报道要求，统筹协调相关总站配合总编室、相关节目组完成了两会报道任务，为驻地记者完成大会报道任务提供有力保障。二是按照总编室要求，协调地方总站上百人次配合总台完成"走向我们的小康生活"、深圳经济特区建立40周年、中国国际进口博览会、中国—东盟博览会等大型主题采访报道。三是组织地方总站配合新闻中心、新闻新媒体中心、视听新媒体中心完成《坐着高铁看中国》《直播黄河》《再说长江》《落实"六稳""六保"一线见闻》等主题主线宣传报道。在这些报道中，地方总站通过前期勘察、创意策划、地方政府联络、短片拍摄等多种形式配合主题报道的制作。

3.做好防汛抗洪报道等突发事件报道的统筹协调工作

在突发事件的报道中，地方总站历来是中央驻地媒体中一支反应机敏、行动迅速的突击力量。在2020年的突发事件报道中，地方总站继续发挥着主力军的作用，地方总站记者总是第一时间赶到新闻现场做出报道，许多报道都是首发的独家新闻。

在2020年各类突发事件报道中，中心统筹调度人员和采访车辆，确保来自一线的报道首发。为加强江西、安徽总站抗洪报道力量，增派山西总站、陕西总站两路记者支援江西总站抗洪报道，增派河北总站、福建总站两路记者支援安徽总站抗洪报道。在黑龙江伊春鹿鸣矿业尾矿库泄漏事件、四川凉山森林火灾发生后，中心统筹协调相关总站第一时间赶赴现场，持续展开报道，确保第一时间全网首发消息，大小屏同步开展报道。

4.对地方总站开设的新闻资讯类账号进行清理整顿

按照总台要求和部署，中心对地方总站在微信、微博等商业平台开设的新闻资讯类账号运营和管理情况进行了梳理，要求地方总站严把各类新媒体平台审稿关，对如何加强规范地方机构各类新闻资讯类账号进行研究。按照总编室《关于推进总台新媒体平台及账号管理整合工作的通知》精神，加强了对地方总站的新媒体阵地监管力度，关停并转20个在第三方平台开设的账号。

5.强化总台与地方总站信息的渠道畅通

完成了《地方机构信息周报》的改版工作，使该刊物成为总站获取台内有关精神、了解台内相关信息的主要渠道，是总台本部和地方总站间沟通联络的重要纽带，也是地方总站展示团队文化建设的重要阵地。此外，根据疫情防控和总站一线工作实际，中心汇总地方总站各类疫情防控、聚焦各地经济发展、抗洪抢险、突发事件报道等各类总站动态消息，向总台《日报》报送地方总站各类信息近60条，确保《工作日报》每周都有来自总站的信息呈现。

海外机构管理中心工作概况

2020年，按照总台党组统一部署，各海外总站建设工作向前推进，海外报道合作传播成效显著，海外总站建设取得阶段性进展。

一、加快推进海外总站建设

一是克服百年大变局、新冠肺炎疫情全球大流行等外部环境不利影响，推进海外总站建设。拉美、中东、亚欧、亚太总站先后完成挂牌，各海外总站制度建设进一步健全完善。

二是根据驻在地疫情变化和总台防疫要求，统筹疫情防控。海外总站成立了海外疫情防护专项工作组，建立海外总站联防联控机制，及时上报疫情防控应急预案、感染情况通报、物资保障方案等专项报告，并认真落实疫情报告、居家隔离、应急防控等各项要求。

二、提升合作传播实效

一是推进海外落地传播。海外总站推动总台重要报道在全球媒体落地传播，协调英国BBC网站、英国天空新闻频道等国际主流媒体转载报道总台独家视频《习近平考察火神山医院 看望慰问患者和医务工作者》，推动习近平总书记武汉考察视频从对外发布到在俄语地区影响力最大的媒体俄罗斯国家电视台落地播出，仅间隔3小时。积极协调总台本部及海外总站主持人、记者与福克斯电视台、BBC、英国电视四台（Channel 4）、半岛电视台、意大利TGCOM24电视台、西班牙国家电视台、俄罗斯RT电视台、澳大利亚SBS电视台等全球主流媒体合作报道重大突发国际或涉华新闻，协调国际媒体转引转载总台重要稿件。

二是策划推出特别节目。聚焦决战脱贫攻坚等重大主题，面向海外受众积极策划特别节目。北美总站推出年度特别节目《全球行动倡议2020——脱贫》，被全球500余家海外媒体转引转载。亚太总站与泰国国家电视台（NBT）联合策划《"他暖倾听"之解读中国脱贫攻坚成果，助力泰国经济发展》特别节目。拉美总站与巴西主流媒体旗手电视台合办的日播新闻栏目《中国故事》制作播出中国脱贫专题节目。

三是固定节目合作机制。与国际媒体建立长期稳定的节目合作模式，推进常态化落地播出及合办节目，向海外受众生动讲述中国故事。其中，《非洲直播间》在肯尼亚国家电视台嵌入式播出约300小时；拉美总站与巴西旗手传媒集团合办日播电视新闻专栏《中国故事》，播出节目约300期；亚太总站与孟加拉国RTV电视台合办《聚焦中国》和《中国时间》，播出节目约100期。

三、提升国际报道能力

一是开展高端采访。海外总站重点采访数百位对象国元首、政要和意见领袖，包括联合国秘书长古特雷斯、世卫组织总干事谭德塞、意大利总统马塔雷拉、国际货币基金组织总裁格奥尔基耶娃、津巴布韦总统姆南加古瓦、泰国总理巴育等，公正发声、积极表态，成为总台《新闻联播》等重点栏目及多语种发布平台的重要信息源。

二是抢抓新闻时效。海外总站积极跟进国际热点，采制播发《美国总统特朗普宣布停止向世卫组织提供资金》《约翰斯·霍普金斯大学数据：全球新冠肺炎确诊病例已累计超过100万例》《孟晚舟案再次开庭 听证进入关键阶段》《世卫组织：零号病人不一定来自武汉》《维也纳恐袭事件造成一名奥籍华人身亡 一名中国公民轻伤》等多篇首发报道。拉美总站及时组织，就阿根廷球星马拉多纳突然去世展开报道，相关报道在央视新闻客户端等各平台累积观看量超过5000万。中东总站《黎巴嫩首都贝鲁特大爆炸逾百人遇难直击现场》观看量超过2600万。

三是强化融合传播。海外总站结合辖区特色及新媒体传播特点，在央视新闻客户端开辟深度评论专栏《北美观察》《非洲观察》《欧洲头条》《维港观潮》《中东面面观》，累计阅读量突破1亿，多篇报道实现大小屏互动传播并被国内外媒体广泛转载。协调海外嘉宾参与总台CGTN新媒体直播特别节目《全球疫情会诊室》20余期专场直播，全球累计阅读量超1300万次，直播观看量超600万次。非洲总站联合非洲知名社交平台Vskit发起"防疫常识对与错"主题短视频挑战赛，吸引50余位非洲本土网红加入，总点击量超过2000万。

四、拓展品牌影响力

一是拓展国际影响。海外总站立足前沿优势，深入挖掘、充分发挥视频资源优势，提升优秀作品海外传播力、影响力。北美总站《武汉24小时》多语种版本在全球50多个国家和地区的180多家媒体播出或转载。非洲总站《2020非洲野生动物大迁徙网络直播》在全网传播量超过2.5亿。亚太总站积极推动总台《国家相册》《四季中国》《航拍中国》等中国文化类节目在香港收视率最高的电视频道TVB综合频道每日黄金时段落地。

二是提升品牌认可度。北美总站原创节目在2020年纽约国际电视电影节、泰利奖评选、2020年度白宫摄影记者协会评选中共获得24个奖项。欧洲总站原创节目《多瑙河：欧洲生命之河》在欧洲互联网产品设计大奖评选中获得"最佳设计"银奖和"最受用户欢迎"奖。非洲总站电视宣传片《旅程》《多姿多彩的非洲》在国际电视宣传与营销联合会及电视设计者联合会获评"最佳新闻时事宣传片"银奖和"新闻素材宣传片"银奖。

审计部门工作概况

审计委员会是总台审计工作的最高领导机构，负责研究并决策总台重大审计事项。2020年，审计部门全年完成各类审计项目521项，审计总金额34.3亿元，出具各类审计报告（意见）511份，提出审计建议及提示风险67条，中止高风险项目10个（涉及资金2 988.60万元），节约资金1 223.56万元。

一、加强制度建设

在全面深化融合的过程中，审计部门不断夯实制度体系基础，科学设计审计制度体系框架，内容涵盖1项内部审计规定、6项业务管理办法及7项实施细则。其中《中央广播电视总台内部审计工作规定》《中央广播电视总台领导干部经济责任审计办法》《中央广播电视总台直属企业经济责任审计实施细则（暂行）》和《中央广播电视总台直属企业财务收支审计实施细则（暂行）》4项制度规范已正式下发施行。

二、完善内部管理

审计部门积极完善内部管理，不断改进组织管理方式，有效提升审计工作成效。一是制定统一的审计业务工作流程、审批程序及标准化审计文书，全面提升审计工作规范化、专业化水平；二是推动思想融合、业务融合、人员融合，统筹调配审计资源，按照新设机构对人员进行划分，确保人岗适配、用当其时、人尽其才；三是推进审计服务平台拓展在建、迭代升级，积极探索大数据审计模式，让数据资源和技术手段成为审计监督发挥作用的有力支撑。

三、强化重点工作

1. 以信息化手段开展采购审计

审计部门将政府采购项目全部纳入审计服务平台实行信息化管理，对政府采购项目全样本数据进行整合、分析、核查，实现了政府采购项目全量化审计，将审计范围覆盖到政府采购全项目、全过程、各环节，有效防范和确保采购过程重点环节不发生系统性风险，保障资金安全，保障总台各项业务顺利实施。2020年，政府采购项目审计金额22.23亿元，通过预警中止高风险项目10个（涉及资金2 988.60万元），通过结算审计节约资金570.14万元。

2. 开展预算审核工作

审计部门统筹安排总台重点项目、重要事项、大额资金的预算审核工作，坚持以风险为导向，通过事前、事中、事后全流程审计，从程序合规、风险防范等方面提出审计意见，为领导决策提供依据和参考，同时规范预算申报和经费使用全过程管理，促使预算申报部门知规则、有底线，管理意识有所提升、实际操作更加规范。2020年审核预算项目48项，审计金额10.39亿元，提出审计建议20条。

3. 完成专项审计任务

审计部门注重立足微观审计、着眼宏观服务，对具有苗头性、趋势性的风险隐患开展专项审计，对项目执行中的薄弱环节提出优化建议，促进项目严格管理，及时为总台领导决策提供意见和建议。2020年开展专项审核项目7项，提出审计建议10条。

4. 推动审计成果运用

审计部门持续加大审计整改工作力度，不断强化工作举措，充分发挥审计监督"治已病、防未病"作用，努力提高审计整改成效和审计成果运用水平。一是紧盯国家审计发现问题整改落实，在审计过程中同步启动整改，强化相关部门和单位负责人为整改第一责任人，按照总台"审计整改责任分工"逐项对照检查，协调推进整改落实。对于能够立行立改的问题，督促相关部门即知即改，对需持续整改的问题，一项一项盯紧抓实。并对审计发现的主要问题以及管理中的薄弱环节进行认真研究分析，将其作为内部审计的重点内容，确保总台各项业务规范管理、资金支出合法合规。二是强化内部审计发现问题整改落实，不断加大对审计查出问题的整改力度，逐项梳理问题整改情况，明确整改具体措施和时间节点，跟踪督促审计整改结果。初步建成"审计问题整改远程监督系统"模块，增强审计发现问题准确传达、整改过程及时跟踪、整改效果及时评估的能力，推动信息高效传递，工作质效同步提升。三是有效推动审计成果运用，积极推动审计监督与纪检监察、巡视巡察、组织人事的贯通协调，推动审计监督与党管干部、纪律检查、追责问责相结合，推动审计结果及整改情况成为其他党内监督的重要依据，促使审计结果得到充分的运用。

四、开展培训交流

审计部门于2020年3月至4月期间，持续组织开展专项审计培训，覆盖31个中心（局），参训人数107人，取得良好效果。一是创新培训开展方式，以在线课堂的形式提供审计平台模拟操作，通过视频会议、邮件、电话等多种手段进行咨询答疑，提升便捷程度。二是精心设计培训内容，按照整合后总台新机构业务范围、审批流程及报审要求，对培训内容进行全新设计，确保业务部门能够看得懂，学得会。三是注重培训效果的跟踪及反馈，强化与业务部门双向沟通，收集业务部门对审计工作建议，有效传递审计理念，营造良好工作氛围，提升审计服务水平。

音像资料馆工作概况

从2020年9月22日起，音像资料馆正式按照总台党组批复的组织架构开展各项工作，以为总台重点宣传制播服务、为总台全媒体制播服务、为党和国家工作大局服务、为社会和公益服务为核心，全面搭建"四梁八柱两基石四驱动"发展架构；通过优化部门设置和职能配置，实现原三台机构融合、业务融合、人员融合和感情融合，产生"化学反应"。

一、全力推进机构组建，"四梁八柱两基石四驱动"发展新格局基本形成

1.立足当前，规划长远，认真做好创新发展的顶层设计

2020年初，音像资料馆明确"着力提升内容建设，全面加强统筹协调能力，为总台重点宣传和新媒体制播提供有力媒资服务保障"等十项年度重点工作；下半年，音像资料馆从核心业务发展、技术系统建设、加强队伍建设等3个方面入手制定"十四五"发展规划。针对未来5年宣传报道重点等，全力做好精准化媒资服务保障工作；技术上依托总台5G+4K/8K+AI战略布局，打造"标签化、智能化、移动化"全媒体内容资源管理服务平台，全方位适配总台高质量发展需求。

2.全力推进规章制度管理体系建设

建立馆领导办公会、馆工作例会和部门例会三级会议制度，强化决策、部署、执行三步骤，制定并实施《音像资料馆"三重一大"决策制度实施细则》等多项规章制度；制定《音像资料馆规章制度体系规划（2020—2022）》。

3.优化流程，提质增效，积极稳妥整合生产项目

整体规划全馆库房，实现磁带介质和图文资料专库专存、责权明晰；制定未来三年（2021—2023年）编目资源规划方案，打造高效、精准的编目生产组织模式；按总台财务局"保重点、保基本"要求，调整优化支出结构，压减2021年预算总额2 620.8万元。

4. 加强人员队伍建设，打造一支政治可靠、甘于奉献的高素质人才队伍

总台党组加强和充实音像资料馆领导班子建设，完成14个部室组建和处级干部平级转任到岗；深度挖掘馆内人员，开展馆内人员选调工作；加强和完善对辅助服务人员的管理工作，不断适应和满足产业升级、业务调整、流程再造、提质增效的实际需要。与此同时，组织多维度、多层次的业务培训，提升人才队伍综合素质。2020年，音像资料馆举办11期领导干部系列业务培训；面向全馆员工组织业务培训88场，2497人次参加。

二、聚焦核心业务，全面落实"四个服务"

1. 围绕总台宣传报道首要任务和主题主线，贯彻"三贴近"理念，全面做好媒资服务保障工作

紧密围绕总台重大主题宣传，通过建立主题数据库、组建资料编辑团队等举措，为节目部门提供"一站式、全流程、嵌入式、直播态"的资料服务。2020年为总台《英雄儿女》等36个重点项目共提供音视频资料2万多条，1200多小时。全面完成重点项目资料收集工作，完成抗疫资料收集归档工作，启动国际共产主义运动有关的历史影像资料收集工作；根据中宣部要求，搭建扶贫影像资料库；加强对重点节目的媒资服务保障工作，在新闻中心制作区旁建立"新闻收集工作室"，为新闻中心提供新型介质的收集、上载等一站式服务；专门成立质量审核部，严把资料进出关口，对总台音视频资料出库进行统一审核把关，落实意识形态责任制。

2. 探索助力总台全媒体发展新模式，适配总台深化内容生产供给侧改革

一是资料提供模式，为央视频主题宣传和大直播活动提供资料供给，为上海总站提供40部纪录片；二是联合创作模式，与央视频联合创作影视Tab，提供39部电影和65部电视剧，助力影视Tab成功上线；三是生产基地模式，央视频团队进驻资料馆，打造央视频内容生产基地，音像资料馆全程提供资料筛选、查询检索、编辑制作等服务。

3. 完成中央和国家机关资料需求任务，为党和国家工作大局服务

先后为中央有关部门提供资料800多小时；为中宣部所属中国共产党历史展览馆筹备"不忘初心、牢记使命"等多个展览提供资料服务；为中宣部新闻局提供抗疫播出节目702条，共460小时。

4. 开展社会化有偿服务和公益服务，创新运营模式和合作机制

始终把社会效益放在首位，以"资料技术服务模式"为总台全媒体平台和派出机构服务，以"市场模式"为社会用户服务，以"公益模式"为社会公益和教育培训服务；建设音像资料馆陈列室，打造展示中国广播电视资料发展历程红色教育基地。

5. 整合图文资源，优化阅览室布局，为总台干部职工提供高品质图文资料服务

启用统一的实体图书管理系统；将原三台22个数字文献资源优化整合为7个，增购"习近平系列重要讲话数据库"等资源，为节目制播提供更有针对性的图文资料服务。按照五址（含音像资料馆大厦）均开设综合查

询阅览区的总体布局，其中三址已完成。

三、加快技术升级，在5G+4K/8K+AI战略布局下不断优化总台媒资管理服务系统

配合技术部门建设广播音频共享系统，将原央广、原国广音频资源纳入总台内容资源统一管理，实现原三台媒资管理系统网络互联互通；启动内容资源同城异址备份存储工作，确保资源存储安全；媒资系统增加4K上下载工作站，提升4K节目资料数据导入、编辑和下载能力。

影视翻译制作中心工作概况

影视翻译制作中心主要承担总台专题片、影视剧、纪录片、动画片等的翻译制作和海外推广工作。2020年，影视翻译制作中心（简称中心）克服疫情影响，努力提高影视译制能力和水平，扩大总台影视文化国际传播影响力。

一、坚持把对外讲好大国领袖故事作为首要任务，努力做好领袖思想的译制和海外推广

中心始终坚持总台党组关于"领袖的高度就是宣传报道的高度"的要求，把"对外讲好大国领袖故事，传播好大国领袖思想"作为首要任务，积极向海外译制和推广反映习近平总书记思想和人格魅力的优秀影视作品。将《习近平治国方略：中国这五年》译制成意大利语、斯瓦希里语、乌尔都语等11个语种，先后在坦桑尼亚非洲传媒集团、布隆迪国家电视台、巴基斯坦TVONE电视台等海外主流媒体播出，受到当地观众的热烈欢迎。中国驻布隆迪大使李昌林表示，向布隆迪受众展示《习近平治国方略：中国这五年》为代表的一系列中国优秀影视剧、纪录片和动画片，可以让布隆迪受众进一步了解今天的中国。

二、重大宣传不缺位，努力实现对总台重点节目同步译制、同步推广、同步播出

2020年总台重大宣传报道和国际传播任务繁重，中心在重点宣传报道工作中不缺位，先后完成了《我们走在大路上》《另一个香港》《同心战"疫"》《活佛转世——达赖喇嘛是如何产生的》《中国脱贫攻坚》等重点节目的多语种译制和配音工作，并推广到新西兰TV37频道、布隆迪国家电视台、安哥拉TV Zimbo、肯尼亚转换电视台、坦桑尼亚桑给巴尔广播公司、柬埔寨Nice TV、阿联酋中阿卫视等海外主流媒体播出。同时还与总台相关部门合作，将《另一个香港》推送至

Facebook、Twitter、Youtube、中俄头条客户端、俄罗斯社交媒体平台VK、Newstube等新媒体平台播出。

三、加强文艺影视精品对外传播，扩大《中国剧场》品牌传播力

中心及时向总台上报了《植根优秀传统文化 讲好时代中国故事——影视翻译制作中心文艺文化精品节目走出去工作方案》；邀请相关节目中心和部门召开专题会，研究具体片目、工作机制和落实措施。将《如果国宝会说话》（第三季）进行25种语言的译制，并与国际传播规划局合作，将《生命之盐》《花开中国》《创新中国》《蔚蓝之境》《中国的宝藏》等总台原创精品节目译制成斯瓦希里语版，面向坦桑尼亚、肯尼亚、卢旺达、布隆迪、刚果（金）等20多个非洲国家播出。在央视频开通"影视译制"账号，推送英语版《西游记》，举办"2020，遇见爱"七夕主题活动，为中心开展在海外社交媒体业务积累经验。

中心努力克服疫情影响，努力完成"丝绸之路影视桥工程"（第5期）希腊语、葡萄牙语、巴西葡萄牙语项目，"中非影视合作创新提升工程"（第2期）英语、葡萄牙语项目和埃及、巴西《中国剧场》影视译配项目，译制了包括总台出品的《锦绣纪》、《如果国宝会说话》（第一季）、《棉花糖和云朵妈妈》（第二季）、《创新中国》等总计702部集、23 193分钟的节目内容。中心还积极参加国家有关重点影视译制工程的招标，获得"丝绸之路影视桥工程"（第6期）阿拉伯语、西班牙语项目和"中非影视合作创新提升工程"（第3期）英语、阿拉伯语项目，中标项目总金额1 213.35万元。

与叙利亚、墨西哥、冈比亚等国主流媒体签署合作开办《中国剧场》协议，截至2020年，《中国剧场》向27个国家的33个主流媒体平台推送播出了18个语种、1388部集的中国优秀影视节目。

四、精心组织总台主办的国际影视节、动漫节，进一步彰显总台在国际影视领域的影响力

作为总台主办的国际影视节、动漫节及相关评奖工作的具体组织承办部门，中心与国家主管部门、主办地宣传部门和总台相关部门积极沟通协作，完成了第十届北京国际电影节、第二十三届上海国际电影节、第二十六届上海国际电视节、第十五届中国长春电影节及"金鹿奖"、第十六届中国国际动漫节及"金猴奖"、第三届海南岛国际电影节的组织申请、统筹协调等工作。在全球疫情未得到有效遏制的情况下，中国成功举办上述国际影视交流活动，有力提振了国际影视界的信心，彰显了主流媒体的责任担当。每一个影视节，都吸引了全球数千部以上的影视作品参展参映，"进一步呈现了人类终将战胜疫情的希望之光"。

在相关评奖的组织工作中力荐总台的优秀作品。在2020年的中国国际动漫节上，央视动漫集团的《百鸟朝凤》《篮球旋风》分别获得"金猴奖"综合系列动画片的金奖和铜奖；在海南岛国际电影节期间，重点推介总

台出品的全球首部反映中国抗疫的4K纪录电影《2020，中国战疫》；牵头组织总台相关部门参加2020年"金熊猫"国际传播高峰论坛，力荐总台优秀纪录片《中国的宝藏》《伟大诗人杜甫》《遇见工匠》入选论坛展播展映，为来年参选"金熊猫奖"预热；牵头组织总台相关单位参加的中国—东盟电视周活动，征集全台58个互播节目参加展播，21个传播案例参加评优，其中《中国剧场》印度尼西亚、菲律宾落地项目等7个传播案例获最佳传播案例和优秀传播案例，并获得中国—东盟博览会组委会项目补贴资金和国家广播电视总局的专项补贴，中国—东盟博览会中方组委会专门发来感谢信感谢总台对此项工作的大力支持。

中国国际电视总公司工作概况

中国国际电视总公司（简称总公司）是总台所属国有文化企业，也是当前总台所属最大经营实体，连年入选"全国文化企业30强""首都文化企业10强""国家文化出口重点企业"。总公司作为总台的产业平台，以"建设国内领先、国际一流的新型传媒产业集团"为办企目标，打造精品内容精品栏目，提升国际传播力影响力，深化媒体融合发展，服务保障国家与总台重大宣传报道活动和重要项目，业务覆盖内容创制、国际传播、集成播出、广告营销、技术保障、文旅产业、后勤服务、资本运营等八大版块。截至2020年底，总公司下属全资、控股、参股、代管企业110家，在美国、日本、中国香港和非洲等地拥有多家海外子公司，全球员工超过1.5万人。

一、积极应对疫情冲击，危中寻机培育新业态

2020年，总公司经营业务受到疫情严重冲击，65%的内容制作项目受到影响，企业经营面临前所未有的困难和挑战。总公司坚持化危为机，统筹疫情防控和经营发展"两手抓、两不误"。

助力总台抗疫宣传。总公司派出83人奔赴武汉等疫区一线报道。完成总台《共同战"疫"》等系列节目，策划制作《我们在一起》《最美逆行者》等10余部作品。发挥丝绸之路电视共同体平台作用，与20多个国家40多家媒体机构成员加强合作，组织抗疫节目海外联播，推动总台抗疫节目在200余个国家媒体及新媒体平台播出；2020年2月至5月，总公司系统平均在岗人数2000—5000人，圆满完成总台餐饮、物业等各项服务保障。

顺应新趋势培育新业态。总公司紧紧抓住疫情催生的线上业态趋势，内容创制"云生产"，自主研发技术产品"云快编"，参与国际影视节"云展会"，举办"云端发布会"；中视大湾区基地举办直播带货专场，中视购物冲进抖音达人直播带货榜；在梅地亚探索

"会议直播"特色服务,中央电视塔亮相"云首秀"等。

多措并举、主动作为取得新突破。总公司所属企业节流开源,集团系统内全年享受税收减免及缓交额约2.9亿元。深挖台内市场,开拓台外市场,中视前卫、央视动漫集团等收入规模逆势增长,中视广信中标安徽亳州和新疆兵团两个千万元级台外项目。

二、突出做强内容创制,打造精品助力总台出品

总公司以内容建设为根本,强化内容创新,着力推出一批精品佳作。围绕决战脱贫攻坚、抗美援朝、"一带一路"主题主线,推出《金色索玛花》《枫叶红了》《遍地英雄下夕烟——致敬脱贫攻坚的人们》《中国扶贫故事》《智造美好生活》《从长安到罗马》《穿越丝路双城记》等优秀作品,参与摄制纪录片《英雄儿女》《英雄儿女——纪念中国人民志愿军抗美援朝出国作战70周年文艺晚会》等。

原创内容矩阵屡获大奖。纪录片《航拍中国》(第三季)受到肯定。电视剧《激情的岁月》《幸福里的故事》《破局1950》,动画片《丝路传奇》《百鸟朝凤》等,获得飞天奖、星光奖、金鹰奖与美国艾美奖、亚洲电视大奖等48个国内外奖项。

融媒体内容上线完成。VR+8K全景式影片《伟大征程》完成制作,VR全景互动影片《行走中国》上线国内最大虚拟互动平台。无锡、绍兴"奔跑中国"马拉松系列体育赛事活动收获良好效益。

全产业链开发加速推进。《国家宝藏》《从长安到罗马》《民宿里的中国》等IP授权开发业务成果丰硕。央视动漫集团推出《新大头儿子和小头爸爸》首部音乐话剧等。

三、突破海外重点市场,创新升级"走出去"平台

外宣产品梯队不断丰富。总公司推出《我看今日丝路》《中国的宝藏》《中国故事之飞向月球》等国际合拍片登陆海外主流媒体平台;《海底小纵队》(第五季)、《熊猫和开心球》《熊猫和奇异鸟》《熊猫和小跳羚》等合拍动画精品新年首播取得"开门红"。

商业化国际传播网络不断扩大。截至2020年底,总公司运营的海外本土化频道和时段增至3个频道、8个时段、5个新媒体专区,在15个国家以27种语言播出,覆盖200多个国家和地区。商业发行的《楚乔传》《海上牧云记》《幸福,触手可及!》等成功进入拉美和意大利国家主流市场,90多个中国电视节目在美国、俄罗斯、法国等G20国家播出。长城平台全球收费用户4639万户,覆盖223个国家和地区。

丝绸之路电视共同体亮点纷呈。2020年,共同体成员发展至60个国家和地区的136家机构,影响力持续增强。总公司举办2020年共同体高峰论坛,中央政治局委员、中央书记处书记、中央宣传部部长黄坤明发表视频致辞。论坛采用线上线下相结合方式,升级创新内容,发布新片佳作与签约项目,反响热烈。

四、发力技术应用创新，推动媒体融合加速发展

5G与超高清频道取得进展。配合总台建成5G新媒体应用实验室，加速推进5G新媒体商业化运营和超高清产业应用、8K技术标准制定，4K超高清频道用户扩大到2 987.2万户。

自主研发设备广泛应用。中视广信自主研发的"超远程低时延多人连线直播系统"与慢直播一体机在总台防疫节目、珠峰重测、北斗三号发射中发挥重要作用，并获得技术专利。

新技术运用推动业务拓展创新。中视科华积极探索新技术应用，境外卫星运用大数据和人工智能提升平台管理效能，探索深度开发境外节目资源、开拓智库合作业务。

创意舞美助力融媒体表达。中视和新创意文化有限公司采用环形屏幕与"云"空间，创新春晚舞台视觉表达和互动方式。

五、发挥企业机制优势，有力支撑总台重大项目与服务保障

落实总台"一部一站"等重大项目。推进上海国际传媒港、杭州短视频基地、涿州文化产业综合项目等重大项目；代总台参投中国文化产业投资基金，稳步推进全媒体融合产业发展基金等。

助力完成重要宣传任务。配合总台完成纪念抗日战争胜利75周年、深圳特区建立40周年、"浦东三十年"等特别节目。仅用两天筹备时间，顺利完成总台主办的抗美援朝主题出版物首发式；连续作战，48小时内完成"抗美援朝主题出版物"U盘制作等重要任务保障。

对接需求提供一揽子后勤服务。改进餐饮服务，升级媒体公园环境景观，提高服务质量，落实"民心工程"。中视汇才文化发展有限公司为6000多名台聘员工提供优质服务。

积极响应扶贫部署。全力配合总台对口帮扶四川省喜德县，通过中视购物平台协助销售贫困地区农产品，累计直接采购扶贫产品364万元，超额完成各项扶贫任务。

六、提升集团管理效能，引领经营创新发展

推进集团化改革。总台组建的第一个内容产业集团——央视动漫集团挂牌成立。总公司系统规划，加快打造动画全产业链。

加大关停并转力度。修订《总公司关停并转管理办法》，推进中视华业与荧屏电视技术整合，关闭中视创新、中视汉威等公司；启动相关公司改制方案；优化资源配置，将资源集中到核心业务、新兴业务与运营能力强的企业上来。

强化内控管理。建立健全"三重一大"决策、集团管控、对外投资、企业法人治理结构等48项规章制度，进一步提高集团经营管理的科学化、制度化和规范化水平。

加强队伍建设。完善干部管理和考核评价机制，召开青年业务骨干代表座谈会，加速推进年轻干部、预备干部队伍建设和配置工作。

七、坚持党建统领全局，推进全面从严治党落地落细

强化理论武装，推进党建与经营业务融合。落实党建工作责任制，并纳入企业经营绩效考核指标。优化基层党组织设置，持续推动理想信念教育常态化制度化。深入学习贯彻习近平新时代中国特色社会主义思想，组织开展《习近平谈治国理政》第三卷辅导讲座、强化政治机关意识教育等专题活动，全年为党员干部配发学习资料19类4374册，利用OA发布学习资料265篇。

切实落实意识形态责任制，确保安全播出。强化阵地管理，坚持正确导向，严格内容审核与安全播出管理。2020年，付费电视、境外卫星、长城平台、电视购物四大播出平台实现安全播出零事故累计超982天，圆满完成两会、两节等重保期和疫情防控期的安播保障任务。

加强廉政建设，强化执纪监督。推进全面从严治党向纵深发展，以案为戒，扎紧制度"笼子"、用好"四种形态"、压实"两个责任"。高度重视巡视整改工作，梳理20项整改任务，逐项分解抓落实。组织对15家涉及节目制作播出、期刊出版等业务的单位进行自查自纠30次；核查、协查案件及信访举报60件。

央视国际网络有限公司工作概况

央视国际网络有限公司（简称央视网）是由中央广播电视总台主办的中央重点新闻网站，是总台连接和服务用户的重要融合传播平台，是总台直属拥有多终端牌照业务资质的大型互联网文化企业。

作为总台主办的中央重点新闻网站，央视网围绕内容建设，打造"新闻+视频"两大产品体系。以新闻立网，突出视频主业，以人工智能技术为驱动，创新内容表达，形成独特优势和鲜明特色。

作为总台重要的融合传播平台，央视网建设"网（中央重点新闻网站）+端（移动客户端）+新媒体集成播控平台（手机电视、互联网电视）+市场端口连接"的全媒体传播体系，多终端全球覆盖用户近18亿人次，在视频支撑、大数据、人工智能等技术能力上在主流媒体中居于领先地位。

作为台属互联网企业，央视网加快向"内容+平台+技术"市场需求导向型的全媒体综合服务商转型升级，在中国互联网协会发布的2020年中国互联网综合实力前百家企业中位列第25位，在中央媒体所属互联网企业中排名第一。

2020年，央视网在总台新媒体格局中谋求差异化转型发展新突破，努力为总台建设国际一流新型主流媒体贡献力量。

一、领袖宣传报道品牌矩阵不断扩大，全新品牌《热解读》《天天学习》《锦绣小康》产生广泛影响

持续深化巩固提升新媒体"首页首屏首条"建设，在深耕《央视快评》《联播+》《物印初心》基础上，全新打造《热解读》《天天学习》时政报道品牌，以及《锦绣小康》等融媒体产品。全年时政稿件全网置顶总数1019篇，连续四年稳居全国新闻单位首位。《央视快评》发稿超过280篇，同比增长50%，总阅读量超10亿。外宣品牌栏目《中国习近平（Xi Jinping）》《高访时间》（Xi

Visit）聚焦习近平领袖形象及外交思想的海外传播，相关帖文浏览量超2.3亿。初步建成国内最大的智能化领袖报道素材数据库"I学习"，策划推出《VR报道丨重访总书记扶贫足迹》等。

二、重大主题报道创新出彩，形成网络声势、彰显总台特色

疫情发生后，央视网迅速推出以《战"疫"最前线》主题化大直播为核心、融多样态报道于一体的产品矩阵，并随疫情形势不同阶段推出"为天使护航""直击全球各国疫情现状""武汉复苏开城大直播"等151场系列特色直播，相关视频全网播放量超167亿次。聚焦"六稳""六保"，推出"云录制"节目《经济战疫·复工》，获得《新闻阅评》肯定。围绕决战决胜脱贫攻坚，上线"决胜——脱贫攻坚智惠媒体平台"，推出《全面小康：一个都不能少》系列微视频。推出全国首个时事AI产品《对答如流·两会"智"通车》等，实现主题主线报道的创新突破，受到广泛关注。

三、原创视频IP初步形成品牌影响力，网络视频内容体系建设初显成效

长视频方面，重点发力以总台"网络春晚"为代表的网络文艺类节目，以《人生第一次》为代表的人文纪实类节目，以《你好生活》为代表的青年生活类节目等垂直内容。其中，原创人文纪录片《人生第一次》，豆瓣评分9.2分，上线后占据各主要平台纪录片榜单首位，在总台央视中文国际频道首播当日实时收视率全国第一，获得《人民日报》《光明日报》《学习时报》等多家主流媒体肯定。

短视频方面，重点打造"小央视频"和"快看"两大核心品牌。其中"小央视频"全网累计播放量超300亿，在央视频视频号访问量居前列。在2020短视频大会上，央视网获得了年度最佳制作单位，同时获得年度最佳新闻资讯、最佳公益广告、最佳动画、最佳MV、最佳剪辑等多个类目奖项。此外，央视网与中国爱乐乐团、中央民族乐团等院团主体、艺术家合作，在以YouTube为核心的海外社交媒体上开设账号并推广运营，打造央视网文化出海MCN。

四、强化自主可控新媒体传播平台建设，进一步扩大总台连接用户规模

2020年，央视网多终端全球覆盖用户近18亿人次。一方面，做强自有平台，巩固用户领先优势。网站月度独立访问用户约3亿，日活用户超1300万，在中央重点新闻网站中排名首位；互联网电视累计激活用户2.03亿户，手机电视累计独立用户数超过2亿，均居行业领先地位。另一方面，拓展渠道建设，扩大传播力。微博、微信及其他站外平台官方账号累计粉丝数及订阅用户近2亿，其中粉丝超千万的账号有6个。海外社交平台官方账号的累计粉丝数及订阅用户突破9000万。熊猫频道全球粉丝数超过4300万，Facebook英文账号平均单帖互动量近2.3万次，互动率稳居全球主流媒体账号第二位。

五、巩固做强播控平台业务基础，新型业务取得重点突破

央视网全年实现收入38亿元（不含IPTV），其中拓展的内容制作运营、直播带货、"云数智"服务等新型业务收入近4亿元。央视网实现大直播产品线品牌化、系统化，"云、数、智"服务规模化、专业化。一是拓展播控牌照业务的生态化多元经营，OTT（跨过运营商，直接通过互联网向用户提供各种服务）业务一方面持续拓展运营商渠道和智能终端渠道业务，另一方面不断探索拓展付费、电商、电视购物、联合产品应用等创新业务经营模式，实现收入20.7亿元；手机电视业务在持续推动内容播控主营业务基础上，重点推进手机电视新型收视模式，布局面向大众的5G消息推送服务和视频彩铃服务，实现收入近8亿元。二是把握直播带货的行业风口，打造"人人都爱中国造"的品牌助力行动，开发"美好生活私享家"等系列品牌项目。同时，强化品牌IP思维，打造《数字样板间》《开城相见》等一系列垂直经营类品牌。三是持续发挥"云、数、智"服务能力，为国家部委、地方政府提供云端活动的全流程服务。央视网先后完成第127届和第128届广交会云开幕仪式、2020年全国大众创业万众创新活动周、云上2020年中国品牌日活动等20多场顶级云端活动，赋能政企与行业数字化转型。

六、创办国内首家主流媒体建设的智慧媒体学院，以技术创新驱动引领业务发展

央视网积极落实总台5G+4K/8K+AI战略，"人工智能编辑部"建设持续深入，初步构建了以覆盖媒体"策、采、编、审、发、评"全业务流程的智媒体技术服务体系。打造主流媒体最大的人工智能视听支撑平台，开发智闻、智晓、智营、智客等"智媒数据链"系列产品，在视频内容风控领域保持领先优势。联合高校、科研机构及互联网行业内领先企业，开设创办国内第一家主流媒体建设的智慧媒体学院，并与行业相关单位初步达成合作意向，面向媒体行业输出人工智能技术产品和服务。

中国电视剧制作中心有限责任公司工作概况

2020年,中国电视剧制作中心有限责任公司(简称剧中心公司)作为台属、台管、台控企业,以适配总台战略和发展为工作目标,以创作生产总台交办的重点电视剧目为工作重点,着力落实总台重点工作部署。

一、坚持"以人民为中心"的创作导向,努力打造精品力作

2020年,剧中心公司在央视综合频道黄金时段播出两部电视剧共计75集,分别是《奋进的旋律》(35集)和《跨过鸭绿江》(40集)。

电视剧《奋进的旋律》由总台出品、剧中心公司承制。作为庆祝新中国成立70周年电视剧三部曲的收官之作,该剧以2012—2019年为故事背景,紧扣"中国制造""中国创造"两个关键词,着力展现新时代中国经济社会发展面貌和精神气象,塑造了一批砥砺奋进、筑梦前行的创业者群像,彰显新时代中国经济社会发展面貌和精神。该剧于2月10日至3月1日在央视综合频道黄金时间首播,同时在"学习强国"学习平台、爱奇艺、腾讯、优酷以及YouTube等同步播出。播出期间,收视率位居同时段电视节目全国第一,累计触达观众3.79亿人次,总体收视表现高居2020年上半年央视综合频道黄金档第一位,引发广大观众及业内专家的共鸣及好评,获得良好的收视和口碑,取得了良好的社会效益以及融媒体跨屏传播效果。

为纪念中国人民志愿军抗美援朝出国作战70周年,剧中心公司承制电视剧《跨过鸭绿江》。该剧组从2020年6月开始筹备,于8月15日正式开机。剧组常驻演职人员达1800人,最高峰超过2000人,共计调用群众演员4万人次。为加快拍摄进度,保证按期完成拍摄,剧组先后组建五个摄制组跨五省市同时拍摄,并采取后期前置,边拍边剪。从11月26日杀青到12月27日播出,仅用一个月时间就完成了专家联合审片、意见修改和全部后期制作,完成了上级交办的任务。该剧于2020年12月27日在央视综合频道黄金时段首播,综合频道非黄金时段、电视剧频道

黄金时段重播，剧作全景式展示抗美援朝战争，塑造抗美援朝英雄群像。其精良的品质获得观众和市场的高度认可，创下近年来央视综合频道黄金时段收视最高纪录及同时段收视冠军。该剧以其鲜明的史诗风范得到高度赞誉以及评论界的好评。此外，该剧凭借独特的历史叙事、真实而震撼的战斗、感人的英雄人物和演员精湛的表演，引发全民追剧热潮，全剧在央视频总体播放量超过4000万，豆瓣评分8.7分，知乎评分9.0分，被观众誉为"年轻人最该追的电视剧""抗美援朝历史教科书"，引起强烈的社会反响，更被《人民日报》《光明日报》《文艺报》《文汇报》《中国电视报》等主流媒体发文点赞，被誉为"具有历史美学品格的抗美援朝高峰作品""历史与现实风云激荡的对话""中国电视剧发展史上的里程碑之作"。

此外，剧中心公司还承制了电影《跨过鸭绿江》，该片以志愿军司令部为主线，以彭德怀为主角，以"保家卫国、以战止战、为了和平"为立意，叙述抗美援朝战争全过程，重点呈现中国人民志愿军在朝鲜战场上打出的国威军威。剧中心公司组织有关主创人员落实推进电影剧本修改、补拍、宣发等相关工作。

二、紧抓疫情防控工作，切实保障员工安全

2020年，剧中心公司以"坚决遏制疫情蔓延势头、坚决打赢疫情防控阻击战"为总目标，认真贯彻总台党组关于疫情防控各项决策部署，严格落实总台各项相关要求。剧中心公司迅速成立防控疫情工作领导小组，颁布《剧中心公司疫情期间人员管理规定》，抓好疫情防控工作，坚决避免发生单位聚集性疫情，保障员工健康安全和工作生活。

中央新闻纪录电影制片厂（集团）工作概况

2020年是中央新闻纪录电影制片厂（集团）（简称新影集团）摆脱困境、奋勇登攀的关键之年。面对新冠肺炎疫情带来的全方位严峻考验，新影集团精心谋划创作生产，全力破解发展难题，积极重塑新影品牌，创作推出一批精品纪录片，经营管理进一步规范，各项工作稳中有进，发展态势持续向好。2020年，集团实现本级收入1.8亿元，节目创作收入逆势上扬，与2019年相比增长20%。

一、聚焦主责主业，持续推出一批立得住、叫得响、传得开的优秀作品

新影集团认真履行"国家影像历史的纪录者和典藏者"的使命，围绕重大主题主线进行节目创作，坚持把社会效益放在首位，强化责任担当。

一是用心用情完成时政拍摄任务。中央新影时政团队精心设立机位，用电影手法纪录包括全国两会、中国国际服务贸易交易会、第三届中国国际进口博览会等重大活动。

二是逆行奔赴武汉拍摄抗击新冠肺炎疫情。1月28日，集团迅速组建拍摄团队奔赴武汉拍摄，先后派出两批共9人的摄制团队，累计拍摄完成电影胶片和数字高清素材约274小时，得到充分的肯定。同时，制作了抗疫题材纪录电影《一起走过》。

三是完成珠峰高程测量拍摄任务。为完成拍摄任务，新影集团摄制组历时70天，是在珠峰大本营及以上高海拔地区工作时间最长、工作区域面最广，也是唯一走遍六大交汇点、抵达海拔6700米高度的新闻纪录团队。在珠峰高程测量结果正式公布的当天，集团承制的五集纪录片《丈量珠峰》在总台中文国际频道播出；次日，两集纪录片《登峰》在纪录频道播出，后来又在综合频道重播，获得社会各界人士一致好评。

四是开展脱贫攻坚记录，制作完成中宣部"纪录工程"项目《承诺》、30集大型纪录片《一村一寨总关情》。其中，《承诺》于2020年底在总台纪录频道顺利播出。节目首

播当晚,"国务院扶贫办"微博账号转发了该片播出预告,推动形成当晚的收视高潮。节目播出期间,微博相关话题阅读量破亿。系列纪录片《一村一寨总关情》以村、寨为单位,反映了各地农村在党和政府的领导下,积极、科学、细致地开展工作,带领贫困户整体脱贫的事迹。

五是巩固纪录电影龙头地位,制作完成5部纪录电影。这5部重点主题纪录电影分别是新中国成立70周年纪录电影《敬礼 我的祖国》《岁月在这儿》和舞台艺术电影《奋斗吧 中华儿女》、武汉抗疫纪录电影《一起走过》以及联合出品制作的抗美援朝纪录电影《保家卫国——抗美援朝光影纪实》。其中,2020年10月25日在全国院线上映的《保家卫国——抗美援朝光影纪实》票房收入近两千万,取得社会效益和经济效益双丰收。

六是认真完成中宣部和总台交办的重点纪录片创意制作。集团制作完成《攻坚日记》《远方未远——一带一路上的华侨华人》《王者归来——中国国家公园》等重点项目。2020年,集团策划申报的《防疫之链》《珠穆朗玛》《心归何处》《新西行漫记》4个项目获得中宣部"纪录中国"传播工程项目立项和经费支持,节目创作工作稳步推进。

七是主动对接承制总台各中心频道节目栏目。完成总台重点栏目《国家记忆》100期节目创作;制作完成的《藏家》《沉银追踪》《血色雪原》《与祖国同庆》《上党战役》《永恒之轴》《在影像里重逢》(微纪录版)、《门捷列夫很忙》等10余部系列纪录片在总台各频道播出,获得总台相关中心频道和观众的普遍认可。此外,集团还承担了CGTN、纪录频道、影视翻译制作中心的《抗美援朝保家卫国》《航拍中国》(第三季)、《如果国宝会说话》(第三季)等项目栏目291集的译制任务,助力总台国际传播。

八是发力融合传播,新媒体节目影响力不断提升。在央视频开设的"中央新影微纪录"账号,单条视频最高观看量近30万人次,有10余条视频被推送至央视频总平台焦点位置。与总台新闻新媒体中心联合制作推出的《新影像》系列短视频中,有12个获中央网信办全网置顶。《中国奇迹!从成昆铁路到世界第一高铁网》《深圳,奇迹开始的地方》等短视频在发布当天晚上登陆央视新闻频道《东方时空》《24小时》和财经频道《第一时间》,实现了多屏联动,有效深化了渠道融合。与优酷合作推出国内首部互动纪录片《古墓派 互动季:地下惊情》,探索实现纪录片与网友线上互动,扩大主流节目在年轻用户中的影响力,长时间位列优酷视频平台纪录片热度榜首。

九是开拓渠道,外部合作朋友圈持续扩大。积极接洽中宣部电影局、宣教局、文艺局、国传局和文旅部、国家广电总局宣传司等相关主管部门,以及应急管理部、水利部、国资委宣传局、部分地方党委宣传部、中央及地方国有企业,争取合作项目,增加创作收益。精心策划组织第四届社会主义核心价值观主题微电影(微视频)征集展播活动、第八届亚洲微电影艺术节、第四届中国金凤凰国际微电影大赛以及第六届全国微电影春晚等一系列赛事节庆活动,为提升新影品牌价值、拓展品牌影响力打造了平台。

十是节目出新出彩,收获奖项颇丰。2020

年，集团共有28个（次）项目在各类奖项评选中赢得荣誉。其中，纪录电影《青春中国》和《岁月在这儿》获得第33届中国电影金鸡奖评委会最佳纪录片/科教片提名；《与世界同行——70年的中国与世界》《楹联里的中国》《与祖国同庆》《门捷列夫很忙》《永恒之轴》《承诺》《登峰》等15个项目入选国家广电总局2020年优秀国产纪录片推荐目录。在第26届中国纪录片学术盛典评选中，新影集团获"年度制作机构"称号。

二、构建长效工作机制，确保集团清理整顿工作持续向前推进

一是集中精力做好巡视整改工作。围绕总台巡视整改工作，新影集团拟定了《关于加快推进新影集团清理整顿并启动改制工作的整改方案》及5个具体实施方案和项目报告，努力推动历史遗留问题稳妥解决。

二是强化制度保障和经营考核。集团出台实施、细化完善九项规章制度，内容涵盖集团内审、法务、创作业务、固定资产、数字频道、部门公司考核等多个方面，进一步织牢、织密制度防护网。

三是稳妥解决历史遗留问题。通过调研和委托律师事务所、咨询公司对动漫城项目进行全面调查，摸清动漫城项目情况、存在问题以及面临的重大风险，并及时向总台报告相关进展。积极利用法律手段解决历史遗留问题，2020年集团共处理历史遗留涉诉案件12起，维护了集团的权益。

四是加强所属公司管控，推进全资公司"关停并转"。制定出台集团全资企业考核管理办法，强化对全资企业的管控。对经营不善、前景渺茫的全资公司进行"关停并转"。

五是盘活房产资源，寻找经营突破点。通过广泛深入调研，制定了《新影集团厂区改造初步方案》，旨在通过深入挖掘新影集团两厂区在房屋租赁、园区改造方面的潜力，对厂区房产资源进行保护性开发、创新性经营，合理引入社会资金，优化产业布局，激发集团发展的内生动力。

三、稳定在岗职工及离退休人员队伍，统筹做好疫情防控和生产经营工作

一是加强政治建设，全面从严治党取得积极成效。严格落实意识形态工作责任制。将党建工作要求纳入集团企业章程。加大廉政执纪问责，在集团工作例会上及时通报相关违纪违法案例，并结合集团发生的法律纠纷案例，以案明纪、以案释法。

二是关心老同志，激发在岗人员创作活力。用好老同志的保障资金，确保离退休老同志医药费及时报销，企业补助及时发放。在集团机构调整过程中，规范选任程序，制定了《中央新影集团创作干部选拔任用实施方案》，坚持德才兼备、强调工作能力，注重人才素质，突出工作实绩，采用民主推荐、竞聘上岗方式，选拔产生了一批新任干部和年轻骨干。面向创作人员，举办了五期"新影大讲堂"系列培训，邀请总台知名栏目制片人和集团创作骨干讲述创作历程，分享创作经验。全力保障集团员工生命健康安全，在疫情期间，多次及时向坚守岗位的一线职工发放口罩、酒精、消毒液等防疫物资，让

职工切身感受到集团的温暖和关心。

三是提升行政效能，坚守安全底线，确保行政运行平稳安全。疫情期间，召开各类网上音视频会议数十场，既确保全体员工的健康安全，又保证集团各项工作有序正常开展。积极探索线上考勤管理、线上合同审批、线上会务管理的具体实施方法，为实现移动办公自动化、提升工作效率打下基础。全面提升保密意识，完善保密管理流程机制，组织开展集团保密自查和专题培训，进一步加强了涉密人员、涉密载体、涉密设备管理。针对集团厂区面积大且分散的特点，每逢重大活动及重要节日，对各重点部门、重点部位进行全面彻底的治安消防检查督导，层层压实责任，排除风险隐患，确保集团安全。

中国环球广播电视有限公司工作概况

中国环球广播电视有限公司（简称中国环球公司）是总台下属一级企业，注册资本金10亿元。自2017年成立以来，中国环球公司依托总台强大的背景、品牌、全媒体资源和平台优势，按照国际化、市场化、专业化的运作机制，紧密围绕总台国际传播建设，开展对外发稿、海外机构建设运营、内容制作、新媒体运营、宣传推广、活动承办、技术运维等全媒体产业链业务，奋力打造国际化传媒集团。公司形成下辖1个国内子公司（环球国际视频通讯社有限公司），6个海外公司的集团架构，业务覆盖美国、英国、法国、比利时、俄罗斯、意大利、肯尼亚、阿根廷、土耳其、韩国等世界众多国家和地区，年营业额逾12亿元。公司下属国际视频通讯社连续十年被中宣部、商务部等五部委共同认定为"国家文化出口重点企业""国家文化出口重点项目"。

2020年，中国环球公司聚力打造国际化传媒集团战略目标，用足用活公司机制优势，有力有效地配合总台对外工作大局。

一、创新体制机制，以公司化方式为总台国际传播和海外布局提供有力保障

（一）公司规模快速扩大，国际化传媒集团已现雏形

中国环球公司成立不足四年，借助总台国际传播力骤升之势，发展迅猛，通过新建和重组方式，初步建立起下辖"1家国内公司（国际视频通讯社）+6家海外公司"的集团架构，是总台系统内拥有海外公司最多、国际业务规模最大的企业集群，成为独树一帜、全心全意专注于总台国际传播建设的专业化集团公司。

（二）保存量、拓增量，全面提升对总台的服务规模、质量和效率，经营业绩实现逆市增长

2020年，在疫情冲击、整体经济下行、经营环境复杂多变的严峻形势下，中国环球公司积极推进业务经营和拓展，全面配合总台机构整合、业务升级，主动对接英语中心、

欧拉中心、亚非中心、华语中心、国交局、国传局等部门，不断拓宽业务领域、拓展增长空间、创新业务模式、提升服务质量，实现经营业绩的逆市增长：2020年，集团全年收入12.45亿元，较2019年增长20%以上；承接节目制作、版权购买、设备租赁、直播支持、技术运维、活动组织、宣传推广、调研咨询等10多类84个对台服务项目，较2019年增长171%。

二、国际视频通讯社坚持效果导向，着力提升发稿投送能力

（一）守正创新，对外发稿规模全面跃升，外媒使用量实现翻番，国际传播力、影响力显著提升

2020年，国际视频通讯社全面发力，提升多语种对外发稿时、度、效，增加发稿量、扩大传播面，取得了前所未有的国际传播效果。全年多语种发稿6.5万条，日均179条，同比增长20.7%；其中视频4万条，日均110条，同比增长28.4%。同时，采用卫星和网络两种方式共计对外发布直播信号369场，同比增长21%，信号总时长359小时，并首次对外发布"慢直播"信号，包括23天持续转播武汉火神山、雷神山医院建设等。国际视频通讯社所发新闻素材和直播信号共被全球149个国家和地区的2800多家电视台/频道和网络新媒体平台持续使用347万次，电视播出总时长超12 430小时，外媒使用覆盖国家和地区数、媒体数、使用量三项核心传播指标比2019年全年分别增长12%、35%和114%。2020年，国际视频通讯社加大对习近平总书记重要思想和魅力风采的对外传播，取得历史最好成绩。在对美西方、涉疆、涉港、疫情防控等国际传播中，发扬斗争精神，积极传播中国声音，助力总台在国际舆论场更强有力发声。

（二）全球签约用户规模及品牌影响力持续提升，媒体伙伴机制建设取得新进展，用户满意度达96.1%

国际视频通讯社持续拓展全球签约用户规模，针对重要发稿内容形成精准推送机制，首次委托第三方机构开展全球用户满意度抽查，结果显示用户满意度达到96.1%。

1. 克服疫情影响，进一步拓展合作网络，全球签约用户规模创新高

国际视频通讯社持续扩大境外媒体合作网络，2020年新增签约用户73家用户，包括66家媒体和240个移动互联网平台。截至2020年底，国际视频通讯社全球签约用户规模达540家媒体机构，覆盖全球140个国家和地区的2278家媒体频道和1716个移动互联网平台。

2. 承办总台2020"拉美伙伴""欧洲伙伴"媒体合作云论坛，做响"伙伴"品牌

8月28日，总台和联合国拉加经委会、拉美新闻联盟以视频连线方式举办2020"拉美伙伴"媒体合作云论坛，主题是"携手抗疫，共克时艰"。中央广播电视总台台长兼总编辑慎海雄，联合国拉加经委会执行秘书长，拉美新闻联盟主席出席并致辞，拉美地区10个国家的14家媒体机构代表参会。论坛上，总台与拉美媒体发表了《"拉美伙伴"加强抗疫合作联合声明》，国际视频通讯社与拉美

新闻联盟共同推出《今日中国》新闻合作栏目。此次论坛被31个国家和地区的510家媒体平台广泛报道，累计触达海外受众超4187万人次，国内71家媒体进行报道，传播效果突出。

12月10日，总台以视频连线方式举办2020"欧洲伙伴"媒体合作云论坛。总台代表与来自欧洲地区16个国家的25家媒体机构代表围绕"互信·对话·合作·共赢"主题展开云端对话，积极推动中欧媒体同舟共济、团结抗疫，提振国际社会信心。中央广播电视总台台长兼总编辑慎海雄出席并致辞，与23家欧洲媒体代表以视频方式共同发布《加强媒体合作联合声明》，路透社社长、意大利克拉斯集团总编辑、欧洲新闻台首席执行官分别发言，表示高度重视并将继续加强与总台的合作。论坛上，国际视频通讯社与欧洲新闻交换联盟（ENEX）签署《战略合作备忘录》，正式启动"欧洲伙伴"合作机制（EMP），就新闻素材、新闻报道、海外报道员、新闻成片定制、媒体论坛等方面加强合作；与路透社共同推出《中国财经视频专线》，着力推送总台权威、专业的财经资讯；与欧洲新闻交换联盟联合推出《今日·财经》（Biz Today）专栏。此次论坛被51个国家和地区的404家媒体平台进行报道，海外触达用户4234万人次；国内有86家主流媒体进行报道，传播效果显著。

（三）开拓创新，借船出海，与路透社、欧洲新闻交换联盟深化合作，加大总台财经新闻内容对外传播力度

为加强总台财经新闻的对外传播，国际视频通讯社与财经节目中心密切合作，多措并举做好总台财经新闻内容的对外传播，取得阶段性成果，国际传播效果显著提升。国际视频通讯社充分发挥国际合作渠道优势，借力路透社财经新闻专长及平台优势，在其财经视频素材专区推出"中国财经视频专线（China Business Video，CBV）"，每天制作10分钟财经新闻素材，供其全球媒体用户选用。

特别针对欧洲市场，与欧洲新闻交换联盟共同推出《今日·财经》专栏，主推总台财经新闻内容，专栏时长为5—10分钟，每周一到周五推出，由国际视频通讯社负责节目编译、包装制作等，经ENEX的共享平台向50个国家的54家知名商业电视媒体发布，包括英国天空新闻台、法国BFM电视台、德国RTL电视台等。

中广影视卫星有限责任公司工作概况

2020年，中广影视卫星有限责任公司（中央卫星电视传播中心）全力推进央视3、5、6、8频道在全国有线网和IPTV的签约收费工作，确保总台频道版权费应收尽收，为总台高质量发展贡献力量。

一、积极应对日益严峻的市场形势，及时调整经营策略，稳定有线网收入大盘

一是采用线上视频谈判，推进签约收费工作。克服疫情不能出差的影响，利用云会议平台进行商务谈判，做到"出差暂缓，沟通不停"，积极与客户线上"面对面交流"，加快与新疆等地有线网的签约进程。

二是建立"维权预警"机制。通过对全国有线网络公司经营情况、历史缴费状况等进行分析，对有线网进行"债务偿还能力评估"，做到心中有底。对经营状况不佳、欠费严重的有线网，公司采取证据保全等维权预警，切实降低公司运营风险，确保资金安全，避免造成历史欠费追缴无门的情况。

三是完善用户评议机制，做到核减有据，优惠有度。近年来，有线用户不断流失，有线网提出减少收费用户数的要求。为掌握有线网的实际情况，公司成立用户流失核查小组，根据有线网公开数据和资料以及实地考察的结果，对各省有线网现状进行分析，形成与有线网签约建议，为公司审议核准有线网签约方案提供依据。

二、坚持多措并举，着力为签约收费提供有力保障

通过创新技术手段，对央视3、5、6、8频道的信号进行有效管控，更好地为签约收费服务。

一是启动央视3、5、6、8频道专用卫星接收设备升级更换工作。为确保信号安全播出，公司将现行的NDS加密系统Ⅰ版本智能卡升级为Ⅱ版本智能卡。此次技术升级进一步实现央视3、5、6、8频道信号可管可控可查的目标，为切断盗播信号源提供技术保障。

二是做好重大赛事的监播、证据保全工作。按照总台对2020年春晚版权保护工作的要求，公司完成对全国17个省41个IPTV、专网OTT平台，CCTV-3春晚直播及重播节目高、标清信号的监播工作。通过对侵权画面遮挡、延时情况等数据进行汇总整理分析，保全侵权证据，为维权提供重要依据。

三是加强版权保护力度，充分运用法律和行政等手段，多措并举治理侵权盗播，规范合作，营造良好的3、5、6、8频道版权经营秩序，切实维护总台及公司的版权权益。

四是搭建央视主频道特别是3、5、6、8频道信号监测系统。为满足公司信号查处等业务需求，公司完成100个监测点的信号监看监播系统，覆盖31个省（市）的有线和电信新媒体信号。

三、奋力推进央视3、5、6、8频道在全渠道、全媒体的广覆盖和深经营

扩大总台央视3、5、6、8频道的传播力、影响力，公司大力开展与IPTV合作，完成了全渠道、全媒体版权经营的大幅增收目标。2020年公司完成与26个省IPTV的签约工作，签约用户覆盖2.1亿，实现央视3、5、6、8频道的社会效益和经济效益的双增长。

一是创新业务合作模式，解决历史遗留问题。多年来，IPTV侵权问题严重，各省情况不一样，非常复杂。为解决此事，公司与央广银河互联网电视有限公司、未来电视有限公司和爱上电视传媒有限公司在江苏移动、联通和电信三端展开合作，通过与台内单位的合作，将侵权的IPTV用户转变为合法用户，解决了多年IPTV侵权问题，增加了央视3、5、6、8频道的版权收入。

二是统筹布局，协调有线与IPTV两个市场。公司在部分省份采取有线和新媒体"统谈统签"的方式，统筹布局，由点及面，既提高了谈判效率，也实现了3、5、6、8频道版权收入增长。

三是与时俱进，采取灵活收费新模式。为了完成总台"应收尽收"的工作目标，公司在充分考虑客户实际情况的前提下，采取多元化结算方式，创新收费方式，在部分省份采取中信银行"信福代"的方式收取收视费，实现资金快速到账。

四、认真落实总台工作部署，筹备奥运频道落地覆盖调研及技术准备工作

根据总台党组会议关于"把握好时、度、效，统筹与央视3、5、6、8频道捆绑销售等方式，进一步有效扩大奥运频道传播覆盖和频道落地"的要求，积极推进奥运频道落地各项筹备工作。

一是制定《奥林匹克频道落地调研情况和收费方案》。公司积极与体育青少节目中心奥运频道筹备组进行沟通，了解频道节目规划和落地需求。面向全国省级有线网和11个省IPTV播控平台展开调研并形成方案，方案坚持社会效益和经济效益相统一的基本原则，在全面完成落地覆盖的基础上，促进广告销售，同时做好市场培育，预留版权收费空间。

二是完成奥运频道开播的技术准备工作。公司架设在6C上接收奥运频道的卫星天线，完成4K节目监看系统改造，实现4K节目多

画面切换管理。采购80套4K高清卫星接收机，设备全部检测就绪，确保设备符合技术标准和用户使用配置需求。开发授权管理系统和加密系统接口，实现对奥运频道高级安全加密、机卡绑定和指纹显示等功能。

三是为奥运频道宣传推广做好准备工作。面向全国31个省（市）的有线网，从广告宣传渠道、价格、效果等3个方面展开调研，共收到除西藏外30个省（市）的有效反馈。通过对开机广告、主菜单广告、导视频道、换台导航广告、音量条广告传播效果的调研，为奥运频道的落地推广打下坚实基础。

五、扎实推进公司党团工会工作，抓好公司内部管理，化解经营风险

一是认真做好党风廉政责任制和风险防控落实工作。按照总台全面从严治党的工作部署，明确公司领导和责任部门的工作任务，落实好"一岗双责"制度，促进党风廉政责任制的有效落实。切实贯彻好《中央电视台落实八项规定精神实施细则》和总台相关规定，坚持落实办公会议制度和预算管理等相关民主集中制规定，规范公司工作流程，对日常各项工作防控风险进行梳理和补充，为公司的事业发展保驾护航。

二是充分发挥青年业务骨干带头作用，组建青年理论学习小组，提高青年理论素养和业务能力。工会大力开展为职工送温暖活动，在国家法定节假日前夕慰问一线职工，在春节和重阳节前夕家访慰问退休职工，不断提高职工获得感、幸福感。

三是改革创新人才管理举措。公司正式颁布实施《中广影视卫星有限责任公司人才规划、人才引进、人才培养与人才流动管理办法》，进一步完善公司的人力资源管理体系，为公司的科学化管理提供制度依据，为公司的长远可持续发展提供人才保障。

四是公司采取各项疫情防控措施，确保职工健康安全。面对突如其来的新冠肺炎疫情，公司把职工健康摆在首位，积极采取各项疫情防控措施。定期为全体员工发放口罩、消毒纸巾、护目镜等防疫物资；对办公人员密集的部门进行办公用房临时调整，保证办公人员办公桌尽可能保持最大距离；严格执行职工离京报备和客户来访登记等措施，为公司的各项工作开展提供安全保障。

五是完成公司财务决算工作。认真落实财政部和总台关于国有企业财务决算报告工作要求，合理规划工作程序，精准采集决算所需数据及信息，切实做好财务决算编报工作，确保会计信息质量，真实客观地反映企业财务状况、运营情况。将财务决算与各项任务紧密结合，充分发挥财务决算促进管理提升、检验工作成效、管控经营风险、落实问题整改等方面的功能作用。

央视频融媒体发展有限公司工作概况

央视频融媒体发展有限公司（简称央视频公司）是总台直属管理的一级企业，2019年5月30日在北京注册成立，注册资本金10亿元。2020年4月，央视创造传媒（简称央视创造）、央视（北京）娱乐传媒（简称央视娱乐）两家公司整体划转至央视频公司，使得央视频公司初步形成集团公司架构，进一步整合了总台优质原创内容生产、市场推广与营销变现能力，为央视频公司的后续发展注入了全新动能。

央视频是总台以5G+4K/8K+AI等先进技术为引领，倾力打造的综合性视听新媒体旗舰平台。平台聚合社会机构和专业及准专业创作者的优质账号，聚焦泛文艺、泛资讯、泛知识类内容，以内容充分共享、数据互联互通的方式整合总台优秀视频资源，致力于打造守正创新、真实权威、生动鲜活、轻松快乐、用户喜爱的高品质视频社交媒体。作为央视频的重要发展之翼，央视频公司紧紧围绕平台建设，充分发挥市场化优势，与视听新媒体中心"一体两翼"、高效协同，积极打造内容生产力、技术创新力、平台影响力、经营驱动力，着力实现"自我造血"这一关键目标，切实推动央视频5G新媒体平台提质升级、高质量发展。

一、内容建设

央视频公司坚持以人民为中心的创作导向，不断创新主流价值表达方式。在大屏节目制作方面，公司联动总台各内容中心持续推出《故事里的中国》（第二季）、《经典咏流传》（第三季）、《挑战不可能》（第五季）以及《典籍里的中国》《海报里的英雄》《衣尚中国》等大型季播节目，获得社会广泛好评；在大小屏联动共创方面，公司开辟总台大型优质IP节目独播新路径，实现《挑战不可能》《第十九届"汉语桥"世界大学生中文比赛》《第十三届"汉语桥"世界中学生中文比赛》等节目在央视频平台首播且独播，积极尝试大型季播综艺节目IP在央视频的衍生开发，以《故事里的中国》为基础，独家制作央视频微综艺《故事里的故事》，开发经典IP衍生价值；在新媒体节目创新方面，拓展"云直播"成功经验，联合总台文艺中心《朗读者》节目组，推出开放式慢直播《一平方米》等全新内容。

二、技术建设

央视频公司重视平台技术能力建设，强化平台引领力与服务力。聚焦关键核心技术，不断强化专利优势，取得《央视频实时运营数据分析系统》《央视频数据可视化分析平台》《央视频内容工具系统》等15项软件著作权，获得ISO9001质量管理体系认证和ISO27001信息安全管理体系认证。同时，公司持续优化"总台算法"，丰富算法价值维度，在推荐、搜索、标注等底层逻辑上纳入正能量指标，努力实现基于"千人千面"个性化推荐基础上的价值引导。此外，加大技术自研力度，开发央视频版权管理、用户中心、移动端H5内容管理后台等系统，全面提升平台运维效率。

着力打造一支自主可控的互联网技术团队，发展匹配总台资源与运营逻辑的技术支撑体系，为央视频平台能力拓展打下坚实基础；积极"拉新促活"，横向拓展多场景应用形态，纵向深耕渠道投放策略，加速推动用户入驻，全面提升平台影响力；发力技术创新，攻坚升级符合主流价值观的"总台算法"，建设涵盖内容、创作者、用户三重维度的平台运维系统；探索能力服务工具化、产品化，在充分满足平台自有需求前提下，打造行业标杆案例，尝试推动安审技术、平台运维服务技术对外输出，为媒体融合向纵深发展贡献力量。

三、市场推广

公司落实总台党组对央视频"拉新促活"的任务要求，于2020年9月中旬正式启动重点渠道投放。截至2020年12月31日，实现新增下载用户742万，新增激活用户数455万，日均新增激活用户数4.3万。同时，公司与视听新媒体中心形成合力，做好对平台内容的宣传工作。2020年完成了"2020年非洲野生动物大迁徙""央视频影视专区""火车火车哪里开""中国歌曲TOP排行榜""大剧看央视"等28个重点项目传播，配套推出央视频主持人ID宣传片、影视专区上线宣传片、微笑点亮中国宣传片、中国歌曲TOP排行榜宣传片，助力平台多个重要项目宣传。

公司借助市场调研与系统数据分析，精准定位目标用户群体，实现应用商店、信息流等付费渠道的精细化投放，助力用户推广；做到实时监测端内内容变化，针对性调整投放策略，实现高峰优质时段高价抢量，低峰时段低价获量，达到降本增效目的；持续优化关键词投放，优先覆盖行业最热流量词及竞品词，增加内容曝光度与APP下载量，进一步强化渠道拉新效果。

四、经营情况

2020年，公司高效搭建营销体系，创新探索经营路径，提升创收能力。面对疫情对经营的剧烈冲击，公司及旗下央视创造、央视娱乐公司共实现营业收入达10.7亿元，利润总额超过1亿元。其中，央视创造公司全年实现营业收入6.7亿元，与2019年同期相比增加2%；利润总额超过7500万元，与2019年同期相比增加28%；央视娱乐公司全年实现营业收入超过1.3亿，利润总额超过730万元，收入和利润与2019年同期相比均增加12%。

2020年7月，央视频公司正式启动经营业务，在深度融入全台经营管理框架的前提下，与总经理室保持标准一致、步调一致，高度协同，探索搭建符合新媒体特点的央视频广告产品体系。在不到半年时间内，公司高效完成了经营团队组建、广告运营体系搭建任务，严格审批流程，确保广告投放安全，商务项目高效执行。其间，公司推出中国银行与"流动的海派咖啡馆"城市大巴车商务合作项目，有效提振经营信心。与此同时，央视创造、央视娱乐传媒有限公司以深耕大型IP内容为基础，推动大屏节目新媒体版权销售，积极尝试大小屏融合经营模式，创新开拓主持人自媒体、MCN等变现路径，为后续多元化经营积攒了宝贵经验。

央广传媒发展总公司工作概况

2020年,面对新冠肺炎疫情挑战,央广传媒发展总公司坚决响应中央号召和总台决策部署,统筹抓好常态化疫情防控和产业发展,聚焦主业,主动作为,稳固各业务版块发展的同时,积极布局延伸产业链条,全力推进云听建设运行,培育高质量创新发展新动能,为助推广播媒体融合转型迈向"新广播"、实现产业发展新跨越奠定坚实基础。全年实现营业收入42.39亿元,利润总额3.09亿元,资产规模达31.83亿元。产业结构持续优化,非广告业务占比超过85%。

一、传统业务版块:全平台发力全渠道布局,加速赋能声音媒体融合营销,保持稳健发展

1. 广告业务

受新冠肺炎疫情影响,2020年传统媒体广告经营形势异常严峻,全国各主要省市电台广告收入普遍降幅50%以上,央广广告也面临诸如大型活动取消、广告客户撤单、广告预算分流、广告时间资源管理趋严等不利因素。严峻的市场环境下,央广广告主动作为,一方面在营销理念、手段和机制上锐意创新,适时调整销售政策、代理政策,饮水挖渠,积极引进新代理公司和新客户,深入研究和开发行业市场,稳定存量、挖掘增量。2020年以来客户结构持续优化,新引进中国石化、美的集团、平安银行、红星股份等64家高品质新客户,新客户占比超过30%,对央广广告抵御经营风险起到重要支撑作用。另一方面,全平台发力全渠道布局,借助云听上线,坚定"云听+线上广播"融媒体营销转型方向,持续完善"广播+互联网+客户端+电商"全链路营销,加速赋能传统广播营销向声音媒体融合营销升级,为移动互联网时代传统媒体广告经营高质量转型发展奠基蓄能。

全年实现广告收入5.37亿元,加上"品牌强国工程"使用央广资源结算收入1.5亿元,全年实现广告收入6.87亿元。2020年向总台缴纳广告收入4.25亿元,加上"品牌强

国工程"占用央广资源结算上缴的1.5亿元，合计缴纳5.75亿元。同时，严格落实意识形态责任制，在频率时间资源管理趋严形势下，配合完成900余次广告节目调整；履行社会责任，推出系列抗"疫"公益广告，积极开展援鄂抗疫公益行动；落实总台"广告精准扶贫"部署，安排广告播出折合刊例价值达7200万元；启动《央广助农中国行》项目，对湖北、新疆、青海、贵州等地优质助农产品进行全媒体宣传和电商导流，助力脱贫攻坚。

2. 交通传媒业务

中国交通广播继续稳步扩大频率覆盖，全国覆盖基本成型。全年新增开播频率11个，分别是郑州、无锡、南通、贵阳、成都、南宁、济南、长春、杭州、太原、国家新闻出版广电总局四九一台备播台站；完成宁夏频率FM101.9直播间、黑龙江频率FM101.4直播间、吉林频率FM90.5直播间、山东采编中心等基础设施建设，为公共节目中心迁址。

随着中国交通广播频率全国覆盖的基本成型，央广交通公司开启全国营销新阶段，持续深化自营为主、外埠频率本地广告整频代理为辅、与地方广电共同运营为补充的多层次、多样化频率运营方式，依托公共节目体系基础，打造中国交通广播频率全国性、高格局、高视野的品牌价值。全年实现营业收入7571万元。

二、新媒体业务版块：重点抓好平台建设，进一步强化运营管理，提升竞争优势

1. 央广网等内容生产业务

央广网积极运用互联网新技术、新应用、新业态，依托总台融媒体资源，以内容建设为根本、先进技术为支撑、创新管理为保障，聚焦移动媒体优先发展战略，构建"音频+视频+图文全媒体"产品矩阵，高标准推进融合传播，巩固壮大主流舆论。聚力"头条工程"，坚持"以领袖的高度就是宣传报道追求的高度"为标准，深化《每日一习话》《习声回响》《声漫》等时政头条品牌栏目建设，150余期产品获中央网信办推荐全网转发推送。承担主流媒体抗疫使命，集中全网优质资源投入抗疫报道，强信心、聚民心、暖人心、筑同心。紧扣全面建成小康社会等重大主题，推出《远山的回响》《数描全面小康》《山中青年》等系列精品策划，全媒体传播讲好中国脱贫故事、"十三五"发展成就。结合社会热点和网民关切，持续深耕品牌栏目《央广时评》，创办全新评论栏目《央广网评》，掌握舆论引导主动权。

央广网公司积极整合网台优质资源，加强媒体渠道对接合作，扎实推进产业化发展，深化央广网地方频道建设试点工作，加快联合营销体系建设，推动渠道、平台、经营、管理等方面深度融合。全年实现营业收入1.8亿元，实现利润1100万元。

2. 银河互联网电视业务

银河互联网电视公司积极应对行业发展变化，不断调整完善市场拓展和业务运营策略，做大用户规模、做厚技术平台、做精内容运营，扎实推进OTT业务深入发展，在市场份额、营业收入等方面保持稳定增长。电信运营商渠道方面，计费基础用户达3310万户，在中国移动全部宽带电视用户中占比达25%，保持用户规模、收入、利润稳定。同

时,全力拓展增值业务,在全国13个省实现落地商用,增值业务收入处于行业领先位置。智能电视终端渠道方面,"银河奇异果"产品作为行业最知名、装载量和活跃度最高的OTT客户端产品,终端接入量和客户端装载量合计超过2.5亿,日活用户超过2500万,用户和收入规模继续扩大,领先优势明显。银河牌照覆盖主流电视机厂商,与头部品牌合作关系稳固,业务整体盈利能力稳步提升。

银河互联网电视公司全年实现营业收入23.9亿元,实现利润4.2亿元,营收规模、盈利能力在互联网电视行业继续保持第一。

3. 央广视讯手机音视频业务

央广视讯公司传统手机视频和手机阅读等主营业务受限于运营商战略调整,业务持续萎缩。公司加快经营策略调整,进一步聚焦运营商、内容风控两大主营业务,推动传统内容审核业务向安全风控业务升级,加强创新业务集约化管理,择优导入资源,努力实现多点创收。但受新冠肺炎疫情和市场大环境影响,传统主营SP业务颓势加剧,新业务培育还在调整和积累,全年实现营业收入9148万元。

三、媒体零售业务版块:稳固主营业务,培育自有品牌,做好精细化运营,加快业务调整

受新冠肺炎疫情影响,2020年居民消费支出整体趋于保守和理性。此外,网络直播等电商新业态迅速发展,消费占比不断提升,快速分流传统电视购物会员流量,电视购物行业面临的困难日益加大。央广购物公司加快调整战略布局,加大新业务通路的投入占比,一方面加强精细化管理,大幅压缩运营成本,改善利润率;另一方面持续优化商品品类结构,稳固传统电视渠道主营收入,加强会员经营,打造B2C供应链自有品牌"品小美",发力网络直播业务,打造创收新增长点。全年实现营业收入9.65亿元,利润839万元。

四、重点建设项目:积极布局延伸产业链条,全力抓好云听建设运行,培育高质量创新发展新动能

立足总台"全力构建5G+4K/8K+AI战略格局,把新媒体新平台建设好运用好"的开拓创新要求,全力推进云听高品质声音聚合分发平台建设,打造移动音频领域自主可控的国家级新型主流媒体平台,为广播媒体融合转型迈向"新广播"奠定基础。云听于2020年3月上线,依托总台资源、技术和渠道优势,聚焦听广播、听电视、听资讯、听精品、云听中国、云听乐龄六大业务版块,聚合各地区、各行业机构以及专业创作者资源,以"优化"和"增量"为导向,不断创新内容开发,优化内容呈现,强化运营效果,库存近200个垂类、总时长超过250万小时的声音产品,并与上百家行业知名主播和机构建立合作。同时,着重将人工智能、5G网络等运用到平台开发建设中,为总台广播频率改版及传统广播向移动音频转型提供技术和平台支持,创新"台网联动"模式,与总台4个电视频道、8套广播频率建立联合工作团队,对内容进行定时、定点、定向推广及精细化运营,传统广播直播流在云听的播放量持续攀升,中国之声直播流播放量超

2.04亿;经济之声超1.6亿;大湾区之声超900万;共挖掘总台精品内容约937档;《玉渊谭天》和"CMG"观察入驻云听,实现有声化呈现。作为新型互联网音频产品,云听积极抢占汽车端场景应用领域,稳步推进在北汽、广汽等15种车型的预装工作,完成在苹果Carplay(车载系统)、华为Hicar(提供人–车–家全场景智慧互联解决方案)正式上线。云听中国(杭州)声音数字产业基地正式落户杭州。云听用户规模、日活跃用户快速提升,向移动音频市场第一阵营迈进。

2020年下半年,央广传媒发展总公司开始积极布局MCN机构、直播综艺、直播带货、艺人经纪等业务,基于现有品牌、制作、渠道及营销资源,以IP为中心向关联产业拓展,通过整合内外资源形成联动,实现内容、电商等领域协同的流量变现效益,在巩固主业核心竞争力的前提下,让广播媒体突破原有场景,延伸产业链条,拓展市场领域广度、深度,打造更多盈利增长点。

国广传媒发展有限公司工作概况

2020年,国广传媒发展有限公司(简称国广传媒)加强党组织建设,完善法人治理结构,规范财务和人力资源管理,调整公司业务结构,积极推进下属公司优化清理,完善汽车租赁等自有业务。

截至2020年底,下属控(参)股公司11家(含全资公司3家),分别从事互联网业务、广播业务、电视业务、设计制作业务、物业管理业务等。

一、做好疫情防控工作,落实疫情防控举措

国广传媒深入贯彻落实总台防疫工作要求,精心组织、周密安排、细化措施,认真做好各项疫情防控工作,确保各项工作有效落实。

疫情之初,国广传媒成立了防控工作领导小组,全面负责公司疫情防控工作。国广传媒积极对接石景山区委区政府,筹措防疫物资。通过企业微信群加强与下属企业联系,及时传达、落实各类疫情防控举措。

二、秉持严谨工作作风,强化企业管理

一是加强行政管理和服务职能。2020年,国广传媒先后发布实施了《国广传媒发展有限公司外派(推荐)董监高管理试行办法》《国广传媒发展有限公司外派人员三方协议书》《国广传媒发展有限公司绩效考核管理办法》《国广传媒发展有限公司薪酬管理制度》《国广传媒发展有限公司中层干部管理规定》《国广传媒发展有限公司总经理办公会议事规则》《国广传媒发展有限公司人事档案管理规定》《国广传媒发展有限公司下属企业管理办法(试行)》等管理制度,加强和完善管理工作。

行政管理部门细致处理各项职能事务,稳步推进职能管理工作。2020年1月完成国

际新闻部劳动合同整体转签工作；积极参与总台"十佳人物"评选工作、"领军人才工程、青年创新人才工程"评选工作及职称评定工作；完成外派董事长、监事、高管《三方协议》签订工作，进一步明确各方责任义务；配合区政府完成"稳岗培训"补贴申报工作及相关培训工作。

二是进一步完善财务监管职能。加强对下属企业的监管工作，防控风险，不断提升财务管理能力，强化对下属控参股公司的监管，措施包括：将全体财务人员分别委派至不同下属企业担任监事，实现一岗多责，重点关注异常变动；监督"三重一大"事项、董事会议案和股东会议案履行情况、公司章程执行情况等；及时与国广传媒派驻各企业的董事长、监事、高管沟通企业财务情况。

三是落实自营项目。2020年，在经营行业受疫情影响、业务普遍下行的情况下，汽车租赁业务稳步发展，营收较2019年同期有小幅度增长。

四是推进下属企业优化清理工作。根据中央巡视组巡视意见及总台党组要求，国广传媒积极推进下属企业优化清理工作。2020年4月24日，完成《世界新闻报》社的工商注销。与国广传媒合资公司——天地传神（北京）文化传媒有限公司双方股东协商一致，依法依规对公司进行清算。公司成立清算组，完成工商报备；对于国广和阳文化传媒（北京）有限公司、国广和阳传媒科技（北京）有限公司，国广传媒与对方股东进行沟通，就公司清算注销达成一致意见；与另一方股东多次沟通协商，对方同意对海宁国广华策影视译制有限公司进行清算。

三、紧跟总台发展趋势，推动下属企业自有业务发展

（一）互联网业务：提升质量，强化运营

国广东方网络（北京）有限公司整体业务有序发展，在中国广电全国有线电视网络整合与5G一体化推进整体战略下，持续开展5G新经济和互联网电视产业生态建设，全年总激活用户达3.15亿户，较2019年底增长0.74亿户，其中自有激活累计用户0.72亿户［包括CIBN（中国国际广播电视网络台）自有用户、运营商市场和海外市场］；自有激活日活跃用户88.68万户，合作激活用户2.43亿户。

国广国际在线网络（北京）有限公司（简称国际在线）2020年运营情况如下：

1. 完成"头条工程"各项重大报道

2020年，国际在线突出做好"头条工程"报道工作，在网站显著位置集纳展示习近平总书记的重要讲话和思想理论，宣传总书记治国理政的科学思想，展现总书记大国领袖风范和人民情怀。品牌栏目《春风习习》累计发布图文、视频稿件5076篇。重点打造原创产品"国际讲习所"，立足"国际"定位，通过图解和音视频呈现形式，聚焦海外政要、媒体和专家学者对我国经济发展、民生保障等方面客观、积极评价，展现国际社会对总书记治国理政理念和中国经济社会发展成就的认可和赞扬。

突出国际传播特色，组织"脱贫攻坚""疫情防控、复工复产""中国共产党建党99周年"等重大主题宣传报道；完成2020全国两会、中国国际服务贸易交易会、党的

十九届五中全会等重要宣传报道任务。

深入推进全球抗击新冠肺炎疫情宣传报道。联合"一带一路"记者组织合作平台，共同发起"不屈的人类"主题微视频全球网友互动征集活动。通过征集微视频、图片的形式，广泛搜集世界各国医护工作者和普通网民的抗疫故事，展现各国人民守望相助、共克时艰的精神，彰显人类命运共同体理念。收到来自中国、塞尔维亚、俄罗斯、英国、斯里兰卡等数十个国家和地区的网友发来的近千件作品，话题总阅读量突破1.7亿次。

2. 全面强化总台意识，推进"三网"融合

国际在线全面强化"总台意识"，以"总台重要的国际传播新媒体平台"为定位，在首页首屏重要区域及时推荐总台原创稿件。重点推介总台《国际锐评》栏目，及时准确发布相关稿件并重点推送，首发《国际锐评》稿件400余篇。

与央视网、央广网密切协作推进"三网融合"，推动"三网"优势集聚、资源共享，在重大宣传报道中形成统一策划、共同制作的操作流程。2020年，"三网"合作策划，采用新型互动方式，打造了《课本里的共产党员》新媒体产品，为2021年中国共产党建党百年的宣传工作打响前哨战。此外，围绕"2020年中国国际服务贸易交易会"宣传报道，"三网"共同策划，推出"2020年中国国际服务贸易交易会特别报道——服贸会，五星好评"系列。

主动思考融入总台5G+4K/8K+AI战略布局，积极对接央视频开设官方账号，提供《Hi，武汉！我要你平安归来——献给奋战在一线的抗疫英雄们》等优质视频内容。

3. "外"系列融媒体产品升级迭代，国际化智库日益完善

2020年，国际在线突出"外"的特色，加强策划、制作、推广具有"移动交互"属性的融媒体产品。《老外在中国》以"我的北京故事"为主题，呈现外国面孔见证下的中国巨变，新浪微博话题阅读量突破1.38亿，讨论量达7.4万，第三方入驻平台账号阅读总量超千万；《国际微访谈》通过视频连线、线下采访等方式，与世界各地的政、商、学及文化界人物对话，探讨当下中外热点话题，多平台累计阅览量过百万，新浪微博话题阅读量达201.3万；《外媒看中国》依据境外媒体对中国的实时报道和评论，及时高效以图文、短视频等形式编译成稿，多平台浏览量近1500万；《国际3分钟》以通俗浅白的方式解构生硬枯燥的国际新闻，多平台累计播放量超过1.56亿，新浪微博话题阅读量超3 126.6万；《国际漫评》双语漫画类产品，辛辣评点国际热点新闻，平均每期阅读量达到60万。针对美西方对华抹黑、推脱防疫不力责任、打压中国企业等行为，《国际3分钟》《国际漫评》推出50多期系列产品。

在2020年中央新闻网站、理论网站网络评论工作专题会议上，中央网信办授予国际在线《国际3分钟》工作室"优秀网评工作室"荣誉称号。工作室推出的《外国网红解码幸福中国》栏目获评"2020年度优秀网评议题设置"，《政治算计和谎言经不起科学事实的推敲》《跳动的是字节，躁动的是美国的政治戾气》获得"2020年优秀网络作品"奖。此外，国际在线还获评"2020年度十佳网评员""2020年度十佳网评编辑"两个奖项。

4. 技术支撑能力不断提升，传播矩阵"二次共振"

2020年，国际在线完成尼泊尔文等15个外文网站PC站点的迁移和改版工作；完成7个外文客户端的迭代、上线、数据统计及技术运维工作；进行相关应用市场的账号管理维护及数据统计工作，顺利完成大型专题设计开发工作和技术保障；在保证IMP内容制作发布系统稳定运行的前提下，持续扩展系统功能，增加系统的易用性，服务于国际在线中文网和亚非中心的24个外文网站。

在加强技术能力的同时，国际在线继续完善在微博、微信、抖音等知名第三方平台的布局推广。在微博、微信等社交平台总粉丝数1552万，在今日头条、抖音等第三方平台总用户数1077万。其中"国际在线新闻"官方微博粉丝数590万，"国际在线"微博粉丝数455万，"国际在线"头条号粉丝数268万，"国际在线"抖音号粉丝数214万。

（二）广播业务：立足品牌，持续探索

国广联合文化发展（北京）有限公司（简称国广联合）劲曲调频的收听率与市场占有率相对稳定，北京、广州地区收听率排名与2019年持平；在上海地区，该频率已保持连续两年的市场份额收听率提升。针对疫情，推出"我们在行动"系列活动，为49家受疫情影响严重的客户提供公益推广服务。受疫情影响，1月至6月份采取线上直播方式，举办活动8场，累计收听收看用户超过200万人次；7月至11月份，举办线下活动15场，线上线下累计触达用户150万人次。

（三）电视业务：逆势而起，持续拓展

聚鲨环球精选电视购物频道持续推动传统媒体与新兴媒体优势互补，从商品开发、节目制作、渠道联动、后端保障、组织管理、自营品牌开发、海外事业发展全方位着手，开拓创新，打造具有行业竞争力的媒体零售平台。2020年，"聚鲨环球精选"揽获中国电视购物联盟模式创新奖、媒体传播力奖、年度公益奖以及优秀节目奖；《鲨鱼对决秀》获得全球电子零售协会"EMMA Awards 2020"（2020年艾玛奖）最佳直播节目奖。

国广盛世文化传媒（北京）有限公司的《环球奇观》频道，2020年全力打造"内容+平台+渠道+服务"的全媒体产业生态体系，重点把握舆论导向，强化制度建设，确保全年编播零事故。该公司全年完成的重点项目有：共建中国—中东欧国家合作人文交流体验（中学教育）基地；参与《中国—中东欧国家合作新春晚会（苏州昆山）》；1500分钟的《校园电视台》项目自制节目；特别制作《悦课堂》假期特别节目；完成50集《听故事记单词》系列英语教学节目；与中国科协合作《科普中国》系列节目；制作《庆新春贺新年》系列短视频；完成翻译制作90集《跟富老师学画画》经典绘画教学节目；尝试直播带货，举办"尚汇未来新女性"项目启动仪式暨新闻发布会；联合《悦课堂》主讲人开展线下活动。

（四）设计制作业务：全力配合，保质保量

北京希尔爱印刷厂有限公司在总台各部门业务版块继续整合的背景下，不断探索与各部门间新的合作模式，提升业务水平和服

务质量，并初见成效，2020年成功实现扭亏为盈。

（五）物业管理业务：坚持理念，不断探索

2020年，北京国广物业管理有限公司坚持"汗水铸就品牌，品牌成就事业"的经营理念，以安全播出电力保障为己任，以保障股东利益为宗旨，深耕基础工作，强化服务意识。通过聘请北京兴源认证中心积极引入先进的管理理念，对公司质量、环境、职业健康安全管理体系进行再认证审核并顺利通过。

2021年工作概况

中央广播电视总台工作概况

2021年是党和国家历史上具有重要里程碑意义的一年，也是总台创业史上极不平凡、极其重要、极为难忘的一年，大事不断、喜事连连。特别是习近平总书记1年3次、3年多5次给总台发来贺信，给总台人以鼓励、以指导、以期望，这是对总台忠诚履职尽责的最大肯定，是对总台全体员工苦干实干、创新创造的最大褒奖，是对总台人再接再厉、接续奋斗、争取新的更大成绩的最大激励！这一年，总台牢记习近平总书记殷切嘱托，完成了一系列重大任务，办成了一系列大事要事，各项工作稳中有进，发展态势持续向好，综合实力不断跃升，是当之无愧的创新之年、实干之年、丰收之年。总台这艘当今世界体量规模最大、业务形态最多、覆盖范围最广的综合性国际传媒航母，已驶入"海阔凭鱼跃，天高任鸟飞"的宽广天地，全台上下呈现出新风扑面、亮点频频、欣欣向荣的良好景象，正以接续奋斗的豪迈姿态，昂首阔步向着国际一流新型主流媒体的目标加速前进！

2021年，总台坚持守正创新，开拓进取，各项工作取得丰硕成果，海内外引领力、传播力、影响力显著提升。聚焦聚力打造"头条工程"，耳目一新的精品力作浓墨重彩、引人入胜。高质量发展改版升级，推动精品力作井喷式增长。抢首发、敢亮剑、争独家，全面提升国际传播效能，国际传播力迈上新台阶。"思想+艺术+技术"的创新融合持续深化，5G+4K/8K+AI战略格局硕果累累，新媒体、新平台影响力显著提升。完整、准确、全面贯彻新发展理念，不断开创事业、产业高质量发展新局面，经营工作以变应变，运行管理体系筑牢"四梁八柱"，党的建设各项工作再上新台阶，台属机构发展稳中有进，拿下了一份份沉甸甸的"历史新高"成绩单。

一、用心用情用功传播好领袖思想、讲述好领袖故事，奋力唱响爱党爱国爱社会主义的高昂旋律，凝聚起建党百年大庆之年的奋进伟力

2021年，总台坚持以习近平新时代中

国特色社会主义思想统领一切工作，持续深入学习深刻领会习近平总书记关于总台工作的一系列重要指示批示精神的深刻内涵，扎实落实全国宣传部长会议部署，把坚决拥护"两个确立"、做到"两个维护"贯穿融入宣传报道各方面全过程，更加用心用情宣传好习近平新时代中国特色社会主义思想，用"思想+艺术+技术"的力量完美呈现建党百年盛世盛典的永恒华章，奋力营造共庆百年华诞、共创历史伟业的浓厚氛围。

（一）坚持以"领袖的高度就是宣传报道追求的高度"为标准，聚焦聚力打造总台"头条工程"

圆满完成庆祝中国共产党成立100周年大会、"七一勋章"颁授仪式、大型情景史诗《伟大征程》文艺演出等重大宣传报道任务，创下自主研发高新技术应用最多、融合报道产品数量和传播数据最大、国际主流媒体采用时间最长、海外落地覆盖最广等多项"史上最好"新纪录。建党百年相关报道跨媒体总触达人次超112亿，实现我国重大庆典对外传播历史最好水平，受到习近平总书记和领导同志充分肯定。坚持以新闻规律做好重大宣传报道，打造"总台时政"品牌集群，《新闻联播》等重点新闻栏目策划高质量、成系列主题主线报道，央视新闻客户端发布时政稿件3000余篇，全网首发首推510条时政快讯，播放量达70亿次。《央视快评》《国际锐评》《玉渊谭天》《央广网评》《总台海峡时评》《大湾区之声热评》《主播说联播》等产品影响力持续提升，突出宣传阐释好"两个确立"的决定性意义，形成了精品不断、精彩纷呈的传播局面。

（二）"思想+艺术+技术"创新融合，耳目一新、观之折服的精品力作浓墨重彩、引人入胜

围绕做好领袖宣传报道、建党百年、脱贫攻坚、乡村振兴、全面建成小康社会等重大主题宣传报道，精心策划打造《平"语"近人——习近平喜欢的典故》（第二季）、《摆脱贫困》《人民的小康》《敢教日月换新天》《美术经典中的党史》《山河岁月》《跨过鸭绿江》《大决战》《绝笔》《红色档案》《今日中国》《红色财经·信物百年》《全国大学生党史知识竞答大会》《全国红色故事讲解员大赛》《百年百城》《情怀与担当——脱贫攻坚子弟兵在行动》《一村一寨总关情》等一大批精品力作，受到海内外受众特别是青少年受众的广泛赞誉喜爱。聚力打造精品节目，正在成为全台各中心各部门的自觉行动。

（三）充分发挥总台44种语言、网红工作室、CGTN融媒体平台、国际视通等融合传播优势，领袖报道传播实效显著提升

党的十九届六中全会相关报道总触达22.24亿人次，对外发稿被91个国家和地区的1197个电视台及新媒体平台播发5705次，累计触达海外受众4.8亿人次，创历年中央全会对外传播最佳成绩。CGTN对外发布110篇习近平总书记时政特稿，被2276家海外网媒转载近8万次，《经典里的中国智慧》创下总台外宣时政微视频单品报道海外传播之最。国际视频通讯社建立时政发稿专班机制，对外发布直播信号14场，126个国家和地区的

2304个电视台及新媒体平台累计播出超12.4万次，G7国家电视台数占69%，G20国家电视台数占76%，创历史新高。

二、抢首发、敢亮剑、争独家，大国媒体权威声音引领国际舆论场，可信、可爱、可敬的中国形象更加生动鲜活，总台国际传播力迈上新台阶

2021年，总台人深入学习贯彻习近平总书记重要指示批示特别是贺信精神，谋划"整体战"、打出"组合拳"、奏好"交响曲"，总台在国际舆论场上的"朋友圈"越来越大、声音越来越响，国际传播力骤升。

（一）独家新闻屡屡成为全球信源，总台报道声震国际舆论场

在中美高层战略对话、阿富汗局势、美国国会骚乱、几内亚局势、汤加火山爆发、孟晚舟回国等一系列重大报道中，总台记者第一时间深入现场、开展报道，一大批独家新闻成为全球媒体主要信源，首发率、自采率、到达率不断提升，形成现象级传播。在西方媒体纷纷撤退背景下，CGTN话筒成为塔利班在美军撤离后首场新闻发布会台上唯一媒体话筒，总台相关报道触达受众超73亿人次，持续揭批美军滥杀无辜的真相，冲破西方媒体对重大国际新闻垄断，彻底打破以往国际突发事件中国媒体只能充当"二传手"的尴尬，让世界听到中国媒体声音。

（二）有力有效开展舆论斗争引导，形成一浪高过一浪的舆论声势

进一步深化统合国际舆论斗争涉疆、涉藏、涉港、涉台、对美等专项工作机制，创新舆论战打法。直击彭博社发布虚假"全球抗疫排名"，组织三轮"全球网民民意调查"，发布一系列"溯源美国"重磅报道评论，有力扭转国际舆论走向。针对美国发起所谓"民主峰会"，推出专题片《起底"美式民主"》等一系列反制组合拳，戳破"美式民主"画皮。《国际锐评》《CGTN快评》《国际漫评》等评论品牌持续发声，《暗流涌动——中国新疆反恐挑战》《中国新疆之历史印记》《重走天路看变迁》等用事实真相揭露美西方"双标"嘴脸。

（三）全面提升国际传播效能，总台在全球媒体格局中的地位分量持续跃升

"媒体外交"风生水起，配合国家外交战略，与尼加拉瓜通讯和民政委员会签署合作交流备忘录，迅速成立总台马那瓜记者站。创新举办首届全球媒体创新论坛，习近平总书记发来贺信，全球78个国家和地区的145家媒体机构和国际组织负责人参加。举办"东盟伙伴""非洲伙伴""丝绸之路电视共同体高峰论坛"等媒体活动，开展"大使系列"外事会见和国际媒体"云会见"，与国际主流媒体负责人和国际友人往来信函658件。"好感传播"持续深化，多语种网红工作室达98个，网红主播170名，境外社交账号粉丝总量超5000万。《国家公园：野生动物王国》被BBC购买版权并发行到全球104个国家和地区，《一路"象"北》系列融媒体创新产品全球累计总浏览量超6000万次。不畏艰难、勇于"突围"，对美西方落地斗争取得重大突破，全年实现总台CGTN国际频道逆

势新增海外整频道用户数1亿户,再创历史新高。各海外总站各显所能、敢争敢抢,海外记者站点达到190个,在国际传播一线影响力显著增强。

三、牢牢把握创新这一总台工作的主基调主旋律,"思想+艺术+技术"的创新融合持续深化,精品力作创意不断、亮点频显,"总台出品"的金字招牌深入人心、更加闪亮

2021年,总台坚持把创新作为引领推动总台事业发展的第一动力,进一步创新思想理念、体制机制、方法手段,以创新应对变局、开拓新局、服务大局,总台全媒体引领力、传播力、影响力不断提升。

(一)高质量发展改版升级推动精品力作井喷式增长,艺术水准和群众满意度不断提高

创新举办总台首届创意大赛,面向全台员工广泛征集"金点子",激发全台创新创意热情。做好广播、不唯广播,台海之声、大湾区之声等改版升级,"看台海"等新媒体平台加强视频内容建设,短时间内取得良好传播效果,发挥对港澳台传播主力军主阵地作用。打造《典籍里的中国》《故事里的中国》(第三季)、《中国国宝大会》、《中国考古大会》、《澳门之味》、《大国建造》、《零容忍》等一大批精品力作,推出"大头+""熊猫+"等系列动漫产品,出品总台首部故事片电影《跨过鸭绿江》,取得"两个效益"双丰收。

(二)媒体融合向纵深推进,新媒体新平台影响力显著提升

加强媒体融合发展战略规划顶层设计,制定实施《总台加快推进媒体深度融合发展的意见》和加强对外融合传播意见。央视频上线2.0版本,累计下载量3.61亿次,最高月活达7265万人,"国聘行动""央young"系列等创新产品刷屏破圈。央视新闻新媒体用户规模达8.26亿,同比增长62.9%。云听客户端用户规模超1亿,增速位居音频行业第一。发起成立我国首个媒体融合主题的国家级产业投资基金——央视融媒体产业投资基金,超额完成募集目标。

(三)体育传播报道覆盖屡创历史新高,全面展示精彩、非凡、卓越的奥林匹克新篇章

全力以赴做好北京冬奥会报道,开播上线总台央视奥林匹克频道及其数字平台,派出近3000人的团队开展转播报道和公用信号制作,推出《艺术里的奥林匹克》《一起来看冬奥会》等一大批精品节目,创新开展4K/8K国际公用信号制作,奋力实现"科技冬奥·8K看奥运"的目标。东京奥运会报道成功实现全球首次4K超高清频道奥运赛事直播,通过总台全媒体平台收看人次达479亿。

(四)深化提升内参舆情报送和舆论监督,有力有效服务中心大局

总台内参2021年发稿1901期,同比增加30%,24篇内参获习近平总书记重要批示,内参《信息专报》获中央政治局委员以上领导同志批示率约35%,品牌权威性、影响力

进一步增强。发挥舆论监督作用，推出《校外培训乱象调查》《谁动了我的"个人信息"》等一系列监督报道，促进相关问题解决。

四、瞄准媒体科技前沿，强化创新引领，加速推进5G+4K/8K+AI战略，不断在实战中检验和改进，并寻找新的努力方向

当今世界百年未有之大变局加速演进，新一轮科技革命和产业变革突飞猛进，科技创新成为国际战略博弈的主要战场，在媒体领域科技制高点的竞争也空前激烈。2021年，科技创新成为总台媒体融合发展的重要驱动力。总台始终坚持把习近平总书记关于"守正创新，把新媒体平台建设好运用好"等重要指示批示精神作为根本遵循，坚决落实到技术工作全过程、各方面，奋力推进技术研发攻关，在追求卓越、创造一流中实现总台技术实力突飞猛进。

（一）5G+4K/8K+AI战略格局硕果累累，总台媒体科技创新实力稳步走在世界第一方阵

大力推进科技创新成果应用转化，不断在技术与思想、技术与艺术、技术与受众的融合方面取得新突破，有力有效引领全球媒体技术发展。努力拼搏奋斗，在一次次重大报道技术保障中、一项项重点科研攻关中，始终发扬精益求精、一丝不苟、追求完美的工作精神，夜以继日、辛勤付出，战胜了前进道路上的各种困难。我们的队伍无愧为一支拉得出、打得赢、敢胜利的"新闻铁军"！总台积极推进8K超高清电视制播科技创新，打造冬奥高铁5G超高清演播室，成功实现全球首次通过8K电视频道进行重大活动直播，成功开播8K超高清电视频道，打造"百城千屏"超高清产业项目，突破国外在4K/8K超高清电视上的技术垄断。一系列科技创新成果，标志着我国在超高清电视领域正在实现从并跑到领跑的跨越！

（二）总台用技术创新成果礼赞党的百年华诞，完美呈现盛世盛典的永恒华章

紧紧围绕庆祝中国共产党成立100周年大会、"七一勋章"颁授仪式、大型情景史诗《伟大征程》文艺演出等重大宣传报道任务，积极应用5G、4K/8K超高清、AI等新技术新手段，将党的盛典、人民的节日成功打造成史诗级视听盛宴，实现"世界一流、历史最好"的目标。首次实现8K超高清系统在现场完成实时节目制作；首次在重大时政直播中实现关键机位电影质感画面拍摄，有效增强领袖画面的"历史感、厚重感"；首次使用总台自主研发的天琴座、天鹰座索道拍摄系统，展现大会恢宏场面；首次采用5G切片技术完成东西观礼台画面无线传输直播；首次使用4K系留无人机拍摄系统，实现主观视角镜头拍摄；首次同时使用三架4K航拍直升机拍摄空中梯队画面；首次把在天安门广场举行的庆祝大会细分为9个调音扩声场景，扩声声场均匀覆盖50万平方米会场，实现习近平总书记的声音在全场平稳清晰完美呈现，营造全场凝神聆听的环境氛围。围绕文艺演出，运用最先进的虚拟现实增强技术制作116个演出背景和7个虚拟场景，让党的光辉历程得到前所未有的完美呈现。

（三）充分发挥重大科研项目带动作用，引领媒体技术发展潮流

全球首个 24 小时上星播出的 4K 和高清同播的专业体育频道——奥林匹克频道及其数字平台开播上线。扎实推进超高清视音频制播呈现国家重点实验室建设，启动北京超高清示范园建设，开展以超高清电视装备国产化为核心的科技创新工作，突破国外在 4K/8K 超高清电视上的技术垄断。超额完成"科技冬奥·8K 看奥运"目标，在冬奥专列上建成以轻量化、移动化、全 IP 技术为特点的 5G 超高清直播演播室，使用 8K 技术转播开幕式和花样滑冰、短道速滑项目，特别是从美术设计到技术支持，总台多个岗位工作人员参与到冬奥会开幕式之中，全力保障开幕式向全世界精彩呈现。我们自主研发的 350 米 U 型轨道超高速 4K 拍摄系统首次应用于 OBS 大道速滑公共信号制作，奋力实现历史上首次奥运赛事全程 4K 制播。启动"8K 超高清电视公共服务平台"建设，推动我国 8K 产业跨越式发展。

（四）积极推进"思想＋艺术＋技术"创新融合，新媒体新技术实践应用成效显著

《2021 年春节联欢晚会》兼具思想性、艺术性、观赏性，并且是全球首次 8K 电视频道直播的重大活动。直播期间，全媒体多终端、多渠道受众总规模达 12.72 亿人，参与互动人次达 703 亿次，各项新媒体传播指标均创历史新高。央视频 5G 新媒体平台迭代升级，总台算法正式上线，推出《12K 微矩看国宝》、4K 彩色修复影片《永不消逝的电波》等爆款产品，影响力显著提升，累计下载量 3.61 亿次。央视新闻客户端全新改版，创新运用总台原创"新闻云"技术，全新打造新闻新媒体旗舰平台，总下载量达 1.65 亿次。编制《中央广播电视总台"十四五"科技发展规划》，布局总台技术发展的 4 个目标、8 大任务和 42 项重点项目，为推动总台媒体融合向纵深发展和内容供给侧结构性改革提供强有力技术保障。

2021 年，总台坚守安全播出和网络安全生命线，技术安全保障能力不断提升。始终绷紧安全这根弦，稳步推进安全播出和网络安全建设，以建党百年系列活动转播为核心开展安全大检查，首次进行总台内部网络安全攻防演练，筑牢安全工作防线，确保重大宣传报道成功精彩。建设更加安全可靠的技术支撑体系，节目播出、信号传输、新闻制播、综合制作、媒资存储、基础网络、数据中心、基础动力等各系统稳定运行，升级改造各频道、频率新媒体平台技术保障系统，圆满完成各项播出任务。

五、完整准确全面贯彻新发展理念，不断开创事业产业高质量发展新局面，拿下了一份份沉甸甸的"历史新高"成绩单，迈出了"开局之年"的坚实步伐

2021 年，总台积极应对百年变局和世纪疫情交织、经济形势复杂严峻等外部不利因素，居危思危、以变应变，开拓创新、迎难而上，多措并举稳定经营大盘，大力推动营销创新突破，开创了总台经营工作崭新局面。全年全台收入相比去年实现大幅增长，超越了 2019 年历史最高水平，成功实现了逆势上扬！

（一）经营工作以变应变、顽强拼搏，全年创收再创历史新高

在推动广告经营创新升级、提质增效的基础上，大力创新版权营销模式，拓宽版权开发类型，规范版权经营管理，抓住"奥运年""大赛年"宝贵机遇，创新打造版权产品，2021年版权创收首次突破50亿元大关，同比增长77%，取得历史最好成绩。"双奥"版权分销取得历史性突破，东京奥运会分销收入是2016年里约奥运会的9倍、2012年伦敦奥运会的21倍；北京冬奥会分销收入是2018年平昌冬奥会的51倍、2014年索契冬奥会的186倍。新媒体经营收入突破10亿元大关，达到2020年的3倍、2019年的8倍。

（二）规范性高效性精准性不断强化，运行管理体系筑牢"四梁八柱"

贯彻落实党的十九届五中全会精神，编制实施《中央广播电视总台"十四五"发展规划》。健全完善宣传报道指挥调度机制，制定实施《中央广播电视总台高质量发展改版精品化水平考核办法（试行）》等，业务考核指挥棒作用效果显著。落实"过紧日子"要求，加强预算审核和财务分析，制定实施《中央广播电视总台财政预算绩效管理暂行办法》等，不断完善财务管理制度体系。各地方总站在地方影响呈现全面开花、亮点频发态势，正在形成你追我赶的生动局面。从严从实抓好常态化疫情防控，重大活动疫情防控有力有效，累计组织员工接种疫苗14.3万余剂次、核酸检测3.9万余人次，全台员工健康安全得到有效保障。

（三）台属机构发展稳中有进，加快转型升级步伐

音像资料馆全面优化提升全媒体资料服务、内容生产、资源管理水平。影视译制中心译制规模创历史新高，总时长达上年的315%。应急广播中心拓展应急信息接收与发布渠道，提升公共服务水平。中国国际电视总公司超额完成经营任务，利润同比增长96.82%，连续13届入选"全国文化企业30强"。新影集团推出四部院线纪录电影，精心创作大型情景史诗电影《伟大征程》和两部冬奥主题纪录电影，组织实施"口述历史"纪录工程一期项目，集团营业收入同比增长超40%。电视剧制作中心创作电影《跨过鸭绿江》、电视剧《大决战》等重点剧目。卫传公司加快向全媒体版权经营转型升级，打拉结合、开拓市场，上缴总台版权收益突破13亿元，增幅超2亿元，创历史新高。央视网收入突破40亿元，连续3年在"中国互联网综合实力前百家企业"榜单中位居中央媒体所属互联网企业首位。环球公司克服外部环境困难，服务保障总台海外总站建设，主动作为，成效突出。央广传媒集团深耕主营业务，加快产业转型升级，营业收入同比增长7.8%，上交总台资金同比增长13%。国广传媒调整业务结构，取得积极进展。中广视资产管理有限公司揭牌运行，充分发挥有形资产管理职能，稳步推进涿州文化产业综合项目等重点项目建设。央视频公司及所属子公司营业收入超14.3亿元、同比增长36%，精品内容创制、多维度经营拓展、技术能力

创新、专业品牌宣传水平不断提升，大平台强影响力的格局已在形成。台属出版社推出《红色印记——百件革命文物的声音档案》等精品出版物。有力推动台属企业改革发展，不断优化企业投资管理模式，企业经营能力逐步提升，总台文化创新基地、央视融媒体产业投资基金、中国文化产业投资基金二期等项目进展顺利，总台产业规模不断扩大。

（四）创新升级"品牌强国工程"融媒体传播服务

充分发挥顶级赛事资源优势，深入挖掘精品节目营销空间，不断创出营销佳绩。"品牌强国工程"项目创收超百亿，同比增长20%；"双奥"营销突破传统模式，亮点频出；春晚营销空间大幅拓展，多点开花。全面提升媒体融合经营能力，有效盘活总台各项资源价值，策划推出多档爆款原创新媒体IP节目，全年直播带货、权威发布、工厂探访内容共创、短视频定制等创新性产品层出不穷，总台新媒体营收创下新纪录，是2020年的3倍、2019年的8倍。

（五）围绕庆祝中国共产党成立100周年、全面建成小康社会等重大主题制播大量公益广告

推出"品牌强国工程"2021年助力湖北专项公益活动、"乡村振兴行动"等媒体公益行动，有力服务国家经济社会发展大局，积极助力构建新发展格局，充分彰显了总台作为党的意识形态重镇的责任担当。

六、从党的百年奋斗重大成就和历史经验中不断汲取智慧力量，坚定历史自信、担当历史使命、掌握历史主动，总台党的建设在高质量发展中取得新的成效

2021年是中央和国家机关党的建设"质量提升年"。总台坚持以习近平新时代中国特色社会主义思想为指导，深入学习贯彻习近平总书记在中央和国家机关党的建设工作会议上的重要讲话精神，学习贯彻习近平总书记在党史学习教育动员大会、庆祝中国共产党成立100周年大会、党的十九届六中全会等发表的重要讲话精神，进一步增强"四个意识"、坚定"四个自信"、做到"两个维护"，深刻领悟"两个确立"的决定性意义，推进总台党的建设各项工作再上新台阶。全体党员干部思想淬炼、政治历练、实践锻炼、专业训练持续深化，加快锻造一支政治过硬、本领高强、求实创新、能打胜仗的"新闻铁军"。

（一）推动新时代党的创新理论武装走深走心走实，不断提高政治判断力、政治领悟力、政治执行力

坚持把学习宣传贯彻习近平新时代中国特色社会主义思想作为首要政治任务，2021年总台党组传达学习习近平总书记重要讲话和指示批示精神、中央文件、中央领导同志讲话精神等74次。组织学习总台成立以来习近平总书记对总台工作的一系列重要指示批示精神，实施"总台加强党的政治建设工作方

案""总台创建模范机关工作方案",不断提升政治自觉。

(二)扎实开展党史学习教育,引导全台党员干部明理增信、崇德力行

总台党组把开展党史学习教育作为一项贯穿全年的重大政治任务,高度重视、精心组织,把学党史、悟思想、办实事、开新局贯穿始终,突出总台特色创新开展"四个一百"系列活动,全台党员干部明理增信、崇德力行的政治自觉、思想自觉、行动自觉得到极大增强。总台持续深化对口帮扶四川喜德县和甘肃新时代文明实践中心建设,创新开展"品牌强国工程"2021年助力湖北专项公益活动、"乡村振兴行动"、基层文化文艺慰问等总台媒体公益活动,受到充分的肯定和高度评价。

(三)选人才、配队伍、抓后备,努力建设一支高素质专业化干部人才队伍

坚持党管干部原则,树立正确导向,选优配强各级领导班子。大力培养选拔优秀年轻干部,选派首批青年业务骨干赴地方总站"蹲苗"历练,统筹用好全台各年龄段干部。加强干部监督,巩固领导干部个人有关事项报告专项整治成果。落实中央人才工作会议精神,实施"人才强台"战略,加快培养大师级人才,出台《总台人才建设工作方案》,打造人才雁阵格局。优化人才引进,创新培养模式,85人入选国家级人才工程和行业人才工程,开展总台首届"青年英才"评选,多平台累计培训超10万人次。

(四)聚焦中心任务强化监督执纪,充分发挥监督保障执行、促进完善发展作用

推进政治监督具体化、常态化,召开总台党风廉政建设推进会暨警示教育大会,开展意识形态工作责任制落实情况监督检查、播音员主持人专项纪律教育、干部职工经商办企业专项整治、台属企业"三重一大"执行情况专项检查,成立总台审计委员会,组织两轮对16个部门(单位)的内部巡视。坚持对腐败问题"零容忍",加大问题线索查办力度,开展"百日攻坚"专项行动,集中清理历史遗留案件,结案数量为历年之最。进一步加强总台机关纪委建设,深入开展"学重要讲话、抓《意见》落实、改突出问题、强作用发挥"活动。

(五)加强基层基础建设,充分发挥基层党组织战斗堡垒作用和党员先锋模范作用

召开总台机关第一次党员代表大会,选举产生总台机关第一届党委和纪委。制定实施《总台机关党委会议制度》《总台基层党组织委员会选举工作流程》,基层党组织建设稳步推进,全年共组建基层党组织744个,包括68个基层党委、24个党总支部和652个党支部。召开总台第一次团代会、工会第一届会员代表大会、第一次归侨侨眷代表会议,各级工会、共青团和侨联组织相继成立,建立起覆盖全台员工的群团组织体系。

(六)庆祝建党百年各项工作出新出彩

全台上下全力以赴、尽锐出战,成功精彩完成庆祝中国共产党成立100周年大会、"七一勋章"颁授仪式、大型情景史诗《伟大征程》文艺演出等各项重大宣传报道任务,

精心打造《摆脱贫困》《敢教日月换新天》《美术经典中的党史》《山河岁月》《跨过鸭绿江》《大决战》《全国大学生党史知识竞答大会》等一大批精品力作，海内外受众高度赞誉，受到习近平总书记和中央领导同志充分肯定。各基层党组织通过读书会、朗诵会、故事会、演讲会等形式多样的主题党日活动，传承红色基因，赓续红色血脉，充分激发党员干部群众爱党爱国热情。

（七）"我为群众办实事"实践活动暖民心聚人心

充分发挥总台融合传播优势，以新闻报道推动"急难愁盼"问题得到关注解决，持续深化对口帮扶四川喜德县和甘肃新时代文明实践中心建设，创新开展"乡村振兴行动""国聘行动"等总台媒体公益行动。总台定点扶贫工作领导小组办公室荣获全国脱贫攻坚先进集体，总台定点扶贫工作在国务院扶贫办、中央和国家机关工委组织的综合评价考核中被评定为"好"。总台"多频共振助力消费帮扶"案例被国家发改委评为2021年全国消费帮扶助力乡村振兴"优秀典型案例"，积极推进总台"民心工程"落实落地，着力破解员工住房难、看病难、落户难、子女入园入学难等问题，建立职工企业年金，完善职工大病互助保障机制，扎实抓好老旧小区综合整治、复兴路办公区园区改造等各项工作，全台员工获得感幸福感安全感不断增强。

（八）风气建设驰而不息久久为功

高标准高质量对16个部门开展两轮常规巡视，以钉钉子精神落实中央八项规定及其实施细则精神，组织召开总台党风廉政建设推进会暨警示教育大会，增强警示教育实效。精准运用"四种形态"，扎实推进历史遗留问题线索和新发现问题线索处置，全年共处理处分227人，收缴、责令退赔违纪款49万余元，形成有力震慑。

（九）基层党组织战斗堡垒作用和党员先锋模范作用进一步彰显

一年来在各项重大宣传报道任务中，总台广大党员干部始终冲锋在前、顽强拼搏，17名同志和8个基层党组织荣获中央和国家机关"两优一先"称号，17个集体、21名同志获得全国脱贫攻坚先进个人、全国三八红旗手、全国三八红旗集体、全国巾帼建功标兵及中央和国家机关五一劳动奖状、五一劳动奖章、五四奖章集体等荣誉称号。总台人在一场场大战大考中践行初心使命、诠释责任担当，用自己的心血汗水和奋斗创造，充分彰显了总台党员干部队伍这支"新闻铁军"的奋斗风采！

办公厅工作概况

2021年,在总台党组的领导下,办公厅持续深化规范性、高效性、精准性工作方略,进一步转职能、提效能、赋动能,加快实现由被动向主动转变、由传统向创新转变、由粗放向精细转变,不断提升"三个服务"工作水平,奋力打造让总台党组放心、让全台员工满意的办公厅,各项工作稳中有进。

一、扎实做好服务保障总台党组有关工作

作为总台党组办事机构,办公厅始终坚持紧紧围绕中心、时刻服务大局,不断提升办文、办会、办事水平,精益求精做好大保障、大活动、大文稿,努力为总台党组提供优质高效的服务保障。

1. 做好文稿服务工作

努力提高"以文辅政"水平,加强文稿起草、调查研究、信息舆情等工作,严把政治关、内容关、文字关,全年组织起草并审核把关总台2021年度系列工作会议讲话等各类讲话、致辞、报告、约稿共350余篇、50余万字。认真做好信息报送工作,全年刊印《总台专题会议纪要》13期、《总台简报》21期、《总台内部通报》12期、《总台工作日报》250期。

2. 做好会议活动服务保障工作

把学习贯彻习近平总书记重要讲话和指示批示精神作为党组会"第一议题",2021年,传达学习习近平总书记重要讲话和指示批示精神、中央文件、中央领导同志讲话精神等74次,组织党组(扩大)会议40次,编印党组会议纪要161期,党组议定事项通报417期。全年共协调保障重大宣传报道活动300余场,服务保障总台领导出席台内外、京内外会议活动及会见近100次,及时发布有关新闻信息。

3. 做好统筹协调重大事项工作

建立完善总台重大项目统筹协调机制,协调推进各项事关总台事业发展的基础性、全局性工作。梳理编制习近平总书记对总台工作的重要指示批示汇编,印发各部门、各单位及地方机构处级以上干部学习,抓好督

促落实。牵头编制总台"十四五"发展规划，形成包含12个篇章、总篇幅达7万多字的《中央广播电视总台"十四五"发展规划》，为总台"十四五"时期事业发展提供行动指南。稳步推动复兴路办公区园区改造，做好施工准备。积极推动"CMG""品牌强国"系列标识注册有关工作，为总台有关产业开发、广告经营工作奠定法律基础。

4. 做好督查督办工作

坚持"总台工作推进到哪里，督查工作就跟进到哪里"的思路，不断完善督查落实体系。逐条逐项盯办，持续跟踪问效，做到不折不扣地贯彻落实。对总台党组2021年工作要点、党组作出的各项决策部署及《中央广播电视总台"十四五"发展规划》实施情况，制定任务分工，下发督查通知，督促高效推进。对总台签署的框架合作类协议、重点项目、"民心工程"等，建立月度督办机制，紧盯不放、跟踪问效。

二、扎实做好服务保障总台建党百年等宣传报道有关工作

在总台建党百年等重大宣传报道和重大活动中，办公厅作为行政后勤保障团队，坚持发扬精益求精、一丝不苟、追求完美的工作精神，全力以赴为前方报道团队保驾护航。

1. 保障好"吃住行"

积极主动对接各系统、各团队，从住宿、餐饮、车辆配备等方面为前方同志提供全方位的服务保障。住宿方面，按照防疫闭环管理要求，在影视之家等地为前方同志安排客房和机动用房。餐饮方面，为让大家吃得放心，对食材采购、存储、制作、送餐全流程加强监管。车辆方面，配备大型转播车、录音车及其他各类车辆，做到有求必应、随叫随到，充分保障直播报道用车需求。

2. 建立好"防控网"

针对建党百年宣传报道参与人员集中开展8次疫苗接种，接种完成2.9万余人，报道一线人员二针接种率100%。针对1000余名参与重大宣传报道活动的员工尤其是回国、返京人员，提供核酸检测、健康监测、隔离指导等服务。设置18个防疫测温岗，累计测温793万余人次，全台各类涉疫情密接人员均未对总台防控安全造成影响。

3. 坚守好"安全线"

组织召开总台庆祝建党百年安全工作专题会议，就安保消防、安全播出、疫情防控、保密安全、舆情安全、值班值守、食品安全、交通保障等方面作出部署，提出要求。开展安全大检查，采取自查自纠与检查组检查抽查同步进行、安全专项检查与检查组综合检查有机结合的方式，及时排查整改存在的问题，消除各类安全隐患。

三、扎实做好服务保障总台高质量发展有关工作

作为贯彻落实总台党组决策部署的"第一关"、推进工作的"第一棒"，办公厅扎实推进各项事关全台的基础性、全局性、兜底性工作，服务好全台工作大局。

1. 抓好常态化疫情防控

严格落实"分级负责、分类指导、分区督导"防控原则，根据疫情变化形势及时调

整防控措施，及时发布有关防控工作要求信息，强化排查力度，加强物资保障，坚持日报告、零报告制度。建立复兴路办公区和光华路办公区临时核酸采样点，提升疫情防控应急保障能力。针对涉疫情密接（次密接）等重点人员，迅速查明活动轨迹及接触人员，快速处置、有效管控。

2.抓好"护牌行动"

构建"联系上下、沟通左右、精准打击"的工作格局，统筹舆情、法律、保卫等部门，发挥各自专长，建立长效机制，有力有效维护总台合法权益和良好品牌形象。取缔关停了一批虚假机构，联系协调有关部门，查处假冒总台的非法网站频道，屏蔽下架了一批违规售卖总台标志的商品。

3.抓好行政运行服务保障

抓好全年24小时值班值守，高质量建成国务院视频点名会议系统，被相关部门赞评"展现了国家级媒体的水准"。抓好文件管理，全年办理文件5万余件。总台获评"中央国家机关机要文件交换站2021年度优秀机要交换单位"。在四址办公区建立文件交换机制，实现各办公区之间文件的直接交换。办公厅会同有关部门，组织好重庆、浙江、河北、北京、山东、天津等地方总站揭牌仪式等工作，先后为20余个地方总站提供选址筹建、法律尽职调查、房产租购协议审核、办公用房配置审批等服务，严把目标资产审核关和工程建筑质量关。

4.抓好建章立制

立足当前、着眼长远，不断完善总台相关规章制度建设，探索更加科学高效的服务管理模式。编辑42万余字的《总台规章制度汇编》，涵盖140余项制度规定。制定完善《总台规章制定与管理暂行办法》《总台印章管理办法》《总台出入管理规定》等10余项管理规范。编制《总台办公厅工作规范》，优化现行工作制度体系。制定《办公厅薪酬考核管理办法》，发挥薪酬"指挥棒"作用，激发员工工作积极性。开展"总台重要资料编辑整理"工作，形成《总台庆祝建党百年宣传报道工作资料汇编》《总台庆祝新中国成立70周年宣传报道工作资料汇编》等材料。

5.抓好服务全台员工工作

把办好总台"民心工程"摆在突出位置，调集精干力量、组建专人专班，全力以赴把实事办好、把好事办实。积极破解员工子女入园入学难问题，提升员工医疗保障水平，积极推进老旧小区综合整治，有效提升餐饮服务水平。成立总台书画院，举行总台"庆祝建党百年职工书画摄影展"，共征集到近700件作品。总台集体户口首页正式办理成功，彻底解决了总台员工集体户口落户难题。

四、扎实推进办公厅干部队伍建设

办公厅做好处级干部选、育、管、用工作，抓好新老处室交接，与新任处室负责人开展任前谈话，召开"如何当好处长"务虚会。加强青年人才培养力度，组建办公厅青年学习小组，覆盖办公厅主任办公会议成员、各处室负责同志及青年党员干部160余人，研究制定《办公厅青年学习小组学习规则》，以纵向的辅导报告、横向的学习交流和充分的资源共享机制，大力营造勤于学习、勇于担当的浓厚氛围。

总编室工作概况

2021年，总编室认真贯彻落实总台党组决策部署，紧紧围绕规划统筹、导向口径、考核监管的职责定位，抓好宣传管理，组织协调、紧密对接各平台，精心做好各项重点宣传报道，不断推动总台高质量发展取得显著成效。

一、聚焦重点、精准发力，确保全台宣传工作稳中求进

（一）充分发挥一体化统筹协调机制的聚合作用

围绕各类重要活动组织召开41次专题协调会，确保多平台按照总台统一部署，实现融合传播效果最大化。全年围绕宣传阐释党的十九届六中全会等重大主题，高质量组织报送宣传报道方案80份。协同环球国际视频通讯社有限公司、CGTN等渠道对外投送《平"语"近人——习近平喜欢的典故》（第二季）、《经典里的中国智慧——平"语"近人（国际版）》《摆脱贫困》及一系列重点项目，在海外广泛落地，产生良好效果。建立外宣微视频一体化统筹协调机制，截至12月底，已推出6部微视频。围绕相关重大主题宣传，撰写了78篇宣传报道总结专报。

（二）全过程做好庆祝中国共产党成立100周年大会重大主题宣传统筹协调工作

提前规划、动态跟踪。提前启动庆祝建党百年重点选题、重点项目规划，及时论证、充分审议，组织起一批创新度高、兼顾两个效益的重点项目。及时跟踪发现重点项目实施过程中的问题和需求，伴随式研究提出解决方案，有效推动35个重点项目逐一落实落细，为总台形成"大珠小珠落玉盘""千树万树梨花开"的精品荟萃格局起到了夯基垒台、立柱架梁的基础作用。

多维布局、科学排播。统筹协调各节目中心充分排布好重大项目，把握时、度、效，实现传播效益最大化。参与策划并协调多方资源，确保总台自1月率先推出庆祝建党百年重点项目《美术经典中的党史》，先声夺人，亮点凸显。随后，逐月增加重点内容规

划和投放，在"七一"前后达到最高潮，彰显了总台好戏连台、精品迭出的核心竞争力。

抓好落实、十拿十稳。牵头成立"七一"重点活动宣传报道办公室，围绕庆祝中国共产党成立100周年大会直播等重大活动，制订电视、广播、新媒体多平台播出方案和突发事件应急预案，多次组织节目系统、技术系统就直播和录制播出工作进行细化推演。协调办理各类记者报名注册，为总台向国际一流新型主流媒体迈进提供了基础保障。

精准用力、密集协调。协调推动总台庆祝建党百年精品影视节目有效进入港澳台地区。全面做好在港澳地区举办展映活动的协调和宣介，通过网络媒体等平台"借船登岛"，在港澳台受众中引发了强烈反响。牵头组织开展"中国共产党的百年故事""脱贫攻坚看中国"等海外受众活动，发布2415篇融媒体报道，触达海外受众4.71亿人次。

（三）全流程组织总台重点活动宣介

以集中宣传贯彻习近平总书记贺信为重心，联动相关单位组织实施央视奥林匹克频道及其数字平台开播上线仪式、中国人民对外广播事业创建80周年座谈会等总台系列重点活动；组织协调总台与重庆、浙江、河北、北京、山东、天津等省市及复旦大学、中央美术学院签订全面战略合作协议，以及6个地方总站揭牌的宣传报道；做好《典籍里的中国》等特别节目创作座谈会，"无声诗里颂千秋——美术经典中的党史主题展"开幕、《更团结 共筑梦——中央广播电视总台中欧音乐节暨北京冬奥会倒计时100天音乐会》

特别节目等70余项总台海内外重点活动的全媒体宣介；组织总台全媒体平台"一键触发"各类重要稿件6400余篇次。

（四）落实落细重大主题报道对外传播工作

完善对外传播资源共享和联动推送机制，密切协同CGTN、亚洲非洲地区语言节目中心、欧洲拉美地区语言节目中心、环球国际视频通讯社有限公司、央视网和各海外总站等，构成多语种、多平台、多渠道对外传播网，全年推送重点稿件900多篇，拓展重点产品及时编译、排播、宣介的覆盖范围。

（五）发挥旗舰频道创新引领和精品带动作用

综合频道播出大型文化季播节目《典籍里的中国》，以"古今对话""时空穿越"等创新设计，生动解读《尚书》《论语》《本草纲目》《孙子兵法》等中华优秀典籍，11期节目累计收获全网200余个热搜热榜，触达受众60亿人次，获得第58届亚广联电视娱乐节目大奖。以全媒体方式精心制作3期大型特别节目《党课开讲啦》，在全国范围产生了从"通知收看"到"等着看、追着看"的积极效果，跨媒体传播受众总触达超2亿人次。《故事里的中国》（第二季、第三季）、《经典咏流传》（第四季）、《开学第一课》、《中华人民共和国国歌》4K超高清视音频新版制作，以及《撒开聊——2021请回答》《瞬间中国》等国庆特别节目，都呈现出综合频道旺盛的创新活力。

二、实施考核管理，推动高质量发展

（一）制定并推动实施全媒体平台、地方总站、海外总站考核办法及细则

适配总台高质量发展战略，制定并具体组织实施总台《全媒体平台业务考核办法（试行）》《国内地方总站业务考核办法（试行）》《海外总站业务考核办法（试行）》及实施细则，按季度对16个频道、21个频率、8个客户端、44个语言单元、31个地方总站和7个海外总站进行阶段性考核评价，并在总编室每日编前会上公布季度考核结果。和技术局共同搭建总台评估考核技术平台，努力实现考核指标和评估数据的集成关联、高效运作。每季度处理考核数据1.1亿条，从多维度的海量数据中提炼形成明确的评价导向。

（二）推动高质量发展改版工作走深走实

瞄准"力争3到5年时间精品节目和品牌栏目占总台节目80%以上"的目标，对各平台改版项目的策划、生产、传播、考核进行全过程跟踪。组织各节目中心加快节目改版升级速度，对于年初确定的500多个改版项目，以台账形式抓好督促检查并协调推动落实。制定精品化水平考核评价体系，以"质效俱佳"为精品达标的重要标准，报台批准《总台高质量发展改版精品化水平考核办法》及实施细则。

（三）补齐重大突发事件应急报道统筹协调机制的短板

建立重大突发、热点事件实时监测和报道启动机制，自2021年7月9日起，实施每日动态监测并形成《国内新闻报道监测专报》；积极对接海外总站，建立健全国际新闻发稿时效监测机制。搭建应急报道协调平台，与相关部门密切沟通、通力协作，在河南郑州"7·20"特大暴雨、台湾高雄大楼火灾等重大突发事件中，对应急报道一体化统筹协调机制作了进一步完善。

（四）加大对播音员主持人队伍管理、培训的力度

全面推进《总台播音员主持人管理办法》落细落实，印发《中央广播电视总台播音员主持人考核办法》。组织召开播音员主持人队伍建设专题会议，在重大敏感时间节点，加强对从业人员的警示和引导。加强对播音员、主持人参加社会活动的监管力度，全年共监测698人次。播音员、主持人参加社会活动的报批率从一季度的45%上升到三季度的94%，有效防范了风险隐患。开展包括业务提升、专项辅导等内容的15场1000余人次的线下培训，着力提升播音员、主持人的业务素质和综合素养。

三、加强督查把关，落实全平台安全播发

（一）筑牢安全播出防线

以严密的监测检查制度和细致的排查提醒，做好各平台节目导向和制播安全的总体检查把关，全年向四址办公的各中心及各地记者站以不同形式准确、及时传达各类宣传精神。通过"平台自查与总编室总体把关相结合，每周梳理和每日督查落实相结合，全面排查和重

新闻中心工作概况

2021年，新闻中心在总台党组的领导下，高举习近平新时代中国特色社会主义思想伟大旗帜，增强"四个意识"，坚定"四个自信"，做到"两个维护"，以建党百年为工作主线，稳中求进，守正创新，突出做好领袖报道，深入阐释领袖思想，精心做好重大活动和重大主题报道，有力开展舆论斗争，深入推进融合创新，打赢了一场又一场重大宣传战役，经受住了一次又一次严峻考验，有力服务党和国家事业的工作大局。

一、全力打造领袖风采魅力与思想情怀宣传"第一高地"

新闻中心始终坚持以"领袖的高度就是宣传报道追求的高度"为标准，高质量完成习近平总书记重要时政活动宣传报道，持续深化提升"头条工程"，全力打造领袖风采魅力与思想情怀宣传高地。全年采编发习近平总书记重要活动的视频报道446条，总时长1947分钟，广播报道770余篇，新媒体产品1100余条，外语社交平台产品600余篇。组织重大时政直播26场，公共信号总时长1815分钟。

一是创新创优做好重大活动、重大会议直播报道，全景展现习近平总书记大党大国领袖的政治智慧和魅力风范。

在庆祝中国共产党成立100周年大会、"七一勋章"颁授仪式、全国脱贫攻坚总结表彰大会等一系列重大直播报道中，时政报道团队优化机位设置、创新拍摄手法，充分使用新技术、新设备，完美呈现习近平总书记大党大国领袖的魅力风范。庆祝中国共产党成立100周年大会直播，首次使用阿莱电影摄影机拍摄习近平总书记单人镜头，油画般的视觉效果实现了人物立体感和历史厚重感的高度统一。脱贫攻坚总结表彰大会直播报道，创新叙事方式，精心捕捉总书记脱贫攻坚表彰人员时示意老人不要起身、黄文秀父亲听到习近平总书记念及黄文秀姓名时擦泪等细节，更加直接、即兴地用镜头讲故事，让电视直播充满温情和感动。首次跨夜直播中国共产党与世界政党领导人"云峰会",时长达227分钟,精准记录数百个视窗内参会人员热烈鼓掌、挥手致意、认真聆听的现场画面,生动呈现习近平总书记同世界政党领导人共聚"云端"的盛况,创单场时政活动直播最长纪录。中国之声组织建党百年等20余场大型直播,为环球资讯广播、台海之声等总台广播频率提供公用信号。

二是用心用情刻画领袖形象,充分展现习近平总书记深受群众爱戴的感人场景和人民至上的真挚情怀。

2021年,习近平总书记共赴11地考察调研,时政团队深入挖掘独家现场资源,精心设计镜头,拍摄感人细节,真实记录习近平总书记深入基层一线与百姓零距离接触,关心群众生产生活的场景,充分展现领袖为民爱民情怀。在陕西考察调研报道中,习近平总书记途中临时下车,同正在田间劳作的老乡拉起家常,时政报道团队迅速反应,精准捕捉现场细节,推出《独家视频丨习近平走进田间地头 与陕北老乡拉家常》等报道,生动记录下了领袖与人民在一起的精彩瞬间和经典场景。在庆祝西藏和平解放70周年之际,习近平总书记进藏看望慰问西藏各族干部群众,报道大量使用习近平总书记深入自然保护区和藏民家中、与群众亲切交流的现场画面和同期声,充分展现习近平总书记的爱民为民真挚情怀。

三是持续提升习近平总书记重要活动报道的国际传播力。

2021年新年贺词完整视频在《新闻联播》播出后,总台用44种语言在对外传播平台同海外推送,全球40个国家和地区227家媒体平台引用播发,为历年新年贺词国际传播效果最佳。习近平主席同美国总统视频会晤,新媒体产品同步改编电视版、广播版、外宣版,形成"正在进行时"的权威资讯流,创出重大双边活动全平台、递进式、直播态报道新模式,新媒体账号"玉渊谭天"创造性推出《热解读》《玉渊十问》等32个融媒体产品,并用7种语言对外传播,超过40个国家和地区的125家媒体引用"玉渊谭天"观点。时政报道《习近平在青海考察调研》,快速编译逾30种语言稿件,第一时间向全球推送,71个国家和地区的656家电视和新媒体平台采用,其中,G20国家媒体数量占67%,多维度向世界特别是G7和G20国家展现重情义、有定力、讲原则、敢担当的大国领袖形象。

四是整合优势资源,打造"总台时政"新媒体品牌集群。

2021年,新闻中心整合视音频、大小屏优势资源,创新推出《时政画说》《时政马上评》《时政现场说》等18个时政新媒体产品,形成了"总台时政"品牌集群,发稿数量屡创新高,发稿速度持续保持全网领先。习近平总书记赴贵州考察,时政快讯均全网首发,核心微视频均全网独家,全程发稿42条,打破了2019年甘肃考察发稿36条的最高纪录。在随后的单次考察报道中,投放产品始终保持在40条左右。习近平总书记新春拜年视频,首次以朋友圈广告形式投放H5互动产品《总书记给你送福啦》,一天之内"接福数"超过10.0亿。

五是创新开展"见证十年"主题策划习近平总书记重要思想宣传。

深入挖掘时政题材蕴含的丰富资源,让

习近平新时代中国特色社会主义思想润物细无声地"飞入寻常百姓家"。《新闻联播》《焦点访谈》《新闻和报纸摘要》《春风习习》等重要栏目全年推出近130个专栏，播出1700多期主题主线报道，多角度、全方位、生动阐释习近平新时代中国特色社会主义思想。8月初，《新闻联播》连续4天头条播出总时长30分钟的系列报道《领航新时代 开启新征程——习近平总书记今年以来治国理政纪实》，将习近平总书记系列重要论述与落地见效所取得的历史性成就相结合，实现了思想性、纪实性与新闻性高度融合。节目被译成20余种语言文字对外发布，传播覆盖2.47亿人次。

二、精益求精、浓墨重彩，生动展现百年大党光辉历程和伟大成就

新闻中心以高度的政治自觉、饱满的工作热情、高超的制作水平，圆满完成庆祝建党百年一系列重大直播和新闻报道任务，倾情奉献了一场载入史册的视听盛宴，达到了"世界一流、历史最好"的制作传播效果。

一是庆祝中国共产党成立100周年大会直播大气磅礴、震撼人心。

直播团队用顶尖的直播水准、全新的节目面貌、先进的技术手段，实现了"10个首次"，创作了众多经典画面。直播团队精心设计直播机位，精细研磨镜头脚本，在机位设置、画面拍摄、镜头组接等方面不断优化创新，整个直播画面精美、气势如虹，国旗护卫队穿越巨型党徽年号拱门行进的长镜头、党徽与"100"字样飞机梯队同框等一系列镜头成为经典瞬间。解说和画面配合完美，思想性、新闻性、艺术性高度统一，特别节目庄重大气、气氛热烈。从2021年初开始，直播团队反复研磨演练画面，先后修改制作了12版分镜头脚本，最终形成近500个直播分镜头。庆祝大会当天，直播团队严格按照分镜头脚本执行，公共信号制作、衔接完美流畅。

二是"七一勋章"颁授仪式直播和习近平总书记参观中国共产党历史展览馆新闻报道，庄严隆重、感染力强。

"七一勋章"颁授仪式直播中，习近平总书记两次用双手同红军老战士郭瑞祥握手、"七一勋章"获得者张桂梅手上布满膏药等相关短视频冲上热搜。习近平总书记参观中国共产党历史展览馆的《独家视频丨习近平带领党员领导同志重温入党誓词》央视新闻微博话题阅读量达16.1亿，微信朋友圈广告覆盖人群达7亿人。

三是倾力打造主题主线精品力作。

2021年，《新闻联播》共推出52个挂标专栏，播出560余期报道。重磅推出建党百年旗舰专栏《奋斗百年路 启航新征程》及13个子栏目，共播出260余期报道。中国之声、环球资讯广播策划播出365集特别报道《中国共产党百年瞬间》、100集系列报道《红色印记——百件革命文物的声音档案》《中国共产党对外交往100个故事》。倾力打造《今日中国》《沿着高速看中国》《走进乡村看小康》等成就巡礼大型直播特别节目，匠心制作《新的启航——百年礼赞》《中国共产党历史展览馆建设纪实》《摆脱贫困》等纪录片、专题片。其中，大型政论专题片《摆脱贫困》

跨媒体总触达人次12.22亿，首轮传播触达海外受众4.25亿人次。

三、重大活动和成就报道样态丰富、精彩纷呈

新闻中心围绕重要会议、重大活动、重要节点、重大事件，精心组织主题宣传报道，推出一系列品质优良、影响广泛的重点节目。精心组织党的十九届六中全会宣传报道，《新闻联播》及时推出《学习贯彻十九届六中全会精神——新思想引领新征程》《中央宣讲团赴各地宣讲十九届六中全会精神》等多个系列报道，《焦点访谈》连续4天推出全会精神解读报道《百年奋斗启新程》。高质高效完成全国两会报道，首次向全球媒体提供4K公共信号，倾力打造《总书记与我们在一起》专栏，围绕习近平总书记到团组活动和重要讲话精神，推出主题主线回访和反响式报道。挖掘重大会议直播报道中的细节和亮点，用电视语言创作经典画面：全国政协十三届四次会议开幕式直播中，捕捉邰丽华用手语"唱"国歌的镜头，独家视频产品《手语怎么"唱"国歌？》成为刷屏爆款。出色完成多场"主场外交"报道，博鳌亚洲论坛2021年年会报道首次启用新型4K/8K航拍直升机，空中演播室节目《瞰·这里是海南》精彩亮相。5月6日，首届中国国际消费品博览会在海口开幕，环球资讯广播特别直播《边走边看消博会》，精彩阐释中国消费市场的全球意义。联合国《生物多样性公约》第十五次缔约方大会围绕习近平生态文明思想，精准设置议题，推出"一花一叶观世界""共同的家园""家在中国""2021我们和藏羚羊"等一批有温度、有色彩、有质感的系列视音频作品。充分报道中国航天成就，新闻频道首次以"系列剧"形式，推出19场《中国空间站》系列直播特别节目，精彩呈现习近平总书记与神舟十二号三位航天员亲切通话过程。精心设计《天宫课堂》特别节目，点燃了全国中小学生爱国爱科学的热情。精心组织北京冬奥会、东京奥运会、第十四届全运会等重大赛事报道，在北京冬奥会倒计时1周年、200天、150天、100天、50天，分别推出特别节目。推出两季《三星堆新发现》直播特别节目，新媒体端累计总观看量破10亿，话题阅读量达21.4亿。

四、舆论斗争本领不断增强，对美西方舆论反制精准有力、直击人心

全年紧扣中方利益和立场，及时报道中方表态和主张，专访多国政要和权威人士，大力批驳美国病毒溯源政治化、抗疫不力和国内乱象。《玉渊谭天》率先在全网推出《溯源美国》系列调查报道，依托大数据语义分析的技术，相继推出《649万条数据：揭秘德特里克堡内幕》《我们联系到了这些美国人，他们说自己很早就患上了新冠……》等20多个融媒体调查产品，将美国新冠病毒出现的时间往前追溯了半年，全网总计触达量超过10亿次，以7种语言在41家外媒播发超过212次。新闻频道播出特别节目《失序的美国》和以"民主幌子的后面"为主题的5部专题片，揭批美国当前抗疫失控、社会动荡、经济举步维艰等乱象和种族大屠杀的丑

恶历史，微博话题阅读量超1.3亿。针对美西方借新疆棉花抹黑新疆人权状况，新闻频道持续多天直播展现新疆千亩棉田实施无人操作、精量播种的高效模式，客观有力地回击国外敌对势力的诋毁抹黑。精心组织融媒体直播"孟晚舟回国"，精准传播"强大的中国是每一位中国人的坚强后盾"等多个核心观点，激发民众爱国热情。持续追踪报道云南大象北上南归，总点击量超过20亿次，1600多家境外媒体和新媒体平台大量使用总台独家新闻，成为讲好中国故事、拓展国际传播能力的成功案例。

五、大力做好社会热点及重大突发事件的舆论引导

一是密切关注国内外疫情防控动态，回应社会关切，宣传防疫知识，重磅推出纪录片《科学战"疫"》。二是突发事件快速反应，在"7·20"河南暴雨、云南漾濞彝族自治县和青海玛多县发生地震后，新闻中心第一时间派出记者深入现场进行充分报道，着力引导舆论走向。三是稳妥把握社会热点事件报道，做好舆论引导。聚焦电信诈骗、大数据杀熟、校外培训乱象、"双减"政策实施等社会热点，播出多组独家深度调查报道。四是有效引领国际热点问题舆论。统筹总台驻外记者，深入美国抗议者冲击国会、苏丹局势动荡、几内亚兵变、伊核问题谈判复会等重大事件现场，采制独家报道，冲破西方媒体报道框架，彰显中国立场。在阿富汗局势报道中，播出大量全球独家视频新闻，成为全球媒体主要信源，有力引导境内外舆论。

六、频道频率融媒体品牌强势发力，高质量发展迈入新阶段

面对新的舆论生态和媒体格局，新闻中心频道频率坚持稳中求进，整体创新、系统变革，推进了特别节目日常化、日常节目特别化，新技术进一步融入采编播全流程，演播室视觉效果达到国际一流水平。新闻频道全年共播出近140期特别节目，充分发挥了宣传报道主力军和舆论引导压舱石的作用。与此同时，不断改进日常节目，在重点新闻栏目设置特色版块，提升栏目辨识度和影响力。演播室充分运用虚拟技术、多屏联动，立体化丰富屏幕呈现，全方位拓展节目的表达维度，打造更具沉浸感的视效体验。中国之声大力推进直播常态化，全年推出近500场直播。环球资讯广播完成新一轮改版，推出3档新栏目。

进一步拓展数据新闻报道模式，《玉渊谭天》依托大数据分析，推出《649万条数据：揭秘德特里克堡内幕》《300万字：中国外交部的发言，美国听懂了吗？》等重磅文章，在国内国际舆论场的影响力显著增强。

与创新发展研究中心、新闻新媒体中心合作，推出融媒体产品《白·问》《吾家吾国》等融合创新品牌，进一步推动传统优势资源品牌进军网络舆论场，传播力、影响力持续增强。

内参舆情中心工作概况

2021年，内参舆情中心（简称内参中心）深入贯彻落实习近平总书记一系列重要指示批示精神，紧密结合建党百年等关键时间节点，深入调研，精准研判，推出一批质量高、内容扎实、建议切实可行的内参稿件，发稿量、采用率、批示率、批示质量系数持续提升。总台内参品牌的权威性、影响力进一步增强。2021年，内参共发稿1900多期，同比增加30%。

一、围绕重大时间节点，有效开展工作

内参中心始终以服务党和国家工作大局作为内参工作的最终目标，紧密围绕全年重点工作和重要节点，及时、有效开展工作。

2021年全国两会期间，全力配合十三届全国人大四次会议秘书处做好舆情工作，向大会新闻中心提供多期两会相关舆情材料。为国务院办公厅秘书局报送搜集、翻译多期境外媒体关于全国两会报道和评论信息，为有关部门及时了解国内外舆情动态提供有效参考。

2021年，围绕建党百年重大主题，内参中心调研呈报多篇系列内参稿件，从主要群体思想动态、舆情认知、风险预警、对策建议等方面提供信息，发现思想领域潜在风险。

二、重大调研任务走深走实，发挥"智囊"作用

配合中央有关部门完成有关沿黄九省区市生态保护、长江上游高质量发展调研等落实习近平总书记重要指示的重大督查调研任务，呈送的报告均获高度评价。配合国务院有关部门完成有关东北边疆海关情况调研，获得上级领导的肯定和表扬。

2021年，内参中心紧紧围绕构建新发展格局，推动"十四五"高质量开局等国计

民生重大主题，就春耕备耕、国企混改、大宗商品价格波动等领域多方面、多层次开展调研工作，完成多篇重头稿件。疫情常态化防控期间，内参中心密切跟踪国内外疫情防控动态，关注疫苗发展走势，调研各地落实"外防输入、内防反弹"政策中存在的风险点，为打赢疫情防控阻击战提供有效信息保障，为中央及时了解疫情与疫苗动态，科学精准施策提供依据。

三、舆情与突发事件反应迅速，突出"耳目"功能

快速、准确是总台党组对内参舆情呈报工作的基本要求。内参中心建立突发事件舆情快速反应机制，与总台各海内外记者总站密切配合，全天候紧盯社会热点，及时发现呈报。全年在重大突发热点舆情事件中，上报信息反应快，事实准确，研判得当。

四、视频内参样态优化，反馈良好，批示率高

视频内参产品《焦点访谈（内参版）》全年节目报送数量同比增加一倍多，质量提升明显，选题类型、可视化呈现手段更加多元。围绕"冲击力强"的要求，视频内参增加数据图表、地图线路、导视图等可视化表现手段，效果良好，直接推动了有关问题的解决。

五、国际、涉港澳台地区内参紧扣主线

2021年，疫情在全球持续蔓延、中美战略竞争加剧构成我国发展最显著的"两大外部变量"。总台涉国际内参聚焦领袖重大活动，紧紧扭住"对美斗争"牛鼻子，盯紧"中美战略竞争"关键节点，紧跟全球热点事件、立足国家重点战略、关注重要"涉华议题"，组织编写多篇国际内参及境外舆情稿件，获上级表扬。

六、优化制度，推动队伍建设，"发动全台写内参"

内参中心紧紧围绕"发动全台写内参"目标要求，不断优化调整供稿发稿流程。在总台领导、总编室及总台各单位的大力支持下，"发动全台写内参"流程机制在2021年实现重大突破，全台内参报送渠道节点逐个打通，建立了与各中心、海内外记者总站的沟通反馈机制，配合总编室有效实施对各海内外总站的量化考核，各业务中心、海内外记者总站内参创作热情进一步调动，报题与来稿量明显增加。

财经节目中心工作概况

2021年，财经节目中心（简称财经中心）紧紧围绕庆祝建党100周年这条工作主线，有力有效服务党和国家经济工作大局，高质量发展取得新进展，引领力、传播力、影响力实现新提升。

一是建党百年宣传特色鲜明。财经中心精心打造《红色财经·信物百年》《红色金融路》《百年百城》等多个具有鲜明财经特色的"大作"，用艺术的力量呈现生动的历史，展现历久弥坚的初心使命，讴歌党的百年历史，弘扬伟大建党精神，在总台庆祝建党百年大协奏中谱写了精彩的乐章。二是财经新闻重塑核心竞争力。财经频道财经新闻节目的播出比重与收视比重，相比2020年均明显提升。财经中心已建立起与国家主流媒体地位相匹配，全方位、全链条的新闻主框架，成功向新闻驱动转型，重塑了财经中心的核心竞争力。三是财经纪录片提升品质形象。《大国建造》《动力澎湃》《钢铁脊梁》《雪莲花开——对口援疆纪实》《共同的家园》等一批重点纪录片，把握经济大势、服务工作大局，显著提升了财经中心的整体品质和品牌形象。四是圆满完成收视收听指标。2021年，财经频道累计收视份额0.89%，完成总台考核指标，创近7年新高，竞争力排名创近13年最好成绩。经济之声在北京广播市场进入前六。五是广告创收稳步回升。财经频道广告创收比2020年增长约15%。新媒体广告创收尤其亮眼，实现创收1.5亿元，比2020年同期增长200%。

一、创新主题宣传，庆祝建党百年报道有声有色

财经中心联合国务院国资委，共同推出百集微纪录片《红色财经·信物百年》，通过百位讲述人、百件信物、百集故事，翻开红色财经百年史画卷，用信物见证党史、凝结初心、昭示力量。大型融媒体报道《红色金融路》回顾中国共产党金融史上的重要时刻、重大事件，展现了红色金融事业在巩固革命政权、发展根据地经济、抵制经济封锁等方

面的突出贡献。经济之声特别策划《致敬百年 奋斗路上》《百年回响——红色经典名篇诵读》，用声音"知史明志"。

二、服务工作大局，经济形势政策宣传振奋人心

财经中心服务经济工作大局，精心做好正面经济宣传。《开局之年访央企》邀请央企主要负责同志畅谈经济热点话题，展现央企高质量发展新气象。《开局"十四五"》《稳健开局看数据》《中国经济年报》权威分析解读经济数据，全方位展现开局之年中国经济巨变和面临的良好机遇。《共享幸福 决胜小康》《内需消费"堵"在哪？》《保供稳价在行动》《蹲点看保供》《房地产调控"关键词"》聚焦消费热点，提振市场信心。《我们的幸福生活》《新发展 新跨越》《经济奇迹背后的"密码"》深入宣传贯彻党的十九届五中全会、六中全会和中央经济工作会议精神，全面反映各地的落实举措和显著成就。围绕全国两会、中国发展高层论坛、博鳌亚洲论坛、世界互联网大会、北京服务贸易会、首届中国国际消费品博览会、第四届上海进博会等重要节点，充分报道我国经济社会发展取得的历史性变革，增强人们对实现"十四五"目标的信心。

三、有力有效发声，大型财经活动引领主流舆论

财经中心成功推出第31届"3·15"晚会，关注新消费环境下消费维权的新热点，引起强烈社会反响，各级政府部门和涉事企业立即针对曝光问题整治整改。深入宣传贯彻中央经济工作会议精神，推出《2021国内国际十大财经新闻》《2021央视财经论坛》《第十二届央视财经香港论坛》，彰显国家媒体平台的价值引领和社会责任。《中国汽车风云盛典》邀请权威专家和机构，为消费者推选2021年度优秀车型，推动中国汽车工业发展。《中国粮仓》走进山东、四川、黑龙江等12个省区，生动讲述"中国粮"的故事，传递中国经济信心。《百年百城》走进全国100个城市，展现中国城市火热的奋进图景。"中国美好生活城市发布盛典"展示美好生活城市的韵味和魅力，为推进美好生活城市建设提供案例和思考。

四、新闻快速反应，首发和独家报道大幅增加

8月15日，央视财经独家首发《阿富汗总统加尼即将辞职！》消息，掀开了总台全球接力报道"美入侵阿富汗20年大溃逃"的序幕。《商务部最新回应：供应完全有保障》《北交所10只新股临停》《央行：下调存款准备金率0.5个百分点》《央行上调金融机构外汇存款准备金率》《警示！证监会公布2020年典型违法案件》等消息全网首发，被众多主流媒体和平台广泛转发，形成广泛影响。"肉夹馍品牌之争""'加拿大鹅'消费维权""河南暴雨""苏伊士运河巨型货轮搁浅"等热点新闻报道反应迅速、专业性强，推动节目收视全面提升。

五、坚持守正创新，系列新节目彰显生机活力

财经中心深刻把握创新这一总台工作的主基调、主旋律，积极创新创优。《红色财经·信物百年》不同于以往纪录片的专业主持人视角，由百家企业的党委书记、董事长亲自出镜，以"信物守护人"的形象，"自家人讲述自家事"，探索了一种全新的故事讲述方式，赋予纪录片别具一格的个性感染力。《中国国宝大会》汇集全国60多家省级以上博物馆的近2000件文物精品，通过1500多道国宝知识问答题，让中国文物融入社会、服务大众，让受众从国宝读懂中国，以独特的思想性和艺术感染力，引发全网广泛传播。融媒体产品《财访》解析热点新闻背后的市场逻辑、行业趋势和投资价值，受到业内人士和广大投资者的一致好评。央视财经新媒体联合三一重工共同打造"央视财经挖掘机指数"，成为反映我国基础设施建设热度、观察固定资产投资等经济变化的风向标。

六、突出价值引领，重点纪录片得到社会好评

财经中心制作播出一批重点纪录片，充分展现我国经济社会发展成就，积极弘扬社会主义核心价值观。《大国建造》呈现中国建筑工程奇迹，讲述建设者的"大国工匠"故事；《动力澎湃》探寻超级工程背后超级动力、超级装备、超级制造的精彩，让世界看到中国经济发展的澎湃动力；《钢铁脊梁》讲述中国钢铁的精彩故事，呈现中国在短短几十年完成了钢铁工业史的跨越；《雪莲花开——对口援疆纪实》《共同的家园》以鲜明的价值引领，提高了财经中心的美誉度。

七、深化媒体融合，新媒体改革发展成果丰硕

财经中心加快广播节目的可视化、IP化呈现。经济之声《王冠红人馆》首创广播与央视频同步直播，在央视频播放量近1800万，获得央视频"年度最具创新力"奖项。经济之声《交易实况》自5月起上线央视频，截至12月，累计在线观看量超600万人次。经济之声《天天3·15》引入央视频作为爆料渠道，在央视财经客户端推出系列短视频《我该怎么办》，单期最高观看量达1500多万人次。财经中心依托独家报道资源推出央视频账号"财访部"，实现前期采访部门直接供稿渠道覆盖电视、广播、央视财经微信公众号、央视财经客户端、央视频，促进了全媒体融合。融媒体产品《财经探真》《馨探事务所》聚焦经济大案要案，受到网民普遍关注。

文艺节目中心工作概况

2021年，文艺节目中心坚持守正创新，持续深化"三个转变"，不断巩固壮大主流思想舆论，圆满完成庆祝中国共产党成立100周年文艺宣传、春节联欢晚会等重大任务，全年共播出17 877小时电视节目、32 502小时广播节目，推出7个创新电视节目、27个创新广播节目，改版升级38档电视栏目、9档广播栏目，全方位高质量发展取得了丰硕成果。

一、做强、做优主题主线宣传

庆祝建党百年文艺宣传精益求精、一丝不苟、追求完美。庆祝中国共产党成立100周年大型情景史诗《伟大征程》文艺演出转播工作在中宣部副部长、中央广播电视总台党组书记、台长兼总编辑慎海雄亲自指挥下，500多人的团队日夜奋战，设计21个机位，4K、8K同步录制，打造了一台新时代电视文艺精品，并机总收视率达7.09%。该节目获得总台集体记功荣誉，11人荣获记功个人。《百年礼赞——庆祝中国共产党成立100周年大型交响音诗画》以美术作品为媒，以360度舞台和高科技手段突出音诗画气质，传播覆盖量超13.6亿。《百年歌声》《电影中的印记》《大幕开启》等重点节目以经典歌曲、经典影片、红色戏剧为切入点，赞颂百年壮丽史诗。此外，还精心编排《从方寸邮票间看党史》《典藏》等重点节目；新媒体端推出文艺界党员共唱一首歌的短视频《不忘初心》、粤语MV《百年》《追梦百年》；依托广播的全媒体产品《追寻——红色家书背后的故事》《先锋》《颂歌》《同心歌唱》等各类节目达380集，为建党百年烘托了喜庆热烈的氛围。

《2021年春节联欢晚会》饱含深情抒写新时代。晚会以"万民安康辞旧岁、欢歌笑语迎新年"为主题，兼具思想性、艺术性、观赏性，将中国元素、民族特色、地域文化和多彩世界融为一体。直播期间，全媒体多终端、多渠道受众总规模达12.72亿人，参与互动人次达703亿，各项新媒体传播指标均创历史新高，是全球首次8K电视频道直播的重大活动。

《2021年元宵晚会》为红红火火的中国年收官。晚会以"花好月圆元宵夜"为主题，通过丰富的艺术形式、年轻态的艺术表达，让观众在欢声笑语中度过温馨祥和的团圆佳节。全网总话题阅读量累计超23亿，视频累计观看量突破1.2亿。

《一起向未来——北京2022年冬奥会倒计时100天主题活动》以文艺化的表达充分展示体育魅力。活动秉持简约、安全、精彩的呈现方式，向全球观众呈现4K制播的冬奥奖牌发布的重要时刻，为总台的冬奥报道增光添彩。

《"中国梦·祖国颂"——2021国庆特别节目》激荡中华儿女的爱国情怀。节目通过微电影、情景讲述、打造穿越时空的深情对话，植入延时摄影、裸眼3D等技术手段，受到全网广泛关注，新媒体话题阅读量84亿次，产生67个热搜话题。

《锦绣小康——"中国梦"系列歌曲音乐会》凝聚脱贫、小康、中国梦的辉煌成就。节目紧扣时代主旋律，以歌曲演唱及交响乐演奏为主体，极富艺术表现力与时代意义，彰显出了总台的责任担当。

二、节日主题节目出新出彩

新年新春期间，《启航2021——中央广播电视总台跨年盛典》聚焦迎新之夜的"中国故事"。《2021东西南北贺新春》三地共同唱响新春祝福。《2021新春喜剧之夜》大年初一收视率超过各大卫视春晚。《2021春节戏曲晚会》《2021新年音乐会——扬帆远航大湾区》等16档电视节目，《过大年》《春暖中国》等12档广播节目和《2021春晚进行时》等融媒体产品，掀起新年新春文化新热潮。

五一、五四期间，特别策划"点赞奋斗者"主题播出季，共推出34档特别节目。《中国梦·劳动美——永远跟党走 奋进新征程》2021五一国际劳动节特别节目、《奋斗正青春——2021年五四青年节特别节目》、《激扬青春梦——2021年五四青年节京剧演唱会》、《送你一朵大红花》、《劳动如歌》、《强国一代有我在》、《唱给最美的你》等节目，用多样形式向追梦人致敬，为奋斗者点赞。

中秋、国庆期间，推出《喜满中秋夜》《乐·圆》《吟唱之起舞弄清影》《中秋是归途》等中秋特别编排，《我和我的祖国》《2021国庆戏曲演唱会》《金秋相声大会》《"乐"动青春 多彩中国》等18档电视广播特别节目，突出举国同庆、歌颂祖国的主基调，满足观众多元需求。

围绕清明、端午、七夕、重阳传统节假日推出特别节目。清明特别节目《多情的土地》以"五色土"概念联动五地，与《榜样》《家国清明·纪念》等节目讲述各个年代英雄的事迹；《端午好时节》《端午乐画》《诗意·端午》等深入展现传统节日风俗文化。《2021年中央广播电视总台七夕晚会》围绕"爱·自有光"主题，首播收视份额2.68%。《久久乐重阳——2021重阳晚会》创新打造"资深少年"概念，话题阅读总量超3.3亿。

强化主题文艺宣传报道，推出一系列特色节目。"心连心"艺术团赴公安机关慰问演出、"心连心"艺术团赴雄安新区慰问演出、三八妇女节《最美的她》、2021年中国记者节特别节目《好记者讲好故事》、世界读书日《一生之书》、国际护士节《永恒的誓言》、《民歌·中国——走进西藏》特别节目等从不同角度、全方位、全景式展现新时代的精神气象。

三、高质量发展成果丰硕

季播节目突出文化味、呈现多样性。《国家宝藏·展演季》全新推出"电视策展"概念，打造"文艺展品"一同入驻特展，全网热搜超20个，获得超260家主流媒体关注。《朗读者》特别设计"札记"环节，在特殊场景中讲述动人故事，网络阅读量9.6亿次。《唱出我新声》定位于"CMG原创音乐人才培养计划"，力争让新人新作拥有闪光的舞台。喜剧传承类综艺《金牌喜剧班》助力喜剧艺术薪火相传，《上线吧！华彩少年》秉承"国风创新演绎"宗旨，将传统与时尚巧妙融合，为总台带来稳固的年轻受众群。《阳光雨露二十年——戏曲频道开播二十周年系列演唱会》《良辰美景——昆曲入选"人类非物质文化遗产代表作名录"二十周年纪念演出》《中华优秀传统曲艺采录传播工程》《国风新音乐》《了不起的考古发现》《我们的节日》《非遗有约》《在路上》（Hit the Road）等节目，通过线上线下融合传播的方式，探索多形态、多方位展示中华优秀传统文化之美。

各平台围绕自身定位，不断增强专业性。央视综艺频道春节期间跃升全国收视第二，各栏目积极探索新样态，推出《欢乐城市派》《好戏连连看》等新节目；戏曲频道整体收视连续两年排名增长；音乐频道提升《CCTV音乐厅》等品牌节目影响力。央广音乐之声收听率位列全国广播频率前三位；经典音乐广播每周收听份额均高于2020年同期；文艺之声在云听、喜马拉雅等音频客户端均位居文艺类频率收听榜首。阅读之声在云听总收听人次超过2.6亿。国广劲曲调频在北京、上海等地市场份额分别实现23%和25%的增长。

多个节目获得国内外大奖。广播剧《芨芨草》获亚广联大奖。《新中国文化生活记忆》《悬崖村》《2020中国声音中国年》分别获得中国广播电视大奖。《我和我的家乡戏》《追寻——红色家书背后的故事》《百年礼赞》《上线吧！华彩少年》等获得国家广播电视总局创新创优节目。《东西南北贺新春》《2021新春喜剧之夜》获中国电视艺术家协会春节特别节目奖。

优化布局总台文艺资源，不断提升全媒体内容生产能力。2021年，平均每周在央视频"文艺"和"音乐"Tab页更新视频300余条。央视文艺客户端全年发布稿件6万余篇，总观看量达6000多万，推出新媒体直播活动超过200场，用户观看量逾450万。全年共有800多个话题登上热搜榜单，国庆晚会以"港澳台演艺界人士参加演出"作为宣传重点，在台湾地区形成了话题。记者节推出话题#袁隆平的猫还在等他回家#热搜在榜首时长达8小时。

打造融媒体节目新样态，实现"两个效益"双丰收。《春晚进行时》《知识点亮中国年》等以丰富的形式助力春晚宣传。《春晚

GO青春》单场直播带货销售额达5036万元。《你好生活》（第三季）立足于"慢综艺"的定位，产生热搜话题105个。央视文艺联合央视频共同推出的《DoRe呱啦》开创了总台融媒体互动点歌节目的先河。五一国际劳动节、五四青年节特别节目融媒体直播，七夕晚会创意短片等融合新创意、新技术。《长安的七夕范儿》《拿来吧！我的宝藏家居》与总经理室合作，在央视文艺、央视频等平台创新打造直播带货，实现了跨界共赢。

体育青少节目中心工作概况

2021年是中国共产党成立100周年,是"十四五"规划开局之年,体育青少节目中心(简称体育青少中心)坚定历史自信、担当历史使命、掌握历史主动,努力推动体育和少儿传播矩阵的引导力、传播力、影响力、综合实力进入总台第一方阵。

2021年,奥林匹克频道开播上线,成为全球首个以4K超高清和高清标准24小时上星同步播出的专业体育频道,习近平总书记为频道开播发来贺信,体育青少中心全体职工极大振奋、备受鼓舞;2021年,体育惠澳各项举措全面落地出彩,总台成立以来首次奥运报道实现触达总人次479亿的现象级传播,首次全运会主播机构服务取得经济和社会效益双赢,"相约北京"冬奥测试赛信号制作彰显总台实力,自主自办赛事开花结果,总台体育在大赛密集年一路领跑;2021年,"六一"晚会创新晚会节目结构方式赢得各界好评,原创动漫《林海雪原》《延安童谣》赓续红色血脉,献礼党的百年华诞。

一、深入贯彻落实习近平总书记重要指示批示精神,奥林匹克频道圆满开播上线,冬奥会核心工作平稳有序

10月25日,总台央视奥林匹克频道及其数字平台开播上线,体育青少中心以习近平总书记贺信精神为指引,高质量推进频道建设。开播以来,实现全国31个省份全落地,覆盖用户超3亿户,4K用户超6100万户,观众规模达2.18亿。观众呈现年轻化、高学历特征,多个栏目、节目年轻观众占比较电视受众平均水平提升超过100%,大学以上学历观众比例提升30%。国际奥委会主席巴赫致函总台,称赞奥林匹克频道取得巨大成功,感谢总台为传播弘扬奥林匹克精神付出的努力。

深挖奥林匹克运动和文化内涵,创新推出专题节目《艺术里的奥林匹克》,奋力推动"思想+艺术+技术"融合传播,受到网友广泛追捧,在新媒体平台创造多个热搜话题,

吸引上亿人次讨论，年轻观众占比较电视平均水平提升156%。《光明日报》评价该节目"用艺术诠释奥林匹克之美，用文化传递奥林匹克精神"。

以习近平总书记贺信精神为指引，体育青少中心全力冲刺北京冬奥会、冬残奥会宣传报道筹备工作，高质量完成"相约北京"系列测试赛信号制播，其中，雪橇世界杯信号制作开创中国电视转播机构先河。为总台冬奥超高清8K数字转播技术设计应用场景，奋力实现"科技冬奥·8K看奥运"的目标。聚焦筹办关键节点，圆满完成冬奥会倒计时一周年、倒计时100天、火种采集等重大主题报道，播发《火炬诞生记》《奖牌诞生记》等精品纪录片，精心创制《带你一起看冬奥》《大约在冬季》《冬奥山水间》等重点节目；配合冬奥组委制作北京冬奥会筹办回顾片《逐梦冬奥》8分钟专题片《海陀之巅　冬奥明珠》；开辟《北京2022》日播栏目，确保冬奥内容天天见。

二、全面深化中央惠澳政策，以体育和文化为纽带，推动总台与澳门特别行政区政府共谋国际传播新实践

体育青少中心和澳门广播电视股份有限公司两度签署赛事媒体权利合作协议，免费将东京奥运会、北京冬奥会、成都大运会赛事节目和北京冬奥会期间奥林匹克频道节目许可在澳门播出，得到澳门社会各界好评。

落实总台与澳门特别行政区政府合作协议，高规格打造在澳门举办的中国网球巡回赛年终总决赛，高品质推出永久在澳门落户的《擎动中国2021》线上赛总决赛，利用3D特效还原路况，上线场景化新媒体互动产品。《澳门日报》刊文称"《擎动中国2021》为开启澳门电竞产业发展新篇章、支持粤港澳大湾区体育产业多元发展迈出坚实一步"。全面授权香港电视广播有限公司、香港电台、香港有线电视有限公司等香港媒体和澳门广播电视股份有限公司等澳门媒体，转播报道第十四届全运会，《文汇报》《澳门日报》盛赞总台此举让港澳同胞通过转播报道，感受开幕式恢宏场面，融入国家发展大局。

三、东京奥运会转播报道创新体育大赛报道模式，为总台实现两个效益双丰收

坚持"一体制作，融合传播"报道理念，东京奥运会期间，前后方投入转播制作团队近2000人次，统筹总台多个电视频道、广播频率以及新媒体平台。针对开闭幕式制订周密播出应急预案，充分研判内容风险隐患，全流程、各岗位反复培训把关，精细打磨开闭幕式解说词文案，确保转播安全、圆满、精彩。体育青少中心首次在海外奥运报道中设置电视综合制作系统，精心打磨《荣誉殿堂》《体坛英豪》《全景奥运》等专题节目，融媒体传播矩阵为广大观众和用户提供视频产品3500小时，涵盖奥运会全部339枚金牌争夺，相关内容触达总人次479亿，创总台十年来体育赛事触达人次新纪录。CCTV-5体育频道平均收视份额为10.78%，连续16天排名全国上星频道第一位。承担东京奥运会体操、羽毛球、乒乓球、攀岩及铅球决赛五个

项目，和东京残奥会田径、盲人门球两个项目国际公用信号制作，其中攀岩及男子铅球为首次制作。制作团队以国际一流水准向世界展示总台制作实力，跻身全世界最顶尖体育赛事电视信号制作团队。

圆满完成东京残奥会宣传报道任务，充分释放独家版权优势，科学排布赛事资源，转播报道时长创2008年以来新高，播出规模达到伦敦残奥会和里约残奥会的3倍，相关内容跨媒体总触达受众28.49亿人次。

四、坚持守正创新，"六一"晚会引爆全网，以优异成绩迎接党的百年华诞

体育青少中心充分发挥"创意、活力、灵动"的独特优势，全力打造阳光向上、充满正能量的精品力作。2021年"六一"晚会大胆突破传统综艺晚会播报串联的方式，以"故事化表达、情境式呈现、沉浸式观赏"深刻解读中国共产党百年精神谱系，相关话题总阅读量超过23亿；建党百年原创主题动漫《林海雪原》《延安童谣》暑期在少儿频道黄金时段多集连播，反响强烈；总台重点选题《快乐童行》走进田间地头，将大自然的课堂搬进屏幕；2021年度"新时代好少年"先进事迹发布活动以多元化手段，精彩呈现新时代好少年的优秀品质和精神风貌；《小喇叭》广播紧扣建党百年主题，重点推出《我们都是红孩子》作品展播，用儿童语境营造主旋律氛围；融媒体特别节目《讲给青少年的党史》《课本里的英雄》等系列节目，巧妙构思校外红色主题思政课；主导中国国际动漫节"金猴奖"增设红色动漫相关奖项；"百部经典动漫 致敬百年风华"用经典动漫作品深情礼赞党的百年华诞。

五、广泛开展行业协作，创新自有自办赛事体系，有效拓展总台体育传播新路径

圆满完成总台第一次全运会主播机构任务，创新采用"天地一体"化超高清融媒体制作系统方案，实现5G远程信号制作新模式。与国家体育总局共同探索合办赛事组织、运营、传播全链条长效工作机制，聚焦高水平竞技赛事、群众体育和青少年体育发展，启动全新系列自主自办赛事，首批项目包括国际雪联城市越野滑雪中国巡回赛、冰壶奥运会选拔赛、2021年中国男子手球超级联赛、全国男子拳击冠军赛等，为优化总台体育成长路径打开新局面。重点选题项目《中国席位》在东京奥运会前完成射箭、体操、田径、击剑等12项赛事系列节目的播出，全面展示中国运动健儿备战奥运的艰苦努力和拼搏精神。中国网球巡回赛在疫情常态化防控下稳步成长，全年赛事足迹遍布12大赛区，其中，广州站和澳门年终总决赛通过奥林匹克频道实现4K上星直播，收视数据相较2020年明显提升。

六、持续深化总台"三个转变"，扎实推进体育频道和体育赛事频道高质量改版提质升级

落实好高质量改版，以日播新闻栏目为

抓手，重点抓好播音员、主持人、出镜记者形象，有效推动常态化要素全面提升，以全新形象擦亮总台体育传播品牌。高质量推进央视频体育、少儿、动漫Tab页运营维护，在央视频相关内容发稿量、播放量均排名全台第一位。深耕细作央视体育、央视少儿客户端，欧洲杯和奥运会各平台广告收益达1.3亿，创新媒体大赛营收新高。

社教节目中心工作概况

社教节目中心（简称社教中心）所辖CCTV-10科教频道、CCTV-12社会与法频道、老年之声频率三大播出平台。2021年，社教中心以习近平新时代中国特色社会主义思想为统领，聚焦"打造国家社教传播第一全媒体平台"的目标，坚持守正创新，圆满完成全年各项宣传任务，推动社教宣传的传播力、引导力、影响力、公信力再上新台阶。

一、升级"头条工程"，《平"语"近人——习近平喜欢的典故》（第二季）受到高度评价

精心创作《平"语"近人——习近平喜欢的典故》（第二季），在内容、表达、角色、互动、技术、视听方面全方位升级，生动展现总书记新时代领路人、人民勤务员的领袖形象和为民情怀。节目播出后，引发海内外强烈反响，总触达47.98亿人次，包括124个国家和地区在内的3315家电视台/频道、主流网络媒体主动转载，累计触达海外受众19.24亿人次。《人民日报》《光明日报》《经济日报》等主流媒体对节目高度评价。节目组获得中央和国家机关五一劳动奖状，同名视频书在第28届北京国际图书博览会亮相，并在全国公开发行。

二、聚焦党的百年华诞主动作为，守正创新，掀起庆祝建党百年宣传高潮

2021年，社教中心的《美术经典中的党史》《全国大学生党史知识竞答大会》《敢教日月换新天》三档节目获得总台庆祝中国共产党成立100周年宣传报道集体记功表彰。

1. 推出特别节目《美术经典中的党史》

节目由中宣部副部长、中央广播电视总台党组书记、台长兼总编辑慎海雄亲自点题策划，创新"以画为体，以史为魂"的表达方式，贯穿"思想+艺术+技术"的创作要求，通过最具代表性的经典美术作品生动再现了中国共产党成立100年来波澜壮阔的光辉历程。节目总触达人次为15.92亿，总台

北美总站《美术经典中的党史》短视频总浏览量破1亿次。节目在央视频累计总播放量达4426.38万。《新闻阅评》称其是"献给党的百年华诞的精品力作"。节目深化传播创新，在国家博物馆衍生推出的"无声诗里颂千秋——美术经典中的党史主题展"，作为总台举办的首次画展，共展览36天，累计接待观众近64万人次。

2. 自主原创《全国大学生党史知识竞答大会》，得到社会各界高度评价

节目面向当代青年，立足新时代，以"学史明理、学史增信、学史崇德、学史力行"为宗旨，生动展现中国共产党带领中国人民筚路蓝缕、浴血奋战、百折不挠的百年辉煌奋斗历程。节目全媒体首重播累计传播量达10.39亿次，《新闻阅评》称节目"实现了党史学习教育的创新"。

3. 与影视剧纪录片中心联合创作推出大型纪录片《敢教日月换新天》，创下专题片传播新纪录

节目深入反映中国共产党团结带领人民，使中华民族迎来了从站起来、富起来到强起来的伟大飞跃，相关内容全网点击量19.8亿，在总台传播平台累计观众触达13.36亿人次，是近年来第一部首轮播出触达破10亿人次的文献专题片。

4. 中心三大平台全年贯穿建党百年主题，持续生动讲好中国共产党的故事

科教频道、社会与法频道、老年之声频率发挥各自特色，推出《我要去延安》《2021中国记忆·红色地标里的故事》《战火中的红色军工》《医心向党》《信仰的力量》《光影凝望百年》《壮阔100年 不忘初心使命》等电视广播节目，生动讲好中国共产党的故事，在全社会营造团结奋进的良好氛围。

三、围绕党的十九届六中全会胜利召开，深入展现党的百年奋斗重大成就和历史经验

1. 生动反映中国共产党带领中国人民取得的巨大成就

由《美术经典中的党史》推出《飞天圆梦》《铁流》两期节目，展现党的十八大以来中国航天成就，凸显人民军队以强军梦托起中国梦的坚定决心，获得专家学者的高度评价。

2. 深刻展现中国共产党团结带领中国人民探索出的中国方案和中国道路

精心创作特别节目《历史关头——红色纪念馆之旅》，生动展现习近平总书记博大精深的历史观和宏大视野，节目被新华网、人民网、学习强国、光明网等平台连续5天首页置顶推荐，共756个网络媒体平台对节目进行转载传播，百度可搜索节目相关内容1亿条。

3. 持续聚焦全会精神，激发奋进新征程、建功新时代的巨大热情

推出《中国梦的故事》《薪火相传——全国爱国主义教育示范基地巡礼》《红色司法》《寻访李大钊故地》等专题节目和主题报道，在全社会营造持续学习贯彻党的十九届六中全会精神的良好舆论氛围。

四、启动迎接党的二十大胜利召开电视专题片创作任务

按照中宣部和总台领导的部署,迅速启动迎接党的二十大胜利召开电视专题片《领航》《征程》的创作工作。确定"中心一体化统筹,素材资源共享,策划创作联动"的工作模式,明确两部专题片的主题特点,压茬推进节目创作,全力以赴打造史诗级精品力作。

五、锁定重要时点创新精品节目,擦亮国家社教传播第一全媒体平台品牌

春节期间,推出《中国诗词大会》(第六季),10期节目及融媒体产品通过央视网多终端和联合传播平台累计视频播放、互动和阅读次数超3.7亿,微博话题累计阅读量超8.35亿。两会期间,推出《我建议》等节目,为"十四五"开局起步营造良好氛围。认真贯彻宣传习近平总书记致仰韶文化发现和中国现代考古学诞生100周年贺信精神,聚焦三星堆考古热点,推出《百年考古大发现》《解谜三星堆》《仰韶故事》《祁连大墓》等节目,展现光辉灿烂的中华文明。国家航天日期间,推出4K科学纪录片《飞向月球》(第二季)等节目,生动记录我国科技创新历程。聚焦2020年度国家最高科学技术奖隆重发布,全网首发独家专访视频与特稿,迅速形成热点,全网传播破2亿。围绕国家宪法日等重要法治时点,推出《2021年度法治人物》《民法典进行时》等节目,全方位彰显新时代法治建设伟大成就。聚焦《生物多样性公约》第十五次缔约方大会召开,推出《中国在行动》,凸显生态文明建设大国担当,节目累计触达1.18亿人次。积极开展冬奥主题宣传,推出《人生能有几回搏》《一起上冰雪》等节目,弘扬奥林匹克精神。做好年终盘点,推出《回望2021——国内国际十大考古新闻》《回望2021——国内国际十大科技新闻》。

六、启动社会与法频道深度改版,推进三大平台高质量发展走深走实

1. 社会与法频道全面启动高质量发展改版

强化习近平法治思想宣传,增加直播态、实时性法治类节目、体验式律师和讲堂节目的比例,推动频道法治、社会宣传的全面升级。

2. 科教频道抓栏目、强编排,突出主题宣传

结合"七一"等重要时点及科教文卫领域热点事件,加强主题主线编排,抓常规"5+2"编排,凸显频道专业性,加强竞争力研究,为频道高质量发展提供全局性的决策参考。

3. 老年之声频率创新主题报道,吸引老年受众

实现精品化生产、专业化水准、精准化服务,以丰富的内容和较强的融媒体属性增强老年受众黏性。

七、加速媒体融合,深化新媒体"社教传播第一品牌"的样态革新

重点打造以《美术经典中的党史》为范

本的党史传播新样态，实现以《全国大学生党史知识竞答大会》为模板的全媒体传播新突破。《美术经典中的党史》在央视频累计播放量超4426万次，《全国大学生党史知识竞答大会》央视频账号开通仅半年，粉丝数超12.5万。社教中心以央视频为主阵地，率先上线文史、法治Tab页，强化直播与短视（音）频创作，在全网提供了《中华人民共和国民法典》颁布一周年百场庭审直播、《大象北迁》等优质社教融媒体产品。

八、以制度为抓手，深化巩固机构改革成果

2021年，社教中心重点强化制度建设，制定完善了《社教节目中心新媒体经费分配办法（试行）》等一系列制度规定，以审计整改为契机，建立健全长效机制，全面提升科学管理水平和工作运行效率。扎实推进干部队伍建设，为各项工作的开展提供了有力保障。

影视剧纪录片中心工作概况

影视剧纪录片中心（简称中心）承担着总台出品、原创自制电视剧、纪录片、院线电影的创制播出与运营，与外界合作电视剧、纪录片、电影的创制播出，国内外优质电视剧、纪录片的购买、联合制作与播出，融媒体产品的开发创制以及总台播出的电视剧与纪录片、总台出品及合作的电影的全媒体宣传、传播等相关职能。2021年，央视综合频道黄金档播出电视剧13部，其中，《跨过鸭绿江》《大决战》两部收视率超过1%；电视剧频道黄金档播出电视剧27部，其中，《妈妈在等你》《亲爱的孩子们》《对手》《夺金》《我和我的三个姐姐》5部收视率超过1%；电视剧频道在全国网整体收视份额3.87%，连续五年排名全国第一。总台黄金档播出电视剧累计观众规模达9.2亿人。全国网电视剧收视排名前20中，总台有14部，在全国所有上星频道中稳居第一位。

中心原创自制、联合出品的电视剧、纪录片收获多个奖项。电视剧《跨过鸭绿江》获上海电视节"白玉兰奖"评委会大奖。《大决战》获首届澳涞坞国际电视节金萱奖年度大奖和2021国剧盛典"年度优秀剧集""年度优秀导演""年度优秀女演员"等奖项。《觉醒年代》获2021年第27届上海电视节"白玉兰奖"最佳导演奖、最佳编剧奖、最佳男主角奖，该剧还荣获2021中美电视节"金天使奖"年度最佳导演奖、年度最佳制片人奖。《流金岁月》获2021年第27届上海电视节"白玉兰奖"最佳美术奖。中心出品的纪录片、纪录电影在国家广播电视总局、总台、中国电视艺术家协会纪录片评选中，共荣获37项大奖。总台出品的首部电影故事片《跨过鸭绿江》院线票房破亿，在全社会形成致敬英雄、珍爱和平的舆论氛围和价值导向，取得"两个效益"双丰收，被誉为"党史学习教育最好的影像教材"。

一、围绕庆祝中国共产党成立100周年重大主题，统筹推进总台出品大剧大作和电影的创作生产播出，进一步夯实总台的业界旗舰地位

电视剧《跨过鸭绿江》受到相关部门和

领导高度肯定和多次表扬，被有关专家誉为"拍出了历史纵深和国际格局，更拍出了人物的精气神，具备鲜明的史诗风范、历史美学品格和突出的国际视野"，首播期间观剧人次超过12亿，引发国内外广泛关注与好评。电视剧《大决战》也受到习近平总书记高度肯定。全剧平均收视率1.23%，平均收视份额6.18%，单集最高收视率1.86%，单集最高收视份额9.49%，创下近四年来央视综合频道黄金时间单集收视最高纪录。全网播放量超过10亿，高居多个网络热播榜单之首。《觉醒年代》在建党百年多部大剧中拔得头筹，获得社会各界的高度称赞。该剧体现了优秀影视作品"致敬历史、振聋发聩"的使命担当，在广大观众特别是年轻观众中强势传播。电视剧《中流击水》《香山叶正红》《绝密使命》《叛逆者》等从不同主题、多重角度讲述中国共产党成立百年来的历史故事，引发热烈反响。《叛逆者》连续20天位居收视排名第一位，相关微博话题阅读量破61亿，央视频点播观看量近2亿。

文献专题片《敢教日月换新天》突破多数政论片以议论为主的表现方式，坚持以"政论情怀、故事表达"创新叙事，将百余个故事有机串联成百年画卷。该片跨媒体总触达人次17.16亿，微博话题阅读量达24.14亿次；译制版在多个语种频道播出，创新党史文献专题片传播纪录，被中宣部《新闻阅评》高度肯定。百集文献纪录片《山河岁月》聚焦以祖国山河为代表的核心意象，通过革命前辈的感人故事，再现中国共产党百年创业、百年奋斗的壮丽史诗，深度展示革命者的精神面貌与人生涵养。该片在各新媒体平台上掀起正向评论热潮，全网好评率99.9%，在年轻观众人群中获赞率更高，相关节目及新闻宣传在总台跨媒体总触达人次为11.46亿。纪录片《闪亮的记忆》《热的雪——伟大的抗美援朝》《红色密档》《红色摇篮》等从不同角度讲述中国共产党百年来的发展历程，体现党的奋斗历史与当下幸福生活紧密勾连，红色江山、幸福生活来之不易，红色血脉应代代传承。

电影《跨过鸭绿江》于12月17日正式登陆全国院线。该影片以全景式视角、史诗性表达，全面展示了抗美援朝战争的历史过程。电影上映后，观影群众好评如潮。各地宣传部门把观看电影《跨过鸭绿江》和党史学习教育紧密联系，形成了年终岁末的文化现象。

二、以精品的艺术形式和全球化思维聚焦主题主线，立体展现党的十八大以来的历史性成就与变革，推动传统文化创造性转化和创新性发展

电视剧《红旗渠》以传承弘扬红旗渠精神为主线，细腻深刻的人物刻画及感人至深的奋斗精神获全媒体平台广泛热议，实现收视、口碑双丰收。电视剧《火红年华》播出期间，《人民日报》称赞该剧"讴歌了'三线建设者'艰苦奉献的精神，还观照、引领了当代年轻人的价值观"。电视剧《经山历海》《花开山乡》《鲜花盛开的山村》的播出，整体勾勒出巩固脱贫攻坚成果、推动乡村振兴的逻辑链条。

航空题材电视剧《逐梦蓝天》、以人民海

军"和平方舟"医疗船为原型的电视剧《和平之舟》、体育题材电视剧《夺金》等，从不同侧面聚焦发展主题，在艺术表达上有创新、有亮点。其中，《夺金》在电视剧频道播出后，获得全剧平均收视率1.317%的好成绩。

大型4K纪录片《澳门之味》，作为总台拓展与澳门特别行政区政府合作领域、丰富"一国两制"的媒体实践的又一重要成果，采用先进的4K超高清技术，以受众最熟悉、最亲切、最感兴趣的饮食文化角度聚焦澳门特色传统文化，实现对澳门历史文化、风土人情、人文精神的集中聚焦与致敬。生态文明建设题材纪录片《长江之歌》聚焦长江流域生态环境系统保护修复、长江文化传承与弘扬、长江经济带高质量发展等主题，引发海外受众高度关注。纪录片《同象行》挖掘新闻事件的新视角，发挥纪录片独特优势，故事化展现大象北上的背后，反映中国野生动物保护的先进理念和取得的巨大成就。纪录片《自然的力量》（第二季）聚焦中国丰富的自然资源，生动展现中国自然的雄奇伟大。纪录片《我在故宫六百年》创新文化类节目的表达方式，一经播出，就获得良好口碑及传播效果。纪录片《书简阅中国》引起了各年龄段观众和网民强烈反响和好评，豆瓣评分9.3分。纪录片《跟着唐诗去旅行》独树一帜采用文化和旅行交融的叙事角度，彰显唐诗中的文学精神力量。纪录片《曹雪芹与红楼梦》采用新颖别致的影视叙事，对作家和作品做出新世纪的新解读。《中国微名片——世界遗产》（第一季）以轻松愉快、通俗易懂的诉说，精选15处全国遗址，呈现世界遗产微缩表达。

三、聚焦现实题材，紧扣当下生活与社会热点，坚持观照公众需求、回应公众期待，以良好口碑的影视佳作传播正能量、唱响主旋律

家庭剧《小舍得》《流金岁月》《妈妈在等你》《我和我的三个姐姐》《亲爱的孩子们》《理想之城》以鲜活的人物塑造，引发观众对教育真谛、女性成长、家庭关系、职场进阶的深刻感悟与热烈讨论，传导坚强独立、坚守自我、向上向善的价值观。其中，《妈妈在等你》收视率1.771%，位列2021年全国网收视冠军。古装武侠题材电视剧《天龙八部》《斗罗大陆》《雪中悍刀行》在思想与艺术层面给予年轻观众巨大惊喜。其中，《斗罗大陆》凭借正能量的剧情和精良的制作引发年轻观众一致好评，累计网络播放量超24亿，单日最高播放量2.11亿，被誉为"特别适合全家观赏的正能量剧作"。

纪录片《我们如何对抗抑郁》是我国首部大体量、全方位解读抑郁症的纪录片，一经播出，微博相关话题阅读量超9.5亿次。《我不是笨小孩》《生活在别处》《人生拼途》通过对阅读障碍儿童家庭、追梦年轻人、残障人士和助残人士等不同群体的细致展现，真实而深入地反映了他们的生存困境和成长变化，并深入挖掘人生的丰富性、创造性与可能性，折射出当下社会的尊重与包容。《理想答案 仅供参考》（第二季）实现爆款破圈，全网累积播放量突破5000万次；《听起来很好吃》匠心独运，以声音来描摹美食，实现从声音至味觉的通感抵达，视听效果美妙、新颖、赏心悦目。《Hi，火星》将时事热

点与纪录片形式结合，兼具新闻时效与纪录质感。

四、深化推动台网联动的融合创新，多手段提升融合传播效果，推动各平台、多群体用户和全网舆论同频共振

1. 充分利用央视频、"学习强国"平台拉升传播效果

"CCTV电视剧"央视频账号播放量、粉丝数等数据均名列央视频客户端第一。"CCTV-9纪录"央视频号累计播放量突破1亿。《央视剧评》牢牢把握"引导创作、推出精品、提高审美、引领风尚"，以专业化的解读评论、时效性强的原创短评颇受好评。

2. 策划推出形式新颖、特色鲜明的原创融媒体节目与活动，以精品化思路推进台网深度融合、创新发展

推出"他们永远年轻——2021清明云诗会""最好的青春遇见你"等活动，微博阅读总量破10亿。推出"演员都要用作品说话""纪录说""国剧种草""午间咖啡厅"等策划，以高品质内容和灵活多元的呈现方式延展影视剧、纪录片品牌新空间。

3. 联手央视频平台，在总台新媒体主阵地放大"总台出品"影视剧品牌影响力，提升平台黏性

与央视频合作编排"建党主题新片""我和我的祖国 大片展映"等新媒体点播产品以及H5主题页面，推出"CMG电影""百万剪辑师"两个全新账号及"佳片101""央视频4K纪录片专区""云南亚洲象群环游记"等H5页面、正片轮播、原创视频等项目策划，强力优化传播效果。

五、创新升级"大剧看总台""大剧陪您过大年"等重大活动，彰显总台国家级平台影响力、凝聚力、号召力

1. 升级打造春节融媒体主题活动"大剧陪您过大年"

2021年春节期间，首次推出"大剧陪您过大年"，邀请出演《跨过鸭绿江》《大决战》《觉醒年代》《叛逆者》等剧的50余位演员参加。全网阅读量突破14亿次，成为一场主动设置议题、形成多次传播的融合传播实践范例。

2. 举办2022年总台大型纪录片片单发布活动

12月17日，举办"纪录·真实的力量"——2022年中央广播电视总台纪录片片单发布活动，向社会各界展示总台纪录片的国际化、原创力、精品化和年轻态，凸显总台纪录片的品牌影响力，引发广泛关注与共鸣。

3. 举办"大剧看总台"2022年电视剧片单发布活动

12月29日，中心举办"大剧看总台"——中央广播电视总台2022年电视剧片单发布活动，超前策划、一体统筹2022年总台电视剧生产创作播出，突出总台权威影响。

六、加强对外传播与国际合作，推动中国和世界文明交流互鉴、传播中国声音

与英国广播公司（BBC）合作的《完美星

球》在国际舆论场形成积极正面的关注与评论高潮。联合国《生物多样性公约》第十五次缔约方大会领导人峰会召开之际，与法国顶级制作团队联合摄制、总台出品的自然纪录片《雪豹的冰封王国》重磅推出，播出范围基本覆盖全球电视网，斩获多项国际纪录片领域及专业类奖项，实现了中国形象、中国理念的"跨圈层传播"。与日本放送协会（NHK）合作拍摄的《世界遗产漫步》，在日本放送协会上星频道BS精品频道、4K频道播出时，广受日本观众热议与好评，并在亚太、北美地区广泛传播。与英国广播公司联合制作的《宇宙》，以莎士比亚戏剧的方式，结合尖端合成动画，演绎浩瀚宇宙的进化故事。在中国与比利时建交50周年之际，系列微纪录片《比邻：遇见50年》在中国和比利时两国30余家主流媒体播出后，引发海内外广泛关注。2021年，中心还制作播出39集4K超高清节目，引进海外节目共282小时，以高品质内容、播出标准和收视体验，带领观众开阔视野、了解世界，体现国家媒体气度。

民族语言节目中心工作概况

2021年是建党100周年，也是民族语言节目中心（简称民族中心）加快推进媒体融合发展的创新之年。民族中心全面推进民族语言节目高质量发展和全媒体融合传播，新媒体发展势头良好，各平台总阅读量/播放量18.8亿次，是2020年的3倍多。在很多领域实现了突破，为庆祝中国共产党的百年华诞交出了一份令人满意的答卷。

一、聚力打造"头条工程"，拓展民族语言新媒体宣传平台，做好领袖宣传报道

2021年，民族中心始终坚持以"领袖的高度就是宣传报道追求的高度"为标准，集中资源打造"头条工程"，做好习近平新时代中国特色社会主义思想宣传阐释。除广播重点新闻节目报道外，不断开拓新媒体载体，在央视频、抖音等新媒体平台推出短视频专栏《今日关注》，重点报道习近平总书记相关时政要闻，译制民族语言版《平"语"近人》原创微视频等总台优秀作品，充分展现领袖风采。此外，民族中心以党的十九届六中全会召开为契机，整合音频资源，于11月在云听上线《民语学习》专栏，上传5种民族语言播出的党的十九届六中全会《公报》、《决议》和《说明》等音频产品，帮助少数民族同胞及时学习领会全会精神，搭建了首个少数民族语言全面阐释习近平新时代中国特色社会主义思想的新媒体学习平台，后续又推出了《习近平谈治国理政》《梁家河》等独家经典音频节目。平台上线后，传播效果良好，据统计，从11月11日产品上线至年底，《民语学习》Banner（焦点图）在云听站内的曝光量超1000万人次，H5页面的PV为323 200人次。

二、聚焦宣传党的十九届六中全会精神

党的十九届六中全会召开期间，民族中心提前部署相关工作，在不同时间节点，分阶段、有侧重地进行宣传，预热报道充分，

会议消息权威及时。会后，民族中心统筹安排民族语言广播，打破日常节目编排，在重点新闻栏目及时播出《公报》《决议》和《说明》，并将其同步至《民语学习》学习平台，利用新媒体手段充分宣传党的十九届六中全会精神；重点新闻栏目挂栏《聚焦党的十九届六中全会》，对全会精神进行阐释，引导少数民族同胞深刻领悟"两个确立"的决定性意义。

三、策划建党百年主题报道，展现民族地区巨大变化

民族中心坚持从习近平总书记重要讲话、重要论述、重要指示中，找方向、找思路、找启迪，推出了《足迹·道路》《新时代新西藏》《我们的生活充满阳光》《海兰江畔话小康》等一系列传播效果较好的主题报道。"七一"前夕，5种民族语言广播同步推出200集特别节目《民族先锋——少数民族优秀共产党员》，讲述各个时期涌现出的优秀少数民族党员的感人故事。

新媒体端策划推出了贯穿全年的短视频系列节目《家乡美》和融媒体节目《歌声献给党》。截至2021年底，《家乡美》累计播出286集，新媒体平台播放量2502万次；《歌声献给党》共推送175集，新媒体平台播放量1687万次。

四、以攻为守、主动出击，加强涉藏涉疆舆论引导

为庆祝建党100周年和西藏和平解放70周年，藏语节目推出人物访谈视频节目《亲历者》，在藏语新媒体、央视新闻客户端、央视频等平台同时推送，新华社客户端、"学习强国"学习平台等多家媒体转发。节目播出首日，播放量/阅读量超过100万次。

藏历新年期间，民族中心录制了十一世班禅额尔德尼·确吉杰布藏历新年祝词，通过总台藏语平台、CGTN、央视中文国际频道同步推出，被海外多家主流媒体转发，触达海外受众近2亿人，引发网友关注。

民族中心还充分利用总台资源，组织翻译、配音、制作了CGTN纪录片《暗流涌动——中国新疆反恐挑战》《天山南北——中国新疆生活纪实》的维吾尔语和哈萨克语版本，在新媒体平台发布后反响强烈。针对美西方抹黑我涉疆民族政策不实言论，采制了大量节目，在涉疆舆论斗争中起到了正面引导的积极作用。

五、"一语一策"，加快媒体融合改革步伐

为推动媒体融合工作高质量发展，民族中心完善顶层设计，将优势资源向移动端倾斜，并启动新媒体业务专项工作，制定了"一语一策"的新媒体发展策略。

经过两三年的累积，民族语言新媒体在2021年爆发了强劲的发展势头，影响力大幅提升。截至2021年底，新媒体各平台总播放/阅读量近20亿，是2020年同期的3倍多；各平台用户总量317万，同比增长82%，其中，维吾尔语抖音账号粉丝已近百万。

综观2021年全年，新媒体报道有爆款，

也有全新探索。朝鲜语原创短视频《喜迎国庆——我在天安门广场送祝福》抖音累计播放量6000多万次，国庆期间登上抖音话题热榜榜首；蒙古语节目在习近平总书记给苏尼特右旗乌兰牧骑回信四周年之际推出10集视频节目《珍贵的信》；维吾尔语、哈萨克语在抖音平台进行了自主策划直播的首次尝试；各语言涌现出《吉星高照幸福年》《从故宫开始了解中华文化》（第二季）、《轻松懂法律》《石榴说》《奶哥说》、MV《不忘初心》《你是我生命的高原》、Vlog《两会＠我》等一大批优秀原创新媒体作品。

民族中心还不断健全新媒体工作机制，建立每天"1+N"次选题审查制度，推出新媒体提升计划，加强业务培训和交流，搭建5G轻量化直播平台及多套移动云采编平台，提供技术支持和培训，新媒体业务发展的服务保障能力大幅提升。

六、落实习近平总书记关于民族工作系列重要指示精神，推广国家通用语言文字

党的十八大以来，习近平总书记关于民族工作发表了系列重要讲话。在2021年召开的中央民族工作会议上，习近平总书记在讲话中指出，要推广普及国家通用语言文字，科学保护各民族语言文字，尊重和保障少数民族语言文字学习和使用。

2021年1月1日起，民族中心在5种民族语言广播中陆续开办汉语普通话节目《新时代　新征程》，解读阐释习近平新时代中国特色社会主义思想，讲述中国改革发展的故事，回望共和国走过的不平凡历程。这是民族语言广播开办70多年来的第一次，也是铸牢中华民族共同体意识的崭新尝试。

军事节目中心工作概况

2021年，军事节目中心（简称军事中心）精心办好电视、广播节目和新媒体，深入宣传习近平新时代中国特色社会主义思想和习近平强军思想。大力推进高质量发展，切实加强党的建设和队伍建设，各项工作不断取得新成绩、新突破。

一、深入推进"头条工程"，宣传阐释习近平新时代中国特色社会主义思想和习近平强军思想

1. 精心做好习近平总书记出席国防军事领域重要活动的报道

一年来，军事中心各平台及时准确做好习近平总书记出席党和国家重要会议，特别是国防军事领域重要会议、重要活动的时政报道，深入宣传总书记重要讲话精神，跟进报道全军部队学习贯彻讲话精神的做法经验；办好《在习近平强军思想指引下·我们在战位报告》《奋斗百年路 启航新征程》《直击演训一线》《六中全会精神在军营》等专栏，全方位聚焦习近平强军思想在全军部队的生动实践。同时，跟随一年来总书记视察部队的足迹，国防军事频道各档新闻栏目、军事广播节目以及新媒体平台，第一时间采访推出贴近一线、内容鲜活的反响报道。

2. 聚力打造重点节目，深入宣传习近平强军思想

联合中央军委政治工作部宣传局、群工局，推出4集专题片《情怀与担当——脱贫攻坚子弟兵在行动》，在总台综合频道晚间黄金时段首播。《解放军报》刊发文章《勇担时代重任 深情服务人民》，称赞该片内容翔实、饱含深情，在全军引起热烈反响。联合中央军委政治工作部宣传局，推出7集特别节目《红心向党·强军故事会》，播出后反响热烈，《解放军报》和国防部网站先后刊发文章，称该节目鼓舞兵心士气，彰显强军风采。另外，积极推进新媒体"头条工程"。推出的"H5+"系列融媒体产品《习声回响·强军篇》，生动展示习近平强军思想的精髓要义，相关内容获中央网信办全网推送。

二、突出专业特色，做好主题主线和重大事件、重要节点报道

1. 全力做好庆祝中国共产党成立100周年报道

七一当天，国防军事频道并机直播庆祝中国共产党成立100周年大会，《正午国防军事》栏目从半小时延长至1小时，第一时间播出《记者直击：建党百年庆祝大会盛况空前》《空军八一飞行表演队：完美演绎 呈现多个"首次"》等庆祝大会相关报道和提前采制的系列揭秘报道。其间，各档新闻栏目还播出了《庆祝中国共产党成立100周年文艺演出〈伟大征程〉在京盛大举行》《部队官兵喜迎中国共产党百年华诞》等内容。"央视军事"策划制作原创图文解读《一图看解放军空中梯队阵型》，获《人民日报》等多家新媒体广泛转载，6个话题登上微博热搜，其中，#一图认全71架飞越天安门战鹰#阅读量1.3亿；短视频《党旗所指 军旗所向》在央视频单条播放达创纪录的348万。

2. 紧扣建党百年主题，持续推出党史学习教育重点专题、专栏及系列报道

《正午国防军事》推出16集特别节目《百岁·初心》《百年·接力》《百年·英雄辈出》和《筚路蓝缕积伟力 感悟初心强担当》等多个系列报道。《国防时空》推出系列特别节目《在党旗指引下》，并开设《学党史 悟思想 办实事 开新局》专栏，持续展开报道。另外，国防军事频道还推出《战旗》《军工巡礼》《中国战机——歼八奋飞》等重点节目和系列微视频《模样》《身边的红色印记》；军事广播推出特别节目《危急关头》《百年风华》、广播评书《铁血初心——我的入党故事》和融媒体产品《纸短情长》。围绕建党百年，"央视军事"推出相关报道150篇，推出10场新媒体直播《力量密码》，在多平台形成矩阵式传播，微博话题#百年奋斗百年征程#阅读量1.1亿；"央广军事"开设话题#星火燎原#，阅读量1.1亿，开通线上互动"我和党旗合张影"。

3. 全媒体独家首发我军官兵卫国戍边英雄事迹的视频报道

《国防时空》《正午国防军事》和军事中心新媒体平台依托独家资源，第一时间权威发布我军官兵在加勒万河谷冲突中卫国戍边的英雄事迹，特别是相关视频全网独家首发，引发热烈反响。"央视军事"微博话题#加勒万河谷冲突现场视频公开#迅速登上热搜榜首，阅读量超过27亿，视频观看量超1.15亿。《这段视频，还原了喀喇昆仑那场英勇战斗……》作为全网唯一视频源，被大量转发。"央广军事"抖音发布《边境冲突中誓死捍卫国土，中央军委为这5名官兵授予荣誉称号、记一等功！》播放量超过6000万，点赞318万。

4. 多平台聚焦两会报道

两会期间，军事中心电视平台累计首播新闻143条，首播专题43个。《正午国防军事》推出《两会好声音》《两会云采访》，成为两会国防军事主题报道品牌；《国防时空》推出《军队代表委员履职尽责巡礼》。"央视军事"微博话题#两会全接触#阅读量6800万。

5. 高质量完成"八一建军节"报道

《正午国防军事》推出2小时直播特别节目《我们的节日》，多路记者在一线演训场发回报道。《国防时空》推出《请党放心 强军

有我！》等特别策划。此外，国防军事频道还推出了特别节目《人民军队永远忠于党》、重点节目《强军路上》。"央视军事"制作推出《信仰如光》等多个主题视频，"央广军事"推出特别策划《军歌声声向前进》。

6. 精心做好国庆节报道

国防军事频道推出特别报道《节日在战位》、系列特别节目《誓言》《共和国功勋装备》等。《国防时空》推出《强国有我 强军有我！》。

7. 全方位做好中国航展报道

《正午国防军事》连续推出报道《直击中国航展》。《国防科工》《军武零距离》《兵器面面观》栏目分别推出《中国航展 军工制造"高精尖"》《大国重器上新季》《航展"明星"大盘点》等专题或特别节目。《国防时空》开设《直击第十三届中国航展》专栏。"央视军事"中国航展报道在微博平台收获16个热搜，话题#歼20用上了国产发动机#阅读量1.6亿。央视频军事Tab打造144小时不间断直播。"央广军事"微博话题#中国空军喊话某国云端相见#阅读量8324万，点赞超过4万次。

另外，围绕春节、清明等节点，国防军事频道还推出了《新春走基层·铿锵行》（第二季）、《节日在战位》、《军营大拜年》和《家国又清明 天地英雄气》、《清澈的爱 只为中国》等系列报道、特别节目。

三、积极推进高质量发展，培育品牌内容产品

一是推出权威深度解读系列融媒体产品《央视军事披露》，致力于打造国防军事领域重要事件披露的领军品牌。截至2021年12月底，已推出10期产品，多个话题登上热搜榜。"美核潜艇在南海到底怎么撞的"被多家媒体转载。二是推出《今天我当"兵"》（第二季），跨平台传播总触达人次3.83亿。国家广播电视总局《监管日报》刊发点评文章，称赞该节目。

另外，《兵器面面观》于8月1日全新改版，由传统专题纪录片改为由主持人与军事评论员、军事专家共同展开讨论的演播室访谈节目。同时，持续推动各栏目的4K升级工作，并积极探索8K节目的制作流程和试验。8月，《军营的味道》实现了4K超高清制作，并在4K超高清频道顺利播出，《国防科工》栏目也实现了4K标准拍摄。

四、持续探索"破圈"，打造多样态、多类型的国防军事内容产品

2021年，军事中心不断探索改进节目风格，拓宽选题范围，推出了一系列凸显国防军事特色的内容产品。

一是推出文艺类特别节目《军歌嘹亮·放歌百年》。以情景剧、舞蹈、大屏幕视频等形式，讲述建党百年历史，用经典军歌勾勒中国共产党领导下人民军队的发展历程。二是百集纪录片《战旗》引发广泛关注。全媒体传播效果良好。中宣部新闻局《新闻阅评》表扬该片高擎百面战旗绘就我军壮美史诗，用微叙事讲述百年"苦难辉煌"。三是创新表达，策划推出7集人文历史类特别节目《誓言》。四是广播评论节目影响力扩大，品

牌逐渐形成。军事广播评论栏目《晚高峰观军情》《新闻有观点·军事周刊》，以及《一南军事论坛》《央广军情观察》《周末点兵》等子栏目，多篇报道被俄罗斯卫星通讯社、英国《每日邮报》等转载。《海峡军事》多篇时评在台湾地区引发强烈反响。

五、深化融合传播，加强权威信息发布，持续提升新媒体影响力

军事中心各新媒体平台持续打造精品内容产品，依托独家军事素材资源，"央视军事""央广军事"在微信、微博、央视频、"学习强国"等平台影响力持续提升，关注人数快速增长。加强与各军兵种、战区宣传部门对接，重要军事新闻的首发率持续提升。

"央视军事"微博收获超过450个热搜，热搜话题总阅读量超246亿，其中，53个话题阅读量超1亿。在"学习强国"学习平台中，"央视军事"始终占据其军事短视频六至七成的版面，是军事垂类第一流量账号。央视频军事Tab页在15个参与版面排序的Tab中，播放量始终第一，"央视军事"账号始终保持在平台头部位置。"央广军事"微博粉丝量增长到1525万。"央广军事"新媒体矩阵推出国内首个军医线上问诊栏目《军医来了》，多平台同步直播，反响热烈。

六、持续强化对美西方舆论斗争

2021年，军事中心各平台针对新冠病毒溯源、美国军事挑衅等舆论斗争焦点，主动出击，做好舆论反制、舆论引导。一方面，及时播发权威消息。《正午国防军事》等新闻栏目、《国防时空》、"央视军事"、"央广军事"及时播发我国外交部、国防部、国台办等有关方面权威表态，有力阐明我方立场。其中，"央视军事"微博主持话题《中国空军"两个不怕"回应外军方挑衅》登上热搜，阅读量1.1亿，在舆论场引发共情共鸣。另一方面，做强评论性深度报道。《海峡军事》《新闻有观点·军事周刊》《央广军情观察》等栏目围绕国际舆论斗争热点推出多篇原创评论及专家访谈。

七、严格落实意识形态工作责任制，确保宣传报道导向安全、内容安全、播出安全

军事中心高度重视宣传报道导向安全、内容安全、播出安全工作，持续强化宣传管理。注重从政治高度、全局角度研判和防范化解意识形态领域风险，切实把意识形态工作责任、工作措施落实到采编播各个环节。2021年，军事中心制定了《军事节目中心意识形态工作责任制实施细则（试行）》，从制度上压紧压实意识形态工作责任，强化工作措施；修订完善《军事节目中心外请嘉宾参与节目制作管理办法》等宣传管理制度；同时，切实加强采编播队伍建设和管理，组织播音员主持人开展集中培训，认真落实与播音员主持人的谈心谈话机制。中心通过加强常态管理，严格审核把关，确保宣传报道在政治上、导向上绝对安全。

农业农村节目中心工作概况

2021年，农业农村节目中心（简称中心）深入贯彻落实习近平总书记致农业农村频道正式开播贺信精神，进一步提高政治站位，坚持守正创新，深化融合传播，深入推进高质量发展。据中国广视索福瑞媒介研究（CSM）数据，2021年，CCTV-17农业农村频道累计观众规模8.8亿人，频道在农业节目市场占有率达到92.1%，同比增加4个百分点。中国乡村之声频率听众规模达295.3万，同比增长6%，15—24岁年轻听众规模增长28%。"央视三农"融媒体矩阵阅读浏览量达41.64亿次。央视频"田园频道"自上线以来，总播放量为3.75亿，云听"田园频道"专辑总收听量为3289万。

一、高举旗帜，深入宣传习近平总书记"三农"思想，深入宣传党中央关于"三农"工作的重大决策部署

积极宣传阐释习近平总书记关于"三农"工作的重要讲话批示、重要考察活动。围绕习近平总书记在全国脱贫攻坚总结表彰大会上的重要讲话、庆祝中国共产党成立100周年大会上的重要讲话等，广播电视端新闻栏目分别推出《奋斗百年路 启航新征程·脱贫攻坚答卷》《代表委员话"三农"》等特别策划；围绕习近平总书记赴地方考察调研等内容，广播电视新闻栏目展开充分报道，展现总书记心系"三农"，指导推动乡村振兴战略实施的领袖风采。

立足"三农"定位，积极开展"建党百年"主题宣传。在"丰收季"特别编排期间重点推出"建党百年"主题纪录片《土地：我们的故事》，该片获得丝绸之路电视共同体颁发的"2021金丝带优秀节目"；中心在建党百年宣传中，积极联动中央农办，并广泛协调地方涉农机构资源，共同推出大型农村户外演讲节目《乡村演说家》；广播端推出系列报道《村庄里唱响的红色经典》；融媒体端推出大型融媒体行动"跟着电影走乡村"。

坚持凝心聚力，优质完成"脱贫攻坚"主题宣传。脱贫攻坚总结表彰专题晚会《迈进新征程》，充分运用多种艺术表现形式打造精品节目；百集系列报道《"三区三州"行》以内外宣相结合的形式，讲好脱贫攻坚"中国故事"；日播纪实栏目《攻坚日记》圆满收官，获得国家广播电视总局"2020年度创新创优电视节目"等多个奖项；纪录片《阿土列尔日记》历时五年，记录"悬崖村"脱贫攻坚历程，入选总台参评亚广联视野奖作品名单。

发挥专业优势，全力推进"乡村振兴"主题宣传。中心在农历小年创新推出首届"乡村振兴人物榜"宣传选树活动，获中宣部《新闻阅评》好评。全媒体节目《振兴路上》依托中心乡村振兴观察点项目，采用大小屏联动模式，全景展现全国各地乡村振兴战略实施情况，深度探究乡村振兴微观机理。扎实开展"三农"内参报送工作。

二、以节目创新为引领，强化"三农"特色宣传，有力凸显"三农"宣传主阵地作用

以《年画·画年》《农家院里过大年》等系列创新节目，精心打造春节特别编排。农耕文化纪实纪录片《年画·画年》以嘉宾年轻化、表达年轻化、话题年轻化、创作主题年轻化、传播年轻化，赋予传统的年画以新生魅力。节目在年轻人集中的网络视频平台B站（哔哩哔哩），评分达9.7分，并获得第27届中国纪录片十佳十优"最佳创新作品"奖。

以《2021年中国农民丰收节晚会》《田野里的歌声》等创新节目，有力支持"丰收季"特别编排，获得中宣部《新闻阅评》充分肯定。《2021年中国农民丰收节晚会》首次采用"走出去"方式，进一步增强了观赏性、感染力。乡村美育主题项目《田野里的歌声》以音乐之美为广大乡村少年提供精神滋养。广播电视栏目推出《乡里乡音话丰年》《我为丰收忙》等系列节目，互联网端推出"来田园 庆丰收"主题日活动等新媒体产品。此外，中心还推动电视端《中国三农报道》直播升级改版，创新推出大型融媒体项目《乡音博物馆》。

三、以体制机制创新为主导，深入落实融合发展战略，积极壮大网络端"三农"宣传声势

坚持"四位一体"，推动融合发展机制不断提升。中心围绕《2021年中国农民丰收节晚会》《振兴路上》等重大项目，在推动多平台协同立体宣传的同时，积极探索直播海选、线上开片会等新媒体传播手法，进一步提升传播力、影响力。

打造"央视三农""田园频道"融合传播矩阵，构建"一体两翼"布局。截至2021年底，"央视三农"全网粉丝量近400万，阅读量破亿话题30个，阅读量破千万话题累计达92个。央视频"田园频道"总播放量达3.75亿次。云听"田园频道"累计收听量达3289万次。

发力《主播说三农》《乡村服务社》等融媒体项目。新闻评论新媒体产品《主播说三农》紧扣"三农"热点内容、重大问题、重

要政策，以"权威、正面、鲜明"为标准，引导网络舆论风向。融媒体项目《乡村服务社》紧密围绕农民生产生活难题，打造为农民生产生活提供全方位服务保障的权威平台。

四、努力开拓创收增长点，积极促进中心宣传社会效益、经济效益双提升

2021年，中心全年总体产生经济价值约1.4亿元。其中，广告经营收入8100万元，比2020年提升约21%；通过社会化联合制作节省总台开支、对外版权经营、频率占用费用收取等方式产生经济价值约6000万元。依托重大项目，提升经营创收成绩。其中，《2021年中国农民丰收节晚会》广告收入为1480万元，广东省汕头市人民政府联合制作出资1800万元；《田野里的歌声》项目，京东集团出资2000万元用于联合制作费用，出资500万元用于广告费用。依托融媒体项目，探索创收新方式。中心融媒体2021年整体收入545万元。以优质节目，开拓版权经营新空间。中心打造的《年画·画年》节目被B站收购节目播映权。

五、加速落地推广，提升农业农村频道传播力、影响力

截至2021年11月，农业农村频道有线电视公共网入网率达98.0%，IPTV入网率达95.8%。一是入网盲点扫除工作：有线方面，农业农村频道实现在全国省、区、市级网络信号100%覆盖；IPTV方面，农业农村频道实现27个省级行政区信号100%覆盖。二是位序优化工作：农业农村频道位序结构较2020年度优化明显，进入央视矩阵比例大幅提升；IPTV方面，农业农村标清频道位序在央视矩阵的比例达92.5%，农业农村高清频道位序在央视矩阵的比例达92.0%。三是在品牌提升方面，中心推动"乡村振兴观察点"项目正式落地青海、浙江两省三地；推出对农宣传合作沟通会、"传承农耕文化·助力乡村振兴"交流推广活动等，精心筹划中国农业品牌百县大会。

六、统筹台内外资源，推动中心工作不断开创新局面

中心先后与农业农村部、国家乡村振兴局等涉农部委召开专项沟通座谈会，就建立完善对接协作机制、提升合作水平、共同推进"三农"全面发展进行深入交流。同时，中心积极对接地方宣传主管部门、地方广电机构资源、涉农高等院校，积极统筹台内资源，助力中心高质量发展。

七、强化管理，促进中心运行科学化、规范化、精细化

一是推进建章立制。出台《农业农村节目中心宣传管理办法》《农业农村节目中心自行采购管理制度》等管理规定，并优化调整中心全媒体传播效果综合评价体系、薪酬考核发放体系，以及会议制度体系。二是强化管理运行。严格落实意识形态责任制，严格执行台内播出管理规定；加强宣传统筹规划，强化传播效果监控分析；积极开展业务技能

练兵、创新创优评选等活动；提升行政运维保障水平，从公文、信息、保密、人事、财务、疫情防控、舆情防控等方面，为中心平稳高效运行提供有力保障；加强业务培训，中心先后组织播音员主持人业务提升会、保密教育专项培训会、财务工作专项培训会等讲座培训活动。三是深入推进巡视整改、审计整改。扎实开展巡视整改任务落实工作，确保立行立改、即时即改、真改实改。对于总台内部审计整改工作，严格对照审计决定与审计报告处理意见深入整改。

港澳台节目中心工作概况

2021年，港澳台节目中心（简称中心）深入学习贯彻习近平总书记"七一"重要讲话精神和党的十九届六中全会精神，全面贯彻落实总书记对总台工作的一系列重要指示批示精神，不断提升政治判断力、政治领悟力、政治执行力。2021年，中心守正创新，奋发有为，庆祝建党百年等重大报道出新出彩，广播频率和新媒体平台提质增效，精品融媒体节目不断涌现，对港澳台地区舆论引导能力持续增强。

一、扎实做好习近平新时代中国特色社会主义思想对港澳台传播，圆满完成庆祝建党百年等重大主题主线报道，充分发挥对港澳台传播主力军作用

1. 精心打造对港澳台传播"头条工程"，润物无声宣介习近平新时代中国特色社会主义思想

中心紧扣自身定位，发挥粤语、闽南话、客家话、潮汕话等方言优势，广播和新媒体联动，以贴近港澳台受众的方式，圆满完成习近平总书记出席中国共产党成立100周年庆祝活动等重大时政报道，全年完成庆祝建党百年、纪念辛亥革命110周年等19场重大时政活动的粤语直播和普通话直播，深入解读阐释习近平总书记"七一"讲话等重要讲话精神，播出系列原创头条稿件，全方位、立体呈现习近平总书记领航新时代的大国领袖风范，粤港澳大湾区和海峡两岸受众反响热烈。

2. 庆祝建党百年精品力作纷呈，营造同庆百年华诞浓厚氛围

高质量完成"庆祝中国共产党成立100周年大会"等三场重大活动直播报道任务；面向港澳台地区推出6集融媒体专题报道《百年奋斗谋复兴》和9集系列微纪录片《我的家我的国》，立体呈现中国共产党人心系港澳、推进祖国统一的奋斗历程，全网总计曝光量超6亿；策划制作粤语、普通话双语主题广播剧《安妮的花海》《大营救》，超过150家海内外媒体争相报道；推出由大湾区之声主持人与港澳歌手联袂献唱的《百年》《追梦

百年》粤语金曲，在香港、澳门多家广播电视机构和新媒体平台播放。

3.主题主线报道形成声势，生动讲好新时代祖国故事

精心组织党的十九届六中全会宣传报道，向港澳台受众持续报道阐释全会精神。积极报道2021年全国两会，重点围绕落实"爱国者治港"原则、完善香港选举制度、香港立法会选举，专访梁振英、贺一诚、梁君彦等重量级嘉宾，观众触达人次6997万。积极宣介"十四五"规划，推出《大湾区"十四五"开局谋新篇》等特别节目，向港澳台同胞宣介融入国家发展未来的美好前景。聚焦奥运会、全运会主题，开设《聚焦奥运》等专栏，激发港澳台地区民众爱国热情。

二、加快推进高质量发展，全新开播台海之声，改版升级粤港澳大湾区之声，传播效果明显提升

1.全新打造台海之声，实现对台湾地区有力有效传播

在总台领导的指挥下，3月24日全新开播台海之声。升级《朝闻两岸》《两岸开讲》等新闻和评论栏目，强化了对台舆论引导；推出《两岸好生活》《音乐小聚蛋》等美食旅游音乐节目，为台湾地区听友提供贴心服务。在台湾地区发生台铁"太鲁阁号"事故和高雄城中城大楼火灾等突发事件时，台海之声第一时间开设专栏，准确播发救援信息，公布热线电话，帮助寻找到事故伤亡者家属，台湾地区民众纷纷称赞台海之声这些心系同胞的暖心之举。报道内容被"中央社"、TVBS电视台等台湾地区主要媒体广泛转载引用，获中宣部《新闻阅评》专题刊文表扬。

2.改版升级大湾区之声，节目质量持续提升

9月1日，大湾区之声改版。推出07:00—10:00早间精品节目带，将重点新闻栏目《湾区，早晨！》《"港"清楚》播出时间分别从07:00、07:30延后至08:00，以符合港澳地区听众生活节奏和收听习惯；升级《叹世界》和《科创梦工场》栏目，凸显湾区特色，贴近港澳生活。16:00—18:00推出音视频融合直播精品节目带，全新打造国情知识类竞答栏目《听多啲识多啲》，加深港澳民众特别是青少年对国情的了解认识；包装升级《谈股论金》栏目，为大湾区听友提供一手财经资讯服务，两档节目在央视频同步直播。

三、以效果为导向，大力推进新媒体新平台建设，融合传播迈上新台阶

1.着力建设对港澳台新媒体矩阵，引导力、传播力、影响力明显增强

2021年，持续加强"大湾区之声""看台海"等新媒体矩阵建设，已基本形成对港澳台地区传播的矩阵式、立体化布局。"大湾区之声""看台海"微信公众号、微博账号被中央网信办认证为互联网新闻信息稿源中央媒体账号。"大湾区之声"新媒体矩阵深耕内容生产，不断扩大用户规模，提升账号影响力。矩阵整体用户规模突破250万；全年阅读总量超过1.5亿次；登上微博热搜榜6次，主持的"澳门疫情""我的家我的国"等话题在微博平台二次发酵，单个话题登顶微博热搜

榜，关联阅读量最高达3.4亿次；"大湾区之声"央视频账号视频发稿量大幅提升至2242篇。"看台海"新媒体矩阵于2021年3月正式推出，开设微信公众号以及微博、抖音、央视频等多个账号，推出《台海会客厅》《两岸开讲》等多个具有对台特点的新媒体栏目，截至2021年底，"看台海"平台发稿量超过7000篇，粉丝量超过878万，阅读总量超过18亿次，多个视频稿件单篇阅读量超过5000万次，国务院台湾事务办公室（国台办）多次肯定并协助转发推广。

2. 积极探索融合传播新模式、新路径，传播效果初步显现

一是探索广播视频化直播。中心将创新研发的《听多哟识多哟》和重新设计包装的《谈股论金》两档广播栏目同步在央视频进行视频直播，既有主持人粤语、普通话双语主持，也有连线前方记者、专家学者的外景画面，让广播端、新媒体端受众同步参与，增强体验式、沉浸式感受。二是实现评论全媒体形态播发。在原有音频、图文版基础上，推出《总台海峡时评》视频版，以精良的画面、明快的节奏以及台湾地区受众习惯的繁体字字幕包装，进一步提升评论的传播力、影响力。同步配发英语、法语、西班牙语、俄语、日语等7种语言版本，在英国广播公司（BBC）、美国有线电视新闻网（CNN）等国际知名电视台播出，引导涉台议题国际舆论。三是将广播节目加工为新媒体产品。挑选有网感、关注度高的独家广播内容，快速加工为短音频、短视频、图文等多种形式，在新媒体平台二次传播。广播剧《安妮的花海》经新媒体呈现后，两度冲上微博热搜榜，话题阅读量超过6125万。

3. 突出对港澳台传播特色，制作推出一批叫好叫座的融媒体专题产品

2021年，中心打造的新媒体品牌栏目《建言大湾区》，专访梁振英、贺一诚等20多位港澳重量级人士，单篇全网阅读量超过1000万次，总阅读量突破1亿次。与澳门特别行政区政府新闻局共同创办《观览澳门》专栏，至今已推出45期，获得澳门特别行政区行政长官贺一诚等澳门各界的肯定好评。面向台湾地区受众，重点打造访谈栏目《台海会客厅》，采访中国常驻联合国代表张军、中国国民党前主席洪秀柱等多位海峡两岸重量级嘉宾，单篇阅读量最高达7800万次。策划推出《江上往来人——寻韵长江古诗词》《寻找两岸同名村》等系列融媒体产品，以同宗同源文化为纽带，生动讲述海峡两岸融合发展故事，受到国台办多次表扬。围绕重要节日节点策划推出的《牛年一起牛》《湾区不一Young》等多个系列视频产品，以短、轻、快的风格，引发港澳台受众广泛关注。

四、擦亮评论品牌，以攻为守，发声亮剑，有效引导涉港澳台舆论，在港澳台舆论场的话语权显著提升

1. 持续擦亮《大湾区之声热评》和《总台海峡时评》两个评论品牌

中心加强对港澳台舆论的监测研判，以攻为守、主动发声，全年播发《大湾区之声热评》《总台海峡时评》146篇，评论观点、内容实现对涉港澳台全年舆论热点的全覆盖。相较2020年，评论的传播力显著提升，单篇

全网阅读量最高达1300万，特别是《总台海峡时评》视频版推出后，全网阅读量大幅增长50%。2021年下半年，中心按照对内广泛"结缘"、对外借梯登高的要求，持续增强两个评论品牌在境内外的传播力、影响力。央视新闻客户端大力支持、全部转发"大湾区之声热评""总台海峡时评"，平均每篇阅读量比2020年增加50%，多篇评论在央视新闻客户端阅读量超过50万；在港澳台媒体曝光量显著增加，被香港《文汇报》、《大公报》、凤凰卫视等港澳媒体高频次、常态化刊发转载，同时被台湾《联合报》、《自由时报》、中时新闻网等台湾地区主要媒体转载报道，被台湾地区媒体视作大陆官方态度；同时，大力拓展了福建广电集团"今日海峡"脸书（Facebook）账号、海峡卫视、海峡之声等海峡西岸对台传播圈，实现入岛传播。这两个评论栏目已成为总台在舆论斗争中的两把利剑，在引导港澳台舆论中发挥越来越重要作用。2021年，共播发76篇《大湾区之声热评》，在总台新媒体端延展阅读浏览量达4961万次，全网二次传播放大倍率23倍。其中，5篇在《新闻联播》等栏目播出，电视端观众触达人次4.2亿；共播发70篇《总台海峡时评》，单篇全网阅读量达650万，14篇视频版《总台海峡时评》配发的7种外语版本在英国广播公司、美国有线电视新闻网、法国24台（France24）、德国之声电台、日本放送协会（NHK）等48个国家和地区的118个电视媒体播出953次。

2. 围绕涉港重大事件和涉台舆论热点主动发声、形成声势、引导舆论

按照上级部门部署，大湾区之声、台海之声等广播评论节目和新媒体评论产品矩阵连续打赢多场涉港涉台舆论斗争"攻坚战""遭遇战"。对港澳方面，大湾区之声重点言论栏目《"港"清楚》邀请专家进行深度评论解读，新媒体专栏《建言大湾区》采访港澳重量级嘉宾，引导港澳各界积极融入国家发展大局。对台方面，台海之声重点评论栏目《两岸开讲》和同名新媒体专栏，以及《彬彬有理》央视频专栏等，通过海峡两岸专家访谈、大咖说台海等多种形式，严厉批驳"台独"卑劣行径和外部势力"以台制华"险恶图谋。

英语环球节目中心（CGTN）工作概况

中国国际电视台（英文简称CGTN）于2016年12月31日开播，是中国面向全球播出的新闻国际传播机构，旨在为全球受众提供准确、及时的信息资讯和丰富的视听服务，促进中国与世界沟通了解，增进中外文化交流与互信合作。2021年5月11日，根据总台党组《关于英语环球节目中心、亚洲非洲地区语言节目中心、欧洲拉美地区语言节目中心下设部门调整的决定》，英语环球节目中心名称调整为英语环球节目中心（CGTN），亚洲非洲地区语言节目中心下设的阿拉伯语部和欧洲拉美地区语言节目中心下设的法语部、西班牙语部、俄语部整建制划转至英语环球节目中心。除北京总部外，CGTN在内罗毕、华盛顿和伦敦设有三个海外区域制作中心。截至2021年底，CGTN旗下拥有6个电视频道、58个广播频率，在38个海内外新媒体平台开设了367个海外社交媒体账号，每天24小时以英语、西班牙语、法语、阿拉伯语、俄语等5种语言开展国际传播，覆盖全球160多个国家和地区。CGTN5个语种新媒体全球粉丝达3.6亿，其中海外粉丝占90%。

2021年，CGTN加强和改进国际传播工作，创新时政报道解读形式和国际化表达，精心打造建党百年传播矩阵，整合完善全球报道网络，加强新媒体和网红工作室建设，做精做深CGTN评论矩阵，打造了一批兼具引导力、传播力、影响力的对外传播精品。

一、时政报道改进表达和传播形式，全方位呈现大国领袖形象

CGTN全年发布时政报道1.8万余条，全球阅读量8.4亿。创新时政解读语态，打造《经典里的中国智慧——平"语"近人（国际版）》（第一季），以东西方不同视角探讨习近平用典的思想内涵，全球触达人数超6亿，自有平台全球阅读量1.5亿，创总台外宣时政微视频单品报道海外传播之最，五语种特稿被全球1054家海外主流网媒转发转载。首次策划推出100期领导人思想解读类时政音视频

聚合产品《中国是如何运行的》，仅英语主账号全平台全球阅读量就达1.5亿，获730多家外媒转载，同名播客产品在中国市场新闻类和政治类榜单中均名列榜首。融媒体产品《温故知新》（第二季）总浏览量4200万，海外好评率近100%。CGTN阿拉伯语频道推出系列时政微视频《诗印初心》、CGTN西班牙语频道与委内瑞拉南方电视台联合录制重点节目《互鉴》（第一季），结合不同对象国的语言习俗，解读习近平总书记引用过的名言。全新打造《时政记者现场评》《头条解读》《观察家》等时政评论产品和时事评论类播客《时事聊天室》，展现总书记在各种场合提出的治国理念。继续与全球媒体网络联盟合作传播CGTN精品时政报道，110篇时政特稿被2276家海外网媒转载近8万次。

二、精心打造建党百年传播矩阵，生动讲好中国共产党的故事

CGTN全年发布建党百年相关报道近1.7万条，全球阅读量18.2亿，创CGTN单一重大主题报道数据新高。三场重要时政活动报道取得突破性传播效果，CGTN多语种主持人和记者共与15家主流外媒连线22次。其中，庆祝中国共产党成立100周年大会CGTN电视直播信号被委内瑞拉南方电视台等海外主流媒体转引，同传声被英国广播公司、美国有线电视新闻网、美国福克斯广播公司等多家媒体引用。《海上看中国》《万亿城市》《穿越百年》等一系列融媒报道，全球阅读量累计超5.5亿。CGTN联合亚洲、非洲10余家主流媒体共同推出的系列时评文章《十评中国成功的秘密》，获740家海外网媒转载，累计触达海外用户超6亿。高端访谈视频系列《对话思想者》邀法国前总理拉法兰等人士，阐释中国共产党对世界的贡献，被俄罗斯红星电视台等13家外媒采用。6集专题片《活力密码》和人物纪录片《往事如歌》，用影像记录中国共产党的百年故事。CGTN推出全球首款以中国共产党组织架构为主线的多媒体双语大数据交互产品《不负人民》、数据可视化产品《百年中国——数据看变迁》《百年跨越》等，全球阅读量超6000万。

三、持续推进"媒体外交"，拓展海外发声渠道

CGTN持续拓展海外发声渠道，在国内外重大报道中，为路透社提供定制化新闻服务，郑州暴雨报道内容被路透社的500余家大客户下载使用。主持人及网红记者就国际热点问题为英国广播公司（BBC）、今日俄罗斯电视台（RT）等外媒连线、接受采访累计超540次，在外媒发表署名文章约470篇。CGTN继续打造CGTN智库，全年主办、协办中外各类大型论坛共计15场，主持人和记者受邀主持大型国际论坛共计32场。

CGTN充分发挥西班牙语、法语、阿拉伯语、俄语区域化传播优势，分别打造《中拉媒体行动》倡议、中非全媒体定制服务平台、中阿节目交换平台、中国—上合媒体新闻交换平台。同时与联合国开发计划署、世界自然基金会、欧洲新闻电视台、南非广播公司等国际机构和海外主流媒体联手推出了新媒体直播系列报道《全球气候对话》、专题纪

录片《和合与共》、特别节目《全球辩论场》《中非合作抗疫》等。

四、做好对外舆论斗争，奋力争夺国际话语权

CGTN重点打造《CGTN时评》、《CGTN快评》、《茶馆论道》（T-House）、《漫话天下》、《决策者》、《指点财津》等评论品牌，2021年共发布评论产品2.3万多篇，全球阅读量超14.7亿。其中，《茶馆论道》粉丝量破614万，超越美国有线电视新闻网（CNN）、《纽约时报》等多家西方主流媒体同类账号。119期节目原创系列视频《真相放大镜》，全球阅读量超2亿。全年有463位中外籍专家在CGTN发表评论文章，转载率约30%。

CGTN加强涉疆、涉藏、涉港议题设置，推出了第四部新疆反恐纪录片《暗流涌动——中国新疆反恐挑战》及专题纪录片《天山南北——中国新疆生活纪实》。其中，《暗流涌动——中国新疆反恐挑战》全网阅读量13.4亿，登顶新浪微博要闻榜首位，获323家外媒转载转引。在"西藏和平解放70周年"之际，制作纪录片《高原破晓——我曾是女农奴》，推出大型播客融媒体报道《坐火车看西藏》，全球阅读量合计超8000万。联合创科香港基金会、香港无线电视台（TVB），推出《创新港湾2021》论坛特别节目，相关特稿被443家海外主流网媒转载；刊发香港特首林郑月娥署名评论文章《香港将走向更强大的未来》，被291家主流外媒转载。

CGTN重点驳斥美国彭博社发布的虚假"全球抗疫排名"，依托CGTN智库在国内外社交媒体连续发布三轮民意调查问卷，揭示新冠病毒溯源问题已被政治化。在美国国会陷落、枪击犯罪和警察暴力执法等人权丑闻爆出之际，推出了大量独家报道。两集大型专题片《起底"美式民主"》，被逾853个网媒平台及账号转引转载。

五、加强新闻自采能力建设，抢占国际舆论话语权

CGTN国际国内报道网络持续完善，全球重大事件和突发新闻现场到达率保持在90%以上。国际上初步形成了多语种记者、报道员、线人、拍客四级立体化全球报道网。国内强化5个区域报道点的辐射能力，提升CGTN记者在区域、省域突发新闻中的一线抵达率。在美军撤离阿富汗报道中，CGTN话筒标成为唯一出现在塔利班新闻发布会现场的媒体标志。报道团队在几内亚政变、苏丹局势、世卫专家组抵达武汉、云南大象迁徙等国内外热点事件中推出的独家报道，被多家海外媒体转引。

六、加强网红工作室建设，打造多语种文化精品力作

截至2021年底，CGTN拥有五语种网红工作室46个，粉丝量超过3800万，百万级账号突破20个。同时，CGTN创新推出了虚拟网红俄罗斯少女娜娜和"熊猫小墨"，在中俄科技创新年、全国两会等报道中，与海内外网友交流互动，传播效果显著。CGTN推出众多文化类优秀产品或活动。其中，《因乐

之旅》邀国内外音乐人鼎力助阵，6种语言的《康定情歌》被广泛传唱；《诗约万里》以"诗歌外交"表达携手共建人类命运共同体的美好愿望；"武术梦中非情"活动为中非习武爱好者搭建展示平台。全球阅读量合计超4亿。

七、高度重视人才储备，建强对外传播队伍

2021年，CGTN共组织中心级全员业务培训90场，线上线下参训人员超过3.7万人次。首次建立CGTN百人青年人才库；首次举办"CGTN创意提案大会"；首次组织"媒体勇士"全球主持人记者网红招募行动，吸引了全球数千名青年人参与海选报名，50名优秀选手进入CGTN媒体人才储备库。

亚洲非洲地区语言节目中心工作概况

2021年，亚洲非洲地区语言节目中心（简称亚非中心）认真学习贯彻落实习近平总书记关于加强和改进国际传播工作的重要指示精神，以庆祝建党百年为主线，以讲好中国故事为使命，在海外引领力、传播力、影响力进一步提升。

一、创新表达，讲好习近平总书记的故事和中国共产党的故事

在建党百年、党的十九届六中全会等重大主题报道中，亚非中心全年推出相关报道4万多条，阅览量超过20亿，产生多个爆款产品。

1. 倾力打造"头条精品"，用心用情讲述领袖故事

一是持续打造多语种系列节目《典故里的新思想》。全年各语种共推出节目48期，在境外社交平台阅览量超过5000万，其中，泰米尔语版节目阅览量破千万。二是精心策划推出《我眼中的习近平》系列报道。《习近平是一位重情重义的真朋友》等报道得到海内外多平台关注和转发转载。三是不断开发多形态"头条产品"。柬埔寨语播客《大国小事》讲述习近平总书记关心群众生活的点滴小事。有网友留言："什么是亲民勤政？习近平就是最好的榜样。"

2. 把建党百年报道融于日常，把中国共产党的故事说进人心

一是建党百年重点产品触达率高。系列微视频《我们正青春——百年大党里的年轻人》推出多语种节目上百期，总阅览量超过1亿。二是建党百年特色节目点赞率高。越南语部3集纪录片《一起走过的日子》，在越南通讯社电视频道播出，海外社交平台阅览量近300万。三是建党百年重点报道转发率高。亚非中心建党百年报道共在海外240个平台上播出，转引转发超过5000次。

3. 全力做好党的十九届六中全会精神海外宣介

一是开发内容丰富的融媒体产品。《关于

中国共产党的 Q&A》《六中全会划重点》等，被 30 多家外国媒体转载或转播。二是发挥语言优势，全文翻译公报和决议。越南语部、老挝语部全网首发越南文、老挝文全会公报和决议全文，并提供越南通讯社、老挝国家广播电台等主流媒体全文转载。三是联合制作专题片。土耳其语部与土耳其新闻电视台（NTV）联合制播《认识百年的中国》在 NTV 黄金时段播出。四是持续做好全会精神的对外解读。联合国家创新与发展研究会，制作发布"读懂中国"多语种融媒体系列报道。

二、创新驱动，社交媒体账号矩阵走上发展快车道

亚非中心已开办社交媒体账号 160 多个，垂类账号矩阵初具规模，总粉丝数将近 1 亿。其中，乌尔都语账号粉丝数超过 1000 万，全年社交媒体总阅览量超过 45 亿，总互动量 4 亿次。

多名外语主播在海外社交媒体上开设个人账号，粉丝数不断增加。印地语主播"米拉"粉丝数超过 200 万，她为中印文化交流所做的努力获得印度驻华大使馆颁发的"特殊贡献奖"。泰米尔语主播"加丽" 8 个月粉丝数量即突破 100 万，多期节目阅览量过千万。日语主播"A 酱"在日本全年产品阅览量超过 5000 万，并多次登陆日本朝日电视台、日本 TBS 电视台等。希伯来语主播"小溪"在以色列各大媒体上保持高露出率，成为以色列各大媒体首选信源，逐步实现向意见领袖转型。

亚非中心深耕社交媒体平台建设，积极开展好感传播，适配各平台特点有针对性地打造内容产品，涌现出《又过节啦》《主播变形记》等一批热播产品创意。其中，《又过节啦》产生多档爆款，《主播变形记》日语版第一期阅览量达到 500 万。

三、创新机制，海外抢独家抢首发能力增强

1. 本土报道能力快速提升，关键时刻打出漂亮组合拳

8 月，阿富汗政局变动，普什图语部反应迅速，以最快速度独家采访到阿富汗前总理希克马蒂亚尔、塔利班媒体事务负责人瓦西克等政要。在西方媒体纷纷撤离，当地媒体大量停播的乱局之下，普什图语部启动应急机制，确保我国在阿富汗的电视和广播节目正常播出，并及时推出新栏目《社会之镜》，揭露美国军事干涉给当地带来的一系列社会问题。同期，普什图语海外社交媒体平台阅览量突破 2000 万。

12 月，习近平总书记与老挝领导人共同见证中老铁路通车，老挝语部承担了总台在老挝境内的报道任务，与新闻中心等多部门联动，完成中老铁路通车直播，相关报道登陆老挝国家电视台、国家通讯社等主流媒体，仅在脸书（Facebook）平台总阅览量已超过 3780 万，互动达 650 万。

2. 融入对象国媒体生态，品牌效应凸显

亚非中心在海外运营多家电台，保持着良好的口碑。巴基斯坦中巴友谊台在当地收听率长期位居前列，土耳其 CRI Turk 调频台（中国国际广播电台在土耳其打造的全媒体品

牌）获得土耳其2021"年度广播之星"评选的"友谊电台奖"。

四、创新话语体系，打好舆论斗争主动战

1. 聚焦全面小康，介绍中国实践、中国理念

一年来，多语种记者克服疫情不利影响，大量采用直播、Vlog形式，把中国社会生活和中国人的精神面貌实时传递给各国受众。泰语《榕知中国》、日语《A酱讲中国》等栏目，"绿满中国""身边的生物多样性"等主题采访，获得境外电视台高收视率和社交媒体的高点赞率。

2. 涉疆涉藏报道有新意，体现温度加深度

2021年，推出《我在新疆》《做客西藏人家》等系列融媒体产品，相关报道在境外社交媒体阅览量接近1亿。印地语Vlog《米拉的西藏日记》在印度社交媒体平台总阅览量超1200万，播放量超276万，互动量达40万。泰米尔语主播廖亮《做一天藏族姑娘》组图，单帖阅览量超过600万，互动43万，获赞10万。

3. 评论能力增强，漫评成为"特种兵"

一是多语种评论品牌建设不断强化。经过两年的积累，确立"天下观"评论品牌，连续推出配合党的十九届六中全会报道的《读懂中国》系列评论和年终系列述评《这个世界会好吗》等。二是尝试多样化表达。波斯语部等策划制作系列动漫评论，使用轻松幽默的口语体，再加上本土化包装，有效实现了"破圈"传播。

五、创新模式，做大知华友华的媒体朋友圈

1. 与多国主流媒体合作实现新突破

2021年，亚非中心共与342家媒体建立合作关系，比2020年增加近一倍，全年内容产品在境外媒体使用达8万次。2021年4月，亚非中心在日本新闻门户网站雅虎日本和法新社日本官网（AFPBB News）上开设专页"CGTN日本语"，截至11月底，共制作播出1000多条视频新闻，阅览量近2000万，互动160万次。

2. 主动开展媒体外交，促进双边交流与合作

为庆祝中国和巴基斯坦建交70周年，乌尔都语部主播与巴基斯坦著名歌星联合创作歌曲《山海情长》，巴基斯坦总统出席歌曲首发式，网络阅览量超5000万。中国和伊朗建交50周年之际，波斯语部推出纪录片《五十个春秋　风雨同行》。该片在伊朗国家电视台重播14次，总阅览量超过2000万次。

进博会期间，亚非中心联合新闻新媒体中心等部门组织"亚非好物节"直播带货活动，境外50多家主流媒体报道了该活动。其中，普什图语主播参与的直播环节"阿富汗松子热销"成为热点话题，在阿富汗引发网友和媒体的热炒，浏览量近千万，20多家阿富汗媒体连续数天跟进报道，网友纷纷留言感谢中国。

六、创新理念，用今天的成就纪念光荣的历史

2021年是中国人民对外广播事业创建80

周年，习近平总书记给总台发来贺信，亚非中心全体员工倍感荣耀，同时也深感责任重大、使命光荣。

为庆祝中国人民对外广播事业创建80周年，亚非中心承接制作的3集专题片《听，穿透历史的中国声音》播出后，被评价为具有开阔的视野和专业的情怀，是激励人心的专题片。斯里兰卡总理马欣达·拉贾帕克萨、肯尼亚参议院议长肯尼斯·卢萨卡、老挝前国家主席朱马里·赛雅颂等多国领导人和政要，近20家亚洲非洲地区主流媒体及多国驻华大使以及部分听众代表发来贺信，表示祝贺。

欧洲拉美地区语言节目中心工作概况

2021年，欧洲拉美地区语言节目中心（简称欧拉中心）以习近平总书记加强和改进国际传播能力建设的重要论述和对总台工作的一系列重要指示批示精神为根本遵循，全面贯彻落实中央的要求和总台党组的决策部署，发挥多语种多平台融合传播优势，不断开拓创新，凝心聚力讲好领袖的故事、中国共产党的故事和新时代中国的故事，着力提升"敢讲""会讲""能讲"的能力水平，传播效果同比大幅提升，高质量完成了全年各项目标任务。

一、聚焦首要任务，领袖报道见情见效

紧跟习近平总书记的脚步，第一时间编译播发推送总书记重要活动、重要会议、重要讲话相关新闻。全年各语种发稿共计5200篇，海外阅览量2100万，互动量19.8万，视频观看量88.6万。其中，592篇报道被42家对象地区媒体转引转载，覆盖人口1.86亿。

围绕总书记重要活动，推出多语种融媒体系列报道《擘画中国》（第一季），巧用"外嘴"多角度解读习近平新时代中国特色社会主义思想的核心要义，《守护世界和平的关键力量》《共同富裕路上一个也不能掉队》《中国开放的大门越开越大》等视频报道取得良好传播效果。

"借船出海"讲好领袖故事。全年在对象国合作媒体发布展现总书记领袖风采的总台重点产品近4000条次。其中，《遇见习近平》《平"语"近人》等系列微视频多语种版本在《欧洲时报》、《米兰财经报》、巴西时政网站247网、巴西TVT电视台、葡萄牙门户网站SAPO网、塞尔维亚国家广播电视台和当地最大商业电视台Pink电视台及第二大通讯社贝塔通讯社官方网站、波黑BN电视台、黑山HN电视台等对象国主流媒体刊播。

二、突出主题主线，建党百年报道出新出彩

紧紧围绕庆祝中国共产党成立100周年

这一重大主题，各语种全年发布建党百年报道共计8080篇，海外阅览量4 353.8万，视频观看量202.5万，互动量91.3万，649篇稿件被对象国主流媒体采用；围绕宣介六中全会精神，各语言发布相关稿件共600余篇，16个国家21家主流媒体转引转发140余篇，覆盖受众超过1亿。

注重通过"外眼"看中国共产党百年成就。推出《解码百年大党》《从六中全会看中共百年》《外国人眼中的中国执政党》等系列访谈、系列评论，独家采访塞尔维亚国民议会议长、克罗地亚前总统、黑山前议长、匈牙利工人党主席、葡萄牙驻华大使等对象地区90余位政要、学者和意见领袖，以国际话语阐释中国共产党为什么能，中国特色社会主义为什么成功，彰显中国和中国共产党对世界的贡献。

融媒体产品丰富多彩。创新推出百期融媒体栏目《脊梁》（China Strong），以群像方式勾勒真实、立体的普通中国人形象，展现中国共产党领导下取得的辉煌成就，海外总阅览量1036万。《芳华》等融媒体产品落地意大利、葡萄牙等国媒体。纪录片《心弦》在塞尔维亚国家广播电视台黄金时间播出，触达观众700万人次。

三、注重立体多元，中国故事更加生动鲜活

围绕全国两会和"十四五"规划，策划推出《两会谋发展 欧洲同受益》等系列报道，创新推出H5互动产品《"十四五"关键词的正确打开方式》。围绕第四届进博会、中国加入世贸组织二十周年等重要节点，推出《赢在中国——开局之年访外企》等系列报道，《入世二十年：中国与世界相互成就》等评论，《从全球最大港口看中国的进出口贸易》等数据海报和《意大利葡萄酒在进博会》《小鹿的进博会之旅》等特色网红类报道。

围绕全面建成小康社会和乡村振兴等主题，开展《中国纪行之摆脱贫困》等多语种系列采访，展现中国实践对全球减贫的贡献和借鉴意义。《慢火车：载满人间烟火情》《彝绣｜一针一线秀出生活美》《侗族大寨里的小日子》《心中的歌》等融媒体产品落地德国、意大利、巴西、塞尔维亚等多国主流电视台和新媒体平台。围绕《生物多样性公约》缔约方大会第十五次会议等主题，推出系列融媒体产品：阿尔巴尼亚语移动直播《种子入库记》阅览量36.8万；与德国说唱网红合作推出原创MV《看看这个世界》，境外总阅览量144万，并在德国电视媒体播出，覆盖受众600万户；纪实真人秀《共护蔚蓝》《小象历险记》等网红产品被对象国主流媒体广泛转引，电视端覆盖人口超2亿；《新时代 新能源》等多语种融合报道以微观事例展现中国在"碳达峰、碳中和"等方面践行承诺的生动实践。围绕中国恢复联合国合法席位50周年，推出《50年50个瞬间》等系列融媒体产品，阅览量348.7万，互动量18.8万，视频观看量89万。围绕"国际残疾人日""世界人权日"等节点，开展"中国人权纪实·2021"主题采访报道活动，推出《人生逆旅 奋斗逆袭》等融媒体报道。围绕载人航天，发布《飞天！一部极简史》等融媒体产品及连线报道《中国空间站天和核心舱成功发射》在巴西旗手电视台黄金时段播出，

触达受众1.5亿人次。

联合总台相关中心举办"中东欧好物节"直播带货暨文化传播活动，总销售额逾3700万元，总观看量达1926万人次，希腊驻华大使等外国嘉宾高度评价。在中国与奥地利建交50周年之际，与奥地利OKTO电视台和奥地利记者俱乐部共同制作播出《双座自行车》《中奥会客厅》等栏目和纪录片《中奥Z世代》，推出"中国日"展播活动，触达30万奥地利电视观众。围绕中国与黑山建交15周年，摄制《携手15年》系列专题片，在黑山国家电视一台黄金时间播出。围绕中国重返联合国50周年，在阿尔巴尼亚国家电视台推出专题片《因为正义而被铭记》。围绕中国助力北马其顿抗击新冠肺炎疫情，在北马TV21电视台黄金时段推出专题片《重归的希望》，实现对西巴尔干地区700万受众全面覆盖，有力服务我国外交大局，受到我国相关使领馆高度评价。

围绕北京冬奥会和冬残奥会预热报道，结合对象国民众的喜好，打造各语言专属虚拟卡通形象，创新报道形式。推出系列图文报道《从霞慕尼到都灵——欧洲城市的冬奥足迹》、体验式报道《欧洲国家在华青年精英冬奥行》、系列视频《北京冬奥，我来了！》等多形态融媒体产品，多维度反映对象国冬奥选手和普通民众对北京冬奥的期盼祝福。全年相关发稿近1400篇，阅览量1030万，互动量15.3万，视频观看量74万。

四、完善两个方阵，敢于斗争善于斗争能力快速提升

在完善言论评论方阵方面，欧拉中心既旗帜鲜明开展国际舆论斗争，又着力展现可信、可爱、可敬的中国形象。全年共发布言论评论产品2300篇，阅览量861万，互动量25.5万，视频观看量77.5万。

网红传播方面，欧拉中心加快网红工作室孵化培育。新增匈牙利语足下工作室、乌克兰语红黄蓝工作室，网红工作室数量达到15个，网红主播达到30名，实现中心14个语言全覆盖；入驻TikTok（抖音海外版）、Kwai（快手国际版）等新兴平台，积极拓展传播平台。网红工作室账号新增粉丝208万，同比增长945%，总阅览量破4.25亿，同比增长1256%，打造阅览量超百万的网红产品24个。

欧拉中心网红工作室全年推出特色节目及产品5340条，网红工作室平均周更103条；推出多语种网红主播深度体验栏目《体验中国》，策划"春到西藏""多彩贵州""富饶新疆"等10个系列主题，发布500个多语种融媒产品。

五、推进三个体系建设，海外投送能力有效增强

完善海外报道评论网体系。建立一支由对象国知华友华专家学者、媒体人士和3家媒体机构组成的海外报道评论队伍，在全球、地区和涉华重大议题上快速反应，发出挺华声音。全年完成513条评论和报道，海外新媒体平台浏览量超300万。

加快推进扎根本土的海外融媒制作体系。推进意大利罗马、德国法兰克福、巴西圣保罗、阿尔巴尼亚地拉那、希腊雅典和塞尔维

亚贝尔格莱德6个本土化融媒体制作室建设，本土制作和运营团队初步形成规模，全年生产本土化广播节目10 950小时，融媒体产品700余条，新媒体阅读总量超2000万。

积极拓展海外主流媒体合作体系。与意大利《米兰财经报》《日报》、德国柏林首都电视台、乌克兰"事实"新闻频道、波兰《论坛报》、阿尔巴尼亚国家电视台、保加利亚24小时网站、波黑BN电视台在内的63家对象国主流媒体建立了常态化合作，覆盖35个国家和地区的6.36亿人；实现与葡萄牙《葡萄牙公报》《葡萄牙太阳报》、罗马尼亚《信使报》、莫桑比克STV电视台、安哥拉BANDA电视台等媒体机构合作，有效填补落地传播空白。

合作媒体全年累计发布总台重点产品5668条（次），阅览量超过4800万；与德国电视媒体等主流媒体大屏全年合作播出新闻和专题节目180小时，覆盖电视用户2400万；总台重点"头条工程"产品在意大利《米兰财经报》、巴西时政网站247网、葡萄牙门户网站SAPO网等对象国主流媒体刊播，覆盖受众超过2000万。

六、深化融合传播，技术引领成效显著

欧拉中心持续加强新媒体传播创新创优，突出技术赋能，优化内容生产，强化互动运营。全年境外社交平台发稿总量9万条，同比增加19%；境外粉丝总量1248万，同比增加30%；总阅览量超9.9亿，同比增加83%；总互动量4093万，较2020年增长60%。阅览量100万+产品69条，10万+产品超1158条，优质产品数量较2020年增长54%。

欧拉中心14个语言部共开设账号64个，同比新增24个，增长率达60%；境外粉丝总量新增282万，德语、意大利语脸书（Facebook）账号粉丝同比增加37%，葡萄牙语脸书账号粉丝量近100万，在同类新媒体官方账号排名前列；捷克语脸书账号粉丝数量突破100万，波兰语账号粉丝同比增长60%；阿尔巴尼亚语脸书账号粉丝数达115万，占覆盖地区脸书用户总数的84%。

中意（意大利语）、China info（德语）、Radio Kine（塞尔维亚语）、Ejani（阿尔巴尼亚语）4个移动客户端引入AI智能语音、智能播报、智能翻译等新技术，推动产品迭代升级，开展本土化运营，日均活跃用户1万余人，日均阅览量2万余次，新增下载量100余万次，同比增长76%。

华语环球节目中心工作概况

华语环球节目中心（简称华语中心）成立于2019年7月12日，由原央视中文国际频道、原国广华语环球广播中心组建而成，是总台母语国际传播的全媒体平台，以海外华侨华人和汉语学习者、使用者为服务对象，以"传承中华文明，服务全球华人"为宗旨，向世界讲好中国故事，传播好中国声音。华语中心旗下拥有中文国际频道亚洲、欧洲、美洲三个电视频道和华语环球广播、南海之声广播以及海峡飞虹中文网、华语环球网等平台。中文国际频道办有《中国新闻》《今日关注》《中国舆论场》《海峡两岸》《国家记忆》等19个常态栏目以及《中央广播电视总台中秋晚会》《中国考古大会》《中国地名大会》等重点节目。华语环球广播包括普通话广播、方言广播。2021年，华语中心坚持以习近平新时代中国特色社会主义思想为统领，深入贯彻落实党的十九大和十九届历次全会精神以及习近平总书记对总台工作的一系列重要指示批示精神，持续深化"三个转变"，坚持稳中求进、守正创新，传播力、引导力、影响力、公信力明显提升。

一、守正创新做好领袖宣传报道，深入解读习近平新时代中国特色社会主义思想

坚持以"领袖的高度就是宣传报道追求的高度"为标准，按照"最高标准、最优质量、最佳效果"的要求，着力提升习近平新时代中国特色社会主义思想的传播力、影响力。一方面，精准播发习近平总书记出席的重大时政活动，国际化视角解读总书记重要讲话。直播庆祝中国共产党成立100周年大会、大型情景史诗《伟大征程》文艺演出等21场总书记出席的重要会议及重大活动，聚焦社会各界、国际主流媒体、海外华侨华人对总书记重要讲话的积极评价和热烈反响，生动反映总书记治国理政重要思想、生动实践。全年共推出20多期《全球智库看中国》

特别节目，邀请国内外权威专家和智库学者深入解读总书记讲话，彰显大国、大党领袖风采和人格魅力。另一方面，"头条工程"深入阐释习近平新时代中国特色社会主义思想。《中国新闻》"头条工程"先后策划12个系列报道近70期节目，广播栏目《环球华人》全年播出260余期"头条关注"，深入浅出阐释习近平新时代中国特色社会主义思想。

二、精心打造建党百年精品力作，营造正能量舆论氛围

紧紧围绕庆祝中国共产党成立100周年主题，策划推出《人民的小康》《绝笔》《致敬红色经典》《外国政党眼中的中国共产党》《鲁健访谈·一路走来》《人民的选择》《爱上中国》《有朋自远方来——中国共产党与国际友人的故事》等一系列精品节目，积极营造共庆百年华诞、共创历史伟业的浓厚氛围。其中，5集专题片《人民的小康》被主流媒体称赞为高度浓缩的全面建成小康社会史；6集纪录片《绝笔》围绕共产党人临终手书这一独特视角进行讲述，电视端触达总人数1.55亿，微博话题阅读量超2.7亿；50集大型系列报道《外国政党眼中的中国共产党》，累计触达观众25.98亿人次；特别节目《鲁健访谈·一路走来》获得外方政党政要高度评价；20集纪录片《人民的选择》电视端总触达观众超5亿人次，微博话题阅读量超13亿。

充分发挥融合传播优势，做好重要会议、重大活动、重要时间节点的宣传报道。两会报道有机联动电视端与广播端演播室，推出融媒体特别节目《中国新篇章》。组成跨部门新媒体团队，全方位、多角度报道进博会。重点推出4集专题片《同心共筑中国梦》、7集纪录片《澜湄路上的中国建设者》以及航天系列直播等节目，展现中国各领域发展成就。

三、创新表达，推动国际传播取得新突破

遵循国际传播规律，大胆创新语态和模式，探索向世界讲好中国故事的有效方式。3集纪录片《国家公园：野生动物王国》取得国际传播新突破，节目发行到全球104个国家和地区，覆盖多个G7、G20国家。截至2021年12月底，节目已在北美、亚洲、欧洲多个国家播出，在英国广播公司美国频道（BBC America）美国晚间黄金时段和韩国KBS电视台在首尔播出时，成为当地最受欢迎的节目，国外主流媒体以及海内外社交平台用户给予很高评价。发挥华语中心50家海外观众俱乐部资源优势，围绕建党百年主题节目、总台中秋晚会、《中国考古大会》等举办近20场线上海外座谈会，华文媒体广泛转发，累计触达海外华人超1.4亿人次。《鲁健访谈·对话李子柒》节目被9个国家和地区的11家电视台采用，在优兔被大量转发。

四、强化议题设置，有效做好舆论引导和斗争

在涉疆、涉藏、涉台等方面，奋力争夺国际舆论话语权。涉疆方面，推出8集纪录片《中国新疆之历史印记》，用翔实的文物

史料和考古证据，实证新疆自古是中国的领土。针对部分西方媒体污蔑我国新疆棉花产业存在强迫劳动等人权问题，通过我国权威部门表态、系列节目等，有力驳斥荒谬言论。涉藏方面，全程直播西藏和平解放70年庆祝大会，推出2集纪录片《一跃跨千年——西藏和平解放70年》、6集系列报道《重走天路看变迁》和10集纪录片《西藏和平解放纪实》，生动讲述西藏70年来各领域的历史巨变，反映中央政府治藏方略的成功实践。涉台方面，围绕域外势力介入台湾问题的新动向，第一时间传递中国立场和主张，揭批美西方插手台湾事务的险恶用心和民进党当局一系列"谋独"行径。推出《我是海峡建设者》《两岸新发现》等节目，营造海峡两岸和平发展舆论氛围。对美方面，围绕中美会晤推出近10期专题节目，深入阐释中国一贯立场；针对美病毒溯源，策划《十问美式病毒溯源》《美国请回答》等系列报道，形成强力舆论反制；制作两部专题片《2020疫情下的美国人权透视》《战争黑洞——美国制造的人权灾难》，多层面分析"美式民主"的虚伪。涉南海方面，针对美西方炒作南海议题及美国核潜艇事故，推出40多篇评论及短视频、漫画、长图等，被南海周边国家主流华文媒体转载超50次，境内外新媒体平台阅览量超630万。

五、加快推动高质量发展，持续强化精品节目布局

紧紧围绕中国优秀传统文化创造性转化和创新性发展，加快推进高质量发展、高品质传播，抓好重点项目和重点栏目，重点打造《记住乡愁》（第七季）、《鲁健访谈》、《中国地名大会》（第二季）、《人类的记忆——中国的世界遗产》、《2021年中央广播电视总台中秋晚会》、《中国考古大会》、《行走海岸线》、《传奇中国节》等精品节目栏目，生动讲好中国故事。《2021年中央广播电视总台中秋晚会》触达海外受众2.8亿人次，G20国家媒体数占60%，广告收入再创新高。《中国考古大会》前5期节目融媒体触达受众34亿人次，累计全网热搜超76条，掀起考古文化传播与学习热潮。2021年，中文国际频道在全国网的市场份额3.5%，排名全国上星频道第四，收视份额在长城平台所有中文频道中名列前茅。《国家记忆》栏目和纪录片《抗美援朝保家卫国》分别荣获第三十一届中国新闻奖优秀栏目一等奖和国际传播类一等奖。

六、深入整合视音频资源，推动媒体融合向纵深发展

截至2021年12月7日，CCTV-4账号各平台总粉丝数3126万。一是加强新媒体直播和短视频等原创内容生产。紧跟热点，在重大事件、重要活动期间发起新媒体直播。其中，《寻找两岸同名村》获央视频"年度最具创新力新媒体节目奖"。策划推出《家》《嗨！月城》《来自宇宙的"风"吹乱了王亚平老师的发》等一系列网感十足的原创短视频。二是做好海外社交账号运营。中文脸书（Facebook）账号"知道"粉丝量508万，日均粉丝活跃量9.5万。涉台脸书账号"知行"粉丝总量约160万，帖文阅览量和互动量均以台湾地区

用户为主。南海之声开设的"船长先生"中、英文脸书账号粉丝总量为399万。三是打造言论评论品牌《华语环球评论》。聚焦涉港澳台、中美关系等热点话题，全年推出原创评论200多篇，被人民日报客户端、光明网、中青网等转载。四是加强央视频账号、Tab页运营。建立原创内容央视频首发机制和"新闻快速反应"发布机制，"环球"Tab页每天16小时动态更新，用户留存比例居央视频各Tab页前列，CCTV-4账号获央视频2021年度泛资讯账号一等奖，"国家记忆"成为央视频端内第一个点击量过亿的文史类账号。

融合发展中心工作概况

2021年，融合发展中心（简称融发中心）聚焦总台中心工作，立足总台战略全局，积极履行"参谋部""总枢纽""尖刀班"职能，加强顶层设计，强化统筹协调，抓好重点项目，各项工作取得阶段成效。

一、深化顶层设计，高质量完成《总台加快推进媒体深度融合发展的意见》等纲领性文件和战略性规划

按照中宣部副部长、中央广播电视总台台长兼总编辑慎海雄"要在盘好家底、摸清底数的基础上，认真谋划，科学论证，提出总台媒体深度融合创新发展的意见建议和长期规划"的指示精神，融发中心对总台30个部门和直属单位开展实地调研，系统梳理媒体融合发展面临的关键问题，制定印发《总台加快推进媒体深度融合发展的意见》。在此基础上，研究制定了《中央广播电视总台媒体深度融合发展三年行动计划》，编制完成《中央广播电视总台"十四五"发展规划》新媒体、新平台建设版块内容，推动总台媒体融合向纵深发展。

二、开展创新实践，以大型文献专题片《敢教日月换新天》为切入口，探索建立媒体融合一体化运行新模式

按照中宣部副部长、中央广播电视总台台长兼总编辑慎海雄"要进一步发挥总台强大内容IP效能，推动建设个性化工作室，培育出更多'主播说联播''多语种网红'等融媒爆品"的指示，融发中心充分发挥"尖刀班"作用，主动寻找融合"实践"发力点，紧扣建党百年重大主题，与社教节目中心一起，开展《敢教日月换新天》融合创新实践，探索建立全流程、全领域、全渠道的一体化融合运行模式，融合创新取得明显成效。在此基础上，融发中心主动服务节目部门，从总台优质IP和创新项目入手，与新闻中心"玉渊谭天"工作室、《感动中国》节目组和体育青少节目中心、社教节目中心等密切合

作，以模式创新推动语态创新，为总台媒体融合创新提供实践经验和借鉴。

三、强化统筹服务，组织协调总台头部新媒体平台迭代升级，加强媒体融合重点项目归口管理

按照总台有关境外社交平台总台账号整合任务的工作要求，融发中心深入研究脸书（Facebook）、优兔（YouTube）、推特（Twitter）等主要境外社交平台传播特点，制定出台《境外社交平台总台账号整合实施方案》。认真研究总台头部平台市场环境及内容传播市场现状等，协调推进央视新闻客户端、央视频、云听等头部新媒体平台迭代升级。全面统筹媒体融合发展重点项目建设与监督管理，稳步协调实施国际在线、云听、央广网等19个技术运行维护项目，有效保证总台各端口日常网络播出安全。

四、落实重点任务，扎实推进国家（杭州）短视频基地功能布局和业态深化设计

融发中心坚持"严谨、专业、稳妥"的原则，全面厘清总台各业务部门对短视频基地的工作需求，在满足业务发展需求的前提下，科学规划基地空间布局与功能划分，形成《国家（杭州）短视频基地建筑设计任务书》；策划形成《总台构建电子竞技新业态平台方案》，为总台媒体融合发展探索新方向、开辟新赛道。

五、加强品牌建设，扎实推进"短视频融媒体传播评价体系"建设，构建指标体系及应用产品矩阵

融发中心构建"短视频融媒体传播评价体系"，打造"象舞指数"评议品牌，着力强化总台在短视频行业的权威话语权和标准制定权。项目广泛集纳主管部门、业界学界专家意见建议，并结合最新学术研究成果，完成《短视频融媒体传播评价体系的总体框架和指标体系设计》和《短视频融媒体传播评价体系产品应用设计和发布方案》，构建以"象舞指数"为核心品牌的指数和榜单产品矩阵。依托"短视频融媒体传播评价体系"，升级推出智库型产品《总台融合发展监测报告》月刊和专刊，通过具体案例分析，形成观点型成果，为总台提升内容生产力、技术引领力、管理创新力和资源整合力提供思考和建议。

新闻新媒体中心工作概况

2021年，新闻新媒体中心以习近平新时代中国特色社会主义思想为指导，深入学习贯彻习近平总书记关于推动媒体融合发展的重要论述和对总台一系列重要指示批示精神特别是贺信精神，大力发展央视新闻客户端等自有平台，加强传播手段建设和创新，奋力开展对美西方舆论斗争，推动新媒体传播的全方位覆盖、全天候延伸、多领域拓展。

一、深化提升领袖宣传报道，深入阐释好习近平新时代中国特色社会主义思想精髓要义

以央视新闻客户端改版升级为契机，不断优化重大时政发稿流程。2021年，共发布习近平总书记相关稿件3000余篇，全网首发首推510条时政重要快讯，创建总书记相关专题50多个，以总台独家视频优势资源领跑全网。深耕《和人民在一起》《学习关键词》《学习图说》等原创时政特稿品牌，深入解读阐释领袖重要讲话精神。紧随总书记的足迹，推出《凝望母亲河》等图文特稿，教师节推出《师者，如是也》，国庆节推出《向往》《遍地英雄》《微视频丨看，中国！》《如果奇迹有颜色，那一定是中国红！》，六中全会期间推出的《百年奋斗》系列微专题、《赶考路　领航人》等微视频均取得良好的传播效果。制作推出各类原创时政产品417件，包括10集《变迁丨总书记指挥打赢世纪脱贫攻坚战》、10集《跟着总书记一起建设美丽中国》、15集《遇见习近平》、10集《为了更加伟大的胜利和荣光》、品牌栏目化产品《学习正当时》，以及大量具有创新特点的单体特别制作。

二、聚焦建党百年主题，重磅推出各品类新媒体产品

集中力量创作总台重点项目100集大型系列微视频《红色档案——走进中央档案馆》和4集同名长纪录片，创作团队成为总台记功表彰的二十个项目创作团队之一，该项目

也被全网热评热转。精心组织、策划推出贯穿全年的总台重点项目《大党》，生动展现中国共产党百年奋斗的重大成就和历史经验。央视新闻客户端首次运用4K/8K超高清彩色修复技术，推出原创新媒体作品"党史经典　彩色重现"，其中，系列微纪录片《觉醒》《山河》全平台视频播放量均破亿。《致敬国家丰碑——全国红色故事讲解员大赛》打造总台首档全媒体跨屏联动大型赛事，以丰富多彩的形式讲述党的百年奋斗重大成就，尤其是党的十八大以来中国特色社会主义新时代的感人故事，致敬伟大新时代，全网观看量超1亿人次，网络话题阅读总量超12亿，近20次登上热搜榜。

三、加强平台建设，实现央视新闻新媒体用户规模快速增长

顺利完成9.0版央视新闻客户端项目上线，技术迭代升级加持业务创新，提升了总台新闻新媒体旗舰平台的影响力、传播力。客户端总下载量1.81亿，最高日活190万，页面点击量大幅度增长，日均原创发稿量从300条提升至400条，首页更新频次提高到2小时5屏，实现发稿"数量"与"质量"双升级。时效方面，新版客户端首推首发率稳中有进，日均推送量30余条。创新推出《今日〈新闻联播〉速览》，为移动端用户提供快速、便捷收看联播的渠道。推出全屏传播联盟，聚拢全国409万张屏幕资源，线下活动持续升级，构建"低头看小屏、抬头看大屏，屏屏可见央视新闻"的阅读新模式。围绕新版央视新闻客户端上线，在国航400架次航班投放奥林匹克频道开播的视频和客户端二维码。

四、提高舆论斗争本领，敢于在对美西方舆论斗争中亮剑发声，讲好中国故事，塑造可信、可爱、可敬的中国形象

《国际锐评》围绕"锐"字打磨品牌，坚持以攻为守、主动出击，从正面引导与驳斥谬论两方面开展对美西方舆论斗争。一方面，全面深入阐释总书记重要讲话，阐述中国方案给世界的贡献；另一方面，揭批美抗疫不力、美式民主的虚伪，并围绕涉港、涉疆、涉台、涉藏等重大舆论斗争议题亮剑发声。2021年，央视新闻客户端发布《国际锐评》稿件334篇，多篇在《新闻联播》播出，被《华盛顿邮报》、美国消费者新闻与商业频道（CNBC）等外媒广泛转载，在国际舆论斗争中发挥重要作用，得到了高度评价。《世界观》坚持"以外国声音传递中国态度"创作原则，"美国深镜头"系列初具影响力。《新影像》在重要节点推出重磅系列，集中力量打造传播热点。

五、聚焦党的十九届六中全会报道

央视新闻客户端在首页创建专题《聚焦十九届六中全会》，汇集《中国共产党第十九届中央委员会第六次全体会议公报》《全会强调"两个确立"，对新时代党和国家事业发展、对推进中华民族伟大复兴历史进程具有决定性意义》等10余条稿件，总阅读量730万次，单篇阅读量最高超96.2万次。多平台

推送《直播！中共中央介绍党的十九届六中全会精神》，总观看量1765万次。央视新闻创建主持"十九届六中全会精神"等4个微博话题，总阅读量超2亿次。在微博端发布《十九届六中全会公报》《转存学习！中国共产党百年奋斗的历史意义》等长图海报、金句海报内容，总阅读量超2255万次，#十九届六中全会公报# #党中央向全党全军全国各族人民发出号召#话题阅读量分别超1.6亿次、1.8亿次。在抖音等发布相关视频，总播放量超6470万次。

六、强化品牌建设，孵化提升原创IP

着力打造央视新闻全媒体产品矩阵。《主播说联播》下半年进行大胆尝试和创新，做到每天有新意，每天上热搜。截至11月底，#主播说联播#话题总阅读量已经突破100亿。访谈类节目《相对论》成为主题报道互动生力军。《两会你我他》《奥运一点通》《大象到我村》《我家好物来进博》等提升了主题报道的互动性。《发布会后》形成破圈解读。《世界观》坚持"以外国声音传递中国态度"的创作原则，推出的"美国深镜头"系列初具影响力。《新影像》在重要节点推出重磅系列，集中力量打造传播热点。《热评》围绕热点及时发声，引导舆论，多篇评论被《人民日报》、《光明日报》、澎湃新闻等多家媒体和网友广泛转发、点赞。

视听新媒体中心工作概况

2021年，视听新媒体中心（简称中心）始终以习近平总书记重要指示精神为根本遵循，牢牢把握重大事件、重要赛事等战略机遇，全力推动央视频5G新媒体平台在融媒体内容生产、新媒体技术应用、营销模式开拓等方面取得积极成效与进展。截至2021年12月31日，央视频客户端累计下载量达3.68亿次，累计激活用户数达1.25亿人，月均活跃用户数超3700万人，日均活跃用户数达310万人；最高单月月活用户超7200万人，最高单日日活用户近1500万人，总台新媒体旗舰平台的创新力、传播力与影响力稳步攀升。

一、充分发挥新媒体平台优势，重点宣传报道出新出彩

1. 以聚合+原创做好庆祝建党百年系列报道

央视频紧紧围绕庆祝中国共产党成立100周年主题，充分发挥新媒体平台特色和优势，打造专门入口，以多样态直播加精品短视频组合发力，为党的百年华诞营造浓厚氛围。庆祝中国共产党成立100周年大会、"七一勋章"颁授仪式、大型情景史诗《伟大征程》文艺演出累计观看人次达6200万。精心策划打造《画中画丨第一个一百年》《看百亿像素 悟中国精神》《建党百年红色地图》等多个原创精品融媒体产品。紧密联动总台各内容中心，首播、独播《美术经典中的党史》《全国大学生党史知识竞答大会》《信物百年》等精品节目；推出《百年尘封·珍贵影像》系列短视频；《敢教日月换新天》《大决战》等总台出品的多部建党题材电视剧、纪录片，总播放量超3.6亿次；开展总台庆祝建党百年主题广播剧《大凉山》《到延安去》可视化工作等，以创新思维谱写正能量、以融合优势高歌主旋律。

2. 以新科技、强互动、沉浸式手段创新打造独家内容产品

打造原创融媒体节目《三星堆大发掘——亮相吧 新国宝》，推出系列视频《12K微距看国宝》，首次使用12K技术微距拍摄三星堆

文物，成为总台在新媒体超高清技术应用领域的又一次重要实践，单期视频在端内播放量超800万。最早推出野象迁徙直播《一路"象"北！云南野生象群到哪了？》，采用慢直播追踪、科普报道、虚拟AR技术向用户直观展示各类大象迁移线索和信息，累计发布短视频134条，播放量超476万次，多次登上社交平台热榜。联合中国电影资料馆团队，创新推出4K彩色修复影片《永不消逝的电波》，成功登陆全国院线，全网相关话题阅读量近2.5亿，累计登上各平台热榜热搜12次，产生广泛社会影响。

3. 开展系列媒体公益活动，持续彰显主流媒体责任担当

中心主动践行国家媒体社会责任，继续启动"国聘行动"大型线上招聘活动第二季与第三季，推出海南自贸港、京津冀、粤港澳大湾区、武汉樱花季等区域性专场招聘及"北京冬奥倒计时一周年""一带一路"等系列主题专场招聘。活动期间，累计入驻企业26 080家，提供职位251.4万个，收到毕业生简历730万份，已成为有着极高社会美誉度和影响力的央视频知名品牌活动。4月8日，联动湖北省委宣传部、湖北省农业农村厅、总台湖北总站、长江云APP、淘宝平台，共同打造"为爱买买买 带货樱花季"大型融媒体公益活动，直播总播放量达1051万次，总销量近64万件，总成交额达1805万元。8月19日，上线"云充电"H5，积极响应"双减"政策，为中小学生提供奥运、航天、美育课堂、云上博物馆、兴趣百科等多维度知识；《开学第一课》12小时不间断公益课堂直播及《同学请准备》原创直播累计播放量近1500万次，相关话题全网阅读量超2.7亿。

二、强化自身特色优势，构建央视频内容生态

1. 全程转播、全系统运营，强势打造"来央视频看体育赛事"品牌认知

央视频作为总台拥有2020欧洲杯数字媒体版权的唯一新媒体平台，与体育青少节目中心紧密协作，独家打造新媒体原创直播产品《三十又四分之三天》738小时欧洲杯全景大直播，为用户带来360度全方位沉浸式极致观赛体验，形成央视频赛事转播特色。截至闭幕，欧洲杯赛事直、点播播放量近7亿次，单场直播观看人次超4000万，央视频APP占据苹果应用商店下载总榜首位近一周，赛事期间新增激活用户达1600万。

与总经理室、体育青少节目中心等部门通力合作，全量转播3500小时、7000多场次东京奥运会赛事，持续升级专属电子节目单（EPG）功能体验，并推出《今儿在东京遇到啥》《高燃时刻》系列短视频、《东京时间》系列报道、"晴空塔上看东京"慢直播、《新中国第一个世界冠军——容国团》精品媒资二创及《乐享夺金时刻》奥运专题抽奖活动等众多精品衍生内容。截至东京奥运会闭幕，相关内容累计观看量达25.9亿，单日视频观看量突破3亿，央视频APP连续数日位居苹果应用商店总榜榜首。

与体育频道共同策划运营第十四届全国运动会，通过5G传输技术对游泳、跳水、田径、体操等13个重点比赛项目进行独家多角

度直播,同时构建台内外立体化传播矩阵,300多场赛事端内总播放量达2.2亿次,全网发稿阅读量破2亿。

为牢牢抓住北京冬奥会契机,央视频发挥总台独家版权优势,推出《一起上冰雪》《冬奥食堂》系列短视频,发起《冬奥来了!总台带你看北京冬奥会火种》等慢直播,积极筹备冬奥"数字雪花"IP项目,推进北京冬奥会官方先进影像宣传片拍摄,推出新媒体主播冬奥体验才艺真人秀《冬日暖央young》,以新技术手段创新内容表现形式,打造冬奥预热内容矩阵。

2.深耕总台版权资源与主持人IP运营,首播、独播模式屡创新高

中心联合影视剧纪录片中心,积极推进影视剧捆绑购买工作,推动版权内容传播价值最大化。36部版权电视剧中,《觉醒年代》《跨过鸭绿江》《叛逆者》《小舍得》等优质剧目,央视频客户端内累计播放量超5亿次。纪录频道《山河岁月》等2021年全量版权纪录片在央视频全网首播,累计播放量达亿次。在央视频实现首播、独播的《暗流涌动——中国新疆反恐挑战》《天山南北——中国新疆生活纪实》《美丽中国说》《中国诗词大会》(第六季)等多部精品力作,播放量也屡创新高。此外,持续赋能总台主持人IP培育,打造《康辉说》《白·问》《说文释字》《王冠红人馆》《敬一丹之二十四节气》等央视频专属新媒体系列节目。《中国之声丨每日直播》《交易实况——可以看的证券广播》《大湾区之声广播节目视频直播》开创了央视频广播视频化新模式,深入践行"移动优先"。

3.加磅发力原创IP内容制作,形成央视频平台独特气质

中心联合总经理室打造的总台首个大型网综主持人才艺秀《央young之夏》于8月21日正式公演直播,重磅打造总台"夏晚"IP概念,直播观看人次累计超6000万,收获全网各平台热搜177个,整体触达受众6亿人,相关短视频播放量累计达9亿次,相关话题总阅读量达20亿次,以正能量文化内容树立了网络综艺新标杆。12月11日上线推出主播冬奥体验才艺真人秀《冬日暖央young》,通过增加特色冰雪赛事,多角度、多样化地将冬奥元素融入综艺节目,增加了观众对冬奥会的亲近感,累计播放量超1600万,第三方平台总阅读播放量超10亿。

推出首档沉浸式诗词推理微综艺《中国诗词小会》(第三季),将古诗词经典与国潮、二次元等现代流行元素进行创造性融合和年轻化演绎,引发网友关注热潮,端内累计播放量突破1000万,全网相关话题阅读量超5亿;持续推出《乘着大巴看中国》《火车火车哪里开》《村里有个宝》《流动的海派咖啡馆》等原创IP融媒体项目,通过立体、多维、高效的融媒体传播模式,促进文旅融合,助力乡村振兴。

三、全面加强平台能力建设,夯实高质量发展基础

1.实现央视频客户端重大升级

2021年,央视频共实现产品迭代13次,成功上线2.0版本。新版本优化了"电视"Tab功能、节目库结构和重大赛事运营能力,更

全新上线央视频会员体系、电商系统。围绕版面呈现运营工具、商业化能力、社交功能体验、通用用户互动运营能力、通用赛事运营能力，有序推进央视频客户端架构功能优化与视觉UI改版工作。2021年5月，央视频上线总台首个社区产品——"央友圈"，通过兴趣圈子聚合各垂类创作者及用户，进一步强化平台社交属性。"央友圈"已对接总台10个中心创建"影视剧""天下足球""银河教育""国家记忆""中国舆论场"等40个垂类特色圈子，涉及体育、影视、文艺、资讯等30个品类，总粉丝数30万人，总互动量近160万次，帖子总曝光量超7000万次。特别是欧洲杯期间推出的"天下足球＆欧洲杯"央友圈及"欧夜竞猜王"互动产品，总PV（页面访问量）超1600万，有效提高了用户活跃度与留存率。

2. 以算法为核心加强平台技术能力建设

央视频与技术局紧密合作，研究制定了总台算法项目规划，确立"核心算法＋内容优化＋用户发展"的核心思路，按照央视频垂类Tab页、推荐页、其他高频应用的顺序逐步进行算法适配工作。8月18日，由央视频技术团队独立开发完成的总台算法工作台正式上线，该工作台是总台算法的综合性运营平台和总控制中心，打通了媒资系统、央视频号系统和数据中台等多个系统体系，通过数据和接口服务为总台算法提供了支持。紧密跟踪和积极开展新媒体技术在节目制播中的研发与应用，完成"天和号"核心舱内部环境虚拟搭建；探索应用超仿真数字"虚拟主持人"等，更好发挥总台技术引领和技术带动作用。

3. 打造"会员制＋广告＋电商"三驾马车，提升多元经营能力

着眼会员制建设，形成经营创收新支柱。央视频借助东京奥运会契机上线会员制，以用户需求为核心创造"场景化"营销模式和"定制化"会员功能，量身打造诸多增值权益和福利互动玩法，一周内会员数成功突破百万大关，实现了会员收入零的突破。对接象舞系统，积极探索央视频多元化、特色化经营模式。总台象舞广告营销平台正式上线后，央视频率先完成了象舞系统在央视频客户端内广告资源位的设计等工作，借助数字化、智能化平台工具，进一步提升平台整体营销水平。植入多元电商玩法，拓展新媒体盈利模式。8月21日，《央young之夏》首届"花young购联欢"专场直播节成功举办，尼格买提、撒贝宁等12位总台主持人与淘宝主播一同直播带货，全网总播放量超1221万次，总销量超80万件，总销售额达4560万元，相关微博话题总阅读量达7.78亿。11月5日进博会开展首日，联合CGTN共同举办《Hi，Go！博览世界"进"享好物》直播互动活动，秘鲁、智利、西班牙等七国驻华大使、商务参赞现场参与互动并推介相关国家商品，直播观看总量超2543万次，总销售额达6671万元，全网相关话题累计阅读量破2亿，登上多平台热榜热搜。

国际传播规划局工作概况

2021年，国际传播规划局（简称国传局）深入学习贯彻习近平总书记关于国际传播和对总台工作的一系列重要指示批示精神，强化政治引领、提高政治站位，扎实推进思想建设、业务建设和制度建设。

一、加强顶层设计，做好总台国际传播战略规划和协调服务

国传局制定下发《中央广播电视总台国际传播能力建设发展规划（2021—2025年）》，以"重塑外宣业务、重整外宣流程、重构外宣格局"为核心目标，大力推进总台国际传播建设资源整合、手段融合、优势聚合，构建多语种、全平台国际传播新格局，明确了总台国际传播建设的指导思想、基本思路、总体目标和重点方向、重点任务、重点项目等。

二、加快优化落地布局，推动落地传播工作提质升级

1. 全面推进海外落地拓展工作，不断提升总台海外投送能力

电视方面，推动CGTN英语、法语国际频道在法国摩洛托夫新媒体平台落地播出，同时还开发了美国Pavlov、以色列yes+新媒体平台、新西兰Neon新媒体平台、香港电讯盈科OTT平台等新媒体项目；广播方面，与深圳传音控股股份有限公司达成合作，以线上点播和线上直播两种模式，在非洲四国播出英语和斯瓦希里语音频节目。此外，在拉美地区，CGTN西班牙语频道和中文国际频道进入南美第一大直播卫星电视平台DirecTV播出，覆盖阿根廷、智利、哥伦比亚、厄瓜多尔、秘鲁和乌拉圭六国；在欧洲地区，多个国际频道进入欧洲主流直播卫星平台卢森堡Canal+集团旗下的五国运营商平台；在非洲地区，CGTN英语新闻频道落地坦桑尼亚桑

给巴尔岛的数字地面电视平台ZMUX。

2. 填补多个落地国家空白

一是CGTN多个频道在爱沙尼亚主流有线网Telset和立陶宛主流有线网Balticum平台开播，增强了总台在波罗的海国家的传播力。二是与塞尔维亚电信签署修订案，实现总台国际频道在科索沃地区播出。三是与巴拿马传媒管理集团签署协议，实现CGTN西班牙语频道进入中美洲洪都拉斯、危地马拉、萨尔瓦多、哥斯达黎加、巴拿马五国，有效提高了总台在中美洲地区的影响力。

3. 提速全球落地信号标清转高清工作

为提升海外用户收视体验，增强总台国际频道竞争力，提速推进频道信号标清转高清工作。2021年，在法国、德国、卢森堡、挪威、塞尔维亚、捷克、克罗地亚、以色列、加拿大等国的主流电视平台实现高清化播出。

三、锐意创新，多维度开展海外品牌宣传推广

1. 打造"总台外宣超级IP符号"

以"抓重点、强合作、开新路"为原则，以《典籍里的中国》为抓手，开展专项海外推广，跨界联动打造《典籍里的中国》对外宣传IP符号，助推对外宣传产品海外发行。

2. 创新实施"总台斯语时段"第二期项目

国传局与四达时代合作打造"总台精品节目全球推介非洲站"第二期项目，在内容合制、观点植入上实现了新突破。

3. 定向打造对欧传播观点植入平台

国传局联合英语环球节目中心，与欧洲新闻台开展合作项目：一是围绕热点话题举办两场主题辩论会，在欧洲新闻台的各终端集中播出；二是同步开展CGTN品牌宣传推广。上述节目在欧洲新闻台电视端的累计观看次数超过1.26亿人次，新媒体端触达5100万人。

4. 总台2021年春晚海外推广成效显著

一是与国际知名媒体合作，通过其电视端、数字端播发春晚海外宣传片及相应图文，吸引海外主流受众关注春晚，效果显著。二是完成向美国、加拿大、巴西、俄罗斯、英国等国家和地区的100多家主流媒体机构的春晚节目海外赠播推介，相应授权较2020年增加两倍。

四、积极推进汉语对外推广及文化软实力传播

1. 实现"中国电视"业务转型升级

"中国电视"业务宣传介绍内容由纸质版面全部改为新媒体平台，覆盖范围由美国、印度尼西亚、菲律宾扩展到俄罗斯、法国、德国、日本、意大利、葡萄牙、南非等10家媒体，初步形成总台节目的海外华文新媒体传播矩阵。

2. 推进《西游记》内容产品对俄传播项目

国传局以《中俄睦邻友好合作条约》签署20周年为契机，以中国传统经典名著《西游记》为主题，开展总台《西游记》主题内容产品对俄罗斯传播，实现总台7集俄语《西游记》动画片精编版在俄罗斯新媒体的首次播出，以及《西游记》多媒体互动书在

俄罗斯推广，推动中俄之间民心相通、文明互鉴。

3. 完成广播孔子课堂转隶移交工作

国传局完成了巴基斯坦、蒙古国等10家海外广播孔子课堂向国内教育机构的转隶移交工作。其间，有效引导合作外方，取得对转隶工作的理解和配合，确保多年打造的中文国际教育海外阵地不丢；同时精准遴选接收中方，协助其与合作外方接洽，顺利完成转隶谈判、签约等所有程序。

五、持续健全评估体系，助力提升总台国际传播建设效能

1. 完善海外收视收听监测分析机制

2021年，在原有英语新闻、纪录国际、法语以及俄语频道的基础上，增加了CGTN西班牙语频道在西班牙以及CGTN阿拉伯语频道在沙特阿拉伯的收视数据，另外，还增加了总台国际广播斯瓦希里语在肯尼亚内罗毕的收听数据。至此，总台海外收视收听效果监测体系实现对CGTN 6个国际频道的全覆盖；国际广播海外收听监测范围也延展到5个国家，实现了对俄语、土耳其语、菲律宾语等5个语种的有效覆盖。

2. 策划实施总台分国别、分语种调查

在全球52个国家开展"总台国际传播效果分国别分语种调查"，涉及41种当地语言，对于落实总台"一国一策"传播策略以及"全球化表达、区域化表达、分众化表达"传播理念具有重要参考价值。

3. 创新开展多主题、多维度效果研究

实施"周边传播"效果研究、"一国一策"精准传播、"对标国际知名媒体融合传播分析"等效果调查研究项目。

4. 搭建海外核查员体系

搭建覆盖四大洲、10个城市的海外核查员网络，并于1月开始正式启动海外评估核查工作，对总台电视、广播、新媒体在海外10个城市的落地传播情况进行实地核查。

六、探索建立海外落地传播合规管理业务模块，力保国际传播工作安全有序

一是推动合规业务建章立制。先后草拟《总台海外落地传播合规管理业务建设工作方案》《国际传播业务合规风险清单》《国际传播规划局合规文件档案库建立工作方案》《总台海外落地传播合规咨询申请表》等规范性文件及各类配套实施细则。二是开拓合规管理咨询。先后为CGTN、总经理室、国际交流局等相关部门出具《关于欧盟视听媒体服务指令和欧洲跨境电视公约内容监管要求的专项调研》《关于CGTN编辑手册是否符合法国广播法的专项调研》《关于已有落地国内容合规方面法律调研》《关于苏丹女记者出镜服饰事宜的合规建议》《关于阿富汗爆炸事件死难者葬礼事件新闻报道的合规研判意见》《关于CGTN旅游指南栏目中出现酒类画面相关合规研判意见》等各类合规意见。三是组织首次海外落地传播合规管理培训，邀请法国外聘律师团队讲解法国及欧洲落地传播的相关法律与合规要求，为总台各业务部门国际传播业务合规管理建言献策。四是妥善做好海外落地项目的合规配套工作。根据美国、澳

大利亚最新广电法规的相关规定，完成CGTN国际频道添加隐藏式字幕、实时插入对应标识等工作，确保总台在当地的播出合规、平稳、安全。五是加强合规管理文件汇总整理和归档，截至2021年底，已完成英国卷八本、法国卷三本共计近3000页资料的整理归档。

人事局工作概况

2021年是中央广播电视总台持续深化"三个转变"的重要一年,也是总台组织人事工作开拓创新、稳步推进、取得实效的关键一年。2021年,人事局守正创新、稳中求进,不断提升干部人才工作质量,着力打造总台全媒体人才高地,形成了更加科学、更加严密、更加有效的组织人事工作体系,为总台高质量发展提供了坚强的组织保障。

一、科学精准选贤任能,全面加强新时代干部队伍建设

1. 选优配强各级领导班子

选人用人突出政治标准,根据不同职位特点,精准制订选拔任用工作方案,近距离、多角度了解干部,把想干事、能干事、敢担当、善作为的干部及时发现出来,合理使用起来。2021年,人事局共启动62个局级职位、409个处级职位的选任程序,覆盖总台全部内设机构、28个派出机构、2个直属事业单位,另外对9家台属公司的领导班子成员进行任职调整。至2021年底,总台内设机构局级干部配备率达到70%、处级干部配备率近60%,明确了31个地方总站的召集人、副召集人并调整优化、择优提拔,海外总站领导班子运行平稳并得到有效补充,台属企事业单位领导班子建设持续加强,支撑总台高质量发展的干部队伍得到进一步充实。

2. 培养选拔优秀年轻干部

按照拓宽来源、优化结构、改进方式、提高质量的要求,大力发现培养选拔优秀年轻干部。人事局组织总台领导与优秀青年谈话调研,发现储备一批在新媒体平台建设、精品力作生产等领域具有较大培养潜力的"85后"年轻人才;优化成长路径,有计划地选派首批27位青年业务骨干赴地方总站"蹲苗"历练,选派年轻干部赴中央和国家机关及地方挂职交流,促进年轻干部经风雨、见世面、壮筋骨、长才干。推动落实常态化配备目标,全年新提拔局级干部中,45岁以下

比例达到13%，处级干部中，40岁以下比例达到27%；总台优秀年轻干部和青年业务骨干人才库中，4名年轻干部被提拔为局级干部，45名业务骨干被提拔为处级干部，使干部队伍焕发出蓬勃生机。

3. 全面从严管理监督

完善管思想、管作风、管纪律的从严管理制度，严格落实干部任前谈话制度，由党组书记对新任职局级干部提要求、压担子、严纪律。健全总台干部监督工作联席会议制度，巩固领导干部个人有关事项报告专项整治成果。2021年，人事局随机抽查和重点查核一致率较2020年度增长10%，拟提任干部首次填报查核一致率达到96%。高质量完成领导干部配偶、子女及其配偶经商办企业行为集中规范工作。完成178卷中层领导档案的组织认定，2325卷处级干部、青年业务骨干和副高级以上人员档案的审核工作。优化升级人事管理系统，利用信息化手段提升管理监督的精准性。出台清理规范事业编制人员在企业工作实施意见，制定《总台派往台属企业人员管理暂行规定》，明确派往台属企业工作的总台员工管理依据；分期分批完成劳务派遣择优转签，基本实现总台用工方式的全面规范。

二、深入实施"人才强台"战略，着力打造全媒体人才高地

1. 精准定位，加强谋篇布局

全面落实总台"十四五"人才发展规划，制定时间表、路线图，充分发挥重大项目牵引带动作用。深入贯彻落实中央人才工作会议精神，制定《总台人才队伍建设工作方案》，明确总台人才队伍建设的指导思想、基本原则和目标任务，为总台建设全媒体人才高地谋篇布局。推行人才队伍分级、分层、分类管理，聚焦国际传播、新媒体、新技术等重点领域，研究分析人才队伍建设的思路、举措，建立总台分级管理机制。

2. 精心选才，打造人才梯队

深入落实习近平总书记贺信精神，为冬奥盛会制播、奥林匹克频道重点选拔输送120名体育类、技术类成熟业务骨干，促进专业人才高效集聚。促进人岗适配，全年常态化调配人员297人次。完成总台成立后首次校园招聘，招录140名采编、技术、国际传播等重点领域大学生，配套建立导师制培养新模式，加强人才储备。2021年，总台共有85人入选国家级人才工程和行业人才工程、100人入选总台首届"青年英才"。总台首届"十佳"配套政策已全面落实，联系服务专家制度扎实推进，总台"大师闪耀、新人辈出"的雁阵格局加快形成。

3. 精细育才，练就"看家本领"

持续深化思想淬炼、政治历练、实践锻炼、专业训练，线上线下多平台培训矩阵同时铺开，推出党史学习教育、新媒体新技术应用、国际传播能力建设等系列专题培训，克服疫情影响，全年累计培训10万人次。建立基层锻炼机制，组织新入职员工赴地方总站一线岗位磨砺本领、茁壮成长。以国家职称制度改革为导向，加快构建以创新价值、能力、贡献为要素的人才评价体系。建立健全体现岗位价值、劳动价值、创新价值等要素的薪酬分配机制，进一步优化多维度考核

量化指标，推进实施5G新技术、新媒体等创新性奖励绿色发放通道，形成长效化正向激励机制。

三、全面推进地方总站建设，夯实总台高质量发展根基

1. 建立健全地方总站运行管理机制

自2月地方总站全面组建以来，人事局充分发挥统筹协调职能，推动建立协同配合、科学高效、符合媒体特点的地方总站运行管理机制。牵头建立总站"重大突发事件应急报道""重大主题宣传""跨平台宣传"等协同工作机制，推动建设总站行政办公和保密机要系统、党建工作体系及财务管理体系，确保各项工作对接顺畅、责任明晰、运行平稳。全力以赴推进地方总站组建挂牌，建立地方总站选址和挂牌工作会商机制，编写《地方总站组建工作指南》，明确总站组建的目标、任务、定位、职能，全年31个总站全部实现合署办公，19个总站选址基本明确，7个总站正式挂牌。

2. 持续提升服务保障水平

指导建立总站"三重一大"集体决策机制，推动各总站出台570余项规章制度，为事业发展提供坚实的制度保障。梳理规范总站公文报送、财务审批、公章使用等工作流程，进一步优化总站技术服务合同内容和保障方式，提升运行服务保障专业化、精细化水平。改版《地方总站信息周报》并在OA平台上线，优化地方机构管理服务平台，更好地交流好经验、好做法，展示新气象、新变化。

3. 加强地方总站队伍建设

在地方总站探索更加积极、开放、有效的人才政策，使总站成为青年人才的培养基地、各类人才的干事创业平台。统筹做好青年业务骨干和新入职大学生基层锻炼服务保障和培养使用工作，让事业激励人才，让人才成就事业。持续开展"地方总站建设综合能力提升"系列培训，专题学习新媒体建设、财务管理、保密安全等，全年累计培训4000多人次，进一步补齐能力素质短板。启动15个地方总站内部选调工作，充实工作力量。

四、持续擦亮"民心工程"品牌，让总台员工安心、安身、安业

1. 提升优秀人才落户保障

统筹配置京外调干、积分落户、人才引进、解决夫妻两地分居、工作居住证等多种资源，加大重点民生项目申办力度。全年完成59名人才引进落户、120人工作居住证办理，向人社部申报解决夫妻两地分居35人。台本部57人通过积分落户获得落户资格，位列北京市各申报单位第二名。申获40个2022年度人才引进指标、11个京外调干指标，有效提升员工的归属感、获得感、幸福感。

2. 健全总台职业荣誉体系

充分发挥荣誉表彰的精神引领、典型示范作用，为总台969名新闻工作者颁发"资深新闻工作者"荣誉证书证章，为首批14名功勋荣誉、表彰奖励获得者提高工资待遇，建立总台荣誉退休制度，为总台成立以来660余名退休人员发放荣誉退休纪念证书。全面落实《总台援派挂职交流干部待遇规定》，持

续做好生活补贴、探亲休假、异地医疗办理等保障工作。

3. 完善总台福利保障体系

积极争取政策支持，为员工排忧解难办实事，按照人社部批复的《总台企业年金方案》，加快推进企业年金工作，出台《总台企业年金内部管理暂行办法》，完成受托人、账户管理人、托管人、投资管理人遴选，以及职业年金和企业年金的缴费归集工作，为员工退休待遇再添新保障。建立总台社会保险账户，全年为2.8万人次提供商业保险理赔服务，为745名员工发放慰问补助，营造干事创业、拴心留人的良好氛围。

财务局工作概况

2021年，财务局紧紧围绕总台党组决策部署，紧扣《中央广播电视总台"十四五"发展规划》，按照"过紧日子"的要求，履职尽责、精打细算，严格财务审核把关，加强财务谋划分析，完善财务规章制度，优化财务业务流程，提升服务质量效率，不断提高管好财、理好财、用好财水平，全力保障总台建党100周年等重大宣传报道、精品节目生产、新媒体平台建设、国际传播能力建设、国家实验室、超高清示范园、国家短视频基地、民心工程、涿州项目、地方总站等重点工作，全力助推总台"三个转变"和国际一流新型主流媒体建设，为总台事业、产业高质量发展提供有力的财务资产保障。总台2020年企业财务会计决算、2020年度国有企业经济效益月报工作，获财政部通报表扬。财务局绩效管理处获国家广播电视总局"2020年度基层广播电视统计工作优秀集体"称号。

一、认真落实"过紧日子"要求，加强预算多维度审核，确保总台重大宣传报道和重大项目的资金需求

一是加强预算多维度审核把关。建立预算标准数据库，从严从紧审核把关，精打细算，把钱用在刀刃上。二是安排重大主题宣传报道预算。提供总台"头条工程""庆祝中国共产党成立100周年大会报道"等70多项重大主题主线宣传的节目制作资金保障。三是安排文艺影视精品节目预算。助推《跨过鸭绿江》《中流击水》《大决战》《觉醒年代》等文艺影视节目，提升精品节目生产能力。四是安排新媒体平台建设预算。财务局将预算用于5G新媒体平台、5G+4K/8K超高清制播示范平台、8K数字编辑系统等技术工程，以及央视频、央视新闻、4K超高清频道节目制作运营等。五是安排国际传播能力建设预算。该预算用于CGTN、欧洲拉美地区语言节

目中心、亚洲非洲地区语言节目中心、港澳台节目中心、海外机构节目制作、国际传播效果评估、影视翻译制作等。六是安排重大项目预算。该预算用于国家短视频基地、国际传媒港、长三角总部、大湾区中心、三亚南海之声总部等重大项目。七是安排民心工程项目预算。该预算用于职工企业年金、职业年金、医联体、医疗费、餐饮服务、台属宿舍维修等项目。

二、积极主动沟通，争取财政支持，健全财务管理制度体系

一是争取到财政补助资金最低压减比例。财务局完成总台2021年"二上"预算和2021—2023年支出规划编报工作。二是争取到文化事业建设费减免政策，为总台节约大量资金。三是积极配合做好财政部北京监管局税收优惠政策评估工作，为国家主管部门延续总台企业所得税优惠政策奠定基础。四是完成总台首次企业所得税汇算清缴，为总台节约大量税负资金。五是进一步完善财务规章制度。财务局制定出台《总台政府采购管理实施办法》《总台财政补助预算管理暂行办法》《总台财政预算绩效管理暂行办法》《总台境外派出机构财务管理暂行办法》《总台会计档案管理暂行办法》《总台固定资产管理办法》《总台经费报销暂行规定》《总台财务印章管理规定》《总台所属企业国有资产评估管理暂行办法》《关于进一步严格国内公务接待活动用餐管理　坚决制止餐饮浪费行为的通知》等财务制度，组织专题培训，推动财务制度的宣传、贯彻、实施。

三、依靠科技创新，优化业务流程，提高财务服务质量效率

一是建设推广商旅平台，为全台职工提供一站式、全流程线上差旅服务。二是优化网上报销系统。升级影像扫描功能，增加线上审批、复审复核、预算查询、合同付款"一单到底"等功能，将公务卡与微信、支付宝关联，推进全流程线上报销服务。三是优化财经管理系统。该系统联通节目生产系统、广告系统、人事系统、办公用品系统、医务室医疗系统、北京市公费医疗系统，不断提高财经管理系统的保障能力。四是优化合同审核流程，优化资金结算。从预算、审批程序、合同内容等方面进行大额合同立项审核，统筹优化总台资金结构，做到颗粒归仓。明确大额资金支付采取按限额分级审核。五是为总台建党100周年、全国两会、博鳌亚洲论坛等重点节目委派财务专业人员，保障重大宣传报道顺利进行。

四、加强财务分析，细化分析报告，为总台领导决策发挥参谋和帮手作用

一是改版升级台属企业财务分析报告、企业经济运行简报、总台企业经济效益月度快报，加强文产资金执行分析报告。二是加强总台收入分析。财务局在收入月报样本及指标中，突出电视广告收入、新媒体业务收入、版权收入、投资收益等。加强"品牌强国工程"、东京奥运会、春晚等重点项目收入核算，为总台经营创收提供全天候广告收款服务和全业务链财务支持。三是加强财务指标分析。深入分析主要财务指标重点数据变

化及原因，为总台领导决策提供参谋。四是加强财务会计决算分析。强化编审复核，高质量完成总台本级决算编制及总台企事业单位的全口径汇总。五是加强财务数据专项分析。建立税务支出、人力成本月报制度。对总台合同审核、银行账户管理、资金结存等情况及央视频2020年专项经费情况进行专题分析。六是加强企业财务政策研究。对相关企业无偿划转备案、重组等重大问题，提出财务建议方案。

五、加强绩效管理，优化绩效目标，进一步提高资金使用效益

一是深化财政资金全流程绩效管理。财务局将所有申报项目全部纳入绩效目标管理。对财政项目预算执行情况和绩效目标实现程度开展"双监控"。深入开展总台预算绩效管理考核，强化评价结果应用。二是开展自有资金绩效管理试点。对试点项目绩效目标完成情况和预算资金使用情况等进行绩效监控，绩效监控结果应用于2022年项目预算审核安排。三是全力推进财政资金预算执行，定期编制财政预算执行报告。四是及时梳理自有资金预算执行，按月统计各部门预算执行情况，为领导决策提供参考依据。五是完成2020年广播电视和网络视听行业统计年报、2021年广播电视和网络视听统计季报、北京市统计定报等各项统计任务。

六、加强采购管理，严格采购规程，确保总台重点项目采购依法高效完成

一是完成机构设置，细化岗位职责。财务局成立采购管理处，组建总台采购中心，明确各自职责定位和业务流程，高效组织实施总台政府采购货物、工程及服务项目，京内限额以下货物、工程项目等。二是完善采购工作规程，严格政府采购流程。制定《总台采购中心政府采购项目采购流程》《总台采购中心委托采购代理机构暂行办法》《总台采购中心涉密项目采购流程》等制度，加强流程管控。三是提高审批效率，加强政府采购管理。财务局积极主动与项目部门沟通，按照"成熟一批报送一批"的原则，加快政府采购实施计划的审批，并及时下达。四是优先保障重点项目，依法高效完成全年采购任务。优先保障建党100周年、东京奥运会、北京冬奥会等重点采购任务，积极推进8K/4K冬奥会转播系统、科技冬奥超高清8K数字转播技术与系统等重点采购项目。五是发挥政府采购促进中小企业发展的政策功能，布置食堂食材采购份额及工会福利采购等工作。总台2021年度脱贫地区农副产品采购计划提前超额完成。

七、全力助推总台地方总站、民心工程等重大项目实施，促进高质量发展，提升职工幸福感、获得感

一是积极推进地方总站选址建设。开展地方总站站址方案比选、房产评估、尽职调查、商务谈判、报审报批工作，综合采用无偿划转、优惠购买、无偿使用、置换和租赁等模式，高效推进地方总站站址建设，定期向总台领导报告工作进展。二是加强"民心工程"项目采购。完成总台员工团体人身意

外伤害保险、总台员工境外紧急救援保险及人身意外伤害保险、企业年金管理服务等项目的采购工作。完成总台老旧小区综合整治的工程监理、造价设计、施工等采购任务。三是积极做好薪酬发放、个税汇算、社保、住房公积金、企业年金、职业年金等涉及职工权益的财务事项。配合地方派驻机构整合，将医疗费、社保、住房公积金等业务进行统一核算。四是及时响应离退休干部的需求，在光华路服务楼增设医疗报销点，实现总台四址五点医疗报销服务保障。

八、优化资产配置，加强资产管理，确保总台资产安全完整

一是完善流程，建立四址办公区资产管理服务网点，确保资产业务高效运转。完成总台行政信息化重点项目终端配发工作。二是全力推进三亚研究院资产的转让交接。与办公厅等部门组成工作组，完成资产交接、物业对接、房产权属转让登记。三是完成总台定点帮扶喜德县电视设备、大屏设备捐赠任务。四是开展房屋盘点及入账工作。对总台本部及境内外机构办公用房、技术业务用房等资产进行全面清查盘点。对已投入使用、但尚未进行竣工决算的在建工程，完成估值入账。五是按照公开处置、环保回收、异地处置、直接核销等方式，加快报废资产处置。六是加强台属企业国有资产评估备案管理、清产核资等工作。组织开展台属企业产权登记办理，完成第一批企业材料的审核上报。开展清理拖欠民营企业中小企业账款"回头看"工作，确保清欠工作取得实效。

九、加强内部管理和队伍建设，推动党建与财务工作深度融合

一是始终把政治建设放在首位，建立党建与业务同谋划、同部署、同检查、同落实的联动机制，对标对表，以上率下，推动党建与业务深度融合。二是加强内部运行管理。严格执行总台公文运转、疫情防控、保密安全、微信微博等社交媒体信息发布等管理规定，加强自查自纠，加强督促检查，确保安全有序平稳。积极配合做好审计、内部巡视等相关工作。

总经理室工作概况

2021年,在世纪疫情冲击下,百年变局加速演进,国内新冠肺炎疫情防控和经济社会发展各项任务繁重艰巨。总经理室坚持新发展理念,深化"三个转变",在广告创收、版权经营、公益传播和播出安全等方面取得出色成绩。

一、稳定"品牌强国工程"全年大盘收入,全力抓好重点项目拓增量

1. 40余家客户签约"品牌强国工程",稀缺资源撬动大客户新预算

11月18日,2022"品牌强国工程"首次采用云直播方式与品牌企业实时连线,实现线上签约,近40家优秀品牌与总台签订2022"品牌强国工程"战略合作,食品饮料、家用电器、医药健康、日化洗护、通信运营等实体行业以及央企、国企、银行表现踊跃。此次签约收入占全年电视广告收入的半壁江山,事关全台经营工作大局。2021年,总经理室安全平稳,成功举办了"510中国品牌日活动"、上海奥运推广(5月)、总台2022"品牌强国工程"发布(9月)、上海和深圳沟通会(10月)等多场重大活动。

2. 努力稳定承包续约,新推多个产品补充创收

2021年,各栏目承包、整频道承包项目总体上运行稳定,虽然个别承包公司经营困难,但是全年均按照付款计划支付承包款。在新冠肺炎疫情持续和媒体市场环境变化的双重影响下,2022年的承包谈判遭遇了前所未有的困难。总经理室不断调整谈判策略,优化承包产品,与多家承包公司达成2022年续约意向,进一步稳定2022年的承包大盘。

3. 象舞广告营销平台正式上线

7月17日,象舞广告营销平台上线仪式在北京举行,平台从资源管理和客户服务两大层面全面提升总台营销水平。2021年,该平台累计访问用户超13万人次,浏览量达到70多万次,已开发出焦点图、浮标、通栏广

告、信息流、视频贴片、插屏等多种广告形式，累计上线大屏、广播及新媒体广告产品300多个。

4. 广告代理公司信用评级持续深入，发布4A和3A级代理公司名单

总经理室制定《2021年中央广播电视总台（央视版块）广告代理公司信用评级办法》，通过筛查、梳理广告公司投放数据，反复评估广告公司经营情况，对广告公司客户结构、创收贡献等维度进行综合评估，确定总台广告代理公司2021年度信用等级，完成4A和3A级名单的发布，规范代理公司合法合规经营。

二、体育营销创历史新高，版权经营取得重大突破

1. 体育赛事超额完成创收任务

面对国际疫情发展无法预期、体育赛事信息变幻莫测的不利局面，总经理室突破传统经营思路，确立"两届奥运会合并经营，欧洲杯策应双奥、形成增量"的策略；重新整合资源，全新设计的"光荣""骄傲""尊享"三大系列产品全部售罄，提前超额完成三大赛事整体创收任务。北京冬奥会前，再次与体育频道沟通争取最大量广告资源，并动态调整资源价格，形成新一波销售增量，进一步提升总台重大体育赛事创收新高度。

2. 版权创收取得历史最好成绩

总经理室大力拓展体育版权营销创收方式，"双奥"版权分销取得历史性突破，东京奥运会分销收入是2016年里约奥运会的9倍，是2012年伦敦奥运会的21倍；北京冬奥会分销收入是2018年平昌冬奥会的51倍，是2014年索契冬奥会的186倍。

三、提升融媒体经营能力，新媒体经营收入是2020年的3倍

总经理室与全台各中心新媒体部门形成合力，创新开拓，通过创新打造新媒体爆款节目，实施总台直播带货，实现"两个效益"双赢。发动地方总站创收增效、开拓国际市场，将总台平台资源优势转化为经营创收能力，在多方面取得突破性进展。2021年，总台新媒体经营收入是2020年的3倍，是2019年的8倍。

四、强化企业管理，推动产业经营健康发展

1. 建章立制工作卓有成效

向总台党组呈报了《中央广播电视总台投资收益管理暂行办法》。按照总台巡视整改工作的分工，撰写《总台企业投资现状及整改建议报告》，草拟《中央广播电视总台直属企业经营管理暂行办法》《中央广播电视总台所属企业负责人履职待遇、业务支出管理办法》等规章制度。

2. 推进总台国有企业公司制改革工作

本着"一企一策"的原则，指导台属企业开展改制工作，规范改制工作程序。一年来，台属10家国有企业中，2家企业已注销，2家企业已完成改制工作，3家企业改制方案已获总台党组批复，3家企业正在完善改制方案及办理清产核资工作。

五、践行总台社会责任，擦亮总台公益传播"新名片"

1."品牌强国工程——乡村振兴行动"助力巩固脱贫攻坚和乡村振兴

2021年4月16日，总台"品牌强国工程——乡村振兴行动"在重庆正式启动。9月29日，总台在北京举办2022"品牌强国工程"发布活动，活动现场与内蒙古自治区、湖北省、贵州省、西藏自治区、甘肃省、宁夏回族自治区签署了2022"品牌强国工程"乡村振兴行动战略合作协议。

2.出版发行媒体扶贫图书

3月5日，国内首部总结介绍媒体扶贫的图书《中国反贫困的媒体行动——以中央广播电视总台的实践为例》举行出版发行仪式。该书由总经理室与中国传媒大学合作撰写，从实践层面分析了总台广告扶贫的经验与启示，从理论层面阐释了公益广告创新理念与发展目标，系统总结了主流媒体精准扶贫的共同体模式。

3.认真落实对喜德县的帮扶工作

自喜德三期公益广告在总台各频道播放以来，共计带动喜德县旅游增长3万余人次，旅游增收600万元左右；带动该县农特产品销售100余万件，增收4000万元左右；联系碧桂园、华强方特等企业向喜德县中小学学生捐赠市场价值达千万元的刚需物资；组织联合新闻新媒体中心策划连线节目，联合雅迪集团向喜德县捐赠200台电动车，帮助改善社区出行条件；联系推动眉州东坡集团与喜德县签订物资采购合同，2021年累计采购101万余元物资。

4.公益广告出新出彩，获广泛肯定

创新制作主题主线公益广告，总经理室共创作电视公益广告53支、84个版本，在总台17个电视频道累计播出33万余次，并通过央视网、央视频等总台新媒体平台全网传播；创作广播公益广告作品79支，完成制作播出少数民族语言版本广播公益广告50支。"庆祝中国共产党成立100周年"主题公益广告《一百年，一切为了人民》获得高度评价；"时代楷模""十四五""快乐暑假""保护知识产权"等主题公益广告获得中宣部、国家发改委、教育部、国家知识产权局来函表扬或感谢；多支作品荣获包括中国公益广告"黄河奖"、"五个一百"、国家广播电视总局公益广告扶持项目最高等级、总台年度优秀作品等20余个奖项。

六、坚守"广告宣传也要讲导向"，确保广告播出安全

1.牢牢把握"一个导向，两个原则"，确保广告审查播出安全

严格贯彻落实多层级审查和"三审三校""重播重审"制度，不断加强制度梳理和制度完善工作，对广告公司企业诚信以及独立制播单位相关行为进一步规范完善，制定出台《广告初审要求及审查员相关操作手册》、《广告审查诚信管理制度》以及《关于独立制播单位广告审查和执行实施规范》。规范完善广告审查业务流程，消除潜在风险。

2.重大事件、重要时间节点靠前指挥，确保广告播出安全

在广告播出环节，密切关注广告编排情

况，详细核对每日广告播出单，对直播和重点节目前后广告进行精心编排，确保日常广告安全播出。同时，对在春节、3·15、建党百年庆祝活动等重大事件、重要时间节点的广告进行拉网式排查，确保重点时段的广告符合导向。

3. 完成中插广告增加倒计时显示工作

总经理室及时与全国人大代表沟通，及时响应并回复代表建议和国家广播电视总局要求，与技术局沟通，通过频道包装的形式积极推进，基本做到除直播节目外的中插广告倒计时全覆盖。到2021年底，已协调台内各频道播出部门为13个频道中插广告增加倒计时显示。

技术局工作概况

2021年，技术局按照总台党组的决策部署和"十四五"科技发展规划确定的方向，充分唱响科技创新和技术突破的主旋律，在做好建党百年系列活动宣传报道技术支撑，认真总结和运用庆祝活动成功经验，全力以赴推进2022年北京冬奥技术准备和总台春晚技术突破，适度调整技术资源布局，进一步扩大新媒体技术保障范围，着眼新技术新装备应用，稳步推进安全播出、网络安全和"信创"项目建设等方面，取得了一定成绩。

一、建党百年系列报道，技术创新出新出彩

技术局始终以"世界一流、历史最好"作为重大活动技术创新突破和保障服务的工作目标，在天安门广场音响保障、庆祝中国共产党成立100周年大会和"七一勋章"颁授仪式频道频率和新媒体直播，以及大型情景史诗《伟大征程》文艺演出录像制作三条战线上，协同发力，潜心作为，确保建党百年系列活动各场次宣传报道安全高质、出新出彩，并认真总结经验，把成功经验固化为技术工作高质量发展新的起点。

建党百年系列活动精心设计方案，技术持续创新。在重大时政直播中引入数字摄影机加定焦镜头作为直播讯道，实现了领袖画面的"厚重感"；用大跨度索道系统天琴座和天鹰座、系留无人机、航拍直升机4K超高清双空中演播室，多机位、多角度呈现出丰富的镜头语言；以"肤色还原"为核心，开展视觉质量控制，进一步提升4K超高清、高清同播画面质量。多项技术创新实现了天安门广场音响保障音质与覆盖的统一，实现了庆祝大会直播优良画质与丰富镜头语言的统一，实现了鸟巢文艺晚会声画同步和色调的统一。

二、聚焦重点，全力做好总台春晚和北京冬奥技术创新

技术局始终保持对新技术、新工艺的敏感度，以春晚等大型文艺直播、北京冬奥等

重大活动和总台重点节目为抓手，主动谋划技术创新与艺术呈现相结合，进一步推动新技术在2022年春晚和北京冬奥会转播报道中的实践与应用。

（一）全力做好总台奥林匹克频道开播技术保障

技术局全力保障总台奥林匹克频道及其数字平台于10月25日顺利开播，完成《一起向未来　北京冬奥倒计时100天》晚会录制。第一时间组织学习习近平总书记发来的贺信，提出要把深入贯彻落实贺信精神贯穿融入技术工作的方方面面；要将总书记贺信作为技术局后续安全播出、系统运行、项目建设和科技创新的指导思想，并依此为动力，进一步做好北京冬奥各类系统建设、各项技术准备、各级岗位适配。

（二）积极推进8K超高清制播体系建设，奋力实现"科技冬奥·8K看奥运"目标

2021年，技术局有序推进总台8K超高清电视公共服务平台建设和"百城千屏"超高清产业项目，以及节目生产、广告、媒资等系统的8K超高清流程适配调改；详细分析8K超高清内容生产全流程，找准核心技术点，以"全媒体时代质量与效率——JPEG-XS编码技术应用"为题，联合科研机构、院校单位、专业公司、标准组织等，举办3期技术研讨会；在国家重点实验室搭建信号传输和文件制作实验系统，为总台8K超高清电视频道开播及8K超高清公共服务平台建设进行深度技术探索，验证基于JPEG-XS编解码技术的8K超高清制播流程关键设备和环节，为相关标准制定提供实践支撑，进一步寻求质量、效率、成本的平衡点和可行性。在冬奥会测试赛期间，技术局开展8K超高清信号播出全要素直播流程试验，首次实现使用JPEG-XS编码进行8K超高清信号传输，进一步夯实北京冬奥8K超高清公共信号制作，提升技术局整体技术实力和应用创新能力。

（三）以大型体育赛事为契机练兵，全力备战冬奥

技术局充分利用东京奥运会、西安全运会、冬奥测试赛等活动，强化大型体育赛事的技术服务和支撑实战能力。

1.持续演练新技术

东京奥运会首次采用4K信号直播，使用8K设备进行拍摄；应用微型定点超高速摄像机捕捉竞技风采；为新媒体客户端提供奥运会赛事三维声选听模式；赛事数据平台实时获取官方数据，创新央视体育客户端应用。

2.做好冬奥超高清转播系统建设

完成4K/8K超高清转播车、三维声音频车建设，陆续投入东京奥运会、西安全运会、冬奥测试赛等应用实践；完成计划在北京冬奥会期间投入使用的8K载人航拍吊舱工程；围绕冬奥会速滑项目研发350米U型超高速轨道全4K拍摄系统，并完成技术测试及实拍工作。

3.推进总台前方转播报道系统全IP制播体系建设

承担总台北京冬奥国际广播中心（IBC）、张家口山地广播中心（ZBC）前方制作中心转播系统技术建设；组建冬奥会4K/8K公共信

号制作团队、开闭幕式大屏幕视频播控团队和AR直播呈现团队以及新媒体内容制作分发技术支撑团队，助力呈现精彩难忘的冬奥会开闭幕式。

（四）推出总台云网一体新型技术架构，改变生产方式

依托5G、云计算和边缘计算等新技术，推出全媒体内容移动生产系统，建立云网一体化的新型技术架构（云、边、端架构）。将原本局限于制作岛的固定制作模式向云化移动生产模式转变，有效提升了制作效率和用户使用的便捷性。

东京奥运会期间，云网一体化移动生产模式引入东京超高清外场制作系统；西安全运会期间，云网一体化的新架构大规模支撑了总台和持权转播商的移动生产。2021年，技术局已经在北京冬奥国际广播中心（IBC）总台前方制作区域，构建基于总台"中心云+IBC边缘云+用户端"的外场移动网络制播系统，实现前后方协同的全媒体内容移动化便捷生产。

（五）主动谋划春晚技术创新

2021年，技术局持续创新，让春晚从传统电视文艺晚会成为总台科技创新成果的重要展示平台，推动技术与艺术的融合发展，实现了8K超高清试验频道首次春晚直播；在央视频和央视文艺客户端首次推出了"VR视频+三维声"方式；采用伴随制播模式，完成了春晚4K超高清频道播出，并在上海国际传媒港融媒体影院同步直播。

三、牢筑底线，不断强化安全播出和网络安全

2021年，技术局以建党百年系列活动为核心开展安全播出和网络安全大检查，全面排查安全隐患，加强自查自纠，扎实完成各项整改。着力推进相关项目升级改造，及时进行技术适配和优化；主动适应网络安全变化，筑牢网络安全防火墙。

（一）持续保障安全播出和技术生产

1.各频道、频率播出数据

截至2021年11月30日，复兴路办公区和光华路办公区共计播出43套电视节目（公共频道30套，付费13套），播出总时长为293 887.07小时，停播率为1.12秒/百小时，可用度99.9997%；复兴门办公区18套广播节目（含打击乐）播出总时长为115 607小时，停播率0秒/百小时，可用度100%；鲁谷办公区对外广播播出总时长为340 618小时，停播率0秒/百小时，可用度100%。

2.加快推进各频道、频率相关系统建设和升级改造

4月22日，4K超高清频道由复兴路办公区迁至光华路办公区播出。8月，全面完成复兴路办公区四号电站升级改造并分步开展腾挪，11月16日顺利完成N01新闻联播制作机房电源腾挪工作。10月12日，服务于17个广播频率的复兴门办公区新主控系统正式投入使用；启用复兴门办公区高安全性新型制播系统；完成鲁谷办公区总控系统音视频信号调度、监控一体化建设；推进调频广播覆盖工程项目，有效提高了总台广播节目

的技术质量、传输监测能力和播出应急能力，保证总台落地广播节目安全播出。

（二）网络安全保障工作"实战化、体系化、常态化"

2021年，技术局各部门进一步落实国家信息系统等级保护和《关键信息基础设施安全保护条例》，加强网络安全管理，提升网络安全意识。

5月，技术局重点选取总台演播室信息系统、复兴门办公区自动化播出系统等27个重要信息系统进行网络安全专项检查；对总台媒资系统、新媒体集成发布平台等10个系统开展渗透测试；对央视频、央视新闻、央视体育等客户端进行安全检测；配合公安部门，完成了部分播出、总控、新闻制播及5G新媒体平台等重要系统的等级保护测评。

9月，技术局以"强意识、练队伍、提能力"为目标，首次开展了总台内部网络安全攻防演练，对35个业务系统发现的573个安全问题积极开展自查自纠，及时进行复盘总结、整改复测；在技术项目方案审定中，明确增加了网络安全内容审核，定期对已交付系统进行安全检查；推进网络安全组织机构和网络安全管理制度建设；通过网络安全技术能手竞赛活动，强化岗位练兵，加强总台网络安全人才培养和攻防队伍建设。

四、扩大新媒体技术支撑，提升全媒体技术服务

（一）为总台新媒体双旗舰保驾护航

3月，总台5G新媒体平台一期验收；5月，央视频轻量化、移动化新媒体演播区系统投入使用，首次完成欧洲杯期间赛事新媒体直播集中调度、分发与监控；6月，为总台新媒体开发的"云来云往"移动直播系统上线，光华路办公区11层新闻新媒体直播技术区启用；10月，新版央视新闻客户端正式上线，实现了以总台新闻云为核心生产平台的央视新闻新媒体内容生产分发；同时，适配各总站的新闻云选报题功能正式开放使用。

（二）"总台算法"投入实际应用

技术局与视听新媒体中心组建了"总台算法"专项团队，从理论探究、算法测试、多维因素混合模型建立等多个方面，将主流价值观、内容艺术性、传播商业价值转化为一系列数据集，以"央视频"数据中台为基础，构建了可调可控的"总台算法"应用系统。该系统于8月18日在央视频影视版块上线，于11月20日正式投入使用。

（三）持续深耕5G应用，推进轻量化移动制播系统建设

按照"轻量、移动、云化"的新媒体技术路线，技术局紧紧依靠5G媒体应用实验室科研成果，以"拎包就走，开机即用"的理念，推进5G便携式轻量化移动制播系统建设，为总台全媒体移动制播、多视角看赛场、多语种"网红工作室"前期采集等新媒体业务，提供了全方位、全媒体技术服务，并在全国两会、三星堆考古、博鳌论坛、进博会、云南生物多样性大会等百余场活动以及地方总站的实际应用中，不断优化完善。

（四）推动传统广播技术向融媒体传播技术发展

技术局鲁谷办公区技术团队不断提高"网红工作室"融合传播技术支撑能力，相继建成50平方米轻量化融媒体演播区和竖屏演播区项目；做好多语种影视译制译配及后期制作，建设三套译配机房，完成后期制作系统43种非通用语字幕适配，开展多语种、大规模影视节目字幕翻译制作智能化技术研究；复兴门办公区技术团队积极探索"区域之声"新技术传播方式，加快推进直播间融媒体生产改造，推动传统广播外场音频直播向轻量化、移动化融媒体直播转型。

五、着力提升IT技术专业服务能力

（一）总台"一张网"业务整合与数据中心建设

2021年，技术局分步推进、分区实施，陆续完成各办公区业务系统部署迁移，推进新闻云及新媒体业务向各办公区延伸，有序推进各总站、区域制作中心和记者站网络系统的统一规划和建设实施，实现了总台"一张网"承载各办公区业务系统、各办公区信息数据互联互通和统一安全防护的目标。制定《总台通用办公终端使用规范》，印发《总台终端安全管理规定》，提升了终端安全管控能力，基本实现了办公终端精准化、标准化管理。

总台光华路办公区数据中心B1机房扩建完成，实现了5G新媒体平台底座资源、私有云第一和第二可用区资源的扩容，完成了新闻新媒体底座第一可用区建设。逐步将数据中心由资源提供转变为公共服务能力支撑，探索统筹规划、逐批投入、灵活调整、按需增减的敏捷服务模式，适配总台从传统广播电视机构向国际一流原创视音频内容生产发布的全媒体机构转变的业务需求，做好IT资源服务。

（二）按计划完成总台信创项目建设目标

技术局积极推进项目实施，完成总台四址内网联通及内网终端部署，准备分保方案测评；内网应用系统完成设计及开发测试，各业务系统已基本提交初版并部署联调；完成四址办公区90%的外网信创终端替代，完成了外网应用规划方案、需求调研及初步设计。

（三）持续推进业务应用移动化建设

围绕业务移动化诉求，技术局在"掌上通"移动平台有计划、分步骤部署应用，优化用户体验，逐步实现了生产管理、公文审批、财务报销、信息查询、党建纪检等各类应用的移动化，大幅提升了工作效率。

2021年，总台评估考核业务系统上线运行，支撑了总台"三个考核办法"的落地实施；评奖系统已完成多个奖项申报及评选；新媒体平台及账号备案系统、党建信息平台、工会服务等系统陆续上线，规范了业务流程，加快了业务流转，提升了资源利用效率；总台网络课堂注册用户不断增加，人力资源管理系统完成了原三台机构、人员、薪酬等数据的整合。

六、国家重点实验室有序推进科研项目建设和成果转化

（一）编制完成《总台"十四五"科技发展规划》

技术局围绕坚持科技创新主基调主旋律，持续深化总台技术工作高质量发展，完成《总台"十四五"科技发展规划》，明确了总台技术发展的4个目标、8大任务和42项重点项目。

（二）积极推进国家重点实验室建设

技术局召开国家重点实验室学术委员会全体会议，确定研究方向和重点课题；召开国家重点实验室理事会会议，完成实验室下设机构建设；发布《超高清视音频制播呈现国家重点实验室运行管理暂行办法》；积极开展学术交流，举办世界超高清产业发展大会"8K超高清制播分论坛"、中国国际智能传播论坛"新技术赋能智媒融合发展分论坛"等专题学术交流活动。

（三）推进总台自主创新科技项目和国家部委科技创新项目，积极开展应用研究和成果转化

1. 积极开展总台自主创新科技项目

《超高清8K电视制作工艺和制作规范研究》《超高清8K电视主观评价用测试图像》《大跨度单维索道摄像机系统科研和标准》《基于AVS2的超高清电视节目播出分发系统与示范应用——超高清播出传输质量和可靠性提升研究》4个项目结项验收。项目成果对提升4K/8K超高清技术国产化水平，开播8K超高清试验频道提供了基础性技术支撑。大跨度单维索道摄像机系统在建党百年庆典中首次亮相，取得了良好的视觉呈现效果。多维弯曲轨道快速移动跟踪摄像系统研制项目完成北京冬奥会系列测试比赛，系统被奥林匹克广播服务公司（OBS）采纳并用于冬奥会大道速滑比赛公共信号制作，实现同类系统国产化替代。

2. 全力推进国家部委科技创新项目

技术局积极推进工信部"面向8K超高清视频制播关键技术和应用推广公共服务平台"项目建设。国家重点研发计划中，"4K超高清电视制播系统研制"项目已完成测试样机研制，进入联调测试阶段；"基于广播网与5G移动网融合的超高清全媒体内容协同分发关键技术研究"项目已进入全流程联调阶段；"基于AVS2的超高清电视节目播出分发系统与示范应用"项目已通过验收。

"科技冬奥"重点专项——冬奥超高清8K数字转播技术与系统项目取得阶段性成果，投入建党百年系列活动中并取得良好效果，完成冬奥系列测试赛——速滑世界杯北京站8K制作与转播。

"5G+4K/8K超高清制播示范平台"项目已完成演播室群4K系统建设，并在东京奥运会投入使用，支撑了奥林匹克频道直播，其网络切片平台能力已在建党百年直播活动中得到验证；启动4K/8K超高清应用示范总控IP化信号调度和传输系统项目建设。

七、发布技术规范，强化技术管理，推动项目建设

技术局制定并发布了《中央广播电视总台4K超高清、高清同播技术规范（暂行）》，

完成了《中央广播电视总台4K超高清和高清节目同播关键技术研究与测试》的科研报告，以此为蓝本草拟并提交了符合国际电信联盟（ITU）标准的报告书，获得国际电联充分肯定和高度评价，这是总台第一次向国际标准组织提交技术制作类文档。

2021年，技术局共组织研究行业标准18项，国家标准2项，企业标准2项。其中，《超高清晰度电视系统节目制作和交换参数值》国家标准完成制定；《高动态范围电视节目制作和交换图像参数值》国家标准和《4K超高清晰电视节目录制规范》等7项行业标准完成讨论稿；发布了《中央广播电视总台8K超高清电视节目制播技术要求（暂行）》；印发了《中央广播电视总台网络身份管理办法》《总台派出机构和台属单位落实网络安全工作管理规定》等。

服务总台国内、国外总站技术建设和全媒体内容生产，技术局确定了"因地制宜、云化部署、轻量制播"的技术建设原则，内容生产以总台新闻云外延部署为主，节目制播以轻量化演播区为核心，并按计划适时投入5G轻量化移动采集系统。至2021年底，基本完成亚太总站技术设计方案、非洲总站系统调改计划、三亚"南海之声"技术适配等工作。同时，技术局设立了技术联络人协调机制，积极做好与各总站的技术协调和联络工作，制定了《中央广播电视总台地方总站技术管理办法》和《中央广播电视总台海外总站技术管理办法》。

国际交流局工作概况

2021年,国际交流局坚持以习近平外交思想为根本遵循和行动指南,认真落实总台党组对外工作部署,守正创新,主动作为,在国际交流、海外传播、外事管理、外籍人才队伍建设等方面不断呈现新亮点。

一、重大主题媒体交流合作守正创新、成效显著

1. 成功开展建党百年信函往来

在总台领导亲自部署下,统筹实施以庆祝建党百年为主题的媒体信函往来,54位国际主流媒体负责人、媒体组织负责人、外国驻华大使等向总台致贺信(视频)庆祝中国共产党成立100周年,期待与总台深化合作。中俄媒体合作水平创历史新高,与欧美媒体合作版图有新的突破,与亚非拉媒体合作质量有新的提升,为党的百年华诞营造了良好国际舆论氛围。此次建党百年媒体信函往来,是战"疫"信函往来之后又一成功范例,创新了媒体交往形式,拓展了媒体往来内涵。

2. "伙伴"系列论坛服务国家外交大局

继"拉美伙伴""欧洲伙伴"媒体论坛后,配合中国—东盟建立对话关系30周年、中非合作论坛达喀尔会议,统筹举办"东盟伙伴""非洲伙伴"媒体合作论坛,就"非洲伙伴"媒体合作论坛发表视频致辞,60多个亚非国家的200多位国际主流媒体负责人出席上述活动,为构建中国—东盟全面战略伙伴关系和高水平中非命运共同体建言献策、贡献力量。相关报道累计触达海外用户超过12亿。

3. 海外媒体活动亮点不断

海外总站媒体活动"你方唱罢我登场",比学赶帮。北美总站"全球行动倡议2021——气候变化"特别节目邀请冰岛总理、国际货币基金组织总裁、中国驻美大使等众多高层嘉宾参会,节目被800多家媒体转载,触达近8亿全球受众。欧洲总站"2021年联合国中文日活动暨总台首届海外影像节",传播覆

盖全球160多个国家和地区，累计触达1.5亿人次。成功举办"首届总台中欧音乐节暨北京冬奥会倒计时100天音乐会"，并在英国、法国、德国、意大利等多国主流媒体播出，触达电视端用户1亿余人。拉美总站与巴西、阿根廷主流媒体合办"全景中国""中阿全景"线上论坛，与巴西盒子传媒集团共同推出"中国影视作品展播季"活动，覆盖巴西超1600万个家庭。中东总站促成总台成为2020迪拜世博会唯一的中文官方合作媒体，协调阿联酋最大阿拉伯语官方报纸《联邦报》刊登中宣部副部长、中央广播电视总台台长兼总编辑慎海雄署名文章，与迪拜世博会中国馆联合举办"CMG馆日"活动，彰显总台品牌价值。

二、多层次、多维度交流合作立体覆盖、拓展新局

1. 精心策划外事交流活动

总台领导先后会见比利时驻华大使高洋、日本驻华大使垂秀夫、俄罗斯驻华大使杰尼索夫、阿根廷驻华大使牛望道。积极推动与国际主流媒体领袖"云会见"，总台领导与韩国放送公社社长梁承东视频会见并签署合作协议，被外交部列入"中韩文化交流年"重点项目名录；与全俄国家电视广播公司总经理多布罗杰耶夫视频会谈，畅叙友谊，共谋合作。与美联社、路透社等媒体驻京机构保持经常性合作和交流。

2. 持续扩大多边媒体合作

精心策划实施总台领导与国际奥委会主席巴赫视频会谈，共同签署2026—2032年奥运版权合作协议。统筹相关部门参加欧广联第86届夏季大会、亚广联第58届大会和首届"尊重知识产权"大赛，推动总台以准会员身份加入阿广联，与欧洲新闻交换联盟、拉美新闻联盟、非广联继续深化交流合作，扩大媒体"统一战线"。

3. 重要节点国际交流精准发力

配合《中俄睦邻友好合作条约》签署20周年，成功推动总台领导与今日俄罗斯国际通讯社社长基谢廖夫共同发表题为《加强媒体合作 筑牢睦邻友好》的共同倡议。围绕总台央视奥林匹克频道及其数字平台开播上线、中国人民对外广播事业创建80周年，高效组织实施外媒致贺，共收到祝贺信函、视频150多件。针对元旦、春节等时间节点常态化开展"贺卡往来"，厚植人脉、久久为功。

4. 与港澳交流合作再上新台阶

深入贯彻落实党中央关于粤港澳大湾区建设决策部署，组织实施建党百年精品节目港澳展映活动，推出"盛世华章耀濠江""盛世华章耀香江"，向澳门广播电视有限公司、香港广播电视有限公司、香港电台和香港有线电视等免费授予体育赛事转播权。协同举办大型4K纪录片《澳门之味》启播仪式，协助推动体育赛事落地港澳，推动文化惠港、惠澳政策落地，彰显国家媒体使命担当。

三、海外总站高质量建设全面发力、多点突破

1. 海外精准传播，讲好中国故事

海外总站精心做好习近平主席重要活动

海外报道，推动"头条报道"全球落地，协调多语种《平"语"近人——习近平喜欢的典故》《摆脱贫困》等总台精品在海外多家媒体落地播出，向世界生动讲好中国故事。统筹海外总站与数百家国际主流媒体建立常态化合作。与美国全国广播公司、欧洲新闻台、意大利克拉斯传媒集团等联合推出中文视频点播平台"聚宝"及《中国周》《中国全景》《远航》等节目。截至2021年10月底，海外总站3000多条新闻素材被100多个国家和地区近1900个电视台引用播出超50万次。在总台外媒播出量前100名新闻素材中，国际新闻素材占67条，其中，海外总站稿源占44条。创新网红表达，持续推进"好感传播"。海外总站网红作品《美国打阿富汗20年，最大的输家是公知》，浏览量突破1亿。

2.国际报道打造舆论新高地

海外总站坚决贯彻"突发新闻争第一"报道方针，抢占全球重大新闻第一落点。前三季度，海外总站在总台新闻类发稿平台首发稿件超6万条。中东总站关于阿富汗局势的首发、独家报道成为国内乃至全球权威信源，一个月内在央视新闻客户端浏览量破2600万，23条微博上热搜，要闻话题总阅读量破13亿，44条独家新闻被4100多家媒体引用18 000多次。几内亚政变发生后，非洲总站记者成为首位进入几内亚首都的中国记者。北美总站"中美高层战略对话"报道全平台曝光量超过23亿次，被全球近200家电视台和频道累计播出1000多次，形成现象级传播。《北美观察》《非洲观察》《欧洲头条》《维港观潮》《中东面面观》等多语种平台积极发声，主动出击，有理有据回击抹黑、污蔑中国言论，总阅读量过亿。

3.总站挂牌运行，实现提质增效

7个海外总站全面完成挂牌，海外机构运行进入提质增效新阶段。非洲、欧洲总站加快公司化建设，亚太总站在香港注册并独立运行，海外机构人员、管理、业务深度整合。协同人事局完成海外总站近70名驻外人员选拔，优化海外总站人员流动机制，打造海外"铁军"。以《总台海外总站管理规定》为基础，完善海外制度建设，统筹各总站制定130多项各类规章，推进精细化管理。

四、涉外管理服务体系持续完善、保障有力

1.时刻筑牢意识形态工作防线

严格因公出访团组全链条管理。强化行前教育，夯实访后管理，有效提升出访人员安全意识、防范意识，全年无违规违纪情况。严守外籍用工安全阵地，认真开展外籍员工常态化安全背景核查，签订外籍员工用工安全责任书，压紧压实意识形态工作责任制。完善海外总站前后方联防联动机制，健全海外突发事件应急方案，为海外人员做好缅甸军事政变、巴以冲突、叙利亚大选、阿富汗危机等重大突发事件报道，提供强力保障。

2.外籍管理工作呈现新亮点

统筹推进外籍员工参评国家奖项，俄罗斯籍谢平、法国籍莫言两名外籍员工获评中国政府友谊奖，谢平同时入选国家"十三五"科技创新成就展"优秀外国专家代表"。充分挖潜"头部"外籍人才价值，申报成功6个高端外国专家项目，统筹实施5个外籍人才

出版项目，推进与人事局联合打造"友谊奖专家讲堂"系列课程。出台《总台外籍员工涉外活动管理办法（试行）》《总台外籍员工岗位设置管理办法（试行）》等，联合推出"高端外籍健康计划"。

3. 护签管理工作实现"三化"

以办公信息化为抓手，推进因公出访服务智能化、便利化，有力有效保障东京奥运会总台报道团组、赴港澳团组等重要出访任务及海外机构人员赴任。加快打造因公出国（境）综合服务平台、开通掌上通因公出国（境）模块、部署因公护照自助机，有效提升总台因公出国（境）服务效能。

创新发展研究中心工作概况

2021年，创新发展研究中心积极履行总台领导赋予的"最强大脑""创新发动机""传媒风向标"等职责使命，全体员工各司其职、各尽职守，圆满完成各项工作，发挥智囊作用，为总台发展献计献策。全年共提交各类专报近百期。

一、最强大脑：为总台"三力双流""三个转变"提供战略性思考、前瞻性研究

持续开展《国际一流新型主流媒体评价指标体系研究》。按照总台领导要求，进一步健全对标对表指标评价体系，完成了量化测量版的编制，分为4个维度、8个一级指标、16个二级指标和37个三级指标。

开展全方位监测研究，当好一线热运行的"瞭望哨"。已形成从头条工程到精品节目、从国内报道到国际传播、从日报到季报再到年报的全方位监测研究体系，获得总台领导多次批示肯定。建党百年系列庆祝活动及专题节目监测报告3期，对传播效果、网络影响力、融媒体产品等进行总结梳理；领袖报道融媒体传播效果监测报告12期，对总台、人民日报社和新华社三家中央媒体的总书记报道在国内外网络、社交平台的传播策略、传播效果等方面进行对比分析；重大节目网络影响力监测报告15期，对总台重大宣传活动及新闻、综艺、电视剧三类节目网络传播效果及策略进行监测；《国际新闻报道监测》365期，每日对比国内外知名媒体国际新闻报道时效；海外社交平台网络传播效果监测报告4期，对比分析国内主流媒体在国际传播领域的发展情况。此外，参与推出《国内重点新闻报道监测日报》105期。

聚焦融合创新和高质量发展，提供"精、准、快"的分析研究。围绕精品内容创新、新媒体运营创新、对外传播渠道创新、产业发展创新等方面开展深入研究，提出可操作的意见建议，基本实现了"期期有批示"。"文化产业新业态发展"课题密切追踪数字出版、虚拟偶像、网红经济等文化新业态新趋势，形成1篇主报告和6篇分报告；积极服

务一线需要，对央视新闻APP改版升级提出优化建议。持续推出《融合传播信息周报》（46期）、《全球节目想象力周报》（49期）、《跨界灵感集装箱周报》（37期）。此外，高质量完成《2019年以来总台新闻宣传工作研究报告》《2020年广电蓝皮书》《国内外处置重大舆情事件的经验做法及建议》等中宣部、国家广播电视总局交办的撰稿任务及总台领导布置的重要稿件撰写工作。

二、创新发动机：为总台内容供给侧结构性改革、全媒体产品创新提供动力

举办总台首届创意大赛。通过单位和"总台小年青"两个报送渠道共收到参赛方案671份，总参赛人员超1500名。组织来自总台内外的32位评委，从创意导向、创新价值、可执行性、商业前景等角度完成初评工作；联合总台团委开展大赛应援海报征集活动，收到100多份投稿；设计"让创新成为习惯""咖位以待，啡你莫属"等宣传语，以口罩、咖啡杯等"文创"产品进行宣传推广，引发强烈关注；配合大赛，组织了6期"咖咖谈"论坛、3期大咖创意工作坊、6期海外研发工作坊、30次线上节目诊断和5个方案的深度研发工作坊，受到创意团队的热烈欢迎。

"融媒体创意工作室"的创新动能渐显。探索"选、投、管、退"孵化培育机制，来自10个中心的16个工作室相继进入孵化项目，涵盖时政新闻、主题主线宣传、海外传播及多个热门垂直类目，采用差异化的运营与平台分发策略，探索优质IP的融合创新，并提供行业分析及成长优化建议。以内容创新不断提升

网络关注。"白岩松工作室"推出融媒体原创时政节目《白·问》，"宁听工作室"打造历史纪实采访栏目《吾家吾国》，《国家宝藏》孵化"宝藏工作室"；围绕体育、军事推出《篮球嘉话》《冷面东旭》栏目，助力"空天逐梦工作室""玉渊谭天工作室"发展。开发"C+MG动漫工作室""拍得漫工作室"创作优势，在动漫产业垂类及二次元市场、网络创意及"放松"文化等方面发力。"珊妮儿工作室""MsV工作室"等海外工作室以独特内容获得大量海外粉丝，并实现收入突破。

"CMG云创论坛"助推学术活动"破圈"。共组织了18期活动，既有总台爆款热播节目的幕后揭秘，也有行业热点话题的线上讨论。精心组织纪录片《绝笔》、专题片《敢教日月换新天》和电视剧《大决战》创作座谈会，配合做好"庆祝中国人民对外广播事业创建80周年座谈会"。积极探索传播推广和经营创收模式，5期依托央视频、快手、抖音及"CMG观察"微信号面向全网直播，收看人次均在2万次以上；《央young之夏的出圈密码》由总经理室主动策划，海尔三翼鸟独家赞助，广告创收70万，标志着云创论坛在市场开发和商业运营上迈出重要一步。扩大创新朋友圈，与复旦新闻学院、中国人民大学新闻学院、澎湃新闻及总台国际交流局、上海总站等合作策划举办，并首次探索异地办论坛新模式。

三、CMG观察：以创新表达提升传播效果

"CMG观察"是中央广播电视总台创新发

展研究中心主办的新媒体平台，以推介总台亮点、讲好总台故事、观察行业热点为基本定位。2021年，"CMG观察"围绕建党百年等重大主题宣传报道和一大批精品力作，聚焦"思想+艺术+技术"融合传播实践，充分展示总台高质量发展改版升级和"满屏皆精品"的生动局面，全面呈现总台建设国际一流新型主流媒体取得的成果。

2021年，"CMG观察"微信公众号全年发布推文397篇，其中79篇阅读量超过10万次，总阅读量近1286万人次。全年发布的重点文章有：《三年四封贺信！习近平总书记亲切关怀总台发展》《发力！看这场震惊世界的全球接力报道》《22天，73亿次！独家！独家！总台阿富汗报道声震国际舆论场》《点赞超4亿！比美加总人口多！总台直播孟晚舟归国全球关注！》《慎海雄：感悟百年苦难辉煌 弘扬伟大建党精神 奋力打造国际一流新型主流媒体》《慎海雄〈求是〉刊文：我们为什么要策划百集〈美术经典中的党史〉》《为抵达而战》《总台好"戏"连台，精品力作永远有大市场》《有点饿啊没关系 空间站有宫保鸡》《总台拍大象，全球来围观，我的可爱，world萌！》，等等。2021年，"CMG观察"微信视频号共发布334条视频，账号全平台总播放量超过1.9亿次，总粉丝数超过75万。

一是围绕主题主线，以独特视角、丰富手段、清新语态，生动诠释总台阐释传播新时代新思想创新实践。

聚焦庆祝建党百年等重大宣传报道任务，全面展现总台全媒体多语种多平台的强大融合传播优势。对总台重点节目《美术经典中的党史》《觉醒年代》《绝笔》等进行独家解读，展现总台将党的创新理论转化为节目创新创造的生动实践和精品不断、精彩纷呈的传播局面。精心策划推出《我有九组数，直播亮点藏不住！》《当流下的汗水 有了声音》等10余篇稿件，以及视频特稿《我们》，将镜头对准总台采编播队伍，讲述镜头背后的辛劳故事，彰显总台人的专业能力、敬业精神与责任担当。通过《一生一"誓"》《你在飞，我在追，取景器里永相随》等创意产品，呈现总台建党百年报道背后"科技+艺术"的力量，作品被"学习强国"学习平台等多家媒体转载。

二是抓准"第二落点"，以深入幕后、独家信息、一手资料，还原再现国际舆论场上的总台声音。

主动作为、一跃而起，在阿富汗局势、几内亚局势、孟晚舟回国等重大突发事件报道中，多篇特稿多角度多方位展现总台报道团队在国际舆论战场抢首发、敢亮剑、争独家的斗争精神，揭示总台打赢一系列大仗、硬仗、漂亮仗的制胜法宝。《总台直击阿富汗：现场，现场，还是现场》《世界在听：发自阿富汗的"中国声音"！》《突发！独家！直击几内亚军事政变，全球大事再看总台》等报道，独家采访一线记者和报道员，深入挖掘传播亮点，全面呈现重大消息全球首发、独家信源覆盖海外背后的多方努力。通过可亲可爱的表达方式，展示总台"媒体外交""好感传播"成效和"大珠小珠落玉盘""千树万树梨花开"的大传播格局。通过《整整齐齐"象"前进 可可爱爱来报道》等文章，展现总台大象系列报道的国际影响力；

通过中英双语MV《有点饿啊没关系 空间站有宫保鸡》等作品，宣传总台神舟十二号载人飞行任务报道。MV推出后迅速火爆全网，微博相关话题收获1.6亿次阅读和4.5万次讨论。空间站报道作品受到中宣部《新闻阅评》的肯定和表扬。

三是聚焦"总台现象"，以经验总结、专业解读、理念阐释，全面展示总台"满屏皆精品"的生动局面。

提升总台创造、总台制造、总台出品的"大剧""大作"的传播力和美誉度，以中华传统文化精品节目为重点，总结分享精品内容创作规律。通过《我们为什么要策划〈典籍里的中国〉》《慎海雄〈求是〉刊文：我们为什么要策划百集〈美术经典中的党史〉》等专业化、特色化文章，从创意理念、创作体验、审美经验等不同维度，挖掘总台文化精品节目深厚的传统文化底蕴和昂扬的时代精神，凸显总台传统文化传播主阵地、主渠道、主力军的高峰矩阵。在春节、中秋、七夕、国庆等重要节日，以原创优势扩大总台精品晚会和特别节目声势，通过组织《全景呈现，技术赋能：这个牛年春晚不一般》《看春晚，看到"文化自信"的力量》等30余篇文章，展现总台品牌晚会在"思想+艺术+技术"传播理念驱动下，节目形态、审美风格、价值功能的全面提升。

四是关注创新实践，以成果展现、成效展示、爆款分析，大力宣介总台全链条、全方位、全领域创新的累累硕果。

充分展示在总台5G+4K/8K+AI战略格局下，总台媒体融合向纵深推进过程中，思想理念、方法手段、媒体科技、平台建设等方面的创新实践和成效成果。瞄准8K超高清电视制播科技创新、冬奥高铁5G超高清演播室建设、"百城千屏"超高清产业项目等一系列科技创新成果，推出《今年除夕夜，我们的这项技术走在了全世界的前头》《微记录 超高清，8K好活儿又上新！》《2021总台高科技追"星"指南》等文章，用通俗易懂的语言和漫画、长图等形式对专业知识进行"解码"。突出展现总台以科技创新奋力打造爆款精品节目的战略实践，《纤毫毕现！总台12K见证三星堆的历史"刻痕"》《永不消逝！修复的165 000帧，每一帧都珍贵！》等稿件，重点分析爆款产品背后，新媒体新技术助力年轻态、生动化表达的应用路径。关注总台新媒体新平台积极构建内容生态、社交生态、营销生态、运行生态的举措，推出《央视新闻新改版，新闻"源"来如此好看》《央视频一"垂"定音！》《〈央young之夏〉何以"出圈"？来看大象如何跳街舞》等稿件，扩大宣介总台全媒体内容矩阵的品牌号召力和平台影响力，传播效果突出。

四、书报刊与评奖：延展总台亮点，扩展学术权威，拓展行业地位

努力提升"三刊一报"的行业影响力。《电视研究》入选CSSCI来源期刊，是广播电视业界唯一C刊，并再次入选北大中文核心期刊，成为"双核"期刊。全年出刊12期，共编发学术论文320余篇，约168万字。《国际传播》被中国社会科学院国家哲学社会科学文献中心评为"2016—2021年最受欢迎期刊/新刊/2020年度最受欢迎期刊"，共刊文

52篇。《中国广播》发表文章240余篇，150多万字。

编辑出版图书《党的盛典 人民的节日——中央广播电视总台庆祝建党百年全记录典藏》。认真编撰《中央广播电视总台年鉴》。完成《中国新闻年鉴》《中国广播电视年鉴》《中国新媒体年鉴》《北京商务中心区年鉴》等供稿工作，积极配合做好台史展相关工作。

《中国电视报》全年推出原创自采稿件331万字，电子版年点击量达150万，官方微博总阅读量超8亿，单条最高超4000万；通过平面端、官方微博、视频号、微信公众号，运用音频、视频、文字等，进行立体、生动、多元传播。

精心组织、推进大奖评优工作。组织完成"2020年度中央广播电视总台年度优秀作品奖"（简称总台奖）评选工作，共评出551件获奖作品。组织推荐84个集体、114名个人、752件作品参评"第三十一届中国新闻奖""中国广播电视大奖2019—2020年度广播电视节目奖""2021年亚广联奖"及首届亚广联"共创和平媒体奖"、第27届上海电视节"白玉兰奖"、2021"金熊猫"国际传播奖等22项国内外各类奖项及相关活动。协调总台参与中国记协、中广联合会及中国电视艺术家协会等主办的评奖评选活动。总台评奖系统一期上线使用，评奖工作实现从以手工、单机管理的方式向全程计算机网络化管理方式的跨越。

五、党建交流论坛、公益课堂，突破定式，亮点频出

"光华路鸣"党建平台获评第三届党建创新成果展示交流活动"百优案例"。"光华路鸣"突破传统论坛模式，采用融媒体手段，以脱口秀、面对面访谈、圆桌座谈等方式举办了9期，从全国528个优秀党建创新案例中脱颖而出，获评"百优案例"。

创办"鹿鸣课堂"公益直播课，将"我为群众办实事"落到实处。创新发展研究中心党委与国务院发展研究中心中国发展研究基金会党总支进行党组织共建，以"光华路鸣"为平台，策划推出公益子品牌"鹿鸣课堂"。首季"鹿鸣课堂"以"偏远民族地区乡村儿童讲好普通话志愿直播课"为主要内容，截至2021年，已完成8次授课，视频回看网络点击量超过500万人次，多地教育局表示将把"鹿鸣课堂"作为学生课后兴趣拓展内容进行推广。

机关党委工作概况

2021年是中国共产党成立100周年，是我们党和国家历史上具有里程碑意义的一年，也是中央和国家机关党的建设"质量提升年"。在总台党组领导下，机关党委以习近平新时代中国特色社会主义思想为指导，深入贯彻落实习近平在中央和国家机关党的建设工作会议上的重要讲话精神，认真学习习近平在党史学习教育动员大会、庆祝中国共产党成立100周年大会上的重要讲话精神和党的十九届五中、六中全会精神，深刻领会"两个确立"的决定性意义，不断增强"四个意识"、坚定"四个自信"、做到"两个维护"。

机关党委充分发挥党建职能部门作用，高质量完成党史学习教育，组织了彰显总台特色的庆祝建党百年系列活动，全面推进总台党建各项工作，努力推进总台党的建设各项工作再上新台阶，为建设让党中央放心、让人民群众满意的模范机关，打造国际一流新型主流媒体提供坚强保证。

一、守正创新，突出特色，扎实开展党史学习教育

在全党开展党史学习教育，是党的政治生活中的一件大事。机关党委作为总台党史学习教育领导小组办公室的牵头部门，按照领导小组部署，积极推动总台基层党组织和广大党员扎实开展党史学习教育。

1. 让党史"活"起来、"亮"起来，创新开展特色活动

牵头组织总台党史学习教育"四个一百"系列活动，包括100个优秀主题党日、100堂优秀微党课、100名播音员主持人讲党史微视频、100篇优秀党建论文，全台党员和各基层党组织积极响应、各展所长。其中，100名播音员主持人讲党史微视频在总台内外反响热烈，在第三届党建创新成果展示交流活动中被评为"百优案例"。

2. 积极推动党史学习教育成果转化为宣传报道成效

机关党委和总台各级基层党组织致力于

把党史学习教育的成果体现在讲好中国故事、讲好中国共产党故事上，圆满完成庆祝中国共产党成立100周年大会、"七一勋章"颁授仪式、大型情景史诗《伟大征程》文艺演出等重大宣传报道，推出《平"语"近人》《美术经典中的党史》《跨过鸭绿江》《大决战》《全国大学生党史知识竞答大会》等一批"大剧""大作"，为开展党史学习教育营造了浓厚的舆论氛围，取得了党建和业务融合的新成果。

3. 发挥群团组织系统优势，开展形式多样的庆祝建党百年群众性活动

总台职工党史知识竞赛，全台2.4万名职工参加了个人赛，600多个青年理论学习小组和团组织参加了团体赛。"巾帼心向党 奋斗新征程"系列庆祝活动，5800多名女职工积极参加。"青春之歌 唱响百年"青年合唱展演，800多名职工参加。工会组织的红色家风故事诵读，1700多名职工提交了作品。

4. 积极推动"我为群众办实事"实践活动，起于"实"，落于"办"

总台把定点帮扶作为办实事重要形式，总台领导和职能部门专程赴四川省凉山州喜德县调研解决问题。总台定点扶贫办荣获全国脱贫攻坚先进集体，定点扶贫工作在国务院扶贫办、中央和国家机关工委综合评价考核中被评定为"好"。"多频共振助力消费帮扶"案例被评为2021年全国消费帮扶助力乡村振兴"优秀典型案例"。机关党委把为党员、基层党组织办实事落到实处，与银行合作有序推动党费收缴新方式；在内部网络移动端"掌上通"建立党建工作专区，大力发展网上党校，有效解决了疫情防控常态化情况下党员干部实现教育培训全覆盖的难点，党史学习教育网上系列培训班参训人员达到1.1万人；建好总台党建信息管理系统，解决党组织分散、党员人数众多的管理难题。

中央第十四指导组对总台党史学习教育给予高度评价和充分肯定，《党史学习教育简报》《中央和国家机关党史学习教育简报》刊发总台相关工作情况12次。

二、认真、严谨、担责、实干，不断提升总台基层党组织和群团组织的组织力和影响力

机关党委以召开总台第一次机关党代会为契机，深入分析、准确把握规律和特点，全力推动基层党组织建设，不断加强专兼职党务干部队伍能力建设，使党建工作更好体现时代性、把握规律性、富于创造性，推动总台党的建设高质量发展。

1. 召开总台机关第一次党代会

此次大会是总台机关党建的一次标志性会议，机关党委把代表的选举过程作为熟悉党规、规范程序、解决遗留问题的过程，把会议召开过程作为提升党务干部荣誉感、扩大基层党组织影响力的过程，全台各级党组织和党员经历了一次生动的党内政治生活。中宣部副部长、中央广播电视总台党组书记、台长兼总编辑慎海雄，中央和国家机关工委副书记、纪检监察工委书记任正晓出席开幕式并讲话。会议选举产生了中国共产党中央广播电视总台机关第一届委员会和纪律检查委员会。总台机关党建向规范化、标准化迈出了坚实的一步。

2. 切实加强机关党委自身建设

全年共召开机关党委常委会12次、机关党委书记会议17次，及时传达学习党中央文件、中央和国家机关工委文件、党内法规，研究总台基层党组织建设工作，出台《总台机关党委会议制度》《总台机关党委向中央和国家机关工委请示报告制度》《总台基层党组织请示报告制度》等党建工作规章制度。每周召开机关党委工作例会，部署落实工委、总台党组各项任务要求。每月召开全台党务干部月度工作会议，就重点工作、常见问题解答督办。机关党委主办的"总台之声"微信公众号全年推送170多期，其中，10万+文章4篇，累计阅读量约280多万。

3. 认真落实基层党组织建设标准化规范化工作

制定一系列规范性文件，按照三定方案，选举成立744个基层党组织，包括68个党委，24个党总支部和652个党支部。明确界定国内地方总站和境外机构党组织的职能定位，分阶段、分步骤完善组织建设。严把发展党员关口，全年共审批接收新党员304名。

4. 加强群团组织建设

召开总台第一次团代会、工会第一届会员代表大会、第一次归侨侨眷代表会议，中央和国家机关群团组织负责同志逐一出席大会开幕式并讲话，提升了总台群团工作的影响力。一年内，总台各基层工会、共青团组织陆续成立，建立起了覆盖全台员工的组织体系。

三、努力做表率、做服务，为党员和职工创造干事创业氛围

机关党委充分发挥职责定位和组织动员优势，通过形式多样的文化活动、公益活动，最大程度凝聚人心、激发干劲，营造浓厚的总台文化氛围。

1. 做好慰问和送温暖工作

总台领导和机关党委同志以不同形式走访慰问荣获党内功勋荣誉表彰党员、老党员、烈士遗属、病困党员、驻村干部等共计670名同志。元旦、春节送温暖活动慰问754人次。组织11 270名工会会员参加"在职职工重大疾病综合互助保障活动"。

2. 创造条件开展文体活动，丰富职工生活

2021年，机关党委克服疫情困难，举办总台"职工乒乓球、羽毛球团体赛""职工象棋、围棋比赛"。开展新春、金秋健身季，参与职工累计2万多人。组织广播操、工间操云比赛、"就地过年云团圆"新春线上厨艺秀，丰富参与形式。

3. 树立先进典型，评优评先，起到引领作用

经机关党委推荐，全年总台共有23个集体、38名同志获得全国脱贫攻坚先进个人、全国三八红旗手、全国三八红旗集体及中央和国家机关"两优一先"、五一劳动奖状、五一劳动奖章、五四奖章集体等荣誉称号。在推选过程中严肃纪律、公平公正，凝聚了人心，先进模范真正发挥了表率作用。

离退休干部局工作概况

2021年，离退休干部局紧紧围绕学习贯彻习近平总书记有关老干部工作重要论述以及对总台工作一系列指示批示精神，以"让总台党组放心、让老干部满意"为目标，着力加强对离退休干部政治引领，坚持精准服务理念，分级、分类做好服务管理，积极开展"我为群众办实事"实践活动，打造敬业、担当、奉献的老干部工作者队伍，推动离退休干部工作高质量发展。

一、强化政治建设和思想引领，引导老干部发挥好自身优势和作用

以政治建设为统领，持续开展党史教育，引导老干部坚决拥护"两个确立"、坚决做到"两个维护"，自觉在政治上思想上行动上与以习近平同志为核心的党中央保持高度一致。教育引导老干部保持老骥伏枥、老当益壮的健康心态和进取精神，组织他们讲好中国故事、弘扬中国精神、传播中国好声音，发挥好他们优良品行在家庭教育中的潜移默化作用和对社会成员的言传身教作用、对年轻人的传帮带作用，发挥正能量，作出新贡献。

主动搭建继续发挥作用的平台，特别是在培养年轻一代、智力扶持中西部发展方面，最大限度地利用和发挥老干部的特长、优势，联合云听客户端打造"云听开讲·国声公益讲堂"品牌项目，邀请敬一丹、张越、师旭平等总台知名主持人先后为市县级融媒体中心、大专院校新闻专业学生开设节目主持、播音、采访等线上直播讲座，受到广泛欢迎。

同时，拧紧老干部有关经商办企业、社团兼职、自媒体管理、出入境管理等"弦"，"常敲小木鱼"，提醒警示不破底线、不触红线。选编推送《民法典》涉老视频材料，举办《民法典》答题，增强老干部学法、知法、守法意识和用法能力，引导老干部做遵纪守法模范。

二、坚持用心用情，落实好离退休干部各项待遇

建立健全机制，完善业务流程。制定《离

退休干部局日常慰问工作管理办法》，规范慰问形式、标准、流程，加大慰问老干部特别是空巢、独居、失能、重病老同志的力度，动态了解掌握身体情况，关注心理健康，给他们以更为暖心的心理慰藉和精神关怀，并形成长效工作机制，全年通过入户、电话、微信等方式慰问老干部12 000余人次；制定《离退休同志丧事处理的标准和流程》，全年协助处理76位去世老同志身后事；制定《新退休同志对接服务流程》，全年接入新退休人员134位。

开展"两节"和重要时点走访慰问活动。"两节"期间，离退休干部局以快递到户方式为所有老干部发放慰问品；为病困、高龄，已故老领导、老红军配偶等1035人次发放专项慰问金。组织开展重阳节慰问，集中走访慰问高龄、患病、鳏寡孤独老同志群体。全年为130多位80、90及95岁老同志上门祝贺生日，切实将总台党组、台领导的关爱与温暖送到老同志手中。

持续强化日常服务保障，及时发布疫情风险防控动态提示，发放口罩、消毒湿巾等必要防疫物资，协助3800多名老同志做好疫情防控；统计、汇总、递转药费报销预约单2000多人次，记录、递转异地医疗报销备案100多人次；协助患病住院手术、直系亲属去世等近300人次申请慰问金；协助老同志预约体检、发放体检报告、办理人事档案摘抄等日常服务工作。

三、聚焦"急难愁盼"，为老干部解难事、办实事、做好事

结合"我为群众办实事"实践活动，聚焦总台离退休干部的需要，为老干部特别是鳏寡孤独、高龄病重老同志解难事，办实事，做好事，提升老干部获得感、幸福感和安全感。推出离退休干部居家防意外和健康巡检服务，为近50位在京离退休干部安装居家无忧照护设备、监护系统，配置专班人员陪同服务提供方每月入户巡检，提供"一对一"精准服务。对接社会化养老服务体系，尝试为部分聚居区老干部提供血压血糖等健康监测，免费、优惠理发，全天候应急值守电话热线等居家养老服务等。

针对五棵松小区老同志反映强烈的小区上网网速慢、电视收视难等问题，协调总台技术部门、小区物业和电信公司，历时4个月，为130多户安装了光纤网络，电视频道节目增加到100多个。

协调办公厅、财务局为居住在复兴门办公区周边的原央视、国广老同志及家属803人新办、续办了临时出入证，方便就近办理取药、报销药费等事务；协调开通了光华路办公区药费报销、取药点。

利用"桑榆金辉"云课堂、老年文体协会线上教学、手机缴纳党费以及"总台老干部之家"微信公众号等应用场景，线上线下联动，开展"智慧助老"，帮助老干部掌握、提升手机等智能设备运用能力。

四、开展老年教育和文体活动，丰富老干部业余生活

离退休干部局积极支持老年文体协会组织开展丰富文体活动，探索共建共享老年教育资源，扩大老年教育和文化娱乐有效供给，

满足老干部多元化需求,实现老有所学、老有所乐。协调国家机关事务管理局批准接纳总台首批815名老同志完成"桑榆金辉"云课堂平台注册,满足了疫情防控常态化下总台老干部的学习需求。

完成原三台30多个老年文体协会的整合,制定各协会章程及经费管理办法,协调安排活动场所,指导各协会自主、有序开展活动,吸引1000多人次参与。组织老年文学协会开展"恪守延安精神 展现广电情怀"作品征集;组织开展老年书画摄影协会迎新春作品展、颐和园采风、香山革命纪念馆参观学习、北京最美中轴线拍摄等;指导并协助老年合唱、舞蹈、器乐等协会开展线上教学。

采取严格疫情防控措施,策划动静结合的活动内容,分批次组织1100多位老同志赴京郊大运河遗址公园和通州北京副中心参观学习,了解运河文化和现代化建设成就。

五、加强自身建设,打造敬业、担当、奉献的老干部工作者队伍

坚持制度化学习,不断提高政治站位,持续提升理论水平和专业素养,磨砺工作作风,进一步增强干部员工责任、使命意识和"用心用情、精准服务"的行动自觉。持续开展"四风"警示、保密安全、遵纪守规教育,以案明纪,"看好门,管好人"。

举办离退休干部局首届业务技能大赛,以赛促学,以练促用,推动离退休干部局干部员工学政策、比技术、强素质,熟练掌握老干部基本情况和动态,做到"底数清""情况明"。举办新选调员工业务培训,通过专题讲座、经验分享、传帮带等方式,帮助新选调员工掌握政策,提升服务意识、管理技能。

坚持守正创新,不断把握人口老龄化发展新趋势和新特征,积极探索社会化、信息化条件下提供精准服务的有效做法,打造敬业、担当、奉献的老干部工作者队伍,营造风清气正、团结向上的干事创业氛围。

国家应急广播中心工作概况

2021年，国家应急广播中心在预警信息源建设、应急广播演练培训、试点试验以及应急科普资源挖掘与传播渠道拓展等方面取得良好进展。

一、参与"应急使命·2021"演习，检验并推进国家应急广播训练实战化

2021年5月14日，国家应急广播中心参与应急管理部在四川雅安举办的"应急使命·2021"应对特别重大地震灾害检验性演习，圆满完成"应急广播电台启动运行"科目任务。

二、持续开展应急广播试点试验，不断拓展应急（预警）信息接收与发布渠道

（一）继续开展在云南、贵州的试点试验工作

通过当地IPTV、有线电视网、应急广播频率、县级融媒体平台等发布气象灾害预警信息。

（二）新接入部分省区地震速报信息源

为配合"国家地震预警和烈度速报工程"建设进程，国家应急广播中心分别与四川、福建、河北、云南等省地震局沟通，接入川滇、海峡、首都圈地震预警和烈度速报信息，"中国广播云平台"、云南等省区应急广播平台及时转发，其中仅地震预警和速报信息就有2500余条。

（三）加强与台内外平台及终端合作，扩大应急广播公共服务范围

1. 与电视机终端厂商合作

依托国家应急广播预警信息自动适配播发系统，先后与小米、长虹两家互联网电视厂商数据平台成功对接，启动了通过电视终端面向公众的应急广播公共服务试点试验。

2. 与总台旗下互联网电视企业合作

2021年，启动应急科普视频进驻总台旗

下"中国IPTV集成播控平台"及两家互联网电视（OTT）牌照方未来电视、银河互联网电视的内容点播平台，可触达用户近2亿人次，已于12月正式启动该项应急广播公共服务试点试验。

三、预警适配系统运行稳定，信息自动播发迅速及时

截至2021年12月31日24时，国家应急广播预警信息自动适配播发系统接收国家气象局、中国地震局和水利部预警信息共55.9万条，其中，气象类预警信息逾55.3万条（红色预警信息8000余条，橙色预警信息逾8.8万条，黄色和蓝色预警信息逾45.7万条）；水利类预警信息3000余条；地震类速报信息852条；其他信息1263条。向对接平台成功下发预警信息逾75.4万条，其中，给原央广云采编平台下发预警信息逾49.7万条；向对接的省级平台（包括四川、江西、湖北、贵州、云南、浙江、黑龙江等省）下发预警信息逾22.3万条；向国家广播电视总局监管中心预警信息调度控制平台下发预警信息（红色预警信息）共7000余条。该系统累计下发红色预警信息逾1.9万条，橙色预警信息逾12.3万条。

四、加强应急科普内容建设，丰富品类，提升品质，突显专业性、权威性

经过9年的积累，国家应急广播科普库内容不断丰富充实。截至2021年底，原创音频类节目储备累计达到548集，时长1756分钟；落地播出应急广播节目时长超过26万分钟。应急科普类原创动画、实拍类视频共510集，时长1635分钟。

（一）充分挖掘权威科普专业资源，全面提升原创音视频制作品质

2021年，国家应急广播中心联合应急管理部、交通运输部，充分发挥合作方在应急专业领域之所长，采用实拍形式，制作了36集、总时长超75分钟的实验类消防和交通安全系列原创应急科普短视频，通过真实的现场实验和应急处置过程，警示各类火灾隐患、交通安全风险，由专业消防员或交警参与策划、解说并提炼的灾害应对要点，具有很强的权威性、指导性和可操作性。以4K高清标准完成11集《急急侠》系列片。该季《急急侠》增添动画故事的魔幻色彩，更具故事性、观赏性。创新推出儿童广播剧"急急侠"系列之《消失的恐龙蛋》，开启国家级应急科普广播剧制作先河。80集音频类"急急侠"系列故事，以剧场式演播方式，用生动活泼的语言向小朋友输出专业权威的应急科普知识。音频公益广告项目共制作9套18条，题材涉及各类灾害预防与应对知识，逐步形成"情景故事+应急科普"的传播特色。2021年，《国家应急广播·高速加油站》共播出应急广播节目182.5小时。

（二）持续充实应急科普知识库，具备分类明晰、品种多样、方便实用的特色

2021年，国家应急广播中心持续推进科普库内容聚合及分类架构建设，将所有科普内容整合划分，横向、纵向详细分类，着力

打造交互友好的应急科普知识库。集纳应急科普音频、视频、图文等诸多形式。全新上线《溺水》《暴雪》《地铁事故》《网络诈骗》4个科普知识专题库。截至2021年底，已制作推出20个应急科普专题库。

五、持续推进国家应急广播新媒体平台建设，强化"新闻+科普"特色，扩大国家应急广播影响力

2021年，国家应急广播网站、手机网、客户端、微博、微信、央视频、头条号、抖音、小程序、视频号10个新媒体平台共收获阅读量超过40亿。国家应急广播微博年累计阅读量6.1亿，微信公众号多篇文章被"学习强国""应急管理部"等账号转发。

（一）以应急科普为特色，大型网络直播活动形成"固定品牌"

2021年，国家应急广播中心积极策划重大选题，以央视频、云听、微博、抖音等作为主要平台，持续打造"应急广播 科普应急"主题网络直播品牌。全年推出全国防灾减灾日、六一国际儿童节、119全国消防安全日等网络视频直播，累计触达量超25亿，社会反响热烈。

（二）围绕重大突发事件快速响应，配合相关科普，彰显以人为本传播理念

每逢重大突发事件发生，国家应急广播各平台快速响应，准确把握"时度效"，及时客观报道，快速弹窗推送，充分利用原创音视频、图说等资源开展科普宣教，2021年传播效果屡创新高。其中，抖音单条阅读量最高突破1.68亿。《遭遇恐怖袭击事件要快速离开现场》向网友普及遭遇恐袭时如何确认逃生路线以及躲避地点，阅读量3300万。

（三）开辟科普传播平台，强化科普工具属性

1月4日，"国家应急广播"小程序产品正式上线微信平台。该产品是集应急科普视音频、图说及突发事件资讯、24小时应急热点等于一体的应急百科轻应用。

6月2日，"国家应急广播"微信公众号正式开通视频号。依托国家应急广播多年积累的原创科普视频资源，结合突发事件，对视频进行编排剪辑后发布，引导网友关注防灾减灾，学习应急知识。

2021年，国家应急广播网全面优化升级改版，首页首屏重点呈现大科普区，从页面设计到功能实现上突出工具属性，盘活科普资源，优化检索功能，注重用户体验，实现全站各类科普内容的充分调用。

（四）创新新媒体产品，增强应急话题的吸引力

结合全国防灾减灾日、汛期暴雨洪涝、全国疫苗接种突破20亿、全国消防日等重要时间节点，国家应急广播策划推出互动SVG、交互H5、Rap说唱、创意海报等多个形式新颖、内容丰富的原创新媒体产品。其中，5·12全国防灾减灾日产品《安全无小事 大家来找"茬"》、119全国消防日产品《TA也不想这样……》分别突破10万。此外，国家应急广播紧跟短视频流行趋势，推出系列视

频栏目,《办公室日常》以真人出镜答题,引导受众在快问快答中增长应急知识;《急中生智》选取日常生活中的安全隐患,每集讲明白一个安全点,受众反馈良好。

(五)注重内合外联,传播力、影响力日益提升

2021年,国家应急广播中心继续向"学习强国"学习平台《每日一招》栏目提供应急科普内容,截至12月31日共发布国家应急广播原创科普视频805条。同时,继续为"学习强国"学习平台编制应急科普类答题,截至12月31日已提供70套共计395道题目及答案解析,多次在学习强国APP"每日答题""挑战答题"环节呈现。

地方机构管理中心工作概况

2021年，31个地方总站认真学习贯彻落实习近平总书记对总台工作的一系列重要指示批示精神，切实把思想、行动统一到总台党组的要求上来，在宣传报道、完善运行机制、加快总站选址、做好总台品牌宣传推广、推进项目落地等方面持续发力。2月9日，总台召开地方总站干部专题会议，此举标志着地方总站组建工作全面启动，各地方总站建机制、促融合、强队伍，蹄疾步稳推进地方总站建设，为总台奋力打造国际一流新型主流媒体作出贡献。

一、加强总站业务建设，提升全媒体生产能力

地方总站坚持"阵地前移、一线发声"，在首发、独家上狠下功夫，提供最权威、最真实、最及时的报道。截至2021年底，地方总站在《新闻联播》发稿超2500条，在央视新闻客户端发稿22 470条。

地方总站强化"一盘棋"意识，紧紧围绕建党百年这一重大主题，积极配合总台有关部门和平台，精心策划形式多样、丰富多彩的宣传报道和主题活动，全面报道各地学习六中全会精神的新举措，推动全会精神入脑入心、走深走实。从建党百年系列大型直播《今日中国》《这就是中国》，到《沿着高速看中国》《奋斗百年路 启航新征程》《走进乡村看小康》等系列重点报道，多维度、多层次描绘各省份百年画卷，展现百年大党风采，奏响建党百年宣传华彩乐章。其中，《今日中国》仅在各地架设的直播点就达170个，成为总台历史上覆盖面最广、报道点最多的大型主题直播报道。

地方总站认真落实总台领导关于提升重大突发事件应急报道能力的要求，在守土有责、守土负责、守土尽责上狠下功夫，不断完善应急报道机制，强化抢首发意识，完善保首发机制，提升对突发事件和社会热点"快、稳、准"全媒体报道能力，有效引导舆论。在抗台防汛、新街口恶性伤人事件、威海港"中华富强号"客货滚装船爆燃事故、

白银山地马拉松遭遇极端天气、玛多7.4级地震、孟晚舟回国等突发、热点事件报道中,相关总站闻令即动,快速启动应急预案,第一时间奔赴一线,科学调度采编力量,以快速、真实、生动的报道追踪进展,履行"突发事件快速反应排头兵"职责使命。

地方总站在央视新闻客户端开通31个账号,在央视频客户端开通33个账号,策划推出40余个重点宣传项目。此外,还相继策划推出《寻找百位留言人@一大留言簿》《红岩家书——寻访红岩绝笔后人》《春风吹又生——助力龙江春耕》《松花江上》《一路花开看西藏》《钟声:勿忘九一八》《新疆高质量发展　牧业转场新变化》《钱塘观潮》等大型全媒体活动,将传统优势和新媒体特点结合,不断尝试和运用总台新技术手段,打造富有地域特色的新媒体传播品牌,为构建轻量化、移动化、云化的融合生产传播体系进行了有益探索。

二、优化管理流程,完善运行机制,初步建立协同配合、科学高效的地方总站管理运行机制

地方总站按照总站组建工作方案等,不断加强制度建设,建立起协同配合、科学高效、符合本站特点的管理运行机制,共制定了570余项涵盖宣传报道、行政运行、项目落地、党风廉政建设等方面的规章制度,形成以"三重一大"集体决策制度为基础、其他制度全面跟进的制度建设新格局和"用制度管人、按程序办事"的良好氛围。此外,31个地方总站均结合各自工作实际,全部建立了"三重一大"集体决策机制,对站内重大事项的会商决策流程进行了明确规范,并配套建立健全督查督办工作机制,保障"三重一大"集体决策机制落到实处。

地方总站坚持融合先行,以人员、机构整合为驱动,以业务融合为抓手,不断建立健全各类宣传管理制度,构建符合各自实际的业务流程,深化资源整合,推进宣传报道一体化,实现资源共享和优势互补,催化融合质变,进一步推动业务融合向纵深迈进,提高全媒体生产能力。地方总站打破原有电视、广播记者间的壁垒,优化资源配置,稳步构建适合融媒发展趋势的采编体系和管理体制,并针对视频、音频节目采制的特点,采取"一帮一、结对子"等方式实现"跨界",推动电视、广播记者混合编组,以实战与培训相结合的方式提升采编队伍的综合能力。总站已基本实现电视记者在广播中做连线,广播记者在大小屏、新媒体中直播出镜,协同发力的高质量融合报道格局初见成效。

三、全力筹划、多措并举,加快推进总站选址工作

地方总站认真落实总台党组和总台领导的决策部署,挖掘区位特点,主动作为,抓住契机,将选址工作列入与当地党委、政府共同推进总站建设的重点沟通事项。在总台办公厅、人事局、财务局等部门联合协调机制的指导下,根据各地实际情况、因地制宜,采取多种方式,蹄疾步稳推进地方总站选址工作,取得了阶段性成果。截至12月,31个地方总站全部实现合署办公。19个地方总站

以无偿划转、优惠购买、无偿使用、资产置换、优惠租赁等多种方式明确了总站新址，为总台添置优质资产作出了贡献。以上这些总站的新址改造、产权划转等工作正在有序推进中。其他12个总站的选址工作在当地党委政府的支持下，也都取得积极进展。

四、做好总台品牌宣传推广工作，扩大总台在各地的影响力

地方总站自组建以来，在做好机构、人员、业务融合的同时，按照总台领导要求，充分发挥纽带桥梁作用，加强与各地党政机构的沟通联系，持续做好总台重要项目、重要节目、重点稿件在各地的宣传推广工作，用实际行动擦亮总台的金字招牌，放大总台的品牌效应，更好地扩大总台在各地的引领力、传播力和影响力。

地方总站积极发挥地域和渠道优势，深耕地方资源，协调各方力量，高度重视宣传推广工作，初步建立了常态化宣传推广工作机制和分级、分类宣传推广工作流程，与各地党政机构、媒体平台、政务公号等新媒体类账号深入合作，进行有组织的全网推送，持续做好4K修复电影《永不消逝的电波》、总台出品首部故事片《跨过鸭绿江》和总台重要稿件的宣传推广工作，相继推送《时政微纪录｜而今迈步从头越——习近平总书记今年以来国内考察纪实》《总台依法坚决查处东京奥运会盗版侵权行为》《发力！看这场震惊世界的全球接力报道》《精彩破圈！总台秋晚如约开启 全球网友盛赞唯美走心》《点赞超4亿！比美加总人口多！总台直播孟晚舟归国全球关注！》《首部！4K超高清彩色修复故事片〈永不消逝的电波〉国庆档公映》《今起登陆全国院线！》《俄罗斯总统普京签署总统令，授予中央广播电视总台台长慎海雄"友谊勋章"》等总台重点稿件，平均每篇稿件被转载近540次，涵盖了各省（区市）省级、地市级媒体平台、县级融媒体平台及商业门户网站、政府政务公众号等，实现了总台重要稿件全方位落地、全平台呈现。

五、加快推进有关项目落地，持续提升总台影响力

地方总站发挥地域优势、挖掘区位特点，紧密围绕媒体深度融合发展新形势，积极融入和服务总台新发展格局，在版权运营、产业拓展、重大项目建设等方面不断尝试，助推总台事业产业高质量发展。积极协调推进总台版权交易中心、超高清视音频直播呈现国家重点实验室、国际传媒港融媒体影城、超高清产业示范园、国家（杭州）短视频基地、涿州文化产业综合项目等在各地的落地工作，配合总台有关部门推动党史学习教育基地建设，配合总台"品牌强国工程""百城千屏""全屏传播联盟"在各地的组织实施，运营总台首个自有综合性巡回赛事"中国网球巡回赛"，积极与各地政府及企业对接洽谈合作事项，策划推出"东北虎三胞胎全球征名""新时代 新鲁菜创新大赛""体验中国·古韵新生之河南登封""中国影视之夜""中国时尚盛典""科学嘉年华""中国城市数字经济论坛"等活动，实现"两个效益"双丰收，用实际行动擦亮总台金字品牌。

海外机构管理中心工作概况

2021年，海外总站积极构建总台海外传播矩阵全新格局，努力打造全球合作伙伴关系，在新闻首发、合作传播、融合报道上同频共振、创新发力，以攻为守，奋力提升总台在国际舆论场的权威性、影响力和不可替代性。

一、积极构建总台海外传播矩阵全新格局

1.构建总台海外战略布局

推进海外报道网络建设，高效完成七大海外总站挂牌运营。中国与尼加拉瓜恢复外交关系之际，在短短90小时内，建站团队完成马那瓜记者站建站审批及揭牌工作，建成总台海外第190个记者站点，有力配合国家外交大局。截至2021年底，总台海外采访力量主要包括海外总站报道团队以及CGTN、亚洲非洲地区语言节目中心、欧洲拉美地区语言节目中心等海外报道员团队，分布在全球105个国家和地区的190个海外记者站点，形成了覆盖全球的新闻报道网络。

2.打造海外传播渠道矩阵

与近350家国际主流媒体开展常态化合作，壮大集群优势，构建对外传播全球矩阵，扩大国际舆论朋友圈。2021年，海外总站素材被126个国家和地区的2000多家电视台及新媒体平台引用播出超过65万次，在外媒播出量前100名素材中，海外总站稿源在国际新闻序列占比66%。

3.推进海外运行策略转型

2021年，受国际局势和全球疫情的持续影响，海外机构运行风险显著增加。由于欧洲总站扎根欧洲腹地，非洲总站又屡次遭受当地无端税务调查，为保障我舆论斗争前沿阵地安全平稳运行，结合北美总站实施全面公司化运行的成功经验，总台加速推进机构、人员和业务的全面公司化进程。公司化运行是总台海外机构履行驻在国当地的法律法规、税务政策和劳工政策合规义务，确保境外机

构和人员在驻在国合法合规运行、防范化解风险的重要保障，为总台海外机构运行建立防火墙，规避和防范政治、法律、税务风险，高效对接海外商业化市场环境，有效确保了总台对外传播业务高质量、稳定发展。

二、争抢首发独家，提升总台在国际传播领域地位

1. 拼抢首发首达新速度

海外总站抢时效、强原创、拼独家、重深度，成为全球媒体主要信源。"阿富汗局势""中美高层战略对话""中美高层苏黎世会晤""俄罗斯纪念苏联卫国战争胜利日"等多个系列报道全平台浏览量过亿。总台编务会议专门对海外总站在华盛顿国会山骚乱、阿富汗局势、几内亚局势等报道中的突出表现予以通报表扬。

2. 提升舆论斗争新高度

海外总站《变形记：从新冠病毒到政治病毒》《香港各界认为"爱国者治港"将让香港走向美好未来》《维族家庭讲述CNN如何失实报道新疆问题》等报道澄清真相、明辨是非，有效引导舆论。深度评论专栏《北美观察》《非洲观察》《欧洲头条》《维港观潮》《中东面面观》等，有理有据回击抹黑、污蔑中国的言论，总阅读量过亿。

3. 探索中国叙事新路径

网红工作室产品《美国打阿富汗20年，最大的输家是公知》浏览量突破1亿。针对海外受众推出特色产品，如浏览量超1.4亿的英文版短视频《美术经典中的党史》、浏览量超1000万的H5融媒产品《100年前的启航》等对外传播精品力作。

三、创新开展媒体活动，打造全球合作伙伴关系

1. 打造对话式媒体活动

围绕国际议题，凸显可信的中国形象，举办2021"非洲伙伴"媒体合作论坛，非洲43个国家90余位媒体代表参会，触达海外用户超过6亿。与巴西、阿根廷主流媒体合办"全景中国""中阿全景"线上论坛，触达海外受众近2亿人次。

2. 策划主导式媒体项目

聚焦"头条工程"，展示可敬的中国形象，组织"盛世华章耀濠江""盛世华章耀香江"建党百年精品节目港澳展映活动。推出《全球行动倡议2021——气候变化》特别节目，邀请冰岛总理、国际货币基金组织总裁、中国驻美大使等众多高层嘉宾参会，触达近8亿全球受众。

3. 开展合作式媒体实践

促进民心相通，塑造可爱的中国形象。"2021年联合国中文日活动暨总台首届海外影像节"传播覆盖全球160多个国家和地区。《更团结 共筑梦——中央广播电视总台中欧音乐节暨北京冬奥会倒计时100天音乐会》特别节目触达电视端用户超1亿。推动总台成为2020迪拜世博会唯一中文官方合作媒体。

四、坚决捍卫总台海外利益安全

1. 巧妙开展精准灵巧的对抗斗争

受美西方施压影响，新加坡内政部在国

会提出《防止外来干预法案》，旨在针对《联合早报》等中文媒体调查境外势力影响。对此，总台积极应对，巧妙通过向新加坡媒体推荐总台多个新闻资讯平台的方式，促成重点报道有效落地，仅新加坡《联合早报》引用总台素材报道就达200余次。

2.稳妥采取专业高效的应对策略

在美西方的政治干预下，驻英国、澳大利亚记者遭遇了舆论施压、法律拖延、突击搜查乃至死亡威胁等恶意攻击。对此，总台外聘西方专业法律团队，坚决通过法律手段予以回击，维护记者正当权益；准确研判局势，适时发声阐明立场态度，真实揭露英美等国在媒体自由上的"双标"戏码和对我国媒体实施不正当政治打压的险恶意图，稳妥有序地化解可能出现的舆情风险。

3.优化完善系统科学的保障体系

应对全球风险挑战，强化海外风险防控意识，提高风险研判和应对能力；建立安全责任人制度，完善各类风险和突发事件的应急预案；建立紧急情况法律救援一键启动机制和日常法律服务保障支持；搭建境外保险与紧急救援网络和境外安保服务网络。

五、面对全球疫情，推动海外总站高质量平稳运行

1.协同做好海外队伍建设

依托总台3000多人的国际传播人才库，协同人事局制订海外总站人员选派培养工作方案。优化选派机制，完成总台海外总站两批共69名驻外人员选拔工作；创新管理方式，安排待派人员远程参与总站业务，强化前后方协同作战能力；完善能力培养，建立覆盖驻外全流程的国际传播人才培训体系。

2.拉紧海外运行制度红线

起草《中央广播电视总台海外总站业务考核办法》，推动建立海外总站综合考评体系；制定《中央广播电视总台海外雇员管理暂行办法》《中央广播电视总台驻外人员考勤和请销假管理办法（试行）》等涉及总站管理的多项规定，督促海外总站制定完善规章制度130多项，确保各项工作运行有章可循、有据可依。

3.筑牢海外抗疫健康防线

建立海外联防联动机制，坚持疫情每日零报告，累计排查超过54万人次；启动海外记者心理关爱项目，搭建一站式心理服务平台，为70多名记者提供了心理测评建议及咨询服务，发布心理健康常识微刊等68篇；累计调配防疫物资19.5万件，防疫急救包300份，中药制剂1000盒，邮寄生活用品201公斤。

4.建立全球联动保障阵线

推动海外账户合并，将海外机构对公银行账户从94个精简至58个，实现"一城一站一账户"；审核4个海外公司2017—2019年度6万张财务凭证并出具报告，确保海外资金使用合规；组织实施14套海外房产回收的实地踏勘与信息调研；初步搭建海外机构一体化办公管理系统，运用技术手段规范海外总站管理流程，提高海外总站行政办公效率。

六、筑牢学习阵地，服务党和国家工作大局

国际交流局统筹海外总站立足"两个大

局"、心怀"国之大者",贯穿学习宣传贯彻习近平新时代中国特色社会主义思想这条红线,把握好稳字当头、稳中求进这条原则,在守正创新中展现新作为,在以攻为守上谋求新发展。

1. 拓宽党建引领作用

积极统筹海外总站建设高标准海外运行体系,精准有效开展国际传播,生动鲜活讲好中国故事;引领海外总站以党建促业务,用情用力讲好中国故事,塑造更多为世界所认知的中华文化形象,努力展示一个生动、立体、全面的中国,为推动构建人类命运共同体谱写新篇章。

2. 奋力打造海外阵地

海外总站深入学习宣传贯彻习近平新时代中国特色社会主义思想、习近平总书记重要讲话及指示批示精神以及近四年来五份贺信精神,把旗帜鲜明讲政治贯穿业务工作全过程。以元首外交为引领,持续创新做好总书记思想对外传播宣介,以更具时代感、更富人情味、更具国际范的传播方式,提升中国理念、中国主张、中国智慧的世界影响力。同时,优化与完善海外人才全流程培训机制,绷紧驻外人员的思想弓弦、筑牢思想防线,针对性提升驻外人员在新形势下所需的国际传播业务水平。

3. 扎实有效服务大局

发挥总台党的宣传报道主力军压舱石的重要作用,策划推出海外总站"手拉手"全媒体互动项目,着力构建更广泛的国际媒体"统一战线",做海外传播前沿的"尖刀连"。深化好感传播,引导国际社会更加深刻感悟新时代中国的可信、可爱、可敬,做创新对外表达的"桥头堡"。

审计部门工作概况

为落实党中央对加强审计工作的指示要求，构建集中统一、全面覆盖、权威高效的审计监督体系，2021年4月，经总台党组研究批准，成立中央广播电视总台审计委员会。审计委员会负责研究并决策总台重大审计事项，审计委员会主任为总台主要负责人，审计委员会下设办公室（设在审计部门），办公室主任由办公厅分管领导兼任，负责管理审计业务及处理委员会日常工作，为有效提升审计工作的权威性提供了有力支撑和坚实的组织保障。

审计部门以总台审计委员会成立为契机，全面加强党对审计工作的领导，不断深化体系机制建设，提升审计监督整体效能。一是夯实审计制度基础，2021年3月，印发施行了《中央广播电视总台审计整改办法（试行）》，明晰内部审计职责权限、规范内部审计行为，充分发挥制度建设的规范引领作用。二是推动完善内部审计运行机制，研究确立审计沟通协作机制、审计资源统筹调配机制、审计成果综合运用机制等相关工作机制，有效提升审计工作整体策划、管理和组织能力。三是完善内部管理，严格规范审计程序，明确三级复核工作机制，切实提高审计方案、审计底稿、审计报告等审计文书质量，全面提升审计工作规范化、专业化水平。

2021年，审计部门全年共完成各类审计项目698项，审计总金额1 226 287.22万元，发现问题139项，提出审计建议及风险提示203条，中止高风险及违规项目5个，涉及资金4373万元，节约资金2 565.02万元，追回违规支出款项、为总台挽回直接经济损失1 865.18万元。

一、2021年审计部门的重点工作

1. 强化节目经费专项审计

审计部门以风险为导向，全面加大对总台节目经费的监督力度，聚焦"委托制作业务"这一风险高发领域，全面审核经费开支的真实性、合法性、效益性，并通过追踪资金流向对"委托制作业务"涉及的合作企业与项目执行有关的合同签订、资源投入、财务收支等情况进行延伸检查,确保审计监督覆盖业务生产全流程、经费支出全过程。完成了对5个中心、43个重大节目经费支出的审计工作,延伸审计台属企业6家,审计资金总额81 929.76万元,发现问题39项,提出审计建议28条。

2. 扎实开展经济责任审计

为强化对权力运行的制约和监督,审计部门科学配置资源,深化经济责任审计工作,通过聚焦权力运行和责任落实,全面核查资金、资源、资产的管理、分配和使用,以及领导干部廉洁从业和贯彻落实中央八项规定精神情况,切实维护总台经济利益,促进领导干部履职尽责、担当作为。完成两项企业领导人员经济责任审计工作,并延伸审计下属企业3家,审计资金总额164 702万元,发现问题21项,提示风险7条,提出审计建议21条。

3. 深入推进财务收支审计

审计部门积极推进总台直属企业的财务收支审计工作,重点关注企业内控制度建立健全情况、财务管理和会计核算情况、内部管理情况等,规范直属企业财务收支活动,提高企业内部管理水平。完成5家企业的财务收支审计工作,延伸审计下属公司8家,审计资金总额约487 747.71万元,发现问题44项,提示风险10条,提出审计建议44条。

二、审计部门的常态化工作

1. 开展预算审核工作

根据总台党组关于高质量发展要求,审计部门聚焦关键环节,着眼风险源头治理,强化重点领域监督力度,将重点项目、重要事项、大额资金的预算审核纳入预算管理审核流程,为总台领导了解预算管理全貌、进行科学决策提供依据和保障。共审核预算项目86项,涉及资金174 664.46万元,提出建议及提示风险30条,出具风险提示函及预算备案通知31份。

2. 推进政府采购审计

依托审计系统技术优势,以信息化手段持续开展政府采购审计,对政府采购项目全样本数据进行整合、分析、核查,进一步提升数据挖掘深度,识别风险问题行为规律,查找管理漏洞,实现对风险早预警、早识别、早处置,有效防范和确保采购过程重点环节不发生系统性风险。共完成政府采购审计项目529项,审计资金总额约293 195.88万元,发出审计征询函9份,发现问题30项,提出审计建议及提示风险55条,中止高风险项目5项,涉及资金4373万元。

3. 实施工程结算审计

以规范总台工程项目管理、防范工程建设风险为目标,将总台所有工程项目结算纳入审计范围,采用全面审查法对项目结算书进行逐项核查,加大对工程结算"高估冒算"的审减力度,有效降低工程成本,切实提高资金使用效益。共完成结算审计项目31个,送审金额3 864.87万元,审定金额3 299.85万元,审减率14.62%,节约资金565.02万元。

4. 完成总台领导临时交办的任务

针对总台领导交办的工作任务,深入业务一线,紧密服务总台节目生产部门,有效构建起总台风险管理体系中的"第三道防线"。一是完成专项事宜的审计核查，通过全面了解业务情况、逐笔核查经费支出情况，分析研判存在的风险点，从程序合规、风险防范等方面提出审计建议，为总台领导决策提供参考及依据。项目审计资金总额12 800万元，发现问题3项，明确审计意见建议5条，节约资金2000万元。二是完成对重点工程项目的审核，以整体把控总台投资风险为出发点，以物业装修价款为重点，克服远程审计和防疫工作的影响，采用无纸化报审、"视频+现场踏勘"等多种方法和手段，加强沟通联系和取证措施，高效推进审计项目实施，涉及资金7 382.54万元。三是全力做好建党100周年、冬奥报道、春晚等总台重点项目的配合工作，根据节目生产实际特点及一线业务人员需求，全程提供审计咨询服务，为节目生产提供支持保障。

三、审计整改成效

审计部门通过狠抓问题整改，不断推动、健全、完善审计整改长效机制，持续加大审计整改工作力度，压紧压实整改责任，对整改事项实行"挂销号"动态管理，切实强化工作举措，推动审计发现问题的整改落实取得新突破，审计整改成效显著。一是增加经济效益，有效节约资金。针对审计发现的违规列支资金、成本不实等问题，督促相关部门（单位）及时纠正，为总台挽回直接经济损失1 865.18万元。二是促进规范管理，全面提升内部治理效能。结合审计查出问题以及提出的建设性建议，相关部门（单位）将具体问题与完善制度、强化管理相结合，组织、研究、制定有关堵塞漏洞、加强管理的制度机制23项，优化业务流程8项，努力做到治根本、抓源头，标本兼治，有效提升内部治理效能。三是形成良好的合规文化氛围，夯实风险防控基石。通过审计实施过程与相关部门（单位）的深入沟通，共同研究有效整改的方法和路径，将合规意识深刻植入内部管理之中，有效传导合规文化建设理念，筑牢按章办事、遵纪守法的"防火墙"。

四、审计信息化建设

2021年，审计部门不断深化审计信息化建设，以审计服务平台为依托，积极探索信息化、智能化、数字化审计的路径方法，为新发展阶段内部审计作用的发挥提供坚强技术支撑。一是推动完成审计信息系统整改模块的开发上线，对整改问题情况、整改过程、整改结果等内容进行电子化在线管理，增强审计发现问题准确传达、整改过程及时跟踪、整改效果及时评估的能力，推动信息高效传递，工作质效同步提升。二是持续探索数据资源的深度应用，对以往沉淀在审计服务平台的全样本数据进行标准化的清洗和处理、精准化的分析和比对，深度挖掘数据蕴含的潜在信息和行为规律，让数据资源成为审计监督发挥作用的有力支撑。三是做好审计服务平台当前运行版块的优化完善，全面完成审计流程页面的升级改造；自主研发的审计系统图形用户界面，获得了国家版权局颁发的专利授权。

音像资料馆工作概况

2021年，音像资料馆按照总台领导"让资料活起来"的批示精神，紧紧围绕庆祝建党百年等重点宣传任务，把开展党史学习教育、落实巡视整改与推动资料馆高质量发展有机结合，在总台奋力打造具有强大引领力、传播力、影响力的国际一流新型主流媒体的战略格局中，全面落实"四个服务"，持续推进"三个转变"，加快推动"两个平台"建设，努力打造国际一流音像资料馆。

一、聚焦建党百年，为总台重点宣传任务提供资料服务保障

（一）扎实做好庆祝建党百年总台重点宣传任务资料保障服务

全年为总台宣传制播提供视音频资料69 034条，共3354小时。其中，为《敢教日月换新天》《山河岁月》《美术经典中的党史》《伟大征程》《红色档案》等总台17个建党百年重点节目提供视频资料5万多条2230小时、音频资料1567条124小时、特藏资料2428条51小时。

1.整合资源优化流程，创新资料服务模式

从视频、音频、特藏三个维度搭建"建党100周年主题数据库"，包含近13 000条数据；创新为重点节目提供"点睛"素材，为《敢教日月换新天》剧组挖掘出毛泽东、周恩来等老一辈革命家未公开过的影像资料；持续开展习近平总书记金句二次深度切分与著录，建立19个特藏主题资料数据库；优化4K节目资料上下载流程，对重点节目需求，强化紧急编目生产，确保宣传报道所需节目资源及时、高效、共享。

2.创新多渠道素材采集方式

派出7名骨干跟随《敢教日月换新天》外拍摄制组，负责现场场记、内容整理、素材收集等工作，累计拍摄素材25T、约110小时，采访80个人物，整理著录场记单2367条，进一步丰富馆藏资源。

3.创新图文资料服务模式

在综合查询阅览区开辟党史学习教育专区，利用多种线上渠道推介党史学习教育数

字图书,打造便捷高效的党史学习线上阅读平台。

(二)全力服务总台奥运宣传报道和精品力作打造

全方位服务奥林匹克频道开播,主动参与频道及数字平台建设,主动对接频道节目需求,推进体育类珍贵影像资料修复工作。圆满完成东京奥运会、陕西全运会素材前场收集归档和后场实时场记著录工作,完成欧洲杯信号收录及素材归档工作,实现赛事零漏收、归档零差错。为各节目部门的31个重点项目提供资料支持,助力打造《感动中国》《摆脱贫困》《澳门之味》《中国地名大会》(第三季)等一大批精品力作。

二、坚持守正创新,为总台新媒体和国际传播服务

(一)积极探索新媒体内容生产服务模式

1. 自主创作短视频产品,形成爆款效应

与视听新媒体中心、新闻新媒体中心、CGTN等开展合作,抓住五一、五四、奥运会、"神舟"飞船发射返回、冬奥会等热点,策划制作二创独家短视频69条,16次登上各大平台热搜榜前10位。与央视频联合策划的关于李大钊、王进喜、蔡元培的3条短视频,在各视频客户端点击播放量超1.3亿次。部分短视频被总台新闻频道、安徽卫视电视新闻节目选用播出,成功实现小屏优质内容反哺大屏。

2. 按需定制、及时推送各类内容资源

支持央视频影视Tab、纪录Tab内容需求。截至2021年底,累计生产、推送电视剧79部、电影58部,共2015小时,纪录片13部,共80小时。

3. 建设新媒体微主题精品素材库

主动策划、挖掘馆藏珍贵资源,建设和完善了党的十八大以来的成就、延安历史影像等18个微主题精品素材库,截至2021年底,共有数据2881条。

(二)开拓创新国际传播主题资料服务机制

积极探索对国际传播投送的资料服务模式,建立外宣主题资料库,向总台多语种网红工作室提供短视频内容资料;持续与CGTN、亚洲非洲地区语言节目中心、欧洲拉美地区语言节目中心沟通,提供外宣主题资料查询和短视频制作服务。与港澳台节目中心就具体合作机制和资料服务模式进行沟通,服务"看台海"新媒体矩阵紧急资料需求,查找、加工、提供资料数据60条,共3小时。

三、心怀国之大者,为党和国家工作大局、社会和公益服务

(一)全面落实为党和国家大局服务

2021年,为中央党政机关提供视频资料10 531条,共2964小时;特藏资料2138条,共520小时。包括为中国共产党历史展览馆布展提供资料78次,共1249条、26小时;建设"纪录小康工程"主题数据库等。

(二)稳步推进为社会和公益服务

不断优化节目资料社会化服务流程,全年共受理社会化服务订单107单,其中,有

偿服务 89 单；为国家图书馆等 18 个单位提供社会公益服务。

四、加快转型升级，持续推进"三个转变"

（一）积极创新资料收集服务模式，向全媒体资料服务平台转变

1. 全方位拓展资料采集范围

制订新媒体内容资源收集实施方案，完成对新闻新媒体中心的定向素材收集；积极推进总台事业发展重要活动音视频资料收集工作。全年媒资系统视音频数据新增 17 万小时，馆藏资源达 300 多万小时。

2. 开展总台音频资源专项收集

重点收集原国广音频节目素材和广播音频原声采访素材，开展央广 17 个广播频率播出节目信号档案留存工作。

3. 试点解决国内地方总站资料收集与媒资服务问题

赴天津总站、上海总站、黑龙江总站实地调研，协调技术局以 FTP 远程传输方式，初步实现了黑龙江总站、天津总站的资料远程下载和素材入库。

（二）大胆突破单一媒资服务模式，向资料内容生产服务转变

与视听新媒体中心深度合作，充分挖掘总台核心媒资，在原创内容开发、精品媒资二创短视频、节目素材提供等方面给予支持，累计为央视频提供各类二创短视频、媒资素材等 632 条，影视剧纪录片 150 部，总时长达 2000 多小时。围绕建党百年主题，与视听新媒体中心共同策划、制作、推出爆款视频 23 条，在央视频客户端累计播放量达 1015 万次。

（三）系统化提升技术能力，向"标签化、智能化、移动化"全媒体内容资源管理服务系统转变

1. 媒资标签验证系统建成与应用

与技术局共同建设总台媒资标签验证系统，研究标签化编目生产管理模式，完成 2500 小时视频资料标签标注，形成新闻、体育、纪录片、综艺类资料标签标注细则，为"三化"平台建设提供关键技术支撑与业务融合验证。

2. 努力实现三台媒资系统互联互通

将原央广、国广与央视媒资系统双向联通，以媒资云服务平台为依托构建总台全媒体内容资源库。已完成央广媒资系统中 2011—2020 年 9 月全部历史音频资源的数据拷贝。

3. 建设全新高清修复系统

修复历年中国冬奥健儿夺冠精彩瞬间等资料 40 多条、400 多分钟，大大提升了馆藏珍贵历史资料的再利用价值。

五、开局"十四五"，加快推动"两个平台"建设

（一）积极推进"硬平台"建设

协同技术局推进全媒体内容资源管理服务系统应用平台建设，已形成"标签化、智能化、移动化"平台业务需求和系统规划设计方案等重要文件，通过总台技术项目审定

会第一次审定。

(二)持续推进"软平台"建设

1. 优化工作流程，落实意识形态工作责任制

建立分类分级编目体系，优化质量审核体系。全面落实意识形态工作责任制，排查全馆意识形态风险点，对节目资料下载使用实行全内容审核，严把视音频资料提供审查关。全年审核数据47万多条，共7万多小时，审核发现版权问题数据8370条，内容安全隐患数据759条，为节目部门切实把好关口。

2. 全面优化机构运行机制，打造创新发展"软环境"

2021年，音像资料馆行政管理各方面建设再上新台阶。一是推进制度建设，理顺运行机制。截至2021年底，全馆已制定、完成并公布实施23项规章制度，政务、党务、人事、财务和业务管理制度的总体框架已初步成型。二是加强干部队伍建设，优化人员管理。配合人事局开展馆领导班子和第一批处级干部考察推荐工作，制订资料馆"小三定"方案，完善机构奖金和浮动津贴分配管理，加大年轻干部培养选拔力度，建立荣誉退休制度，加强业务培训工作，提升全馆员工的业务能力。三是完善图文资料管理，增强数字图文资源建设。协同办公厅圆满完成2022年总台国（境）内外报刊征订工作；在五址办公区设立智慧云屏数字借阅机，为读者提供数字资源阅读服务。四是加强品牌建设，树立良好形象。以党史学习教育为契机，高品质接待总台机关党委、人事局等十多个部门来馆组织主题党日活动、参观交流、观摩红色电影。全年接待来馆参观学习团队55批次656人次，包括中宣部宣教局、中宣部电影数字节目管理中心、中国传媒大学经管学院等单位。

影视翻译制作中心工作概况

2021年，影视翻译制作中心（简称中心）围绕重大主题主线，持续推动重点作品多语种译制和海外传播。中心坚持效果导向，传播全面发力，译制量达2020年的315%，落地48国，均创历史新高；创新实施"中非情缘"中国影视节目展映暨非洲电视观众收视竞答主题活动；积极向海外宣介、展示真实美好的新疆，"发现新疆之美"节目落地8个伊斯兰国家14家媒体；加强总台文艺文化精品节目传播，首次使用6种语言译制总台春晚精编节目，在11国21家媒体播出；精心组织总台主办的影视节展评奖活动，《跨过鸭绿江》获得第八届丝绸之路国际电影节"最佳视觉效果奖"。

一、围绕展现习近平思想智慧、治国理政实践，加强相关产品的多语种译制和推送

中心使用14个语种译制、推送《平"语"近人——习近平喜欢的典故》（第二季）精编国际版；推送《习近平治国方略：中国这五年》5个语种版，通过非洲五国本土媒体、四达非洲数字电视网、葡萄牙IU电视频道播出。

二、强化重点作品多语种译制能力

中心使用30种外语和1种地方方言，共译制《创业时代》《创新中国》等影视作品83部、3066部集、90 408分钟，约合1500小时，总时长是2020年的315%。其中，总台原创作品占40%。使用4种语言译制《敢教日月换新天》《搬出大山》《活力密码》；使用6种语言译制《摆脱贫困》，分别在印度尼西亚、哥伦比亚、乌干达等6国媒体播出。开启精编译制新模式，改编创作《山河岁月》10集英语国际版短视频，向12个语种新媒体平台和境外媒体供稿。同期实施多个面向非洲、丝路国家的重点译制项目，继续担当推动优秀影视作品"走出去"的主力军。

三、围绕"建党百年""中非合作"主题，创新实施两季"中非情缘"主题活动

在庆祝建党百年、中非合作论坛第八届部长级会议召开前夕等重要节点，创新实施两季"中非情缘"中国影视节目展映暨非洲电视观众收视竞答主题活动，影响覆盖非洲全域。首季精选《红色档案》《山河岁月》等专题片、纪录片，精细化改编制作、连续播出28期节目，创新讲述中共党史人物故事、中非合作惠民故事，累计触达观众近2亿人次，超过1.8万名观众参与答题互动。第二季"大小屏联动"，通过20家非洲媒体展播《美好生活》《摆脱贫困》《熊猫与小鼹鼠》等包含总台优秀作品在内的56部国产影视作品，在官网用6个语种进行展示，20位网红主播社交媒体推介，收视覆盖近3亿人，社交媒体总阅览量超过1.6亿；86国网民浏览关注，27 228人参与"趣味中国"主题问答，传播影响力覆盖非洲全域乃至域外。该活动获得中国驻尼日利亚、毛里求斯、布隆迪三国大使高度评价，成为总台对非举办电视观众知识竞赛、覆盖规模最大、展播中国影视节目最集中的主题传播活动。

四、向海外积极展示真实美好的新疆

"发现新疆之美"节目落地8个伊斯兰国家14家媒体。联合新疆维吾尔自治区党委宣传部开展"发现新疆之美"海外影视展播项目，在土耳其、阿联酋等8国14家媒体播出5部新疆题材作品，向观众展现新疆美景美食、社会文化。《新疆味道》在坦桑尼亚10频道收视率达4.2%；《航拍中国——新疆篇》在四达时代豪萨语频道收视率达7.3%，超过平台同时段播出的半岛新闻台、英国广播公司世界新闻台（BBC World News）等70个频道节目，收视排名第一。译制《中国新疆之历史印记》阿拉伯语版；使用4种语言译制《雪莲花开——对口援疆纪实》并制作5集短视频；改编制作"考古爱好者新疆打卡指南"8集短视频。

五、大力开展总台影视文艺文化精品国际传播

使用6种语言改编和译制总台牛年春晚精编版，在巴西、墨西哥、英国、匈牙利等11国21家媒体播出。圆满完成《如果国宝会说话》（第三季）25种语言的译制，推动在埃及、加蓬、布隆迪3国4家电视台大屏播出；译制英文字幕版《典籍里的中国》、韩语版《冰雪道路》和多部斯瓦希里语纪录片支持"总台斯瓦希里语时段"；面向葡萄牙、巴西举办"中国影视节目展播季"；使用不同亚洲国家语言译制纪录片《海昏侯》《亚洲文明之光》《手术两百年》《记住乡愁》和动画片《美猴王》等人文历史类佳作，制作《蔚蓝之境》短视频发布于央视网海外社交媒体平台。

六、精心组织总台主办的影视节展评奖活动

中心完成第11届北京国际电影节及"天

坛奖"、第八届丝绸之路电影节及"金丝路奖"和第十六届中国长春电影节及"金鹿奖"的组织申请、作品把关,并推荐总台作品参评参展。在第11届北京国际电影节上,总台4K彩色修复版电影《永不消逝的电波》、音乐舞蹈史诗电影《奋斗吧,中华儿女》展映亮相。在第八届丝绸之路国际电影节上,总台剧情片《跨过鸭绿江》获得"金丝路奖""最佳视觉效果奖",《新大头儿子和小头爸爸4:完美爸爸》入围"最佳动画片"竞赛单元。

七、加强译制、落地和专业研究一体能力建设,译制作品全年落地48国

稳步推进海外平台《中国剧场》全球落地步伐,在乌克兰、加蓬、布隆迪、坦桑尼亚、津巴布韦、肯尼亚、赞比亚七国新开《中国剧场》,另与8家非洲媒体确认《中国剧场》合作意向。全年影视译制作品创纪录落地48个国家,完成"西语国家中国影视传播现状"等专题调研。

中国国际电视总公司工作概况

2021年，中国国际电视总公司（简称总公司）紧紧围绕庆祝建党百年、深入开展党史学习教育和总台深化"三个转变"战略部署，全面落实总台工作要求，转职能、聚动能、增效能，扎实推进总公司经营管理和融合创新高质量发展，圆满完成总台交办的各项重点任务，实现社会效益和经济效益双丰收。总公司连续13届荣获"全国文化企业30强"，连续8届入选"国家文化出口重点企业"，总公司党委荣获"中央和国家机关先进基层党组织"称号，是中央媒体单位中唯一入选的企业基层党组织。

2021年，面对新冠肺炎疫情的持续影响、外部环境的复杂多变，总公司积极应对变局、把握大局、勇于破局、开拓新局，整体经营情况全面超越2020年，基本恢复至疫情前水平，超额完成年度收入与利润经营指标。2021年，总公司实现营业收入109.46亿元（汇总），比2020年增长8.71%；实现利润总额6.14亿元（汇总），扣除疫情税收减免政策影响后，比2020年增长96.82%。2021年，总公司共计向总台上交11.09亿元，包括广告费7.82亿元、版权费2.45亿元、投资收益0.82亿元。2019－2021年，总公司三年累计向总台上交42.60亿元。

2021年，总公司主要工作成果如下。

一、围绕庆祝建党百年打造内容精品，亮点纷呈

1. 圆满完成建党百年系列宣传报道任务

总公司发挥下属公司专业优势，派出业务骨干6000余人次，配合总台圆满完成庆祝中国共产党成立100周年大会、"七一勋章"颁授仪式、大型情景史诗《伟大征程》文艺晚会等重大宣传报道任务，建党百年庆典报道受到多方好评；出色承制重大革命题材电视剧《大决战》、专题片《敢教日月换新天》、纪录片《山河岁月》、特别节目《美术经典中的党史》和《全国大学生党史知识竞答大会》，受到上级领导肯定和观众好评；原创动画片《林海雪原》《延安童谣》、系列短视频

《闪亮的记忆》等，观众反响热烈；承制的微动画《收到，请回复！》《连环画里的党史》，受到中宣部推介和全网点赞。

总公司策划开发了主题出版物、融媒体图书《时代之魂——影音中的中国共产党精神谱系》；成功承办五场总台主办的庆祝建党百年系列主题出版物发布活动，推出建党百年系列出版物30余种，总时长约381小时。在36小时内，紧急部署、高效组织，圆满完成大型政论专题片《摆脱贫困》出版物的海内外发行仪式。总公司创新开发融媒体多版本图书《平"语"近人——习近平总书记用典》，累计发行400余万册，创总台图书发行量与收益新高；视频书《平"语"近人——习近平喜欢的典故》（第二季）上市首月发行量突破12万册。大型文献纪录片音像制品《我们走在大路上》荣获第五届中国出版政府奖。

2. 原创内容矩阵精品迭出

4K纪录片《国家公园：野生动物王国》受到好评，全球发行播出区域覆盖超过100个国家和地区，总触达人次超5亿。4K超高清纪录片《智造美好生活》《澳门之味》、跨国纪录片《又见丝路》、原创栏目《民宿里的中国》（第二季）在国内外全媒体平台播出，实现破圈层传播。

"大头+""棉花糖"系列动画片新一季、传统文化题材动画系列片《中国神话故事》等播出后好评不断，并获多项殊荣。电视动漫贺岁片《新大头儿子和小头爸爸"牛"转乾坤》形成了"6城19地线下展出+线上全民传播"的跨屏联动，影响广泛。动画电影《新大头儿子和小头爸爸4：完美爸爸》斩获2021年中国电影市场暑期档国产儿童动画电影票房冠军。"新大头儿子"音乐话剧全国巡演近60场，进一步开拓了儿童演艺市场。

3. 联合创制精品，市场、口碑双丰收

总公司自主开发、参与投资、联合摄制的《逐梦蓝天》《花开山乡》《火红年华》《紧急公关》《明天我们好好过》《春天里的人们》《经山历海》7部电视剧先后在CCTV-1综合频道和CCTV-8电视剧频道黄金时段首播，反响热烈；参投网络电影《摸金玦之守护人》分账票房实现新突破；参投院线电影《海底小纵队：火焰之环》《唐人街探案3》《济公之降龙降世》《皮皮鲁与鲁西西之罐头小人》表现亮眼。

4. 体育赛事制作、运营，抢抓机遇

总公司发力体育大赛年，围绕东京奥运会，派出244人全方位参与总台赛事转播、信号制作、直播报道等工作；围绕第十四届全运会，完成全运会国际广播中心整体设计搭建、公用信号制作等任务，并派出262人深度参与总台4K/8K超高清信号摄像及赛事直播报道；围绕北京冬奥会，承接超高清8K数字转播技术与系统项目的配套转播系统集成技术服务，助力科技冬奥。同时，积极开展赛事运营开发，携手万达体育有限公司打造自有IP项目，积极培育品牌赛事活动。

2021年，总公司为总台多个节目中心、频道、新媒体等提供了大量精品内容，成为总台重要的内容生产基地；全年累计出版发行音像制品49种，授权出版图书14本、上市9本，扩大了市场影响；总公司出品的影视创作、出版物累计获得国内外重大奖项50多个。总公司下属的中视前卫影视传媒有限公司全年获得总台及各部委表扬信59封，央视纪录国际传媒有限公司、北京中视北方影视制作有限公司、央视动漫集团有限公司等专业化内容创制机构，得到了主管部门和行业的高度认可。

二、对外讲好中国故事，构建融合传播新格局

1. 外宣产品梯队不断丰富

合拍纪录片《国家公园：野生动物王国》《托斯卡纳——永无止境的文艺复兴》《又见丝路》影响广泛。与俄罗斯、新西兰、葡萄牙、南非分别合拍的动画片《熊猫和开心球》《熊猫和奇异鸟》《熊猫和卢塔》《熊猫和小跳羚》陆续登陆中国、俄罗斯、德国、奥地利等国家主流媒体，广获好评。译制阿拉伯语配音版电视剧《我的前半生》，备受国际市场关注。

2. 国际传播市场开疆拓土

总公司商业发行的《上阳赋》《风起霓裳》实现海外与国内同步播出，首轮发行至日本、韩国、美国、加拿大等10余个国家和地区，《上阳赋》英文版成功登陆美国主流媒体美国公共电视网（PBS），在其平台播放量排名前三；《海上牧云记》继落播意大利后，2021年又陆续落播日本、印度、巴西等国主流媒体，在巴西社交平台收获1200万粉丝，成为当地"现象级"大剧；此外，《恋爱先生》《琅琊榜》等近千集经典作品在非洲主流电视台播出，不断扩大传播半径和海外影响力。

3. 商业化海外传播集群不断壮大

总公司建设运营的海外本土化频道和时段扩增至3个频道、7个时段及7个新媒体专区。其中，优兔"China Zone"（中国专区）总订阅户突破166万人，累计总观看量达20.5亿次，播出总台建党百年主题电视剧《大决战》《跨过鸭绿江》《觉醒年代》等。与美国全国广播公司合作共建的"聚宝"网络视频点播平台开播运营，成为美国主流媒体平台上最大的中文影视节目专区。长城平台全球收费用户超4457万户，长城精品频道打造的"印象中国——南京周"精品节目海外推广活动，受到中宣部及国内主流媒体广泛关注和肯定。

4. 拓展媒体"朋友圈"与国际合作交流平台

2021年，丝绸之路电视共同体成立五年成果丰硕，成员机构扩增至60个国家和地区的139家，其中，G7、G20国家成员占比近60%。机构间合作突破影视企业和单一产业的边界，迈入全媒体融合发展新阶段。总公司采用线上线下结合的方式，成功举办2021年共同体高峰论坛，发布10余个电视国际合拍片与新项目，亮点纷呈。

三、发挥市场化机制优势，推进落实总台重大项目

1. 完成央视融媒体产业基金组建

认真落实总台重大部署，总公司联合海通证券、中国电信等26家合伙人，发起设立我国首个以媒体融合为主题的国家级产业投资基金——央视融媒体产业投资基金。2021年9月26日，产业基金成功挂牌。基金首期认缴总规模37亿，超额完成募集目标。

2. 扎实推进中国文化产业投资母基金项目与总台基金对子基金的返投工作

积极参与中国文化产业投资母基金工作。央视融媒体产业投资基金成为母基金设立后第一支成功获得返投的子基金，为总台布局新技术、新业态，加快推动融合发展，提供有力支撑。

3. 配合总台重大项目建设，取得阶段性成果

有序推进国家（杭州）短视频基地的设计任务书、开工奠基仪式、建筑设计招标等工作。与华为等企业共同投资组建的数字版权信任管理中心运营主体——寰宇信任（北京）技术有限公司正式运营。

4. 对总台综合服务保障能力切实提升

适配总台事业发展需要，圆满完成10 951名总台员工的原三台社保账户合并工作；完成复兴路办公区四号电站升级改造工程；持续精心做好"民心工程"，配合总台高质量、高标准抓好老旧小区综合整治工作，全面提升总台员工居住品质，做细做实养老便民服务项目；严把食品质量安全关，提高职工就餐满意度；提升服务质量，圆满完成庆祝建党百年活动新闻中心、全国两会新闻中心、中共中央新闻发布会等重要服务保障工作。

四、强化创新驱动，推动超高清与融媒体技术发展

1. 4K/8K超高清项目成果丰硕

配合总台完成8K超高清电视频道试验开播，实现全球8K超高清电视领域的首次直播；配合总台完成奥林匹克超高清频道传输调试、CCTV-4K超高清频道等4个频道的搬迁和转星传输等工作。开拓IPTV市场，频道落地新增陕西和安徽等地。

2. 5G+4K/8K+AI技术应用，助力总台建设

助力总台上线全球首个高铁5G超高清演播室、"百城千屏"项目；创新技术荣获2021年"王选新闻科学技术奖"；为总台开发象舞广告营销平台，全年制作上线广告产品383个，有效执行新媒体广告投放5327场次。

3. 融媒体技术应用，有力驱动内容创新

为春晚现场设计360度环形空间，完成北京冬奥会开幕式创意设计；运用VR、5G技术进行东京奥运会赛事转播；制作推出沉浸式新型云互动游戏；开展总台央视新闻客户端及有关新闻类微博、微信账号的整体运营。

五、拓展多元产业链，推动产业经营提质升级

1. 版权衍生品开发成效显著

就《西游记》的游戏授权开发与腾讯达成合作，开创总台经典影视剧授权游戏制作的先河，保底授权金额创总台影视版权销售新高；代理总台文创开发，完成春晚生肖IP（和合虎）、《中国诗词大会》等文创产品设计开发；推出《国家宝藏》、"大头"品牌系列衍生产品。

2. 广告营销抢占电竞、国潮新市场

积极搭建总台全市场的融媒体传播纵横经营矩阵。新业态方面，取得咪咕视频核心代理身份，全面代理体育总局旗下华奥电竞

体育赛事广告招商及销售；拿下国潮音乐节独家战略合作伙伴权益；持续优化新媒体直播带货业务。

3.文旅产业创新经营举措频频

探索"旅游+游戏""旅游+动漫"新模式。无锡影视城打造"三国水浒古春节"等活动；南海影视城推出第三届新春影城桃花会等；威海基地夯实少儿艺术人才特色文化产业项目；中央电视塔主题光影秀呈现视觉盛宴；梅地亚中心与央视动漫集团联手打造"大头儿子"亲子房、文创月饼"登月计划"。

4.融媒技术与创意项目，台外市场影响力不断扩大

坚持眼光向外，发挥专业品牌优势，中标西藏、江西宜春广播电视项目；承接陕西广播电视台工程，承制东方卫视《金曲青春》节目；中标辽宁"浑南之夏"文化艺术项目，不断拓展台外市场，多个项目合同金额达千万级以上。

六、深化企业改革，提升集团管理效能

立足新发展阶段，贯彻新发展理念，编制推出《中国国际电视总公司"十四五"发展规划》，对未来5年工作进行系统谋划。落实改革工作，推进总公司及下属7家企业的改制工作，加快亏损企业关停并转步伐，3家单位实现扭亏为盈，3家单位实现有效减亏，取得显著成效。

建立健全规章制度，新订和修订《中国国际电视总公司下属公司治理结构管理办法》《中国国际电视总公司关停并转管理办法》等13项制度办法。加强信息化建设，搭建合同信息管理系统、上线运行总公司费用管理平台，大幅提升工作效率，进一步规范内控流程。加强承接总台委托制作业务管理，完善细化审核流程与管控。提升内部审计监督效能，积极配合国家审计署开展延伸审计。

推出《中国国际电视总公司关于加强干部队伍建设的实施意见》，干部队伍年轻化成效显著：35岁以下青年员工占在职员工总数近60%，出现"85后"担任总经理、"90后"担任副总、总助职务现象。建立总公司优秀年轻干部储备库，截至2021年底，已储备优秀年轻干部601人。出台中国国际电视总公司优秀人才评选奖励办法、创新创优项目奖励办法等，完善正向激励机制。首次建立总公司企业年金，改善办公环境，更新总部电梯设施等，同时按总台标准提高餐饮补助并提升服务质量，组织员工体检，慰问病困职工等，切实办好与职工利益相关的事项，帮助解决员工的后顾之忧，增强员工的获得感、安全感和归属感。

央视国际网络有限公司工作概况

2021年，央视网谋求差异化发展新突破，围绕建设匹配总台地位的中国网络媒体领军者和全媒体综合服务"国家队"两大战略目标，深化"新闻+政务服务商务"运营发展模式，推进"思想+艺术+技术"融合创新，内容宣传、平台建设、经营管理等各领域工作均取得积极成效。

一、深化新媒体"头条工程"，创新"技术+思想"融合，做好领袖思想的宣传阐释

2021年，央视网时政原创稿件全网置顶数量共1300余篇，连续5年在中央新闻单位中保持领先优势。在持续打造《联播+》《热解读》《天天学习》三大原创时政品牌基础上，依托人工智能技术，创新推出《中南海月刊》系列报道，4个原创品牌均获全网置顶。推出重磅微视频《习近平的扶贫故事》，全网播放量2亿，获中宣部《新闻阅评》肯定。七夕产品《执子之手》播放量超3亿。母亲节、父亲节特稿被译成多国文字在海外传播，并被《大公报》《文汇报》整版转载。重点外宣专栏《中国习近平》单条浏览量超10万次的帖文超过50条。

二、浓墨重彩做好庆祝建党百年等重大主题报道，推出了多个爆款产品

一是突出微视频的特色和优势。《人民记忆：百年百城》斩获第三十一届中国新闻奖。时政微视频《我，就是中国》全网播放量过10亿。《超燃混剪微视频：奋进中国》《有一种与生俱来的骄傲，叫中国》《百年芳华》《可亲中国》等中国正能量系列微视频累计播放量超1亿。二是精心策划互动式、服务式、体验式新闻信息服务产品，实现主流价值的青春表达。百集视频微党课《红色文物青年说》由全国百所高校百名青年学子讲述红色文物及其背后的感人故事，受到中宣部《新

闻阅评》肯定。党史学习创意互动产品《闪闪岁月　红星穿越》7天内页面浏览人数和话题阅读量"双破亿"。三是强化技术创新应用。在全国两会报道中，央视网推出以AI面目识别驱动的3D超写实虚拟记者"小C"，由"小C"担纲主持的央视网两会特别节目《C+真探》系列直播，以及《AI看两会》系列特稿，深受年轻人喜爱。

三、《央视网评》《事说新语》影响力初步形成，多篇评论产生"刷屏"效应，有力提升总台的网络舆论引导力

持续擦亮言论评论品牌，在《央视快评》基础上，全新打造《央视网评》《事说新语》以强化评论产品线建设，形成时政评论、热点评论、舆情观察的评论矩阵全覆盖，做大做强评论阵地。《央视网评》共推出148篇评论文章，在舆论场崭露头角，塑造"敢言、直言、箴言"的品牌调性，多篇文章在移动端、年轻人中引发广泛讨论。针对"饭圈"乱象推出的8篇系列评论总延展阅读量达1.94亿次。《拉闸限电里没那么多"大棋"》引发强烈反响，#央视网评拉闸限电背后的大棋论#登上微博热搜榜首位，话题阅读量6.1亿。《事说新语》通过微信端推出简洁明快的轻评论，三分之一的文章阅读量达10万+。同时，通过海外社交平台开展舆论斗争，英文评论类栏目《全球说》借"外嘴"发声，解读国内外时事，浏览量超2800万次；以Quora（美版"知乎"）平台作为核心发力点，联动账号集群，有效引导舆论。

四、持续打造"彰显总台懂青年"的系列IP，推出了多款"现象级"原创视听产品

实施内容"青年+"战略，进一步扩大年轻态、多领域（时事、资讯、文艺、纪实等）、全链条的"新闻+视频"原创产品体系，构建网络媒体影响力和视听内容竞争力。一是聚焦正能量热点，持续打造"小央视频"和"快看"两大时事、资讯核心品牌。围绕"云南亚洲象群北迁"推出了《一路"象"北》系列融媒体创新产品，累计总浏览量超3亿次，多个话题登上微博热搜榜。围绕年度航天任务报道，创新语态，以"好奇心"为突破口吸引青年人参与，推出《中国航天"神器"们的太空对话》《"神舟boys"第一周Vlog来啦！周末休息吗？》等系列创意产品，全网播放量近3.2亿，话题#太空外卖宫保鸡丁#占据微博热搜第一。《新闻+》栏目致力于新闻第二落点，做好知识类解读，近200条原创视频被《人民日报》、新华网等媒体转发，多条报道被多家媒体跟进报道。二是强化"技术+艺术"创新应用，"网络春晚"等文艺品牌影响力进一步提升，并与国家大剧院合作打造国家数字演艺平台。《中央广播电视总台2021网络春晚》主打总台"最懂年轻人"的晚会IP，跨媒体总触达人次达11.95亿；《同一个少年》引发全网"刷屏"的现象级传播效果，实现内容破壁和视听破界。与国家大剧院开启双方新的十年合作，发布新版古典音乐频道，上线全景声专区，共同打造国家数字演艺平台。三是在2020年成功推出纪录片《人生第一次》的基础上持续深耕，

打造具有央视网特色的纪实产品品牌。军事人文纪录片《新兵请入列》全网播放量超3.5亿，相关话题总阅读量超9亿，共获15个全网热搜，连续6周登上腾讯视频纪录片排行榜第一名，引发破圈传播。体育文化纪录片《中国冰雪道路·出发篇》获第三届中国短视频大会·2021年度全国微视频短片推优展播活动纪录类三等奖。

五、强化自主可控新媒体平台建设，新闻网站、互联网电视、手机电视用户规模均居行业首位，社交平台账号用户数增长迅猛

作为总台融合传播平台，通过"升维"新打法，进一步扩大总台连接用户的规模，2021年，央视网多终端全球覆盖用户超18亿。一方面，做强自有平台，巩固用户领先优势。网站月活用户超2亿，日活用户超1100万，央视影音客户端月度活跃用户5400万，在中央重点新闻网站中排名首位。互联网电视累计激活用户2.26亿户，手机电视累计独立用户数超过2亿，用户规模保持行业领先地位。另一方面，拓展渠道建设，扩大传播力。总台两微账号及国内其他站外平台官方账号累计粉丝数及订阅用户2.8亿，较2020年同比增长超过40%。海外社交平台官方账号的累计粉丝数及订阅用户突破1亿，熊猫频道脸书英文账号互动率连续3年保持全球主流媒体账号前三位、国内媒体首位。此外，央视网承办的共产党员网总独立访客3.23亿人，同比增长19%，受到中组部好评。

六、面向市场深化向全媒体综合服务商转型升级，多条新型经营产品线取得创新突破

2021年，央视网"有限依靠总台，无限面向蓝海"，以用户需求和市场为导向，深入拓展"新闻+政务服务商务"模式，全年实现收入突破40亿元（不含IPTV），较2020年增长近10%。一是承办或保障2021中国国际智能传播论坛、2021中国网络媒体论坛、扫黑除恶网上展馆等一系列顶级论坛和网上展馆，"政务+"产品线已具有业内领先的竞争力。与无锡市签署战略合作协议，联动地方城市策划推出全媒体服务产品《新时代·瞰百城》等，由会议承办进一步拓展到地方品牌传播、政府综合服务，逐步向论坛经济、区域经济升级。二是策划推出《超级工厂》《大国保险》《少儿守护人》等为代表的系列服务品牌，实现社会效益和经济效益双丰收。内容IP开发实现新突破，《2021网络春节联欢晚会》取得良好效益；《新兵请入列》成功向腾讯等商业平台销售新媒体版权，并创新实现会员付费的破冰。直播营销和产业垂直服务获得市场和用户认可，策划推出《超级工厂》等为代表的"超级"系列品牌，《大国保险》等为代表的"大国"系列品牌，《少儿守护人》《智敬中国》等为代表的定制化服务系列品牌。三是互联网电视和手机电视在进一步巩固播控牌照业务领军地位的基础上，积极布局新业务、新模式，拓展生态化多元经营。互联网电视面对复杂市场格局和严峻挑战，进一步夯实在运营商渠道的经营潜力和智能终端渠道的平台能力，持续推

动实现"未来家庭视听生活服务的国家平台"战略目标。以垂直兴趣化内容为核心链接点，整合上下游渠道向用户提供视听、定制终端、电商、线下活动等服务。手机电视通过精细化运营和提升服务能力，稳定与运营商合作模式，主营业务继续保持行业优势地位。全力推动"5G超高清视音频业务创新"，智能审核领域、行业用户拓展、智能终端业务、5G消息应用、视频彩铃、电竞等创新业务落地实施。

七、做好庆祝建党百年等重大任务技术重点保障，"人工智能编辑部"建设持续深入

坚持以技术创新驱动引领业务发展，持续提升安全防护能力，积极探索技术对外输出。一是聚焦庆祝建党百年、奥林匹克频道数字平台、央视新闻客户端等重要保障任务，坚决筑牢安全防线。圆满完成庆祝建党百年技术安全保障，持续升级北京冬奥会网络安全部署。二是强化技术创新，引领业务发展，推动"降本增效"。研发完成央视网新一代分布式直播调度控制中心，实现了视频编解码核心算法研发以及国家标准领域两个"零"的突破。三是持续深入建设"人工智能编辑部"、智慧媒体学院，6项技术创新应用获得国家广播电视总局奖项。在国家广播电视总局首届广播电视和网络视听人工智能应用创新大赛和首届高新视频创新应用大赛中，央视网斩获三项一等奖、两项二等奖和一项三等奖。建设AIGC（人工智能自动生成内容）线上平台，对外输出人工智能相关产品及服务。

中国电视剧制作中心有限责任公司工作概况

2021年，是中国共产党成立100周年，是党和国家历史上具有重要里程碑意义的一年。中国电视剧制作中心有限责任公司（简称剧中心公司）按照"抓项目、带队伍、建体系、出精品、出人才、出效益"的工作要求，以总台重点剧目为工作重心，凝神聚思搞创作、下大力气抓经营，克服诸多困难，在建党百年宣传报道中提交了一份合格的答卷。

一、巩固电视剧生产主业，推动内容制作多元化发展

年初，战争史诗剧《跨过鸭绿江》热播创下多项纪录，成为2021年首部爆款。在此基础上，剧中心公司全力推动总台第一部电影故事片《跨过鸭绿江》的制作，经过10个月精心打磨，九易其稿，攻克声、画多项技术难点，增加必要补拍，最终顺利完成影片制作，并于2021年12月17日成功推动该片在全国院线上映。影片成为首部全景式、史诗般呈现抗美援朝战争的电影作品。该片是首部由总台出品、原创自制的故事片，更是首次与精品电视剧同步打造电影的创新尝试。

2021年，剧中心公司承制了庆祝中国共产党成立100周年的重大革命历史题材电视剧《中流击水》。该剧以艺术形式诠释和弘扬伟大建党精神，与《跨过鸭绿江》《觉醒年代》《大决战》等一系列剧目共同组成了总台献礼建党百年的精品矩阵。剧中心公司发扬优良传统，顶着周期短、疫情重、经费紧、任务急的多重压力，圆满完成了总台交办的该项重大政治任务。系列剧目取得了较好的播出效果，并入选中宣部《2021年度影视作品精选》。

围绕党的二十大重大宣传节点，剧中心公司提前谋划，抓好三部重点剧目的创作工作：反映全面从严治党主题的当代现实题材重点剧目《人民的脊梁》；讲述北斗人历经30年的探索、自主开发中国的全球卫星导航系统的电视剧《天望》；以"三农"问题和扶贫事业为主线，全景呈现、重点聚焦党的十八大以来党和国家脱贫攻坚历程的电视剧《山

河锦绣》等。剧中心公司提前布局重点剧目的创作，确保按照总台领导部署，在重要时间节点为总台打造精品力作。

一年来，剧中心公司以打造总台出品的原创精品影视剧为目标，针对影视剧社会化、市场化制作特点，充分发挥企业平台优势，与社会优秀制作团队开展合作，积极参与《人世间》等头部电视剧项目的投资、出品、摄制与发行，努力实现经济效益、社会效益双丰收。

在开展电视剧生产主业的同时，剧中心公司以高起点切入纪录片领域，纪录片《寻找红色法治印迹》（播出名《红色法庭百年志》）、《了不起的核工业》陆续制作完成。围绕党的二十大重大时间节点，精心组织策划讲述党的十八大以来超级工程建设成就的纪录片《了不起的工程》、向国内外讲述新时代长城故事的航拍纪录片《航拍长城》等。

二、高度重视企业效益，开创经营发展新举措

在《中流击水》播出的同时，剧中心公司全力开展该剧的新媒体平台发行。经过不懈努力，圆满完成了该剧对爱奇艺、优酷、腾讯三家视频平台的发行工作，取得良好的传播效果和经济收益。

5月，总台启动了"百城千屏"8K超高清电视公共服务平台建设项目。剧中心公司发挥自身地理位置优势，提出在办公楼外立面设立8K大屏的方案。经过与总台技术局、上海总站等相关部门沟通技术细节，与北京市区两级城管部门沟通报批手续，初步完成了方案论证工作。

三、加强公司规范管理，提升内控管理水平

2021年，剧中心公司对公司现有制度体系进行了调整、优化、完善。全年制订、修订公司制度14项，包括公司预算管理暂行办法、保密工作管理规定等多项基础性制度。此举旨在以细化的制度充分调动参与人员的积极性，健全完善项目管理机制。剧中心公司陆续上线OA办公平台、财务网上报销和项目预算管理系统等，搭建了公司数字化管理体系的基本框架，提升企业现代化、信息化管理水平。

中央新闻纪录电影制片厂（集团）工作概况

2021年是中央新闻纪录电影制片厂（集团）（简称新影集团）深化改革、攻坚克难、逆势而上、提质增效的一年。这一年，新影集团始终坚持"国家影像历史纪录者和典藏者"的职责定位，守正创新、主动作为，采取切实举措，一体谋划、统筹推进改革发展和清理整顿，各项工作取得扎实成效。2021年，新影集团总收入达到2.36亿元，比2020年增长41%。

一、服务中心大局，持续擦亮新影品牌，忠实做好党和国家影像历史的纪录者和典藏者

1. 全力纪录保存好党和国家的影像历史

2021年，新影集团圆满完成上级机关交办的时政拍摄任务，包括中央重要会议及重要活动、庆祝中国共产党成立100周年庆祝大会、"七一勋章"颁授仪式等内容，共计拍摄相关主题63个，累计胶片3.6万米，为党和国家、民族和时代积累下珍贵的"国家记忆"。

2. 积极提升庆祝建党百年系列重大活动拍摄效果，创作主题纪录电影

在建党百年系列庆祝活动中，新影集团优化机位设置，在传统的胶片摄影机外，使用8K超高清数字摄影设备，累计拍摄超高清素材1200余分钟。同时，以大型情景史诗《伟大征程》文艺演出为基础，承担了国内首部4K大型情景史诗舞台艺术电影《伟大征程》的创作任务。

3. 创作北京冬奥主题纪录电影《中国冰雪》

新影集团与国家体育总局冬季运动管理中心联合策划了以2022年北京冬奥会为主题的两部纪录电影《冰雪之歌》（全景篇）、《冰雪之光》（科技篇），用鲜活生动的故事和人物，展现中国奥运健儿努力拼搏的体育精神和奥林匹克冰雪运动在中国的跨越式发展。

4. 启动实施"口述历史"纪录工程

成立"口述历史"纪录工程领导小组，启动"口述历史"纪录工程第一期项目。截至2021年底，项目组已经完成江苏、上海、青海、甘肃、宁夏、辽宁、山东、福建等8

个省市区 28 位老同志的采访拍摄。

二、紧扣时代命题，用心用情创作，用优秀纪录片唱响新时代新征程

1. 精心打造多部主旋律作品，为党的百年华诞营造良好宣传氛围

新影集团创作推出的《红色密档》《留法岁月》《刺刀下的劳工》《安娜与中国》《歌声里的追梦人》以及部分承制的《人民的选择》等纪录片，用不同主题、多方视角和丰富内容，深情礼赞中国共产党和中国人民。

2. 用脱贫攻坚最前沿的真实故事，为开启新征程、奋进新时代吹响冲锋号角

新影集团承制的中宣部"纪录中国"重点项目《承诺》《一村一寨总关情》（第三季）《光明行》以及部分承制的《人民的小康》在播出后，引发多方关注和积极评价。

3. 以国际视角讲述中国故事，助力提升总台国际传播力

扎实推进和持续争取中宣部"纪录中国"国际传播项目。《远方未远——一带一路上的华侨华人》在国际上产生广泛影响。2020年"纪录中国"重点项目《新西行漫记》制作完成待播，《珠穆朗玛》《防疫之链》和《故土的陌生人》在全力推进中。《邬达克》《不远万里——寻找真实的白求恩》《采棉时节》被确定为 2021 年"纪录中国"传播工程项目。

三、立足传统优势，重拾创作初心，成为院线纪录电影主力军

创作推出四部主旋律院线纪录电影。2021 年 4 月以来，新影集团有四部纪录电影陆续登陆全国院线，包括全景式纪录武汉抗疫历程的纪录电影《一起走过》、纪录 70 年新中国发展变迁的纪录电影《岁月在这儿》、大型舞台艺术电影《奋斗吧 中华儿女》以及反映中法友谊的《风筝·风筝》。

四、深入开展合作，争取创作项目，持续输出原创精品

1. 深化与总台各中心频道合作，推出精彩纷呈的优秀作品

精心制作《国家记忆》《瞬间中国》《文艺名家讲故事》《我的美丽乡村》《攻坚日记》《振兴路上》《重走古战场》《三农群英会》等总台栏目，《战旗》《听，穿透历史的中国声音》《年画画年》《被数学选中的人》《野性的呼唤》（第二季）《古兵器大揭秘》《石油的故事》等题材多样、类型各异、内容丰富、品质优良的纪录片，为总台高质量发展、改版提质升级，增光添彩。

2. 拓展对外合作空间，拓宽增收渠道

中宣部和文旅部共管项目"中国京剧像音像集萃工程"圆满收官，新影集团被继续指定为中国戏曲像音像工程北京基地的拍摄团队。与杭州市政府合作的 8 集纪录片《话说亚运》、与江西省委合作的 3 集纪录片《星火》、与广东台合作的 5 集纪录片《百年对语——从"90 后"到"90 后"》等，都在有条不紊推进中。

3. 深耕融媒传播，紧盯关键节点，用"网言网语"打动人心

与总台新闻新媒体中心合作的《新影像》

系列短视频多次获中央网信办全网置顶；短视频《袁隆平：我有两个梦》点击量破10万。《医学大家访谈录》在央视网、哔哩哔哩、央视频号、今日头条等平台点击量达数10万。

4. 创作亮点频现，用实力赢得口碑和尊重

2021年，新影集团共有52部（次）作品在各类评选中获奖。在2020年度国家广播电视总局国产纪录片及创作人才扶持项目评选中，中央新影集团被评为2020年度优秀制作机构，纪录片《楹联里的中国》获优秀短片奖，纪录片《登峰》及摄像团队获优秀长片奖及优秀摄像奖，纪录片《门捷列夫很忙》获优秀撰稿奖，纪录片《承诺》的导演团队获优秀导演奖。新影集团与总台农业农村节目中心联合策划创作的《攻坚日记》栏目，荣获国家广播电视总局2020年度广播电视创新创优节目。新影集团创作的网络纪录片《从前有座山》《古蜀秘境：三星堆迷踪》和短视频《新影像·春节特辑》入选国家广播电视总局"2021年度优秀网络视听作品"。纪录电影《一起走过》获第34届中国电影金鸡奖最佳纪录片/科教片提名；《远方未远——一带一路上的华侨华人》和《长城》入选中宣部和国家广播电视总局组织评选的2021年第一、二季度优秀对外传播纪录片。

五、突出问题导向，盘活存量资产，奋力开拓高质量发展新局面

1. 稳妥推进历史遗留问题解决

在总台领导的关心和总台版权法务部门的指导下，新影集团采取系列措施积极应对动漫城项目遗留问题，确保集团正常业务开展以及在职和离退休人员工资待遇，依法有序推进项目审计问题整改，确保国有资产不流失。对集团所属公司进行以"关停并转"为重点的清理整顿，已对集团4家全资企业进行注销清算。2021年，稳妥处理因历史遗留问题引起的劳动关系纠纷、合同纠纷等诉讼案件13起，其中，审结9起，为集团挽回经济损失1200多万元。

2. 园区改造工作稳步推进

《新影集团南区（科影厂区）改造方案的请示》已获总台批复，园区改造工作在总台指导下稳步推进。

3. 抢救性维修宿舍区危旧房屋

利用总台下达新影集团危旧房屋汛期抢救性维修专项资金500万元，推进产权平房应急维修，消除安全风险。第一阶段已惠及三个平房院的40多户居民。

4. 提升技术保障能力

整合集团技术资源，建立后期制作机房和影片审看室，为项目后期推进提供技术支持。完成国家影像典藏工程（一期）立项和前期调研工作。

六、加强人才队伍建设，不断激发职工干事创业动力

根据总台《关于对台属企业干部选拔任用工作进一步加强规范的意见》，结合集团实际，集团党委会研究通过了《中央新影集团中层管理人员选拔任用实施细则（试行）》和《中央新影集团2021年部分中层管理人员选拔任用工作方案》，在总台人事局的指导下，对集团副总经理人选及部分内设机构（公司）中层管理岗位进行了选任，为集团可持续发展做好人才储备。

中国环球广播电视有限公司工作概况

中国环球广播电视有限公司（简称中国环球公司）是中央广播电视总台下属一级企业。自2017年成立以来，中国环球公司依托中央广播电视总台强大的背景、品牌、全媒体资源和平台优势，按照国际化、市场化、专业化的运作机制，紧密围绕总台国际传播工作大局，开展对外发稿、海外机构建设运营、节目采集制作、国际媒体合作、新媒体运营、宣传推广、咨询顾问、市场调研、技术运维等全媒体产业链业务，奋力打造国际化传媒集团。公司已形成下辖1个国内子公司（环球国际视频通讯社有限公司，简称国际视频通讯社）、6个海外公司的集团架构，业务涉及美国、英国、法国、俄罗斯、意大利、肯尼亚、阿根廷、土耳其、韩国等世界多个国家和地区。

2021年，中国环球公司及下属国际视频通讯社在对外发稿投送能力建设、领袖重要思想和魅力风采对外传播、重大主题宣传报道、承担总台海外传播重大任务等各方面稳中求进、亮点迭出，在一场场大战大考中取得优异成绩，交出精彩答卷，有力有效服务了总台对外传播工作大局。

一、中国环球公司难中求进、合规稳妥推进海外公司建设运行，助力构建总台海外战略布局

中国环球公司始终将风险防控和合规运营作为核心职责使命，通过加强制度建设、完善工作机制、聚焦重点领域、细化日常工作，不断深化完善公司化运行体制机制，构筑海外公司的管理体系和风险防控体系。

一是始终将制度挺在前面，持续不断对海外公司的制度建设提要求、定标准、出范例。通过制定制度模板、参与制度研讨、审核制度文本、完善制度备案等多种手段，切实将总台的管理要求贯彻落实到海外公司管理运行各方面，已完成32部海外公司核心制度的报台审批、备案。根据总台最新出台的制度和要求，正在大力推进海外公司财务管理制度、预算管理制度的修订完善工作。

二是持续完善工作机制，成立海外机构建设管理组，专项承担海外机构建设运行的各项工作，花大力气理顺海外公司预算编制、合同签订、资金支付等规范化程序，建立起衔接紧密、高效规范、保障全面的管理和服务体系。

三是聚焦海外公司合同预算、资金资产、税务财务、人员薪酬等重点风险领域，对标台内管理标准，结合当地合规要求，对海外公司情况进行梳理摸底，制定管理办法、细化管理流程、加强审核把关，确保海外公司运行规范安全。

四是细化日常工作，建立海外公司预算执行监督机制，常态化风险提示与预警机制，落实财务状况定期报告机制，及时掌握各海外公司资金收支情况，识别潜在风险，做好预警防范。

二、中国环球公司采取一国一策、精准传播，发挥市场化运作优势，助力总台多语种本土化传播平台集群建设

紧密配合英语环球节目中心、亚洲非洲地区语言节目中心、欧洲拉美地区语言节目中心、华语环球节目中心，采取"一国一策"精准化商业合作策略，开展海外制作室的本土化传播。承接了面向法国、德国、俄罗斯、阿根廷、柬埔寨、老挝等16个国家的海外融媒体制作室的70个运行服务项目，灵活采取内容定制、线上推广、合作传播等多形式、多手段，不断提高本土发声、合作发声的能力。

创新理念、技术、手段，配合落实总台多语种网红工作室运行，深入推进好感传播。承接英语环球节目中心、欧洲拉美地区语言节目中心15个网红工作室的制作运行，其中，深度配合CGTN俄语部打造中俄首个虚拟人物Alena（娜娜），全网粉丝累计近13万，全球浏览量突破5900万，互动量近20万，在国家"十三五"科技创新成就展和中俄科技创新合作成果展中精彩亮相、广获赞誉；策划并制作 *GO! SKI!*（《走！去滑雪！》）、《小鹿点歌台》、《环保时光机》、*China Bites*《中国味道》等年轻态、抓眼球的新媒体节目，"润物无声"地塑造了可信、可爱、可敬的中国形象。

三、国际视频通讯社守正创新，主动作为，提高对外视频发稿投送能力

2021年，国际视频通讯社认真落实总台宣传报道部署和要求，守正创新，主动作为，奋力推进对外视频发稿投送能力建设，在多语种发稿量、视频发布量、直播信号发布场次数、外媒使用量等方面释放出强大的对外传播效能，议题引导力、内容传播力、海外影响力持续增强。

一是创新机制，聚力对外传播好中国领袖的思想、讲述好中国领袖的故事，习近平总书记魅力风采和经典语句"飞入"全球主流媒体。

二是主动作为，全力做好"七一"庆典对外直播和发稿，创我国重大庆典对外传播历史最好纪录。国际视频通讯社采用卫星和网络两种方式，配以CGTN英语同传，全程对外发布"庆祝中国共产党成立100周年大

会"总台公用直播信号,实现"七一"庆典直播信号第一时间全球覆盖。同时,充分利用总台直播公用信号和新闻报道剪辑、编发新闻素材。相关内容被百余个国家和地区的千余个电视台及网络新媒体平台转播报道,创下发稿"最快"、采用"最多"、传播"最广"的重大庆典对外传播历史最好纪录。国际视频通讯社对外传播工作团队被授予总台庆祝中国共产党成立100周年宣传报道记功集体。

三是守正创新,精心组织党的十九届六中全会对外发稿,创历年中央全会对外传播最佳效果。国际视频通讯社充分编发习近平总书记在会上发表重要讲话的画面,跟进发布国内外反响和解读等,并采用卫星和网络两种方式全程对外发布中共中央举行新闻发布会解读党的十九届六中全会精神直播信号,相关内容被近百个国家和地区千余个电视台及新媒体平台播发。

四是服务大局,助力总台扩大媒体"朋友圈",全球签约媒体用户规模持续增长,创新开展媒体合作交流活动。2021年,国际视频通讯社持续拓展自主签约用户规模,有效覆盖全球主要国家主流媒体。2月初,国际视频通讯社成功举办"第十届全球视频媒体论坛",来自路透社、美联社等全球42个国家和地区56家媒体机构的63名与会代表参会,促成多项合作成果落地;7月中旬,国际视频通讯社承办总台2021"东盟伙伴"媒体合作论坛,与来自15个国家33家媒体及机构的近100位中外嘉宾围绕"加强媒体合作 推动区域发展"主题展开对话,发布了《加强合作共同宣言》。

中广影视卫星有限责任公司工作概况

2021年，中广影视卫星有限责任公司（简称卫星公司）在新一届领导班子的带领下，坚持正确导向、履行社会责任，主动把公司的各项工作统一到总台"三个转变"工作思路上来，全面铺开改革举措、统筹构建多元化发展格局、统筹版权经营与保护、落地覆盖、节目宣传推广、技术升级和内部管理等各项工作，实现公司各项工作取得新突破、迈向新台阶，向高质量发展台属一级企业加速奋进，为总台全面打造国际一流新型主流媒体作出应有的贡献。

一是坚持以习近平新时代中国特色社会主义思想为指引，自觉把思想和行动统一到党中央要求和总台党组部署上。卫星公司始终将学习习近平新时代中国特色社会主义思想作为基本功、必修课，扎实开展党史和"四史"学习教育，积极办理民生实事。公司采购喜德县农副产品，慰问关心病困职工，解决职工"急难愁盼"问题，增强职工的归属感和幸福感，提升企业的凝聚力和向心力。

二是牢牢把握央视3、5、6、8频道全媒体授权，居危思危、以变应变，版权收入创历史新高，全面助力总台2021年度版权经营。继续开拓新媒体市场，全国31个省区市IPTV端全覆盖，收入稳步上升，成为央视3、5、6、8频道版权经营的主要力量。积极应对有线电视网用户流失、经营困难等诸多不利因素影响，统筹规划布局，精准分类施策，全力推进签约，稳固有线端收费。制定实施《版权经营管理规定》，为版权经营业务发展提供根本遵循。自主研发、搭建总台全频道、多渠道电视终端信号监测系统，圆满完成2020欧洲杯、2021奥运会等监播任务。健全法律维权体系，加强版权保护力度，综合运用民事刑事手段，对严重侵权违约者坚决亮剑，树立反面典型，形成震慑。

三是积极探索版权经营新模式，前瞻布局、开拓市场，不断释放版权资源市场价值。服务总台大局，保质保量、高效完成总台融媒体传播版权营销项目，协助总台版权运营中心收取合作单位2022年北京冬奥会和冬残奥会版权费。创新版权经营思路，深挖央视3、5、6、8频道版权价值，探索精细化运营，开展回看、点播权利市场销售。建立自购自营版权代理机制，采购精彩赛事，与版权方开展合作，实现市场突破。创新推出内刊《行业动态》，研究业内动态，挖掘市场潜能，为业务开展提供翔实的市场分析和准确的数据支撑。

四是高效完成奥林匹克频道全国落地全覆盖，精心筹备、闻令而动，打赢奥林匹克频道落地覆盖攻坚战。坚持以习近平总书记贺信精神为根本指引，把落地覆盖工作摆在全局突出位置谋划、部署、推进。制订落地覆盖方案，确定"统筹覆盖和经营"的工作原则，投入上千万自有资金推动落地覆盖。为实现全面快速覆盖的要求，公司领导带领全员投入工作，克服疫情影响和时间紧、任务重等困难，将设备及时送至全国各地接收平台。创新推广手段，助力提升奥林匹克频道传播力、影响力，实现在全国31省区市全覆盖，频道覆盖高清用户近4.46亿户，4K超高清用户超过7200万户。

五是进军融媒体节目制作和新媒体宣传推广领域，夯基垒台、打造精品，实现社会效益和经济效益双丰收。创立全媒体融合推广中心，打造专业制作团队，培养新媒体人才。突出节目制作精品定位，承接《吾家吾国》等总台精品栏目制作，收视排名位于前列；承接央视频《频频有你》《冬日暖央young》"进博会直播互动活动"、"数字雪花"、《我的"村晚"我的年》等爆款项目制作、宣传推广工作，释放品牌价值，获得强烈反响。

六是坚持正确导向、履行社会责任，尽力而为、量力而行，彰显国家级主流媒体下属企业的时代担当。坚持把社会责任作为生产经营首要责任，把绝对安全作为播出单位的首要标准。保障建党100周年系列庆祝活动等各大重保期播出安全，全年安全播出零事故，制定出台《坚持正确导向履行社会责任实施办法》。助力乡村振兴，免费向总台对口扶贫单位提供接收设备。服务中央政府，向澳门中联办免费提供央视3、5、6、8频道信号。全力支持总台、国家广播电视总局相关工作，免费向广电管理职能部门提供接收设备。响应国家"碳达峰、碳中和"战略，倡导建立能源节约型企业，提出多项倡议，号召职工从我做起、从小做起，让节能减排蔚然成风。

七是高效有序推进组织机构改革，优化整合、破立并举，厚植科学合理、健康肥沃的发展土壤。面向公司未来发展，加强前瞻性机构设置和业务布局，成立两个中心级业务运营机构，完成部门调整、干部交流和人员调整，切实做到人岗适配、人尽其才。加大人才引进力度，多措并举、有序推进，不断壮大专业团队规模，汇聚多方智慧力量。建立长效激励与约束机制，进一步推进薪酬体制改革，建立日常考核管理机制，强化纪律约束与制度规范，切实做好用制度管人，用薪酬留人。

八是全方位提升公司治理能力，多措并举、协同联动，优化内部管理全面提质升级。建立完善公司制度体系，梳理制定《2021—2022年制度建设工作方案》，完成34项制度修订出台，推动各环节、各方面工作规范化、程序化，织密扎紧制度的笼子。加强资金筹划与管理，有效提高资金收益率和灵活性。配合国家和总台审计，前置严格审核重大项目、重大资金。落实安全保障要求，确保办公网络、治安消防、物业系统等全流程各环节安全运转。从严从实抓好常态化疫情防控，坚持日报告、零报告制度，确保防疫物资保障先行，扎实做好进口设备防疫消杀，落实疫苗"应接尽接"。加强保密管理，严格自查，推进落实整改措施，切实筑牢保密工作安全防线。

央视频融媒体发展有限公司工作概况

2021年，是央视频融媒体发展有限公司（简称央视频公司）积极把握发展主动权，乘势而上、勇开新局的一年。央视频公司积极协同视听新媒体中心，在内容创新、平台搭建、市场推广、经营变现等方面持续推进，推动各项工作不断向前发展。

一、发力内容体系建设，大屏主旋律作品频频"出圈"，年轻态纯网自制作品喜获佳绩，"央视频"特色IP影响力不断提升

1. 深层次探索文化类选题的创新表达，高频输出大屏品牌佳作

央视频公司旗下央视创造传媒有限公司（简称央视创造公司）联合台内中心打造多档重量级文化类节目，口碑热度双丰收：《典籍里的中国》近200次登上热搜热榜，微博相关话题阅读量超36亿，节目相关视频全平台播放量超20亿，荣获亚广联奖、上海电视节"白玉兰奖"等一系列重量级奖项；《故事里的中国》第二季、第三季节目围绕"脱贫""战疫""建党百年"重要题材讲述中国故事，获中央媒体报道近20次，相关视频全网播放量近4亿，微博相关话题阅读量累计破72亿；《经典咏流传》（第四季）揽获近4亿视频播放量、近60亿话题阅读量、160次全网热搜；《朗读者》（第三季）首播后24小时内，微博话题阅读量突破5亿次。

2. 向纯网IP自制进阶，用更具网感内容和更具年轻化语态沟通用户

8月，央视频公司协同视听新媒体中心、总经理室以及央视频公司下属央视创造公司，全面操盘制作推出主播新媒体才艺秀《央young之夏》。作为平台首档原创大型网综节目，该节目共收获超9亿视频播放量、超20亿话题阅读量，近200次登上热搜热榜。12月，公司推出新一档"央young"系列IP节目《冬日暖央young》，以"冰雪运动+文艺竞演"的新模式打造"迎冬奥"欢乐嘉年华，节目累计直播观看量破5500万，全网视频播放量突破14亿，全网话题阅读量超过23亿。

3. 以"创新""创意"引领融媒体创作，全链路融合大小屏，打造优质产品、作品、活动，丰富平台内容矩阵

央视频公司联合总台各内容中心，发力经典IP内容衍生与融合制播，打造新媒体衍生节目《有"典"意思》《故事里的故事》《经典冷知识》《超音速学院》《超有戏》《年年有戏》等新媒体节目；依托欧洲杯和东京奥运会等体育赛事资源，策划推出《"漫游"欧洲杯》《笑看赛果》《我的奥运故事：不一样的奥运》等一系列短视频栏目。央视频公司还打造了《擎动中国》《我的"村晚"我的年》《牛年一起牛》等大型活动节目，获得了总台相关部门、合作机构、广大用户的一致好评。

二、深耕新媒体技术研发，推进科技创新引领、平台智能运行、服务体系搭建、系统安全保障、技术融媒赋能全线升级

1. 发力攻坚核心技术，实现科技成果的高质量转化

11月，央视频公司正式获得国家高新技术企业认证，成为总台下属企业中第一家"国家高新技术企业"，标志着公司技术能力与创新水准已处于行业领先位置。截至2021年底，央视频公司已申报"央视频移动端H5内容配置后台系统""央视频用户中心系统"等30余项软件著作权。公司开发的《央视频电影电视剧推荐系统》《智能安全审核系统》在国家广播电视总局、中国计算机协会等权威机构举办的国家级技术大赛中名列前茅，

获得评审专家一致好评。央视频公司还参与了"广播电视与网络视听大数据标准化白皮书"等10项行业标准文件制定工作，为引导与规范行业发展贡献力量。

2. 优化算法推荐、媒资标签、会员服务、社群交互、安全审核等平台能力

央视频公司配合推进总台算法体系建设，在2021年底，实现除时政、军事、法治等频道外的垂类频道算法应用基本覆盖。完成会员业务技术支撑，拓展互动平台、EPG数据系统、会员服务系统、题库系统、直播答题系统等应用，使平台数据监测、用户反馈等性能大幅提升。挖掘央视频平台交互特性，成功搭建央友圈运营系统、社群媒资管理系统、帖子审核系统。优化智能安审系统，通过全天候、实时化舆情监测与风险提示，全年机器审核近1800万条内容，配合基于重点节点、重点项目的人工审核，筑牢平台安全底线。

3. 突出5G+4K/8K+AR亮点，赋能传统大屏节目制播系统和网生内容"技术＋艺术"呈现

推动传统制播系统"全媒体化"，欧洲杯、东京奥运会期间，通过突出全体量赛事直播、专属视角放送、定制专属电子节目单等功能亮点，为观众带来超高清、低时延、多角度的观赛体验。第20届"汉语桥"世界大学生中文比赛中，创新运用"云连线"系统实现五大洲声画实时共享，为国际连线提供全新视频制播解决方案。突出网生内容"技术流"体验，开发《晓法总动员》互动剧、"拼个三星堆"互动游戏、《会员请回答》"抽奖＋直播答题"等创新产品，提升用户

代入感、参与感，推动内容传播向内容服务进阶。

下属央视创造公司MCN账号矩阵在快手、抖音和视频号粉丝量总量突破2000万。

三、建立"响应迅速、投放精准、覆盖广泛、影响持久"的高标准运营传播体系，凸显平台差异化特色，扩大总台连接用户的规模

1. 向平台大IP借势、造势，加速扩大用户规模

央视频公司推广团队精准发力，在欧洲杯、东京奥运会等独家内容助推下，央视频客户端多日位居各大应用市场榜单之首。截至2021年底，平台累计激活用户达1.25亿，全年实现净增7000万激活量，环比提升42%，下载总量达3.7亿。

2. 利用宣传物料投放、品牌异业合作、话题营销、自媒体传播等模式，持续放大"总台出品"特色重点项目影响力

联动总台内容中心，央视频公司完成了《2021年中央广播电视总台中秋晚会》《开学第一课》《中国考古大会》《2021年"六一"晚会》《国家公园》等节目的宣传任务。《央young之夏》《冬日暖央young》等独家内容陆续登陆全网热搜热榜，"央视频出品"内容不断出圈。

3. 平台差异化特色凸显，品牌认知不断拓展

积极调整品牌策略，推出"优质内容，让时间更有价值"概念，在传递主流价值的同时主打品质化与年轻态，全网相关话题讨论量达1.8亿。放大品牌辐射范围，精细化外部平台运营策略，截至12月底，央视频公司

四、构建多元化经营生态，从内容付费、运营变现、直播电商、"媒体+政务商务服务"等新模式、新业态中，打造新增量

1. 做大内容基础营销体量，优化广告营销产品体系

在总经理室的统一部署下，积极推动央视频接入象舞广告系统，推动平台广告投放模式升级迭代。延续定制化内容变现策略，输出大小屏融合商业内容解决方案，定制推出《故事里的故事》《"典"赞加关注》《宝证不一样》《今世缘D20·有你才完美》《海尔智家AWE云逛展》等大批新媒体节目与活动，以创新性收获市场认可。

2. 抓住"奥运年""大赛年"机遇，推出央视频会员制，打造用户价值变现"新引擎"

7月，央视频公司联合视听新媒体中心正式上线央视频会员制，依托总台特色内容与品牌影响力，形成了以平台原创精品IP"央young系列"等为突破口，体育赛事、影视剧集、文艺栏目以及电视频道、直播内容为核心的会员专属内容版图，上线一周，会员数量突破百万。

3. 扩展垂类Tab运营矩阵，拓宽自媒体、MCN等变现新思路，通过IP运营实现多重收益

央视频公司发力平台Tab运营，分别于4月、7月上线"汽车"与"美食"Tab，联合山东省政府推出地方美食名片系列等内容，

初步实现自营内容商业化，同时为综合频道、影视频道、环球频道、纪录频道等Tab页提供运营支撑，利用内容二创等模式进行商业价值转化。

4.通过探索经营模式创新，打造"媒体+"商业生态闭环，挖掘平台盈利新增长点

11月，在联合CGTN举办的《Hi，Go！博览世界"进"享好物》直播活动中，央视频正式上线电商功能，大大缩短用户下单购物的链路，促进用户价值转化。央视频公司通过"媒体＋政务商务服务"模式加深产业联合，与文化和旅游部、国家卫健委、福建省文化和旅游厅、山东省委宣传部、中国银行、中国工商银行等政府部门、大型央企、国企展开深度合作，实现"两个效益"双丰收。

央广传媒集团有限公司工作概况

2021年，央广传媒集团有限公司认真落实总台决策部署，圆满成立集团党委、纪委，顺利完成公司制改革，成为国有法人独资有限公司。强化"聚焦核心业务，快速形成合力，实现产业规模效益转型升级"战略引领，深耕主营业务，加快产业优化升级，扎实落实各项任务，确保经济效益和社会效益齐头并进。2021年营业收入较2020年增长7.59%。

一、传统业务版块：深化营销模式创新，持续完善全媒体整合营销布局，形成品牌聚拢效应，保持稳健发展

（一）广告业务

2021年，广播媒体广告经营困难持续，在视频媒体、资讯媒体、社交媒体等新媒体平台普遍采用浸入式、植入式、场景式直播带货等营销模式影响下，客户对广播媒体以硬广宣传为主的营销需求呈断崖式下滑，加之大型活动取消等因素影响，央广广告经营面临的困难和挑战加剧。在此背景下，央广广告全力以赴协同广播端和新媒体端，从产品融合、渠道升级、客户结构优化等多方发力、多措并举，推进资源营销向价值营销转型升级，逐步形成行业头部品牌聚拢效应。同时，客户结构持续优化，单一客户风险降低。在广播广告整体下滑行业背景下，实现逆势上扬。

（二）交通传媒业务

中国交通广播继续扩大频率覆盖，新增开播落地合肥、沈阳、石家庄、南京、南昌、景德镇6个城市；完成公共节目中心迁址及安徽采编中心和江西、辽宁、江苏直播间建设。结合频率优势，积极做好建党百年重大主题宣传，围绕交通领域红色故事，策划推出融媒体宣传报道《追光之路——解码革命文物里的红色交通线》，走访21个城市，采访行程8500千米，形成稿件76篇，通过各频率滚动播出，并在云听APP同步上线。充

分发挥采、编、播及移动新媒体的宣传和分发优势，联合北京冬奥组委、"云听"客户端，出品冬奥特别节目《2022冬奥冰雪之旅》，将场馆、科技、人文、声音等不同风格内容进行巧妙融合，开创沉浸式报道模式，做好北京冬奥会宣传报道。

二、新媒体业务版块：牢固树立精品意识，加强内容建设，提升运营能力，巩固竞争优势

（一）央广网等内容生产业务

央广网依托全网独家时政音频大数据库，坚定走高清权威时政音频大数据和声音全媒体产品研发为核心的重点新闻网站发展道路，发展态势持续向好，传播力、影响力、公信力显著提升。2021年，累计发布稿件85.9万余篇，网站月度页面访问量（PV）峰值达41.71亿。深耕习近平总书记治国理政金句原声新媒体报道传播矩阵，推出23期《习声回响》、365期《每日一习话》，被中央网信办推荐，全网置顶推送206次。打造新媒体报道矩阵，生动讲好百年大党故事，制作推出大型融媒体报道《百年初心映百城》，包括《习声回响·温暖聆听》《百年图鉴》《建党百年·数描中国》《寻路百年》《一颗红星的旅程》《百城红色之旅》等多种产品形式，展现中国共产党百年风华，讲述伟大事业、伟大精神、伟大征程的生动故事，展示中国特色社会主义的强大生命力。着力重塑"网、微、端"内容生产全流程，实现以总网为核心、33个地方分网频道联动生产模式，打造高效、优质、安全的内容传播体系。立足"声音"特色，打造"有声资讯瀑布流"《耳闻》栏目，依托优质内容资源与AI语音技术，形成"强新闻""快资讯"的有声资讯瀑布流，为用户24小时不间断提供高品质声音资讯播报服务。

（二）银河互联网电视业务

银河互联网电视有限公司持续提升在电信运营商及智能电视终端渠道的行业影响力，用户规模、收入、利润等指标继续保持互联网电视行业领先。电信运营商渠道方面，积极推进增值业务落地，计费基础用户较2020年增长20%；新增上海移动、甘肃移动、山西移动三个省份牌照业务；拓展中国电信渠道，开展产品研发和技术对接；少儿、电竞、教育等增值产品在超过15个省实现落地商用，增值业务收入处于行业领先位置。智能电视终端渠道方面，用户和收入规模继续扩大，领先优势明显。接入银河集成平台的终端累计超过9000万台。"银河奇异果"累计安装量突破3亿。同时，完成内容安全播出闭环体系搭建及播放器融合架构、触摸屏适配、客户端Android 9.0适配等平台功能强化提升，上线内容智能推荐等用户功能，持续优化运维效益。2021年营业收入较2020年增长14.7%。

（三）央广视讯手机音视频业务

央广视讯传媒有限公司加快推进战略转型和创新业务开拓，在专网手机电视生态进一步萎缩背景下，扎实做好核心业务梳理和管理优化，深挖运营商业务，在确保存量的基础上，积极寻找新的业务及资源增长点以

扩大份额，努力实现多点创收。

三、媒体零售业务版块：顺应渠道变革，积极探索电商直播新模式、新路径，实现业绩向好发展

后疫情时代，移动互联网发力崛起，随着移动端内容资源数量及品质持续提升，线上消费模式实现迭代升级，传统电视单向传播模式正逐渐向移动端媒体偏移。"用户选择、媒体提供"，内容消费者开始占主导地位。央广购物重新定位再出发，将电视与购物进行拆分，以电视直播为基础，内容制作为核心，注重"大屏"的同时，全力提速移动互联短视频直播，积极引流拉新，提升业绩。2021年，央广购物实现落地28省、313个城市，直接受众超过2.5亿户。2021年的销售收入基本恢复至疫情前整体营收水平。

四、全力抓好"云听"建设运行，打造自主可控、具有强大影响力的新媒体平台，培育高质量创新发展新动能

截至12月，云听用户规模超过1亿（含手机端、车载端、互联电视端等）。云听已覆盖手机、电脑、车机、智能穿戴设备等多终端、全应用场景，车载业务实现"全速超车"，车载端用户数超过4200万，快速成为车联网音频第一媒体。

云听充分发挥声音媒体优势，做好建党百年主题宣传，开办"党建频道"，推出《习近平新时代中国特色社会主义思想学习问答》《百年·见证——100个关键词，回顾百年党史》等百余个专辑，播放量超2200万，并与各地政府合作推出"有声党建书屋"，使党建学习内容"声"入人心。联合总台民族语言节目中心上线民族语言宣传阵地——《民语学习》平台，打造全面展示习近平新时代中国特色社会主义思想的少数民族语言新媒体学习平台。根据声音新媒体传播特性，配合音频精品化处理、主题化细分、精细化运营、个性化推送等手段，集纳《典籍里的中国》《朗读者》等总台精品内容1000余档，使总台优质声音产品得到最大化开发和价值体现。与总台多个电视频道、广播频率建立联合工作团队，针对各频道频率精细化运营，最大限度为总台频道频率赋能，传统广播直播流在云听播放量持续攀升。云听还开启总台中国之声、环球资讯广播、中国交通广播24小时互动直播间，让传统广播实现网络实时互动。同时，"云听少儿版""云听朗读评测系统""全新资讯2.0版""云听商城"陆续上线，持续增强创新能力。

国广传媒发展有限公司工作概况

2021年，国广传媒发展有限公司（简称国广传媒）按照总台党组的部署，在分管领导的指导下，加强党建工作，完善法人治理结构，积极调整公司业务结构，规范内部管理，加快推进关停并转工作，各项事业取得新的进展。

一、公司经营业务收入有较大提升，为后续发展奠定基础

2021年以来，在外部环境存在较大不确定性的情况下，国广传媒在公司领导的带领下，各项经营业务有了较大的增长。其中，下属全资公司国广国际在线网络（北京）有限公司（简称国际在线）经营业务收入增长显著；此外，汽车租赁业务也有一定的涨幅，为国广传媒后续发展奠定了基础和提供了条件。

二、守正创新，努力拓展新业务

2021年，国广传媒主动与相关方积极沟通谈判，努力回收部分经营授权。截至年底，此项工作已取得实质进展。2021年11月，国广传媒启动调整组建新业务部门及成立全资公司工作，为新的融媒体内容制作和融媒体市场业务拓展做好准备。12月，成立下属一级全资公司"北京中广视传媒有限公司"，相关后续工作正在稳步推进中。

三、完成北京希尔爱印刷厂的公司制改制工作

北京希尔爱印刷厂是总台第一家完成改制的企业。作为北京希尔爱印刷厂的出资人，国广传媒成立了专项工作组，配合制订了相关改制方案，完成工商变更手续并领取新版营业执照。改制后，该企业名称变更为"北京希尔爱印刷有限公司"。

四、推进下属企业关停，积极化解经营风险

（一）推进下属企业关停并转工作

国广传媒正在根据中央巡视整改要求，

按照合法合规的原则，推进天地传神（北京）文化传媒有限公司（简称天地传神）、国广和阳传媒科技（北京）有限公司（简称和阳科技）、国广和阳文化传媒（北京）有限公司（简称和阳文化）、海宁国广华策影视译制有限公司、国广世纪传媒咨询（北京）有限公司（简称国广世纪）等五家企业的清理退出。

截至12月，国广传媒已注销天地传神；完成退出国广世纪海外子公司——非洲公司环球广域传媒集团有限公司股权事项，并继续推进剩余4家海外公司的股权退出工作。此外，和阳文化与和阳科技股东双方根据法律法规，正在注销合资公司的《国有资产产权登记证》。

（二）完成国广高通减资工作

国广传媒作为国广高通（北京）传媒科技有限公司（简称高通公司）的股东方，于2021年9月中旬，启动高通公司注册资本金减少及董监事变更备案工作。2021年11月30日，完成工商变更并取得新版营业执照。

五、推动下属企业自有业务发展，紧跟总台发展趋势

（一）新媒体业务：创新形式，强化运营

一是用互联网思维打造H5互动游戏。为庆祝中国共产党成立100周年，国际在线推出了原创H5互动游戏《红心点赞中国》。《红心点赞中国》上线后，除在国际在线进行推广外，还在央视频、微博、微信、抖音等平台同步推出。其中，在新浪微博设置的主话题阅读量超过7000万，并吸引近15万网友参与游戏、为中国点赞。

二是"硬"宣传"软"讲。国际在线策划制作18集《我在中国挺好的》系列双语短视频节目，讲述了在中国生活的外国人眼中的中国发展。在国内多平台与海外平台同步播出，密集的展播令海内外各平台播放量超过500万，新浪微博的话题量达1200万，其中，《我与中国共战"疫"》单集创造了232万的播放量，引发了网友良好互动，确立了品牌口碑，为推出第二季打下良好基础。

三是举办网络国际传播活动，借力"洋网红"形式创新。在新的舆论环境和传播态势下，国际在线不遗余力地探索新媒体渠道的对外传播路径，积极利用"洋网红"力量，借嘴说话、借筒传声，立足海外社交媒体，开辟国际传播的新阵地。通过外国网红，用英语、克罗地亚语、意大利语、西班牙语等语言通过优兔、照片墙、抖音海外版、B站、今日头条、西瓜视频、抖音、微博、微信等多种海内外渠道进行内容发布，语言种类可覆盖大部分欧美地区。同时，利用国际在线多语种网站以及国际在线海外社交媒体平台，同步推广活动相关内容，发布外国网红在长三角地区的所见所闻，实现母语精准传播的全球化表达。

四是用国际视角剖析中国发展。国际在线"国际微访谈"栏目，通过记者视频连线、线下采访的方式，与世界各地的政界、商界、学界、文化界的人物对话。让中国观众更好地了解世界，也让外国观众更好地读懂中国。2021年，该栏目阅览量达1028万。

五是讲述"外眼"们的中国故事。《老外在中国》系列多语种微视频每集约3分钟，

通过讲述在华学习、工作、生活的外国人的小故事，让海内外网友和民众更好地感知中国、了解中国、理解中国。积极引导国内外舆论，讲好中国故事、传播好中国声音。截至2021年底，微博话题阅览量达1.4亿次。

六是创新网评形式，打造对美西方舆论斗争尖刀。国际在线打造"国际漫评"栏目，以漫画形式开展对美西方舆论斗争，策划推出漫评作品98期，多平台总阅读量超2000多万。其中，40期作品被中央网信办全网推送，还有多幅作品入选了中央网信办组织刊发的网上理论评论期刊《全国优秀网评选》（2021年）。

七是聚焦"一带一路"建设进展，展现中国企业责任担当。国际在线启动"'一带一路'央企逐梦"主题网络国际传播项目，截至2021年底，项目相关新闻产品已陆续发布完成，累计总阅览量超过2000万次，收到众多网友评论反馈。

八是追求突破与创新。截至2021年，"丝路大V北京行"活动已连续举办了八届，累计邀约44个"一带一路"沿线国家百位国家前政要、国家级智库学者、资深媒体人和知名导演、摄影师、网红博主，开展人文交流。向世界传递中国形象，展示丰富多彩、生动立体的北京。国际在线组织自带流量的网红博主和总台多语种网红主播，全面整合北京市政府新闻办、市文旅局、各区机构账号以及中央和市属媒体资源，活动共计发布1010篇内容，浏览量7 225.24万次，互动量62.34万次。

（二）电视业务：把握舆论导向，落实宣传需求

2021年，环球奇观频道把握舆论导向，与华夏银行合作制作《十送红军》《集合在党旗下》，与海文资产经营管理有限公司合作制作《唱支山歌给党听》《没有共产党就没有新中国》。节目在频道及官微、央视频等新媒体端播出后，深受好评。

（三）广播业务：立足品牌，持续探索

2021年劲曲调频的收听率与2020年相比，略有提升。劲曲调频制作"去远方寻找理想"人文旅行融媒体产品，广播触达全国5600万用户，微博、微信覆盖500万用户，线下分享会共招募150位参与者，线下活动覆盖全国7个省/自治区，42个地级市/州。

中国国际广播出版社有限公司工作概况

2021年，总台下属中国国际广播出版社有限公司（简称出版社）全体职工从党的百年奋斗重大成就和历史经验中汲取智慧与力量，发扬"立志、崇实、创新、担当"的企业精神，克服疫情反复、市场疲软等困难，直面出版业务转型挑战，继续团结拼搏、奋勇开拓，超额完成了全年各项宣传出版、经营管理任务，并在加强党的建设方面取得了扎实成果，在深化业务改革方面实现了重要突破，推动企业朝向"建设国内一流的传媒专业出版和产学研融合服务企业"的发展战略目标，迈出了非常关键的一步。

一、量足质优地完成全年出版任务

出版社全年共出版纸质图书、电子图书、音像制品等各类出版物约340个品种/批次。其中，新版图书218种、电子图书70种、重印图书55个批次；全年策划立项各类出版选题280个、签订出版合同290份；全年发行图书约64万册/套，发行码洋约2600万元。在疫情冲击持续、市场需求萎缩，同时出版业务结构加速调整的情况下，2021年，出版社的出版业务、发行业务规模相比2020年仍实现了小幅增长。同时，出版社持续保持历年宣传出版导向和内容口径"100%安全"、图书产品质量接受国家抽检"100%合格"的优良纪录；社会效益考核评价中的"出版质量"分项考评取得了满分。

2021年，出版社强化国家级出版单位的政治担当，紧紧围绕建党百年等宣传主旋律，出版了《红色印记——百件革命文物的声音档案》《历史选择了社会主义》《不可征服——中国姑娘徒步南极难抵极纪实》等5部主题宣传精品，初步形成了主题出版产品线。

在"十四五"开局之年，对比2016年的数据，出版社的出版产能、发行规模、读者总量均增长了100%以上。

二、"两个效益"主要指标再创新高

在社会效益方面，继2019年、2020年在中宣部组织的"图书出版单位社会效益评价考核"中分别取得85分、88分的良好等级成绩后,2021年,出版社社会效益再创佳绩,中宣部考评得分为92分,历史上首次达到了"优秀"等级。出版社全年共有27种图书获得国家级、省部级奖项,入选省部级以上重大科研项目。在这些出版精品中,绝大部分是凸显出版社专业特色的传媒学术研究或传媒文化类产品。其中,利用总台重大宣传节目资源出版的《我们一起走过——致敬改革开放40周年》荣获第五届中国出版政府奖;《全国中小学影视教育发展现状调研与分析报告》获得国家教育部颁发的第六届全国教育科学研究优秀成果奖。

在经济效益方面,出版社克服了外部市场疲弱、内部业务调整带来的多种困难和挑战,全年营业收入同比2020年增长约16%,净利润增长约10%,两项经济指标再创历史新高。同时,出版社国有资产总值、所有者权益连续数年稳定增长,实现了国有资产保值增值。出版社职工待遇也继续与企业效益同步提高,人均年工资同比增长约12%。

在"十四五"规划开局之年,对比2016年的数据,出版社靠自力更生实现了经营效益从严重亏损到扭亏为盈、持续快速增长的反转,企业注册资本、营业收入、利润总额、职工收入都增长了100%以上。企业经济基础、创收能力显著增强。

三、业务转型改革实现重大突破

深入贯彻落实总台党组对出版社做出的"用好出版社资质资源,找准发展定位,谋划实施路径,做大做强产业"重要批示精神,2021年出版社加速向传媒专业出版及产学研融合服务的蓝海市场转型。

针对多年来在综合社科出版运行中产生的市场定位模糊、选题及产品线散乱、业务资源集约性差等顽疾,出版社系统总结、探索传媒专业出版的经验成果,深入分析行业改革发展及市场变化趋势,果断做出了战略决策,制定了《调整出版方向、深化业务改革工作方案》;通过强化党的政治能力保证、做大做强传媒专业出版、优化重组主营业务部门、着力提升业务协同能力、精准开发总台媒体资源、完善企业核心管理机制、加强人才队伍和企业文化建设等7个方面的十多项改革创新举措,向专业出版方向全面转型。

2021年下半年,多项转型措施提前落地,在前几年积累的基础上生发出令人振奋的成效。截至2021年底,出版社整体出版结构已明显优化:传媒学术研究、传媒高校教材、传媒产学研融合类专业出版品种占比约50%,专业出版业务收入占比约40%,已与国内200多所传媒院校、科研机构建立了合作关系;传媒专业出版选题储备达260个品种;初步形成了以影视艺术、新媒体及融媒体、国际传播研究等学科及媒体实务培训6个专业方向为主,覆盖传媒教育、传媒科研、媒体应用、人才培养等用户群的布局。

传媒专业出版突出"专精特新"选题标准、品牌特色,努力推出具有行业引领力、影响力的精品,共有6种传媒图书获得了国家级专业奖项,20多种传媒图书入选国家级或省部级科研项目。

四、党建与业务融合取得成果

牢牢聚焦强化党的政治能力建设,2021年出版社深入推进党史学习教育,掀起了学习党史、改造思想的持续热潮,使企业全员政治觉悟和理论修养明显提升;出版社还通过制定、落实《全社加强政治理论学习工作方案》《青年理论学习小组工作方案》,开设"政治理论学习日"、组织编写《出版岗位政治理论应用手册》、"主题出版项目政治练兵"等方式手段,实现了政治理论学习全方位、全覆盖、常态化,并推动党建工作与宣传出版及业务改革进一步融合。

着力增强党建工作对企业发展的引领作用,出版社党支部以接受总台党组常规巡视、开展巡视整改为契机,针对各业务系统中存在的问题、短板,进行了全面检视分析、改错纠偏补漏,共更新、制定并实施了17项涉及各方面的规章制度。在集中整改过程中,出版社将落实整改与出版结构调整等多项业务改革紧密绑定、同步推进,收到了良好效果,党的建设切实推动了企业发展大局。尤其是,出版社编制了《出版社2021—2030年发展战略规划纲要》,同步启动实施了《调整出版方向、深化业务改革工作方案》,从社科综合出版向传媒专业出版全面加速转型,打开了企业长期可持续发展的全新空间。

为了持续提升党支部的组织力、凝聚力,出版社2021年进一步完善了支委会与社委会、编委会各司其职、各负其责、协调运转、有效制衡的企业治理机制;落实了大幅提高职工公积金缴存比例、改善办公条件等一系列"为群众办实事"的项目。尤其是在2021年初,出版社从老旧厂房改造的简陋办公地点迁入精心装修的现代化写字楼新址,极大地改善了办公环境及各项条件,振奋了全社创业发展的士气。

第四编

统计数据

频道、频率设置及节目播出情况

2020年频道、频率设置及节目播出情况

一、中央电视台2020年频道设置及节目播出情况

中央电视台电视频道设置一览表

公共电视频道30个	
总台内设机构自办频道26个	
频道名称	开播时间
CCTV-1 综合频道	1958年9月2日
CCTV-1 综合频道（港澳）	2011年3月1日香港版开播 2016年12月20日落地澳门
CCTV-2 财经频道	1973年4月14日（经济·生活·服务频道） 2003年10月20日调整为经济频道 2009年8月24日调整为财经频道
CCTV-3 综艺频道	1986年8月25日
CCTV-4 中文国际频道（亚洲）	1992年12月1日
CCTV-4 中文国际频道（欧洲）	2007年1月1日
CCTV-4 中文国际频道（美洲）	2007年1月1日
CCTV-5 体育频道	1995年1月1日 2019年12月17日落地澳门
CCTV-5+ 体育赛事频道	2013年8月18日
CCTV-7 国防军事频道	1995年12月1日（少儿·军事·农业·科技频道） 2010年10月调整为少儿·军事·农业频道 2011年1月3日调整为军事·农业频道 2019年8月1日调整为国防军事频道
CCTV-8 电视剧频道	1996年1月1日
CCTV-9 纪录频道	2011年1月1日
CCTV-10 科教频道	2001年7月9日
CCTV-11 戏曲频道	2001年7月9日

续表

频道名称	开播时间
CCTV-12 社会与法频道	2002年5月12日（西部频道） 2004年12月28日调整为社会与法频道
CCTV-13 新闻频道	2003年7月1日
CCTV-14 少儿频道	2003年12月28日
CCTV-15 音乐频道	2004年3月29日
CCTV-17 农业农村频道	2019年9月23日
CCTV-4K 超高清频道	2018年10月1日
CGTN	2000年9月25日（英语频道） 2010年4月调整为英语新闻频道 2017年1月1日调整为中国环球电视网
CGTN-F 法语频道	2004年10月1日（西班牙语法语频道） 2007年10月1日调整为法语国际频道 2017年1月1日调整为中国环球电视网法语频道
CGTN-E 西班牙语频道	2007年10月1日（西班牙语国际频道） 2017年1月1日调整为中国环球电视网西班牙语频道
CGTN-A 阿拉伯语频道	2009年7月25日（阿拉伯语国际频道） 2017年1月1日调整为中国环球电视网阿拉伯语频道
CGTN-R 俄语频道	2009年9月10日（俄语国际频道） 2017年1月1日调整为中国环球电视网俄语频道
CGTN-Documentary 纪录频道	2011年1月1日（纪录频道国际版） 2017年1月1日调整为中国环球电视网纪录频道
中宣部电影卫星频道节目制作中心经办频道1个	
CCTV-6 电影频道	1996年1月1日 2012年12月10日自行播出
台属公司承办的频道3个	
CCTV 戏曲频道	2004年10月1日
CCTV 娱乐频道	2004年10月1日
CCTV 中视购物频道	2007年1月1日
付费电视频道13个	
风云音乐频道	2004年8月9日
第一剧场频道	2004年8月9日
风云剧场频道	2004年8月9日
世界地理频道	2004年8月9日
卫生健康频道	2004年8月9日
高尔夫·网球频道	2004年9月1日

续表

频道名称	开播时间
风云足球频道	2004年9月1日
电视指南频道	2004年11月1日
怀旧剧场频道	2004年11月1日
央视文化精品频道	2005年1月1日
兵器科技频道	2006年5月8日（国防军事付费电视频道） 2019年8月1日调整为兵器科技付费电视频道
女性时尚频道	2006年8月9日
央视台球频道	2010年4月12日

中央电视台频道播出量一览表

42个频道（不含CCTV-6）

播出频道	每日播出量（小时）	全年播出量（时:分:秒）
CCTV-1 综合频道	24	8784:08:00
CCTV-1 综合频道（港澳）	24	8783:59:00
CCTV-2 财经频道	24	8783:41:55
CCTV-3 综艺频道	24	8783:33:50
CCTV-4 中文国际频道（亚洲）	24	8784:00:00
CCTV-4 中文国际频道（欧洲）	24	8784:00:00
CCTV-4 中文国际频道（美洲）	24	8784:00:00
CCTV-5 体育频道	24	8784:00:00
CCTV-5+ 体育赛事频道	24	8784:00:00
CCTV-7 国防军事频道	19	6946:26:22
CCTV-8 电视剧频道	24	8784:29:55
CCTV-9 纪录频道	24	8784:00:00
CCTV-10 科教频道	20.8	7629:42:00
CCTV-11 戏曲频道	20.3	7415:51:01
CCTV-12 社会与法频道	20.2	7390:39:00
CCTV-13 新闻频道	24	8784:00:00
CCTV-14 少儿频道	19.3	7047:30:01

续表

播出频道	每日播出量（小时）	全年播出量（时:分:秒）
CCTV-15 音乐频道	19.8	7245:03:27
CCTV-17 农业农村频道	19.2	7020:53:08
CCTV-4K 超高清频道	18	6591:17:16
CGTN	24	8784:00:00
CGTN-F 法语频道	24	8784:00:00
CGTN-E 西班牙语频道	24	8784:00:00
CGTN-A 阿拉伯语频道	24	8784:00:00
CGTN-R 俄语频道	24	8784:00:00
CGTN-Documentary 纪录频道	24	8784:00:00
CCTV 娱乐频道	24	8784:00:00
CCTV 戏曲频道	24	8784:00:00
CCTV 中视购物频道	24	8784:00:00
高尔夫·网球频道	24	8784:00:00
风云足球频道	24	8783:50:00
风云音乐频道	17.7	6483:32:05
第一剧场频道	19.7	7218:00:27
风云剧场频道	17.6	6457:22:51
世界地理频道	18.2	6673:00:02
电视指南频道	24	8784:00:00
央视文化精品频道	17.9	6560:39:10
怀旧剧场频道	17.9	6543:20:08
兵器科技频道	16.2	5923:37:00
女性时尚频道	16.4	6012:53:10
央视台球频道	24	8784:00:00
卫生健康频道	24	8784:00:00
合计	922.2	337 543:29:48

中央电视台各类节目播出量及比例

42个频道（不含CCTV-6）

节目大类	首播（时:分:秒）	首播占套（%）	首播占台（%）	重播（时:分:秒）	重播占套（%）	重播占台（%）	总播出量（时:分:秒）	占比全台（%）
新闻资讯类	43 400:22:45	40.84	12.86	62 866:27:35	59.16	18.62	106 266:50:20	31.48
专题服务类	17 142:03:09	16.70	5.08	85 486:42:30	83.30	25.33	102 628:45:39	30.40
综艺益智类	6177:25:06	13.44	1.83	39 796:03:27	86.56	11.79	45 973:28:33	13.62
影视剧类	5133:59:03	7.06	1.52	67 600:49:23	92.94	20.03	72 734:48:26	21.55
广告类	5627:59:15	100.00	1.67	0:00:00	0.00	0.00	5627:59:15	1.67
导视类	4310:41:55	99.98	1.28	0:55:40	0.02	0.00	4311:37:35	1.28
合计	81 792:31:13	24.23	24.24	255 750:58:35	75.77	75.77	337 543:29:48	100.00

中央电视台频道栏目编排表

CCTV-1综合频道栏目编排表

时间	星期						
	星期一	星期二	星期三	星期四	星期五	星期六	星期日
04:32	今日说法（重播）						
05:00	新闻联播（重播）						
05:30	人与自然（首播）						
05:57	台标、国歌						
06:00	朝闻天下（直播）						
08:36	生活圈（首播）					电视剧（重播）	
09:30	电视剧（重播）						
10:20						季播节目（重播）	
12:00	新闻30分（首播）						
12:35	今日说法（首播）						
13:13	电视剧（重播）						

续表

时间	星期						
	星期一	星期二	星期三	星期四	星期五	星期六	星期日
16:40	第一动画乐园（首播）				动画乐园（首播）		动画乐园 18:00 正大综艺·动物来啦
17:20							
19:00	新闻联播+天气预报+焦点访谈（首播）						
20:06	特约剧场（首播）				季播节目（首播）		季播节目（首播）
22:00	晚间新闻（首播）						
22:34	美术经典中的党史（季播）		季播节目（重播）	一路有你（季播）	星光大道（首播）	开讲啦（首播）	等着我（首播）
22:55	季播节目（重播）	重播节目 中华民族+人口（首播）					
23:38				重播节目			

CCTV-2财经频道栏目编排表

时间	星期						
	星期一	星期二	星期三	星期四	星期五	星期六	星期日
07:00	第一时间（首播）						
09:00	正点财经（首播）					重播节目/精编节目	
10:00	正点财经（首播） 经济半小时（重播）						
11:00	正点财经（首播） 回家吃饭（重播）						
12:00	天下财经（首播）						
13:00	重播节目					重播节目/精编节目	
14:00	正点财经（首播） 消费主张（重播）						
15:00	正点财经（首播） 生财有道（重播）						
16:00	正点财经（首播）						
17:00	正点财经（首播）						
17:30	重播节目/精编节目						
18:30	回家吃饭（首播）					是真的吗（首播）	一槌定音（首播）
19:00	生财有道（首播）						

续表

时间	星期						
	星期一	星期二	星期三	星期四	星期五	星期六	星期日
19:30	消费主张（首播）					季播节目	职场健康课（首播）
20:00	经济半小时（首播）						
20:30	经济信息联播（首播）						
21:30	央视财经评论（首播）					对话（首播）	中国经济大讲堂（首播）
	22:00 精品财经纪录			22:00 创业英雄汇（首播）			
23:00	重播节目					重播节目	

CCTV-3 综艺频道栏目编排表

时间	星期						
	星期一	星期二	星期三	星期四	星期五	星期六	星期日
06:00	综艺喜乐汇（语言版）						
07:50	文化十分						
08:00	综艺喜乐汇（歌曲版）						
09:15	季播节目	非常6+1	幸福账单	回声嘹亮	我的艺术清单	黄金100秒	
10:15	季播节目	幸福账单	开门大吉	向幸福出发	越战越勇	星光大道	喜上加喜
11:45	文化十分						
12:00	幸福账单	开门大吉	向幸福出发	越战越勇	星光大道	喜上加喜	季播节目
13:30	季播节目	非常6+1	艺览天下	回声嘹亮	我的艺术清单	黄金100秒	季播节目
15:00	综艺喜乐汇（精品荟萃）						
17:30	中国文艺报道						
18:00	天天把歌唱					动物传奇	舞蹈世界
18:40	综艺喜乐汇（语言版）						
19:30	开门大吉	向幸福出发	越战越勇	星光大道	喜上加喜	季播节目	幸福账单
21:00	非常6+1	艺览天下	回声嘹亮	我的艺术清单	黄金100秒	季播节目	
22:00	季播节目（重播）						
23:30	综艺喜乐汇（精品荟萃）						
次日 00:30	电视剧						

CCTV-4 中文国际频道（亚洲）栏目编排表

时间	星期						
	星期一	星期二	星期三	星期四	星期五	星期六	星期日
04:00	中国新闻（直播）						
04:30	今日关注（重播）						
05:00	环球综艺秀（重播)	记住乡愁（第一季度）	国家记忆（第二季度至第四季度）（重播）				中国文艺（周末版）（重播）
		美食中国（重播）					
06:00	海峡两岸（重播）						
06:30	中国缘（重播）	今日亚洲（重播）					
07:00	中国新闻（直播）						
07:30	今日关注（重播）						
08:00	今日环球（直播）						
09:00	中国舆论场（重播）	今日亚洲（重播）				中国文艺（周末版）（重播）	国家记忆（五集连播）
09:30		中国文艺（重播）					
10:00	中国新闻（直播）						
10:10	远方的家（重播）					环球综艺秀（重播）	
11:00	记住乡愁（第一季度）	国家记忆（第二季度至第四季度）（重播）					
11:30	海峡两岸（重播）						
12:00	中国新闻（直播）						
13:00	美食中国（重播）					华人故事（首播）	深度国际（重播）
13:30						记住乡愁（精选）	
14:00	经典剧场（五集连播）					经典剧场（五集连播）	
14:10							
15:00							
15:45							
16:30							
17:15	远方的家（首播）					平凡匠心（首播）	
17:45							

续表

时间	星期						
	星期一	星期二	星期三	星期四	星期五	星期六	星期日
18:00	中国新闻（直播）					中国文艺（周末版）（首播）	环球综艺秀（首播）
18:30	中国文艺（首播）						
19:00	中国新闻（直播）						
19:30	今日亚洲（直播）						
20:00	记住乡愁（第一季度）			国家记忆（第二季度至第四季度）		深度国际（首播）	中国舆论场（直播）
20:30	海峡两岸（首播）						
21:00	中国新闻（直播）						
21:30	今日关注（直播）						
22:00	美食中国（首播）					国际记忆（首播）	中国缘（首播）
22:30	新闻联播						
23:00	三集电视剧						
23:45							
次日 00:30							
次日 01:15	中国文艺（重播）					国际记忆（重播）	中国缘（重播）
次日 01:45	记住乡愁（短视频展播）						
次日 02:00	新闻联播						
次日 02:30	美食中国（重播）					记住乡愁（精选）	
次日 03:00	中国新闻（直播）					平凡匠心（重播）	
次日 03:10	远方的家（重播）					深度国际（重播）	中国缘（重播）
次日 03:45						记住乡愁（短视频展播）	
次日 03:55	导视						

CCTV-4 中文国际频道（欧洲）栏目编排表

北京时间	伦敦时间	星期						
		星期一	星期二	星期三	星期四	星期五	星期六	星期日
04:00	20:00	中国新闻（直播）						

续表

北京时间	伦敦时间	星期						
		星期一	星期二	星期三	星期四	星期五	星期六	星期日
04:30	20:30	今日关注（重播）						
05:00	21:00	环球综艺秀（首播)	远方的家（首播）					中国文艺（周末版）（首播）
05:45	21:45		导视					
06:00	22:00	记住乡愁（首播）	探索·发现（首播）					记住乡愁（首播）
06:30	22:30	平凡匠心（首播）	导视					平凡匠心（首播）
06:45	22:45	记住乡愁（短视频展播）+导视	中国文艺（重播）					记住乡愁（短视频展播）+导视
07:00	23:00	海峡两岸（重播）						
07:30	23:30	华人故事（重播）	美食中国（重播）					中国缘（重播）
08:00	次日00:00	今日环球（直播）						
09:00	次日01:00	中国文艺（周末版）（重播）	远方的家（重播）					环球综艺秀（重播）
09:30	次日01:30		记住乡愁（短视频展播）+导视					
10:00	次日02:00	中国新闻（直播）						
10:10	次日02:10	导视						
10:15	次日02:15	电视剧场一（重播）						
11:45	次日03:45	记住乡愁（短视频展播）+导视						
12:00	次日04:00	中国新闻（直播）						
13:00	次日05:00	中国缘（重播）	海峡两岸（重播）					深度国际（重播）
13:30	次日05:30	电视剧场二（重播）						
15:00	次日07:00	中国舆论场（重播）	记住乡愁（第一季度）+国家记忆（第二季度至第四季度）（重播）					梨园闯关我挂帅（首播）
15:30	次日07:30		中国文艺（重播）					
16:00	次日08:00	中国新闻（直播）						
16:30	次日08:30	电视剧场一（首播）						

续表

北京时间	伦敦时间	星期						
		星期一	星期二	星期三	星期四	星期五	星期六	星期日
17:15	次日09:15	电视剧场一（首播）						
18:00	次日10:00	中国新闻（直播）					美食中国（重播）	记住乡愁（重播）
18:30	次日10:30	海峡两岸（重播）						
19:00	次日11:00	中国新闻（直播）						
19:30	次日11:30	今日亚洲（直播）					中国舆论场60分钟（直播）	
20:00	次日12:00	开讲啦（首播）	远方的家（重播）					
20:45	次日12:45		记住乡愁（短视频展播）					
20:55	次日12:55	平凡匠心（重播）	导视				华人故事（首播）	
21:00	次日13:00	中国新闻（直播）						
21:30	次日13:30	今日关注（直播）						
22:00	次日14:00	电视剧场二（首播）						
23:30	次日15:30	中国文艺（首播）					精彩音乐汇（首播）	
次日00:00	次日16:00	精彩音乐汇（首播）					动画城	
次日00:45	次日16:45	动画城					星光大道（首播）	开门大吉（首播）
次日01:30	次日17:30	美食中国（首播）						
次日02:00	次日18:00	记住乡愁（第一季度）+国家记忆（第二季度至第四季度）（首播）						平凡匠心（重播）
次日02:30	次日18:30	海峡两岸（首播）						
次日03:00	次日19:00	新闻联播						
次日03:30	次日19:30	中国文艺（重播）					深度国际（首播）	中国缘（首播）

CCTV-4中文国际频道（美洲）栏目编排表

北京时间	美东时间	美西时间	星期						
			星期一	星期二	星期三	星期四	星期五	星期六	星期日
04:00	15:00	12:00	中国新闻（直播）						

续表

北京时间	美东时间	美西时间	星期						
			星期一	星期二	星期三	星期四	星期五	星期六	星期日
05:00	16:00	13:00	平凡匠心（首播）	中国文艺					平凡匠心（首播）
05:30	16:30	13:30	新闻联播（重播)						
06:00	17:00	14:00	海峡两岸（首播）						
06:30	17:30	14:30	中国缘（首播）	美食中国（首播）					华人故事（首播）
07:00	18:00	15:00	中国新闻（直播）						
07:30	18:30	15:30	今日关注（重播）						
08:00	19:00	16:00	今日环球（直播）						
09:00	20:00	17:00	电视剧场一（首播）						
10:30	21:30	18:30	环球综艺秀（首播）	记住乡愁（首播）					中国文艺（周末版）（首播）
11:00	22:00	19:00	中国缘（重播）	远方的家（首播）+导视+记住乡愁（短视频展播）					深度国际（首播）
12:00	23:00	20:00	中国新闻（直播）						
13:00	次日 00:00	21:00	海峡两岸（重播）						
13:30	次日 00:30	21:30	中国舆论场（重播）	中国文艺（重播）					华人故事（重播）
14:00	次日 01:00	22:00	导视						
14:05	次日 01:05	22:05	电视剧场二（重播）						
15:40	次日 02:40	23:40	中国缘+记住乡愁（短视频展播）+导视	远方的家（重播）					梨园闯关我挂帅（首播）
16:30	次日 03:30	次日 00:30	电视剧场一（重播）						
18:00	次日 05:00	次日 02:00	中国新闻（直播）					美食中国	开讲啦（重播）
18:30	次日 05:30	次日 02:30	平凡匠心（重播）	中国文艺（重播）					平凡匠心（重播）

续表

北京时间	美东时间	美西时间	星期						
			星期一	星期二	星期三	星期四	星期五	星期六	星期日
19:00	次日06:00	次日03:00	中国新闻（直播）					环球综艺秀（重播）	中国新闻（直播）
19:30	次日06:30	次日03:30	今日亚洲（直播）						中国舆论场（直播）
20:00	次日07:00	次日04:00	中国文艺（周末版）（重播）	记住乡愁（重播）					
20:30	次日07:30	次日04:30		美食中国（重播）					深度国际（重播）
21:00	次日08:00	次日05:00	中国新闻（直播）						
21:30	次日08:30	次日05:30	今日关注（直播）						
22:00	次日09:00	次日06:00	精彩音乐汇（首播）						
22:45	次日09:45	次日06:45	动画城（首播）						
23:30	次日10:30	次日07:30	中国缘（重播）	美食中国（重播）					平凡匠心（重播）
次日00:00	次日11:00	次日08:00	海峡两岸（重播）						
次日00:30	次日11:30	次日08:30	开讲啦（首播）	远方的家（重播）					星光大道（首播）
次日01:15	次日12:15	次日09:15	中国文艺（首播）					开门大吉（首播）	
次日01:45	次日12:45	次日09:45	探索发现（首播）						华人故事（重播）
次日02:30	次日13:30	次日10:30	电视剧场二（首播）						

CCTV-5体育频道栏目编排表

时间	星期						
	星期一	星期二	星期三	星期四	星期五	星期六	星期日
04:00	赛事直播（录像）						
05:55	国旗国歌						
06:00	赛事直播（录像）						
07:30	健身动起来（首播）	健身动起来（重播）					

续表

时间	星期						
	星期一	星期二	星期三	星期四	星期五	星期六	星期日
08:00	赛事直播（录像）			北京2022（重播）	赛事直播（录像）		
12:00	体坛快讯（首播）						
12:30	赛事直播（录像）						
18:00	体育新闻（首播）						
18:35	北京2022（首播）	赛事直播（录像）	冠军欧洲（赛季播出）（首播）	篮球公园（首播）	足球之夜（赛季播出）（首播）	赛事直播（录像）	
19:30	天下足球（首播）	赛事直播（录像）					
21:30	体育世界（首播）					赛事直播（录像）	
22:00	赛事直播（录像）						
次日 00:00	顶级赛事（高尔夫）（首播）	顶级赛事（棋牌乐）（首播）	赛事直播（录像）		顶级赛事（象棋）（首播）	赛事直播（录像）	

CCTV-6 电影频道栏目编排表

时间	星期						
	星期一	星期二	星期三	星期四	星期五	星期六	星期日
05:58	国歌、频道片头						
06:00	国产片						
07:40	时段 1D 光影 1 时段 1E						
07:50	国产片					少儿影院	
09:30	时段 2D 光影 2 时段 2E						
09:40	电影快讯白天						
09:45	国产片					少儿影院	
11:25	时段 3D 光影 3						
11:35	音乐电影欣赏 时段 3E						
11:50	国产片						
13:30	时段 4D 光影 4 时段 4E						

续表

时间	星期						
	星期一	星期二	星期三	星期四	星期五	星期六	星期日
13:40			译制片			影人 1+1	佳片有约（重播）
15:20	时段 5D 光影 5 时段 5E						
15:30	电影快讯白天						
15:35			国产片			影人 1+1	国产片
17:15	时段 6D 光影 6						
17:25					电影全解码	世界电影之旅	
17:45	时段 6E						
17:50	中国电影报道 时段 6F						
18:20	光影 7 时段 6G						
18:30	黄金时段国产片				动作 90 分 黄金时段 国产片	周末影院 黄金时段 国产片	周日点播 黄金时段 国产片
20:00	时段 7D 光影 8 时段 7E						
20:10	电影快讯晚间						
20:15	黄金时段国产片（影片 8A，影片 8B，影片 8C）						
21:50	时段 8D 光影 9						
22:00			今日影评 时段 8E			时段 8E	
22:15	艺术影院：译制片	译制片			环球影院：译制片	佳片有约	译制片
23:45	时段 9D						
23:45		今日影评（重）音乐电影欣赏					音乐电影欣赏
23:58	光影 10 时段 9E						
次日 00:05	电影快讯晚间						
次日 00:08	国产片						探索影厅
次日 01:50	时段 10D						
次日 01:55	国产片（影片 11B）						
次日 03:30	国产片	译制片	国产片	译制片	国产片	译制片	国产片

CCTV-7 国防军事频道栏目编排表

时间	星期						
	星期一	星期二	星期三	星期四	星期五	星期六	星期日
06:00	导视（晨曲）						
06:03	第二战场（重播）	军事纪实（重播）				军迷行天下（重播）	
06:34		国防故事（重播）				国防科工（重播）	军武零距离（重播）
06:59		军歌嘹亮（重播）					
07:02		世界战史（重播）				国防故事（重播）	世界战史（重播）
07:30	国防军事早报（直播）						
07:58	讲武堂（重播）	谁是终极英雄（重播）	军事科技（重播）	讲武堂（重播）	老兵你好（重播）	讲武堂（重播）	老兵你好（重播）
			第二战场（重播）				
09:02	军事制高点（重播）	防务新观察（重播）					军事制高点（重播）
09:34	军事科技（重播）	军事纪实（重播）					军事科技（重播）
10:04	兵器面面观（重播）					军迷行天下（重播）	国防科工（重播）
10:33	世界战史（重播）					谁是终极英雄（重播）	
10:58	国防故事（重播）						
11:27	军事纪录（重播）						
11:52	军歌嘹亮（重播）						
12:00	正午国防军事（直播）						
12:32	军事制高点（重播）	防务新观察（重播）					军事制高点（重播）
13:06	军武零距离（重播）	军营的味道（重播）	军武零距离（重播）	军营的味道（重播）	军迷行天下（重播）	军武零距离（重播）	第二战场（重播）
13:41	兵器面面观（重播）					军迷行天下（重播）	军营的味道（重播）
14:06	军事纪录（重播）						
14:36	五星剧场（三集）					五星剧场（三集）	
17:02	世界战史（首播）						

续表

时间	星期						
	星期一	星期二	星期三	星期四	星期五	星期六	星期日
17:29	军事纪录（首播）					军事科技（重播）第二战场（重播）	老兵你好（重播）
17:54	军歌嘹亮（重播）						
18:03	兵器面面观（首播）					军营的味道（重播）	讲武堂（首播）
18:29	国防故事（首播）					国防科工（重播）	
19:00	新闻联播（直播）						
19:33	军事报道（直播）						
20:03	军歌嘹亮（首播）						
20:10	防务新观察（首播）					军事制高点（首播）	
20:46	军事纪实（首播）					军武零距离（首播）	军营的味道（首播）
21:20	第二战场（首播）	军事科技（首播）	军迷行天下（首播）	国防科工（首播）	国防科工（重播）	老兵你好（首播）五星剧场（两集）	谁是终极英雄（首播）五星剧场（两集）
21:56	五星剧场（两集）						
23:36	军事纪实（重播）						
次日 00:11	兵器面面观（重播）					军事制高点（重播）	
次日 00:47	导视（晚曲）						

CCTV-8 电视剧频道栏目编排表

时间	星期	时间	星期
	星期一至星期日		星期一至星期日
04:04	深夜剧场（基本重播）	16:09	星推荐
04:20	星推荐	16:34	热播剧场（基本重播）+星推荐
04:25	早间剧场（基本重播）	19:30	黄金强档（基本首播）
07:34	星推荐	22:28	经典剧场（基本重播）
07:40	魅力剧场（基本重播）	次日 00:15	星推荐
12:16	星推荐	次日 00:16	海外剧场（基本重播）
12:31	佳人剧场（基本重播）	次日 01:05	深夜剧场（基本重播）

CCTV-9 纪录频道栏目编排表

北京时间	星期一至星期五	北京时间	星期六	北京时间	星期日
04:39:00	频道导视1（微9）	04:39:00	频道导视1（微9）	04:39:00	频道导视1（微9）
04:44:30	广告1	04:44:30	广告1	04:44:30	广告1
04:46:30	故事·中国	04:46:30	故事·中国	04:46:30	故事·中国
05:39:30	频道导视2（晨曲）	05:39:30	频道导视2（晨曲）	05:39:30	频道导视2（晨曲）
05:43:30	广告2	05:43:30	广告2	05:43:30	广告2
05:46:00	全景自然	05:46:00	全景自然	05:46:00	全景自然
06:39:00	广告3	06:39:00	广告3	06:39:00	广告3
06:41:30	频道导视3（微9）	06:41:30	频道导视3（微9）	06:41:30	频道导视3（微9）
06:47:00	魅力万象	06:47:00	魅力万象	06:47:00	魅力万象
07:41:00	广告4	07:41:00	广告4	07:41:00	广告4
07:43:00	9视频	07:43:00	9视频	07:43:00	9视频
07:59:30	广告5	07:59:30	广告5	07:59:30	广告5
08:03:00	活力·源	08:03:00	活力·源	08:03:00	寰宇视野
08:30:00	频道导视6			08:58:00	频道导视6
08:32:00	魅力万象				
09:26:30	频道导视8	08:30:00	纪录电影	08:59:00	特别呈现
09:27:30	广告8				
09:31:00	寰宇视野				
10:26:00	频道导视9			09:54:00	频道导视8
10:26:30	广告9	09:59:00	频道导视8	09:56:30	广告8
10:30:00	活力·源	10:00:00	寰宇视野/全景自然/魅力万象	10:00:00	寰宇视野/全景自然/魅力万象
10:58:30	频道导视7	10:54:00	广告9	10:54:00	广告9
10:59:00	特别呈现	10:57:30	频道导视9	10:57:30	频道导视9
11:54:00	频道导视10（微9）	10:58:00	寰宇视野/全景自然/魅力万象	10:58:00	寰宇视野/全景自然/魅力万象
11:59:30	广告10	11:52:30	频道导视10	11:52:30	频道导视10
12:03:00	全景自然	11:53:30	广告10	11:53:30	广告10
12:58:00	频道导视11	11:57:00	寰宇视野/全景自然/魅力万象	11:57:00	寰宇视野/全景自然/魅力万象

续表

北京时间	星期一至星期五	北京时间	星期六	北京时间	星期日
13:00:30	广告11	12:52:00	频道导视11（微9）	12:52:00	频道导视11（微9）
13:04:00	故事·中国	12:57:30	广告11	12:57:30	广告11
13:59:00	频道导视12	13:01:00	寰宇视野/全景自然/魅力万象	13:01:00	寰宇视野/全景自然/魅力万象
14:01:30	广告12	13:56:00	频道导视12	13:56:00	频道导视12
14:05:00	寰宇视野	13:56:30	广告12	13:56:30	广告12
15:00:00	频道导视13（微9）	14:00:00	寰宇视野/全景自然/魅力万象	14:00:00	寰宇视野/全景自然/魅力万象
15:05:30	广告13	14:55:00	频道导视13	14:55:00	频道导视13
15:10:00	特别呈现	14:55:30	广告13	14:55:30	广告13
16:05:00	广告14	15:00:00	寰宇视野/全景自然/魅力万象	15:00:00	寰宇视野/全景自然/魅力万象
16:09:00	活力·源	15:55:00	频道导视14	15:55:00	频道导视14
16:36:00	频道导视15	15:57:00	广告14	15:57:00	广告14
16:38:00	9视频	16:01:00	寰宇视野/全景自然/魅力万象	16:01:00	寰宇视野/全景自然/魅力万象
16:54:30	广告16	16:56:00	广告16	16:56:00	广告16
16:58:00	频道导视16	16:59:30	频道导视16	16:59:30	频道导视16
17:00:00	全景自然	17:00:00	全景自然	17:00:00	全景自然
17:55:30	频道导视17（微9）	17:55:30	频道导视17（微9）	17:55:30	频道导视17（微9）
18:01:00	广告17	18:01:00	广告17	18:01:00	广告17
18:04:00	魅力万象	18:04:00	魅力万象	18:04:00	魅力万象
18:59:00	广告18	18:59:00	广告18	18:59:00	广告18
19:03:30	9视频	19:03:30	9视频	19:03:30	9视频
19:20:30	频道导视19	19:20:30	频道导视19	19:20:30	频道导视19
19:21:00	广告19	19:21:00	广告19	19:21:00	广告19
19:23:30	活力·源	19:23:30	活力·源	19:23:30	活力·源
19:51:00	广告20	19:51:00	广告20	19:51:00	广告20
19:55:30	频道导视20（微9）	19:55:30	频道导视20（微9）	19:55:30	频道导视20（微9）
20:01:00	特别呈现	20:01:00	特别呈现	20:01:00	特别呈现
20:56:00	广告21	20:56:00	广告21	20:56:00	广告21

续表

北京时间	星期一至星期五	北京时间	星期六	北京时间	星期日
21:00:00	寰宇视野	21:00:00	寰宇视野	21:00:00	寰宇视野
21:55:00	频道导视22	21:55:00	频道导视22	21:55:00	频道导视22
21:55:30	广告22	21:55:30	广告22	21:55:30	广告22
22:00:00	故事·中国	22:00:00	故事·中国	22:00:00	纪录电影
22:55:00	广告23	22:55:00	广告23		
22:59:30	频道导视23（微9）	22:59:30	频道导视23（微9）		
23:05:00	活力·源	23:05:00	活力·源	23:29:30	广告24
23:33:00	频道导视24	23:33:00	频道导视24	23:34:00	频道导视24（微9）
23:35:00	广告24	23:35:00	广告24	23:39:30	寰宇视野
23:39:00	寰宇视野	23:39:00	寰宇视野	次日00:33:30	广告25
次日00:33:00	广告25	次日00:33:00	广告25	次日00:35:30	频道导视25
次日00:35:00	全景自然	次日00:35:00	全景自然	次日00:36:00	全景自然
次日01:28:00	广告26	次日01:28:00	广告26	次日01:29:00	广告26
次日01:32:00	魅力万象	次日01:32:00	魅力万象	次日01:33:00	魅力万象
次日02:25:00	频道导视27	次日02:25:00	频道导视27	次日02:26:00	频道导视27
次日02:27:00	故事·中国	次日02:27:00	故事·中国	次日02:27:00	故事·中国
次日03:20:00	频道导视28	次日03:20:00	频道导视28	次日03:20:00	频道导视28
次日03:22:30	广告28	次日03:22:30	广告28	次日03:22:30	广告28
次日03:24:00	9视频	次日03:24:00	9视频	次日03:24:00	9视频
次日03:40:30	频道导视29	次日03:40:30	频道导视29	次日03:40:30	频道导视29
次日03:43:00	广告29	次日03:43:00	广告29	次日03:43:00	广告29
次日03:46:00	特别呈现	次日03:46:00	特别呈现	次日03:46:00	特别呈现

CCTV-10科教频道栏目编排表

时间	星期						
	星期一	星期二	星期三	星期四	星期五	星期六	星期日
06:00:00	读书（重播）						
06:10:00	时尚科技秀（重播）						
06:20:00	百家说故事（重播）						

续表

时间	星期						
	星期一	星期二	星期三	星期四	星期五	星期六	星期日
06:32:00	探索·发现（重播）						
07:19:00	科学动物园（重播）	考古公开课（重播）	解码科技史（重播）			大千世界（重播）	
08:13:00						时尚科技秀（重播）	
08:28:00	健康之路（重播）						
09:17:30	探索·发现（重播）						
10:06:00	自然传奇（重播）					解码科技史（首播）	
11:02:00	百家说故事（重播）						
11:14:00	地理·中国（重播）						
11:50:00	时尚科技秀（首播）						
12:00:00	百家讲坛（首播）						
12:49:30	透视新科技（重播）	实验现场（重播）	味道（重播）			实验现场（重播）	实验现场（首播）
13:27:30	大千世界（重播）	自然传奇（重播）					
14:26:00	百家说故事（首播）						
14:40:30	读书（首播）						
14:51:00	时尚科技秀（重播）						
15:01:00	地理·中国（重播）						
15:38:00	探索·发现（重播）						
16:27:00	创新进行时（重播）					科幻地带（重播）	科幻地带（首播）
16:49:00	人物故事（重播）						
17:15:00	时尚科技秀（重播）						
17:27:30	地理·中国（首播）						
18:05:00	健康之路（首播）						
18:54:00	跟着书本去旅行（首播）					味道（首播）	
19:16:00	创新进行时（首播）						
19:31:30						透视新科技（首播）	
19:42:30	人物故事（首播）						
20:10:00	百家说故事（重播）					科学动物园（首播）	考古公开课（首播）
20:20:00	自然传奇（首播）						

续表

时间	星期						
	星期一	星期二	星期三	星期四	星期五	星期六	星期日
21:20:00	探索·发现（首播）						
22:09:30	解码科技史（重播）		科学动物园（重播）	考古公开课（重播）		大千世界（首播）	
23:03:30						时尚科技秀（重播）	
23:16:00	大千世界（重播）		自然传奇（重播）				
次日 00:10:30	百家讲坛（重播）						
次日 00:57:30	创新进行时（重播）					科学动物园（重播）	考古公开课（重播）
次日 01:17:30	人物故事（重播）						
次日 01:37:30	跟着书本去旅行（重播）						
次日 01:59:00	健康之路（重播）						
次日 02:39:00	结束						

CCTV-11 戏曲频道栏目编排表

时间	星期						
	星期一	星期二	星期三	星期四	星期五	星期六	星期日
06:00:00	主持人伴视（1）						
06:06:00	广告（1）						
06:06:30	九州大戏台						
07:08:00	主持人伴视（2）						
07:14:00	广告（2）						
07:16:00	青春戏苑	角儿来了	戏曲青年说 07:50 梨园周刊	宝贝亮相吧	角儿来了	一鸣惊人	梨园闯关我挂帅
08:20:00	广告（3）						
08:23:00	主持人伴视（3）						
08:29:00	广告（021）						
08:31:00	名家书场						
09:02:00	广告（4）						
09:05:00	主持人伴视（4）						
09:11:00	广告（5）						

续表

时间	星期						
	星期一	星期二	星期三	星期四	星期五	星期六	星期日
09:15:00	CCTV空中剧院	中国京剧像音像集萃	CCTV空中剧院	中国京剧像音像集萃	戏曲电影	中国京剧像音像集萃	CCTV空中剧院
11:37:30	广告（6）						
11:42:00	主持人伴视（5）						
11:48:00	广告（7）						
11:52:30	影视剧场						
12:38:30	广告（8）						
12:43:00	影视剧场						
13:29:00	广告（9）						
13:33:30	九州大戏台	戏曲电影	CCTV空中剧院	中国京剧像音像集萃	戏曲电影		九州大戏台
15:34:00	广告（10）						
15:38:00	主持人伴视（6）						
15:44:00	广告（022）						
15:47:00	宝贝亮相吧	梨园周刊 16:30 戏曲青年说	梨园闯关我挂帅	一鸣惊人	青春戏苑	角儿来了	青春戏苑
16:53:00	广告（11）						
16:57:30	主持人伴视（7）						
17:03:30	广告（12）						
17:08:00	影视剧场						
17:54:00	广告（13）						
17:58:30	影视剧场						
18:44:30	广告（14）						
18:49:00	主持人伴视（8）						
18:55:00	典藏						
19:28:00	广告（15）						

续表

时间	星期						
	星期一	星期二	星期三	星期四	星期五	星期六	星期日
19:30:00	中国京剧音配像精粹	戏曲电影/九州大戏台	19:20 CCTV空中剧院访谈	中国京剧像音像集萃	19:30 一鸣惊人 20:34 梨园闯关我挂帅 21:40 梨园周刊	19:20 CCTV空中剧院访谈 19:30 大戏	宝贝亮相吧 20:34 角儿来了
约21:56:30	广告（020）						
约22:00:00	主持人伴视（9）						
22:06:00	广告（16）						
22:11:00	影视剧场						
22:59:00	广告（17）						
23:04:00	影视剧场						
23:52:00	广告（18）						
23:57:00	影视剧场						
次日00:45:00	广告（19）						
次日00:49:00	中国京剧像音像集萃	CCTV空中剧院	中国京剧像音像集萃	CCTV空中剧院	中国京剧像音像集萃	CCTV空中剧院	
次日02:04:00	主持人伴视（10）						
次日02:10:00	结束						

CCTV-12社会与法频道栏目编排表

时间	星期						
	星期一	星期二	星期三	星期四	星期五	星期六	星期日
06:03:00	法律讲堂（重播）						
06:36:00	方圆剧阵（重播）						
07:30:00	热话（重播）	热线12（重播）					法治深壹度（重播）
08:05:00	生命线（重播）						
08:25:00	夕阳红（首播）						
09:00:00	法律讲堂（重播）	法律讲堂（文史版）（重播）					法律讲堂（重播）

续表

时间	星期						
	星期一	星期二	星期三	星期四	星期五	星期六	星期日
09:34:00	道德观察（重播）						
09:56:00	心理访谈（重播）	一线（重播）				见证（重播）	小区大事（重播）
10:40:00	方圆剧阵（重播）						
11:30:00	热话（重播）	热线12（重播）					法治深壹度（重播）
12:00:00	生命线（首播）						
12:20:00	道德观察（首播）						
12:43:00	社会与法电视剧精选（重播）						
13:28:00	社会与法电视剧精选（重播）						
14:13:00	社会与法电视剧精选（重播）						
14:58:00	全网追踪（重播）	天网（重播）					律师来了（重播）
15:38:00		15:30 法律讲堂（重播）					
15:42:00	法律讲堂（重播）	16:02 生命线（重播）					15:52 生命线（重播）
16:15:00	夕阳红（重播）	16:25 夕阳红（重播）					夕阳红（重播）
16:47:00	从心开始（重播）	16:57 天网（重播）					现场（重播）
17:29:00	方圆剧阵（重播）						
18:20:00	热线12（首播）					法治深壹度（首播）	热话（首播）
18:50:00	法律讲堂（首播）						
19:22:00	方圆剧阵（首播）						
20:15:00	一线（首播）					现场（首播）	从心开始（首播）
20:57:00	天网（首播）					律师来了（首播）	全网追踪（首播）
21:30:00	道德观察（重播）						
21:50:00	体彩开奖（直播）						21:40 体彩开奖（直播）
21:55:00	夜线（首播）	见证（首播）				21:55 道德观察（重播）	21:45 道德观察（重播）

续表

时间	星期						
	星期一	星期二	星期三	星期四	星期五	星期六	星期日
22:25:00	方圆剧阵（重播）		22:35 方圆剧阵（重播）			22:15 小区大事（首播）	22:05 心理访谈（首播）
23:15:00	法律讲堂（文史版）（首播）		23:25 法律讲堂（文史版）（首播）			22:55 现场（重播）	22:45 从心开始（重播）
23:45:00	一线（重播）		23:58 一线（重播）			23:35 律师来了（重播）	23:35 全网追踪（重播）
23:48:00							次日 00:08 热话（重播）
次日 00:31:00	天网（重播）		次日 00:41 天网（重播）			次日 00:28 法治深壹度（重播）	次日 00:41 心理访谈（重播）
次日 01:04:00	夜线（重播）					次日 01:01 小区大事（重播）	次日 01:24 法律讲堂（重播）
次日 01:34:00	生命线（重播）		次日 01:41 见证（重播） 次日 01:54 生命线（重播）			次日 01:44 法律讲堂（重播）	次日 01:54 生命线（重播）
次日 01:55:00	结束		次日 02:15 结束				

CCTV-13 新闻频道栏目编排表

时间	星期						
	星期一	星期二	星期三	星期四	星期五	星期六	星期日
00:00	午夜新闻（直播）					午夜新闻（直播）	
						00:15 新闻调查（重播）	00:15 面对面（重播）
01:00	新闻直播间（直播）					新闻直播间（直播）	
01:20	焦点访谈（重播）					01:15 新闻周刊（重播）	01:15 世界周刊（重播）
01:36	法治在线（重播）						
02:00	新闻直播间（直播）					新闻直播间（直播）	
02:33	新闻 1+1（重播）					02:15 新闻调查（重播）	02:15 面对面（重播）

续表

时间	星期						
	星期一	星期二	星期三	星期四	星期五	星期六	星期日
03:00	新闻直播间（直播）						
03:44	焦点访谈（重播）					03:20 焦点访谈（重播）	03:24 焦点访谈（重播）
						03:36 军情时间到（重播）	03:40 每周质量报告（重播）
04:00	新闻直播间（直播）					新闻直播间（直播）	
04:33	新闻1+1（重播）					04:15 新闻周刊（重播）	04:15 面对面（重播）
05:00	新闻直播间（直播）					新闻直播间（直播）	
05:17	焦点访谈（重播）					05:15 新闻调查（重播）	05:15 世界周刊（重播）
05:33	法治在线（重播）						
05:57	国旗国歌						
06:00	朝闻天下（直播）						
09:00	09:12 世界周刊（重播）	上午直播间（直播）					09:12 新闻周刊（重播）
12:00	新闻30分（直播）						
12:30	法治在线（首播）					军情时间到（首播）	12:35 每周质量报告（首播）
13:00	14:12 面对面（重播）	下午直播间（直播）					14:12 新闻调查（重播）
18:00	共同关注（首播）						
19:00	新闻联播+焦点访谈（首播）						
20:00	东方时空（首播）						
21:00	新闻联播（重播）						
21:30	新闻1+1（首播）					新闻调查（首播）	面对面（首播）
22:00	国际时讯（首播）						
22:30	环球视线（首播）					22:15 新闻周刊（首播）	22:15 世界周刊（首播）

续表

时间	星期						
	星期一	星期二	星期三	星期四	星期五	星期六	星期日
23:00	24 小时（首播）						

CCTV-14 少儿频道栏目编排表

时间	星期		
	星期一至星期五	星期六	星期日
05:55	台标、频道呼号、晨曲及频道宣传片		
06:00	动画大放映（早间版）	动画大放映（周末早间版）	
07:30	小小智慧树（首播）	07:00 七巧板（首播）	07:00 英雄出少年（首播）
08:00	节目预告	动画大放映（周末上午版）	
08:02	动画大放映（上午版）		
11:17	节目预告	10:00 动漫世界（周末版）	
11:20	动漫世界（首播）		
13:30	节目预告	13:00 动画大放映（周末下午版）	
13:35	风车剧场		
16:55	节目预告		
17:00	智慧树（首播）		
17:30	大风车 / 异想天开（首播） / 风车转转转（首播） / 动物好伙伴（首播） / 快乐体验 / 看我72变（首播）	动画大放映（影院版）	
18:15	节目预告		
18:17	动画大放映（黄金版）	19:00 季播节目（首播）	
20:57	节目预告	20:00 动画大放映（周末黄金版）	
21:00	大手牵小手（首播） / 智力快车（首播） / 音乐快递（首播） / 动感特区（首播） / 快乐大巴（首播）		
21:45	新闻袋袋裤（首播）		
22:00	红色经典电视剧展播带		

续表

时间	星期		
	星期一至星期五	星期六	星期日
次日 02:00	结束		

CCTV-15 音乐频道栏目编排表

时间	星期						
	星期一	星期二	星期三	星期四	星期五	星期六	星期日
06:00	中国节拍						
06:33	民歌·中国						
07:40	导视、广告						
07:46	中国音乐电视						
08:19	风华国乐						
08:20	导视、广告						
08:56	合唱先锋	聆听时刻	影视留声机	乐享汇	全球中文音乐榜上榜（重播）	季播节目	季播节目
	音乐公开课	音乐周刊	音乐人生	乐游天下	中国节拍		
10:38	导视、广告						
10:44	一起音乐吧	民歌·中国	合唱先锋	精彩音乐汇·超级音乐速递	乐享汇	季播节目	季播节目
11:54	导视、广告						
12:00	精彩音乐汇（一）						
13:42	导视、广告						
13:48	中国节拍						
14:27	季播节目（唱响新时代）			季播节目（渴望现场）		季播节目	特别节目
16:09	导视、广告						
16:15	中国音乐电视						
16:48	导视、广告						
16:54	音乐周刊	音乐人生	乐游天下	中国节拍	音乐公开课		
17:42	导视、广告						
17:48	精彩音乐汇（二）						

续表

时间	星期						
	星期一	星期二	星期三	星期四	星期五	星期六	星期日
19:30	民歌·中国	合唱先锋	精彩音乐汇·群星演唱会	乐享汇	一起音乐吧	全球中文音乐榜上榜（直播）	星光璀璨演唱会/唱响新时代
20:36	导视、广告						
20:42	聆听时刻	影视留声机	乐享汇	全球中文音乐榜上榜（重播）	合唱先锋	特别节目	
22:24	导视、广告						
22:30	精彩音乐汇（三）						
23:09	导视、广告						
23:15	CCTV音乐厅						
次日 00:04	经典						
次日 00:10	结束						

CCTV-17农业农村频道栏目编排表

时间	星期		
	星期一至星期五	星期六	星期日
05:49	开始曲+气象		
06:00	田间示范秀（重播）	乡理乡亲（重播）	乡理乡亲（重播）
07:00	中国三农报道（重播）		
07:30	攻坚日记（重播）		
08:00	三农群英汇（重播）		
08:30	乡村剧场（2集）（重播）		
10:00	我爱发明（重播）		
10:30	致富经（重播）	乡村大舞台（重播）	
11:00	我的美丽乡村（重播）		
11:30	谁知盘中餐（重播）		
12:00	中国三农报道（重播）		
12:30	攻坚日记（首播）		
13:00	乡村剧场（版权4集）（重播）		
16:30	致富经（重播）		

续表

时间	星期		
	星期一至星期五	星期六	星期日
17:00	田间示范秀（首播）	乡土中国（首播）	大地讲堂（首播）
18:00	我爱发明（首播）	乡理乡亲（首播）	
18:30	谁知盘中餐（首播）		
19:00	乡村剧场（首播）（自制2集）		
20:30	三农群英汇（首播）		
21:00	中国三农报道（首播）		
21:30	致富经（首播）	乡村大舞台（首播）	致富经（首播）
22:00	我的美丽乡村（首播）		我的美丽乡村（首播）
22:30	我爱发明（重播）		我爱发明（重播）
23:00	田间示范秀（重播）	乡理乡亲（重播）	乡理乡亲（重播）
次日 00:00	三农群英汇（重播）		
次日 00:30	攻坚日记（重播）	乡土中国（重播）	大地讲堂（重播）
次日 01:00	我的美丽乡村（重播）		
次日 01:30	结束		

CCTV-4K 超高清频道栏目编排表

时间	星期						
	星期一	星期二	星期三	星期四	星期五	星期六	星期日
06:00	国歌（重播）						
06:01	体育（重播）						
07:20	传承（重播）	远方的家（重播）					传承（重播）
08:00	动画片（重播）						
09:00	电视剧（两集）（重播）						
10:30	记住乡愁（首播）						
11:00	角儿来了（重播）	航拍中国（重播）					乐享汇（重播）
12:00	军武零距离（重播）	远方的家（重播）					记住乡愁（重播）
12:30	传承（重播）						

续表

时间	星期						
	星期一	星期二	星期三	星期四	星期五	星期六	星期日
13:20	丛林星球（首播）						
13:30	动画片（重播）						
14:00	电视剧（两集）（重播）						
15:40	角儿来了（重播）	体育（重播）					
17:00	航拍中国（重播）					乐享汇（重播）	
18:00	动画片（首播）						
18:30		记住乡愁（首播） 丛林星球（首播）			乐享汇（首播）	记住乡愁（首播） 丛林星球（首播）	
19:30	远方的家（首播）				记住乡愁（首播）	军武零距离（首播）	
20:00	电视剧（两集）（首播）						
21:35	航拍中国（首播）					角儿来了（首播）	
22:35	体育（首播）						

CGTN-英语新闻频道栏目编排表

北京时间	星期						
	星期一	星期二	星期三	星期四	星期五	星期六	星期日
01:00	非洲直播室（首播）（非洲）	非洲直播室（首播）（非洲）					非洲直播室（首播）（非洲）
01:30	非洲人物（重播）（非洲）						对话非洲（首播）（非洲）
02:00	旅游指南（重播）	全球财经（首播）（非洲）					环球体育（首播）（非洲）
02:30	对话非洲（重播）（非洲）						名人坊（重播）
03:00	今日世界（首播）（北美）						

续表

北京时间	星期						
	星期一	星期二	星期三	星期四	星期五	星期六	星期日
03:30	财经高峰会（重播）	对话（重播）					对话（周末版）（重播）
04:00	今日世界（首播）（北美）	今日世界（首播）（北美）					今日世界（首播）（北美）
04:15							
04:30	锋向标（重播）（欧洲）	世界观察（重播）					议程（重播）（欧洲）
05:00	今日世界（首播）（北美）	全球财经（首播）（北美）					今日世界（首播）（北美）
05:30	亚洲观察（重播）	视点（重播）					亚洲观察（重播）
06:00	美洲观察（首播）（北美）	今日世界（首播）（北美）				美洲观察（重播）（北美）	全景（首播）（北美）
06:30		名人坊（重播）	亚洲观察（重播）	中国再发现（重播）	旅游指南（重播）		
07:00	今日世界（首播）（北美）	热点（首播）（北美）					今日世界（首播）（北美）
07:30	非洲人物（重播）（非洲）	今日世界（首播）（北美）					旅游指南（首播）
08:00	今日世界（首播）（北美）	全球财经（首播）（北美）					今日世界（首播）（北美）
08:30	中国再发现（重播）						议程（重播）（欧洲）
09:00	今日世界（首播）（北京）	今日世界（首播）（北美）					环球纪实（重播）
09:30	锋向标（重播）（欧洲）	中国24小时（首播）（北美）					
10:00	今日世界（首播）						
10:30	旅游指南（重播）	视点（重播）					中国再发现（首播）
11:00	今日世界（首播）						

续表

北京时间	星期						
	星期一	星期二	星期三	星期四	星期五	星期六	星期日
11:15	环球体育（首播）						
11:30	亚洲观察（重播）	对话（重播）					对话（周末版）（重播）
12:00	环球瞭望（首播）						
13:00	今日世界（首播）					环球纪实（首播）	全景（重播）（北美）
13:15	环球体育（首播）						
13:30	文化速递（重播）						
14:00	今日世界（首播）						
14:30	锋向标（重播）（欧洲）	热点（重播）（北美）					财经高峰会（重播）
15:00	今日世界（首播）						
15:30	环球体育（首播）						
16:00	全球财经（首播）（亚洲）	全球财经（首播）（亚洲）					今日世界（首播）
16:30	财经高峰会（重播）					财经高峰会（首播）	对话非洲（重播）（非洲）
17:00	今日世界（首播）						
17:30	文化速递（首播）					名人坊（首播）	非洲人物（首播）（非洲）
18:00	非洲直播室（首播）（非洲）						
19:00	亚洲直播室（首播）						
19:30	对话（首播）					对话（周末版）（首播）	周末聚焦（首播）
20:00	今日世界（首播）						
20:15	中国24小时（首播）						
21:00	全球财经（首播）（亚洲）					今日世界（首播）	
21:30	视点（首播）					亚洲观察（首播）	议程（重播）（欧洲）

续表

北京时间	星期						
	星期一	星期二	星期三	星期四	星期五	星期六	星期日
22:00	今日世界（首播）					今日世界（首播）	环球纪实（重播）
22:15	世界观察（首播）					财经高峰会（重播）	
22:30							
23:00	链接天下（首播）					今日世界（首播）	
23:30	文化速递（重播）					名人坊（重播）	中国再发现（重播）
次日 00:00	全球财经（首播）（欧洲）					今日世界（首播）（欧洲）	
次日 00:30						议程（首播）（欧洲）	锋向标（首播）（欧洲）

CGTN-F 法语频道栏目编排表

北京时间	巴黎时间	非洲时间	格林尼治时间	星期						
				星期一	星期二	星期三	星期四	星期五	星期六	星期日
04:00	21:00	22:00	20:00	财经时间						
04:30	21:30	22:30	20:30	美食大搜索						中国通
04:45	21:45	22:45	20:45	中国全视角						
05:15	22:15	23:15	21:15	魅力东方						
06:00	23:00	次日 00:00	22:00	综合新闻						
06:30	23:30	次日 00:30	22:30	电视剧（第一部第1集）						
07:15	次日 00:15	次日 01:15	23:15	电视剧（第一部第2集）						
08:00	次日 01:00	次日 02:00	次日 00:00	财经时间						
08:30	次日 01:30	次日 02:30	次日 00:30	你所不知道的中国	对话				你所不知道的中国	不可思议的中国
09:00	次日 02:00	次日 03:00	次日 01:00	综合新闻						
09:30	次日 02:30	次日 03:30	次日 01:30	中国全视角30分钟						
10:00	次日 03:00	次日 04:00	次日 02:00	财经时间（直播）						

续表

北京时间	巴黎时间	非洲时间	格林尼治时间	星期						
				星期一	星期二	星期三	星期四	星期五	星期六	星期日
10:30	次日 03:30	次日 04:30	次日 02:30	你所不知道的中国	对话				你所不知道的中国	不可思议的中国
11:00	次日 04:00	次日 05:00	次日 03:00	美食大搜索						中国通
11:15	次日 04:15	次日 05:15	次日 03:15	魅力东方						
12:00	次日 05:00	次日 06:00	次日 04:00	综合新闻（直播）						
12:30	次日 05:30	次日 06:30	次日 04:30	电视剧（第二部第1集）						
13:15	次日 06:15	次日 07:15	次日 05:15	电视剧（第二部第2集）						
14:00	次日 07:00	次日 08:00	次日 06:00	综合新闻（直播）						
15:00	次日 08:00	次日 09:00	次日 07:00	你所不知道的中国	对话				你所不知道的中国	不可思议的中国
15:30	次日 08:30	次日 09:30	次日 07:30	动画城					味道	开讲啦
15:45	次日 08:45	次日 09:45	次日 07:45	快乐嘉年华	非洲面孔	生活在中国	旅游指南	非洲面孔（重播）		
16:15	次日 09:15	次日 10:15	次日 08:15	电视剧（第三部第1集）						
17:00	次日 10:00	次日 11:00	次日 09:00	每日文化播报（直播）						
17:15	次日 10:15	次日 11:15	次日 09:15	美食大搜索						中国通
17:30	次日 10:30	次日 11:30	次日 09:30	魅力东方						
18:15	次日 11:15	次日 12:15	次日 10:15	快乐嘉年华	非洲面孔	生活在中国	旅游指南	非洲面孔（重播）	味道	开讲啦
18:45	次日 11:45	次日 12:45	次日 10:45	动画城						
19:00	次日 12:00	次日 13:00	次日 11:00	综合新闻（直播）						
19:30	次日 12:30	次日 13:30	次日 11:30	中国全视角						
20:00	次日 13:00	次日 14:00	次日 12:00	非洲新闻联播（直播）						
20:30	次日 13:30	次日 14:30	次日 12:30	电视剧（第一部第1集）						
21:15	次日 14:15	次日 15:15	次日 13:15	电视剧（第一部第2集）						
22:00	次日 15:00	次日 16:00	次日 14:00	综合新闻（直播）						
22:30	次日 15:30	次日 16:30	次日 14:30	你所不知道的中国	对话				你所不知道的中国	不可思议的中国

续表

北京时间	巴黎时间	非洲时间	格林尼治时间	星期						
				星期一	星期二	星期三	星期四	星期五	星期六	星期日
23:00	次日 16:00	次日 17:00	次日 15:00	电视剧（第二部第1集）						
23:45	次日 16:45	次日 17:45	次日 15:45	电视剧（第二部第2集）						
次日 00:30	次日 17:30	次日 18:30	次日 16:30	美食大搜索						中国通
次日 00:45	次日 17:45	次日 18:45	次日 16:45	魅力东方						
次日 01:30	次日 18:30	次日 19:30	次日 17:30	你所不知道的中国	对话				你所不知道的中国	不可思议的中国
次日 02:00	次日 19:00	次日 20:00	次日 18:00	综合新闻						
次日 02:30	次日 19:30	次日 20:30	次日 18:30	快乐嘉年华	非洲面孔	生活在中国	旅游指南	非洲面孔（重播）	味道	开讲啦
次日 03:00	次日 20:00	次日 21:00	次日 19:00	动画城						
次日 03:15	次日 20:15	次日 21:15	次日 19:15	电视剧（第三部第1集）						

CGTN-E 西班牙语频道栏目编排表

北京时间	星期						
	星期一	星期二	星期三	星期四	星期五	星期六	星期日
04:00	中华艺苑（首播）					动画片（首播）	
04:30	这就是中国（首播）						
05:00	纪录片（首播）						
05:30	CGTN 咖啡座（首播）	对话（首播）	美洲观察（首播）	神州行（首播）	对话（首播）	聚焦（首播）	视点（首播）
06:00	学做中国菜（首播）						
06:15	跟我学（首播）						
06:30	影视看台（首播）						
08:00	中华艺苑（重播）					中华艺苑（首播）	
08:30	这就是中国（重播）						
09:00	综合新闻（直播）						
09:30	CGTN 咖啡座（重播）	对话（重播）	美洲观察（重播）	神州行（重播）	对话（重播）	聚焦（重播）	视点（重播）

续表

北京时间	星期						
	星期一	星期二	星期三	星期四	星期五	星期六	星期日
10:00	学做中国菜（重播）						
10:15	影视看台（重播）						
11:00	新闻一小时（直播）						
12:00	影视看台（重播）						
12:45	跟我学（重播）						
13:00	纪录片（重播）						
13:30	CGTN咖啡座（重播）	对话（重播）	美洲观察（重播）	神州行（重播）	对话（重播）	聚焦（重播）	视点（重播）
14:00	学做中国菜（重播）						
14:15	跟我学（重播）						
14:30	影视看台（重播）						
16:00	学做中国菜（重播）						
16:15	跟我学（重播）						
16:30	纪录片（重播）						
17:00	CGTN咖啡座（重播）	对话（重播）	美洲观察（重播）	神州行（重播）	对话（重播）	聚焦（重播）	视点（首播）
17:30	学做中国菜（重播）						动画片（重播）
17:45	跟我学（重播）						
18:00	财经新闻（直播）						财经新闻（周末版）（直播）
18:15	跟我学（重播）						
18:30	影视看台（重播）						
20:00	综合新闻（直播）						
20:30	这就是中国（重播）						
21:00	纪录片（重播）						
21:30	CGTN咖啡座（重播）	对话（重播）	美洲观察（重播）	神州行（重播）	对话（重播）	聚焦（重播）	视点（重播）
22:00	学做中国菜（重播）						

续表

北京时间	星期						
	星期一	星期二	星期三	星期四	星期五	星期六	星期日
22:15	跟我学（重播）						
22:30	影视看台（重播）						
次日 00:00	中华艺苑（重播）						
次日 00:30	这就是中国（重播）						
次日 01:00	纪录片（重播）						
次日 01:30	CGTN 咖啡座（重播）	对话（重播）	美洲观察（重播）	神州行（重播）	对话（重播）	聚焦（重播）	视点（重播）
次日 02:00	学做中国菜（重播）						
次日 02:15	跟我学（重播）						
次日 02:30	影视看台（重播）						

CGTN-A 阿拉伯语频道栏目编排表

北京时间	星期						
	星期一	星期二	星期三	星期四	星期五	星期六	星期日
04:00	综合新闻（录播）（重播）						
04:30	中国之旅（重播）						
05:00	财经中国（重播）	面对面（重播）	对话（重播）		面对面（重播）		财经中国（重播）
05:30	电视剧（B）（重播）						
07:00	综合新闻（录播）（重播）						
07:30	动画公园（重播）						
08:00	纪录片（重播）						
08:30	话说中国（重播）						
09:00	综合新闻（录播）（重播）						
09:30	中国文艺（首播）						
10:00	财经中国（重播）	面对面（重播）	对话（重播）		面对面（重播）		财经中国（重播）

续表

北京时间	星期						
	星期一	星期二	星期三	星期四	星期五	星期六	星期日
10:30	中国之旅（首播）						
11:00	动画公园（首播）						
11:30	纪录片（首播）						
12:00	综合新闻（直播）						
12:30	电视剧（A）（首播）						
14:00	面对面（重播）	对话（首播）	对话（重播）	面对面（首播）	面对面（重播）	财经中国（首播）	财经中国（重播）
14:30	话说中国（首播）						
15:00	综合新闻（直播）						
15:30	中国文艺（重播）						
16:00	中国之旅（重播）						
16:30	动画公园（重播）						
17:00	综合新闻（直播）						
17:30	电视剧（B）（首播）						
19:00	面对面（重播）	对话（重播）		面对面（重播）		财经中国（重播）	
19:30	纪录片（重播）						
20:00	综合新闻（直播）						
20:30	话说中国（重播）						
21:00	中国文艺（重播）						
21:30	中国之旅（重播）						
22:00	综合新闻（直播）						
22:15	电视剧（C）（首播）						
23:00	动画公园（重播）						
23:30	纪录片（重播）						
次日 00:00	面对面（重播）	对话（重播）		面对面（重播）		财经中国（重播）	
次日 00:30	话说中国（重播）						

续表

北京时间	星期						
	星期一	星期二	星期三	星期四	星期五	星期六	星期日
次日 01:00	综合新闻（录播）（重播）						
次日 01:30	电视剧（A）（重播）						
次日 03:00	综合新闻（录播）（重播）						
次日 03:30	中国文艺（重播）						

CGTN-R 俄语频道栏目编排表

北京时间	星期						
	星期一	星期二	星期三	星期四	星期五	星期六	星期日
04:00	放映厅						
06:15	纪录片（第二部第1集）						
06:45	纪录片（第二部第2集）						
07:15	生财有道						
07:45	旅游指南						
08:15	中国厨艺（首播）						
08:30	纪录片（第一部第1集）（首播）						
09:00	纪录片（第一部第2集）（首播）						
09:30	生财有道（首播）						
10:00	旅游指南（首播）						
10:30	放映厅（首播）						
12:45	纪录片（第二部第1集）（首播）						
13:15	纪录片（第二部第2集）（首播）						
13:45	生财有道						
14:15	旅游指南						
14:45	放映厅						
17:00	综合新闻（直播）						
17:30	纪录片（第一部第1集）						对话（首播）
17:45	纪录片（第一部第1集）						中国厨艺

续表

北京时间	星期						
	星期一	星期二	星期三	星期四	星期五	星期六	星期日
18:00	纪录片（第一部第2集）					纪录片（第一部第1集）	
18:30	旅游指南					纪录片（第一部第2集）	
19:00	综合新闻（直播）						
19:30	纪录片（第二部第1集）					对话	
19:45						纪录片（第二部第1集）	
20:00	纪录片（第二部第2集）						
20:15						纪录片（第二部第2集）	
20:30	生财有道						
20:45						中国厨艺	
21:00	综合新闻（直播）						
22:00	纪录片（第一部第1集）					对话	
22:15						纪录片（第一部第1集）	
22:30	纪录片（第一部第2集）						
22:45						纪录片（第一部第2集）	
23:00	旅游指南						
23:15						旅游指南	
23:30							
23:45							
次日 00:15	放映厅						
次日 00:30						放映厅	
次日 01:00							
次日 01:15							
次日 01:45	中国厨艺						
次日 02:00	生财有道						
次日 02:30	纪录片（第二部第1集）						

续表

北京时间	星期						
	星期一	星期二	星期三	星期四	星期五	星期六	星期日
次日 03:00	纪录片（第二部第 2 集）						
次日 03:30	旅游指南						

CGTN-Documentary 纪录频道栏目编排表

北京时间	星期		
	星期一至星期五	星期六	星期日
04:39:00	频道导视 1（微 9）		
04:44:30	广告 1		
04:46:30	故事·中国		
05:39:30	频道导视 2		
05:43:30	广告 2		
05:46:00	全景自然		
06:39:00	广告 3		
06:41:30	频道导视 3（微 9）		
06:47:00	魅力万象		
07:41:00	广告 4		
07:43:00	9 视频		
07:59:30	广告 5		
08:03:00	活力·源	活力·源	寰宇视野
08:30:00	频道导视 6		频道导视 6
08:32:00	魅力万象	纪录电影	特别呈现
09:26:30	频道导视 8		
09:27:30	广告 8		
09:31:00	寰宇视野		
10:26:00	频道导视 9		频道导视 8
10:26:30	广告 9		广告 8

续表

北京时间	星期		
	星期一至星期五	星期六	星期日
10:30:00	活力·源	寰宇视野/全景自然/魅力万象	
10:58:30	频道导视9	广告9	
10:59:00	特别呈现	频道导视9	
11:54:00	频道导视10（微9）	寰宇视野/全景自然/魅力万象	
11:59:30	广告10	频道导视10	
12:03:00	全景自然	广告10	
12:58:00	频道导视11	寰宇视野/全景自然/魅力万象	
12:59:30	广告11	频道导视11（微9）	
13:03:00	故事·中国	广告11	
13:58:00	频道导视12	寰宇视野/全景自然/魅力万象	
13:59:30	广告12	频道导视12	
14:03:00	寰宇视野	广告12	
14:58:00	频道导视13（微9）	寰宇视野/全景自然/魅力万象	
15:03:30	广告13	频道导视13	
15:08:00	特别呈现	广告13	
16:03:00	广告14	寰宇视野/全景自然/魅力万象	
16:07:00	活力·源	频道导视14	
16:34:00	频道导视15	广告14	
16:36:00	9视频	寰宇视野/全景自然/魅力万象	
16:52:30	广告16		
16:56:00	频道导视16		
17:00:00	全景自然		
17:55:00	频道导视17（微9）		
18:00:30	广告17		
18:03:30	魅力万象		
18:58:30	频道导视18		
18:59:00	广告18		
19:02:00	9视频		

续表

北京时间	星期		
	星期一至星期五	星期六	星期日
19:19:00	频道导视19		
19:20:00	广告19		
19:22:30	活力·源		
19:50:00	广告20		
19:54:30	频道导视20（微9）		
20:00:00	特别呈现		
20:55:00	广告21		
20:59:00	频道导视21		
21:00:00	寰宇视野		
21:55:00	频道导视22		
21:56:30	广告22		
22:01:00	故事·中国		纪录电影
22:56:00	广告23		
23:00:30	频道导视23（微9）		
23:06:00	活力·源		广告24
23:34:00	频道导视24		频道导视24（微9）
23:36:00	广告24		寰宇视野
23:40:00	寰宇视野		广告25
次日 00:34:00	广告25		频道导视25
次日 00:36:00	全景自然		
次日 01:29:00	广告26		
次日 01:33:00	魅力万象		
次日 02:26:00	频道导视27		
次日 02:28:00	故事·中国		
次日 03:21:00	频道导视28		
次日 03:23:00	广告28		
次日 03:24:30	9视频		
次日 03:41:00	频道导视29		
次日 03:43:00	广告29		
次日 03:46:00	特别呈现		

二、中央人民广播电台 2020 年频率、频道设置及节目播出情况

中央人民广播电台频率、频道设置一览表

频率	开播时间
中国之声	1940 年 12 月 30 日开播延安新华广播电台 1947 年 3 月至 1949 年 9 月，先后更名为陕北新华广播电台、北平新华广播电台、北京新华广播电台 1949 年 12 月 5 日正式定名为中央人民广播电台 2004 年 1 月 1 日起中央人民广播电台第一套节目改为现呼号
经济之声	1954 年 5 月 30 日开播中央人民广播电台第二套节目 2002 年 11 月 18 日起改为现呼号
音乐之声	1980 年 5 月 5 日开播中央人民广播电台第三套调频立体声节目 2002 年 12 月 2 日起改为现呼号
经典音乐广播	1999 年 8 月 1 日开播面向北京地区的少数民族广播 2003 年 6 月 16 日改为中央人民广播电台第四套节目都市之声 2017 年 7 月 10 日起改为现呼号
中华之声	1954 年 8 月 15 日开播对台湾广播 2003 年 12 月 29 日起使用现呼号
神州之声	1982 年 10 月 1 日开播对台湾广播第二套节目 2003 年 12 月 29 日起使用现呼号
粤港澳大湾区之声	1992 年 10 月 1 日开播对香港、澳门广播 1994 年 6 月 18 日起使用"中央人民广播电台华夏之声"呼号播出 2019 年 9 月 1 日转建升级为"中央广播电视总台粤港澳大湾区之声"
民族之声	1950 年 5 月 22 日开播藏语广播节目 1950 年 8 月 15 日开播蒙古语广播节目 1956 年 7 月 6 日开播朝鲜语广播节目 1956 年 12 月 10 日开播维吾尔语广播节目 1971 年 5 月 1 日开播哈萨克语广播节目 2000 年 12 月 25 日起形成一套完整的民族语言广播频率 2004 年 1 月 1 日起使用现呼号
文艺之声	2004 年 8 月 18 日开播
老年之声	2009 年 1 月 1 日开播
藏语广播	1950 年 5 月 22 日开播藏语广播节目 2009 年 3 月 1 日起开播藏语广播频率，使用现呼号
阅读之声	2009 年 10 月 28 日开播中央人民广播电台娱乐广播 2019 年 10 月 21 日起改为现呼号
维吾尔语广播	1956 年 12 月 10 日开播维吾尔语广播节目 2010 年 12 月 16 日起开播维吾尔语广播频率，使用现呼号
香港之声	2011 年 11 月 7 日开播

续表

频率	开播时间
中国交通广播	2012年6月26日开播中央人民广播电台中国高速公路交通广播 2017年1月1日起改为现呼号
中国乡村之声	2012年9月25日开播
哈萨克语广播	1971年5月1日起开播哈萨克语广播节目 2015年1月1日起开播哈萨克语广播频率，使用现呼号
央广购物电视频道	2010年6月17日开播
银河互联网电视（GITV）	2012年12月31日开播

中央人民广播电台频率、频道播出量一览表

播出频率、频道	每日播出量	全年播出量
中国之声	24小时	8760小时
经济之声	24小时	8760小时
音乐之声	18小时10分钟	6630小时50分钟
经典音乐广播	20小时10分钟	7360小时50分钟
中华之声	20小时10分钟	7360小时50分钟
神州之声	18小时10分钟	6630小时50分钟
粤港澳大湾区之声	21小时10分钟	2582小时20分钟
民族之声	18小时10分钟	6630小时50分钟
文艺之声	21小时10分钟	7725小时50分钟
老年之声	21小时40分钟	7908小时20分钟
藏语广播	18小时10分钟	6630小时50分钟
阅读之声	21小时10分钟	7725小时50分钟
维吾尔语广播	18小时10分钟	6630小时50分钟
香港之声	24小时	8760小时
中国交通广播	24小时	8760小时
中国乡村之声	24小时	8760小时
哈萨克语广播	18小时10分钟	6630小时50分钟
央广购物电视频道	24小时	8760小时

银河互联网电视（GITV）用户情况表

播出频率、频道	日活（每日播放用户数）（个）	全年用户总数（个）
银河互联网电视（GITV）	22 147 680	223 469 836

中央人民广播电台频率节目时间表

中国之声节目播出时间表

播出时段	节目名称	播出方式	播出时段	节目名称	播出方式
00:00—00:30	档案揭秘	录播	12:00—13:00	正午60分	直播
00:30—01:00	记录中国	录播	13:00—16:30	新闻进行时	直播
01:00—03:00	昨日新闻重现	录播	16:30—18:30	新闻晚高峰	直播
03:00—04:00	新闻有观点（重播）	录播	18:30—19:00	全国新闻联播（首播）	直播
04:00—05:00	朝花夕拾（重播）	录播	19:00—20:00	新闻有观点	直播
05:00—06:00	云听清晨	录播	20:00—20:30	小喇叭	录播
06:00—06:30	国防时空	录播	20:30—21:00	全国新闻联播（重播）	录播
06:30—07:00	新闻和报纸摘要（首播）	直播	21:00—22:00	新闻超链接	直播
07:00—09:00	新闻纵横	直播	22:00—23:00	决胜时刻	直播
09:00—09:30	新闻和报纸摘要（重播）	录播	23:00—次日00:00	朝花夕拾	直播
09:30—12:00	新闻进行时	直播			

经济之声节目播出时间表（周间版）

播出时段	节目名称	播出方式	播出时段	节目名称	播出方式
00:00—01:00	那些年	录播/首播	07:00—07:29	新闻和报纸摘要	录播
01:00—02:00	每当夜晚来临的时候	录播/重播	07:29—09:00	天下财经	直播
02:00—03:00	财经夜读	录播/重播	09:00—12:00	交易实况（上午版）	直播
03:00—04:00	那些年	录播/重播	12:00—12:30	环球新财讯（午间版）	直播
04:00—05:00	财经夜读	录播/重播	12:30—13:00	天天315	直播
05:00—06:00	新鲜早世界	录播	13:00—16:00	交易实况（下午版）	直播
06:00—06:30	视听大会（早间版）	直播	16:00—17:30	视听大会（下午版）	直播
06:30—07:00	环球新财讯（早间版）	直播	17:30—19:00	环球新财讯（晚间版）	直播

续表

播出时段	节目名称	播出方式	播出时段	节目名称	播出方式
19:00—19:30	天天315（重播）	直播	21:00—22:00	视听大会（晚间版）	直播
19:30—20:00	爱评论	直播	22:00—23:00	每当夜晚来临的时候	录播/首播
20:00—21:00	那些年	直播	23:00—次日00:00	财经夜读	录播/首播

注：1. 全天24小时播音，其中直播15小时30分钟，录播8小时30分钟。

2. 《财经态度》每周一至周五10:00、11:00、13:00、14:00、17:00播出，时长15分钟。

3. 每周二00:05至04:55停机检修。

经济之声节目播出时间表（周末版）

播出时段	节目名称	播出方式	播出时段	节目名称	播出方式
00:00—01:00	企业家夜读	录播/首播	09:00—12:00	王冠红人馆	直播
01:00—02:00	每当夜晚来临的时候	录播/重播	12:00—13:00	天天315（周末版）	直播
02:00—03:00	财经夜读	录播/重播	13:00—16:00	王冠红人馆（重播）	直播
03:00—04:00	企业家夜读	录播/重播	16:00—17:30	视听大会（下午版）	直播
04:00—05:00	财经夜读	录播/重播	17:30—19:00	环球新财讯（晚间版）	直播
05:00—06:00	新鲜早世界	录播	19:00—20:00	天天315（周末版）（重播）	直播
06:00—06:30	视听大会（早间版）	直播	20:00—21:00	企业家夜读	直播
06:30—07:00	环球新财讯（早间版）	直播	21:00—22:00	视听大会（晚间版）	直播
07:00—07:29	新闻和报纸摘要	录播	22:00—23:00	每当夜晚来临的时候	录播/首播
07:29—09:00	天下财经	直播	23:00—次日00:00	财经夜读	录播/首播

音乐之声节目播出时间表

播出时段	星期		
	星期一至星期四	星期五	星期六至星期日
06:00—07:00	城市初音		我要我的音乐
07:00—10:00	早安双声道		
10:00—12:00	MUSIC CORNER		音乐LIVE
12:00—14:00	超级冲击		我要我的音乐
14:00—17:00	MUSIC CORNER		
17:00—19:00	尖峰音乐秀		音乐LIVE

续表

播出时段	星期		
	星期一至星期四	星期五	星期六至星期日
19:00—21:00	中国 TOP 排行榜		我要我的音乐
21:00—22:00	音乐 VIP		
22:00—次日 00:00	听说		城市节奏

经典音乐广播节目播出时间表

播出时段	星期			
	星期一	星期二	星期三至星期五	星期六至星期日
05:00—08:00	日出古典			Classical Songs
08:00—09:00	他电台			
09:00—11:00	耳朵的旅行			
11:00—12:00				耳朵的旅行
12:00—13:00	梦剧院	梦剧院	梦剧院	
13:00—14:00				
14:00—16:00	民歌走天下	停机检修	民歌走天下	中国民歌榜
16:00—17:00	时间的歌		时间的歌	地球寻声计划
17:00—18:00		时间的歌		时间的歌
18:00—19:00	她电台			
19:00—21:00	Let's...Live——黑胶时刻			
21:00—22:00	不眠古典			当诗遇见歌
22:00—次日 01:00	用音乐说晚安			

中华之声节目播出时间表

播出时段	节目名称	播出时段	节目名称
04:35—04:40	试线音乐	07:00—07:30	趣旅行
04:55—05:00	开始曲、预告节目	07:30—08:00	乐游风向标
05:00—06:00	早安悦晨光	08:00—09:00	两岸热新闻
06:00—07:00	动听朝阳	09:00—09:30	祖地新鲜报

续表

播出时段	节目名称	播出时段	节目名称
09:30—10:00	激情体育	18:00—18:30	海峡军事
10:00—11:00	日月谭	18:30—19:00	激情体育
11:00—11:30	趣旅行	19:00—20:00	两岸观潮
11:30—12:00	乐游风向标	20:00—22:00	艺文两厅苑
12:00—12:30	两岸好生活	22:00—22:30	两岸好生活
12:30—13:00	生活情报站	22:30—23:00	生活情报站
13:00—14:00	欣欣大陆	23:00—次日 00:00	两岸观潮
14:00—16:00	艺文两厅苑	次日 00:00—01:00	欣欣大陆
16:00—18:00	音乐小聚蛋	次日 01:00—01:05	结束曲、预告节目

神州之声节目播出时间表

播出时段	节目名称	播出时段	节目名称
05:35—05:40	试线音乐	13:30—14:00	闲来打嘴鼓
05:55—06:00	开始曲、预告节目	14:00—15:00	讲牙舍
06:00—07:00	闽南讲古场	15:00—16:00	涯爱转屋卡
07:00—08:00	叭叭叭 来听歌	16:00—17:00	闽台服务站
08:00—09:00	咱厝上正港	17:00—17:30	两岸连连看
09:00—10:00	闽台服务站	17:30—18:00	两岸斗相共
10:00—10:30	两岸连连看	18:00—19:00	斗阵趴趴 GO
10:30—11:00	两岸斗相共	19:00—20:00	咱厝上正港
11:00—12:00	斗阵趴趴 GO	20:00—22:00	艺文两厅苑
12:00—13:00	有味生活	23:00—次日 00:00	音乐小聚蛋
13:00—13:30	两岸连连看	次日 00:00—00:05	结束曲·预告节目

粤港澳大湾区之声节目播出时间表

播出时段	节目名称	播出时段	节目名称
04:55—05:10	乐曲·节目预告	06:00—07:00	韵味岭南
05:10—06:00	醒晨好音乐	07:00—07:30	湾区，早晨！

续表

播出时段	节目名称	播出时段	节目名称
07:30—08:00	港清楚	17:00—18:00	叹世界
08:00—09:00	科创梦工场	18:00—18:30	湾区在线
09:00—10:00	叹世界	18:30—19:00	港清楚
10:00—11:00	华夏原创金曲榜	19:00—20:00	搵食大湾区
11:00—11:30	湾区速递	20:00—21:00	穿梭体坛
11:30—12:00	热搜新视界	21:00—22:00	天下潮人
12:00—13:00	谈股论金	22:00—23:00	四海乡音
13:00—14:00	搵食大湾区	23:00—次日 00:00	同一星空下
14:00—15:00	科创梦工场	次日 00:00—02:00	千千阙歌
15:00—16:00	风雅东方	次日 02:00—02:05	节目结束语
16:00—17:00	谈股论金		

注：每周二 14:05 至 16:55 停机检修。

民族之声节目播出时间表

播出时段	星期	
	星期一至星期五	星期六至星期日
04:35—04:40	试线音乐	
04:55—05:00	全天播音开始曲	
05:00—06:00	知书达理（蒙古语）	
06:00—07:00	声动民族风（蒙古语）	
07:00—07:30	全国新闻联播（蒙古语）（重播）	
07:30—08:00	深度热搜（蒙古语）（重播）	五支箭
08:00—09:00	声动民族风（蒙古语）（重播）	
09:00—10:00	草原在线	
10:00—10:30	学习时间（蒙古语）	
10:30—11:00	译彩纷呈（蒙古语）	
11:00—11:30	全国新闻联播（蒙古语）	
11:30—12:00	深度热搜（蒙古语）	五支箭（重播）
12:00—13:00	草原在线（重播）	

续表

播出时段	星期	
	星期一至星期五	星期六至星期日
13:00—13:30	学习时间（蒙古语）（重播）	
13:30—14:00	译彩纷呈（蒙古语）（重播）	
14:00—14:30	缤纷金达莱	
14:30—15:00	译彩纷呈（朝鲜语）	
15:00—15:30	全国新闻联播（朝鲜语）（重播）	
15:30—16:00	深度热搜（朝鲜语）（重播）	
16:00—17:00	知书达理（朝鲜语）	
17:00—18:00	声动民族风（朝鲜语）	
18:00—19:00	行进中国2020（朝鲜语）	
19:00—20:00	知书达理（朝鲜语）（重播）	
20:00—20:30	全国新闻联播（朝鲜语）	
20:30—21:00	深度热搜（朝鲜语）	
21:00—22:00	行进中国2020（朝鲜语）（重播）	
22:00—22:30	译彩纷呈（朝鲜语）（重播）	
22:30—23:00	广播剧场	
23:00—23:05	全天播音结束曲	

文艺之声节目播出时间表

播出时段	节目名称	播出方式	播出时段	节目名称	播出方式
04:35—04:40	试线音乐	录播	13:00—14:00	中国相声榜	录播/重播
04:55—04:59	全天节目预告	录播	14:00—15:00	戏迷天地	直播
05:00—06:00	评书听天下	录播	15:00—16:00	民歌风行	直播
06:00—07:00	中国相声榜	录播/首播	16:00—17:00	文旅中国	直播
07:00—09:00	快乐早点到	直播	17:00—18:30	海阳现场秀	直播
09:00—11:00	综艺对对碰	直播		海阳现场秀（周末版）	录播
11:00—12:00	天天听书	录播	18:30—19:30	快乐晚高峰	直播
12:00—13:00	文艺大家谈	直播	19:30—20:00	精彩故事汇	录播

续表

播出时段	节目名称	播出方式	播出时段	节目名称	播出方式
20:00—21:00	文化聊吧	直播	22:00—次日 00:00（周六）	国家大剧院	录播
21:00—22:00	品味书香	直播	22:00—次日 00:00（周日）	人文课堂	录播
22:00—23:00	李峙的不老歌	直播	次日 00:00—02:00	午夜书场	录播
23:00—次日 00:00	交响时空	录播	次日 02:00—02:05	结束曲	录播

注：每周二 13:05 至 16:55 停机检修。

老年之声节目播出时间表

播出时段	节目名称	播出时段	节目名称
04:05—04:10	试线音乐	15:00—16:00	听书（重播）
04:25—04:30	开始曲	16:00—17:00	健康之家（重播）
04:30—06:00	养生音乐馆 AB	17:00—18:00	乐享时光（重播）
06:00—07:00	健康之家	18:00—19:00	笑口常开（重播）
07:00—08:00	乐享时光	19:00—20:00	养生音乐馆 E
08:00—09:00	笑口常开	20:00—21:00	戏曲舞台（重播）
09:00—10:00	听书	21:00—22:00	健康之家（重播2）
10:00—11:00	养生音乐馆 C	22:00—23:00	评书开讲（重播）
11:00—12:00	评书开讲	23:00—次日 00:00	伴你入眠（导引篇）
12:00—13:00	戏曲舞台	次日 00:00—02:00	伴你入眠（音乐篇 AB）
13:00—14:00	文史精品节目荐赏	次日 02:00—02:05	结束曲
14:00—15:00	养生音乐馆 D		

注：每周二 14:00 至 17:00 停机检修。

藏语广播节目播出时间表

播出时段	星期	
	星期一至星期五	星期六至星期日
05:35—05:40	藏语试线音乐	
05:55—06:00	藏语播音开始曲	
06:00—07:00	早安中国	
07:00—07:30	全国新闻联播（重播）	

续表

播出时段	星期	
	星期一至星期五	星期六至星期日
07:30—08:00	深度热搜（重播）	
08:00—08:30	学习时间	
08:30—09:30	译彩纷呈	欢乐大放送
09:30—10:00	知书达理	
10:00—12:00	安多在线（重播）	
12:00—12:30	新闻和报纸摘要	
12:30—13:00	行进中国2020	
13:00—15:00	康巴在线（重播）	
15:00—16:00	声动民族风	
16:00—16:30	新闻和报纸摘要（重播）	
16:30—17:00	行进中国2020（重播）	
17:00—19:00	康巴在线	
19:00—19:30	全国新闻联播	
19:30—20:00	深度热搜	
20:00—22:00	安多在线	
22:00—22:30	学习时间（重播）	
22:30—23:30	译彩纷呈（重播）	欢乐大放送（重播）
23:30—次日00:00	知书达理（重播）	
次日00:00—00:05	藏语播音结束曲	

阅读之声节目播出时间表

播出时段	节目名称	播出方式
04:35:00—04:40:00	试线音乐	录播
04:55:00—04:59:00	全天节目预告	录播
05:00:05—06:00:00	评书开讲	录播/首播
06:00:05—06:30:00	阅读时光	录播/首播
06:30:00—07:00:00	人文课堂	录播/首播
07:00:05—08:00:00	纪实春秋	录播/首播

续表

播出时段	节目名称	播出方式
08:00:05—09:00:00	都市言情	录播/首播
09:00:05—10:00:00	名著经典	录播/首播
10:00:05—11:00:00	网络书吧	录播/首播
11:00:05—12:00:00	作家文库	录播/首播
12:00:05—13:00:00	畅销书屋	录播/首播
13:00:05—13:30:00	阅读时光	录播/重播
13:30:00—14:00:00	人文课堂	录播/重播
14:00:05—15:00:00	纪实春秋	录播/重播
15:00:05—16:00:00	评书开讲	录播/重播
16:00:05—17:00:00	名著经典	录播/重播
17:00:05—18:00:00	网络书吧	录播/重播
18:00:05—19:00:00	作家文库	录播/重播
19:00:05—20:00:00	畅销书屋	录播/重播
20:00:05—20:30:00	人文课堂	录播/重播
20:30:00—21:00:00	睡前故事	录播
21:00:05—22:00:00	纪实春秋	录播/重播
22:00:05—23:00:00	作家文库	录播/重播
23:00:05—23:59:59	都市言情	录播/重播
次日 00:00:05—01:00:00	午夜悬疑	录播
次日 01:00:05—02:00:00	畅销书屋	录播/重播
次日 02:00:05—02:05:00	结束曲	录播

注：每周二 13:05 至 16:55 停机检修。

维吾尔语广播节目播出时间表

播出时段	星期	
	星期一至星期五	星期六至星期日
00:00—01:00	环球音乐（重播二）	声动民族风（周末版）
01:00—01:30	走遍天下（重播）	
01:30—02:00	心灵之旅（重播）	

续表

播出时段	星期	
	星期一至星期五	星期六至星期日
07:35—07:40	试线音乐	
07:55—08:00	全天播音开始曲	
08:00—09:00	早安中国	早安中国（周末版）
09:00—09:30	全国新闻联播（重播）	
09:30—10:00	法治在线（重播）	
10:00—10:30	环球音乐	走遍天下（周末版）
10:30—11:00		知书达理（周末版）
11:00—11:30	走遍天下	
11:30—12:00	心灵之旅	
12:00—13:00	知书达理	声动民族风（周末版）（重播一）
13:00—14:00	声动民族风	
14:00—14:30	新闻和报纸摘要	心灵之旅（周末版）
14:30—15:00	深度热搜	
15:00—16:00	行进中国2020	环球音乐（周末版）
16:00—16:30	学习时间	
16:30—17:00	译彩纷呈	
17:00—18:00	知书达理（重播）	声动民族风（周末版）（重播二）
18:00—19:00	声动民族风（重播）	
19:00—19:30	新闻和报纸摘要（重播）	心灵之旅（周末版）（重播）
19:30—20:00	深度热搜（重播）	
20:00—21:00	环球音乐（重播一）	环球音乐（周末版）（重播）
21:00—21:30	学习时间（重播）	
21:30—22:00	译彩纷呈（重播）	
22:00—22:30	全国新闻联播	
22:30—23:00	法治在线	知书达理（周末版）（重播）
23:00—次日00:00	行进中国2020（重播）	
次日02:00—02:05	全天播音结束曲	

香港之声节目播出时间表

播出时段	节目名称	播出时段	节目名称
00:00—00:30	港清楚	13:00—14:00	叹世界
00:30—01:00	学讲普通话	14:00—14:10	十分新闻
01:00—03:00	香江月夜	14:10—14:50	民歌风尚
03:00—04:00	天下潮人	14:50—15:00	学讲普通话
04:00—05:00	四海乡音	15:00—16:00	岭南音乐风
05:00—06:00	戏曲大观	16:00—16:50	双城生活（录播）
06:00—07:00	中华风雅颂	16:50—17:00	学讲普通话
07:00—07:10	国歌节目预告	17:00—18:00	中华风雅颂
07:10—08:00	文化之旅	18:00—18:10	十分新闻
08:00—08:10	十分新闻	18:10—18:50	民歌风尚
08:10—08:40	港清楚	18:50—19:00	学讲普通话
08:40—09:30	双城生活	19:00—20:00	青春无限
09:30—10:00	学讲普通话	20:00—21:00	叹世界
10:00—10:10	十分新闻	21:00—22:00	戏曲大观
10:10—11:00	文化之旅	22:00—23:00	有声夜读
11:00—12:00	岭南音乐风	23:00—次日 00:00	同一星空下
12:00—13:00	青春无限		

中国交通广播节目播出时间表

播出时段	星期	
	星期一至星期五	星期六至星期日
00:00—02:00	千山万水只为你	
02:00—04:00	车友书场	
04:00—06:00	汽车相声大会	
06:00—06:45	乐活清晨	
06:45—07:00	中国交通新闻	乐活清晨
07:00—09:00	向快乐出发	早安，假日！
09:00—10:00	一呼百应帮帮忙	家在996
10:00—11:00	央广车友会	岁月如歌

续表

播出时段	星期	
	星期一至星期五	星期六至星期日
11:00—12:00	高速加油站	
12:00—14:00	锵锵麦克风	岁月如歌
14:00—15:00	畅游天下	
15:00—16:00	汽车风云	
16:00—17:00	月吃越美	
17:00—19:00	下班快乐	周末 FUN 局
19:00—20:00	汽车能量音乐	
20:00—21:00	全球流行音乐金榜	
21:00—22:00	乐夜越动听	电波光影
22:00—次日 00:00	汽车相声大会	岁月如歌

注：1. 全天 24 小时播音，均为直播。

2. 每周二 00:05 至 04:55 停机检修。

中国乡村之声节目播出时间表

播出时段	节目名称	播出时段	节目名称
06:00—06:30	田野听书	18:00—19:00	乡村音乐
06:30—07:00	三农早报	19:00—20:00	田园新主张
07:00—08:00	中国三农报道	20:00—21:00	这里有说法
08:00—09:00	田园新主张	21:00—22:00	健康到家
09:00—10:00	山水乡愁	22:00—23:00	山水乡愁
10:00—10:30	田野听书	23:00—23:30	乡村讲堂
10:30—11:00	乡村故事汇	23:30—次日 00:00	乡村故事汇
11:00—12:00	乡村音乐	次日 00:00—01:00	乡村音乐
12:00—13:00	中国三农报道	次日 01:00—02:00	梨园乡韵
13:00—14:00	田园新主张	次日 02:00—02:30	田野听书
14:00—15:00	这里有说法	次日 02:30—03:00	乡村故事汇
15:00—16:00	健康到家	次日 03:00—04:00	这里有说法
16:00—17:00	梨园乡韵	次日 04:00—05:00	田间笑语
17:00—18:00	田间笑语	次日 05:00—06:00	健康到家

注：每周二 00:00 至 05:00 停机检修。

哈萨克语广播节目播出时间表

播出时段	星期	
	星期一至星期五	星期六至星期日
07:35—07:40	试线音乐	
07:55—08:00	全天播音开始曲	
08:00—09:00	早安中国	
09:00—09:30	全国新闻联播（重播）	
09:30—10:00	深度热搜（重播）	学习时间（周末版）
10:00—11:00	行进中国2020	新视线（周末版）
11:00—12:00	知书达理	
12:00—13:00	弹起冬不拉	知书达理（周末版）
13:00—13:30	新闻和报纸摘要	社会与法（周末版）
13:30—14:00	社会与法	
14:00—15:00	声动民族风	弹起冬不拉（周末版）（重播）
15:00—16:00	新视线	
16:00—16:30	学习时间	声动民族风（周末版）
16:30—17:00	译彩纷呈	
17:00—18:00	弹起冬不拉（重播一）	
18:00—19:00	声动民族风（重播）	知书达理（周末版）（重播一）
19:00—19:30	新闻和报纸摘要（重播）	社会与法（周末版）（重播）
19:30—20:00	社会与法（重播）	
20:00—21:00	行进中国2020（重播）	新视线（周末版）（重播）
21:00—21:30	学习时间（重播）	
21:30—22:00	译彩纷呈（重播）	
22:00—22:30	全国新闻联播	
22:30—23:00	深度热搜	学习时间（周末版）（重播）
23:00—次日00:00	新视线（重播）	知书达理（周末版）（重播二）
次日00:00—01:00	知书达理（重播）	弹起冬不拉（周末版）
次日01:00—02:00	弹起冬不拉（重播二）	
次日02:00—02:05	全天播音结束曲	

三、中国国际广播电台2020年频率、频道设置及节目播出情况

中国国际广播电台频率语种设置一览表

类型	频率语种	开播时间
对外广播	日语	1941年12月3日
	英语	1947年9月11日
	广州话	1949年6月20日
	潮州话	1949年6月20日
	闽南话	1949年6月20日
	客家话	1950年4月10日
	印度尼西亚语	1950年4月10日
	越南语	1950年4月10日
	泰语	1950年4月10日
	缅甸语	1950年4月10日
	朝鲜语	1950年7月2日
	俄语	1954年12月24日
	汉语普通话	1955年12月15日
	西班牙语	1956年9月3日
	柬埔寨语	1956年12月15日
	老挝语	1956年12月15日
	波斯语	1957年10月15日
	土耳其语	1957年10月21日
	阿拉伯语	1957年11月3日
	法语	1958年6月5日
	马来语	1959年3月1日
	印地语	1959年3月15日
	德语	1960年4月15日
	葡萄牙语	1960年4月15日
	意大利语	1960年4月30日
	塞尔维亚语	1961年6月2日

续表

类型	频率语种	开播时间
对外广播	斯瓦希里语	1961年9月1日
	豪萨语	1963年6月1日
	泰米尔语	1963年8月1日
	蒙古语	1964年12月1日
	世界语	1964年12月19日
	菲律宾语	1965年10月30日
	乌尔都语	1966年8月1日
	捷克语	1968年8月27日
	波兰语	1968年8月27日
	罗马尼亚语	1968年8月30日
	孟加拉语	1969年1月1日
	阿尔巴尼亚语	1969年6月6日
	普什图语	1973年7月15日
	保加利亚语	1974年4月19日
	僧伽罗语	1975年1月1日
	尼泊尔语	1975年6月25日
	匈牙利语	1976年7月26日
	克罗地亚语	2010年3月30日
	希腊语（仅网站）	2009年9月23日
	乌克兰语（仅网站）	2008年5月30日
	希伯来语（仅网站）	2009年9月23日
	白俄罗斯语（仅网站）	2009年9月23日
对内广播	英语综合广播（轻松调频）	1984年1月1日
	国际流行音乐广播	1999年3月28日 2003年4月16日改为劲曲调频广播
	外语教学广播	2003年12月10日
	英语资讯广播	2003年12月10日
	环球资讯广播	2005年9月28日
	南海之声	2013年4月9日

2020年度对外大广播首播节目播出时数统计表

语种	每日播出时数（小时）	全年播出时数（小时）	语种	每日播出时数（小时）	全年播出时数（小时）
华语环球广播	4	1460	孟加拉语	3	1095
广州话	2	730	土耳其语	2	730
闽南话	2	730	普什图语	0.5	182.5
客家话	2	730	CRI 阿拉伯语	2	730
潮州话	2	730	波斯语	1	365
温州话	1	365	豪萨语	1	365
南海之声	1	365	斯瓦希里语	1	365
英语环球广播	7.5	2737.5	CRI 俄语	1	365
日语	3	1095	捷克语	0.5	182.5
蒙古语	1	365	塞尔维亚语	1	365
朝鲜语	1	365	罗马尼亚语	1.5	547.5
越南语	1	365	阿尔巴尼亚语	1	365
老挝语	1	365	保加利亚语	1.5	547.5
柬埔寨语	1	365	匈牙利语	1	365
泰语	1	365	波兰语	1	365
马来语	1	365	克罗地亚语	1	365
菲律宾语	0.5	182.5	德语	2	730
印度尼西亚语	1	365	CRI 法语	2	730
缅甸语	1	365	世界语	1	365
尼泊尔语	1	365	意大利语	1	365
印地语	1	365	CRI 西班牙语	2	730
乌尔都语	1	365	葡萄牙语	1	365
泰米尔语	1	365	合计	68	24 820
僧伽罗语	1	365			

注：每日播出时数和全年播出时数均为首播节目时数，不含重播节目时数。

中国国际广播电台频率节目播出时间表

英语综合广播（轻松调频）节目播出时间表

播出时段	星期		
	星期一至星期五	星期六	星期日
00:00—06:00	音乐至上 Music Matters（午夜版）		

续表

播出时段	星期		
	星期一至星期五	星期六	星期日
06:00—06:30	慢速英语 Special English		
06:30—07:00	美文阅读 More to Read		
07:00—07:30	新闻纵贯线 The Beijing Hour	欣视点 The Point with Liu Xin	我的中国故事 My China Story
07:30—08:00		故事汇 Selfie	
08:00—11:00	音乐至上 Music Matters（早间版）	古典言色 Classical Saturday	古典星期天 Classical Sunday
11:00—13:00	音乐至上 Music Matters（午间版）	岁月留声 Music Memories	
13:00—14:00	圆桌议事 RoundTable		
14:00—16:00	音乐至上 Music Matters（下午版）	新浪潮 The New Wave	周末变奏 Key Change
16:00—17:00	爵士 Jazz		
17:00—19:00	一路有聊 On the Road		
19:00—19:30	今日 World Today	足迹 Footprints	今日 World Today
19:30—20:00		爱播客 I Love Podcasts	
20:00—22:00	酷乐空间 The Groove Sessions		
22:00—23:00	爵士春秋 All That Jazz	摇滚战国 All About Rock	
23:00—次日 00:00	爵士 Jazz		

注：每个整点有5分钟英语整点新闻。

劲曲调频节目播出时间表

播出时段	星期一至星期五	星期六	星期日
00:00—06:00	Music Flow	Music Flow	
06:00—07:00	Morning Call		
07:00—08:00	Morning Hits		
08:00—09:00			
09:00—10:00		AT40	Weekend Morning Show
10:00—11:00	At Work Network		
11:00—12:00			
12:00—13:00	Lazy Afternoon	Hit The Road	AT40
13:00—14:00			
14:00—15:00		Hit FM Soul Make	
15:00—16:00			

续表

播出时段	星期一至星期五	星期六	星期日
16:00—17:00	Big Drive Home	Hit FM Rock DJ	Hit FM OST
17:00—18:00	Big Drive Home	Hit FM Rock DJ	Hit FM OST
18:00—19:00	New Music	Top20 Countdown	Top20 Countdown（重播）
19:00—20:00	New Music	Top20 Countdown	Top20 Countdown（重播）
20:00—21:00	New Music	Hit FM Dance Carta & Co	中国电子音乐巅峰榜
21:00—22:00	New Music	Hit FM Dance Carta & Co	中国电子音乐巅峰榜
22:00—23:00	Hit FM Dance	Hit FM Dance	Hit FM Dance
23:00—次日 00:00	Hit FM Dance	Hit FM Dance	Hit FM Dance

外语教学广播节目播出时间表

播出时段	星期	
	星期一至星期五	星期六至星期日
00:00—01:00	简明新闻	简明新闻
	中国剧场 Chinese Theatre（首播）	中国剧场 Chinese Theatre（首播）
	文学之光 Alight on Literature（首播）	文学之光 Alight on Literature（周末版）（首播）
	学汉语	学汉语
01:00—02:00	简明新闻	简明新闻
	圆桌议事 RoundTable	圆桌议事 RoundTable（精选）
02:00—03:00	简明新闻	简明新闻
	分享汇 SELFIE（首播）	分享汇 SELFIE（首播）
	随行汉语 Takeaway Chinese（首播）	随行汉语 Takeaway Chinese（首播）
	学汉语	学汉语
03:00—04:00	简明新闻	简明新闻
	今日 Today（二）	今日 Today（二）（精选）
04:00—05:00	简明新闻	简明新闻
	中国剧场 Chinese Theatre	中国剧场 Chinese Theatre
	文学之光 Alight on Literature	文学之光 Alight on Literature（周末版）
	学汉语	学汉语
05:00—06:00	简明新闻	简明新闻
	圆桌议事 RoundTable	圆桌议事 RoundTable（精选）

续表

播出时段	星期	
	星期一至星期五	星期六至星期日
06:00—07:00	简明新闻	
	随行汉语 Takeaway Chinese	
	中国剧场 Chinese Theatre	
	学汉语	
07:00—08:00	简明新闻	
	今日 Today（二）	今日 Today（二）（精选）
08:00—09:00	简明新闻	
	分享汇 SELFIE	
	文学之光 Alight on Literature（首播）	文学之光 Alight on Literature（周末版）（首播）
	学汉语	
09:00—10:00	新闻纵贯线 The Beijing Hour（首播）	简明新闻
		周末专题
		分享汇 SELFIE
	学汉语	
10:00—11:00	简明新闻	
	脉动中国 Studio+（一）	脉动中国 Studio+（一）（精选）
11:00—12:00	简明新闻	
	脉动中国 Studio+（二）	脉动中国 Studio+（二）（精选）
12:00—13:00	简明新闻	
	分享汇 SELFIE	
	双语咖啡屋 Language Café（首播）	
	学汉语	
13:00—14:00	新闻纵贯线 The Beijing Hour（重播）	简明新闻
		周末专题
		分享汇 SELFIE
	学汉语	
14:00—15:00	简明新闻	
	分享汇 SELFIE	
	双语咖啡屋 Language Café	
	学汉语	

续表

播出时段	星期	
	星期一至星期五	星期六至星期日
15:00—16:00	新闻纵贯线 The Beijing Hour（重播）	简明新闻
		周末专题
		分享汇 SELFIE
	学汉语	
16:00—17:00	简明新闻	
	分享汇 SELFIE	
	双语咖啡屋 Language Café	
	学汉语	
17:00—18:00	简明新闻	
	圆桌议事 RoundTable（首播）	RoundTable 圆桌议事（精选首播）
	学汉语	
18:00—19:00	简明新闻	
	脉动中国 Studio+（一）（首播）	脉动中国 Studio+（一）（精选首播）
19:00—20:00	简明新闻	
	脉动中国 Studio+（二）（首播）	脉动中国 Studio+（二）（精选首播）
20:00—21:00	简明新闻	
	分享汇 SELFIE	
	随行汉语 Takeaway Chinese	
	学汉语	
21:00—22:00	简明新闻	
	中国剧场 Chinese Theatre	
	文学之光 Alight on Literature	文学之光 Alight on Literature（周末版）
	学汉语	
22:00—23:00	简明新闻	
	圆桌议事 RoundTable（首播）	圆桌议事 RoundTable（精选首播）
23:00—次日 00:00	简明新闻	
	今日 Today（二）（首播）	今日 Today（二）（精选首播）

英语资讯广播节目播出时间表

播出时段	星期						
	星期一	星期二	星期三	星期四	星期五	星期六	星期日
00:00—01:00	全球财经 Global Business					今日 World Today	
01:00—01:30	今日 World Today						足迹 Footprints
01:30—02:00							爱播客 I Love Podcasts
02:00—04:00	脉动中国 Studio+						
04:00—05:00	圆桌议事 RoundTable						
05:00—05:30	分享汇 SELFIE（首播）						
05:30—05:55	随行汉语 Takeaway Chinese（首播）						
05:55—06:00	学汉语 Learn Chinese						
06:00—06:30	文学之光 Alight on Literature（首播）						
06:30—06:55	中国剧场 Chinese Theatre（首播）						
06:55—07:00	学汉语 Learn Chinese						
07:00—07:30	新闻纵贯线 The Beijing Hour（首播）					欣视点 The Point with Liu Xin	我的中国故事 My China Story
07:30—07:55						分享汇 SELFIE	
07:55—08:00						学汉语 Learn Chinese	
08:00—09:00	圆桌议事 RoundTable						
09:00—09:30	新闻纵贯线 The Beijing Hour					欣视点 The Point with Liu Xin	我的中国故事 My China Story
09:30—09:55						分享汇 SELFIE	
09:55—10:00	学汉语 Learn Chinese						
10:00—10:30	中国剧场 Chinese Theatre						
10:30—10:55	文学之光 Alight on Literature						
10:55—11:00	学汉语 Learn Chinese						
11:00—11:30	今日财经 Biz Today（首播）						

续表

播出时段	星期						
	星期一	星期二	星期三	星期四	星期五	星期六	星期日
11:30—11:55	分享汇 SELFIE						
11:55—12:00	学汉语 Learn Chinese						
12:00—12:30	随行汉语 Takeaway Chinese						
12:30—12:55	慢速英语 Special English（首播）						
12:55—13:00	学汉语 Learn Chinese						
13:00—14:00	爵士漫步 Jazz Show（首播）						
14:00—16:00	脉动中国 Studio+（首播）						
16:00—16:30	分享汇 SELFIE						
16:30—16:55	随行汉语 Takeaway Chinese						
16:55—17:00	学汉语 Learn Chinese						
17:00—18:00	圆桌议事 RoundTable						
18:00—18:30	全球财经 Global Business	全球财经 Global Business				今日 World Today	今日 World Today
18:30—19:00	今日财经 Biz Today						
19:00—19:30	今日 World Today					足迹 Footprints	今日 World Today
19:30—20:00						爱播客 I Love Podcasts	
20:00—22:00	脉动中国 Studio+						
22:00—22:30	分享汇 SELFIE						
22:30—22:55	慢速英语 Special English						
22:55—23:00	学汉语 Learn Chinese						
23:00—23:30	中国剧场 Chinese Theatre						
23:30—23:55	文学之光 Alight on Literature						
23:55—次日 00:00	学汉语 Learn Chinese						

注：每个整点有 5 分钟英语简明新闻。

环球资讯广播节目播出时间表

播出时段	星期	
	星期一至星期五	星期六至星期日
00:00—01:00	环球财富故事（星期一）	环球故事会（星期六）
	环球故事会（星期二至星期五）	环球财富故事（星期日）
01:00—02:00	大话体坛	大话体坛
02:00—03:00	环球直播间	环球直播间
03:00—04:00	记者视界（星期一）	资讯非常道（星期六）
	资讯非常道（星期二至星期五）	环球名人坊（星期日）
04:00—05:00	环球名人坊（星期一）	环球阅读
	环球阅读（星期二至星期五）	
05:00—06:00	新闻盘点	新闻盘点
06:00—06:30	档案揭秘	环球军事报道
06:30—07:00	直播世界	
07:00—09:00	早间第一资讯	早间第一资讯
09:00—10:00	环球媒体浏览	环球名人坊（星期六）
		记者视界（星期日）
10:00—11:00	环球故事会	环球财富故事
11:00—12:00	环球直播间	环球直播间
12:00—13:00	午间第一资讯	午间第一资讯
13:00—13:30	老外看点	老外看点
13:30—14:00	档案揭秘	档案揭秘
14:00—15:00	环球直播间	环球直播间
15:00—16:00	环球故事会	环球军事报道
16:00—16:30	档案揭秘	档案揭秘
16:30—17:00	老外看点	老外看点
17:00—18:00	晚间第一资讯	晚间第一资讯
18:00—19:00	资讯非常道	资讯非常道
19:00—19:30	新闻联播（转播）	新闻联播（转播）
19:30—20:00	资讯空间站	资讯空间站
20:00—21:00	新闻盘点	新闻盘点

续表

播出时段	星期	
	星期一至星期五	星期六至星期日
21:00—22:00	大话体坛	大话体坛
22:00—23:00	环球阅读	环球阅读（星期六）
		记者视界（星期日）
23:00—次日 00:00	新闻盘点	新闻盘点

注：每小时整点、半点有3分钟《环球这一刻》新闻。

南海之声广播节目播出时间表

播出时段	星期			
	星期一	星期二至星期五	星期六	星期日
00:00—02:00	晚安南海	晚安南海	晚安南海	晚安南海
02:00—03:00	南海周刊（重播）	南海圆桌派（重播）	南海圆桌派（重播）	南海周刊（重播）
03:00—04:00	听见（重播）	平常记录（重播）	平常记录（重播）	平常记录（重播）
04:00—05:00	乐从海上来（重播）	音悦人生（重播）	音悦人生（重播）	乐从海上来（重播）
05:00—06:00	南海轻阅读（重播）	南海轻阅读（重播）	南海轻阅读（重播）	南海轻阅读（重播）
06:00—07:00	早安南海	早安南海	早安南海	早安南海
07:00—08:00	南海头条（早间）	南海头条（早间）	南海头条（早间）	南海头条（早间）
08:00—09:00	南海周刊（重播）	南海圆桌派（重播）	南海圆桌派（重播）	南海周刊（重播）
09:00—12:00	南海优生活（上午）	南海优生活（上午）	南海优生活（上午）	南海优生活（上午）
12:00—13:00	南海头条（午间）	南海头条（午间）	南海头条（午间）	南海头条（午间）
13:00—16:00	南海优生活（下午）	南海优生活（下午）	南海优生活（下午）	南海优生活（下午）
16:00—17:00	南海旅行家	南海旅行家	南海旅行家	南海旅行家
17:00—18:00	南海头条（晚间）	南海头条（晚间）	南海头条（晚间）	南海头条（晚间）
18:00—19:00	南海圆桌派	南海圆桌派	南海周刊	南海周刊
19:00—20:00	平常记录	平常记录	平常记录	听见
20:00—21:00	南海轻阅读	南海轻阅读	南海轻阅读	南海轻阅读
21:00—22:00	音悦人生	音悦人生	乐从海上来	乐从海上来
22:00—23:00	南海头条（夜间）	南海头条（夜间）	南海头条（夜间）	南海头条（夜间）
23:00—次日 00:00	岛屿不寂寞	岛屿不寂寞	岛屿不寂寞	岛屿不寂寞

注：每个整点有3分钟整点新闻，每个半点有2分钟海洋预报。

2021年频道、频率设置及节目播出情况

一、中央电视台2021年频道设置及节目播出情况

截至2021年底,总台(含台属公司等)共开办电视频道51个,包括31个公共电视频道和20个付费电视频道。

中央电视台电视频道设置一览表

公共电视频道31个	
总台内设机构自办频道27个	
频道名称	开播时间
CCTV-1 综合频道	1958年9月2日
CCTV-1 综合频道(港澳)	2011年3月1日香港版开播 2016年12月20日落地澳门
CCTV-2 财经频道	1973年4月14日(经济·生活·服务频道) 2003年10月20日调整为经济频道 2009年8月24日调整为财经频道
CCTV-3 综艺频道	1986年8月25日
CCTV-4 中文国际频道(亚洲)	1992年12月1日
CCTV-4 中文国际频道(欧洲)	2007年1月1日
CCTV-4 中文国际频道(美洲)	2007年1月1日
CCTV-5 体育频道	1995年1月1日 2019年12月17日落地澳门
CCTV-5+ 体育赛事频道	2013年8月18日
CCTV-7 国防军事频道	1995年12月1日(少儿·军事·农业·科技频道) 2010年10月调整为少儿·军事·农业频道 2011年1月3日调整为军事·农业频道 2019年8月1日调整为国防军事频道
CCTV-8 电视剧频道	1996年1月1日
CCTV-9 纪录频道	2011年1月1日
CCTV-10 科教频道	2001年7月9日
CCTV-11 戏曲频道	2001年7月9日

续表

频道名称	开播时间
CCTV-12 社会与法频道	2002年5月12日（西部频道） 2004年12月28日调整为社会与法频道
CCTV-13 新闻频道	2003年7月1日
CCTV-14 少儿频道	2003年12月28日
CCTV-15 音乐频道	2004年3月29日
CCTV-16 奥林匹克频道	2021年10月25日
CCTV-17 农业农村频道	2019年9月23日
CCTV-4K 超高清频道	2018年10月1日
CGTN	2000年9月25日（英语频道） 2010年4月调整为英语新闻频道 2017年1月1日调整为中国环球电视网
CGTN-F 法语频道	2004年10月1日（西班牙语法语频道） 2007年10月1日调整为法语国际频道 2017年1月1日调整为中国环球电视网法语频道
CGTN-E 西班牙语频道	2007年10月1日（西班牙语国际频道） 2017年1月1日调整为中国环球电视网西班牙语频道
CGTN-A 阿拉伯语频道	2009年7月25日（阿拉伯语国际频道） 2017年1月1日调整为中国环球电视网阿拉伯语频道
CGTN-R 俄语频道	2009年9月10日（俄语国际频道） 2017年1月1日调整为中国环球电视网俄语频道
CGTN-Documentary 纪录频道	2011年1月1日（纪录频道国际版） 2017年1月1日调整为中国环球电视网纪录频道
中宣部电影卫星频道节目制作中心经办频道1个	
CCTV-6 电影频道	1996年1月1日 2012年12月10日自行播出
台属公司承办频道3个	
CCTV 戏曲频道	2004年10月1日
CCTV 娱乐频道	2004年10月1日
CCTV 中视购物频道	2007年1月1日

续表

总台付费电视频道20个		
频道名称	开播时间	开办主体
风云音乐频道	2004年8月9日	中央广播电视总台 中国国际电视总公司承办
第一剧场频道	2004年8月9日	中央广播电视总台 中国国际电视总公司承办
风云剧场频道	2004年8月9日	中央广播电视总台 中国国际电视总公司承办
世界地理频道	2004年8月9日	中央广播电视总台 中国国际电视总公司承办
卫生健康频道	2004年8月9日	中央广播电视总台 中国国际电视总公司承办
高尔夫·网球频道	2004年9月1日	中央广播电视总台
风云足球频道	2004年9月1日	中央广播电视总台
电视指南频道	2004年11月1日	中央广播电视总台 中国国际电视总公司承办
怀旧剧场频道	2004年11月1日	中央广播电视总台 中国国际电视总公司承办
央视文化精品频道	2005年1月1日	中央广播电视总台 中国国际电视总公司承办
兵器科技频道	2006年5月8日 （国防军事付费频道） 2019年8月1日调整为兵器科技付费频道	中央广播电视总台 中国国际电视总公司承办
女性时尚频道	2006年8月9日	中央广播电视总台 中国国际电视总公司承办
央视台球频道	2010年4月12日	中央广播电视总台 中国国际电视总公司承办
央广购物频道	2010年6月17日	中央广播电视总台 央广传媒集团有限公司承办
环球奇观频道	2007年11月23日	中央广播电视总台 国广传媒发展有限公司承办
聚鲨环球精选频道	2011年3月29日	中央广播电视总台 国广传媒发展有限公司承办
中国交通频道	2015年10月21日	中央广播电视总台 国广传媒发展有限公司承办
老故事频道	2005年4月16日	中央新闻纪录电影制片厂（集团）
发现之旅频道	2005年10月	中央新闻纪录电影制片厂（集团）
中学生频道	2009年5月4日	中央新闻纪录电影制片厂（集团）

中央电视台频道播出量一览表

播出频道	每日播出量（小时）	全年播出量（小时）
CCTV-1 综合频道	24.0	8 759.9
CCTV-1 综合频道（港澳）	24.0	8 760.1
CCTV-2 财经频道	24.0	8 760.2
CCTV-3 综艺频道	24.0	8 759.6
CCTV-4 中文国际频道（亚洲）	24.0	8760
CCTV-4 中文国际频道（欧洲）	24.0	8760
CCTV-4 中文国际频道（美洲）	24.0	8760
CCTV-5 体育频道	24.0	8760
CCTV-5+ 体育赛事频道	24.0	8760
CCTV-7 国防军事频道	19.0	6 938.9
CCTV-8 电视剧频道	24.0	8 759.9
CCTV-9 纪录频道	24.0	8760
CCTV-10 科教频道	20.7	7 550.2
CCTV-11 戏曲频道	20.2	7 386.5
CCTV-12 社会与法频道	20.1	7 353.5
CCTV-13 新闻频道	24.0	8760
CCTV-14 少儿频道	18.6	6807
CCTV-15 音乐频道	19.9	7 271.1
CCTV-16 奥林匹克频道	24.0	1620
CCTV-17 农业农村频道	19.7	7 188.9
CCTV-4K 超高清频道	18.3	6 667.2
CGTN- 英语新闻频道	24.0	8760
CGTN-F 法语频道	24.0	8760
CGTN-E 西班牙语频道	24.0	8760
CGTN-A 阿拉伯语频道	24.0	8760
CGTN-R 俄语频道	24.0	8760
CGTN-Documentary 纪录频道	24.0	8760

续表

播出频道	每日播出量（小时）	全年播出量（小时）
CCTV 戏曲频道	24.0	8760
CCTV 娱乐频道	24.0	8760
CCTV 中视购物频道	24.0	8760
风云音乐频道	17.7	6478
第一剧场频道	19.8	7 225.3
风云剧场频道	17.6	6 435.3
世界地理频道	18.4	6 729.5
卫生健康频道	24.0	8760
高尔夫·网球频道	24.0	8760
风云足球频道	24.0	8760
电视指南频道	24.0	8760
怀旧剧场频道	17.8	6 508.4
央视文化精品频道	18.0	6 552.4
兵器科技频道	16.3	5 931.8
女性时尚频道	16.3	5 940.9
央视台球频道	24.0	8760
总计	927	338 344.6

中央电视台各类节目播出量及比例

节目大类	首播（时:分:秒）	首播占套（%）	首播占台（%）	重播（时:分:秒）	重播占套（%）	重播占台（%）	总播出量（时:分:秒）	占比全台（%）
新闻资讯类	43 315:08:56	39.59	12.80	66 084:31:20	60.41	19.53	109 399:40:16	32.33
专题服务类	17 651:57:05	17.01	5.22	86 099:24:53	82.99	25.45	103 751:21:58	30.67
综艺益智类	6540:49:44	14.61	1.93	38 227:50:48	85.39	11.30	44 768:40:32	13.23
影视剧类	5337:10:52	7.56	1.58	65 215:41:46	92.44	19.27	70 552:52:38	20.85
广告类	5710:19:50	100	1.69	0	0	0	5710:19:50	1.69
导视类	4157:18:27	99.90	1.23	04:11:15	0.10	0	4161:29:42	1.23
合计	82 712:44:54	—	24.45	255 631:40:02	—	75.55	338 344:24:56	100

中央电视台频道栏目编排表

CCTV-1 综合频道栏目编排表

时间	星期一	星期二	星期三	星期四	星期五	星期六	星期日
05:26	人与自然						
06:00	朝闻天下（直播）						
08:38	生活圈					电视剧	
09:15	电视剧						
12:00	新闻30分（直播）						
12:35	今日说法						
13:15	电视剧					电视剧	开讲啦（重播）
							电视剧
16:45	第一动画乐园					星光大道（首播）	正大综艺·动物来啦（首播）
18:45	秘境之眼						
19:00	新闻联播+焦点访谈（直播）						
20:06	电视剧					季播项目	季播项目
21:00							
22:00	晚间新闻（直播）						
22:34	美术里的中国（首播）	一路有你（首播）	专题节目（重播）	季播项目（重播）	开讲啦（首播）	等着我（首播）
22:50	专题节目（重播）						
23:30							
次日 00:30		中华民族 人口 动物世界	动物世界				国际艺苑

CCTV-2 财经频道栏目编排表

时间	星期						
	星期一	星期二	星期三	星期四	星期五	星期六	星期日
07:00	第一时间（首播）						

续表

时间	星期						
	星期一	星期二	星期三	星期四	星期五	星期六	星期日
09:00	正点财经（首播）					重播节目/精编节目	
10:30	经济半小时（重播）						
11:00	正点财经（首播）						
11:30	精编节目						
12:00	天下财经（首播）						
13:00	重播节目/精编节目					重播节目/精编节目	
	回家吃饭（重播）						
14:00	正点财经（首播）					周播节目/季播节目（重播）	
	消费主张（重播）						
15:00	正点财经（首播）					重播节目/精编节目	
	生财有道（重播）						
16:00	正点财经（首播）						
17:30	精品财经纪录						
18:30	回家吃饭（首播）					是真的吗（首播）	一槌定音（首播）
19:00	生财有道（首播）						
19:30	消费主张（首播）					季播节目	职场健康课（首播）
20:00	经济半小时（首播）						
20:30	经济信息联播（首播）						
21:30	央视财经评论（首播）					对话（首播）	中国经济大讲堂（首播）
	22:00 精品财经纪录						
23:00	重播节目/精编节目					重播节目/精编节目	

注：1月1日至5月14日，每周五22:00至23:00《创业英雄汇》首播。

CCTV-3 综艺频道栏目编排表

时间	星期						
	星期一	星期二	星期三	星期四	星期五	星期六	星期日
07:50	综艺喜乐汇（语言版）						

续表

时间	星期						
	星期一	星期二	星期三	星期四	星期五	星期六	星期日
09:15	星光大道 喜上加喜	喜上加喜	季播节目	黄金100秒	开门大吉	向幸福出发	越战越勇 星光大道
		季播节目	黄金100秒	开门大吉	向幸福出发	越战越勇	
	文化十分						
	综艺喜乐汇（歌曲版）						
10:15	季播节目	季播节目	非常6+1	幸福账单	回声嘹亮	我的艺术清单	黄金100秒
		黄金100秒	开门大吉	向幸福出发	越战越勇	星光大道	喜上加喜
11:45	文化十分						
12:00	黄金100秒	开门大吉	向幸福出发	越战越勇	星光大道	喜上加喜	季播节目
13:30	季播节目	非常6+1	艺览天下	回声嘹亮	我的艺术清单	黄金100秒	
14:30	综艺喜乐汇（精品荟萃）						
17:30	中国文艺报道						
18:00	天天把歌唱					动物传奇	舞蹈世界
18:40	综艺喜乐汇（语言版）						
19:30	开门大吉	向幸福出发	越战越勇	星光大道	喜上加喜	季播节目	幸福账单
21:00	非常6+1	艺览天下	回声嘹亮	我的艺术清单	黄金100秒	季播节目	
22:00	季播节目（重播）						
23:30	综艺喜乐汇						
次日 00:30	电视剧						

CCTV-4 中文国际频道（亚洲）栏目编排表

时间	星期						
	星期一	星期二	星期三	星期四	星期五	星期六	星期日
04:00	中国新闻（直播）						
04:30	今日关注						
05:00	环球综艺秀	记住乡愁（第一季度）		国家记忆（第二季度至第四季度）			中国文艺（周末版）
		国宝·发现 / 美食中国				鲁健访谈	
06:00	海峡两岸						

续表

时间	星期						
	星期一	星期二	星期三	星期四	星期五	星期六	星期日
06:30	深度国际	今日亚洲					
07:00	中国新闻（直播）						
07:30	今日关注						
08:00	今日环球（直播）						
09:00	中国舆论场	今日亚洲				中国文艺（周末版）	记住乡愁/国家记忆（五集连播）
09:30		中国文艺					
10:00	中国新闻（直播）						
10:10	远方的家					环球综艺秀	
11:00	记住乡愁（第一季度）	国家记忆（第二季度至第四季度）					
11:30	海峡两岸（重播）						
12:00	中国新闻（直播）						
13:00	鲁健访谈	国宝·发现/美食中国				华人故事（首播）	深度国际
13:30						中国缘	国家记忆
14:00	经典剧场（五集连播）					经典剧场（五集连播）	
17:15							
17:45	远方的家（首播）					平凡匠心（首播）	
18:00	中国新闻（直播）					中国文艺（周末版）（首播）	环球综艺秀（首播）
18:30	中国文艺（首播）						
19:00	中国新闻（直播）						中国新闻
19:30	今日亚洲（直播）						中国舆论场（直播）
20:00	记住乡愁（第一季度）（首播）+ 国家记忆（第二季度至第四季度）（首播）					深度国际（首播）	
20:30	海峡两岸（首播）						
21:00	中国新闻（直播）						
21:30	今日关注（直播）						

时间	星期						
	星期一	星期二	星期三	星期四	星期五	星期六	星期日
22:00	国宝·发现（首播）/ 美食中国（首播）				鲁健访谈（直播）	国际记忆	中国缘（首播）
22:30	新闻联播						
23:00	三集电视剧						
次日 01:15	中国文艺					国际记忆	中国缘
次日 01:45	记住乡愁（短视频展播）						
次日 02:00	新闻联播						
次日 02:30	国宝·发现 / 美食中国				鲁健访谈	平凡匠心	
次日 03:00	中国新闻（直播）					华人故事	中国文艺（周末版）
次日 03:10	远方的家					深度国际	
次日 03:45						记住乡愁（短视频展播）	
次日 03:55	导视						

CCTV-4 中文国际频道（欧洲）栏目编排表

北京时间	伦敦时间	星期						
		星期一	星期二	星期三	星期四	星期五	星期六	星期日
04:00	20:00	中国新闻（直播）						
04:30	20:30	今日关注（重播）						
05:00	21:00	环球综艺秀（首播）	远方的家（首播）					中国文艺（周末版）（首播）
05:45	21:45		导视					
06:00	22:00	深度国际（重播）	探索·发现（首播）					环球音乐汇
06:30	22:30	平凡匠心（首播）	导视					平凡匠心（首播）
06:45	22:45	记住乡愁（短视频展播）	记住乡愁（第一季度）+ 国家记忆（第二季度至第四季度）（重播）					记住乡愁（短视频展播）
07:00	23:00	海峡两岸（重播）						
07:30	23:30	华人故事（重播）	美食中国（重播）/ 国宝·发现（重播）				鲁健访谈（重播）	中国缘（重播）

续表

北京时间	伦敦时间	星期						
		星期一	星期二	星期三	星期四	星期五	星期六	星期日
08:00	次日 00:00	今日环球（直播）						
09:00	次日 01:00	中国文艺（周末版）（重播）	远方的家（重播）					环球综艺秀（重播）
09:30	次日 01:30							
10:00	次日 02:00	中国新闻（直播）						
10:10	次日 02:10	导视						
10:15	次日 02:15	电视剧场一（重播）						
11:45	次日 03:45	记住乡愁（短视频展播）+ 导视						
12:00	次日 04:00	中国新闻（直播）						
13:00	次日 05:00	中国缘（重播）	海峡两岸（重播）					深度国际（重播）
13:30	次日 05:30	电视剧场二（重播）						
15:00	次日 07:00	中国舆论场（重播）	记住乡愁（第一季度）+ 国家记忆（第二季度至第四季度）（重播）					梨园闯关我挂帅（首播）
15:30	次日 07:30		中国文艺（重播）					
16:00	次日 08:00	中国新闻（直播）						
16:30	次日 08:30	电视剧场一（首播）						
18:00	次日 10:00	中国新闻（直播）					鲁健访谈（重播）	中国文艺（重播）
18:30	次日 10:30	海峡两岸（重播）						
19:00	次日 11:00	中国新闻（直播）						
19:30	次日 11:30	今日亚洲（直播）						中国舆论场60分钟（直播）
20:00	次日 12:00	开讲啦（首播）	远方的家（重播）					
20:45	次日 12:45		记住乡愁（短视频展播）					
20:55	次日 12:55	平凡匠心（重播）	导视					华人故事（首播）
21:00	次日 13:00	中国新闻（直播）						
21:30	次日 13:30	今日关注（直播）						
22:00	次日 14:00	电视剧场二（首播）						
23:30	次日 15:30	中国文艺（首播）						精彩音乐汇（首播）

续表

北京时间	伦敦时间	星期						
		星期一	星期二	星期三	星期四	星期五	星期六	星期日
次日 00:00	次日 16:00	精彩音乐汇（首播）					动画城	
次日 00:45	次日 16:45	动画城					星光大道（首播）	开门大吉（首播）
次日 01:30	次日 17:30	美食中国（首播）/国宝·发现（首播）				鲁健访谈		
次日 02:00	次日 18:00	记住乡愁（第一季度）+国家记忆（第二季度至第四季度）（首播）						平凡匠心（重播）
次日 02:30	次日 18:30	海峡两岸（首播）						
次日 03:00	次日 19:00	新闻联播						
次日 03:30	次日 19:30	中国文艺（重播）					深度国际（首播）	中国缘（首播）

CCTV-4 中文国际频道（美洲）栏目编排表

北京时间	美东时间	美西时间	星期						
			星期一	星期二	星期三	星期四	星期五	星期六	星期日
04:00	15:00	12:00	中国新闻（直播）						
04:30	15:30	12:30	今日关注（重播）						
05:00	16:00	13:00	平凡匠心（首播）	中国文艺（重播）					平凡匠心（首播）
05:30	16:30	13:30	新闻联播（重播）						
06:00	17:00	14:00	海峡两岸（首播）						
06:30	17:30	14:30	中国缘（首播）	美食中国（首播）/国宝·发现（首播）				鲁健访谈（首播）	华人故事（首播）
07:00	18:00	15:00	中国新闻（直播）						
07:30	18:30	15:30	今日关注（重播）						
08:00	19:00	16:00	今日环球（直播）						
09:00	20:00	17:00	电视剧场一（首播）						
10:30	21:30	18:30	环球综艺秀（首播）	记住乡愁（第一季度）+国家记忆（第二季度至第四季度）（首播）					中国文艺（周末版）（首播）
11:00	22:00	19:00	中国缘（重播）	远方的家（首播）+导视+记住乡愁（短视频展播）					深度国际（首播）

续表

北京时间	美东时间	美西时间	星期						
			星期一	星期二	星期三	星期四	星期五	星期六	星期日
12:00	23:00	20:00	中国新闻（直播）						
13:00	次日 00:00	21:00	海峡两岸（重播）						
13:30	次日 00:30	21:30	中国舆论场（重播）	美食中国（重播）/国宝·发现（重播）				鲁健访谈（首播）	华人故事（重播）
14:30	次日 01:30	22:30	电视剧场二（重播）（星期二至星期日 14:00）						
15:15	次日 02:15	23:15	电视剧场二（重播）（星期二至星期日 14:00）						
16:00	次日 03:00	次日 00:00	中国缘（重播）	远方的家（重播）					梨园闯关我挂帅（首播）
16:30	次日 03:30	次日 00:30	电视剧场一（重播）						
18:00	次日 05:00	次日 02:00	中国新闻（直播）					海峡两岸	中国文艺（周末版）（重播）
18:30	次日 05:30	次日 02:30	平凡匠心（重播）	记住乡愁（第一季度）+国家记忆（第二季度至第四季度）（重播）					
19:00	次日 06:00	次日 03:00	中国新闻（直播）						
19:30	次日 06:30	次日 03:30	今日亚洲（直播）						中国舆论场（直播）
20:00	次日 07:00	次日 04:00	环球综艺秀（重播）	中国文艺（重播）					
20:30	次日 07:30	次日 04:30		美食中国（重播）/国宝·发现（重播）				鲁健访谈（首播）	深度国际（重播）
21:00	次日 08:00	次日 05:00	中国新闻（直播）						
21:30	次日 08:30	次日 05:30	今日关注（直播）						
22:00	次日 09:00	次日 06:00	精彩音乐汇（首播）						
22:45	次日 09:45	次日 06:45	动画城（首播）						
23:30	次日 10:30	次日 07:30	中国缘（重播）	国家记忆（重播）					平凡匠心（重播）
次日 00:00	次日 11:00	次日 08:00	海峡两岸（重播）						

续表

北京时间	美东时间	美西时间	星期						
			星期一	星期二	星期三	星期四	星期五	星期六	星期日
次日 00:30	次日 11:30	次日 08:30	开讲啦（首播）	远方的家（重播）					星光大道（首播）
次日 01:15	次日 12:15	次日 09:15	中国文艺（首播）					开门大吉（首播）	
次日 01:45	次日 12:45	次日 09:45	探索·发现（首播）						华人故事（重播）
次日 02:30	次日 13:30	次日 10:30	电视剧场二（首播）						

CCTV-5 体育频道栏目编排表

时间	星期						
	星期一	星期二	星期三	星期四	星期五	星期六	星期日
04:00	现场直播、实况录像、导视（不定时播出）						
06:30	健身动起来						
07:00	体育晨报						
08:00	现场直播、实况录像、导视（不定时播出）						
12:00	体坛快讯						
12:30	现场直播、实况录像、导视（不定时播出）						
18:00	体育新闻						
18:35	体育新闻·北京2022（首播）	现场直播、实况录像、导视（不定时播出）			篮球公园（首播）	足球之夜（赛季）	
19:30	天下足球（首播）	现场直播、实况录像、导视（不定时播出）					
21:30	体育世界						
22:15	现场直播、实况录像、导视（不定时播出）					现场直播、实况录像、导视（不定时播出）	
次日 00:30	顶级赛事（高尔夫）	顶级赛事（棋牌乐）	赛事直播（录像）		顶级赛事（象棋）		
次日 03:30	实况录像	现场直播、实况录像、导视（不定时播出）					

注：除上述所列栏目外，体育频道还有下列非固定时间的栏目和季播节目：特别节目《风云会》《冠军欧洲》《体育人间》《赛车时代》等。

CCTV-6 电影频道栏目编排表

时间	星期						
	星期一	星期二	星期三	星期四	星期五	星期六	星期日
06:15	国歌、频道片头						
06:20	国产片						
07:50	时段 1D 光影 1 时段 1E						
08:10	国产片					少儿影院	
09:40	时段 2D 光影 2						
09:50	电影快讯（重播）						
09:55	时段 2E						
10:00	国产片					少儿影院（译制片）	
11:30	时段 3D 光影 3 音乐电影欣赏 时段 3E						
11:55	国产片						
13:30	时段 4D 光影 4 时段 4E						
13:40	1905（重播） 时段 4E						
13:50	译制片					影人 1+1	佳片有约（重播）
15:20	时段 5D 光影 5						
15:30	电影快讯（重播）						
15:35	时段 2E						
15:40	国产片					影人 1+1	国产片
17:20	时段 6D 光影 6						
17:30	1905					世界电影之旅	
17:45	时段 6E						
17:50	电影快讯						
17:55	时段 6F 光影 7 时段 6G						
18:05	黄金时段国产片				动作 90 分 黄金时段 国产片	周末影院 黄金时段 国产片	周日点播 黄金时段 国产片
19:45	时段 7D 光影 8 今日影评						
20:00	时段 7E						

续表

时间	星期						
	星期一	星期二	星期三	星期四	星期五	星期六	星期日
20:05	黄金时段国产片						
21:50	时段 8D 光影 9						
21:57	体彩开奖						
22:00	中国电影报道						
22:20	时段 8E						
22:25	艺术影院（译制片）	译制片			环球影院（译制片）	佳片有约	译制片
次日 00:05	时段 9D 音乐电影欣赏						
次日 00:15	今日影评（重播）光影 10						
次日 00:25	时段 9E						
次日 00:30	国产片						
次日 02:00	时段 10D						
次日 02:10	国产片						
次日 03:40	国产片	译制片	国产片	译制片	国产片	译制片	国产片

CCTV-7 国防军事频道栏目编排表

时间	星期					时间	星期六	星期日
	星期一	星期二	星期三	星期四	星期五			
06:00:00	导视（晨曲）					06:00:00	导视（晨曲）	
06:03:00	第二战场（重播）	军事纪实（重播）				06:03:00	军事纪实（重播）	军迷行天下（重播）
06:33:00	广告 001					06:33:00	广告 001	
06:34:00	国防故事（重播）					06:34:00	国防科工（重播）	军武零距离（重播）
06:59:00	国防微视频—军歌嘹亮					07:04:00	国防故事（重播）	世界战史（重播）
07:02:00	世界战史（重播）							
07:27:00	广告 002					07:29:00	广告 002	
07:30:00	国防军事早报（直播）（含天气预报）							
07:56:00	广告 003					07:56:00	广告 003	

续表

时间	星期					时间	星期六	星期日
	星期一	星期二	星期三	星期四	星期五			
07:58:00	讲武堂（重播）	谁是终极英雄（重播）	军事科技（重播）	讲武堂（重播）	老兵你好（重播）	07:58:00	讲武堂（重播）	老兵你好（重播）
08:28:00			第二战场（重播）					
08:58:00	导视1					08:58:00	广告004	
09:00:00	广告004					09:00:00	国防微视频—军歌嘹亮	
						09:03:00	导视1	
09:02:00	军事制高点（重播）	防务新观察（重播）				09:05:00	防务新观察（重播）	军事制高点（重播）
09:32:00	导视2+广告005					09:35:00	广告005	
09:34:00	军事科技（重播）	军事纪实（重播）				09:37:00	军事纪实（重播）	军事科技（重播）
10:04:00	兵器面面观（重播）					10:07:00	导视2	
						10:09:00	国防微视频—军歌嘹亮	
10:29:00	广告006					10:12:00	广告006	
10:33:30	世界战史（重播）					10:16:30	军迷行天下（重播）	国防科工（重播）
10:58:30	国防故事（重播）					10:46:30	导视3	
11:23:30	导视3					10:48:30	广告007	
11:25:30	广告007					10:52:30	谁是终极英雄（重播）	谁是终极英雄（重播）
11:27:30	军事纪录（重播）							
11:52:30	国防微视频—军歌嘹亮					11:52:30	国防微视频—军歌嘹亮	
11:55:30	广告008					11:55:30	广告008	
12:00:00	正午国防军事（直播）（含天气预报）							
12:30:00	广告009					12:30:00	广告009	
12:32:00	军事制高点（重播）	防务新观察（重播）				12:32:00	防务新观察（重播）	军事制高点（重播）
13:02:00	导视4					13:02:00	导视4	
13:04:00	广告010					13:04:00	广告010	

续表

时间	星期					时间	星期六	星期日
	星期一	星期二	星期三	星期四	星期五			
13:06:00	军武零距离（重播）	军营的味道（重播）	军武零距离（重播）	军营的味道（重播）	军迷行天下（重播）	13:06:00	军武零距离（重播）	第二战场（重播）
		导视宣传片		导视宣传片		13:36:00		导视5
13:36:00	公宣1						国防微视频—军歌嘹亮	
13:38:00	广告011					13:39:00	公宣1	
13:41:00	兵器面面观（重播）					13:41:00	广告011	
14:06:00	军事纪录（重播）					13:43:00	军迷行天下（重播）	军营的味道（重播）
14:31:00	导视5							退伍军人
14:33:00	广告012					14:13:00		国防微视频—军歌嘹亮
14:36:00	五星剧场（1）					14:16:00	导视5	导视6
15:21:00	广告013					14:18:00	广告012	
15:25:30	五星剧场（2）					14:21:00	五星剧场（1）	
16:10:30	广告014					15:06:00	广告013	
16:13:30	五星剧场（3）					15:10:30	五星剧场（2）	
16:58:30	公宣2					15:55:30	广告014	
17:00:00	广告015					15:58:30	五星剧场（3）	
17:02:00	世界战史（首播）					16:43:30	公宣2	
17:27:00	导视6					16:45:00	广告015	
17:29:00	军事纪录（首播）					16:47:00	军事科技（重播）	老兵你好（重播）
17:54:00	国防微视频—军歌嘹亮					17:17:00	第二战场（重播）	
17:57:00	导视7					17:47:00	国防微视频—军歌嘹亮	
17:59:00	广告016					17:50:00	广告016	
18:03:00	兵器面面观（首播）					17:54:00	军营的味道（重播）	讲武堂（首播）
18:28:00	导视8						导视宣传片	
18:29:00	国防故事（首播）						国防科工（重播）	

续表

时间	星期					时间	星期六	星期日
	星期一	星期二	星期三	星期四	星期五			
18:54:00	导视9（A版）					18:54:00	导视9（A版）	
18:56:00	广告017					18:56:00	广告017	
19:00:00	新闻联播（并机直播）							
19:30:00	广告018					19:30:00	广告018	
19:33:00	军事报道（直播）							
19:59:00	广告019					19:59:00	广告019	
20:03:00	国防微视频—军歌嘹亮					20:03:00	国防微视频—军歌嘹亮	
20:06:00	广告020					20:06:00	广告020	
20:10:00	防务新观察（首播）					20:10:00	军事制高点（首播）	
20:40:00	导视10					20:40:00	导视10	
20:41:30	广告021					20:41:30	广告021	
20:46:00	军事纪实（首播）					20:46:00	军武零距离（首播）	军营的味道（首播）
21:16:00	广告028					21:16:00	公宣3	
21:20:00	第二战场（首播）	军事科技（首播）	军迷行天下（首播）	国防科工（首播）	国防科工（重播）	21:17:30	广告028	
21:50:00	公宣3					21:21:30	老兵你好（首播）	谁是终极英雄（首播）
21:51:30	广告022							
21:56:00	五星剧场（1）					22:21:30	广告022	
22:41:00	广告023					22:24:30	公宣4	
22:45:30	五星剧场（2）					22:26:00	广告023	
23:30:30	公宣4					22:30:30	五星剧场（1）	
23:32:00	广告024					23:15:30	广告024	
23:36:30	军事纪实（重播）					23:20:00	五星剧场（2）	
次日00:06:30	广告025					次日00:05:00	广告025	
次日00:11:00	兵器面面观（重播）					次日00:09:30	军事制高点（重播）	
次日00:36:00	广告026					次日00:39:30	广告026	

续表

时间	星期					时间	星期	
	星期一	星期二	星期三	星期四	星期五		星期六	星期日
次日 00:40:30	导视 11					次日 00:44:00	导视 11	
次日 00:42:30	广告 027					次日 00:46:00	广告 027	
次日 00:47:00	导视（晚曲）（结束）					次日 00:50:30	导视（晚曲）（结束）	

CCTV-8 电视剧频道栏目编排表

时间	星期
	星期一至星期日
04:18	星推荐
04:25	早间剧场（重播）
07:34	星推荐
07:40	魅力剧场（重播）
12:16	星推荐
12:31	佳人剧场（重播）
16:09	星推荐
16:30	热播剧场（重播）+星推荐
19:30	黄金强档（首播）
22:20	经典剧场（重播）
23:52	星推荐
次日 00:00	深夜剧场（重播）

CCTV-9 纪录频道栏目编排表

时间	星期						
	星期一	星期二	星期三	星期四	星期五	星期六	星期日
04:46:30	故事·中国（重播）						
05:46	全景自然（重播）						
06:47	魅力万象（重播）						
07:43	9视频（重播）						

续表

时间	星期						
	星期一	星期二	星期三	星期四	星期五	星期六	星期日
08:03	活力·源（重播）						寰宇视野（重播）
08:32	魅力万象（重播）/寰宇视野（重播）					纪录电影（重播）	特别呈现（重播）
08:59							
09:31							
09:59						周末纵排 寰宇视野/全景自然/ 魅力万象（重播）	
10:30	活力·源（重播）						
10:59	特别呈现（重播）					周末纵排 寰宇视野/全景自然/ 魅力万象（重播）	
12:03	故事·中国（重播）						
13:04	特别呈现（重播）						
14:05	寰宇视野（重播）						
15:10	特别呈现（重播）						
16:09	活力·源（重播）						
16:38	9视频（重播）						
17:00	全景自然（首播）						
18:03	魅力万象（首播）						
19:02	9视频（首播）						
19:22:30	活力·源（首播）						
20:00	特别呈现（首播）						
21:00	寰宇视野（首播）						
22:00	故事·中国（首播）						纪录电影（首播）
23:05	活力·源（重播）						
23:39	寰宇视野（重播）						
次日 00:35	全景自然（重播）						
次日 01:32	魅力万象（重播）						
次日 02:27	故事·中国（重播）						
次日 03:24	9视频（重播）						

续表

时间	星期						
	星期一	星期二	星期三	星期四	星期五	星期六	星期日
次日 03:46	特别呈现（重播）						

CCTV-10科教频道栏目编排表

时间	星期						
	星期一	星期二	星期三	星期四	星期五	星期六	星期日
6:00:00	读书（重播）						
6:10:00	时尚科技秀（重播）						
6:20:00	百家说故事（重播）						
6:32:00	探索·发现（重播）						
7:19:00	科学动物园（重播）	考古公开课（重播）	解码科技史（重播）		大千世界（重播）		
8:13:00					时尚科技秀（重播）		
8:28:00	健康之路（重播）						
9:17:30	探索·发现（重播）						
10:04:30	自然传奇（重播）					解码科技史（首播）	
11:00:30	百家说故事（重播）						
11:14:00	地理·中国（重播）						
11:46:00	时尚科技秀（首播）						
12:00:00	百家讲坛（首播）						
12:49:30	透视新科技（重播）	实验现场（重播）	味道（重播）		实验现场（重播）		实验现场（首播）
13:27:30	大千世界（重播）		自然传奇（重播）				
14:26:00	百家说故事（首播）						
14:36:30	读书（首播）						
14:47:00	时尚科技秀（重播）						
15:01:00	地理·中国（重播）						
15:38:00	探索·发现（重播）						
16:27:00	百家说故事（重播）						
16:39:30	创新进行时（重播）					科幻地带（重播）	科幻地带（首播）
17:01:30	人物故事（重播）						

续表

时间	星期						
	星期一	星期二	星期三	星期四	星期五	星期六	星期日
17:27:30	地理·中国（首播）						
18:05:00	健康之路（首播）	人物故事（首播）		健康之路（首播）			
		18:30:00 美术经典中的党史（重播）					
18:54:00	跟着书本去旅行（首播）	18:45:00 健康之路（首播）		跟着书本去旅行（首播）		味道（首播）	
19:16:00	创新进行时（首播）	19:33:30 跟着书本去旅行（首播）		创新进行时（首播）		19:31:30 透视新科技（首播）	
19:42:30	人物故事（首播）	20:00:00 创新进行时（首播）		人物故事（首播）			
20:10:00	百家说故事（重播）	20:27:30 自然传奇（首播）		百家说故事（重播）		科学动物园（首播）	考古公开课（首播）
20:20:00	自然传奇（首播）			自然传奇（首播）			
21:20:00	探索·发现（首播）	21:27:30 探索·发现（首播）		探索·发现（首播）			
22:09:30	解码科技史（重播）	22:17:00 解码科技史（重播）	22:17:00 科学动物园（重播）	考古公开课（重播）	大千世界（首播）		
					23:03:30 时尚科技秀（重播）		
23:16:00	大千世界（重播）	23:23:30 大千世界（重播）	23:23:30 自然传奇（重播）	自然传奇（重播）			
次日 00:11:30	百家讲坛（重播）	次日 00:16:30 百家讲坛（重播）		百家讲坛（重播）			
次日 00:53:30	创新进行时（重播）	次日 00:58:30 创新进行时（重播）		创新进行时（重播）			
次日 01:13:30	人物故事（重播）	次日 01:18:30 人物故事（重播）		人物故事（重播）		科学动物园（重播）	考古公开课（重播）
次日 01:33:30	跟着书本去旅行（重播）	次日 01:38:30 跟着书本去旅行（重播）		跟着书本去旅行（重播）			
次日 01:55:00	健康之路（重播）	次日 02:00:00 健康之路（重播）		健康之路（重播）			
次日 02:35:00	结束	次日 02:40:00 结束		结束			

CCTV-11 戏曲频道栏目编排表

时间	星期						
	星期一	星期二	星期三	星期四	星期五	星期六	星期日
06:06:30	九州大戏台（重播）						
07:16:00	青春戏苑（重播）	角儿来了（重播）	戏曲青年说（重播）7:50 梨园周刊（重播）	宝贝亮相吧（重播）	角儿来了（重播）	一鸣惊人（重播）	梨园闯关我挂帅（重播）
08:31:00	名家书场（首播）						
09:15:00	CCTV空中剧院（重播）	中国京剧像音像集萃（重播）	CCTV空中剧院（重播）	中国京剧像音像集萃（重播）	戏曲电影（重播）	中国京剧像音像集萃（重播）	CCTV空中剧院（重播）
11:52:30	影视剧场（重播）						
13:33:30	九州大戏台（重播）	九州大戏台（重播）	戏曲电影（重播）	CCTV空中剧院（重播）	中国京剧像音像集萃（重播）	戏曲电影（重播）	九州大戏台（首播）
15:47:00	宝贝亮相吧（重播）	梨园周刊（重播）16:30 戏曲青年说（重播）	梨园闯关我挂帅（重播）	一鸣惊人（重播）	青春戏苑（首播）	角儿来了（首播）	青春戏苑（重播）
17:08:00	影视剧场（重播）						
18:55:00	典藏（重播）						
19:30:00	中国京剧像音像集萃（首播）	戏曲电影/九州大戏台（首播）	19:20 CCTV空中剧院访谈（首播）19:30 大戏（首播）	中国京剧像音像集萃（首播）	19:30 一鸣惊人（首播）20:34 梨园闯关我挂帅（首播）21:40 梨园周刊（首播）	19:20 CCTV空中剧院访谈（首播）19:30 大戏（首播）	19:30 宝贝亮相吧（首播）20:34 角儿来了（首播）21:40 戏曲青年说（首播）
22:11:00	影视剧场（重播）						

续表

时间	星期						
	星期一	星期二	星期三	星期四	星期五	星期六	星期日
次日 00:49:00	中国京剧像音像集萃（重播）	CCTV空中剧院（重播）	中国京剧像音像集萃（重播）	CCTV空中剧院（重播）	中国京剧像音像集萃（重播）	中国京剧像音像集萃（重播）	CCTV空中剧院（重播）
次日 02:04:00	主持人伴视（10）（重播）						
次日 02:10:00	结束						

CCTV-12 社会与法频道栏目编排表

时间	星期						
	星期一	星期二	星期三	星期四	星期五	星期六	星期日
06:03	夕阳红（重播）						
06:36	全网追踪（重播）	法律讲堂（文史版）（重播）				见证（重播）	
07:20	从心开始（重播）	07:10 方圆剧阵（重播）				现场（重播）	
08:05	生命线（重播）						
08:25	夕阳红（首播）						
09:00	道德观察（重播）						
09:24	法律讲堂（重播）						
09:56	小区大事（重播）	一线（重播）				心理访谈（重播）	
10:40	方圆剧阵（重播）						
11:30	热话（重播）	热线12（重播）				法治深壹度（重播）	
12:00	生命线（首播）						
12:20	道德观察（重播）					道德观察（首播）	
12:43	社会与法电视剧精选（重播）						
13:28	社会与法电视剧精选（重播）						
14:13	社会与法电视剧精选（重播）						

续表

时间	星期						
	星期一	星期二	星期三	星期四	星期五	星期六	星期日
15:00	全网追踪（重播）	天网（重播）					法治深壹度（重播）
15:40		15:30 法律讲堂（重播）					15:30 道德观察（重播）
15:42	从心开始（重播）	16:02 生命线（重播）					15:52 生命线（重播）
16:25		夕阳红（重播）					16:15 夕阳红（重播）
16:57	热话（重播）	天网（重播）					16:47 现场（重播）
17:29	方圆剧阵（重播）						
18:20		热线12（首播）		法治深壹度（首播）			热话（首播）
18:50	法律讲堂（首播）						
19:22	方圆剧阵（首播）						
20:15		一线（首播）		现场（首播）			从心开始（首播）
20:57		天网（首播）		心理访谈（首播）			全网追踪（首播）
21:30		道德观察（首播）					
21:55		法律讲堂（文史版）（首播）		21:45 见证（首播）			21:45 小区大事（直播）
22:25		热线12（重播）		法治深壹度（重播）			热话（重播）
22:55		方圆剧阵（重播）		现场（重播）			从心开始（重播）
23:48		一线（重播）		23:38 心理访谈（重播）			23:38 全网追踪（重播）
次日 00:31		天网（重播）					次日 00:21 见证（重播）
次日 01:04	法律讲堂（重播）						次日 00:21 小区大事（重播）
次日 01:34	生命线（重播）						
次日 01:55	结束						

CCTV-13 新闻频道栏目编排表

时间	星期						
	星期一	星期二	星期三	星期四	星期五	星期六	星期日
00:00	午夜新闻（直播）					午夜新闻（直播）	
						00:15 新闻调查（重播）	00:15 面对面（重播）
01:00	新闻直播间（直播）					新闻直播间（直播）	
01:20	焦点访谈（重播）					01:15 新闻周刊（重播）	01:15 世界周刊（重播）
01:36	法治在线（重播）						
02:00	新闻直播间（直播）					新闻直播间（直播）	
02:33	新闻1+1（重播）					02:15 新闻调查（重播）	02:15 面对面（重播）
03:00	新闻直播间（直播）					新闻直播间（直播）	
03:44	焦点访谈（重播）					03:20 焦点访谈（重播）	03:24 焦点访谈（重播）
						03:36 军情时间到（重播）	03:40 每周质量报告（重播）
04:00	新闻直播间（直播）					新闻直播间（直播）	
04:33	新闻1+1（重播）					04:15 新闻周刊（重播）	04:15 面对面（重播）
05:00	新闻直播间（直播）					新闻直播间（直播）	
05:17	焦点访谈（重播）					05:15 新闻调查（重播）	05:15 世界周刊（重播）
05:33	法治在线（重播）						
05:57	国旗国歌						
06:00	朝闻天下（直播）						
09:00	09:12 世界周刊（重播）	上午直播间（直播）					09:12 新闻周刊（重播）
12:00	新闻30分（直播）						
12:30	法治在线（首播）					军情时间到（首播）	12:35 每周质量报告（首播）
13:00	14:12 面对面（重播）	下午直播间（直播）					14:12 新闻调查（重播）

续表

时间	星期						
	星期一	星期二	星期三	星期四	星期五	星期六	星期日
18:00	共同关注（首播）						
19:00	新闻联播+焦点访谈（首播）						
20:00	东方时空（首播）						
21:00	新闻联播（重播）						
21:30	新闻1+1（首播）					新闻调查（首播）	面对面（首播）
22:00	国际时讯（首播）					22:15 新闻周刊（首播）	22:15 世界周刊（首播）
22:30	环球视线（首播）						
23:00	24小时（首播）						

CCTV-14 少儿频道栏目编排表

时间	星期		
	星期一至星期五	星期六	星期日
05:55	台标、频道呼号、晨曲及频道宣传片		
06:00	动画大放映（早间版）	动画大放映（周末早间版）	
07:30	小小智慧树（首播）	07:00 七巧板（首播）	07:00 英雄出少年（首播）
08:00	节目预告	动画大放映（周末上午版）	
08:02	动画大放映（上午版）		
11:17	节目预告	10:00 动漫世界（周末版）	
11:20	动漫世界（首播）		
13:30	节目预告	13:00 动画大放映（周末下午版）	
13:35	风车剧场		
16:55	节目预告		

续表

时间	星期						
	星期一至星期五					星期六	星期日
17:00	智慧树（首播）					动画大放映（影院版）	
17:30	大风车						
	异想天开（首播）	风车转转转（首播）	动物好伙伴（首播）	快乐体验（首播）	看我72变（首播）		
18:15	节目预告						
18:17	动画大放映（黄金版）					19:00 季播节目（首播）	
						20:00 动画大放映（周末黄金版）	
20:57	节目预告						
21:00	大手牵小手（首播）	智力快车（首播）	音乐快递（首播）	动感特区（首播）	快乐大巴（首播）		
21:45	新闻袋袋裤（首播）						
22:00	红色经典电视剧展播带						
次日 02:00	结束						

CCTV-15 音乐频道栏目编排表

时间	星期						
	星期一	星期二	星期三	星期四	星期五	星期六	星期日
06:00	中国节拍（首播）						
06:33	民歌·中国（首播）						
07:46	风华国乐（首播）						
08:19	中国音乐电视（首播）						
08:56	特别节目/季播节目/精编版节目						
10:44	音乐周刊（重播）	民歌·中国（重播）					
12:00	精彩音乐汇（首播）						
13:48	中国节拍（重播）						
14:25	一起音乐吧	民歌·中国	全球中文音乐榜上榜（精编）	音乐公开课	影视留声机中国节拍特辑	特别节目/季播节目/精编版节目	

续表

时间	星期						
	星期一	星期二	星期三	星期四	星期五	星期六	星期日
17:48	精彩音乐汇（重播）						
19:30	民歌·中国（首播）	合唱先锋（首播）	群星演唱会（首播）	乐享汇（首播）	一起音乐吧（首播）	全球中文音乐榜上榜（直播）（首播）	特别节目/季播节目（首播）
20:44	乐享汇（重播）	中国节拍特辑（首播）	音乐公开课（首播）	影视留声机（首播）	全球中文音乐榜上榜（重播）	21:15 一起音乐吧（重播）	21:15 中国节拍特辑（首播）
21:52	乐游天下（首播）	音乐公开课（首播）	聆听时刻（首播）	音乐人生（首播）	音乐周刊（首播）	2021 群星演唱会（首播）	
22:30	精彩音乐汇（重播）						
次日 00:10	CCTV 音乐厅（首播）						
次日 01:00	经典（首播）						

CCTV-17 农业农村频道栏目编排表

时间	星期		
	星期一至星期五	星期六	星期日
05:49	开始曲 + 气象		
06:00	田间示范秀（重播）	乡理乡亲（重播）	
07:00	中国三农报道（重播）		
07:30	谁知盘中餐（重播）		
08:00	三农群英汇（重播）		
08:30	乡村剧场（2集）（重播）		
10:00	我爱发明（重播）		
10:30	致富经（重播）	乡村大舞台（重播）	
11:00	我的美丽乡村（重播）		
11:30	谁知盘中餐（重播）		
12:00	中国三农报道（重播）		
12:30	三农群英汇（重播）		
13:00	乡村剧场（版权4集）（重播）		

续表

时间	星期		
	星期一至星期五	星期六	星期日
16:30	致富经（重播）		
17:00	田间示范秀（首播）	乡土中国（首播）	大地讲堂（首播）
18:00	我爱发明（首播）	乡理乡亲（首播）	
18:30	谁知盘中餐（首播）		
19:00	乡村剧场（首播）（自制2集）		
20:30	三农群英汇（首播）		
21:00	中国三农报道（首播）		
21:30	致富经（首播）	乡村大舞台（首播）	致富经（首播）
22:00	我的美丽乡村（首播）		我的美丽乡村（首播）
22:30	我爱发明（重播）		我爱发明（重播）
23:00	田间示范秀（重播）	乡理乡亲（重播）	
次日 00:00	三农群英汇（重播）		
次日 00:30	我的美丽乡村（重播）	乡土中国（重播）	大地讲堂（重播）
次日 01:00	结束	次日 01:30 结束	

CCTV-4K 超高清频道栏目编排表

时间	星期						
	星期一	星期二	星期三	星期四	星期五	星期六	星期日
06:00	国歌（重播）						
06:01	体育（重播）						
07:20	纪录片（重播）						
09:00	电视剧（重播）						
10:35	角儿来了（重播）	纪录片、季播节目、少儿节目等（重播）					乐享汇（重播）
12:00	军武零距离（重播）	纪录片（重播）					军营的味道（重播）
12:30	纪录片（重播）						
14:00	电视剧（两集）（首播）						
15:35	角儿来了（重播）	体育（重播）					

续表

时间	星期						
	星期一	星期二	星期三	星期四	星期五	星期六	星期日
16:35	纪录片、季播节目、少儿节目等（重播）						乐享汇（重播）
18:00	纪录片、季播节目、少儿节目等					乐享汇	纪录片、季播节目、少儿节目等
19:00	远方的家						
19:30	记住乡愁					军营的味道	军武零距离
20:00	电视剧（两集）（首播）						
21:35	纪录片						角儿来了（首播）
23:00	体育						

CGTN-英语新闻频道栏目编排表

北京时间	星期						
	星期一	星期二	星期三	星期四	星期五	星期六	星期日
01:00	非洲直播室（首播）（非洲）	非洲直播室（首播）（非洲）					非洲直播室（首播）（非洲）
01:30	非洲人物（重播）（非洲）						对话非洲（首播）（非洲）
02:00	锋向标（重播）	全球财经（首播）（非洲）					环球体育（首播）（非洲）
02:30	对话非洲（重播）（非洲）						财经高峰会（重播）
03:00	今日世界（首播）（北美）						
03:30	传承中国（重播）	世界观察（重播）					旅游指南（重播）
04:00	今日世界（首播）（北美）	今日世界（首播）（北美）					今日世界（首播）（北美）

续表

北京时间	星期						
	星期一	星期二	星期三	星期四	星期五	星期六	星期日
04:30	旅游指南（重播）	对话（重播）					议程（重播）（欧洲）
05:00	今日世界（首播）（北美）	全球财经（首播）（北美）					今日世界（首播）（北美）
05:30	亚洲观察（重播）	视点（重播）	舆论纵贯线（重播）	视点（重播）	舆论纵贯线（重播）	视点（重播）	舆论纵贯线（重播）
06:00	美洲观察（首播）（北美）	今日世界（首播）（北美）				美洲观察（重播）（北美）	全景（首播）（北美）
06:30		中国再发现（重播）					
07:00	今日世界（首播）（北美）	热点（首播）（北美）					今日世界（首播）（北美）
07:30	非洲人物（重播）（非洲）	今日世界（首播）（北美）					亚洲观察（重播）
08:00	今日世界（首播）（北美）	全球财经（首播）（北美）					今日世界（首播）（北美）
08:30	传承中国（重播）						议程（重播）（欧洲）
09:00	今日世界（首播）（北京）	今日世界（首播）（北美）					环球纪实（重播）
09:30	锋向标（重播）（欧洲）	中国 24 小时（首播）（北美）					
10:00	今日世界（首播）						
10:30	旅游指南（重播）	世界观察（重播）					传承中国（重播）
11:00	今日世界（首播）						
11:15	环球体育（首播）						
11:30	视点（首播）	舆论纵贯线（首播）	视点（首播）	舆论纵贯线（首播）	视点（首播）	旅游指南（首播）	舆论纵贯线（重播）

续表

北京时间	星期						
	星期一	星期二	星期三	星期四	星期五	星期六	星期日
12:00	环球瞭望（首播）						
13:00	今日世界（首播）					环球纪实（首播）	全景（重播）（北美）
13:15	环球体育（首播）						
13:30	中国再发现（首播）				亚洲观察（首播）		
14:00	今日世界（首播）						
14:30	锋向标（重播）（欧洲）	热点（重播）（北美）					财经高峰会（重播）
15:00	今日世界（首播）						
15:30	环球体育（首播）						
16:00	今日世界（首播）					今日世界（首播）	
16:15	全球财经（首播）（亚洲）					财经高峰会（首播）	对话非洲（重播）（非洲）
17:00	今日世界（首播）						
17:30	文化速递（首播）					传承中国（首播）	非洲人物（首播）（非洲）
18:00	今日世界（首播）（非洲）						
18:15	非洲直播室（首播）						
19:00	亚洲直播室（首播）						
19:30	对话（首播）					舆论纵贯线（首播）	周末聚焦（首播）
20:00	今日世界（首播）						
20:15	中国24小时（首播）						
21:00	全球财经（首播）（亚洲）					今日世界（首播）	
21:30	视点（重播）	舆论纵贯线（重播）	视点（重播）	舆论纵贯线（重播）	视点（重播）	财经高峰会（重播）	议程（重播）（欧洲）

续表

北京时间	星期						
	星期一	星期二	星期三	星期四	星期五	星期六	星期日
22:00	今日世界（欧洲）						环球纪实（重播）
22:30	世界观察（首播）					亚洲观察（重播）	
23:00	今日世界（欧洲）						
23:30	文化速递（重播）					传承中国（重播）	旅游指南（重播）
次日 00:00	全球财经（首播）（欧洲）					今日世界（首播）（欧洲）	
次日 00:30						议程（首播）（欧洲）	锋向标（首播）（欧洲）

CGTN-F 法语频道播出节目表

北京时间	星期						
	星期一	星期二	星期三	星期四	星期五	星期六	星期日
04:00	财经时间（重播）						
04:30	美食大搜索（首播）						中国通（首播）
04:45	中国全视角（首播）						
05:15	魅力东方（首播）						
06:00	综合新闻（重播）						
06:30	电视剧（第一部第1集）（首播）						
07:15	电视剧（第一部第2集）（首播）						
08:00	财经时间（重播）						
08:30	你所不知道的中国（重播）	对话（首播）				你所不知道的中国（首播）	不可思议的中国（首播）
09:00	综合新闻（重播）						
09:30	中国全视角（重播）						
10:00	财经时间（直播）						
10:30	你所不知道的中国（重播）	对话（重播）				你所不知道的中国（重播）	不可思议的中国（重播）
11:00	美食大搜索（重播）						中国通（重播）

续表

北京时间	星期						
	星期一	星期二	星期三	星期四	星期五	星期六	星期日
11:15	魅力东方（重播）						
12:00	综合新闻（直播）						
12:30	电视剧（第二部第1集）（首播）						
13:15	电视剧（第二部第2集）（首播）						
14:00	综合新闻（直播）						
15:00	你所不知道的中国（重播）	对话（重播）				你所不知道的中国（重播）	不可思议的中国（重播）
15:30	动画城（首播）					味道（首播）	开讲啦（首播）
15:45	快乐嘉年华（首播）	非洲面孔（首播）	生活在中国（首播）	旅游指南（首播）	非洲面孔（重播）		
16:15	电视剧（第三部第1集）（首播）						
17:00	每日文化播报（直播）						
17:15	美食大搜索（重播）						中国通（重播）
17:30	魅力东方（重播）						
18:15	快乐嘉年华（重播）	非洲面孔（重播）	生活在中国（重播）	旅游指南（重播）	非洲面孔（重播）	味道（重播）	开讲啦（重播）
18:45	动画城（重播）						
19:00	综合新闻（直播）						
19:30	中国全视角（重播）						
20:00	非洲新闻联播（直播）						
20:30	电视剧（第一部第1集）（重播）						
21:15	电视剧（第一部第2集）（重播）						
22:00	综合新闻（直播）						
22:30	你所不知道的中国（重播）	对话（重播）				你所不知道的中国（重播）	不可思议的中国（重播）
23:00	电视剧（第二部第1集）（重播）						
23:45	电视剧（第二部第2集）（重播）						
次日 00:30	美食大搜索（重播）						中国通（重播）
次日 00:45	魅力东方（重播）						

续表

北京时间	星期						
	星期一	星期二	星期三	星期四	星期五	星期六	星期日
次日01:30	你所不知道的中国（重播）	对话（重播）				你所不知道的中国（重播）	不可思议的中国（重播）
次日02:00	综合新闻（重播）						
次日02:30	快乐嘉年华（重播）	非洲面孔（重播）	生活在中国（重播）	旅游指南（重播）	非洲面孔（重播）	味道（重播）	开讲啦（重播）
次日03:00	动画城（重播）						
次日03:15	电视剧（第三部第1集）（重播）						

CGTN-E 西班牙语频道栏目编排表

北京时间	星期						
	星期一	星期二	星期三	星期四	星期五	星期六	星期日
04:00	中华艺苑（首播）					动画片（首播）	
04:30	这就是中国（首播）						
05:00	纪录片（首播）						
05:30	CGTN咖啡座（首播）	对话（首播）	美洲观察（首播）	神州行（首播）	对话（首播）	聚焦（首播）	视点（首播）
06:00	学做中国菜（首播）						
06:15	跟我学（首播）						
06:30	影视看台（首播）						
08:00	中华艺苑（重播）					中华艺苑（首播）	
08:30	这就是中国（重播）						
09:00	综合新闻（直播）						
09:30	CGTN咖啡座（重播）	对话（重播）	美洲观察（重播）	神州行（重播）	对话（重播）	聚焦（重播）	视点（重播）
10:00	学做中国菜（重播）						
10:15	影视看台（重播）						
11:00	新闻一小时（直播）						
12:00	影视看台（重播）						
12:45	跟我学（重播）						

续表

北京时间	星期						
	星期一	星期二	星期三	星期四	星期五	星期六	星期日
13:00	纪录片（重播）						
13:30	CGTN咖啡座（重播）	对话（重播）	美洲观察（重播）	神州行（重播）	对话（重播）	聚焦（重播）	视点（重播）
14:00	学做中国菜（重播）						
14:15	跟我学（重播）						
14:30	影视看台（重播）						
16:00	学做中国菜（重播）						
16:15	跟我学（重播）						
16:30	纪录片（重播）						
17:00	CGTN咖啡座（重播）	对话（重播）	美洲观察（重播）	神州行（重播）	对话（重播）	聚焦（重播）	视点（首播）
17:30	学做中国菜（重播）					动画片（重播）	
17:45	跟我学（重播）						
18:00	财经新闻（直播）						财经新闻（直播）（周末版）
18:15	跟我学（重播）						
18:30	影视看台（重播）						
20:00	综合新闻（直播）						
20:30	这就是中国（重播）						
21:00	纪录片（重播）						
21:30	CGTN咖啡座（重播）	对话（重播）	美洲观察（重播）	神州行（重播）	对话（重播）	聚焦（重播）	视点（重播）
22:00	学做中国菜（重播）						
22:15	跟我学（重播）						
22:30	影视看台（重播）						
次日 00:00	中华艺苑（重播）						
次日 00:30	这就是中国（重播）						
次日 01:00	纪录片（重播）						

续表

北京时间	星期						
	星期一	星期二	星期三	星期四	星期五	星期六	星期日
次日 01:30	CGTN 咖啡座（重播）	对话（重播）	美洲观察（重播）	神州行（重播）	对话（重播）	聚焦（重播）	视点（重播）
次日 02:00	学做中国菜（重播）						
次日 02:15	跟我学（重播）						
次日 02:30	影视看台（重播）						

CGTN-A 阿拉伯语频道栏目编排表

北京时间	星期						
	星期一	星期二	星期三	星期四	星期五	星期六	星期日
04:00	综合新闻（录播）（重播）						
04:30	电视剧（重播）						
06:00	综合新闻（录播）（重播）						
06:30	财经中国（重播）	面对面（重播）	对话（重播）		面对面（重播）		财经中国（重播）
07:00	话说中国（重播）						
07:30	中国中东（重播）						
08:00	综合新闻（录播）（重播）						
08:30	活力中国（重播）						
09:00	中国文艺（首播）						
09:30	中国之旅（首播）						
10:00	综合新闻（直播）						
10:30	动画公园（首播）						
11:00	纪录片（首播）						
11:30	面对面（首播）	对话（首播）		面对面（首播）		财经中国（首播）	
12:00	综合新闻（直播）						
12:30	电视剧（首播）						
14:00	话说中国（首播）						

续表

北京时间	星期						
	星期一	星期二	星期三	星期四	星期五	星期六	星期日
14:30	中国中东（首播）						
15:00	综合新闻（直播）						
15:30	活力中国（首播）						
16:00	中国文艺（重播）						
16:30	中国之旅（重播）						
17:00	综合新闻（直播）						
17:30	动画公园（重播）						
18:00	纪录片（重播）						
18:30	电视剧（重播）						
20:00	综合新闻（直播）						
20:30	面对面（重播）	对话（重播）		面对面（重播）		财经中国（重播）	
21:00	话说中国（重播）						
21:30	中国中东（重播）						
22:00	综合新闻（直播）						
22:30	活力中国（重播）						
23:00	动画公园（重播）						
23:30	电视剧（重播）						
次日 01:00	综合新闻（录播）（重播）						
次日 01:30	中国文艺（重播）						
次日 02:00	中国之旅（重播）						
次日 02:30	纪录片（重播）						
次日 03:00	综合新闻（录播）（重播）						
次日 03:30	中国中东（重播）						

CGTN-R 俄语频道栏目编排表

北京时间	星期						
	星期一	星期二	星期三	星期四	星期五	星期六	星期日
04:00	放映厅（重播）						

续表

北京时间	星期						
	星期一	星期二	星期三	星期四	星期五	星期六	星期日
04:45	放映厅（重播）						
05:30	生财有道（重播）						
06:00	纪录片（重播）						
07:00	旅游指南（重播）						
07:30	缤纷中国（重播）						
08:00	欧亚时间（首播）						
08:30	中国厨艺（首播）						
08:45	放映厅（首播）						
10:15	健身动起来（首播）						
10:30	生财有道（首播）						
11:00	纪录片（首播）						
12:00	综合新闻（直播）						
12:30	对话（首播）	观点聚焦（首播）	对话（首播）	观点聚焦（首播）	对话（首播）	观点聚焦（首播）	对话（首播）
13:00	旅游指南（首播）						
13:30	缤纷中国（首播）						
14:00	综合新闻（直播）						
14:30	放映厅（重播）						
16:00	综合新闻（直播）						
16:30	欧亚时间（重播）						
17:00	纪录片（重播）						
18:00	综合新闻（直播）						
18:30	对话（重播）	观点聚焦（重播）	对话（重播）	观点聚焦（重播）	对话（重播）	观点聚焦（重播）	对话（重播）
19:00	缤纷中国（首播）						
19:30	旅游指南（重播）						
20:00	综合新闻（直播）						

续表

北京时间	星期						
	星期一	星期二	星期三	星期四	星期五	星期六	星期日
20:30	欧亚时间（重播）						
21:00	纪录片（重播）						
22:00	综合新闻（直播）						
22:30	对话（重播）	观点聚焦（重播）	对话（重播）	观点聚焦（重播）	对话（重播）	观点聚焦（重播）	对话（重播）
23:00	健身动起来（重播）						
23:15	中国厨艺（重播）						
23:30	生财有道（重播）						
次日 00:00	放映厅（重播）						
次日 01:30	缤纷中国（重播）						
次日 02:00	欧亚时间（重播）						
次日 02:30	健身动起来（重播）						
次日 02:45	中国厨艺（重播）						
次日 03:00	生财有道（重播）						
次日 03:30	旅游指南（重播）						

CGTN-Documentary 纪录频道栏目编排表

时间	星期						
	星期一	星期二	星期三	星期四	星期五	星期六	星期日
04:00	人文地理（重播）					精彩放送	人文地理（重播）
04:30	时代写真（重播）						时代写真（重播）
05:00	特别呈现（重播）						特别呈现（重播）
06:00	发现之路（重播）						发现之路（重播）
06:30	历史传奇（重播）						历史传奇（重播）
07:00	人文地理（重播）						人文地理（重播）
07:30	时代写真（重播）						时代写真（重播）
08:00	特别呈现（重播）						特别呈现（重播）

续表

时间	星期						
	星期一	星期二	星期三	星期四	星期五	星期六	星期日
09:00	精彩放送（重播）						精彩放送（重播）
10:00	发现之路（重播）						发现之路（重播）
10:30	历史传奇（重播）						历史传奇（重播）
11:00	精彩放送（重播）						精彩放送（重播）
12:00	人文地理（重播）						人文地理（重播）
12:30	时代写真（重播）						时代写真（重播）
13:00	特别呈现（重播）						特别呈现（重播）
14:00	发现之路（重播）						发现之路（重播）
14:30	历史传奇（重播）						历史传奇（重播）
15:00	精彩放送（重播）						精彩放送（重播）
16:00	人文地理（重播）						人文地理（重播）
16:30	时代写真（重播）						时代写真（重播）
17:00	特别呈现（重播）					精彩放送	特别呈现（重播）
18:00	发现之路（重播）						发现之路（重播）
18:30	历史传奇（重播）						历史传奇（重播）
19:00	精彩放送（首播）						精彩放送（首播）
20:00	人文地理（首播）						人文地理（首播）
20:30	时代写真（首播）						时代写真（首播）
21:00	特别呈现（首播）						特别呈现（首播）
22:00	发现之路（首播）						发现之路（首播）
22:30	历史传奇（首播）						历史传奇（首播）
23:00	精彩放送（重播）						精彩放送（重播）
次日 00:00	人文地理（重播）						人文地理（重播）
次日 00:30	时代写真（重播）						时代写真（重播）
次日 01:00	特别呈现（重播）						特别呈现（重播）

续表

时间	星期						
	星期一	星期二	星期三	星期四	星期五	星期六	星期日
次日 02:00	发现之路（重播）					精彩放送	发现之路（重播）
次日 02:30	历史传奇（重播）						历史传奇（重播）
次日 03:00	精彩放送（重播）						精彩放送（重播）

二、中央人民广播电台 2021 年频率设置及节目播出情况

中央人民广播电台频率设置一览表

频率	开播时间
中国之声	1940 年 12 月 30 日开播延安新华广播电台 1947 年 3 月至 1949 年 9 月，先后更名为陕北新华广播电台、北平新华广播电台、北京新华广播电台 1949 年 12 月 5 日正式定名为中央人民广播电台 2004 年 1 月 1 日起中央人民广播电台第一套节目改为现呼号
经济之声	1954 年 5 月 30 日开播中央人民广播电台第二套节目 2002 年 11 月 18 日起改为现呼号
音乐之声	1980 年 5 月 5 日开播中央人民广播电台第三套调频立体声节目 2002 年 12 月 2 日起改为现呼号
经典音乐广播	1999 年 8 月 1 日开播面向北京地区的少数民族广播 2003 年 6 月 16 日改为中央人民广播电台第四套节目都市之声 2017 年 7 月 10 日起改为现呼号
台海之声	1954 年 8 月 15 日开播对台湾广播 2003 年 12 月 29 日起使用"中央人民广播电台中华之声"呼号播出 2021 年 3 月 24 日转建升级为"中央广播电视总台海之声"
神州之声	1982 年 10 月 1 日开播对台湾广播第二套节目 2003 年 12 月 29 日起使用现呼号
粤港澳大湾区之声	1992 年 10 月 1 日开播对香港、澳门广播 1994 年 6 月 18 日起使用"中央人民广播电台华夏之声"呼号播出 2019 年 9 月 1 日转建升级为"中央广播电视总台粤港澳大湾区之声"
民族之声	1950 年 5 月 22 日开播藏语广播节目 1950 年 8 月 15 日开播蒙古语广播节目 1956 年 7 月 6 日开播朝鲜语广播节目 1956 年 12 月 10 日开播维吾尔语广播节目 1971 年 5 月 1 日开播哈萨克语广播节目 2000 年 12 月 25 日起形成一套完整的民族语言广播频率 2004 年 1 月 1 日起使用现呼号
文艺之声	2004 年 8 月 18 日开播

续表

频率	开播时间
老年之声	2009年1月1日开播
藏语广播	1950年5月22日开播藏语广播节目 2009年3月1日起开播藏语广播频率，使用现呼号
阅读之声	2009年10月28日开播中央人民广播电台娱乐广播 2019年10月21日起改为现呼号
维吾尔语广播	1956年12月10日开播维吾尔语广播节目 2010年12月16日起开播维吾尔语广播频率，使用现呼号
香港之声	2011年11月7日开播
中国交通广播	2012年6月26日开播中央人民广播电台中国高速公路交通广播 2017年1月1日起改为现呼号
中国乡村之声	2012年9月25日开播
哈萨克语广播	1971年5月1日起开播哈萨克语广播节目 2015年1月1日起开播哈萨克语广播频率，使用现呼号
银河互联网电视（GITV）	2012年12月31日开播

中央人民广播电台频率播出量一览表

播出频率、频道	每日播出量	全年播出量
中国之声	24小时	8760小时
经济之声	24小时	8760小时
音乐之声	18小时10分钟	6630小时50分钟
经典音乐广播	20小时10分钟	7360小时50分钟
台海之声	20小时10分钟	7360小时50分钟
神州之声	18小时10分钟	6630小时50分钟
粤港澳大湾区之声	21小时10分钟	7725小时50分钟
民族之声	18小时10分钟	6630小时50分钟
文艺之声	21小时10分钟	7725小时50分钟
老年之声	21小时40分钟	7908小时20分钟
藏语广播	18小时10分钟	6630小时50分钟
阅读之声	21小时10分钟	7725小时50分钟
维吾尔语广播	18小时10分钟	6630小时50分钟
香港之声	24小时	8760小时

续表

播出频率、频道	每日播出量	全年播出量
中国交通广播	24 小时	8760 小时
中国乡村之声	24 小时	8760 小时
哈萨克语广播	18 小时 10 分钟	6630 小时 50 分钟

中央人民广播电台频率节目播出时间表

中国之声节目播出时间表

播出时段	节目名称	播出方式
00:00—00:30	档案揭秘	录播
00:30—01:00	记录中国	录播
01:00—03:00	昨日新闻重现	录播
03:00—04:00	新闻有观点（重播）	录播
04:00—05:00	朝花夕拾（重播）	录播
05:00—06:00	云听清晨	录播
06:00—06:30	国防时空	录播
06:30—07:00	新闻和报纸摘要（首播）	直播
07:00—09:00	新闻纵横	直播
09:00—09:30	新闻和报纸摘要（重播）	录播
09:30—12:00	新闻进行时	直播
12:00—13:00	正午 60 分	直播
13:00—16:30	新闻进行时	直播
16:30—18:30	新闻晚高峰	直播
18:30—19:00	全国新闻联播（首播）	直播
19:00—20:00	新闻有观点	直播
20:00—20:30	小喇叭	录播
20:30—21:00	全国新闻联播（重播）	录播
21:00—22:00	新闻超链接	直播
22:00—23:00	决胜时刻	直播
23:00—次日 00:00	朝花夕拾	直播

注：1. 全天 24 小时播音；其中，直播 16 小时，录播 8 小时。

2. 每周二凌晨 02:05 至 04:25 停机检修。

经济之声节目播出时间表

播出时段	星期一至星期五		星期六至星期日	
	节目名称	播出方式	节目名称	播出方式
00:00—01:00	那些年	录播/重播	那些年	录播/首播
01:00—02:00	财经夜读	录播/重播	财经夜读	录播/重播
02:00—03:00	视听大会（夜间版）	录播/重播	视听大会（夜间版）	录播/重播
03:00—04:00	那些年	录播/重播	那些年	录播/重播
04:00—05:00	财经夜读	录播/重播	财经夜读	录播/重播
05:00—06:00	新鲜早世界	录播	新鲜早世界	录播
06:00—07:00	视听大会（早间版）	直播	视听大会（早间版）	直播
07:00—07:29	新闻和报纸摘要	录播	新闻和报纸摘要	录播
07:29—09:00	天下财经	直播	天下财经	直播
09:00—12:00	交易实况（上午版）	直播	王冠红人馆	直播
12:00—12:30	环球新财讯（午间版）	直播	天天315（周末版）	直播
12:30—13:00	天天315	直播		
13:00—16:00	交易实况（下午版）	直播	王冠红人馆	重播/直播
16:00—17:30	视听大会（下午版）	直播	视听大会（下午版）	直播
17:30—19:00	环球新财讯（晚间版）	直播	环球新财讯（晚间版）	直播
19:00—19:30	天天315	重播/直播	天天315（周末版）	重播/直播
19:30—20:00	视听大会晚间版	录播		
20:00—21:00			视听大会（晚间版）	录播
21:00—22:00	那些年	录播/首播		
22:00—23:00	财经夜读	录播/首播	财经夜读	录播/首播
23:00—次日00:00	视听大会（夜间版）	录播/首播	视听大会（夜间版）	录播/首播

注：每周二00:05至04:55停机（其间，04:35至04:40试线），节目相应调整。

音乐之声节目播出时间表

播出时段	星期		
	星期一至星期四	星期五	星期六至星期日
05:55—06:00	开始曲		
06:00—07:00	城市初音		我要我的音乐
07:00—10:00	早安双声道		

续表

播出时段	星期		
	星期一至星期四	星期五	星期六至星期日
10:00—12:00	MUSIC CORNER		音乐 LIVE
12:00—14:00	超级冲击		我要我的音乐
14:00—17:00	MUSIC CORNER		
17:00—19:00	尖峰音乐秀		音乐 LIVE
19:00—21:00	中国 TOP 排行榜		我要我的音乐
21:00—22:00	音乐 VIP		
22:00—次日 00:00	听说		城市节奏
次日 00:00—00:05	结束曲		

注：每周二 14:05 至 16:55 停机检修。

经典音乐广播节目播出时间表

播出时段	星期	
	星期一至星期五	星期六至星期日
04:55—05:00	开始曲	
05:00—08:00	日出古典	Classical Songs
08:00—09:00	他电台	
09:00—11:00	耳朵的旅行	耳朵的旅行
11:00—12:00		
12:00—14:00	梦剧院	
14:00—16:00	民歌走天下	中国民歌榜
16:00—17:00	时间的歌	地球寻声计划
17:00—18:00		时间的歌
18:00—19:00	她电台	
19:00—21:00	Let's...Live——黑胶时刻	
21:00—22:00	不眠古典	当诗遇见歌
22:00—次日 01:00	用音乐说晚安	
次日 01:00—01:05	结束曲	

注：每周二 13:05 至 16:55 停机检修。

台海之声节目播出时间表

播出时段	节目名称	播出方式	播出时段	节目名称	播出方式
04:35—04:40	试线音乐	录播	13:00—14:00	古典悦动听	录播
04:55—05:00	开始曲、预告节目	录播	14:00—16:00	艺文两厅苑	直播
05:00—06:00	古典悦动听	录播	16:00—18:00	音乐小聚蛋	直播
06:00—07:00	早安悦晨光	录播	18:00—19:00	趣旅行	录播/重播
07:00—08:00	两岸好生活	录播/重播	19:00—20:00	两岸观潮	直播
08:00—08:30	朝闻两岸	直播	20:00—20:30	海峡军事	直播
08:30—09:00	两岸开讲	直播	20:30—21:00	激情体育	直播
09:00—10:00	趣旅行	直播	21:00—23:00	艺文两厅苑	录播/重播
10:00—11:00	两岸好生活	直播	23:00—次日 00:00	两岸观潮	录播/重播
11:00—12:00	欣欣大陆	直播	次日 00:00—01:00	欣欣大陆	录播/重播
12:00—12:30	聚焦台海	直播	次日 01:00—01:05	结束曲、预告节目	录播
12:30—13:00	两岸开讲	录播/重播	次日 01:05—04:35	休息	

神州之声节目播出时间表

播出时段	节目名称	播出方式	播出时段	节目名称	播出方式
05:35—05:40	试线音乐	录播	13:30—14:00	闲来打嘴鼓	直播
05:55—06:00	开始曲、预告节目	录播	14:00—15:00	讲牙舍	录播
06:00—07:00	闽南讲古场	录播	15:00—16:00	涯爱转屋卡	录播
07:00—08:00	叭叭叭 来听歌	录播	16:00—17:00	闽台服务站	录播
08:00—09:00	咱厝上正港	录播	17:00—17:30	两岸连连看	录播
09:00—10:00	闽台服务站	录播	17:30—18:00	两岸斗相共	录播
10:00—10:30	两岸连连看	直播	18:00—19:00	斗阵趴趴 GO	录播
10:30—11:00	两岸斗相共	直播	19:00—20:00	咱厝上正港	录播
11:00—12:00	斗阵趴趴 GO	直播	20:00—22:00	艺文两厅苑	录播
12:00—13:00	有味生活	直播	23:00—次日 00:00	音乐小聚蛋	录播
13:00—13:30	两岸连连看	直播	次日 00:00—00:05	结束曲、预告节目	

粤港澳大湾区之声节目播出时间表

播出时段	节目名称	播出方式	播出时段	节目名称	播出方式
04:55—05:10	乐曲、节目预告	录播	15:00—16:00	叹世界	录播
05:10—06:00	醒晨好音乐	录播	16:00—17:00	谈股论金	直播
06:00—07:00	韵味岭南	录播	17:00—18:00	听多啲识多啲	直播
07:00—08:00	叹世界	录播	18:00—18:30	湾区在线	直播
08:00—08:30	湾区,早晨!	直播	18:30—19:00	港清楚	录播
08:30—09:00	港清楚	录播	19:00—20:00	揾食大湾区	录播
09:00—10:00	科创梦工场	录播	20:00—21:00	穿梭体坛	录播
10:00—11:00	华夏原创金曲榜	直播	21:00—22:00	天下潮人	录播
11:00—11:30	湾区速递	直播	22:00—23:00	四海乡音	录播
11:30—12:00	热搜新视界	直播	23:00—次日 00:00	同一星空下	录播
12:00—13:00	谈股论金	直播	次日 00:00—02:00	千千阙歌	录播
13:00—14:00	揾食大湾区	录播	次日 02:00—02:05	节目结束语	录播
14:00—15:00	科创梦工场	录播			

注:每周二 14:05 至 16:55 停机检修。

民族之声节目播出时间表

播出时段	节目名称	播出时段	节目名称
04:35—04:40	试线音乐	14:00—15:00	午后茶座
04:55—05:00	全天播音开始曲	15:00—16:00	缤纷金达莱(重播)
05:00—06:00	知书达理	16:00—17:00	新时代新征程
06:00—07:00	声动民族风	17:00—18:00	新闻与解读(重播)
07:00—08:00	新闻联播与深度热搜(重播)	18:00—19:00	缤纷金达莱
08:00—09:00	声动民族风(重播)	19:00—20:00	与书相伴
09:00—10:00	新时代新征程	20:00—21:00	新闻与解读
10:00—11:00	经典一小时	21:00—22:00	缤纷金达莱(重播)
11:00—12:00	新闻联播与深度热搜	22:00—23:00	新时代新征程(重播)
12:00—13:00	经典一小时(重播)	23:00—23:05	全天播音结束曲
13:00—14:00	新时代新征程(重播)		

注:1. 全天播音 18 小时 10 分钟,均为录播。

2. 每天 05:00 至 14:00 为蒙古语广播,14:00 至 23:00 为朝鲜语广播。

文艺之声节目播出时间表

播出时段	节目名称			播出方式
04:35—04:40	试线音乐			录播
04:55—04:59	全天节目预告			录播
05:00—06:00	评书听天下			录播
06:00—07:00	中国相声榜			录播/首播
07:00—09:00	快乐早点到			直播
09:00—11:00	综艺对对碰			直播
11:00—12:00	天天听书			录播
12:00—13:00	文艺大家谈			直播
13:00—14:00	中国相声榜			录播/重播
14:00—15:00	戏迷天地			直播
15:00—16:00	民歌风行			直播
16:00—17:00	文旅中国			直播
17:00—18:30	海阳现场秀			直播
	海阳现场秀（周末）			录播
18:30—19:30	快乐晚高峰			直播
19:30—20:00	精彩故事汇			录播
20:00—21:00	文化聊吧			直播
21:00—22:00	品味书香			直播
22:00—23:00	李峙的不老歌（星期一至星期五）	国家大剧院（星期六）	人文课堂（星期日）	直播（星期一至星期五）录播（星期六至星期日）
23:00—次日 00:00	交响时空（星期一至星期五）			录播
22:00—次日 00:00（星期六）	国家大剧院（星期六）			录播
22:00—次日 00:00	人文课堂（星期日）			录播
次日 00:00—02:00	午夜书场			录播
次日 02:00—02:05	结束曲			录播

老年之声节目播出时间表

播出时段	节目名称	播出方式	播出时段	节目名称	播出方式
04:05—04:10	老年之声试线音乐	录播	15:00—16:00	听书	录播/重播
04:25—04:30	老年之声开始曲	录播	16:00—17:00	健康之家	录播/重播
04:30—06:00	养生音乐馆	录播	17:00—18:00	乐享时光	录播/重播
06:00—07:00	健康之家	录播/首播	18:00—19:00	笑口常开	录播/重播
07:00—08:00	乐享时光	录播/首播	19:00—20:00	养生音乐馆	录播
08:00—09:00	笑口常开	录播/首播	20:00—21:00	戏曲舞台	录播/重播
09:00—10:00	听书	录播/首播	21:00—22:00	健康之家	录播/重播
10:00—11:00	养生音乐馆	录播	22:00—23:00	评书开讲	录播/重播
11:00—12:00	评书开讲	录播/首播	23:00—次日 00:00	伴你入眠（导引篇）	录播
12:00—13:00	戏曲舞台	录播/首播	次日 00:00—02:00	伴你入眠（音乐篇）	录播
13:00—14:00	文史精品节目荐赏	录播	次日 02:00—02:05	老年之声结束曲	录播
14:00—15:00	养生音乐馆	录播			

注：每周二 14:05 至 16:55 停机检修。

藏语广播节目播出时间表

播出时段	节目名称	播出时段	节目名称
05:35—05:40	试线音乐	15:00—16:00	新时代新征程（重播）
05:55—06:00	全天播音开始曲	16:00—17:00	新闻和报纸摘要（重播）
06:00—07:00	新时代新征程	17:00—18:00	声动民族风
07:00—08:00	新闻联播（重播）	18:00—19:00	康巴在线
08:00—09:00	行进中国	19:00—20:00	新闻联播
09:00—10:00	译彩纷呈	20:00—22:00	安多在线
10:00—12:00	安多在线（重播）	22:00—23:00	声动民族风（重播）
12:00—13:00	新闻和报纸摘要	23:00—次日 00:00	译彩纷呈（重播）
13:00—14:00	康巴在线（重播）	次日 00:00—00:05	藏语全天播音结束曲
14:00—15:00	行进中国（重播）		

注：全天播音 18 小时 10 分钟，均为录播。

阅读之声节目播出时间表

播出时段	节目名称	播出方式	播出时段	节目名称	播出方式
04:35—04:40	试线音乐	录播	15:00:05—16:00	评书开讲	录播/重播
04:55—04:59:55	全天节目预告	录播	16:00:05—17:00	名著经典	录播/重播
05:00:05—06:00	评书开讲	录播/首播	17:00:05—18:00	网络书吧	录播/重播
06:00:05—06:30	阅读时光	录播/首播	18:00:05—19:00	作家文库	录播/重播
06:30—07:00	人文课堂	录播/首播	19:00:05—20:00	畅销书屋	录播/重播
07:00:05—08:00	纪实春秋	录播/首播	20:00:05—20:30	人文课堂	录播/重播
08:00:05—09:00	都市言情	录播/首播	20:30—21:00	睡前故事	录播
09:00:05—10:00	名著经典	录播/首播	21:00:05—22:00	纪实春秋	录播/重播
10:00:05—11:00	网络书吧	录播/首播	22:00:05—23:00	作家文库	录播/重播
11:00:05—12:00	作家文库	录播/首播	23:00:05—23:59:59	都市言情	录播/重播
12:00:05—13:00	畅销书屋	录播/首播	次日 00:05—01:00	午夜悬疑	录播
13:00:05—13:30	阅读时光	录播/重播	次日 01:00:05—02:00	畅销书屋	录播/重播
13:30—14:00	人文课堂	录播/重播	次日 02:00:05—02:05	结束曲	录播
14:00:05—15:00	纪实春秋	录播/重播			

注：每周二 13:05 至 16:55 停机检修。

维吾尔语广播节目播出时间表

时间	节目名称	时间	节目名称
07:35—07:40	试线音乐	17:00—18:00	新时代新征程
07:55—08:00	全天播音开始曲	18:00—19:00	声动民族风（重播）
08:00—09:00	早安中国	19:00—20:00	行进中国（重播）
09:00—10:00	新闻在线（重播）	20:00—21:00	社会纵横（重播）
10:00—11:00	广播杂志	21:00—22:00	新闻在线
11:00—12:00	知书达理（重播）	22:00—23:00	广播杂志（重播）
12:00—13:00	社会纵横	23:00—次日 00:00	新时代新征（重播）
13:00—14:00	声动民族风（重播）	次日 00:00—01:00	声动民族风
14:00—15:00	广播杂志（重播）	次日 01:00—02:00	知书达理
15:00—16:00	行进中国	次日 02:00—02:05	全天播音结束曲
16:00—17:00	社会纵横（重播）		

注：全天播音 18 小时 10 分钟，均为录播。

香港之声节目播出时间表

播出时段	节目名称	播出方式	播出时段	节目名称	播出方式
00:00—00:30	港清楚	录播	12:00—13:00	青春无限	直播
00:30—01:00	学讲普通话	录播	13:00—14:00	叹世界	录播
01:00—03:00	香江月夜	录播	14:00—14:10	十分新闻	直播
03:00—04:00	天下潮人	录播	14:10—15:00	民歌风尚	录播
04:00—05:00	四海乡音	录播	15:00—16:00	岭南音乐风	录播
05:00—06:00	韵味岭南	录播	16:00—17:00	双城生活	录播
06:00—07:00	岭南音乐风	录播	17:00—18:00	听多啲识多啲	并机直播
07:00—07:10	国歌节目预告	录播	18:00—18:10	十分新闻	直播
07:10—08:00	民歌风尚	录播	18:10—19:00	民歌风尚	录播
08:00—08:30	湾区，早晨！	并机直播	19:00—20:00	青春无限	录播
08:30—09:00	港清楚	录播	20:00—21:00	叹世界	录播
09:00—10:00	科创梦工场	录播	21:00—22:00	双城生活	录播
10:00—11:00	华夏原创金曲榜	录播	22:00—23:00	有声夜读	录播
11:00—12:00	搵食大湾区	录播	23:00—次日 00:00	同一星空下	录播

注：每周二00:05至04:55停机检修。

中国交通广播节目播出时间表

播出时段	星期	
	星期一至星期五	星期六至星期日
00:00—02:00	千山万水只为你	
02:00—04:00	车友书场	
04:00—06:00	汽车相声大会	
06:00—06:45	乐活清晨	
06:45—07:00	中国交通新闻	乐活清晨
07:00—09:00	向快乐出发	早安，假日！
09:00—10:00	一呼百应帮帮忙	家在996
10:00—11:00	央广车友会	岁月如歌
11:00—12:00	高速加油站	

续表

播出时段	星期	
	星期一至星期五	星期六至星期日
12:00—14:00	锵锵麦克风	岁月如歌
14:00—15:00	畅游天下	
15:00—16:00	汽车风云	
16:00—17:00	月吃越美	
17:00—19:00	下班快乐	周末 FUN 局
19:00—20:00	汽车能量音乐	
20:00—21:00	全球流行音乐金榜	
21:00—22:00	乐夜越动听	电波光影
22:00—次日 00:00	汽车相声大会	岁月如歌

注：1. 全天 24 小时播音；其中，直播 4 小时，录播 20 小时。

2. 每周二 00:05 至 04:55 停机检修。

中国乡村之声节目播出时间表

播出时段	节目名称	播出方式	播出时段	节目名称	播出方式
00:00—01:00	乡村音乐	录播/重播	11:00—12:00	乡村音乐	录播/首播
01:00—02:00	梨园乡韵	录播/重播	12:00—13:00	中国三农报道	录播
02:00—02:30	田野听书	录播/重播	13:00—14:00	田园新主张	录播/首播
02:30—03:00	乡村故事汇	录播/重播	14:00—15:00	这里有说法	直播
03:00—04:00	这里有说法	录播/重播	15:00—16:00	健康到家	直播
04:00—05:00	田间笑语	录播/重播	16:00—17:00	梨园乡韵	录播/首播
05:00—06:00	健康到家	录播/重播	17:00—18:00	田间笑语	录播/首播
06:00—06:30	田野听书	录播/首播	18:00—19:00	乡村音乐	录播/重播
06:30—07:00	三农早报	录播	19:00—20:00	田园新主张	录播/重播
07:00—08:00	中国三农报道	直播	20:00—21:00	这里有说法	录播/首播
08:00—09:00	田园新主张	直播	21:00—22:00	健康到家	录播/首播
09:00—10:00	山水乡愁	录播/首播	22:00—23:00	山水乡愁	录播/重播
10:00—10:30	田野听书	录播/重播	23:00—23:30	乡村讲堂	录播
10:30—11:00	乡村故事汇	录播/首播	23:30—次日 00:00	乡村故事汇	录播/重播

注：每周二 00:00 至 05:00 停机检修。

哈萨克语广播节目播出时间表

播出时段	节目名称	播出时段	节目名称
07:35—07:40	试线音乐	17:00—18:00	人生百味
07:55—08:00	全天播音开始曲	18:00—19:00	行进中国（重播）
08:00—09:00	行进中国（重播）	19:00—20:00	文化长廊
09:00—10:00	弹起冬布拉（重播）	20:00—21:00	品味书香
10:00—11:00	品味书香（重播）	21:00—22:00	幸福时光
11:00—12:00	人生百味（重播）	22:00—23:00	新闻进行时（重播）
12:00—13:00	幸福时光（重播）	23:00—次日 00:00	新时代新征程（重播）
13:00—14:00	新闻进行时	次日 00:00—01:00	文化长廊（重播）
14:00—15:00	新视线	次日 01:00—02:00	新视线（重播）
15:00—16:00	弹起冬布拉	次日 02:00—02:05	全天播音 结束曲
16:00—17:00	新时代新征程（重播）		

注：全天播音 18 小时 10 分钟，均为录播。

三、中国国际广播电台 2021 年频率设置及节目播出情况

中国国际广播电台频率语种设置一览表

类型	频率语种	开播时间
对外广播	日语	1941 年 12 月 3 日
	英语	1947 年 9 月 11 日
	广州话	1949 年 6 月 20 日
	潮州话	1949 年 6 月 20 日
	闽南话	1949 年 6 月 20 日
	客家话	1950 年 4 月 10 日
	印度尼西亚语	1950 年 4 月 10 日
	越南语	1950 年 4 月 10 日
	泰语	1950 年 4 月 10 日
	缅甸语	1950 年 4 月 10 日
	朝鲜语	1950 年 7 月 2 日

续表

类型	频率语种	开播时间
对外广播	俄语	1954年12月24日
	汉语普通话	1955年12月15日
	西班牙语	1956年9月3日
	柬埔寨语	1956年12月15日
	老挝语	1956年12月15日
	波斯语	1957年10月15日
	土耳其语	1957年10月21日
	阿拉伯语	1957年11月3日
	法语	1958年6月5日
	马来语	1959年3月1日
	印地语	1959年3月15日
	德语	1960年4月15日
	葡萄牙语	1960年4月15日
	意大利语	1960年4月30日
	塞尔维亚语	1961年6月2日
	斯瓦希里语	1961年9月1日
	豪萨语	1963年6月1日
	泰米尔语	1963年8月1日
	蒙古语	1964年12月1日
	世界语	1964年12月19日
	菲律宾语	1965年10月30日
	乌尔都语	1966年8月1日
	捷克语	1968年8月27日
	波兰语	1968年8月27日
	罗马尼亚语	1968年8月30日
	孟加拉语	1969年1月1日
	阿尔巴尼亚语	1969年6月6日
	普什图语	1973年7月15日
	保加利亚语	1974年4月19日

续表

类型	频率语种	开播时间
对外广播	僧伽罗语	1975年1月1日
	尼泊尔语	1975年6月25日
	匈牙利语	1976年7月26日
	克罗地亚语	2010年3月30日
	希腊语（仅网站）	2009年9月23日
	乌克兰语（仅网站）	2008年5月30日
	希伯来语（仅网站）	2009年9月23日
	白俄罗斯语（仅网站）	2009年9月23日
对内广播	英语综合广播（轻松调频）	1984年1月1日
	劲曲调频广播	1999年3月28日开播国际流行音乐广播 2003年4月16日改为现呼号
	外语教学广播	2003年12月10日
	英语资讯广播	2003年12月10日
	环球资讯广播	2005年9月28日
	南海之声	2013年4月9日

2021年度对外大广播首播节目播出时数统计表

播出频率	每日播出时数（小时）	全年播出时数（小时）	播出频率	每日播出时数（小时）	全年播出时数（小时）
华语环球广播	4	1460	日语	2	730
广州话	2	730	蒙古语	1	365
闽南话	2	730	朝鲜语	1	365
客家话	2	730	越南语	1	365
潮州话	2	730	老挝语	1	365
温州话	1	365	柬埔寨语	1	365
南海之声	1	365	泰语	1	365
英语环球广播	8	2920	马来语	1	365
阿拉伯语	2	730	菲律宾语	0.5	182.5
俄语	1	365	印度尼西亚语	3	1095

续表

播出频率	每日播出时数（小时）	全年播出时数（小时）	播出频率	每日播出时数（小时）	全年播出时数（小时）
缅甸语	1	365	罗马尼亚语	1	365
尼泊尔语	1	365	阿尔巴尼亚语	1	365
印地语	1	365	保加利亚语	1	365
乌尔都语	1	365	匈牙利语	0.5	182.5
泰米尔语	1	365	波兰语	1	365
僧伽罗语	1	365	克罗地亚语	1	365
孟加拉语	3	1095	德语	2	730
土耳其语	1	365	法语	2	730
普什图语	0.5	182.5	世界语	1	365
波斯语	0.5	182.5	意大利语	1	365
豪萨语	1	365	西班牙语	2	730
斯瓦希里语	1	365	葡萄牙语	1	365
捷克语	1	365	合计	67	24 455
塞尔维亚语	1	365			

注：以上每日播出时数及全年播出时数均为首播节目时数，不含重播节目时数。

中国国际广播电台频率节目播出时间表

英语综合广播（轻松调频）节目播出时间表

播出时段	星期		
	星期一	星期二至星期六	星期日
00:00—06:00	Music Matter 音乐至上		
06:00—07:00	Special English 慢速英语		
	More to Read 美文阅读		
07:00—08:00	The Agenda 议程	World Insight 世界观察	Sideline Story 侃体育吧
	Biz Talk 财经高峰会	Dialogue 对话	Music Talks 音悦中国
08:00—11:00	Music Matters 音乐至上	Classical Saturday 古典言色	Classical Sunday 古典星期天
11:00—13:00		Music Memories 岁月留声	
13:00—14:00	RoundTable 圆桌议事		
14:00—16:00	Music Matters 音乐至上	The New Wave 新浪潮	Key Change 周末变奏

续表

播出时段	星期		
	星期一	星期二至星期六	星期日
16:00—18:00	On the Road 一路有聊		
18:00—19:00	The Beijing Hour 新闻纵贯线	Pods Plus 爱播客	The Agenda 议程
		Music Talks 音悦中国	Footprints 足迹
19:00—20:00	World Today 今日	Chat Lounge 时事聊天室	World Today 今日
20:00—22:00	The Groove Sessions 酷乐空间		
22:00—23:00	All That Jazz 爵士春秋	All About Rock 摇滚战国	All That Jazz 爵士春秋
23:00—次日 00:00	Jazz Show 爵士漫步		

注：每整点播出 5 分钟英语整点新闻。

劲曲调频节目播出时间表

播出时段	星期		
	星期一至星期五	星期六	星期日
00:00—06:00	Music Flow	Music Flow	
06:00—07:00	Morning Call		
07:00—08:00	Morning Hits	AT40	Weekend Morning Show
08:00—09:00			
09:00—10:00			
10:00—11:00	At Work Network		
11:00—12:00			
12:00—13:00	Lazy Afternoon	Hit The Road	AT40
13:00—14:00			
14:00—15:00		Hit FM Soul Make	
15:00—16:00			
16:00—17:00	Big Drive Home	Hit FM Rock DJ	Hit FM OST
17:00—18:00			
18:00—19:00	New Music	Top 20 Countdown	Top20 Countdown（重播）
19:00—20:00			
20:00—21:00		Hit FM Dance Carta & Co	中国电子音乐巅峰榜
21:00—22:00			
22:00—次日 00:00	Hit FM Dance		

外语教学广播节目播出时间表

播出时段	星期						
	星期一	星期二	星期三	星期四	星期五	星期六	星期日
00:05—01:00	World Today 今日						Chat Lounge 时事聊天室
01:05—01:30	Sideline Story 侃体育吧	World Insight 世界观察					China Africa 中非说
01:30—02:00	Music Talks 音悦中国	Dialogue 对话					Faces of Africa 非洲人物
02:05—02:30	China Africa 中非说	Pods Plus 爱播客	The Heat 热点				
02:30—03:00	Biz Talk 财经高峰会	Global Business 全球财经					Biz Today 今日财经
03:05—04:00	RoundTable 圆桌议事						
04:05—05:00	The Bridge 桥						
05:05—05:30	Alight on Literature 文学之光						
05:30—06:00	Takeaway Chinese 随行汉语						
06:05—06:30	Chinese Theatre 中国剧场						
06:30—07:00	Special English 慢速英语						
07:05—07:30	The Agenda 议程	World Insight 世界观察					Sideline Story 侃体育吧
07:30—08:00	Biz Talk 财经高峰会	Dialogue 对话					Music Talks 音悦中国
08:05—09:00	World Today 今日						Chat Lounge 时事聊天室
09:05—10:00	RoundTable 圆桌议事						
10:05—10:30	Alight on Literature 文学之光						
10:30—11:00	Takeaway Chinese 随行汉语						
11:05—12:00	The Bridge 桥						
12:05—12:30	Pods Plus 爱播客	The Heat 热点					China Africa 中非说
12:30—13:00	Special English 慢速英语						
13:05—13:30	The Agenda 议程	World Insight 世界观察					Sideline Story 侃体育吧
13:30—14:00	Biz Talk 财经高峰会	Dialogue 对话					Music Talks 音悦中国

续表

播出时段	星期						
	星期一	星期二	星期三	星期四	星期五	星期六	星期日
14:05—15:00	World Today 今日						Chat Lounge 时事聊天室
15:05—16:00	The Bridge 桥						
16:05—16:30	Alight on Literature 文学之光						
16:30—17:00	The Point/The Hub 观点						Footprints 足迹
17:05—18:00	RoundTable 圆桌议事						
18:05—18:30	The Beijing Hour 新闻纵贯线					Pods Plus 爱播客	The Agenda 议程
18:30—19:00						Music Talks 音悦中国	Footprints 足迹
19:05—19:30	World Today 今日					Chat Lounge 时事聊天室	World Today 今日
19:30—20:00							
20:05—20:30	The Agenda 议程	The Heat 热点					China Africa 中非说
20:30—21:00	Globlal Business 全球财经					Biz Today 今日财经	Biz Talk 财经高峰会
21:05—21:30	The Beijing Hour 新闻纵贯线					Pods Plus 爱播客	The Agenda 议程
21:30—22:00						Music Talks 音悦中国	Footprints 足迹
22:05—23:00	RoundTable 圆桌议事						
23:05—次日 00:00	The Bridge 桥						

注：每整点播出5分钟英语整点新闻。

英语资讯广播节目播出时间表

播出时段	星期						
	星期一	星期二	星期三	星期四	星期五	星期六	星期日
00:05—01:00	World Today 今日						Chat Lounge 时事聊天室
01:05—01:30	Sideline Story 侃体育吧	World Insight 世界观察					China Africa Talk 中国与非洲
01:30—02:00	Music Talks 音悦中国	Dialogue 对话					Faces of Africa 非洲人物

续表

播出时段	星期						
	星期一	星期二	星期三	星期四	星期五	星期六	星期日
02:05—02:30	China Africa Talk 中国与非洲	Pods Plus 爱播客	The Heat 热点				
02:30—03:00	Biz Talk 财经高峰会	Global Business 全球财经				Biz Today 今日财经	
03:05—04:00	RoundTable 圆桌议事						
04:05—05:00	The Bridge 桥					Pop Muse 音乐猜猜秀	
05:05—05:30	Alight on Literature 文学之光						
05:30—06:00	Takeaway Chinese 随行汉语						
06:05—06:30	Chinese Theatre 中国剧场						
06:30—07:00	Special English 慢速英语						
07:05—07:30	The Agenda 议程	World Insight 世界观察				Sideline Story 侃体育吧	
07:30—08:00	Biz Talk 财经高峰会	Dialogue 对话				Music Talks 音悦中国	
08:05—09:00	World Today 今日					Chat Lounge 时事聊天室	
09:05—10:00	RoundTable 圆桌议事						
10:05—10:30	Alight on Literature 文学之光						
10:30—11:00	Takeaway Chinese 随行汉语						
11:05—12:00	The Bridge 桥					Pop Muse 音乐猜猜秀	
12:05—12:30	Pods Plus 爱播客	The Heat 热点				China Africa Talk 中国与非洲	
12:30—13:00	Special English 慢速英语						
13:05—13:30	The Agenda 议程	World Insight 世界观察				Sideline Story 侃体育吧	
13:30—14:00	Biz Talk 财经高峰会	Dialogue 对话				Music Talks 音悦中国	
14:05—15:00	World Today 今日					Chat Lounge 时事聊天室	
15:05—16:00	The Bridge 桥					Pop Muse 音乐猜猜秀	
16:05—16:30	Alight on Literature 文学之光						
16:30—17:00	The Point/The Hub 观点					Footprints 足迹	

续表

播出时段	星期						
	星期一	星期二	星期三	星期四	星期五	星期六	星期日
17:05—18:00	RoundTable 圆桌议事						
18:00—18:05						Hourly News 整点新闻	
18:05—18:30	The Beijing Hour 新闻纵贯线					Pods Plus 爱播客	The Agenda 议程
18:30—19:00						Music Talks 音悦中国	Footprints 足迹
19:05—20:00	World Today 今日					Chat Lounge 时事聊天室	World Today 今日
20:05—20:30	The Agenda 议程	The Heat 热点					China Africa Talk 中国与非洲
20:30—21:00	Global Business 全球财经					Biz Today 今日财经	Biz Talk 财经高峰会
21:00—21:05						Hourly News 整点新闻	
21:05—21:30	The Beijing Hour 新闻纵贯线					Pods Plus 爱播客	The Agenda 议程
21:30—22:00						Music Talks 音悦中国	Footprints 足迹
22:05—23:00	RoundTable 圆桌议事						
23:05—次日 00:00	The Bridge 桥					Pop Muse 音乐猜猜秀	

注：1. 每整点播出 5 分钟英语整点新闻。

2. Weekly Feature 周播专题包含《The Agenda 议程》《Biz Talk 财经高峰会》《China Africa Talk 中国与非洲》《Pods Plus 爱播客》等专题栏目精选内容。

环球资讯广播节目播出时间表

播出时段	星期			
	星期一	星期二至星期五	星期六	星期日
00:00—01:00	环球财富故事	资讯有故事		环球财富故事
01:00—02:00	大话体坛			
02:00—03:00	环球直播间	边走边看		
03:00—04:00	资讯非常道			
04:00—05:00	环球名人坊	环球阅读		
05:00—06:00	新闻盘点			

续表

播出时段	星期			
	星期一	星期二至星期五	星期六	星期日
06:00—06:30	档案揭秘		老外看点	
06:30—08:00	直播世界			
08:00—09:00	早间第一资讯			
09:00—10:00	资讯导航仪		环球名人坊	记者视界
10:00—11:00	资讯有故事		环球财富故事	
11:00—12:00	环球直播间			
12:00—13:00	午间第一资讯			
13:00—13:30	老外看点			
13:30—14:00	档案揭秘			
14:00—15:00	边走边看		环球直播间	
15:00—16:00	资讯有故事		环球军事报道	
16:00—16:30	档案揭秘			
16:30—17:00	老外看点			
17:00—18:00	环球新闻眼			
18:00—19:00	资讯非常道			
19:00—19:30	新闻联播（转播）			
19:30—20:00	资讯空间站			
20:00—21:00	新闻盘点			
21:00—22:00	大话体坛			
22:00—23:00	环球阅读		记者视界	
23:00—次日 00:00	新闻盘点			

南海之声广播节目播出时间表

播出时段	星期			
	星期一	星期二至星期五	星期六	星期日
00:00—02:00	晚安南海			
02:00—03:00	南海周刊（重播）	南海圆桌派（重播）		南海周刊（重播）
03:00—04:00	听见（重播）	平常记录（重播）		
04:00—05:00	乐从海上来（重播）	音悦人生（重播）		乐从海上来（重播）

续表

播出时段	星期			
	星期一	星期二至星期五	星期六	星期日
05:00—06:00	南海轻阅读（重播）			
06:00—07:00	早安南海			
07:00—08:00	南海头条（早间版）			
08:00—09:00	南海周刊（重播）	南海圆桌派（重播）		南海周刊（重播）
09:00—12:00	南海优生活（上午）			
12:00—13:00	南海头条（午间版）			
13:00—16:00	南海优生活（下午）			
16:00—17:00	南海旅行家			
17:00—18:00	南海头条（晚间版）			
18:00—19:00	南海圆桌派		南海周刊	
19:00—20:00	平常记录			听见
20:00—21:00	南海轻阅读			
21:00—22:00	音悦人生		乐从海上来	
22:00—23:00	南海头条（夜间版）			
23:00—次日 00:00	岛屿不寂寞			

注：每个整点有3分钟整点新闻，每个半点有2分钟海洋预报。

技术发展情况

2020年总台技术发展情况

一、总台重要技术建设项目

光华路办公区4K播出系统（一期）项目

光华路办公区4K播出系统（一期）项目于2019年立项，在光华路办公区D区8层播出机房共建设6套超高清全文件化4K播出系统，总体工作流程延续全文件化播出流程，支持节目、广告、包装及资讯播出，支持文件、信号、紧急介质等多种播出形式。系统组成包括视音频处理系统、播出控制及管理系统、播出监控系统及频道包装系统。该系统自2020年5月起进行测试播出，具备奥林匹克4K超高清频道及高清频道同播能力；针对奥林匹克4K频道及高清频道的节目覆盖传输方案制订完成，频道开播工作准备就绪。所有系统均于2020年6月完成第三方完工验收测试。

系统整体设计遵循《GY/T 307 超高清晰度电视系统节目制作和交换参数值》《中央广播电视总台4K超高清电视节目制播技术规范》《中央广播电视总台4K超高清、高清电视节目同播技术规范》，制作入库及直送播出的节目文件统一为超高清播出格式节目文件，遵循《中央广播电视总台4K超高清播出格式MXF文件规范》，总控送播出的直播信号统一为标准的HLG曲线的UHD（4×3G-2SI）+环绕声节目信号，视音频信号处理基于4路3G SDI方式，全方位考虑系统备份和应急措施，系统关键设备均采用冗余设计，网络安全设计符合四级等保要求。

4K播出系统建成后，进一步优化业务与技术流程，针对4K播出系统，细化梳理并补充完善了《技术运行应急手册》《运行管理办法》《节目制播技术规范》《值班注意事项》等运行管理规章制度，完成了系统培训、实操演练和应急考核。

本项目正式承担中央广播电视总台4K超高清频道的播出，并承担后续4K奥林匹克频道及4K影视频道的播出任务。

4K超高清编码压缩与分发系统

4K超高清电视编码压缩系统部署在中央广播电视总台光华路办公区，采用我国自主技术AVS2视频编码标准实现4K超高清节目的编码压缩，支持最多6套4K超高清节目的编码压缩及分发传送。该系统内主要包括编码、复用、加扰等视音频信号处理功能。该系统承载总台4K超高清频道的节目播出分发。该项目于2019年1月立项，2020年6月完工。

4K超高清频道编码压缩系统包含独立的主备两套系统，每个系统包含1+1热备份编码器、1+1热备份的复用器等设备。该系统输出的ASI信号通过国家广播电视总局无线电台管理局（简称总局无线局）、中国有线国干网进行传输覆盖。

4K超高清频道的主备路播出基带信号（4×3G-SDI），经分配放大后，分别进主备压缩系统的主备路AVS2编码器进行编码，主备系统的播出信号交叉接引。

压缩系统提供ASI、TS/IP两种封装格式的压缩节目流输出信号，两种信号内容一致，接口格式不同。ASI信号作为系统主要输出，送至压缩系统ASI信号跳线板，通过手工跳线进行维护。压缩节目流通过总局无线局和中国有线国干网部署在中央广播电视总台主控机房的传输设备，接入无线局及中国有线国干网的数字光传输网。TS/IP信号作为IP形式交接，主要向台内有线、新媒体等下游用户分发。

主备压缩系统采用的编码设备，视频编码使用我国自主知识产权的AVS2编码标准，即GY/T 299.1–2016《高效音视频编码 第1部分：视频》（简称AVS2）。编码器输入的信号视频格式为：3840×2160/50/P/BT.2020/HLG图像，采用AVS2/10bit/4∶2∶0实时编码，码率为36Mbps（兆比特每秒，Million bits per second的缩写，Mbps=Mbit/s）。音频为5.1环绕声，采用Dolby AC3 5.1编码，码率448Kbps。视频编码器使用TS/IP方式输出，并通过数据交换机将信号送往复用器进行复用和加密处理。

我国的标清及高清公共频道节目卫星覆盖以往主要使用DVB-S QPSK的方式进行调制，调制效率不高。4K超高节目编码压缩后，单套节目视音频码率接近38Mbps（与3套高清节目或7套标清节目相当），需要使用更高的卫星调制模式，提高卫星转发器利用率。在项目实施过程中，项目组对更高阶的DVB-S2 8PSK、16APSK等调制方式展开技术试验，比较各种调制模式下的可用信息速率、接收门限等指标，综合考量调制效率、接收效果和卫星接收设备的能力，最终选定DVB-S2 8PSK的调制方式，打破原有公共频道节目的传统调制方式。

融合媒体私有云第二可用区系统

为满足中央广播电视总台各业务系统对云计算资源不断增加的需求，技术局建设总台融合媒体私有云第二可用区。该项目于2018年10月立项，2020年9月完工。向新闻融媒体云生产系统，包括4K频道包装模板制作系统、超高清制作岛、业务移动应用平台、总台宣传管理调度平台等20多个业务系统提供云资源服务，极大提升了基础资源的交付效率，形成了高可用、高扩展、快速响应的服务能力，保障了总台传统媒体和新媒体业务的稳定高效运行。

私有云第二可用区系统具备4个特点。

第一，该系统是基于全国产云软件生态资源建成异构、高可用、高可靠、高冗余的媒体私有云平台。该可用区与私有云第一可用区形成一云多架构的异构资源池，支撑总台超高清制作、新闻制播业务、移动应用等核心业务跨异构资源池冗余和容灾迁移，保障总台核心业务应用系统的高可用和业务连续性。

第二，结合总台融媒体业务对网络带宽、网络配置快速变化、网络稳定性和可靠性要求，通过软件定义网络（SDN）实现网络调配、管理和编程，解耦网络硬件设备的捆绑，实现了网络自动化部署，完成业务的灵活调整与快速上线。

第三，提供大规模横向扩展能力和超大规模分布式文件系统，为用户提供非结构化数据共享存储资源，应用于视频文件、音频文件、视频会议等大文件颗粒存储场景，支持主流云计算生态，满足内容存储、云备份、云归档、云存储服务等场景。通过存储接口网关，把存储资源变成可编程的模块，供业务系统按需访问和调用，支持在节目制播流程中根据业务系统需求实时添加用户、改变存储空间配额，把存储配置管理融入业务系统，成为节目制播中重要的一环，为业务系统提供更加高效的存储服务。

第四，云平台以"纵深防御"为指导思想，构建一个中心，优化两个体系，全面控制云计算平台自身的安全风险。云平台可以为不同安全等级要求的应用提供资源区域，同时通过安全资源的抽象化、资源池化，按需弹性的自动化部署云安全软件，保障云平台用户业务安全可靠。

私有云第二可用区系统全面支撑了总台超高清制作业务、新闻制播业务、移动应用等核心业务，为各类融媒体典型应用场景提供 9900vCore、2.1TB 内存、1280TB 存储空间等基础资源服务。私有云平台实现业务快速上线和高效运维，通过全局冗余性规划设计、云容灾迁移等技术保障总台业务应用系统的高可用和业务连续性。云平台实现网络自动化部署，网络开通从下达数十条交换机配置命令提升为网络页面一键配置生效，降低网络配置的复杂度和专业性，非网络专业的维护人员也可轻松配置网络。云平台实现存储资源标准化和自服务化，满足了融媒体各应用系统对不同类型存储和资源需求。云平台实现了安全合规，保证云平台及运行在云平台上业务的网络安全。

总台备战冬奥的两项特种设备

1. 350 米 U 型超高速轨道特种拍摄系统

350 米 U 型超高速轨道拍摄系统研制项目于 2016 年立项，目标是研发一套具有摄像系统远程控制功能的 U 型超高速轨道特种拍摄系统，满足电视台对高速弯道的跟拍需求，锁定冬奥会速度滑冰项目。该项目于 2020 年 12 月完成研发工作，并进驻国家速滑馆开始实战测试。

全套设备主要由轨道系统、电机系统、图像稳定 5 轴陀螺仪、4K 图像及控制数据的微波传输系统、4K 地面综合光传输系统等构成。轨道上的小车加上车体结构和驱动，重量不到 80 千克，承载约 30 千克的陀螺仪，陀螺仪内配有 4K 摄像机和 4K 广播级镜头，该系统采用直线电机驱动，可达到 25 米/秒的高速度，3.5 米秒方的加减速性能，并实现全 4K 图像质量。

系统满足可控直线和弯道的平稳移动，具有足够的承载能力，提供较高的加速能力和高速运行能力，完全满足摄像系统所需的高精度稳定性能要求。研发系统对标全球仅一套的英国产轨道系统。除摄像机及镜头外，该系统全部实现国产化，并由中央广播电视总台掌握核心技术的知识产权。

速度滑冰是冬奥会的重要比赛赛事，冬奥会期间会有十几枚金牌在该项目产生。该系统可为比赛提供高速稳定而又令人震撼的画面。

2. 800米有线传输一维索道摄像系统

大跨度单维索道摄像机系统是技术局为落实中央广播电视总台高质量发展，进行节目生产供给侧结构性改革，丰富镜头语言，提供更多拍摄视角的重点科研项目，于2016年立项，历时4年完成全部设计建造工作，并于2020年12月初通过全跨度测试。

该系统除了摄像机和镜头，全套系统均为国产，并由中央广播电视总台掌握核心技术的知识产权。该系统的建成打破大跨度高等级高端体育赛事（如高山滑雪、高山速降等冬奥会赛事）常年由国外设备和技术团队垄断的局面，实现了设备国产化。此次研制的800米有线传输一维索道摄像系统是行业内全球领先、跨度最长、运行速度最快的单维索道摄像系统。

该系统可实现全4K无压缩无延时基带有线传输，同时实现19米/秒高速飞行，开创行业先例。全套设备主要由索道系统、驱动系统、图像稳定3轴陀螺仪、4K图像及控制数据综合光传输系统等组成。

该系统能够实现摄像机在大跨度范围两点之间的快速移动和稳定拍摄，其中陀螺仪控制信号和4K视频信号通过光纤传输至地面中控系统，摄像机控制和视频信号采用SMPTE 304M复合摄像机线缆传输至转播系统。系统的控制和4K视频信号采用独有的双光路冗余传输技术，实现信号的无压缩基带传输双光路信号无缝切换。

该系统投入运行后，可为中央广播电视总台转播国家级庆典、大型综艺、高等级体育赛事提供先进可靠的技术手段，提供大范围高速跟随的高空拍摄角度，丰富转播表现手段，提高节目制作水平。

复兴路办公区800平方米 4K演播室音频系统

复兴路办公区800平方米演播室是中央广播电视总台第一个建设的4K超高清大型演播室，其音频系统于2018年立项，经过一年多设计施工，于2019年初完工并投入试运行，于2020年6月经测试合格通过验收。

演播室的音频系统适应4K超高清播出需求，在系统架构方面除了基带的MADI架构方式外，引入了最新的AoIP架构方式。两种架构经过设计互相组合，形成了最终的AoIP与MADI互为主备双架构的音频系统方案。本套系统的IP架构所采用的是2022-7标准。系统中的设备在发送数据时会同时发送相同的数据至主备交换机，设备在收取数据时也会同时从主备两个交换机中收取，然后对比收到的两组数据，选择较为优质的数据进行使用，丢弃另外一组数据。而当其中一台交换机发生故障时，设备就只会接收到另一台交换机发送的数据并进行使用，其间不用人为地去切换控制，也完全不会影响系统的正常使用。

该项目在不同的方面进行了技术试验。首先，尽管IP组播的国际标准是可以通过三层网络进行跨VLAN转发的，但在项目的前期调研阶段，国内广播电视音频制作系统中使用的基于 SMPTE ST2110-30 的音频组播流，都是通过二层网络进行数据交换的，而并非三层转发。考虑到未来音频 IP 技术的发展，以及广播电视行业的视音频网络化演进方向，项目组在调研阶段即确立在系统调试期间进行音频组播三层转发测试的计划。在系统调试期间，项目组按照计划进行了音频组播的三层转发测试：发流设备可以正常发出 SMPTE ST2110-30 的组播音频流，三层交换机可以收到此组播流并形成组播转发表项，收留设备可以正常收到此组播音频流，未显示丢包，并且可正常解析出声音信号，声音信号重放无可闻劣化。

其次，考虑到第八演播室的信号吞吐能力巨大，未来的应用场景可能涉及重大活动转播制作的远程信号传输，音频信号的传输可能使用独立的物理层通路，为保证系统前后端的声音信号正常传输，稳定可用的精准时间协议（PTP）同步信号是重要的基础，项目组也确立了在系统调试期间进行通过光纤链路传输 PTP 数据测试的计划。系统调试期间，项目组按照计划进行短距离（约 200 米）PTP 数据的光纤链路传输测试，测试结果符合设计要求，PTP 数据可以正常传输，BMC 算法可以正常进行，主从结构可以正常形成，从时钟可以正常同步于主时钟，链路延时可忽略不计。

试运行期间，本项目就投入当年春晚 4K 版直播工作，经过 1 个多月联排磨合，于 2019 年 2 月 4 日（大年三十）完成春节联欢晚会 4K 信号制作任务。随后，在庆祝中华人民共和国成立 70 周年大会、阅兵、群众游行和联欢活动中承担将前方各路信号汇总的总系统播出任务，接入了前方 A，B，C，D 四大系统节目声和分路信号，以及前方高点、高空特殊机位回传声音信号。信号总数高达 300 余路。主备两张调音台在 IP 构架下，信号完整共享，信号交互流畅。在长达 24 小时的连续开机运行的情况下，数据包传输正常，各个周边设备运行良好。

《新闻联播》《焦点访谈》高清演播室项目

2020 年 7 月 18 日 19 时，《新闻联播》在中央广播电视总台复兴路办公区 N01 演播室直播，标志着《新闻联播》节目进入全高清、全文件、全网络化制播时代，长达 40 余年以专业磁带为介质的生产流程退出历史舞台。7 月 17 日，运行了 7045 天的复兴路办公区方楼二层 D229 演播室完成最后一次《新闻联播》《焦点访谈》直播工作。

7 月 19 日零时，总台新闻频道以高清晰度技术方式上星播出。至此，技术系统从 2014 年开始的"高进标退"（以高清晰度采集、制作、传输、播出、存储、管理的技术方式逐步替代标准清晰度技术方式）工作圆满结束，高清化完成。

1. N01 演播室项目概述

N01 演播室位于复兴路办公区一层 D 段，演播室面积 100 平方米，有配套导控室、立柜机房、配电间、灯光整备间等机房，周围还包括包装机房、开放式网络制作域、配音间等。第一演播室自 2018 年 7 月开始工艺系统改造，2019 年 3 月完工并进入试运行阶段，2020 年 5 月完成竣工验收。为确保搬迁顺利，技术局相关部门和业务骨干与新闻联播编辑部和新闻评论部开展多次演练磨合，经过4次全要素演练、3次伴播演练后于7月18日正式投入使用。

N01演播室高清系统有效优化了制作、播出流程，全面提升了节目播出的技术质量和生产效率。将网络化、文件化的技术优势有效地转化为节目优势，将制播新架构、新技术与保稳定、重安全紧密结合，为《新闻联播》打造了安全播出的生产线。

2. 技术特点及功能

N01演播室高清改造配套新闻网络制播系统、新闻包装制作系统一同完成高清化改造升级，从前期拍摄采集到后期编辑制作直至演播室播出，实现新闻生产全流程高清化、文件化制播。改造时，技术局充分考虑新闻制播流程中的特殊性，在确保安全播出的前提下，充分发挥高新技术的作用，在传统新闻制播基础上有所创新。

（1）重播分段直送技术确保《新闻联播》重播及时安全

应对《新闻联播》节目时长超长、重播时间紧的特点，对现有的重播送播系统进行独创性改变，实现送播文件分段传输并保证播出时成品节目无缝衔接。采用图形化可视节点界面（UI）设计，实现直播与制作送播并行，同时直观了解送播文件传输情况。

（2）紧急时政收录播出系统的创新运用

在原有的EVS系统上创新，实现收编播同步一体化、清晰的区域划分、功能同步进行、各环节互为备份的紧急时政新闻收录播出系统。该系统将原有一体化工作区拆分为收录制作区和播出区，实现对紧急时政新闻的主备收录制作、主备双路并行同时播出，解决了《新闻联播》开播前及播出中时政紧急回传的接收、编辑、审片需求，以及《新闻联播》播出后需要紧急修改部分画面或声音的需求。该系统大大提升了收录制播效率，缓解了节目播出的时间压力。

（3）多通道播出控制技术节省人力，提高节目灵活性

播出系统可实现多通道播出控制，实现一个工位控制4个通道，可同时播出多路视频信号，在提升播出安全性的同时，极大节省了人力资源，不仅使播控更加灵活，还丰富了播出方式。

（4）专用字幕系统满足时政新闻多种制作需求

使用新闻包装专用字幕插件，与新闻业务管理系统对接，面向《新闻联播》时政新闻的多种包装需求，为编辑提供字幕效果实时渲染预览和复杂字板制作。在优化字幕制作任务的同时，保障了新闻时效性和准确性，得到了节目制作人员的高度评价。

复兴门办公区高安全性新型制播系统

"中央台高安全性新型制播系统"项目于2018年3月获得总局批复并开始建设。该项目以建设中央广播电视总台复兴门办公区自动化制作、媒资系统基础设施虚拟化平台、自动化制播系统信息安全等级保护、自动化制播系统集中运维监控安全管理平台为主要内容，着力打造集数据安全、网络安全、业务安全为一体，支持业务快捷分发、系统和业务全面监测、快捷运维的高安全性新型制播系统。该项目于2020年9月18日通过国家广播电视总局专家组的技术验收，同时正式上线运行。

中央台高安全性新型制播系统上线运行后，已迁移存储音频数据90TB，媒资系统发布编目数据5万多条，水印系统加嵌音频文件2.8万多条，解嵌音频数据6.7万多小时，纳入安全管理设备214台，纳入集中运维监控设备及软件579套，业务流程24个，运维管理平台处理故障310余条，处理系统变更200余条。

"中央台高安全性新型制播系统"项目是全国首个符合信息系统等保四级要求的广播播出系统，创新实现了制播业务流程全生命周期的可视化信息监测，实现了敏捷高效的监测、运维一体化融合。该项目的建设，提高了中央广播电视总台复兴门办公区制播系统的数据容灾性能和安全性，建立了集中安全管理体系，完善了监测监控、预测预警机制，落实了信息安全应急指挥和安全通报制度，建立了一体化的集中运维监测平台，实现了信息系统基础网络、业务流程状态等的集中监测和运行维护的流程化管理，加强了系统故障与性能、服务与流程的管理融合，实现了网络管理、运维管理和服务管理的一体化融合，体现了中央广播电视总台在广播技术领域创新发展、不断向前的引领作用。

光华路办公区新建数据中心电站

为满足云数据中心及新媒体业务发展的工艺用电需求，2018年3月光华路办公区新建数据中心电站立项，于2020年6月1日开工建设，历时近5个月，按计划完成项目建设。

2020年10月13日，光华路办公区新建数据中心变电站（D3电站）顺利投入试运行。变电站满足光华路办公区数据中心增容扩展的电力需求，解决数据中心适配新闻新媒体建设面临的供电容量不足问题，并为光华路办公区后续电力增容及电站建设预留了供电容量。

D3电站位于光华路办公区主楼地下三层，总建筑面积约为788平方米。该电站是涵盖高低压供电系统、直流操作系统、UPS系统、多平台电力监控系统、精密机房空调系统的集成度高、智能化工艺电站。在电站设计与建设中充分考虑系统容错性和冗余能力，注重可靠性与可用性，兼顾绿色节能与未来系统扩容能力。

随着中央广播电视总台节目制播系统文件化、网络化程度越来越高，数据中心对供电系统的可靠性要求也随之提高。根据中央广播电视总台云数据中心设备运行特点，电站采取国际上主流的2（N+1）的UPS供电系统为负载供电。这种供电模式可以达到Tier Ⅲ并部分满足Tier Ⅳ的国际标准。采用大功率模块化UPS和2（N+1）的系统为负载供电，不仅大大提高了系统的容错性，也彻底解决了检修维护工作时负载侧供电须降级运行的弊端。这种双总线冗余供电方式采用两条总线对后端设备进行供电，每条总线上均有相同容量的UPS为负载提供不间断电源，消除了可能出现在UPS输出端与最终用户负载端之间的"单点瓶颈"故障隐患，提高了UPS供电系统的容错能力。在考虑冗余、容错提高系统安全可靠性同时，还通过在两段低压母线侧各增加一套400A谐波抑制器来提高电能质量，有效降低了供电系统因谐波干扰带来的潜在安全风险。

为减小能源消耗，新建数据中心电站采用了功率因数为0.99的高频模块化UPS机组，相比工频UPS机组可节约10%—15%运行费用。在ECO绿色节能模式下，节能更加明显。

传统UPS供电系统更新换代拆除旧机组时，会造成一定时间内双总线系统变成单总线供电，降低了供电保障等级，增大负载安全运行风险。通过在UPS输出配电柜外置直通旁路，实现负载与UPS机组电气隔离，可实现不断电前提下在线扩容、在线升级，确保了双总线的持续可用性，真正实现了7×24×365安全运行的目标，为数据中心长期稳定运行提供了可靠保障。

二、总台5G+4K/8K+AI等技术研究与应用情况

5G媒体应用实验室新技术应用研究情况

技术局5G媒体应用实验室于2020年5月投入运行，实验室持续对5G+4K背包、8K编解码器等传输相关设备的性能和功能进行优化。在研究5G技术在媒体领域应用的同时，技术局积极推进新技术的探索创新，取得多项技术突破及应用成果，以新技术实验和实践推动成果转化和示范作用，助力中央广播电视总台新媒体节目制播实现移动化、轻量化的系统部署。

2020年1月，在总台春晚5G+4K/8K+VR创新应用启动仪式上，基于5G网络的三路8K画面分别由总台复兴路办公区第一演播室、郑州分会场和港珠澳大桥分会场通过5G+8K实验背包设备进行回传，并在梅地亚中心的仪式现场大屏上进行多路8K画面切换展示。

2020年3月，在总台5G+4K/8K+AI媒体创新应用推广周上，技术局在复兴路办公区一层大厅搭建了展示场地，实地展示总台5G+4K/8K传输系统设计、传输背包硬件及相关系统架构方案，向全台职工展示总台近年来基于5G网络取得的技术成果。

2020年9月，在中国（北京）国际服务贸易交易会和第十五届文化创意产业博览会期间，总台联合运营商采用基于SA独立组网的5G切片技术进行8K 160Mbps超大码率视频传输，在持续多天的现场传输中，8K画面稳定可靠，进一步验证了5G切片技术在8K视频传输中的保障作用。

5G媒体应用实验室始终秉承"实验＋实战"的"双实"策略，将5G媒体应用实验室的各项成果快速转化为新闻制播和节目生产。在实战中发现新问题、新诉求，再通过实验室的测试验证其可行性、安全性。实验与实战彼此呼应，协同前行，用最新的技术成果服务于总台的节目制播和5G新媒体平台的应用，体现技术的价值。积极拓展5G背包实践的创新应用，结合体育青少节目中心"多角度看赛场"与社会与法频道"庭审现场"直播传输的保障工作，对5G背包的多路视频同步传输功能进行实践验证。完成5G背包的多功能、轻量化、高可靠保障模式的升级改造工作，实现节目形态的延展、传输系统的演练和设备可靠性的验证，对整套5G直播传输保障模式进行了系统规划。

2020年，实验室总结各项研究成果，对外

发布《中央广播电视总台 5G 媒体应用白皮书》。实验室研究成果得到了国内权威技术机构的充分认可，获得 2020 年中国电影电视技术学会第十三届科技进步奖评选一等奖，工信部"绽放杯"5G 应用大赛联通赛道一等奖等荣誉。

全海深载人深潜 4K 直播

2020 年万米载人深潜"深海关键技术与装备"是科技部立项的国家重点研发计划的重点项目。中央广播电视总台与中国科学院深海科学与工程研究所（深海所）等多家单位作为课题组成员参与其中。总台首次采用 4K 标准全程直播科考全过程，实现了万米洋底载人潜水器与北京演播室之间的"海地通话"，开创了 4K 信号远海直播新纪录。

1. 系统设计

依托"亚太九号"卫星和海事卫星构成"双星系统"，总台在两艘船上共架设了 6 套船载卫星传输系统和 2 个前方综合直播工作间。在系统功能设计上，可满足以下需求：每艘船最多 8 路 4K/HD 信号混合制作输出及卫星回传；两艘船微波信号互联互通、互为备份；每艘船可独立接收北京返送 1 路 HD 信号接入船上监看系统；"探索 2 号"可接收北京返送 1 路演播室 HD 信号至"奋斗者号"载人潜水器，实现北京—马里亚纳沟双向视频通话；每艘船均可支持多路新媒体手机直播和云直播应用（最高 2Mbps/路）；全船网络按需覆盖，支持新媒体手机直播应用；每艘船可支持 4 个台内内线电话，可直拨台内内线电话（主持人通话）；两船可通过手持对讲、通信基站等保持通信畅通。相较之前的远海直播任务，此次载人深潜直播得益于高质量的编码压缩技术、卫星传送技术、网络数据交换技术等的不断积累与提高，让相关技术人员能以 4K 的标准全程加以展现，为节目制作部门提供前所未有的技术资源，为高质量、多角度、全媒体报道载人深潜活动提供有力保障。

2. 技术实现

以大口径船载天线搭配 200 瓦功率放大器支持 4K 大屏高码率直播，在保证可靠传输的前提下，传输码率达 32.66Mbps；以第五代高通量海事卫星配合大口径天线终端支持新媒体小屏应用、云直播及高速互联网服务，最高可支持 6 路信号并发回传；以第四代海事卫星及小口径天线终端支持多路语音通话服务，保持远海通信畅通，并经过信号转换实现全船电话无线通信按需覆盖，充分满足高频次的直播连线需求。

3. 技术成果

自 2020 年 11 月 10 日起，总台全媒体正式开启万米载人深潜直播窗口。截至 2020 年 11 月 20 日，前方技术团队累计开通卫星通道 149 小时，完成直播 15 档，新闻连线 30 档，新媒体手机直播 8 场，"探索 2 号"开通 2 路慢直播，全程 24 小时不间断回传马里亚纳海沟洋面及后甲板画面。通过与中科院深海所的深度合作，总台 4K 直播传送系统与"沧海号"视频直播控制系统无缝对接，首次实现万米海底载人潜器潜航员与北京演播室主持人实时视频连线，使我国不仅具备载人航天领域的"天地对话"能力，也具备载人深潜领域的"海地对话"能力。

此次载人深潜直播任务开创了高质量信号在恶劣环境条件下直播的新纪录，在传输手段及传输标准上实现了突破，为类似直播活动提供了有益借鉴。

全IP环境下4K信号调度和交换系统研究

"4K信号调度和交换系统研究"项目是2019年立项的全IP环境下技术科研项目，由中央广播电视总台联合华为技术有限公司和北京格非科技股份有限公司共同完成。

1. 项目目标

在前期预研成果的基础上，进一步对4K信号调度和交换系统的关键技术、系统组成、技术实现和设备应用进行研究。完成以国产设备为核心的4K IP信号调度和交换系统初步解决方案，并对项目所涉及的关键技术、设备、系统和流程进行测试、验证和展示。为总台牵头申报的国家重点研发计划项目"4K超高清电视制播系统研制"做前期探索。

2. 主要研究内容

第一，基于IP化调度网络架构需求，研究并实现核心调度和交换组网整体方案。第二，应对广电信号IP化接入、处理和显示的要求，对各类媒体节点产品进行研究，在信号调度和交换核心系统的基础上设计完整的4K信号调度、处理平台方案。第三，研究基于SDN架构的系统控、管、监实施方案，解决基于自主研发软件平台的4K信号调度系统统一控制管理要求。

3. 项目取得的主要成果

第一，提出了全IP信号条件下的4K信号调度和交换系统组网方案，及各个系统间通讯协议和接口方案。通过对双核心架构和Spine-Leaf架构的对比论证，确立了Spine-Leaf架构的组网方案，采用三层技术作为网络承载协议，同时兼容核心调度和边缘调度两种组网模式。

第二，提出了IP矩阵控制器组成框架、技术要求、功能及对外接口，明确各系统间交接边界，并开发了IP矩阵控制器、IP媒体节点等设备。

第三，开发了SDN系统控管监演示软件。项目通过研究分析演播室、总控使用的SDN系统管理软件，实现SDN软件对4K超高清信号调度及交换的设备层管理、控制、监测，并根据演播室直播调度和交换应用场景实现软件定制需求。系统软件采用BS架构，代理层、服务层、用户交互层的分层设计。融合控制、管理、监测为一体的软件应用体系，以插件式实现设备库管理。通过NMOS IS04/05协议，实现对国内、国际主流网络设备、媒体节点设备的综合控制、管理与监测。

第四，搭建了BIRTV演示系统，对相应功能指标进行演示论证和测试。演示系统展示了演播室和移动总控紧耦合的典型应用场景。演播室主要展现净切换、信号调度等，总控主要展现多通道信号的调度管理、PTP授时、外系统间的对接等。系统全部采用国产化设备，成功实现全IP环境下的4K信号调度和交换。

4. 项目实现的技术创新

第一，实现4K超高清IP核心调度系统智能分发和实时净切换。第二，提出全IP网PTP组网方案。第三，提出基于遥测技术（telemetry）的全IP网监测及展示方案。第四，实现自主知识产权的单光栅4K IP流封包及解封包。

该项目于 2020 年 11 月正式通过验收。

播出分发平台及 AVS2 超高清节目编码压缩平台

2017 年，中央电视台承担国家重点研发计划项目"面向视频内容的大数据处理分析平台及示范应用"的课题二"基于 AVS2 的超高清电视节目播出分发系统与示范应用"。同年，中央电视台配套设立"基于 AVS2 的超高清电视节目播出分发系统与示范应用－播出分发平台""基于 AVS2 的超高清电视节目播出分发系统与示范应用－AVS2 超高清节目编码压缩平台"两个科研项目。目的是面向超高清电视节目高可靠播出需求，搭建超高清电视节目播出系统和 AVS2 超高清电视节目分发平台，实现全球性重大赛事或事件的超高清电视广播应用示范，并解决 AVS2 超高清视频编码器的实时优化，以及超高清电视节目的高可靠播出与分发等关键技术问题。

该项目主要研究内容包括：研发适合 4K 超高清电视广播用的高质量、高可靠的 AVS2 编/解码样机，及支持 4K 超高清的播出服务器。针对 4K 超高清播出系统接口参数、播出系统编码参数、HDR 及三维声参数、文件封装格式、监看环境、核心设备等方面进行测试验证，为中央广播电视总台 4K 超高清播出与分发系统的建设和运行提供数据支撑和参考建议。

基于总台 5G+4K/8K+AI 技术发展战略，研发基于我国自主 AVS2 标准的 4K 超高清编码器和支持 AVS2 解码器，形成 AVS2 广播电视前端编解码应用产品，带动基于我国自主视频编码标准的产业化发展成为越来越重要的课题。产业发展初期，设备基本为基于通用服务器架构，设备尺寸大，功耗大，长时间运行的稳定可靠性差。针对上述问题，该项目根据广电行标《高效音视频编码第一部分：视频》（GY/T 299.1—2016），以高分辨率、高帧率、高比特精度、宽色域、高动态范围为要求，研制了适合超高清电视广播用的高质量、高可靠的基于硬件平台架构的 AVS2 编解码样机，形成了可部署产品。同时，研究 AVS2 超高清编、解码器测试方法，对所研发的 AVS2 超高清编码器和解码器的功能、性能、接口技术指标等进行检测，对所搭建的 AVS2 超高清编码压缩平台输出码流的技术指标等进行测试和分析。

该项目试制的 AVS2 超高清编码样机采用 ASIC+CPU 混合架构，通过 ASIC 的 HEVC 编码芯片编码和基于 CPU AVS2 并行编码技术实现 AVS2 超高清实时编码。所试制的 AVS2 超高清编码器、解码器除满足上述广电行业标准要求外，还考虑了 4K 超高清信号在高动态范围、宽色域方面的技术特点，以及日后三维声（3D Audio）等技术发展趋势，在接口、功能扩展性上留有升级空间。

该项目研发的 4K 超高清视频播出服务器能够支持第三方控制，根据节目单进行本地文件或外来信号的切换，支持台标、时钟、字幕等的叠加功能。通过测试评估，同时确定了适合中央广播电视总台 4K 节目文件使用的文件化编码、封装格式等参数，为《4K 超高清播出格式 MXF 文件规范（暂行版）》的制定提供了技术依据。

该项目成果为中央广播电视总台 4K 超高

清制播技术体系建设提供了有力支持，为总台首个4K超高清频道的开播奠定了基础。频道开播两年来，运行稳定可靠。

该项目于2020年11月正式通过验收。

8K超高清电视频道播出关键技术研究

根据中央广播电视总台5G+4K/8K+AI发展战略和超高清视音频制播呈现国家重点实验室技术科研规划，总台积极推进8K超高清技术工作。2020年，技术局播出二部结合科研项目"8K超高清电视频道播出关键技术研究"针对8K播出的关键技术开展研究与实践。

1. 8K播出试验系统介绍

通过技术标准和设备落地情况调研，播出二部项目团队搭建了8K播出试验系统。该试验系统支持8K超高清文件备播和8K超高清信号直播，具备8K文件解码、8K图文叠加、8K信号切换及8K高帧精度自动控制能力。8K超高清试验频道实现基于节目单编排的8K自动播出。试验系统包含播出视音频切换链路和播出控制、管理、监控系统模块，与总控系统进行信号对接，与制作系统进行文件对接。

2. 8K播出试验系统关键技术

在视音频基础技术参数方面，基于8K特征、接口传输标准及文件编码封装方式的情况，项目团队制定了8K试验系统的视音频基本参数和8K节目文件送播技术要求，推进了8K制播流程的落地。

在视音频链路方面，8K播出试验系统采用ST 2110标准来构建无压缩视音频切换链路，核心处理单元全部IP化，按照功能将IP系统划分为多个逻辑单元，同时设计了SDI基带单元以适配基带设备接入需求。系统产生PTP和BB同步信号，为系统全域提供同步基准。

在播出控管监方面，8K试验系统首次采用全网络化播控技术，突破传统串口控制协议及物理连接对系统灵活性的限制。项目组提出并采用时间线叠加即时指令的新型混合控制时序机制，解决并行控制多个子画面同步控制问题；采用显性与隐性文件关联管理，解决了分组文件管理与编排问题。

3. 系统完成效果

通过自主研发的8K播出控管监自动播控系统和全IP核心视频服务器，8K播出试验系统实现基于节目单编排的8K自动播出，汇集演播室直播信号及后期制作文件，制播全域采用无压缩IP信号标准，全流程自动化管理、模块化组配、高精度控制，8K视频播放器、广播级监视器等设备实现国产化。播出二部根据8K试验播出系统的特点制定播出系统操作规程，完成运行人员操作培训和维护人员技术培训；对接节目播出编排部门，完成播出协调。

5G+8K超高清视频产业将成为经济的新增长点，以视频服务消费为核心，带动智能服务、智能体验、智能产品等多种新消费模式。在加速提高超高清内容制播能力的同时，也能够推动超高清技术创新成果实时、高效、精准推广，缩短转化周期，降低转换成本，提升转化效率。

智能语音转写平台

智能语音转写平台是技术局联合国内AI

企业和国内广电行业专业技术公司联合研发的生产系统，逐步投入实际生产，是中央广播电视总台科技创新转化为实际应用的典型案例。该项目于2019年9月完成招标，2020年6月正式投入使用。2020年12月，技术局通过掌上通平台和综合信息网进行智能语音转写平台的线上直播培训，扩大使用范围。

对全球视频制作媒体人而言，字幕制作的传统方式费时、费力，效率低下，与观众获取信息速度无法及时匹配。技术局搭建人工智能语音转写平台，将2017年的"智能语音识别技术在电视节目制作环节的应用研究"项目所取得的多项技术成果在智能语音转写平台中得以应用，提升了专题类、综艺类节目制作效率。

1. 创新亮点

第一，基于人工智能语音转写技术的自动化字幕生产流程，将传统电视字幕制作流程的5个步骤简化成语音AI转写、核对修改、字幕生成审核3个步骤，字幕生产效率平均提高了3倍。

第二，基于声纹识别实现电视节目人物角色区分，通过声纹识别技术，可自动实现访谈类节目的语音转写和角色识别，简化视频节目内容素材挑选和流程，提高节目制作效率。

第三，基于广电字幕特征的自动断句模型和方法。项目采用机器学习的方法，通过大量的数据标注和模型训练优化获得断句模型，提取上下文相关的语义特征，结合停顿等语音特征，对句子和段落更好地进行划分，对断句后字数超出限制的句子，还进一步采用其他候选断句结果，来满足制作要求，大幅提升断句准确率。

第四，对词语自动赋予时间码标注并实现字幕断句时码自动跟随调整。可实现在对字幕文本句子进行拆分、合并等操作时，字幕文本时间码自动跟随调整。

第五，实现电视节目字幕和语音内容自动匹配。项目通过智能语音技术与最短编辑距离算法，实现字幕与语音内容的时间码自动匹配对齐，提高了工作效率。

2. 成果应用

智能语音转写平台在总台制作域17个后期制作岛进行全面部署使用，同时在总台宁夏记者站、贵州记者站等部门都有部署。

智能语音转写平台为2020年春节联欢晚会语言类节目提供转写服务。春晚语言类节目中相声类节目口语化较多，语速快，又说又唱，文字逻辑关系差；小品类节目存在参演人员众多、互相抢话等语音转写技术难点，但智能语音转写平台历经多年的研究与功能持续改进，具备应对不同类型节目和各种挑战的能力，保质保量顺利完成了全部语言类节目字幕的制作。整套字幕制作流程都在智能语音转写平台上进行，节目数据存储在总台私有云，确保节目数据安全。

录制四部在《2020年春节联欢晚会》重播版制作中使用智能语音转写平台完成语言类节目的字幕制作，春晚全部语音类节目均通过此平台制作完成。此次流程创新进一步推动传统字幕制作向人工智能字幕制作的变革，有力保障春晚重播节目的安全高效入库和节目的快速复用。

智能语音转写平台为《我爱发明》《今日说法》《海峡两岸》《远方的家》等不同频道、不同栏目转写超过6000多期节目，大幅降低编导劳动强度，提高节目制作的效率，受到编导和技术人员的一致好评。

混合制作岛融合媒体直播系统

2020年，技术局混合制作岛融合媒体直播系统共完成中央广播电视总台各频道的新媒体直播共计469场。其中，体育频道节目共计262场，包含足球之夜—比赛日、CBA、沙滩排球锦标赛、花样滑冰大奖赛、天下足球20周年等；其他频道节目共计207场，包含法制频道热线12、庭审现场、中文国际频道进口博览会、少儿频道特别节目、综艺频道TOP荣耀时刻等节目。

1. 轻量化方案助力报道

在落实好各项防控措施的同时，技术团队利用新技术、新应用创新媒体传播方式，在新冠肺炎疫情大流行初期尽最大限度减少人员的聚集和流动，设计出超轻量化直播方案，为各行各业参与直播人员安装了80余部手机PGC协助直播，通过手机直播传送的方式充分发挥时效性和便捷性的优势，将前方采访画面实时传回北京。技术团队先后完成《抗"疫"前线》《战疫"后援团"：长城爱心大本营在行动》《复工复产系列》《武汉"重启"》等30余场融合媒体网络直播，为广大民众了解武汉疫情第一手讯息提供了重要平台。手机PGC还适用于前方视音频素材采集、回传，便于后方及时获取前方音视频素材。

2. 虚拟演播室与远程连线结合直播

根据体育频道新媒体组节目播出需求，制订虚拟演播室与远程连线相结合的节目制作方案，形成体育频道多个栏目虚拟演播室内进行赛事直播、赛后分析、多人连线的组合效果，获得用户认可。2020年，完成覆盖整个中超联赛的《足球之夜—比赛日》新媒体直播64场，完成2020—2021赛季中国男子篮球职业联赛新媒体直播4场，该类型直播贯穿2020—2021赛季的CBA联赛。这一直播形式形成体育频道中超和CBA联赛转播报道的特色环节。

3. 云切换支撑进博会直播

根据环球华语节目中心中文国际频道新媒体组"慢直播嵌套专题直播"的需求，借助5G媒体应用实验室媒体科技创新研究成果中云端切换技术，首次完成168小时慢直播和专题直播结合的《进博360°》融媒体直播节目，为进博会宣传报道发挥了重要作用。为满足本次直播，技术团队设计并实施云端+本地多级切换架构，结合线下物理切换设备及云端虚拟化切换台，形成本地1级切换、云端2级切换的组合应用模式，并且由云导播台完全承担不间断的流媒体信源汇聚、切换及推送。节目最终在央视频、今日头条、微博、抖音等客户端分发，7天168小时不间断带领观众饱览上海风光，专题直播展示进博会看点，多平台累计直播观看量达2090万人次。

超分辨率图像增强技术在专业影视图形图像领域的应用研究

"超分辨率图像增强技术在专业影视图形图像领域的应用研究"是2018年立项的技术科研项目，目标是通过研究图像超分辨率新方法及其在影视传媒中的应用，提高影视画面的质量，以满足全面推广4K超高清电视的需求。

该项目主要研究基于深度学习神经网络的

超分辨率方法及其在影视传媒制作中的应用，开发适用于人脸、文本和场景的超分辨率算法，构造相应的人脸、文本和场景数据集，超分辨率系统集成与应用系统。

该项目利用超分辨率新技术，增强影视传媒中所用素材图像的分辨率，以满足4K的画质要求，并通过超分辨率放大满足大屏幕的清晰显示。传统的图像放大技术随着放大倍数的提高，画面变得越来越模糊，无法满足大屏幕显示的画质要求。采用基于深度学习神经网络的新的超分辨率技术，在放大的同时，保持画面的边缘、纹理等清晰锐化，远远优于传统的插值等放大方法。另外，该项目也同时研究了HDR高动态范围图像处理技术在影视传媒制作中的应用。通过新的图像超分辨率技术改善画面质量的同时，满足4K超高清显示要求，对4K电视技术的推广具有重要的意义。

项目组在研究过程中完成了系统总体架构、技术方案和各个模块的功能设计，构建了历史素材人脸图像、文本图像和历史场景图像数据集，制订了项目实施方案。按设计方案实现了一个超分辨率图像增强神经网络VFSRNet，完成VFSRNet的训练和在前述数据集上细调与测试。技术指标PSNR和SSIM均已达到或超过所需技术要求。在此基础上，实现一个VFSRNet集成系统，并应用于纪录片中历史人物、文本和历史场景的图像分辨率增强与放大，满足4K大屏幕显示要求。同时，项目组完成了高动态范围HDR图像增强的设计方案，实现了亮图像（过饱和区域）和暗图像（欠饱和区域）的高动态范围图像增强。

在超分辨率实现中，项目组重点解决两个疑难问题：一是超低分辨率图像（即较小分辨率）的超分辨率，二是超放大倍数（放大8倍以上）的图像超分辨率。超分辨率的实现，满足了4K和大屏幕显示的高清画质需求。同时，项目组提出了一种新的金字塔双向回归超分辨率模型和神经网络VFSRNet，包括几个自主研发的超分辨率算法。

在HDR系统实现中，项目组重点解决了过饱和图像和暗图像的高动态范围增强，提出了一种基于生成对抗神经网络的HDR系统，包括亮图像、暗图像的HDR处理算法。

基于上述科研成果，项目组发表5篇学术论文，包括1篇重要国际期刊论文（SCI二区）和4篇重要国际会议学术论文，并申报2项技术发明专利。项目实现的超分辨率系统技术指标达到或超过了峰值信噪比、结构相似性等技术指标要求。研究成果在总台纪录片制作中进行了应用尝试，取得很好的分辨率方面图像增强效果。

该项目于2020年11月正式通过验收。

音频水印技术在广告业务中的应用研究

"音频水印技术在广告业务中的应用研究"是2018年立项的技术科研项目，主要目标是通过研究音频水印技术和广告业务的融合方式，创新广告大小屏互动模式，提升观众黏性和用户体验，探索广告营销新模式。

该项目主要研究内容包括验证基于音频水印技术的广告互动形式的可行性；探索基于音频水印技术的广告互动营销新模式，在广告产品设计等方面进行创新性尝试，在为广告主带来更好回报的同时，为中央广播电视总台带来广告收入的增长；对互动广告效果进行分析，收集广告主与观众反馈，不断优化广告互动形式，形成稳定的互动广告业务模式。

项目组通过研究音频水印的技术原理、最新发展及在国内外的应用现状，对音频水印技术在中央广播电视总台广告业务中的应用进行了探索。建立了音频水印技术的全自动嵌入检测流程，同时对广告大小屏互动模式进行了实际案例验证，对音频水印适配4K文件格式进行了验证。

音频水印由三种主要属性组成，分别是水印的无声性、水印携带的数据量和水印的鲁棒性。水印的无声性是一项基本特性，确保人耳无法感知音频信号的变化；水印的鲁棒性涉及该技术在持久化方面的属性，只要该音频不被严重弱化，之前嵌入的水印内容就能够应用于标准的音频处理流程而不被破坏；水印携带的数据量并不会影响无声性和鲁棒性。数字音频水印可以在2秒至5秒的时间里被快速检测，可以精确地同步音频或视频。根据研究计划，工作人员将音频水印嵌入、检测软件集成到广告备播系统中，作为广告素材文件处理的一个环节；广告备播系统分别调用音频水印嵌入软件和音频水印检测软件来完成水印的嵌入及检测等一系列流程，再通过分析收集到的客户端数据和广告网页访问数据，实现应用效果研究。

该项目研究期间，分别进行了CCTV微视移动客户端等的识别模块嵌入及相关互动广告音频水印加载等工作。通过"世界读书日"互动广告等实际案例应用，实现了电视广告与移动端APP的大小屏互动，检验了音频水印技术从前期策划、APP端具体实现、大小屏互动到运营数据分析等阶段的实际应用效果，证明了音频水印技术在广告业务中应用的可行性。

从广告播出情况及参与人数的对比看，广告的播出次数和参与人数的访问量呈正态关系分布，即：电视广告播出次数越多，所获得的参与人数越多，同时页面访问次数也越多。项目验证了音频水印技术应用在广告业务上的穿透性、适配性、稳定性、可识别性等。项目组开发的SDK达成了与多个APP的嵌入，验证了该SDK的适应性和匹配能力及数据回收能力。同时，项目组还验证了匹配未来4K超高清广告业务的技术能力。

该项目于2020年11月正式通过验收。

新闻生产AI技术应用

2020年，中央广播电视总台技术局以央视新闻云为基础，针对新闻生产的实际情况和需求，通过语音识别、语音合成、图像识别、机器翻译等成熟人工智能技术的综合应用，定制打造了多种适用于新闻内容生产的智能化生产工具和应用服务，将人工智能融入新闻生产流程，代替和辅助部分人工工作，创新节目生产方式，提高内容生产效率。

1. 语音合成技术

在语音、语调、语速等方面可以模拟真人发声，尤其是针对中英文的语音合成技术较成熟，大量应用于车载语音导航、银行医院排号、交通播报等领域。根据现阶段新闻融合生产中配音需求量不断增大，时效性要求强，需要快速生产、快速发布的情况，在央视新闻云以语音合成技术为基础，设计开发了适用于新闻融合生产的智能配音工具，实现对中英文稿件的自动配音。

2. 语音识别技术

针对常用语种音频能做到高效精准识别，同时可根据语境、语义对识别内容进行动态识别校正、智能断句、匹配标点等。该技术广泛应用于各行业领域。通过对新闻生产流程的调研，在素材查找、稿件编辑、视频制作等流程环节均可应用语音识别技术辅助节目生产。首先，通过对央视新闻云内容库的改造，用户可选择内容库中的中英文视音频素材发起语音识别，识别后的同期文字和每句话的时间信息作为素材的辅助信息，可以用于音频内容的快速检索和准确定位。其次，通过对稿件编辑工具的优化升级，识别后的同期文字可直接添加到稿件编辑区，用于文稿撰写。最后，根据同期文字与时间信息的对应关系，定制设计了适用于新闻同期字幕快速编辑制作的智能同期字幕工具，并结合自动翻译应用，支持多语种字幕同时制作。

3. 机器翻译技术

在中英文互译方面日趋成熟，可达到较高的准确率，中文与其他常用语种间的互译能力也在不断提升和完善，被广泛应用于文档翻译、对话辅助、旅游服务等领域。结合中央广播电视总台多语种新闻生产的业务需求，在央视新闻云平台引入多语种机器翻译技术，支持中英互译，中英文转西班牙语、法语、俄语、阿拉伯语等，实现对节目文稿、同期字幕的多语种自动翻译，通过对内容库、稿件编辑工具、同期字幕工具的优化升级，将翻译结果用于素材查找、稿件编辑、同期字幕制作等生产环节。

4. 图像识别技术

现阶段技术成熟度最高、应用最广泛的智能技术之一，能准确识别图像中的人脸、物体、地标、场景、旗帜、文字等特征标签，尤其在人脸识别上识别准确度较高，广泛应用于安防、电商、金融、社交等行业领域。结合新闻生产的应用需求，在央视新闻云平台集成人脸识别、物体识别、场景识别等图像识别应用，自动智能标记视频素材中的主要人物、地标地点、事件场景等标签信息，提取出的标签信息作为素材辅助信息，以实现对视频内容的查询、检索。此外，央视新闻云平台以视频素材的标签信息为基础，根据标签相似度等因素，对相关内容进行聚类，将关联性高的素材智能推荐给用户，辅助内容查询和节目生产。

通过对央视新闻云进行人工智能应用的适配改造，将人工智能技术融入新闻生产流程，在新闻内容生产制作中，实现自动配音、自动翻译、多语种同期字幕、视音频内容检索、相关素材推荐等智能应用，提供了多样化的智能生产工具和应用服务，是人工智能与新闻内容生产相结合的全面创新和领先尝试。

8K前期技术的研究与应用情况

中央广播电视总台稳步推进5G+4K/8K+AI发展战略，保持包容、开放、严谨的态度推进8K技术与制作工艺的成熟与完善。2020年，8K前期拍摄方面取得突出进展，并形成相对固定的前期工作流程。

1. 春晚创新应用启动仪式三地8K直播

2020年1月14日，总台在梅地亚中心举行了2020年春晚5G+8K/4K+VR创新应用启动仪式，对春晚新技术应用进行了全方面的介绍，并对主要创新技术应用做了效果展示。

技术局积极推进8K战略和5G技术的创新应用。在发布会现场，总台联合运营商，通过5G背包、8K讯道机和8K收录系统。总台三地的8K实时直播向在场所有人展现了5G+8K的魅力。

2. 全方位8K春晚节目录制

继2019年新中国成立70周年庆祝活动中尝试8K录制后，总台在8K制作上逐渐成熟，前期拍摄参数与后期制作方面逐步形成固定的工作流程。在2020年鼠年春晚中，总台首次采用多机位、多角度对北京一号演播厅、郑州分会场、港珠澳分会场的春晚节目进行8K录制。三个会场总共使用了9套8K设备，包括8套8K ENG摄影机，1套8K讯道机。

3. 试验8K 100P高帧率制作

在2020年春晚中，总台同时尝试在8K超高清分辨率下，使用索尼UHC-8300 8K讯道机系统，进行100P高帧率拍摄，为总台8K制作工艺研究进行技术储备，在8K制作的基础上进一步测试100P拍摄、制作、显示端到端等工艺全流程，并对在8K超高分辨率下50P及100P的图像特点进行比较。

4. 中央广播电视总台首部全流程8K《美丽中国说》系列节目

系列纪录片《美丽中国说》是总台首个采用8K全流程制作的节目。该节目由英语环球节目中心新媒体部《美丽中国自然》栏目组策划，旨在让世界了解中国生态文明建设的新思路、新进程、新发展。

《美丽中国说》前期拍摄共历时4个月，跨越祖国大江南北，分别前往江苏盐城、云南西双版纳、陕西秦岭、吉林长白山、云南迪庆等地，深入原始森林、自然保护区，拍摄野象、麋鹿等稀有野生动物。系列节目共安排6名ENG技术人员与多台8K ENG摄影机，参与该8K项目前期拍摄工作。

5. 国内首次5G+8K实时传输和快速剪辑集成制作

5月19日，总台举办了5G+4K/8K+AI媒体创新应用推广活动周启动仪式。技术局使用8K讯道机，在光华路办公区央视频现场制作8K、4K信号，并通过5G+8K背包将画面实时传输至复兴路展区，进行了国内首次5G+8K实时传输和快速剪辑集成制作。

AI+VR智能虚拟现实制作技术研究应用

针对中央广播电视总台在节目制作中虚拟现实技术内容创作、制作呈现、技术创新等方面扩展应用需求，技术局开展动态实时跟踪、AI智能动作捕捉等多种创新理念融合应用的技术研究工作，通过一段时间的效果演示和可行性技术路线探索，逐步开发基于LED屏幕呈现的AI+VR制作系统，用于解决现阶段虚拟演播室节目制作的多种局限性问题，为节目整体场景视效带来相应的提升。

1. 功能点的创新研发

以台内多年VR制作技术为基础，进行延伸开展核心技术研究攻关，在多个关键技术上实现了同步突破。

（1）VR扩展呈现技术

解决了VR视觉效果及透视关系如何映射至LED大屏幕呈现，实现演播室扩展现实制作。结合渲染引擎内投影变换算法，将场景内容投影至LED大屏，实拍摄像机运动信息同步输出至渲染引擎，实现虚实统一结合。

(2) 物体跟随空间定位技术

通过面向近红外大空间运动跟踪定位系统的研究，可实现区域的覆盖，摄像机位姿与镜头参数融合降低系统复杂度，保证了大屏幕场景与摄像机位移的联动，并在同一LED屏幕空间内融入AR元素进行前景植入。

(3) AI智能分析的自然视频人体运动捕捉技术

通过AI智能深度学习方法对人体运动跟踪技术展开研究，采用卷积神经网络架构设计自然视频人体骨骼解算器；开发了空间视觉系统标定功能，可以3D化2D骨骼节点，有效突破节目制作过程中虚拟演播室复杂环境条件的制约因素。

2. 技术实践应用

在VR扩展应用实践方面，对多个节目制作提出的创新需求进行制作实践。央视新闻客户端的《百度世界2020大会》节目首次利用AI+VR技术推出《AI影响生活》融媒体直播。央视新闻新媒体客户端《一起去火星》节目直播、央视频客户端《薪火相传》节目录制、体育频道《运动大不同》节目样片录制、科教频道《中国诗词大会》（第六季）录制、农业农村频道《农家乐翻天》节目录制等也利用了AI+VR技术。

3. 系统功能完善和应用推广

基于LED大屏的VR呈现和融合AI运动捕捉的虚拟现实扩展制作方式，通过引擎实时解算摄像机空间位姿跟踪，将3D场景投射至多块小间距拼接LED大屏，实现主持人无穿戴实时运动姿态跟踪，打造全新的AI+VR节目制作模式，解决现有的虚拟制作问题：无法解决传统虚拟演播室制播模式的束缚，对蓝箱绿幕的依赖导致存在抠像噪声、穿帮等障碍；节目主持人无法看到虚拟场景，互动形式单一；可穿戴式设备的复杂度较高导致虚拟形象动作僵硬等诸多应用限制。

综合技术开发过程经验和多档节目实践应用总结，后续将不断优化完善AI+VR融合应用的虚拟现实制作技术，构建功能完备的全流程系统，简化系统操作使用流程，便于在中央广播电视总台所有演播室节目制作中应用。同时，技术局依托全台节目资源形成AI+VR制作的合力，扩大虚拟现实探索研究范围，打造出更多精品虚拟视效节目，以技术创新促进节目内容质量提升。

8K网络制作系统

2020年8K网络制作系统顺利完成《2020春晚》《美丽中国说》等一系列重大8K节目的生产制作及展播任务，在系统上具备了8K信号收录、编辑制作等功能，成功实践了8K节目生产系统的技术规划。

1. 收录

混合制作岛8K系统采用的Ingest Matchless（IM）UHD超高清8K收录服务器，具备单台50P 8K（7680×4320）的采集能力，支持BT.2020 HLG HDR高动态范围信号收录。

在收录编码封装环节，采用了SQD XAVC 500Mbps/16CH LPCM编码方式，为了适配后期代理剪辑的技术要求，采集高码率时同步编码4K H.264 MP4代理文件，以支持多轨素材代理剪辑。

2. 编辑

混合制作岛8K HDR超高清非编工作站，具备自动化色彩管理、8K多格式混编、高性能8K实时编辑、8K/4K超高清HDR和高清SDR同步制作输出技术、5.1.4/7.1.4环绕立体声制作等特性，实现了8K不同编码、不同动态范围、不同曲线的8K多格式高码混编与实时输出。全网络化特性让用户在多台设备上并行剪辑，满足高效率高质量的节目创作要求。同时，具备"8K编辑+4K监看"双引擎技术，用户在4K监视器中就可以监看完整画幅，并保留了原有画面色彩和动态信息。

3. 节目制作

在2020年春晚8K重播的节目制作中，为达到最高效的编辑效率和合成效率，系统使用了多台8K网络化编辑工作站和后台合成服务器，同时团队设置了8K信号的实时监看环境，做到采、编、合成、审片的流水线工作流程，保证了8K春晚重播制作的质量和时效。

在《美丽中国说》节目的制作中，技术团队对8K拍摄的海量素材采用基于代理码率时间线素材挑选上载的模式，解决了多种后期制作软件之间的素材交互问题，使上载的素材量大大减少，减轻了8K海量素材对在线存储系统的压力。此外，技术团队还根据8K RAW文件的特点，对每期节目进行了极为精细化的调色处理，使不同天气、不同时刻、不同环境等条件下拍摄的内容在节目风格上趋于统一，充分体现最佳8K视觉效果。

总台超高清视音频制播呈现国家重点实验室建设

2019年12月6日，中央广播电视总台超高清视音频制播呈现国家重点实验室（简称国重实验室）建设启动。2020年，围绕构建5G+4K/8K+AI战略格局的科技创新要求，实验室稳步推进相关建设工作，以国家重大科研项目和实验室开放课题研究为依托，积极推进科技创新，以国庆盛典、春晚等重大活动转播为契机，积极推进科研成果的应用和推广。

1. 稳步推进国重实验室组建

中央广播电视总台有序推进国重实验室组建工作，确定了实验室负责人、理事会、学术委员会等主要机构成员。设立超高清电视制作技术、超高清电视播送技术、5G媒体应用、视听新媒体技术、新闻融合制播技术、数字音频技术等6个研究实验室，并与上海交通大学和广播电视规划院共建媒体智能技术研究实验室和视音频评测技术研究实验室。

2. 围绕关键技术开展研究和学术交流

国重实验室积极参与国家重大科研项目，2020年承担了"冬奥超高清8K数字转播技术与系统""4K超高清电视制播系统研制""基于广播网与5G移动网融合的超高清全媒体内容协同分发关键技术研究"等三项科技部国家重点研发计划项目，以及发改委、工信部的5G新型基础设施建设项目"5G+4K/8K超高清制播示范平台"，全面开展我国5G行业应用和超高清产业发展的关键核心技术研究。

针对8K超高清电视频道播出、4K基准监视器、AI+VR智能虚拟现实制作、基于区块链技术的视听节目版权管理、互联网协议第6版（IPv6）等关键技术，国重实验室于2020年8月公开发布首批11个研究项目的开放课题指南，部分项目取得阶段性成果。

积极组织和参加国内外高水平技术交流。在2020年5月举办的北京文化创意产业博览会、8月举办的北京国际广播电视展览会、9月举办的第22届中国国际工业博览会（上海）上，国重实验室进行了专题科研成果展示和技术交流。11月3日，在广州举办的2020世界超高清视频（4K/8K）产业发展大会上，国重实验室主办了超高清制播技术创新论坛，论坛反响热烈，参与人数众多。

截至2020年底，以国重实验室为平台开展的各项研究中，共获得36项专利授权。

3. 积极推进科研成果转化

第一，支撑国际国内标准规范制定，为中央广播电视总台和业界开展5G+4K/8K/VR制播、4K频道发展、8K频道播出试验提供技术依据。

第二，全面推进以超高清电视装备国产化为核心的科技创新工作，研究提出了4K伴随HD制作模式、8K伴随4K制作模式、原创混合现实制作模式3个超高清电视制作模式。

第三，开展新媒体平台关键技术攻关。积极推进基于公有云、专有云和私有云协同生产及分发关键技术研究，解决了全台的新闻共享、协同分发、广播电视与新媒体协同制作的关键技术。运用5G、AI、视音频等信息高新技术，建设5G新媒体平台央视频。为提升新媒体节目和平台的互动性，着力开展"VR视频+三维声"沉浸式视听技术研究，首次进行"VR视频+三维声"春晚直播。

第四，不断开展节目形态创新，力求节目呈现焕然一新，赛事转播出新出彩。在春晚节目制作中，运用AI+VR裸眼3D拍摄技术、全景视场的自由视角拍摄系统、交互式摄影控制拍摄系统、"控管监"超高清大屏幕播放技术开展春晚节目创新，使春晚舞台炫目多彩，令人目不暇接。完成350米U型超高速轨道4K超高清电视拍摄系统的研发，该系统最高速度可达25m/s，加速度可达±3.5m/s^2，满足北京冬奥会大道速滑比赛转播的要求。

央视频客户端慢直播火神山医院和雷神山医院建设

2020年1月下旬，突如其来的新冠肺炎疫情逐渐蔓延。在新冠肺炎疫情最严重的武汉市，新兴建的火神山医院和雷神山医院大大缓解了患者救治问题。在抗疫行动中，这一里程碑式举措牵动着全国人民的心。

央视频客户端推出《疫情二十四小时》，通过前方架设的慢直播镜头，24小时不间断直播两座医院建设。截至2020年2月4日，火神山医院和雷神山医院的建设过程累计观看人次超过1亿。5G高速网络传输高清信号，三级云架构保障系统的稳定性，VR技术全视角呈现——直播造医院的背后，这些力量在保驾护航。

1. 1300+CDN：撑起上亿人次访问

为了让更多"云监工"看到清晰稳定的实时画面，此次慢直播通过部署在全国及海外1300多个内容分发网络（CDN，Content Delivery Network）加速节点进行直播流量分发，使用户可以就近获取所需内容，避免网络拥堵、地域、运营商等因素带来的访问延迟问题，有效提升下载速度，降低响应时间，提供流畅的用户体验。

2. 5G+云计算：实时同步"云监工"

直播造医院能够迅速、清晰、流畅地呈现在亿万个"云监工"面前，5G网络的覆盖功不可没。

为了让直播画面更清晰流畅，此次慢直播使用5G网络传输高分辨率高清码率节目流，并利用5G+CPE技术和中国电信网络专线，保障网络高速畅通，安全可靠。在接收到前方的直播流信号后，部署在云端的关键系统开始运行，进行实时转码、添加水印图标、码率自适应、时移、延时设置、录制文件、快速合并等大量云计算处理工作，保障现场画面以最快的速度传递到每个用户面前，让实时同步"云监工"成为现实。

3. 小屏放大：超高清体验

为更好地观察施工进度，直播中大量"云监工"使用央视频客户端的投屏功能，将慢直播画面投放到电视大屏上观看，一边在客户端小屏在线相互交流，24小时"交接班"，不间断为武汉加油打气，提供精神上的支撑助力；一边在电视大屏实时追踪建设进程。

这一功能的实现，依赖于央视频客户端的慢直播投放到大屏上，画面依旧能够以高分辨率清晰呈现，经受住大屏幕"真·高清"的考验。同时，投屏功能简单易用，无须安装其他应用软件，只需要点击播放页面右上角的TV按钮，即可轻松获得超高清体验。

4. VR视角：全方位，不停歇

为了充分实现全方位、多角度的"监工"，除了4路常规直播视角，直播造医院还增加了两路VR直播：一路让用户全视角观看盖医院过程，另一路则连接到牵动人心的武汉天河机场，实时传送抗疫物资的运输画面。值得一提的是，在央视频客户端观看VR画面，无须佩戴特殊的VR眼镜，用户通过触控屏幕或转动手机，就可以自由转换观看的角度。

VR直播的技术门槛相对是比较高的，主要技术难点在于：高清晰度的全景画面捕捉，实时无缝拼接，编码速度与画质的最佳匹配，终端播放低延时、无畸变的优质用户体验等。此次的7×24小时VR慢直播开创了VR直播行业的先河。

在全景拍摄设备方面，直播采用最高8K分辨率的全景摄像机进行画面动态实时采集拼接并编码输出，将多镜头拍摄的画面进行亮度色彩调整、对齐、畸变矫正、投影到球面后最终形成完整的一帧画面。

雷神山医院画面场景较复杂，而武汉天河机场画面场景相对简单，通过技术分析后针对两种不同场景进行不同的编码配置，使VR全景达到画质最优的同时，以最快的速度传送到用户面前。

5. 访问量激增：多层级策略来应对

抗疫慢直播凝聚力越来越强，用户"云监工"热情持续高涨，访问量的激增伴随着对系统的考验。为保证高效流畅，直播启用多层级系统设计方案，采用"公有云+专有云+私有云"的三级云架构。出于安全考虑，绝大部分的数据存储和计算都在专有云和私有云，而专有云、私有云都很难短时间完成弹性扩容。这是技术团队面临的一道难题。

经过紧急商定，新的技术方案迅速成形：先在公有云进行内存级和文件级数据缓存，用于对数据保底校验；使用读写分离的方式，保证前端数据服务的稳定；在专有云运用数据存储资源隔离的方式，优先保证数仓数据的准确性，同时根据任务优先级，优先保障关键核心指标的计算。另外，部分数据指标回落私有云，使私有云的富裕资源可以参与任务计算。

多层级的读写分离、资源借用和资源隔离，经受住大量用户访问的考验，保障了系统的流畅高效。

6. 央视频慢直播的高技术含量

慢直播的"慢"突出表现在时间长，而提供长时间稳定的直播对技术要求相当高。首先，要从前方直播现场的摄像头获得直播视频流。其次，在云端对视频流进行实时转码、编码、截图录制等处理。最后，通过广泛分布的边缘节点分发给万千网友观看。而保持几天、几周，甚至更久的流畅直播，更需要整体系统长时间稳定高效地运转，以及全面的技术把控能力。

2020年1月27日，央视频开通"造医院"慢直播，仅仅两天观看人次就突破3000万，"云监工"这个词也在网络上悄然流行了起来。1月30日，"云监工"人次达5000万；2月3日"云监工"人次达9000万；2月4日，"云监工"人次突破1亿。这场慢直播记录的可能是全国最受关注的施工现场，而其背后是中国技术的飞速发展，是无数"逆行者"对中国速度的诠释，更是全国人民抗击疫情的众志成城。

三、采编、制作、媒资管理与共享新技术及应用

原创混合现实超高清电视制作平台及其应用

技术局以节目、技术、创意、制作四位一体为理念，筹备建设中央广播电视总台原创混合现实（IMR）超高清制作基地，为节目打造新一代的创意平台，实现集控、渲染、动作捕捉、三维扫描、超高速拍摄、数字资产制作、气氛合成等核心功能，完成《同心战"疫"》《英雄儿女》《飞向月球2》等大型纪录片的包装特效制作。

原创混合现实超高清电视制作平台是视觉效果创意与混合现实技术共同构建而成的超高清沉浸式视效创作环境，具有后期前置、前后期一体化、沉浸式的特点。平台由原创设计系统、模控特效拍摄系统、AI数字人物创作系统、集中控制系统、导控系统和内容制作系统构成。

该平台设计于2017年，通过《微星时代》《不朽的马克思》等项目对整体设计思路与关键技术点进行了节目应用层面的验证；2019年通过《飞向月球》这个项目成功应用完成平台整体构成；之后，该平台又通过系统与设备的升级，增补了新的功能点并完成了一系列4K精品纪录片视效创作，包括《我们走在大路上》《同心战"疫"》《英雄儿女》《孔子和我们》《摆脱贫困》《山河岁月》《百年风华》《飞向月球》（第二季）等。

原创混合现实超高清电视制作平台技术创新与亮点主要有：

第一，面向未来，强化技术引领，依托原创混合现实超高清电视制作平台，以科技再创新，打造爆款精品节目《飞向月球》（第二季）。

《飞向月球》（第二季）是全球首次将AI超写实数字人物应用在4K科学纪录片中，打

造了精品节目，引领了行业发展。AI超写实数字人物创作依托原创混合现实超高清电视制作平台，通过测量摄影、资产处理、逻辑绑定、AI深度学习、技术美术、现场实时驱动等一系列技术流程得以实现，并最终通过IMR沉浸式的拍摄环境完成。AI超写实数字人物的技术实践，突破了节目创作中的物理空间限制，赋予深化创作更多的维度，大幅提高了节目的视觉效果与表现力。

第二，深化中央广播电视总台5G+4K/8K+AI技术战略格局，实现技术落地，质量创优，占领视效创作制高点。

"AI落地，视效先行。"在《飞向月球》（第二季）的创作中，通过AI超写实数字人物的技术实践以及AI数字资产的孪生应用，实现AI技术在视效领域的落地；通过对国家重大科研成果的视觉转换，将权威的科学信息更准确地进行传达，极大提升科普宣传效果。

在超高清制作领域，原创混合现实超高清电视制作平台发挥了巨大的技术优势，4K沉浸式拍摄系统针对《飞向月球》（第二季）的摄制特点进行了多项系统层面的开发与升级，增强了现场实时交互，突破了传统机位运动带来的物理空间限制，开创了一种全新的沉浸式拍摄模式，实现了创作层面的集中控制。

在色彩和图像动态范围方面，建立了CG 4K HDR广色域线性工艺流程，实现了制作端全程保留全部色彩信息和动态范围，输出端完全适配总台现行色彩标准。通过建立视效模板多平台分发机制，实现了面向超高清CG制作色彩领域的技术创新。

"云边端"一体化超高清节目制作实践

2020年，技术局积极推进"移动云制作"实验成果转化为实际节目生产应用，逐步构建"云边端"三层架构的内容移动生产系统，持续提高新媒体技术服务能力与应用。

瑞士洛桑冬季青年奥运会期间，技术局利用云制作系统，解决了新媒体直播流传输延迟和可靠性难题。新冠肺炎疫情大流行初期，技术局通过移动云采编APP接入云制作系统，实现了体育、法制、音乐频道等编辑记者远程制作、远程连线、素材分享等节目制播需求。总台财经节目中心的《走村直播看脱贫》、中文国际频道的《进博360°》等大型融媒体专题节目报道，实现了全套云制播解决方案。

同时，结合中心云（公有云）、中央广播电视总台边缘云、本地终端，形成"云边端"一体化超高清节目制作框架，提出了全新的实验课题。其中，利用公有云覆盖全球区域提供广域移动制作支持；建立边缘云节点和中心云间弹性使用所需的媒体存储、渲染、转码等服务，以及各种工具支持服务，便于记者编辑就近接入，解决用户侧"低延时、高带宽"的超高清业务；在本地制作模式，形成"云边端"一体化制作系统，实现任何时间、任何地点的跨域、移动、协同的媒体制作需求。

2020年9月，中国（北京）国际服务贸易交易会期间，技术局与中国联通就基于西三旗边缘云的超高清云制作进行了实验与论证，实验了"基于边缘云的非编部署方式"和"云、边、端协同生产"两个课题，重点验证了超高清非编虚拟化技术，同时验证基于IP化的超高清流媒体监看方法，初步实现了移动化超高清剪辑和监看的整体解决方案。为了结合实际节目制作形式，项目团队设计了多种云边端协同生产场景，包括公有云与本地间的协同，以及云、边、端三者的协同等。协同生产实验验证收录素材或ENG拍摄的素材，在公有云、边缘云和本地间进行代理编辑后，完成高码率套片的协同制作形式，并由此得出了云、边、端协同制作的业务流程应用模式。

基于边缘云的超高清云制作实验，总结出三个初步结论：第一，中央广播电视总台办公区域内可使用笔记本电脑等工具接入5G MEC专网进行移动制作。第二，台外区域（北京）可使用笔记本电脑等工具接入5G MEC专网进行移动制作。第三，初步验证了后期制作系统以虚拟化方式统一部署在边缘云计算节点，向专业生产区域、移动办公区域提供一体化后台服务支撑的可行性。

《广播电视音像资料内容标签体系规范》的制定

在中央广播电视总台移动化、超清化、智能化（5G+4K/8K+AI）的发展战略中，技术局重点推进"广播电视音像资料内容标签体系规范"科研项目。在总台制播应用，乃至融媒体发展过程中，标签应用需求场景激增的情况下。该项目作为基础性研究工作，规范的研究制定和推出弥补了总台自有知识产权的标签规范的缺失。此项研究目标以提出适合总台的内容标签体系架构，满足制播环节用户检索媒资素材需求，并可作为总台各类新业务应用的内容标签基础体系。

该项目由技术局牵头，并与媒资业务主管部门音像资料馆和科研承担方中科大洋公司组成了联合项目团队。该项目于2019年10月11日启动，2020年5月18日通过项目审定，并于2020年内完成项目结项。

该项目实施期间，项目组完成了前期调研、规范设计、样例标引三个阶段的工作。前期进行了充分的调研，采用深入一线贴身式调研方法，调研了包括新闻中心、CGTN、体育少儿频道、音像资料馆等在内的多个业务部门媒资用户，深入理解用户媒资使用的真实需求，获得了有效的一手需求信息；同时通过调研新闻云项目、腾讯、中国传媒大学等具体项目和头部互联网公司，了解标签最新应用领域及设计思想。设计阶段，项目组针对规范体系、规范架构、标签项定义描述、标签标注方法、标签标注示例方法、标签库建立及维护方法等内容进行多次充分讨论，逐字逐句反复斟酌，以及三次专家顾问意见反馈，五易其稿，形成了最终版的标签规范文档。样例标引阶段，项目组通过对筛选的媒资数据的标签标注，对如何进行标签标注有了实践感受，同时通过建立DEMO系统验证标签规范的可行性和标签在检索、聚类等场景中的效果。

2020年5月18日，"广播电视音像资料内容标签体系规范"科研项目通过审定会审定，此规范研究成果已达到项目预期目标。

该标签业务系统于2020年11月通过技术需求审定，进入实施阶段。该系统以"广播电视音像资料内容标签体系规范"为依据和基础，摸索建立标签标注生产工艺，探索成熟的人工智能对标签标注的辅助作用，验证标签对于检索主题等方面的用户体验提升的支撑效果，进而通过小规模实践验证形成生产力，逐步将媒资编目标注工作由原有的《GY/T 202.1-2004广播电视音像资料编目规范》为基础的元数据著录模式演进为《广播电视音像资料内容标签体系规范》为基础的标签标注模式，开展大规模的生产，大幅提升媒资编目标注的功效。

央视频新媒体技术保驾护航《一平方米》

2020年10月16日至18日，央视频携手中央广播电视总台综艺频道《朗读者》节目组，在北京、武汉、厦门同步开启72小时三地互联新媒体直播——《一平方米》。直播上线后，用户反响热烈。截至10月23日17时，直播累计流量达1 573.6万人次，视频累计播放量达6 109.5万人次。

作为《朗读者》节目衍生的原创新媒体项目，《一平方米》以"朗读亭"为策划核心，通过最先进的互联网直播技术，在较大尺度的时空跨度上保障了优质直播内容的呈现。《一平方米》直播内容包含多地域、多场景、多互动、多视角、多路信号同时直播，要求直播系统设计能力、技术系统承载能力、现场人员的执行能力、应变能力等方面均需同时达到最高水平，并且突破既有思维，将传统制播流程和新媒体业务流程进行整合，创造新的生产流程，是央视频在新媒体直播技术领域的一次重大突破。

1. 采用RTC实时通信技术颠覆传统连线及信号传输方式

《一平方米》直播节目的主直播间设在北京，能够同时接收到北京、武汉、厦门三地信号并进行切换，武汉与厦门由于距离原因与北京之间的数据传输存在低延时的要求。采用RTC技术，基于互联网进行传输，通过公有云进行音视频数据的转发，终端设备上进行编解码之后和EFP系统进行对接，完全颠覆了传统广电视频连线方式，实现了"超远程低时延多人连线直播"。信号全流程传输的延时可以保证在400毫秒左右。而传统广电实时视频连线一般是通过卫星通信完成，视频延时较高，传输成本较高。

2. 创新"边连边拍"新媒体制播方式

节目组对主信号的需求为北京、武汉、厦门三地连线直播。经方案设计、测试评估后，央视频技术团队与导演组共同敲定采用"边连边拍"的制播方式。其中，"连"指使用互联网进行双人、多人连线，技术上实现异地低延迟互动连线，满足制作人与连线嘉宾的互动需求；"拍"指常规广电级节目拍摄、互联网低延迟传输、互联网推流直播。"连""拍"互不影响，平行落地。连线分布在北京朗读亭、北京访谈区、北京观察间、武汉朗读亭、武汉访谈区、厦门朗读亭、厦门访谈区等七处，互联互通。为保证画面的简洁性，避免穿帮，各互动终端均采用局域网远程控制程序，由当地技术人员远程操控，满足平行"连""拍"的制作需求。

3. 全程稳定推送多视角的直播信号

《一平方米》在央视频客户端呈现7路多视角信号直播，其中北京、武汉、厦门三地信号经由本地导播台输出后，分别使用RTMP推流设备上行至央视频前台，作为三路独立的城市分会场视角信号上线播出；各地公交线路视角、晨读晨练视角及地标建筑视角组成三路城市慢直播信号，经云导播台添加背景音乐后独立上线播出。主节目信号则由武汉、厦门各回传四路低延迟网络信号、北京本地十余路拍摄信号、三地十路城市景观慢直播、本地放机信号等二十余路信号组合后切换输出。主节目信号输出前经过字幕机、音视频加嵌、调色、延时，最后使用移动导播台在北京推流至央视频前台进行上线播出。

4. 使用远程遥控摄像机完成重点区域拍摄任务

由于朗读亭空间狭小，为尽量减少拍摄人员造成的干扰，央视频技术团队引入遥控球型摄像机实现定点机位拍摄工作。这款摄像机的1/2.5 英寸 Exmor R CMOS 成像器可拍摄广播质量的 4K 影像，并具有灵敏度出色、噪点很低、丰富自然的色彩再现能力等优点。高速响应的自动聚焦确保了图像的清晰度和锐度，即使在变焦设置较高时也是如此。近 70° 水平视角可覆盖朗读空间的大部分区域。遥控台操作人员在远离拍摄地点的工作间直接接收导演指令，对指定机位球型摄像机执行"推拉摇"的基本操作。遥控机位包括三地朗读亭内主机位、访谈区高点机位，以及观察间高点正打和反打机位，一台遥控台由一人操作可同时控制四个机位，直播全程始终保持稳定的画面质量。

5. 三地多点联合调度为制作人与朗读嘉宾之间编织出一幅神秘面纱

制作人董卿在北京观察间通过屏幕观看北京、武汉、厦门三地朗读嘉宾的深情诵读，而进入朗读亭内的朗读嘉宾此时看不到制作人和观察员，直至连线开启，朗读嘉宾才能够看到制作人并开始对话，这背后是通过三地多点联合调度实现的。在朗读嘉宾准备进入朗读亭前，连线系统已经启动，但关闭了制作人面向朗读嘉宾方向的声音与图像通道，仅保留朗读嘉宾面向制作人的单向通道，直至制作人提出连线诉求，双向通道才打开。在三地的朗读亭、采访区、观察间等 7 个地点，通过调度控制连线通路，满足导演组的需求。

6. "边播边剪"，及时释放精彩瞬间

技术团队突破线性思维，将直播流程与后期制作流程相结合，多线程操作，直播流中的精彩画面迅速转化成为可点播的短视频文件。实时采集在线直播流，利用央视频在线剪辑系统，无须等到直播结束，一边直播一边剪辑，使直播中的精彩片段能够在最短的时间内发布，部分视频在央视频客户端及社交平台迅速发酵，吸引众多用户互动关注。

7. 关键系统双备份，保证直播稳定性

网络系统通过两家运营商互为备份，路由器、交换机通过不同品牌、型号相互备份。主信号关键路径、三路城市信号关键路径依赖硬件设备，均采用主备路方式进行热备份，在主路信号传输故障时可无缝切换到备路信号，保证了 72 小时直播全程传输的安全性与稳定性。

8. 合理调度，有效协调，人尽其责，物尽其用

央视频技术团队参与本次直播的技术人员共计 36 人，调度及使用技术设备 300 余件，直播过程中 10 余个系统同时联动，直播活动进展顺利，现场调度和指挥发挥了重要作用。

三地技术总协调在北京主阵地，根据节目推进进程，使用跨城对讲系统发出指令，指挥三地技术人员进行直播、连线操作。在直播过程中，各地工作人员随时响应，处理突发问

题，消化新的技术需求。经此一役，央视频直播技术能力整体再上新台阶。

四、传输、覆盖、监测监管新技术及应用

2020年调频广播覆盖工程：中二中三调频覆盖项目

2020年7月，在前期与相关省市广电部门的多次技术协调及大量实地调研基础上，技术局传输覆盖部启动了2020年调频广播覆盖工程：中二中三调频覆盖项目，进一步提高总台广播节目在全国的调频覆盖。

该项目共涵盖安徽、福建、广东、黑龙江、吉林、辽宁、湖南、江西、四川、云南、山东、宁夏12个省区的17个地市，共22个频率。其中，中一中国之声频率1个，中二经济之声频率15个，中三音乐之声频率6个，具体分别为安徽1市：安庆（中二）；福建1地：漳州云霄（中二）；广东3市：恩平（中二）、河源（中二、中三）、云浮（中二）；黑龙江2市：黑河（中二）、北安（中二、中三）；吉林1市：松原（中二）；辽宁1地：大连旅顺（中一、中二）；湖南1市：娄底（中三）；江西1市：宜春（中二）；四川1市：自贡（中二）；云南2市：楚雄（中二、中三）、德宏（中二、中三）；山东1市：东营（中二）；宁夏2地：吴忠罗山（中三）、石嘴山（中二）。

2020年底，该项目完成招标及设备采购工作，按预定计划陆续进入设备生产、运输及安装阶段。同时，技术局传输覆盖部联合厂家和各地发射台站，根据当地的天气、机房环境及技术条件，科学、合理地制订了施工进度计划，稳步推进各项工作顺利开展。

建立自主可靠、全链路可记录的传输及监测系统

2020年，技术局总控一部更新国际频道编码压缩系统，针对复杂国际形势，建立灾难恢复应急路由及预案，使用我国自主产权的编码标准实现了8K超高清信号的分发，建立起可供6个4K超高清频道播出的AVS2编码压缩系统，确保总台播出信号安全可靠传输。

1. 更新国际频道编码压缩传输系统，形成"池化"结构，支撑特殊字幕传输需求，针对国际传播复杂形势，建立"灾难恢复"应急方案、路由

① 根据传输覆盖地区对不同电视制式的需求进行整合，利用"池化"结构，实现"1套系统，多流输出"，减少设备，提高系统集成度。

② 面对国外对于落地频道的相关特殊要求，隐藏字幕流用DVB-Teletext方式封装后进入现有国际频道系统进行传输，经测试可实现专为失聪等特殊人群观看的隐藏式字幕的传输。

③ 针对国际传输的复杂形势，建立应急传输路由。灾难发生时，国外地面站可以直接接收国内地面站上行的卫星信号进行播发，避免国际光缆传输的突发灾难。

2. 首次使用国家自主产权技术实现8K超高清信号编码，为后续传输分发做好准备

8K超高清试验频道信号首次采用我国自主知识产权的AVS3视频编码标准，编码和解码设备全部由国产厂商自主研发，初步解决了

8K超高清视频大信息量和新一代编码算法极高复杂度的实时编码难题。为后续总台春晚信号分发至10座城市的35块户外8K终端大屏做好了技术准备。

3. 新建4K超高清多频道压缩系统，满足多个4K超高清频道的开播需求

总控一部新建了可以支持6个4K超高清频道传输的AVS2编码压缩系统，系统分组码流输出带宽按照一个36MHz转发器上传输2套4K超高清电视信号进行规划。在编码层面，采用异构方式，大大降低了同一品牌设备故障带来的安全播出隐患。在上星播发层面，按照国家广播电视总局广播电视传输相关规划，逐步向中星6C卫星过渡。

4. 新建、扩容监测、监录系统，满足4K超高清信号的监测、监录需求

复兴路办公区新建监测系统基于IP化全嵌入式设计，采用全国产化设备，实现了对高清、4K超高清信号播出信号、压缩系统输出等的监测、监录。光华路办公区扩容收录系统可支持4×3G-SDI格式的4K超高清信号输入，视频编码支持H.264/H.265，支持对4K超高清信号HDR（如HLG）、色域（如Rec.2020）等参数的配置，可根据需求进行超高清监录信号自动调度，同时也支持对任务进行手动调整。

五、广播电视技术标准制定情况

《中央广播电视总台5G媒体应用白皮书（2020版）》制定情况

5G作为新一代网络基础设施，是经济社会数字化转型的关键支撑。2018年底，中央广播电视总台成立5G媒体应用实验室，在国内、国际5G媒体应用领域的探索实践均走在第一方阵。为更好地指导总台5G+4K/8K+AI的实践，全面推进5G技术的多元化应用，总台联合相关单位和企业以5G环境下超高清电视制播技术发展需求为导向，共同撰写了《中央广播电视总台5G媒体应用白皮书（2020版）》（简称《白皮书》）。

1. 概况和适用范围

该白皮书从5G媒体应用场景入手，定义两类典型媒体应用场景，梳理介绍了每类场景的速率和时延参数，重点分析了5G网络的稳定性、移动性、网络质量等关键技术指标及保障方法。基于5G网络能力，再结合媒体制播流程，总结出可以利用5G的三种媒体制播应用形态：采集传输、移动云制作、VR制作及分发。基于5G的采集传输解决超高清直播信号利用5G网络从活动现场到电视台总部的回传问题，包括采集、加嵌、前处理、5G传输、后处理、IP信号调度、解码等环节；基于5G的移动云制作主要包括云端信号收录、云服务内容平台、高码率移动制作、代理码率移动制作和PGC移动采编；基于5G技术的VR生产流程分为直播生产流程和点播生产流程。

2. 制定情况

2019年11月，总台技术局牵头组织成立5G媒体应用白皮书编制小组。2019年11月4日，召开第一次会议，讨论白皮书的主要框架，以及基本的参数要求规范；2019年11月14日，召开第二次会议，对白皮书整体框架进行部分调整，决定此次白皮书制定属于阶段性、已实现成果的归纳与提炼；2019年12月

11日，召开第三次会议，重新定义框架，梳理脉络，定名为《中央广播电视总台5G媒体应用白皮书》；2020年1月10日，召开第四次会议，对白皮书内容进行了逐一梳理和讨论，强调白皮书的可实现性和整体性、完整性；2020年5月21日，召开第五次会议，主要就《中央广播电视总台5G媒体应用白皮书（2020版）》（征求意见稿）专家回复意见进行讨论；2020年7月6日，通过终审会评审；2020年8月4日，正式发布。

3. 应用情况

该白皮书面向基于5G网络的4K采集传输、4K移动生产、VR制作分发三类媒体应用，提出的生产流程、技术要求和关键指标描述准确，将5G传输、云计算与媒体生产融为一体；其中对5G+4K超高清移动传输系统（5G背包）的技术规范充分满足了安全性、可靠性、便携性要求，适配了媒体行业对5G+4K直播场景的应用需求。本白皮书是总台首次对5G技术应用提出的技术规范，为5G技术与媒体生产的深度结合和快速发展打下坚实的基础，对5G技术在媒体行业的应用具有重要的指导意义和推动作用，对5G媒体应用产业化具有显著的促进作用。

《中央广播电视总台高清电视节目录制技术规范（2020版）》制定情况

为进一步规范在中央广播电视总台公共频道播出的高清电视节目的技术要求，为在播的高清电视节目、栏目实施各级节目技术质量管控措施提供标准、依据，有效提升总台高清电视节目技术质量，依据行业标准GY/T 313-2017《高清晰度电视节目录制规范》，总台技术局组织相关技术人员起草了《总台高清电视节目录制技术规范》，经过多次研讨及细化修改，并在技术局各部门广泛征询意见，起草小组对该规范进行完善，并于2020年8月31日向全台正式发布《中央广播电视总台高清电视节目录制技术规范（2020版）》。

本规范规定了总台高清晰度电视节目录制技术要求及节目技术质量管控要求，主要内容包括：录制设备接口与编辑精度要求；图像制作要求：视频参数要求、视频技术要求、视频录制工艺要求，美术场景、道具、服装、化妆要求，灯光技术要求、背景大屏技术要求、演播室噪声控制；声音制作要求：音频信号参数要求、音频技术要求、新闻类节目声音制作要求；技审要求：UQC系统自动技术质量检测、技审人工复验要求、非自制节目制作信息要求；节目技术质量评价要求：节目技术质量评分等级、节目技术质量评分参考项；节目技术质量管控机制。本规范适用于在总台播出的高清节目，包括但不限于自制、委托制作、联合制作、采购的高清节目。

《中央广播电视总台4K超高清、高清电视节目同播技术规范（暂行）》制定情况

中央广播电视总台按阶段、有计划推进全台4K超高清技术体系建设和节目内容建设，完成总台制播体系全链条向4K超高清升级换代，逐步实现全部电视频道的4K超高清改造播出，并为8K超高清应用打下坚实基础。

1. 规范制定情况

2020年2月初，总台技术局成立了4K超高清和高清电视节目同播技术规范制定工作小组；2020年2月7日，召开第一次研讨会，会议讨论编写同播规范纲要，确保4K超高清、高清节目同播安全、节目生产流程顺畅、系统接口统一；2020年2月18日，召开第二次研讨会，会议对具体章节内容逐一讨论，以确保4K超高清、高清电视节目同播整体流程的可实现性；2020年2月24日，召开第三次研讨会，会议对4K超高清电视节目紧急/应急播出技术规范进行讨论；2020年2月27日，召开第四次研讨会，会议向台领导汇报了同播规范的制定情况，并就总台奥林匹克4K超高清频道和奥林匹克高清频道节目同播技术方案以及具体问题进行讨论；2020年3月12日，召开第五次研讨会，会议讨论了同播规范中音频制作技术规范等内容；2020年5月21日，正式发布《中央广播电视总台4K超高清、高清电视节目同播技术规范（暂行）》。

2. 规范概况

本规范以《中央广播电视总台4K超高清电视节目制播技术规范（暂行）》为依据，旨在梳理、细化4K超高清、高清电视节目同播流程，制定相关技术要求，是上述规范的附属规范。本规范主要包括8个方面的内容：4K超高清、高清电视节目同播流程，同播播出系统技术规范，同播总控系统技术规范，同播视频制作技术规范，同播音频制作技术规范，同播节目生产管理技术规范，4K超高清频道紧急、应急播出技术规范，关键设备关键参数设置。

3. 规范适用范围

本规范全面梳理了4K超高清、高清电视节目同播的直播流程和录播流程，并确定了4K超高清、高清频道同播的三项原则：就高原则、所审即所播原则和一致性原则。当既有4K超高清也有高清的外来信号时，节目中心应申请预约使用4K超高清信号；录播节目播前及直播时，技术制作人员配合节目中心编辑人员对4K超高清节目下变换高清后的视觉效果进行查验；使用台内制作系统、委托台外制作及租用台外技术资源制作节目，均须遵照此规范要求执行统一技术标准。

《中央广播电视总台4K超高清电视视音频编解码及传送技术规范》制定情况

按照中央广播电视总台4K超高清电视技术体系总体规划，总台技术局开展了一系列具有先导性和支撑性的4K制播技术规范讨论、研究与测试。为确保4K超高清节目高质量、高效率、高可靠性的传送，总台技术局制定了《中央广播电视总台4K超高清电视视音频编解码及传送技术规范》。

1. 规范制定情况

技术局根据总台4K超高清播出信号的具体技术格式，考虑到高动态范围和宽色域信号信息量增加对编码压缩的实际要求，基于国标AVS2编码标准对总台4K超高清播出信号进行编码后的主客观质量进行评估测试，确定符合要求的编码码率。为确保上述编码信号接收后可在电视机上正确呈现，对广播级解码器进行了充分的摸底测试，明确各关键配置参数。根据总台播出系统信号接口规范以及总局安全播出管理有关规定，明确AVS2编码压缩系统结构，与上游播出系统进行了测试联调，确定对输入播出信号的自动检测机制、告警类型和门限，明确故障时的自动倒换规则等。对节目流进行卫星传输和光缆传输测试，确定关键传输技术参数。

2016年，技术局参与制定了GB/T 33475.2-2016《信息技术 高效多媒体编码 第2部分：视频》和GY/T 299.1-2016《高效音视频编码 第一部分：视频》。2018年至2019年，技术局参与制定了GY/T 323-2019《AVS2 4K超高清编码器技术要求和测量方法》和GY/T 324-2019《AVS2 4K超高清专业卫星综合接收解码器技术要求和测量方法》。2018年，为适配总台4K超高清频道开播，总台总控节目信号传输压缩编码系统分别采用了AVS2技术和HEVC技术。2019年，根据总台4K超高清制播体系发展需求开始制定《中央广播电视总台4K超高清电视视音频编解码及传送技术规范》。2020年6月28日，该规范正式发布。

2. 规范概况和适用范围

本规范规定了中央广播电视总台4K超高清电视节目传送时采用的视频编码技术标准，解决了标准符合性、互联互通等问题，主要包括两个方面内容：一是面向全国各有线前端进行节目传输技术要求，含视音频编码标准及码率、与播出系统接口、编码压缩系统技术规范、节目流加密要求、与下游传输系统接口；二是总台IPTV网络节目传输技术要求。

《4K超高清视频图像质量主观评价用测试图像》制定情况

"4K超高清视频图像质量主观评价用测试图像"标准项目于2017年由广电总局科技司下达，由中央广播电视总台、广播电视规划院、北京中视北方影视制作有限公司和中视科华有限公司共同研究、起草编制。2020年7月，根据总局科技司、广电标委会和专家对本标准送审稿的意见和建议，将标准名称由《4K超高清数字电视主观评价用测试图像》更名为《4K超高清视频图像质量主观评价用测试图像》，并于2020年7月通过审定，2020年9月颁布实施，标准编号为GY/T 329-2020。

1. 标准概况和适用范围

本标准设计、拍摄、制作了具有我国自主知识产权的测试图像，包括特殊制作的演播室静物、人物、外景、夜景、HDR场景，还包括体育比赛、晚会综艺等常见的节目类型。测试图像具有测试压缩编解码、HDR变换、色彩还原、清晰度、颜色饱和度、色键、亮度层次等多种考察属性，既考虑到测试功能性，又考虑到画面艺术性，体现了中国特有的文化元素。

本标准的测试图像用于对4K超高清电视系统和设备的性能检测和质量评估，对提高超高清视频节目图像质量，规范超高清系统建设，引导超高清视频设备的研发和生产起到重要作用，对促进我国广播电视行业的有序发展具有重要意义。

2. 标准参考依据

本标准依据数字电视信号处理理论、我国超高清电视相关标准GY/T 307-2017《超高清晰度电视系统节目制作和交换参数值》（ITU-R BT.2020）和GY/T 315-2018《高动态范围电视节目制作和交换图像参数值》，以及国内外超高清视频系统的技术特点、质量要求和大量的测试试验结果制定。在编制过程中还主要参考了 GB/T 31001-2014《高清晰度数字电视主观评价用测试图像》和 ITU-R BT.1210-3《Test Materials Subjective Assessment（用于主观评价的测试材料）》标准。

3. 标准制定过程

2017年10月本标准起草小组成立，为获得高品质测试图像，对国内外超高清技术设备调研，测试了4K摄像机、摄像镜头、制作/调色系统，确立了拍摄制作工艺路线，通过基础理论研究，确定了测试图像的基本框架。2018年2月至2019年4月，进行了测试图像设计、拍摄和录制，在北京、云南、新疆、天津、沈阳、杭州等地，拍摄花园花海、草场、图书馆、古建筑、街景、秋色等类型的外景和马拉松、足球、游泳等体育赛事，以及静物、综艺、京剧、访谈等室内场景，对图文字幕等内容进行了精心挑选和制作。2018年12月至2019年4月，编写了统计特性软件，经过反复调试和实验，解决了文件读取、转换、计算精度等问题，完成对测试图像的统计特性分析，并采用我国自主研发的AVS2编码软件，以固定QP值的方式进行VBR编码统计每帧图像的编码比特数，计算了测试图像的苛刻度。2019年4月，通过对测试图像审看和数据分析，反复讨论、修改标准文本、编制说明等相关材料。2019年7月，形成本标准讨论稿。2019年9月，形成本标准征求意见稿，在全国范围内广泛征求专家意见。2020年3月，起草小组将本标准送审稿，根据广电标委会和函审专家的意见和建议进行了修改和补充，提交至广电标委会秘书处审核，形成本标准的送审稿（待会审版）。2020年7月，通过审定。

4. 标准应用情况

本标准的测试图像在十余个超高清制播系统和设备的测试中进行了实际应用，包括中央广播电视总台和广东电视台的超高清频道、制播网络系统、AVS2编码器、超高清下变换器、超高清非编系统等测试，验证了测试图像的可用性和有效性。

《高清晰度电视声音识别与校准信号技术要求》制定情况

《高清晰度电视声音识别与校准信号技术要求》标准项目于2015年由广电总局科技司下达，由中央广播电视总台和广播电视规划院共同起草编制。2019年8月，经科技司、分标委对本标准征求意见稿建议，标准名称由《多声道环绕声电视声音识别与校准信号》更名为《高清晰度电视声音识别与校准信号技术要求》，并于2020年7月通过审定，2020年9月颁布实施，标准编号为GY/T 331-2020。

1. 标准概况和适用范围

该标准填补了5.1环绕声识别与校准信号的空白，规定了高清晰度电视节目制播、传输链路测试中需要的音频识别和校准信号的技术要求。标准适用于高清晰度电视节目的制作、交换、播出和传输，对立体声、环绕声、多语种应用识别与校准信号的技术要求和质量要求作出了具体规定，为节目播出安全奠定了基础。

2. 标准制定参考依据

本标准根据我国广播电视行业对识别校准信号的要求，参考 GY 156-2000《演播室数字音频参数》、GY/T 313-2017《高清晰度电视节目录制规范》、GY/T 192-2003《数字音频设备的满度电平》、EBU.EBU tech 3304 Multichannel Audio Line-up Tones[R]. 2009 制定。

标准起草小组在接到任务后，组织研究国际较为通行的多声道识别校准信号，包括英国BBC的"GLITS"（Graham's Line up Ident Tone System）信号、英国SKY广播公司的"BLITS"（Black and Lane's Ident Tones for Surround）信号、EBU的多声道识别校准（EBU multichannel ident signal）信号，以及由不同品牌的信号发生器所产生的多声道识别与校准信号等，最终确定参考 GY/T 313-2017 等标准编制。

3. 标准制定情况

2017年3月至2018年1月，起草小组使用 Vistec 信号发生设备制作测试信号，使用 Valid 软件载入 Glits 测试信号，完成了测试信号的制作，并提交至中央广播电视总台各制作系统试用，并对制作、传输等方面的应用进行测试，根据测试结果进行进一步修改。2018年1月至7月，编写标准讨论稿初稿；针对试用、测试的结果，制作最终的识别与校准信号。2018年8月，提请文稿及信号至测试机构进行进一步测试。根据测试结果，依照广播影视标准制修订程序及标准编写的要求进行标准文稿的编写。2019年2月，起草小组根据修改意见进一步开展调查研究、查阅资料，对原讨论稿作了补充，并多次召开讨论会，进行反复细致的修改，形成本标准的讨论稿。2019年4月，形成本标准征求意见稿。2019年12月，形成本标准的送审稿。2020年5月，根据分标委委员和函审专家的意见和建议，起草小组将本标准送审稿进行了修改和补充，提交至广电标委会秘书处审阅，形成了本标准的送审稿（待会审版）。2020年7月，通过审定。

4. 标准应用情况

按照《高清晰度电视声音识别与校准信号技术要求》（GY/T 331-2020）执行制作的识别与校准信号，现广泛应用于中央广播电视总台各直播系统。在直播传输链路中，可以通过识别与校准信号从端到端，对节目类型、声道排布、信号电平、声画对位作出精确判定，确保节目的安全播出，具有推广使用的意义和价值。

《中央广播电视总台安全用电管理规范（试行）》编制情况

1. 编制背景

2019年7月，中央广播电视总台技术局成立，总台所属原中央电视台、中央人民广播电台、中国国际广播电台为统一安全用电管理制度，加强节目制播用电、外出保障用电、办公用电、施工改造用电管理，迫切需要编制《中央广播电视总台安全用电管理规范》，以促进安全用电、规范用电、计划用电等工作的开展。

2. 编制过程

（1）组织编制

《中央广播电视总台安全用电管理规范

（试行）》由技术局统一组织，以原央视《节目制播系统安全用电管理规定》《外出节目制播用电安全管理规范》《施工及改造安全用电管理规定》《日常办公、生活区安全用电管理规定》为基础，结合三台动力系统安全供电管理实际情况进行编制。

经编制组多次开会讨论，形成《中央广播电视总台安全用电管理规定（试行）》（征求意见稿），后期采纳了办公厅的建议，将名称改为《中央广播电视总台安全用电管理条例（试行）》。在报送过程中，总台办公室对名称提出进一步修改意见，编制组经过研讨，接受了总台办公室的建议，将名称修改为《中央广播电视总台安全用电管理规范（试行）》。

（2）征求总台相关部门意见

2020年8月，技术局就《中央广播电视总台安全用电管理规定（试行）》（征求意见稿）向原三台各技术中心征求意见。编制组根据反馈的意见和建议对《中央广播电视总台安全用电管理规定（试行）》（征求意见稿）进行修改、完善后，于2020年9月向总台范围等职能部门征求意见。各部门反馈积极，共收集到反馈意见10条。技术局认真细致地对每一条反馈意见做了充分的研究和处理。在10条反馈意见中，共采纳（含部分采纳）意见6条，未采纳意见4条。上报后，技术局于2020年11月20日收到台办公室相关意见2条，编制组根据意见对规范进行了适当调改。12月18日，面向总台发布。

（3）适用范围

《中央广播电视总台安全用电管理规范（试行）》适用于总台复兴路办公区、光华路办公区、复兴门办公区、鲁谷办公区，对与节目生产、工程改造、日常办公等与用电相关工作进行规范管理。

（4）主要内容

《中央广播电视总台安全用电管理规范（试行）》共七章八十七条，主要包括以下内容：

第一章　总则，共四条，包括编制原因、编制依据、适用范围、基本概念、基本原则等。

第二章　节目制播系统安全用电管理，共十三条，规定了节目制播系统安全用电管理原则，包括系统建设、运行管理、维护管理、自我防护、扩建改建等方面内容。

第三章　外出节目制播安全用电管理，共二十七条，规定了外场活动供电方和使用方的职责，对用电现场勘察、系统搭建、安全防护等方面、应急处置等工作的要求。

第四章　施工及改造安全用电管理，共二十四条，台内各类施工改造申请、用电规范、改造验收的流程要求，以及资质要求、实施要求等进行规范管理，确保施工过程中用电安全。

第五章　总台日常办公安全用电管理，共十四条，对电器设备使用范围、安全用电、节约用电等方面工作进行规范管理。

第六章　监督问责，共三条，对违反本管理规范的部门和个人违规、违法行为的处理方式。

第七章　附则，共二条，规定了安全用电管理规范内容的解释和试行内容。

附件，对专业名词、专业术语进行解释。

2021年总台技术发展情况

一、总台重要技术建设项目

建设以主流价值为导向的总台算法

2021年，总台在推动媒体融合向纵深发展工作中确立了一批重点项目，建设以总台算法为驱动的媒体智能化是其中部署的重点工作之一。年初，技术局牵头视听新媒体中心、新闻新媒体中心、融合发展中心等部门，组织工作专班打造既符合主流价值导向，又符合用户喜好的内容推荐算法。在学习研究国家关于加强算法治理的一系列相关文件基础上，总台算法建设明确了"以导向驾驭算法，以算法驱动发展"的目标，以主流价值为导向，突出艺术性，均衡结合用户的兴趣喜好，以央视新闻、央视频两个旗舰媒体平台为基础，分别建立面向综合类节目和新闻类节目的推荐算法，并逐步向全台移动端和大屏端推广。

1. 总台算法技术构成

总台算法在借鉴国内外算法推荐模型的基础上，创新了一套具有自主知识产权、可管可控的技术体系，主要技术架构由算法工作台、推荐引擎、知识结构、AB-Test系统四个部分组成：算法工作台是总台算法的"方向盘"，为运营主体提供内容提权、账号分级、流量控制、数据看板等可管控、可干预的运营手段。推荐引擎是总台算法的"发动机"，通过大数据与人工智能技术，驱动优质内容与用户的精准匹配。知识结构是总台算法的"底盘"，为总台海量的优质内容构建具有知识关联的标签体系。AB-Test是一套推荐效果验证系统，通过数据指标评测算法效果，进行优化迭代。

2. 总台算法落地进展

2021年8月18日，总台算法在央视频影视版块首次上线。为确保业务的平滑过渡，对影视版块的用户进行分流，采取一部分用户体验算法推荐内容，其余用户仍然收看人工编排内容的模式。后续，央视频各个垂类版块均采用上述分流上线的模式。该算法为影视版块的"feeds流"业务区块提供短视频与移动直播的混合推荐，为长视频业务区块提供基于"小对图"模式的版块长视频推荐。10月上旬，央视频综艺版块完成算法上线，增加了《猜你会追》业务版块的长视频推荐功能。11月20日，在央视频旗舰平台上线两周年之际，《青少》《音乐》《动漫》《汽车》《美食》等5个版块完成算法上线。截至2021年底，《文史》《纪录》《法治》《体育》《财经》等5个版块完成算法上线。除涉及敏感业务的版块之外，总台算法完成了在央视频各个垂类版块的覆盖。

3. 总台算法版本迭代

总台算法自上线起至2021年底，已完成4个大版本的迭代，分别是构建基础框架和基础推荐功能的V1.0版，扩充了冷启动、短带长、直播热度、多样性打散等特征工程的V1.1版，以提升完播率为目标的V1.2版，优化实时曝光过滤模型的V1.3版。为规范版本迭代管理，在实施过程中建立了一套迭代上线流程：首先，将待上线的新版本在影视版块进行试点，对纳入白名单的内部人员先行试用，满一周后，采用灰度上线的方式对部分流量的用户进行覆盖，并逐步扩大用户流量范围。通过AB-Test系统，对比新旧两个版本产生的用户数据，结合数据指标对功能模块反复调优，待新版本数据效果连续两周呈现明显优势后，确认版本上线成功，并向其他版块复制推广。

4. 总台算法应用效果

总台算法建设是一个伴随业务发展而不断升级的长期过程，通过观察客观的数据指标，来检验算法升级效果。在此过程中，技术局构建了一套由11项主要监测指标和几十个辅助观测指标组成的指标体系，主要包括播放类指标"人均播放次数、人均播放时长、完播率、单次平均播放时长"，曝光类指标"人均曝光节目数、人均曝光次数、曝光节目数、曝光转换率"，用户类指标"用户转化率、次日留存人数、人均停留时长"等。在长达半年的业务运行中，总台算法在上线的业务版块均取得了较好的应用效果，多项指标相较算法应用前取得了50%以上的增长率，部分指标增长幅度超过300%。

在向用户推荐更丰富的节目内容方面，总台算法充分发挥了基于大数据的媒体智能化优势，各个版块呈现给用户的节目数量相较使用算法前普遍提升了20倍，在算法应用最充分的影视版块提升了200倍。通过总台的价值引导与用户兴趣的结合，把总台更多更优质的精品内容呈现在用户面前，进一步将总台的内容优势转化为发展优势。

随着总台算法在央视频各个垂类版块的成功应用，并逐步覆盖越来越多的业务和用户。

2021年底，总台算法启动了在央视频首页应用的技术建设工作，同时，启动了对旧版央视新闻客户端用户画像数据的技术处理，将多年积累的用户画像数据逐步向新版央视新闻客户端导流，为央视频、央视新闻客户端两大旗舰媒体平台的蓬勃发展提供全新动能。

鲁谷办公区竖屏演播区项目

鲁谷办公区竖屏演播区项目是落实总台"积极构建轻量化、移动化和云化的融合内容生产传播体系"的重要组成部分，也是落实《中央广播电视总台"十四五"发展规划》之"多语种网红工作室"融媒体生产系统建设规划中的一个组成部分。

2021年2月25日，该项目经第9期技术项目审定会通过立项审定，设计建设遵循"适配多语种融媒体节目生产制播，构建最轻量化、全IP化系统"原则，项目总金额267万元。6月7日，项目通过四级审定。9月27日，设备到货、验收完成，随即展开系统安装集成调试。11月，项目建设实施阶段全部完成。12月，项目投入生产。

作为总台5G媒体应用实验室适配移动端竖屏创新研究成果的首个落地项目，此项目主要围绕适配鲁谷办公区"多语种、多渠道、新媒体、面向移动终端"的媒体融合生产特点，贴近"多语种网红工作室"全媒体对外传播的节目制播、内容分发需求，实现在线互动和多元化场景拍摄，完成全IP化、移动化和虚拟化生产制作。项目通过对接总台内PGC（专业生产内容）调度系统和集成发布平台，实现实时传输和多渠道分发，有效提升鲁谷办公区的多语种融媒体节目生产能力。

该项目建设充分利用鲁谷办公区现业务楼 B 区 4 层原 400 平方米演播室内的二层平台空间和相关基础设施，演播区面积约 150 平方米。通过对现有空间和基础设施的简单优化调整，使此区域面貌焕然一新。

演播区布景与功能设计适配移动终端用户的竖屏观看习惯，支持竖屏节目的拍摄、监看、导切、录制、直播发布等一系列生产流程。按照节目形态要求，演播区系统也可无缝支持传统横屏的节目生产制作，为多元化节目生产提供了各类视觉呈现模式。

内部功能区域主要分为主摄区、站播区、绿幕区和导播区，能够兼容多人访谈、直播连线、虚拟场景等多种融媒体节目的制作形式。

系统自 2021 年 12 月 20 日正式投入生产运行，短短几天内就接到十几个节目部门的使用预约，接近满负荷运行。截至 2021 年底，先后完成 CGTN 橡果网红工作室年终特别策划新媒体直播、《CGTN Radio 宣传片》、亚洲非洲地区语言节目中心蒙古语版《2022 跨年云晚会》嘉宾访谈、欧洲拉美地区语言节目中心意大利语版《意向标》连线采访等 11 场次融媒体节目的录制。

复兴路办公区四号电站升级改造

1. 项目实施背景

作为供配电系统升级改造中的重要部分，复兴路办公区四号电站升级改造于 2017 年立项。该系统包括：工艺配电系统（含 UPS 系统），为复兴路办公区方楼新闻制作机房、总控机房、播出机房、网络机房、微波机房等重要节目制作系统提供工艺电源及 UPS 电源保障；电力配电系统，为复兴路办公区方楼重要机房空调、消防、办公及照明用电、电梯系统等提供电源保障。

2. 实施过程及难题破解

（1）破解空间制约，实现冗余发展

技术团队通过房间置换、D140 空调机房重新规划腾置、充分利用 D 区地下一层区域等多种手段充分利用资源，将 UPS 系统由原有的 1330 KVA 扩容至 3120 KVA，工艺配电系统由原有的 2×1000 KVA 扩容至 2×2500 KVA，电力配电系统由原有的 2×1250 KVA 扩容至 2×2500 KVA。

（2）周密制订方案，精准规划腾挪

复兴路办公区四号电站 UPS 系统承担着新闻联播直播系统、总台付费播出系统等复兴路办公区关键制作、传输及播出系统的电源保障任务。根据播出链路中不同制作系统的特点，技术团队分别采用启动异地备用系统、采用单电源的非常规供电模式、非重点保障时间段等方式对 UPS 负荷电源平稳腾挪，最终完成了 48 路 UPS 系统负荷、56 路工艺系统负荷、97 路电力系统负荷的四次大型系统腾挪工作。

3. 项目成果

（1）系统冗余化

四号电站电力配电系统、工艺配电系统及 UPS 配电系统的全面建成，使复兴路办公区新建工艺配电系统在容量上实现了扩容。

（2）模块智能化

新建配电系统进线开关均配置设备老化分析智能监测模块，可对开关的触头磨损、电气磨损、分合闸次数进行数据统计。基于以上数据统计，可综合分析其设备老化程度，为设备运行状况提供更加精准科学的依据。

（3）运维智慧化

电力监控系统首次采用HDMI转换TCP/IP协议转换方式，延伸监控系统终端，实现监控室、现场配电机房的双区域监视，不仅能在监控室内监视所有设备运行状态，也可在配电室内零距离监视全系统设备状态。

（4）电源备份化

新建UPS机组实现了电源备份化。一是全部更新为"N+1"冗余并机机组，成为新闻、播出等系统的供电资源池。单台UPS设备故障时，可为方楼新闻、播出、总控等系统提供可靠的UPS电源保障。二是从建筑结构上分设UPS第一、第二机房，可实现异地灾备，进一步提升了其供电电源的安全性和可靠性。

总台首个全IP架构4K/HD集群化直播演播室

总台E14演播室群位于光华路办公区塔壹7层，是总台首个全IP架构4K/HD集群化直播演播室。包括E14演播室（250平方米）、E15演播室（250平方米）、E17演播室（80平方米）三个演播室，主要服务于体育频道（CCTV-5）、奥林匹克频道（CCTV-16）的直播及录制任务。

1. 项目工期

E14演播室群作为"5G+4K/8K超高清制播示范平台"项目的子项目，于2021年1月7日完成货物及服务招标流程，2月至3月开始设备到货验收、入出库工作，4月初开始设备上架，5月初全系统加电调试。经过两个月的时间，该项目分别与总控系统、音频系统、后期网络制播系统、包装系统、基础网络系统完成联调，于7月23日进入系统试运行期，完成2020年东京奥运会超高清频道（CCTV-4K）的全部赛事直播任务。9月1日，体育频道体育新闻各档栏目正式回迁E17演播室，标志着E14演播室群正式上线。10月25日，总台奥林匹克频道开播。E15演播室作为主演播室，承担了奥林匹克频道所有日常赛事直播及部分专题节目的录制任务，E14演播室作为主演播室，承担了体育频道所有日常赛事直播及部分专题节目录制任务。

2. 系统特点

E14演播室群系统作为具备信号采集、现场制作、文件化播出、信号传输等全功能的制播平台，视频核心系统采用主备单上联叶脊架构，系统设计符合ST.2110 4K/HD信号标准，支持ST.2022-7主备链路冗余保护机制。各演播室资源通过各自系统独立接入交换机连接至核心交换机，群内共享资源通过共享接入交换机连接至核心交换机，全系统所有摄像机及其相关设备通过摄像机接入交换机连接至核心交换机。同时，配置小型基带系统，作为核心异构灾备系统。全系统设计一套监管控系统满足信号调度、集中控制、网络监测等功能需求，从而实现群内资源共享且各演播室独立运行的设计目标。其中，E15演播室系统采用ST.2110 4K标准进行节目制作，E14、E17演播室系统采用ST.2110 HD标准进行节目制作。音频系统采用独立架构设计，具备5.1环绕声、立体声制作能力及相应模式监听环境。全群与上下游系统通过基带光链路方式交接，超高清信号采用TICO-SDI编码方式与总控系统进行交接，与后期网络制播系统采用高带宽、网络化文件方式交接。

3. 节目制作

自9月1日各演播室陆续投入运行以来，完成各类赛事、新闻直播报道百余场。截至2021年12月31日，全群共直播410小时，录像112小时，素材迁出1050小时。

新媒体直播技术区升级改造及其应用

为适配新闻新媒体中心直播需求，确保建党100周年新闻新媒体特别节目的直播报道，更好服务于央视新闻客户端升级后的直播模式，增强直播场次并发能力，创新直播表现形式，提升传播效果，技术局对光华路办公区塔贰11层区域进行了集成实施改造，搭建了全新的新媒体直播技术区。

此次升级改造的核心是建设基于区域化的互联网+NDI环境新媒体融合制作直播系统。系统包括IP直播信号监看、IP直播信号收录、信源汇聚、NDI信号调度分发、NDI直播制作、新媒体直播管理等6个部分，覆盖新闻新媒体直播节目制作的全流程管理。系统具备400路以上直播流回传能力，并发120路NDI转换、调度的能力，具备4K接入和制作切换能力，可实现台内多个演播区与外场嘉宾实时云连线互动，支持竖屏制作、直播切换、分发，支持大小屏返送及互动模式、具有新闻外场演播室远程制作能力。整个系统采用功能模块化搭建模式，既可以整体进行节目直播，也可以根据使用需要将系统拆分使用，互不影响。

同时，技术局对新闻新媒体直播管理模式进行了升级，在新的直播技术区内构建了新媒体信源监看监控区、数据分析展示、新媒体直播监看区等区域，部署了融合制作直播切换系统，配置云连线、即时回放、包装字幕、虚拟AR渲染等设备，增强直播形态及内容展现的多样性。技术局还在直播区内部署了多台新媒体直播工作站和新媒体编辑发布工作站，用于确保新媒体日常直播和发稿工作；重新规划设计了新媒体直播技术区的演播区，完成了包括摄像、舞美、视音频、通话在内的多个部分的设计建设。

根据规划，新媒体直播技术区所有分发信号全部汇集到集成发布平台，再分发推送至新媒体客户端。整个新媒体直播技术区不仅扩大了新媒体直播信号传输、调度、推送的能力，也为适应大小屏融合直播进行了优化，打造了包括直播流信号汇聚、信号监看、融合制作、直播信号收录、直播信号分发、直播信号管理等环节在内的一流新媒体融合直播发布模式。

新媒体直播技术区于2021年6月7日完成集成实施改造工作，开始整体功能和流程测试；6月18日，与新闻新媒体中心共同完成了节目直播演练工作；6月21日，开始正式交付使用。在新媒体直播技术区，新闻新媒体中心圆满完成了建党百年系列报道、东京奥运会、北京服贸会、三星堆考古挖掘、神舟火箭发射、我和我的村庄、上海进博会、航天授课等多场次的重要新媒体直播任务。

AI+VR智能虚拟现实制作技术研究项目

本项目科研任务目标是基于当前电视节

目制作中 VR 虚拟现实技术扩展应用需求，应用立体视频投影变换与实时呈现渲染、动态实时跟踪、AI 智能动作捕捉等多种创新理念融合的技术模式，研究基于小间距 LED 屏幕的 AI+VR 融合应用制作系统，用于解决现阶段虚拟演播室节目制作中多种局限性问题，提升节目制作效率，打造全新制作模式。

主要研究内容如下：

（1）研究将 VR 视觉效果及透视关系映射至大屏幕呈现的演播室扩展现实制作技术

基于虚拟空间与实际空间坐标转换理论，创建实际空间等比场景，依据实际摄像机位置及镜头参数信息，在引擎中等效创建虚拟摄像机；渲染引擎通过投影变换算法，将场景内容投影至多块 LED 大屏进行 3D 效果呈现；实拍摄像机运动信息同步输出至虚幻引擎，实现虚实统一结合。

（2）研究物体跟随的空间定位技术

基于红外光学的物体空间定位技术，由空间中不同视角的多台光学传感组成多维视觉矩阵，确保物体在捕获空间范围内无死角跟踪定位，在统一三维空间坐标系与数据时间轴下实现摄像机、交互道具等物体定位数据跟踪。

（3）研究基于 AI 智能分析的自然视频人体运动跟踪技术

构建一套完全基于自然视频分析的无标记点智能人体运动跟踪系统，设计多人骨骼关键点 AI 检测框架，通过对自然视频中人体关键点检测，分步进行训练及端到端测试，通过公开数据集上的对比实验调节优化算法参数，评估运动跟踪精度，对人物骨骼特征提取及后处理部分进行优化提升，并通过数据编码设计虚幻引擎插件，将动态捕捉数据实时传输至虚幻引擎直接调用。

（4）研制一套 AI+VR 融合应用的虚拟现实制作系统

该系统包括以下几个部分：基于 VR 立体透视投影变换的大屏实时渲染服务器系统；基于红外光学捕捉技术的物体空间定位系统和基于 AI 智能分析的自然视频人体运动跟踪系统；最终，通过理论研究论证之后进行系统集成开发，研制一套符合甲方虚拟节目制作需求的 AI+VR 融合应用的虚拟现实制作系统，并配合甲方在相关节目制作中进行试用。

按照科研工作要求，本项目结合研究成果，形成一份 AI+VR 融合应用制作系统解决方案建议。本方案包括该系统整体方案介绍、系统软硬件构成解析、系统关键技术研发分析、系统应用操作指导建议、系统运行维护等方面内容。项目组在科研工作执行前期进行了大量的需求调研分析及基础技术预研论证，并结合项目任务书要求进行汇总，整理形成《AI+VR 融合应用制作系统解决方案建议书报告》。截至 2021 年底，项目组已研制一套 AI+VR 融合应用的虚拟现实制作系统；已完成两项软件著作权申报材料整理提交：一项广播电视节目虚拟制作的无标记点运动捕捉系统虚幻引擎插件，一项用于广播电视节目制作的虚拟制作光学标定系统；已完成一项新增专利技术交底书撰写：一种应用于广播电视节目制作的虚实摄像机联合标定方法。

超高清制作岛 5 系统建设

由技术局录制二部承担建设的超高清制作岛 5 系统为 2019 年立项项目。该系统于 2020

年8月完工，同年9月验收测试通过后上线试运行，2021年4月竣工。

超高清制作岛5系统是一个全文件、全网络化的4K电视节目后期制作系统，旨在提高4K电视节目的生产能力。系统部署在总台光华路办公区，采用全IP网络架构，整个系统内部全部采用万兆光纤链接，包括20套4K编辑工作站、1套4K专业调色工作站、1套4K视音频一体化制作工作站，还包含3套上载工作站、2套文本工作站、2套监看工作站、2套管理工作站等配套设备；后台资源部署在数据中心，包括1套核心存储、4台打包服务器、4台迁移服务器、数据中心池化资源等核心设备。

超高清制作岛5系统整体应用架构基于多层体系架构设计，从底层向上分别为：基础网络平台，数据库及在线存储系统、后台支撑服务，编辑子系统，业务管理子系统。超高清制作岛5系统以任务、流程双引擎驱动，通过岛内业务生产管理系统实现上下游系统接口对接，具备与节目生产管理系统、统一用户认证系统、演播室、音频制作岛、包装制作岛、审片系统、节目技术质量检测系统、媒资系统和播出系统等上下游系统之间实现业务的互联互通及媒体数据的交互能力，提供4K文件挑选、上载、剪辑、调色及环绕声一体化制作等"一站式"4K制作功能，实现4K节目文件化送审、送播和推送央视频融媒体发布平台。该系统以提高4K电视节目制作中各关键环节的效率为目标，依托高性能4K编辑制作技术、分布式存储技术、高速传输技术，实现高速、高效的网络化、文件化4K节目生产制作流程。系统通过跟踪核心设备及各类工作站等终端设备状态，以及关键业务流程，实现设备故障和关键业务流程进度预警，并提供运行数据的汇总、分析及展示功能。

超高清制作岛5系统竣工投产，进一步增强了总台超高清节目制作能力。该系统上线后，完成《远方的家》《而立浦东》《国家公园：野生动物王国》《宪法的精神 法治的力量——2021年度法治人物》等4K节目的后期制作，2021年送播4K超高清节目190小时。

超高清制作岛6系统建设

技术局录制二部后期制作一科自2021年9月13日开始，对原高端制作岛1系统进行原地改造，改造后的超高清制作岛6系统于12月27日完成全部34套Avid MC（Avid Media Compser）精编设备的上线工作。

超高清制作岛6系统是一个4K超高清后期制作网系统项目，旨在响应中央广播电视总台4K规划，提高4K电视节目的生产能力。该系统具备与节目生产管理系统、统一用户认证系统、新址媒资系统、音频系统、演播室系统、审片系统、播出系统等上下游系统之间实现业务的互联互通和媒体数据交互的功能，依托分布式存储技术，实现网络化、文件化流程节目生产流程，实现4K文件上载、剪辑、调色等功能，通过业务生产管理系统实现上下游接口对接，完成4K节目的送审、送播和推送融媒体发布平台（央视频等），并对工作站和业务流程进行管控，提供运行数据的汇总、分析及展示功能。

超高清制作岛6系统的主要建设目标为：构建安全可靠、功能完善、架构合理的超高清制作系统，遵循全台系统设计规范和本系统业务特点，建立与相关系统合理的数据交互机制，完成完整的采编播一体化流程；拥有4K超高清节目网络化制作能力，建设大规模集中存储实现共享制作；具备4K制作、集中调色、视音频合署制作能力；可提供快捷央视频素材挑选、制作及发布功能。

该系统在4个方面实现了突破创新：（1）大规模超高清全流程文件化、网络化制作；（2）全国产化4K后台制作服务引擎；（3）全国产化4K制作文件管理系统；（4）NTM转码，通过GPU技术大幅度提升H.265的编码效率。

超高清制作岛6系统自2019年开始经历了方案设计、方案审定、四级审批、公开招标等阶段。受到新冠肺炎疫情影响，该项目几经顺延才进入集成实施、系统测试、系统上线试运行阶段。

总台评估考核系统建设及应用

技术局根据总台制定颁布的三个"考核办法"，结合总编室的业务需求，应用大数据、人工智能等技术，建设了总台评估考核系统，为总台评估考核工作相关的数据汇聚、指标计算、结果发布与分析提供技术支撑。数据仓库汇聚了总台主要新媒体客户端相关数据、总台两微（微博、微信）账号数据、社交媒体、总台节目全网传播数据等。应用系统搭建了数据接入、在线填报、智能辅助、专家评价、指标计算、分析评估等功能模块，具备面向16个电视频道、13个大众广播频率、8个对象广播频率、"2+6"新媒体客户端、44个语言单元等全媒体平台，以及31个国内地方总站和7个海外总站的评估考核的平台支撑能力，提供了151张填报表单，进行了137项考核指标的计算。

该系统自上线试运行以来至2021年底，累计用户数达1650余人，汇入工作量稿件数13万余条，收集作品7600余条，累计生产指标数据近390万条。该系统在2021年评估考核工作中发挥了重要作用，提高了考核工作效率，有助于三个考核办法指挥棒作用的发挥。

央广第二主控建设项目

经国家广电总局批准，经技术局统筹协调，在总编室和17个广播频率、央广网等部门通力协作配合下，总台复兴门办公区第二主控于2021年10月12日凌晨完成倒切，正式投入使用。

自2010年建成至2021年，复兴门办公区三层主控已24小时不间断运行超过11年，设备严重老化，硬件故障呈上升趋势，部分核心设备已停产，安全播出工作受到影响。基于以上原因，技术局总控二部申报了央广第二主控建设项目。第二主控设计建造20套对外节目交换、调度、传输系统。第二主控核心功能是将复兴门办公区音频播出信号进行汇集和对外传输，主要分为主控音频系统、智能监控系统、交换调度系统、现场直播系统等。

第二主控工艺系统严格遵守国家广电总局《广播电视安全播出管理规定》（62号令）及实施细则、相关标准和文件的要求，按照安全播出保障等级一级的要求进行设计，贯彻"不间断、高质量、既经济、又安全"的方针进行设计和建设。第二主控稳定可靠，系统架构无任何单节点安全瓶颈，任一设备故障不影响整个系统的播出和其他主要功能。

第二主控采用当前主流的网络化、大数据等先进技术，建设传统广播技术与新媒体技术相互融合、网络化、智能化的新型广播中心主控机房，于2019年7月通过初步设计技术方案专家论证。同年12月，财务局批复了初步设计方案。受新冠肺炎疫情、建设机房位置调整等因素影响，2020年5月，技术局总控二部对初步设计方案进行了调整。10月，财务局批复了调整后的初步设计方案。2020年12月至2021年5月，完成第二主控相关设备的采购工作。2021年6月至8月，完成了第二主控设备安装、系统集成、项目组自测工作。8月13日，完成了第三方测试进入试运行阶段。9月18日，通过了总台技术工程项目验收。10月12日，第二主控正式启用。

审计服务平台建设

为落实党中央对审计工作的部署要求，技术局和总台审计部门结合总台宣传业务实际，开发建设具有鲜明广播电视特点的审计服务平台，为更好地发挥审计监督服务提供有力的技术支撑。技术局在原有的政府采购审计材料报送系统基础上，于2021年完成了总台审计服务平台的主体建设。

审计服务平台主要基于总结分析多年的审计模型与问题数据库的基础，形成了一套适配总台流程和审计规划的专用系统。平台主要特点为：审计流程全程在线，过程留痕可追溯；系统使用便捷高效，平稳过渡线下操作习惯，工作效率极大提升；动态管理，自动更新整改台账；提供快速检索，数据整合分析功能提高；清晰直观，全方位展现审计成果；提供事前审计手段，及时拦截，防范风险，减少问题。

截至2021年底，该平台正式运行并取得初步成效，成为国内首个自主研发、具有广电行业业务特点的审计信息化系统。

二、总台5G+4K/8K+AI等技术研究与应用情况

超高清8K电视制作工艺和制作规范研究

"超高清8K电视制作工艺和制作规范研究"是2019年立项的8K超高清技术科研项目，由中央广播电视总台联合国家广播电视总局广播电视规划院共同完成。该项目在梳理归纳国际和国内8K超高清电视发展技术动态的基础上，研究了当今国内外8K超高清电视的相关标准；并面向实际节目生产应用，对关键技术、设备和流程进行了试验和测试；提出现阶段可实现且可行的8K超高清电视节目制作的工艺流程和设备使用参数建议。该项目系统测试了8K主流摄像机、非编、监视器等设备的性能指标，以及H.266、AVS3、AV1等编码标准的编码性能和效率，为8K超高清电视技术研究和推广提供了参考。项目成果《8K超高清电视制作工艺和制作规范研究报告》为开展8K超高清电视技术发展提供了有力的支撑。

该项目于2021年8月正式通过验收。

超高清 8K 电视主观评价用测试图像

"超高清 8K 电视主观评价用测试图像"是2019年立项的8K超高清技术科研项目，由中央广播电视总台联合北京中视北方影视制作有限公司共同完成。该项目完成了室外自然场景、演播室场景、体育场景、静物场景等4大类别23条8K超高清电视主观评价用测试图像序列，并详细说明了这些测试图像的考察特性、内容、代表性和运动特性。经过测试，技术局验证了这些测试图像序列可考察包括图像清晰度、HDR、亮度层次、肤色与色彩的保真度、质地再现、运动估值/运动补偿性能等特性，为8K超高清的系统建设、设备选型、图像质量评价等提供专业测量手段，填补了国内8K测试图像序列的空白。

该项目于2021年8月正式通过验收。

大跨度单维索道摄像机系统

"大跨度单维索道摄像机系统"是2016年立项的特种装备技术科研项目，由中央广播电视总台联合北京航天万鸿高科技有限公司共同完成。该项目针对重大时政活动，以及速度滑雪、龙舟赛等体育赛事对索道摄像机系统的大跨度、高速度、信号安全可靠等实际需求，完成了单维索道摄像机系统原理论证和方案设计、高速伺服驱动系统设计，以及大跨度索道系统架设方法研究，并研制出800米有线传输一维4K索道摄像机系统，系统由小车系统、牵引系统、承载系统、中控系统和监控系统组成。该项目在实施过程中解决了超低延展性、耐摩擦、抗疲劳、高强度承重索、牵引光缆编织工艺、在线充电等关键技术，实现了4K信号800米跨度光缆传输，最大运行速度达15m/s，并可满足在线充电的要求。研究成果已形成电视转播能力。该系统曾投入2021年建党百年庆典实况转播，运行情况良好。

该项目于2021年8月正式通过验收。

超高清播出传输质量和可靠性提升研究

"超高清播出传输质量和可靠性提升研究"是2020年立项的超高清技术科研项目，由中央广播电视总台联合国家广播电视总局广播电视规划院共同完成。该项目完成了4K、8K超高清视频应用场景下AVS2不同编码模块的编码复杂度和编码效率分析，对比了AVS2与HEVC等标准关键技术和性能的差异，为AVS2实时编解码器的优化和实现提供技术依据。项目对用于4K超高清节目分发的AVS2编码质量进行了主观评估和优化研究，基于产品级实现为传输编码方式选择、码率选择提供了参考。针对现有4K超高清播出系统的信号切换及比对方式，完成了对混合主、备链路中4K信号的内容监测，在出现检测比对不一致的情况下进行实时报警提示，并完成了4K播出信号自动切换的功能。项目成果进一步提升了总台4K超高清频道播出系统的可靠性，为总台CCTV-4K超高清频道的播出安全提供了有力保障。

该项目于2021年8月正式通过验收。

4K/8K IP 化系统数据流传输方法及监测设备的研究

"4K/8K IP 化系统数据流传输方法及监测设备的研究"是 2020 年立项的 8K 超高清技术科研项目,由中央广播电视总台联合北京格非科技股份有限公司、中国传媒大学共同完成。该项目研究了基于超高清 IP 化传输相关国内外技术标准及协议,在演播室运行环境中对影响超高清 IP 信号传输的网络环境、传输协议、视音频数据等三个方面进行了测试,可及时监测到相关故障,为 4K IP 演播室状态监测和故障定位提供了基础。该项目研制的超高清 IP 化系统数据流分析报警系统样机,实现了 IP 演播室传输协议和数据包监测报警,并可存储无压缩视音频媒体原始数据。该项目提交了协议研究报告和测试报告,完成了 3 项软件著作权,申请了 3 项专利,试制设备通过了第三方检测,并已在总台获得应用。

该项目于 2021 年 12 月正式通过验收。

4K 超高清播出格式码率及文件规范研究

"4K 超高清播出格式码率及文件规范研究"是 2018 年立项的 4K 超高清技术科研项目,由中央广播电视总台联合北京中科大洋信息技术有限公司、新奥特(北京)视频技术有限公司、国家广播电视总局广播电视规划院共同完成。该项目围绕 4K 超高清播出格式码率及文件规范研究,从图像质量评测、转码效率两个方面,对 Long GOP 200Mbps 超高清文件进行播出系统应用的可行性验证、测试和评估。通过主客观图像质量评价测试,得出 Long GOP 200Mbps 与 Intra 500Mbps 两种格式无显著性差异;通过两个设备厂家提供的转码测试,Long GOP 200Mbps 转码效率都能达到 2 倍以上。该项目参照国际标准化组织相关规范内容,结合实际测试结果,可作为《4K 超高清播出格式 MXF 文件规范》补充 XAVC Long GOP 200Mbps MXF OP1A 相关内容,对提高超高清节目直送效率提供了技术依据。

该项目于 2021 年 12 月正式通过验收。

基于 AVS2 的超高清电视节目播出分发系统与示范应用

"基于 AVS2 的超高清电视节目播出分发系统与示范应用"课题是《云计算和大数据国家重点研发计划》项目"面向视频内容的大数据处理分析平台及示范应用"的子课题,由科技部于 2017 年立项。该课题通过对高帧精度的播出控制技术的研究,研制了 4K 超高清视频服务器,搭建了超高清电视播出系统;通过对 AVS2 超高清视频编码技术的研究,研制了 AVS2 超高清实时编码器,搭建了基于 AVS2 的超高清编码压缩平台。通过搭建基于 SDI+IP 异构的 4K 超高清播出系统及基于 AVS2 的超高清电视编码压缩分发系统,开播 CCTV-4K 超高清频道,实现了总台央视春晚、世界杯、重大时政活动等重大赛事或事件的实时超高清电视广播示范,系统整体可靠率达到 99.99%。课题申请了国家发明专利 5 项,组织制定了广播电视行业标准 2 项、企业标准 2 项,对国内其他电视台开播 4K 超高清频道并实现节目落地接收起到了指导作用。

该课题于2021年5月正式通过项目牵头单位验收，于2021年10月通过科技部专家组验收。

30吋级4K技术基准监视器研制

"30吋级4K技术基准监视器研制"是2020年立项的4K超高清专业设备科研项目，由中央广播电视总台联合海信视像科技股份有限公司、福州京东方光电科技有限公司、中国传媒大学共同完成。项目围绕4K技术基准监视器的技术要求，采用叠屏显示技术完成了30吋级技术基准监视器国产化研制和开发，经参考国际标准对样机进行测试，结果表明与国际主流产品水平相当。项目通过研究，还编制了《4K/8K超高清监视器技术要求和测量方法》技术标准草案，项目成果填补了国内相同领域的空白。

该项目于2021年12月正式通过验收。

面向新闻素材的视频资料多维智能识别和解析

"面向新闻素材的视频资料多维智能识别和解析"是2020年立项的视频图像AI识别技术科研项目，由中央广播电视总台联合上海交通大学、北京明略软件系统有限公司共同完成。该项目在对需求进行分析调研的基础上，完成了内容素材收集标注、基础算法研究、模型定制训练、系统设计集成等工作，研发了面向新闻素材的视频资料多维智能识别和解析关键算法，并开发了系统平台。该平台集成了人脸库自动化增量式更新、新闻类素材语音识别、典型新闻元素识别等子系统功能，并提供API接口，支持集成部署，可针对新闻制作业务需求集成人脸检测、人名检测、关键词检索等功能。各子系统模块具备独立运行的能力，并可支持相关新闻元素的动态扩展。项目成果为中央广播电视总台新闻节目的生产制作提供了智能化辅助工具，通过对典型新闻元素的准确识别解析，在生产环节提高制作效率；通过对负面人物的精准定位和检测，在审核环节提高审核效率。

该项目于2021年12月正式通过验收。

E14、E15、E17演播室群4K系统之音频部分

1. 项目介绍

该项目于2019年11月13日立项。光华路办公区E14、E15、E17演播室群4K系统之音频部分，是为适配中央广播电视总台技术局"5G+4K/8K超高清制播示范平台"项目，而设计建设的以播出安全为首要目标、以技术创新为示范亮点、以流化音频为核心架构的可管可控的先进节目声音制作系统。

项目的建设目标是建成全面实现信号共享方便，备份方式完善，应急操作简便，集网络监控管理与报警系统于一体、具有国际领先水平的"四个全面"IP网络化架构音频系统。

三个演播室均使用32路推子的LAWO $MC^2 56$ 作为主调音台，16路推子的LAWO $MC^2 36$ 作为备调音台。建成后的E15演播室具

备三维声制作能力，E14/E17 演播室具备环绕声制作能力。

2. 项目建设及准备情况

2021年1月16日至29日，进行原系统拆除工作；3月2日，开始系统集成；5月7日，进行系统调试工作；5月21日，开始系统内部测试。E14演播室群系统于7月5日启用，当日所有调试工作全部完成，E14、E15、E17演播室已具备制作能力。

3. 项目亮点

系统具备先进完善的备份方式。IP架构下的所有核心设备基于SMPTE 2022-7协议冗余连接，主备链路互为备份，自动无缝切换。主调音台核心机箱与接口箱通过交换机实现IP信号交互，通过机箱之间的MADI连接实现基带信号交互。两种方式同时连接，两个架构同时工作，并互为备份，可无缝切换。所有输入信号主备调音台系统皆能选取接入。所有IP/基带输出信号皆能选择由主调音台系统或备调音台系统送出。

简便快速的应急操作也是此项目的一大亮点。系统可通过17键VSM面板一键切换主调音台系统使用IP或是基带架构，一键切换所有IP周边设备由主或备调音台系统控制；可通过多台二选一切换器一键切换所有基带周边设备，由主或备调音台系统控制。

系统还配备了功能强大的辅助管理系统，可通过VSM 50键面板进行快速选择：①备调音台系统所需的输入源，解决了备调音台系统处理能力不足的问题。②IP流监听设备的监听源。③多轨音频工作站的收录信号。

系统搭载了一套自主研发的IP网络监控系统，可显示所有核心设备的连接状态和各项参数；可解析音频流，具备PTP抖动值实时绘图功能，可记录一个月内的PTP抖动状况；可记录一个月内的核心设备报警状况；可监测所有外来信号、主PGM音频流、备PGM音频流、CLEAN音频流，并显示音频柱。

在总台演播室音频系统中，第一次配备了报警系统。当监测到主或备PGM流1、2、3声道信号同时小于 −60dBFs 超过两秒时，主或备报警灯闪红并发出警报声。

4. 应用效果

2021年7月24日至8月7日，E15演播室顺利完成东京奥运会各项赛事直播，系统运行稳定。E17演播室自9月1日起，投入每日12:00、18:00、21:30的新闻直播制作中，系统运行稳定。

智能语音转写平台助力总台2021年春晚制作

2021年春节联欢晚会继续使用智能语音转写平台完成语言类节目的字幕制作。技术局录制四部高端制作岛4客户端首次通过远程网络化连接平台服务器端完成字幕校对和生成，全部语言类节目均通过语音转写、人工校对唱词、字幕文件生成等三个步骤，并最终输出SRT唱词文件。此平台的运用，进一步推动了传统字幕制作向人工智能字幕制作的变革。同时，平台经过不断使用和改进，升级优化了语音识别数据库、文字断句模型和客户端操作，字幕生产效率较往年春晚语言类节目字幕制作有了进一步提升，有力保障了春晚重播节目的安全高效入库和节目的快速复用。

标签业务系统项目建设

标签业务系统是媒资系统按照《中央广播电视总台"十四五"技术发展规划》向标签化、智能化、移动化发展的重要先导应用系统。整个项目建设由技术局牵头进行，基于中央广播电视总台《广播电视音像资料内容标签体系规范》(建议稿)，在总台媒资云服务平台系统中，建设标签业务系统，创建验证标签生产工艺，引入人工智能工具辅助标签提取，并优先针对新闻、体育、专题类、综艺类典型资源等进行标签标注实践，并进行标签检索使用展现的体验验证。标签业务系统项目于2020年立项，同年11月完成技术审定，2021年初完成项目公开招标，3月进入深化设计，9月项目完工。

技术局和音像资料馆联合组成项目组，制订了详细的项目工作计划。根据计划，技术局与音像资料馆共同制定了《新闻条目类数据内容标签标注细则》《体育类数据内容标签标注细则》《专题类数据内容标签标注细则》《综艺类数据内容标签标注细则》，以及标签标注样例挑选原则和范围；完成了对自建标签库的审核工作，形成了超过6万词的初始基础标签库。通过不断对多模态的AI辅助标注能力（含人脸识别、ORC、语音识别、NLP技术）进行迭代优化。截至2021年底，已经基本实现了上述各类型资源的AI辅助片段自动切分，以及标签、价值画面的自动提取等功能。同时，媒资云服务平台的检索功能也针对标签标注业务做了适配调整。标签业务系统中包括标签生产和生产管理辅助功能的磨合上线，使标签业务系统整体功能和流程已可以支持进行正式的标签业务生产。

2021年，标签业务系统已完成完工手续上线试运行，并按照项目计划积极推进完成2500小时资源的标签标注试生产指标。

人工智能对4K图像中特定运动物体的识别及直播应用

人工智能对4K图像中特定运动物体的识别及直播应用为总台自研项目。该项目于2021年立项，旨在研究4K图像采集与存储、AI图像智能学习、图像合成等技术并应用于转播。2021年底，该项目已完成项目调研、产品软硬件原型设计、软件基础开发、硬件试制及部分功能测试验证。该项目从采集到运算合成和输出，实现了4K全链路，同时具备面向8K视频的运算能力，待8K全链路硬件设备随市场发展成熟后，可直接进行后期硬件升级。

基于该项目中的AI识别技术，可以实现体育节目中运动员腾跃的动作、凌空姿态的多元化展示。如：在雪上项目中，对运动员的运动姿态进行捕捉，增加视频特效观看体验，将应用于冬奥会雪上项目对运动员的自动跟踪拍摄。

基于该项目中的AI识别技术，配合自研的高速、高精度云台，可实现飞行器的自动识别和自动跟踪。AI飞机自动跟踪拍摄系统是总台贯彻5G+4K/8K+AI战略自主研发的科技成果之一，利用人工智能图像识别项目的技术成果，计算图像中被识别物体在画面构图中的空间位置与标定值的误差及趋势，超前输出控制数据驱动机械系统动作，使被识别物体的图像始终保持在画面标定位置。该系统已首次成功应用于庆祝中国共产党成立100周年大会直播任务，摒弃了传统跟踪系统的像素识别AI

跟踪，使用了跟踪效果更好、难度更高的"神经网络+深度学习"方式，对目标飞机进行学习、识别和跟踪。相较于传统跟踪云台，通过大量机器学习，使视频处理引擎实现自动识别，并在搭配高精度伺服云台的基础上，大大提高了跟踪精度。该系统在中国新闻大厦高点位置实现了空中方队的特写拍摄，记录了建党100周年大庆的历史性时刻。

该项目中的AI图像跟踪技术可应用于冬奥会速度滑冰比赛场馆中，提高总台研发的超高速4K轨道摄像机拍摄系统的跟踪效率。此外，还在冬奥会雪上项目中利用AI图像识别技术对运动员的运动姿态进行捕捉，呈现基于AI识别的视频特效，如运动员相关可视化数据分析、运动视觉暂留、移动轨迹跟踪等创新的视频图文呈现，通过视频服务器渲染的视频图像直接用于高台跳雪、体操、跳水、田径等体育赛事直播。

时间切片是总台基于该项目自主研发利用人工智能深度学习、结合图像学及自动化控制技术的AI图像处理系统。它利用人工智能技术实时将滑雪运动员从4K视频背景中逐帧分离出来，再用图像算法进行数据分析，然后对结果进行二次包装，并进行数据可视化呈现。

超高清技术助力庆祝中国共产党成立100周年文艺演出《伟大征程》历史素材修复

"基于4K/8K超高清AI增强制作平台的庆祝中国共产党成立100周年文艺演出《伟大征程》历史素材修复"项目采用AI视频修复增强技术，对党的发展历程中各个历史阶段的影像资料进行了修复增强，如新中国成立、抗震救灾、抗击"非典"、香港和澳门回归祖国等历史影像资料，共13则历史影像素材，总修复时长达900秒。本项目采用基于深度学习网络的AI视频修复增强技术，从空间分辨率、时间帧率、色彩、对比度等多个维度实现对历史影像的修复增强，可大幅提升视觉效果，为演出成功举办贡献力量。

《伟大征程》以大型情景史诗形式呈现，生动展现中国共产党百年来带领中国人民进行革命、建设、改革的壮美画卷。晚会的舞台极具空间感。鸟巢东侧跑道架起了长174米，高29.5米，总面积达5133平方米的LED背景主屏幕（12个4K分辨率），及两款合计2300平方米的旗帜形状侧屏。舞台后方的主屏29.5米宽，立起来足有10层楼高，长174米。另外，还有4块辅屏和一块在地上使用时可以翻起来的翻屏。几块屏幕的总面积达8000多平方米。修复增强后的超高清视频，以1∶6超常规比例，在总面积达5133平方米的LED背景演出现场主屏幕进行播放，播放流畅、画质清晰、色彩丰富，充分满足了超高清时代下观众的观看需求。该项目在重大政治任务中担当重任，是视频修复技术在超大屏幕场景的首次应用，充分展现了总台超高清技术成果在超大屏应用的实力。

项目开发的4K/8K超高清AI增强制作系统是基于计算机自动处理和人工辅助修复相结合的人机耦合系统。该系统主要面向老旧影视频资源，借助自主开发的修复算法、AI增强算法、专业软件，辅助少量的逐帧画面精致修复，进行去场纹、修复、超分增强等处理，效率及质量均优于传统处理方法。本项目集成了核心算法、AI模型库、数据集构建、人机耦合应用模式等从算法到应用的综合系统，涉及算法、技术和应用创新点。该项目具体包括：基于深度学习网络的修复增强算法、面向各类复杂场景的AI模型库、教"AI模型"的数据集和人机耦合的AI修复增强应用模式。该项目经修复增强后的成片无场纹、划痕斑点，保留了原始细节，去除了噪声，还原了色彩，增强了色彩对比度，进行了超分和插帧处理，增强了画面质量，具有良好的观看舒适度，播放流畅自然。

三、采编、制作、媒资管理与共享新技术及应用

2021年总台超高清8K测试研究与应用

1. 项目概况

2021年，总台技术科研项目的总体目标为：继续以5G环境下媒体融合及4K/8K超高清制播技术发展的需求为导向，开展具有先导性和支撑性的应用技术研究、标准规范研究，以增强媒体传播技术水平和技术创新能力，提高媒体融合和超高清电视技术自主知识产权的含量。

总台作为国家广播电视主流媒体，运用国际领先的前瞻性技术，引领超高清8K电视技术测试研究与应用，对超高清内容生产和制播产业发展具有重要意义。

2. 研究与方法

研究8K超高清视频测试图像素材的基本准则：室内、室外等舞台活动场景、典型生活场景与技术考察要素的联系，对实际拍摄场景元素和图像构图元素进行设计；研究符合测试图像素材要求的技术设备和制作工艺流程，提出拍摄技术路线；完成8K超高清测试图像素材的拍摄制作和素材备份管理。测试图像素材具有无缺损的源图像质量，包含与评价一个或多个图像质量要素相关的构图元素。

项目组在不同环境、场景等拍摄素材总量达30TB，最终选出了20个超高清8K SDR/HDR测试图像，涵盖演播室、室外自然景色等电视节目常见场景，考察图像层次、清晰度、彩色保真度、视频压缩处理综合性能等属性，考察图像HDR的表现能力，提供测试图像使用说明。

项目组制定了一套对拍摄图像序列行之有效的拍摄流程：第一，项目组通过8K主观评价图像序列的测试方向，研究筛选符合拍摄需求的备选地点。第二，确定满足要求的地点后，根据拍摄地点的不同，由演播室技术统筹部组织、协调对拍摄地点进行看点，随时将现场照片反馈回专家组，报告当地季节、气候等自然特性。项目组专家同步对现场情况进行分析，快速制订出合理的拍摄计划和技术要求。第三，拍摄计划确定后，前期踩点人员与当地相关单位进行对接和协调，进行有针对性的拍摄。在拍摄过程中，专家根据拍摄内容及时审看，总结与调整拍摄方案。技术组第一时间整理数据，进行备份。第四，拍摄结束，数据递交后期工作组，对拍摄内容进行精修与处理，并根据规定形成成片，专家组根据项目要求进行筛选、存档、留存。

3. 应用成果

该成果作为8K超高清拍摄主观评价的依据和参考，对8K节目画面质量评价具有指导意义，填补了我国超高清8K图像序列领域的空白。

（1）8K测试图像拍摄制作技术参数和现场参数，前期拍摄设备超高清8K摄影机相关参数

分辨率：7680×4320

帧频：50P

采样率：4∶4∶4

量化精度：12bit

色域：BT.2020

（2）成品测试图像技术参数

分辨率：7680×4320，帧率：50p，色域：BT.2020

量化精度：12bit，颜色采样：4∶4∶4

输出格式：DPX，SDR/HDR HLG

（3）8K测试图像制作方法和工艺流程说明

拍摄时，采用高低码率同步记录的方式：高码率记录无压缩RAW文件；低码率记录代理文件，省去了从高码率再向代理文件转码的过程，直接进入后期高清剪辑，极大减少素材量和高码流对剪辑机器配置的要求与压力，保证效率并生成交互文件，剪辑师在FinalX中回套8K素材提高效率和准确性，输出XML文件与达芬奇对接，在达芬奇调色软件中调用交互文件回批高码率文件进行调色，保证图像质量输出全画幅输出7680×4320 50P色域BT.2020 HLG 1000尼特，再进入非线软件进行视频、音频、包装、字幕等，最后输出所需格式成品。

测试、研究成果还适用于超高清8K制作、传输、播送、显示设备和系统，以及编解码测试和科研应用。在国外相同产品也不多见的背景下，研制具有中国元素、具有自主知识产权的超高清8K测试图像，更具有重要意义。

"对外传播中心技术大楼"音频媒资系统项目

2020年7月2日，技术局"对外传播中心技术大楼"音频媒资系统采购项目通过总台技术审定会正式立项。该项目的主要内容是结合鲁谷办公区多语种广播业务特点，建立一套功能完善的音频媒资系统；并且通过系统接口，实现该系统与总台现有系统的业务打通。

通过前期的充分调研，技术局播出四部不断优化、细化项目方案。在保证业务运行和数据安全的前提下，最大限度发挥设备性能，节约采购成本。项目组完成了设备采购及数据库、web接口、音频转码处理、数据传输储存等功能模块的搭建工作。硬件环境的搭建和调试工作于2021年5月30日完成，并通过了验收。

为实现鲁谷办公区音频媒资系统与总台现有系统的业务打通，播出四部深入梳理现有各系统业务，充分调研总台其他办公区的相关业务系统。其间，播出四部与制播应用部、新闻制播四部、云数据中心运行部和音像资料馆音频资源部多次举行会议，最终就资料编目标准、互联互通实施方案、鲁谷办公区音频资料编目的业务流程等议题达成一致。截至2021年底，在多方的共同努力下，接口开发各项工作已全部完成。

鲁谷办公区音频媒资系统在满足编目存储、检索浏览、管理查询、资料再利用等功能的基础上，打通了总台现有系统的相关业务。

1. 接入总台人员统一认证（LDAP）系统

用户在登录鲁谷办公区音频制作系统和鲁谷办公区音频媒资系统时，可直接使用总台"掌上通"APP扫码登录，也可以输入总台工号、密码和"E账通"动态码登录，实现了用户在鲁谷办公区和总台人员认证系统的双重身份认证。该功能在满足总台统一身份认证要求的同时，提高了用户登录的便利性。

2. 打通总台媒资共享系统

鲁谷办公区音频媒资系统发布的音频资料会实时同步至总台媒资共享系统供全台使用。同时，鲁谷办公区用户可以通过总台媒资共享系统直接下载总台音频资料至鲁谷办公区音频制作系统使用。

3. 融合鲁谷办公区音频制作系统

用户在进行音频资料编目工作时，无须打开鲁谷办公区音频媒资系统，可以在进行音频节目制作的同时，直接通过音频制作软件对音频节目及素材进行资料编目，并提交至鲁谷办公区音频媒资系统进行归档。

4. 对接鲁谷办公区播后采系统

系统可按照预先设定的节目单模版，对播后采系统成品节目进行切片，自动转码并导入鲁谷办公区音频媒资系统，经过编目后入库，并对外发布。截至2021年底，通过播后采系统自动切片后，导入鲁谷办公区音频媒资系统的成品节目共计5083条。

鲁谷办公区影视译配录制设备升级项目

2021年5月17日，鲁谷办公区影视译配录制设备升级项目通过总台技术项目审定会正式立项。项目主要内容为：结合现有技术资源和工作实际，将鲁谷办公区原14层3号至8号共6间语录机房改造为3套以Protools专业音频处理软件为核心的、可独立工作的译配机房。播出四部充分整合鲁谷办公区现有技术设备资源，反复优化设备采购方案。该项目于6月启动实施建设，于10月中旬完成全部采购、安装、集成工作，并陆续投入使用。

新建成的音频译配录制系统具备专业的音频处理能力，可以精准把握音频处理的各种细节，设置三显示器模式可同时满足各类同步操作及画面监看需求，大大提高了音频译配的工作效率和质量。建设完成后的三套译配机房集录音、配音、音频编辑、立体声混音等多种业务功能为一体，每一套译配机房均可独立承担电影、电视剧、纪录片、动画片、专题片、歌曲等多种形式作品的音频后期译制工作，可满足全年约600小时的译配节目配音、音频编辑及混音工作。

在项目建设过程中，为更好适配影视翻译制作中心业务发展需要，播出四部项目人员与该中心业务负责人进行了多次沟通交流，梳理出其未来业务形态、应用场景、内容生产规模、节目制作流程等方面的技术需求，并多次到复兴门办公区数字化录音棚和多家业内影视译配公司进行调研，与相关技术人员就译配设备选型、录音技术等问题进行深入研讨，咨询行业前沿技术及发展方向。

截至2021年底，播出四部参与完成"CGTN常态节目西班牙语版影视剧译制工作"任务中3部共计88集电视连续剧的音频后期编辑和混音工作，总时长共计3960分钟。其中，电视剧《因为遇见你》完成后期音频制作

45集，合计2025分钟；电视剧《温暖的弦》完成后期音频制作38集，合计1710分钟；电视剧《在远方》完成后期音频制作5集，合计225分钟，提前26天完成相关译制任务。

四、传输、覆盖、监测监管新技术及应用

4K直升机微波传输系统

高空中的直升机在电视转播中发挥着重要的作用。直升机航拍已经成为国家级庆典节目直播、大型新闻事件、体育赛事和高端纪录片拍摄的必备手段。在各类国家级庆典、重大活动中，"直升机航拍+记者登机报道"的"空中演播室"制作模式已经成为时政、重要新闻、大型活动直播报道的标配。在一些高端大型体育赛事转播中，"空中演播室"模式更是在技术上发挥直升机的空中优势，使其成为各种地面信号的汇集中继点，利用直升机作为信号中继平台，实现大范围、远距离的信号跟踪与传输。

在这种背景下，总台在2018年启动了4K直升机微波传输系统的立项建设。该系统包含两个任务场景下的微波传输系统：航拍任务场景，支持航拍机上2路4K超高清拍摄信号同时传输至地面；中继任务场景，支持利用直升机进行地面信号中继后发射回传至地面接收点接收，实现中继信号规模4路4K信号中继转发能力。两种任务场景下的微波传输系统机载设备均集成在总台新采购的贝尔429直升机上，并与贝尔429直升机一同完成中国民用航空局CAAC适航认证。

航拍任务场景下的微波传输系统包括机载航拍发射部分、航拍地面接收部分、信号回传及切换调度中心部分。中继任务场景下的微波传输系统包括地面移动端（车）发射部分、直升机中继部分、中继地面接收部分和切换调度中心四部分。其中，信号切换调度中心为航拍任务场景下和中继任务场景下共用的4K信号调度系统。系统建成后，具备直升机航拍2路4K信号独立传输能力，3个航拍信号地面接收点在航拍直升机低空飞行（50米至300米）时，每个接收点覆盖范围至少3千米；具备利用直升机作为信号中继、实现4路地面4K移动端（车）信号上行至中继直升机后转发至地面的传输能力，中继系统下行链路传输采用了先进的DVB-S自动跟踪系统的方案，地面布设两个中继信号接收点，配置有全天候和高负重的天线跟踪器用于自动跟踪。在4K传输条件下，当中继机飞行高度为3000米时，系统实际传输效果满足当下行载波每KHz带宽承载码率≥2.2Kbps/KHz时，微波传输系统每个接收点接收覆盖有效半径≥40千米。

2020年至2021年，直升机微波传输系统机载部分与贝尔429直升机进行了系统的集成工作，主要包括机身天线布局、机舱内机柜定制、配电系统的建设与集成。技术局在贝尔429机身腹部等位置安装了微波收发天线、通信天线、GPS定位发射天线。为确保信号的传输，航拍与中继任务场景的发射天线均安装在机身支架的升降臂上。机舱内机柜按照航拍和中继任务场景进行区分，根据设备重量、功率和使用操作需求进行了设计，设计为1个航拍

机柜和两个中继机柜。航拍机柜安装在机舱内前排座位中间，中继机柜安装需将前排座椅进行拆除，放置在前排座椅的位置。利用直升机上的直流电源给电视工艺系统供电，机载电源提供总功率3000W、电压28V的供电，实际机载电视工艺设备用电功率1937W，留有30%以上余量。在驾驶座后下方靠左侧为电源接口盒，设有三个电源接口，分别为电源一、电源二、电源备，连接机柜供电单元；机柜供电单元内设置有28V转12V转换模块和28V转5V转换模块，为12V、5V电视设备提供供电，每路供电都配置有开关与保护措施。

2021年4月，改装后搭载着直升机微波传输系统的贝尔429直升机进行了电磁兼容测试、飞行测试等一系列内容后，完成了整机的适航认证。2021年9月，直升机微波传输系统完成了整系统功能及性能的第三方测试。

2021年，《航拍中国》节目江苏站、上海站、海南站的直播和庆祝中国共产党成立100周年活动的直播，均使用了航拍任务场景下的传输系统，并获得了成功。随后，该系统投入多场大型直播报道中，发挥其技术独特优势，为电视观众带来了高空不一样的视角。

大跨度一维有线传输索道摄像机系统"天琴座"的研发与应用

2021年7月，总台自主研发项目"大跨度一维有线传输索道摄像机系统"在"庆祝中国共产党成立100周年大会"直播任务中首次亮相。该项目历时4年，2020年12月初通过了全跨度测试，2021年完成全部设计建造工作，并正式投入使用。

大跨度一维有线传输索道摄像机系统"天琴座"除摄像机及镜头外，全套系统均为国产，并由总台掌握核心技术的知识产权。全套设备主要由索道系统、驱动系统、图像稳定开放式三轴陀螺仪、4K图像及控制数据综合光传输系统组成，同时实现19米/秒高速飞行，开创了行业先例。该系统能够实现摄像机在大跨度范围两点之间的快速移动和稳定拍摄。其中，陀螺仪控制信号和4K视频信号通过光纤传输至地面中控系统，摄像机控制和视频信号采用SMPTE 304M复合摄像机线缆传输至转播系统。系统的控制和4K视频信号采用独有的双光路冗余传输技术，实现了信号的无压缩基带传输、双光路信号无缝切换。

在庆祝中国共产党成立100周年大会现场，一维索道横跨整个天安门广场东西侧路，由两根承载索和三根牵引缆组成，横跨天际，仿佛5根琴弦，因此而得名"天琴座"。同时，平稳的索道不会有丝毫的震颤，围绕"启航船头"实现了高速运动俯拍，几十米的空间落差，极强的视觉冲击力让传统的拍摄方法望洋兴叹，恢宏的场面展现出了大会组织者的匠心和总台科技创新的成果。

高通量卫星传输系统为电视转播提供轻量化传输技术保障

高通量通信卫星，也称高吞吐量通信卫星，是相对于使用相同频率资源的传统通信卫星而言的，主要技术特征包括多点波束覆盖、上下行频率复用、高波束增益等。高通量卫星可提供比常规通信卫星高出数倍，甚至数十倍的容量：传统通信卫星容量不到10Gbit/s，高通量卫星容量可达几十吉比特每秒到上百吉比特每秒。

高通量卫星传输系统因其独特的覆盖方式和机制设计使高通量卫星站具有便携性好、集成度高、更加智能化等特点。后台集中控制极大降低了前方人员的操作压力，可大幅减少人员配置，满足各种小团队、快反应、高机动的报道需求。尤其在应急报道及恶劣环境中，如在无人区（戈壁、沙漠等）、海洋等无基础设施覆盖地区开展直播报道，该系统发挥了巨大作用。

技术局转播二部卫星传送团队经过充分调研，协同总控部与中国卫星通信公司、亚太6D卫星公司、高骏科技有限公司和通维数码科技（上海）有限公司等进行大量测试，调试直播编码器、解码器的配置参数，协调整体传输线路配置，2021年立项"Ku波段4K卫星车（二期）"，包含6套高通量卫星站。截至2021年底，该项目进入设备交付阶段。此前，高通量卫星站一直作为测试性设备，应用在各项直播任务中。在"嫦娥5号返回地球着陆"直播报道、2月的春节特别节目"高原雷达兵过大年"直播报道、6月的"神舟十二号航天飞船发射"直播和7月的"因乐之旅"系列直播节目中，完成了大屏和小屏多次直播任务。2021年7月河南暴雨灾害、2021年9月"神舟十二号"返回等直播报道均大量应用了高通量传输系统，取得了良好效果。

2021年7月20日，河南遭遇短时极端强降雨，城市内涝严重，多地水库、堤坝出现险情。由于前方持续降雨，通信基础设施受断电、洪水冲毁等影响较大，4G/5G信号劣化严重，局部地区通信中断，致使河南成为"信息孤岛"。为了尽快打通前后方的信息通道，7月21日8时30分，总台技术局转播二部启动新闻快速反应机制，紧急调动设备和人员，于12时集结10名技术人员携带多套背负式高通量卫星站，火速驰援灾区。当日23时左右，技术团队抵达郑州，并立即投入设备调试工作，在当地通信中断的情况下，直接构建卫星传输通道，保障直播顺利进行，同时还满足了前后方通信及互联网需求。在此次应急报道任务中，高通量卫星站充分体现了体积小、重量轻、操作简便、展开速度快等优点。

2021年9月"神舟十二号"返回任务，为了实现在行进中开展直播报道的需求，转播二部派出了一辆高通量动中通卫星车。经过反复多次地测试，不仅满足了行进中直播的需求，还解决了戈壁内只能用卫星电话通信的难题，实现了局域互联网覆盖。同时，利用背负式高通量卫星站体积小、便携性高的特点，搭乘搜救直升机，第一时间抵达返回舱落点，开展直播连线。

A级三维声录音车

随着4K/8K超高清时代的到来，电视节目声音制作的格式过渡到常态环绕声、三维声节目制作。"A级三维声录音车（简称A1录音车）"项目于2020年立项，2021年10月完工，为总台建造了第一辆完全国产的三维声（3D Audio）、IP/基带混合架构数字音频制作移动平台。该车结构设计先进，声学指标优异，制作手段完备，性能稳定可靠，满足4K超高清时代电视节目对三维声现场制作的需求。

项目组于2020年提出技术要求并完成招

标采购，2021年初开始深化设计。总台工程项目小组、星光陆通、ProjectBuilders公司和集成商一起进行车体结构及隔声设计、内饰及声学装修设计、系统集成设计。2021年4月下旬，底盘到货，开始进行底盘改造，后续进行箱体结构、隔声及内装、机柜控制台及车内结构件、配电盘、空调及照明、喷漆及外饰施工，车体改造后开始进行系统集成施工阶段，最终于10月完工。

A1录音车使用半挂式车厢，外廓尺寸长13.73米，宽2.54米，高3.98米，重量达39吨。车厢采用三侧拉无支撑结构，展开后车宽5.24米，车内分为主制作区、第二制作区、新媒体融合制作区、技术区和级联区。车内制作空间充足，监听布局合理，主制作区监听面积超过30平方米，严格遵循GY/T316-2018标准，也是第一辆完全国产的严格遵循ITU-R BS.2051标准的三维声录音车。

A1录音车配备60推子和36推子数字播出调音台，配备了128路话放，主制作区可处理500+通道，副制作区可处理300+通道，同时可以共享车内所有接口；配备3个远端箱，可以在现场实现多点铺设；配备内部通话系统及无线对讲设备，实现内外场、多工种双工通话；配备可视化供电保障系统，实现实时监控，确保车辆用电安全；配备4部空调及多个室内机，实现各区域单独温控及备份机制；配备192通道多轨录音机，为后期精品制作记录多声道素材。

车内音频系统建立以IP设备为信号传输和信号交换核心，充分发挥IP网络特点，实现音频、通话系统的IP化传输和信号交换，同时发挥调音台的自身特点，建立了以基带信号交换为第二核心的并行系统，实现了IP/基带混合架构，确保系统更加安全。A1录音车具备同时完成两套节目录制及一套融媒体节目录制的能力，具有同时级联多台转播车的能力，可以为各种大型政治活动、综艺节目、国家级庆典活动、国际体育赛事等重大题材的电视节目和新媒体节目提供服务，能够同时满足高清、4K电视节目录制所需的立体声、环绕声、三维声的音频信号供给，具有安全可靠的直播能力。

自2021年10月投入使用以来，A1录音车参加了《短道速滑世界杯》《相约北京——冰球国内测试》等节目转播，在工作中经历了暴雪极端天气和连续数天的技术压力测试，得到了使用人员的好评。

B级三维声录音车

随着4K/8K超高清时代的到来，电视节目声音制作的格式过渡到常态环绕声、三维声节目制作。"B级三维声录音车（简称B1录音车）"项目于2020年立项，2021年11月完工，为中央广播电视总台建造了第一辆三维声（3D Audio）、全IP架构数字音频制作移动平台。该车结构设计先进、声学指标优异、制作手段完备、性能稳定可靠，满足4K超高清时代电视节目对三维声现场制作的需求。

项目组2020年提出技术需求，2021年初完成招标采购，随即开始深化设计。总台工程项目小组、星光陆通、ProjectBuilders公司和集成商一起进行车体结构及隔声设计、内饰及声学装修设计、系统集成设计。2021年4月下旬，底盘到货后，开始进行底盘改造，后续进行箱体结构、隔声及内装、机柜控制台及车内结构件、配电盘、空调及照明、喷漆及外饰施工，车体改造基本完成后开始进行系统集成施工阶段，最终于11月完工。

B1录音车使用半挂式车厢，外廓尺寸长13.74米，宽2.54米，高3.95米，重量达39吨。车厢采用外套侧拉+双侧拉无支撑结构，展开后车宽5.36米，车内分为主制作区、第二制作区、新媒体融合制作区、技术区和级联区。车内制作空间充足，监听布局合理，主制作区监听面积超过30平方米，音箱布局严格遵循GY/T316-2018标准及ITU-R BS.2051标准。

B1录音车配备48推子和36推子数字播出调音台，配备了96路话放，主制作区可处理380+通道，副制作区可处理192+通道，同时可以共享车内所有接口；配备2个远端箱，可以在现场实现多点铺设；配备内部通话系统及无线对讲设备，实现内外场、多工种双工通话；配备可视化供电保障系统进行实时监控，确保车辆用电安全；配备4部空调及多个室内机，实现各区域单独温控及备份机制；配备192通道多轨录音机，为后期精品制作记录多声道素材。

车内音频系统建立以IP设备为信号传输和信号交换核心，充分发挥IP网络特点，实现视频、音频、通话等系统的IP化传输和信号交换，具备同时完成录制两套不同节目的能力，具有同时级联多台转播车的能力，可以为各种大、中型政治活动、综艺节目、国家级庆典活动、国际体育赛事等重大题材的电视节目和新媒体节目提供服务，能够同时满足高清、4K电视节目录制所需的立体声、环绕声、三维声的音频信号供给，具有安全可靠的直播能力。

自2021年11月投入使用以来，B1录音车参加了北京冬奥会雪橇国际训练周和世界杯比赛的转播工作，在工作中经历了山区公路和连续数天的技术压力测试，得到了使用人员的好评。

新建A类4K/8K超高清转播车

为适配总台科技冬奥"超高清8K数字转播技术与系统"项目和总台建党百年宣传报道转播、北京冬奥会4K/8K信号制作转播需求，技术局于2021年6月新建成2辆A级4K/8K超高清转播车。转播车采用国际上最先进的基于ST2110的无压缩IP架构，以ST2110协议作为视频、音频和辅助数据的传输标准，是国际上首批能同时支持4K、8K兼容制作的超高清转播系统，具有很强的兼容性和扩展性，充分展现了总台科技创新实力。

1. 发挥国产技术优势，转播车采用国产车体、内外套大跨度双侧拉结构，车体结构与国际水平同步

整车工作状态宽度达到5.8米，是台内侧拉宽度最大的转播车；首次采用电控侧拉箱和国产支撑腿系统，替代以往进口液压系统，承载能力及安全性均有所提高。车内空间大且布局合理，划分为主制作区、第二制作区、音频区、多功能区、技术调控区和设备机柜区6个区域，设置36个工位。其中，主制作区14个工位，第二制作区8个工位。每个制作区都可进行8K或4K节目制作，也可进行传统4K分区制作，互不干扰。所有设备都集中于机柜区，便于集中制冷和控制噪音。

配套辅助车不再是单纯的货车，除运输摄像机、镜头、光缆等设备外，还设置制作区和设备机柜区，车前部设置设备机柜和8个制作工位，支持慢动作操作、图文包装、新媒体制作等功能。辅助车采用和转播车同样的主备供电方式，在设备机柜空间和工位方面对转播车进行补充，遇到超大规模节目制作需求时，可以启用辅助车制作区。转播车和辅助车之间采用IP连接，可以减少线缆的种类和数量，确保系统安全性和易操作性。

2. 系统可在确保安全性的前提下，在8K制作和4K制作间灵活转变，适应不同需求

系统标配4个8K超高清讯道、20个4K超高清讯道，可接入16路4K外来信号；具备4路4K信号上变换为8K信号，形成8讯道8K制作能力。8K节目制作时，可实现8K虚拟合成PGM收录，采用"8K虚拟合成输出+4K节目信号上变换输出"的模式进行8K节目直播，具备主备路安全机制。

3. 使用SMPTE 2110标准作为8K视音频传输协议

转播系统利用现有主流设备，采用4链路12G，以SQD的方式，实现从拍摄采集到收录传输的8K制作流程。

4. 转播系统采用全IP架构

8K IP转播系统在信号调度业务域方面采用SMPTE 2022-7主备架构，视音频流和元数据在两套完全一样的信号调度系统内互为备份，实现无缝切换。IP控制域交换机采用叶脊架构，单一控制交换机故障不会影响其他交换机上的设备，系统设计时不存在单一崩溃点，保障了整个系统的安全性和稳定性。系统节目输出采用主备方式，主路由切换台制作输出；切换台出现故障无法承担节目制作任务时，节目信号从备路IP业务域净切换输出；在IP架构内，备路输出完全不受传统基带方式的束缚；每个IPG都可作为嵌入器使用，确保系统安全性的同时兼顾系统灵活性。

5. 使用SDN集中控制系统实现全车统一调控

集中控制系统统一完成TALLY、源名推送、IP流调度、KVM调度等设置，同时还监测业务网和控制网的网络状态。集中控制系统本身具备主备服务器，可互为备份。

新建大型4K/8K超高清箱载式EFP系统

为贯彻总台5G+4K/8K+AI的战略格局要求，适配总台建党百年宣传报道及北京冬奥会4K/8K转播需求，技术局于2021年6月新建成1套大型4K/8K外场箱载式转播系统。该系统采用创新设计，规模大，能力强，充分展示了总台科技创新实力。

该系统具有4K和8K两种工作模式，使用IP设备作为信号调度核心，基于SMPTE 2110协议完成视音频及辅助数据的传输，充分发挥了IP领域的技术特点，使系统兼顾便携性和稳定性的同时，具备良好的扩展性。

1. 首次使用全IP构架LDX100系列摄像机

省去传统的摄像机控制单元，摄像机视音频信号、控制、Tally、通话均通过机头IP接口直接完成交互，符合SMPTE 2022-7 IP信号

冗余机制和无缝倒换标准，大大缩减了摄像机控制单元在箱载系统中的空间占用，以及基带接口间的线缆敷设。系统设计时充分利用LDX100摄像机带内控制特点，结合IP调度核心规划和设计，使RCP面板到摄像机的控制首次支持主备倒换机制。

2. 首次使用12G内核切换台

可使用ME-Link方式完成4×12G SQD 8K超高清信号的制作。最大支持12路8K超高清信号的IP输入，6路8K超高清信号的IP输出，通过扩充板卡还可以增加输入输出规模，以满足更大规模的需求。

3. IP调度核心采用叶—脊架构网络设计

脊调度核心具备组播NAT功能，使系统具备与外系统直接通过组播路由的方式进行信号交互的能力；脊调度核心支持Source、Source port、Destination、Destination port的转换，几乎可以对接所有IP制播系统，真正意义上完成与外系统的IP交互。

4. 使用SDN核心控制系统

通过软件定义和调度系统，兼顾广播电视系统传统使用习惯的同时，大大提高了系统的使用效率。SDN控制系统支持带内和带外同时控制，支持NMOS，还可完成对系统内所有边缘设备的注册和控制。具备流的分层功能，系统工程师可以任意定义每个流所在的层，通过输入输出与流所在层的绑定，系统在8K形态下可完成对8K信号的调度，例如网关卡的切换、切换台的选源、画面分割器的选源等。

5. 转播系统所有设备

包括摄像机、切换台、画面分割器、网关卡、示波器等均采用100G/50G/25G IP接口接入IP调度核心，各机柜箱间也几乎全部采用光纤级联，将基带线缆的数量尽可能减少。在切换系统制作形态时，可尽量减少线缆调改，使用SDN软件快速地重新定义系统的制作形态，充分发挥IP网络灵活性和双向性的特点。

6. 使用IP Tally控制方式完成所有Tally控制

Tally控制系统的核心采用TSL的Tallyman。Tallyman获取到切换台和GV orbit的切换交叉点信息后，通过TSL V5协议将Tally控制信号发送给摄像机和画面分割器，从而完成全系统的Tally控制。

新建外场融合制作系统

为响应总台"从传统技术布局向5G+4K/8K+AI战略格局转变"的号召，落实超清化、移动化、智能化的政策，技术局新建成一套外场融合制作系统。

该系统是首个采用NDI流媒体协议为核心的IP架构系统。系统充分体现"小快灵"的制作理念，占用空间小，使用场景灵活，面对突发事件反应快，具备较强的系统可扩展能力和前瞻性，可在制作域4K、HD及各种流媒体信号之间实现"互联互通"，在终端呈现出口达到全媒体"按需发布"的能力，是在传统转播系统的基础上，进行媒体深度融合的转型探索。

1. 首次采用NDI流媒体协议为主的IP架构系统，可通过NDI、RTMP等流媒体信号进行视音频传输

通过NDI转换设备可将摄像机基带信号转换成NDI流信号进行传输，云台摄像机可直接输出NDI流信号，各类型前端采集设备，

如 GOPRO、pocket、360°全景 VR 等，可通过 RTMP 推流进行视频传输，手机端在系统内局域网环境下，通过 NDI 软件也可以进行 NDI 推流。针对 NDI 视频流信号，可以通过网线、光纤、无线的方式传输，与传统媒体相比，大大降低了接线的数量以及复杂程度，也保障了画面质量。针对 RTMP 等流媒体信号，在公网环境下切换台进行 RTMP 拉流，可完全实现无线传输。

2. 可实现与传统转播系统间的互联互通和融合制作

在系统设计初期，工程组着重考虑与转播车、EFP 等传统转播系统之间的互通互联及融合制作能力，更好地衔接大屏与小屏节目制作。该系统可通过 I/O 设备，将传统转播系统基带信号转换成 NDI、RTMP 等流媒体信号，并配合按需发布设备，实现对小屏端直播进行集中管理和按需分发，也可将新媒体视频流信号转换成基带信号送给转播系统，结合新媒体视频采集设备的轻量化特点，实现传统摄像机所达不到的特殊视角，省去了以往复杂的信号格式转换过程，丰富了直播内容，也使新媒体设备和传统媒体设备有了更加广阔的使用场景；系统可支持 ST-2110 与 NDI 视音频信号的互转，实现与现有基于 ST-2110 的 IP 架构转播系统之间的互通互联；短视频编辑设备可与 EVS 慢动作服务器打通，实现远程访问 EVS 素材并进行调用、编辑和实时回传，在降低节目制作成本的同时，也使该系统有了更广泛的应用层面。

3. 系统集成模块化，具有"小快灵"的优势

系统由视音频采集模块、融媒体直播制作模块、I/O 互通互联模块、按需发布模块、短视频编辑模块等 5 个模块构成。各模块可以根据直播内容灵活调度搭配，可适应不同场景、不同需求的各类型新媒体制作。针对小型实时突发性直播任务，一台手持摄像机搭配一台便携式推流设备即可满足直播任务要求；对于大型的新媒体转播任务，系统可在提供一套功能全面的切换台的前提下，实现实时 TALLY、返送、通话系统，具备简单的音频制作能力，还可以实现实时在线的字幕包装，充分满足节目组的需求，降低制作成本。

该系统于 2021 年 9 月投入运行，参与完成了多项大型融媒体直播活动，获得了多个节目部门的认可。该系统达到了设计要求，既满足各类型外场融合信号制作要求，也可针对新媒体平台的要求进行高清、超高清信号的制作、编辑、分发，是外场转播团队积极向技术局"2+6+N"新媒体矩阵提供外场转播融媒制作服务的探索实践。

广播级无人机直播制作平台项目

广播级无人机直播制作平台项目是以中型无人机为平台，集成 4K 拍摄和传输设备的航拍飞行系统。该系统填补总台航拍超高清无人机直播制作领域空白，满足近年来重大活动无人机直播制作的迫切需求，并为 8K 录制、5G 传输提供前期验证平台。

2021 年 2 月，技术局航拍团队着手改装完成了 6 轴大载荷 4K 航拍无人机飞行平台和验证飞行。3 月下旬，项目组会同传输团队，对大载荷 6 轴航拍无人机、空中稳定云台和 4K 微波传输系统进行了广播级适配和改装，并于北京市昌平南口飞机场，对无人机航拍制作系统进行了功能和可靠性测试。5天测试共飞行33架次，分项目开展了全系统安装集成、地面链路通信状态测试、低空试飞检测地空协同状态等测项目，并优化了系统集成方式。以往用无人机进行航拍，使用无人机图传系统进行信号传输，传输的画面质量差且信号制式与直播系统不兼容。技术局转播二部航拍团队创新性地将4K微波设备与无人机航拍系统集成，实现了无人机4K信号实时传输。经过测试，在700米传输距离内，信号传输码率可达到44Mbps，满足了广播级4K直播制作要求。

该制作系统于2021年4月投入了"博鳌亚洲论坛暨论坛20周年庆典空中报道"活动，填补了总台对高画质、高稳定度、超低空、4K实时航拍直播制作的空白，为节目部门提供了全新的节目创作平台。同时，该系统的应用也为项目进一步满足大载荷8K航拍制作提供了验证平台。9月，拟订改装方案，在原4K航拍无人机系统的基础上，创新性地进行了实验和改装。随后，进行了多次试飞验证，以确保此套系统的安全性和可靠性。11月初，利用该制作系统，在"第四届上海进博会报道"中，完成了大载荷8K多旋翼无人机的样片试制，打通了8K航拍制作流程，为进一步开展8K制作工作建立基础。该系统的投入应用，不仅展现了总台无人机航拍在技术水平上的创新，也凸显了总台在航拍技术上不断突破的高追求。

新型4K/8K航拍系统工程

近年来，总台各节目部门对航拍制作需求日益增多。特别是在各类国家级庆典、重大活动中，"直升机航拍+记者登机报道"的"空中演播室"制作模式，广泛应用于时政、重要新闻、大型活动直播报道活动中，成为总台形象宣传的重要组成部分。为满足制作需求，符合总台国际主流媒体战略定位，总台原播送中心转播部于2018年启动了4K超高清电视航拍系统工程。

2021年1月，该工程通过地面通电测试及空中试飞测试；3月31日，在北京密云穆家峪机场交付；随即飞行转场，投入海南博鳌亚洲论坛空中报道工作中。活动期间，完成了8场直播、14期空中报道节目的录制，飞行35个架次，飞行时长57小时。完成《博鳌亚洲论坛20周年》《中国国际消费品博览会》《今日中国·上海篇》《今日中国·海南篇》《建党百年庆典活动》《直播长城·北京篇》等多项重要活动空中制作任务。自2021年3月交付，飞行转场历程过万，总飞行时长超过215小时。

该工程旨在实现直升机航拍从单一的功能性"机位"跃升为支持"节目窗口化制作"的转播系统的目标。总台技术人员对机上各工种的职能进行了分析拆解，划分了技术设计和实现路线，并实施了项目的整体组织、系统设计审核、设备测试安装等工作，完成了从调研、地面测试、飞行测试到交付使用的全流程工作，解决了飞行、视频、拾音通话、微波传输等4个方面的9个关键技术难题。

项目组在原有单一航拍吊舱机位的基础上，在机舱内外增设多个微型固定摄像机，机舱内集成切换、调音、评论员单元等EFP制作设备。利用空间，在原有航拍师、微波工程师的基础上增加了主持人、嘉宾、航拍导播工位，对航拍镜头及飞行制作的完整状态进行全方位、立体呈现。在航拍直升机上，项目组实现了搭建4K超高清多讯道EFP系统功能的移动演播室，形成了具备多路信号路由功能的空中直升机转播平台，为传统电视及新媒体融合节目制作提供了创新平台。集成改装将航拍直升机由"航拍操作间"升级为空中制作报道平台。

工程分为直升机交付验收、电视制作系统改装、地面及飞行验证测试、交付使用等主要环节。首先，随着直升机出厂验收工作的结束，2020年10月，工程进行到电视制作系统改装环节，项目施工方将供电及视音频线缆预埋进机体内部，此举在提高空间利用率的同时，确保了线缆安全。其次，根据DO-160航电标准对空中演播室设备进行的屏蔽及滤波处理，提高了系统设备在复杂电磁环境中的抗干扰能力。再次，根据设计要求进行系统集成。在改装测试过程中，主要针对系统稳定性、设备安装及排故便利性、客舱人体工程学设计、布线抗干扰性等多方面进行了测试，对测试中暴露出的问题制订了改进方案。

"新型4K/8K航拍直升机及空中演播室视频系统设计"满足了高负载环境作业需求，实现了空中多机位4K制作，平衡了直升机起飞重量限制和飞行高负载环境给空中制作带来的不利因素；在原有空中演播室的基础上，完善了直升机舱内空中导播功能和飞行中多机位节目制作能力，使航拍从单一的"单机"功能跃升为支持"节目窗口化制作"的空中转播系统，带来更显著的节目效果。该系统工程创立了适合空中演播室制作环境的空中音频制作和通话沟通模式。拾音和通话系统引入评论员单元和头戴话筒耳机，音频拾取航空化，有效降低了环境噪音的影响。融入直升机通话系统，同时使得空中制作单位各个工种互不影响，保障了飞行和制作安全，通话通路兼备了制作所需的沟通能力。

传输部分实现空中低延时、双路4K航拍信号传输，与地面接收、切换系统组成完整传输链路，确保航拍信号可实现大范围、长距离稳定传输，释放了节目创作部门的想象空间，提高了节目制作生产力，进一步提升了节目质量水准。

多维U型快速轨道跟踪摄像稳定平台系统（猎豹）

多维U型快速轨道跟踪摄像稳定平台系统，即"猎豹"，是总台自主研发的超高速轨道摄像机系统。该项目成立于2016年，2020年完成研发工作，2021年进驻国家速滑馆完成测试验收。该系统完全契合北京市"科技奥运"理念，除摄像机及镜头外，已全部实现国产化，并由总台掌握核心技术的知识产权。

该系统轨道总长350米，最高运行速度可达25米/秒，加速度3.5米/平方秒，搭载国产五轴陀螺稳定云台和图像采集系统，实现全4K图像质量，可满足高速直道和弯道运动项目4K跟踪拍摄需求，且轨道电机、陀螺减震、微波通信等关键构件均采用国产设备。全套设备主要由轨道系统、电机系统、图像稳定五轴陀螺仪、4K图像及控制数据的微波传输系统、4K地面综合光传输系统等构成。通过布设双层护挡板、优化系统延时量、配置电子刹车和机械刹车双重保险、设置终端安全系统等多重技术手段，保障设备安全运行；采用移动供电技术实现系统高速运行大功率供电；将驱动系统的电机和变频器分离，从而达到最佳的制动和响应效果。

多维 U 型快速轨道跟踪摄像稳定平台系统可与运动员同步高速运行、跟踪拍摄画面、充分展示赛事魅力，可保证 2022 年北京冬奥会冰上大道速滑赛事及各种类似体育赛事的定制化拍摄。该系统于 2021 年 3 月进驻国家速滑馆比赛场地，开始系统轨道实际铺设、系统架设及调试等工作。特种设备人员在实践中先后解决了轮系统、陀螺仪、噪音控制、微波传输等技术难点。该系统在"相约北京"冬季体育测试活动速度滑冰比赛等冬奥会速度滑冰测试赛中成功应用，并且依据奥组委的需求进行相关升级。该系统打破了国外技术垄断，是总台技术实力提质升级的充分展现，后续于 2022 年冬奥会中正式亮相。

4K 入水遥控直播系统项目

4K 入水遥控直播系统项目于 2021 年立项，为总台自主研发项目。技术局转播二部特种设备团队 2021 年完成了 4K 入水遥控直播系统项目的前期调研与部分研发工作，并完成鱼竿摄像机系统的单机研发。该项目研制可在水下 10 米以内使用的 4K 水下云台拍摄系统和便携入水鱼竿拍摄系统，填补国内水下 4K 电视直播设备领域的空白，推动总台电视设备的国产化，保持总台在新闻、考古、体育节目制作中特种设备技术自主可控，并处在领先地位。

鱼竿摄像机已研制成功并可投入使用。鱼竿摄像机采用集成的微型 4K 摄像机和镜头一体设计，支持增加阔角镜，支持镜头伺服控制推拉变焦。云台采用国产最新的三轴陀螺稳定云台，支持自动水平功能，保证画面稳定，摄像机支持 12G 超高清 2160p/50 输出，摄像机旁设计有音频话筒，支持现场环境声的采集，支持 4K 监看，4K 无线图传和控制，监视器支持 12G 信号环入环出，支持 TALLY 显示。竿体总长最大支持 5 米，单节 1.1 米，采用碳纤维材质，既能降低鱼竿整体重量，又能保证竿体足够强度。电池供电方面，单块 300WH 电池可为系统续航 3 个小时。鱼竿成像质量丝毫不逊于标准讯道摄像机。

音视频信号调度、监控一体化建设工作

技术局总控三部针对原分属不同部门、部署在机房不同区域的音视频信号传输、处理与调度系统设备使用不便、管理分散的问题，按照"安全、稳妥、节省"的原则，制订了相关系统设备的一体化建设方案，实现了音视频信号统一调度、集中操作和整体监控。

项目建设按照前期规划、拆除搬迁和安装调试三阶段展开。建设工期分两期进行。第一期拆除 36 台设备；撤除音频线路 2886 条，共计 35 000 余米；新安装调试 12 台设备、4 条光纤线路，12 条视频线路，20 条音频线路。第二期新安装调试 12 台设备、铺设 3 根 12 芯光缆、16 根 E1 通信缆、69 条视频线缆、6 条音频线缆。两期共计安装调试 24 台设备，铺

设备各类线缆130条，总长7600米。

项目建成后，总台实现了鲁谷办公区与复兴路办公区视频信号传输、鲁谷办公区与复兴门办公区音频信号传输和鲁谷办公区内各直播间与总控机房的音视频信号传输调度与监控一体化，保障了各节目部门节目制作所需的日常及各项重大活动的音视频信号调度工作。

2021年调频广播覆盖工程：中二中三调频覆盖项目顺利实施

为了进一步提高总台央广节目在全国的调频覆盖，经过前期与相关省市广电部门的多次技术协调及大量实地调研，技术局传输覆盖部于2021年7月启动了2021年调频广播覆盖工程：中二中三调频覆盖项目。其中，中一中国之声频率1个，中二经济之声频率9个，中三音乐之声频率6个。

该项目涵盖山东、内蒙古、西藏、贵州、山西等5个省区的9座城市，共16个频率，具体分别为山东1市：潍坊（中一、中二）；内蒙古3市：满洲里（中二）、锡林浩特（中二、中三）、乌兰察布（中二、中三）；西藏1市：日喀则（中二、中三）；贵州2市：都匀（中二、中三）、遵义（中二、中三），山西2市：长治（中二、中三）、晋城（中二）。

2021年底，该项目完成招标及设备采购工作。同时，技术局传输覆盖部联合厂家和各地发射台站，根据当地的天气、机房环境及技术条件，科学合理地制订了施工进度计划，稳步推进各项工作顺利开展。

2021年度国家应急广播体系建设及新技术应用

1. 预警信息自动适配播发系统应用

作为国家应急广播体系建设的先导平台，预警信息自动适配播发系统的运行流程是通过与气象、地震、水利等部委信息源单位的对接，系统接收到各类预警及应急信息，经分析处理，形成包含地理位置、播发时间和频次等内容的发布策略指令，发送到预警信息调度控制系统、省级应急广播平台、省级广播电视台、中国广播云采编平台、国家应急广播网平台，并根据应急信息等级，调动国家和地方广播电视资源进行应急信息的快速发布。截至2021年12月31日，系统全年累计收录各类预警信息55.9万余条，地震速报800余条，预警相关媒资信息千余条。预警适配系统累计下发红色预警信息1.9万余条，橙色预警信息12.3万余条。

2. 国家应急广播智能语音播报语音库使用

自动语音转换、智能语音播报是应急广播系统的核心技术之一。系统平台在接收到水利、地震、气象等应急预警文本信息后，自动以秒级时间转换完成语音播报。该系统采集了用汉语、维吾尔语、藏语3种语言的6套由总台央广男女播音员演播的超大量录音样本，经过前后端语法分析、音调处理等，形成语音数据编码，实现了应急广播预警及应急信息自动速报。

五、广播电视技术标准制定情况

高动态范围电视节目制作和交换图像参数值

"高动态范围电视节目制作和交换图像参数值"为国家标准制定项目，于2020年立项。本标准规定了高动态范围电视节目制作和交换中所涉及的基本图像参数值及参考观看环境，适用于高动态范围电视节目制作及节目交换，也适用于高动态范围电视系统及设备的设计、生产、验收、运行和维护。

2020年11月，中央广播电视总台联合广播电视科学研究院、广播电视规划院等单位成立了标准制定工作组。之后，工作组召开了《高动态范围电视节目制作和交换图像参数值》标准启动会，确定了本标准的适用范围、主要内容等。启动会后，工作组进行标准文稿撰写，于2021年1月底完成了标准讨论稿。2月，工作组对HDR摄像机、HDR非编系统、HDR显示设备等进行测试；4月，根据本标准要求形成技术测试报告；6月1日，工作组将本标准讨论稿提交至全国广播电影电视标准化技术委员会（以下简称广标委）秘书处审阅；6月底，起草小组根据广标委秘书处的意见和建议，对标准讨论稿进行修改和完善，形成了征求意见稿；7月至9月，起草小组在全国范围内广泛征求业内专家和有关单位的意见，并根据反馈意见进行汇总处理，对标准征求意见稿进行修改完善，形成了送审稿。

2021年12月，该标准通过了全国广播电影电视标准化技术委员会的审查。在审查会上，与会专家一致认为，标准起草小组在对相关国际标准进行深入研究的基础上，广泛征求业内专家意见，并对涉及的关键参数进行实验验证，完成了该标准的编制。该标准对规范高动态范围电视节目制作和交换，以及高动态范围电视系统设备的设计、生产、验收、运行和维护具有重要作用。

超高清晰度电视系统节目制作和交换参数值

《超高清晰度电视系统节目制作和交换参数值》标准项目是根据《国家标准化管理委员会关于下达2019年第四批推荐性国家标准计划的通知》（国标委发〔2019〕40号）文件的立项要求，由中央广播电视总台、国家广播电视总局广播电视规划院和中国电影电视技术学会起草制定，于2021年9月通过全国广播电影电视标准化技术委员会审查，进入国家标准发布工作流程。

该标准修改采用ITU-R BT.2020-2《超高清晰度电视系统制作和国际间节目交换参数值》，规定了包括4K和8K在内的超高清电视（UHD TV）系统的图像空间特性、图像时间特性、系统光电转换特性、彩色体系、信号格式、节目制作和交换所涉及的基本视频参数值，其主要技术内容包括：我国超高清电视的系统参数，如像素数、帧频、色域、扫描方式、光电转换特性等。

2020年1月，本标准起草小组成立，确定了标准文稿的框架和基本内容，并对国内外主流4K制作、播出、传输、显示等设备进行测试论证，形成测试报告。2021年3月，形成了本标准讨论稿。5月，形成了本标准征求意见稿。起草小组在全国范围内广泛征求业内专家和有关单位的意见，形成了本标准的送审稿。9月，广标委组织了专家审查会，对本标准进行了审查，起草小组根据专家意见对标准进行修改完善，形成了本标准的报批稿。

2017年，根据国家广电总局科技司的要求，起草小组编制了广播电视行业标准GY/T 307-2017《超高清晰度电视系统节目制作和交换视频参数值》。标准发布以来，已在中央广播电视总台、国内近20家广播电视台对累计近100个超高清电视系统、近20家主流超高清生产企业的制播设备、编/解码器等近200款产品进行了节目制作和交换参数值的测试和验证，对国内超高清电视产品和系统的规划设计、运行维护与节目制作和交换提供了重要依据，对加快超高清电视产业的发展发挥了重要作用。2019年，根据国标委的要求，技术局将《超高清晰度电视系统节目制作和交换参数值》作为国家标准进行制定。

本标准与广电行业标准GY/T 307-2017《超高清晰度电视系统节目制作和交换参数值》的主要区别在于：为了满足国际间节目交换的需要，保留了ITU-R BT.2020-2中50Hz及以上的帧率；而GY/T 307-2017只选取了120Hz、100Hz和50Hz帧率。

人员情况

2020年总台人员情况

一、2020年中央广播电视总台各系统在职人员情况统计

行政系统 946 人
节目系统 8154 人
技术系统 2160 人
经营系统 363 人
合计 11 623 人

二、2020年中央广播电视总台专业技术职称人员统计

正高级职称 844 人
副高级职称 2121 人
中级职称 6100 人
初级职称 1601 人

2021年总台人员情况

一、2021年中央广播电视总台各系统在职人员情况统计

行政系统 764 人
节目系统 8327 人
技术系统 2125 人
经营系统 344 人
合计 11 560 人

二、2021年中央广播电视总台专业技术职称人员统计

正高级职称 954 人
副高级职称 2542 人
中级职称 6163 人
初级职称 1043 人

受众调查

2020年度受众调查情况

2020年度中央广播电视总台电视端收视分析报告

一、2020年度电视市场总体趋势

（一）电视观众日平均收看时长为251分钟，总台观众月活跃人数（月活）高于在线视频月活用户总量

2020年，日均收看电视的观众规模约为5.7亿人。整体观众规模略有下降，但降幅相对前两年有所收窄。观众人均收看时间为每天251分钟，收视黏性为2015年以来新高。

2015—2020年全国电视观众收视概况

年度	日均到达规模（亿人）	日均到达率（％）	人均收视时长（分钟）	观众人均收视时长（分钟）
2020	5.7	44.3	111	251
2019	6.1	47.4	112	237
2018	6.6	51.1	125	244
2017	7.1	55.0	134	244
2016	7.7	60.2	146	243
2015	8.0	62.7	155	247

注：数据来自第46次《中国互联网络发展状况统计报告》。

2020年，全国电视观众规模保持在12.81亿人，网民规模则较2019年增加了10%，达到9.40亿人，互联网普及率为67.0%。

与在线视频APP月活相比，中央广播电视总台电视节目每月送达的观众人次超过10亿，高于在线视频月活用户总量。在新冠肺炎疫情得到控制的时期，在线视频月活用户量下滑明显，总台观众量仍然保持在较高水平。

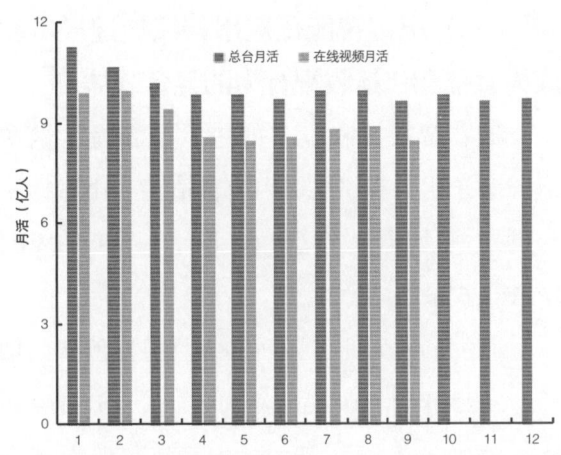

总台频道月到达率与在线视频月活用户数示意图

注：1. 总台月活数据为2020年总台频道直播＋时移月度观众规模。
2. 在线视频数据来自QuestMobile《2020中国移动互联网秋季大报告》。

在月观众规模排名前20的频道中，总台频道占14席，尤其在头部电视频道中优势明显。其中，CCTV-1综合频道、CCTV-6电影

频道、CCTV-8电视剧频道、CCTV-3综艺频道、CCTV-4中文国际频道和CCTV-13新闻频道排在前6位。

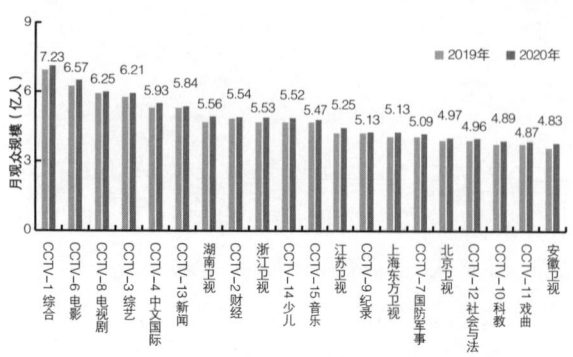

2019、2020年上星频道月观众规模前20名对比图

注：电视频道数据为2020年全年频道直播+时移月度观众规模平均值。

（二）电视智能化应用持续加速，电视成为直播和点播收视行为的混合载体

随着智能接收设备的进一步普及，信源组合多元化，头部电视内容价值正在由直播平台向电视大屏的三个互动平台（OTT、DVB、IPTV）扩散。

通过电视大屏点播回看的收视比例持续增长。2020年时移收视份额为3.5%，与2019年相比增加了3.6%。其中，中高年龄段电视观众群体用户的时移收视份额增长尤为明显，45岁以上3组人群时移收视份额较2019年增幅均在10%以上。

电视剧在时移收视中占比最高，约40%的时移收视来自电视剧，其次是综艺和青少节目。2020年，新闻/时事类节目时移收视占比明显增加，比上一年增加一倍。

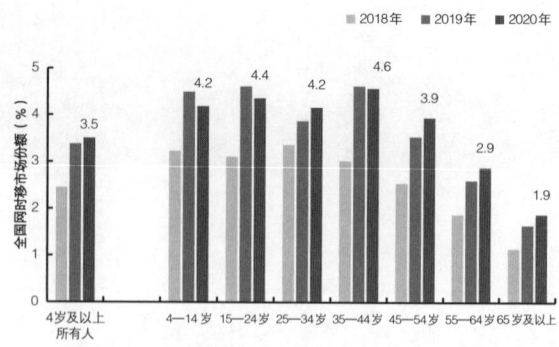

2018、2019、2020年全国网时移市场份额对比图

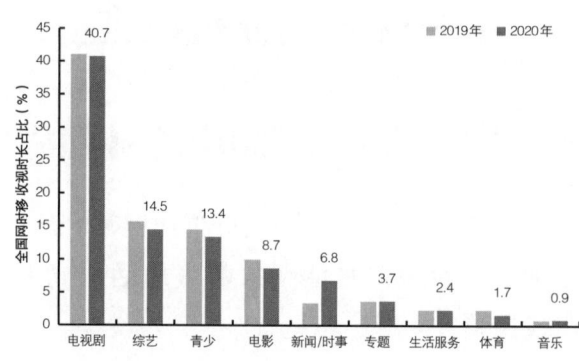

2019、2020年全国网各类型节目时移收视时长占比图

（三）中低年龄段观众收视回流，高龄观众收视稳定，观众老龄化趋势有所缓解

2020年，各年龄段观众人均收视时长均有不同程度增加。其中，中低年龄段观众收视

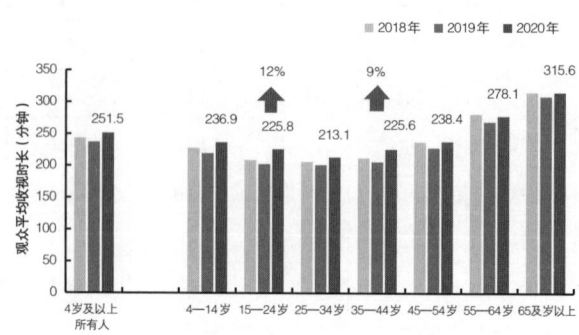

2018、2019、2020年全国网观众平均收视时长对比图

时间的增长尤为明显，15—24岁观众收视时长与2019年相比增加12%，35—44岁观众增加9%。55岁以上观众收视时间增加比例在2%—3%之间。

（四）总台频道组竞争力依然强于省级上星频道组

2020年，总台频道组的总体收视份额为28.9%，省级上星频道为27.1%，包括地面频道和点播回看在内的其他频道收视份额持续增加。

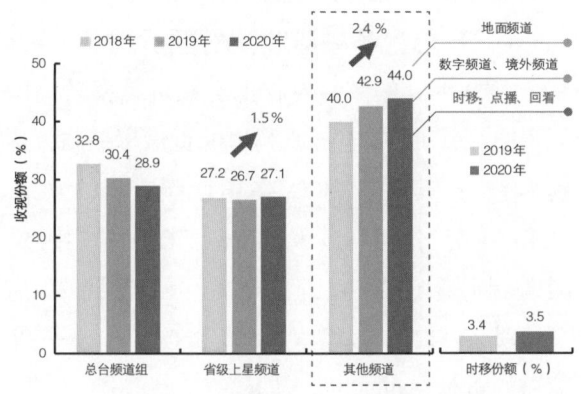

2018、2019、2020年全国网各频道组收视份额对比图

（五）新闻播发主要频道收视份额提升明显

2020年，在全国上星频道中，总台电视频道内容聚合优势仍然明显，收视份额排名居前。其中，CCTV-8电视剧频道、CCTV-6电影频道、CCTV-1综合频道、CCTV-4中文国际频道、CCTV-13新闻频道占据榜单前五位，省级卫视排名最靠前的湖南卫视排名比上年下降一位，居第六位。

2020年特殊的国内外形势给收视带来一些非常规性变化，新闻播发主要频道收视份额变化显著。具体来看，总台CCTV-4中文国际频道、CCTV-13新闻频道份额大幅提升。而CCTV-3综艺频道、CCTV-14少儿频道以及因受新冠肺炎疫情影响而没有大型国际赛事可以转播的CCTV-5体育频道的收视份额缩水明显。

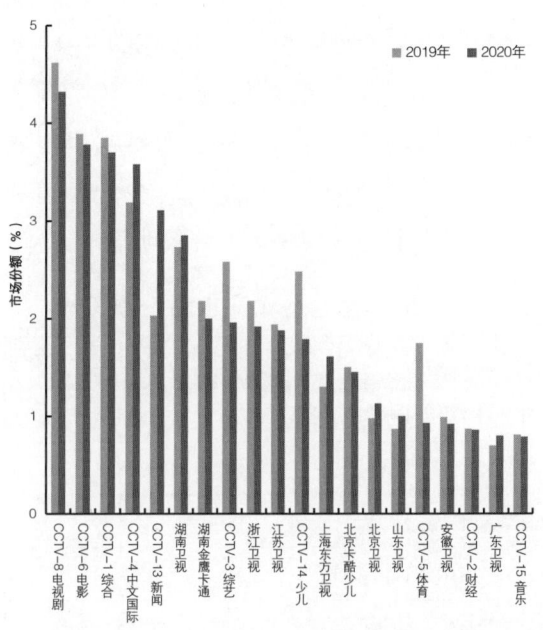

2019、2020年上星频道市场份额占比前20名对比图

二、2020年总台电视收视情况

（一）总台频道组城乡市场份额

2020年，总台频道组城市份额仍然高于农村。与2019年相比，城市份额降幅为6%，农村份额降幅为3%。

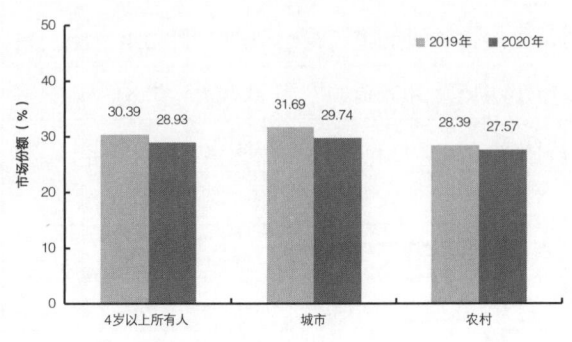

2019、2020年总台频道组城乡市场份额对比图

（二）总台分频道市场份额

与2019年相比，CCTV-13新闻频道2020年的收视份额上涨1.08个百分点，增幅达到53%；CCTV-4中文国际频道收视份额增加0.39个百分点，增幅约为12%；CCTV-11戏曲频道的收视份额增幅约为13%；CGTN和CCTV-4K超高清频道的收视份额增幅也很明显。CCTV-5体育频道、CCTV-14少儿频道和CCTV-3综艺频道收视份额下降较明显。

2019—2020年总台各频道市场份额（%）

频道	2020年	2019年	变化
CCTV-1 综合频道	3.70	3.85	↓
CCTV-2 财经频道	0.86	0.87	↓
CCTV-3 综艺频道	1.96	2.58	↓
CCTV-4 中文国际频道	3.58	3.19	↑
CCTV-5 体育频道	0.93	1.75	↓
CCTV-6 电影频道	3.78	3.89	↓
CCTV-7 国防军事频道	0.70	0.77	↓
CCTV-8 电视剧频道	4.32	4.62	↓
CCTV-9 纪录频道	0.57	0.59	↓
CCTV-10 科教频道	0.51	0.71	↓
CCTV-11 戏曲频道	0.69	0.61	↑
CCTV-12 社会与法频道	0.62	0.95	↓
CCTV-13 新闻频道	3.11	2.03	↑
CCTV-14 少儿频道	1.79	2.48	↓
CCTV-15 音乐频道	0.79	0.81	↓
CGTN	0.07	0.05	↑
CCTV-17 农业农村频道	0.77	1.07	↓
CCTV-5+ 体育赛事频道	0.13	0.16	↓
CCTV-4K 超高清频道	0.04	0.02	↑

新冠肺炎疫情大流行初期，电视大屏观众规模出现明显回升，CCTV-13新闻频道成为观众的首选频道。2020年2月，CCTV-13新闻频道独占全国电视新闻市场1/3份额，日活高达2亿。自1月26日全面开展抗疫报道起，截至2月23日，CCTV-13新闻频道有24天在全国电视市场所有频道排名中居首位，频道日平均收视份额（1月26日收视份额达到8.73%）创开播17年以来新高，频道人均收视时长比之前一个月提升将近300%，频道各时段平均收视率相比平时也成倍增加。

（三）总台各频道收视份额贡献

2020年，总台台内收视份额贡献率较高的频道中，CCTV-8电视剧频道的贡献率最高，达到14.9%；其次是CCTV-6电影频道（13.1%）、CCTV-1综合频道（12.8%）、CCTV-4中文国际频道（12.4%）和CCTV-13新闻频道（10.8%）；CCTV-3综艺频道和CCTV-14少儿频道的贡献率也在5%以上。

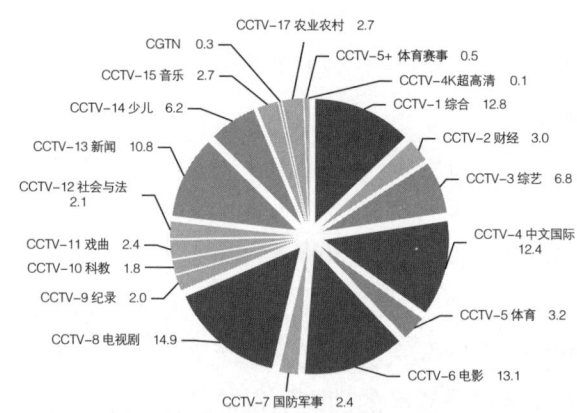

2020年总台各频道台内收视份额贡献率（%）示意图

（四）总台各节目类型对全台的收视贡献

2020年台内收视贡献较高的节目类型中，电视剧贡献率最高，达到24.0%；其次是新闻/时事（19.7%，比2019年增加6个百分点），电影（11.6%）、专题（9.0%）和综艺（8.4%）；其他节目类型贡献率均在5%以下。

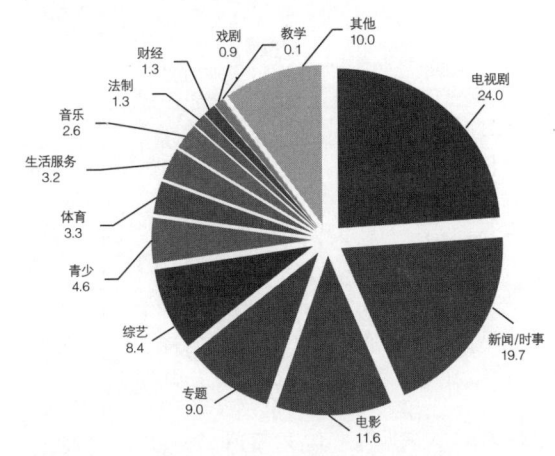

2020年总台各节目类型对全台的收视贡献率（%）示意图

（五）总台重大主题宣传传播效果

2020年，总台相关频道共计播出报道264 728条，时长约为100万分钟；总计有12亿电视观众收看了"主题主线"报道，约占全国电视观众的92.9%；总体观众触达人次达14 875.5亿。其中，总台有关习近平总书记的报道共计播出9012条，覆盖全国10.9亿电视观众，累计观众触达人次达850.8亿。

总台"主题主线"报道共计涉及34个主题，从观众触达人次（含《新闻联播》）来看，位居前三位的分别是新冠肺炎疫情防控（10 228.5亿人次）、时政（1 106.2亿人次）和脱贫攻坚（557.96亿人次）。

2020年，总台在新冠肺炎疫情防控、脱贫攻坚等重大报道中，注重自主策划，推出一系列具有品牌标志性和创新引领性的报道，充分发挥了舆论引导主力军、主阵地的作用。

新冠肺炎疫情防控相关报道累计观众触达人次达10 228.5亿。其中，围绕疫情防控自主策划播出的相关新闻观众触达人次突破3000亿。

"脱贫攻坚"相关报道在电视端累计观众触达人次达557.96亿。其中，《新闻联播》挂标播出的《走向我们的小康生活》平均总收视率达4.88%，比平时高出5%。

纪念中国人民抗日战争暨世界反法西斯战争胜利75周年相关报道和节目在电视端累计观众触达人次达30.18亿。其中，《9·3胜利日纪念中国人民抗日战争暨世界反法西斯战争胜利75周年》直播总触达人次达2606万，CCTV-1综合频道、CCTV-13新闻频道、CCTV-4中文国际频道、CCTV-7国防军事频道和CCTV-4K超高清频道总收视率为0.53%。

全国两会相关新闻报道在电视端累计观众触达人次达168.61亿。其中，习近平总书记下团组及相关延展报道累计观众触达人次达18.78亿。此外，《新闻联播》播出的《总书记与我们在一起》平均收视率达3.88%。

"六稳六保"宣传相关报道在电视端累计观众触达人次达202.32亿。其中，《新闻联播》播出的关于"六稳六保"宣传相关报道平均总收视率达4.53%。

"十三五"成就宣传相关报道在电视端累计观众触达人次达113.66亿。其中，《新闻联播》播出的关于"十三五"成就宣传相关报道平均总收视率达4.39%。

改革开放宣传相关报道在电视端累计观众触达人次达107.94亿。其中，《新闻联播》播出的"改革开放宣传"相关报道平均总收视率达4.59%。

海底万米深潜相关报道在电视端累计观众触达人次达21.94亿。《新闻联播》播出《"奋斗者"号载人潜水器突破万米海深潜入全球最深海域》,相关时段全国并机总收视率达5.44%。

珠峰高程登顶测量相关报道在电视端累计观众触达人次达6.47亿。其中,《新闻联播》播出的《2020珠峰高程测量登山队成功登顶测量》全国并机总收视率为5.49%,较前一周同时段提升4%;《焦点访谈》播出《给珠峰量身高》,CCTV-1综合频道和CCTV-13新闻频道并机收视率为1.03%。

(六)总台电视端创新及季播节目传播效果

2020年总台27档创新节目中,11档节目在CCTV-3综艺频道首播,5档节目在CCTV-1综合频道首播,CCTV-14少儿频道和CCTV-17农业农村频道各有3档创新节目。其中,CCTV-1综合频道播出的《中央广播电视总台主持人大赛》平均收视率突破1%。

2020年总台创新与季播节目收视率汇总表

节目名称	播出频道	收视率(%)	首播日均观众规模(亿人)
中央广播电视总台主持人大赛	CCTV-1综合频道	1.09	0.575
经典咏流传	CCTV-1综合频道	0.76	0.566
勇攀巅峰之挑战不可能(第五季)	CCTV-1综合频道	0.69	0.389
故事里的中国	CCTV-1综合频道	0.67	0.448
喜上加喜	CCTV-3综艺频道	0.58	0.315
上线吧华彩少年	CCTV-1综合频道	0.49	0.344
中国地名大会	CCTV-4中文国际频道	0.46	0.348
大幕开启	CCTV-3综艺频道	0.39	0.259
一堂好课	CCTV-3综艺频道	0.37	0.261

续表

节目名称	播出频道	收视率(%)	首播日均观众规模(亿人)
希望搜索词	CCTV-3综艺频道	0.35	0.113
创意无极限第二届全国中小学生创意大赛	CCTV-14少儿频道	0.34	0.168
我爱甜甜圈(第一季)	CCTV-14少儿频道	0.33	0.144
衣尚中国	CCTV-3综艺频道	0.32	0.279
海报里的英雄	CCTV-3综艺频道	0.31	0.243
你好生活(第二季)	CCTV-3综艺频道	0.31	0.187
喜剧+	CCTV-3综艺频道	0.31	0.169
我的艺术清单	CCTV-3综艺频道	0.26	0.156
国家宝藏	CCTV-3综艺频道	0.2	0.225
中国少年说	CCTV-14少儿频道	0.2	0.122
守护明天	CCTV-12社会与法频道	0.19	0.096
生活家	CCTV-2财经频道	0.16	0.136
动物传奇	CCTV-3综艺频道	0.13	0.051
典藏	CCTV-11戏曲频道	0.09	0.049
三农群英汇	CCTV-17农业农村频道	0.07	0.046
超级新农人	CCTV-17农业农村频道	0.05	0.073
中国三农报道	CCTV-17农业农村频道	0.05	0.033
戏曲青年说	CCTV-11戏曲频道	0.04	0.032

（七）总台电视端在全国垂直专业类别市场占有情况

2020年，总台在电影、音乐、财经和体育节目市场占有绝对优势，收视份额占比超过70%。在戏剧、专题、法制和新闻节目市场，总台也占50%以上收视份额。在新闻、综艺和电视剧三大电视市场重点领域，总台占有率分别为53.29%、34.65%和26.28%。

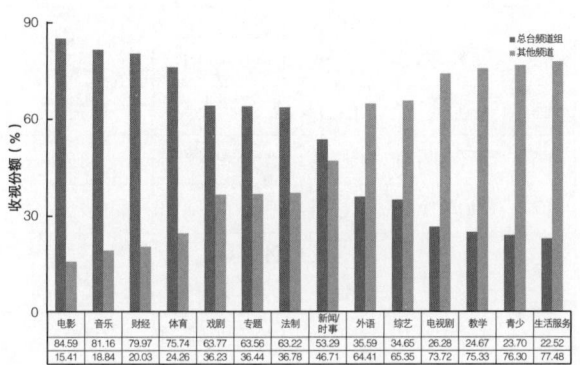

2020年总台频道组在全国各类型节目收视份额占比（%）示意图

2020年，总台在新闻/时事、电影、电视剧、专题、综艺、法制、青少等头部节目收视表现突出。

2020年总台各类别头部节目收视率汇总表

节目类型	节目名称	播出频道	首播收视率（%）	年度观众规模（亿人）
新闻/时事	新闻联播	CCTV-1综合频道	5.40	11.44
电影	中国机长	CCTV-6电影频道	2.66	3.29
电视剧	我哥我嫂	CCTV-8电视剧频道	1.76	4.46
专题	记住乡愁	CCTV-4中文国际频道	1.81	1.00

续表

节目类型	节目名称	播出频道	首播收视率（%）	年度观众规模（亿人）
综艺	春节联欢晚会	CCTV-1综合频道、CCTV-3综艺频道、CCTV-4中文国际频道、CCTV-14少儿频道等	30.94	12.32
法制	今日说法	CCTV-1综合频道	0.62	4.92
青少	过年啦	CCTV-14少儿频道	0.40	1.11
音乐	2020年唱响新时代	CCTV-1综合频道	0.28	4.28
体育	天下足球	CCTV-5体育频道	0.15	3.48
生活服务	衣尚中国	CCTV-3综艺频道	0.32	1.66
财经	生财有道	CCTV-2财经频道	0.21	5.90
戏剧	过把瘾	CCTV-11戏曲频道	0.13	0.68
纪录片	寰宇视野	CCTV-9纪录频道	0.15	6.36

注：常态栏目排名首位，《新闻联播》使用全国上星频道的并机收视率。

（八）总台新闻节目收视表现

2020年，总台各频道共播出新闻节目2.32万小时（含其他频道转播《新闻联播》节目），新闻类节目电视端日均观众规模达2.22亿人，在全国电视新闻类垂直市场占有份额超过50%。

1. 2020年《新闻联播》并机直播时段在全国新闻类节目中的观众收视占比达21.62%，创近十年新高

2020年，《新闻联播》的日均观众规模达

1.43亿人,与2019年(1.24亿人)相比,增加0.19亿,增幅为15%。《新闻联播》的内容对观众具有稳定的吸引力,体现观众收视稳定性的忠实度指标近十年均稳定在40%以上。2020年观众忠实度创近十年最高值,达到45.9%。

2020年,《新闻联播》在中青年、高等文化程度、城市观众的占比明显提升,15—24岁观众构成相比2019年提升16%,大学以上文化程度观众占比提升10%,城市观众占比提升5%。

2. 总台评论专栏集群彰显强大竞争优势

2020年,总台重点评论类专栏总触达人次达166.58亿。其中,《央视快评》观众触达人次达124.22亿,《国际锐评》观众触达人次达12.64亿。

3. 全国上星频道新闻类栏目观众规模排名前20位均为总台节目

上星频道新闻类栏目观众规模前20名

排名	节目名称	播出频道	日观众规模(亿人)
1	新闻联播	CCTV-1 综合频道	1.431
2	中国新闻	CCTV-4 中文国际频道	0.520
3	新闻直播间	CCTV-13 新闻频道	0.458
4	海峡两岸	CCTV-4 中文国际频道	0.312
5	焦点访谈	CCTV-1 综合频道 / CCTV-13 新闻频道	0.270
6	新闻30分	CCTV-1 综合频道 / CCTV-13 新闻频道	0.262
7	朝闻天下	CCTV-1 综合频道 / CCTV-13 新闻频道	0.255
8	今日关注	CCTV-4 中文国际频道	0.230

续表

排名	节目名称	播出频道	日观众规模(亿人)
9	共同关注	CCTV-13 新闻频道	0.219
10	东方时空	CCTV-13 新闻频道	0.210
11	中国舆论场	CCTV-4 中文国际频道	0.205
12	今日亚洲	CCTV-4 中文国际频道	0.200
13	深度国际	CCTV-4 中文国际频道	0.168
14	晚间新闻	CCTV-1 综合频道 / CCTV-13 新闻频道	0.133
15	正点财经	CCTV-2 财经频道	0.132
16	新闻调查	CCTV-13 新闻频道	0.124
17	新闻1+1	CCTV-13 新闻频道	0.108
18	今日环球	CCTV-4 中文国际频道	0.097
19	新闻周刊	CCTV-13 新闻频道	0.091
20	权威发布	CCTV-4 中文国际频道	0.090

注:常态新闻栏目排名,《新闻联播》使用全国上星频道的并机日均总触达数据。

(九)总台综艺节目收视表现

2020年,综艺类节目依然是观众收视的主要类别,观众在综艺类节目的收视投入占其收视总时间的10%以上。2020年,总台在电视综艺类垂直市场的占有份额为34.65%,比2019年下降3.9个百分点。

除夕当晚,国内有225家电视频道对春晚进行同步转播。直播期间,通过电视、网络、社交媒体等多终端多渠道,海内外观众总规模达12.32亿人,相对2019年观众规模提升约5900万人。数据显示,2020年春晚跨屏总收视率达30.94%。用户通过总台新媒体平台及第三方合作平台对春晚内容的点播总触达人次达30.66亿。

在常规栏目和季播类节目中，全国收视率排名前三位的综艺类节目分别为：CCTV-1综合频道的《中国诗词大会》（第五季）（1.48%）、浙江卫视的《奔跑吧》（第八季）（更名后第四季，1.04%）、湖南卫视《歌手当打之年》（歌手2020）（1.03%）。综艺节目排名前20中，总台占8席，浙江卫视和湖南卫视各占5席，头部效应明显。

上星频道综艺类栏目和季播节目收视率前20名

排名	节目名称	播出频道	收视率（%）
1	中国诗词大会（第五季）	CCTV-1综合频道	1.48
2	奔跑吧（第八季）（更名后第四季）	浙江卫视	1.04
3	歌手当打之年（歌手2020）	湖南卫视	1.03
3	2019直通春晚（两期直通春晚+两期直通之夜）	CCTV-3综艺频道	1.03
5	王牌对王牌（第五季）	浙江卫视	0.97
6	元气满满的哥哥	湖南卫视	0.89
7	奔跑吧·黄河篇	浙江卫视	0.87
8	笑起来真好看	湖南卫视	0.86
9	快乐大本营	湖南卫视	0.79
9	开门大吉	CCTV-3综艺频道	0.79
11	中国好声音	浙江卫视	0.78
12	经典咏流传（第三季）	CCTV-1综合频道	0.76
13	欢乐喜剧人（第六季）	上海东方卫视	0.75
13	青春环游记	浙江卫视	0.75
15	越战越勇	CCTV-3综艺频道	0.73

续表

排名	节目名称	播出频道	收视率（%）
16	向往的生活·彩云篇	湖南卫视	0.70
17	勇攀巅峰之挑战不可能（第五季）	CCTV-1综合频道	0.69
18	旋转吧，假期	CCTV-3综艺频道	0.68
19	故事里的中国（第二季）	CCTV-1综合频道	0.67
19	极限挑战	上海东方卫视	0.67

注：常态综艺栏目和季播类节目排名，不包含单天播出的晚会、特别节目等。

（十）总台电视剧收视表现

电视剧依然是2020年观众收看最多的节目类型，全国观众收看电视剧的时间占其收视总时间的1/3。

总台电视剧在全国电视剧市场的份额逐年增长，2020年在垂直市场占有份额为26.28%，与2019年基本持平。

2020年在全国上星频道收视率排名前20的电视剧中，总台占16部。CCTV-8电视剧频道播出的《我哥我嫂》（1.76%）、《远方的山楂树》（1.68%）和《绝代双骄》（1.64%）排名前三位。

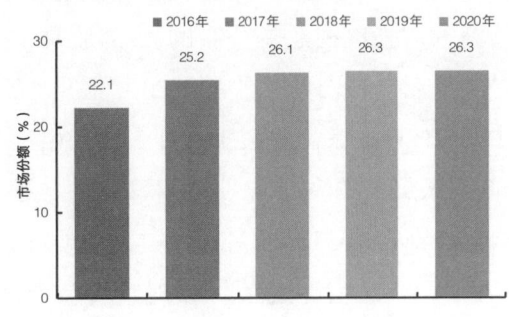

2016—2020年总台在全国电视剧市场的份额（%）变化情况图

上星频道电视剧收视率前 20 名

排名	电视剧名称	播出频道	收视率（%）
1	我哥我嫂	CCTV-8 电视剧频道	1.76
2	远方的山楂树	CCTV-8 电视剧频道	1.68
3	绝代双骄	CCTV-8 电视剧频道	1.64
4	下一站是幸福	湖南卫视	1.63
5	破局1950	CCTV-8 电视剧频道	1.46
6	小娘惹	CCTV-8 电视剧频道	1.45
7	大侠霍元甲	CCTV-8 电视剧频道	1.43
7	誓盟	CCTV-8 电视剧频道	1.43
9	完美关系	湖南卫视	1.42
10	以家人之名	湖南卫视	1.40
10	安家	上海东方卫视	1.40
12	有你才有家	CCTV-8 电视剧频道	1.38
13	猎手	CCTV-8 电视剧频道	1.20
14	奋进的旋律	CCTV-1 综合频道	1.19
15	幸福院	CCTV-8 电视剧频道	1.17
16	隐秘而伟大	CCTV-8 电视剧频道	1.15
17	月是故乡明	CCTV-8 电视剧频道	1.12
18	幸福敲了两次门	CCTV-8 电视剧频道	1.05
19	最美的乡村	CCTV-1 综合频道	1.03
20	一诺无悔	CCTV-1 综合频道	1.02

国家广播电视总局公布的22部脱贫攻坚题材的重点电视剧，总台在2020年播出5部。其中，CCTV-1综合频道于6月5日开始播出的30集《最美的乡村》，收视率1.03%，进入全国电视剧收视率前20名。

（十一）总台专题节目收视表现

2020年，总台专题节目在全国专题节目市场的收视份额超过60%。

多档与抗疫相关的专题节目进入收视率排名前20，CCTV-1综合频道和CCTV-13新闻频道并机播出的时政纪录片《人民至上 习近平指挥战"疫"进行时》收视率达到1.81%，是收视率最高的专题类节目。

总台专题类节目收视率前 20 名

排名	节目名称	播出频道	收视率（%）
1	人民至上 习近平指挥战"疫"进行时	CCTV-1 综合频道 / CCTV-13 新闻频道	1.81
2	战"疫"正清明	CCTV-3 综艺频道 / CCTV-8 电视剧频道 / CCTV-11 戏曲频道 / CCTV-15 音乐频道	1.66
3	感动中国 情满香江	CCTV-4 中文国际频道	0.88
4	港珠澳大桥	CCTV-6 电影频道	0.84
5	英雄儿女	CCTV-1 综合频道	0.82
6	国家监察	CCTV-1 综合频道	0.72
7	为了和平	CCTV-1 综合频道	0.67
7	复兴伟业启新程—一份历史性纲领的诞生	CCTV-1 综合频道	0.67
9	感动中国2019年度人物颁奖盛典	CCTV-1 综合频道	0.66
10	为了人民 人民军队支援地方疫情防控纪实	CCTV-1 综合频道	0.65
11	致敬！时代楷模 抗疫英雄	CCTV-1 综合频道	0.62
12	鲁健访谈	CCTV-4 中文国际频道	0.61
12	为了总书记的嘱托 习近平总书记调研指导过的贫困村脱贫纪实	CCTV-1 综合频道	0.61

续表

排名	节目名称	播出频道	收视率（%）
14	记住乡愁·春节	CCTV-4 中文国际频道	0.60
14	国家记忆	CCTV-4 中文国际频道	0.60
14	闪亮的名字 2020最美教师发布仪式	CCTV-1 综合频道	0.60
17	中国文艺·向经典致敬国庆特别节目——我的祖国	CCTV-1 综合频道	0.59
18	守望生命 2020中国医师节特别节目	CCTV-4 中文国际频道	0.57
19	2020有你	CCTV-13 新闻频道	0.56
19	决战脱贫在今朝	CCTV-1 综合频道	0.56

（十二）总台体育赛事收视表现

2020年，体育节目收视受疫情影响最大，重大赛事停摆造成观众收视投入大幅减少。即使如此，总台在体育类节目市场的影响依然突出，全年观众收看体育节目的时间3/4都是通过总台实现的。

2020年，CCTV-5体育频道日均观众规模达6385万，年度平均收视份额为0.93%，排在第16位，比2019年下降了4位。一季度受疫情的影响较大，而随着国内疫情趋缓，篮球、足球、乒乓球等大型体育赛事逐渐恢复，体育节目收视市场也开始回暖。

2020年，比赛直播收视率最高的节目排名前三分别为篮球、乒乓球和体操。收视率最高的一场比赛是中国男子篮球职业联赛总决赛第三场（广东东莞银行VS辽宁本钢，1.08%），收视率最高的栏目为《天下足球》（0.15%）。

2020年各类赛事收视率排名情况表

类别	收视率排名首位节目	收视率（%）
篮球	2019—2020赛季中国男子篮球职业联赛总决赛第三场	1.08
乒乓球	2020年国际乒联世界巡回赛卡塔尔公开赛男单决赛	0.79
体操	2020年国际体联体操个人单项世界杯系列赛科特布斯站	0.73
足球	2020年亚洲足联冠军联赛E组第2轮	0.52
排球	2020年东京奥运会男排亚洲区资格赛半决赛	0.46
冰上/水上运动	2019—2020赛季高山滑雪世界杯欣特斯托德站男子超级大回转	0.41
举重	2019年世界举重锦标赛女子55公斤级挺举决赛	0.36
田径	2020年全国田径锦标赛女子10 000米决赛	0.35
台球	2020年斯诺克威尔士公开赛第三轮	0.35
网球	2020年澳网男单决赛	0.31
搏击	2020年WBC重量级拳王争霸赛	0.25
羽毛球	2019年苏迪曼杯羽毛球赛决赛女子单打	0.21
自行车	2020年世界场地自行车锦标赛女子凯林赛复活赛	0.15
赛车	2020年世界一级方程式锦标赛奥地利站正赛	0.11
棋牌	2020年第八届CCTV贺岁杯中日韩新春围棋争霸赛	0.05
高尔夫	2020年亚巡赛新加坡公开赛第四轮	0.04

（十三）总台时移收视表现

2020年，总台频道组时移收视率持续稳定增长，由2018年的0.06%增至0.08%，45岁以上观众时移收视尤为显著。其中，55—64岁年龄段观众时移收视率最高（0.13%），增幅高达35%。

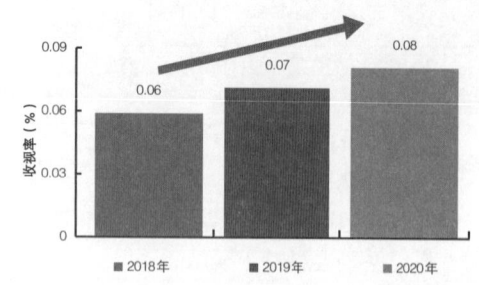

2018、2019、2020年总台频道组时移收视率(%)示意图

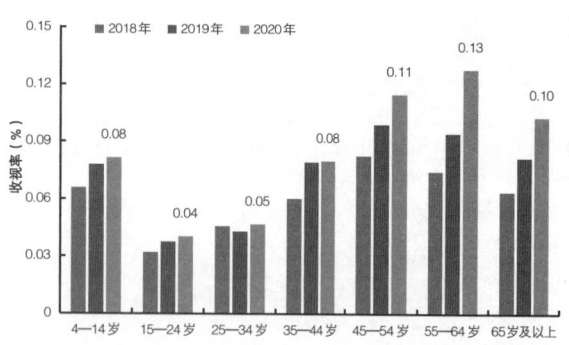

2018、2019、2020年总台频道组不同年龄段受众时移收视率(%)示意图

2020年度中央广播电视总台广播收听调查综述

中央广播电视总台所属广播频率的总体收听情况主要根据2020年中国广视索福瑞(CSM)全国18座城市[①]调查数据进行描述，重大报道及特别节目收听情况主要采用北京、上海、深圳的CSM测量仪数据，分频率收听情况，对中国之声、环球资讯广播、经济之声、音乐之声、中国交通广播等全国多地覆盖的频率观察其在CSM全国18座城市的整体收听规模及其在北京等重点城市的收听情况，对其他单一城市覆盖或区域覆盖的频率，采用其覆盖地或重点覆盖地的收听情况。此外，总体收听情况中还采用总台互联网音频平台云听APP的数据，借以观察总台广播频率在互联网音频平台的收听情况。

一、总体收听情况

2020年，总台主要广播频率在CSM全国18座城市中的听众规模为3 706.36万人，同比2019年下降2.7%；日均听众规模为672.23万人，同比下降15.95%；人均收听时长45.35分钟，同比提升20.04%。

2020年，全国共有3.97亿人次通过云听APP收听总台各套广播频率。其中，中国之声收听总量为1.6亿人次，在云听APP收录的全国787套频率中排名第一；经济之声收听总量为1.4亿人次，在所收录的全国33家财经类广播中排名第一；中国交通广播以3500万人次的收听总量在所收录的全国85家交通类电台中排名第一；音乐之声以3450万人次的收听总量在所收录的全国60家音乐类电台中排名第一；环球资讯广播收听总量达123万人次，在所收录的全国70家新闻类电台中排名第二。

---

① 全国18座城市分别为北京(M)、上海(M)、深圳(M)、长沙、重庆、广州(M)、杭州、哈尔滨、合肥(M)、济南(M)、南京(M)、石家庄、苏州、太原、乌鲁木齐、武汉、郑州、无锡(M)。其中，(M)表示使用测量仪调查的城市，其他为日记卡调查城市。

二、重大报道及特别节目收听情况

（一）聚焦报道重要会议，声音记录时代脉动

2020年全国两会期间，中国之声、经济之声、中华之声、环球资讯广播、华语环球广播、南海之声等多套频率对两会多场重要议程、重要活动进行现场直播，粤港澳大湾区之声首次使用粤语进行现场直播。其中，总台广播频率对全国政协及全国人大开闭幕会、李克强总理答中外记者提问等9场重要会议和新闻发布会进行的现场直播，在北京、上海、深圳三地累计听众触达人次约为303万。

此外，中国之声推出《两会进行时》《习近平两会时刻》《只争朝夕决胜小康》《代表》等专题专栏和《央广会客厅》《两会你我他》《两会有观点》等特别节目，会后推出20集融媒体节目《民法典你我他》，被"学习强国"平台及各大门户网站转发，累计触达人次超过1.5亿。经济之声连续第八年推出高端访谈《企业家说》，访谈企业家代表委员，北京的收听份额和收听率分别为3.42%和0.16%，同比2019年同时段涨幅分别为101.89%和167.21%。

（二）科学引导疫情防控，营造健康舆论环境

2020年，面对突如其来的新冠肺炎疫情，总台第一时间启动应急报道机制，广播频率持续直播多场新闻发布会，开辟重点时段重点专栏和特别报道，充分发挥声音媒介特色，起到了畅通信息、增强信心、稳定人心的重要作用。

中国之声相继开设《〈战疫情〉特别报道》《天使日记》《我是志愿者》《口述实录：武汉武汉》等专栏，围绕抗疫表彰大会推出特别直播《人民至上》，用声音感人，用声音暖人，凸显广播媒体在突发应急事件中的重要作用和独特价值。《〈战疫情〉特别报道》自1月26日（大年初二）至4月30日共播出近百期节目，回应社会关切，凝聚抗疫力量，为打赢疫情防控阻击战营造良好舆论氛围，北京的收听份额和收听率分别为12.50%和0.51%，同比2019年同时段收听数据涨幅分别为77.14%和67.11%；上海的收听份额和收听率分别为2.75%和0.14%，同比涨幅分别为44.28%和73.08%；深圳的收听份额和收听率分别为4.94%和0.17%，同比涨幅分别为71.07%和51.75%。

环球资讯广播自1月27日（大年初三）推出特别报道《同舟共济》，记录新冠肺炎疫情期间中国留学生和华人华侨在世界各国生活，表达新冠肺炎疫情下全世界命运与共、同舟共济的情感；独家专访近百位中国驻各国外交官，反映中国与国际社会的抗疫合作。《同舟共济》自1月27日至4月27日在北京的收听份额和收听率分别为3.63%和0.14%，同比2019年同时段涨幅分别为21.71%和39.39%。

经济之声推出企业家专访《战疫情 稳经济·企业家在行动》，从"复工复产进度"到"行业发展现状"，从"企业抗疫行动"到"企业家动情口述"，传递中国企业家的责任与担当，增强人们对中国经济复苏的信心。该节目自2月11日至2月21日播出后，北京地区的收听份额和收听率分别为3.01%和0.35%，同比2019年同时段涨幅分别为17.38%和26.28%。

（三）深耕节日主题，打造"精品工程"

2020年1月24日（除夕）12时至18时，中国之声、经济之声、音乐之声、经典音乐广播、中华之声、文艺之声、中国交通广播、中国乡村之声等8套频率并机直播春节特别节目《中国声音中国年》，在北京、上海、深圳三地累计观众触达人次约为625.7万，同比涨幅为14.2%；总台新媒体矩阵平台总点阅量为9347万人次。

此外，音乐之声结合节日主题推出一系列精彩纷呈的特别节目：五四青年节推出特别直播《青春绽放　弦声有你》，邀请艺人与抗疫医护人员、志愿者代表云接力演唱和互动，全网话题覆盖量达3 775.5万人次；传统七夕佳节，打造120分钟具有现场感染力的《爱的歌会》，节目在上海的收听份额和收听率相比播出前一天同时段分别增长44.68%和60%；开学季推出5集融媒体直播《青春能量现场》，节目在北京的收听份额和收听率分别为6.7%和0.28%，环比涨幅分别为27.41%和14.63%，节目同名微博话题阅读量达1 331.4万人次；国庆、中秋双节推出特别策划《乐享金秋》，节目在北京的收听份额和收听率分别为4.19%和0.19%，同比涨幅分别为22.17%和51.22%。

三、部分频率收听情况

（一）中国之声

中国之声在全国18座城市的听众规模为3 075.58万人，日均听众规模达248.52万人，人均每日收听时长为61.75分钟。

在北京市场，中国之声的收听份额和收听率分别为8.7%和0.39%，收听份额排名第4；日均听众规模为41.81万人，人均每日收听时长为65.6分钟。

在上海市场，中国之声的收听份额和收听率分别为4.1%和0.18%，收听份额排名第8；日均听众规模为44.02万人，人均每日收听时长为53.4分钟。

在深圳市场，中国之声的收听份额和收听率分别为5.22%和0.14%，收听份额排名第5；日均听众规模为25.52万人，人均每日收听时长为42.2分钟。

在北京、上海和深圳，中国之声男性听众占比接近70%；年龄集中在65岁及以上和25—44岁；大专、大学本科及以上学历听众占比49.7%；近50%的听众月收入为3001—5000元，超过40%的听众月收入为5001元及以上；超过50%的听众为单位员工，近30%的听众为退休人群。

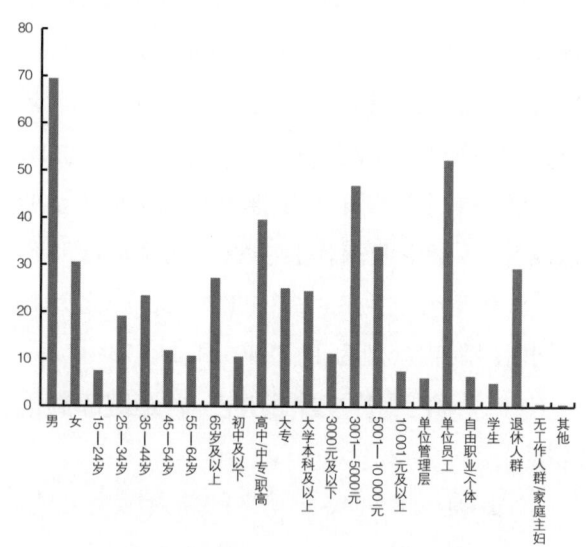

中国之声2020年在北京、上海、深圳的听众构成示意图（单位：%）

（二）环球资讯广播

环球资讯广播在全国18座城市的听众规

模为944.16万人，日均听众规模为45.73万人，人均每日收听时长为44.29分钟。

在北京市场，环球资讯广播的收听份额和收听率分别为3.797%和0.171%，收听份额排名第7；日均听众规模为26.19万人，人均每日收听时长为45.7分钟。

在深圳市场，环球资讯广播的收听份额和收听率分别为2.07%和0.06%，收听份额排名第6；日均听众规模为8.01万人，人均每日收听时长为53.4分钟。

在北京和深圳，环球资讯广播的男性听众占比超过70%；年龄集中在35—44岁和55岁及以上；大专、大学本科及以上学历听众占比45.65%；月收入为3001—5000元和5001—10 000元的听众各占40%；单位员工和退休人群为收听主力，各占40%左右。

人均每日收听时长为25.05分钟。

在北京市场，经济之声的收听份额和收听率分别为3.802%和0.172%，收听份额排名第6；日均听众规模为27.1万人，人均每日收听时长为44.1分钟。

在上海市场，经济之声的收听份额和收听率分别为1.41%和0.06%，收听份额排名第9；日均听众规模为54.92万人，人均每日收听时长为14.7分钟。

在北京和上海，经济之声男性听众超过60%；除15—24岁听众占比略少外，其余年龄层分布比较均衡；大专、大学本科及以上学历听众占比49.86%；月收入为5001—10 000元的听众占比最高，超过40%；职业方面，超过60%的听众为单位员工。

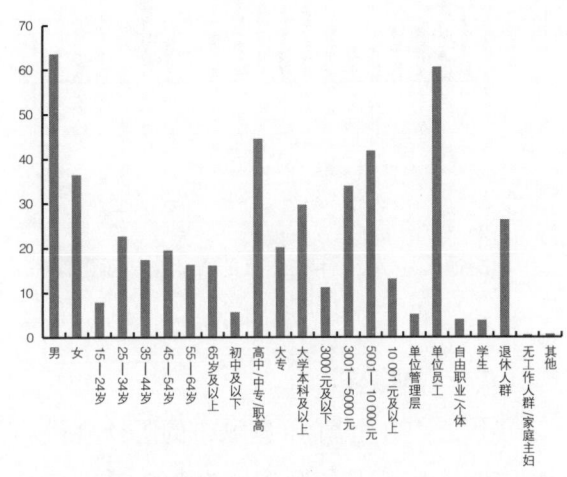

经济之声2020年在北京、上海的听众构成示意图
（单位：%）

（四）中国交通广播

中国交通广播在全国18座城市的听众规模为2 078.61万人，日均听众规模为74.4万人，人均每日收听时长为18.45分钟。

在北京市场，中国交通广播的收听份额和

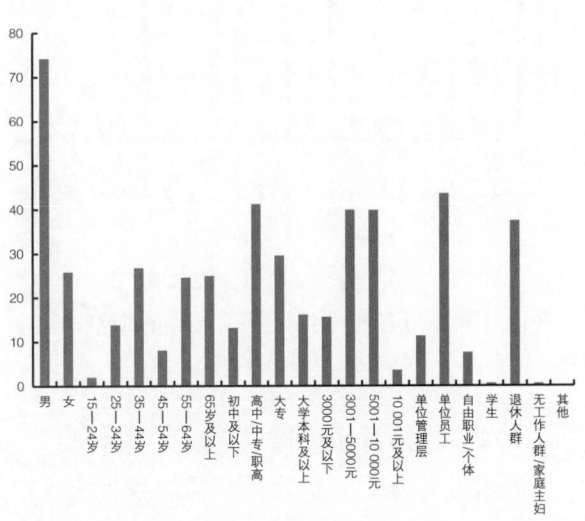

环球资讯广播2020年在北京、深圳的听众构成示意图
（单位：%）

（三）经济之声

经济之声在全国18座城市的听众规模为2 989.29万人，日均听众规模为197.06万人，

收听率分别为2.58%和0.12%，收听份额排名第9；日均听众规模为16.66万人，人均每日收听时长为49分钟。

在北京市场，中国交通广播女性听众占比较高；各年龄层均衡分布，15—24岁和35—44岁听众占比相对较高；大专、大学本科及以上学历听众占比合计超过50%；月收入10 001元及以上占比较少，其他收入群体均衡分布；单位员工占比接近50%，学生、退休人群、单位管理层占比也相对较高。

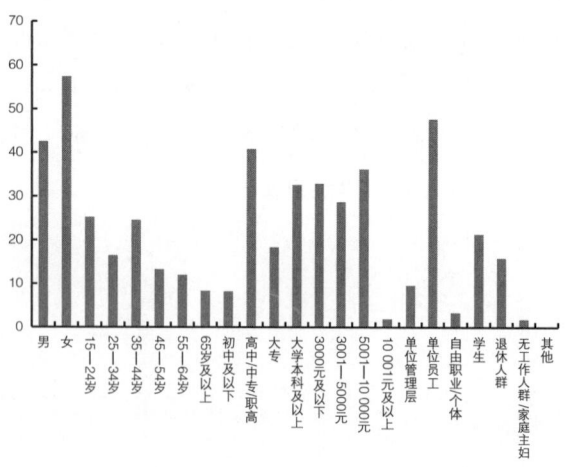

中国交通广播2020年在北京的听众构成示意图（单位：%）

（五）音乐之声

音乐之声在全国18座城市的听众规模为1 964.69万人，日均听众规模为73.77万人，人均每日收听时长为46.2分钟。

在北京市场，音乐之声的收听份额和收听率分别为3.54%和0.16%，收听份额排名第8；日均听众规模为20.05万人，人均每日收听时长为55.6分钟。

在上海市场，音乐之声的收听份额和收听率分别为0.81%和0.04%，收听份额排名第12；日均听众规模为15.2万人，人均每日收听时长为30.4分钟。

在深圳市场，音乐之声的收听份额和收听率分别为1.67%和0.04%，收听份额排名第9；日均听众规模为8.47万人，人均每日收听时长为40.7分钟。

在北京、上海和深圳，音乐之声女性听众占比近60%；25—34岁听众为收听主力，占比约34%；大专、大学本科及以上学历听众占比55.37%；月收入为3001—5000元和5001—10 000元的听众各占40%左右；单位员工是收听主力，占比超过60%。

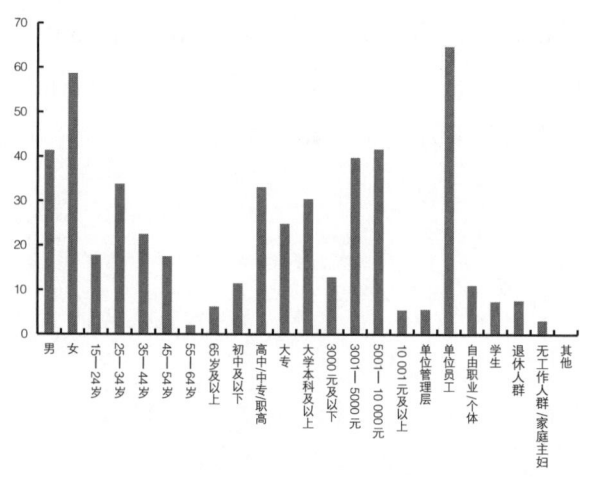

音乐之声2020年在北京、上海、深圳的听众构成示意图（单位：%）

（六）经典音乐广播

在北京市场，经典音乐广播的收听份额和收听率分别为0.95%和0.04%，收听份额排名第12；日均听众规模为9.2万人，人均每日收听时长为32.4分钟。

经典音乐广播男女听众分布相对均衡，女性略多；15—44岁听众是收听主力，合计占比超过70%；其中，15—24岁年轻听众占比达

34.81%；大学本科及以上高学历听众占比最高，达 54.94%；月收入集中在 10 000 元以下，又以 3000 元及以下收入为主，占比 43.36%；单位员工、无工作人群/家庭主妇占比较高。

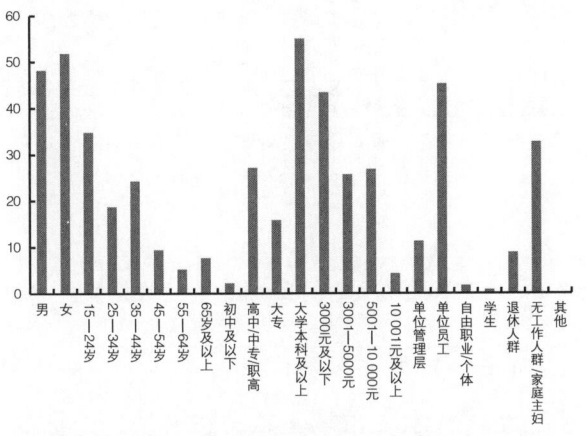

经典音乐广播 2020 年在北京的听众构成示意图
（单位：%）

（七）文艺之声

在北京市场，文艺之声的收听份额和收听率分别为 2.24% 和 0.1%，收听份额排名第 10；日均听众规模为 16.24 万人，人均每日收听时长为 43.4 分钟。

文艺之声男性听众占比近 70%；25 岁及以上各年龄层均衡分布；大专、大学本科及以上学历听众占比 37.16%；月收入 3001—10 000 元占比共计约为 80%，其中 3001—5000 元占比超过 40%；单位员工是收听主力，占比接近 70%，其次是退休人群。

（八）阅读之声

在北京市场，阅读之声的收听份额和收听率分别为 0.17% 和 0.01%，收听份额排名第 22；日均听众规模为 9.8 万人，人均每日收听时长为 5.4 分钟。

阅读之声听众主要集中在女性、65 岁及以上、高中/中专/职高、3001—5000 元月收入、退休人群。此外，大专、大学本科及以上高学历听众合计占比 51.45%。

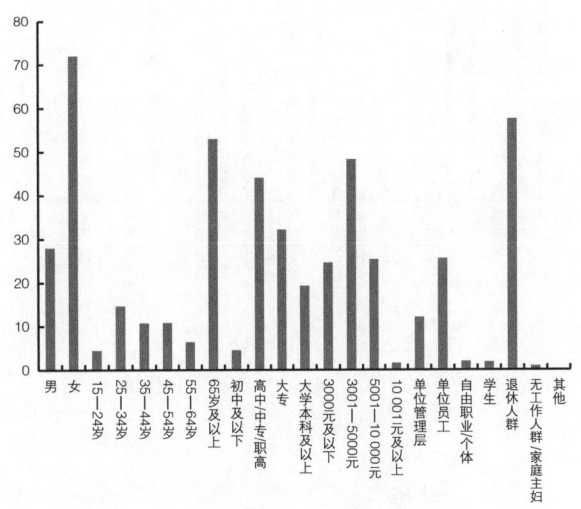

阅读之声 2020 年在北京的听众构成示意图（单位：%）

（九）劲曲调频

在北京市场，劲曲调频的收听份额和收听率分别为 0.9% 和 0.04%，收听份额排名第 13；日均听众规模为 6.31 万人，人均每日收听时长为 45.1 分钟。

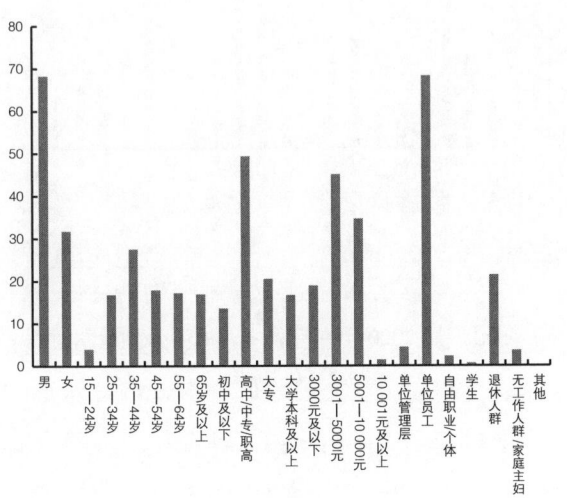

文艺之声 2020 年在北京的听众构成示意图（单位：%）

在上海市场，劲曲调频的收听份额和收听率分别为 0.86% 和 0.04%，收听份额排名第 11；日均听众规模为 15.69 万人，人均每日收听时长为 31.2 分钟。

在北京和上海，劲曲调频男女听众分布相对均衡，女性略高；25—44 岁听众为收听主力，占比共计约 80%；大专、大学本科及以上学历听众占比共计为 88.66%，其中大学本科及以上学历占比约 60%；3000 元以上各收入阶层听众均有广泛分布，其中 10 001 元及以上高收入群体占比 25.53%；单位员工为收听主力，占比超过 60%；单位管理层占比也相对较高，约占 20%。

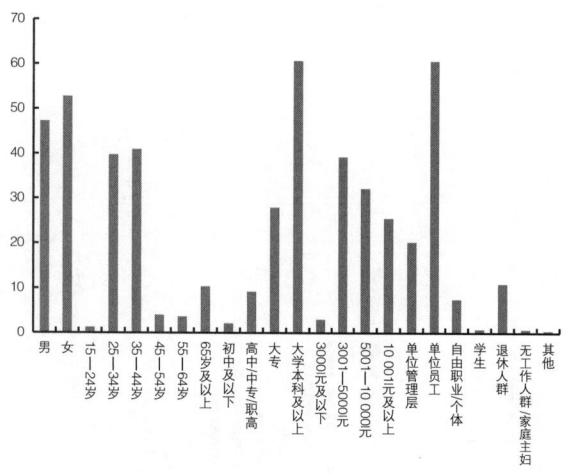

劲曲调频 2020 年在北京、上海的听众构成示意图（单位：%）

（十）老年之声

在北京市场，老年之声的收听份额和收听率分别为 0.25% 和 0.01%，收听份额排名第 21；日均听众规模为 2.05 万人，人均每日收听时长为 39 分钟。

老年之声听众主要集中在男性、65 岁及以上、高中/中专/职高、初中及以下学历、个人月收入 3001—5000 元、退休人群。

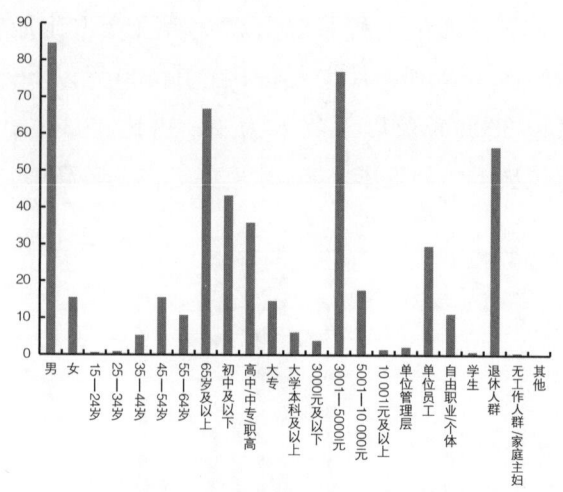

老年之声 2020 年在北京的听众构成示意图（单位：%）

（十一）维吾尔语广播

在乌鲁木齐市场，总台维吾尔语广播的收听份额和收听率分别为 2.37% 和 0.11%，收听份额排名第 11；日均听众规模为 3.44 万人，人均每日收听时长为 117.7 分钟。

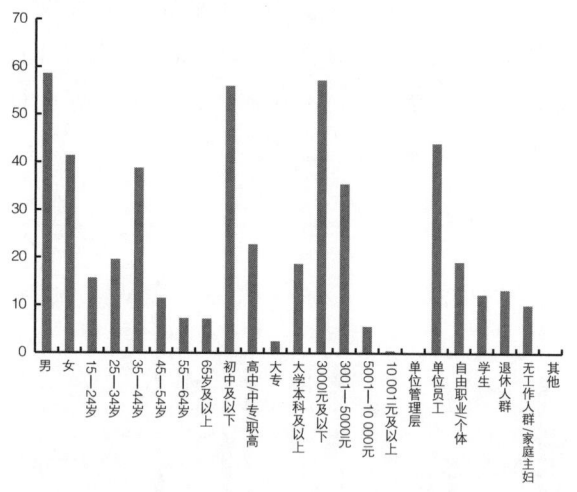

维吾尔语广播 2020 年在乌鲁木齐的听众构成示意图（单位：%）

总台维吾尔语广播男性听众占比接近 60%；35—44 岁听众是收听主力，占比近 40%；初中及以下学历占比超过 50%；3000 元及以下月收入听众占比近60%;单位员工占比最高,超过40%;自由职业/个体占比相对较高,接近20%。

(十二)粤港澳大湾区之声

在深圳市场,粤港澳大湾区之声的收听份额和收听率分别为0.11%和0.003%,收听份额排名第22;日均听众规模为4.46万人,人均每日收听时长为5.2分钟。

在深圳市场,粤港澳大湾区之声以男性听众为主;25岁及以上各年龄层听众均衡分布;学历以高中/中专/职高为主;个人月收入集中在5001—10 000元,占比超过60%;单位员工占比最高,超过40%;自由职业/个体、单位管理层占比相对较高,分别在20%左右。

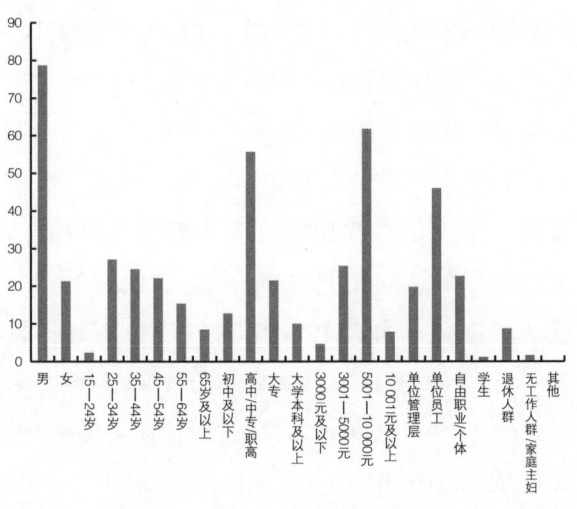

粤港澳大湾区之声2020年在深圳的听众构成示意图
(单位:%)

2020年度中央广播电视总台国际传播受众调查情况综述

2020年,中央广播电视总台健全海外收视收听测量体系,积极开展海外传播效果评估与相关核查工作、海外传播收视收听率调查、受众联络维护等工作。

一、建立健全海外收视收听测量体系

在总台国际电视收视率方面,总台在海外重点国家收视监测分析体系的监测范围由原来的三大洲9个国家扩展到四大洲11个国家,监测对象由原来的英语、法语两个语种增加至英语、法语、俄语三个语种,频道数量由原来的CGTN英语新闻频道、CGTN-Documentary纪录频道、法语频道三个频道增加至CGTN英语新闻频道、CGTN-Documentary纪录频道、法语频道、俄语频道等4个频道。在总台国际广播收听率方面,总台海外重点国家(地区)收听率测量体系从2020年10月开始正式运行,实现海外落地电台收听监测业务的新突破。收听率测量对象国家包括俄罗斯、土耳其、巴基斯坦和菲律宾。其中,CGTN英语新闻频道的收视表现最具代表性。2020年,该频道在7个国家的整合平均触达率较2019年提升30.0%,整合平均观众规模较2019年提升30.9%。该频道在尼日利亚的收视率在7个国家中增幅最大,较2019年同比翻倍。该频道在马来西亚的竞争优势显著,平均观众规模在对标媒体中排名第一,超过CNN和BBC World News。该频道在美国5座城市的收视表现较2019年同比下降,但是在洛杉矶的收视率较2019年有明显上升,增幅为41.2%。

二、立足融合发展，创新全球受众调查

2020年6月至7月，总台开展海外受众调查，首次从电视、广播、新媒体三位一体的融合角度设计问卷，增加了酒店落地、品牌宣推等相关调查内容，在全球21个重点国家以11种当地主流语言开展，系统了解总台海外受众的媒体接触习惯，掌握海外受众对总台海外传播的内容、形式、创新等方面的需求，并就CGTN各语种频道、节目及其在各新媒体平台上相关传播效果进行内部评估。

调查发现：第一，各个媒体渠道中，总台的海外受众对新媒体（网站、APP和社交平台账号）的综合接触率超过电视媒体，且在各大洲或各年龄段的受众中，新媒体都是选择率最高的渠道。第二，总台海外受众使用媒体社交平台账号时长明显增加，其中选择脸书和优兔（YouTube）的总台海外受众占比较其他平台遥遥领先，照片墙（Instagram）和推特（Twitter）处在第二梯队。第三，对于中国的新闻与信息内容，总台海外受众选择中国媒体报道的整体比例，高于选择本国媒体或选择其他国际媒体。第四，总台海外受众收看CGTN的主要渠道是网络电视，其次是有线电视和卫星电视。总台海外受众收听CRI的最主要渠道是调频（FM）和网络。第五，总台海外受众相对喜欢CGTN独特的logo设计和主题音乐，同时对CGTN的宣传语和片头设计有较高的喜爱度。第六，从近一年入住酒店经历来看，选择高端及以上酒店作为入住酒店的总台海外受众最多，这种趋势在35—44岁受访者中更为明显。入住期间，总台海外受众最爱收看的电视节目类型是新闻类和点播类。

三、精心设计评估维度，强化总台海外认知调查

2020年9月至10月，总台全球知晓度、接触率、满意度调查在15个重点国家，通过全球样本库进行抽样调查、在线问卷填答的方式，综合考量电视、广播、新媒体等多维度，强化调查的针对性、科学性和前瞻性，全面反映总台及其子品牌在海外的实际影响力。

调查结果表明：第一，CGTN在受访者中的品牌形象认同度再登新高，CGTN在重要性、影响力、信任度方面均有不俗表现。CGTN在讲好中国故事方面的认可度较2019年出现大幅提升，在呈现中国的科技进步、国际贡献、经济发展、中华优秀文化等方面，受访者对CGTN呈现效果的认同比例较高。第二，总台的知名度、接触度与使用转化率均创历史新高，较2019年增幅分别为22.3%、45.0%和8.7%。第三，CGTN与CRI的传播品质所获认可度较高。在获取与中国相关的重大国际新闻时，CGTN与CRI是受访者首选主要渠道。第四，CGTN英语新闻频道与CGTN-Documentary纪录频道的受众贡献率为近三年最高值，CGTN西班牙语频道、法语频道、阿拉伯语频道、俄语频道与本土化频道"Hi-Dost!"的受众贡献率较2019年均有不同程度提升。第五，CGTN新媒体、CCTV新媒体的推荐度均属于"优秀"或"卓越"水平，满意度均属于"比较满意"水平。CRI的VK账号满意度接近"非常满意"水平，

照片墙、脸书、推特账号与APP的推荐度均表现"卓越"。

四、专题策划总台疫情防控报道传播效果研究

作为国际传播能力建设效果评估工作的一部分，总台对国际媒体传播（二次传播）效果开展了监测研究，并专题策划了2020年第一季度总台疫情防控报道的境外媒体二次传播分析和海外社交媒体传播特征研究。

总台新冠肺炎疫情报道在国外引起广泛关注，被多家海外媒体转载转引。调研结果表明：超过1800家境外媒体提及、引用或转载总台相关报道，二次传播量总计8000余篇。法新社、路透社、半岛电视台、俄塔社、德国之声的转引量均超过100篇，居外媒前列。在转引内容方面，新冠肺炎疫情数据、防控举措等相关内容占多数，新冠肺炎疫情产生的各种影响亦占一定比例。就语种而言，英文报道占比约为50%，西班牙语、俄语报道占比超过10%，德语、日语报道超过5%，韩语、法语、意大利语、阿拉伯语等语种的转引报道均存在一定占比，反映了总台疫情防控报道在全球语种覆盖上具备优势。

社交媒体方面，从点赞、转发和评论的帖均数据来看，CGTN和CRI在脸书平台上英文主账号发布的国内疫情稿件的互动传播明显高于国外疫情稿件。CCTV账号在脸书平台上关于中国疫情的发稿量远高于CNN、BBC News、今日俄罗斯和半岛电视台等媒体，但点赞、转发和评论互动传播指标均低于上述媒体。

2021年度受众调查情况

2021年度中央广播电视总台电视端收视分析报告

一、2021年度电视市场总体趋势

（一）电视观众日平均收看时长为97分钟，总台观众月活跃人数高于在线视频月活跃用户总量

2021年，全国电视观众月活跃人数为10.53亿，日均收看电视的观众规模约为5.3亿人。观众人均收看时间达每天97分钟，仍保持在较高水平。

2021年，全国电视观众规模稳定在12.81亿人，网民规模则较2020年底增加了4.3%，达到10.32亿人。

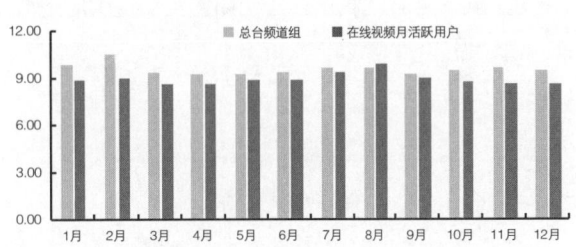

总台频道月到达率与在线视频月活跃用户数（亿人）示意图

注：1. 总台月活数据为2021年总台频道直播+时移月度观众规模。
2. 在线视频数据来自QuestMobile《2021中国移动互联网年度大报告》。

网民中使用手机上网的比例为99.7%，在线视频APP月活跃用户约为9亿人，而总台

电视节目每月送达的观众数为 9.6 亿，高于在线视频月活跃用户总量。尤其在第一季度和第四季度，总台频道观众数量与在线视频用户数量相比，具有较明显优势。

（二）头部电视频道竞争力优于视频 APP

就单个频道月观众规模来看，排名前 20 的频道中，总台占 15 席，在各上星频道中优势明显。其中，CCTV-1 综合频道、CCTV-6 电影频道、CCTV-8 电视剧频道、CCTV-3 综艺频道、CCTV-4 中文国际频道和 CCTV-13 新闻频道排在前 6 位。

电视频道竞争力整体仍然优于视频 APP。爱奇艺和腾讯视频是流量较大的视频 APP，月活跃用户量均在 4 亿以上，与几个头部省级卫视的月观众规模相当。

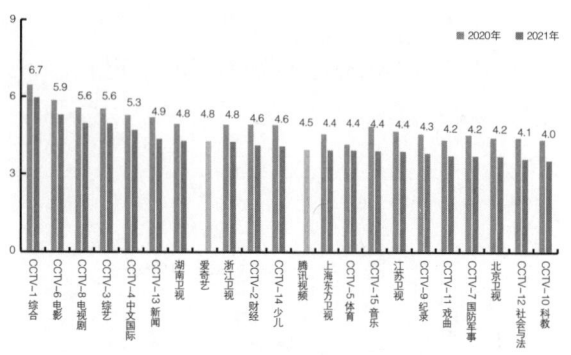

2020、2021 年上星频道月观众规模（亿人）排名 TOP20 对比图

注：电视频道为全国测量仪全年频道直播+时移月度观众规模平均值，爱奇艺和腾讯视频使用 QuestMobile《2021 中国移动互联网年度大报告》中的 2021 年 12 月月活跃用户。

（三）时移收视大幅增加，其中新闻/时事类节目、专题节目占比增幅较大

近几年，电视大屏点播回看的收视比例持续增长。2021 年，时移收视份额为 4.4%，与 2020 年相比增长了 1 个百分点，增幅近 30%。所有年龄段观众的时移收视比例都有较大幅度增加，其中，4—24 岁和 35—44 岁观众群体用户的时移收视份额最为突出，平均涨幅超过 25%。

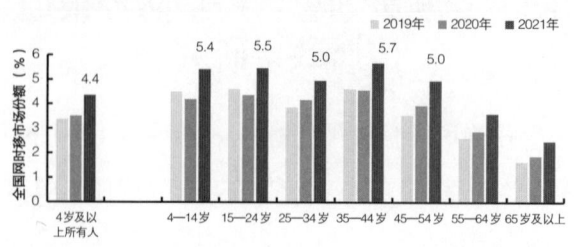

2019、2020、2021 年全国网时移市场份额对比图

电视剧在时移收视中占比最高，有近 40% 的时移收视来自电视剧，其次是综艺和青少节目。2021 年，青少节目、新闻/时事类节目、专题节目和体育节目的时移收视占比，较 2020 年均有明显增加。

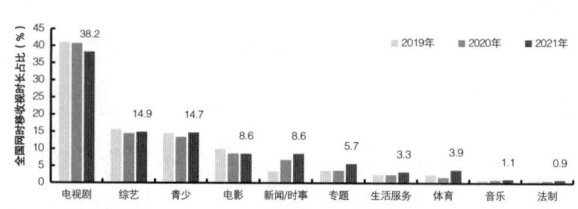

2019、2020、2021 年全国网各类型节目时移收视时长占比图

（四）各卫视频道竞争呈现扁平化趋势，头部频道优势相对缩小

2021 年，总台频道组竞争力整体略强于省级上星频道组。其中，总台频道组收视份额为 27.4%，省级上星频道组整体份额为 25.1%，包括大量地面频道和点播回看在内的其他频道组收视份额达 47.5%。

在全国上星频道中，总台电视频道内容聚合优势仍然明显，收视份额排名居前，在排名前 20 的频道中占 9 位。其中，CCTV-8 电视剧频道、CCTV-6 电影频道、CCTV-1 综合频道、

CCTV-4中文国际频道、CCTV-13新闻频道继续占据榜单前五，省级卫视中排名最靠前的湖南卫视排名第六。

具体到单个频道，除CCTV-6电影频道外，排名靠前的几个频道收视份额均有所下降，CCTV-13新闻频道收视份额下降0.64个百分点，湖南卫视收视份额下降0.45个百分点。CCTV-5体育频道收视提升明显。在省级卫视频道中，江苏卫视、浙江卫视、上海东方卫视、广东卫视、深圳卫视等收视份额均有不同程度提升。

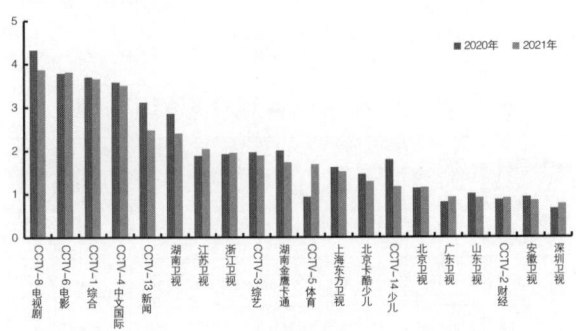

2020、2021年上星频道市场份额占比排名TOP20对比图

二、2021年总台电视收视表现

（一）总台频道组城乡市场份额

2021年，总台频道组城市份额仍然高于农村。与2020年相比，城市份额基本保持不变，农村份额降幅为12%。

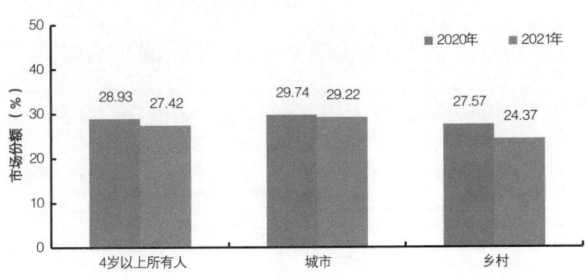

2020、2021年总台频道组城乡市场份额对比图

（二）总台分频道市场份额

与2020年相比，CCTV-5体育频道在2021年收视份额上涨0.75个百分点，增幅达到81%，CCTV-5+体育赛事频道收视份额增加0.12个百分点，增幅为94%；CCTV-2财经频道和CCTV-6电影频道收视份额比2020年略有增加；CCTV-7国防军事频道和CCTV-11戏曲频道的收视份额与2020年基本持平。

2020—2021年总台各频道市场份额表

频道	2020年	2021年	变化
CCTV-8电视剧频道	4.32	3.87	↓
CCTV-6电影频道	3.78	3.81	↑
CCTV-1综合频道	3.70	3.66	↓
CCTV-4中文国际频道	3.58	3.50	↓
CCTV-13新闻频道	3.11	2.47	↓
CCTV-3综艺频道	1.96	1.89	↓
CCTV-5体育频道	0.93	1.68	↑
CCTV-14少儿频道	1.79	1.16	↓
CCTV-2财经频道	0.86	0.90	↑
CCTV-7国防军事频道	0.70	0.70	—
CCTV-11戏曲频道	0.69	0.68	↓
CCTV-15音乐频道	0.79	0.61	↓
CCTV-12社会与法频道	0.62	0.57	↓
CCTV-17农业农村频道	0.77	0.56	↓
CCTV-9纪录频道	0.57	0.52	↓
CCTV-10科教频道	0.51	0.47	↓
CCTV-5+体育赛事频道	0.13	0.25	↑
CGTN	0.07	0.06	↓
CCTV-4K超高清频道	0.04	0.04	—

（三）总台各频道台内收视份额贡献

2021年，在总台台内收视贡献率较高的频道中，CCTV-8电视剧频道的贡献率最高，达到14.1%；其次是CCTV-6电影频道（13.9%）、

CCTV-1综合频道（13.7%）、CCTV-4中文国际频道（12.8%）和CCTV-13新闻频道（9.0%），CCTV-3综艺频道和CCTV-5体育频道的贡献率也在5%以上。

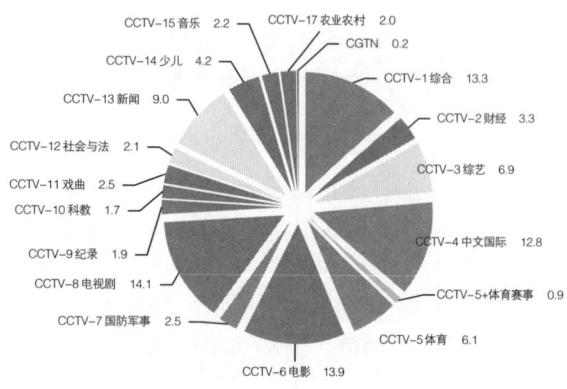

2021年总台各频道台内收视份额贡献率（%）示意图

（四）总台各节目类型对全台的收视贡献率

2021年，在总台台内收视贡献较高的节目类型中，电视剧贡献率最高，为23.4%；其次是新闻/时事（16.9%）、电影（12.3%），专题（9.3%）、综艺（9.1%）和体育（6.8%）；其他节目类型贡献率均在5%以下。

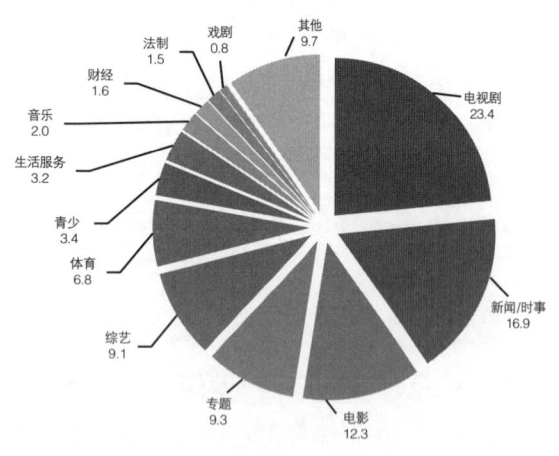

2021年总台各节目类型对全台的收视贡献率（%）示意图

（五）总台创新驱动力不断增强，电视端创新节目传播效果突出

2021年，总台共推出25档新节目，其中综艺类新节目有10档，专题类新节目有9档，其他类型新节目有6档。新节目在电视端的总体观众规模为7.8亿人。

在25档创新节目中，6档节目在CCTV-3综艺频道首播，3档节目在CCTV-1综合频道首播，CCTV-14少儿频道和CCTV-17农业农村频道各有3档创新节目首播，其他新创新节目首播频道详见下表。其中，CCTV-1综合频道首播的《典籍里的中国》观众总规模达4.05亿人。

2021年总台创新节目观众规模汇总表

节目名称	首播频道	观众规模（亿人）
典籍里的中国	CCTV-1综合频道	4.05
美术经典中的党史	CCTV-10科教频道	3.97
金牌喜剧班	CCTV-3综艺频道	3.36
中国考古大会	CCTV-1综合频道	1.74
电影中的印记	CCTV-3综艺频道	1.71
中国国宝大会	CCTV-2财经频道	1.69
艺览天下：了不起的地方	CCTV-3综艺频道	1.33
欢乐城市派	CCTV-3综艺频道	1.26
农家院里过大年	CCTV-17农业农村频道	1.14
快乐童行2021	CCTV-14少儿频道	0.86
美丽中国说	CCTV-4K超高清频道	0.85
过年啦——在阳光下长大	CCTV-14少儿频道	0.73
艺术里的奥林匹克	CCTV-1综合频道	0.64
田野里的歌声	CCTV-17农业农村频道	0.61
春晚有心意	CCTV-3综艺频道	0.37
乡村演说家	CCTV-17农业农村频道	0.34

续表

节目名称	首播频道	观众规模（亿人）
央Young之夏	CCTV-3 综艺频道	0.30
寻找古老的中国	CCTV-10 科教频道	0.27
誓言	CCTV-7 国防军事频道	0.27
光影凝望百年	CCTV-12 社会与法频道	0.24
擎动中国	CCTV-5 体育频道	0.22
少年的奇幻世界	CCTV-14 少儿频道	0.12
唱出我新声	CCTV-15 音乐频道	0.11
改革时刻	CCTV-7 国防军事频道	0.11
致敬扫黑一线	CCTV-12 社会与法频道	0.10

（六）总台电视端垂直领域优势突出，主要专业领域市场保持高占有率

2021年，总台在电影节目、体育节目、音乐节目和财经节目市场占有绝对优势，收视份额占比超过80%。在法制、专题、戏剧和新闻节目市场中，总台也占50%以上收视份额。在新闻、综艺和电视剧三大电视市场重点领域，总台占有率分别为51%、37%和26%，与2020年基本持平。

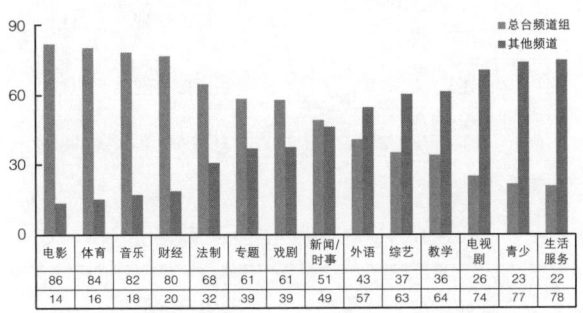

2021年总台频道组在全国各类型节目收视份额占比（%）示意图

（七）总台新闻节目继续领跑垂类节目市场，卫视排名前20均为总台节目

2021年，总台各频道在全国电视新闻类垂直市场占有份额达51%。总台各频道共播出新闻节目1.94万小时（含其他频道转播《新闻联播》节目）。

在全国上星频道新闻类栏目中，观众规模排名前20位均为总台栏目。其中，CCTV-1综合频道的《新闻联播》日均观众规模达1.21亿人。

上星频道新闻类栏目观众规模前20名

排名	节目名称	播出频道	日观众规模（亿人）
1	新闻联播	CCTV-1 综合频道（含其他频道实时转播）	1.207
2	中国舆论场	CCTV-4 中文国际频道	0.280
3	新闻直播间	CCTV-13 新闻频道	0.188
4	海峡两岸	CCTV-4 中文国际频道	0.170
5	今日亚洲	CCTV-4 中文国际频道	0.169
6	共同关注	CCTV-13 新闻频道	0.167
7	中国新闻	CCTV-4 中文国际频道	0.161
8	今日关注	CCTV-4 中文国际频道	0.154
9	东方时空	CCTV-13 新闻频道	0.153
10	深度国际	CCTV-4 中文国际频道	0.150
11	焦点访谈	CCTV-1 综合频道 / CCTV-13 新闻频道	0.144
12	走进乡村看小康	CCTV-13 新闻频道	0.131
13	新闻30分	CCTV-1 综合频道 / CCTV-13 新闻频道	0.126

续表

排名	节目名称	播出频道	日观众规模（亿人）
14	朝闻天下	CCTV-1综合频道/CCTV-13新闻频道	0.114
15	晚间新闻	CCTV-1综合频道	0.103
16	新闻调查	CCTV-13新闻频道	0.097
17	权威发布	CCTV-4中文国际频道	0.087
18	今日环球	CCTV-4中文国际频道	0.084
19	新闻周刊	CCTV-13新闻频道	0.071
20	世界周刊	CCTV-13新闻频道	0.070

注：常态新闻栏目排名，《新闻联播》使用全国上星频道的并机日均总到达数据。

（八）总台在全国综艺类市场份额达37%，2021年春节联欢晚会稳居年度榜首

2021年，综艺类节目依然是观众收视的主要类别，观众在综艺类节目的收视投入占其收视总时间的10.6%。2021年，总台在电视综艺类垂直市场的占有份额为37%，比2020年提高了2个百分点。

2021年总台春晚直播期间，跨媒体（含碎片化点播数据）受众总规模达12.72亿人。其中，新媒体直播、点播用户规模为7.34亿人，比2020年增加1.28亿人，用户观看次数达49.75亿，比2020年增加15.49亿；电视端春晚直播观众规模约为5.38亿人，春晚在除夕全国市场总体收视份额达71.92%。

总台收视率前三的综艺节目分别为CCTV-1综合频道的《开门大吉》（0.80%）、《金牌喜剧班》（0.79%）和《越战越勇》（0.67%），在上星频道综艺节目排名中位列第6、第7和第17位。

上星频道综艺类节目收视率前20名

排名	节目名称	播出频道	收视率（%）
1	奔跑吧·黄河篇	浙江卫视	1.11
1	王牌对王牌（第六季）	浙江卫视	1.11
3	奔跑吧（第五季）	浙江卫视	1.08
4	闪光的乐队	浙江卫视	0.84
5	奔跑吧·黄河篇（第二季）	浙江卫视	0.83
6	开门大吉	CCTV-3综艺频道	0.80
7	金牌喜剧班	CCTV-3综艺频道	0.79
8	向往的生活·桃花源篇（第五季）	湖南卫视	0.74
9	新相亲大会（第五季）	江苏卫视	0.73
10	中国好声音2021	浙江卫视	0.72
11	中国梦之声·我们的歌（第三季）	上海东方卫视	0.71
12	欢乐喜剧人（第七季）	上海东方卫视	0.70
12	青春环游记（第三季）	浙江卫视	0.70
14	我就是演员	浙江卫视	0.68
15	极限挑战（第七季）	上海东方卫视	0.67
15	嗨唱转起来（第二季）	湖南卫视	0.67
17	越战越勇	CCTV-3综艺频道	0.67
18	为歌而赞	浙江卫视	0.66
18	乘风破浪的姐姐（第二季）	湖南卫视	0.66
20	新相亲大会（第六季）	江苏卫视	0.65

注：常态综艺栏目排名，不包含单天或短期播出的晚会、特别节目等。

总台综艺类节目收视率前10名

排名	节目名称	播出频道	收视率（%）
1	开门大吉	CCTV-3综艺频道	0.80

续表

排名	节目名称	播出频道	收视率（%）
2	金牌喜剧班	CCTV-3 综艺频道	0.79
3	越战越勇	CCTV-3 综艺频道	0.67
4	全国大学生党史知识竞答大会	CCTV-1 综合频道	0.56
5	喜上加喜	CCTV-3 综艺频道	0.56
6	中国诗词大会（第六季）	CCTV-1 综合频道	0.54
7	星光大道	CCTV-3 综艺频道	0.52
8	故事里的中国	CCTV-1 综合频道	0.51
9	朗读者	CCTV-1 综合频道	0.51
10	我要上春晚 2020	CCTV-3 综艺频道	0.45

（九）上星频道电视剧收视率排名前 20 中，总台电视剧占 14 部

2021年，电视剧依然是观众收看最多的节目类型之一，全国观众收看电视剧的时间占收视总时间的1/3。

2021年，总台电视剧在全国电视剧市场中的份额大幅增长，在垂直市场中占有份额为26%，与2019年、2020年的份额持平。

2021年，在全国上星频道收视率排名前20的电视剧中，总台播出的电视剧占14部。CCTV-8电视剧频道播出的《妈妈在等你》（1.32%）、CCTV-1综合频道播出的《跨过鸭绿江》（1.30%）和CCTV-8电视剧频道播出的《亲爱的孩子们》（1.27%）排名前三位。

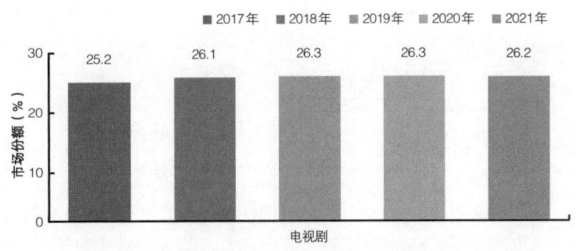

2017—2021年总台在全国电视剧市场的份额变化情况图
（单位：%）

上星频道电视剧收视率前 20 名

排名	节目名称	播出频道	收视率（%）
1	妈妈在等你	CCTV-8 电视剧频道	1.32
2	跨过鸭绿江	CCTV-1 综合频道	1.30
3	亲爱的孩子们	CCTV-8 电视剧频道	1.27
4	大决战	CCTV-1 综合频道	1.23
5	对手	CCTV-8 电视剧频道	1.10
5	小敏家	湖南卫视	1.10
7	铁道风云	CCTV-8 电视剧频道	1.03
7	夺金	CCTV-8 电视剧频道	1.03
9	我和我的三个姐姐	CCTV-8 电视剧频道	1.01
10	风起霓裳	湖南卫视	0.99
11	霞光	CCTV-8 电视剧频道	0.97
12	红旗渠	CCTV-1 综合频道	0.95
13	代号山豹	CCTV-8 电视剧频道	0.93
14	叛逆者	CCTV-8 电视剧频道	0.92
15	不惑之旅	浙江卫视	0.91

续表

排名	节目名称	播出频道	收视率（%）
16	跨过鸭绿江	CCTV-8 电视剧频道	0.88
16	突围	上海东方卫视	0.88
18	香山叶正红	CCTV-1 综合频道	0.88
19	江山如此多娇	湖南卫视	0.87
19	陪你一起长大	湖南卫视	0.87

（十）专题节目市场优势明显，集中报道尽显传播优势

2021年，总台专题节目在全国专题节目市场的收视份额超过60%，与2020年基本持平。在庆祝建党百年、重温党史、脱贫攻坚、乡村振兴、圆中国航天梦等各类主题的宣传报道中，总台专题节目传播优势尽显。

多档弘扬主旋律的专题节目进入收视率排名前20，CCTV-1综合频道和CCTV-13新闻频道播出的《情满雪域高原——记习近平总书记西藏之行》，并机收视率为1.20%，是收视最高的专题类节目。CCTV-1综合频道播出的《正风反腐就在身边》，收视率为1.08%，青年电视公开课《党课开讲啦》收视率达0.87%，收视分列第二、三位。

总台专题类节目收视率前20名

排名	节目名称	播出频道	收视率（%）
1	情满雪域高原——记习近平总书记西藏之行	CCTV-1综合频道/CCTV-13新闻频道并机	1.20
2	正风反腐就在身边	CCTV-1综合频道	1.08
3	党课开讲啦	CCTV-1综合频道	0.87

续表

排名	节目名称	播出频道	收视率（%）
4	感动中国 2020年度人物颁奖盛典	CCTV-1综合频道	0.83
5	榜样6 建党100周年特别节目	CCTV-1综合频道	0.74
6	护航之道 总体国家安全观纵横	CCTV-1综合频道	0.71
7	圆梦中国德耀中华 第八届全国道德模范颁奖仪式	CCTV-1综合频道	0.69
8	我们的决战 大决战幕后纪实	CCTV-1综合频道	0.67
9	敢教日月换新天	CCTV-1综合频道	0.62
10	中国共产党历史展览馆建设纪实	CCTV-1综合频道	0.57
11	科学战"疫"	CCTV-1综合频道	0.56
12	暗流涌动	CCTV-4中文国际频道	0.55
13	致敬扫黑英雄	CCTV-1综合频道	0.54
13	山河岁月 1921—2021	CCTV-1综合频道	0.54
13	好记者讲好故事 2021中国记者节特别节目	CCTV-1综合频道	0.54
16	新的启航	CCTV-1综合频道	0.53
16	人民的小康	CCTV-1综合频道	0.53
18	中国考古大会	CCTV-1综合频道	0.51
19	非凡的领航	CCTV-13新闻频道/CCTV-4中文国际频道	0.5
20	2021 一年又一年	CCTV-1综合频道/CCTV-13新闻频道	0.49

（十一）总台在体育赛事传播市场占主导地位，CCTV-5体育频道收视份额持续提升

2021年，东京奥运会及其他大型体育赛事的顺利举行，让体育节目市场的收视出现整体回暖。

2021年，CCTV-5体育频道日均观众规模为6130万人，与2020年基本持平，全年收视份额为1.68%，较2020年提升81%；在全国体育节目市场的份额达84%，比2020年增加近10个百分点。

2021年体育赛事节目收视率前20名

排名	节目名称	播出频道	收视率（%）
1	32届奥运会男子100米决赛	CCTV-5体育频道	3.55
2	32届奥运会田径女子4×100米接力决赛	CCTV-5体育频道	3.40
3	32届奥运会田径女子1500米决赛	CCTV-5体育频道	3.25
4	32届奥运会乒乓球男团决赛	CCTV-5体育频道	3.16
5	32届奥运会乒乓球女团决赛	CCTV-5体育频道	3.10
6	32届奥运会乒乓球女单决赛	CCTV-5体育频道	3.06
6	32届奥运会田径男子4×100米接力决赛	CCTV-5体育频道	3.06
8	32届奥运会田径女子标枪决赛	CCTV-5体育频道	3.00
9	32届奥运会乒乓球男单决赛	CCTV-5体育频道	2.99
10	32届奥运会女子100米决赛	CCTV-5体育频道	2.73
11	32届奥运会男子跳高决赛	CCTV-5体育频道	2.54
12	32届奥运会男子撑竿跳高决赛	CCTV-5体育频道	2.53
13	实况录像：32届奥运会举重男子81公斤级决赛挺举	CCTV-5体育频道	2.51
14	32届奥运会女子链球决赛	CCTV-5体育频道	2.46
14	32届奥运会4×400米混合接力决赛	CCTV-5体育频道	2.46
16	32届奥运会田径女子4×400米接力决赛	CCTV-5体育频道	2.40
17	32届奥运会女排小组赛第4轮	CCTV-5体育频道	2.34
18	32届奥运会男子铁饼决赛	CCTV-5体育频道	2.28
19	实况录像：32届奥运会举重男子81公斤级决赛抓举	CCTV-5体育频道	2.25
20	32届奥运会男子100米预赛	CCTV-5体育频道	2.13

（十二）总台各类别头部节目收视率汇总

2021年，总台在新闻/时事、电影、电视剧、专题、综艺、法制、青少等类型头部节目收视表现突出。

2021年总台各类别头部节目收视率汇总表

节目类型	节目名称	播出频道	首播收视率（%）	年度观众规模（亿人）
新闻/时事	新闻联播	CCTV-1综合频道	6.66	10.54
电影	少林寺	CCTV-6电影频道	2.10	0.62

续表

节目类型	节目名称	播出频道	首播收视率（%）	年度观众规模（亿人）
电视剧	妈妈在等你	CCTV-8电视剧频道	1.32	3.78
专题	情满雪域高原——记习近平总书记西藏之行	CCTV-1综合频道/CCTV-13新闻频道并机	1.20	0.26
综艺	开门大吉	CCTV-3综艺频道	0.80	6.29
法制	今日说法	CCTV-1综合频道	0.63	4.64
青少	开学第一课	CCTV-1综合频道	4.22	1.35
音乐	2021新年音乐会 扬帆远航大湾区	CCTV-1综合频道	0.60	1.51
体育赛事	32届奥运会男子100米决赛	CCTV-5体育频道	3.55	0.58
动画片	新大头儿子和小头爸爸·超能爸爸	CCTV-14少儿频道	0.44	0.16
生活服务	衣尚中国	CCTV-3综艺频道	0.30	1.47
财经	生财有道	CCTV-2财经频道	0.18	4.90
戏剧	宝贝亮相吧	CCTV-11戏曲频道	0.12	1.25
纪录片	极限动物宝宝大盘点	CCTV-9纪录频道	0.22	0.54

注：常态栏目排名首位，《新闻联播》使用全国上星频道的并机收视率。

2021年度中央广播电视总台广播收听调查综述

中央广播电视总台所属对内主要广播频率2021年总体收听情况，主要根据2021年中国广视索福瑞全国17座城市调查数据进行描述；重大报道及特别节目收听情况，主要采用北京、上海、深圳的CSM测量仪数据，以及总台新媒体平台和全网传播数据；受调查范围所限，仅对有CSM广播收听调查城市覆盖的12个频率收听情况作单独描述。其中，中国之声、环球资讯广播、经济之声、音乐之声、中国交通广播等全国多地覆盖的频率采用其在CSM全国17座城市的整体收听数据和在北京等重点城市的收听数据；其他单一城市覆盖或区域覆盖的频率，采用其覆盖地或重点覆盖地的收听数据。此外，总体收听情况还采用了总台互联网音频平台云听客户端的数据，借以观察总台对内主要广播频率在互联网音频平台的收听效果。

一、总体收听情况

2021年，总台对内主要广播频率在CSM全国17座城市的听众规模为3 660.1万人，同比2020年基本持平，微降0.92%；日均听众规模为607.2万人，同比下降9.03%；人均收听时长为49分钟，同比提升8.89%。

2021年，总台对内主要广播频率在云听客户端的收听总量累计达6.41亿人次。其中，中国之声收听总量达1.54亿次，在云听客户端收录的全国1003个广播频率中排名第一；经济之声收听总量达1.03亿次，在所收录的全国38个财经类广播频率中排名第一；环球资讯广播以5 829.55万人次的收听总量，在所收录的全国104个新闻类广播频率中排名第二；中国交通广播以3 759.14万人次的收听总量，在所收录的全国127个交通类广播频率中排名第一；音乐之声以2 487.46万人次的收听总量，在所收录的全国66个音乐类广播频率中排名第一。重点对象性广播频率中，台海之声收听总人次达3284万，香港之声收听总人次达1736万，维吾尔语广播收听总人次达1707万，哈萨克语广播收听总人次达1417万，民族之声收听总人次达1238万，藏语广播收听总人次达1085万，中国乡村之声收听总人次达1562万。

二、重大报道及特别节目收听情况

（一）集中推出扛鼎力作，庆祝中国共产党百年华诞

2021年，总台对内主要广播频率围绕"建党百年"主题，发挥声音特色，运用全媒体手段，圆满完成多场重大直播，精心策划推出大量专题专栏，唱响共庆百年华诞、共创历史伟业的昂扬主旋律。

2021年7月1日上午，庆祝中国共产党成立100周年大会在北京天安门广场隆重举行。总台多套广播频率并机直播庆祝大会，当晚同步转播庆祝建党百年文艺演出《伟大征程》。中国之声、环球资讯广播等频率分别推出《百年华诞　领航扬帆》《世纪礼赞》等贯穿全天的特别直播，深度解读总书记讲话，全景式展现国内外对中国共产党的赞誉与祝福。当天，相关报道在北京、上海、深圳三地触达听众约370万人。

特别报道、特别策划不断掀起共庆百年华诞宣传热潮。中国之声推出365集特别报道《中国共产党百年瞬间》，节目全网总点击量超过20亿人次。中国之声特别策划《红色印记——百件革命文物的声音档案》在央视新闻客户端点击量超过1000万人次，微博话题阅读量超过1亿人次，全网点击量超过8亿人次。环球资讯广播推出《中国共产党对外交往100个故事》《跨越百年的记录——多国媒体聚焦中国共产党领导下的光辉之路》《百年风云对话》等融媒体报道，展现百年大党在国际舞台的风采。7月是重点宣传期，中国之声在北京市场广播端的收听份额为9.34%，同比涨幅为11.58%；环球资讯广播收听份额为4.3%，同比涨幅为17.91%。

音频特色精品力作配合主题报道，与受众共鸣共情。音乐之声以中国共产党百年红色精神谱系为主线，打造融媒体节目《颂歌》，节目全网累计受众触达量达1.3亿人次。中国之声推出广播剧《到延安去》和《大凉山》，诠释共产党人矢志不渝的初心使命，全网累计受众触达量超过5700万人次。经济之声集结"最美声音"推出《百年回响——红色经典名篇诵读》，仅在北京、上海两地的广播端收听人次已达462.47万。文艺之声、阅读之声特别策划《追寻——红色家书背后的故事》，以家书为媒，诠释共产党人的初心使命与家国情怀，节目全网播放量超过3400万人次。

（二）创新时政报道，传播时代最强音

总台对内主要广播频率精心打造头条工

程,做好领袖宣传。中国之声围绕总书记考察,推出《潮头观澜》《鉴往知来》等专栏,多篇报道在"学习强国"平台阅读量超过1000万人次。环球资讯广播打造《春风习习》融媒体专栏,《习近平外交思想》《人民领袖的人民情怀》等年度主题深度报道,受到社会各界赞誉。

2021年全国两会期间,总台多套广播频率对多场重要议程、重要活动进行并机直播。其中,总台对内主要广播频率对全国政协和全国人大开闭幕会、李克强总理答中外记者提问等9场重要会议和新闻发布会进行的现场直播,在北京、上海、深圳广播端听众累计触达近300万人次。

此外,中国之声推出《习近平两会时刻》《习声回响》《为了总书记的嘱托》《央广会客厅》《两会你我他》《两会锐地带》《代表》等特色节目。两会期间,中国之声在北京整体收听率为0.39%,同比涨幅为16.72%。其中,《两会锐地带》以巧妙的构思和活泼的表达方式备受青年群体喜爱,节目在北京市场广播端收听率为0.49%,同比2020年涨幅为42.11%。经济之声在两会期间继续推出高端访谈《企业家说》,访谈企业家代表委员,节目在北京市场广播端收听率为0.23%,同比2020年涨幅为37.06%。

(三)文艺精品弘扬优秀传统文化,讲好新时代中国故事

总台对内主要广播频率在除夕继续推出特别节目《中国声音中国年》。节目以家国情怀、声音记忆、新春祝福为主线,为听众奉上极具广播特色、年味十足的年度"声音大餐"。2021年2月11日(除夕)12时至18时30分,《中国声音中国年》在总台多套广播频率并机播出,并在云听、央视频、央视影音等客户端,央广网、中国之声微博和抖音号等多平台同步进行视频直播。该节目在广播端总触达人次达1633万;"中国声音中国年"微博话题阅读人次达1.2亿,视频直播观看人次超过450万,相关报道点播回放超过2亿人次,在总台跨媒体平台总触达人次达4323万。

此外,总台对内主要广播频率结合中国优秀传统文化,深耕节日主题,以文艺精品传递文化自信。音乐之声年度重点策划《二十四节气歌》,用音乐诠释传统文化内涵;中秋佳节融媒体直播《乐·圆》,共话国风文化;《国风新音乐》致力于弘扬优秀国风音乐文化,节目收听率和收听份额在北京市场环比涨幅分别为28.57%和44.69%,在新媒体平台累计触达人次达1000万;流行音乐文化年度盘点节目《乐!2021》的收听率和收听份额在北京市场环比涨幅分别为8.90%和20.53%,在上海市场环比涨幅分别为142.31%和150.75%。

三、部分频率收听情况

(一)中国之声

中国之声在全国17座城市的听众规模为3 071.1万人,日均听众规模为292.8万人,人均每日收听时长为52分钟。

在北京市场,中国之声的收听份额和收听率分别为8.66%和0.4%,收听份额排名第4;日均听众规模为47.18万人,人均每日收听时长为57.61分钟。

在上海市场,中国之声的收听份额和收听率分别为3.14%和0.14%,收听份额排名第7;日均听众规模为58.07万人,人均每日收听时长为31.29分钟。

在深圳市场，中国之声的收听份额和收听率分别为5.06%和0.13%，收听份额排名第5；日均听众规模为30.07万人，人均每日收听时长为33.79分钟。

在北京、上海和深圳，中国之声以男性听众为主，占比69.9%；35—44岁和65岁及以上听众是收听主力，分别占比27.9%和22.2%；大专、大学本科及以上学历听众占比共计51.59%；月收入3001—5000元和5001—10 000元的听众占比较高，分别为39.82%和37.83%；职业主要集中于单位员工，占比55.21%。

收听时长为41.1分钟。

在深圳市场，环球资讯广播的收听份额和收听率分别为2.14%和0.05%，收听份额排名第7；日均听众规模为9.35万人，人均每日收听时长为45.86分钟。

在北京和深圳，环球资讯广播男性听众占比超过60%；年龄集中在65岁及以上和35—44岁；大专、大学本科及以上学历听众占比共计35.99%；超过40%听众月收入3001—5000元，30%听众月收入5001—10 000元；单位员工和退休人群是收听主力，分别占比44.74%和36.17%。

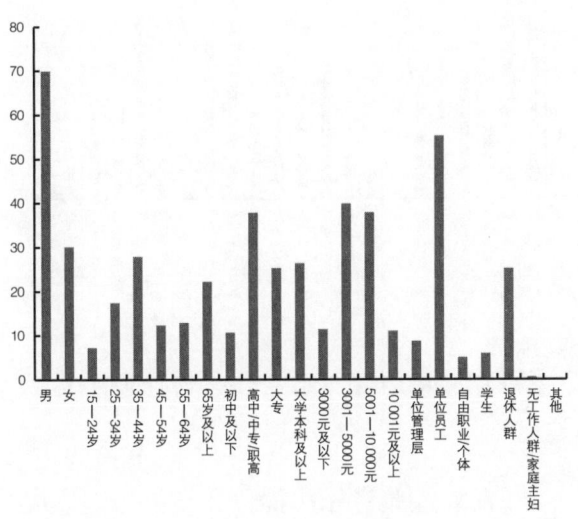

中国之声2021年在北京、上海、深圳的听众构成示意图
（单位：%）

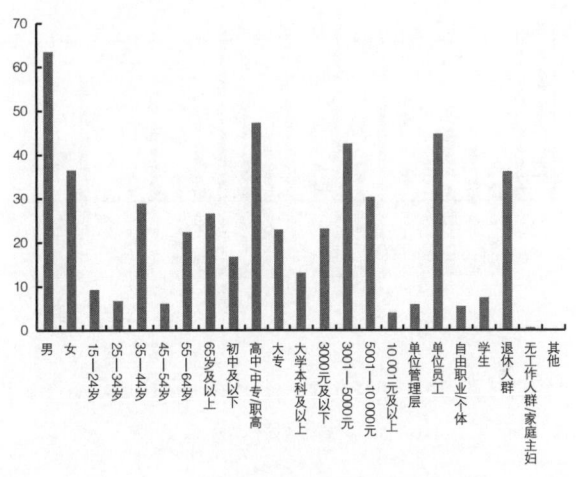

环球资讯广播2021年在北京、深圳的听众构成示意图
（单位：%）

（二）环球资讯广播

环球资讯广播在全国17座城市的听众规模为846.5万人，日均听众规模为41.6万人，人均每日收听时长为42分钟。

在北京市场，环球资讯广播的收听份额和收听率分别为3.45%和0.16%，收听份额排名第7；日均听众规模为26.36万人，人均每日

（三）经济之声

经济之声在全国17座城市的听众规模为2 634.7万人，日均听众规模为145.9万人，人均每日收听时长为33分钟。

在北京市场，经济之声的收听份额和收听率分别为3.88%和0.18%，收听份额排名第6；日均听众规模为25.18万人，人均每日收听时长为48.34分钟。

在上海市场，经济之声的收听份额和收听率分别为1.41%和0.06%，收听份额排名第8；日均听众规模为38.04万人，人均每日收听时长为21.43分钟。

在北京和上海，经济之声以男性听众为主，占比59.73%；35岁及以上各年龄段听众均衡分布；大专、大学本科及以上学历听众占比共计47.67%；听众月收入集中在5001—10 000元，占比约40.2%；50%的听众为单位员工，30%听众为退休人群。

在深圳市场，音乐之声的收听份额和收听率分别为0.99%和0.03%，收听份额排名第11；日均听众规模为6.32万人，人均每日收听时长为31.61分钟。

在北京、上海和深圳，音乐之声以女性听众为主，占比56.66%；25—34岁听众是收听主力，占比34.28%；大专、大学本科及以上学历听众占比共计54.79%；听众月收入集中在5001—10 000元，占比42.53%；单位员工是收听主力，占比55.93%。

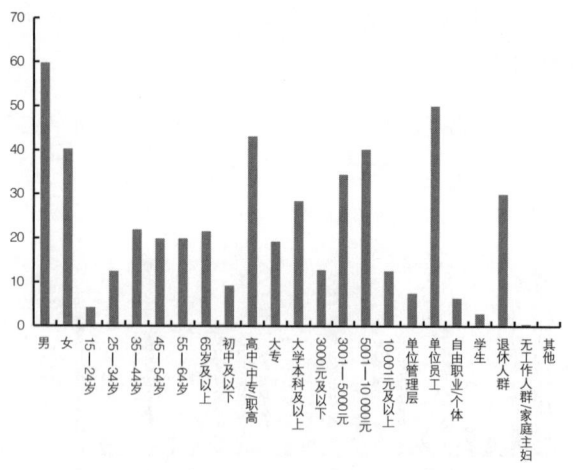

经济之声2021年在北京、上海的听众构成示意图（单位：%）

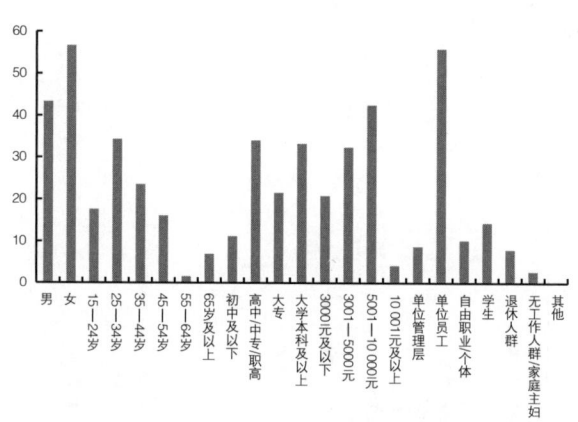

音乐之声2021年在北京、上海、深圳的听众构成示意图（单位：%）

（四）音乐之声

音乐之声在全国17座城市的听众规模为1 868.1万人，日均听众规模为70.1万人，人均每日收听时长为45分钟。

在北京市场，音乐之声的收听份额和收听率分别为3.18%和0.15%，收听份额排名第8；日均听众规模为17.09万人，人均每日收听时长为58.35分钟。

在上海市场，音乐之声的收听份额和收听率分别为0.67%和0.03%，收听份额排名第11；日均听众规模为14.44万人，人均每日收听时长为26.77分钟。

（五）经典音乐广播

在北京市场，经典音乐广播的收听份额和收听率分别为1.38%和0.06%，收听份额排名第11；日均听众规模为9.77万人，人均每日收听时长为44.26分钟。

经典音乐广播以男性听众为主，占比58.53%；15—24岁听众是收听主力，占比62.94%；大专、大学本科及以上学历听众占比共计60.74%，其中，大学本科及以上听众占比最高，达51.65%；超过60%听众月收入为3000元及以下；单位员工、学生、无工作人群/家庭主妇是收听主力，分别占比35.8%、28.88%和25.35%。

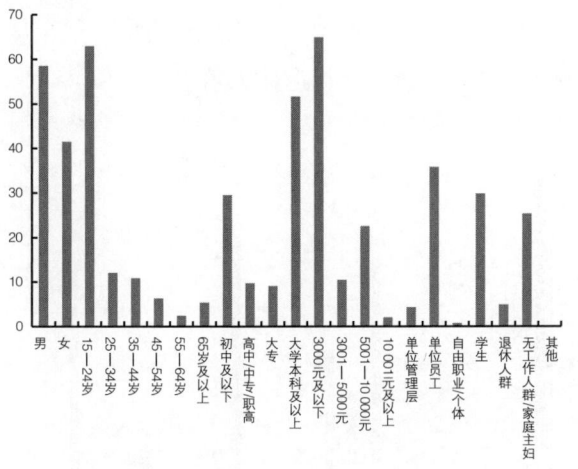

经典音乐广播2021年在北京的听众构成示意图（单位：%）

（六）文艺之声

在北京市场，文艺之声的收听份额和收听率分别为1.73%和0.08%，收听份额排名第9；日均听众规模为17.05万人，人均每日收听时长为31.9分钟。

文艺之声以男性听众为主，占比69.58%。25岁及以上各年龄层均衡分布。其中，65岁及以上听众占比相对较高，约为27.4%；高中/中专/职高学历听众占比较高，约为48.08%；超80%的听众月收入集中在3001—10 000元；职业以单位员工为主，占比59.79%；其次是退休人群，占比31.76%。

（七）阅读之声

在北京市场，阅读之声的收听份额和收听率分别为0.16%和0.01%，收听份额排名第19；日均听众规模为7.59万人，人均每日收听时长为6.66分钟。

阅读之声听众以女性为主，约占58.35%；45—54岁和65岁及以上听众是收听主力，分别占比35.07%和36.01%；超过60%的听众学历为高中/中专/职高；超过70%的听众月收入为3001—5000元；职业以单位员工和退休人群为主，分别占比42.92%和37.58%。

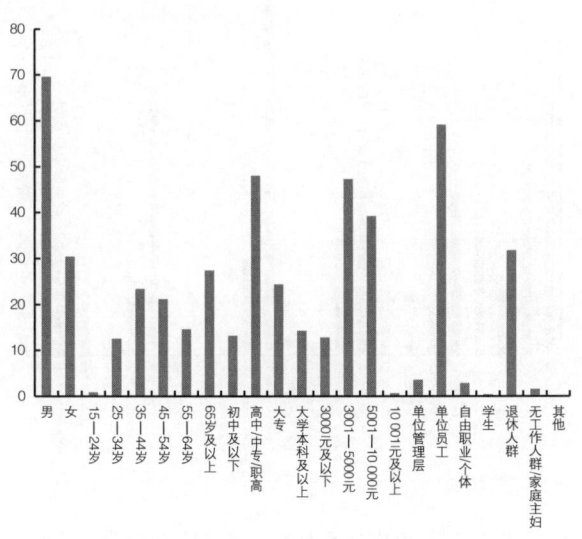

文艺之声2021年在北京的听众构成示意图（单位：%）

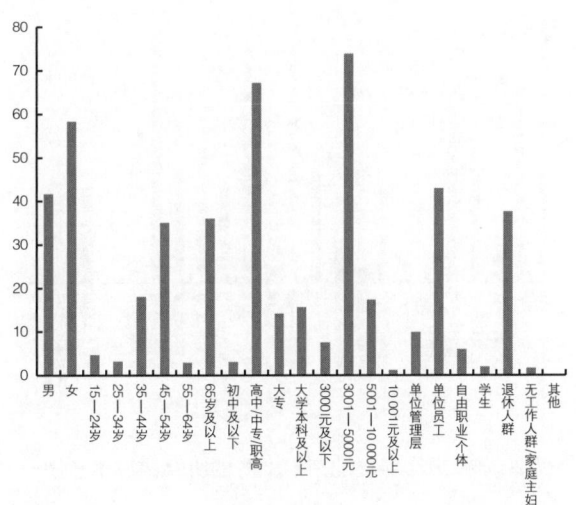

阅读之声2021年在北京的听众构成示意图（单位：%）

（八）劲曲调频

在北京市场，劲曲调频的收听份额和收

听率分别为0.93%和0.04%，收听份额排名第12；日均听众规模为7.8万人，人均每日收听时长为37.54分钟。

在上海市场，劲曲调频的收听份额和收听率分别为0.68%和0.03%，收听份额排名第12；日均听众规模为10.97万人，人均每日收听时长为35.19分钟。

在北京和上海，劲曲调频男性听众占比较高，约为55.93%；25—44岁听众为收听主力，占比共计65.26%；大专、大学本科及以上学历听众占比共计为87.94%，其中大学本科及以上学历占比62.72%；3000元以上各收入阶层听众均有广泛分布，其中10 001元及以上高收入群体占比27.61%；单位员工为收听主力，占比50.2%；单位管理层占比也相对较高，达到23.3%。

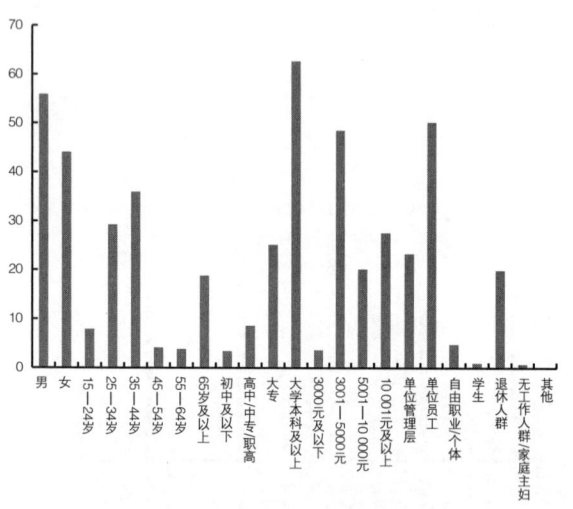

劲曲调频2021年在北京、上海的听众构成示意图
（单位：%）

（九）老年之声

在北京市场，老年之声的收听份额和收听率分别为0.44%和0.02%，收听份额排名第16；日均听众规模为2.84万人，人均每日收听时长为48.96分钟。

老年之声听众主要集中在男性，65岁及以上，高中/中专/职高及以下学历，个人月收入3001—5000元，退休人群。

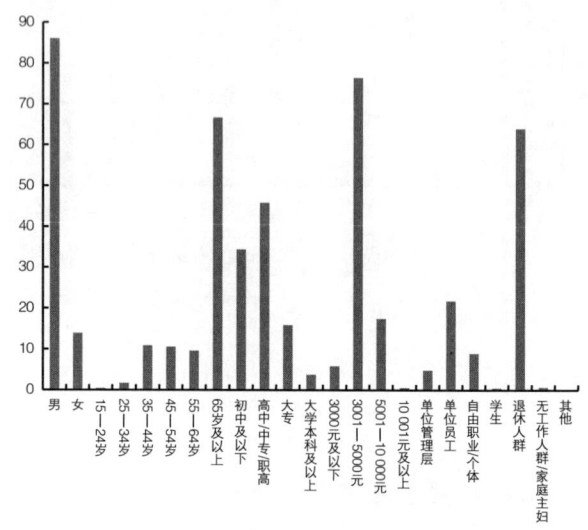

老年之声2021年在北京的听众构成示意图
（单位：%）

（十）维吾尔语广播

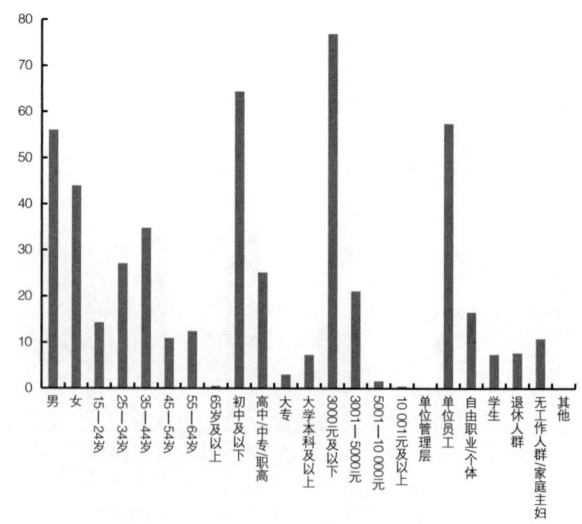

维吾尔语广播2021年在乌鲁木齐的听众构成示意图
（单位：%）

在乌鲁木齐市场，总台维吾尔语广播的收听份额和收听率分别为1.84%和0.09%，收听份额排名第12；日均听众规模为3.44万人，人均每日收听时长为99.64分钟。

总台维吾尔语广播男性听众占比较高，约为56.01%；25—44岁听众是收听主力，占比共计61.89%；初中及以下学历占比最高，约为64.44%；月收入集中在3000元及以下，占比76.92%；职业以单位员工为主，占比57.46%。

（十一）粤港澳大湾区之声

在深圳市场，粤港澳大湾区之声的收听份额和收听率分别为0.2%和0.01%，收听份额排名第18；日均听众规模为3.16万人，人均每日收听时长为12.67分钟。

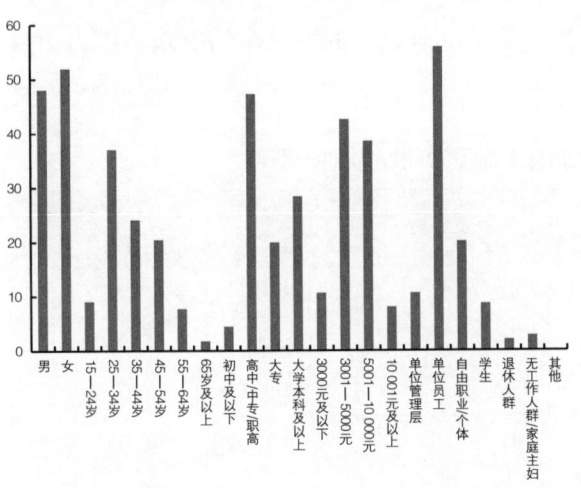

粤港澳大湾区之声2021年在深圳的听众构成示意图
（单位：%）

在深圳，粤港澳大湾区之声男女听众比例较为均衡，女性占比略高；25—54岁听众是收听主力，合计占比超过80%，其中25—34岁听众占比最高，约占36.99%；学历以高中/中专/职高为主，占比47.25%；3001—10 000元月收入听众占比超过80%；单位员工占比最高，约为55.84%，自由职业/个体占比相对较高，约为20.13%。

（十二）中国交通广播

中国交通广播在全国17座城市的听众规模为1 857.8万人，日均听众规模为48.6万人，人均每日收听时长为29分钟。

在北京市场，中国交通广播的收听份额和收听率分别为1.46%和0.07%，收听份额排名第10；日均听众规模为10.15万人，人均每日收听时长为45.28分钟。

在北京，中国交通广播以男性听众为主，占比62.36%；25岁以上各年龄层分布较为均衡，其中25—44岁听众占比较高，共计47.55%；超50%的听众学历为高中/中专/职高；月收入10 000元以下收入群体均衡分布；单位员工是收听主力，占比47.66%。

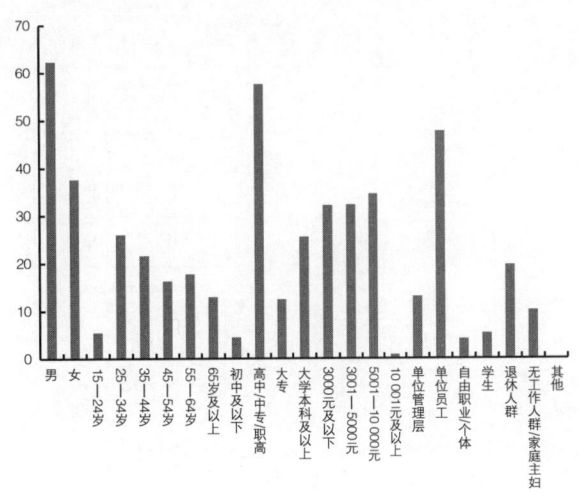

中国交通广播2021年在北京的听众构成示意图
（单位：%）

2021年度中央广播电视总台海外重点国家收视收听分析报告

2021年度中央广播电视总台在海外重点国家收视收听分析报告,主要包含总台在海外重点国家的综合收视表现和综合收听表现。其中,收视部分主要反映CGTN英语新闻频道、西班牙语频道、阿拉伯语频道、俄语频道、纪录频道(国际版)在10个国家的收视效果;收听部分主要反映总台国际广播在5个国家的收听效果。调查方法主要根据国际通用的收视(听)数据标准指标,通过当地国权威的第三方收视率调查机构或者媒介研究公司,运用专业的收视(听)率调查方法提供监测数据。同时,与国际一流媒体进行对比,为总台国际传播能力建设效果评估提供可量化、可对比、可分析的基础数据支撑。

一、总台海外重点国家收视收听整体表现

2021年,总台海外收视方面,CGTN英语新闻频道、CGTN-Documentary纪录频道、西班牙语频道、俄语频道和阿拉伯语频道在四个大洲、10个监测国家的整合平均观众规模为120.0万人。其中,CGTN英语新闻频道的整合平均观众规模为64.5万人,CGTN-Documentary纪录频道的整合平均观众规模为43.2万人,CGTN俄语频道平均观众规模为8.1万人,CGTN西班牙语频道平均观众规模为2.6万人,CGTN阿拉伯语频道平均观众规模为1.7万人。

2021年,总台海外收听方面,总台国际广播俄语、乌尔都语、土耳其语、菲律宾语和斯瓦希里语电台的整合平均听众规模为26.4万人。

2021年CGTN及总台国际广播在各国(地区)收视收听表现

国家(地区)		平均观众/听众规模(万人)	平均到达率(%)	收视/收听率(%)
CGTN英语新闻频道	马来西亚	7.52	0.330	0.00364
	菲律宾	0.53	0.024	0.00004
	尼日利亚	20.96	1.148	0.01397
	坦桑尼亚	7.91	1.070	0.01953
	乌干达	11.37	1.952	0.03664
	肯尼亚	15.14	1.912	0.03122
	美国五市	1.03	0.021	0.000041
CGTN-Documentary纪录频道	尼日利亚	13.95	0.764	0.00811
	坦桑尼亚	7.63	1.032	0.01069
	乌干达	7.94	1.363	0.01966
	肯尼亚	13.71	1.740	0.02118

续表

国家（地区）		平均观众/听众规模（万人）	平均到达率（%）	收视/收听率（%）
CGTN 俄语频道	俄罗斯	8.05	0.059	0.00026
CGTN 西班牙语频道	西班牙	2.58	0.057	0.00021
CGTN 阿拉伯语频道	沙特阿拉伯	1.71	0.093	0.00182
总台国际广播俄语电台	俄罗斯圣彼得堡	6.58	1.401	0.05473
总台国际广播乌尔都语电台	巴基斯坦二市	15.38	3.846	0.21097
总台国际广播土耳其语电台	土耳其	2.86	0.060	0.00600
总台国际广播菲律宾语电台	菲律宾大马尼拉地区	0.90	0.036	0.00200
总台国际广播斯瓦希里语电台	肯尼亚内罗毕	0.70	0.245	0.00521

二、总台国际电视收视表现

（一）CGTN 英语新闻频道收视情况

2021年，CGTN 英语新闻频道在7个国家的平均观众规模为64.5万人，在海外多国全年整体收视表现突出，在马来西亚、美国、肯尼亚等国具有较强竞争潜力。该频道在马来西亚的各项年度收视指标在对标他国国际新闻频道中跃居首位，竞争优势较2020年进一步扩大。其中，年度收视率涨幅超过50%，是英国广播公司世界新闻台的3倍、美国有线电视新闻网的1.7倍。9月至12月，频道在美国收视率同比提升显著；10月，达到年度峰值且超越对标频道英国广播公司世界新闻台。该频道在肯尼亚年度收视率较2020年增幅近20%，其中7月至9月收视率成倍增长，整点滚动播出的《今日世界》成为监测地区受众关注的高收视节目。

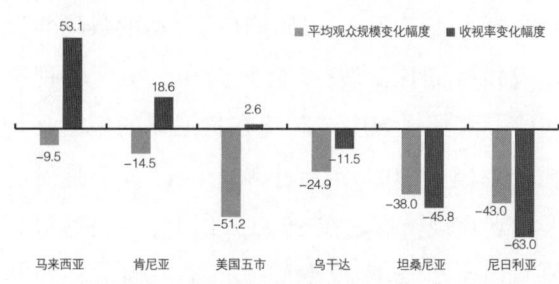

2020—2021年CGTN英语新闻频道6国平均观众规模及收视率环比变化幅度（%）

注：2020年12月起，菲律宾数据来源发生变更，即由凯度菲律宾公司变更为尼尔森菲律宾公司，暂不进行跨年度同比。

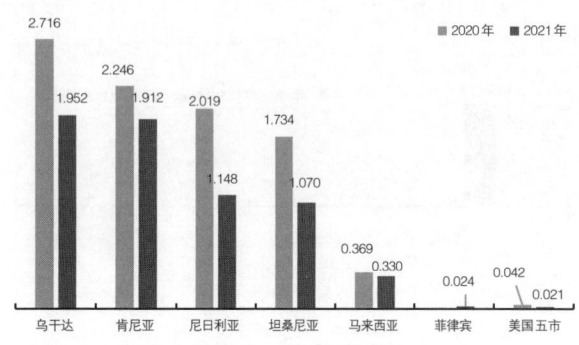

2020—2021年CGTN英语新闻频道7国平均到达率（%）

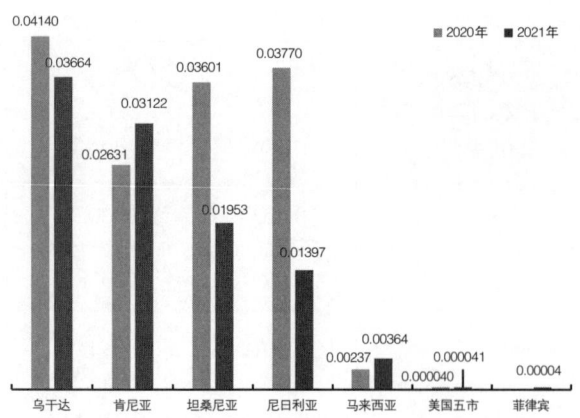

2020—2021年CGTN英语新闻频道七国收视率（%）

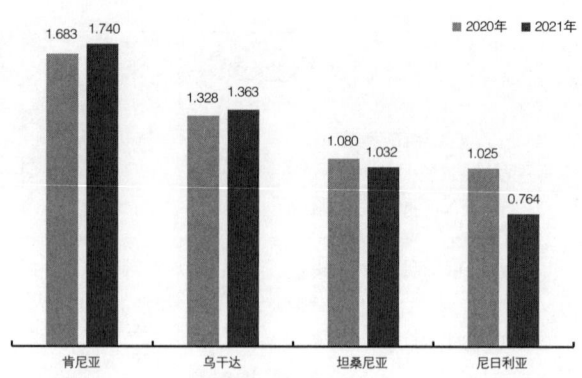

2020—2021年CGTN-Documentary纪录频道四国平均到达率（%）

（二）CGTN-Documentary纪录频道收视情况

2021年，CGTN-Documentary纪录频道在非洲四国全年收视效果稳中有升，整合平均观众规模为43.2万人。频道在乌干达的各项年度收视指标同比2020年全面提升，年度收视率同比上涨超过60%。频道在肯尼亚的年度平均观众规模较2020年有小幅上涨，多个月份的平均观众规模稳定在15万人以上，4月达最高值（18.5万），收视率同比持平。频道在坦桑尼亚的收视率整体有所提升，7月达到全年收视峰值；10月收视率同比增幅最为显著，提升了近1.2倍，到达率和平均观众规模较2020年略有下滑。该频道在尼日利亚的各项收视数据同比均有所下降。

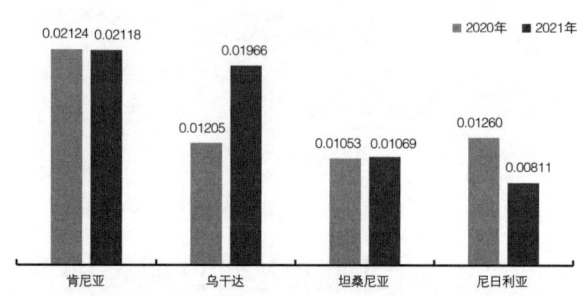

2020—2021年CGTN-Documentary纪录频道四国收视率（%）

（三）CGTN西班牙语频道收视情况

2021年，CGTN西班牙语频道在西班牙平均观众规模为2.6万人，与欧洲新闻电视台（Euronews）西班牙语频道总体接近，其中2月份各项收视数据超越欧洲新闻电视台西班牙语频道。该频道全年的收视高峰为当地时间16时至17时，西班牙观众对《影视看台》栏目较为关注。

（四）CGTN阿拉伯语频道收视情况

2021年7月至12月，CGTN阿拉伯语频道在沙特阿拉伯的平均观众规模为1.7万人，超过德国之声（DW）阿拉伯语频道和美国自由电视台（AlHurra TV）阿拉伯语频道。该频道下半年收视高峰时段为当地时间21时至22

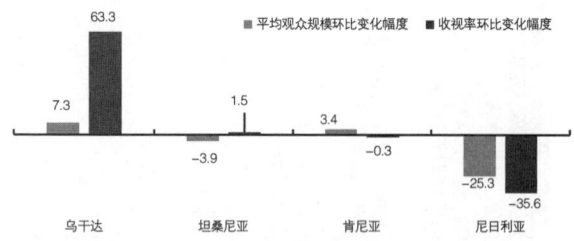

2020—2021年CGTN-Documentary纪录频道四国平均观众规模及收视率环比变化幅度（%）

时，中国讯息类节目颇受当地人关注。

（五）CGTN 俄语频道收视情况

2021年，CGTN 俄语频道在俄罗斯的平均观众规模为8.1万人，收视率为0.00026%，频道整体竞争力表现较为突出，平均观众规模、收视率、市场份额等各项年度收视指标均高于英国广播公司世界新闻台和法国国际电视台，年度收视率赶超今日俄罗斯电视台。频道收视高峰时段为当地时间10时至11时，《纪录片》《旅游指南》（俄语版）颇受俄罗斯受众欢迎。

三、总台国际广播收听表现

2021年，总台国际广播整体收听表现稳步提升，整合平均听众规模为26.4万人。其中，总台国际广播在肯尼亚、巴基斯坦的收听表现亮眼，斯瓦希里语电台的各项收听数据自监测以来稳步上升，超过英国广播公司国际广播电台（BBC Radio）等其他5个对标电台。总台乌尔都语电台的收听率也呈现逐月走高态势，各项收听指标超过对标电台巴基斯坦政府广播电台 Shalimar（FM 94.6）和 Suno（FM 89.4）。另外，总台国际广播在俄罗斯和菲律宾的收听率同比有一定提升。

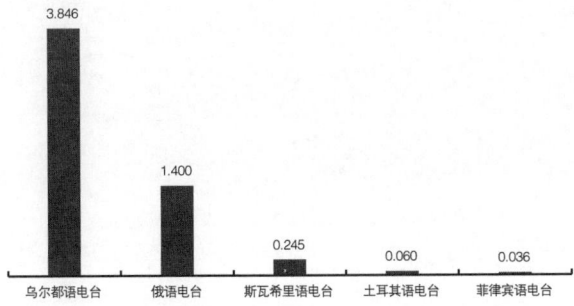

2021年总台国际广播5电台平均到达率（%）

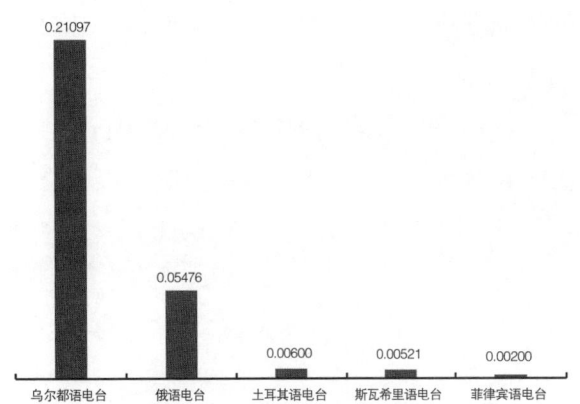

2021年总台国际广播5电台收听率（%）

（一）俄语电台 Radio Metro

2021年，总台俄语电台 Radio Metro（FM 102.4）在俄罗斯圣彼得堡的平均听众规模持续稳定在6万人以上。其中，第四季度的收听表现较为突出，收听率优于2020年同期。

（二）土耳其语电台 CRI Turk

2021年，总台土耳其语电台 CRI Turk 在土耳其的平均听众规模走势稳健，且在有同比监测数据的8月至11月，较2020年明显提升。

（三）乌尔都语电台 Dosti Channel

2021年，总台乌尔都语电台 Dosti Channel（FM 98.0 中巴友谊台）在巴基斯坦的平均到达率为3.846%，平均听众规模为15.4万人，收听率为0.21097%。第一季度的平均听众规模表现较好，全年峰值出现在1月，收听率分月走势呈现稳步提升态势，特别在8月至12月，收听率提升明显。

（四）菲律宾语电台 Q Radio

2021年，总台菲律宾语电台 Q Radio（FM 105.1）在菲律宾大马尼拉地区的收听指标呈波动上升趋势,其中第四季度有明显上升向好趋势。

(五)斯瓦希里语电台 CRI Nairobi

2021年7月至12月,总台斯瓦希里语电台 CRI Nairobi(FM 91.9)在肯尼亚内罗毕的收听表现稳步上升,各项收听数据均优于英国广播公司国际广播电台(FM 93.9)等对标电台。

报刊音像出版情况

一、报刊出版情况

2020—2021年中央广播电视总台出版报刊一览表

类　别	名　称	主管单位	主办单位
周报	中国电视报	中央广播电视总台	中央广播电视总台
月刊	电视研究	中央广播电视总台	中央广播电视总台
双月刊	国际传播	中央广播电视总台	中央广播电视总台
月刊	中国广播	中央广播电视总台	中央广播电视总台
月刊	现代电视技术	中央广播电视总台	中央广播电视总台

二、音像制品出版情况

2020年中国国际电视总公司音像制品出版一览表

出版物名称	制作单位	出版单位	出版时间	载体类型	盘数	时长（分钟）
2020中央广播电视总台春节联欢晚会	中央广播电视总台	中国国际电视总公司	2020.2	DVD	2	270×1
2020中央广播电视总台春节戏曲晚会	中央广播电视总台	中国国际电视总公司	2020.2	DVD	2	140×1
从长安到罗马（第一季）	中央广播电视总台	中国国际电视总公司	2020.5	DVD	5	5×50
远方的家——国家自然保护地	中央广播电视总台	中国国际电视总公司	2020.8	DVD	5	40×30
一同飞越 航拍中国·云南篇（第三季）	中央广播电视总台	中国国际电视总公司	2020.8	DVD	1	60×1
一同飞越 航拍中国·安徽篇（第三季）	中央广播电视总台	中国国际电视总公司	2020.8	DVD	1	60×1
一同飞越 航拍中国·贵州篇（第三季）	中央广播电视总台	中国国际电视总公司	2020.8	DVD	1	60×1

续表

出版物名称	制作单位	出版单位	出版时间	载体类型	盘数	时长（分钟）
一同飞越·航拍中国·山东篇（第三季）	中央广播电视总台	中国国际电视总公司	2020.8	DVD	1	60×1
航拍中国·天津篇（第三季）	中央广播电视总台	中国国际电视总公司	2020.8	DVD	1	60×1
航拍中国·山西篇（第三季）	中央广播电视总台	中国国际电视总公司	2020.8	DVD	1	60×1
航拍中国·吉林篇（第三季）	中央广播电视总台	中国国际电视总公司	2020.8	DVD	1	60×1
航拍中国·湖南篇（第三季）	中央广播电视总台	中国国际电视总公司	2020.8	DVD	1	60×1
航拍中国·河北篇（第三季）	中央广播电视总台	中国国际电视总公司	2020.8	DVD	1	60×1
航拍中国·宁夏篇（第三季）	中央广播电视总台	中国国际电视总公司	2020.8	DVD	1	60×1
中国诗词大会·人生自有诗意（第五季）	中央广播电视总台	中国国际电视总公司	2020.8	DVD	10	90×10
一堂好课	中央广播电视总台	中国国际电视总公司	2020.7	DVD	6	60×12
英雄儿女	中央广播电视总台	中国国际电视总公司	2020.10	DVD	6	50×6
抗美援朝　保家卫国	中央广播电视总台	中国国际电视总公司	2020.10	DVD	10	40×20
为了和平	中央广播电视总台	中国国际电视总公司	2020.10	DVD	6	50×6
英雄儿女——纪念中国人民志愿军抗美援朝出国作战70周年文艺晚会	中央广播电视总台	中国国际电视总公司	2020.10	DVD	2	130×1

2021年中国国际电视总公司音像制品出版一览表

出版物名称	制作单位	出版单位	出版时间	载体类型	集数（盘数）	时长（分钟）
智造美好生活	中央广播电视总台	中国国际电视总公司	2021.1	DVD	6（6）	300
2021中央广播电视总台春节联欢晚会	中央广播电视总台	中国国际电视总公司	2021.2	DVD	1（2）	270
2021中央广播电视总台春节戏曲晚会	中央广播电视总台	中国国际电视总公司	2021.2	DVD	1（2）	200
摆脱贫困	中央广播电视总台	中国国际电视总公司	2021.3	DVD	8（8）	400
平"语"近人——总书记喜欢的典故	中央广播电视总台	中国国际电视总公司	2021.3	DVD	12（12）	600
扫黑除恶——为了国泰民安	中央广播电视总台	中国国际电视总公司	2021.4	DVD	6（6）	300
飞向月球（第一季、第二季合集）	中央广播电视总台	中国国际电视总公司	2021.5	DVD	8（5）	400
中国诗词大会（第六季）	中央广播电视总台	中国国际电视总公司	2021.6	DVD	10（10）	900

续表

出版物名称	制作单位	出版单位	出版时间	载体类型	集数（盘数）	时长（分钟）
山河岁月（第一季）	中央广播电视总台	中国国际电视总公司	2021.6	DVD	22（6）	990
动力澎湃	中央广播电视总台	中国国际电视总公司	2021.6	DVD	6（6）	300
敢教日月换新天	中央广播电视总台	中国国际电视总公司	2021.7	DVD	24（12）	1200
人民的选择	中央广播电视总台	中国国际电视总公司	2021.8	DVD	20（10）	800
大决战	中央广播电视总台	中国国际电视总公司	2021.8	DVD	49（12）	2450
庆祝中国共产党成立100周年大会、"七一勋章"颁授仪式、文艺演出《伟大征程》	中央广播电视总台	中国国际电视总公司	2021.8	DVD	3（3）	300
全国大学生党史知识竞答大会	中央广播电视总台	中国国际电视总公司	2021.8	DVD	10（10）	900
绝笔	中央广播电视总台	中国国际电视总公司	2021.8	DVD	6（3）	270
人民的小康	中央广播电视总台	中国国际电视总公司	2021.8	DVD	5（5）	250
国家公园——野生动物王国	中央广播电视总台	中国国际电视总公司	2021.9	DVD	3（3）	150
山河岁月（第二季）	中央广播电视总台	中国国际电视总公司	2021.11	DVD	22（6）	550

2020年中国国际广播音像出版社音像制品出版一览表

出版物名称	制作单位	出版单位	出版时间	载体类型	时长（分钟）
云南·昭通原创歌曲专辑	合作	中国国际广播音像出版社	2020.1.14	CD	60
三张面孔	引进	中国国际广播音像出版社	2020.3.20	DVD	100
小鼠提比	引进	中国国际广播音像出版社	2020.2.28	DVD	546
亚历山大·麦昆：浮生如秀	引进	中国国际广播音像出版社	2020.3.20	DVD	111
不死鸟	引进	中国国际广播音像出版社	2020.9.8	DVD	98
阳光以西	引进	中国国际广播音像出版社	2020.3.20	DVD	78
陌生之地	引进	中国国际广播音像出版社	2020.3.20	DVD	111
骑士囧途	引进	中国国际广播音像出版社	2020.3.20	DVD	90
勇敢者	引进	中国国际广播音像出版社	2020.3.20	DVD	115
第二十二条军规	引进	中国国际广播音像出版社	2020.3.18	DVD	121
丛林特种战队火速救援（第一季、第二季）	引进	中国国际广播音像出版社	2020.5.31	DVD	1144
山西省原创歌曲优秀作品集	引进	中国国际广播音像出版社	2020.5.28	DVD	88
神童小语（第一季、第二季）	引进	中国国际广播音像出版社	2020.6.1	DVD	728

续表

出版物名称	制作单位	出版单位	出版时间	载体类型	时长（分钟）
江湖龙湖	引进	中国国际广播音像出版社	2020.5.31	DVD	124
山谷两日	引进	中国国际广播音像出版社	2020.5.31	DVD	105
好时光	引进	中国国际广播音像出版社	2020.5.31	DVD	101
森林小卫士罗布（第一季、第二季）	引进	中国国际广播音像出版社	2020.6.1	DVD	920
在这里终老	引进	中国国际广播音像出版社	2020.6.30	DVD	93
我们的母亲	引进	中国国际广播音像出版社	2020.6.30	DVD	77
情遇圣加仑	引进	中国国际广播音像出版社	2020.6.30	DVD	94
无可救药爱上你	引进	中国国际广播音像出版社	2020.6.30	DVD	100
奶奶小姐	引进	中国国际广播音像出版社	2020.6.30	DVD	113
又说山西好风光	合作	中国国际广播音像出版社	2020.12.12	DVD	56
中国当代青年作曲家——郭威钢琴作品精选专辑	合作	中国国际广播音像出版社	2020.10.31	CD	65
中国当代青年女中音歌唱家——吴春帆专辑	合作	中国国际广播音像出版社	2020.12.12	CD	138
吉祥花儿开——中国当代青年歌唱家项玉专辑	合作	中国国际广播音像出版社	2020.12.12	CD	72
陌生人	引进	中国国际广播音像出版社	2020.10.19	DVD	105
神圣车行	引进	中国国际广播音像出版社	2020.12.31	DVD	115
不要来打扰我	引进	中国国际广播音像出版社	2020.12.31	DVD	78
佩尔德利	引进	中国国际广播音像出版社	2020.12.31	DVD	99
春之樱：吟子和她的弟弟	引进	中国国际广播音像出版社	2020.10.19	DVD	126
铁蹄下的村庄	引进	中国国际广播音像出版社	2020.12.31	DVD	116
没有我的日子	引进	中国国际广播音像出版社	2020.12.31	DVD	106
小狗当家	引进	中国国际广播音像出版社	2020.12.31	DVD	86
大爱芬芳——中国当代作曲家申旭光创作歌曲专辑	合作	中国国际广播音像出版社	2020.12.12	CD	130
我的狗蚪蚪	引进	中国国际广播音像出版社	2020.12.31	DVD	95
孩子不坏	引进	中国国际广播音像出版社	2020.12.31	DVD	137
放映爱	引进	中国国际广播音像出版社	2020.12.31	DVD	91
死爱面子	引进	中国国际广播音像出版社	2020.12.31	DVD	93

续表

出版物名称	制作单位	出版单位	出版时间	载体类型	时长（分钟）
爱存在	引进	中国国际广播音像出版社	2020.12.31	DVD	81
蔷薇追杀令	引进	中国国际广播音像出版社	2020.12.31	DVD	72
左权民歌汇·中国新民歌创作征集获奖作品集	合作	中国国际广播音像出版社	2020.12.31	CD	122

2021年中国国际广播音像出版社音像制品出版一览表

出版物名称	制作单位	出版单位	出版时间	载体类型	集数（盘数）	时长（分钟）
如果男人	合作	中国国际广播音像出版社	2021.3.2	CD	1	48
如果男人	合作	中国国际广播音像出版社	2021.3.2	移动U盘	1	48
10件或更少	引进	中国国际广播音像出版社	2021.5.25	DVD	1	76
斯芬克斯之谜	引进	中国国际广播音像出版社	2021.5.25	DVD	1	92
美丽人生	引进	中国国际广播音像出版社	2021.3.26	DVD	1	116
穿条纹睡衣的男孩	引进	中国国际广播音像出版社	2021.3.26	DVD	1	95
皇后与瘦子	引进	中国国际广播音像出版社	2021.4.22	DVD	1	127
哈丽特	引进	中国国际广播音像出版社	2021.4.22	DVD	1	120
阿波罗11号	引进	中国国际广播音像出版社	2021.4.22	DVD	1	89
萨瓦河上	合作	中国国际广播音像出版社	2021.6.30	DVD	1	90
欧罗巴报告	引进	中国国际广播音像出版社	2021.9.14	DVD	1	90
神骑好兄弟	引进	中国国际广播音像出版社	2021.9.14	DVD	1	116
提托与鸟儿们	引进	中国国际广播音像出版社	2021.9.14	DVD	1	73
生日快乐	引进	中国国际广播音像出版社	2021.9.14	DVD	1	101
情留热那亚	引进	中国国际广播音像出版社	2021.8.31	DVD	1	94
艾玛	引进	中国国际广播音像出版社	2021.8.31	DVD	1	121
格林兄弟	引进	中国国际广播音像出版社	2021.8.31	DVD	1	118
法兰基，我的爱	引进	中国国际广播音像出版社	2021.8.31	DVD	1	105
亡命使徒	引进	中国国际广播音像出版社	2021.8.31	DVD	1	93
造房子的人	引进	中国国际广播音像出版社	2021.8.31	DVD	1	82
了不起的鳄鱼先生	引进	中国国际广播音像出版社	2021.8.31	DVD	1	88

续表

出版物名称	制作单位	出版单位	出版时间	载体类型	集数（盘数）	时长（分钟）
真相与正义	引进	中国国际广播音像出版社	2021.8.31	DVD	1	149
花滑女王	引进	中国国际广播音像出版社	2021.8.31	DVD	1	114
咫尺天涯	引进	中国国际广播音像出版社	2021.8.31	DVD	1	146
光之幻影	引进	中国国际广播音像出版社	2021.8.31	DVD	1	76
半血缘兄弟	引进	中国国际广播音像出版社	2021.8.3	DVD	1	94
姆明山谷（第一季）	引进	中国国际广播音像出版社	2021.8.31	DVD	1	286
玛丽·雪莱：科学怪人之母	引进	中国国际广播音像出版社	2021.8.31	DVD	1	120
冰之王者	引进	中国国际广播音像出版社	2021.8.31	DVD	1	80
事物的状态	引进	中国国际广播音像出版社	2021.8.31	DVD	1	113
心中歌献给党	合作	中国国际广播音像出版社	2021.9.30	CD	1	62
2颗心	引进	中国国际广播音像出版社	2021.9.30	DVD	1	98
目标一号	引进	中国国际广播音像出版社	2021.9.30	DVD	1	113
丛林特种战队火速救援（第三季）	引进	中国国际广播音像出版社	2021.10.26	DVD	1	572

获奖与表彰

2020 年获奖与表彰

作品奖

第三十届中国新闻奖总台获奖名单

类别	奖项等级	作品名称	播出频道/频率	刊播时间
电视新闻专题	特别奖	我们走在大路上	央视综合频道	2019年9月16日—27日
页（界）面设计	特别奖	走向伟大复兴	央视网	2019年9月27日
新闻名专栏	一等奖	新闻联播	央视综合频道、央视新闻频道	创办于1978年1月1日
新闻名专栏	一等奖	新闻晚高峰	央广中国之声	创办于2009年12月26日
电视消息	一等奖	习近平出席庆祝人民海军成立70周年海上阅兵活动	央视综合频道	2019年4月23日
电视访谈	一等奖	任正非：时下的华为	央视新闻频道	2019年1月20日
电视直播	一等奖	庆祝中华人民共和国成立70周年大会、阅兵式、群众游行特别报道	央视新闻频道	2019年10月1日
广播专题	一等奖	神秘"曹园"	央广中国之声	2019年3月19日—28日
广播访谈	一等奖	生死雷场　青春英雄	央广中国之声	2019年5月20日
广播编排	一等奖	天下财经	央广经济之声	2019年10月24日
短视频现场新闻	一等奖	独家V观｜习近平看望"快递小哥"	央视新闻客户端	2019年2月1日
国际传播	一等奖	中国新疆　反恐前沿（英文）	CGTN英语新闻频道	2019年12月5日
国际传播	一等奖	新中国成立70周年庆典隆重举行　习近平强调　没有任何力量能够阻挡中国前进的步伐（俄文）	国广俄语广播	2019年10月1日

续表

类别	奖项等级	作品名称	播出频道/频率	刊播时间
电视专题	二等奖	红色通缉	央视综合频道	2019年1月10日—14日
广播消息	二等奖	山东能源肥矿集团梁宝寺能源公司"11·19"火灾事故11名矿工安全升井	央广中国之声	2019年11月21日
短视频专题报道	二等奖	AI剪辑大阅兵	央视新闻客户端	2019年10月1日
融合创新	二等奖	主播说联播	央视新闻客户端	2019年7月29日—12月31日
国际传播	二等奖	点到为止：中国不会接受不平等条约（英文）	CGTN客户端	2019年5月30日
电视消息	三等奖	香港暴力升级现场追踪报道（英文）	CGTN英语新闻频道	2019年9月1日
广播专题	三等奖	共和国记忆	央广中国之声	2019年10月28日—11月1日
广播访谈	三等奖	美国贫富差距创新高，资本主义面临深层危机（英文）	华盛顿AM1190 纽约AM930	2019年9月20日
短视频专题报道	三等奖	全国两会·刷新2019——"点击、刷新"的隐藏功能	央广网	2019年3月1日
国际传播	三等奖	"一路有你"摄影作品征集与展示	国际在线中文网	2019年2月28日

2017—2018年度中国广播电视大奖广播电视节目奖总台获奖名单

电视节目大奖（11件）

作品题目	创作单位	作者
消息类（2件）		
中国首次成功试航北极西北航道	中央广播电视总台（央视）	集体
习近平在出席南海海域海上阅兵时强调 深入贯彻新时代党的强军思想 把人民海军全面建成世界一流海军	中央广播电视总台（央视）	集体
评论类（2件）		
十九大观察（2017年10月18日）	中央广播电视总台（央视）	集体
这医院 有连环套	中央广播电视总台（央视）	车 黎 阮红宇 席 鸣 张予北
专题类（3件）		
将改革进行到底	中央广播电视总台（央视）	集体
我们一起走过——致敬改革开放40周年	中央广播电视总台（央视）	集体

作品题目	创作单位	作者
创新中国	中央广播电视总台（央视）	史　岩　刘　颖　徐　欢　史　慧 胡　博　吴小满　何　青　王　路
现场直播类（1件）		
港珠澳大桥通车特别节目	中央广播电视总台（央视）	集体
栏目类（1件）		
新闻联播	中央广播电视总台（央视）	集体
对外传播类（2件）		
最后的溜索出山路	中央广播电视总台（央视）	沈小蒙　陶　源　罗才文
医道无界	中央广播电视总台（央视）	李欣雁　周晓岚　贺亚莉　赵　斌 欧阳群　姜　黎　崔建平　张俊山 崔　狄

第三十届中国人大新闻奖总台获奖名单

类别	奖项等级	作品名称	播出频道/频率	刊播时间
电视现场直播	特别奖	全国人大常委会关于十三届全国人大三次会议召开时间的决定获得通过	央视新闻频道	2020年4月29日
广播消息	一等奖	全国人大上海虹桥基层立法联系点探索全过程民主	央广中国之声	2019年12月8日
广播消息	一等奖	全国人大常委会开展专题询问　聚焦中小企业发展痛点堵点	国广环球资讯广播	2019年6月28日
广播评论	一等奖	安邦定国　堵塞漏洞　全国人大为港制定国安法保障香港长期繁荣稳定	央广大湾区之声	2020年5月24日
广播专题	一等奖	两会进行时：新中国首部民法典诞生　为人类法治文明贡献中国智慧	国广华语环球广播	2020年5月27日
广播系列报道	一等奖	"世界看中国"两会系列报道	国广环球资讯广播	2020年5月18日—30日
电视消息	一等奖	习近平在出席解放军和武警部队代表团全体会议时强调　在疫情防控常态化前提下扎实推进军队各项工作　坚决实现国防和军队建设2020年目标任务	央视综合频道	2020年5月26日
电视消息	一等奖	高质量立法助推国家治理体系和治理能力现代化	央视新闻频道	2020年5月14日
电视专题	一等奖	防控　复工　依法有序	央视新闻频道	2020年3月14日
网络专题	一等奖	回应重大关切　依法履职尽责　在新时代国家治理中砥砺新作为	央视网	2019年12月30日

续表

类别	奖项等级	作品名称	播出频道/频率	刊播时间
新媒体	一等奖	村民都盖新房了吗？听听总书记"下团组"惦念的那些事儿	央广网	2020年5月19日
广播消息	二等奖	国家立法机关回应北京发生的杀医事件：对医务人员的侵害应予以严厉谴责和制裁	国广环球资讯广播	2019年12月28日
广播专题	二等奖	全国人大常委会出台决定，全面禁止非法野生动物交易、革除滥食野生动物陋习、切实保障人民群众生命健康安全	央广中国之声	2020年2月25日
广播专题	二等奖	申纪兰：为农民代言的初心不会变	央广中国之声	2019年9月19日
电视消息	二等奖	数据看变化　中国推进依法治国增进民生福祉	央视中文国际频道	2020年5月26日
电视系列报道	二等奖	香港民声	CGTN英语新闻频道	2020年5月25日—28日
电视系列报道	二等奖	人民的重托	CGTN英语新闻频道	2020年4月6日—5月28日
电视访谈	二等奖	推进全球抗疫合作　构建人类命运共同体	央视中文国际频道	2020年5月24日
网络评论	二等奖	香港绝不能成为国家安全的风险口	央视网	2020年5月22日
电视评论	三等奖	高空抛物，该有"法"治了	央视新闻频道	2019年8月23日
电视系列报道	三等奖	民法典：开启中国法治新时代	央视社会与法频道	2020年5月16日、23日、30日，2020年6月5日、13日
电视系列报道	三等奖	聚焦两会	央视国防军事频道	2020年5月22日—28日

第57届亚广联奖总台获奖名单

作品名称	奖项名称	获奖单位
三矿（纪录片）	电视类评委会特别奖	影视剧纪录片中心
我在武汉92天（广播特写）	广播类亚广联视野奖	新闻中心
中国新冠病毒疫苗全球率先进入二期临床试验（广播特写）	广播类新闻报道奖	军事节目中心
劲曲调频（HitFM）广播颁奖礼（HitFM Music Awards）（主持人：朱贺/Mike D）	广播主持人奖	文艺节目中心

第32届中国电视剧"飞天奖"总台获奖名单

作品名称	奖项名称	获奖单位
激情的岁月	优秀电视剧奖	影视剧纪录片中心

第 26 届电视文艺"星光奖"总台获奖名单

作品名称	奖项名称	获奖单位
中央广播电视总台春节联欢晚会（2018 年、2019 年）	特别奖	文艺节目中心
庆祝新中国成立七十周年特别节目——中国歌剧光荣绽放	特别奖	文艺节目中心
我们走在大路上	特别奖	社教节目中心
中国脱贫攻坚	特别奖	英语环球节目中心
国家宝藏（第一季）	优秀电视综艺节目奖	文艺节目中心
中国地名大会	优秀电视综艺节目奖	华语环球节目中心
经典咏流传	优秀电视文艺栏目奖	总编室
丝路传奇	优秀电视动画节目奖	中国国际电视总公司

第 30 届中国电视金鹰奖总台获奖名单

作品名称	奖项名称	获奖单位
亚洲文化嘉年华（综艺节目）	评委会特别推荐作品	文艺节目中心
同心战"疫"（纪录片）	评委会特别推荐作品	新闻中心
丝路传奇（动画片）	最佳电视动画片奖	中国国际电视总公司
故事里的中国（综艺节目）	最佳电视综艺节目奖提名	总编室
澳门人家（电视剧）	电视剧作品奖提名	中国电视剧制作中心有限责任公司
古墓派——海昏有遗梦（纪录片）	最佳电视纪录片奖提名	中央新闻纪录电影制片厂（集团）

第 26 届上海电视节"白玉兰奖"总台获奖名单

作品名称	奖项名称	获奖单位
热流	最佳纪录片	体育青少节目中心
故事里的中国	最佳电视综艺节目	总编室
我们走在大路上	组委会特别奖	社教节目中心

2020 年度中央广播电视总台优秀作品评选获奖（一等奖以上）名单

创新奖						
类别	作品类型	作品名称	播出频道/频率/发布平台	首发栏目	首发日期	获奖单位
新闻类	电视消息	成功了！珠峰高程测量登山队今天登顶	综合频道	晚间新闻	2020 年 5 月 27 日	新闻中心

续表

创新奖						
类别	作品类型	作品名称	播出频道/频率/发布平台	首发栏目	首发日期	获奖单位
国际传播类	电视新闻大型节目	直播：中国"奋斗者"号载人潜水器在挑战者深渊执行下潜任务（90集）	新闻频道、CGTN、中文国际频道等	朝闻天下/新闻直播间/THE WORLD TODAY/CHINA24	2020年11月10日	新闻中心
融媒体类	移动新媒体融合创新	央视频抗疫"云"系列——两神山慢直播、云守望大武汉H5、疫情24小时H5等新媒体产品（5件）	央视频客户端		2020年1月27日	视听新媒体中心
		国聘行动（182集）	央视频（国聘行动）		2020年3月2日	视听新媒体中心
		"小朱配琦"带货直播	央视新闻微博		2020年4月6日	新闻新媒体中心
		全球疫情会诊室（76期）	CGTN官网、客户端、微博、脸书、推特、优兔等		2020年3月11日	英语环球节目中心

一等奖						
类别	作品类型	作品名称	播出频道/频率/发布平台	首发栏目	首发日期	获奖单位
新闻类	电视消息	习近平在湖北省考察新冠肺炎疫情防控工作 看望慰问奋战在一线的医务工作者 解放军指战员社区工作者公安干警基层干部下沉干部志愿者和居民群众时强调，毫不放松抓紧抓实抓细各项防控工作，坚决打赢湖北保卫战武汉保卫战	综合频道	新闻联播	2020年3月10日	新闻中心

续表

一等奖					
类别	作品类型	作品名称	播出频道/频率/发布平台	首发栏目	首发日期	获奖单位
新闻类	电视消息	成功了！珠峰高程测量登山队今天登顶	综合频道	晚间新闻	2020年5月27日	新闻中心
		中央指导组派出督查组赴黄冈市督查核查	新闻频道	新闻直播间	2020年1月30日	新闻中心
	电视评论	"关公"大意失荆州	综合频道	焦点访谈	2020年11月16日	新闻中心
		另一个香港（2集）	中文国际频道	特辟时段	2020年6月6日	新闻中心
		方舱	新闻频道	新闻调查	2020年3月7日	新闻中心
	电视系列和连续报道	牢记嘱托　脱贫攻坚（11集）	综合频道	焦点访谈	2020年8月10日	新闻中心
		重症ICU纪实（9集）	新闻频道	特辟时段	2020年3月7日	新闻中心
		山东冠县女子被冒名顶替上大学事件追踪（3集）	新闻频道	新闻直播间	2020年6月13日	人事局（山东总站）
		大法官开庭——湘西扫黑风云（3集）	综合频道	今日说法	2020年12月4日	总编室
	电视访谈节目	武汉直播间：中国—世界卫生组织发布新型冠状病毒肺炎联合考察报告考察组中方组长梁万年解读报告	新闻频道	《战疫情》特别报道	2020年3月1日	新闻中心
		张桂梅：大山里的女校	新闻频道	面对面	2020年6月27日	新闻中心
	电视新闻现场直播	《战疫情》特别报道	新闻频道	特辟时段	2020年1月26日	新闻中心
	电视新闻节目编排	武汉离汉通道管控解除第一天	综合频道	晚间新闻	2020年4月8日	新闻中心
	电视大型节目	人民至上——全国抗击新冠肺炎疫情表彰大会特别报道	新闻频道	特辟时段	2020年9月8日	新闻中心

续表

一等奖						
类别	作品类型	作品名称	播出频道/频率/发布平台	首发栏目	首发日期	获奖单位
新闻类	广播消息	武汉市投入使用最早、收治和出院患者最多的方舱——"江汉方舱"今天下午休舱	中国之声	全国新闻联播	2020年3月9日	新闻中心
		联合国秘书长呼吁国际社会加强合作，杜绝歧视，助力中国战胜疫情	内罗毕FM91.9 蒙巴萨FM103.9 桑给巴尔FM99.7 坎帕拉FM107.1 金贾FM107.3	新闻资讯	2020年2月9日	亚洲非洲地区语言节目中心
	广播评论	南阳要占万亩基本农田建养猪场，岂能如此"拆东墙补西墙"？	中国之声	新闻纵横	2020年8月27日	新闻中心
	广播专题	水漫河堤、防汛一级应急响应，秦淮河大堤却被挖空建高档餐厅！	中国之声	新闻纵横	2020年7月25日	新闻中心
	广播系列和连续报道	天使日记（54集）	中国之声	新闻纵横	2020年1月29日	新闻中心
		纪念中国人民志愿军抗美援朝出国作战70周年特别节目《胜利的回响》（9集）	中国之声	国防时空	2020年10月15日	军事节目中心
		十个人的口述实录《武汉武汉》（10集）	中国之声	央广夜新闻	2020年3月3日	人事局（湖北总站）
	广播访谈节目	男孩头卡车窗路人搭救，现场视频争议升级，对话当事双方探讨社会道德困境	中国之声	新闻有观点	2020年11月17日	新闻中心
	广播新闻现场直播	嫦娥五号探测任务特别直播《嫦娥再探月》	中国之声	特辟时段	2020年11月24日	新闻中心
	广播新闻节目编排	"战疫情"特别报道	中国之声	新闻晚高峰	2020年1月26日	新闻中心

续表

一等奖						
类别	作品类型	作品名称	播出频道/频率/发布平台	首发栏目	首发日期	获奖单位
新闻类	广播大型节目	纪念中国人民志愿军抗美援朝出国作战70周年大型系列报道：共和国不会忘记（63集+10集）	中国之声	新闻和报纸摘要/新闻纵横	2020年9月7日	新闻中心
文艺类	电视文艺专题	2020开学第一课	综合频道	开学第一课	2020年9月1日	总编室
	电视综艺节目	故事里的中国（第二季）（9集）	综合频道	故事里的中国（第二季）	2020年1月25日	总编室
		国家宝藏（第三季）第2期：秦始皇帝陵	综艺频道	特辟时段	2020年12月13日	文艺节目中心
		经典咏流传（第三季）（11期）	综合频道	经典咏流传	2020年1月26日	总编室
	电视演出活动	2020年中央广播电视总台春节联欢晚会	综合频道	特辟时段	2020年1月24日	文艺节目中心
		2020年中央广播电视总台中秋晚会	中文国际频道	特辟时段	2020年10月1日	华语环球节目中心
	广播专题	庆祝中国人民广播事业创建80周年特别节目《声震长空》（10集）	经典音乐广播	日出古典	2020年12月21日	文艺节目中心
		悬崖村（12集）	阅读之声	纪实春秋	2020年10月30日	文艺节目中心
	广播综艺节目	中国声音中国年（启程篇）	音乐之声	特辟时段	2020年1月24日	文艺节目中心
	广播剧	脱贫攻坚题材纪实广播连续剧《芨芨草》（3集）	阅读之声	阅读时光	2020年12月28日	文艺节目中心
	广播演出活动	"乐"来越好——中俄民乐公益云享音乐会	圣彼得堡FM102.4电台	胜利日特别节目	2020年5月9日	欧洲拉美地区语言节目中心
影视纪录类	电视剧	跨过鸭绿江	综合频道	黄金剧场	2020年12月27日	影视剧纪录片中心

续表

		一等奖				
类别	作品类型	作品名称	播出频道/频率/发布平台	首发栏目	首发日期	获奖单位
影视纪录类	纪录片	抗美援朝保家卫国（20集）	中文国际频道	国家记忆	2020年10月12日	华语环球节目中心
		而立浦东（6集）	综合频道	特辟时段	2020年11月10日	财经节目中心
		英雄儿女（6集）	综合频道	特辟时段	2020年10月21日	总编室
		航拍中国（第三季）《一同飞越》（10集）	纪录频道	特别呈现	2020年5月21日	影视剧纪录片中心
		为了和平（6集）	综合频道	特辟时段	2020年10月18日	军事节目中心
		同心战"疫"（6集）	综合频道	特辟时段	2020年9月2日	新闻中心
		武汉：我的战"疫"日记（30集）	纪录频道	"微9"短视频	2020年2月3日	影视剧纪录片中心
		记住乡愁（第六季）（40集）	中文国际频道	记住乡愁	2020年1月2日	华语环球节目中心
		巍巍天山——中国新疆反恐记忆	CGTN英语新闻频道	特辟时段	2020年6月19日	英语环球节目中心
	动画片	新大头儿子和小头爸爸英雄梦（100集）	少儿频道	动画大放映	2020年7月29日	中国国际电视总公司
融媒体类	移动新媒体文字消息	突破！全国第一例、第二例由遗体解剖获得的新冠肺炎病理今日送检	央视新闻微博	—	2020年2月16日	新闻新媒体中心
	移动新媒体文字评论	且看蓬佩奥这条变色龙如何变	"玉渊谭天"微信公众号	—	2020年4月10日	新闻中心
		战"疫"每日观察丨开在大年初一的政治局常委会议非同寻常	央视新闻客户端	—	2020年1月26日	新闻新媒体中心
	移动新媒体网络专题	谢谢你为湖北拼过命（127集）	央视新闻微博	—	2020年3月17日	新闻新媒体中心
		下潜万米深海 中国"奋斗者"号载人潜水器万米级海试	央视新闻客户端	—	2020年11月10日	新闻新媒体中心

续表

类别	作品类型	作品名称	播出频道/频率/发布平台	首发栏目	首发日期	获奖单位
			一等奖			
融媒体类	移动新媒体网络专题	疫情零新增"彩虹图"（26集）	央视新闻微博	—	2020年2月23日	新闻新媒体中心
	网站网络专题	喀喇昆仑写忠诚（13集）	新浪微博	—	2020年10月3日	军事节目中心
		关于美国德特里克堡生物实验室你不知道的秘密	CGTN	—	2020年6月16日	英语环球节目中心
		@所有人，民法典来啦！（10集）	央视频	—	2020年1月1日	财经节目中心
	移动新媒体短视频专题报道	独家视频丨游客："彭麻麻呢？"	央视新闻客户端	—	2020年1月19日	新闻中心
		系列时政微视频《总书记指挥这场人民战争》（10集）	央视新闻客户端	—	2020年3月5日	新闻新媒体中心
		美国的"人权童话"还能编下去吗？	央视频客户端	—	2020年8月8日	英语环球节目中心
		武汉日记（118集）	央视新闻微博	—	2020年1月23日	新闻新媒体中心
		百名老战士口述实录微纪录片《我的抗美援朝故事》（107集）	央视频客户端	—	2020年10月21日	视听新媒体中心
		系列微纪录片丨武汉呼吸（8集）	央视新闻客户端	—	2020年4月11日	新闻新媒体中心
		习声回响丨总书记的全面小康声音密码（一）：1623280	央广网客户端	—	2020年12月23日	央广网
	网站短视频专题报道	《典籍里的中国》融媒体系列之《有"典"意思》	央视频	—	2020年12月31日	总编室
		病毒之外（9集）	CGTN官网	—	2020年2月13日	英语环球节目中心
		微视频丨武汉，76个日与夜	央视网	—	2020年4月8日	央视网

续表

一等奖						
类别	作品类型	作品名称	播出频道/频率/发布平台	首发栏目	首发日期	获奖单位
融媒体类	移动直播	一起去珠峰	央视新闻客户端、微博、抖音、快手	—	2020年4月23日	新闻新媒体中心
		直播！中国关闭美国驻成都总领事馆	央视新闻客户端	—	2020年7月24日	新闻新媒体中心
		《云守望 大武汉》28小时不间断大直播关注武汉重启	央视频（央宝在现场）	—	2020年4月7日	视听新媒体中心
		坐着高铁看中国	央视新闻客户端	—	2020年10月1日	新闻新媒体中心
	移动新媒体页（界）面设计	一张长图带你攀登"地球之巅"	央视新闻微信公众号	—	2020年5月27日	新闻新媒体中心
	移动新媒体创意互动	VR报道｜幸福坐标——重访总书记扶贫足迹	央视网	—	2020年3月25日	央视网
		春风十里，我到武汉来看你	央视新闻微信公众号/朋友圈	—	2020年3月16日	新闻新媒体中心
	移动新媒体融合创新	央视频抗疫"云"系列——两神山慢直播、云守望大武汉H5、疫情24小时H5等新媒体产品（5件）	央视频客户端	—	2020年1月27日	视听新媒体中心
		时政新闻眼（93期）	央视新闻客户端	—	2020年1月8日	新闻中心
		"小朱配琦"带货直播	央视新闻微博	—	2020年4月6日	新闻新媒体中心
		国聘行动（182集）	央视频	—	2020年3月2日	视听新媒体中心
		《走村直播看脱贫》大型融媒体行动（100场新媒体直播）	央视财经新媒体	—	2020年7月25日	财经节目中心
		互动H5《敬不朽，英雄记忆永不褪色》	央视军事微信公众号	—	2020年9月3日	军事节目中心

续表

一等奖					
类别	作品类型	作品名称	播出频道/频率/发布平台	首发栏目	首发日期	获奖单位
融媒体类	移动新媒体融合创新	《共同战"疫"》73天不间断融媒体直播	央视新闻客户端	—	2020年1月27日	新闻新媒体中心
		《鼠你不一young——2020春晚VR young》首届VR直播春晚	央视频客户端	—	2020年1月24日	视听新媒体中心
		起底美国系列（7集）	玉渊谭天微信公众号	—	2020年5月14日	新闻中心
		国家宝藏·挖藕季（100集）	云听APP	—	2020年10月26日	文艺节目中心
		我的同乡英雄（4集）	央视新闻客户端	—	2020年3月1日	新闻新媒体中心
	网站融合创新	决定之年——习近平治国理政专题交互页	CGTN官网	—	2020年12月31日	英语环球节目中心
		两会你我他（特别节目）	央视网	—	2020年5月22日	新闻中心
		人生第一次	央视网	—	2020年1月15日	央视网
栏目类	电视栏目	国家记忆	中文国际频道	—	创办于2017年4月3日	华语环球节目中心
		新闻联播	综合频道	—	创办于1978年1月1日	新闻中心
		新闻1+1	新闻频道	—	创办于2008年3月24日	新闻中心
		开讲啦	综合频道	—	创办于2012年8月27日	总编室
	广播栏目	新闻和报纸摘要	中国之声	—	创办于1950年4月10日	新闻中心
		天天315	经济之声	—	创办于2010年12月10日	财经节目中心
	新媒体栏目	联播+	央视网	—	创办于2018年5月3日	央视网

续表

		一等奖				
类别	作品类型	作品名称	播出频道/频率/发布平台	首发栏目	首发日期	获奖单位
栏目类	新媒体栏目	每日一习话	央广网	—	创办于2018年6月1日	央广网
国际传播类	电视新闻专题	刘欣调查：孟晚舟案不为人知的细节	CGTN	视点	2020年8月19日	英语环球节目中心
	电视新闻大型节目	直播：中国"奋斗者"号载人潜水器在挑战者深渊执行下潜任务（90集）	新闻频道、CGTN、中文国际频道等	朝闻天下/新闻直播间/THE WORLD TODAY/CHINA24	2020年11月10日	新闻中心
	电视新闻消息	Exclusive: Inside a hospital that treats viral pneumonia（独家！总台央视记者探访武汉金银潭医院隔离病房）	CGTN新媒体	特辟时段	2020年1月22日	新闻中心
	广播新闻系列报道	致青春·奋斗习语（4集）	华语环球	直播中国	2020年5月4日	新闻中心
	电视纪录片	武汉战疫纪	CGTN英语新闻频道	今日世界（World Today）	2020年2月28日	英语环球节目中心
	电视综艺节目	经典咏流传（第三季）第2期	脸书、优兔平台CCTV中文账号	经典咏流传	2020年1月26日	总编室
	网站融合创新	《漫话天下》评论动漫系列（81集）	CGTN官网	—	2020年2月26日	英语环球节目中心
		数说行业之中国"复兴号"高铁驾驶员	中央广播电视总台亚非中心希伯来语部及以色列国家广播公司网站和社交媒体平台	—	2020年10月26日	亚洲非洲地区语言节目中心

续表

一等奖						
类别	作品类型	作品名称	播出频道/频率/发布平台	首发栏目	首发日期	获奖单位
国际传播类	网站融合创新	多语种原创战"疫"公益歌曲《天使的身影》MV	意语版：意RadioItalia电视、网站、社交平台、意TGCOM24新闻平台、意日报在线网站、央视综艺频道、央视戏曲频道、央视音乐频道、央视新闻、中意客户端等；俄语版：中俄头条客户端、VK、央视新闻客户端、央视频、微博；西语版：西班牙语部脸书主页、中西移动客户端、央视新闻；法语版：法语部脸书主页、央视新闻	—	2020年4月12日	欧洲拉美地区语言节目中心
	移动新媒体网络专题	起底真相丨美国德特里克堡生物实验室的黑暗历史	CGTN、《环球时报》英文版、人民网英文版等外宣平台，以及新西兰中文先驱网、欧洲头条、《菲律宾商报》、欧华网、中欧通讯网、大公网等多家境外媒体	—	2020年5月1日	新闻新媒体中心
		村里来了个洋专员	CGTN官网及CGTN海内外全媒体平台	—	2020年6月2日	英语环球节目中心
	网站短视频专题报道	冠察天下——对美报道系列（10集）	CGTN官网和社交平台、CGTN评论品牌《茶馆论道》账号全平台	—	2020年3月12日	英语环球节目中心

续表

一等奖						
类别	作品类型	作品名称	播出频道/频率/发布平台	首发栏目	首发日期	获奖单位
国际传播类	网站短视频专题报道	动画微纪录片《战武汉》	CGTN官网、客户端，CGTN脸书、推特、优兔、TikTok、Quora主账号，以及CGTN微博、微信、今日头条、抖音、央视频、"学习强国"等账号	—	2020年2月27日	英语环球节目中心
	移动新媒体短视频专题报道	时政微视频 武汉保卫战	CGTN客户端、官网、脸书、推特、优兔等	—	2020年3月13日	新闻中心
	网站网络专题	"国宝与你同行"海外本土化传播	熊猫频道海内外全平台	—	2020年2月19日	央视网
	移动新媒体文字评论	国际锐评丨散播"政治病毒"的蓬佩奥正把自己变成人类公敌	美国有线电视新闻网（CNN）、《华盛顿邮报》网站、《华尔街日报》网站、《时代周刊》网站	—	2020年4月27日	新闻新媒体中心
	网站移动直播	2020非洲野生动物大迁徙网络直播	CGTN官网	—	2020年8月17日	国际交流局（非洲总站）
	移动新媒体栏目	A酱讲中国	脸书、推特、优兔	—	创办于2018年10月20日	亚洲非洲地区语言节目中心
	电视栏目	今日关注	央视中文国际频道	—	创办于2003年5月13日	华语环球节目中心
	电视翻译	纪录片《同心战"疫"》（法语版，6集）	布隆迪国家电视台	—	2020年10月16日	影视翻译制作中心

续表

类别	作品类型	作品名称	播出频道/频率/发布平台	首发栏目	首发日期	获奖单位
公益广告类	电视公益广告	国家勋章和国家荣誉称号系列公益宣传片（46篇）	央视全频道	广告时段	2020年6月29日	总经理室
		物·见——边防哨所别样的春节	国防军事频道	频道导视	2020年1月17日	军事节目中心
	广播公益广告	决战脱贫攻坚——不获全胜决不收兵	中国之声、经济之声、音乐之声等10个频率	广告时段	2020年8月1日	总经理室
	新媒体公益广告	民法典课堂（27集）	央视频《方圆都知道》	—	2020年9月8日	社教节目中心

科技奖

2020年度中国电视节目技术质量奖（金帆奖）总台获奖名单

申报奖项		节目名称	制作单位	主要完成人员	获奖等级
4K录制技术质量奖	专题类	美丽中国——自然	录制二部	黄建新 刘顿枫 张军锋 董颖	一等奖
		澳门二十年	录制二部	王堃 戚珍珍 申慧 白洁	二等奖
	综艺类	庆祝中华人民共和国成立70周年联欢活动	转播部	陈辰 陶湛 杨言 刘斌 谭昕 王峰 康旻杰 田会昌	一等奖
		《乐享汇》"永恒的经典"演奏会	录制三、四部	徐哲 杨玉卿 王靖涛 谢佳 陈旭 骆峰 刘殷 张凡	二等奖
	大型活动宣传报道类	庆祝中华人民共和国成立70周年大会、阅兵式、群众游行	转播部	赵伟 吴军 田盛 张毅 王刚 范文淼 孟涛 萧洒	一等奖

续表

申报奖项		节目名称	制作单位	主要完成人员	获奖等级
4K 录制技术质量奖	大型活动宣传报道类	亚洲文化嘉年华开幕式	录制四部	徐　哲　骆　峰 杨玉卿　罗建勋 陈　旭　谭　欣 史海静　赵　鑫	二等奖
高清录制技术质量奖	新闻类	中国新闻	新闻制播一部	谢　晨　晋　勇 韩　博　赵　佟	一等奖
		体育世界（2019.12.26）	录制一部	肖京湘　马　严 巩文彬　任向东	一等奖
	专题类	蔚蓝之境·季节的轮回	中视北方	焦小鹏　塔　娜 童　禹　李怀新	一等奖
		航拍中国·云南篇（第三季）	中视北方	焦小鹏　塔　娜 高文彬　王晓丹	一等奖
	综艺类	2020 年春节联欢晚会	录制三、四部	孟秋渝　李　中 郝晓燕　李　溢 孙　涛　谭　欣 王　玲　贾凌雁	一等奖
		2019 年中国北京世界园艺博览会闭幕式	转播部	牛军舰　张　旭 田　昊　王　丹 翁浩洋　张方琦 刘　昊　石　鑫	一等奖
	体育类	2019 年男篮世界杯小组赛意大利 VS 塞尔维亚	转播部	张　宇　李东洲 焦　岩　王浩森 慕永晖　祝　威 郭玮彬　王　帆	一等奖
		2019 年中国杯世界花样滑冰大奖赛（冰舞、自由舞、花样滑冰）	转播部	吴　军　郭　洋 张思研　程　昕 谢　萌　范　颀 刘慧旭　张继跃	一等奖
	创新类	特种设备在国庆阅兵中的应用	转播部	韩　铮　刘　浩 王笑雪　赵宏辰 赵志明　郭树鹏 马晗宇　徐启倬	一等奖
		故事里的中国（第一季）（第一集）	录制二部	徐　驰　卢晓东 张梦伊　邓　申 吴　畏　何　献 王　晶　王　春	一等奖
音频制作技术质量奖	专题类	庆祝新中国成立七十周年庆典(重播)	音频部	马　欣　刘振东 苑学成　庞　超	一等奖
		黄河大合唱 80 年（上）	音频部	孙璐璐　张红红 何安丽　陈洪奕	一等奖

续表

申报奖项		节目名称	制作单位	主要完成人员	获奖等级
音频制作技术质量奖	综艺类	中华人民共和国成立70周年庆祝活动焰火晚会	音频部	李小沛 范开伟 王健宇 王 伟 朱 毅 李 松	一等奖
		奋斗吧中华儿女	音频部	赵维达 唐 沁 汪 涛 张雨薇 宋思瑶 尹宝兴	一等奖
	体育类	实况录像·2020年CBA全明星周末全明星赛	音频部	李 泉 张 磊 马 征 贾 佳 宋霏霏 王妍晨	一等奖
		国际冠军杯上海站足球赛	音频部	陈 洋 林 丹 智庚晨 丁 超 靳裕龍 高 磊	一等奖
视频图形制作技术质量奖	片头类	鼠来宝	录制二部	吕小燕 王雅男 王 艺	一等奖
		白求恩	录制二部	江 涛 毛婧璇 张 浩	一等奖
	短片类	八路军最老的战士	录制二部	江 涛 张世博 胡雨晨	一等奖
		中国名词	新闻制播三部	高志明 黄 萌 吴 峥	一等奖
	演播室图形设计类	2020年中央广播电视总台春节联欢晚会（AR）	录制二部	赵 晔 葛小丁 李 扬	一等奖
		2019年国际篮联篮球世界杯（北京赛区虚拟包装）	转播部	慕永晖 王 轩 檀寅莲	一等奖
灯光设计制作奖		2020年春节联欢晚会	制作部	蔡 蔚 张 冲 刘 军	一等奖
		七夕特别节目：天下有情人	制作部	夏诚梓 康小力	二等奖
美术设计制作奖		2019年中秋晚会	制作部	许林江 张 冲 吴 立	一等奖
		2020年新年音乐会 扬帆远航大湾区	制作部	王 姗 刘 军 康小力	一等奖
播出技术质量奖		CCTV-1	播出传送中心	宋 鉴 琚初蔚 袁 梅 高迎春 商自超 王 磊 柳 梅 佟 笛 冯梅华 胡 英 王红波 高 岩 李 萌 范小杏 李皓伊	一等奖

续表

申报奖项	节目名称	制作单位	主要完成人员	获奖等级
播出技术质量奖	CCTV-5	播出传送中心	李力胜 郜墨菊 刘 燕 李凤楠 樊晓珂 刘海琳 李 婵 胡乐欣 项 飞 陈 虹 胡瑞林 窦 旭 陈 宇 安 颖 吴 迪	二等奖
金帆综合奖	徐 进 崔建伟 颜 枫 李 岩 周 立 刘 岱 管海涛 陈海文 李燕荣 袁立竹			

2020年度中国广播节目技术质量奖（金鹿奖）总台获奖名单

节目/频率/单位名称	申报单位	评审等级
中国之声频率	中央广播电视总台原央广	播出技术质量奖一等奖
FM91.5频率	中央广播电视总台原央广	播出技术质量奖一等奖
中央人民广播电台	中央广播电视总台原央广	金鹿综合奖
兰州声音印象	中央广播电视总台原央广	语言一等奖
再读天使日记	中央广播电视总台原央广	片花一等奖
请您检阅（精华版）	中央广播电视总台原央广	环绕声一等奖
与野生动物共存	中央广播电视总台原央广	广告二等奖
世界地球日聆听篇	中央广播电视总台原央广	片花二等奖
直播中国新闻	中央广播电视总台原央广	片花二等奖
当世界年纪还小的时候	中央广播电视总台原央广	语言二等奖
世界地球日之星球	中央广播电视总台原央广	广告二等奖
钢铁洪流进行曲	中央广播电视总台原央广	音乐三等奖
福满楼（第1集）	中央广播电视总台原央广	广播剧三等奖
大海·牧羊·少林——连奏三部曲	中央广播电视总台原央广	音乐三等奖
抗击疫情	中央广播电视总台原央广	片花三等奖

2020年度中国电影电视技术学会科技进步奖总台获奖项目

项目名称	获奖单位	评审等级
5G 媒体应用实验室	中央广播电视总台 中国电信集团有限公司 中国移动通信集团有限公司 中国联合网络通信有限公司 华为技术有限公司 北京数码视讯科技股份有限公司	一等奖
中央电视台混合制作岛 4K 超高清生产系统	中央广播电视总台 成都索贝数码科技股份有限公司	一等奖
国庆 70 周年天安门广场扩声系统	中央广播电视总台 中广电广播电影电视设计研究院 北京第七九七音响股份有限公司	一等奖
中央广播电视总台 4K 超高清电视节目制播系列技术规范	中央广播电视总台	一等奖
中央电视台媒资云服务平台	中央广播电视总台 北京中科大洋科技发展股份有限公司	二等奖
支持动态显示适配的 PQ+AVS2 4K 超高清电视端到端系统实现	国家广播电视总局广播电视科学研究院 中央广播电视总台 广州柯维新数码科技有限公司 国家广播电视总局广播电视规划院	二等奖
央视 4K 超高清 A 类转播车工程	中央广播电视总台	二等奖
AVS2 视频编解码器技术标准及测试码流集的研究	国家广播电视总局广播电视规划院 中央广播电视总台 国家广播电视总局广播电视科学研究院 中关村视听产业技术创新联盟	二等奖
海上阅舰转播系统	中央广播电视总台	三等奖
央视 4K 超高清电视 4×3G 总控系统	中央广播电视总台	三等奖
中央广播电视总台技术质量评测标准视听室工程	中央广播电视总台 中广电广播电影电视设计研究院	三等奖
融合媒体音频关联元数据研究	国家广播电视总局广播电视科学研究院 中央广播电视总台技术局	三等奖

2020年度中央广播电视总台广播电视节目技术质量奖获奖项目

申报奖项		获奖等级	节目名称	制作单位	主要完成人员
4K录制技术质量奖	专题类	一等奖	梵净山	录制四部	申发玉 徐哲 梁雯 骆峰
	综艺类	一等奖	亚洲文明对话大会开幕式	转播部	田盛 孟涛 谭昕 闫际元 陈建波 李潼
		二等奖	2019年春节戏曲晚会	录制一部	蔺飞 陈海卿 沈雁 陶莹 马宁 李拥军
		二等奖	乐享汇—青春恋歌演唱会	录制三部 录制四部	张凡 李军威 刘殷 徐哲 申发玉 夏诚梓
	体育类	一等奖	2019中华龙舟大赛·万宁站	转播部	田盛 谭昕 刘斌 慕永晖 张永亮 刘掖
		二等奖	2018中国网球公开赛·男单1/4决赛	转播部	刘斌 亓福业 谭昕 叶广宇 郭旭昶 范文淼
高清录制技术质量奖	新闻类	一等奖	全球财经（亚洲）（2019.06.10）	新闻制播二部	陈峰 崔宇 张文楚 张勇
		二等奖	《热点》节目：突发新闻——朱利安·阿桑奇于伦敦被捕（THE HEAT—Julian Assange Arrested in London）	CGTN America	Atirath Aich Mario Rocha Manuel Samaniego Li Meng
		二等奖	海峡两岸（2019.06.08）	录制一部	高勇 吕晓彬 王滢 王强
		二等奖	综合新闻（西班牙语）（2019.05.31）	新闻制播二部	张俊豪 李旭 张文楚 白小平
	专题类	一等奖	魅力阿根廷（第一集）	中视北方	朱建 高文彬
		二等奖	《全景》节目：亚洲即未来 FULL FRAME—Future is Asia	CGTN America	Ma Jing Guo Chun Yao Hong Humberto Duran
		二等奖	记住乡愁（第五季）（2019，第60集）	中视前卫	王欧阳 郭鹏 李艺 贾凌雁

续表

申报奖项		获奖等级	节目名称	制作单位	主要完成人员
高清录制技术质量奖	综艺类	一等奖	北京世界园艺博览会文艺晚会	转播部	陆振洵 王志强 艾旭 宋易 顾青山 武晋生
		二等奖	放歌新时代—2019年新年特别节目	录制四部 转播部	姜天柱 孟南方 孙萌 李东洲 焦岩 刘慧旭
	体育类	一等奖	第24届世界羽毛球锦标赛—男子单打男子双打决赛	转播部	王刚 牛军舰 白强 王宏图 王峰 石鑫
		二等奖	2019年苏迪曼杯羽毛球赛—决赛	转播部	范顾 廖森波 张旭 田昊 孙逸浩 张继跃
音频制作技术质量奖	专题类	一等奖	相思绘本	音频部	刘晓惠 孟颖 龚苗 赵曦昂
		二等奖	必由之路（第一集）	音频部	毛薇薇 王玥 张爽 张红红
		二等奖	彩色熊猫	音频部	翟南 刘晓惠 刘钢 曾恒
	综艺类	一等奖	2018四季剧场—冬季音乐会	音频部	王璐 吴家莹 唐云鹏 姜琢成 陈之雯 韦焕
		二等奖	星光大道第二月月赛	音频部	李晓文 王璐 张红红 郭鑫 王瑞克 李庆福
	体育类	一等奖	2019羽毛球苏迪曼杯半决赛—中国VS泰国	音频部	林丹 陈洋 赵刚 智庚晨 康韦斯 金行
		二等奖	2019年国际田联钻石联赛—上海站	音频部	王岩 化小莹 杨京 崔巍 阎鹏 郭鑫
		二等奖	中华龙舟大赛—福州站	音频部	韩利群 郭宏斌 万玉鹏 刘航诚 曹徐洋 刘班
	三维声类	一等奖	飞向月球（第一集）	音频部	毛薇薇 王玥 孙璐璐 张星宇 苑学成 张爽
视频图形制作技术质量奖	片头类	一等奖	永远的军魂	录制二部	赵衍雷 何天舒 葛小丁
		二等奖	2019年春节戏曲晚会	录制二部	石巍 马鹏程 王雅男
		二等奖	CGTN频道宣传片端午—美食篇	新闻制播三部	高志明 林晨龙 李光亚
	短片类	一等奖	留法百年	录制二部	张世博 吕小燕 胡雨晨
		二等奖	活力中国—广州	中视前卫	孙振宇 李森 李艺
		二等奖	CGTN频道特别节目圆明园	新闻制播三部	高志明 孙志富 王俊勇

续表

申报奖项	获奖等级	节目名称	制作单位	主要完成人员
视频图形制作技术质量奖	演播室图形设计类 一等奖	梨园传奇 AR	录制二部	封毅 谭栋 段峥
	二等奖	2018年度中国好书颁奖晚会—中国好书 AR	录制二部	杨娜 刘旭 谭栋
	二等奖	2018年国际泳联杭州世界游泳锦标赛	转播部	慕永晖 王轩 檀寅莲
灯光设计制作奖	一等奖	歌声飘过40年	制作部	夏诚梓
美术设计制作奖	一等奖	2019年"六一"晚会	制作部	慕峰
	二等奖	2019年3·15晚会	制作部	王姗

集体和个人荣誉

第16届长江韬奋奖获得者

中央广播电视总台北京总站　王小节

2020年度总台获全国级表彰的集体

全国抗击新冠肺炎疫情先进集体　中央广播电视总台疫情防控武汉一线报道组临时党总支

全国先进基层党组织　中央广播电视总台疫情防控武汉一线报道组临时党总支

2020年度总台获全国级奖励的人员

获奖名称	姓名	性别	民族	工作单位
全国抗击新冠肺炎疫情先进个人	董倩	女	汉	新闻中心
	葛云飞	男	汉	英语环球节目中心
	倪晶依	女	汉	湖北总站
	徐榕	女	汉	新闻中心
全国抗击新冠肺炎疫情三八红旗手	刘欣	女	汉	英语环球节目中心
	陶源	女	汉	英语环球节目中心
	王涵	女	汉	前湖北记者站站长，现任总编室统筹协调部主任

续表

获奖名称	姓名	性别	民族	工作单位
全国抗击新冠肺炎疫情三八红旗手	朱慧荣	女	汉	新闻中心经济部
宣传文化系统抗击新冠肺炎疫情先进个人	任永蔚	女	汉	港澳台节目中心
享受政府特殊津贴人员	薛继军	男	汉	编务会议成员
	李 挺	男	汉	编务会议成员
	许 强	男	汉	新闻中心
	刘 真	男	汉	文艺节目中心
	鞠 萍	女	汉	体育青少节目中心
	刘 欣	女	汉	英语环球节目中心
全国先进工作者	何绍伟	男	汉	新闻中心
	许新霞	女	汉	新闻中心

2020年度获台级奖励的人员

（按姓氏笔画排序）

获奖名称	姓名	性别	民族	工作单位
十佳记者	孙宝印	男	汉	新闻中心
	李行健	男	汉	新闻中心
	邹 韵	女	汉	英语环球节目中心
	张 兵	女	汉	社教节目中心
	张 颖	女	汉	总编室
	贺 涛	男	汉	财经节目中心
	徐德智	男	汉	国际交流局（海外机构）
	葛云飞	男	汉	英语环球节目中心
	葛朝兴	男	汉	内参舆情中心
	谭 芸	女	汉	新闻新媒体中心
十佳编辑	马 扬	女	汉	文艺节目中心
	杨 晨	女	白	财经节目中心
	张舒扬	女	汉	华语环球节目中心
	罗来安	男	汉	亚洲非洲地区语言节目中心
	徐 鹏	男	汉	体育青少节目中心
	徐 榕	女	汉	新闻中心
	盛玉红	女	汉	新闻新媒体中心

续表

获奖名称	姓名	性别	民族	工作单位
十佳编辑	章成霞	女	汉	新闻中心
	葛怀宇	男	汉	内参舆情中心
	韩　斌	男	汉	英语环球节目中心
十佳播音员主持人	王端端	女	汉	华语环球节目中心
	白岩松	男	蒙古	新闻中心
	任鲁豫	男	汉	文艺节目中心
	刘　欣	女	汉	英语环球节目中心
	陈伟鸿	男	汉	财经节目中心
	贺红梅	女	汉	新闻中心
	康　辉	男	汉	新闻中心
	董　倩	女	汉	新闻中心
	鲁　健	男	汉	华语环球节目中心
	撒贝宁	男	回	总编室
十佳国际传播人才	王　斌	男	汉	国际交流局（含海外机构）
	田　薇	女	汉	英语环球节目中心
	刘　冰	女	汉	欧洲拉美地区语言节目中心
	刘　聪	女	汉	英语环球节目中心
	李伟林	男	汉	国际交流局（含海外机构）
	李　霞	女	土家	环球公司
	张施磊	女	汉	英语环球节目中心
	金　京	女	汉	欧洲拉美地区语言节目中心
	洪　琳	男	汉	华语环球节目中心
	奚啸琪	男	汉	亚洲非洲地区语言节目中心
十佳制片人制作人	刘　帆	男	汉	社教节目中心
	刘育淇	女	汉	英语环球节目中心
	孙　岭	女	汉	总编室
	孙烨辉	男	汉	内参舆情中心
	李　浙	女	汉	新闻新媒体中心
	杨　超	女	汉	体育青少节目中心
	季苏平	女	汉	新闻中心
	夏　雨	女	汉	文艺节目中心
	唐　泽	男	汉	新闻中心
	董迎春	男	汉	财经节目中心
十佳导演	尹　文	男	汉	财经节目中心

续表

获奖名称	姓名	性别	民族	工作单位
十佳导演	田 梅	女	汉	总编室
	吕 媛	女	汉	文艺节目中心
	刘鸿雁	女	汉	影视剧纪录片中心
	汤 浩	男	汉	文艺节目中心
	孙 迅	女	汉	新闻中心
	何 昊	男	汉	新闻中心
	郑萌萌	女	汉	英语环球节目中心
	贺亚莉	女	汉	华语环球节目中心
	颜 芳	女	汉	社教节目中心
十佳业务能手	马 鑫	男	满	体育青少节目中心
	王 佳	男	汉	文艺节目中心
	王 喆	男	汉	财经节目中心
	王 颖	女	汉	新闻新媒体中心
	吕金明	男	汉	技术局
	任 杰	女	汉	内参舆情中心
	李 静	女	汉	总编室
	张成光	男	汉	农业农村节目中心
	周朝永	男	汉	影视剧纪录片中心
	栗 严	男	汉	新闻中心
十佳工程师	朱建勇	男	汉	央广网
	闫 博	男	汉	新闻新媒体中心
	李 震	男	汉	国际在线
	张 杨	男	汉	音像资料馆
	陈 欣	男	汉	技术局
	赵 伟	男	满	技术局
	姚 远	男	汉	视听新媒体中心
	聂自非	男	汉	技术局
	盛 尧	男	汉	央视网
	缪 军	男	汉	央视新址办
十佳经营管理人才	王 浩	男	汉	人事局（含地方机构）
	吉瑜洁	女	汉	国际传播规划局
	李向荣	男	汉	央广网
	吴天丹	女	汉	总经理室
	张志友	男	汉	财务局

续表

获奖名称	姓名	性别	民族	工作单位
十佳经营管理人才	张凌云	男	汉	办公厅
	张凌微	女	汉	总编室
	周 宁	男	汉	总经理室
	赵建军	男	汉	中国国际电视总公司
	贾 丽	女	汉	财务局

2021年获奖与表彰

作品奖

第三十一届中国新闻奖总台获奖名单

奖项等级	参评项目	作品名称	刊播平台	刊播时间
特别奖	电视新闻专题	同心战"疫"	综合频道	2020年9月2日
一等奖	短视频现场新闻	独家视频丨游客："彭麻麻呢？"	央视新闻	2020年1月19日
一等奖	电视新闻访谈节目	新型冠状病毒肺炎，情况如何？（白岩松专访国家卫健委高级别专家组组长钟南山）	新闻频道	2020年1月20日
一等奖	电视新闻现场直播	中国"奋斗者"号载人潜水器万米级海试	新闻频道	2020年11月13日
一等奖	新闻名专栏	国家记忆	中文国际频道	创办于2017年4月3日
一等奖	电视新闻节目编排	晚间新闻（武汉离汉通道管控解除第一天特别编排）	综合频道	2020年4月8日
一等奖	广播新闻节目编排	战疫情（特别报道）	中国之声	2020年1月26日
一等奖	广播新闻专题	水漫河堤、防汛一级应急响应，秦淮河大堤却被挖空建高档餐厅！	中国之声	2020年7月25日
一等奖	国际传播	抗美援朝保家卫国	中文国际频道	2020年10月12日
二等奖	电视新闻专题	牢记嘱托 脱贫攻坚	综合频道	2020年8月10日
二等奖	电视消息	成功了！珠峰高程测量登山队今天登顶	综合频道	2020年5月27日
二等奖	电视新闻专题	大法官开庭——湘西扫黑风云	综合频道	2020年12月4日
二等奖	创意互动	疫情24小时	央视频	2020年1月27日

续表

奖项等级	参评项目	作品名称	刊播平台	刊播时间
二等奖	融合创新	走村直播看脱贫	央视财经	2020年7月25日
二等奖	网络新闻专题	人民记忆：百年百城	央视网	2020年11月24日
二等奖	页（界）面设计	燃燃燃燃燃！一张长图带你攀登"地球之巅"	"央视新闻"微信公众号	2020年5月27日
二等奖	广播评论	南阳要占万亩基本农田建养猪场，岂能如此"拆东墙补西墙"？	中国之声	2020年8月27日
二等奖	广播新闻专题	黄河人家	中国之声	2020年9月9日
二等奖	广播新闻访谈节目	背着国徽去开庭　打通司法为民"最后一公里"	中国乡村之声	2020年12月28日
二等奖	广播新闻现场直播	嫦娥五号探测任务特别直播：嫦娥再探月	中国之声	2020年11月24日
二等奖	国际传播	刘欣调查：孟晚舟案不为人知的细节	CGTN英语频道	2020年8月19日
三等奖	移动直播	共同战"疫"	@中国之声新浪微博账号	2020年1月27日
三等奖	页（界）面设计	2021，要"拼"出什么样的世界？	国际在线手机站	2020年12月31日
三等奖	新闻漫画	香港国安法：自家装"防盗锁"，岂容他人指手画脚？	CGTN微博：https:// m.weibo.cn/ 3173633817/ 4520060074674687	2020年6月26日
三等奖	国际传播	武汉战疫纪	CGTN英语频道	2020年2月28日
三等奖	国际传播	联合国秘书长呼吁国际社会加强合作，杜绝歧视，助力中国战胜疫情	内罗毕FM91.9、蒙巴萨FM103.9、桑给巴尔FM99.7、坎帕拉FM107.1、金贾FM107.3	2020年2月9日

2019—2020年度中国广播电视大奖广播电视节目奖总台获奖名单

电视节目大奖				
参评类别	作品名称	刊播平台	刊播时间	所属中心
电视消息	我国第一艘国产航空母舰交付海军　习近平出席交接入列仪式	综合频道	2019年12月17日	新闻中心
电视消息	美国　美警察暴力执法导致黑人男子死亡　抗议示威不停　局势紧张	新闻频道	2020年5月30日	北美总站
电视评论	免费服务　如此任性	综合频道 新闻频道	2019年7月11日	新闻中心
电视专题	我们走在大路上	综合频道	2019年9月16日	社教节目中心

续表

电视节目大奖				
参评类别	作品名称	刊播平台	刊播时间	所属中心
电视专题	另一个香港	中文国际频道	2020年6月6日	新闻中心
电视现场直播	战疫情（特别报道）	新闻频道	2020年1月26日	新闻中心
电视栏目	开讲啦	综合频道	2012年8月27日	总编室
电视栏目	新闻1+1	新闻频道	2008年3月24日	新闻中心
电视对外新闻	武汉面孔	CGTN英语频道	2020年2月8日	CGTN
广播节目大奖				
参评类别	作品名称	刊播平台	刊播时间	所属中心
广播消息	实现百年跨越，见证中国速度，世界上首条时速350公里的智能化高速铁路——京张高铁正式开通运营	中国之声	2019年12月31日	新闻中心
广播消息	各地驰援湖北抗击疫情医疗队除夕夜陆续出发赶赴武汉	中国之声	2020年1月25日	新闻中心
广播评论	南阳要占万亩基本农田建养猪场，岂能如此"拆东墙补西墙"？	中国之声	2020年8月27日	新闻中心
广播专题	新中国文化生活记忆	文艺之声	2019年9月9日	文艺节目中心
广播现场直播	庆祝中华人民共和国成立70周年大会现场直播	中国之声	2019年10月1日	新闻中心
广播现场直播	人民至上	中国之声	2020年9月8日	新闻中心
广播对外新闻	"丝路名人中国行"参访新疆职业技能教育培训机构 中国积极探索从源头上遏制恐怖主义	焦点新闻	2019年1月17日	亚洲非洲地区语言节目中心
广播对外新闻	山上山下的家	脉动中国	2020年10月16日	CGTN
广播对港澳台节目	真实与谎言	中华之声	2019年12月23日	港澳台节目中心
广播对港澳台节目	大湾区之声热评：期待香港重整行装再出发！	大湾区之声	2020年5月29日	港澳台节目中心
广播文艺节目	悬崖村	阅读之声	2020年10月30日	文艺节目中心
广播文艺节目	2020中国声音中国年	音乐之声	2020年1月24日	文艺节目中心

第24届全国政协好新闻评选总台获奖名单

奖项等级	参评项目	作品名称	刊播平台	刊播时间
一等奖	广播专题	习声回响丨在危机中育新机，于变局中开新局	中国之声	2020年5月26日

续表

奖项等级	参评项目	作品名称	刊播平台	刊播时间
一等奖	电视消息	全国政协召开巩固脱贫攻坚成果重点提案督办协商会	综合频道	2020年8月20日
一等奖	广播访谈	港政协委员：完善香港选举制度势在必行	英语资讯广播/英语综合广播（轻松调频）	2021年3月8日
二等奖	广播评论	《"中国制度"十三讲》第五讲——坚持和完善社会主义基本经济制度，推动经济高质量发展	中国之声	2019年11月11日
二等奖	电视访谈	《两会1+1》白岩松专访全国政协副主席梁振英	新闻频道	2021年3月6日
二等奖	新媒体	我的眼里有束光——"90后"系列访谈录	央视频	2021年5月5日
三等奖	广播专题	启航"十四五" 院士访谈录	环球资讯广播	2021年3月4日

第58届亚广联奖总台获奖名单

作品名称	奖项名称	获奖单位
典籍里的中国	电视类娱乐节目奖	总编室
芨芨草	广播类纪实广播剧奖	文艺节目中心
一场特别的音乐会	广播类亚广联视野奖	新闻中心
迟到的大凉山交响音乐会（主持人王娴代表作）	广播类主持人奖	新闻中心

第27届上海电视节"白玉兰奖"总台获奖名单

奖项名称	作品名称	刊播平台	刊播时间	获奖单位
评委会大奖	跨过鸭绿江	综合频道	2020年12月27日	影视剧纪录片中心
组委会大奖	摆脱贫困	综合频道	2021年2月18日	新闻中心
最佳电视综艺节目奖	典籍里的中国	综合频道、央视频、央视网等新媒体平台同步播出	2021年2月12日	总编室
纪录片提名奖	应战——抗美援朝中国出兵揭秘	CGTN	2020年10月25日	英语环球节目中心
综艺节目提名奖	经典咏流传——致敬英雄	综合频道	2021年1月2日	总编室
综艺节目提名奖	2021年中央广播电视总台春节联欢晚会	综合频道、综艺频道、中文国际频道、少儿频道、央视新闻新媒体、云听、央视网等	2021年2月11日	文艺节目中心

续表

奖项名称	作品名称	刊播平台	刊播时间	获奖单位
综艺节目提名奖	海报里的英雄——纪念中国人民抗日战争暨世界反法西斯战争胜利75周年特别节目	综艺频道	2020年8月30日	文艺节目中心
动画片提名奖	中国神话故事	少儿频道	2021年2月24日	中国国际电视总公司

2021年度中央广播电视总台优秀作品评选获奖（一等奖）名单

参评类别	参评项目	作品类型	作品名称	刊播平台	刊播时间	获奖单位
新闻类	消息	电视	中国共产党第十九届中央委员会第六次全体会议公报	综合频道	2021年11月11日	新闻中心
新闻类	消息	移动端	中美高层战略对话首日过程梳理	央视频	2021年3月19日	新闻中心
新闻类	消息	移动端	视频快讯｜习近平庄严宣告：我们全面建成了小康社会。百年梦圆，为中国点赞！	央视新闻	2021年7月1日	新闻新媒体中心
新闻类	消息	电视	2021年国家医保药品目录调整 罕见病用药谈判现场再现"灵魂砍价"	新闻频道	2021年12月3日	新闻中心
新闻类	消息	电视	突破百万亿元 中国经济实现历史跨越	综合频道	2021年1月18日	新闻中心
新闻类	评论	广播	大湾区之声热评：高票通过决定就是最大的民意！	大湾区之声	2021年3月12日	港澳台节目中心
新闻类	评论	移动端	时政现场评｜跟随总书记的脚步 到塞罕坝看树看人看精神	央视新闻	2021年8月25日	新闻中心
新闻类	评论	电视	《焦点访谈》系列评论：精神的力量	综合频道	2021年6月21日	新闻中心
新闻类	评论	广播	拆农民户厕却没建好公厕，湖北鄂州农村"厕所革命"切忌形式主义	中国之声	2021年4月16日	新闻中心
新闻类	专题	广播	记者接力记录：暴雨中遇险的K599次列车99小时曲折旅程	中国之声	2021年7月24日	新闻中心
新闻类	专题	电视	白棉花为何上了"黑名单"	新闻频道	2021年3月27日	新闻中心
新闻类	专题	电视	开讲啦·黄伟芬：送航天员上太空 就是我的使命	综合频道	2021年8月28日	总编室
新闻类	专题	电视	燃烧吧冰雪 厉兵秣马战冬奥	综合频道	2021年10月26日	新闻中心

续表

参评类别	参评项目	作品类型	作品名称	刊播平台	刊播时间	获奖单位
新闻类	专题	电视	失序的美国	新闻频道	2021年6月4日	新闻中心
新闻类	新闻纪录片	电视	广州高考2021	新闻频道	2021年6月12日	新闻中心
新闻类	新闻纪录片	网站	《新兵请入列》之《青春无悔丨180日的蜕变，新兵已入列》	央视网	2021年7月7日	央视网
新闻类	系列报道	电视	"象"往何处（102集）	新闻频道	2021年6月2日	新闻中心
新闻类	系列报道	电视	河南遭遇极端强降雨 因灾死亡失踪398人（64集）	新闻频道	2021年7月21日	新闻中心
新闻类	系列报道	移动端	《康辉@大国外交最前线丨中美元首视频会晤》系列报道（5集）	央视新闻	2021年11月16日	新闻中心
新闻类	系列报道	移动端	为了更加伟大的胜利和荣光（10集）	央视新闻	2021年11月18日	新闻新媒体中心
新闻类	系列报道	电视	总台直击喀布尔系列（4期）	新闻频道	2021年8月31日	中东总站
新闻类	系列报道	广播	直播带货乱象调查（3集）	经济之声	2021年12月12日	财经节目中心
新闻类	系列报道	电视	《"欣"疆之行》融媒体特别报道（*Liu Xin in Xinjiang*）（22集）	CGTN英语新闻	2021年4月5日	CGTN
新闻类	系列报道	电视	为了公众的利益（7集）	综合频道	2021年11月22日	总编室
新闻类	系列报道	电视	原丨罪：美国原住民寄宿学校黑幕调查(4集)	新闻频道	2021年10月11日	北美总站
新闻类	新闻访谈	电视	白岩松专访香港特区行政长官林郑月娥	新闻频道	2021年5月10日	新闻中心
新闻类	新闻访谈	电视	专访阿富汗塔利班发言人苏海尔·沙欣	CGTN英语频道	2021年8月19日	CGTN
新闻类	新闻直播	电视	庆祝中国共产党成立100周年大会特别报道	新闻频道	2021年7月1日	新闻中心
新闻类	新闻直播	电视	《中国空间站》系列直播特别节目	新闻频道	2021年4月29日	新闻中心
新闻类	新闻编排	电视	共同关注	新闻频道	2021年5月30日	新闻中心
新闻类	重大主题报道	电视	沿着高速看中国（主题报道）（14集）	新闻频道	2021年4月10日	新闻中心
新闻类	重大主题报道	广播	红色印记——百件革命文物的声音档案（100集）	中国之声	2021年3月22日	新闻中心

续表

参评类别	参评项目	作品类型	作品名称	刊播平台	刊播时间	获奖单位
新闻类	重大主题报道	电视	平"语"近人——习近平喜欢的典故（第二季）（12集）	综合频道	2021年2月18日	社教节目中心
新闻类	重大主题报道	电视	红色财经·信物百年（100集）	财经频道	2021年5月11日	财经节目中心
新闻类	重大主题报道	移动端	红色档案——走进中央档案馆（100集微纪录+4集长片）	央视新闻	2021年3月8日	新闻新媒体中心
新闻类	重大主题报道	电视	奋斗百年路 启航新征程·今日中国（31集）	新闻频道	2021年5月10日	新闻中心
新闻类	典型报道	电视	清澈的爱 只为中国（4集）	国防军事频道	2021年4月5日	军事节目中心
新闻类	舆论监督报道	广播	多地清洁取暖被指"一刀切"：禁柴封灶致部分群众挨冻（4集）	中国之声	2021年12月20日	新闻中心
影视纪录类	电视剧	电视	大决战（49集）	综合频道	2021年6月25日	影视剧纪录片中心
影视纪录类	纪录片	电视	摆脱贫困（8集）	综合频道	2021年2月18日	新闻中心
影视纪录类	纪录片	电视	美术经典中的党史（100集）	综合频道	2021年1月25日	社教节目中心
影视纪录类	纪录片	电视	敢教日月换新天（24集）	综合频道	2021年6月20日	影视剧纪录片中心
影视纪录类	纪录片	电视	绝笔（6集）	中文国际频道	2021年4月3日	华语环球节目中心
影视纪录类	纪录片	电视	大国建造（6集）	财经频道	2021年7月5日	财经节目中心
影视纪录类	纪录片	电视	山河岁月（第一季、第二季，44集）	综合频道	2021年5月18日	影视剧纪录片中心
影视纪录类	纪录片	电视	云上人家（5集）	新闻频道	2021年10月6日	新闻中心
影视纪录类	纪录片	电视	探秘三星堆（10集）	科教频道	2021年3月28日	社教节目中心
影视纪录类	纪录片	电视	扫黑除恶——为了国泰民安（6集）	综合频道	2021年3月26日	新闻中心
影视纪录类	纪录片	电视	热的雪——伟大的抗美援朝（6集）	纪录频道	2021年1月15日	影视剧纪录片中心
影视纪录类	纪录片	电视	我在故宫六百年（3集）	纪录频道	2020年12月31日	影视剧纪录片中心

续表

参评类别	参评项目	作品类型	作品名称	刊播平台	刊播时间	获奖单位
影视纪录类	纪录片	电视	西藏和平解放纪实（10集）	中文国际频道	2021年8月23日	中央新闻纪录电影制片厂（集团）
影视纪录类	电影	电影	跨过鸭绿江	电影院线	2021年12月17日	影视剧纪录片中心
影视纪录类	动画片	电视	林海雪原（1—20集，总集数52集）	少儿频道	2021年7月19日	中国国际电视总公司
文艺类	文艺专题	电视	百年礼赞——庆祝中国共产党成立100周年大型交响音诗画	综艺频道	2021年6月26日	文艺节目中心
文艺类	文艺专题	电视	故事里的中国（第三季）第1期：瞿独伊	综合频道	2021年11月21日	总编室
文艺类	文艺专题	电视	艺术里的奥林匹克（12集）	奥林匹克频道	2021年11月19日	体育青少节目中心
文艺类	文艺专题	电视	2021开学第一课	综合频道	2021年9月1日	总编室
文艺类	综艺节目	电视	《典籍里的中国·尚书》（第1期）	综合频道	2021年2月12日	总编室
文艺类	综艺节目	电视	国家宝藏·展演季（10期）	综艺频道	2021年10月23日	文艺节目中心
文艺类	综艺节目	电视	全国大学生党史知识竞答大会（10集）	综合频道	2021年6月6日	社教节目中心
文艺类	演出活动	电视	2021年中央广播电视总台春节联欢晚会	综合频道	2021年2月11日	文艺节目中心
文艺类	广播剧	广播	大凉山（3集）	中国之声	2021年6月21日	新闻中心
专项类	国传新闻作品	网站	天山南北——中国新疆生活纪实	CGTN官网	2021年4月16日	CGTN
专项类	国传新闻作品	电视	总台独家专访国际奥委会主席巴赫	CGTN英语新闻	2021年10月19日	新闻中心
专项类	国传新闻作品	电视	非凡的领航（上下集）	CCTV-13新闻	2021年10月1日	新闻中心
专项类	国传新闻作品	网站	"走进三星堆读懂中华文明"主题活动全球直播（节选）	央视网	2021年5月28日	央视网
专项类	国传新闻作品	电视	起底"美式民主"（上下集）	CGTN英语新闻	2021年12月9日	CGTN
专项类	国传新闻作品	移动端	遇见习近平（第一季，6集）	央视新闻	2021年9月8日	新闻新媒体中心

续表

参评类别	参评项目	作品类型	作品名称	刊播平台	刊播时间	获奖单位
专项类	国传新闻作品	电视	战争黑洞——美国制造的人权灾难	CCTV-4中文国际	2021年4月9日	华语环球节目中心
专项类	国传新闻作品	电视	塔利班首场发布会CGTN作为唯一在场国际媒体全球直播	CGTN英语新闻	2021年8月31日	CGTN
专项类	国传新闻作品	移动端	国际锐评："美国抗疫真相"系列评论（8篇）	央视新闻	2021年8月12日	新闻新媒体中心
专项类	国传新闻作品	广播	"习近平是一位重情重义的真朋友"——老挝国会副主席宋玛·奔舍那及其兄长眼中的习近平	总台老挝万象调频台FM93	2021年6月10日	亚洲非洲地区语言节目中心
专项类	国传影视纪录作品	电视	国家公园：野生动物王国（3集）	BBC America	2021年5月15日	华语环球节目中心
专项类	国传影视纪录作品	电视	多样之境	CGTN英语新闻	2021年10月18日	CGTN
专项类	国传文艺作品	电视	典籍里的中国（11集）	CCTV-1综合	2021年2月12日	总编室
专项类	国传文艺作品	电视	中国地名大会（第二季）（12集）	CCTV-4中文国际	2021年1月23日	华语环球节目中心
专项类	国传融合报道	网站	中国是如何运行的（百集时政音视频聚合产品）	CGTN官网	2021年4月22日	CGTN
专项类	国传融合报道	网站	2021秘境之眼（5集）	央视网	2021年2月12日	总编室
专项类	国传融合报道	移动端	美术经典中的党史（英文短视频）（78集）	CGTN官网	2021年6月23日	北美总站
专项类	国传融合报道	移动端	美军撤出阿富汗总台融媒体特别报道（456集）	央视新闻	2021年8月15日	新闻新媒体中心
专项类	国传融合报道	网站	CGTN智库民调报告（4篇）	CGTN官网	2021年7月26日	CGTN
专项类	国传融合报道	网站	2021年联合国中文日暨总台首届海外影像节特别节目	央视网	2021年4月20日	欧洲总站
专项类	国传栏目	电视	国家记忆	中文国际频道	2017年4月3日	华语环球节目中心
专项类	国传翻译作品	电视	摆脱贫困（国际版）（8集）	布隆迪国家广播电视台	2021年3月29日	影视翻译制作中心
专项类	融合报道	移动端	时政新闻眼（86期）	央视新闻	2021年1月11日	新闻中心
专项类	融合报道	移动端	吾家吾国（5集）	央视新闻	2021年9月30日	新闻中心

续表

参评类别	参评项目	作品类型	作品名称	刊播平台	刊播时间	获奖单位
专项类	融合报道	网站	中国共产党百年瞬间（365集）	共产党员网	2021年1月1日	新闻中心
专项类	融合报道	移动端	这段视频，还原了喀喇昆仑那场英勇战斗……	"央视军事"微博	2021年2月19日	军事节目中心
专项类	融合报道	移动端	庆祝中国共产党成立100周年超高清彩色修复系列工程《党史经典　彩色重现·觉醒山河》	央视新闻	2021年5月4日	新闻新媒体中心
专项类	融合报道	移动端	一路"象"北！云南野生象群到哪了？（融媒体产品）	央视频	2021年6月2日	视听新媒体中心
专项类	融合报道	移动端	郑州"7·20"特大暴雨灾害救援融媒体报道	央视新闻	2021年7月20日	新闻新媒体中心
专项类	融合报道	移动端	央young之夏（5期）	央视频	2021年8月13日	视听新媒体中心
专项类	融合报道	移动端	三星堆新发现（7集）	央视新闻	2021年3月20日	新闻中心
专项类	融合报道	移动端	"天宫课堂"大型融媒体报道暨中国空间站首次太空慢直播	央视新闻	2021年12月6日	新闻新媒体中心
专项类	融合报道	移动端	百年百城（融媒体活动）（86集）	央视财经	2021年9月16日	财经节目中心
专项类	融合报道	移动端	时政融合创新《为谁辛苦为谁忙》	央视新闻	2021年12月20日	新闻新媒体中心
专项类	融合报道	网站	体验中国速度：全景VR视频揭秘"复兴号"的诞生	CGTN官网	2021年6月20日	CGTN
专项类	融合报道	移动端	首部黑白转彩色4K修复故事片《永不消逝的电波》修复纪实	央视频	2021年9月27日	视听新媒体中心
专项类	融合报道	移动端	《擎动中国2021》线上赛（6集）	央视频	2021年12月2日	体育青少节目中心
专项类	应用创新	移动端	总书记给你送福啦（H5）	央视新闻	2021年2月5日	新闻中心
专项类	应用创新	移动端	春华秋实　国聘行动（第二季）（107期）	央视频	2020年12月14日	视听新媒体中心
专项类	栏目	电视	新闻联播	综合频道	1978年1月1日	新闻中心
专项类	栏目	移动端	主播说联播	央视新闻	2019年7月29日	新闻新媒体中心
专项类	栏目	网站	CGTN快评	CGTN官网	2020年3月1日	CGTN

续表

参评类别	参评项目	作品类型	作品名称	刊播平台	刊播时间	获奖单位
专项类	栏目	移动端	玉渊谭天	玉渊谭天	2019年3月24日	新闻中心
专项类	栏目	广播	湾区，早晨！	大湾区之声	2019年9月1日	港澳台节目中心
专项类	栏目	电视	正点财经（上午档）	财经频道	2019年10月21日	财经节目中心
专项类	栏目	电视	中国舆论场	中文国际频道	2016年3月20日	华语环球节目中心
专项类	新闻论文	论文	媒体融合视角下主流媒体的话语表达创新	《电视研究》杂志	2021年8月	融合发展中心
专项类	公益广告	电视	中国梦·祖国颂：英雄之美·寸土寸心（微电影）	综合频道	2021年10月1日	文艺节目中心
专项类	公益广告	电视	庆祝中国共产党成立100周年主题公益宣传片：一百年，一切为了人民	综合频道	2021年6月26日	总经理室
专项类	公益广告	电视	2021年春晚公益广告：妈妈的请假条	综艺频道	2021年2月11日	总经理室
专项类	公益广告	电视	2021春晚公益广告：一声爸妈就是过年	综艺频道	2021年2月11日	总经理室

科技奖

2021年度中国电影电视技术学会科技进步奖总台获奖项目

项目名称	获奖单位	主要完成人	评审等级
8K超高清电视制播呈现平台及应用	中央广播电视总台 上海交通大学 广东博华超高清创新中心有限公司 上海海思技术有限公司 海信视像科技股份有限公司 京东方科技集团股份有限公司	姜文波　智　卫　张伟民 王延峰　赵贵华　熊　伟 宋　蔚　葛　涛　李　岩 梅剑平　蔺　飞　潘晓菲 张　娅　张小云　张　娟	一等奖
基于视音频内容比对及异态监测的播出信号监控系统	中央广播电视总台 北京捷成世纪科技股份有限公司	许钢鸣　祥祖军　王　榕 黄振川　杜　丹　马　坤 王忠强　李凤楠　姜明琚 初　蔚　陈明陪　王予中 李　战　陶麟　游　田	一等奖

2021年度"王选新闻科学技术奖"总台获奖项目

项目名称	申报单位	主要完成人	评审等级
70周年国庆盛典4K超高清电视转播及全媒体传播系统	中央广播电视总台	姜文波 李跃山 赵 伟 陆振洵 田 盛 宫 晖 葛 涛 于 亮 潘晓菲 李 岩 宁金辉 白 宇 窦 旭 齐 翼 许卫国	特等奖
节目制作智能语音转写系统	中央广播电视总台 北京中科大洋科技发展有限公司	崔建伟 蔡 贺 黄建新 张 歆 闫 磊 钱 岳 袁旭稚 卢晓东 王 晶 杜 伟 樊 奕 郭 周 肖 立	一等奖
融合媒体环境下安全防护体系及关键技术研究	中央广播电视总台	徐 进 琚宏伟 邓 晖 陈卫平 孙 侃 刘秋尘 邯子皓 赵 勇 林 莉 胡 南 朱 剑 喻峰萌 袁旭稚	一等奖

2021年度总台电视节目技术质量奖获奖名单

申报奖项	节目名称	申报单位	主要完成人	评审等级
特别奖	中国共产党成立100周年纪念大会（4K）	转播一部 转播二部 音频制作一部 音频制作二部 录制三部 新闻制播一部	转播一部、二部： 盛 楠 李东洲 赵 伟 范文淼 张 靖 康旻杰 韩 铮 闵际元 王璇琢 杨如鹏 音频制作一部、二部： 汪 涛 陈 洋 范开伟 林 丹 阎 鹏 朱 毅 韦 焕 邓 柯 王宝莹 赵维达 录制三部： 白 宇 陈辉程 秦 培 柴 路 刘 殷 新闻制播一部： 王 琼 符 泽 陈 宇 李 宁 郑硕石	特别奖
超高清节目录制	专题 飞向月球（第二季）	录制五部	沈志宏 向 权 张 晶 于雪冰	一等奖

续表

申报奖项		节目名称	申报单位	主要完成人	评审等级
超高清节目录制	专题	美丽中国说：高山精灵	录制二部 录制五部	杨 斌 邵 晨 吴 鹏 石 萌	二等奖
		中国村庄（5）	录制四部	孟南方 史海静 李 艳 骆 峰	三等奖
	综艺	伟大征程——庆祝中国共产党成立100周年大型情景史诗	转播一部 转播二部 录制四部	转播一部、二部： 郭 洋 张 宇 赖 旻 刘 掖 王 轩 萧 洒 录制四部： 但 京 孙 涛 孙 硕 刘 愈 赵琛琛 贾凌雁	一等奖
		2021年春节联欢晚会	录制三部 录制四部	孟秋渝 李 中 李 溢 李怀新 刘 愈 罗建勋	三等奖
	体育	2020中国乒乓球队东京奥运 模拟赛——男女团体1/4决赛精选	转播一部 转播二部	杨 言 张思研 荆腾达 王 宁 王冠志 刘慧旭	一等奖
	益智	乐享汇（2021，第14集）乐享中国年新春欢唱会（上）	录制四部	徐 哲 谢 佳 崔煜华 宁 晓 李 轲 赵 鑫	一等奖
		角儿来了——时代之声	录制一部	蔺 飞 李晓东 客 琦 吴晓娜	二等奖
	大型活动	深圳经济特区建立40周年大会	转播一部 转播二部	田 盛 刘 帅 冯 岩 刘 掖 赵宏辰 秦 澍	一等奖
高清节目录制	新闻	新闻联播（2021.06.19）	新闻制播一部	武 洋 李嘉毅 方琪琪 闫 寒	二等奖
		中国新闻	新闻制播二部	何佳玥 李勃刚 张 莹 李 治	二等奖
		海峡两岸（2021.08.06）	录制一部	高 勇 吕晓彬 李 京 赵 冰	三等奖
		环球瞭望（2020.11.03）	新闻制播二部	冯晓明 王 宇 张 墨 李 治	三等奖
		中国24小时（英语）（2020.07.23）	新闻制播二部	陈 峰 张轶晨 张 墨 梁 超	三等奖
	专题	魅力智利（4）	中视北方	白河山 焦小鹏 刘海弘 赵琛琛	一等奖
		2021中国影像方志（69）	录制四部	罗建勋 崔 巍 刘晓哲 毛 峥	二等奖
		英雄儿女	中视前卫	李常揆 刘智鹏 王 伟 陈 辉	三等奖
		2021精品财经纪录——雪龙2号（2）	录制二部	史志强 纪石蕊 孙思羽 邵京韬	三等奖
		铭记—烈士纪念日向人民英雄敬献花篮仪式	转播一部 转播二部	田 盛 谭 昕 范文森 刘 浩	三等奖

续表

申报奖项		节目名称	申报单位	主要完成人	评审等级
高清节目录制	综艺	2020年中央广播电视总台中秋晚会	转播一部 录制四部	杨言 王璬琢 王宁 杨如鹏 伍旸 谷青	一等奖
		2021新年音乐会——扬帆远航大湾区	转播一部	刘斌 任正龙 赵蓉平 郭轲鑫 董璐 史铮	二等奖
		2021年元宵晚会	录制四部	庞博 孟南方 翟音音 陈蕾 姜天柱 薛佳	三等奖
		2020年七夕特别节目——天下有情人	转播一部 转播二部	张宇 艾旭 梁继辉 李增辉 代天 腾孟林	三等奖
		启航2021——中央广播电视总台跨年盛典	转播一部 转播二部	张思研 梁继辉 叶亮显 孙振 田会昌 张百奥	三等奖
	体育	中国席位2021年全国体操锦标赛暨东京奥运会选拔赛——女子个人全能决赛	转播一部 转播二部	谭昕 康旻杰 王刚 冯靖云 张继跃 赵志明	二等奖
		中国席位2020年中国杯世界花样滑冰大奖赛——冰舞自由舞	转播一部 转播二部	廖森波 周子元 张永亮 张方琦 董凯 石鑫	三等奖
	访谈	鲁健访谈（2021.01.03）	录制四部	徐哲 梁雯 王靖涛 陈旭	二等奖
	益智	典籍里的中国	录制二部	徐驰 张梦伊 李虹 吴畏	一等奖
		国家宝藏（第三季）	中视前卫	朱静 赵晓燕 张威 孙雪莲	二等奖
电视声音制作	专题	美丽中国说：沙洲奇缘	音频制作一部 音频制作二部	刘晓惠 罗骞 姜阅 孟颖	一等奖
		飞向月球（第二季，第三集）	音频制作一部 音频制作二部	毛薇薇 王玥 王璐 梁琳	一等奖
	综艺	伟大征程——庆祝中国共产党成立100周年大型情景史诗	音频制作一部 音频制作二部	鹿楠楠 马欣 付昱 崔巍 焦健波 曲乐	一等奖
		空中剧院：良辰美景——昆曲入选"人类非物质文化遗产代表作名录"二十周年纪念演出	音频制作一部 音频制作二部	李晓雯 化小莹 刘天阳 赵国宇 王春琦 赵立锋	二等奖
	体育	国际乒联巡回赛总决赛（郑州）	音频制作二部	宫晖 周磊 范开伟 屈鲲 张星宇 冀虹	一等奖
视频图形设计制作	片头	初生牛犊不怕虎 十二生肖闹新春	录制五部	张浩 毛婧璇 王雅男	一等奖
		CCTV-1：画出最大同心圆	录制五部	王艺 林燕 马鹏程	一等奖
		敢教日月换新天	录制五部	江涛 赵衍雷 刘颖卓	二等奖
		春华秋实	中视前卫	何潇 周贞	三等奖
		同心战"疫"	录制五部	林燕 刘科 崔洁	三等奖

续表

申报奖项		节目名称	申报单位	主要完成人	评审等级
视频图形设计制作	片头	低碳生活	新闻制播三部	王金阳 黄 萌 孙 佳	三等奖
	短片	飞向月球（第二季）	录制五部	赵衍雷 杨 楠 王子建	一等奖
		国家公园：野生动物王国	录制二部	马 悦 焦 扬 张 翕	二等奖
		英雄儿女	录制五部	张世博 刘 科 崔 洁	二等奖
		年的味道之重庆火锅	新闻制播三部	刘毅鹏 吴 迪 王俊勇	三等奖
	演播室图形设计	2021年中央广播电视总台春节联欢晚会	录制五部	赵 晔 冯高洁 杨 娜	一等奖
		伟大征程——庆祝中国共产党成立100周年文艺演出	录制五部	赵 晔 杨 娜 封 毅	二等奖
		三星堆新发现特别节目	新闻制播一部	苑 文 白 宁 丁 力	三等奖
		《庆祝中国共产党成立100周年大会》特别报道	新闻制播一部	吉 彬 尤 亮 温 斌	三等奖
		Tunnel Warfare（《地道战》）	新闻制播三部	王子川 杨 剑 乔少华	三等奖
灯光美术设计制作	灯光综艺	2021年春节联欢晚会	制作部	蔡 蔚 张 冲 刘 军	一等奖
		2020年七夕特别节目——天下有情人	制作部	夏诚梓	二等奖
	美术综艺	2020中秋诗会	制作部	吕金明	一等奖
		中国梦·祖国颂——2020国庆特别节目	制作部	王 姗	二等奖

2021年度总台广播节目技术质量奖获奖名单

申报奖项	节目名称	申报单位	主要完成人	获奖等级
语言	红色印记（第1集）：真理之甘	录制六部	秦梓元	一等奖
	声音博物馆：鹰	录制六部	李晨雨	一等奖
	声音博物馆：黄鹂	录制六部	周天纵	二等奖
	黄河人家（第6篇）：难以割舍的河	新闻制播四部	田建伟 刘 华 穆 睿	二等奖
	声音博物馆：鸽子	录制六部	李晓东	三等奖
	黄河人家之母亲的母亲河	录制六部	李晨雨	三等奖
音乐	看月亮爬上来（阿卡贝拉版）	录制六部	秦梓元	一等奖
	红梅随想曲	转播三部	张爱晨 尤 苗 郭万辉	二等奖
	沁园春·雪	转播三部	赵晓鸣 刘新杰 张翰森	三等奖

续表

申报奖项	节目名称	申报单位	主要完成人	获奖等级
曲艺	梅花大鼓：《十字西厢》（节选）（实况）	录制六部	秦梓元　李晨雨　张子凡	一等奖
	京韵大鼓：《英台哭坟》（节选）（实况）	录制六部	李晨雨　秦梓元　张子凡	三等奖
广播剧	大凉山（第1集）	录制六部	李晨雨　房大文	二等奖
	烽火家书：左权	录制六部	秦梓元　刘新杰	三等奖
广告	公益健康	转播三部	赵晓鸣　张翰森　李茉	二等奖
片花	红色印记（预告片预热版）	新闻制播四部	田建伟　张剑　许振峰	一等奖
	从三星堆出发——来自平行时空的文明对话（片头）	录制六部	初熙	三等奖
	《大凉山》（片头）	录制六部	杨琛	三等奖
	红色印记（第三季）（宣传片）	录制六部	秦梓元	三等奖
环绕声和三维声	"七一"庆祝大会（精华版）	录制六部	秦梓元　周天纵　李晨雨	一等奖
	大自然的声音	录制六部	初熙	一等奖
	试飞英雄	录制六部	初熙　林强军	二等奖
	梦回田园	录制六部	初熙	三等奖

集体和个人荣誉

2021年度总台获全国级奖励的集体

获奖名称	获奖单位
第六届全国文明单位	新闻中心
第五届全国未成年人思想道德建设先进单位	体育青少节目中心《大手牵小手》栏目组
全国脱贫攻坚先进集体	总台定点扶贫工作领导小组办公室
全国消费帮扶助力乡村振兴"优秀典型案例"："总台多频共振助力消费帮扶"典型案例	中央广播电视总台

2021年度总台获全国级奖励的人员

获奖名称	姓名	性别	民族	工作单位
全国三八红旗手	贺红梅	女	汉	新闻中心新闻播音部
全国新闻出版广播影视系统先进工作者	王冠	男	汉	英语环球节目中心
全国对台工作系统先进个人	陈轩石	男	汉	华语环球节目中心新闻部

续表

获奖名称	姓名	性别	民族	工作单位
全国先进老干部工作者	李 鹏	男	回	离退休干部局生活保障一处
全国杰出广播影视科技工作者	刘万铭	男	汉	视听新媒体中心
全国未成年人思想道德建设先进工作者	何子然	男	回	体育青少节目中心
全国脱贫攻坚先进个人	鞠 萍	女	汉	体育青少节目中心
第26届全国广播电视技术能手竞赛决赛一等奖（广播中心专业）	王子微	女	汉	技术局
第26届全国广播电视技术能手竞赛决赛一等奖（电视中心专业）	张丽娜	女	汉	技术局
第26届全国广播电视技术能手竞赛决赛一等奖（网络安全专业）	黄振川	男	汉	技术局

2021年度总台获中直级、首都级奖励的集体

获奖名称	获奖单位
中央和国家机关五一劳动奖状	社教节目中心《平"语"近人——习近平喜欢的典故》节目组
中央和国家机关青年五四奖章集体	新闻中心早间节目部
中央和国家机关五四红旗团委（团支部）	新闻中心第七团支部（新闻频道编辑部）
	亚洲非洲地区语言节目中心团总支
	视听新媒体中心团委
中央和国家机关青年文明号	新闻中心经济新闻部玉渊谭天工作室
	文艺节目中心大型活动中心节目创作组（邹为团队）
中央和国家机关先进基层党组织	新闻中心时政新闻中心第一党支部
	机关党委第五党支部
	亚洲非洲地区语言节目中心老挝语部党支部
	总经理室第七党支部（公益广告部）
	中国国际电视总公司党委
	办公厅党委
	新闻新媒体中心客户端编辑部党支部
	人事局上海总站党支部
首都文明单位	新闻中心、新闻新媒体中心、机关党委

2021年度总台获中直级、首都级奖励的人员

获奖名称	姓名	性别	民族	工作单位
中央和国家机关五一劳动奖章	刘　超	女	汉	新闻中心
	梅　焰	女	汉	英语环球节目中心
中央和国家机关脱贫攻坚优秀个人	王凤军	男	汉	新闻中心
中央和国家机关优秀共产党员	王　涵	女	汉	总编室
	郑　磊	男	汉	新闻中心
	任鲁豫	男	汉	文艺节目中心
	马　骏	男	汉	影视剧纪录片中心电视剧项目部
	韩　斌	男	汉	英语环球节目中心专题节目部
	齐　翼	男	汉	技术局网络运行部
	单　良	男	满	机关党委监督审查一处
	柳　宏	男	汉	离退休党员
	贺亚莉	女	汉	华语环球节目中心
	陈　旻	男	汉	视听新媒体中心社交媒体运营部
中央和国家机关优秀党务工作者	陈　狄	女	满	体育青少节目中心
	兰汝生	男	畲	民族语言节目中心
	吕锡成	男	汉	军事节目中心
	包　涛	女	汉	机关党委组织处
	冷建军	女	汉	新闻中心
	董春虎	男	汉	财经节目中心
	杨　宇	女	汉	中国环球广播电视有限公司
中央和国家机关优秀共青团员	傅博凡	女	汉	新闻中心广播节目协调部
	宁　坤	男	汉	财经节目中心新闻采访部
	岑梓源	女	汉	英语环球节目中心采访部
	车明键	男	满	欧洲拉美地区语言节目中心综合部
中央和国家机关优秀团干部	曹　亮	男	汉	央视网央视影音事业群
	齐柯宁	男	蒙古	社教节目中心社会节目部
	董宝磊	女	汉	华语环球节目中心新闻专题部
	朴敏杰	男	朝鲜	民族语言节目中心朝鲜语节目部
中央和国家机关首届青年学习标兵	刘晓雪	女	汉	机关党委青年工作处
首都绿化美化先进个人	张景元	男	汉	办公厅

2021年总台庆祝中国共产党成立100周年宣传报道记功集体名单

（共20个）

庆祝大会直播团队
"七一勋章"颁授仪式直播团队
文艺演出《伟大征程》视频导演团队
庆祝活动音响保障工作团队
庆祝活动直播技术支持团队
文艺演出《伟大征程》转播团队
《美术经典中的党史》创作团队
《敢教日月换新天》创作团队
《大决战》创作团队
《山河岁月》创作团队
《全国大学生党史知识竞答大会》创作团队
《绝笔》创作团队
《今日中国》创作团队
《红色档案》创作团队
《红色财经·百年信物》创作团队
国际视频通讯社对外传播工作团队
英语环球节目中心（CGTN）对外传播工作团队
总编室宣传统筹工作团队
办公厅安全保障工作团队
新影集团系列庆祝活动拍摄团队

2021年总台庆祝中国共产党成立100周年宣传报道嘉奖集体名单

（共50个）

总编室
电视节目播出管理部

新闻中心
新闻联播编辑部
《红色印记——百件革命文物的声音档案》报道团队
《世纪礼赞》创作团队
《奋斗百年路　启航新征程》报道团队
《沿着高速看中国》报道团队
纪录片《品格》报道团队
《唱支山歌给党听》系列快闪报道团队
国际新闻部
中国共产党历史展览馆视频制作团队
政论专题片《摆脱贫困》创作团队

内参舆情中心
舆情室

财经节目中心
财经新闻采访部《红色金融路》团队

文艺节目中心
《百年礼赞——庆祝中国共产党成立100周年大型交响音诗画》团队
"七一"MV制作团队
《追寻——红色家书背后的故事》创作团队
《电影中的印记》创作团队
《百年歌声》创作团队

社教节目中心
　　《红色烙印》团队

影视剧纪录片中心
　　电视剧《中流击水》创作团队

民族语言节目中心
　　《亲历者》项目团队

军事节目中心
　　广播节目部

农业农村节目中心
　　电视节目编辑部

港澳台节目中心
　　综艺节目部

英语环球节目中心（CGTN）
　　多语种直播团队/电视新闻编辑部
　　新媒体传播团队
　　评论部
　　《敢教日月换新天》多语种编译项目团队

亚洲非洲地区语言节目中心
　　"头条工程"建设专班

欧洲拉美地区语言节目中心
　　《脊梁》团队/策划采编部

华语环球节目中心
　　新闻部
　　纪录片部

新闻新媒体中心
　　"七一"重大时政活动报道精准切条推送团队

视听新媒体中心
　　视频创作部
　　产品技术部先进影像组

总经理室
　　综合部

技术局
　　直播信号总集成及质量控制团队
　　新闻直播演播室及新媒体技术团队
　　频道/频率播出及安全管理团队
　　信号传输与调度团队

国际交流局
　　"信函外交"团队

创新发展研究中心
　　CMG观察工作室

音像资料馆
　　统筹规划部

地方总站
　　北京总站办公室
　　上海总站"寻找百位留言人@一大留言簿"大型全媒体活动团队

海外总站
　　海外总站对外传播工作团队

中国国际电视总公司
节目代理部
大型动画系列片《林海雪原》剧组

央视国际网络有限公司
技术事业群—技术运维中心

中央新闻纪录电影制片厂（集团）
影视资料部

2021年总台庆祝中国共产党成立100周年宣传报道记功人员名单

（共111人）

总编室（2人）
赵　哲　刘　征

新闻中心（35人）
许　强　申　勇　黄　虹　薛小妹　康　锐
栗　严　王　威　孙　迅　钟　锋　洪　玫
龚雪辉　赵东辰　李　洁　唐　泽　马　挥
刘　斌　岳　群　杨　阳　侯　军　李　琳
张　伟　宋　镜　齐　兵　张　君　李　骏
温晓乐　付雪松　李　华　赵梦娇　唐子文
沈静文　朱　敏　安　然　苑听雷　张　昊

内参舆情中心（1人）
肖　湘

财经节目中心（2人）
龙　洋　刘　星

文艺节目中心（12人）
曹　毅　张晓海　吕大庆　俞　勤　林　远
张　骥　曹天抒　王　佳　图　旺　马　磊
于嘉琪　廖　祺

社教节目中心（4人）
阚兆江　段晓超　闫　东　赵京津

影视剧纪录片中心（4人）
马　骏　上官儒烨　韩　雯　王建国（夏蒙）

军事节目中心（1人）
刘丽娜

港澳台节目中心（2人）
万　梅　陈　星

英语环球节目中心（CGTN）（3人）
沈小蒙　梅　焰　马　烨

亚洲非洲地区语言节目中心（1人）
张　晖

欧洲拉美地区语言节目中心（1人）
刘　湃

华语环球节目中心（2人）
马　勇　贺亚莉

新闻新媒体中心（2人）

王　颖　费　翔

视听新媒体中心（1人）

包军昊

总经理室（1人）

孙改萍

技术局（27人）

周　磊	陈　辰	唐　沁	韩　铮	孔　征
盛　楠	王　军	薛知行	王　刚	刘　玓
朱海涛	李　萌	葛　涛	许春蕾	陈辉程
宫　晖	胡英琚	宏　伟	但　京	关朝洋
刘　新	张长征	张　京	武晋军	陈　晨
孙　峥	朱　峰			

地方总站（4人）

王小节（北京总站）　朱世松（北京总站）
李　洋（上海总站）　杨海灵（河北总站）

海外总站（1人）

姜秋镝（欧洲总站）

中国国际电视总公司（1人）

张　琳

央视国际网络有限公司（1人）

赵　磊

中国电视剧制作中心有限责任公司（1人）

李　萧

中央新闻纪录电影制片厂（集团）（1人）

罗　凌

中国环球广播电视有限公司（1人）

高　伟

2021年总台庆祝中国共产党成立100周年宣传报道嘉奖人员名单

（共2634人）

办公厅（78人）

吴　比	王子卓	徐　亮	李炜填	李　昂
刘　冰	陈晓洋	孙　楠	廖江衡	赵宏慧
崔红旌	李　凯	苏伯骏	姜希伦	杨　微
王　亮	单博扬	阎可嘉	薛　伟	吴军红
高　山	韩　鹏	魏　天	刘　芳	田启明
王　乐	崔晓冲	王　超	张　翼	张　骁
翟江海	张贺柏	陈天华	李　昱	张　阳
张权和	张　勋	曹新石	康晓天	崔国辉
王亚群	赖炜坤	司　颖	殷　悦	孙烨辉
杨书敏	陈学伟	申　丽	吴　雷	闫世广
杜国平	刘卫民	张德海	张长鸿	李　春
刘春建	杨　林	赵贵山	周红全	任立军
祁　凯	杜宏伟	孔向东	马　辉	王志伟
高永安	邹文彦	甄　理	赵卫兵	关福生
王光辉	杨　新	耿晓伟	孙　涛	张长安
张永东	王　猛	王永利		

总编室（41人）

傅　颖　谷云龙　杨　明　曾胡雪莱　胡晓慧

麦林静 韩瑞杰 刘晓霏 王 涵 陈 蓉 张芊芊 刘世军 张 昊 丁雅妮 马金龙
唐经刚 穆素华 周人杰 朱 棋 申耘箐 李可婧 王 冰 聂继承 曹筱征 韩文旸
付诗迪 刘 斌 李 宾 王 晓 杨 明 赵迎晨 黄一宸 项 飞 白玛央金
李雪莲 王冬玲 成 蜜 邓治英 张熳垚 闫乃之 梁铮铮 熊 冰 绽晓棠 孙岩峰
陈 忠 胡云龙 易 晶 龙新蔚 周宇博 王 倩 石 岩 吴 闯 熊传刚 章 林
侯永生 熊 逸 张 羽 郑 楠 凌晟珩 王 坤 贾盛云 李晶晶 文永毅 焦 健
谭义勇 李 静 张友信 姚晶甜 王 涓 薛 晨 帅俊全 高 磊 潘虹旭 马 力
张汉明 赵 晶 曹 岩 李文杰 叶 奂 刘 洁
曾文甫 刘 峰 张 赛 游 威 王友文
新闻中心（414人） 曹文钰 李志贵 周培培 任梅梅 李溪茜
高 岩 关娟娟 肖振生 陈 杰 冷建军 孟 颖 汪晓霖 王 平 张宇珺 周德军
王志明 王哈男 傅早笛 陈 扬 肖冰毅 郑昭红 李 昕 张利箭 晏 琴 李 进
李雪瑶 章 猛 李 东 张 宇 钟 锐 刘 立 王 新 黄 滨 崔 岩 齐 鑫
杨 光 罗晓丹 马 超 黄京辉 耿小龙 王卫国 柏 杨 陈 晨 吴冰玲 严 敏
周志国 关 舟 荆 伟 刘瑞琳 王 鹏 王 娜 凌永华 代海宁 刘飞飞 刘 念
马亚阳 张 淳 胡 玮 马立飞 许 达 崔 琪 马紫雯 高 锐 刘庆云 奚 彧
魏 建 郭晓龙 杨松涛 李晓周 王鹏飞 解立楗 王 珈 郭 磊 冯 艳 祖 峥
邢 彬 李 铮 石伟明 张晓鹏 李 辉 年 加 李拓勇 梁 铮 刘 畅 代斯琳
彭柏闯 沈 忱 郁振一 刘会民 彭 娜 宋 杰 赵 燕 刘一帆 李文佳 陈 曦
史 伟 张 冲 张建欣 闫 岭 黄美玉 吴 苪 张 辉 汪 潇 于 琦 许贞旗
李 炜 段德文 潘 毅 陈 力 张嘉冀 吴小望 李 宇 黎 旻 张 佳 陈 晨
孙金岭 郑红平 和利方 赵 刚 张 雷 付英凯 张翼成 周 军 郑 沤 尹 科
朱 瑛 王宏涛 李一苗 郑荣国 张文华 杨涛洲 丁 革 颜承京 崔明曌 曹红晨
李光宗 李蓉蓉 何治锦 金晓曦 张继宏 叶 晔 宋晓鹏 赵 萍 崔 晨 邓 婕
王向宁 马 鑫 姚文帅 叶 青 朱 波 徐鹤彦 檀梦琼 李海丽 沈菲静 李 雪
蔡建元 齐含笑 孙 杰 任 涛 王惠莉 刚 强 严於信 王 言 海 霞 王化强
王伟达 李作诗 沙 晨 侯 锋 王春潇 王 磊 樊新征 丁 飞 孙鲁晋 张棉棉
郭轩同 徐 斌 成 微 姚宇军 喻晓轩 李思默 杜希萌 韩 萌 刘 钦 吴喆华
刘 宁 屠志娟 付 鹏 王 宁 何 方 栾 红 肖 源 李 昊 刘梦雅 韩雪莹
冯 健 田 宇 肖 津 崔辛雨 张士峰 赵初楠 章成霞 杜雨亭 刘 蕾 冯会玲
李 严 于 淼 任 萍 李姜楠 陈 洁 杨 超 吴 菁 王 远 郭 静 王 娴
陈忠元 李嵬嵬 肖 璞 张 勤 梁丽娟 刘 飞 程穗儿 崔 欣 王巧玲 李 谦
赵曙光 王凯博 唐 颖 杨 潇 张艺瑾 王泽华 解朝曦 朱星晓 刘黎黎 李行健

钱 成	周益帆	任 捷	陈俊杰	谢 磊	洪 琦	陈红兵	骆 群	徐 强	哈学胜
陈 怡	杨 华	李海霞	龚 晨	常海宽	柯成韵	朱宏钧	杨 曦	杜 阳	姜文博
石宁海	富梦瑶	杨子楠	闫 明	单 姗	齐文星	潘 敏	张 菁	桂佳唯	马 放
李冠群	王 鑫	杨卓英	李 琳	魏 郁	刘 阳	冯玉婷	张 涵	靳 强	李斯璇
朱宛玲	林 路	高玉杰	陈 濛	葛大鹏	李 琳	李 青	薛 倩	斯 琴	汤鹤松
杨 光	潘晓英	蔡耀远	王昆鹏	谢 薇	谢乃川	罗 敏	于小曼	李天路	李亦阳
徐佳君	刘 允	朱 虹	游 佳	何 昊	武 洋	门继光	张凯华	王小丫	郑 洁
韩 卫	赵 娜	梁 晶	刘 雷	浦 轩	李 明	裴 峰	曲 鹏	刘 巍	王屹希
李红琳	许佳星	李 达	方晓峰	包奕韬	唐 珂	邓 彦	赵 雪	张 蕾	赵 融
郭 鸿	邵志汶	王 策	曹亚星	成 康	王凤兰	李红兵	焦 浩	卢海宁	陈爱海
王晓辰	高 深	周嘉伟	李海文	鹿 新	王 涛	刘 畅	杨富江	丁华艳	隋 鹏
程 铖	杨 波	杜 晔	侯鑫强	李亚军	刘志军	刘文静	黄 睿	刘 峥	李彬彬
康振兴	刘纵雷	康晓宇	王晓亮	齐银松	满恒宇	杨 晔	邱红波	张凤玥	齐 曦
马 迅	张晋杰	赵 鹏	凌 枫	路一鸣	王志亮	唐 琪	蒋 果	肖 梦	吴 畏
温 创	姜 金	王一凡	孙琪昌	杨宏伟	邱 莉	段 磊	李虹诺	窦 静	高先民
尹一男	王恒乐	李夏炎	沈浪浪	刘逸晗	尹 楠	李 欣	孟 莉	于 婕	王晓来
韩 锐	胡 贺	王宇晨	苗毅萌	刘开放	文新宇	王立伟	王心琳	覃大庆	刘伟华
范 凯	赖 健	康 毅	高博远	李 力	王冰莹	章 艳	陈伟鸿	申超超	
范满圆	范学禹	张 喆	李伟鹏	沈子晋					
张成强	李向伟	傅子星	高 涛	李鹏冲	**文艺节目中心（81人）**				
金光宇	孔冰冰	付海亮	时 路	何 泉	毛才桃	吕逸涛	孟 宇	赵晓鲁	张晓夺
李昌鹤	陆博第	张 宇	杨笑宇	王天语	罗 辉	刘 源	张 帅	傅 博	王珍珍
刘 强	朱东一	丁超弋	肖磊垒	肖 烨	王昱森	安志平	张 鹏	姜 旭	黄 玮
周 岭	徐春明	郭沅恒	周玉瑾	周 涛	申 宇	胡浩源	荣 嵘	张西宇	赵学峰
赵馨怡	王胜飞	毛亚伟	刘建昌	孟 宁	冯大维	曲二飞	褚 贺	李 墨	温锦昊
杨新禹	刘 岳	王剑锋	周梦佳	李昊阳	张天宇	安 伟	宋云哲	杨光宇	陈 磊
韩 壮	齐 森	张子正	刘 冰	冯 锋	王少博	毛 明	于 航	郝 正	李 江
					王 威	杨佳宁	吴擢翀	丁 旭	傅博凡
内参舆情中心（3人）					杨 昆	周 亮	尹学军	张振国	潘前军
张一夫	王文爽	郭斯嘉			商 旭	吕 朋	王 民	黄 福	张 鹏
					马 扬	舒 强	董 岩	白晓晗	陈佳正
财经节目中心（94人）					句依林	赵宏宇	汤 浩	宣 沂	田姗姗
梁建增	杨春阳	蔡 俊	董春虎	赵嘉岭	秦新民	李 超	赵大治	张异凡	刘 林

王　璐　张　喆　张　鹏　马　佳　彭倩芸
张淳修　孟　醒　张　菊　刘玉婷　熊丽华
赵　薇　魏胜利　董　彬　国　实　邹　蕾
莫晓芳

社教节目中心（45人）

何绍伟　王　晶　陶　炜　魏淑青　张　琼
王　昔　肖同庆　权　勇　田　龙　张　磊
刘振洲　田　娜　庞　克　王庆宏　盛振华
李　忆　张长虹　王　林　刘　帆　那尔苏
宋　丹　曲新志　侯　洁　杨　林　郝　梦
钱新芳　王筱磊　黄　薇　屠　化　黄　鹏
章　京　王　鹏　王　伟　吴　卉　王建彤
华　越　王亚丽　谭　阳　赵紫薇　慕　峰
顾　健　于云鸿　黄艳蓉　王　玥　安　洋

影视剧纪录片中心（50人）

王新建　刘　馨　李小东　刘　明　姜　灏
佟　宇　郭　婷　杨春果　夏斯伟　练曙求
杨　畅　李　娟　杨　珺　郑　威　安　宁
王　浩　白　娟　李梓萌　石世仑　兰孝兵
周　俊　李艳峰　刘　茜　郭　宁　梁　坤
李　瑨　汪　鹏　李博约　赵　妍　尚　狮
王　扬　梁　达　孙纾妤　吴胜利　曲新志
刘　铭　梁　怡　刘　芳　刘大伟　高玉敏
齐义民　周　凌　芦志钢　黄海波　杨诗仪
田楚韵　田咏力　谷　葳　丁颖洁　马胜康

民族语言节目中心（28人）

李清斌　吴　琼　白荣博　喜饶旺德
刘洪斌　吴新日　乌斯曼江·玉素甫
伊丽娜　玛·敖图海　乃日斯克　吉日木图
旺　堆　达瓦次仁　旦增旺加　库尔班妮莎
艾尼瓦尔·艾尔肯　叶力夏提·色依提
赛力克·热合木　哈那提别克·朱马拜
金成龙　金政翼　具瑞林　才让多杰
旦增旺久　洛桑加措　尼加提·卡德尔
奴孜古力·依米尔　美锐·叶尔江

军事节目中心（62人）

刘智力　李　昕　侯东合　吕锡成　管李文
张　磊　李　洁　冯新杰　刘一鸣　赵钱江
孙　利　汤　丽　刘　畅　华　超　李海军
于慧丽　赵　乐　薛　冰　蔡　蕊　吴　萌
吴慧彤　李　楸　刘蓉蓉　吴燕敏　王居蔚
吴经春　刘　干　赵景怡　侯婷婷　吴　双
张秋霞　李　丹　马　烨　秦　祎　白　晨
游　佳　梁　晨　徐蕾莹　熊　曦　汪东升
李凤娟　黄　硕　欧阳倩　王　潇　巩延鑫
王玉劼　谭淑惠　陈　欣　孙　杰　穆亮龙
朱西迪　王锐涛　郝　铮　彭洪霞　袁萌婷
宋鹏超　李金鑫　邓曦光　高　鑫　白河山
焦小鹏　刘海弘

农业农村节目中心（10人）

曹　畅　张成光　路　菲　雷　雪　杨新刚
金弋琳　王　娇　马嘉蔚　冯其器　许　伟

港澳台节目中心（16人）

王全杰　胡　翼　孙洪涛　宋　雪　曹　阳
廖　晟　陈江滨　张　彬　陈嘉琦　张　蓓
邵丽丽　刘文燕　蒋蔓菁　孟祥海　朱红娜
刘立忠

英语环球节目中心（CGTN）（314人）

范　昀　麻　静　王跃华　刘　聪　丁　勇

宋嘉宁	张立勇	吴 琼	王 颖	李沁芬	赵健夫	王 蕾	尹晓通	曾 巍	刘 娜
高悦雯	杭 洁	杨海滨	郭 静	曹鑫磊	尚 喆	马天静	张凯泓	马惠欣	徐 新
张 帅	路 岩	赵 凯	赵 威	丛 琳	王晓川	刘冬花	周姣贵	郝 佳	冀 艺
汪 东	王 鑫	杨芸轶	武 猛	黄圣涵	张新华	哈维（Javier Vergara Corchero）			
冯 玲	徐兆群	张 露	刘新清	庄玉滢	奥克（Jorge Octavio Fernandez Montes）				
句 洋	赵昆仑	唐 博	孙天缘	吴 磊	潘津晶	邓 颖	周 隆	贾 佳	姚思翾
何卫卫	孟庆生	夏瑞雪	关 阳	崔汇鹜	罗 萌	李珂凡	胡 敏	唐莹莹	宋 宸
郑亦冰	吴国秀	苏钰婷	赵云飞	王纪刚	陈疏疏	贾佳斌	刘 沙	姜 璐	杜 贝
鲍宏伟	蔡靖轩	杨福庆	杨 宁	丁小月	张 剑	荣洪涛	王国营	孙 蕾	宋 扬
任芯序	朱明非	高怡铭	宋 珅	李璟奕	姜 涛	杨晓岚	俞 江	王波涛	邹 南
王茫茫	潘 登	李东宁	王其伟	宫媛媛	朱 丹	董 桥	单 良	杨 栋	薛 婷
郭元杰	张晨之	王 浩	任 婷	袁晓园	张 劼	姜 元	刘 芳	谢澄澄	刘丽园
刘 玥	许佳颖	钱 芳	李春霞	李时宇	赵翠云	傅碧君	赵志瑾	李雅静	刘宇婷
司 楠	刘育淇	张 婉	温雅茹	陈 姗	马慧园	张 慧	何 滨	许 欣	吴辛欣
王雪靖	党 正	李天夫	李 响	李向阳	马 骞	台学青	孙晓蕾	常 磊	王 烈
徐纪业	吴海霞	李 健	张景南	周 军	吴梦雨	赵 明	王 梓	肖 琳	高 宁
李 倩	张小鹤	艾 琰	王 腾	张冬波	赵松梅（Songmei Melina Zhao） 次晓宁				
周婷昱	刘晓娴	郑晨蕾	王凯琳	田楚吟	张 洁	王 萍	马佳盈	王思航	贾 鹏
闫 俐	李菁菁	张万宝	范晨潇	黄瑞琪	申 旭	李利娟	叶欣华	荣 寰	王 馨
胡荣政	李志昂	刘 亢	刘玉瑶	叶 青	李 藜	孙 莉	费媛媛	李延琼	顾琦佳
伍 妍	赵 红	李德意	宋波儿	聂 峥	李 颖	李 楠	吴媛媛	石 凌	魏 薇
凌煦雯	杨 砥	邢芳毓	陈 霄	王子祺	张 博	廉 辉	刘 畅	章成竹	陈 伟
吉卫华	葛 璟	任 岩	肖建田	薇	覃鑫尧	王海罡	毛晓彤	王 硕	张东旭
刘 欣	王 冠	毕建录	王 曦	蒋智慧	孙 珊	宋安琪	邵炳麟	马宏宇	赵 静
王 英	魏 威	刘剪西	科尔沁夫		萨拉赫（Salah Mohammed Mohammed Abuzaid）				
王艺霖	何育杰	丁思悦	沈 力	王 巍	亚斯（Yaser Ali Taher Jawad） 刘远清				
喻 芳	郁 丹	朱 易	韩 斌	刘长颖	邵振华	张 楠	刘 畅	向仲南	唐海平
黄晓东	朱 达	樊 璐	肖小外	王庆峰	曹晓晨	李忠庆	张 阳	钱 程	
周 曦	庞新华	郭玉华	周倩斌	于伯坤	尤利娅·任（Yulia Zhen）				
高颂雅	程 禾	邓 薇	齐田星	关 馨	安娜（Anna Allabert） 王 彤 王毓韵				
吕 律	廖吉波	徐 扬	陈 枫	吴 佳	孙 娟	常 雷	谢平（Konstantin Shchepin）		
许钦铎	涂 赟	宁 妍	罗来明	苏 毅	韩旭岭	李俊泽	刘三琦	王 婧	凌 浩
盖安娜	费 菲	王 潇	侯丽梅	颉 晟	杨懿俊	阿列霞（Alesia Korzun） 赵 萍			

陈奕璇　王晓博　袁晓燕　贾惊涛　邹　荃
唐颖楠　金　钟　徐延民

亚洲非洲地区语言节目中心（82人）

万　兵　台林珍　贺金喆　王　琦　袁　奇
黄文华　龚万鹏　王子昕　王　洋　刘睿琳
闵亦冰　李轶豪　刘　睿　李仙玉　权香花
格日勒图　乌日含　甫尔布加甫　桑德格
魏　为　韦　夏　卢倩桦　蔡宝峰　刘华丽
蒙　龙　莫小玲　吴怡杏　陆永江　刘　榕
张　丹　韩　希　郑元萍　张　弘　张　宪
梁　靓　常思聪　咸　杰　董　洁　徐敏霞
辛　甜　洪荃诠　徐晓霞　郭翔青　冯　辉
翟茜茜　孔思琦　包　颖　刘　雯　杨漪峰
朱晶晶　牛卫东　陈晓娇　杜佳宁　陈　翔
胡萍萍　赵　江　蔡　峻　侯丽娜　廖　亮
石　乐　郝丽芳　卜　云　曹艳华　王丹红
薛斐斐　汤剑昆　赵蓓蓓　麻余瑶　罗来安
耿晶晶　刘　婷　席　猛　陈　重　赖冬颖
高　山　张威伟　陈利明　律德伦　李　宏
周　游　陈永华　奚啸琪

欧洲拉美地区语言节目中心（44人）

阎　蔚　孔　杰　高梦宇　许　多　殷　帆
陈　坚　李梦非　白　旸　郑　昊　张　帆
李　玺　石晓森　陈昕儿　施　倞　郭　昊
侯依宁　杨　晨　钟　雷　张　攀　王聿喆
张　辉　赵征宇　付意恒　纪　旭　吴　敏
盛　超　张　燕　许　光　于　希　李　娴
曹秀媛　李　璐　祸璟琳　孙宇峰　殷相峰
范　珣　卜卫军　路　明　邢　颖　卫　宁
吴　敏　王智达　李爱莲　张艺璇

华语环球节目中心（130人）

李欣雁　徐　军　洪　琳　张利中　王　蕊
王东民　张华杰　汪朝晖　常　治　关　莉
高　辉　赵　斌　薛红霞　崔　狄　王依依
钱希茜　李　然　王　峰　黄　卫　孙宏峰
王海涛　杨　霁　杨　华　马　维　朱　军
吕晓佳　周　密　王正程　李洪晓　王梦健
唐秋香　徐丽薇　王喜焕　周晓岚　李　申
景　欣　董金明　刘　娟　杨　磊　钟亚卓
杨奉涛　杨修雯　侯婧姝　张平平　王未来
孙　平　贺　芳　李　季　张明旺　华　东
冯　倩　潘水珍　吴　岩　王慧玲　谢　强
董伟荣　李　想　王　洋　许文庆　潘　蕊
孙　彤　张　珞　纪　萌　鲁　健　王端端
殷　捷　赵　钢　张志丽　方　芳　付银华
汪　一　刁伟华　桑瑞严　陶跃庆　王冬妮
战丽萍　张梦溪　张舒扬　叶志洲　崔婧哲
李　贺　李凌菲　刘　超　宋　达　王薇薇
徐　速　于婷婷　张　剑　张文静　朱　刚
骆　魏　赵　凯　荆　锐　倪　钢　王　洁
颜占领　郭西宁　刘家俊　柳　颖　潘春蓉
张浩宇　端木礼昕　冷　冬　马　林
苏龙臻　王宇昌　王宇涛　王世林　滕双双
董宝磊　贾雪纯　郭　慧　孙雨朦　吕　涛
柳巧为　杨雅雯　郭小荷　赵立航　王煜昊
张　恒　田　巍　张　意　陈　钧　汪　鑫
吴少英　陈毓娟　刘燕枫　李天胜　赵　洋
弥亚牛

融合发展中心（2人）

周　滢　黄丽君

新闻新媒体中心（42人）

骆红秉　王姗姗　徐　冰　陆　毅　刘　鑫

李　浙　张　鸥　盛玉红　马丽君　吴发力
殷群平　席罗曦　温焌意　关美璐　丁　沂
王　宇　张鹏军　杨弘杨　陈　莹　董新稳
王竞择　关　翔　王　涛　张伟浩　樊嘉晨
陈宁泽一　蔡建元　赵　娜　梁　晶
朱　婧　韩　星　余　樵　王阳昊　邱新鲁
尚凌博　郑　弘　杜　通　熊江萍　韩任伟
蒋安琪　郭云飞　王　薇

视听新媒体中心（14人）
杨继红　王　健　闫　敏　陈致远　徐　曼
吕　娜　孙　瑶　王秀帅　陈晓夏　郝建隆
姚　远　姜　华　倪　晗　曲柳燕

人事局（4人）
王　芳　梁　策　谭　英　朱　琳

财务局（9人）
李　峰　耿庆庆　高华中　赵建华　贾　丽
张志友　孙　彤　王　岩　杨华东

总经理室（10人）
曾　芳　冯依民　刘　明　杨莉莎　王　森
杨　玲　方　恒　唐　娜　游　涛　王　芳

技术局（611人）
徐　进　智　卫　李跃山　刘朝晖　管　毅
刘万铭　师　雄　姬海啸　潘　奇　吕兆明
程　坤　相　冰　尹　利　周玉强　杨　祎
杜书华　万承涛　孙　浩　董　帅　白　棣
胡潜馥　徐　梦　许钢鸣　祥祖军　王　榕
黄振川　东晓光　李力胜　李　冉　马　坤
杨慕星　琚初蔚　高迎春　石　林　刘　燕

石　峰　卢冠宇　薛军洪　张大立　于　亮
潘晓菲　顾映捷　王子明　闫　皓　朱　易
杨　堃　许宗鑫　赵　蕾　李月玲　姜永兴
王子坤　迟峥峥　韩思梦　何　璇　王　帅
刘　宇　胡　冬　刘　枫　栾　靖　王嵩洋
杨　光　杨杉杉　宋翠翠　张　震　范传兴
闫　旭　方　丹　李永辉　华玉凯　邓　琳
王　鹏　蒋腾飞　况德新　李思炜　宋庆峰
李　岩　郭晓洁　尤　捷　李　胤　郁　铭
王　攀　李　超　程爱华　解虹宇　洪　超
李　放　李　磊　马　征　赵雪松　蒋　励
张　昊　苏　瑜　刘　涛　王丹妮　李冰洋
张峻峰　符　泽　郑　岩　陈　宇　郑硕石
袁津江　杨　臣　崔　原　邓　科　吉　彬
白　宁　董　旻　田冰男　苑　文　范　苑
李　鹏　葛广利　陈　洋　姚会丰　罗朝龙
贾卓鑫　邵方奕　尹玉斌　金子淳　赵　佟
王瀚宇　王　森　刘佳欢　刘远东　陈　瑶
胡正光　段晓宇　刘昭明　王红波　冯晓明
张　尧　张俊豪　苏世威　张思聪　徐　征
苗　欣　蔡莉莉　刘天宇　乌　恩　张　勇
高　忠　马　盈　樊丽萍　何　悦　霍泓昊
竺茂昆　王　凯　许　辰　孙云鹏　张稼良
王世杰　王　骏　白宗泽　刘宏霞　范宏运
常天缘　王瀚锋　李　凡　浦　杰　唐　旭
刘　旭　曲希波　韩东光　陶　湛　赵　伟
慕永晖　王　峰　刘　浩　王笑雪　赵宏辰
祝　威　王　轩　赵志明　刘慧旭　董　凯
郭树鹏　唐建评　冯子阳　刘　昊　张百奥
宋家苗　徐启倬　朱锦鹏　腾孟林　赵天石
檀寅莲　马晗宇　夏欣月　张露淇　杨松桦
肖浩浩　萧　洒　闵际元　陈建波　李小森
张玉阶　王　泽　刘　洋　黄绍楼　杨翔凯

孙祎龙	李桐德	汤焕钊	张　靖	窦　旭	刘　钢	吴　轩	李　智	宋　进	高子茵
林　忠	刘新宇	孟庆谊	潘燕生	徐震宁	吕一夫	王鸣白	唐云鹏	杨　嘉	李　丰
段　复	张　明	王安庆	谭海宾	高梦溪	付　昱	张　博	吴雅文	叶立明	刘航诚
杨　浩	罗　元	李　威	李少彤	刘树彬	窦少辰	尹宝兴	李伟玮	王　众	李　帆
刘　辉	靳路垚	张潍荐	王军华	梁永彬	周昕宇	马　欣	汪　涛	鹿楠楠	陈　洋
袁志东	马　喆	沈世一	张文德	曹祚诚	崔　巍	苑学成	王　玥	林　丹	阎　鹏
尹　科	李　强	周　波	王茂年	任　骥	赵维达	王宝莹	谭智勇	李　泉	李　松
李春松	孙韫韬	王　鹏	贾培宏	贺春节	宋思瑶	刘一兵	刘恒伟	蔡金普	秦嘉澍
薛　超	彭　程	李　轩	郭　洋	吴　军	靳裕龍	丁　超	张凯琦	王　伟	宋　伟
叶亮显	张思研	陈　猛	梁继辉	王　宁	刘币钧	张　爽	于　晶	张鑫琪	赵柯瑜
吕　政	王德顺	孙　振	谷　丰	胡欣迪	王瑞克	童　贺	陈志学	杨　京	罗　骞
张明琦	郭振东	刘根俊	谢　萌	周树宾	赵国宇	边士哲	桂子岩	张天一	何天赐
田　盛	谭　昕	张永亮	任正龙	刘　帅	赵　刚	智庚晨	王　璐	张星宇	康韦斯
张辰宇	吴永福	杜之昊	赵蓉平	尹衡之	张　磊	刘　洋	黄帅嘉	蔡　雨	李小沛
任晓阳	叶广宇	李东洲	李　源	焦　岩	刘　青	葛　赢	郭　祥	彭　昆	孙　涛
郁　建	谢甲豪	朱宴朋	查　毅	王晓杰	孙　硕	骆　峰	王少飞	范麟星	李　玥
冯靖云	杨　畅	赵满静	李　培	王浩森	扈新峰	蔡梦森	方兴健	范思男	虞珺雯
张　峻	张　宇	康旻杰	白　强	杨　言	冯　冲	米　蕊	张　震	张小川	司　缘
王璬琢	张晓川	王宏图	翁浩洋	张方琦	赵　晔	冯高洁	封　毅	聂永康	柏嘉铭
范端麟	程智彬	马连驰	陈翊东	丁志超	陈博览	谭　栋	段　峥	王　欢	王　勇
鲁子欣	张　旭	戴佳婕	叶峻材	牛军舰	沈心力	马常河	闫贵良	张　冲	赵衍雷
孙逸浩	宋　易	崔昕怡	高润泽	李燕伟	毛薇薇	张　平	刘文生	白　磊	魏立全
刘一涵	刘　披	王冠志	杨如鹏	董　璐	刘全胜	冯　云	辛增强	亢江江	马东旭
李子杰	张继跃	袁　祥	熊　珂	范文森	张家超	马志红	张　郡	张连波	张永伟
李　岩	石　鑫	刘　禹	王　帆	代　天	李　超	王东旭	贾天生	英生刚	张晓强
曹志强	靳　嵩	赵　楠	史　铮	王海涛	何旭东	金　然	丁　扬	刘伯华	刘金牛
刘　龙	陈　鹏	王英泰	齐　霁	陈　鹏	王　芮	马　龙	安克伟	刘桂东	李玉栋
张嘉琦	李　霁	石　健	赖　旻	荣　誉	姜　宗	任正林	朱硕文	王改兰	马小伟
赵威鹏	孙小月	赵志鹏	袁　文	况　婷	李　其	刘桂合	赵新祥	张宇新	檀进保
张　杰	李增辉	张宫博	郭轲鑫	张　岩	王　恕	路福生	于海洋	隗合兴	王建青
朱苑菱	梁书利	顾青山	任　刚	韦　焕	肖　平	苗城铭	耿战军	齐占龙	何　伟
王兰岚	朱　毅	曲　乐	焦健波	杨　奇	李　鹏	王雪峰	陈立新	高玉喜	李荣军
张托夫	杨文文	杨　鑫	张云轲	陈　波	吴小勇	葛少鹏	吴红强	李庆明	马建勇

马　跃	葛明东	李志勇	林强军	刘逸飞
林　阳	房大文	初　熙	秦梓元	周天纵
李晨雨	张　旭	孙海泓	樊　磊	张　京
肖国栋	潘　宇	仲灵毓	罗　攀	王　宇
王　亮	汤　伟	李学工	刘　敏	刘海韵
杨立培	邵学超	孙　查	张　博	马海雷
于小暖	李　斌	高小军	于　宙	韩　兵
张健全	任建柱	张利民	范世林	李若中
刘　祥	高连峰	张　萱	娄子兵	高　阳
吴光达	刘虎楠	齐　刚	王　晟	朱　锐
于钦飞	张亚磊	李国喜	张雪峰	王崇义
郭万辉	尤　苗	张爱晨	张　郁	阚绍宇
李佩林	李伟森	郭向军	张翰森	楼　允
刘新杰	张立宇	李　茉	丁　健	邓　晖
邯子皓	刘秋尘	李　岩	周　立	杨　健
李英斌	刘　宁	白　宇	刘　斌	许卫国
史　强				

国际交流局（3人）

尹　凡　贺　宇　郭燕燕

创新发展研究中心（10人）

张利生	徐朝清	吴克宇	张亚东	韩春苗
胡妹妹	班　闯	薛凯元	崔黎黎	王　斐

机关党委（2人）

刘　斌　高　歌

音像资料馆（30人）

张丹宁	张　爽	刘　娜	方　媛	周　敏
吴丽丽	刘溟帆	王钦第	宋　波	赵金松
刘　芳	刘　弥	牟　兵	高　峰	骆　京
杜莎莎	叶晋春	魏红芳	张建奎	么　磊
唐广芳	陈　爽	安桂霞	张　杨	晋园园
王海征	陈文默	张萍萍	徐　菁	鞠　超

影视翻译制作中心（1人）

孟　毅

地方总站（176人）

牛慧君	赵礼豫	何　畅	许梦哲	危家煦
胡亚利	武　伟	王晶磊	杜　震	谢宾超
郭晓平	郭永良	祁雅斌	路　平	宋云屹
岳旭辉	韩逾昊	赵颖洁	刘　屿	刘晓波
修治国	裴　奔	季熠非	齐莉莉	郭　威
雍　军	李新峰	曹志宇	褚尧琦	金光宇
王晓亮	刘纵雷	王宇航	赵文彬	刘源源
于中涛	杨　洋	乔仁慧	邵　冲	王海樵
刘宇涵	吴　琼	魏　然	杨　静	周　洪
王君君	王惟沙	吴燕俊	牟　瑛	瞿沙蔓
王骁驰	周　力	孙慧升	辛如记	黄　剑
田　萌	赵坤现	任磊萍	姜新钢	王静芳
王亚民	倪晶依	凌　姝	王伟超	李　炜
何　盈	杨　光	景　明	徐大为	常大召
高　珧	张国亮	曹美丽	梁　烨	吴　俊
刘　军	王　利	李秀吉	邵鑫扬	武文超
刘　涛	公海泉	林　舟	陈　庚	曲绍虎
王　朋	胡　啸	范存宝	李竟成	谢元森
杜曦晨	柴安东	庞　振	王　伟	刘颖超
窦效磊	陈　恺	尧　遥	姚　鹏	赵　喜
陈　稼	王　溪	刘文杰	陈鸿燕	蒋厚波
李劲松	强　久	普布次仁	李　朕	
高　洁	张　巍	王新宇	黄立新	杨雨桐
吴成轩	耿晓斌	许　辉	柴世文	王　妍
王　皓	马凌峰	李亚玮	李永辉	高　山
王小龙	田　彤	王跃军	张孝成	蒋雪娇
信　任	崔　宁	水　政	阿尔曼·阿里木	

杨涛	朱永	叶飞	陈龙	魏安
陈杨	邓丽娟	陈鹏	法绮	刘雨
张帆	尹平	陈春晓	刘昌德	孙胜利
许世鑫	范建峰	杨妮	白璐	黄鹂
缪秋成	蒋林	张俊卿	周羽	郑秀国
李红刚	常江	陈旭婷	张莉莉	魏星
徐丽瑛	张琦	刘祎辰	郑澍	吴穗斌
刘帆	吴媚苗	邓裕达	宋大珩	傅琦恩
李佳亮	张垒	邓君洋		

海外总站（28人）

曾斯伟	许弢	王晓舟	徐丹娜	孙宇
赵震	史跃	孙露	罗雨	李健南
张雨辰	陆隽弘	周宣	白桦	邹合义
江华	余鹏	宋一平	王晋燕	王德禄
周伟琪	李纳新	邓雪梅	肖中仁	崔如
高佳义	李敏	冯良辰		

中国国际电视总公司（42人）

华蕾蕾	段一昕	纪强	张金林	樊志远
赵卓鹏	胡艳梅	常乐	梁仁红	吴雨晴
白河山	夏清	刘彦	杨江龙	王龙
李昕洋	王志军	张霄鹤	赵汉卿	李宁
李嘉熙	孙影	杨威	曹金梅	敖然
张波	杨礼波	李常揆	刘智鹏	卢伟
秦卫华	历文博	王艺霖	魏帮军	慕新辉
闫占涛	齐超	刘贵虎	李艺	孙凯
蔡志军	陈家奇			

央视国际网络有限公司（37人）

王玉娟	魏驱虎	陈剑英	唐晓艳	谭闻婧
张宁	周芙婧	张健丰	朱立松	费有文
廖智伟	王楠	盛尧	廖红漫	苍大龙
王雷	程明	樊翠芳	毕云天	李义彪
任兵	王京	兰军	龙禹濛	冯晔

卓越	张土昌	魏宇	李绍飞	张晖
樊帆	邢明	孟利铮	王玉西	戴萌萌
及玥	陈珊			

中国电视剧制作中心有限责任公司（3人）

梁彤　张燕　戎家赫

中央新闻纪录电影制片厂（集团）（57人）

姚永晖	朱勤效	徐方方	李雄	荣湘
徐建春	李亭	陈会宾	纪明方	瞿卫军
谢庆斌	刘芃芃	徐剑锋	孙伟	张海宁
赵昭	王雪竹	贾晓欣	范欣	张梓宸
朱兴辉	朱志华	安宝华	张又鹏	刘飚
沈非然	胡斯奥	冯晶晶	张洋	戴光
邵可	单雷	李文庆	孙宇阳	于烈
颜财兴	崔旭	刘恒	马绍哲	赵洪铎
杨晓童	张京	王征	陈超	鄂雷
张迎	朱岩	鞠云青	杨璐	李吉申
田博文	朱丹妮	李珺	张京凯	李林
马彦强	杨明			

中国环球广播电视有限公司（19人）

李琬	宋宪坤	韩芳	曲帆	何云朝
徐霖	高歌	王静	姜光宇	花旭
陈彦男	张玉玲	许晔	梁璐	李霞
胡楚翘	何丽云	王琳	端木义平	

央广传媒发展总公司（18人）

赵净	关宇玲	刘一荻	孙瑞婷	田甜
王晶	陈锐海	高阳	朱建勇	高艺宁
杨海全	赵洋	陈涛	张琼文	刘雷
干劲	王乐	杨鸿光		

国际在线（24人）

张霁苍　段　爽　魏　静　蒋莉莉　孙月园
戴　爽　张斯路　范琪妍　谢诗佳　金　近
邓晨曦　陈鑫涛　王嘉宁　吴晓虹　熊　瑛
史　佳　郑建超　覃晓波　董　丽　张津铭
刘　欣　位树理　薛　冬　武若曦

2021年度总台获台级奖励人员名单

获奖名称	姓名	性别	民族	工作单位
青年英才（新闻采编）	李　铮	男	满	新闻中心
	肖　源	男	汉	新闻中心
	魏东旭	男	满	新闻中心
	吴龙海	男	汉	新闻中心
	王晓琛	男	汉	新闻中心
	闫乃之	男	汉	新闻中心
	崔　岩	男	汉	新闻中心
	祖　峥	男	汉	新闻中心
	汤　健	男	汉	新闻中心
	柴　华	女	汉	新闻中心
	洪　玫	女	汉	新闻中心
	沈　忱	女	汉	新闻中心
	冯　悦	女	汉	新闻中心
	丛威娜	女	汉	新闻中心
	李　默	女	汉	内参舆情中心
	罗　敏	女	汉	财经节目中心
	尤　宁	男	汉	体育青少节目中心
	艾尼瓦·艾尔肯	男	维吾尔	民族语言节目中心
	仁青旺堆	男	藏	民族语言节目中心
	吴　杰	男	汉	军事节目中心
	李　洁	女	汉	农业农村节目中心
	赵婷婷	女	汉	港澳台节目中心
	聂　聪	女	汉	华语环球节目中心
	施　佳	女	汉	融合发展中心

续表

获奖名称	姓名	性别	民族	工作单位
青年英才（新闻采编）	庄胜春	男	汉	新闻新媒体中心
	张奇斌	男	汉	新闻新媒体中心
	孙 瑶	女	汉	视听新媒体中心
	杨海灵	女	汉	河北总站
	李 凡	男	汉	河南总站
	高 珧	男	汉	浙江总站
	景 明	男	汉	江苏总站
	姜文婧	女	汉	湖南总站
	周伟琪	男	汉	亚太总站
	李 超	男	汉	中东总站
	宋一平	男	汉	亚欧总站
	马培敏	男	汉	非洲总站
	张亚东	男	汉	创新发展研究中心
青年英才（专题和文艺）	舒 冬	男	汉	总编室
	龙 洋	女	汉	财经节目中心
	吕 朋	男	汉	文艺节目中心
	刘 欣	男	汉	文艺节目中心
	王 菲	女	汉	文艺节目中心
	张 喆	女	汉	文艺节目中心
	邵圣懿	男	汉	体育青少节目中心
	杨 晛	男	汉	体育青少节目中心
	张宏达	男	汉	体育青少节目中心
	王 珊	女	汉	社教节目中心
	齐柯宁	男	蒙古	社教节目中心
	上官儒烨	女	汉	影视剧纪录片中心
	冯新杰	男	汉	军事节目中心
	金弋琳	女	汉	农业农村节目中心
青年英才（国际传播）	王 倩	女	汉	新闻中心
	田 晓	男	汉	港澳台节目中心

续表

获奖名称	姓名	性别	民族	工作单位
青年英才（国际传播）	张静文	女	汉	英语环球节目中心（CGTN）
	张 婉	女	汉	英语环球节目中心（CGTN）
	钱 芳	女	汉	英语环球节目中心（CGTN）
	李 响	男	汉	英语环球节目中心（CGTN）
	荣 寰	男	汉	英语环球节目中心（CGTN）
	沈潇迪	女	汉	英语环球节目中心（CGTN）
	邓 薇	女	汉	英语环球节目中心（CGTN）
	罗来明	男	汉	英语环球节目中心（CGTN）
	燕 玺	男	汉	英语环球节目中心（CGTN）
	刘 芳	女	汉	英语环球节目中心（CGTN）
	朱晶晶	女	汉	亚洲非洲地区语言节目中心
	贺丽媛	女	汉	亚洲非洲地区语言节目中心
	吴怡杏	女	仫佬	亚洲非洲地区语言节目中心
	刘 湃	男	汉	欧洲拉美地区语言节目中心
	邢盛妍	女	汉	欧洲拉美地区语言节目中心
	范 珣	女	汉	欧洲拉美地区语言节目中心
	陈 颖	女	汉	华语环球节目中心
	张 一	女	满	国际传播规划局
	邱天姝	女	蒙古	国际交流局
	韩 鹏	男	汉	北美总站
青年英才（媒体技术）	曲柳燕	女	汉	视听新媒体中心
	蔺 飞	男	汉	技术局
	陆振洵	男	汉	技术局
	刘秋尘	男	汉	技术局
	黄 弘	男	汉	技术局
	王子建	男	汉	技术局
	薛知行	男	汉	技术局
	马 坤	男	汉	技术局
	李 中	男	汉	技术局

续表

获奖名称	姓名	性别	民族	工作单位
青年英才（媒体技术）	赵　鹏	男	汉	技术局
	董晓波	男	汉	技术局
	孙　涛	男	汉	技术局
	马　楠	男	汉	技术局
	王　亢	男	汉	技术局
	周　帆	男	汉	技术局
	罗　攀	男	汉	技术局
	苏　超	男	汉	技术局
	闫　寒	男	汉	技术局
	王　鑫	男	汉	技术局
	张思聪	男	汉	技术局
	许振峰	男	汉	技术局
	王　晟	男	汉	技术局
	骆　京	男	汉	音像资料馆
青年英才（经营和管理）	姜希伦	男	蒙古	办公厅
	赵烨岑	女	满	办公厅
	申耘箐	女	汉	总编室
	田　园	女	汉	总编室
	麦林静	女	汉	总编室
	李　华	女	汉	新闻中心
	曹　武	男	汉	人事局
	庞　宁	女	汉	人事局
	徐　扬	女	汉	财务局
	赵　叶	女	汉	财务局
	徐　蕾	女	汉	总经理室
	韩　墅	男	汉	总经理室
	马　朔	男	汉	总经理室
	刘晓雪	女	汉	机关党委
	杨　易	女	汉	央视新台址建设工程办公室

第五编

大事记

2020年大事记

一月

科教频道《绿水青山看中国》（第三季）播出 1月1日，中央广播电视总台央视科教频道推出大型生态文化节目《绿水青山看中国》（第三季），深入贯彻落实习近平生态文明思想，阐释"绿水青山就是金山银山"理念，在内容、人物、形式、赛制、融合传播等5个方面全面升级。

俄语频道官网浏览量突破5000万人次 1月1日，中央广播电视总台CGTN俄语频道官方网站总浏览量突破5000万人次，其中独立用户访问量达4216万人次，99.8%的用户为海外用户。俄语频道官方网站于2019年9月10日正式改版上线，经过整体升级，网站浏览量实现突破性增长。

央视动漫集团正式揭牌成立 1月5日，央视动漫集团在北京正式揭牌成立。中宣部副部长、中央广播电视总台台长慎海雄，全国妇联副主席、书记处书记吴海鹰出席活动并致辞。

粤港澳大湾区之声实现全方言播出 1月6日，中央广播电视总台粤港澳大湾区之声实现全方言播出，全天21小时播出时长中，粤语节目播出时长达19小时，客家话节目和潮州话节目各1小时。

中英合拍纪录片《中国的宝藏》中文版发布 1月7日，纪录片《中国的宝藏》中文版发布会在北京举行，自1月10日起在总台央视纪录频道播出。《中国的宝藏》由中央广播电视总台影视剧纪录片中心出品，央视纪录国际传媒公司以国际合拍、合作的方式与英国广播公司世界新闻频道、英国野马制作公司共同制作。

纪录电影《青春中国》首映 1月10日，由总台中央新闻纪录电影制片厂（集团）出品，中华艺文基金会摄制资助的大型青春励志纪录电影《青春中国》在全国政协礼堂举行首映式。

CGTN获第24届亚洲电视大奖"年度最佳电视台"大奖 1月10日至11日，第24届亚洲电视大奖颁奖典礼在菲律宾马尼拉举行。中央广播电视总台CGTN获"年度最佳电视台"大奖，参评新闻《中国砗磲研究提供气候变化重要证据》获奖。

综合频道、新闻频道播出系列专题片《国家监察》 自1月12日起，系列专题片《国家监察》在中央广播电视总台央视综合频道、新闻频道播出，通过具体案例讲述国家监察体制改革的历程、举措和成效，深刻反映以习近平同志为核心的党中央从政治和全局高度推动监督制度改革，形成党和国家监督体系总体框架，推进各级纪委监委合署办公，强化党对反腐败工作集中统一领导的重大意义。

2020春晚5G+4K/8K/VR创新应用启动 1月14日，中央广播电视总台2020年春节联欢晚会5G+4K/8K/VR创新应用启动仪式举行。中宣部副部长、中央广播电视总台台长慎海雄，科技部、工信部、国家广播电视总局、三大运营商、华为公司等相关负责人，各家媒体单位代表等出席启动仪式。启动仪式现场进行5G+8K传输测试，展示了5G网络传输2020春晚主会场和分会场的8K影像，并播放2020春晚5G+4K技术应用视频短片，同时现场采用虚拟网络交互制作模式（VNIS）实现主持人与嘉宾的互动场景演示。

2020网络春晚打造"年轻态"青春嘉年华 1月17日，中央广播电视总台2020网络春晚在央视综艺频道、央视频客户端、央视新闻客户端、央视网多终端、海外社交平台等大小屏全媒体渠道首播。本届网络春晚以"新年新愿 我的青春嘉年华"为主题，为观众奉献了一场正能量、年轻态、互联网韵味浓厚的青春大联欢。直播期间，观众规模达6580万人。截至1月18日，融媒体相关视频直点播收视规模共计2.99亿人次。

中央广播电视总台和国家体育总局签署战略合作协议 1月19日，中央广播电视总台和国家体育总局举行战略合作协议签约仪式。中宣部副部长、中央广播电视总台台长慎海雄和国家体育总局局长苟仲文分别代表双方签订战略合作协议并致辞。双方将深入践行全民健身和健康中国战略，发挥国家旗舰媒体传播优势，共同打造中国特色、中国品格的高水平自主赛事，推进我国体育事业产业健康发展，引领体育文化主流价值取向，传播中华体育精神，推进体育强国建设。

《新闻1+1》连线钟南山院士 1月20日，中央广播电视总台新闻频道《新闻1+1》连线国家卫健委高级别专家组组长钟南山院士，介绍新型冠状病毒的特点和传播情况，首次确认人传人，并为公众提出明确防控意见。该节目一天内新媒体平台阅读量超过10亿人次，起到舆论引领作用。

2020年春节联欢晚会播出 1月24日晚，中央广播电视总台2020年春节联欢晚会向全球直播。晚会以"共圆小康梦、欢乐过大年"为主题，总台集中7个电视频道、5套广播频率，以及央视频、央视新闻新媒体、央视网、央广网、国际在线等新媒体平台同步直播春晚，并面向全球推送精彩内容。据统计，除夕当晚，海外170多个国家和地区的近600家媒体对春晚进行了直播报道，有12.32亿海内外观众通过电视、网络、社交媒体等多终端多渠道观看春晚直播，而通过总台新媒体平台及腾讯、爱奇艺、优酷、微博等第三方合作平台对春晚内容的点播达30.66亿人次。

广播春节特别节目《中国声音中国年》播出 1月24日，中央广播电视总台2020年广播春节特别节目《中国声音中国年》在中国之声、经济之声、音乐之声、经典音乐广播、中华之声、文艺之声、中国乡村之声、中国交通广播并机直播。节目综合运用新闻、音乐、戏曲、曲艺、文学等跨界创新手法，呈现领袖的声音、国家的成就、年俗的味道、文艺的魅力、春晚的记忆。

新闻频道《战疫情》特别报道开播 1月

26日,中央广播电视总台央视新闻频道《战疫情》特别报道开播,带动新闻频道收视份额攀升至8.73%,为频道开播17年来最高值,此后一直维持在4.8%至6.67%之间,保持强大的市场竞争力和良好的增长势头。中央广播电视总台新闻节目在全国新闻市场中占据55%的份额,比平时增加10个百分点。

《共同战"疫"》不间断直播登陆智能电视平台 自1月27日起,中央广播电视总台新闻新媒体中心整合智能互联网电视平台资源,推动央视新闻《共同战"疫"》不间断直播节目在智能电视平台投放,为观众带来最快、最新、最权威的战"疫"资讯。

多国主流媒体及国际媒体组织致函总台对疫情防控报道表达敬意和感谢 1月29日至2月12日,俄罗斯、巴西、英国、日本、美国、意大利、西班牙、德国、阿根廷、韩国、萨尔瓦多、泰国、智利等国20余家国际主流媒体机构负责人,以及拉美新闻联盟、亚洲—太平洋广播联盟、阿拉伯国家广播联盟、欧洲新闻交换联盟、欧洲广播联盟等国际媒体组织负责人,先后致函中国中央广播电视总台台长慎海雄,称赞中国政府"非凡的领导能力"和中国人民众志成城的抗疫努力,感谢中央广播电视总台及时准确、公开客观的报道,表示愿与中国人民共克时艰,并期待进一步加强与总台的交流合作。

二月

央视频"云充电"在线教育服务累计观看量超8亿人次 自2月1日起,中央广播电视总台央视频聚合中央广播电视总台优势,联合多个部委和教育机构,推出"云充电:停课不停学"疫情心理辅导和线上学习专区,全年累计直播11 000场,观看数量超过8亿人次,为中小学用户提供足不出户的优质教育服务。

《武汉:我的战"疫"日记》全网传播广受好评 自2月3日起,中央广播电视总台影视纪录中心持续推出融媒体短视频《武汉:我的战"疫"日记》,以亲历者视角讲述抗击疫情中的温暖故事,取得良好社会反响。

《2020年元宵节特别节目》播出 2月8日,中央广播电视总台《2020年元宵节特别节目》在央视综合频道、综艺频道和中文国际频道播出。特别节目以温暖祥和的节日氛围为基调,在传承和弘扬中华优秀传统文化的同时,将新闻性与艺术性充分融合,在抗击新冠肺炎疫情的特殊时期,号召全国人民同心协力,共克时艰。

"2019CCTV中国创业榜样颁奖典礼"播出 2月8日,中央广播电视总台财经节目中心推出《创业英雄汇》特别节目"2019CCTV中国创业榜样颁奖典礼"。特别节目以"创业之火"为核心视觉元素贯穿始终,并推出2019年最受创业者欢迎的中国十大投资人榜单。这是创投行业在中国发展20年来,国家级媒体首次聚焦投资人群体。同时,与上海交通大学联合发布《创新创业数据研究报告》,以716位创业者画像为缩影,折射我国"双创战略"实施5年来的巨大变化和成果。

《中国诗词大会》(第五季)收官取得新突破 2月9日,《中国诗词大会》(第五季)播出总决赛。十期节目在中央广播电视总台央视综合频道首播，平均收视率高达1.48%，首重播累计吸引不重复观众规模高达3.95亿。

《中国地名大会》（第一季）落幕 2月15日，由中央广播电视总台华语环球节目中心制作，央视中文国际频道首播的《中国地名大会》（第一季）结束。《中国地名大会》以对文化内涵的深入剖析、对节目模式的独有创新、对地名故事的生动展现，以及融媒体的全面应用，获得观众的喜爱。电视端全国累计观众达4亿，节目相关微博话题阅读量5.6亿人次，250余条原创短视频累计播放量突破9500万人次。该节目获得第26届电视文艺"星光奖"电视综艺节目奖。

纪录频道播出融媒体纪录片《不老人生》 2月16日，中央广播电视总台原创社会现实题材类融媒体纪录片《不老人生》在央视纪录频道《9视频》节目播出。《9视频》和《微9》短纪录片节目是总台影视剧纪录片中心全新推出、主打融媒体的创作和传播平台。

《战武汉》创中央广播电视总台疫情单品报道海外传播之最 2月27日，中央广播电视总台CGTN新媒体全网首发动画纪录微视频《战武汉》，三天全球触达人数超过2.66亿，阅读量达4524万人次，创中央广播电视总台疫情单品报道海外传播之最。

三月

央视频启动"春暖花开 国聘行动" 3月2日，中央广播电视总台央视频携手国投集团，与国务院国资委共同合作的大型线上招聘活动——"春暖花开 国聘行动"，以"央企名企稳就业，网络招聘聚英才"为主题，以线上招聘为主要形式，利用中央广播电视总台的平台渠道优势，聚合央企、国企和民企的头部就业资源，为"应招"双方提供双向选择的就业通道，有效助力疫情期间企业复工复产。截至2020年6月中旬，共有近17 000家企业参与，累计向广大求职者提供160多万个优质招聘职位，共收到求职者简历505万份，社会反响热烈。

总台在日内瓦万国宫举办新疆主题图片展 3月2日至6日，由中国人权研究会和中国驻日内瓦代表团主办、中央广播电视总台承办的"家园——新疆多民族人民生活掠影"图片展在日内瓦万国宫举行。多国驻日内瓦使节、联合国有关官员、国际组织代表近百人出席图片展开幕式。图片展通过近百幅图片，生动讲述新疆各族群众安居乐业、共享发展成果的生活现状，展现开放、包容、发展、和谐的新疆形象，澄清事实，解疑释惑，回击谣言。

华语环球节目中心抗疫特别节目展示"中国处方"广受好评 3月2日至21日，中央广播电视总台华语环球节目中心联合国家中医药管理局推出7期系列专题节目《中华医药 抗击疫情》，解读中西医结合、中西药并重的"中国处方"，获得广泛好评。节目在电视端首播触达观众超过1.5亿，单期最高收视率达0.69%，在同时段专题类节目中多次排名第一。在新媒体端，全网短视频累计播放时长超3.2亿分钟，仅在抖音平台两天内单条观看量就超过640万人次。

时政微视频《总书记指挥这场人民战争》上线 3月5日，中央广播电视总台新闻新媒体中心推出系列时政微视频《总书记指挥这场人民战争》，全面展现习近平总书记亲自指挥、亲自部署，打响防控新冠肺炎疫情的人民战争、总体战、阻击战。

音频客户端云听正式上线 3月5日，中央广播电视总台音频客户端云听正式上线。云听依托总台优势资源，聚焦泛文艺、泛知识、泛娱乐三大品类，为各类终端用户提供优质的声音产品和服务。该平台是总台落实习近平总书记关于"守正创新，把新媒体新平台建设好运用好"重要指示精神的又一个战略举措，是继央视频上线之后中央广播电视总台推出的基于移动端发力的声音新媒体平台。

总台多平台聚焦习近平总书记赴武汉考察 3月10日，在抗击新冠肺炎疫情的关键时刻，习近平总书记专门赴湖北武汉考察疫情防控工作，发出"坚决打赢湖北保卫战、武汉保卫战"的总攻令，更加坚定了广大干部群众的信心和决心。中央广播电视总台高度重视此次报道，周密策划，精准实施，牢牢把握新闻传播第一时效，快速准确发出权威声音。

大型活动中心获全国五一劳动奖状 3月10日，中华全国总工会来函，授予总台文艺节目中心大型活动中心全国五一劳动奖状。中华全国总工会领导对大型活动中心表示祝贺，并感谢中央广播电视总台一直以来对全国总工会的支持。

CGTN新媒体首发原创手绘动画微视频《口罩的考验》 3月11日，中央广播电视总台CGTN新媒体首发原创手绘动画微视频《口罩的考验》，讲述疫情暴发后，从全球20多个国家向中国捐赠口罩到中国向多国捐赠口罩的过程，凸显人类命运共同体理念，阅读量突破千万人次。

CGTN新媒体节目《真相放大镜》对外传播见实效 3月11日，中央广播电视总台CGTN新媒体创新推出系列微视频《真相放大镜》，精准对冲谣言。截至2020年底，CGTN新媒体在全平台共发布90期真相放大镜系列，获得全球阅读量1.92亿，独立用户访问量1.53亿，总互动243万次，视频观看量1.29亿，头条号推荐量1167万。其中，海外平台获得阅读量9549万，独立用户访问量7585万，互动43.7万，视频观看量2389万。

《一个都不能少》拉开全国脱贫攻坚剧播映大幕 3月16日至4月3日，中央广播电视总台综合频道黄金时间播出36集电视剧《一个都不能少》，拉开全国脱贫攻坚剧目播映大幕。该剧在全国网平均收视率0.83%，平均收视份额3.22%，单集最高收视率破1%。

新闻新媒体中心"我的同乡英雄"融媒体行动再掀高潮 3月18日至19日，围绕全国援鄂医疗队陆续撤离湖北，中央广播电视总台新闻新媒体中心再次启动"共同战'疫'我的同乡英雄"主题融媒体活动。截至3月19日，微博话题"我的同乡英雄"阅读量突破12亿人次。

华语环球节目中心独家专访巴基斯坦总统阿尔维 3月19日，中央广播电视总台华语环球节目中心专访来华访问的巴基斯坦总统阿尔维，就中巴两国互相支持、共同抗疫、中国对世界抗疫所作贡献等话题进行深入阐释。该节目在电视端和新媒体端同步播出。

"总台网络课堂"上线试运行 3月25日，中央广播电视总台首个系统性、集约化、跨平台学习系统"总台网络课堂"上线试运行，总台员工可使用OA网账号登录，通过"掌上通"移动APP、公网、台内网进行访问。

"总台网络课堂"由人事局、技术局联合设计建设,有助于缓解办公地点分散、学习时间不一致等现实问题,不仅丰富培训形式,提高培训效率,缓解工学矛盾,而且切实满足总台干部职工疫情防控期间学习需求。

总台武汉疫情前方报道组16人加入中国共产党 3月25日,中央广播电视总台武汉疫情前方报道组临时党总支召开会议,接收11人加入中国共产党。此前,武汉疫情前方报道组临时党总支已接收5人加入党组织。新冠肺炎疫情发生后,总台首批组建了包含100名党员在内的170多人的报道团队,奔赴武汉一线展开报道。

总台G20特别峰会报道时效快、有创新 3月26日,二十国集团领导人应对新冠肺炎特别峰会举行,这是疫情暴发以来习近平主席出席的首场重大多边外交活动。中央广播电视总台新闻中心时政报道团队全力出击,多档新闻栏目滚动播出,文字快讯、独家视频在新媒体平台投放,多样态梯次传播效果显著。国际视频通讯社对外发布中央广播电视总台相关视频素材、多语种文稿被英国广播公司、彭博电视、法国24台、日本放送协会等48个国家和地区的131家境外电视台/频道选用。

电视剧频道《远方的山楂树》收视创开年新高 3月28日,中央广播电视总台电视剧频道黄金时段播出的48集电视剧《远方的山楂树》收官。据全国网统计,全剧平均收视率1.68%,平均收视份额6.97%,成为2020开年全国电视剧收视冠军。其中,单集最高收视率2.39%,最高收视份额12.63%,收视率破2%的集数达13集。

华语环球节目中心推出纪录片《国家荣光》(第一季) 3月30日至4月23日,中央广播电视总台华语环球节目中心在央视中文国际频道推出以"致敬英雄"为主题的大型纪录片《国家荣光》(第一季),弘扬崇敬英雄、学习英雄、传承英雄精神的社会正气,共推出20位英雄人物。节目组走访了国内26个省份,以及俄罗斯、新加坡、马来西亚等国,挖掘档案资料,采访逾百位专家学者和亲历者,着力探寻英雄人物的成长轨迹,彰显英雄的人性之光。

四月

中文国际频道收视率创近12年来新高 4月4日,中央广播电视总台央视中文国际频道收视份额达6.59%,排名全国第一,创2008年以来收视率最高值。中文国际频道发挥国际化母语平台报道优势,多个新闻栏目丰富节目样态、聚焦全球疫情、传播中国声音、彰显世界抗疫行动中的华人力量,取得了良好的传播效果。

央视新闻开启"谢谢你为湖北拼单"首场公益直播 4月6日晚,央视新闻"谢谢你为湖北拼单"公益行动首场带货直播在央视新闻客户端、淘宝、微博等平台开播。直播通过视频连线的方式进行,约两个小时,累计观看人次达1.22亿,共售出总价值约4014万元的湖北商品。

CGTN脸书主账号疫情报道互动总量居国际媒体首位 4月7日,中央广播电视总台英语环球节目中心运营的CGTN脸书主账号粉丝突破1亿，位列脸书平台千余家媒体之首，新冠肺炎疫情帖文互动量达5211万人次，超过BBC与CNN等海外主流媒体账号，成为全球媒体互动量最高专页。

纪录频道推出原创短视频《看春天》 4月12日，中央广播电视总台影视剧纪录片中心原创短视频《看春天》在纪录频道《微9》栏目播出。该片共10集，每集5分钟，通过展示野生动植物和自然环境，揭示人与自然和谐共生的主题。

央视网纪录片《人生第一次》热度口碑双丰收 4月15日，中央广播电视总台央视网推出的人文纪录片《人生第一次》收官。截至2020年4月16日，全部12期节目全网累计播放量超3.5亿，相关话题微博阅读量超过10亿人次，豆瓣评分稳定在9.2分，实现热度和口碑双丰收。

央视频启动"搭把手、拉一把"融媒体公益活动 4月15日，中央广播电视总台央视频"搭把手、拉一把"大型融媒体公益活动启动，30多位湖北省县（市）长与5位总台主持人，联合推介湖北本地优质农副产品。截至2020年4月16日17时，该直播活动全网累计观看量2.63亿人次，创淘宝直播史上规模最大、县（市）长参与最多、连续直播时间最长的纪录，直接带动销售119种湖北农副产品，销售金额达6577万元。

蒋希伟任中央广播电视总台党组成员、副台长 4月20日，中央广播电视总台召开领导干部会议。中宣部副部长、中央广播电视总台党组书记、台长慎海雄出席会议并讲话。中央广播电视总台党组成员、副台长阎晓明主持会议并宣读任职决定。中央批准，蒋希伟任中央广播电视总台副台长。中组部批准，蒋希伟任中央广播电视总台党组成员。

社教节目中心推出纪录片《朱熹》 自4月21日起，由中央广播电视总台社教节目中心创作的中国首部全面反映朱熹思想的纪录片《朱熹》（4集）在科教频道播出。该片历时五年创作完成，紧紧围绕"朱熹的重要性"及其思想对当下的现实意义展开叙述，突出以史为鉴、启迪现实的作用。

社教节目中心推出特别节目《2019年度中国好书》 4月23日，中央广播电视总台央视科教频道播出特别节目《2019年度中国好书》，揭晓由中宣部指导、中国图书评论学会评选出的2019年度获奖图书。

军事节目中心推出军队抗击疫情纪录片《重托》 4月23日，中央广播电视总台央视国防军事频道推出4集系列纪录片《重托》，聚焦人民军队和退役军人驰援武汉、参加地方疫情防控的故事，表现新时代中国军人闻令而动、勇挑重担、敢打硬仗的作风，彰显人民子弟兵不辱使命、不负重托的责任与担当。

总台多平台充分报道我国航天发展成就 4月24日是第5个"中国航天日"，2020年又是我国第一颗人造卫星"东方红一号"发射升空50周年。中央广播电视总台多平台同步发力，多角度关注中国航天发展成就，唱响"发展航天事业、建设航天强国"主旋律。

总台武汉前方报道组返京 4月25日，中央广播电视总台武汉前方报道组返回北京。总台在全国宣传干部学院举办报道组返京欢迎仪式。中宣部副部长、中央广播电视总台党组书记、台长慎海雄出席欢迎仪式并讲话。总台武汉前方报道组共216人、历时96天、1100

多次深入"红区"一线开展采访报道，推出《战疫情》《武汉直播间》《天使日记》等42个疫情防控相关专栏，全媒体平台发稿13 000多篇。4月28日，总台武汉前方报道组第二批22人返回北京。

"品牌强国工程"捐赠湖北广告资源启动 4月27日，中央广播电视总台"品牌强国工程"捐赠湖北广告资源上线"云启动"活动在北京、武汉两地实时连线举行。中宣部副部长、中央广播电视总台台长慎海雄，湖北省委书记应勇出席活动并致辞。中央广播电视总台党组成员、副台长阎晓明、蒋希伟，湖北省委常委、常务副省长黄楚平，湖北省委常委、宣传部部长王艳玲等出席活动。

技术局启动"4K超高清电视制播系统研制"项目 4月28日，中央广播电视总台技术局组织召开国家重点研发计划"宽带通信和新型网络"重点专项"4K超高清电视制播系统研制"项目启动动员会，标志该项目正式启动。

央视网"决胜——脱贫攻坚智惠媒体平台"上线 4月29日，由中央广播电视总台央视网建设的"决胜——脱贫攻坚智惠媒体平台"上线。该平台以扶贫脱贫宣传为核心，融合多样态内容，联动全国各县级融媒体中心，以及OTT、手机电视、移动传媒等多终端，全面展现新时代扶贫脱贫实践。

五月

文艺节目中心"五一"特别节目播出 5月1日，由中华全国总工会、中央广播电视总台共同举办的《中国梦·劳动美——致敬劳动者五一特别节目》在央视综合频道、综艺频道，以及广播、新媒体多平台播出。

文艺节目中心"五四"青年节特别节目播出 5月4日晚，在中宣部、教育部、共青团中央指导下，中央广播电视总台文艺节目中心"五四"青年节特别节目《奋斗的青春最美丽》在央视综合频道、综艺频道，以及广播、新媒体等多平台同步播出。

"你好，新时代——人民的小康"青年融媒体作品大赛启动 5月4日，第三届"你好，新时代——人民的小康"青年融媒体作品大赛在中央广播电视总台央视新闻"云端"启动。大赛围绕"决胜全面建成小康社会、决战脱贫攻坚"主题，广泛开展青年融媒体作品征集、评选、展示活动。

文艺节目中心联合央视频开创云直播新模式 5月4日，中央广播电视总台文艺节目中心联合央视频共同推出"8+1"五四青年节大型云直播连线，由《奋斗吧，青春》高校直播接力和《奋斗的青春最美丽》特别节目两部分组成，总观看量达3544.8万人次，创央视频上线以来单场节目类在线观看最高数据。

总台新闻节目报道长征五号B运载火箭首飞 5月5日18时，我国在文昌航天发射场成功发射长征五号B运载火箭。中央广播电视总台新闻中心、华语环球节目中心及时报道相关消息。

中央广播电视总台召开2020年工作会议 5月8日，中央广播电视总台召开2020年工作会议。中宣部副部长、中央广播电视总台党组书记、台长慎海雄传达《关于深入学习贯

彻习近平总书记重要指示精神的通知》，以及王沪宁、黄坤明重要批示要求，代表中央广播电视总台党组作题为《深入学习深刻领会习近平总书记重要指示精神　奋力打造国际一流新型主流媒体》的讲话。中央广播电视总台党组成员、副台长阎晓明主持会议。中央广播电视总台党组成员、副台长蒋希伟宣读中央广播电视总台党组《关于表彰疫情防控武汉一线报道组的决定》。

总台召开2020年党的建设工作会议　5月8日，中央广播电视总台2020年党的建设工作会议召开。中宣部副部长、中央广播电视总台党组书记、台长慎海雄代表总台党组作题为《以钉钉子精神推进总台党的建设高质量发展　为打造国际一流新型主流媒体提供坚强政治保证》的讲话。中央广播电视总台党组成员、副台长阎晓明传达中央和国家机关党的工作暨纪检工作会议精神。中央广播电视总台党组成员、副台长蒋希伟主持会议。

慎海雄兼任中央广播电视总台总编辑　5月9日，国务院任命中宣部副部长，中央广播电视总台党组书记、台长慎海雄兼任中央广播电视总台总编辑。

央视网承办云上2020年中国品牌日活动　5月10日，由国家发展和改革委员会、中共中央宣传部、工业和信息化部、农业农村部、商务部、国家市场监督管理总局、国家知识产权局、上海市人民政府联合主办，中央广播电视总台央视网参与承办的云上2020年中国品牌日活动在线上举办。央视网完成云开幕式现场执行工作，并保障全国38个地区（含车间）同时在线，多地视频连线汇报，承建云上2020年中国自主品牌博览会，运用数字化手段，采用三维虚拟现实技术和多媒体互动手段叠加图文、音视频、直播等多种形式，全方位、立体化呈现博览会全貌。

央视新闻新媒体推出深度访谈栏目《相对论》　5月11日，中央广播电视总台央视新闻客户端推出2020年新媒体深度访谈栏目《相对论》，选取社会热点议题，与权威人士进行跨时空对话。

新闻中心报道习近平总书记在山西考察　5月11日至12日，中共中央总书记、国家主席、中央军委主席习近平在山西考察。中央广播电视总台新闻中心精心组织，大小屏同时发力，多平台立体报道，传播效果突出。

国家应急广播网推出全国防灾减灾日主题产品　5月12日是第12个全国防灾减灾日，中央广播电视总台国家应急广播网以"提升基层应急能力，筑牢防灾减灾救灾的人民防线"为主题，多形式向广大网友普及防灾减灾知识，呼吁全民参与防灾救灾。

《感动中国2019年度人物颁奖盛典》引领社会正能量　5月17日，《感动中国2019年度人物颁奖盛典》在中央广播电视总台央视综合频道播出，新闻频道次日重播。获奖者有致力于敦煌保护的学者樊锦诗，在四川凉山木里森林火灾中牺牲的31名扑火勇士，研制脊髓灰质炎疫苗糖丸保护了几代新中国儿童的科学家顾方舟，接力守护国旗70年的澳门濠江中学两任校长杜岚、尤端阳，勇于向世界发声揭示真相的香港爱国人士伍淑清，创造世界大赛"十冠王"奇迹的中国女排等。

5G+4K/8K+AI媒体创新应用推广活动周启动　5月19日，中央广播电视总台5G+4K/8K+AI媒体创新应用推广活动周启动仪式在总台复兴路办公区举行。中宣部副部长、中央广播电视总台台长兼总编辑慎海雄，中央广播电视总台副台长阎晓明、蒋希伟，中央广播电视总台编务会议成员及相关台领导，三大电信运营商，以及总台相关单位负责人出席活动。

《航拍中国》（第三季）——《一同飞越》云端发布会举行　5月20日，大型系列纪录片《航拍中国》（第三季）——《一同飞越》云端发布会在中央广播电视总台光华路办公区举行。中宣部副部长、中央广播电视总台台长兼总编辑慎海雄出席发布会。中央广播电视总台编务会议成员孙玉胜、薛继军与天津、河北、湖南、吉林、宁夏等十省（区、市）委宣传部部长共同为该片启播。

总台多平台直播报道2020全国两会开幕　5月21日至22日，全国政协十三届三次会议和十三届全国人大三次会议相继在人民大会堂开幕。中央广播电视总台多平台进行直播报道。

总台举行庆祝民族语言节目创办70周年座谈会　5月22日，中央广播电视总台庆祝民族语言节目创办70周年座谈会在北京举行。会议宣读了中共中央政治局委员、中央书记处书记、中宣部部长黄坤明对中央广播电视总台民族语言节目创办70周年作出的重要批示。中宣部副部长、中央广播电视总台台长兼总编辑慎海雄出席会议并讲话。中央广播电视总台副台长蒋希伟主持座谈会。

总台新闻节目报道珠峰高程登顶测量　5月27日，我国珠峰高程测量登山队从北坡登顶珠峰，精准实施2020珠峰高程登顶测量工作。中央广播电视总台新闻中心、新闻新媒体中心多平台跟进报道，并在峰顶展示中央广播电视总台标识。

华语环球节目中心推出纪录片《一九五八炮击金门》　5月29日，中央广播电视总台华语环球节目中心推出10集文献纪录片《一九五八炮击金门》，深度披露20世纪50年代炮击金门军事行动内幕，引发两岸及香港各界高度关注。

《新闻联播》推出《在习近平新时代中国特色社会主义思想指引下——育新机　开新局》专栏　自5月31日起，《新闻联播》推出《在习近平新时代中国特色社会主义思想指引下——育新机　开新局》专栏，报道各地区、各部门坚持底线思维应对各种风险挑战，积极有为、主动作为，推动中央决策部署落地生根，确保完成决战脱贫攻坚、全面建成小康社会目标任务的做法和经验。

央视网熊猫频道脸书账号累计浏览量突破100亿人次　5月，中央广播电视总台央视网熊猫频道脸书全球页粉丝突破2000万，累计浏览量突破100亿人次，受到越来越多国际媒体和网民的高度关注与支持。

六月

体育青少节目中心推出"全国儿童青少年健康周"融媒体活动　6月1日至7日，中央广播电视总台体育青少节目中心联合视听新媒体中心、国家卫健委有关部门开展"六一全国儿童青少年健康周"系列网络直播活动，引发广泛热议和好评。活动聚焦饮食、游戏、运动、阅读、近视、亲子等话题，在央视频、央视少儿客户端、健康中国及多家第三方平台播出，全网总播放量达4676万人次。

央视新闻新媒体推出特别节目《你好，长三角》 6月5日，中央广播电视总台新闻新媒体中心推出《你好，长三角》特别直播节目，多维度呈现长三角一体化发展成果。截至当日14时，各平台观看量及相关稿件阅读量超过1000万人次，微博话题"你好长三角"阅读量达481.3万人次。

大型融媒体公益助农活动"我的家乡我代言"启动 6月5日，由中央广播电视总台农业农村节目中心主办的大型融媒体公益助农活动"我的家乡我代言"启动。该活动持续至10月，农业农村节目中心联合央视频和带货达人组成助农团，深入6个贫困县，帮助当地打造本土"带货达人"和"乡村互联网营销师"，激活农村电商业态，引燃兴农、助农、富农的热潮。

"新消费·爱生活——北京消费季"系列活动举办 6月6日，中央广播电视总台与北京市人民政府共同启动"新消费·爱生活——北京消费季"系列活动。中共中央政治局委员、北京市委书记蔡奇，中宣部副部长、中央广播电视总台台长慎海雄，北京市委副书记、北京市市长陈吉宁，商务部副部长王炳南等参加北京消费季活动。在北京王府井百货大楼广场，央视新闻设置直播间进行带货直播，销售金额约14亿元。

体育青少节目中心完成2020年体育赛事首场4K直播 6月6日，中央广播电视总台体育青少节目中心完成"2020中国赛艇队陆上赛艇极限挑战赛暨奥运选拔赛"4K公用信号制作和直播，这是总台2020年首场4K制作、传输的体育赛事直播。总台体育青少中心依托CCTV-5现场直播信号，首次利用外场4K信号进行全流程播出测试。测试检验了奥林匹克频道的播出体系、播出流程和播出安全保障措施。通过此前多次演练和此次播出测试，奥林匹克频道的播出系统已初步达到安全播出标准。

电视剧《最美的乡村》广受关注 6月6日至20日，30集脱贫攻坚电视剧《最美的乡村》在中央广播电视总台央视综合频道黄金时间播出，受到广泛关注与好评。该剧全国网平均收视率1.03%，平均收视份额4.91%，收视率在全国黄金时段电视剧单平台排名中稳居第一。

总台多平台报道《抗击新冠肺炎疫情的中国行动》发布 6月7日，国新办发布《抗击新冠肺炎疫情的中国行动》白皮书。中央广播电视总台多平台及时跟进报道。国际视频通讯社多形式、多渠道全程对外发布国新办新闻发布会直播信号及相关新闻素材。路透社、欧广联向全球媒体用户全程转发，英国广播公司、美国消费者新闻与商业频道、法国24台等33个国家和地区的76家电视台/频道采用新闻素材和直播信号。

总台多平台报道习近平总书记到宁夏考察 6月8日至10日，中共中央总书记、国家主席、中央军委主席习近平到宁夏考察。中央广播电视总台各平台重点宣传报道。新闻中心相关报道累计触达观众2.25亿人次。

总台举办"CCTV强农品牌计划"发布活动 6月10日，中央广播电视总台"CCTV强农品牌计划"发布活动在北京梅地亚中心举办。总台相关领导和农业农村节目中心、总经理室有关负责人，农业农村部有关部门负责人以及来自地方政府、高校、企业、广告公司的代表出席活动。上海中视国际广告有限公司、北京准点沸腾国际广告有限公司、全国农村产业融合发展联盟在现场签署了"CCTV强农品牌计划"三方合作协议。央视频客户端、央视三农新媒体现场直播该活动。

中法合作摄制纪录电影《北京人：人类最后的秘密》 6月13日，中法合拍纪录电影《北京人：人类最后的秘密》云启动仪式在中央广播电视总台光华路办公区举行。中宣部副部长、中央广播电视总台台长兼总编辑慎海雄和法国文化部部长弗兰克·里斯特共同宣布项目正式启动。

《文物"潮"我看》大型融媒体活动举行 6月13日，2020年"文化和自然遗产日"主场城市活动开幕式暨《文物"潮"我看》大型融媒体活动启动仪式在北京和广西桂林同步举行。该活动由中央广播电视总台与国家文物局联合推出，中宣部副部长、中央广播电视总台台长兼总编辑慎海雄与国家文物局党组书记、局长刘玉珠共同出席并开启活动。启动仪式公布了中华文物全媒体传播精品推介名单和"寻找最美文物安全守护人"推介名单。

新闻中心、央视网及时报道云上广交会 6月15日，第127届广交会在网上开幕，中央广播电视总台新闻中心、央视网聚焦报道。

"5G媒体应用实验室"等9个项目通过技术鉴定 6月16日至17日，中央广播电视总台"5G媒体应用实验室""国庆70周年天安门广场扩声系统"等9个项目通过由中国电影电视技术学会组织的技术鉴定。

总台多平台重点聚焦中非团结抗疫特别峰会 6月17日，国家主席习近平在北京主持中非团结抗疫特别峰会并发表题为《团结抗疫 共克时艰》的主旨讲话。中央广播电视总台多平台重点聚焦报道。

财经节目中心推出《2020中国电商半年报》特别节目 6月18日，中央广播电视总台财经节目中心推出特别节目《2020中国电商半年报》，分析盘点半年来各大电商保供应、稳价格、畅物流、增就业、助脱贫的新业态，深入挖掘线上消费新动能。

财经节目中心发布《2019中国城市营商环境报告》 6月18日，中央广播电视总台财经节目中心发布总台编撰的《2019中国城市营商环境报告》，北京、上海、深圳、广州、重庆、南京、杭州、成都、天津、宁波在综合评价排名中位列前十，苏州、南通、烟台、无锡、东莞、绍兴、温州、潍坊、金华、珠海在经济活跃城市营商环境综合排名中位列前十。《中国城市营商环境年度报告》是第一份由国家主流媒体发布的第三方营商环境权威报告。

上海总站承办"科创板一周年"系列活动 6月18日，第十二届陆家嘴论坛在上海开幕，论坛举办期间正值科创板开板一周年。由中央广播电视总台上海总站与上海市地方金融监督管理局合办的"浦江夜话·科创板一周年"论坛，梳理回顾了科创板运行一年间所取得的成就，总结了科创板对金融助力科创企业发展起到的促进作用。

CGTN纪录片《巍巍天山——中国新疆反恐记忆》播出 6月19日，中央广播电视总台CGTN全平台发布原创中英双语新疆反恐专题纪录片第三部《巍巍天山——中国新疆反恐记忆》。针对美国将所谓《2020年维吾尔人权政策法案》签署成法，该片用西方话语体系讲述新疆反恐真相。通过30余位恐怖袭击案件幸存者、目击者的故事，揭示新疆暴恐案件实质，驳斥美方污名化中国新疆反恐努力和成效的行径。该片在CGTN及英语环球广播海内外平台分发，覆盖全球213个国家和地区受众。

体育青少节目中心直播CBA联赛和英超联赛 6月20日，中国男子篮球职业联赛（CBA）在青岛和东莞两个赛区复赛。中央广播电视总台体育青少节目中心在央视体育频道、体育赛事频道和央视体育客户端进行直播报道，为广大观众呈现精彩篮球赛事。新媒体全程跟进报道，共直播10场比赛，总观看人数为185.5万，央视频同步直播总观看人数为6.3万。当日，体育频道和体育赛事频道还直播了英超联赛，标志着两个体育频道恢复国内国际体育赛事直播。

电视剧《湾区儿女》播出 6月21日，适逢《粤港澳大湾区规划发展纲要》颁布实施一周年，电视剧《湾区儿女》在中央广播电视总台央视综合频道黄金时段播出。该剧紧扣时代命题，将粤港澳三地20多年来的社会发展变迁和人物命运放置到与内地的大融合、大发展中来展现，从政策出台、产业升级、科研自主、就业拓宽、治安改善、文化传承等方面，呈现中央对大湾区的扶持以及取得的丰硕成果，反映湾区儿女在时代东风下的获得感和归属感。收视数据显示，《湾区儿女》的关注度和市场占有率位列同期全国电视剧榜首。

新闻新媒体中心直播2020金环日食 6月21日，中央广播电视总台新闻新媒体中心联合北京天文馆、南京紫金山天文台、台湾嘉义兰潭天文馆及总台多个地方记者站，在央视新闻新媒体全平台推出4.5小时的直播节目《2020金环日食 我们和太阳有个约会》。截至当日18时，直播节目全平台观看量达7903.8万人次，微博话题"金环日食"阅读量超过9700万人次。

总台多平台聚焦北斗三号"收官之星"发射 6月23日，北斗三号最后一颗全球组网卫星成功发射，北斗全球卫星导航系统星座部署完成。中央广播电视总台多平台聚焦报道直播发射情况，深入介绍北斗导航系统对生产、生活的重大意义。

总台多平台直播报道俄罗斯卫国战争胜利75周年阅兵 6月24日，俄罗斯举行纪念卫国战争胜利75周年阅兵。中央广播电视总台多平台进行直播报道。新闻新媒体中心首次采用"外语外媒信号+同声传译+演播室嘉宾解读"形式，为网友带来多角度观看体验。直播被腾讯直播、百度搜索、今日头条、抖音、风直播等平台在首页置顶推荐，各平台累计观看量近5500万人次。

创新发展研究中心举办"抗疫报道一线经验总结分享"专场活动 6月24日，中央广播电视总台创新发展研究中心举办"抗疫报道一线如何精准挖掘新闻价值，彰显主流媒体'硬'实力"——CMG云创论坛专场主题活动。论坛邀请新闻中心副召集人、中央广播电视总台武汉前方报道组总指挥肖振生，《面对面》栏目主持人董倩和中国传媒大学教授高晓虹，分享武汉前方报道组在疫情防控一线的报道经验。在线参与人数达2500人。

电视剧《小娘惹》全媒体播出 自6月28日起，中央广播电视总台央视电视剧频道黄金强档推出电视剧《小娘惹》。该剧讲述20世纪新加坡、马来西亚两地三代娘惹的故事，呈现女性励志成长的动人篇章，迅速在全媒体平台掀起收视热潮。

《国家勋章和国家荣誉称号获得者系列人物宣传片》播出　6月29日，中央广播电视总台在北京梅地亚中心举行发布仪式，推出《国家勋章和国家荣誉称号获得者系列人物宣传片》。这是总经理室历经8个月拍摄制作完成的人物宣传片，完整呈现获得国家勋章和国家荣誉称号的42位获得者的感人事迹。该片陆续在总台各频道播出，总台新媒体平台及台外新媒体矩阵开设专区进行立体化传播，为"七一"营造良好舆论氛围。

总台新闻节目重点报道全国人大常委会通过香港国安法　6月30日，十三届全国人大常委会第二十次会议表决通过《中华人民共和国香港特别行政区维护国家安全法》，并决定将其列入香港基本法附件三。中央广播电视总台新闻节目对此展开全方位报道。国际视频通讯社6月28日至7月1日12时，对外发布总台相关新闻素材47条，配发多语种文稿108篇，采用率达87%。

七月

总台举办庆祝中国共产党成立99周年主题党日活动　7月1日，中央广播电视总台举办庆祝中国共产党成立99周年主题党日活动。中宣部副部长，中央广播电视总台党组书记、台长兼总编辑慎海雄出席活动并作题为《强化政治机关意识　走好第一方阵　奋力打造具有强大引领力传播力影响力的国际一流新型主流媒体》专题党课。中央广播电视总台党组成员、副台长、机关党委书记阎晓明主持活动。中央广播电视总台党组成员、副台长蒋希伟，中央纪委国家监委驻中宣部纪检监察组三室主任王晗，中央广播电视总台编务会议成员、相关台领导出席活动。

财经频道《生活家》栏目第一季首播　7月4日，中央广播电视总台央视财经频道大型生活服务类栏目《生活家》（第一季）开播，该栏目聚焦日常生活中的"热点"与"痛点"，通过"生活达人"的创意竞技，传播"人人都能成为生活艺术家"的理念，倡导积极健康的生活方式。

财经节目中心发布中国经济生活大调查2019—2020年度数据　7月6日，中央广播电视总台财经节目中心全媒体发布中国经济生活大调查2019—2020年度"中国美好生活指数"及"中国十大美好生活城市"。作为目前全球最大规模的民生感受型调查，此次调查由中央广播电视总台联合国家统计局、中国邮政集团有限公司、北京大学国家发展研究院共同推出，通过邮递员入户和与航空公司合作方式发放13万份调查问卷，回收率达96%以上，创造中国经济生活大调查开办14年来新高。

总台新闻节目聚焦2020全国高考　7月7日，2020全国高考开考，中央广播电视总台新闻节目多角度展开报道。央视新闻频道推出特别编排"直通高考"，派记者赴国家教育考试考务指挥中心，报道全国各地考试进展信息;央广中国之声推出特别直播《乘风破浪》,直击考前一小时,全景扫描高考首日情况;环球资讯广播推出系列报道《2020年全国高考开考 数说疫情之下的国外"高考"》,介绍国外学生升入大学的形式以及新冠肺炎疫情对各国学生"高考"的影响等。

中法合拍系列纪录片《乘火车看中国》在法国首播 7月7日（当地时间）,法国国家电视台纪录频道开始播出6集纪录片《乘火车看中国》,并在其官方网站提供点播回放服务。该片由中央广播电视总台CGTN法语频道与法国星光影视公司联合制作,6集主题分别为"开放之路""复兴之路""丝绸之路""世界屋脊之路""草原之路""茶马之路"。

农业农村节目中心推出"奔小康 在路上"大型融媒体活动 7月上旬至10月上旬,中央广播电视总台农业农村节目中心推出"奔小康 在路上"大型融媒体活动,从农村基层一线工作者、"三农"战线杰出代表、贫困村干部群众等群体中选拔宣讲员,通过他们的亲身经历,讲述"三农"领域发展成就,激发广大农民群众爱党感恩、共建小康的真挚感情。

2020年"3·15"晚会直播顺利完成 7月16日,中央广播电视总台第30届"3·15"晚会在央视财经频道现场直播,并在央视频和央视财经客户端同步播出。晚会围绕"凝聚力量 共筑美好"主题,曝光侵权黑幕,伸张公平正义,汇聚政府、企业、社会和消费者的力量,用法治构筑良好的经济生态。截至7月17日,"央视财经"新媒体发布相关报道57篇次,总阅读播放量达1.84亿人次。"3·15"晚会当天微博话题阅读量增长10亿人次,达33.7亿人次。

《新闻联播》实现高清、文件化和立体声播出 7月18日,央视《新闻联播》实现高清、文件化和立体声播出。《新闻联播》高清转换带来播出通道、演播室、磁带改文件播出、标清改高清四个方面的改变,实现全流程、全要素的制播高清化、网络化、文件化,标志着磁带退出历史舞台,中央广播电视总台新闻中心高质量发展改版又迈出关键一步。

上海总站牵头编写的《科创板白皮书2020》发布 7月22日,在科创板成立一周年之际,在中国证监会和上海证券交易所指导支持下,由中央广播电视总台上海总站和申万宏源证券有限公司研究所共同编撰的《科创板白皮书2020》正式发布。《科创板白皮书2020》梳理回顾科创板运行一年间的经验成果,并从科创板指数的推出、科创板企业价值发现体系指标的完善、提升问询效率、信息披露质量等方面,提出中肯建议。

《广播电视与网络视听大数据标准化白皮书（2020版）》通过评审 7月22日,中央广播电视总台牵头编制的《广播电视与网络视听大数据标准化白皮书（2020版）》通过国家广播电视总局科技司组织的评审。

新闻中心重点报道习近平总书记赴吉林考察调研 7月22日至24日,中共中央总书记、国家主席、中央军委主席习近平赴吉林考察调研。中央广播电视总台新闻中心精心组织报道。7月22日至28日,国际视频通讯社对外发布相关新闻素材,配发多语种文稿,被31个国家和地区的85家电视频道和新媒体平台采用。

总台新闻节目聚焦"天问一号"探测器发射 7月23日,中国首次火星探测任务"天问一号"探测器在海南文昌航天发射场成功发射。中央广播电视总台多角度进行报道。其中，央视新闻微博话题"天问一号探测器发射成功"等话题阅读量累计超过6亿人次，微信推送报道阅读量全部10万以上，客户端最高单篇阅读量达60万人次以上。

新影集团完成四个付费频道标识变更 7月23日，中央广播电视总台中央新闻纪录电影制片厂（集团）完成四个付费频道标识变更工作，分别调整为"中央新影老故事频道"、"中央新影发现之旅频道"、"中央新影新科动漫频道"和"中央新影中学生频道"。

第二十三届上海国际电影节开幕 7月25日，由中央广播电视总台、上海市人民政府主办的第二十三届上海国际电影节开幕。该届电影节为期8天，以线下、线上并举的方式举办影院展映、露天放映和线上展映，以及金爵论坛、国际影视市场、"一带一路"电影周、电影项目创投等活动。

财经节目中心融媒体直播"走村直播看脱贫"行动 7月25日至11月1日，中央广播电视总台财经节目中心推出大型融媒体行动"走村直播看脱贫"，由财经频道、经济之声、中国交通广播、央视财经新媒体联动播出，实现全地域、全时段融媒体直播。此次融媒体行动从徐州出发，兵分两路走进全国23个省区市的100个典型脱贫村，直播100场，行程达30 000多千米，全景呈现贫困地区焕然一新的面貌。

上海国际电影节"中国影视之夜"活动举办 7月26日晚，由中央广播电视总台上海总站承办的上海国际电影节"中国影视之夜"活动在上海举办。活动以"加油2020"为主题，推介展示2020年度新片新剧优秀作品。中央广播电视总台副台长阎晓明和上海市委常委、宣传部部长周慧琳分别致辞。活动现场，上海总站与复旦大学、上海交通大学建立高校战略合作联盟计划，三方就"中国影视之夜"活动的策划、组织、实施等内容展开全面合作。

财经节目中心报道新三板"精选层"开市交易 7月27日，中央广播电视总台财经节目中心围绕新三板"精选层"正式设立并开市交易，推出电视、广播和新媒体融合报道，对"精选层"设立暨首批企业晋层仪式进行全网独家直播和权威解读。

原中央电视台著名播音员沈力逝世 7月28日，原中央电视台离休干部、著名播音员沈力因病医治无效，在北京逝世，享年87岁。

中央广播电视总台正式成为欧广联合作盟员 7月30日，中央广播电视总台正式成为欧广联合作盟员。成为合作盟员后，中央广播电视总台将拥有包括参加欧广联系列专业会议、联盟内开展节目交流、盟员间联合开展媒体活动等多项权益，为进一步深化与欧洲媒体同行的合作提供更广阔空间。

总台新闻节目报道北斗三号全球卫星导航系统开通仪式 7月31日，北斗三号全球卫星导航系统建成暨开通仪式举行，中共中央总书记、国家主席、中央军委主席习近平出席。中央广播电视总台央视综合频道、新闻频道、中文国际频道、4K超高清频道和CGTN各外语频道，中国之声、大湾区之声、环球资讯广播等频率，以及央视新闻、央视频、央视网等新媒体平台同步直播。

八月

中央广播电视总台自主赛事"中国网球巡回赛"开赛 8月1日,中央广播电视总台体育青少节目中心和国家体育总局网球运动管理中心、中国网球协会共同主办的中国网球巡回赛(CTA)首站比赛在云南昆明安宁开赛。该赛事是体育青少节目中心拥有自主知识产权的中国网球顶尖赛事,是继中职篮、中超联赛之后,在疫情防控常态化背景下启动的第三项全国性体育赛事。

"心连心"艺术团赴福建宁德慰问演出,开展主题党日活动 8月4日,在习近平总书记给下党乡乡亲们回信一周年之际,中央广播电视总台"心连心"艺术团走进福建省宁德市寿宁县下党乡,开展慰问演出和主题党日活动。

中央广播电视总台三件作品获第26届上海电视节"白玉兰奖" 8月7日,由国家广播电视总局、中央广播电视总台和上海市人民政府主办的第26届上海电视节"白玉兰奖"揭晓,总台社教节目中心选送的作品《我们走在大路上》获组委会特别奖,总编室选送的作品《故事里的中国》获最佳电视综艺节目奖,体育青少节目中心选送的作品《热流》获最佳纪录片奖。

央视频冠名的第一条5G信号地铁专列在合肥首发 8月7日下午,"央视频号"地铁专列从合肥3号线幸福坝站首发。这是中央广播电视总台央视频冠名的安徽省内第一条5G信号地铁专列。首发活动相关报道被65家媒体转发,微博话题阅读量超过3000万人次。

体育青少节目中心《中国席位》节目重启奥运备战赛事传播 8月8日,"中国乒乓球队东京奥运会模拟赛"在海南陵水开战,中央广播电视总台体育青少节目中心推出奥运会预热特别节目《中国席位》,重启国家运动队奥运备战赛事传播,呈现中国运动员、教练员争取东京奥运会、北京冬奥会参赛席位的全过程。

《云端艺术季》开幕 8月9日,由中央广播电视总台文艺节目中心和视听新媒体中心联合主办的《云端艺术季》开幕。总台编务会议成员孙玉胜、朱彤和文艺节目中心、视听新媒体中心相关负责人及22家全国重点文艺院团代表参加开幕式。

电视剧《跨过鸭绿江》开机 8月15日,由中央广播电视总台出品、影视剧纪录片中心摄制、中国电视剧制作中心有限责任公司承制的重大革命历史题材剧《跨过鸭绿江》在北京开机。中宣部副部长、中央广播电视总台台长兼总编辑慎海雄为开机揭幕。

总经理室推动多个新媒体项目实现营收突破 8月中旬,中央广播电视总台总经理室新媒体团队深入沟通客户,先后与字节跳动、中石油昆仑好客、洽洽食品等企业开展定制合作,实现新媒体创收突破。

融合发展中心成立 8月17日,中央广播电视总台融合发展中心正式成立。中宣部副部长、中央广播电视总台台长兼总编辑慎海雄出席成立大会并讲话。融合发展中心下设综合部、发展规划部、统筹运营部、监测评估部和对外合作部。

央视频5G新媒体平台联合CGTN推出

《2020非洲野生动物大迁徙网络直播》 自8月17日起，中央广播电视总台央视频5G新媒体平台联合CGTN推出《2020非洲野生动物大迁徙网络直播》，连续30天播出一年一度的野生动物大迁徙盛况。

华语环球节目中心推出中国医师节特别节目《守望生命》 8月18日，中央广播电视总台华语环球节目中心与国家卫健委联合推出2020中国医师节特别节目《守望生命》。该节目由出征序曲、抗疫奇迹、医者奉献、中流砥柱、健康中国等5个单元组成，以采访与表演为主要形式，将镜头对准卫生与健康工作者，回顾半年多的抗疫历程和战"疫"故事，向全国卫生与健康工作者致敬。

中央广播电视总台版权交易中心暨新时代城市高质量发展研究院建设启动 8月22日，中央广播电视总台版权交易中心在上海国际传媒港启动建设，新时代城市高质量发展研究院筹备工作同时启动。中宣部副部长、中央广播电视总台台长兼总编辑慎海雄，上海市委副书记、市长龚正出席启动活动并分别致辞。

第十届北京国际电影节举行 8月22日至28日，由中央广播电视总台和北京市人民政府共同主办的第十届北京国际电影节举行。本届北影节以"梦圆·奋进"为主题，突出"云上北影节"特色，采取线上与线下相结合的形式，举行北京展映、电影市场、电影大师班、北京策划·主题论坛等系列活动。

中央广播电视总台联合贵州省委宣传部启动"新消费·爱生活——贵州消费季"活动 8月22日，中央广播电视总台联合贵州省委宣传部启动"新消费·爱生活——贵州消费季"系列活动。该系列活动包括"品牌强国工程"贵州论坛、《云游中国·贵州站》新媒体直播、"贵州绿色农产品吃出健康好味道——买遍中国·助力美好生活"直播带货等。中央广播电视总台总经理室和贵州省政府新闻办公室在论坛现场签署了战略合作框架协议。

"央视频号·文化志愿者专列"发车仪式暨"火车火车哪里开"融媒体活动启动 8月23日，中央广播电视总台联合中央文明办、文化和旅游部共同主办的"央视频号·文化志愿者专列"发车仪式暨"火车火车哪里开"融媒体活动，以大型融媒体直播的方式在总台光华路办公区启动。中宣部分管日常工作的副部长、中央文明办主任王晓晖，中宣部副部长、文化和旅游部部长胡和平，中宣部副部长、中央广播电视总台台长兼总编辑慎海雄出席启动仪式。

财经节目中心关注创业板注册制落地 8月24日，创业板注册制首批企业在深交所挂牌上市，创业板注册制正式落地。中央广播电视总台财经节目中心大小屏同步直播首批企业上市仪式现场情况，各档资讯栏目滚动播报动态消息。此前连续三天推出预热报道《创业板注册制交易全解读》。

新闻评书《第一书记的十八般武艺》播出 8月24日，新闻评书《第一书记的十八般武艺》在中央广播电视总台中国之声《新闻纵横》播出，共10集，通过音视频在多个新媒体平台同步呈现。这组报道获评2020年第三季度广播电视创新创优节目。

新闻中心聚焦习近平向中国人民警察队伍授旗 8月26日，中共中央总书记、国家主席、中央军委主席习近平向中国人民警察队伍授旗并致训词，在人民警察队伍中引起强烈反响。中央广播电视总台新闻中心精心做好报道。

"心连心"艺术团赴十八洞村开展慰问演出 8月26日,2020年中央广播电视总台"心连心"艺术团走进湖南省湘西土家族苗族自治州十八洞村,围绕"决胜全面建成小康社会、决战脱贫攻坚"主题,开展慰问演出及主题党日活动。

新闻中心聚焦习近平总书记西藏工作座谈会重要讲话 8月28日至29日,中央第七次西藏工作座谈会在北京召开,中共中央总书记、国家主席、中央军委主席习近平出席会议并发表重要讲话。中央广播电视总台新闻中心及时跟进报道重要讲话引发的热烈反响。

中拉媒体举办媒体合作云论坛 8月28日,中央广播电视总台与联合国拉丁美洲和加勒比经济委员会、拉美新闻联盟以视频连线方式举办2020"拉美伙伴"媒体合作云论坛。中宣部副部长、中央广播电视总台台长兼总编辑慎海雄,联合国拉加经委会执行秘书长阿莉西亚·巴尔塞纳,拉美新闻联盟主席胡安·卡洛斯·伊萨沙在云论坛开幕式上致辞。巴西旗手传媒集团、阿根廷美洲媒体集团等10个拉美国家的14家媒体机构代表、中央广播电视总台相关部门负责人参加活动。云论坛上,总台与拉美媒体发表了《"拉美伙伴"加强抗疫合作联合声明》,国际视频通讯社与拉美新闻联盟共同推出《今日中国》新闻合作栏目。

华语环球节目中心纪录片《西藏 扎西德勒》播出 自8月28日起,中央广播电视总台华语环球节目中心摄制的两集纪录片《西藏 扎西德勒》在央视综合频道、中文国际频道和西藏广播电视台西藏卫视汉语频道、藏语频道、影视文化频道黄金时段播出,在微博、腾讯新闻、抖音等8家新媒体平台同步播出。

中央广播电视总台联合山东省政府启动"山东消费年"活动 8月28日,中央广播电视总台与山东省人民政府共同启动"新消费·爱生活——山东消费年"系列活动。通过启动仪式、商品展销、"买遍中国·山东站"带货直播、"云游中国·山东站"新媒体直播等活动,激发消费潜能,推动山东经济高质量发展。

央视网与工信部等部门联合进行"2020工业互联网大会"全媒体传播 8月29日至31日,中央广播电视总台央视网与工信部等部门联合进行"2020工业互联网大会"全媒体传播,节目内容登陆人民网、中国网、百度、哔哩哔哩等平台,视频访问量和话题阅读量超过1.25亿人次。

"守望正义——新时代最美检察官"评选表彰活动启动 8月31日,由最高人民检察院、中央广播电视总台共同主办,总台社教节目中心承办的"守望正义——新时代最美检察官"评选表彰活动在北京启动。最高人民检察院党组书记、检察长张军,总台编务会议成员薛继军出席启动仪式并致辞。中组部、中宣部、中央政法委、最高法、公安部、司法部、人社部等单位有关部门负责人,总台社教节目中心负责人,以及20家新闻媒体代表参加启动仪式。

九月

《2020开学第一课》播出 9月1日20

时，中宣部、教育部、国家卫生健康委、中央广播电视总台联合主办的《2020开学第一课》在总台央视综合频道播出，央视新闻、央视频、央视网等新媒体平台同步播出。节目主题为"少年强，中国强"，旨在传达习近平总书记在"六一"寄语中"少年强则国强"的重要精神，表现这一年在"人民至上，生命至上"的理念引领下，中华民族体现出来的自强不息的伟大抗疫精神，以及祖国下一代所展现的积极面貌，引导全国中小学生系好人生第一粒纽扣。节目创新开启"云课堂"模式，通过实时连线方式让全国多地中小学生同上一堂课，同步互动交流。

英语环球节目中心本土化广播栏目《桥》开播 9月1日，中央广播电视总台英语环球节目中心在美国落地电台推出与美国新世界广播集团联合策划制作的广播谈话栏目《桥》。这是英语环球节目中心在美国华盛顿和纽约播出的首个本土化制作的英文广播栏目。

《闪亮的名字——2020最美教师》发布仪式录制完成 9月1日，由中宣部、教育部主办，中央广播电视总台社教节目中心承制的《闪亮的名字——2020最美教师》发布仪式录制完成。教育部部长陈宝生、中宣部副部长梁言顺出席发布仪式并为获奖者颁奖。

纪录片《同心战"疫"》开播 9月2日，6集大型纪录片《同心战"疫"》在中央广播电视总台央视综合频道黄金时间开播，并于次日在新闻频道重播。该纪录片通过大量珍贵影像，全景展现全国上下同心战"疫"历程，展现以习近平同志为核心的党中央在抗疫斗争中的指挥方略、决策过程，讲述党员干部冲锋在前、白衣勇士逆行出征、亿万人民同舟共济的可歌可泣事迹，彰显中国特色社会主义制度的显著优势。

总台精品节目时段在香港TVB开播 自9月2日起，由中国国际电视总公司以商业授权方式提供的中央广播电视总台精品节目在香港TVB主频道翡翠台正式开播。《大国重器II》等优秀纪录片于每晚18:00至18:30在TVB翡翠台首播，23:00至23:30在TVB财经资讯台重播。除传统电视平台外，所有节目登陆TVB旗下OTT平台，满足当地观众的点播需求。

总台领导慰问抗战老同志代表 9月3日，受中宣部副部长、总台党组书记、台长兼总编辑慎海雄委托，中央广播电视总台党组成员、副台长蒋希伟看望抗日战争期间参加革命工作的总台老同志代表范志立。蒋希伟代表慎海雄同志和总台党组、编务会议，向为抗日战争胜利做出重要贡献的总台老同志致以崇高敬意、衷心感谢和诚挚问候。

总台新闻节目聚焦2020年中国国际服务贸易交易会 9月4日，2020年中国国际服务贸易交易会在北京开幕。中央广播电视总台新闻节目全面聚焦报道。新闻中心播出《2020年中国国际服务贸易交易会特别报道》，准确传递国家主席习近平推进全球服务贸易的倡议以及对北京打造国家服务业扩大开放综合示范区的支持。

《4K超高清视频图像质量主观评价用测试图像》发布 9月4日，由中央广播电视总台技术局牵头制定的广播电视和网络视听行业标准《4K超高清视频图像质量主观评价用测试图像》正式发布。该标准从图像设计、素材拍摄制作到测试及标准编制完成历时两年，其中65个测试图像序列均具有我国自主知识产权，有23个被国际电信联盟采纳，使我国成为第一个向国际电信联盟提交HDR-TV测试图像的国家。

第十五届中国长春电影节举办　9月5日至10日，由中央广播电视总台和吉林省人民政府共同主办的第十五届中国长春电影节在长春举办。吉林省委副书记、省长景俊海和中央广播电视总台党组成员、副台长阎晓明出席启动仪式。电影节包括启动活动、"金鹿奖"评奖、电影展映、电影论坛、"致敬摇篮"等五大单元主体活动。

社教节目中心推出"中华慈善日"融媒体行动　9月5日，"中华慈善日"当天，中央广播电视总台社教节目中心联合最高检、公安部、民政部、教育部、人社部、应急管理部、国家移民管理局等部门，以"决战脱贫攻坚，助力疫情防控"为主题，在社会与法频道推出3小时电视直播《善行中国 "中华慈善日"特别节目》、12小时融屏直播《好物合作社上新啦》。

中国农民丰收节"金秋消费季"活动启动　9月7日，由中央广播电视总台与农业农村部、中华全国供销合作总社联合发起的2020年中国农民丰收节"金秋消费季"活动在北京启动。中央广播电视总台副台长蒋希伟、农业农村部副部长于康震、中华全国供销合作总社理事会副主任邹天敬，与三位农民代表共同开启"丰收门"。

总台多平台直播报道全国抗击新冠肺炎疫情表彰大会　9月8日，全国抗击新冠肺炎疫情表彰大会在北京人民大会堂举行。中共中央总书记、国家主席、中央军委主席习近平向国家勋章和国家荣誉称号获得者颁授勋章奖章并发表重要讲话。中央广播电视总台多平台全程直播，全平台传播，顺利完成报道任务。

2020年全国消费促进月活动在京启动　9月8日，商务部、中央广播电视总台、北京市政府联合主办的"2020年全国消费促进月暨北京时尚消费月"在北京前门步行街启动。商务部党组书记、部长钟山，中宣部副部长、中央广播电视总台台长慎海雄，北京市委副书记、市长陈吉宁，中央和国家机关工委副书记李勇，商务部党组成员、副部长王炳南等出席仪式，共同启动活动。

纪录片《2020春天纪事》开播　9月8日，中央广播电视总台影视剧纪录片中心原创纪录片《2020春天纪事》在央视纪录频道黄金时段开播。该片4集，每集50分钟，以科研、人物、心理为线索，揭秘中国科学战"疫"的发展历程，首次公开国家层面科研攻关的全过程，展示危机心理干预战场面临的挑战，讲述社会疫情防控的宏大体系如何构建，以及各行业的逆行者不畏艰险、众志成城的感人故事，成为科学抗疫珍贵的影像样本。

2020"寻找最美孝心少年"大型公益活动启动　9月8日，中央广播电视总台体育青少节目中心2020"寻找最美孝心少年"大型公益活动启动。启动仪式采用"云启动"形式进行，在央视频、央视网、央视影音等平台同步网络直播，总观看量近600万人次。

"云端音乐季"活动启动　9月12日，中央广播电视总台文艺节目中心与央视频5G新媒体平台联合举办的"云端音乐季"系列直播活动启动。中央广播电视总台副台长蒋希伟出席启动仪式并致辞。总台编务会议成员孙玉胜、朱彤，总台文艺中心、视听新媒体中心和全国28家广播电视台相关负责人，以及多家音乐公司代表参加活动。

抗疫纪录片《中国战疫纪》播出 9月12日至13日，中央广播电视总台英语环球节目中心面向海内外推出大型抗疫纪录片《中国战疫纪》。该片分为上下两集，共90分钟，向世界讲述一线医护人员和普通市民众志成城、英勇抗击疫情的感人故事，传递"人民至上、举国同心、舍生忘死、尊重科学、命运与共"的中国抗疫精神。

新闻中心报道习近平主席会晤德国欧盟领导 9月14日，国家主席习近平在北京同欧盟轮值主席国德国总理默克尔、欧洲理事会主席米歇尔、欧盟委员会主席冯德莱恩共同举行视频会晤。中央广播电视总台新闻中心予以重点报道。截至2020年9月16日10时，国际视频通讯社对外发布总台相关新闻素材22条，总时长48分，配发多语种文稿43篇，有17条新闻素材被43个国家和地区的91家境外电视台/频道采用，采用率达77%。

电视剧《最美逆行者》开播发布会举行 9月14日，中央广播电视总台出品，影视纪录中心摄制，中国国际电视总公司承制的我国首部抗疫题材电视剧《最美逆行者》首播新闻发布会举行。中宣部副部长、中央广播电视总台台长兼总编辑慎海雄出席发布会。

央视新闻推出《AI影响生活》融媒体直播 9月15日，央视新闻客户端与百度联合举办的"百度世界2020大会"在线上召开，首次利用中央广播电视总台AI+VR技术推出3小时融媒体直播《AI影响生活》。

中央广播电视总台与陕西省政府签署战略合作协议 9月15日，在第十四届全国运动会和第十一届全国残疾人运动会倒计时一周年之际，中央广播电视总台与陕西省人民政府在西安签署十四运会和残特奥会广播电视宣传战略合作协议，开展十四运会和残特奥会宣传运营深度合作。陕西省副省长方光华和中央广播电视总台编务会议成员薛继军代表双方签署协议。

"央视频号"卫星发射 9月15日，搭载"吉林一号"高分03-1组卫星的"长征十一号"海射运载火箭完成发射任务，由中央广播电视总台央视频冠名的"央视频号"遥感卫星顺利入轨。"央视频号"卫星发射是央视频公司"卫星遥感融媒体工作室"开展的首次活动，是媒体行业与航天领域跨界合作的创新举措。

2020年全国田径锦标赛专题报道完成 9月15日至18日，中央广播电视总台体育青少节目中心《中国席位》栏目推出《2020年全国田径锦标赛》专题报道，这是落实总台与国家体育总局战略合作协议的重要成果之一。体育青少节目中心全程制作比赛信号20小时，通过体育频道和央视频、央视体育客户端转播报道，全方位呈现中国田径健儿备战奥运情况。

特别节目《致敬！时代楷模 抗疫英雄》录制完成 9月16日，《时代楷模发布厅》特别节目《致敬！时代楷模 抗疫英雄》在中央广播电视总台复兴路办公区顺利录制。中共中央政治局委员、中央书记处书记、中宣部部长黄坤明出席节目录制现场，并为被授予"时代楷模"称号的十大抗疫一线医疗人员英雄群体颁发奖章和证书。中宣部分管日常工作的副部长王晓晖，中宣部副部长、中央广播电视总台台长慎海雄，国家卫生健康委员会主任马晓伟，中宣部副部长梁言顺，国家中医药管理局局长于文明，中央军委政治工作部主任助理李军等参加录制并一同颁奖。

高质量发展改版推介会暨《乡村振兴人物榜》推选活动启动 9月16日，中央广播电视总台农业农村节目中心举办高质量发展改版推介会暨《乡村振兴人物榜》推选活动启动仪式。此次改版将全面统筹CCTV-17农业农村频道、中国乡村之声频率和"央视三农"融媒体平台，更新编排理念，重塑节目架构，释放创新潜力，实现多终端、多渠道的资源整合和流程再造。

"心连心"艺术团赴宁夏西吉开展慰问演出 9月16日，中央广播电视总台2020"我们的中国梦"文化进万家——"心连心"慰问演出走进宁夏回族自治区固原市西吉县。演出围绕"决胜全面建成小康社会、决战脱贫攻坚"和"不忘初心，走新的长征路"主题展开，通过"三个会场+若干文艺小分队"形式，以丰富的文艺表演展示西吉儿女在党中央亲切关怀下，摆脱贫困、砥砺奋进的光辉历程和辉煌成就。

总台召开"十四五"发展规划编制专家学者座谈会 9月18日，中央广播电视总台召开"十四五"发展规划编制专家学者座谈会。中宣部副部长、中央广播电视总台台长兼总编辑慎海雄主持座谈会。座谈会上，中国人民大学新闻学院院长、国务院新闻办公室原主任赵启正，北京电影学院党委副书记、副校长胡智锋等，分别围绕提升中央广播电视总台舆论引领力和国际传播力、加速推动媒体融合、内容生产的战略与策略、推进全媒体产业经营、借力前沿科技和现代管理打造国际一流新型主流媒体等主题为总台未来发展建言献策。

总台党组与驻中宣部纪检监察组召开巡视整改工作专题会商会 9月18日，中央广播电视总台党组与驻中宣部纪检监察组召开巡视整改工作专题会商会。中宣部副部长、中央广播电视总台党组书记、台长兼总编辑慎海雄主持会议并讲话。驻中宣部纪检监察组组长贾育林出席会议并讲话。

总台多平台重点报道习近平主席出席联合国系列会议 自9月21日起，国家主席习近平陆续出席联合国成立75周年系列高级别会议。中央广播电视总台多平台精心组织、密切协同，全程直播习近平主席在联合国成立75周年纪念峰会上发表重要讲话和在第75届联大一般性辩论上发表演讲，并展开多角度报道。

总台多平台聚焦中国农民丰收节 9月22日，第三个中国农民丰收节，中央广播电视总台多平台聚焦报道，展现祖国各地丰收景象，反映脱贫致富奔小康的时代风貌。

中央广播电视总台与北京冬奥组委签署战略合作协议 9月22日，在北京冬奥会倒计时500天之际，中央广播电视总台与北京冬奥组委签署《相约北京系列冬季体育赛事转播工作框架合同》和《北京冬奥会电视转播科技创新应用及科技冬奥重点专项技术协同战略合作框架协议》，标志着双方冬奥宣传转播报道、科技创新引领合作进入新阶段。中共中央政治局委员、北京市委书记、北京冬奥组委主席蔡奇和中宣部副部长、中央广播电视总台台长兼总编辑慎海雄出席签约仪式。总台编务会议成员薛继军代表总台致辞，并与北京冬奥组委专职副主席兼秘书长韩子荣代表双方签署合作协议。

总经理室举行2021"品牌强国工程"渠道沟通会 9月22日,中央广播电视总台总经理室召开2021"品牌强国工程"渠道沟通会,介绍新一年度总台广告经营思路及产品设计情况,进一步优化对品牌企业的传播服务。总台4A级、3A级信用广告代理公司负责人参加会议。

云听"田园频道"上线 9月22日,中央广播电视总台农业农村节目中心与云听客户端联合打造的"田园频道"上线。这是农业农村节目中心通过打造移动端"三农"音频传播矩阵,突破原有广播频率落地覆盖瓶颈,提升传播力和影响力的重要举措之一。

总编室举办播音员主持人业务培训 9月22日至23日,中央广播电视总台总编室播音员主持人管理中心联合人事局,举办主题为《提升能力 顺势而为 推动融合 跨越发展——媒体融合时代的机遇与挑战》的中央广播电视总台播音员主持人全员业务培训。培训围绕加快推进媒体深度融合、播读差错及原因分析、国际传播能力建设、文艺节目创新等主题展开,旨在提升播音员主持人政治素质、职业素养和业务能力。培训举办四场讲座,吸引1000多人次参加。

2021"品牌强国工程"融媒体传播方案发布 9月24日,中央广播电视总台2021"品牌强国工程"发布活动在北京举行。中宣部副部长、中央广播电视总台台长慎海雄出席活动并致辞。公安部、国家市场监督管理总局、中央国家机关有关部门、总台相关部门,以及上百家品牌企业负责人、广告公司代表等出席活动。

新闻中心制作播出专题片《新疆亚克西》 9月25日至26日,中央广播电视总台新闻中心制作的两集专题片《新疆亚克西》在综合频道播出。该片通过精美的画面、鲜活的事例,充分展示新时代党的治疆方略的成功实践,为第三次中央新疆工作座谈会召开营造良好舆论氛围。

"2020中国汽车风云盛典"活动启动 9月25日,由中央广播电视总台主办、财经节目中心承办的"2020中国汽车风云盛典"在北京启动。总经理室总经理彭健明出席启动仪式并致辞,一汽集团、东风集团等十家车企负责人出席仪式。中央广播电视总台财经节目中心、中国汽车工业协会、中国汽车技术研究中心、中国汽车流通协会及国内多家汽车集团负责人参加活动。

中国国际动漫节"金猴奖"评奖活动举行 9月29日,由中央广播电视总台主办的第十六届中国国际动漫节"金猴奖"颁奖活动在浙江杭州举行,央视动漫集团有限公司选送的《百鸟朝凤》《篮球旋风》分获综合系列动画片金奖和铜奖。

总台新闻节目直播烈士纪念日向人民英雄敬献花篮仪式 9月30日,第七个烈士纪念日,习近平总书记等党和国家领导人同各界代表在天安门广场向人民英雄敬献花篮。中央广播电视总台新闻节目多平台进行直播报道。

十月

2020年中央广播电视总台中秋晚会播

出 10月1日，由华语环球节目中心承制的2020年中央广播电视总台中秋晚会通过央视综合频道、综艺频道、中文国际频道，南海之声频率，以及央视频、央视网等平台顺利播出。据统计，央视三个频道总收视率达4.54%，总收视份额达20.26%，创历年秋晚收视数据新高，在全国上星卫视同时段排名第一。

CGTN推出《坐着高铁看中国》主题报道 10月1日至8日，中央广播电视总台CGTN全平台推出《坐着高铁看中国》大型融媒系列报道，以国庆、中秋长假为契机，以"高铁游"为切口，通过大小屏融合传播，展现高铁沿线地区经济社会发展、脱贫攻坚成就，取得良好传播效果。截至10月8日，全球阅读量超过9555万人次。

国家扶贫日主题访谈节目《脱贫·我们的故事》录制完成 10月3日，由中央广播电视总台农业农村节目中心制作的国家扶贫日主题大型访谈节目《脱贫·我们的故事》录制完成。该节目紧扣脱贫攻坚主题，通过当事人的现场讲述生动展现脱贫攻坚的伟大成就。

原创文化励志节目《中国少年说》播出 10月3日，中央广播电视总台体育青少节目中心推出原创青少年文化励志大型季播节目《中国少年说》（第一季）。每期节目选取三名优秀中国少年人物，推出生动有趣、积极正向的少年思想脱口秀，表达爱国爱家、自强不息、勇于探索、创造未来的成长感悟。

2021"品牌强国工程"举办上海沟通说明会 10月12日，中央广播电视总台2021"品牌强国工程"沟通说明会在上海举办，与长三角地区优秀企业共商共建强国品牌。总经理室与吉利控股集团、苏宁易购集团、安徽古井贡酒股份有限公司、上海一起作业信息科技有限公司签署了2021"品牌强国工程"战略合作伙伴协议。

华语环球节目中心大型纪录片《抗美援朝保家卫国》开播 自10月12日起，中央广播电视总台华语环球节目中心推出20集大型纪录片《抗美援朝保家卫国》。该片全面回顾抗美援朝战争历程，讲述党中央决策、志愿军秘密赴朝、历次重大战役、朝鲜停战谈判、志愿军凯旋等重大历史事件的全过程，呈现部分志愿军英模、战斗集体的英雄事迹，阐释伟大的抗美援朝精神。

4K微纪录片《从长安到罗马》（第二季）开播 自10月12日起，由中央广播电视总台社教节目中心联合中国国际电视总公司推出的4K微纪录片《从长安到罗马》（第二季）在央视科教频道、意大利国家广播电视公司历史频道，以及《全景周刊》《真理报》新媒体端上线，西安广播电视台、爱奇艺同步播出。该片以国际视野讲述中意千年古都的前世今生与东西方文明交融互鉴的传奇故事。

纪录片《先行》播出 自10月14日起，为庆祝深圳经济特区建立40周年，由中央广播电视总台、广东省委宣传部、深圳市委宣传部联合出品，总台影视剧纪录片中心、粤港澳大湾区总部（广东总站）、深圳广播电影电视集团联合摄制的6集纪录片《先行》在央视中文国际频道和纪录频道陆续推出。该片回顾深圳经济特区40年改革开放、先行先试的发展历程，讲述深圳在推进粤港澳大湾区建设和建设中国特色社会主义先行示范区中改革开放再出发的故事。

2020国际传媒港首届"时尚嘉年华"活

动成功举办 10月16日至18日，由中央广播电视总台上海总站联合上海时装周组委会举办的2020国际传媒港首届"时尚嘉年华"活动在上海举办。该活动包含大学生创意时装秀、高定礼服秀、未来风时尚职业女装秀、时尚潮牌秀、童装展示秀等7场时装秀，时装、家居、科技等领域的5场论坛及分享会，由30家时尚潮品、潮流好物、趣味摊位搭建起的潮流街区和集市，集看、玩、吃、淘为一体，给现场嘉宾、观众及网友带来流行的时尚体验。

微纪录片《我参加了那场伟大战争》播出 自10月18日起，中央广播电视总台新闻新媒体中心制作的11集系列微纪录片《我参加了那场伟大战争》在央视新闻新媒体各平台陆续推发。该片将宏大的战争主题和爱国主义主旋律转化为微小的个体叙事，从老兵个人视角描述他们亲历的战争故事，引起热烈反响。

总台6部作品获第30届中国电视金鹰奖 10月18日，第30届中国电视金鹰奖揭晓，中央广播电视总台6部作品获奖。其中，文艺节目中心的电视综艺节目《亚洲文化嘉年华》、新闻中心的电视纪录片《同心战"疫"》获得特别奖，中国国际电视总公司的《丝路传奇》获得最佳电视动画片奖，总编室（CCTV-1综合频道）的《故事里的中国》、中国电视剧制作中心有限责任公司的《澳门人家》、中央新闻纪录电影制片厂（集团）的《古墓派：海昏有遗梦》分别获得最佳电视综艺节目、最佳电视剧和最佳电视纪录片提名奖。陈铎、刘效礼获"中国文联终身成就电视艺术家"称号。

总台召开全国重点院校新闻传播人才供需座谈会 10月20日，中央广播电视总台召开全国重点院校新闻传播人才供需座谈会。邀请复旦大学新闻学院、中国人民大学新闻传播学院、中国传媒大学新闻传播学部、北京大学新闻与传播学院、清华大学新闻与传播学院、上海交通大学媒体与传播学院、武汉大学新闻与传播学院、暨南大学新闻与传播学院、南京大学新闻传播学院、浙江大学传媒与国际文化学院、中山大学传播与设计学院等的负责人，围绕全媒体时代马克思主义新闻观的教育教学、构建全媒体人才培养体系、国际传播人才的培养、媒体与学界的产学研合作建议等主题与中央广播电视总台领导深入交流探讨。中宣部副部长、中央广播电视总台台长兼总编辑慎海雄主持会议并作总结讲话。

2021"品牌强国工程"举行深圳沟通说明会 10月20日，中央广播电视总台2021"品牌强国工程"沟通说明会在深圳举行，邀请珠三角及华南地区企业共同探讨品牌强国战略。总台总经理室总经理彭健明，深圳市委常委、宣传部部长王强，总台广东总站相关负责人，以及百余家知名企业负责人和广告公司代表出席活动。总台与碧桂园控股有限公司、益海嘉里集团、内蒙古伊利实业集团股份有限公司、恒大集团、蓝月亮（中国）有限公司现场签署2021"品牌强国工程"战略合作伙伴协议。

"4K超高清电视制播系统研制"实施方案通过论证 10月21日，中央广播电视总台技术局和科技部高技术中心联合举办国家重点研发计划宽带通信和新型网络重点专项2019年立项项目"4K超高清电视制播系统研制"启动暨实施方案论证会。由科技部专家团和项目顾问专家组成的11人论证专家组，评估和论证通过项目实施方案。中央广播电视总台编务会议成员姜文波、科技部高技术中心项目主管相红参加会议。

影视剧纪录片中心推出纪念抗美援朝70周年新媒体直播 10月22日，中央广播电视总台影视剧纪录片中心在央视频、抖音等平台推出"跨过鸭绿江——纪念中国人民志愿军抗美援朝出国作战70周年"10小时新媒体直播活动。截至10月23日，单平台实时观看量最高突破500万人次，相关微博话题阅读量达5584万人次。

总台多平台直播报道纪念中国人民志愿军抗美援朝出国作战70周年大会 10月23日，纪念中国人民志愿军抗美援朝出国作战70周年大会在人民大会堂举行，中共中央总书记、国家主席、中央军委主席习近平出席大会并发表重要讲话。中央广播电视总台多平台直播报道，深度诠释伟大的抗美援朝精神。

央视网智慧媒体学院成立 10月23日，中央广播电视总台央视网智慧媒体学院成立并揭牌。这是依托"人工智能编辑部"核心资源，联合高校、科研机构及互联网行业内领先企业，开设创办的国内第一家主流媒体建设的智慧媒体学院。揭牌仪式现场，央视网与中国传媒大学新媒体研究院、腾讯云、百度智能云科技、华为云、奇安信、中科闻歌等签订共建学院合作协议，并与湖南马栏山管委会招商局、江苏太仓市融媒体中心签署项目合作意向书。

大型专题文艺晚会《英雄儿女》播出 10月24日，由中宣部主办、中央广播电视总台承办的重点节目《英雄儿女——纪念中国人民志愿军抗美援朝出国作战70周年文艺晚会》在央视综合频道、综艺频道、音乐频道和央广音乐之声、文艺之声频率及央视新闻、央视频、央视网等新媒体平台同步播出。晚会围绕爱国主义精神和革命英雄主义精神主题，为观众全方位呈现中国人民志愿军浴血奋战的战斗意志和为人类和平谱写的英雄史诗。

抗美援朝系列主题出版物首发 10月25日，纪念抗美援朝出国作战70周年系列主题出版物首发仪式在北京举行。中宣部副部长、中央广播电视总台台长兼总编辑慎海雄出席并为首发揭幕。中央广播电视总台推出的纪录片《英雄儿女》《为了和平》《抗美援朝保家卫国》《英雄儿女——纪念中国人民志愿军抗美援朝出国作战70周年文艺晚会》等4部抗美援朝主题节目，其音像制品通过中国国际电视总公司发行，同名图书由人民出版社、商务印书馆等出版发行。

文艺节目中心特别节目《岁岁又重阳》播出 10月25日，中央广播电视总台文艺节目中心重阳节特别节目《岁岁又重阳》在综艺频道播出。特别节目突出敬老爱老主题，从当代年轻人的视角出发，展开一场快乐、感动、温暖、幸福的文化旅程。

纪录电影《保家卫国——抗美援朝光影纪实》院线播映 10月25日，由国家电影局指导，总台新影集团与中影股份、华夏电影、博纳影业联合出品的纪录电影《保家卫国——抗美援朝光影纪实》登陆全国院线。该影片首次独家披露抗美援朝战场上的真实影像，梳理还原抗美援朝战争的来龙去脉，以一个个生动鲜活的故事重现英雄们的爱国主义精神和家国情怀。

政论专题片《为了总书记的嘱托》聚焦脱贫攻坚 10月25日至27日，由中央广播电视总台与国务院扶贫办共同制作的3集大型政论专题片《为了总书记的嘱托》在央视综合频道黄金时间播出。

全国人大常委会调研组参观调研光华路办公区 10月26日，全国人大常委会副秘书长汪铁民带队参观调研中央广播电视总台光华路办公区。汪铁民一行现场考察了光华路办公区央视频工作域、CGTN主演播室、总控机房等地。

大型系列节目《远方的家·大运河》开播 10月26日，中央广播电视总台华语环球节目中心大型系列节目《远方的家·大运河》(80集)开播。该节目以中国大运河为线索，充分挖掘运河历史文化资源，展现沿岸各地对运河文化的开发利用，呈现千年运河的古今巨变及运河城市的风貌变迁。

文博探索类音频节目《国家宝藏·挖藕季》开播 10月26日，中央广播电视总台文艺节目中心策划制作的百集文博探索类系列音频节目《国家宝藏·挖藕季》在央广文艺之声播出并在云听APP上线。为配合节目上线，文艺节目中心先后推出"荷塘挖藕"萌宝漫画、国潮版海报、节目先期宣传短视频等新媒体产品。

总台多平台深入报道党的十九届五中全会 10月26日至29日，中国共产党第十九届中央委员会第五次全体会议在北京召开。中央广播电视总台多平台深入宣传报道。

2020年度"新时代好少年"先进事迹发布 10月27日，由中央文明办、教育部、共青团中央、全国妇联、中国关工委联合主办，中央广播电视总台承办的2020年度"新时代好少年"先进事迹发布活动举行。中宣部副部长傅华，共青团中央书记处书记、全国少工委主任吴刚，全国妇联书记处书记蔡淑敏，中国关心下一代工作委员会常务副主任闵振环，中央广播电视总台编务会议成员薛继军出席活动。

总台多平台报道第三届世界顶尖科学家论坛 10月30日至11月1日，第三届世界顶尖科学家论坛在上海召开，中央广播电视总台社教节目中心、英语环球节目中心、新闻新媒体中心多角度展开报道。截至11月3日13时，央视新闻新媒体主持的12个微博话题阅读量达8.8亿人次，讨论量达6.4万人次，微博平台相关新闻阅读量达2654万人次。

十一月

2020国际传媒港首届"科学嘉年华"举办 11月1日，作为第三届世界顶尖科学家论坛官方活动之一，上海国际传媒港嘉年华系列之"科学嘉年华"在上海举办。该活动由中央广播电视总台上海总站与世界顶尖科学家协会联合举办。开展了"青年科学家TED演讲"、"大师分享会"和"我是小科学家"互动展等趣味科普交流活动。

2020年中国记者节特别节目录制完成 11月2日下午，《"好记者讲好故事"——2020年中国记者节特别节目》在中央广播电视总台录制。中宣部副部长、国务院新闻办主任徐麟出席并讲话。中国记协主席张研农、中国记协党组书记刘正荣，中央广播电视总台副台长阎晓明，以及人民日报社、新华社、求是杂志社等18家中央新闻单位相关负责人、编辑记者代表参加节目录制。

总台举行"中国人民志愿军抗美援朝出国作战70周年"纪念章颁授仪式 11月2日，中央广播电视总台举办"中国人民志愿军抗美援朝出国作战70周年"纪念章颁授仪式，45位（含新影集团16人）老同志获颁纪念章。中宣部副部长、中央广播电视总台党组书记、台长兼总编辑慎海雄为老同志代表颁授纪念章并讲话。

总台23件作品获中国新闻奖1人获长江韬奋奖 11月6日，第三十届中国新闻奖、第十六届长江韬奋奖颁奖报告会召开。中央广播电视总台电视专题《我们走在大路上》、网页设计作品《走向伟大复兴》等23件作品获中国新闻奖，人事局地方机构管理中心、原央视北京记者站站长王小节获长江韬奋奖（"长江"系列）。

英语新闻频道推出"中日韩自贸时代新愿景"电视论坛 11月6日至7日，中央广播电视总台CGTN英语新闻频道推出"中日韩自贸时代新愿景"电视论坛特别节目，以线上线下相结合方式，邀请联合国前秘书长潘基文、韩国前总理韩升洙、日本东京都前知事舛添要一、世界旅游经济论坛秘书长何超琼等嘉宾，与来自中日韩三国的政策制定者、专家学者、商协会代表开展对话，探讨新冠肺炎疫情影响和全球经济不确定性因素增加的背景下中日韩合作的新模式与新机遇。

总台推出进博会带货直播 11月6日至7日，第三届中国国际进口博览会期间，中央广播电视总台欧洲拉美地区语言节目中心、新闻新媒体中心、总经理室联合推出两场"足不出'沪'·享购好物"带货直播，由总台主持人联袂带货主播，共同推介意大利、俄罗斯、法国、西班牙、德国的商品，全网超过5000万人次观看，销售额达1.4亿元。

服饰文化节目《衣尚中国》首播 11月7日，中央广播电视总台文艺节目中心大型服饰文化节目《衣尚中国》在综艺频道首播，以锦绣开题，聚焦服饰之美，通过艺术创意与年轻态视觉，营造中国服饰审美的意境，获得社会各界广泛赞誉。

拉美总站、亚欧总站、中东总站正式挂牌成立 11月9日（当地时间），中央广播电视总台拉美总站、亚欧总站、中东总站正式挂牌成立，分别在巴西圣保罗、俄罗斯莫斯科和阿拉伯联合酋长国迪拜举行线上挂牌活动。中国驻巴西大使杨万明、中国驻俄罗斯大使张汉晖分别向中央广播电视总台拉美总站、亚欧总站致贺信。中东总站同步推动官方脸书及优兔账号上线。

《国家宝藏》（第三季）启动仪式举行 11月9日，中央广播电视总台文艺节目中心《国家宝藏》（第三季）启动仪式在故宫博物院举行。中宣部副部长、中央广播电视总台台长兼总编辑慎海雄，文化和旅游部党组成员、故宫博物院院长王旭东共同为节目启动揭幕。

总台联合相关部门推出全国消防日主题报道网络视频直播 11月9日是全国消防日，中央广播电视总台国家应急广播、新闻新媒体中心联合应急管理部消防救援局、北京市消防救援总队，推出主题报道网络视频直播。国家应急广播网站、微博、微信、央视频、抖音平台发布多位公众人物录制的预告片，开设原创微博话题"2020全国消防日"，推出答题H5模块"点击测试你的消防段位"。

总台多平台重点报道习近平主席出席上

合峰会 11月10日晚，国家主席习近平在北京以视频方式出席上海合作组织成员国元首理事会第二十次会议并发表重要讲话。中央广播电视总台多平台重点展开报道。央视网《联播+》专栏推出预热金句海报《习近平"典"明上合之"合"》，与网友一起感受"上海精神"的强劲动力。

4K纪录片《而立浦东》在沪首发 11月10日，浦东开发开放30周年之际，中央广播电视总台推出的6集4K纪录片《而立浦东》在上海首发。该片展现浦东开发开放辉煌历程，彰显浦东改革开放排头兵、创新发展先行者奋斗形象。中宣部副部长、中央广播电视总台台长兼总编辑慎海雄，上海市委副书记、市长龚正出席首发仪式，并共同启动纪录片首发活动。

总台重点报道习近平总书记考察江苏 11月12日至13日，中共中央总书记、国家主席、中央军委主席习近平在江苏考察，并于14日在南京主持召开全面推动长江经济带发展座谈会。总台多平台重点报道。

总台实现全球首次万米海底直播报道 11月13日，由中央广播电视总台牵头研制的深海视频着陆器"沧海号""凌云号"与中国万米级载人潜水器"奋斗者"号在太平洋马里亚纳海沟开展联合作业。这是总台在全球首次实现万米海底直播报道，创造了人类载人深潜以及全球电视直播报道新纪录。

社教节目中心推出大型未成年人法治节目《守护明天》（第四季） 11月16日，中央广播电视总台社教节目中心联合最高人民检察院推出大型未成年人法治节目《守护明天》（第四季），聚焦未成年人保护话题。

中国国际电视总公司入选第十二届"全国文化企业30强" 11月16日，在中宣部召开的第十二届"全国文化企业30强"发布会上，中国国际电视总公司再度上榜，连续12年获此荣誉。

《闪亮的名字——2020最美职工发布仪式》录制完成 11月17日，由中宣部、中华全国总工会、中央广播电视总台共同主办的《闪亮的名字——2020最美职工发布仪式》完成录制。中宣部副部长蒋建国，全国总工会副主席、书记处书记阎京华出席发布仪式并为获奖者颁奖。中央广播电视总台编务会议成员薛继军参加节目录制。

总台重点报道习近平主席出席重大多边外交活动 11月17日至22日，中国国家主席习近平接连以视频方式出席金砖国家领导人第十二次会晤、亚太经合组织第二十七次领导人非正式会议、二十国集团领导人第十五次峰会等三场重大多边外交活动。中央广播电视总台新闻中心精心组织报道，准确呈现习近平主席表达的中国立场、阐述的中国方案，及时报道国际社会热烈反响。

2021"品牌强国工程"签约活动举行 11月19日，中央广播电视总台2021"品牌强国工程"签约活动在光华路办公区举行，来自全国的近300名企业代表参加活动，超40家企业与总台签约，签约企业数量和额度实现双增长。

总台4件作品入选中国新媒体大会精品优秀案例 11月19日至20日，2020中国新媒体大会在湖南长沙举行。中央广播电视总台新闻新媒体中心系列时政微视频《总书记指挥这场人民战争》、视听新媒体中心制作的《与疫情赛跑——"两神山"》等系列慢直播入选中央媒体2020中国新媒体战"疫"十大精品案例,新闻新媒体中心制作的《"小朱配琦"来了!一起为湖北拼单》获评2020中国新媒体扶贫特别推荐案例,央视网大型扶贫公益活动《美丽乡村我代言》入选2020中国新媒体扶贫十大优秀案例。

体育青少节目中心关注世界儿童日 11月20日,时值世界儿童日,中央广播电视总台体育青少节目中心围绕"重绘明日梦想,点亮儿童未来"主题推出多形式报道。"世界儿童日""点亮儿童未来"等微博话题总阅读量达17亿人次。

《宪法的精神 法治的力量——2020年度法治人物》节目录制完成 11月22日,由司法部、全国普法办和中央广播电视总台联合制作,中央广播电视总台社教节目中心承制的《宪法的精神 法治的力量——2020年度法治人物》节目完成录制。

斯瓦希里语纪录片在非洲主流平台播出 自11月23日起,由中央广播电视总台国际传播规划局和影视翻译制作中心联合策划的《中央广播电视总台斯瓦希里语纪录片时段》在非洲四达时代斯瓦希里语电视频道播出。这是总台精品节目对非本土化传播的一次有益尝试。

总台多平台关注"嫦娥五号"发射 11月24日,中国探月工程三期"嫦娥五号"发射成功,中央广播电视总台多平台展开报道。新闻中心在央视新闻新媒体开启伴随式直播。新闻中心在前方设置9机位+10路工业信号直播系统,多视窗、多角度提供倒计时三十分钟、火箭起飞、探测器入轨、宣布成功全程公共信号。国际视频通讯社对外发布"嫦娥五号"发射直播信号和总台相关新闻素材,被41个国家和地区的112家电视台/频道及网络新媒体平台采用。

中央广播电视总台2021年原创电视剧片单发布 11月26日,"大剧看总台"——中央广播电视总台2021年电视剧片单发布活动在北京举行。中宣部副部长、中央广播电视总台台长兼总编辑慎海雄出席,并为"迎接建党100周年"献礼剧《大决战》开机。

技术局完成六个科研项目验收 11月27日,中央广播电视总台技术局在光华路办公区完成部分科研项目验收。验收组分别对基于自主知识产权的AVS2超高清电视节目播出分发系统与示范应用的《播出分发平台》《AVS2超高清节目编码压缩平台》《4K信号调度和交换系统研究》《超分辨率图像增强技术在专业影视图形图像领域的应用研究》《IT基础资源关键设备和技术国产化研究》《音频水印技术在广告业务中应用研究》等6个项目进行结项验收。

国际传播规划局与欧洲拉美地区语言节目中心举办"中欧建交"系列活动 11月27日,以中国与欧盟建交45周年为契机,中央广播电视总台国际传播规划局和欧洲拉美地区语言节目中心联合欧洲新闻台举办的"中欧建交"系列推广活动启动。节目制作完成后分别在欧洲新闻台数字端和CGTN法语频道电视端、数字端同步播出,触达欧洲新闻台全球用户约8000万,其中欧洲地区活跃用户约2000万。此外,各方在欧洲新闻台官方网站、手机客户端、社交媒体平台等开展配合推广活动。

总台领导赴四川省凉山州喜德县调研对口帮扶工作 11月27日,中宣部副部长、中央广播电视总台台长兼总编辑慎海雄带队赴四川省凉山彝族自治州喜德县调研考察总台对口帮扶喜德县脱贫攻坚工作。四川省政协副主席、凉山州委书记林书成，四川省委宣传部常务副部长、省精神文明办主任傅思泉，以及中央广播电视总台总编室、人事局、机关党委等部门负责人参加调研。

总台领导与四川省委领导座谈　11月29日，中宣部副部长、中央广播电视总台台长兼总编辑慎海雄与四川省委书记、省人大常委会主任彭清华在成都进行座谈，双方围绕推动成渝地区双城经济圈建设、讲好新时代四川高质量发展和脱贫攻坚故事、支持四川建设文化强省旅游强省、办好成都大运会等交换了意见。四川省委常委、宣传部部长甘霖参加座谈。四川省委常委、成都市委书记范锐平与慎海雄一行也进行了交流。

《新闻阅评》称赞《穿越新疆》报道方式新颖　11月30日，中宣部新闻局第315期《新闻阅评》刊文《〈穿越新疆〉丰富报道方式技术手段新运用》，称赞中央广播电视总台英语环球节目中心推出的大型融媒体报道《穿越新疆》通过国内外电视和新媒体平台，充分展现新疆大美自然景观、多彩人文风情、社会全面稳定和人民安居乐业，在报道方式、技术手段上实现多方面创新。

十二月

总台调研北京冬奥会张家口赛区　12月1日，中央广播电视总台编务会议成员薛继军、姜文波赴北京冬奥会张家口赛区调研，了解赛区建设运行情况，实地考察赛区临时规划展厅、国家跳台滑雪中心、国家越野滑雪中心、国家冬季两项中心、山地新闻中心、云顶滑雪场场地，以及多个转播点位，听取张家口赛区冬奥会和测试赛相关工作进展，以及电视转播、媒体运行筹备情况汇报，并与北京冬奥组委媒体运行部、张家口运行中心相关负责人进行座谈。

港澳台节目中心推出系列融媒体报道《长江三角洲区域一体化发展纪事》　12月1日起，中央广播电视总台港澳台节目中心在央广中华之声重点新闻栏目播出10集系列报道《长江三角洲区域一体化发展纪事》。"看台海"微信公众号、"你好台湾"网同步推送音频、图文新媒体节目相关稿件。节目组在《长江三角洲区域一体化发展规划纲要》印发一周年之际，派出多路记者赴上海、江苏、浙江、安徽，全景展现长三角区域一体化发展上升为国家战略以来取得的成果。

第三届海南岛国际电影节开幕　12月5日，由中央广播电视总台与海南省人民政府共同主办的第三届海南岛国际电影节在三亚开幕。中宣部副部长、中央广播电视总台台长兼总编辑、第三届海南岛国际电影节组委会主席慎海雄致辞并宣布开幕。海南省委书记、海南省人大常委会党组书记沈晓明出席开幕式并致辞。

欧洲拉美地区语言节目中心举办"交流互鉴　共话发展"媒体外交活动　12月5日，中央广播电视总台欧洲拉美地区语言节目中心举办"交流互鉴　共话发展"媒体外交活动，联

合苏州昆山市政府和中国—中东欧国家合作人文交流体验基地共同主办"中国—中东欧国家合作新春晚会（苏州昆山）"，邀请中东欧国家驻华使节到昆山参观走访，并推出《中东欧国家使节话合作》系列专访和报道。

总台与中国移动开展内容版权深度合作 12月8日，中央广播电视总台与中国移动通信集团有限公司内容版权战略签约仪式在北京举行。中宣部副部长、中央广播电视总台台长兼总编辑慎海雄，中国移动通信集团有限公司党组书记、董事长杨杰出席签约仪式。总台和中国移动共同建设的5G超高清视音频传播中心同时揭牌启动，标志着总台和中国移动在国际顶级体育赛事传播、超高清内容生产、AI智能播控等方面开展内容版权深度合作。

北美总站发起"全球行动倡议"脱贫活动 12月9日，中央广播电视总台北美总站策划制作的年度特别节目《全球行动倡议2020——脱贫》在CGTN电视端、客户端、社交账号、节目专属网站等平台同步播出。中宣部副部长、中央广播电视总台台长兼总编辑慎海雄参加特别节目并发表主旨演讲。此次"全球行动倡议"脱贫活动是在中国832个贫困县全部实现脱贫的背景下举办的，也是总台海外总站举办的首次高规格全球媒体行动。

2020"欧洲伙伴"媒体合作云论坛举办 12月10日，中央广播电视总台主办的2020"欧洲伙伴"媒体合作云论坛以视频连线的方式召开，中欧媒体代表共同围绕"互信·对话·合作·共赢"的主题展开云端对话。中央广播电视总台台长兼总编辑慎海雄出席并致辞。慎海雄与23家欧洲媒体代表以视频方式共同发布《加强媒体合作联合声明》。

总台4件作品和1位主持人获2020年度亚洲—太平洋广播联盟奖 12月10日，2020年度亚洲—太平洋广播联盟奖颁奖大会在线上召开，中央广播电视总台4件作品和1位主持人获奖。其中，纪录片《三矿》获电视类评委会特别奖，广播特写《我在武汉92天》获广播类亚洲—太平洋广播联盟视野奖，广播特写《中国新冠病毒疫苗全球率先进入二期临床试验》获广播新闻报道奖，主持人朱贺以《劲曲调频（Hit FM）广播颁奖礼（Hit FM Music Awards）》获得广播主持人奖。

总台聚焦习近平主席在气候雄心峰会发表重要讲话 12月12日，国家主席习近平在气候雄心峰会上通过视频发表题为《继往开来，开启全球应对气候变化新征程》的重要讲话。总台多平台重点报道。

2020央视财经论坛举办 12月12日，中央广播电视总台"2020央视财经论坛"在北京举办。本届论坛以"新发展格局下实业与金融使命"为主题，邀请部委领导、经济学家、企业家等出席，深入宣传阐释党的十九届五中全会精神，更好推动中国经济社会高质量发展。全国政协副主席、全国工商联主席高云龙，中宣部副部长、中央广播电视总台台长兼总编辑慎海雄出席论坛并致辞。

总台多平台聚焦南京大屠杀死难者国家公祭日 12月13日是第七个南京大屠杀死难者国家公祭日，中央广播电视总台多平台、多形式报道公祭仪式。央视网多终端直播南京大屠杀死难者国家公祭仪式，国际视频通讯社采用卫星和网络两种方式全程对外发布南京大屠杀死难者国家公祭仪式直播信号，被美联社、法新社等49家国际媒体刊用或播出。

人类减贫经验国际论坛开幕 12月14日，由中央宣传部、国务院扶贫办主办，中央广播电视总台等4家单位承办的人类减贫经验国际论坛在北京开幕。习近平总书记向论坛致贺信。中共中央政治局委员、中央书记处书记、中宣部部长黄坤明出席开幕式，宣读习近平总书记贺信并发表主旨演讲。中宣部副部长、中央广播电视总台台长兼总编辑慎海雄出席并宣布中央广播电视总台制作的纪录片《中国脱贫攻坚》多语种版本面向全球发布。

"国聘行动"（第二季）正式启动 12月14日，由中央广播电视总台携手教育部、人社部、国务院国资委、共青团中央共同发起，央视频携手国投人力主办的"国聘行动"（第二季）——"春华秋实 国聘行动"大型融媒体招聘活动在北京启动。中宣部副部长、中央广播电视总台台长兼总编辑慎海雄，教育部副部长翁铁慧，人力资源和社会保障部副部长李忠，共青团中央书记处书记傅振邦，国务院国资委副秘书长赵世堂出席启动仪式。

2020丝绸之路电视国际合作共同体高峰论坛举行 12月15日，由中央广播电视总台主办、中国国际电视总公司承办的"2020丝绸之路电视国际合作共同体高峰论坛"在北京举行。中共中央政治局委员、中央书记处书记、中宣部部长黄坤明发表视频致辞。中宣部副部长、中央广播电视总台台长兼总编辑、共同体理事长慎海雄出席开幕式并致辞。本届论坛以"深化合作 共迎挑战"为主题，通过线上线下相结合的方式举办，40余个国家及地区的70余家主流媒体机构的150多位代表参会。

总台发布"美丽中国行"融媒体传播服务方案 12月15日，中央广播电视总台"美丽中国行"融媒体传播服务方案发布活动举办。总经理室、财经节目中心、亚洲非洲地区语言节目中心、欧洲拉美地区语言节目中心、华语环球节目中心负责人，以及来自全国各省区市文旅、宣传部门和广告公司的代表300余人参会。

总台年轻干部素质能力提升专题培训班开班 12月15日，中央广播电视总台年轻干部素质能力提升专题培训班开班。中宣部副部长、中央广播电视总台党组书记、台长兼总编辑慎海雄出席开班式并作动员讲话。

《擎动中国》线上模拟器赛车总决赛举办 12月19日，中央广播电视总台打造的首档顶级融媒体赛车节目《擎动中国》线上模拟器赛车总决赛在澳门举行。这是总台首次线上直播模拟器赛车，首创"网络端+电视端"双赛场模式，让全国赛车爱好者在线下同场竞技，在线上打破地域限制一较高下。

"新型中美关系背景下做好国际报道和舆论引导"专家座谈会举行 12月20日，中央广播电视总台在光华路办公区举办"新型中美关系背景下做好国际报道和舆论引导"专家座谈会。中宣部副部长、中央广播电视总台台长兼总编辑慎海雄出席会议，并为专家学者颁发"总台中美关系专家咨询委员会委员"聘书。

总台与《国家地理》合作搭建精品节目网页 12月21日，中央广播电视总台国际传播规划局联合影视剧纪录片中心、欧洲拉美地区语言节目中心、英语环球节目中心，与《国家地理》合作打造的总台精品节目二级网页正式上线。这是首个在国际主流媒体平台展示总台内容产品的专属平台,具有独立域名并永久存在。

总台领导赴澳门推动与特区政府合作 12月25日至27日,中宣部副部长、中央广播电视总台台长兼总编辑慎海雄赴澳门开展工作。其间,慎海雄出席总台亚太总站、香港记者站和澳门记者站揭牌仪式,见证总台与澳门特区政府签署深化战略合作框架协议,出席4K纪录片《澳门之味》《航拍中国·澳门》开机仪式、融媒体赛车节目《擎动中国》(第二季)启动仪式,并发布总台与澳门特区2021年赛事合作目录。全国政协副主席何厚铧、澳门特别行政区行政长官贺一诚等出席相关活动,并与总台领导和相关人员开展工作交流。

总台发布2020年国内十大新闻和国际十大新闻 12月28日,中央广播电视总台新闻中心在梅地亚中心举行发布会,发布2020年国内十大新闻和国际十大新闻。

华语环球节目中心《非常传奇》(第三季)跨年播出 12月28日,中央广播电视总台华语环球节目中心大型创新类文化节目《非常传奇》(第三季)在中文国际频道播出,以"吸取非遗精华,打造中式美学,实现非遗的传播与传承,助推中华非遗产业文化升级"为宗旨,将非遗的薪火传承与创新发展相结合,通过挖掘、包装、展示40个不同的非遗项目,让非遗活在当下,走向世界。

上海总站举办"中国城市数字经济论坛·2020" 12月28日至29日,中央广播电视总台上海总站主办的"中国城市数字经济论坛·2020"在上海举行。上海市委常委、宣传部部长周慧琳,总台编务会议成员姜文波出席论坛开幕式并致辞。

第十一届央视财经香港论坛举行 12月29日,由中央广播电视总台财经节目中心与香港《大公报》、大公网共同主办的第十一届央视财经香港论坛在深圳举行。本届论坛邀请内地和香港多位嘉宾,采用两地视频连线方式,围绕"新发展格局下的新经济",共同探讨以新发展格局重塑经济新优势,以及香港如何发挥自身优势助力推进新发展等议题。香港特别行政区行政长官林郑月娥,中宣部副部长、中央广播电视总台台长兼总编辑慎海雄向论坛发来视频致辞。

总台举办人民广播事业创建80周年庆祝活动 12月29日,中央广播电视总台在复兴门办公区音乐厅举办《声震长空》朗诵会,庆祝人民广播事业创建80周年,用声音展示总台记录的亿万人民奋斗追梦的伟大实践。12月30日,总台召开庆祝人民广播事业创建80周年座谈会,会上宣读了中共中央政治局委员、中央书记处书记、中宣部部长黄坤明对人民广播事业创建80周年作出的重要批示。中宣部副部长、中央广播电视总台台长兼总编辑慎海雄出席会议并讲话。

国际友人和国际媒体机构负责人向中央广播电视总台祝贺新年 12月29日,2021年新年前夕,法国前总理拉法兰、法新社社长法布里斯·弗里、英国广播公司总裁蒂姆·戴维、全俄广播电视公司总经理多布罗杰耶夫、今日俄罗斯国际通讯社社长基谢廖夫和俄罗斯报社社长涅戈伊察、韩国放送公社社长兼首席执行官梁承东、美联社社长加里·普鲁伊特、德国电视二台台长托马斯·贝鲁特、日本富士媒体集团管理顾问（原董事长兼首席执行官）日枝久、东京广播公司会长武田信二和社长佐佐木卓、马来西亚Astro大马控股集团总裁陈宝福等国际友人和国际媒体机构负责人陆续发贺函贺卡，向中国中央广播电视总台台长兼总编辑慎海雄和全台员工致以节日问候和新年祝福，并期待与总台深化合作。

2021年全国"村晚"示范展示活动启动 12月30日，由文化和旅游部公共服务司、全国公共文化发展中心，中央广播电视总台央视频联合主办的"欢乐过大年·迈向新征程"——我们的小康生活2021年全国"村晚"示范展示活动启动。中宣部副部长、文化和旅游部部长胡和平，中宣部副部长、中央广播电视总台台长兼总编辑慎海雄，文化和旅游部副部长张旭，中央广播电视总台编务会议成员孙玉胜等出席启动仪式。

总台新闻节目重点报道中欧投资协定谈判完成 12月30日，中欧领导人共同宣布如期完成中欧投资协定谈判。中央广播电视总台新闻节目多平台及时报道。截至当日，国际视频通讯社对外发布总台相关新闻素材21条，配发多语种文稿52篇，其中10条新闻素材被法国24台、德国之声等28个国家和地区的57家电视台/频道采用。

国家主席习近平通过中央广播电视总台和互联网发表二〇二一年新年贺词 12月31日19时，国家主席习近平通过中央广播电视总台和互联网发表二〇二一年新年贺词。中央广播电视总台央视综合频道、新闻频道、中文国际频道、4K超高清频道，中国国际电视台各外语频道，中央人民广播电台、中国国际广播电台，以及央视新闻客户端、央视网等新媒体平台准时播出。

纪录片《我在故宫六百年》跨年热播 12月31日，由中央广播电视总台影视剧纪录片中心出品的3集纪录片《我在故宫六百年》在总台央视纪录频道播出。作为《我在故宫修文物》的姊妹篇，该片聚焦传统技艺的匠心传承，解密中华文脉的历史回响，语态年轻、网感强，引发观众好评。

总台与中粮集团签订战略合作协议 12月31日，中央广播电视总台与中粮集团战略合作协议签约仪式在北京举行。双方将在内容合作、产业拓展、品牌营销等方面积极创新，并在维护国家粮食安全、做好"三农"宣传报道等领域携手。中宣部副部长、中央广播电视总台台长兼总编辑慎海雄和中粮集团党组书记、董事长吕军出席签约仪式并致辞。

2020年总台多支公益广告获得专业大奖 2020年，中央广播电视总台总经理室围绕时代命题开展公益广告创作，多支公益广告在年度各项国家级专业评奖、评选中获大奖，其中在中国公益广告黄河奖评选中获得七项大奖。《十四亿分之一》《好戏连心》等多支作品获国家广播电视总局公益广告扶持。《国家勋章和国家荣誉称号获得者系列人物宣传片》等作品获第26届中国纪录片学术盛典微纪录类奖项。《最好的礼物》获得北京国际公益广告大会特等奖。

《启航2021——中央广播电视总台跨年盛典》在总台多平台播出 12月31日20时，

《启航2021——中央广播电视总台跨年盛典》在总台央视综合频道、综艺频道和央广音乐之声、经典音乐广播、文艺之声、央视文艺及央视新闻、央视频、央视网、央视影音等平台同步播出。节目延续"启航,看中国"主题,在258分钟的播出时间里,通过多种艺术形式和手段讲奋斗者的中国故事,展不平凡的中国担当,在跨年之夜打造出一场欢乐温暖的迎新盛典。

2021年大事记

一月

《2021新年音乐会——扬帆远航大湾区》在总台多平台播出 1月1日晚，《2021新年音乐会——扬帆远航大湾区》在总台央视综合频道、综艺频道、音乐频道和央广大湾区之声、央视文艺及央视网、央视频、央视影音等平台同步播出。节目首次由中央广播电视总台、广东省人民政府、香港特别行政区政府、澳门特别行政区政府共同主办。晚会以"奋进新时代逐梦新征程"为主题，来自港澳台和内地的歌唱艺术家、歌手共同唱响大湾区的新年之声，体现了粤港澳三地人民同根同祖、爱国爱家的血脉之情，以多元艺术形式展现大湾区的活力与蓬勃发展的生命力。

文艺中心元旦节目精彩纷呈 元旦期间，文艺中心整合各平台资源，创新思维，打通电视广播、大屏小屏，推出精彩纷呈的节目，取得良好传播效果。《启航2021——中央广播电视总台跨年盛典》《2021新年音乐会——扬帆远航大湾区》等节目，打造国家级文艺精品旗舰。《新年新声浪 青春GOING ON！》等广播节目，共同营造喜气洋洋、欢乐吉祥的节日氛围。其中，《启航2021》《2021新年音乐会》分别位居全国跨年类节目榜首和全国同时段音乐类节目收视第一名。《启航2021》短视频累计观看量超过3000万人次，全网话题总阅读量突破38亿人次。

军事节目中心播出系列报道《脱贫攻坚中的迷彩方阵》 1月1日至7日，总台军事节目中心央视国防军事频道《正午国防军事》栏目推出系列报道《脱贫攻坚中的迷彩方阵》（第四季）。报道紧扣习近平主席新年贺词相关内容，以"越来越好"为主题，重点展示在军队帮扶之下，脱贫村庄村民"咬定青山不放松，脚踏实地加油干"的景象。记者分赴江西大坳村、云南蒙自蚂蟥冲村、新疆迈丹村等地，通过直播+现场报道+微纪录等形式，呈现脱贫后村民们红红火火的生活，展现军队助力乡村脱贫的真实面貌。

华语环球节目中心创新节目《鲁健访谈》开播 1月2日，总台华语环球节目中心策划创新推出周播高端人物访谈节目《鲁健访谈》在央视中文国际频道开播。首期节目为《鲁健访谈 对话姚明》，主持人与姚明一起前往"重启"后的武汉，举办首场"姚基金慈善赛"，展开一场关于篮球改革、公益之路的精彩对话。央视网、央视频、腾讯新闻、今日头条、哔哩哔哩等海内外媒体对节目进行了报道，触达人次近1亿。电视端收视率为0.45%，相关节目微博话题阅读量达1 656.7万人次。

纪录片《完美星球》全球同播发布仪式举行 1月4日，中央广播电视总台与英国广播公司BBC Studios联合举行纪录片《完美星球》全球同播发布仪式。纪录片《完美星球》由总台与英国广播公司、美国探索发现频道、法国国家电视台、德国电视二台及企鹅影视等联合出品，1月4日起在全球同步播出。该片共5集，展示地球的壮丽奇异，歌颂孕育生命的自然力量，反思人类活动对生态平衡产生的巨大影响。

总台新闻节目关注"美国国会遭暴力冲击" 1月6日，美国总统特朗普的支持者在华盛顿举行大规模游行示威，示威者与警方发生冲突并闯入国会，导致2020年总统大选投票结果确认程序一度中断。总台新闻节目及时反应，快速报道。

总台"品牌强国工程"2021年助力湖北专项公益行动开启 1月8日，中央广播电视总台"品牌强国工程"2021年助力湖北专项公益行动在北京、武汉两地实时连线启动。中宣部副部长、中央广播电视总台台长兼总编辑慎海雄，湖北省委书记、省人大常委会主任应勇出席，并共同启动专项公益行动。

"寻找最美孝心少年"颁奖典礼引发关注 1月8日，由总台主办、体育青少节目中心承办的《众里寻你——2020"寻找最美孝心少年"颁奖典礼》在央视综合频道、少儿频道和央视频、央视少儿客户端、央视网，以及各大直播平台同步播出，展现新时代孝心少年向上向善、自立自强的精神风貌，引发社会各界热烈反响。

总台多平台聚焦首个"中国人民警察节" 1月10日是首个"中国人民警察节"，总台多平台多角度展开报道。新闻中心重点报道习近平总书记代表党中央，向全国人民警察致以诚挚的慰问，准确传递总书记对公安工作的要求和嘱托。社教节目中心推出2020年全国"公安楷模"发布活动《致敬 公安楷模》，用先进典型事迹生动展示新时代公安队伍良好形象。新闻新媒体中心通过发布习近平总书记金句海报、原创海报、特稿、短视频、直播、互动投票等多种形式，报道首个"中国人民警察节"，在舆论场表现抢眼。

《科普中国——2020年度科普推选活动揭晓盛典》录制完成 1月10日，由中国科协、人民日报社、中央广播电视总台联合主办的《科普中国——2020年度科普推选活动揭晓盛典》完成录制。活动围绕"科技为民，奋斗有我，全民科普"主题，设立年度科学传播人物、优秀科普作品、科学传播事件、科学辟谣榜等4个奖项，每个奖项评选10个获奖人物或项目。

中国共产党中央广播电视总台机关第一次党员代表大会召开 1月15日至16日，中国共产党中央广播电视总台机关第一次党员代表大会召开。中宣部副部长、中央广播电视总台党组书记、台长兼总编辑慎海雄，中央和国家机关工委副书记、纪检监察工委书记任正晓出席会议并讲话。会议听取并审议了中央广播电视总台党组成员、副台长、机关党委书记阎晓明代表机关党委所作的题为《推动总台党建工作高质量发展 助力建设国际一流新型主流媒体》的工作报告。

中央广播电视总台首批公共文化传播基地

落成 1月18日，由中央广播电视总台北京总站和北京市门头沟区政府共同建立的首批公共文化传播基地正式揭牌启用。中宣部副部长、中央广播电视总台台长兼总编辑慎海雄出席授牌仪式，并赠送影音设备和图书音像制品。总台首批公共文化传播基地建在马栏村、牡丹院、爨底下村三处深受游客青睐的首都旅游目的地。

总台新闻节目精心报道习近平总书记2021年首次考察 1月18日至20日，中共中央总书记、国家主席、中央军委主席习近平在北京、河北考察并主持召开北京2022年冬奥会和冬残奥会筹办工作汇报会。总台新闻节目精心组织、精细拍摄，立体高效完成报道任务。

新闻中心推出《奋斗百年路　启航新征程》 1月19日起，新闻中心全平台推出大型系列报道《奋斗百年路　启航新征程》，报道聚焦百年党史重要节点，回顾风云激荡的红色篇章，深入反映中国共产党的百年历程和伟大业绩，全面展现百年大党的梦想与追求、情怀与担当。

英语环球节目中心原创短视频微博话题阅读量突破9亿人次 1月20日，英语环球节目中心围绕社交平台热点话题，推出原创短视频《起底德特里克堡》，CGTN新媒体平台播放量达4165万人次，微博相关话题阅读量突破9亿人次。

"2020中国汽车风云盛典"在京举行 1月20日，由总台主办、财经节目中心特别策划的"2020中国汽车风云盛典"在北京举行。该活动以"赤子之心，赋能未来"为主题，聚焦中国汽车行业在过去一年克服疫情带来的重重困难，通过技术创新、产品创新、模式创新，提升产品品质，走出"V"型反转的精彩历程，展现2020年中国汽车产业的顽强韧性。

《中国地名大会》（第二季）播出 自1月23日起，由总台和民政部联合摄制的大型地名文化节目《中国地名大会》（第二季）在中文国际频道每周六首播，综合频道每周日重播。新一季节目在延续"从地名看文化，从文化看中国"主旨的同时，对地名文化的呈现形式进行优化提升。

总台新闻节目聚焦习近平主席出席"达沃斯议程"对话会 1月25日，国家主席习近平在北京以视频方式出席世界经济论坛"达沃斯议程"对话会并发表特别致辞。总台新闻节目全平台聚焦报道。

新闻中心推出《新春走基层》系列报道 自1月25日起，新闻中心多平台推出《新春走基层》系列报道，记者分赴祖国各地，聚焦国家发展、百姓生活变化，传递国家不断前行的活力与脉动。《新闻联播》当天播出《零下42℃极寒中的营林人》，展现大兴安岭深处营林工人们的坚守与奋斗。

百集特别节目《美术经典中的党史》开播 1月25日，由中央广播电视总台联合中国国家博物馆、中央美术学院等单位制作的百集特别节目《美术经典中的党史》开播仪式在北京举行。中宣部副部长、中央广播电视总台台长兼总编辑慎海雄出席并启动开播。

总台印发"十四五"国际传播能力建设发展规划 1月26日，经总台党组审议通过，《总台国际传播能力建设发展规划（2021—2025年）》印发。

总台重大革命历史题材电视剧《跨过鸭绿江》创作座谈会举行 1月26日，由中宣

部文艺局、中央广播电视总台影视剧纪录片中心组织的重大革命历史题材电视剧《跨过鸭绿江》创作座谈会在北京举行。中宣部副部长、中央广播电视总台台长兼总编辑慎海雄出席并讲话。

二月

总台举行8K超高清电视频道试验开播启动仪式 2月1日，中央广播电视总台8K超高清电视频道试验开播启动仪式在北京举行。中宣部副部长、中央广播电视总台台长兼总编辑慎海雄出席，并与各大电信运营商负责人共同开启总台8K超高清频道播出试验。这标志着全球首次实现8K超高清电视直播和5G网络下的8K电视播出。

总台新闻节目重点报道习近平总书记在贵州考察 2月3日至5日，中共中央总书记、国家主席、中央军委主席习近平在贵州考察调研。总台新闻节目精心组织报道，全景呈现考察行程，及时传递总书记向全国各族人民、向港澳台同胞和海外侨胞致以美好的新春祝福。

国际视频通讯社举办第十届全球视频媒体论坛 2月3日，中央广播电视总台国际视频通讯社主办的第十届全球视频媒体论坛在线上举行，与会媒体代表围绕"合作传播，共赢未来"的主题，共同探讨了全球媒体如何实现合作共赢。中宣部副部长、中央广播电视总台台长兼总编辑慎海雄出席并致辞。

总台2021网络春晚在多平台播出 2月4日晚间黄金时间，中央广播电视总台2021网络春晚在CCTV-1综合频道、央视网、央视频客户端、央视新闻客户端等渠道同步播出。晚会以"青春嘉年华"之名，向观众发出"开新"之约，共赴一场"开新"之局。

2021年"欢乐春节"全球启动仪式暨《大话春节》大型融媒体活动启动 2月4日，中央广播电视总台联合文化和旅游部共同推出的2021年"欢乐春节"全球启动仪式暨《大话春节》大型融媒体活动开幕式在北京举行。中宣部副部长、文化和旅游部部长胡和平，中宣部副部长、中央广播电视总台台长兼总编辑慎海雄以视频方式致辞，并共同启动2021年"欢乐春节"全球活动。

总台领导与离退休老领导2021年新春座谈会举行 2月4日，中央广播电视总台领导与离退休老领导2021年新春座谈会举行。中宣部副部长、中央广播电视总台党组书记、台长兼总编辑慎海雄出席，代表总台党组向离退休老领导致以诚挚问候和新春祝福。

文艺节目中心特别节目《金牌喜剧班》首播 2月6日，文艺节目中心大型喜剧传承类综艺节目《金牌喜剧班》开播。节目深度挖掘喜剧背后的故事，展现喜剧前辈培养传承人的全过程，以匠心制作呈现喜剧综艺新面貌。

总台新闻节目重点报道中国—中东欧国家领导人峰会 2月9日，国家主席习近平主持中国—中东欧国家领导人峰会，并发表主旨讲话。总台新闻节目多平台及时重点报道。

大型原创文化节目《典籍里的中国》开播启动仪式举行 2月10日，中央广播电视总台举行大型原创文化节目《典籍里的中国》开播启动仪式。《典籍里的中国》聚焦中华优秀文化典籍中的经典名篇，通过艺术表现手段展现其中蕴含的中国智慧、中国精神和中国价值，讲述传承故事。该节目于2月12日（大年初一）在央视综合频道晚8点档首播，央视频、央视网等新媒体平台同步播出。中宣部副部长、中央广播电视总台台长兼总编辑慎海雄出席并启动开播。

总台2021年春节联欢晚会圆满播出 2月11日，2021年中央广播电视总台春节联欢晚会向全球直播。晚会以"万民安康辞旧岁 欢歌笑语迎新年"为主题，贯穿建党百年、全面小康、脱贫攻坚、疫情防控、北京冬奥会等主题主线，生动讲述中国故事，饱含深情抒写新时代，集中表达全国人民小康梦圆的喜悦和对美好生活的追求。全球170多个国家和地区的620多家媒体对春晚进行了直播和报道。

2021《中国声音中国年》媒体融合传播效果好 2月11日，2021年总台广播春节特别节目《中国声音中国年》在所属11套广播频率并机播出，云听APP、央广网、央视频、央视影音客户端、中国之声微博、中国之声抖音号等平台同步视频直播。2021《中国声音中国年》探索多样化传播渠道，新闻打底，明星助阵，注重交互，突破圈层，有效实现了主流价值的创造性转化和创新性发展，在媒体融合传播方面表现亮眼。广播端总触达人次1633万，新媒体端"中国声音中国年"微博话题阅读量达1.2亿人次，全平台视频直播观看量超过450万人次，相关报道点播回放量超过2亿次。

《中国诗词大会》（第六季）引发热烈反响 2月13日，《中国诗词大会》（第六季）在总台央视综合频道和科教频道精彩亮相。节目题型再度创新，带领观众身临其境游历祖国河山，气势磅礴的"云中千人团"首度亮相，舞台设计唯美大气，嘉宾点评妙语连珠，选手比拼悬念丛生，引发各界广泛关注和热烈反响。

总台驻贝尔格莱德记者获塞尔维亚"银质功勋奖章" 2月15日，塞尔维亚总统武契奇向170个对该国发展作出突出贡献的机构和个人授勋。总台欧洲总站驻贝尔格莱德记者张颖获"银质功勋奖章"。

《感动中国2020年度人物颁奖盛典》引领正能量 2月17日，《感动中国2020年度人物颁奖盛典》在总台综合频道播出，央视频、央视新闻客户端，以及国内主要新闻媒体网站同步直播。节目以"平凡铸就伟大，英雄来自人民"为核心主题，紧扣抗击疫情、脱贫攻坚、洪水救援、纪念抗美援朝、中国科技跨越、优秀传统文化传承等重要事件和主题，展现中国人民经历的难忘的2020年；充分运用新手段、新技术，保留经典元素，以颁奖仪式、短片、访谈等形式塑造人物形象；广泛应用AR技术，实现多个舞台场景与外景衔接。节目在综合频道的收视率为0.83%、收视份额为3.65%，分别较2020年提升27%、19%，带动综合频道收视率一度提升至0.99%。话题"感动中国2020年度人物"阅读量达2.8亿人次，8条短视频进入热搜榜。

《平"语"近人——习近平喜欢的典故》（第二季）开播 2月18日起，总台社教节目中心创作的《平"语"近人——习近平喜欢的典故》（第二季）在央视综合频道以及央视频、央视新闻客户端、央视网等同步播出。该节目共12集，分别聚焦"初心""信仰""忠诚""担当""爱国""诚信""创新""绿色""共享""自信""奋斗""梦想"等12个主题。

脱贫攻坚大型政论专题片《摆脱贫困》首播 2月18日起,8集脱贫攻坚政论专题片《摆脱贫困》在总台央视综合频道、农业农村频道晚间黄金时段首播。第1集首播后,正片和解说词获全网置顶刊发,微博话题阅读互动量超过1338万人次,节目及相关新闻触达观众7678万人。

央视综合频道推出五集纪录片《民之法典》 自2月18日起,由总台央视综合频道联合全国人大常委会法工委、最高人民检察院、司法部共同策划的五集纪录片《民之法典》在总台央视综合频道连续播出。

总台新闻节目重点报道党史学习教育动员大会 2月20日,中共中央总书记、国家主席、中央军委主席习近平出席党史学习教育动员大会并发表重要讲话。总台新闻中心多平台及时重点报道。

新闻中心重点宣传我国探月工程伟大成就 2月22日,中共中央总书记、国家主席、中央军委主席习近平会见探月工程"嫦娥五号"任务参研参试人员代表并参观月球样品和探月工程成果展览。总台新闻中心及时准确报道,多角度宣传我国探月工程取得的伟大成就。

总台领导与韩国放送公社社长视频会见并签约 2月22日,中宣部副部长、中央广播电视总台台长兼总编辑慎海雄同韩国放送公社社长梁承东以视频方式会见并签署合作协议。根据协议,双方将本着平等互利和友好协商原则,建立合作会议机制,开展在节目内容、媒体技术、产业经营等方面的全面合作。

总台召开《典籍里的中国》创作座谈会 2月24日,中央广播电视总台召开《典籍里的中国》创作座谈会。中宣部副部长、中央广播电视总台台长兼总编辑慎海雄主持座谈会并讲话。

总台多平台全方位聚焦全国脱贫攻坚总结表彰大会 总台脱贫攻坚工作受到全国表彰 2月25日,全国脱贫攻坚总结表彰大会在北京人民大会堂举行,中共中央总书记、国家主席、中央军委主席习近平向全国脱贫攻坚楷模荣誉称号获得者颁奖并发表重要讲话,庄严宣告我国脱贫攻坚战取得了全面胜利。总台多平台全方位聚焦报道大会盛况。总台定点扶贫工作领导小组办公室、体育青少中心主持人鞠萍分别荣获全国脱贫攻坚先进集体、先进个人荣誉称号。

中央广播电视总台2021年工作会议召开 2月26日,中央广播电视总台召开2021年工作会议。中宣部副部长、中央广播电视总台党组书记、台长兼总编辑慎海雄传达了中央领导同志重要批示,代表总台党组作题为《坚持守正创新 深化"三个转变" 以优异工作成绩庆祝党的百年华诞》的讲话,总结2020年工作,分析面临的形势和任务,安排部署总台2021年各项工作。

中央广播电视总台2021年党的建设工作会议召开 2月26日,中央广播电视总台召开2021年党的建设工作会议。中宣部副部长、中央广播电视总台党组书记、台长兼总编辑慎海雄代表总台党组作题为《奋力推动总台党的建设高质量发展 以优异成绩庆祝中国共产党成立100周年》的讲话。会上,慎海雄与总台党组成员、编务会议成员及相关台领导签订并交换《中央广播电视总台2021年落实全面从严治党责任书》。

中央广播电视总台2021年经营工作会议召开 2月26日,中央广播电视总台召开2021年经营工作会议。中宣部副部长、中央广播电视总台党组书记、台长兼总编辑慎海雄出席会议,代表总台党组作题为《推动总台经营工作高质量发展 为打造国际一流新型主流媒体提供坚实保障》的讲话。

总台2021年元宵晚会顺利播出 2月26日,中央广播电视总台2021年元宵晚会顺利播出。晚会以"花好月圆元宵夜"为主题,贯穿全面小康、就地过年等主题,通过丰富的艺术形式、年轻态的表达,深情礼赞党的百年华诞,集中表达小康梦圆的喜悦和对美好生活的追求,引发观众强烈共鸣。晚会获得包括《人民日报》、人民政协网、中国文明网等中央媒体矩阵在内的60家媒体报道,全网链接超过200条。

大型政论专题片《摆脱贫困》出版物面向海内外发行 2月27日,大型政论专题片《摆脱贫困》出版发行启动仪式在北京举行。中宣部副部长、中央广播电视总台台长兼总编辑慎海雄,中央农办副主任、国家乡村振兴局局长王正谱,中央广播电视总台副台长蒋希伟等出席活动并共同启动出版发行。

三月

央视科教频道短视频节目《博物馆说》让文物"活"起来 3月1日起,总台央视科教频道晚间21点档推出融媒体系列短视频节目《博物馆说》。该节目精选143家博物馆的馆藏珍品,通过3D扫描技术、场景化、电影级拍摄等表现手法,用5分钟短视频方式展现历史文物。该项目由中宣部文艺局、文化和旅游部艺术司、国家文物局博物馆与社会文物司主办,总台社教节目中心与"学习强国"平台、人民出版社共同承办。

总台多平台报道全国两会 3月4日至11日,全国两会在北京召开。中央广播电视总台电视、广播、44种语言对外传播平台,以及央视新闻、央视频、CGTN新媒体、云听、央视网、央广网、国际在线、国际视频通讯社等,形成传播矩阵,展开全媒体融合报道。

《中国反贫困的媒体行动——以中央广播电视总台的实践为例》图书出版发行 3月5日,国内首部总结介绍媒体扶贫的图书《中国反贫困的媒体行动——以中央广播电视总台的实践为例》出版发行仪式举行。中宣部副部长、中央广播电视总台台长兼总编辑慎海雄出席发行仪式。

人事局召开地方总站组建专题工作会 3月8日,中央广播电视总台人事局召开地方总站组建专题工作会。办公厅、总编室、财务局、技术局、总经理室、机关党委有关负责同志通报各部门相关职责任务、工作进展和未来计划,人事局介绍总站建设任务、目标等保障工作情况,上海总站分享总站筹建经验。31个地方总站正、副召集人通过视频方式参加会议。

总台驻德黑兰记者李健南荣获伊朗优秀记者奖 3月10日,伊朗文化指导部举办首届优秀外国记者见面会和颁奖仪式,总台记者李健南荣获伊朗政府颁发的优秀记者奖。

总台举行党史学习教育动员大会暨局级领导干部专题培训班开班式 3月12日,中央广播电视总台举行党史学习教育动员大会暨局级领导干部专题培训班开班式,深入学习贯彻习近平总书记在党史学习教育动员大会上的重要讲话精神,对总台开展党史学习教育进行动员部署。中宣部副部长、中央广播电视总台党组书记、台长兼总编辑慎海雄作动员讲话并主持开班式。党史学习教育中央宣讲团成员、中央党史和文献研究院院长曲青山作题为《从党的百年历史中汲取智慧和力量》的开班专题辅导报告。

农业农村节目中心上线央视频"田园频道" 3月12日,中央广播电视总台农业农村节目中心精心打造的央视频"田园频道"正式上线。该频道坚持服务理念,深耕农民用户,并以"三农"特色产品满足城市用户的多样化需求。

2021年"3·15"晚会成功推出 3月15日,中央广播电视总台2021年"3·15"晚会在央视财经频道现场直播,央广经济之声和央视财经、央视频客户端同步直播。财经节目中心当天推出直播节目《3·15在行动》,并对晚会曝光的案例持续展开后续追踪报道。

总台召开《美术经典中的党史》创作座谈会 3月15日,中央广播电视总台召开《美术经典中的党史》创作座谈会。中宣部副部长、中央广播电视总台台长兼总编辑慎海雄出席并讲话。

新闻中心推出《数说十四五》系列报道 3月16日起,总台新闻中心在重点节目时段推出《数说十四五》系列报道,从数据新闻角度解读"十四五"规划,以及2035年远景目标纲要,通过新指标、新表述、新举措,观察中国经济社会发展的未来走向,呈现国家的发展蓝图。

总台多平台关注三星堆新一轮考古发掘 3月17日至24日,总台多个平台聚焦四川广汉三星堆考古新发现,直播考古现场,介绍考古最新成果,深度解读三星堆文化。

总台与北京大学第一医院紧密型医联体合作签约仪式举行 3月17日,中央广播电视总台与北京大学第一医院紧密型医联体合作签约仪式举行。中宣部副部长、中央广播电视总台台长兼总编辑慎海雄出席并致辞。中央广播电视总台副台长蒋希伟主持签约仪式。北京大学党委常务副书记、医学部党委书记刘玉村,北京大学第一医院党委书记潘义生、院长刘新民,总台总会计师董为民、财务局局长张红梅等出席签约仪式。

总台多平台重点聚焦中美高层战略对话 当地时间3月18日至19日,中美高层战略对话在美国阿拉斯加州安克雷奇举行。总台多平台准确报道此次对话,充分传递我方声音,突出体现我方立场。北美总站相关报道全部实现首发、独家,新媒体端全网曝光量达11.1亿人次,累计登上热搜18次,其中榜首5次,《人民日报》、新华社等主流媒体纷纷转载引用。

总台建党百年大剧《觉醒年代》完美收官 3月19日,纪念中国共产党成立100周年重大革命历史题材电视剧《觉醒年代》在总台综合频道收官。该剧目自开播以来口碑收视节节攀升,相关微博话题阅读量突破5亿人次,持续位列灯塔、酷云等行业热榜前列。《人民日报》《光明日报》《新京报》等主流媒体、广电时评、观察者网、综艺报等微信公众号刊文给予了高度评价。

"春华秋实 国聘行动"武汉专场助力湖北经济社会发展 3月22日,为巩固"抗疫稳岗扩就业"成果,充分展现武汉浴火重生新面貌,总台视听新媒体中心联合湖北总站发起"春华秋实 国聘行动——樱花季武汉专场"大型融媒体招聘活动。此次活动采用线上"云招聘"形式,通过央视频平台聚合优质企业岗位资源,借助央视频移动网提供宣讲直播平台,专题专项管理,以视频化、可视化方式,搭建企业资源和求职者需求交汇的信息交互服务平台。

总台新闻节目重点报道习近平总书记在福建考察 3月22日至25日,中共中央总书记、国家主席、中央军委主席习近平在福建考察。总台新闻节目精心组织报道。

"扫黑除恶 国泰民安——扫黑除恶专项斗争网上展览馆"正式上线 3月23日,央视网承办的"扫黑除恶 国泰民安——扫黑除恶专项斗争网上展览馆"上线仪式在北京举行。中央政法委秘书长、全国扫黑办主任陈一新,中宣部副部长、中央广播电视总台台长兼总编辑慎海雄出席仪式并致辞。

台海之声频率开播和"看台海"新媒体平台上线 3月24日,中央广播电视总台台海之声频率开播和"看台海"新媒体平台上线活动举行。中宣部副部长、国家广播电视总局局长聂辰席,中宣部副部长、中央广播电视总台台长兼总编辑慎海雄,中共中央台办、国务院台办主任刘结一等共同为台海之声开播和"看台海"新媒体平台启动上线。台海之声频率的前身是总台对台湾广播中华之声。

总台牵头的国家重点研发计划重点专项启动 3月26日,由中央广播电视总台牵头承担的国家重点研发计划重点专项"基于广播网与5G移动网融合的超高清全媒体内容协同分发关键技术研究"项目启动暨实施方案咨询会举行。专家组肯定了项目前期工作,围绕项目研究方法、课题分工及接口、项目进度管理等方面提出了优化建议。

总台推出专题片《扫黑除恶——为了国泰民安》 3月26日至31日,全国扫黑办与中央广播电视总台联合摄制的6集政论专题片《扫黑除恶——为了国泰民安》在总台综合频道和新闻频道播出。各集在新闻频道播出时段收视率平均提升幅度为11%至35%,综合频道节目首播时段较播出前一周同时段提升幅度达62%,其中《依法重击》《督导利剑》的提升幅度均在80%以上。央视新闻客户端直播各平台总观看量达3668万人次,央视新闻抖音账号相关内容总播放量达2.3亿次,央视新闻微博相关话题阅读总量超2亿人次。

总台新型4K/8K航拍直升机在京交付 3月30日,中央广播电视总台新型4K/8K航拍直升机交付仪式在京举行。中央广播电视总台副台长蒋希伟出席仪式并致辞。新交付的直升机搭载4K超高清多机位空中演播室,具备8K超高清航拍能力,为传统电视及新媒体融合节目制作提供了创新平台,标志着总台航拍制作能力达到国际一流水平。

四月

雄安新区"心连心"慰问演出反响积

极 4月1日,《奋进新时代·筑梦未来城——中央广播电视总台"心连心"艺术团赴雄安新区慰问演出》在中央广播电视总台综合频道、综艺频道播出。此次演出以"奋进新时代·筑梦未来城"为主题,以展现近年来雄安新区建设成果为主旨,以有序推进的火热建设景象为表现内容,通过丰富多彩的节目,慰问奋斗在一线的建设者。

总台新闻节目关注习近平总书记参加首都义务植树活动 4月2日上午,中共中央总书记、国家主席、中央军委主席习近平等党和国家领导人参加首都义务植树活动。总台新闻节目精心策划,大小屏联动,高质量完成报道任务。

中央广播电视总台2021年技术工作会议召开 4月2日,中央广播电视总台召开2021年技术工作会议。中宣部副部长、中央广播电视总台党组书记、台长兼总编辑慎海雄出席会议,代表总台党组作题为《推动总台技术工作高质量发展 为打造国际一流新型主流媒体提供强大支撑》的讲话。

英语环球节目中心推出纪录片《暗流涌动——中国新疆反恐挑战》 4月2日,总台英语环球节目中心在CGTN官网全球首发原创新疆反恐中英双语专题纪录片第四部《暗流涌动——中国新疆反恐挑战》。该片用真实案例与人物故事驳斥美西方所谓"过度反恐"和"种族灭绝"的谬论,凸显新疆持续开展反恐与去极端化工作的正当性和必要性。

总经理室结合国际传播探索公益带货新模式 4月2日是"世界孤独症关注日",中央广播电视总台总经理室联合财经节目中心、欧洲拉美地区语言节目中心,与中国残疾人福利基金会合作,推出公益专场直播带货活动,开创直播带货、公益募捐、国际传播相结合的新模式,实现社会效益与经济效益双丰收。此次公益专场带货直播全网观看量近1600万人次,孤独症群体相关手工品和爱心企业产品全部售空,共为孤独症福利事业募集约120万元善款,相关热搜话题阅读量达1.3亿人次,受到福利基金会和网友的高度认可。

《2020年度中国好书》颁奖盛典录制完成 4月6日,中央广播电视总台社教节目中心制作的特别节目《2020年度中国好书》完成录制。节目以"记录时代变迁,讲述中国故事"为主题,围绕建党百年、发展成就、健康中国、文明薪火、文学魅力、年度荣誉等6个篇章谋篇布局。

总台各节目中心首批垂类频道在央视频上线 4月7日,中央广播电视总台各节目中心运营的首批垂类频道在央视频启动上线。中宣部副部长、中央广播电视总台台长兼总编辑慎海雄出席上线仪式。总台各节目中心垂类频道在央视频联合上线,各节目中心同步运营电视频道和新媒体,使传统节目与新媒体内容实现一体策划、一体生产,总台媒体融合进一步推进。首批上线的垂类频道共有12个,包括央视综合频道、财经频道、文艺频道、体育频道、动漫频道、文史频道、法治频道、影视频道、纪录频道、军事频道、田园频道和环球频道。

总台举办"品牌强国工程"2021年助力湖北专项公益行动 4月7日至8日,中央广播电视总台联和湖北省政府、湖北广播电视台,举办总台"品牌强国工程"2021年助力湖北专项公益行动,帮助湖北特色产品稳产扩销。活动推出系列带货直播《"小朱配琦"第三季》《为爱买买买 带货樱花季》，并推动"中国汽车风云盛典"首场新媒体直播在武汉举办。

纪录片《绝笔》完成首播 4月8日，中央广播电视总台华语环球节目中心《国家记忆》团队制作的纪录片《绝笔》在央视中文国际频道完成首播，并在综合频道完成重播，引起强烈反响。电视端首重播触达总人数1.55亿，单期最高收视率达0.62%；央视频播放量达204.8万人次，抖音、快手平台总播放量达4849.5万人次，微博话题阅读量达1.4亿人次、讨论量超过2万条，登上微博热搜置顶位和微博要闻榜两大核心榜单。《人民日报》、新华社、《中国青年报》、今日头条等境内主流媒体和网络平台都进行了报道，《葡新报》、华人头条、欧侨网、《非洲时报》、日本华商网、香港明珠传媒、香港观察等境外媒体积极推介节目内容。

纪录电影《一起走过》首映礼举行 4月8日，由总台中央新闻纪录电影制片厂（集团）摄制出品、全景式记录武汉抗疫历程的纪录电影《一起走过》首映礼在湖北武汉举行，以电影的形式向英雄的人民、英雄的城市致敬，向建党100周年献礼。

文艺节目中心推出《追寻——红色家书背后的故事》节目 4月9日起，由总台文艺节目中心文艺之声、阅读之声联合制作的百集融媒体专题节目《追寻——红色家书背后的故事》开播。该节目以"百年党史""百集制作""百封家书""百人诵读"的宏大架构，通过"文艺+新闻"的综合表达方式，深情回望中国共产党百年辉煌历史，倾力镌刻中国共产党人始终不变的初心。

北京总站与北京市顺义区绿化共建林揭幕 4月11日，中央广播电视总台北京总站与北京市顺义区举行绿化共建林揭幕活动。中宣部副部长、中央广播电视总台台长兼总编辑慎海雄，北京市委常委、宣传部部长莫高义出席活动并为共建林揭幕。

总台领导会见日本驻华大使 4月13日，中宣部副部长、中央广播电视总台台长兼总编辑慎海雄会见日本驻华大使垂秀夫，围绕中日双边关系、人文交流、东京奥运会赛事转播等主题进行交流。

重庆总站揭牌成立 4月16日，总台重庆总站揭牌成立。中共中央政治局委员、重庆市委书记陈敏尔会见出席揭牌活动的中宣部副部长、中央广播电视总台台长兼总编辑慎海雄，对重庆总站成立表示祝贺。

总台新闻节目重点报道中法德领导人视频峰会 4月16日，国家主席习近平在北京同法国总统马克龙、德国总理默克尔举行中法德领导人视频峰会。总台新闻节目及时重点报道。

非洲总站正式挂牌 4月16日，总台非洲总站在位于肯尼亚首都内罗毕的站址以现场活动和"云揭牌"的方式举行揭牌仪式。非洲多国政要、中国驻肯尼亚大使、非洲国家主流媒体负责人等纷纷以视频方式表示祝贺。

英语环球节目中心推出独家纪录片《天山南北》 4月16日，总台CGTN官网全球首发原创中英双语专题纪录片《天山南北——中国新疆生活纪实》，全面覆盖G7、G20成员国受众。这是近年来首部全面反映新疆各族群众生活情况的人文纪录片，全景展现在以习近平同志为核心的党中央治疆方略指引下，新疆社会稳定安全、人民安居乐业、经济快速发展、各族群众和谐共处、地域文化丰富多彩的真实面貌。

军事节目中心精心组织中国航空事业70年报道　4月17日是新中国航空事业发展70周年，总台军事节目中心多平台推出相关报道。

体育青少节目中心举办首届世界围棋青少年业余网络赛　4月17日至18日，由中央广播电视总台体育青少节目中心和中国围棋协会联合主办的第一届CCTV世界围棋青少年业余网络大赛总决赛在湖北省赤壁市举行，体育频道、央视频"多角度看赛场"账号全程直播。

总台多平台深度报道博鳌亚洲论坛2021年年会　4月18日，博鳌亚洲论坛2021年年会开幕，中央广播电视总台新闻中心、财经节目中心、亚洲非洲地区语言节目中心、新闻新媒体中心等以多平台、多形式进行深度报道。

总台新闻节目重点报道习近平总书记考察清华大学　4月19日，在清华大学建校110周年校庆日即将来临之际，中共中央总书记、国家主席、中央军委主席习近平来到清华大学考察。总台多平台及时重点报道。

2021福建旅游（北京）全媒体推介会在总台举行　4月19日，由福建省文化和旅游厅与中央广播电视总台视听新媒体中心联合主办，福建省歌舞剧院承办的"清新福建"——2021福建旅游（北京）全媒体推介会在总台举行。推介会通过央视频、CGTN、一直播、抖音、B站等超40家直播平台进行全球同步直播，超过200家融媒体矩阵进行传播。此次推介会是央视频5G新媒体平台与省级文旅厅开展的首个合作项目。

国际在线举行"外国网红解码幸福武汉"融媒体活动　4月19日至24日，中央广播电视总台国际在线网站举行"外国网红解码幸福武汉"大型融媒体采访活动，邀请多个国家的网红和总台多语种外籍主播走进武汉，感受武汉疫后重振的建设成果。活动期间，在国内外社交平台开启直播近40场，总观看量超过2430万人次。

总台多平台重点报道博鳌亚洲论坛2021年年会开幕式　4月20日上午，博鳌亚洲论坛2021年年会开幕式在海南博鳌举行，国家主席习近平以视频方式发表题为《同舟共济克时艰，命运与共创未来》的主旨演讲。总台多平台精心组织报道。

黑龙江总站与黑龙江省委宣传部联合发起春耕直播活动　4月20日，总台黑龙江总站和黑龙江省委宣传部联合策划发起的《春风吹又生　助力龙江春耕》大型融媒体直播活动全面启动，人民日报社、新华社等多家中央媒体驻黑龙江机构，黑龙江广播电视台及67个市县融媒中心参与。

2021年联合国中文日活动暨总台首届海外影像节成功举办　4月20日，2021年联合国中文日活动暨总台首届海外影像节在日内瓦举办。中宣部副部长、中央广播电视总台台长兼总编辑慎海雄，中国常驻联合国日内瓦办事处和瑞士其他国际组织代表陈旭大使，联合国日内瓦办事处总干事塔蒂亚娜·瓦罗瓦娅出席线上活动并致辞。总台首届海外影像节是此届联合国中文日的重要活动之一。3月18日至4月15日，活动面向海外征集外国人原创中文影像作品，共收到来自美国、英国、法国、德国、意大利、西班牙、日本等27个国家的约340条视频作品。

总台5个技术项目通过技术鉴定　4月20日，中央广播电视总台"70周年国庆盛典4K超高清电视转播及全媒体传播系统""融合媒体环境下安全防护体系及关键技术研究""央视新闻频道高清制播系统""节目制作智能语音转写系统""中央电视台大型综艺超高清多版本后期制作系统（超高清制作岛3）"等5个项目，通过由中国新闻技术工作者联合会组织的技术鉴定。

总台多平台重点报道习近平主席出席领导人气候峰会　4月22日，国家主席习近平在北京以视频方式出席领导人气候峰会，并发表题为《共同构建人与自然生命共同体》的重要讲话。总台多平台精心组织，及时重点报道。

"中国美好生活城市"系列活动成功举办　4月23日，由总台财经节目中心联合国家统计局、中国邮政集团公司、北京大学国家发展研究院共同推出的2020—2021年度"中国美好生活城市"系列活动在成都举行。中央广播电视总台党组成员、副台长蒋希伟，成都市委副书记、市长王凤朝出席。

总台新闻节目重点聚焦习近平总书记在广西考察　4月25日至27日，中共中央总书记、国家主席、中央军委主席习近平在广西考察。总台新闻节目重点展开报道。

总台举行纪录片《绝笔》专题创作座谈会　4月27日，中央广播电视总台举行六集纪录片《绝笔》专题创作座谈会。中宣部副部长、中央广播电视总台台长兼总编辑慎海雄主持座谈会并讲话。

"第三届全国双品网购节暨2021北京消费季"启动　4月28日，由商务部、中央广播电视总台、北京市人民政府共同举办的"第三届全国双品网购节暨2021北京消费季"启动。中共中央政治局委员、北京市委书记蔡奇，商务部部长王文涛，中宣部副部长、中央广播电视总台台长兼总编辑慎海雄，北京市委副书记、市长陈吉宁，以及工业和信息化部、国家市场监督管理总局、国家邮政局、中国消费者协会等部门和单位有关负责同志出席。

总台多平台持续报道天和核心舱成功发射　4月29日上午，中国空间站天和核心舱成功发射。总台多平台持续重点报道。

浙江总站揭牌成立　4月30日，中央广播电视总台浙江总站在杭州揭牌成立。中宣部副部长、中央广播电视总台台长兼总编辑慎海雄，浙江省委书记、省人大常委会主任袁家军出席活动，并共同为浙江总站揭牌。

五月

总台《中国梦·劳动美——2021五一国际劳动节特别节目》成功播出　5月1日，由中华全国总工会和中央广播电视总台共同主办的《中国梦·劳动美——2021五一国际劳动节特别节目》在综合频道、综艺频道顺利播出。

"2021年全国消费促进月暨上海五五购物节"在沪启动　5月1日，商务部、中央广播电视总台和上海市人民政府联合主办的"2021年全国消费促进月暨上海五五购物节"在上海展览中心启动。中共中央政治局委员、上海市委书记李强，商务部部长王文涛，中宣部副部长、中央广播电视总台台长兼总编辑慎海雄，上海市委副书记、市长龚正等出席。启动仪式现场依次连线正在北京、广州、重庆、武汉、苏州、上海等重点商圈的总台记者,展示各地特色浓、内容新、举措实的活动和消费场景。总台央视新闻新媒体在上海展览中心现场组织直播带货,掀起活动首轮消费热潮。

总台多平台关注中国首届消博会开幕　5月6日,首届中国国际消费品博览会在海南海口开幕。总台多平台精心组织报道。截至7日10时,国际视频通讯社对外发布总台相关新闻素材44条,总时长1小时22分51秒,配发多语种文稿59篇,其中27条新闻素材被美国KWHY电视台、法国24台等21个国家和地区的39家电视台/频道采用。

超高清视音频制播呈现国家重点实验室学术委员会成立　5月6日,中央广播电视总台超高清视音频制播呈现国家重点实验室举行第一届学术委员会成立仪式,并召开第一次全体会议。

总台8K超高清电视公共服务平台启动建设　5月7日,中央广播电视总台8K超高清电视公共服务平台建设在北京启动。中宣部副部长、中央广播电视总台台长兼总编辑慎海雄出席。

8K超高清制播主题论坛在广州举办　5月9日,中央广播电视总台超高清视音频制播呈现国家重点实验室在2021世界超高清大会承办8K超高清制播主题论坛。来自总台、中国有线、华为、AVS产业联盟、当虹科技等8K超高清全产业链的代表,以及上海交通大学、国家广电总局广播电视规划院、AVS标准组等产学研单位的专家,围绕8K超高清电视制播的技术创新、标准发展、创新应用等展开热烈讨论。论坛吸引200多位与会代表参与,成为此届世界超高清大会参加人数最多、研讨最热烈的主题论坛。

总台奥运会及欧洲杯融媒体营销方案正式发布　5月9日,"圣火,让我们在一起——中央广播电视总台奥运会及欧洲杯融媒体营销方案发布会"在上海举行。欧洲杯营销方案包括总台黄金足球赛事S系列和A系列。东京奥运会和北京冬奥会的超级营销方案包括四款融媒体产品,即总台顶级赛事尊享系列、骄傲系列、光荣系列和黄金赛事独家互动合作伙伴,这四款产品均包含授权称号、专享资源、硬核资源、心仪资源等四大板块。

总台与复旦大学开展全面战略合作　5月10日,中央广播电视总台与复旦大学签订全面战略合作伙伴关系框架协议仪式在北京举行。中宣部副部长、中央广播电视总台台长兼总编辑慎海雄出席签约仪式并致辞。根据协议,双方将发挥各自优势,在推进媒体融合发展、人才联合培养、新闻传播研究,尤其是国际传播研究、实习实践基地建设等方面实现资源共享、优势互补,开展广泛合作。

总台"品牌强国工程"中国品牌日主题活动在上海举办　5月10日,中央广播电视总台"品牌强国工程"中国品牌日主题活动在上海国际传媒港举行。活动由"品牌强国工程"企业家交流会和中国品牌日《对话》特别节目两部分构成。企业家们围绕"从爆款到品牌""科技就是品牌力""国潮来袭"等品牌发展焦点热点话题进行深入交流。

新闻中心推出大型直播特别节目《今日中国》　为庆祝中国共产党成立100周年,总台新闻中心携手全国各省区市广播电视机构推出大型直播特别节目《今日中国》，自5月10日起在总台新闻频道、央视新闻新媒体及各省区市电视频道播出。

总台新闻节目聚焦第七次全国人口普查结果公布　5月11日，国务院新闻办举行新闻发布会，介绍第七次全国人口普查主要数据结果。总台新闻节目及时跟进报道。新闻频道推出《第七次全国人口普查主要数据今天公布　总人口数14.1178亿　保持低速增长》等报道，展现我国人口性别结构持续改善等特征。

百集微纪录片《红色财经·信物百年》开播上线　5月11日，由中央广播电视总台联合国务院国资委共同推出的百集微纪录片《红色财经·信物百年》开播暨上线仪式在北京举行。中宣部副部长、中央广播电视总台台长兼总编辑慎海雄出席活动并致辞。

英语环球节目中心、亚洲非洲地区语言节目中心、欧洲拉美地区语言节目中心下设部门调整　5月11日，中央广播电视总台编务会议成员刘晓龙主持召开专题会议，宣布总台党组《关于英语环球节目中心、亚洲非洲地区语言节目中心、欧洲拉美地区语言节目中心下设部门调整的决定》，英语环球节目中心名称调整为英语环球节目中心（CGTN），亚洲非洲地区语言节目中心下设的阿拉伯语部和欧洲拉美地区语言节目中心下设的法语部、西班牙语部、俄语部整建制划转至英语环球节目中心（CGTN）。

总台多平台重点报道习近平总书记赴河南考察　5月12日至14日，中共中央总书记、国家主席、中央军委主席习近平在河南省南阳市考察调研，并主持召开推进南水北调后续工程高质量发展座谈会。总台多平台精心组织报道。

总台领导与全俄国家电视广播公司总裁举行视频会谈　5月13日是俄罗斯全俄国家电视广播公司开播30周年纪念日。5月12日，中宣部副部长、中央广播电视总台台长兼总编辑慎海雄在北京以视频方式会见该公司总裁多布罗杰耶夫，双方畅叙友谊，共谋合作，并就当前国际媒体环境交换意见。

"发现新疆之美"影视节目海外展映活动拉开帷幕　5月13日，由总台影视翻译制作中心联合新疆维吾尔自治区党委宣传部、总台中东总站共同举办的"发现新疆之美"影视节目海外展映活动拉开帷幕。总台译制的英语、阿拉伯语、斯瓦希里语、豪萨语、印度尼西亚语版纪录片《天山南北　中国新疆生活纪实》《航拍中国——新疆篇》分别在肯尼亚、黎巴嫩、坦桑尼亚、尼日利亚、印度尼西亚播出。

总台召开播音员主持人队伍建设会议　5月14日，中央广播电视总台召开播音员主持人队伍建设会议。中宣部副部长、中央广播电视总台党组书记、台长兼总编辑慎海雄出席会议并讲话。慎海雄指出，总台是党的意识形态重镇，播音员主持人是总台，甚至是国家的名片和门面，社会关注度高，影响面广，必须以更高的政治标准、更严的纪律要求，抓好播音员主持人队伍风气建设。

总台新闻节目聚焦"天问一号"探测器成功着陆火星　5月15日，"天问一号"探测器成功着陆火星乌托邦平原南部预选着陆区，我国首次火星探测任务着陆火星取得成功。总台新闻节目及时充分报道。

**总台出品电视剧《中流击水》全景展现建

党历程 5月15日，中央广播电视总台出品、影视剧纪录片中心摄制、中国电视剧制作中心有限责任公司承制的重大革命历史题材电视剧《中流击水》在综合频道黄金时间首播。该剧再现自1919年五四运动爆发到1928年井冈山胜利会师的十年间，中国共产党从诞生、发展到壮大，并率领中国人民奋勇前进的辉煌历史。全剧主题宏伟、阵容强大、立意高远，历史脉络清晰，真实还原度极高，被网友评价为一部"可开展党史学习的大剧"。

《新闻联播》推出《大湾区 大未来》系列报道 5月16日起，央视《新闻联播》推出《大湾区 大未来》系列主题报道，全面反映《粤港澳大湾区发展规划纲要》发布以来，大湾区11座城市在规则制度、基础设施以及民生联通方面的进展。

百集文献纪录片《山河岁月》启播 5月17日，总台百集文献纪录片《山河岁月》启播仪式在北京举行。中宣部副部长、中央广播电视总台台长兼总编辑慎海雄出席。该片由总台出品，影视剧纪录片中心摄制，以山河为经、以岁月为纬，以人物为峰、以党史为鉴，真实记录中国共产党百年风雨、百折不挠、百炼成钢的伟大历程，再现中国共产党百年创业、百年奋斗、百年筑梦的影像史诗。

"致敬国家丰碑——全国红色故事讲解员大赛"开赛 5月18日，由中宣部指导，总台联合退役军人事务部、文化和旅游部、中央军委政治工作部主办，中央网信办、中央党史和文献研究院、国家广电总局、全国妇联共同主办的"致敬国家丰碑——全国红色故事讲解员大赛"在北京启动。中宣部副部长、中央广播电视总台台长兼总编辑慎海雄出席启动仪式。

慎海雄台长与国际奥委会主席巴赫举行视频会谈 5月18日，中宣部副部长、中央广播电视总台台长兼总编辑慎海雄在北京以视频方式会见国际奥委会主席巴赫。双方就东京奥运会和北京冬奥会转播、奥运赛事版权合作、央视奥林匹克频道开播等事宜达成一致意见。

总台新闻节目聚焦中俄元首共同见证中俄核能项目开工 5月19日，国家主席习近平在北京通过视频连线，与俄罗斯总统普京共同见证两国核能合作项目开工仪式。总台新闻节目精心组织报道。

首届"看见美丽中国"全国短视频大赛启动 5月19日，首届"看见美丽中国"全国短视频大赛在北京启动。此次比赛由中央广播电视总台新闻新媒体中心、国家（杭州）短视频基地、浙江省湖州市委、湖州市人民政府，以及中国传媒大学联合主办。大赛以"看见美丽中国——你我向上，国家向前"为创作主题，面向全国征集、评选和展示。中宣部副部长、中央广播电视总台台长兼总编辑慎海雄出席活动并启动大赛。

总台聚焦习近平主席出席全球健康峰会 5月21日，国家主席习近平应邀在北京以视频方式出席全球健康峰会，并发表题为《携手共建人类卫生健康共同体》的重要讲话。总台多平台重点展开报道。

总台多平台持续报道云南青海发生地震 5月21日晚、5月22日凌晨，云南大理州漾濞县和青海果洛州玛多县附近分别发生里氏6.4级和7.4级地震，造成一定人员伤亡。总台多平台快速反应，持续跟进报道。

总台新闻节目关注袁隆平院士和吴孟超院士逝世 5月22日13时7分，"杂交水稻之父"、中国工程院院士、"共和国勋章"获得者袁隆平在湖南长沙逝世。5月22日13时2分，中国肝脏外科的开拓者和主要创始人、中国科学院院士吴孟超因病在上海逝世。总台新闻节目多角度展开报道，介绍两位院士的事迹，展现国内外对他们的悼念和缅怀。

总台新闻节目深入展现西藏和平解放70年巨变 5月23日是西藏和平解放70周年纪念日。总台新闻节目多角度报道，生动呈现70年来尤其党的十八大以来西藏发生的巨变。

总台多平台聚焦第74届世界卫生大会 5月24日，第74届世界卫生大会在瑞士日内瓦开幕，大会以网络远程会议形式举行。总台多平台多角度报道。

总台召开多语种网红工作座谈会 5月25日，中央广播电视总台召开多语种网红工作座谈会。中宣部副部长、中央广播电视总台台长兼总编辑慎海雄出席会议并讲话。慎海雄指出，当今世界正面临百年未有之大变局，复杂严峻的国际舆论环境更需要我们把握机遇、主动作为，培养更多的立场好、形象好、外语好、表达好的多语种网红主播，通过观点传播、好感传播，更加有力有效地讲好中国故事，奋力争夺国际话语权。

第四届"你好，新时代"青年融媒体作品大赛"云"启动 5月26日，由中宣部宣传教育局、中央网信办网络传播局、教育部思想政治工作司、共青团中央宣传部共同指导，中央广播电视总台主办的第四届"你好，新时代——心中的旗帜"青年融媒体作品大赛在线上启动。大赛聚焦"建党百年""乡村振兴"等主题，分为短视频和交互融合作品两大类。

华语环球节目中心举办海外华人线上座谈会 5月27日至28日，中央广播电视总台华语环球节目中心举办"听百年故事，看中国发展"海外华人线上座谈会。活动邀请美国、英国、法国、意大利等36个国家和地区近百名海外观众、听众、侨领和华语媒体代表齐聚云端，与《外国政党眼中的中国共产党》《百年赤子心》《爱上中国·建党百年》《鲁健访谈》等4个节目创作团队进行交流，畅谈中国的沧桑巨变和百年成就。

总台与河北省政府深化战略合作框架协议签约仪式暨河北总站揭牌仪式在石家庄举行 5月28日，中央广播电视总台与河北省政府深化战略合作框架协议签约仪式暨河北总站揭牌仪式在石家庄举行。中宣部副部长、中央广播电视总台台长兼总编辑慎海雄与河北省委书记、省人大常委会主任王东峰出席仪式并共同为总台河北总站揭牌。

总台新闻节目聚焦两院院士大会和科协第十次代表大会 5月28日，中国科学院第二十次院士大会、中国工程院第十五次院士大会和中国科学技术协会第十次全国代表大会在人民大会堂召开，中共中央总书记、国家主席、中央军委主席习近平出席大会并发表重要讲话。总台新闻节目聚焦这一科技界盛会。

央视网独家直播"走进三星堆读懂中华文明"主题活动 5月28日，央视网独家直播由国新办、国家文物局、四川省政府联合举办的"走进三星堆读懂中华文明"主题活动，近1000万用户观看直播，相关报道总浏览量超过5000万人次。

总台多平台持续关注"云南象群迁移" 5月28日至6月8日，总台多平台持续关注报道"云南象群迁移"。国际视频通讯社该时段

共对外发布相关新闻素材27条，总时长53分47秒，配发多语种文稿30篇，其中21条新闻素材共被75个国家和地区的803家电视台/频道，以及网络新媒体平台采用，累计播出5889次，总时长32小时9分10秒，其中G7成员国媒体数占73%，G20成员国媒体数占81%。

华语环球节目中心推出系列报道《外国政党眼中的中国共产党》 5月31日起，由中央广播电视总台华语环球节目中心与中央对外联络部联合制作的大型系列报道《外国政党眼中的中国共产党》，在《中国新闻》《今日环球》等新闻栏目播出，并翻译成多种语言在新媒体平台推出。节目首次启用全虚拟演播室，连线全球数十位政党领导人，以外国政党的视角，讲述对中国共产党带领下中国经济社会发展的切身感受。

中央广播电视总台超高清示范园落户北京 5月31日，中央广播电视总台北京总站和北京市门头沟区政府签订战略合作协议，总台超高清示范园落户北京市门头沟区。中宣部副部长、中央广播电视总台台长兼总编辑慎海雄出席活动。

六月

"六一"晚会收获强烈反响 6月1日，中央广播电视总台制作的2021年"六一"晚会《童心向党 茁壮成长》在综合频道、少儿频道，以及央视网、央广网、国际在线等平台同步播出，引发社会各界广泛赞誉。晚会相关话题词获全平台热搜38个，播出同时段微博搜索量、微博话题阅读量均位列全网第一，主话题"六一晚会"阅读量突破10亿人次。

总台出品电视剧《中流击水》专家研讨会举行 6月1日，由总台出品、影视剧纪录片中心摄制、中国电视剧制作中心有限责任公司承制的重大革命历史题材剧《中流击水》专家研讨会举行。与会领导、党史专家、业界同仁、剧组主创人员分享该剧播出情况和创作历程。

财经中心大型融媒体活动"红色金融路"开播 6月1日，中央广播电视总台联合中国人民银行共同策划的大型融媒体活动"红色金融路"开播，财经频道、经济之声、央视财经新媒体矩阵共同呈现。活动以中国共产党成立为起点，以中国红色金融事业发展脉络为主线，从历史、宏观、财经的视角深入浅出、生动形象地展现和解读中国共产党领导下的金融事业从无到有、从萌发到壮大的发展历程。

总台与中央美术学院开展全面战略合作 6月1日，中央广播电视总台与中央美术学院签订全面战略合作伙伴关系框架协议。中宣部副部长、中央广播电视总台台长兼总编辑慎海雄，中央美术学院院长、中国美术家协会主席范迪安出席并致辞，共同为中央广播电视总台—中央美术学院传播艺术研究院揭牌。

央视动漫集团推出"新大头儿子"音乐话剧 6月1日，中国国际电视总公司所属央视动漫集团与保利文化集团联合出品的音乐话剧《新大头儿子和小头爸爸之穿越平行世界》在北京保利剧院举行全国巡演启动仪式。启动仪式上，出席活动的领导、嘉宾向延安宝塔黄河小学儿童代表赠送了"大头儿子"机器人和儿童法律科普书籍。

国内首部 4K 大型音乐舞蹈史诗电影《奋斗吧 中华儿女》首映礼在京举行 6月3日，由中央新影集团出品的国内首部 4K 大型音乐舞蹈史诗电影《奋斗吧 中华儿女》首映礼在北京举行。该片是舞台演出《奋斗吧 中华儿女》的电影版，于6月7日在全国院线发行上映。作为国内首部 4K 大型音乐舞蹈史诗电影，《奋斗吧 中华儿女》是继《东方红》《中国革命之歌》《复兴之路》之后我国文艺界排演的又一部优秀音乐舞蹈史诗电影作品。

北京总站成立暨"冬奥来了"全媒体行动系列活动举行 6月6日，中央广播电视总台北京总站揭牌成立，同时"冬奥来了"全媒体行动在北京启动，《中央广播电视总台北京 2022 年冬奥会和冬残奥会全媒体宣传合作协议》正式签署。中共中央政治局委员、北京市委书记、北京冬奥组委主席蔡奇出席活动并对总台北京总站的成立表示祝贺。中宣部副部长、中央广播电视总台台长兼总编辑慎海雄，北京市委副书记、市长陈吉宁等出席相关活动。总台还与北京市人民政府签署了《超高清视音频产业战略合作协议》，这标志着双方在 8K 超高清视音频产业创新发展等领域开启深度合作新篇章，推动我国视音频技术向 8K 超高清应用时代迈进。

总台重点聚焦习近平总书记考察青海 6月7日至9日，中共中央总书记、国家主席、中央军委主席习近平在青海考察调研。总台多平台精心组织报道。

国际在线 2021"百年恰是风华正茂 丝路大 V 感受北京"活动启动 6月7日，由中央广播电视总台国际在线策划实施的 2021"百年恰是风华正茂 丝路大 V 感受北京"活动在北京启动。此次活动邀请在华的外籍大 V，围绕北京历史文化、科技创新、经济建设、城市发展、生态环境、社会民生等主题进行参观采访，近距离、多角度了解北京，感受和介绍百年来中国共产党带领中国人民取得的建设成就和百姓生活发生的变化。

山东总站成立暨签约仪式举行 6月8日，中央广播电视总台山东总站成立暨签约仪式在山东济南举行。中宣部副部长、中央广播电视总台台长兼总编辑慎海雄与山东省委书记、省人大常委会主任刘家义出席并致辞，共同为中央广播电视总台山东总站揭牌。

上海总站成功举办"科创论坛系列活动" 6月11日，在科创板开板两周年之际，中央广播电视总台上海总站主办的"科创论坛系列活动"在上海举行。活动正式发布由上海总站与申万宏源证券研究所联合编著的《科创板白皮书 2021》，该书全面系统分析了科创板开板第二年的运行特征，新增"科创产业链巡礼"全新章节，对科创板重点支持的六大领域产业链进行全景描绘，对各领域重点子产业链进行了深入研究剖析。

上海总站成功举办上海国际电影节官方活动"中国影视之夜" 6月12日晚，中央广播电视总台上海总站在上海国际传媒港成功举办上海国际电影节官方活动"中国影视之夜"。此届"中国影视之夜"盛典保留首届活动中"讲述人＋优秀新片新剧作品"的形式，以"礼赞""时代""逐梦"三大篇章为主轴，推介 11 部新片新剧。

华语环球节目中心推出 20 集大型纪录片《人民的选择》 6月14日，中央广播电视总台华语环球节目中心在中文国际频道晚间黄金时段推出20集大型纪录片《人民的选择》。该片首次从历史和人民为什么选择了中国共产党这一全新独特视角出发,通过感人故事、真实档案、珍贵影像,讲述从石库门到天安门,中国共产党和人民鱼水情深、唇齿相依的真挚情感。节目引发热烈反响,60多家媒体报道节目播出消息。

CGTN推出建党百年主题融媒报道《穿越百年》 6月15日,中央广播电视总台CGTN庆祝建党百年大型融媒系列直播报道《穿越百年》开播,结合党史中具有重大意义的历史事件和当今中国各领域取得的辉煌成就,设置十大主题,融合推出电视和新媒体端直播、电视连线、系列报道等,凸显中国共产党百年长荣的精神特质。首期报道以"党的初心:为民族谋复兴"为主题,从历史维度和国际视角回眸中国共产党百年伟大征程的起点,突出中国共产党从成立之初为民族求独立到如今为民族谋复兴历久弥坚的百年初心。

总台庆祝建党百年主题广播剧发布上线 6月16日,中央广播电视总台庆祝中国共产党成立100周年主题广播剧发布上线仪式举行,四部主题广播剧《到延安去》《大凉山》《大营救》《安妮的花海》开播上线。这是广播剧被赋予新媒体和动漫功能的一次创新。中宣部副部长、中央广播电视总台台长兼总编辑慎海雄出席发布上线仪式并致辞。

总台多平台聚焦神舟十二号载人飞船成功发射 6月17日,神舟十二号载人飞船发射取得圆满成功。总台多平台重点关注,充分解读此次载人飞行任务的重要意义。当日,神舟十二号载人飞船与天和核心舱成功实现自主快速交会对接,航天员顺利进入天和核心舱,中国人首次进入自己的空间站。总台新闻节目及时跟进报道。

《全国大学生党史知识竞答大会》圆满收官 6月17日,《全国大学生党史知识竞答大会》在中央广播电视总台综合频道播出总决赛,来自国防科技大学的选手荣获总冠军。自6月6日播出至6月18日10时,10期节目和融媒体产品在全媒体累计传播量超过6.665亿人次,引发全民追更、学习党史的热潮。

24集大型文献专题片《敢教日月换新天》启播 6月17日,大型文献专题片《敢教日月换新天》启播仪式在北京举行。中宣部副部长、中央广播电视总台台长兼总编辑慎海雄出席并致辞。全片制作了长达126分钟的4K超高清三维动画,并首次在片中部分使用了8K超高清拍摄手段,引入人工智能影像修复技术。这是总台积极构建5G+4K/8K+AI战略格局的又一次创新实践。

新闻中心推出纪录片《搬出大山》 6月18日,由国家发改委联合中央广播电视总台制作的两集电视纪录片《搬出大山》在综合频道黄金时段播出,全面展示"十三五"时期党中央和各级政府通过实施易地扶贫搬迁,帮助群众摆脱贫困的"中国故事"和"中国方案"。

总台领导会见俄罗斯驻华大使 6月21日,中宣部副部长、中央广播电视总台台长兼总编辑慎海雄在京会见俄罗斯驻华大使杰尼索夫。杰尼索夫祝贺中国共产党百年华诞。双方就双边关系、人文交流等议题交换意见。

"无声诗里颂千秋——美术经典中的党史主题展"开幕 6月22日,中央广播电视总台、中国国家博物馆联合举办的"无声诗里颂千秋——美术经典中的党史主题展"在中国国家博物馆开幕。中宣部副部长、中央广播电视总台台长兼总编辑慎海雄，中国国家博物馆馆长王春法，原中共中央党史研究室副主任章百家分别致辞，并与中国美术家协会主席、中央美术学院院长范迪安，中国美术家协会分党组书记、驻会副主席、秘书长徐里等共同为主题展启幕。

总台新闻节目聚焦习近平总书记同"神舟十二号"航天员通话　6月23日，中共中央总书记、国家主席、中央军委主席习近平来到北京航天飞行控制中心，与"神舟十二号"航天员通话。总台新闻节目精心组织报道。

总台举办原创精品动漫发布暨儿童动漫作品战略合作签约仪式　6月23日，中央广播电视总台原创精品动漫发布暨儿童动漫作品战略合作签约仪式在北京举行。中宣部副部长、中央广播电视总台台长兼总编辑慎海雄出席并见证相关协议签署。总台体育青少节目中心与北京演艺集团签署内容产品开发战略合作协议，央视动漫集团与儿童文学作家吴玉中签署作品开发协议。

重大革命历史题材电视剧《大决战》开播发布会举行　6月24日，重大革命历史题材电视剧《大决战》开播发布会在北京举行。中宣部副部长、中央广播电视总台台长兼总编辑慎海雄出席。电视剧《大决战》由中央广播电视总台出品，总台影视剧纪录片中心制作，中国国际电视总公司鹿鸣影业有限公司承制，自6月25日起在总台综合频道晚黄金时段播出，央视频、央视网等新媒体平台同步推出。启播仪式现场还发布了该剧主题歌MV《寸心》。

总台举办庆祝中国共产党成立100周年主题党日活动　组织党员领导干部参观"'不忘初心、牢记使命'中国共产党历史展览"　6月25日，总台举办庆祝中国共产党成立100周年主题党日活动。中宣部副部长、中央广播电视总台党组书记、台长兼总编辑慎海雄带领党员干部重温入党誓词、150多名新党员庄严宣誓，为总台获得"光荣在党50年"纪念章的老党员代表颁授纪念章，并围绕"铭记奋斗历程，担当历史使命"作主题讲话。同日，总台党员领导干部前往中国共产党历史展览馆，参观"'不忘初心、牢记使命'中国共产党历史展览"。

庆祝中国共产党成立100周年主题出版物首发　6月25日，中央广播电视总台"庆祝中国共产党成立100周年主题出版物首发仪式"在北京举行。中宣部副部长、中央广播电视总台台长兼总编辑慎海雄出席仪式，并与中央党史和文献研究院副院长柴方国、中央广播电视总台副台长蒋希伟等一同启动首发。

《百年礼赞——庆祝中国共产党成立100周年大型交响音诗画》播出　6月26日，《百年礼赞——庆祝中国共产党成立100周年大型交响音诗画》特别节目在总台央视综艺频道播出。该节目以"唤起工农千百万""敢教日月换新天""继往开来展宏图""不忘初心民为天"四个展厅为结构方式，以《永远的红光》《井冈山会师》《遵义会议》《延安颂》等十多幅经典美术作品为载体，通过交响乐、合唱、舞蹈、诗朗诵、故事讲述、戏曲等艺术表演形式，带领观众重温中国共产党的百年岁月，展现其百年来的光辉历程。

"中非情缘"——非洲电视观众知识竞赛圆满落下帷幕　6月28日，"中非情缘"——非洲电视观众知识竞赛布隆迪颁奖仪式在布隆

迪经济首都布琼布拉举行，为期4周的竞赛活动圆满落下帷幕。中宣部副部长、中央广播电视总台台长兼总编辑慎海雄向活动致贺信。由总台主办的"中非情缘"——非洲电视观众知识竞赛于5月31日至6月27日举办，通过布隆迪国家广播电视台、尼日利亚国家电视台、肯尼亚广播公司、坦桑尼亚10频道、塞内加尔2STV和四达非洲数字电视网，以英语、法语、斯瓦希里语、豪萨语等4种语言面向撒哈拉以南非洲国家播出，以生动有趣的知识竞赛向非洲观众讲述中国共产党故事和中非合作故事。

《新闻阅评》肯定总台为我"太空新家"打个大广告 6月28日，中宣部新闻局第271期《新闻阅评》以《总台面向中外为我"太空新家"打了个大广告》为题，表扬中央广播电视总台灵活运用精准传播、好感传播等策略，做好硬新闻的软传播，在"神舟十二号载人飞船成功发射，三名航天员顺利入驻空间站天和核心舱"这一全球关注的新闻事件中，找准与各方的话语共通点、情感连接点、受众兴趣点，全面提升国际传播效能，有效塑造可信、可爱、可敬的中国形象。

总台新闻节目重点报道"七一勋章"颁授仪式 6月29日，"七一勋章"颁授仪式在人民大会堂隆重举行。中共中央总书记、国家主席、中央军委主席习近平首次颁授"七一勋章"并发表重要讲话。总台新闻节目精心组织报道。

七月

总台多平台全程直播庆祝中国共产党成立100周年大会 7月1日上午，庆祝中国共产党成立100周年大会在北京天安门广场隆重举行。中共中央总书记、国家主席、中央军委主席习近平发表重要讲话。总台多平台全程直播，公共信号直播团队运用天鹰座陀螺仪、大型伸缩摇臂、高倍摄像机等特种设备，捕捉大量经典瞬间。面向全国各省区市电视台、广播频率和网络媒体提供直播信号，约210个频道并机新闻频道、多个广播频率并机中国之声直播庆祝大会。

《庆祝中国共产党成立100周年文艺演出——〈伟大征程〉大型情景史诗》在总台各主要平台播出 7月1日晚，《庆祝中国共产党成立100周年文艺演出——〈伟大征程〉大型情景史诗》在总台各主要平台播出。该文艺演出由中宣部、文化和旅游部、国家广播电视总局、中央广播电视总台、中央军委政治部、北京市共同主办，以大型情景史诗呈现，共分为"浴火前行""风雨无阻""激流勇进""锦绣前程"4个篇章，以及首尾的"启航""领航"部分。综合运用多种艺术手段，回顾中国共产党成立100年来波澜壮阔的光辉历程。

多国媒体机构负责人和国际友人致函总台祝贺中国共产党百年华诞 7月1日，在中国共产党百年华诞到来之际，多国媒体机构负责人和国际友人致函中宣部副部长、中央广播电视总台台长兼总编辑慎海雄，向总台全体员工及中国媒体同行祝贺中国共产党成立100周年。慎海雄向来函祝贺的各媒体机构负责人和国际友人逐一回信致谢。

体育青少节目中心推出东京奥运会赛前纪录片《出征》 7月2日，中央广播电视总台体育青少节目中心策划拍摄的22集东京奥运会赛前纪录片《出征》，在体育频道、央视频、央视体育客户端等平台同步播出。

总台党组专题传达学习习近平总书记在庆祝中国共产党成立100周年大会上的重要讲话精神 7月3日，中央广播电视总台党组召开专题会议，传达学习习近平总书记在庆祝中国共产党成立100周年大会上的重要讲话精神，以及庆祝中国共产党成立100周年理论研讨会精神，研究部署学习宣传贯彻工作。中宣部副部长、中央广播电视总台党组书记、台长兼总编辑慎海雄主持会议并讲话。

总台海外总站驻外人员任前培训启动 7月5日，国际交流局和人事局共同启动中央广播电视总台成立以来首批驻外人员任前培训工作，近70名海外总站待派人员参加培训。此次培训是落实总台领导要求，推进总台驻外人员培训体系建设的首次实践，是加强海外总站建设、优化总台国际传播人才资源配置的关键举措。

总台新闻节目聚焦中国共产党与世界政党领导人峰会 7月6日，中国共产党与世界政党领导人峰会以视频连线方式举行，中共中央总书记、国家主席习近平出席会议并发表主旨讲话。总台新闻节目圆满完成峰会直播与新闻报道。国际视频通讯社采用卫星和网络两种方式全程对外发布峰会直播信号，路透社、美联社、法新社、欧广联、今日俄罗斯旗下国际视频新闻通讯社引用信号向其全球媒体用户转发，利用总台直播信号和新闻报道编发新闻素材对外推送。

总台与腾讯开启奥运赛事转播视频战略合作 7月6日，中央广播电视总台与腾讯在北京联合举办发布会，宣布腾讯成为总台2020东京奥运会及2022北京冬奥会赛事转播视频战略合作伙伴。总台和腾讯计划在奥运赛事视频点播、短视频、媒体互动等领域展开合作。

总台"中国影视作品展播季"在巴西启动 7月6日（当地时间），中央广播电视总台"中国影视作品展播季"在巴西启动，电影《建党伟业》在巴西全境首播。这是中国影视作品首次在巴西主流媒体平台集中展播。中宣部副部长、中央广播电视总台台长兼总编辑慎海雄，中国驻巴西大使杨万明在展播活动上发表视频致辞。

新闻中心制作完成《黄河流域生态环境警示片》 7月6日，总台新闻中心制作的《黄河流域生态环境警示片》在推动黄河流域生态保护和高质量发展领导小组全体会议上播出。中央环保督察办与总台新闻中心组成8个现场调查组，深入黄河流域9省（区）进行暗查暗访暗拍，历时4个多月，覆盖52个地（市），行程近30万千米，追溯问题成因及地方监管情况，对典型问题逐一核实，确保问题查清查准，尽力做到见事见人见责任。同时，为精准厘清黄河流域生态破坏的责任主体，报道团队充分运用卫星遥感、暗管探测、声呐和雷达侧扫、无人机航拍、红外夜视、秒级水质快速检测、手持荧光分析等十余项技术，增强案件调查公信力，丰富节目视觉效果。

CGTN推出时政评论短视频《第一视野》 7月7日至9日，CGTN推出由中国问题专家、中国改革开放友谊奖章获得者罗伯特·库恩博士主持的3期时政评论短视频《第一视野》，围绕中国成就、未来发展、国际关系等全球关切问题，对外诠释习近平总书记"七一"重要讲话深刻内涵及世界意义。

欧洲总站正式揭牌成立　7月11日（当地时间），中央广播电视总台欧洲总站正式揭牌成立。欧洲总站在英语环球节目中心、欧洲拉美地区语言节目中心、国际视频通讯社的大力协助下，与英国、意大利、西班牙等国多家主流媒体合作，于揭牌当天集中推出多档精品栏目、节目。

总台面向海内外发行庆祝中国共产党成立100周年系列出版物　7月12日，庆祝中国共产党成立100周年系列出版物海内外发行仪式在北京举行。中宣部副部长、中央广播电视总台台长兼总编辑慎海雄出席并揭幕启动出版物发行。

总台领导致信意大利足协主席祝贺意大利队获得2020欧洲杯冠军　7月12日，中宣部副部长、中央广播电视总台台长兼总编辑慎海雄向意大利足球协会主席加布里埃莱·格拉维纳发贺信，祝贺意大利队获得2020欧洲杯冠军。

总台举行东京奥运会前方报道团出发仪式　7月13日，中央广播电视总台举行东京奥运会前方报道团出发仪式。中宣部副部长、中央广播电视总台台长兼总编辑慎海雄出席仪式并向前方报道团授旗。总台贯彻"一体制作、融合传播"报道理念，分批次派出近800人的前方报道团队前往日本，统筹安排CCTV-1、CCTV-2、CCTV-5、CCTV-5+、CCTV-4K等电视频道和中国之声等广播频率，央视频、央视新闻、央视体育等新媒体平台全面立体开展奥运转播报道。受奥林匹克广播服务公司委托，总台还将承担东京奥运会体操、羽毛球、乒乓球、攀岩、田径铅球决赛等5个项目国际公共信号制作和东京残奥会田径及盲人门球国际公共信号制作任务。

总台举办2021"东盟伙伴"媒体合作论坛　7月14日，中央广播电视总台主办的2021"东盟伙伴"媒体合作论坛以线上线下结合的方式在北京举行。中宣部副部长、中央广播电视总台台长兼总编辑慎海雄出席并致辞。论坛上，总台正式启动"东盟伙伴"合作机制，并与14家东盟媒体共同发布《加强合作共同宣言》。

《科学战"疫"》全景展现中国科技有力支撑疫情防控　由中央广播电视总台、科技部联合摄制的两集纪录片《科学战"疫"》于7月14日至15日在综合频道播出。这是首部从科学视角关注新冠疫情主题的纪录片，第一次揭秘抗疫背后的科研战线，展现我国核心技术科研过程。

总台国际频道在拉美最大卫星电视平台落地播出　7月15日（当地时间），中央广播电视总台CGTN西班牙语频道和CCTV-4正式在DirecTV公司拉美分公司旗下直播卫星电视、TVE平台和OTT平台落地播出。DirecTV是拉美地区最大的直播卫星电视集团，业务覆盖阿根廷、智利、哥伦比亚、厄瓜多尔、秘鲁、乌拉圭等国家。此次合作为总台国际频道带来上述六国总计约510万户收视家庭，显著增强总台国际频道在拉美地区的传播力、影响力。

纪录片《雪莲花开——对口援疆纪实》播出　7月15日至21日，中国国际电视总公司承制的大型纪录片《雪莲花开——对口援疆纪实》在总台央视综合频道、财经频道、纪录频道和中文国际频道接续播出。该片通过感人的援疆故事，展现了新疆人民共建美好家园努力奋斗的历程和援疆干部人才与新疆各族群众守望相助、共圆梦想的精神风貌，充分反映党的十八大以来，中央加大援疆力度，在全国19个省市的对口支援下，新疆基本民生全面改善、基础设施建设加快、特色产业蓬勃兴起、科教文化欣欣向荣，经济建设和社会发展迈入新时代。

中俄友好、和平与发展委员会媒体理事会双方主席共同发表题为《加强媒体合作　筑牢睦邻友好》的倡议　7月16日是《中俄睦邻友好合作条约》签署20周年纪念日。7月15日，中俄友好、和平与发展委员会媒体理事会中方主席慎海雄与俄方主席基谢廖夫共同发表题为《加强媒体合作　筑牢睦邻友好》的倡议。中俄友好、和平与发展委员会媒体理事会成立于2014年，为中俄友好、和平与发展委员会下辖的16个理事会之一，旨在推动中俄媒体间机制化合作，为增进两国民众相知互信搭建沟通交流的平台。

总台多平台积极报道第44届世界遗产大会　7月16日至31日，第44届世界遗产大会在福州举办，"泉州：宋元中国的世界海洋商贸中心"申遗成功。总台多平台对大会展开报道。其间，中宣部"国家文化记忆和传承"——中国的世界遗产记录传播项目中的纪录片《人类的记忆——中国的世界遗产》在中文国际频道播出首批14期节目，介绍武夷山、泰山、九寨沟、黄龙、良渚古城遗址、左江花山岩画、苏州古典园林、鼓浪屿等世界遗产地，通过剖析这些世界遗产的特征、价值，多角度展示中国对遗产地的保护、研究和对地方可持续发展的促进作用。

总台象舞广告营销平台正式上线　7月17日，中央广播电视总台象舞广告营销平台上线仪式在北京举行。象舞广告营销平台借助数字化、智能化平台工具，强化整合经营、融合营销和用户服务能力，提升客户品牌传播效果。

总台领导赴澳门出席系列活动　7月17日至19日，中宣部副部长、中央广播电视总台台长兼总编辑慎海雄率团赴澳门出席"盛世华章耀濠江——中央广播电视总台庆祝建党百年精品节目澳门展映活动"启动仪式和总台与澳门特别行政区政府深化战略合作签约活动，分别与澳门特别行政区行政长官贺一诚、中央人民政府驻澳门特别行政区联络办公室主任傅自应进行工作交流，并参访青少年爱国爱澳教育基地等。总台体育青少节目中心与澳广视签署《奥运赛事媒体权利合作协议》，总台亚太总站与澳门大学签署《战略合作框架协议》。

总台出版发行庆祝建党百年精品节目民族语言及闽南话版音像制品　7月21日，中央广播电视总台庆祝建党百年精品节目民族语言及闽南话版音像制品出版发行仪式在北京举行。中宣部副部长、中央广播电视总台台长兼总编辑慎海雄出席并启动发行。

新闻中心《重走天路看变迁》系列报道收官　7月21日至8月12日，中央广播电视总台新闻中心推出21集西藏和平解放70周年系列报道《重走天路看变迁》，总台记者分别沿川藏、青藏、滇藏、新藏线四路行进，以第一视角生动呈现西藏各族群众不断提升的获得感、幸福感、安全感。

东京奥运会开幕式转播报道精彩完美　7月23日，第32届夏季奥林匹克运动会在日本东京开幕。中央广播电视总台CCTV-1、CCTV-5、CCTV-5+等电视频道和央视频、央视新闻、央视体育等新媒体平台展开立体式转

播报道。据统计,总台东京奥运会开幕式报道直点播受众总触达人次达3.76亿,电视端总收视率达3.18%,其中CCTV-5收视份额达8.8%,居同时段全国第一。

总台与天津市政府战略合作框架协议签约暨天津总站揭牌仪式举行 7月23日,中央广播电视总台与天津市人民政府战略合作框架协议签约暨中央广播电视总台天津总站揭牌仪式在天津举行。中共中央政治局委员、天津市委书记李鸿忠与中宣部副部长、中央广播电视总台台长兼总编辑慎海雄出席仪式并共同为总台天津总站揭牌。

央视频APP下载量破3亿 7月25日,中央广播电视总台央视频APP日活跃用户数量(DAU)达1165万,客户端累计下载量突破3亿人次,单日视频总播放量近2亿人次,在苹果应用商店总榜和娱乐榜皆名列榜首,运营数据再创新高。

总台海外记者心理关爱项目启动 7月26日,海外记者心理关爱项目启动运行。该项目是中央广播电视总台国际交流局开展党史学习教育,践行为群众办实事,建立高效保障机制和海外记者民心工程的重点项目。

《外国政党眼中的中国共产党》传播效果显著 7月26日,总台中文国际频道50集大型系列报道《外国政党眼中的中国共产党》播出完毕。节目共吸引3.37亿观众收看,累计观众触达人次近26亿,首播收视率0.46%,同步改编的新媒体产品《中国共产党的外国朋友圈》累计发稿45条,总阅读量达140万人次。中联部、外交部及业界高度评价,认为该系列报道是对党百年华诞的一次重要礼赞。

总台隐藏式字幕系统启用 7月26日零时起,中央广播电视总台CGTN-Documentary纪录频道节目携带总台自制的隐藏式字幕在澳大利亚最大的付费电视平台Foxtel播出。由此,总台已实现隐藏式字幕文件的自制、播出、传输,以及字幕流在澳大利亚的接收和落地,CGTN-Documentary纪录频道成为总台首个播出自制隐藏式字幕的频道。

国际奥委会主席巴赫接受总台独家专访 7月29日,国际奥委会主席巴赫来到东京奥运会国际广播中心,在中央广播电视总台前方演播室接受记者专访,并看望总台工作人员,参观总台奥运报道团队前方演播室、媒体工作间和4K/8K工作站。

《我们走在大路上》音像制品获第五届中国出版政府奖 7月29日,在中宣部召开的第五届中国出版政府奖表彰会上,中国国际电视总公司出版发行的《我们走在大路上》音像制品荣获第五届中国出版政府奖音像奖,在获奖的音像制品出版物中排名第一。

八月

大型文献专题片《敢教日月换新天》创作座谈会举行 8月4日,24集大型文献专题片《敢教日月换新天》创作座谈会在北京举行。中宣部副部长、中央广播电视总台台长兼总编辑慎海雄出席并与专家学者、主创人员代表座谈。该片电视端首轮累计触达观众人次达13.36亿,成为近年来第一部首轮播出触达人次突破10亿的文献专题片;节目相关内容全网点击量达19.8亿人次,刷新了大型文献专题片网络触达量的新纪录。慎海雄说,《敢教日月换新天》是总台精心推出的庆祝建党百年精品力作中浓墨重彩的一笔。这部大型文献专题片用宏阔历史的纵深感和激情澎湃的艺术渲染力表达了对中国共产党百年华诞的深情礼赞,生动阐述了伟大建党精神。中国社会科学院副院长、当代中国研究所所长姜辉表示,专题片《敢教日月换新天》集思想性、学术性、艺术性为一体,既有思想深度、精神高度,又有现实温度,可以说打造了文献专题片的新典范。

总台新闻节目关注新冠病毒疫苗合作国际论坛会议及全球新冠肺炎疫情 8月5日,新冠病毒疫苗合作国际论坛首次会议以视频方式举行,中国国家主席习近平向会议发表书面致辞。总台新闻节目及时报道论坛及全球新冠肺炎疫情状况。

《新闻联播》推出系列报道《领航新时代 开启新征程——习近平总书记今年以来治国理政纪实》 8月9日至12日,《新闻联播》推出4集系列报道《领航新时代 开启新征程——习近平总书记今年以来治国理政纪实》。以"两个一百年"奋斗目标历史交汇点为时代背景,深度梳理2021年以来习近平总书记领航掌舵、引领中国破浪前行的治国理政重要思想和伟大实践,以"新起点""新奇迹""新发展""新机遇""新贡献"等主题为主线,大量引用习近平总书记金句,凸显领袖"我将无我"的风范与"江山就是人民,人民就是江山"的为民情怀。

"盛世华章耀香江——中央广播电视总台庆祝建党百年精品节目香港展映活动"启动 8月9日,在香港全面启动由中央广播电视总台与香港特别行政区政府、香港中联办共同主办。香港特别行政区行政长官林郑月娥,中宣部副部长、中央广播电视总台台长兼总编辑慎海雄,中央人民政府驻香港特别行政区联络办公室秘书长王松苗在启动仪式上分别致辞。

"庆祝中国共产党成立100周年职工书画摄影展"开幕暨总台书画院成立揭牌仪式举行 8月12日,中央广播电视总台"庆祝中国共产党成立100周年职工书画摄影展"开幕暨总台书画院成立揭牌仪式在北京举行。中宣部副部长、中央广播电视总台台长兼总编辑、总台书画院名誉院长慎海雄出席仪式并致辞。总台副台长阎晓明,总台副台长、总台书画院院长蒋希伟,中国美术家协会主席、中央美术学院院长范迪安,中国美术家协会副主席、中国美术馆馆长吴为山等出席仪式。

《国家宝藏》(第一季)繁体版在台湾地区引发热烈反响 8月15日,中国国际电视总公司央视纪录公司作为独家版权运营方,通过商业合作方式实现文博探索类节目《国家宝藏》(第一季)繁体版在台湾中视菁采台黄金时段首播。这是大陆向台湾地区输送反映中华优秀传统文化节目的一次突破。节目播出后,引发台湾媒体和观众热烈反响。台湾媒体纷纷进行报道,对节目新颖的形式、精良的制作、震撼的视觉效果和深刻的内涵立意予以高度评价。

亚洲非洲地区语言节目中心推出"中伊建交五十周年"特别报道 8月16日,为纪念中国和伊朗建交50周年,中央广播电视总台亚洲非洲地区语言节目中心多语种平台重点发布《习近平同伊朗总统莱希就中伊建交50周年互致贺电》,同时策划推出《同心同行》特别报道，获中国驻伊朗大使馆微信公众号、伊朗驻华使馆官方微博账号，以及10多家伊朗主流媒体转载。

"总台算法"上线央视频平台 8月18日，"总台算法"在央视频平台《影视》版块上线。"总台算法"是中央广播电视总台开发的具有主流价值观的新媒体推荐算法，向广大新媒体用户精准推送总台优质节目。

《AI这时代 星辰大海》节目打造新媒体内容创新标杆 8月18日，中央广播电视总台总经理室以百度世界大会为载体，联合新闻新媒体中心策划融媒体直播节目《AI这时代 星辰大海》，深度展现最新AI成果，总观看量达1.1亿人次，相关话题阅读量达2.3亿人次，多个话题霸屏热搜榜。

总台召开庆祝中国共产党成立100周年宣传报道总结表彰会 8月19日，中央广播电视总台召开庆祝中国共产党成立100周年宣传报道总结表彰会议。中宣部副部长、中央广播电视总台党组书记、台长兼总编辑慎海雄出席会议并讲话。总台党组成员、副台长阎晓明主持会议。总台党组成员、副台长蒋希伟宣读《中央广播电视总台党组关于表彰参与庆祝中国共产党成立100周年宣传报道工作集体和个人的决定》。会议为记功集体代表、记功个人代表颁奖。

《央young之夏》公演口碑爆棚"破圈"传播 8月21日，中央广播电视总台打造的自创网综《央young之夏》公演直播在总台新媒体矩阵推出。公演以"燃情盛夏夜，主播嘉年华"为主题，4支战队分组进行古典舞、音乐剧、脱口秀、歌曲串烧等多种才艺比拼，网友好评如潮，全网观看量达6353万人次，相关短视频播放量累计超过7亿人次。

全国革命文物百佳讲述人发布暨《红色印记》声音档案进入革命博物馆纪念馆启动仪式举行 8月24日，由中央广播电视总台联合国家文物局、中央网信办共同主办的全国革命文物百佳讲述人发布暨《红色印记》声音档案进入革命博物馆纪念馆启动仪式在中国共产党历史展览馆举行。中宣部副部长、中央广播电视总台台长兼总编辑慎海雄，文化和旅游部副部长、国家文物局局长李群分别致辞，为"全国革命文物百佳讲述人"代表颁发认证证书并启动《红色印记》声音档案进入革命博物馆纪念馆。

《闪亮的名字——2021最美教师》发布仪式录制完成 8月28日，中宣部、教育部、中央广播电视总台联合主办的《闪亮的名字——2021最美教师》发布仪式在北京完成节目录制。此次发布仪式以"赓续百年初心，担当育人使命"为主题，揭晓了10位"最美教师"先进人物，通过人物短片和现场访谈展现"最美教师"为我国教育事业作出的突出贡献，充分彰显他们"学为人师、行为世范"的精神，大力弘扬尊师重教的良好风尚。

总台多平台播出8集纪实系列片《同象行》 8月28日至9月4日，8集纪实系列片《同象行》在央视纪录频道、央视频播出，以云南亚洲象北移事件为线索，记录象群北移过程中人与象之间发生的鲜活故事与救助亚洲象的真实案例，传递人与自然和谐相处的生态理念。

央视动漫集团北京演艺集团儿童文学创作基地授牌 8月31日，中央广播电视总台央视动漫集团、北京演艺集团儿童文学创作基地授牌仪式在北京举行。这是总台体育青少节目中心、央视动漫集团与北京演艺集团携手落实总台儿童动漫作品战略合作的创新实践。

九月

大型电视公益节目《2021开学第一课》在央视综合频道播出 9月1日,《2021开学第一课》以"理想照亮未来"为主题在中央广播电视总台综合频道播出。该节目通过一个又一个真挚动人的故事,抒写了一幅可歌可泣的百年画卷。

总台多平台做好第八批在韩志愿军烈士遗骸安葬仪式报道 9月3日,第八批在韩中国人民志愿军烈士遗骸安葬仪式在辽宁沈阳抗美援朝烈士陵园举行。总台多平台展开报道。

总台大型文博知识竞答节目《中国国宝大会》(第一季)开播 9月4日,由中央广播电视总台和国家文物局联合制作的大型文博知识竞答节目《中国国宝大会》(第一季)在央视财经频道开播。节目以"从国宝读懂中国"为主题,围绕全国140多家博物馆的近千件文物精品,从政治、经济、文化、社会、法律、科技、医学、生态等8个方面带领选手和观众,通过文博知识竞答开启一段中华五千多年文明的探索之旅。

共青团中央广播电视总台第一次代表大会召开 9月8日,共青团中央广播电视总台第一次代表大会在北京召开。中宣部副部长、中央广播电视总台党组书记、台长兼总编辑慎海雄,中央和国家机关团工委副书记李菀瑾出席会议并讲话。会议选举产生了共青团中央广播电视总台第一届委员会。

总台领导与首批赴地方锻炼青年业务骨干座谈 9月8日,中宣部副部长、中央广播电视总台党组书记、台长兼总编辑慎海雄与首批赴地方锻炼的青年业务骨干进行座谈。慎海雄指出,抓紧培养选拔年轻干部,不仅是一项重大的战略任务,也是紧迫的现实任务。选派青年业务骨干赴地方墩苗历练,是加强总台青年业务骨干锻炼培养使用的重要举措,也是充实地方总站干部人才队伍的重要一环。希望大家珍惜这次锻炼机会,坚决服从组织决定,严格要求自己,扛起责任,勇于担当,不辜负总台党组和全台同志的期望。

总台首批驻外人员赴任海外总站 9月8日,5名台派驻外人员赴任中东总站,成为总台成立后选拔、培训并正式派驻海外的首批工作人员。2021年,国际交流局克服疫情蔓延、国际局势动荡等不利因素,完成海外总站筹建工作,7个海外总站正式挂牌运行。在此基础上,与人事局密切配合,结合海外总站工作发展需要,从全台范围广纳英才,最终选拔出首批69名驻外人员,分别派往拉美、非洲、中东、欧洲、亚欧、亚太等6个海外总站。

总台领导与国际奥委会主席视频签署新周期奥运版权合作协议 9月9日,中宣部副部长、中央广播电视总台台长兼总编辑慎海雄以视频方式与国际奥委会主席巴赫共同签署《2026—2032年奥运版权合作协议》。双方还围绕北京冬奥会转播报道、总台奥林匹克频道开播等议题进行充分交流,并达成共识。

央视频《三星堆大发掘——亮相吧新国宝》收官 9月11日,中央广播电视总台央视频《三星堆大发掘——亮相吧新国宝》项目圆满收官。此次三星堆遗址考古发掘报道，央视频以新媒体技术为引领，用技术连接文化、创意与用户，推出一系列好看、好玩、有价值、有意义的优质原创内容，成功抢占全网20多个热搜话题，实现"破圈"与口碑双丰收。

《新闻阅评》表扬总台阿富汗报道深刻影响国际舆论 9月13日，中宣部新闻局《新闻阅评》发表文章《总台全面报道阿富汗变局深刻影响国际舆论》，肯定总台闻风而动，迅速调度驻中东、亚太等海外总站，发挥8名阿富汗籍报道员的本土化优势，展开阿富汗变局报道，凸显中国媒体国际话语权和影响力的迅速提高。文章最后指出，面对动荡中的阿富汗变局，总台以第一手信源冲破西方媒体长期以来形成的对国际重大新闻的垄断，开始扭转中国媒体在以往国际事件报道中相对落后的局面。

总台多平台全面报道第十四届全国运动会开幕 9月15日，第十四届全国运动会开幕式在西安奥体中心体育场举行。中央广播电视总台综合、体育、体育赛事等5个电视频道，中国之声、环球资讯广播等4个广播频率，央视频、央视新闻、央视体育等7个新媒体平台对开幕式进行转播报道。

总台举办2021年大学生入职培训班 9月15日至30日，中央广播电视总台举办2021年大学生入职培训班，首批新入职大学生共140人参加。培训以"认识总台，拥抱总台"为主题，内容包括政治理论学习、总台规章制度介绍、采编播业务知识讲授等三个方面。根据疫情防控要求，培训班创新性地采用在线直播授课与总台网络课堂学习相结合的形式。

中央广播电视总台工会第一届会员代表大会第一次全体会议召开 9月16日，中央广播电视总台工会第一届会员代表大会第一次全体会议召开。中宣部副部长、中央广播电视总台党组书记、台长兼总编辑慎海雄，中央和国家机关工委群众工作部（统战部）部长、中央和国家机关工会联合会常务副主席马勇明出席会议并讲话。会议选举产生了中央广播电视总台工会第一届委员会和经费审查委员会。来自总台各基层工会组织的近130名代表参加会议。

CGTN"中国—上合媒体新闻交换平台"正式启用 9月16日，在上海合作组织成立20周年之际，由中央广播电视总台CGTN倡议推出的"中国—上合媒体新闻交换平台"正式启用。中宣部副部长、中央广播电视总台台长兼总编辑慎海雄出席云上线仪式并致辞。"中国—上合媒体新闻交换平台"基于总台CGTN运营的"欧亚地区俄语新闻共享交换平台"升级而成，平台将在原有俄文版基础上增加英文界面，同时可实现全媒体形态新闻产品共享。

"新时代　新鲁菜"——2021鲁菜创新大赛在济南举行 9月16日，山东总站原创策划的"新时代　新鲁菜"——2021鲁菜创新大赛在第二届中国国际文化和旅游博览会上启动，山东省16个地市136个区县全部参评，并在海内外引起强烈反响，来自美国、巴西、日本等16个国家和地区的美食爱好者参评。

2021年中央广播电视总台中秋晚会成功播出 9月21日，2021年中央广播电视总台中秋晚会通过央视综合频道、综艺频道、中文国际频道（亚洲、欧洲、美洲）并机播出，大湾区之声、台海之声等广播频率及其新媒体平台，央视频、央视网、央视新闻客户端同步直播。中国电视长城平台在全球82个国家和地区的海外主流电视平台落地播出。国际视频通讯社首次向海外媒体推送总台中秋晚会节目信号，总台中秋晚会首次在海外媒体同步播出。晚会在四川省凉山彝族自治州首府西昌市举办，聚焦建党百年、全面小康、逐梦航天等多个重大主题，结合地方文化的厚重多元和丰富多彩，将"月"与"情"相互映衬，展现人民群众对美好生活的向往。

总台多平台做好中国农民丰收节报道 9月23日是第四个中国农民丰收节，中央广播电视总台多平台、多角度开展报道，立体展示我国全面建成小康社会的丰硕成果，取得了良好传播效果。

中国国际电视总公司荣获第十三届"全国文化企业30强" 9月23日，中宣部召开的文化高质量发展座谈会发布了第十三届"全国文化企业30强"名单，中国国际电视总公司再度上榜，连续13届入选。

总台中秋晚会海外观众线上交流会成功举办 9月24日，中央广播电视总台华语环球节目中心成功举办总台中秋晚会海外观众线上交流会。来自美国、加拿大、日本、法国、阿根廷、荷兰、泰国等30个国家和地区的50余名海外华语媒体及观众代表，与秋晚主持人"齐聚一堂"，以视频连线方式共话秋晚，畅谈家国情怀。

总台多平台全程跟进报道孟晚舟回国 9月25日，孟晚舟女士乘坐中国政府包机离开加拿大，顺利抵达深圳宝安国际机场。中央广播电视总台多平台全程跟进报道。

央视融媒体产业投资基金在上海成立 9月26日，我国首个以媒体融合为主题的国家级产业投资基金——央视融媒体产业投资基金在上海正式成立。中共中央政治局委员、上海市委书记李强，中宣部副部长、中央广播电视总台台长兼总编辑慎海雄出席成立仪式并共同为央视融媒体产业投资基金揭牌。慎海雄与上海市委副书记、市长龚正等分别致辞。

"美术经典中的党史"专题展在中共一大纪念馆开幕 为庆祝中国共产党成立100周年和中华人民共和国成立72周年，由中共一大纪念馆和总台上海总站联合策展的"美术经典中的党史"专题展览于9月27日在中共一大纪念馆开幕。该专题展览将中央广播电视总台精品节目《美术经典中的党史》进行多媒体展陈，精选节目中的30幅作品进行沉浸式融媒体演绎，通过艺术化剪辑和超高清大屏组成的多媒体联控系统，将传统展陈方式与融媒体手段相结合，打造艺术与科技相融合的沉浸式空间，更好地展现经典美术作品及其背后的党史故事，弘扬伟大建党精神。

4K超高清彩色修复故事片《永不消逝的电波》在全国电影院线首映 9月28日，我国首部黑白转彩色4K修复故事片《永不消逝的电波》首映礼在北京举行。中宣部副部长、中央广播电视总台台长兼总编辑慎海雄出席并启动首映。《永不消逝的电波》由八一电影制片厂1958年出品。中央广播电视总台央视频5G新媒体平台联合中国电影资料馆组成项目修复团队，把我国拥有自主知识产权的人机交互式AI上色技术与传统修复手法相结合，在长达7个多月的时间里对原片超过16万帧的黑白影像逐帧进行修复，使这部红色经典影片焕发出新的活力，成为开展党史学习教育和爱国主义教育的生动教材。

总台2022"品牌强国工程"发布活动举

行** 9月29日，中央广播电视总台2022"品牌强国工程"发布活动在北京举行。中宣部副部长、中央广播电视总台台长兼总编辑慎海雄出席活动并致辞。活动现场，总台与内蒙古自治区、湖北省、贵州省、西藏自治区、甘肃省、宁夏回族自治区签署2022"品牌强国工程"乡村振兴行动战略合作协议，与娃哈哈、中粮集团等企业及相关政府部门签署2022"品牌强国工程"战略合作协议。

总台"全屏传播联盟"启动成立 9月29日，由中央广播电视总台发起组建的"全屏传播联盟"在北京启动成立。中宣部副部长、中央广播电视总台台长兼总编辑慎海雄出席活动并启动"全屏传播联盟"。"全屏传播联盟"是由中央广播电视总台联合社会各界共同创建的全国性融合传播平台。

总台成功主办中国国际动漫节"金猴奖"评奖活动 9月29日，由中央广播电视总台主办的第十七届中国国际动漫节"金猴奖"颁奖仪式在浙江杭州举行。本届"金猴奖"大赛结合庆祝建党百年这一主题，除设置"综合奖"和"潜力奖"两大类别常规奖项外，还增设了红色动漫奖项，鼓励国内动漫人用原创动画、漫画的形式生动反映党的百年发展历程，歌颂党的百年风华。大赛共收到来自16个国家和地区的1176部原创动漫作品。总台选送的《从未变过》《振山河》分获"红色动漫特别奖"和"红色动漫优秀奖"，央视动漫集团选送的《林海雪原》获"综合系列动画片"金奖。少儿频道对"金猴奖"颁奖仪式进行现场直播，央视频、央视新闻客户端、央视少儿客户端等新媒体平台进行同步直播。

中国驻美大使赴总台北美总站调研并接受独家专访 9月30日，中国驻美大使秦刚赴总台北美总站调研，看望中外员工，并接受独家专访。

总台两名外籍员工荣获中国政府友谊奖 9月30日，中国政府友谊奖颁奖仪式在北京举行。总台俄罗斯籍专家谢平、法国籍专家莫言分别获得国务院颁发的2020年度、2021年度中国政府友谊奖。俄罗斯驻华大使杰尼索夫专门来函向谢平表示祝贺。谢平于2010年加入原中国国际广播电台俄语部，长期从事采访报道、撰写评论、节目访谈等工作，深受俄语受众的喜爱和业内人士、中俄两国外交部门的认可。莫言2011年加入原中央电视台法语频道，主持了一系列高级别中外人文交流活动，促进了中法、中欧间的民间交流和民心相通。

总台与澳大利亚SBS电视台达成新合作 9月30日，中央广播电视总台与澳大利亚SBS电视台完成新协议对签工作，打破了美西方的联手围堵封锁，取得了对英国、法国、德国落地协商之后的又一次成功。

十月

《"中国梦·祖国颂"——2021国庆特别节目》顺利播出 10月1日，文艺中心制作的《"中国梦·祖国颂"——2021国庆特别节目》在总台综合频道、综艺频道以及央视网、央视频等平台同步播出。截至10月4日，节目相关报道在总台全媒体平台受众触达总量达6.75

亿人次，其中电视端受众触达总量达1.19亿人次；中央主流媒体及全网报道、网友讨论内容共747.42万篇（条），新媒体话题阅读量达84亿人次，节目产生67个热搜，话题覆盖14亿人次，原创视频播放量突破4亿人次。

港澳台节目中心报道国庆期间港澳台艺人祝福祖国 10月1日，中央广播电视总台《"中国梦·祖国颂"——2021国庆特别节目》点亮荧屏和网络，海峡两岸及港澳地区文艺工作者同台会聚。港澳台节目中心在"看台海""大湾区之声"新媒体平台推出《"我是中国人，我爱我的祖国" 总台晚会上台湾艺人的深情表白》《一起听，他们炙热真诚的爱国之心！》等报道，集纳晚会精彩节目视频，突出港澳台艺人庆贺国庆的视频和文字，以融媒体方式生动展现港澳台同胞的家国情怀，进一步彰显中华儿女期盼祖国统一的时代心声，引发内地和港澳台媒体广泛关注，海内外上百家媒体纷纷转发。

中东总站全方位报道迪拜世博会 10月1日，迪拜世博会开幕，习近平主席为阿拉伯联合酋长国迪拜世博会中国馆作视频致辞。总台中东总站开启全方位报道。做好领袖思想传播，以中文、阿拉伯文等语种向海内外受众传递"构建人类命运共同体"倡议和对迪拜世博会的美好祝愿。协调阿拉伯联合酋长国最大阿拉伯语官方报纸《联邦报》整版刊登慎海雄同志署名文章《从上海到迪拜——给世界的信心》。

央视频168小时国庆直播传播效果突出 10月1日至7日，中央广播电视总台央视频推出持续7天的168小时《美丽的国 美丽的家——央视频主持人带你看神州》国庆直播专辑"，以不间断直播方式持续呈现家国之美。抖音、微博等央视频客户端外平台发布"《美丽的国 美丽的家——央视频主持人带你看神州》国庆直播专辑"。

央视频推出《中国诗词小会》（第三季） 10月3日，中央广播电视总台央视频首档诗词推理类节目《中国诗词小会》（第三季）开播，总台主持人携手诗词达人复制"诗词名场面"，带领网友"穿越"历史与李白、杜甫"对话"。

总台多平台聚焦报道中美高层会晤 10月6日（当地时间），中共中央政治局委员、中央外事工作委员会办公室主任杨洁篪同美国总统国家安全事务助理沙利文在瑞士苏黎世举行会晤。总台多平台积极做好相关报道。

中宣部领导赴总台超高清视音频制播呈现国家重点实验室调研 10月8日，中宣部副部长、国务院新闻办公室主任徐麟率中宣部调研组赴总台超高清视音频制播呈现国家重点实验室考察调研。中宣部副部长、中央广播电视总台台长兼总编辑慎海雄参加调研，并主持召开总台超高清制播呈现国家重点实验室建设工作汇报会。调研组先后考察了总台国家重点实验室下属5G媒体应用实验室、虚拟现实视觉呈现技术研究实验室、超高清制作技术研究实验室等，了解实验室建设运行、技术攻关、成果应用、队伍建设等方面情况。

总台多平台做好纪念辛亥革命110周年大会报道 10月9日上午，纪念辛亥革命110周年大会在北京人民大会堂隆重举行，中共中央总书记、国家主席、中央军委主席习近平出席大会并发表重要讲话。总台多平台精心组织报道。

慎海雄台长与意大利克拉斯集团首席执

行官互致信函祝贺《远航》启播 10月11日（当地时间），中宣部副部长、中央广播电视总台台长兼总编辑慎海雄与意大利克拉斯传媒集团首席执行官兼总编辑保罗·帕内拉互致信函，祝贺双方联手打造的大型评论访谈类电视栏目《远航》正式开播。作为欧洲首档聚焦全球化背景下中国发展议题的意大利语电视栏目，《远航》于当地时间10月12日21时在意大利ClassCNBC电视频道正式播出，首期节目聚焦"疫后世界经济复苏"，电视端、新媒体端收看人数总计75万。

总台多平台聚焦习近平主席出席《生物多样性公约》第十五次缔约方大会领导人峰会 10月12日，国家主席习近平以视频方式出席在昆明举行的《生物多样性公约》第十五次缔约方大会领导人峰会并发表主旨讲话。总台多平台精心组织报道。

总台推出大型融媒体项目《乡音博物馆》 10月12日，总台农业农村中心与云听平台联合打造的大型融媒体项目《乡音博物馆》在云听客户端正式上线。首批开放吴语、赣语、湘语、粤语、闽南话、客家话等6个方言馆，以及1个特别馆——普通话博物馆，推出囊括普通话学习、方言标准发音、方言历史文化、地方风物等40余个音视频专辑。

港澳台节目中心聚焦台湾高雄"城中城"大楼火灾 10月14日，台湾高雄"城中城"大楼发生火灾。总台港澳台节目中心启动重大突发事件应急机制，成立专门报道组，北京本部和驻台湾记者协同配合，广播端"台海之声"、新媒体端"看台海"融合传播。此外，台海之声和"看台海"新媒体平台第一时间公布联系电话，提供相关救援信息，帮助寻找火灾伤亡者线索，帮助两名大陆配偶的亲属找到遇难亲人线索。

上海总站成功举办2021中国时尚盛典 10月15日，由中央广播电视总台上海总站和上海时装周组委会联合主办的"2021中国时尚盛典"在上海市静安体育中心举办。活动以"让世界看见中国美"为主题，分为"时尚之美""潮流之美""美美与共"等三个篇章，发布包括年度时尚设计师、年度文创新势力、国际影响力年度面孔在内的9项时尚荣誉，展现新时代中国时尚领域高速发展创造出的丰硕成果。

总台多平台重点报道"神舟十三号"载人飞船成功发射 10月16日，"神舟十三号"载人飞船发射取得圆满成功。总台多平台重点关注，充分反映我国载人航天发展成就。国际视频通讯社采用卫星和网络两种方式全程对外发布航天员出征仪式和飞船发射直播信号，路透社、美联社、法新社引用信号向全球媒体用户进行转发。截至10月18日11时，直播信号和新闻素材共被BBC、CNN、CNBC、FOX等73个国家和地区的734家电视台，以及73个网络新媒体平台转播报道，累计播出7362次，总时长92小时50分30秒，G7成员国媒体数占72%，G20成员国媒体数占79%。

总台涿州文化产业综合项目建设启动 10月17日，中央广播电视总台涿州文化产业综合项目建设启动仪式在涿州举行。中共中央政治局委员、中央书记处书记、中宣部部长黄坤明出席活动，并宣布项目建设启动。中宣部分管日常工作的副部长王晓晖，中宣部副部长、国务院新闻办公室主任徐麟，中宣部副部长、中央广播电视总台台长兼总编辑慎海雄，河北省委书记、省人大常委会主任王东峰等出席启动仪式，并参加相关活动。

总台多平台关注北京冬奥会火种成功采集 10月18日，北京冬奥会火种在奥运会发祥地希腊古奥林匹亚遗址成功采集。总台各平台突出报道，为北京冬奥会营造良好舆论氛围。10月20日，北京冬奥会火种顺利抵达北京，火种欢迎仪式在奥林匹克塔举行。总台新闻节目充分展开报道。

CGTN多语种频道全新改版上线 10月18日，中央广播电视总台CGTN多语种频道全新改版亮相，升级整体包装，提升新闻报道的时效性和权威性，提高对外传播效能。一是优化新闻节目设置，完善全天新闻报道链条。二是强化观点表达，构建中国话语体系。三是推进贴近式好感传播，打造精品优质文化节目。四是全新包装同步上线，强化视觉效果与对象国特色。

亚欧总站与欧洲新闻电视台合作栏目开播 10月18日（当地时间），中央广播电视总台亚欧总站与欧洲新闻电视台（Euronews TV）合作的本土化中国新闻综述类栏目《中国全景》开播。亚欧总站与欧洲新闻电视台俄语频道达成合作协议，按欧洲新闻电视台的播出风格和俄语地区受众的收视习惯，将总台对俄语地区播出的新闻节目素材重新编辑、翻译并配音，推出25分钟的本土化新闻栏目《中国全景》，涵盖时政、财经、农业农村、科教、文化体育等新时代中国社会生活各个方面。

总台新闻节目重点报道习近平总书记赴山东考察调研 10月20日至22日，习近平总书记在山东东营考察，并在济南主持召开深入推动黄河流域生态保护和高质量发展座谈会。总台新闻节目重点展开报道。

新版央视新闻客户端上线 10月20日，新版央视新闻客户端正式上线。新版央视新闻客户端是基于总台大小屏融合理念，充分运用5G+4K/8K+AI最新技术成果，创新应用总台原创"新闻云"技术，全新打造的新闻新媒体旗舰平台。

总台举办首期海外落地传播合规管理培训活动 10月20日、22日，总台国际传播规划局和CGTN联合举办首期海外落地传播合规管理培训活动，邀请法国两家外聘律师团队结合实际案例，生动讲解法国及欧洲有关落地传播的法律与合规要求。CGTN、国际传播规划局、欧洲拉美地区语言节目中心、华语环球节目中心、环球公司等单位近120人参加培训。

总台外籍专家上榜国家"十三五"科技创新成就展 10月21日至27日，国家"十三五"科技创新成就展在北京展览馆举行，总台CGTN俄罗斯籍专家谢平成功入选"优秀外国专家代表"。展览以"创新驱动发展 迈向科技强国"为主题，集中展示我国"十三五"以来深入实施创新驱动发展战略、建设创新型国家所取得的重大科技成果。展览分为重大专项、区域创新、改革（人才）等12个展区，在《弘扬科学家精神》专栏，谢平与为中外友好交往作出重要贡献的其他国际友人共同入选"优秀外国专家代表"。

总台多平台做好长征胜利85周年宣传报道 10月22日是红军长征胜利85周年纪念日，总台多平台多角度展开报道。其中新闻新媒体中心发布直播、海报、视频、图文特稿等进行宣传报道，微博话题"长征胜利纪念日"阅读量达4.7亿人次、"纪念二万五千里的奇迹"阅读量达 5.8 亿人次。

国际广播电视联盟负责人与中央广播电视总台台长互致信函祝贺《比邻：遇见 50 年》开播　10 月 24 日，国际广播电视联盟总干事丹尼尔·布鲁耶尔、秘书长亚历山大·普莱谢尔与中国中央广播电视总台台长兼总编辑慎海雄互致信函，祝贺双方为纪念中比建交 50 周年共同合作的系列微纪录片《比邻：遇见 50 年》正式开播。《比邻：遇见 50 年》由总台欧洲总站与国际广播电视联盟联合出品，并与总台影视剧纪录片中心联合摄制，讲述了 6 名在华比利时人和在比中国人的故事。

习近平总书记致信祝贺中央广播电视总台央视奥林匹克频道及其数字平台开播上线　10 月 25 日，在中央广播电视总台央视奥林匹克频道及其数字平台开播上线之际，中共中央总书记、国家主席、中央军委主席习近平发来贺信，表示热烈的祝贺。

中央广播电视总台央视奥林匹克频道及其数字平台开播上线仪式举行　10 月 25 日，中央广播电视总台央视奥林匹克频道及其数字平台开播上线仪式举行。中共中央政治局委员、中央书记处书记、中宣部部长黄坤明出席仪式并宣布开播上线。中宣部副部长王晓晖宣读了习近平总书记的贺信。中宣部副部长、国务院新闻办公室主任徐麟，中宣部副部长、国家广播电视总局局长聂辰席，中宣部副部长、中央广播电视总台台长兼总编辑慎海雄等出席开播上线仪式。奥林匹克频道是中国大陆地区唯一得到国际奥委会授权使用奥林匹克名称和五环标识的传播平台，包含电视频道和数字平台。奥林匹克电视频道对外呼号是 CCTV-16，是国际上首个以 4K 超高清和高清标准 24 小时上星同步播出的专业体育频道。

《一起向未来——北京 2022 年冬奥会开幕倒计时 100 天主题活动》在总台录制　10 月 25 日晚，北京 2022 年冬奥会和冬残奥会组织委员会、中央广播电视总台联合主办的《一起向未来——北京 2022 年冬奥会开幕倒计时 100 天主题活动》在总台复兴路办公区一号演播厅成功录制。中共中央政治局常委、国务院副总理、第 24 届冬奥会工作领导小组组长韩正，中共中央政治局委员、国务院副总理、第 24 届冬奥会工作领导小组副组长孙春兰，中共中央政治局委员、北京市委书记、北京冬奥组委主席蔡奇出席活动。中宣部副部长、中央广播电视总台台长兼总编辑慎海雄参加活动。国际奥委会主席巴赫发表视频致辞。

总台多平台聚焦新中国恢复联合国合法席位 50 周年　10 月 25 日是中华人民共和国恢复联合国合法席位 50 周年纪念日。总台多平台多形式聚焦报道。

中央广播电视总台央视奥林匹克频道开播纪念邮资明信片发布　10 月 26 日，中央广播电视总台央视奥林匹克频道开播纪念邮资明信片发布仪式在北京举行。中宣部副部长、中央广播电视总台台长兼总编辑慎海雄，交通运输部党组成员、国家邮政局局长马军胜为纪念邮资明信片揭幕。

首届总台中欧音乐节暨北京冬奥会倒计时 100 天音乐会成功举办　10 月 27 日，中央广播电视总台举办的中欧音乐节暨北京冬奥会倒计时 100 天音乐会分别在德国勃兰登堡和瑞士日内瓦举行。德国勃兰登堡国家交响乐团、瑞士日内瓦州立管乐团、英裔瑞籍著名指挥家霍华德·格里菲斯，以及旅瑞华人指挥家赵元、华裔钢琴家赵梅笛等艺术家参加演出。近 130 名音乐家演奏了中国、瑞士、意大利、俄罗斯等世界知名作曲家的经典作品，为观众献上一场充满中国特色与奥运精神的视听盛宴。国际奥委会主席巴赫向音乐会发来祝贺，中宣部副部长、中央广播电视总台台长兼总编辑慎海雄发表视频致辞。音乐会特别节目自27日起通过总台央视中文国际频道、奥林匹克频道、体育频道、音乐频道、CGTN英语频道、CGTN法语频道以及音乐广播频率、央视频等总台多平台播出。音乐会中文、英文、意大利文、法文、德文等语种版本通过全球多家主流媒体播出。

华语环球节目中心举办"华语受众网红传播"线上交流会 10月28日，总台华语环球节目中心以视频连线方式成功举办"华语受众网红传播"线上交流会，来自全球40个国家和地区的近百位代表相聚云端，探讨如何更好地进行华语受众网红传播。交流会邀请知名海外社交媒体账号运营机构和网红博主代表，就网红传播的市场契机、爆款内容剖析、成功案例解读、个人经验分享等内容，与CCTV-4海外观众俱乐部成员和海外华语媒体代表进行深入交流。

2021年中国记者节特别节目成功录制 10月29日，《"好记者讲好故事"——2021年中国记者节特别节目》在总台成功录制。中宣部副部长、国务院新闻办主任徐麟出席并讲话，代表中央宣传部、中央网信办、国家广电总局、中国记协在新中国第22个记者节到来之际，向全国广大新闻工作者致以节日的问候，向为新中国新闻事业发展作出突出贡献的老一辈新闻工作者致以崇高的敬意。

总台多平台重点报道习近平主席出席G20峰会 10月30日至31日，国家主席习近平在北京以视频方式出席二十国集团领导人第十六次峰会并发表重要讲话。总台多平台重点展开报道。国际视频通讯社多语种、多形式编发总台独家时政报道及配合报道对外发布。

"汉语桥"世界大学生中文比赛上线央视频 10月30日，央视频上线播出《第二十届"汉语桥"世界大学生中文比赛》"全球总决赛"，在海内外引发热烈反响。《人民日报》（海外版）等国内主流媒体，以及美国《国际日报》、菲律宾《商报》等海外媒体持续关注，微博相关话题阅读量超过8亿人次，相关短视频播放阅读量累计超过3.2亿人次，相关话题词5次登上热搜榜。

十一月

中央广播电视总台与阿根廷主流媒体联合举办"中阿全景"论坛 11月2日（当地时间），中央广播电视总台与阿根廷三家主流媒体联合主办的"中阿全景"在线论坛成功举行。中宣部副部长、中央广播电视总台台长兼总编辑慎海雄，阿根廷外交部部长卡菲耶罗等分别致开幕辞。两国十余位知名专家、学者和媒体代表围绕"中国发展与中阿合作"主题开展深入研讨交流。多家当地媒体实时播发论坛活动消息，并深入跟进报道。

特别节目《历史关头——红色纪念馆之旅》开播 11月2日起，为持续深入做好庆祝中国共产党成立100周年宣传报道，为即将召开的党的十九届六中全会营造良好舆论氛围，中央广播电视总台社教节目中心创作的特别节目《历史关头——红色纪念馆之旅》在科教频道播出。

中央广播电视总台发起的"2021全球行动"倡议开幕 11月2日（当地时间），为配合联合国气候变化大会格拉斯哥会议，中央广播电视总台北美总站发起"2021全球行动"倡议，聚焦应对气候变化工作的各个领域，集纳全球政策制定者、观察者和全球青年的声音，利用媒体平台放大呼吁气候行动的声浪。《全球行动倡议2021——气候变化》特别节目同时上线。特别节目总共持续5天，中宣部副部长、中央广播电视总台台长兼总编辑慎海雄作开幕致辞，中国驻美国大使秦刚就应对气候变化中的各国责任与国际合作回答了中美青年的问题。

总台新闻节目聚焦2020年度国家科学技术奖励大会 11月3日，中共中央、国务院在北京隆重举行国家科学技术奖励大会，习近平总书记出席大会并为最高奖获得者颁奖。总台新闻节目精心组织报道。

上海总站成功举办科学嘉年华活动 11月3日，中央广播电视总台上海总站与世界顶尖科学家协会联合主办的"科学嘉年华"在上海拉开帷幕，推出"生命健康论坛：免疫与癌症的博弈""TED演讲：新农人说新农业""农业科技论坛：科技塑造农业未来"三场活动，打造面向公众的全天科学盛宴。

总台多平台聚焦第四届中国国际进博会开幕 11月4日晚，第四届中国国际进口博览会开幕式在上海举行，国家主席习近平以视频方式出席开幕式并发表主旨演讲。总台多平台精心组织报道。

第八届全国道德模范颁奖仪式完成录制 11月5日，《圆梦中国 德耀中华——第八届全国道德模范颁奖仪式》在总台完成录制。全国道德模范评选表彰活动由中央宣传部、中央文明办、全国总工会、共青团中央、全国妇联、中央军委政治工作部等六部门联合主办，每两年举办一次。本届活动共评出68名全国道德模范和254名提名奖获得者。

总台多平台关注"神舟十三号"航天员出舱活动 11月7日至8日，"神舟十三号"航天员乘组密切协同，圆满完成出舱活动全部既定任务。总台多平台及时组织报道。

总台新闻节目聚焦党的十九届六中全会 11月8日至11日，中国共产党第十九届中央委员会第六次全体会议在北京举行。总台新闻节目精心组织报道。

国家应急广播推出"全国消防日"主题直播 11月9日，全国消防安全日当天，国家应急广播围绕"落实消防责任 防范安全风险"主题策划推出网络直播，邀请消防一线指战员走进直播间，讲述火场救援故事、科普火灾逃生知识。国家应急广播网、央视频、学习强国、微博、抖音、今日头条、央广网等平台同步直播，直播设置微博话题6个，阅读量达22亿人次，直播累计触达量近23亿人次。

总台传达学习党的十九届六中全会精神 11月12日，中央广播电视总台分别召开党组（扩大）会议和中层以上干部会议，传达学习党的十九届六中全会精神，安排部署总台学习宣传贯彻全会精神工作。中宣部副部长、中央广播电视总台党组书记、台长兼总编辑慎海雄主持党组（扩大）会议，并分别在两个会议上讲话。

中国发展研究基金会与创新发展研究中心推出普通话志愿直播课　11月12日，国务院发展研究中心中国发展研究基金会党总支与总台创新发展研究中心党委开展党组织共建，推出《鹿鸣课堂——少数民族乡村儿童讲好普通话志愿直播课》，为脱贫少数民族偏远地区儿童送上"爱心文化餐"，把"我为群众办实事"办出特色，办出实效。

总台新闻节目报道北京证券交易所开市　11月15日，北京证券交易所正式敲钟开市。总台新闻节目展开报道。国际视频通讯社对外发布相关新闻素材13条，其中11条新闻素材被BBC、CNBC、法国24台等22个国家和地区的104家电视台采用，累计播出689次，总时长3小时53分9秒，美国《华尔街日报》、欧洲新闻交换联盟官网等10个国家和地区的18个网络新媒体平台转发报道。

总台新闻节目重点聚焦《决议》公布　11月16日，《中共中央关于党的百年奋斗重大成就和历史经验的决议》公布。总台新闻中心精准及时展开报道。央视《新闻联播》栏目头条播出《习近平关于〈中共中央关于党的百年奋斗重大成就和历史经验的决议〉的说明》《〈中共中央关于党的百年奋斗重大成就和历史经验的决议〉公布》等重大新闻，总时长达70分钟。中国之声、环球资讯广播及时准确播出上述两个文件的全文。

总台全程关注中美元首视频会晤　11月16日上午，国家主席习近平在北京同美国总统拜登举行视频会晤。总台新闻中心精心组织，快速反应，全平台、多样态跟进报道。11月10日至16日12时，国际视频通讯社对外发布相关新闻素材7条，全部被英国天空新闻台、美国旧金山电视台、法国24台等37个国家和地区的94个电视台采用，素材采用率100%。

总台获四项亚广联大奖　11月17日，第58届"亚洲—太平洋广播电视联盟大奖"揭晓，总台共赢得4项大奖。其中，总台文化类创新节目《典籍里的中国》获电视类娱乐节目奖，广播特写《一场特别的音乐会》获广播类亚广联视野奖，广播剧《芨芨草》获广播类纪实广播剧奖，主持人王娴（代表作《迟到的大凉山交响音乐会》）获广播类主持人奖。

普京签署总统令授予慎海雄"友谊勋章"　11月18日（当地时间），俄罗斯政府法律信息门户网站发布俄罗斯总统普京签署的总统令，授予中国中央广播电视总台台长慎海雄"友谊勋章"。总统令称，为表彰慎海雄对巩固俄中人民友谊、合作，增进互相之间的了解做出的巨大贡献，特授予"友谊勋章"。

总台2022"品牌强国工程"线上签约活动成功举办　11月18日，中央广播电视总台举办2022"品牌强国工程"线上签约活动，首次采用云直播方式与品牌企业实时连线，实现线上签约。经过公证，近40家优秀品牌与总台签订2022"品牌强国工程"战略合作，食品饮料、家用电器、医药健康、日化洗护、通信运营等实体行业，以及央企、国企、银行等表现踊跃。

《宪法的精神　法治的力量——2021年度法治人物》完成录制　11月18日，由司法部、全国普法办公室和中央广播电视总台共同主办，总台社教中心承办的《宪法的精神　法治的力量——2021年度法治人物》完成录制。

总台多平台重点报道第三次"一带一路"建设座谈会　11月19日，中共中央总书记、国家主席、中央军委主席习近平在北京出席第三次"一带一路"建设座谈会并发表重要讲话。总台多平台重点展开报道。

《艺术里的奥林匹克》在总台央视奥林匹克频道开播　11月19日，中央广播电视总台精心打造的专题节目《艺术里的奥林匹克》，在奥林匹克频道（CCTV-16）正式开播。中宣部副部长、中央广播电视总台台长兼总编辑慎海雄，文化和旅游部副部长卢映川，国际奥委会副主席、中国奥委会副主席于再清等出席开播活动。

大型文化节目《中国考古大会》播出　11月20日，由总台华语中心制作的大型文化节目《中国考古大会》在央视综合频道首播。该节目以中国现代考古学诞生100周年为时代背景，邀请30多位考古专家和文化学者陆续踏上12大考古遗址，开启气象万千的探秘之旅，展现考古人对中华文明起源、发展脉络、灿烂成就，以及世界文明的重大贡献。

总台与最高检联合推出《守护明天》（第五季）　11月20日，由中央广播电视总台与最高人民检察院联合制作的大型未成年人法治节目《守护明天》在央视社会与法频道开播，这是自2017年以来该节目连续播出的第五季。该节目播出前夕，中央广播电视总台与最高人民检察院举办了《守护明天》5周年暨第五季节目开播仪式。最高人民检察院党组书记、检察长张军，中宣部副部长、中央广播电视总台党组书记、台长兼总编辑慎海雄出席仪式并讲话。

总台多平台聚焦中国—东盟建立对话关系30周年纪念峰会　11月22日上午，国家主席习近平在北京以视频方式出席并主持中国—东盟建立对话关系30周年纪念峰会，发表重要讲话。总台多平台重点展开报道。国际视频通讯社有效运用自主发布平台与国际合作渠道，充分发挥"丝路视频新闻联盟"等六大区域合作机制作用，广泛推送和精准投放相结合，集中向全球媒体传播。

总台推出《创新港湾2021》特别节目　11月22日，中央广播电视总台CGTN联合创科香港基金会推出《创新港湾2021》特别节目，助力推动香港成为国际创新科技中心，将大湾区打造为世界各地青年的创业沃土。

总台领导赴广东出席系列活动并调研　11月24日，中宣部副部长、中央广播电视总台台长兼总编辑慎海雄和澳门特别行政区行政长官贺一诚，出席中央广播电视总台与澳门广播电视股份有限公司赛事媒体权利授权签约暨大型4K纪录片《澳门之味》启播仪式系列活动。总台与澳门广播电视股份有限公司在广州签署新一轮《赛事媒体权利授权书》，授权澳广视在北京冬奥会期间转播CCTV-16奥林匹克频道讯号，并授权其播出成都世界大学生夏季运动会赛事。

总台国家重点实验室在中国网络媒体论坛上举办研讨会　11月24日，中央广播电视总台超高清视音频制播呈现国家重点实验室在中国网络媒体论坛期间成功举办了超高清公共服务网络传播研讨会。总台国家重点实验室、浦江国家实验室、鹏城国家实验室、华为公司、中国电信、中国超高清视频产业联盟、京东方、夏普、当虹科技等单位的专家出席研讨会并发表了技术报告。与会专家围绕超高清公共服务的技术创新、标准研究和产业应用展开热烈讨论。

央视新闻客户端推出首个AI手语主播
11月24日，央视新闻客户端联合百度智能云，推出总台首个AI手语主播形象——央视新闻AI手语主播，拟应用于北京2022年冬奥会开幕式、闭幕式，以及北京冬奥会期间的新闻播报、赛事直播、现场采访等。央视新闻AI手语主播采用自然语言处理、语音识别等人工智能深度学习框架，实现文字及音视频内容到手语的翻译，再通过专为手语优化的自然动作引擎，将手语实时演绎为数字人的表情动作，精准度达95%以上。

总台举办2021"非洲伙伴"媒体合作论坛 11月26日，由中央广播电视总台非洲总站主办的2021"非洲伙伴"媒体合作论坛在肯尼亚首都内罗毕举行。中共中央政治局委员、中央书记处书记、中宣部部长黄坤明发表视频致辞。中宣部副部长、中央广播电视总台台长兼总编辑慎海雄致开幕发言。本届论坛以"相互尊重，合作共赢，中非媒体携手前行"为主题，来自中国和43个非洲国家的近百位嘉宾以视频会议方式，共商合作之道。

总台21件作品获中国广播电视大奖 11月26日，由国家广播电视总局主办、中国广播电视社会组织联合会承办的中国广播电视大奖2019—2020年度广播电视节目奖揭晓，总台21件作品获奖。其中，广播消息《实现百年跨越，见证中国速度，世界上首条时速350公里的智能化高速铁路——京张高铁正式开通运营》《各地驰援湖北抗击疫情医疗队 除夕夜陆续出发赶赴武汉》等12件作品获得广播节目大奖，电视栏目《开讲啦》《新闻1+1》、电视消息《我国第一艘国产航空母舰交付海军 习近平出席交接入列仪式》等9件作品获电视节目大奖。

总台新闻节目聚焦中非合作论坛第八届部长级会议 11月29日晚，国家主席习近平在北京以视频方式出席中非合作论坛第八届部长级会议开幕式并发表主旨演讲。总台新闻节目精心组织、及时准确报道。

十二月

《"2021年大国工匠年度人物"发布仪式》完成录制 12月2日，由中华全国总工会和中央广播电视总台共同举办的《"2021年大国工匠年度人物"发布仪式》，在广东省广州市完成录制。节目以"大国工匠、匠心筑梦"为主题，充分展现在以习近平同志为核心的党中央坚强领导下，我国一线产业工人的10位优秀代表，立足自身岗位，努力践行"执着专注、精益求精、一丝不苟、追求卓越"的工匠精神，为实现中华民族伟大复兴中国梦而无私奉献的动人故事。

总经理室推出两支"我为群众办实事"公益广告 12月2日，由总经理室创作的"我为群众办实事"主题公益广告《增进民生福祉办实事篇》《服务"一老一小"办实事篇》在总台综合频道、新闻频道、中文国际频道及央视频客户端正式上线。

CGTN与拉美地区媒体共同发布《中拉媒体行动》倡议 12月2日，在中国—拉共体论坛第三届部长会议召开前夕，由中央广播电视总台CGTN发起，联合拉美地区30多家主流媒体共同发布《中拉媒体行动》倡议。中拉媒体将以云论坛、合作拍片、影视巡展、制作青年访谈节目、开展公益短片接力等形式，推动媒体间全面深化合作、凝聚力量、增进共识。

《擎动中国2021》线上赛在澳门举行 12月2日至4日，体育青少节目中心精心打造的融媒体赛车节目《擎动中国2021》线上赛在澳门举行，节目集结全国顶尖赛车手展示"速度与激情"，采用"线上赛"＋"线下赛"双赛场模式，展开虚拟赛车与真实赛车双赛场竞技较量。《擎动中国2021》线上赛是中央广播电视总台深入贯彻落实"一国两制"、支持粤港澳大湾区建设、推动文化惠澳政策落地的具体举措。

习近平总书记致信祝贺中国人民对外广播事业创建80周年 12月3日，在中国人民对外广播事业创建80周年之际，中共中央总书记、国家主席、中央军委主席习近平发来贺信，向中央广播电视总台全体同志致以热烈的祝贺，向支持中国人民对外广播事业的国际友人表示诚挚的问候。当日，中央广播电视总台举行庆祝中国人民对外广播事业创建80周年座谈会，中共中央政治局委员、中央书记处书记、中宣部部长黄坤明出席座谈会并讲话，中宣部副部长王晓晖宣读了习近平总书记的贺信，中宣部副部长、中央广播电视总台党组书记、台长兼总编辑慎海雄主持座谈会并发言。

总台新闻节目多角度报道中老铁路通车 12月3日，中国和老挝两国务实合作旗舰项目——中老铁路全线通车。总台新闻节目精心组织报道。

总台3项党建创新成果案例荣获百优案例 12月3日，在第三届党建创新成果展示交流活动中，总台机关党委《百位播音员主持人讲党史》微视频、新闻中心党委第十一党支部（新闻联播编辑部）"双周学党史"宣讲活动、创发中心党委"光华路鸣"党建创新平台荣获百优案例。此次活动由中央和国家机关工委旗帜杂志社、深圳市直机关工委联合主办。

总台新闻节目聚焦《中国的民主》白皮书发布 12月4日，国务院新闻办公室发布《中国的民主》白皮书，并举行新闻发布会。总台新闻节目及时展开报道，充分宣介我国全过程民主实践和制度优势。国际视频通讯社采用卫星和网络两种方式全程对外发布国新办新闻发布会直播信号，时长1小时18分钟，欧广联全程转发。

2021中国网球巡回赛职业级总决赛在澳门成功举办 12月6日至12日，由国家体育总局网球运动管理中心、总台体育青少节目中心、中国网球协会、澳门特别行政区政府体育局共同主办的2021中国网球巡回赛职业级总决赛暨全国网球单项锦标赛，在澳门网球学校举办。总台体育频道、奥林匹克频道全程直播男单、女单、男双、女双等4个项目总决赛。央视频、央视体育客户端等新媒体平台直播10场赛事，制作短视频26条，总阅读观看量近100万人次。

中央广播电视总台第一次归侨侨眷代表会议召开 12月7日，中央广播电视总台第一次归侨侨眷代表会议在北京召开。中宣部副部长、中央广播电视总台党组书记、台长兼总编辑慎海雄，中国侨联副主席、中央和国家机关侨联主席邵旭军出席会议并讲话。会议选举产生了中央广播电视总台侨联第一届委员会。来自全台各部门各单位的归侨侨眷代表、党务干部共70多人参加会议。

总台新闻节目重点做好中央经济工作会议报道 12月8日至10日，中央经济工作会议在北京举行。总台新闻节目重点展开报道。《新闻联播》栏目头条播出报道《中央经济工作会议在北京举行》，精心选取习近平总书记在会上发表重要讲话的画面，精准报道会议全面总结今年经济工作、分析当前经济形势、部署明年经济工作，深刻阐释中国经济一系列重大理论和实践问题。

"国聘行动"第三季正式启动 12月8日，"国聘行动"第三季——"不负韶华 国聘行动"大型融媒体招聘活动正式启动。活动由中央广播电视总台联合教育部、科技部、人社部、国务院国资委、共青团中央共同发起，央视频携手国投人力共同主办。中宣部副部长、中央广播电视总台台长兼总编辑慎海雄出席"云启动"仪式并致辞。

总台新闻节目关注中国空间站"天宫课堂"开课 12月9日，中国空间站"天空课堂"开课，总台新闻节目精心策划，全程跟进报道。新闻频道推出特别节目《天空课堂》，对太空授课进行全程直播，邀请航天员刘伯明和航天员中心专家，为观众介绍航天知识及空间站太空舱内环境；播出《多系统共同保障太空授课"信号满格"》等报道，呈现总台通过卫星光缆网络新媒体的传输途径，以全媒体传播方式，将"天宫课堂"第一课呈现给全世界。

华语环球节目中心举办《中国考古大会》海外观众线上交流活动 12月9日，华语环球节目中心举办《中国考古大会》海外观众线上交流活动，来自美国、日本、法国、英国、泰国等30余个国家和地区的近百位海外观众代表齐聚云端，与节目主创人员、海外考古界专家、学者交流中国考古工作背后所承载的深厚文化底蕴，感受中华文明创造发展之美。

CGTN专题片《起底"美式民主"》获关注 12月9日至10日，在美国召开所谓"民主峰会"期间，CGTN推出两集专题片《起底"美式民主"》，受到西方多国主流媒体关注。专题片一经上线，即获国际主流媒体关注，相关报道被BBC、CNN、法国24台等70个国家和地区的255家电视台采用，累计播出2652次；专题片内容被美国NBC News优兔账号、美国CNBC Arabiya脸书主页、韩国KBS News优兔账号等71个国家和地区超过853个网络新媒体平台及账号转引转载，累计触达海外受众4.6亿人次。专题片中引用的历史资料、权威数据、嘉宾观点引发海外网友热议，超过88.3%的海外网友持正面评价。

总台多平台关注第十三届海峡论坛 12月10日至11日，第十三届海峡论坛在福建厦门举行。总台多平台提前策划，精心组织宣传报道。

2022年春节戏曲晚会完成录制 12月10日至17日，2022年春节戏曲晚会完成录制。晚会共有20个节目版块，囊括全国30多个戏曲剧种、70多个戏曲院团、百余位戏曲表演名家、20余位跨界名人，采取棚内录制与影视化拍摄相结合的形式，力求打造一台春节戏曲盛会。晚会以"短视频＋真人秀体验＋戏曲变妆秀"的形式，创新推出融媒体衍生节目《年年有戏》，邀请20余位总台主持人，走进大观园实景戏楼，以真人秀方式体验中华传统戏曲的魅力。

总台自制网综《冬日暖央young》上线播出　12月11日,由总台视听新媒体中心央视频联手央视创造公司策划制作的新媒体真人秀《冬日暖央young》首期节目上线。该节目深耕"央young四季"系列原创IP,加大"推新"力度,集结总台数十位"宝藏"主持人,释放出总台的"青春新力量"。该季节目以"燃情冰雪季,主播嘉年华"为主题,突破性地创造了"冰雪运动+文艺竞演"的全新节目模式,以主持人的第一视角带领观众体验冰雪运动的魅力,为北京冬奥会预热。

总台荣获中国国际广告节六项大奖　12月11日至13日,第28届中国国际广告节在福建厦门举办,总台荣获多个奖项。其中,总经理室报送的总台"品牌强国工程"融媒体传播服务方案荣获"中国广告业大奖-长城奖特别奖"。庆祝中国共产党成立一百周年主题公益广告《一百年,只做一件事》荣获黄河奖全场大奖,《妈妈的请假条》获得金奖以及今年增设的"共同富裕"主题特别奖,《十四五,新征程》《一声爸妈,就是过年》分获重大主题类和社会主题类公益广告铜奖。

总台多平台聚焦南京大屠杀死难者国家公祭日　12月13日是第八个南京大屠杀死难者国家公祭日,也是南京大屠杀84周年纪念日。总台多平台充分聚焦报道。《新闻联播》栏目播出报道《中共中央　国务院在南京举行2021年南京大屠杀死难者国家公祭仪式》,选用公祭仪式现场画面,介绍仪式环节,展现仪式现场的庄严肃穆。国际视频通讯社采用卫星和网络两种方式全程对外发布南京大屠杀死难者国家公祭仪式直播信号,时长26分钟。

2021丝绸之路电视共同体高峰论坛在京举行　12月13日,由中央广播电视总台主办、中国国际电视总公司承办的"2021丝绸之路电视共同体高峰论坛"在北京举行。此届论坛以"团结创新融合　文明交流互鉴"为主题,来自40多个国家和地区约80家主流媒体机构的150余位代表通过线上线下相结合的方式参会。中宣部副部长、国务院新闻办公室主任徐麟发表视频致辞。中宣部副部长、中央广播电视总台台长兼总编辑、共同体理事长慎海雄出席并宣读2021"金丝带"优秀节目获奖名单。

上海总站举办"中国城市数字经济论坛·2021"　12月13日,总台上海总站主办的"中国城市数字经济论坛·2021"在上海举行。此届论坛以"数字经济　城市未来"为主题,包括开幕式、《中国城市数字经济发展报告2021》"中国城市数字经济风云榜2021"发布活动,以及三场主题论坛。

总台新闻节目重点报道中俄元首会晤　12月15日,国家主席习近平在北京同俄罗斯联邦总统普京举行视频会晤。总台新闻节目大小屏及时关注报道。央视《新闻联播》栏目播出头条报道《习近平同俄罗斯总统举行视频会晤》,准确传递今年中俄双边关系发展新成果、各领域合作新规划,以及两国领导人就当前大国关系、民主问题交换意见等。新闻新媒体中心全网首发首推《时政快讯丨中俄元首视频会晤开始》等,成为全网"源新闻"。

总台出品电影《跨过鸭绿江》在京举行首映式　12月15日,由中央广播电视总台出品、总台影视剧纪录片中心摄制、中国电视剧制作中心有限责任公司承制、华夏电影发行有限责任公司联合摄制的史诗电影《跨过鸭绿江》在北京举行首映式。中宣部副部长、中央广播电视总台台长兼总编辑慎海雄出席首映式。该影片于12月17日在全国献映。《跨过鸭绿江》是首次全景式、史诗般呈现抗美援朝战争的电影作品，是首次由总台出品、原创自制的故事片，也是首次与精品电视剧同步打造电影的创新尝试。

总台26件作品获中国新闻奖 12月15日，中华全国新闻工作者协会第十届理事会第一次会议暨中国新闻奖颁奖会在京举行。在第三十一届中国新闻奖评选中，总台共有26件作品获奖，包括特别奖1件、一等奖8件、二等奖12件、三等奖5件。

马那瓜记者站揭牌成立 12月15日（当地时间），中央广播电视总台马那瓜记者站在尼加拉瓜首都马那瓜正式揭牌成立，这是总台在海外的第190个记者站点。

2022年中央广播电视总台纪录片片单发布 12月17日，中央广播电视总台发布2022年纪录片片单，50部精品纪录片将通过总台多平台带给广大受众丰富的视听享受。中宣部副部长、中央广播电视总台台长兼总编辑慎海雄出席发布活动并为"中国首次太空8K超高清拍摄任务"揭幕。发布会上，以中国空间站为题材的纪实巨幕影片《飞越苍穹》首次发布。

总台新闻节目关注香港特区第七届立法会选举 12月19日，香港特区第七届立法会选举投票举行。总台新闻节目及时关注报道。《新闻联播》栏目播出报道《香港特区第七届立法会选举顺利举行》，介绍投票时间和投票站安排等，呈现选举工作有序展开情况，展现香港各界人士对新选举制度充满信心和期待，凸显香港特区选举制度完善后首次立法会选举的重要意义。

总台发布2021年国内、国际十大考古新闻 12月20日，总台发布2021年度国内、国际十大考古新闻。此次国内、国际十大考古新闻评选，由社教节目中心联合中国考古学会、中国社科院考古所、北京大学考古文博学院、中科院古脊椎动物与古人类研究所，以及国内十余家省级考古研究机构的专家组成的评委团完成。

总台发布2021年国内、国际十大科技新闻 12月20日，总台发布2021年国内、国际十大科技新闻。此次国内、国际十大科技新闻评选，由社教节目中心邀请科技部、中国科协、中国科学院和中国工程院担任学术指导，两院院士、科研院所和高校专家共计14人组成的评审团完成。

2021央视财经论坛召开 12月24日，由中央广播电视总台主办的"2021央视财经论坛"召开。论坛以"新征程下高质量发展新动能"为主题，邀请各界嘉宾共同探讨在新征程下，如何稳字当头、稳中求进，发掘经济高质量发展的新动能。中宣部副部长、中央广播电视总台台长兼总编辑慎海雄出席论坛并致辞。此次论坛活动以线上方式举行。

总台发布2021年国内、国际十大财经新闻 12月24日，总台发布2021年国内、国际十大财经新闻。

社教节目中心纪录片《中国梦的故事》播出 12月25日，由总台社教节目中心、中国国际电视总公司联合澳大利亚野熊公司制作的重大题材纪录片《中国梦的故事》在CGTN-Documentary纪录频道首播。该片作为中宣部"纪录中国"传播工程项目，深入贯彻落实习近平总书记关于加强国际传播能力建设的重要指示精神，在纪念中华人民共和国成立70周年纪录片《我们走在大路上》的基础上创新创作而成。

总台发布2021年国内、国际十大新闻 12月27日，总台正式对外发布2021年国内、国际十大新闻。发布会现场邀请"七一勋章"获得者刘贵今、奥运冠军申雪，中宣部（国务院新闻办）、生态环境部、商务部、国家卫健委、国家体育总局等中央和国家机关有关新闻发言人、宣传工作负责人，以及载人航天系统相关负责人担任揭晓嘉宾。

第十二届央视财经香港论坛聚焦"高质量发展的内生动力" 12月28日，由中央广播电视总台财经节目中心、大公报社、大公网共同主办的第十二届"央视财经论坛·香港"在广州举行。此次论坛邀请多位内地和香港嘉宾，以"高质量发展的内生动力"为主题，共同探讨如何贯彻新发展理念，构建新发展格局，以高质量发展为目标，激发市场主体的内生动力，以及香港如何发挥自身优势，通过对新生增长动力的打造，为香港的发展提供新机遇、注入新动能、开拓新空间。香港特别行政区行政长官林郑月娥，中宣部副部长、中央广播电视总台台长兼总编辑慎海雄向论坛发来视频致辞。

中央广播电视总台2022年新春文体节目发布 12月28日，"新春新风·魅力隽永——中央广播电视总台文体节目焕新季"发布活动在北京举行。2022年将推出的40余档文体精品节目集中亮相，通过总台多平台陪伴受众欢乐迎新、温暖过年。中宣部副部长、中央广播电视总台台长兼总编辑慎海雄出席发布活动，启动大型情景文化节目《从延安出发》摄制，并为体育专题节目《带你一起看冬奥》启播。

中广视资产管理有限公司在京揭牌运行 12月28日，中央广播电视总台中广视资产管理有限公司在北京揭牌运行。中宣部副部长、中央广播电视总台台长兼总编辑慎海雄出席仪式并为公司揭牌。中广视资产管理有限公司是中央广播电视总台直属企业，承担着总台有形资产运营和管理职能，是在总台大文化、大资本、大经营战略蓝图指引下，为适应事业产业发展需要而成立的。

总台发布2021年度十大"三农"新闻 12月28日，总台发布2021年度十大"三农"新闻。

中央广播电视总台2022年电视剧片单发布 12月29日，大剧看总台——中央广播电视总台2022年电视剧片单发布活动在北京举行。中宣部副部长、中央广播电视总台台长兼总编辑慎海雄出席，并为总台新春大剧《人世间》《超越》开播定档揭幕。总台2022年电视剧片单分为《新春大剧·品质呈现》《原创之力·家国情怀》《生活之诗·五彩斑斓》《理想之歌·青春当燃》等4个版块。

国务委员兼外交部部长王毅接受总台专访 12月30日，国务委员兼外交部部长王毅接受总台记者专访，回顾2021年中国外交成果，展望2022年中国外交走势。《中国新闻》栏目于当日午间档播发采访新闻。

总台多平台推送习近平主席新年贺词 12月31日，新年前夕，国家主席习近平通过中央广播电视总台和互联网，发表了二〇二二年新年贺词。总台中央电视台综合频道、新闻频道、中文国际频道、4K超高清频道，中国国际电视台各外语频道，中央人民广播电台，中国国际广播电台，以及央视新闻客户端、央视网等新媒体平台播出。国际视频通讯社首次以直播形式与《新闻联播》同步向外媒发布习近平主席新年贺词完整视频，美联社、法新社、欧广联向其全球媒体用户完整转发。

中央广播电视总台"海上中国"项目发布　12月31日，中央广播电视总台"海上中国"项目发布活动在北京举行。中宣部副部长、中央广播电视总台台长兼总编辑慎海雄出席活动，并与自然资源部总工程师张占海，中国船舶集团有限公司董事长、党组书记雷凡培，国有重点大型企业监事会原主席刘顺达等共同见证"国际海洋发展智库"合作协议签约，启动总台央视网海洋频道上线暨纪录片《蓝海中国》首播。

《启航2022》跨年晚会在多平台播出　12月31日晚20时，中央广播电视总台跨年晚会《启航2022》在总台央视综合频道、综艺频道、音乐之声、经典音乐广播、文艺之声、央视频、央视网、央视影音等平台同步播出。晚会以"思想+艺术+技术"为目标，突破常规文艺晚会样态，通过跨界合作、创意外拍、科技融合等多种手段丰富内容和形式，用文艺精品为观众开启崭新一年的憧憬与期盼。

央视频推出《闪耀吧2022》30小时跨年直播　12月31日，央视频创意推出30小时不间断大直播《闪耀吧2022》，带来兼具"暖陪伴+强互动+高网感"特色的新媒体跨年节目。直播采用"跨年大赏"形式，串联总台迎新年特别节目《启航2022》《扬帆远航大湾区——2022新年音乐会》《2022年维也纳新年音乐会》。

附 录

《中央广播电视总台年鉴》
（2020—2021）
编纂人员名单

办公厅
负责人　周振红
联络人　朱焰焰　张凌云
撰稿人　司　颖　刘　冰　廖江衡　孙　楠
　　　　韦娅迪　高潇潇　潘　璐　李　凯
　　　　王伟超　傅欣艺　郑　宇　郝乃洁

总编室
负责人　梁建增
联络人　全　会
撰稿人　李　宾　吴　迪　麦林静　李　雪
　　　　龙云凯　张晓阳　尤　青　赵春雨
　　　　熊　逸　陈　鹏　喻　洁　陈　星
　　　　杨　洋　周宇博　杨　可　王　伟
　　　　全　会　朱筱瑜

新闻中心
负责人　许　强
联络人　孙金岭　刘　晖　徐圣益　杨　沫
撰稿人　徐圣益　陈双双　杨　沫

内参舆情中心
负责人　蔡小林
联络人　罗　厚　宋　青　陈　朴
撰稿人　罗　厚　宋　青　陈　朴

财经节目中心
负责人　朱宏钧　高先民　杨　曦
联络人　覃大庆
撰稿人　覃大庆　王　莹

文艺节目中心
负责人　许文广　赵　薇　刘　真　吕逸涛
联络人　孙立红
撰稿人　吕　朋　王　娟　陈昊飞　王　兰
　　　　邓晓楠　刘玉婷　张　菊　邹　蕾

　　　　　任　沁　张　鹏　傅　博

体育青少节目中心
负责人　曹　毅
联络人　郑　漠
撰稿人　龚　伟　李　然　李　铭　徐　伟
　　　　　邱　柯　曹雯蓉　娄嘉伦　高璇璇

社教节目中心
负责人　阚兆江　段晓超　赵京津
联络人　贾　晗　陈　曦
撰稿人　任　立　包　婧　涂培培　李玲燕
　　　　　季　新　陈　咏　胡恋亲　王建彤
　　　　　段晓晨　翟　颖　李　沛　李　柠

影视剧纪录片中心
负责人　庄殿君
联络人　张凯夫　杜　健
撰稿人　张凯夫　吴燕妮

民族语言节目中心
负责人　赵连军
联络人　曹囡囡　郭　璇
撰稿人　曹囡囡　郭　璇

军事节目中心
负责人　侯东合
联络人　汤　丽　田芳媛
撰稿人　吕锡成　孙　利　刘　欢　李敬元
　　　　　薛　冰　马敏捷　吴麒佑　姜　虹
　　　　　吴　杰　侯婷婷　马文丽　刘丽娜
　　　　　刘　干　于婷婷　宋　杨　赵景怡
　　　　　杨绍琛　白　晨　刘　乐　王霂歌
　　　　　李金鑫　穆亮龙　李攀奇　孙　杰
　　　　　邓曦光　朱西迪　郝志宏

农业农村节目中心
负责人　王晓斌　靳　雷　彭忠蛟
联络人　张清春　任文杰
撰稿人　于　淼　李庆庆　舒晶晶　薛建峰
　　　　　冯其器　孙有浚　刘　真　徐华阳
　　　　　丁安平　童成梦　梁　辰　李伟民
　　　　　马双佳　王林霞　李雨楠　季盈盈
　　　　　刘思思　范　从　张成光　许　强
　　　　　牛　力　段　炼　许　伟　赵　刚
　　　　　刘　璐　崔龙丫　任文杰　邓　婧

港澳台节目中心
负责人　王全杰　黄少辉
联络人　段媛媛
撰稿人　安亚强　李　珂　张旭平　田　晓
　　　　　李涧松　陈嘉琦　蒋蔓菁　王　升
　　　　　陆　玮

英语环球节目中心（CGTN）
负责人　范　昀　王跃华　刘　聪　麻　静
　　　　　丁　勇　宋嘉宁
联络人　郁　丹
撰稿人　郁　丹　刘世明　李　燕　韩　斌
　　　　　杨　曦　申鸿建　孙　洋　周　鑫

　　　　　胡　剑　张燕晖　陈维熙　张新华
　　　　　刘　沙　段　蓉

亚洲非洲地区语言节目中心
负责人　安晓宇
联络人　万　兵
撰稿人　万　兵　崔　姗　陈锡文

欧洲拉美地区语言节目中心
负责人　夏勇敏　杨　磊
联络人　赵　力
撰稿人　杨　琳　路　明　安逸飞　李爱莲
　　　　　陈　艳　张　帆　石晓森　郭　昊
　　　　　薛　菲　林伟大　杨　晨　包云南
　　　　　秦　靓　郝　越　田　宇　李　昕
　　　　　张　雪　楚群力　盛　超　侯奕光
　　　　　何依蕾　楚　宁　范鲁朋　李　娴
　　　　　赵　波　谷君义

华语环球节目中心
负责人　李欣雁　张利中
联络人　昝瑞春　王劲竹
撰稿人　昝瑞春　刘　娟　闫梦思　李唯骏
　　　　　端木礼昕　贾雪纯　黄　卫
　　　　　张　堃　崔　狄　田　巍　陈毓娟
　　　　　李天胜

融合发展中心
负责人　汪文斌
联络人　唐　秀
撰稿人　唐　秀　韩　舶　唐文歆　刘媛媛

新闻新媒体中心
负责人　钱　蔚　王姗姗　闫帅南
联络人　亢　毅　陈洪奕　乔全兴　李尚俞
撰稿人　乔全兴　陈剑祥　李尚俞　郭晓燕
　　　　　宋红梅　唐　怡　费　翔　帅钟琴
　　　　　王兴栋　蒋安琪　师　红　林　昕
　　　　　李大勇　蔡　婧　马丽君　韩任伟
　　　　　杜晓东　宁黎黎

视听新媒体中心
负责人　杨继红　董文芳　马战英　连新元
联络人　田小波　张　杰
撰稿人　张　杰　田小波　米善倩　肖晾琼
　　　　　余泓江　靳涛铭　邢玉伟　秦　明
　　　　　秦　思　许　昕　辛晓娇　侯奕爽

国际传播规划局
负责人　赵文江
联络人　何司天
撰稿人　曾　晋　何司天　程旭东　张雨晨
　　　　　霍　捷　孙菁远

人事局
负责人　邢　博　王　峥
联络人　黄晓光
撰稿人　黄晓光　白梓敬　李　毅　李　琦
　　　　　王　歆　孙　振　谷小洁　韩　巍
　　　　　石家男　刘路路　许新颖　张　娟
　　　　　王惟沙

财务局
负责人　张红梅
联络人　涂昌波
撰稿人　梁　喆　郭　青

总经理室
负责人　彭健明
联络人　王　倩
撰稿人　王　倩　谢　俊　王玉奇　朱隽宇
　　　　薛博涵

技术局
负责人　徐　进
联络人　刘　畅
撰稿人　徐　进　智　卫　朱　峰　刘朝晖
　　　　赵永礼　李　涛　颜　枫　崔建伟
　　　　陈　红

国际交流局
负责人　花　凯　刘　岩
联络人　张雄飞　曹　旻　李　巍
撰稿人　刘焕兴　徐苏洁　贺　军　曹　旻
　　　　姚　遥

创新发展研究中心
负责人　杨　华
联络人　任永雷
撰稿人　李　蕾　郑根岭　王小珍

机关党委
负责人　潘晓闻　马书平　陈福生　钱宏江
联络人　赵小羽
撰稿人　王金捷　曾进清　蒋洪彬　赵小羽

离退休干部局
负责人　牛道斌
联络人　于晓杰　张春梅
撰稿人　于晓杰　张春梅

音像资料馆
负责人　黄平刚
联络人　杨旻星
撰稿人　吴　琼　王昆伦　杨旻星

影视翻译制作中心
负责人　王　璐
联络人　方文军
撰稿人　骆旭冰

中国国际电视总公司
负责人　唐世鼎
联络人　李春秀
撰稿人　肖志涛　杨　华　李春秀

央视国际网络有限公司
负责人　钱　蔚　王玉娟
联络人　贾尚为
撰稿人　乔　莲　贾尚为

中国电视剧制作中心有限责任公司
负责人　李向东
联络人　林　晓
撰稿人　林　晓

中央新闻纪录电影制片厂（集团）
负责人 姚永晖
联络人 王 丽 左 权
撰稿人 陈思莹

中国环球广播电视有限公司
负责人 滕云平 高 伟
联络人 凡译媛
撰稿人 符 霞 凡译媛 李海洲

中广影视卫星有限责任公司
负责人 黄瑞刚
联络人 高 峰 刘 翎
撰稿人 何 芳 张人元 方文静

央视频融媒体发展有限公司
负责人 过 彤
联络人 贾景智 刘 宁
撰稿人 王苑璐 刘 宁

央广传媒集团有限公司
负责人 王跃进

联络人 金依韡
撰稿人 张 莉 易 珏 苏 畅

国广传媒发展有限公司
负责人 黄永国 钟仁宗
联络人 高 跃 胡珊珊
撰稿人 李 欣 高 跃 胡珊珊 杨 宏

国家应急广播中心
负责人 高南军 温秋阳
联络人 王长权
撰稿人 王长权 张亚然 苏 强 王 磊
　　　　　朱 锦 孙盛楠 刘 川 肖一为
　　　　　李晓北

中国国际广播出版社有限公司
负责人 张宇清 田利平
联络人 李 卉 郑凤杰
撰稿人 李 卉 郑凤杰 王清阳 祝 晔
　　　　　闫 磊 张明珠 张 娜 潘 磊

图书在版编目（CIP）数据

中央广播电视总台年鉴.2020—2021/中央广播电视总台年鉴编委会编.—北京：中国国际广播出版社，2022.12
ISBN 978-7-5078-5161-8

Ⅰ.①中… Ⅱ.①中… Ⅲ.①中央广播电视总台－中国－2020—2021－年鉴 Ⅳ.①G229.2-54

中国版本图书馆CIP数据核字（2022）第189608号

中央广播电视总台年鉴（2020—2021）

编　者	中央广播电视总台年鉴编委会
出版人	张宇清　田利平
执行编辑	李　卉　张娟平
责任编辑	林钰鑫　梁　嫒
制　作	闫　磊　郭立丹　邢秀娟
校　对	张　娜　王秋红　郭　鑫　周文娜　刘之灵　杜嘉宾
设　计	王广福
出版发行	中国国际广播出版社有限公司　[010-89508207（传真）]
社　址	北京市丰台区榴乡路88号石榴中心2号楼1701 邮编：100079
印　刷	北京九天鸿程印刷有限责任公司
开　本	889×1194　1/16
字　数	1500千字
印　张	61.5
版　次	2022年12月　北京第一版
印　次	2022年12月　第一次印刷
定　价	288.00元

版权所有　盗版必究